ISBN 978-0-260-84411-8
PIBN 10975591

ÉTUDES

REVUE FONDÉE EN 1856

PAR DES PÈRES DE LA COMPAGNIE DE JÉSUS

———

TOME 101

PARIS

IMPRIMERIE DE J. DUMOULIN

5, RUE DES GRANDS-AUGUSTINS, 5

ÉTUDES

REVUE FONDÉE EN 1856

AR DES PÈRES DE LA COMPAGNIE DE JÉSUS

ET PARAISSANT LE 5 ET LE 20 DE CHAQUE MOIS

———

41ᵉ ANNÉE. — TOME 101ᵉ DE LA COLLECTION

OCTOBRE - NOVEMBRE - DÉCEMBRE 1904

PARIS

ANCIENNE MAISON RETAUX-BRAY

VICTOR RETAUX, LIBRAIRE-ÉDITEUR

82, RUE BONAPARTE, 82

ACADÉMIE DE   FREC

VENTE ET ACHAT
DES
PROPRIÉTÉS DES CONGRÉGATIONS

Est-il permis en conscience d'acheter les biens meubles ou immeubles des congrégations, que le gouvernement met en vente ?

La réponse à cette question est donnée par le septième commandement de Dieu : *Tu ne voleras point.*

Dans les catéchismes français ce commandement est expliqué et formulé comme suit :

> Le bien d'autrui tu ne prendras,
> Ni retiendras à ton escient.

Tout homme, juif ou chrétien, qui reconnaît l'autorité de ce commandement, n'a qu'à examiner une seule question : Le gouvernement, en mettant en vente les biens des congrégations, vend-il sa propriété ou la propriété d'autrui ?

Le gouvernement, dans le cas présent, qui est-ce ? La majorité de la Chambre et du Sénat qui a voté la loi dépouillant les congrégations, le président de la République qui a signé cette loi, et les ministres qui l'appliquent en l'aggravant encore.

Tous ces messieurs sont-ils les propriétaires des biens qu'ils mettent en vente ? Non, évidemment. Dans la loi qu'ils ont votée, invoquent-ils un titre, un droit quelconque ? On pourrait le discuter, examiner s'il est fondé en justice. Mais non, c'est pour les congrégations la spoliation brutale, l'application de la formule : la force prime le droit, la mort sans phrase.

Quelques défenseurs plus ou moins officiels de la loi ont dit : Les Chambres représentent l'autorité souveraine, qui dispose de ces biens pour l'utilité générale.

Il est étonnant combien certains hommes qui se proclament amis de la liberté, accordent facilement une omnipotence absolue à l'État, surtout quand il s'agit de nuire à la religion et à l'Église. On n'a pas oublié que les ouvriers ont été leurrés par la promesse de retraites de vieillesse, dont les fonds devaient être fournis par le milliard que rapporterait la vente des biens des congrégations. Beaucoup de gens, réputés honnêtes, ont trouvé cette promesse toute simple et naturelle. Bientôt ont répétera la promesse, mais en escomptant non plus le milliard des congrégations, qui n'existait pas, mais les milliards des capitalistes et des banquiers, qui sont réels.

En attendant, nous ne savions pas encore que l'autorité eût le droit de prendre les biens des particuliers, sans les dédommager au préalable, avec équité, comme cela se fait dans le cas d'expropriation pour cause d'utilité publique.

Par conséquent, en vendant les propriétés des religieux, le gouvernement met en vente, non son propre bien, mais le bien d'autrui. Il commet donc un vol.

Il est plaisant de remarquer qu'en même temps qu'il spolie les congrégations, ce gouvernement, pour former les jeunes Français aux vertus civiques, fait afficher dans toutes les écoles et expliquer par les maîtres la Déclaration des droits de l'homme et du citoyen, dont voici l'article 16 : *Les propriétés étant un droit inviolable et sacré, nul ne peut en être privé, si ce n'est lorsque la nécessité publique, légalement constatée, l'exige*, ET SOUS LA CONDITION D'UNE JUSTE ET PRÉALABLE INDEMNITÉ.

Cet enseignement est bon, mais on sait depuis longtemps que l'exemple est plus puissant que les leçons, et quel bel exemple donne ainsi notre gouvernement au peuple et spécialement à la jeunesse !

Ces considérations suffisent pour prouver que personne ne peut, en conscience, acheter ce que le gouvernement n'a pas le droit de vendre.

Certains journaux ont approuvé l'entreprise du gouvernement ; les uns avec brutalité et sans donner aucune raison, comme si le seul fait d'être religieux privait un citoyen français de tous ses droits et le mettait hors la loi. D'autres ont cherché quelques sophismes pour pallier l'injustice.

Les congrégations, a-t-on osé dire, étant dissoutes, cessent d'exister ; ce qui n'est pas ne peut pas'posséder, donc le gouvernement en s'emparant des biens de ces congrégations ne fait tort à personne.

Il n'y a pas en France que les congrégations à posséder en commun ; beaucoup d'autres associations l'on fait et le font encore. Souvent ces associations se sont dissoutes. Le gouvernement n'a pas prétendu avoir le droit de s'emparer de leurs biens. S'il l'avait prétendu, quelles protestations se seraient élevées de toutes parts !

Est-ce qu'en France l'inviolabilité de la propriété dépendrait du costume du propriétaire ?

Mais, répondent ces défenseurs du vol, la propriété des congrégations n'est qu'une propriété fictive : étant donné le vœu de pauvreté, les religieux sont incapables de posséder.

·N'étaient les ruines qu'ils accumulent, le mal qu'ils font au corps et à l'âme des enfants et des pauvres, il serait amusant d'entendre ces sectaires et ces francs-maçons, qui, s'ils ont su leur catéchisme, l'ont depuis longtemps oublié, nous donner des leçons de droit canonique.

Quoi que puissent dire ces sophistes, la propriété des congrégations en France est juste, légitime et légale.

Il existait en France, au point de vue légal, deux espèces de congrégations, celles qui étaient autorisées par le gouvernement, et celles qui ne l'étaient pas.

Les congrégations autorisées — on dit aussi reconnues — forment devant la loi civile des personnes morales, capables d'ester en justice, d'acquérir, de vendre, en un mot de faire acte de propriétaire, sous la tutelle toutefois, et la surveillance plus que tracassière de l'État.

Ces congrégations autorisées subsistent encore, en partie du moins ; car depuis la loi du 8 juillet 1904 qui interdit l'enseignement aux membres des congrégations, le gouvernement a déjà fait nommer un liquidateur pour plusieurs de leurs maisons, c'est-à-dire qu'en même temps que la loi leur enlève injustement le droit d'enseigner, le ministre, au lieu de laisser les religieux vivre tranquillement dans leur domicile, retire l'autorisation accordée à ces communautés, les dissout de force, et s'empare de leurs biens. Il agira de même pour le petit nombre de celles auxquelles il est forcé de laisser quelques jours d'existence précaire, parce qu'il ne peut pas encore les remplacer.

Quelques congrégations autorisées ont, il y a peu de temps, mis elles-mêmes en vente une partie de leurs meubles. Sans doute elles ne l'ont pas fait volontiers, mais pourtant elles l'ont fait volontairement et librement, pour éviter une spoliation totale, qu'elles n'avaient que trop de motifs de craindre. C'est le légitime propriétaire qui vend. Vente et achat sont donc licites et légitimes. Ces congrégations reconnues ne peuvent pas vendre d'immeubles sans la permission du gouvernement. Si, avec cette permission, elles vendaient leurs immeubles et devaient elles-mêmes en toucher le prix, il serait permis de les acheter. Mais la supposition que nous faisons ici n'a aucune vraisemblance et ne se réalisera pas.

Un certain nombre de congrégations se croyaient autorisées. Elles l'étaient certainement ; mais, en vertu de je ne sais quelle chinoiserie administrative, le gouvernement a prétendu, ou que l'autorisation n'existait pas, ou qu'elle n'était pas régulière, que ces congrégations devaient en demander une nouvelle, et, comme il fallait s'y attendre, il a refusé cette autorisation. Au point de vue de la vente et de l'achat de leurs biens, ces congrégations sont dans le cas de celles qui ont demandé une autorisation qu'elles n'ont pas obtenue. Nous parlerons d'elles plus loin.

Les congrégations non autorisées n'avaient pas de personnalité civile, et ne pouvaient pas posséder légalement comme congrégation.

Comment possédaient-elles ? De deux manières ; toutes deux parfaitement justes, légitimes et légales.

Les biens de ces congrégations étaient tantôt la propriété de quelques-uns de leurs membres, qui le plus souvent les avaient acquis de leur fortune personnelle, ou les avaient reçus des propriétaires, soit par don, soit par legs, mais dans tous les cas d'une manière juste et légale.

D'autres fois les biens des congrégations étaient possédés par des actionnaires formant une société civile ou commerciale. Que les membres de ces sociétés fussent religieux ou séculiers, français ou étrangers, peu importe, ils possédaient leurs actions réellement, justement, d'une manière conforme aux lois du pays, par conséquent aussi ils possédaient légalement. Aussi pour pouvoir atteindre ces propriétés, les spoliateurs ont-ils ajouté dans leurs listes de proscription *les biens détenus* par les congrégations, aux *biens possédés* par elles.

Des congrégations non autorisées, les unes ont demandé l'autorisation gouvernementale dans le délai fixé par la loi, les autres ne l'ont pas demandée. La Chambre ayant rejeté toutes les demandes d'autorisation, actuellement les membres de toutes ces congrégations se sont dispersés, et vivent isolément en France, ou sont allés s'établir à l'étranger.

Nous voyons clairement à qui appartiennent les biens des congrégations, et non moins clairement à qui ils n'appartiennent pas. La loi votée par la Chambre et le Sénat, signée et promulguée par le président de la République, peut spolier les congrégations, mais elle ne peut pas faire que cette spoliation ne soit pas un vol.

Plus odieuse encore, si c'est possible, est la conduite du gouvernement envers les congrégations qui, après la promulgation de la loi du 1er juillet 1901, n'ont-pas demandé l'autorisation. Elles s'étaient dispersées ; si injuste que fût la loi elles s'étaient soumises. Leurs membres isolés devaient au moins jouir des mêmes droits que les autres citoyens français, et n'être pas molestés dans la jouissance et la propriété de leurs biens.

Mais non, il ne suffisait pas de les forcer à quitter leur domicile, de les empêcher de continuer leurs œuvres de prédication ou d'enseignement, il fallait les dépouiller. Aussi, le garde des sceaux de l'époque — nous ne pouvons le nommer ministre de la justice que par antiphrase — s'empressa-t-il de lancer une circulaire-ukase interdisant aux officiers ministériels de prêter leur concours à la vente que les congréganistes voudraient peut-être faire de leurs biens, qui furent mis sous le séquestre ; et un liquidateur fut désigné pour les administrer, en attendant la vente par le gouvernement.

A Marseille, plusieurs anciens membres d'une congrégation qui n'a pas demandé l'autorisation, avaient emporté de leur maison quelques meubles, quelques livres, du linge à leur usage ; le gouvernement les a poursuivis en justice comme l'ayant volé, et il s'est trouvé un tribunal-pour les condamner ! Il n'y a pas de termes assez énergiques pour qualifier un aussi impudent renversement de tout droit. Il est vrai que le tribunal a fait à ces anciens religieux, coupables d'avoir emporté leur propre fortune, la grâce de leur appliquer la loi Bérenger ! Il va de soi que le gouvernement a mis de même la main sur les propriétés des congrégations auxquelles il a refusé l'autorisation demandée.

Toutes les victimes ne se sont pas laissé dépouiller sans résistance ; il en est résulté des procès ; les tribunaux ont rendu des sentences contradictoires : les uns ont jugé selon la justice, d'autres ont même dépassé la lettre d'une loi inique. La Cour de cassation dont, depuis des années, les conseillers avaient été triés avec soin sur le volet républicain, a rétabli l'uniformité de la jurisprudence et consacré juridiquement le vol.

Quant aux congrégations autorisées qui subsistent encore, si Dieu laisse à l'iniquité le temps de consommer son œuvre, leur destruction et leur spoliation n'est plus qu'une affaire de temps, de quelques mois peut-être.

En vérité si quelqu'un ne reconnaît pas la validité des titres de propriété des congrégations, je ne sais par quelles raisons il pourra défendre la propriété des particuliers contre les âpres convoitises des socialistes. Les socialistes sont logiques. S'il n'y a pas de Dieu qui défende le vol, il n'y a pas de maître qui ait le droit de l'empêcher.

De tout ce que nous venons de dire la conclusion est claire ; la réponse faite à la question du commencement s'impose avec évidence. Il n'est pas permis d'acheter les biens meubles et immeubles des congrégations mis en vente par le gouvernement.

Le Code punit le recéleur d'objets volés, il punit l'acheteur qui en connaît la provenance illégitime, et en cela le Code est conforme à la loi de Dieu.

L'acheteur devient complice du vol, il prend et retient à son escient le bien d'autrui. Il y a donc péché, et comme la quantité prise est considérable, la matière est grave et le péché mortel.

Il suit de là que l'acheteur ne peut pas être possesseur de bonne foi. Il est tenu à restitution. Il doit restituer le bien injustement acquis, ou sa valeur et les fruits naturels de ces biens. Nous n'avons pas ici à prouver cette obligation. Le Code la reconnaît, et nos législateurs en faisant contre les congrégations religieuses ces lois de spoliation, ont outrageusement violé, non seulement la loi divine, mais aussi la loi humaine.

. Ajoutons que, dans cette spoliation, le vol est accompagné de sacrilège, car les biens, dont on s'empare injustement, sont des biens consacrés à Dieu ; le péché du vendeur et de l'acheteur en devient plus grave.

Enfin ceux qui ont voté la loi spoliatrice, ceux qui l'exécutent, les vendeurs et les acheteurs des propriétés des religieux, tombent sous le coup de l'excommunication portée par le concile de Trente (Sess. 22, *De reform.*, cap. XI) et confirmée par Pie IX, dans la bulle *Apostolicæ Sedis*, du 12 octobre 1869. Nous donnons en note le texte du concile [1].

Par conséquent, aucun honnête homme, à quelque religion qu'il appartienne ne peut en conscience prendre part à la spoliation des congrégations, soit comme liquidateur, soit comme acheteur. S'il n'est pas l'auteur principal de l'injustice et du vol, il en est toujours le complice, coupable lui aussi.

H. BERCHOIS.

---

1. « Si quem clericorum aut laïcorum, quacumque is dignitate, etiam imperiali vel regali, præfulgeat, in tantum malorum omnium radix cupiditas occupaverit, ut alicujus ecclesiæ, seu cujusvis sæcularis vel regularis beneficii, montium pietatis, aliorumque piorum locorum jurisdictiones, bona, census ac jura, etiam feudalia et emphyteutica, fructus, emolumenta, seu quascumque obventiones, quæ in ministrorum et pauperum necessitates converti debent, per se vel alios, vi vel timore incusso, seu etiam per suppositas personas clericorum aut laicorum, seu quacumque arte aut quocumque quæsito colore in proprios usus convertere, illosque usurpare præsumpserit, seu impedire, ne ab iis, ad quos jure pertinent, percipiantur : is anathemati tamdiu subjaceat, quamdiu jurisdictiones, bona, res, jura, fructus et reditus, quos occupaverit, vel qui ad eum quomodocumque etiam ex donatione suppositæ personæ pervenerint, ecclesiæ ejusque administratori sive beneficiato integre restituerit, ac deinde a Romano Pontifice absolutionem obtinuerit. »

LA TARE

SOUVENIRS D'UN VOYAGE EN ITALIE (1903)[1]

XIV

Au dîner qui suivit ce long entretien Jacques fut particulièrement gai et causeur. M. Lhonner, Mme Halberr et
Armelle avaient peine à riposter aux saillies endiablées du
jeune homme. L'abbé Gervais était retourné à son logis;
mais bien que, de temps en temps, Jacques s'égayât à son
sujet, aucune de ses plaisanteries n'était mordante, ce
jour-là.

Cependant sur la fin du repas, comme on se levait de table
pour passer dans le salon de l'hôtel :

— Ah! ma cousine, fit Jacques, savez-vous que j'ai failli
partir pour le désert ?

— Allons donc !

— Eh! oui, l'abbé m'a fait une telle exhortation à la Saint-
Jérôme, que, ma foi, peu s'en est fallu que je ne m'embar-
quasse à Ostie pour quelque laure lointaine d'Égypte ou de
Syrie.

— Cela m'aurait grandement étonnée, fit Armelle.

— Vous ne m'en croyez donc pas capable ?

— A vrai dire, absolument pas.

— Et pourquoi ?

— Parce qu'il manquerait essentiellement à votre bateau
le souffle qui l'arracherait au rivage.

— Parlez donc sans figure : vous croyez que je n'aurais
pas ce courage ?

Armelle fit une petite moue, et ne répondit rien.

— Au reste, se hâta d'ajouter Jacques, je n'en ai nulle
envie : rassurez-vous.

— Je n'étais pas fort alarmée; mais pourrait-on savoir
quel motif impérieux vous poussait au désert ?

1. Voir *Études* des 5 et 20 août et des 5 et 20 septembre 1904.

— La grâce, ma cousine !

Et comme Armelle ouvrait de grands yeux :

— Tout le reste n'est que poussière en comparaison ; l'*Apollon* du Belvédère comme les autres, poussière ; et le *Laocoon* aussi ; le sable des petits enfants, vous savez, avec leurs petits seaux en fer-blanc, sur les places, auprès des bancs de pierre, sous l'œil bienveillant des nounous et des militaires.

— Moqueur ! fit Armelle.

— Vrai Dieu ! dit Jacques, je ne l'ai jamais été moins qu'aujourd'hui.

— Il n'y paraît guère.

Puis prenant subitement un ton plus grave :

— Vous avez donc encore causé avec cet excellent abbé ? demanda Armelle.

— Causé ? Notez que c'est moi-même qui l'ai interrogé, et voilà pourquoi je ne puis être moqueur, malgré la diâble d'envie qui m'en chatouille, parce que j'ai eu tous mes trous bouchés, je vous assure.

— Si c'était vrai ! soupira Armelle.

Et l'on se sépara.

— Ah ! vous savez, reprit la jeune fille, nous projetons d'aller ce soir au Colisée à huit heures.

— Bigre ! fit Jacques, c'est un peu l'heure des revenants.

— Il doit y avoir illuminations, feux de Bengale ; on dit que c'est très beau, nous avons des cartes, serez-vous des nôtres ?

— Sans manquer, pour moi du moins ; quant à ma mère...

— Je vous accompagnerai, se hâta de dire Mme Halberr.

— Avez-vous commandé la lune ? fit Jacques ; car à travers ces ruines, il en faut, ma cousine, il en faut.

— Taisez-vous ! tout sera à souhait, comptez sur moi. Ah ! par exemple, nous n'aurons pas l'abbé Gervais.

— Je le regrette, reprit Jacques, mais je vous répéterai son sermon sur la grâce.

— Vous l'avez donc retenu ? demanda Armelle en fixant le jeune homme.

Celui-ci, toujours si insaisissable, se sentit, on ne sait vraiment pourquoi, arrêté par cette simple question.

— Mais..., fit-il embarrassé.

— Allons, allons ! soùrit Armelle en lui tendant la main, la flèche a touché !

Oui, la flèche avait touché et pénétré : le persiflage de Jacques en était un indice; car si les paroles de l'abbé Gervais avaient été sans conséquence, elles eussent été vite oubliées. Mais le jeune homme ne voulait pas en convenir : et comme pour mieux chasser ces souvenirs inopportuns, il passa toute sa journée à courir et à flâner dans Rome, s'attardant à toutes les devantures, et cherchant toutes les petites anecdotes croustilleuses à mettre en son carquois « contre les papes, afin, se disait-il à lui-même, d'exciter la verve d'Armelle et le don de reparties dont jouissait, il fallait en convenir, le bon abbé Gervais ».

C'est ainsi qu'en passant sur la place Barberini, voyant le blason des papes de ce nom : des abeilles sur un fond d'azur, il notait le dicton romain qui avait stigmatisé le népotisme évident d'un de ces pontifes : *Plus fovit apes quam pavit oves :* Il a eu plus de soin des abeilles de sa famille que des ouailles de son Église.

En passant devant le palais Borgia, au souvenir de la belle Lucrèce et du pape Alexandre VI, il se rappelait la pointe de la dague dont parle Victor Hugo, faisant sauter violemment la première lettre de ce nom célèbre, pour ne laisser en enseigne que le mot significatif : *Orgia*.

Tout était du même goût : petite vengeance en vérité qu'il tirait sur son esprit blessé par la logique ardente de l'abbé Gervais. Car pour un esprit aussi droit que celui de Jacques, la logique était une pointe inflexible et qui entrait profondément. Or il était bien forcé de conclure que si tout ce qu'avait dit l'abbé était vrai, il fallait nécessairement en passer par toutes les conséquences de ce vrai.

Mais était-ce bien vrai ?

Et pourquoi, après tout, ne serait-ce pas vrai ?

Rome entière avec sa légion de martyrs était une preuve de cette vérité, et le mot de Pascal revenait à la mémoire du jeune homme : « Je crois à des témoins qui se font tuer pour une vérité. »

Le pas décousu de ses flâneries avait amené Jacques auprès

de l'église de Saint-Laurent in Lucina. Il entra dans l'église, pour y admirer une magnifique *Crucifixion* du Guide, citée dans tous les manuels des touristes. Tandis qu'il la contemplait, il vit quelques pèlerins se diriger vers la sacristie : on y montrait, paraît-il, le gril de saint Laurent. La chose parut piquante au jeune incrédule, et il alla voir.

Effectivement il vit un notable fragment de ce gril ; et à côté le sacristain faisait vénérer une ampoule pleine de graisse et de sang mêlés et de la terre imbibée de ce sang du jeune et vigoureux martyr.

« Il est mort, disait le cicerone, pour n'avoir pas voulu livrer les biens de l'Église aux persécuteurs. » Et il esquissait à grands traits la fin tragique de ce héros insultant à ses bourreaux au milieu du crépitement de sa chair brûlée, et exultant d'une sorte de joie sauvage, mais réelle, à la pensée qu'il mourait fidèle et qu'il allait voir son Dieu.

Cela rendait rêveur Jacques, qui ne pouvait en s'en retournant s'empêcher de dire : « N'importe, il faut bien qu'il y ait quelque chose dans ces hommes, et au-dessus d'eux, pour qu'ils aient fait si bon marché de leur vie. »

Et il continuait d'errer, entrant dans les églises qu'il n'avait pas visitées, s'arrêtant aux carrefours, regardant les portiques rongés du temps... Il arriva ainsi sur la place de Sainte-Marie in Cosmedin, et s'amusa un instant à contempler, sous le portique de l'église, le grand disque en marbre antique sur lequel est sculptée une large face humaine, la bouche ouverte.

C'est la *Bocca della Verità*, la bouche de la vérité.

Jadis on y introduisait la main, une façon de serment judiciaire : si la bouche se refermait cela signifiait qu'on était parjure. Nombre de maris y amenaient leur femme et les forçaient à y mettre la main pour y avoir une preuve de leur fidélité. Aujourd'hui on en fait encore peur aux enfants, et on les menace de la Bocca della Verità au premier mensonge.

Jacques y mit la main en souriant et la bouche ne se referma pas. Au sortir du porche, il traversa la place, s'égara dans les rues qui avoisinent le Tibre et entra, la nuit déjà presque tombée, dans la haute église de Santa Maria in Campitelli ; il n'y jeta qu'un coup d'œil rapide, admira en passant la hauteur et la profusion des colonnes et allait se retirer, quand il aperçut à gauche deux tombeaux en face l'un de l'autre posés sur des lions de marbre rouge. Deux statues couronnaient ces mausolées, un riche cavalier et une noble dame. Il se pencha pour voir le nom de ces célèbres personnages.

Sur le tombeau de l'homme il n'y avait qu'un mot en lettres d'or : *Nihil*: Rien.

Sur le tombeau de la femme, un seul mot également : *Umbra* : De l'ombre ; et c'était tout : nulle date, nul blason, nul autre souvenir.

L'union de ces deux choses, l'ombre et le néant, c'est donc ce qui restait de ces opulentes existences.

« Ah ! fit Jacques, voici qui est encore plus fort que la poussière de l'abbé Gervais. » Et il sortit en répétant inconsciemment les deux mots de cette singulière épitaphe : *Nihil, Umbra*.

Jacques rentra assez tard. Toutes les rues déjà s'allumaient, et l'on était à table à l'hôtel du Sénat lorsque le jeune homme vint prendre sa place aux côtés de sa mère.

Celle-ci, inquiète de son absence, ne put s'empêcher de lui faire remarquer que grâce à son retard ils allaient peut-être manquer l'illumination du Colisée.

— Nous aurons la lune, fit Jacques toujours un peu gouailleur par habitude, et une de première classe, ajouta-t-il en se tournant vers Armelle : il faut que vous l'ayez commandée exprès.

Sa mère haussa imperceptiblement les épaules, et le repas achevé, on s'achemina vers le Forum.

Vu à la nuit, le Colisée prend une importance grandiose. Ce vaste colosse se dresse au fond du Forum, ajoutant la masse de ses ruines à toutes celles que l'on vient de traverser.

— Vous savez la légende, mon cousin, disait Armelle ; les destinées du monde sont attachées au Colisée.

— Vraiment ? je l'ignorais.

— Hé ! oui : tant que durera le Colisée, Rome durera ; s'il tombe, Rome tombera, et si Rome finit, le monde finira.

— Ah! votre auteur, s'il vous plaît ?

— La tradition, Monsieur, fit Armelle. Au reste, je vous l'abandonne et je ne discuterai pas ce point avec vous. Mais voyez donc, quelle ampleur ! quelle majesté !

On entrait sous les voûtes grandioses de l'amphithéâtre.

Les vastes pans de mur noyés dans l'ombre s'éclairaient progressivement de la lumière blanchâtre de la lune, et cette lueur indécise qui glissait lente et diffuse sur les gradins, sous les portiques, semblait les animer à son passage. On eût dit alors un long défilé de formes blanches qui se massaient silencieuses autour de l'arène, lointains et pâles spectateurs des drames sanglants du martyre.

— Ah! si l'abbé Gervais était là, ne put s'empêcher de dire Armelle, quelle poésie ne trouverait-il pas dans cette nuit si calme au milieu de ces ruines si blanches.

— Il est certain qu'il est un peu poète, votre abbé, répondit Jacques.

— Eh! cela ne gâte rien, reprit Armelle ; vous a-t-il donc fait beaucoup de poésie sur la grâce ? ajouta-t-elle malicieusement.

— Peut-être, répondit Jacques, et la conversation en resta là.

Pendant ce temps, M. Lhonner donnait quelques explications à Mme Halberr.

— Là, était la loge des empereurs ; au-dessous, ce vaste arceau, la porte de la mort : on y traînait les corps des victimes que l'on achevait dans le passage. A droite et à gauche les cavernes où rugissaient les fauves. Autrefois au milieu de l'arène il y avait une croix : le gouvernement italien l'a fait enlever, mais elle plane quand même au-dessus de l'amphithéâtre, nulle main ne l'y enlèvera et c'est elle que les yeux de la foi cherchent en entrant.

Jacques regardait en silence ; ce décor paraissait l'impressionner, car il ne trouvait pas à placer toutes les saillies qu'il avait préparées pendant la journée.

Par les larges arceaux on apercevait au loin le profil majestueux de l'arc de Constantin ; les restes de la *Meta sudante*, la gigantesque fontaine du temps des Romains ; puis la masse noire et effilée des cyprès du mont Palatin. Par instants, un souffle de vent passait à travers ces arches croulantes..., quelques pierres tombaient, et le silence impressionnant reprenait plus envahissant, plus intense.

Soudain une fusée partit d'un point de l'amphithéâtre : sa gerbe éclatante se dressa d'un jet lumineux dans les airs, faisant pâlir un instant le ciel éclairé d'étoiles, puis elle retomba en pluie de feu. Ce fut le signal d'un embrasement général. En haut, en bas, sous toutes les arches, dans toutes les galeries s'allumèrent à la fois des feux rouges, blancs et verts.

Le Colisée doubla de hauteur. Sous les flammes rouges il parut s'incendier dans la nuit. A ce moment un chœur de jeunes hommes soutenu par une fanfare fit retentir un chant triomphal.

Des vivats et des applaudissements éclatèrent, puis tout retomba dans l'ombre : cet embrasement avait duré quelques minutes inoubliables.

En toute autre circonstance, Jacques n'eût vu là qu'un effet de mélodrame habilement combiné ; mais son séjour à Rome, ses visites au tombeau de tant de martyrs, les conversations qu'il avait eues depuis quelques semaines, avaient, sans qu'il s'en doutât, changé un peu l'orientation de ses idées.

Dans ces cris, dans ces chants et ces vivats, au milieu des flammes, il croyait en un instant revivre les scènes antiques de l'amphithéâtre, et les reflets rouges qui avaient une minute couru à ses pieds sur le sable de l'arène, lui avaient paru des flots de sang.

Quand Jacques était impressionné, comme toutes les natures profondes, il se taisait.

C'était donc silencieux qu'il sortait du Colisée aux côtés de sa mère qui l'avait rejoint.

Un peu en arrière, suivait Armelle qui avait pris le bras de son père. Eux aussi étaient silencieux.

A un moment pourtant Armelle rompit ce silence.

— Je suis heureuse, fit-elle, que Jacques nous ait accompagnés au Colisée : ce spectacle a dû l'impressionner favorablement.

M. Lhonner ne répondit rien. Armelle s'en émut un peu ; elle crut y voir — tellement les cœurs qui aiment sont inquiets et sensibles — une marque de défaveur ou d'indifférence pour son cousin, et avec la franchise qui dominait son caractère, elle s'arrêta tout à coup :

— Mon père, dit-elle, j'ai quelque chose à vous demander.

— Hé quoi ! ma fille ?

— Dites-moi donc franchement : est-ce que par hasard vous désapprouveriez notre projet d'union ?

Le coup fut si inattendu, que M. Lhonner s'arrêta lui aussi brusquement.

— Mais, la condition est-elle remplie ? dit-il après un silence.

— Je crois qu'elle le sera, reprit Armelle.

— Il te l'a dit ?

— Non, mais je le sens.

Et M. Lhonner continuait à ne rien répondre.

— Dans ce cas, mon père, insista Armelle, que voulez-vous que je fasse ? Si Jacques revient à la foi, oui ou non épouserai-je mon cousin ? On dirait que vous souffrez de me voir prendre un parti, mais vous savez bien que je ne ferais rien qui vous pût déplaire.

Et Armelle, prenant les deux mains de son père, les serrait dans les siennes.

La question était étrange à cette heure avancée de la nuit, au milieu du Forum, à quelques pas de ce Colisée qui achevait de s'éteindre, et tout près de Jacques et de sa mère dont les ombres les devançaient à peine.

— Ah ! ma chère bien-aimée, répondit enfin M. Lhonner avec effort, si tu savais tout ! et il eut un sanglot.

Armelle le pressa vivement de s'expliquer, mais il rentra dans son mutisme, et la situation resta aussi imprécise qu'auparavant, avec, toutefois, une angoisse de plus et pour le père et pour la fille.

XV

M. Lhonner fut souffrant le lendemain.

Dans la matinée l'abbé Gervais vint le voir, il apprit la conversation de la veille : le mot du père avait dû troubler la fille et il était plus qu'évident qu'on marchait à l'inévitable solution.

L'abbé voyait le pauvre père, si affligé et si angoissé qu'à un moment — cela lui coûtait bien — il proposa tout net à M. Lhonner de faire lui-même les premières ouvertures de la révélation.

M. Etienne eut un sursaut, il se dirigea vers le bureau de sa chambre, ouvrit un tiroir et en tira le rouleau que l'abbé reconnut pour être celui qu'il avait lu : la confession de la race.

M. Lhonner allait le lui tendre, quand tout à coup il se ravisa.

— Non, non, fit-il tristement ; je connais Armelle... elle est trop fière pour voir quelqu'un — serait-ce vous, mon Père — entre elle et moi dans cette confidence. Elle souffrira bien déjà assez de cette terrible révélation, faut-il donc lui infliger encore la honte de voir dans le secret quelqu'un qui ne soit pas de sa famille ? Merci, ajouta M. Lhonner, mais, vous le voyez, c'est inévitable ; il faut que ce soit moi qui dise tout ; peut-être est-ce encore une partie des ressorts douloureux de cette savante machine qui opprime toute ma race, et que vous m'avez appelée : l'expiation.

Et il remit le rouleau à sa place dans son bureau.

Le pas pressé d'Armelle se fit entendre au dehors.

M. Lhonner avait à peine refermé le tiroir, que la porte s'ouvrit.

— Voici le *biglietto* de Mgr Bisleti, dit la jeune fille en entrant joyeuse, ne serait-ce pas l'audience désirée ?

C'était bien l'audience en effet, pour le lendemain, Jeudi saint, à quatre heures du soir.

— Vous en êtes, Monsieur l'abbé, dit la jeune fille : voyez, personne n'est oublié, Jacques lui-même y figure, ce sera le coup de la grâce. Par exemple, il faudra qu'il se plie au cérémonial, pour un jeune esprit fort... les trois génuflexions en abordant le pape... vont lui paraître le comble de la superstition.

— M. Jacques a trop d'usage du monde, hasarda l'abbé, pour manquer en semblable circonstance.

— Aussi je ne m'alarme pas trop, ajouta Armelle, mais voulez-vous que nous allions de ce pas l'avertir de sa bonne fortune ?

— Volontiers.

L'abbé Gervais serra la main de M. Lhonner et suivit Armelle.

Ils n'étaient pas encore dans la rue, que la jeune fille dit à brûle-pourpoint au prêtre :

— Mon père m'a lâché hier un mot étrange, Monsieur l'abbé..., et elle raconta sommairement la conversation de la veille. Vous comprenez bien, ajoutait-elle fiévreusement, que je ne suis pas femme à me contenter de ces demi-paroles ; y aurait-il donc quelque chose que l'on me cache ? Est-ce de mon côté, ou de celui.de Jacques ? Et qu'est-ce que cela peut être ? Quant à l'honorabilité, certes je connais assez les miens... pour n'avoir pas de doute à ce sujet ! Alors ! « Si tu savais tout ? » Eh bien, qu'est-ce que c'est que ce *tout* ? Mon père a peut-être fait des pertes de fortune, qu'il ne veut pas m'avouer ; mais qu'il me le dise ! que m'importe plus ou moins de luxe si j'ai l'honneur et l'affection de mon mari ! D'ailleurs, nous ne sommes pas encore sur la paille... s'il faut vendre... on vendra. Voyez, Monsieur l'abbé, j'aime mieux tout que cette incertitude. Je comptais m'expliquer dès ce matin avec mon père, je l'ai vu si abattu et si souffrant.que j'ai remis à plus tard ; mais après notre audience du pape je l'aborderai franchement, je veux la vérité, entendez-le bien, et la vérité n'a pas de quoi me faire peur. Qu'aurait-elle de désho-norant ?

Ainsi de tout ce flux de paroles, il ressortait que par la fa-talité des choses, Armelle se mettait en face de toutes les éventualités en écartant précisément là seule qui était véri-table.

L'abbé sentait combien cette disposition d'esprit allait en-core augmenter l'effondrement qui suivrait la révélation. Il aurait voulu l'y préparer, il y avait déjà songé.

Quelques phrases banales sur les ancêtres en général, sur les surprises de l'atavisme et les secrets de famille... Mais la réflexion de M. Lhonner avait coupé court à toutes ces phrases étudiées.

Vu le caractère d'Armelle, ne valait-il pas mieux en effet qu'il restât dans son silence et son ignorance extérieure ?

En ces conditions il ne pouvait qu'une chose : abonder en

quelque sorte dans le sens de la jeune fille ce qu'il fit ; à
quoi Armelle répondit immédiatement :

— Je suis bien aise que vous pensiez avec moi que tout
vaut mieux que cette flottante incertitude.

Et comme toutes les natures droites et énergiques qui, une
fois leur projet arrêté, le considèrent presque déjà exécuté,
Armelle, retrouvant son à-propos et son indémontable bonne
humeur :

— Ah ! Monsieur l'abbé, dit-elle en revenant à ses préoccupations plus ordinaires, si je trouvais Jacques... trop rebelle
aux trois génuflexions, vous m'aideriez bien, n'est-ce pas, un
peu ?

Jacques n'avait pas besoin d'être aidé, il se prêta à tout ce
que l'on voulut, sembla même ému de se trouver en face du
pape, le vicaire de Dieu sur la terre ; tant il demeure en nous
des restes de cet ineffaçable témoignage de toute âme chrétienne qui a reçu du baptême les premières empreintes de
la divinité !...

Le Jeudi saint, vers les trois heures et demie, toute la famille
se dirigea donc vers le Vatican ; on avait résolu de consacrer le
reste de la soirée qui suivrait à Saint-Pierre de Rome, où l'on
devait assister au fameux *Miserere* et à l'ostension des grandes
Reliques..

Un peu avant quatre heures tous nos voyageurs étaient
réunis très émus dans la salle du trône.

Léon XIII devait les recevoir dans l'antichambre qui précède ses appartements particuliers.

Deux ou trois personnes passèrent avant eux. Enfin leur
tour arriva. S. E. Mgr Bisleti les devança et, soulevant une
portière, les fit pénétrer dans l'antichambre.

Une seule fenêtre éclairait cette salle plus longue que large,
et au fond, en face de la fenêtre, assise sur un fauteuil un peu
élevé, il y avait une forme blanche, diaphane, presque insaisissable à vue lointaine : le pape.

Les trois génuflexions faites avec le silence et le respect
ému qu'on apporte dans un temple, tous se mirent à genoux
en rond autour du pontife.

Léon XIII leva sur eux ses yeux brillants, ses yeux de
diamant noir ; ils jetèrent en un instant une grande lumière

sur sa face ridée et creusée ; en même temps il eut un sourire d'une douceur inexprimable.

Les yeux et le sourire c'est tout ce qu'il y avait dans cette figure. Le reste était mort... déjà terreux, mais cette âme indomptable... sortait de ces ruines défaillantes par ces deux portes : le regard... les lèvres !

Le pape prit de suite le bras de l'abbé Gervais et il le tint serré dans sa main tout le temps de l'audience ; il avait appris que c'était un religieux expulsé, il voulut donner ce témoignage de sa particulière paternité à celui qui avait déjà souffert quelque chose pour Jésus-Christ.

Puis, sachant qu'il n'avait devant lui que des Français :

— Ah ! la France..., dit-il douloureusement, qu'elle me fait souffrir !... et pourtant que je l'ai aimée !...

Sa voix caverneuse eut ensuite un accent plus profond :

— Comment ne se soulève-t-elle pas ? ajouta-t-il comme indigné.

— Très Saint-Père, lui dit l'abbé Gervais, la vraie France n'est pas celle qui nous gouverne... La vraie France gémit et souffre de ce qu'elle voit...

— Oui, oui, interrompit le pape... elle subit le joug !

Puis comme aux interrogations multipliées du pontife, l'abbé Gervais répondait sur tout ce qu'avaient à souffrir les religieux, et aussi sur leur pensée très arrêtée de rester quand même en France, pour y planter leur drapeau sur la dernière motte de terre libre qu'on leur laisserait :

— Il faut résister courageusement, reprit gravement le pape, pour montrer l'injustice des lois.

Et alors il se tourna affectueusement vers les autres : il touchait de sa main tremblante tous les fronts baissés. M. Lhonner lui offrit une bourse pleine de pièces de cent francs en or français, le pape prit lui-même la bourse.

— Je vous remercie bien, dit-il.

Et il s'enquit de toute la famille du donateur, entrant paternellement dans tous les détails ; parlant de la Lorraine qu'il avait traversée jadis en allant en Belgique, puis revenant à ses soupirs sur la France.

— Heureusement, disait-il, que quand elle dort ce n'est pas pour longtemps.

— Ah! Saint-Père, disait ardemment M. Lhonner, puisse-
t-elle se réveiller bientôt!...

— *Che lo sà?...* reprit le pape redevenu mélancolique.

Comme on lui présentait des chapelets et des croix à
bénir.

— Oui, oui, répétait-il, je touche, je touche tout, je bénis
tout.

— *É questo giovine*[1]*?* dit-il ensuite en regardant fixement
Jacques.

— Bénissez-le, Saint-Père, demanda Mme Halberr, afin
qu'il soit un fidèle...

Le pape interrompit :

— Un croyant... *sincero corde...* oui... au cœur sincère,
disait le pape mêlant un peu les trois langues. *Caro mio,*
ajouta-t-il tendrement, ayez le courage de la foi.

Et les deux mains du pape se reposèrent longtemps sur la
tête de Jacques qui, à genoux et courbé, frémissait de tout
son être.

Enfin la droite bénissante du pape arrivait à Armelle.

Sans rien dire, le pontife fit une longue croix sur le front
de la jeune fille; il lui donna son anneau à baiser plusieurs
fois; des larmes coulaient silencieusement sur les joues
d'Armelle.

L'audience touchait à sa fin.

— Très Saint-Père, dit encore l'abbé Gervais, j'ai aidé à
préparer pour leurs pâques les jeunes aveugles de Saint-
Alexis-sur-l'Aventin. Voici quelques médailles que je dois
leur porter...

— Dites-leur en les donnant que le pape les a bénies et
que c'est lui qui les leur envoie.

Et comme avant de se retirer tous les pèlerins se cour-
baient encore pour baiser la mule du pape, celui-ci redit à
voix basse comme une suprême recomandation :

— Aimez Dieu, aimez Dieu... par-dessus tout... tout...
tout..., répéta-t-il par trois fois en scandant et accentuant ce
mot.

Et après une dernière bénédiction il les congédia.

1. Et ce jeune homme ?

M. Lhonner sortit si visiblement ému de cet entretien qu'il manifesta le désir de rentrer à l'hôtel.

— Je vous laisse aller, dit-il à sa fille et à l'abbé, vous me rejoindrez après les cérémonies.

Armelle n'insista pas et l'on entra à Saint-Pierre pour assister au grand *Miserere*.

L'immense basilique se remplissait... Bientôt toute la foule se massa autour de la Confession et les premières notes du grand psaume de la douleur et de la pénitence retentirent sous le dôme.

Nos pèlerins avaient pu trouver un banc en face du tombeau de Clément XIII, ce fameux tombeau où Canova a fait pleurer les lions, chanter le génie et rayonner la foi en trois statues merveilleuses qui sont les plus belles peut-être de toutes celles qui remplissent l'église.

Ils étaient donc admirablement placés pour tout entendre et pour tout voir.

Mais pas plus le lion pleurant de Canova que les notes déchirantes du *Miserere* n'absorbaient leur attention : ils étaient tout au souvenir de cette audience... Ils voyaient ce vieillard les écoutant, les bénissant.

L'abbé Gervais cherchait encore sur son bras les restes de la chaude étreinte du pontife.

Armelle, les yeux toujours humides, sentait la croix lente qui se formait sur son front.

Jacques était sans contredit le plus bouleversé, il avait eu pour lui seul une parole du pape, et quelle parole !

Caro mio... Ah ! il s'était alors presque senti un enfant... d'un tel père... à entendre l'inflexion si affectueuse de cette voix divine... Et alors, quelle conclusion ne devait pas se former en lui, lente d'abord, profonde, pareille à une eau qui gagne envahissante... et qui finit par rompre toutes les digues pour s'échapper au dehors ?

Les dernières lamentations du *Miserere* achevaient de s'éteindre dans le fond de la basilique, qu'ils étaient encore là, inconscients de ce qui se passait autour d'eux.

Soudain une poussée se fit dans la foule.

Les ombres avaient peu à peu envahi la grande nef, le vaisseau s'était encore haussé, on n'en voyait plus les voûtes...

Or, voici qu'à l'un des balcons qui surplombent les quatre statues colossales qui sont au pied des quatre pilastres soutenant le dôme, — au balcon au-dessus de la Véronique, — parurent des prêtres.

On alluma six grandes torchères qui, à cette hauteur et dans les ombres de la coupole, semblèrent des étoiles presque lointaines.

Un tapis fut jeté sur les balustres de marbre.

Puis au milieu du silence la crécelle crépita longuement. Alors s'avança entre deux diacres un prêtre revêtu d'une chape. Il tenait dans les mains un long vase de cristal.

« La sainte Lance! » murmura-t-on; et les fronts s'inclinèrent.

Un second crépitement de la crécelle retentit.

Une croix traça son large signe dans l'ombre à peine lumineuse.

« La Santa Croce! » murmura la foule.

Enfin, apparut une image noircie, un visage défiguré, troué de blessures et sanglant.

« La sainte Face ! » Le voile même que Véronique appuya respectueusement sur le visage défait du Sauveur.

A ce moment, toute la basilique retentit d'une pieuse acclamation. Cette foule entière tombait à genoux, et en même temps l'électricité s'allumant sous toutes les voûtes de l'immense vaisseau jeta d'en haut des gerbes lumineuses : éblouissante auréole à ce Visage couvert de crachats et de sang, qui, penché sur la foule agenouillée, semblait comme autrefois, du haut du Calvaire, regarder, pleurer, bénir et pardonner.

Puis peu à peu tout s'éteignit.

Les ombres ressaisirent l'immense église. Les grandes portes de bronze s'ouvrirent : on apercevait au loin le scintillement des lumières de la place, la longue silhouette de l'obélisque, et la masse confuse des colonnades.

La foule s'écoulait secouée encore par l'émotion.

Mme Halberr, Armelle et l'abbé se relevèrent pour sortir, ils cherchèrent instinctivement Jacques... qui était un peu en arrière. Il se relevait... lui aussi.

XVI

Le lendemain matin — il était à peine jour — un violent coup de sonnette vint réveiller le portier du Palazzo Borromeo où était descendu l'abbé Gervais.

On le demandait précipitamment pour se rendre auprès d'un étranger, tombé subitement malade, à l'hôtel du Sénat.

L'abbé Gervais ne fit qu'un bond dans la rue del Seminario, longea le grand bâtiment de la poste et accourut sur la place du Panthéon, entièrement déserte à cette heure aussi matinale.

A la porte de l'hôtel, le garçon de service, les yeux encore cousus de sommeil, lui mêla toutes les langues... parla d'un « signor francese, bien mal... très mal, povero ! »

L'abbé ne l'entendait plus : il monta rapidement à l'étage supérieur.

Il se trouva en face d'Armelle. Très pâle, le front contracté, la jeune fille regardait le prêtre, aucun mot n'échappait à ses lèvres serrées.

— Mais qu'y a-t-il donc ? demanda l'abbé. Votre père !...

— S'est trouvé subitement mal hier, répondit Armelle.

— Mais comment?... il ne semblait pas si souffrant et rien ne pouvait faire prévoir...

— Je ne sais, en vérité... l'émotion de l'audience, dit Armelle, qui s'embarrassait visiblement dans ses réponses... Depuis notre visite au Colisée, il paraissait moins bien, je crains qu'il n'ait pris froid, et à Rome les fièvres sont si mauvaises !

— Avez-vous mandé un médecin ?

— Oui, il ne se prononce pas encore.

— Mais comment cette fatigue l'a-t-elle saisi ?

Armelle ne répondit pas.

— Il vous a demandé toute la nuit, fit-elle, et ce matin, aux premières lueurs du jour, j'ai pris la liberté de vous envoyer chercher. Voulez-vous entrer ?

L'abbé Gervais pénétra dans la chambre.

M. Lhonner, dès qu'il aperçut l'abbé, eut un éclair de joie qui enflamma à l'instant son pâle visage.

— Merci, ma petite, dit-il faiblement à sa fille.

Celle-ci se pencha sur le front de son père et y déposa un long baiser.

L'abbé avait en quelques minutes eu le temps de faire bien des réflexions ; l'attitude gênée d'Armelle lui en disait long ; dès que la jeune fille se fut retirée, il saisit la main de son ami.

— Mais que s'est-il donc passé ? demanda-t-il, anxieux.

M. Lhonner ne répondait pas, mais de grosses larmes coulaient sur ses joues... ; il passa plusieurs fois sa main sur son front, semblant encore en proie à une vive émotion.

— Est-ce que ?... demanda l'abbé.

M. Lhonner regarda fixement le prêtre, puis, très bas, comme un aveu de criminel, il dit :

— Oui... oui... Elle sait.

— Tout ?

M. Lhonner fit un signe d'affirmation. Le prêtre reprit de nouveau la main que lui tendait le malade.

— Et alors ?... interrogea-t-il.

Il y eut un silence. M. Lhonner paraissait rassembler ses idées. Ses lèvres tremblaient. L'abbé Gervais comprit qu'il était trop fatigué pour parler.

— Ne dites rien maintenant, fit-il affectueusement. Reposez-vous ; plus tard nous causerons...

— Tout... tout !... reprit M. Lhonner, qui visiblement voulait parler. Elle a lu...vous savez... je lui ai donné, elle a lu... là... sous mes yeux... elle était debout... A un moment j'ai vu sa poitrine se soulever... mais pas une larme. Puis, tout d'un coup... elle a poussé un cri... J'ai cru qu'une lame entrait dans mon cœur et alors je ne sais ce qui s'est passé. Longtemps après je me suis trouvé dans ce lit... ; elle était auprès de moi, elle s'est penchée sur mon visage. « Oh ! mon cher petit père ! » m'a-t-elle dit... Et puis... je n'ai plus rien entendu.

Et M. Lhonner se couvrit la figure de ses deux mains. Il reprit au bout d'un instant :

— A un autre moment, j'ai cru qu'elle me disait : « Est-ce qu'on connaît ce que tu as écrit là ? » Et comme je disais faiblement : « Non », elle s'est levée. Je crois avoir vu une grande flamme dans la cheminée, je ne sais... Elle est revenue... et il me semble qu'elle m'a dit : « Repose-toi tranquille, mon petit père... repose-toi. »

— Pauvre enfant ! dit l'abbé Gervais.

M. Lhonner leva les yeux au ciel et posant sa main sur son cœur :

— Le coup a porté là, dit-il faiblement.

L'abbé se leva, il se dirigea vers la cheminée, il y avait en effet des restes de papiers noircis et un tas de cendre encore tiède.

— Elle a dû tout brûler, fit-il à mi-voix.

Et il s'assit pensif dans un fauteuil. Oui, le coup avait porté au cœur du père et de la fille.

Mais selon les caractères, le choc et l'ébranlement qui en résultait devaient être différents.

Pour M. Lhonner déjà usé par la souffrance secrète de tant d'années, le coup pouvait être très grave, mortel peut-être. L'abbé ne voulait pas s'arrêter à cette pensée ; pour Armelle son caractère entier, sa jeunesse, l'ardeur de ses convictions, sans pouvoir parer le coup, pouvaient au moins en atténuer extérieurement les effets.

La jeune fille était de nature à tout enfermer dans son âme, à brusquement orienter sa vie d'un autre côté, et il semblait vraiment que la première rencontre qu'ils avaient eue, le matin, justifiait les pronostics de l'abbé Gervais.

Cette attitude nerveuse, ce silence ou cet embarras des explications, la promptitude qu'elle avait mise à introduire l'abbé chez son père, alors qu'il aurait voulu auparavant causer avec elle, tout cela indiquait bien une nature qui se raidissait et qui, à aucun prix, ne voulait se laisser dominer par la douleur.

Un soupir de M. Lhonner et un léger gémissement arrachèrent l'abbé à ses réflexions.

— Mon cher ami, disait le malade, vous ne lui en parlerez pas, n'est-ce pas ?

L'abbé n'eut pas de peine à promettre une discrétion d'autant plus entière qu'il se considérait lié par une sorte de secret confidentiel ; mais il ne put s'empêcher d'envisager la nouvelle situation que créaient cette révélation et cette discrétion forcée.

Il y avait là, pour tous les cœurs, une de ces souffrances exquises qu'aucun baume ne peut atteindre. C'était bien encore et toujours l'expiation.

La porte s'ouvrit et Armelle rentra suivie de Mme Halberr et de Jacques. On venait de les prévenir ; ils étaient accourus.

Mme Halberr se montrait profondément émue, mais elle trouvait cependant des paroles réconfortantes :

— Ce ne serait qu'une alerte causée par les fatigues, les courses à travers la ville, les émotions...

Pendant ce temps, Jacques avait pris à part Armelle dans l'embrasure de la fenêtre, et il s'enquérait minutieusement de ce qui s'était passé.

Armelle, en apparence très sûre d'elle-même, presque à l'aise, donnait tous les détails.

— Nous causions, disait-elle ; mon père semblait heureux de mon récit de la cérémonie à Saint-Pierre, je lui contais notre émotion à tous, lors de l'ostension des grandes Reliques. Il m'a fait ensuite ranger plusieurs papiers dans son bureau et c'est au milieu de cette conversation qu'il a subitement pris une syncope.

Tout cela était dit d'un ton si naturel que ce ne pouvait être que la vérité.

— S'il n'y a eu qu'une syncope, disait Jacques, j'ai tout lieu de croire que cela n'aura pas de suite fâcheuse, et dans quelques jours...

— Dans quelques jours, reprit Armelle, je pense aussi que nous nous serons remis en route.

— Déjà ! Comment ? fit Jacques.

— Oui, le médecin que je viens de revoir est d'avis que j'emmène mon père sur les bords de la mer, pour le soustraire à l'influence des fièvres de Rome, et alors, j'ai pensé que nous irions passer quelques semaines sur les bords de l'Adriatique. Après quoi nous retournerons en Bretagne pour compléter la guérison.

Évidemment Armelle avait l'air de brûler ses vaisseaux et bien qu'elle affectât la plus grande aisance, l'abbé Gervais, qui s'était approché, remarqua un léger tremblement dans la voix de la jeune fille quand elle disait : « Après quoi nous retournerons en Bretagne... »

— Ne viendrez-vous pas nous voir en Lorraine ? insista Jacques.

Armelle regarda le jeune homme ; malgré son indomptable fermeté, ses yeux se voilèrent ; alors elle se hâta d'ajouter en montrant son père :

— Tout cela dépendra de lui.

On sortit de la chambre ; aussi bien il fallait laisser reposer le malade ; mais en passant devant Armelle, Mme Halberr, qui paraissait plus rassurée, glissa un petit mot à l'oreille de la jeune fille :

— Vous savez, dit-elle, Jacques veut prendre jour avec Mgr Merry del Val, je crois que nous approchons, oh ! je suis bien heureuse.

Armelle sourit tristement, serra la main de sa cousine... L'abbé et Jacques avaient pris les devants.

La journée se passa sans incident, le soir il y eut même un mieux dans l'état du malade. Armelle ne le quittait pas, et cette affection de la chère enfant était assurément le meilleur remède pour le cœur blessé du père.

A la nuit, comme elle faisait doucement reposer la tête du malade sur un oreiller, Armelle lui dit tout bas :

— Tu as bien souffert, petit père ; mais va, le bon Dieu nous donnera encore des jours heureux... ensemble.

Le père la regarda.

— Ensemble ? balbutia-t-il.

— Oui, toujours, fit la jeune fille ; mais ne parle pas trop, il faut dormir, le médecin l'a bien recommandé, et moi je te le demande.

L'obscurité remplit peu à peu l'appartement, Armelle resta longtemps debout au chevet du malade, puis quand elle se rendit compte qu'il reposait, alors elle s'éloigna, ouvrit la porte de sa chambre qui donnait dans un cabinet attenant, et là, seule, dans la nuit, elle se détendit subitement et tombant à genoux au pied de son lit elle sanglota.

Pauvre enfant !

L'épreuve contre laquelle elle se roidissait, la ressaisissait impitoyable. Dans ces quelques minutes d'agonie, elle faisait des gestes comme pour écarter un calice amer et à un moment elle ne put pas réprimer un cri : « Jacques!... »

Un gémissement lointain de son père la rendit à sa ferme contenance.

Elle s'approcha du lit :

— Je suis là, petit père, dit-elle affectueusement, va, ne crains rien, et dors un peu sur mon épaule.

La nuit se passa en ces cruelles alternatives.

Cependant les jours suivants amenèrent une rémission dans le mal.

Le soir du dimanche de Pâques, M. Lhonner dit à l'abbé Gervais :

— Je ne croyais pas, mon Père, chanter encore une fois l'*Alleluia*. Oui, ajouta-t-il, je le chante pour moi, je le chante aussi pour le courage de ma fille : pas une plainte, pas une récrimination.

— Et M. Jacques ? hasarda l'abbé.

— Elle ne m'en parle plus, ou plutôt si, elle m'a dit ce matin : « Je crois que Jacques a vu Mgr Merry del Val » ; et comme je lui demandais si elle pensait qu'il eût fait le pas définitif : « Dieu a son heure, répondit-elle, il faut l'attendre. »

La semaine de Pâques devait amener bien des départs.

D'abord l'abbé Gervais qui ne pouvait pas prolonger son séjour à Rome au delà du jeudi ; puis celui des Halberr. Et enfin — M. Lhonner se trouvant mieux — Armelle comptait partir pour San Benedetto, près d'Ascoli, sur l'Adriatique, le soir de Quasimodo.

M. Lhonner était très ému à la pensée de voir s'éloigner l'abbé Gervais.

Et celui-ci sentait qu'il s'était singulièrement attaché à cette famille où Dieu l'avait fait comme entrer depuis quelques semaines pour y assister à des drames si poignants, hélas ! et si douloureusement instructifs.

La veille du départ, Armelle proposa une dernière fois d'aller visiter le tombeau de sainte Cécile.

On y alla en voiture ; dans quelle disposition différente de la première visite, on peut le concevoir.

Une sorte de tristesse chrétienne était empreinte sur tous les visages.

Jacques n'avait plus de saillies mordantes, Armelle était la seule qui essayât encore quelques notes de gaieté.

Tous descendirent dans la crypte et Armelle demeura long-temps agenouillée en face du sarcophage de marbre où repose la jeune et immortelle patricienne.

Quand elle se releva, l'abbé Gervais vit qu'elle avait pleuré.

La jeune fille lui montra le tombeau.

— Voyez, lui dit-elle, quelle simplicité dans cette épitaphe :

> *Cæcilia Virgo Martyr*,
> Cécile vierge martyre.

Et sans attendre la réponse elle sortit précipitamment. Le lendemain, l'abbé Gervais partit : il serra longuement M. Lhon-ner sur son cœur :

— Courage ! lui dit-il à mi-voix... nous reverrons-nous jamais ?

Armelle et Jacques accompagnèrent l'abbé jusqu'à la gare. Au moment où le train s'ébranlait, les deux jeunes gens s'ap-prochèrent séparément de la portière, et serrant la main du prêtre, Armelle comme Jacques lui dirent avec la même émotion, et sans s'en douter, le même mot :

— Merci, mon Père.

Quelques semaines après, l'abbé Gervais reçut une lettre d'Armelle :

San Benedetto, 15 mai 1903.

' ... Mon père va mieux, lui disait la jeune fille, mais il n'est pas entièrement guéri. Nous retournons à Kerguimy dans une dizaine de jours ; nous y séjournerons ordinairement : vu l'état de santé de mon cher papa, il n'est plus question de nous rendre en Lorraine. Nous res-terons Bretons, et nous ferons du bien à nos bons paysans. Savez-vous, mon Père, que j'ai envie de m'improviser maîtresse d'école pour rem-placer les religieuses que l'on chasse : qu'en pensez-vous? A tout hasard je vais prendre mes brevets.

D'une écriture un peu plus tremblée, elle ajoutait :

Mon cousin Jacques a communié des mains de Mgr Merry del Val.

Adieu, mon Père, je ne sais pourquoi, je vais souvent en esprit au tombeau de sainte Cécile : c'est là où vraiment nous nous sommes fait nos adieux. Priez pour moi.   ARMELLE.

L'abbé Gervais posa cette lettre sur sa table, et repassant les terribles phases de ce long drame de race, qui s'achevait dans cette jeune fille, il songeait douloureusement aux semblables expiations qui s'accompliraient demain, en France, pour toutes les spoliations d'aujourd'hui.

Louis PERROY.

SAINT FRANÇOIS DE BORGIA

I. — L'HOMME DE COUR [1]

Des nombreux biographes de saint François de Borgia, trois surtout méritent considération : les PP. Vasquez et Ribadeneyra et le cardinal Cienfuegos. Denis Vasquez fut longtemps le compagnon et le confesseur du Saint. Il reçut de lui des missions importantes qu'il sut remplir. Mais, rappelé en Espagne après la mort de Borgia, il prit, à certaines agitations de son ordre, une part qui ruina son crédit. Aussi bien, Vasquez raconte de souvenir. Il commet des confusions évidentes, altère entièrement les documents qu'il cite. Le silence qui se fit autour de son œuvre prouve, à lui seul, qu'elle fut suspecte aux contemporains. Néanmoins tous les historiens postérieurs s'inspirèrent du manuscrit de Vasquez, et Nieremberg, en 1643, n'a guère fait que le transcrire, sans, du reste, nommer une fois l'auteur.

Pierre de Ribadeneyra vit Borgia à Rome en 1550, et, plus tard, il le connut religieux. Il écrivit d'après des témoignages autorisés, notamment d'après celui du P. Henriquez, un

1. Voir ses *Histoires,* par Denis Vasquez, manuscrite et inédite, composée avant 1586 ; Ribadeneyra, 1592 ; Nieremberg, 1643 ; Bartoli, 1681 ; Cienfuegos, 1702 ; les Bollandistes, t. V, d'octobre 1786, etc. — Escolano, *Historia de Valencia* ; Viciana, *Cronica de Valencia* ; Zurita, *Anales de la Corona de Aragon* ; Gregorovius, *Lucrèce Borgia* ; Ch. Yriarte, *les Borgia, Autour des Borgia, César Borgia* ; Pastor, *Histoire des papes* ; *Boletin de la Real Academia de la Historia de Madrid.* — Et surtout : Béthencourt (D. F^co Fernandez de), *Historia genealogica y heraldica de la Monarquia Española, Casa Real y Grandes de España.* Madrid, 1902. T. IV : *Gandia, Casa de Borja.* — *Monumenta historica, nunc primum edita. S. Franciscus Borgia, S. J.* Madrid, 1894-1904. 2 volumes. — *Archives d'Osuna,* Madrid. (Ces anciennes archives de la maison de Borgia sont sous le séquestre depuis la mort de leur dernier propriétaire, le douzième duc d'Osuna. — Je dois à des amis qui ne veulent pas être remerciés, de nombreux documents transcrits jadis par eux dans ces archives, et à la bienveillance de don Daniel de Ituralde d'avoir pu moi-même en copier quelques autres. L'histoire des Borgia est ensevelie dans ce tombeau. Je désignerai les pièces puisées à cette source par le seul mot *Osuna.*)

autre confesseur du Saint. Il soumit son récit à don Galceran
de Borgia, frère de François, et à don Jean de Borgia, son fils.
Il le dédia au fils aîné du Saint, don Carlos. En 1609, âgé de
quatre-vingt-trois ans, Ribadeneyra affirma, au procès de
Madrid, sa parfaite sincérité. Quoique très succinct, ce biographe est le plus sûr. Cienfuegos, historien copieux, disposait de riches documents, mais, rhétoriqueur intempérant, il
est aussi incapable de parler simplement que de rien raconter sans exagérations.

Ces trois historiens ont constitué le fonds qu'ont exploité
les autres. La vie religieuse de François de Borgia était connue
de Vasquez et de Ribadeneyra. Ils la racontent avec quelque
exactitude. Ils esquissent à peine sa vie mondaine, ou se
l'imaginent d'après ce qu'ils ont vu pratiquer au Saint. D'où
un système, à peine apparent chez Ribadeneyra, mais qui se
précise dans les histoires ultérieures. Celles-ci, curieuses
seulement de choses sublimes, aiment l'outrance, estimée
édifiante. Elles prêtent au courtisan, et même à l'enfant,
des intentions et des désirs qui n'écloront qu'à leur heure
dans l'âme de Borgia. Elles abrègent les étapes de son ascension morale, et se transmettent, sur sa vocation, une légende
que les documents contredisent.

Les archives de la Compagnie de Jésus, le *Regeste* des
généraux de l'ordre m'ont fourni, sur les années de vie religieuse de François de Borgia, de nombreux matériaux inédits.

On ne connaîtra exactement la jeunesse du Saint, que si
l'on découvre, dans quelques archives d'Espagne, ses lettres
familières. Sa correspondance officielle, dont on peut lire les
liasses à Simancas, et que les éditeurs de *Monumenta* ont si
judicieusement publiée, révèle, du moins, quel fut son rôle
politique, et par quel acheminement Dieu le guida vers la vie
religieuse. D'autres documents aperçus dans diverses archives, les actes autographes des procès de canonisation (*Osuna*),
quelques lettres, quelques comptes, divers récits inédits,
m'ont aussi permis de contrôler certaines affirmations traditionnelles, et de mieux éclairer quelques aspects de cette vie
attachante. J'ai recherché ce qui était établi. A défaut d'une
histoire définitive et encore impossible, — tant de sources

précieuses restent inaccessibles ! — je voudrais avoir ébauché une œuvre sincère.

Le nom de Borgia rappelle de sinistres souvenirs. Je ne déguiserai rien de ce qui doit être connu. L'Évangile ne tait point les tares de l'ascendance du Sauveur, et la mission de saint François de Borgia ayant été de réparer le mal commis par ses ancêtres, il importait que ce mal fût avoué. Rien n'est d'ailleurs plus beau que de voir, sous l'action de la grâce et de l'épreuve, une race coupable se purifier jusqu'à porter un saint.

I

La petite cité de Borja[1], assise, au sud de l'Èbre, aux confins de l'Aragon, de la Castille et de la Navarre, fut reprise, en 1120, aux musulmans par le roi Alphonse Ier, et donnée par ce prince à don Pedro Atarès, petit-fils de don Sancho, bâtard du roi Ramire Ier.

Atarès était prud'homme. A la mort d'Aphonse Ier le Batailleur, en 1134, il pouvait aisément, en aidant un peu la fortune, devenir roi d'Aragon et de Navarre. Il ne le devint pas. Atarès était pieux : un jour d'orage, égaré sur le Moncayo, à deux lieues de Borja, il fut sauvé miraculeusement, et, par reconnaissance, fonda le monastère de Veruela où il finit ses jours et fut enseveli.

Pedro Atarès mourut le 21 février 1151. Il n'est guère prouvé qu'il laissât d'enfants. Cependant, un siècle plus tard, en 1240, quand le roi d'Aragon, Jaime Ier, conquit le royaume de Valence, huit hobereaux du nom de Borja figuraient dans ses troupes, et l'aidèrent, le 7 février 1240, à prendre Jativa. Ils reçurent des terres en partage, et firent souche dans le nouveau royaume. Un Rodrigo de Borja se distingua, peu après, à la prise d'Orihuela. Ni lui, ni aucun des siens ne se nommait Atarès, ne possédait la seigneurie de Borja, et

---

1. Fondée en 980 avant Jésus-Christ par les Celtibériens, *Borsa* ou *Bursa* signifiait lieu salubre. Les Maures changèrent le mot Borsa en Borjia ; les Espagnols disent *Borja*. Dès le treizième siècle les documents latins et valenciens portent *Borgia*. Cette orthographe, acceptée par les papes, devint courante en Europe, et nous l'adopterons, bien qu'elle ne soit pas historique. En 1438, Alphonse V fit, de Borja, une ville.

n'avait rang d'infant d'Aragon. Le chroniqueur de Valence, Ramon Viciana, qui dédia son œuvre au cinquième duc de Gandie, se contente, en parlant des Borja, d'affirmer qu'ils sortaient tous de la ville de ce nom et que don Jaime les eut en grande estime[1].

Au treizième siècle, les héritiers des conquérants vécurent même assez obscurs. Au quatorzième siècle, il donnèrent à Jativa plusieurs jurats. Les uns habitaient la ville ; d'autres la *torre de Canals*. Les branches diverses s'alliaient les unes aux autres ; elles étaient d'égale fortune, et arboraient le même blason *d'or au bœuf passant de gueule*. Au quinzième siècle, un Rodrigo Gil de Borja épousa Sibila Doms. Cette première alliance contractée par les Borja avec une maison noble d'Aragon fit époque, et les armes des Doms restèrent accolées au bœuf des Borja dans l'écusson qu'Alexandre VI, petit-fils de Sibila, transmit à ses descendants.

La fortune et la gloire des Borja date seulement des deux papes Calixte III et Alexandre VI. Mais, au quinzième siècle, tout prince voulait descendre d'un roi, et toute église d'un apôtre[2]. Alexandre VI, qui tenait, en outre, à marier sa fille Lucrèce au duc de Ferrare, avait intérêt à se trouver des origines royales. Des généalogistes complaisants lui prou-vèrent que les Borja de Valence provenaient du premier seigneur de Borja, Pedro Atarès, et, par lui, du bâtard don Sancho. Les filiations naturelles étaient, à cette époque, aussi

---

1. On s'explique malaisément comment des Atarès auraient troqué leur nom, leur *apellido*, pour celui d'une seigneurie. Pellicer prétend qu'un fils d'Atarès, Gimen Garcez, accomplit ce changement ; M. de Béthencourt a prouvé combien le seul nom de ce Garcez est invraisemblable. Une histoire manuscrite de Veruela (*Registro universal de todas las escrituras que se allan en el archivo de esto santo y réal monasterio de Beruela... sacado de las originales escrituras... por. fr. Atilano de la Espina, 1671*) raconte qu'après la prise de Jativa, l'armée victorieuse, émue des exploits des gens de Borja, mais ignorant leur nom, s'écria : Vive Borja ! et ce cri répété serait resté aux héros, au lieu de leur vrai nom Atarès. Cette explication, qui détruit la précédente, ne vaut guère mieux. José Pellicer, le premier, dans son *Seyano Germanico* dédié au cardinal Gaspard de Borja, admit, au dix-septième siècle, comme une vérité indiscutable que les Borja descendaient d'Atarès.

2. L'histoire de Charles-Quint par Sandoval donne, en préface, la généa-logie de l'empereur depuis Adam, en passant par Hercule, Enée et César. Aucune génération n'est sautée, et Sandoval n'entendait pas plaisanter.

considérées que les descendances légitimes, et il fut dès lors entendu que les Borja remontaient aux rois d'Aragon [1].

Alonso de Borja, né le 31 décembre 1378 à la torre de Canals, fut d'abord chanoine et vicaire général de Lérida. Député, le 4 mai 1416, au conseil de Constance, où, du reste, il ne put se rendre, chanoine de Barcelone, administrateur d'une paroisse de Valence, il fut assez heureux, le 14 août 1439, aux Cortès de Téruel, pour amener le pseudo-pape Muñoz à abdiquer [2]. Le lendemain, Alphonse V le nommait évêque de Valence. Borja n'était pas encore prêtre. Il fut ordonné le 20 août à Peniscola, et consacré, le 21, par le cardinal Pierre de Foix, légat de Martin V.

Diplomate et jurisconsulte consommé, conseiller d'Alphonse V depuis 1417, Borja prévint la guerre entre son maître et Jean II de Castille ; maintes fois, il assura la paix entre les rois de Castille, d'Aragon et de Navarre. En 1436, il accompagna en Italie l'infant don Fernando, destiné au trône de Naples. Ambassadeur d'Alphonse V à Rome, il s'interposa encore entre Alphonse et Eugène IV. Le pape reconnaissant donna au pacificateur son amitié et la pourpre.

Cardinal, Borja fut un conseiller sincère et pieux, mais déjà porté au népotisme. Sa troisième sœur, Isabelle, avait épousé leur cousin Jofre. Jofre et Isabelle eurent deux fils, Pedro-Luis et Rodrigo, et trois filles. A peine cardinal, Alonso obtint pour son neveu Rodrigo, simple minoré, la dignité de chantre du chapitre de Valence. Ce fut bien pis, quand, le 8 avril 1455, le vieux cardinal fut devenu Calixte III.

1. Mais le duc de Ferrare avait des informateurs qui remettaient les choses au point. Un d'eux, chargé de trouver matière à éloge pour les orateurs du mariage, répondait, le 18 octobre 1501 : « Nous n'avons épargné ni zèle, ni recherches, pour découvrir tout ce qui concerne les actes de cette maison... ; nous avons donc puisé partout nos informations, et nous y avons employé également... non seulement les savants, mais encore les personnes curieuses de ces choses. Bien que nous ayons fini par découvrir que cette maison est très noble et très ancienne en pays espagnol, nous n'avons pas vu que ses ancêtres aient accompli quelques faits remarquables... C'est seulement depuis Calixte III qu'il a été fait mention particulière de cette maison... » (Cité par Gregorovius, traduction française, t, I. p. 370.)

2. Gil Sanchez Muñoz, archiprêtre de Téruel, se donnait, à Peniscola, comme le successeur de Benoît XIII (Pierre de Luna). Il se faisait appeler Clément VIII. Après son abdication, il fut nommé évêque de Majorque.

Il rassasia, tout en la blâmant, l'avidité de ses sœurs Catherine et Isabelle. A son premier consistoire, il nomma car-
dinal-prêtre Jean-Luiz del Mila, le fils de Catherine, cardinal-
diacre et vice-chancelier de l'Église son neveu préféré,
Rodrigo de Borja, second fils l'Isabelle et de Jofre. Il accabla
de dignités Pedro-Luis, le fils aîné d'Isabelle. Il le créa duc
de la Marche, comte de Spolète, seigneur de Cività-Vecchia,
gouverneur du patrimoine de l'Église, généralissime de la
sainte Église, préfet de Rome. Il l'aurait voulu couronner
empereur de Constantinople. Pedro-Luis ouvre, dans l'histoire des papes, la série des *Princes neveux*. Le pape espérait, par lui, réduire la noblesse romaine, surtout les Orsini
et les Colonna, mais trop de pouvoir exalta ce jeune homme
de vingt-cinq ans, injuste déjà et mauvais. Sous sa préfecture, Rome fut la proie des brigands. « On n'y voyait, dit un
chroniqueur, circuler que des Catalans. » Bénéfices, titres et
pensions pleuvaient sur les Borja. « Le pape, écrivait un
familier, a enrichi la plus grande partie de sa famille, de sorte
que tout le palais en rit. On pense que, si le royaume de
Naples tombait entre ses mains, il le donnerait à son neveu
Borja, qu'il croit un second César. » En mourant, le pape
laissait encore à Pedro-Luis vingt-deux mille ducats, et il le
créait duc de Bénévent, comte de Terracine, marquis de
Cività-Vecchia.

Cependant, Calixte III fut un grand pape. En 1455, il fit
entreprendre, à Reims, le procès de réhabilitation de Jeanne
d'Arc. Esprit très ouvert, il protégea les sciences et les arts.
La prise de Constantinople par Mahomet II le désolait, et
l'espoir de la *reconquista* hantait l'esprit du vieux batailleur
aragonais. Il fit construire une flotte, réunit des subsides,
essaya en vain de secouer l'apathie des princes catholiques,
amassa un trésor de guerre de cent cinquante mille écus
d'or. Abandonné des rois, il envoya du moins son légat Car-
vajal au secours d'Hunyade et de la Hongrie. La victoire de
Belgrade, en 1456, fut sa consolation suprême. Il institua le
6 août, pour le commémorer, la fête de la Transfiguration.
L'héroïque Espagnol eût laissé un souvenir sans tache, s'il
ne s'était compromis par un favoritisme que son époque ne
trouvait pas odieux.

Les représailles suivirent de près la mort de Calixte III. « Le pape est mort à la vingt-quatrième heure, écrivait Antonio de Pistoya au duc de Milan François Sforza (6 août 1498). Les Catalans ont tous fui ou se sont cachés, et telle est la haine qu'on nourrit contre eux, que, pauvres d'eux, si on les rencontre avant la création d'un autre pape. Quant au cardinal Rodrigo, pour échapper au ressentiment des Orsini, il a dû fuir jusqu'à Ostie. »

L'élévation de Rodrigo fut la grande faute de Calixte III[1]. Ce second fils de Jofre et d'Isabelle de Borja était né à Jativa, en 1431[2]. A huit ans, mignon cavalier, il attirait les regards dans les rues de Jativa. Orphelin deux ans plus tard, il venait habiter Valence avec sa mère. Que n'est-il resté espagnol et séculier! son tempérament n'était pas d'un homme d'Église, et l'air de Rome lui allait être fatal.

Chargé de prébendes dès l'enfance, cardinal-diacre à vingt-quatre ans, évêque de Valence à vingt-sept, d'Albano et de Porto à trente-sept, ordonné à trente-cinq ans, Rodrigo éblouit Rome par la splendeur de sa maison, l'éclat de ses talents, la beauté de son allure fascinatrice. Il administrait excellemment; il accomplissait des légations triomphantes. En 1458, le plus jeune des cardinaux, il assurait, par son vote, l'élection de Pie II. Sous les pontificats de Pie II, de Paul II, de Sixte IV et d'Innocent VIII, il fut le membre le plus marquant du Sacré Collège. Il n'était pas le plus édifiant et Rome le savait, ainsi que les papes ses souverains, puisque deux d'entre eux lui adressaient d'énergiques remontrances,

---

1. Aussi la postérité a-t-elle puni d'un égal abandon les restes dè Calixte III et ceux d'Alexandre VI. Emporté dans la sacristie de Saint-Pierre, puis dans la chapelle Saint-André de Santiago, le corps de Calixte III fut, en 1610, déposé, avec celui d'Alexandre VI, dans la sacristie de l'église espagnole de Montserrat, hôpital de la couronne d'Aragon. Le 21 août 1889, seulement, après deux cent quatre-vingts ans d'abandon, Léon XIII permit que ses deux prédécesseurs fussent, sans solennité, inhumés dans un modeste tombeau qui porte cette inscription : *Callixtus III. Alexander VI. PP. MM.*

2. Juana, sœur cadette de Rodrigo, épousa Pedro Guillen Lanzol de Romani. Le pape adopta leurs fils qui laissèrent leur nom de Lanzol pour celui de Borja. Mais jamais Alexandre VI ne s'appela Lanzol. Son père et sa mère étaient tous deux Borja.

à l'occasion de scandales plus criants [1], et que d'autres eurent à légitimer ou à pourvoir ses enfants [2].

Néanmoins, le 11 août 1492, Rodrigo de Borja y Borja achetait la tiare, et, par suite de promesses presque simoniaques, devenait le pape Alexandre VI.

Alexandre VI fut un grand roi, une des plus hautes figures de la Renaissance, et, si l'on ne demandait aux papes que du génie, il serait au nombre des meilleurs. Enumérant les plus illustres des pontifes, Sixte-Quint disait, paraît-il : « Saint Pierre, Alexandre et nous », et Urbain VIII : « Saint Pierre, saint Sylvestre, Alexandre et moi. » Alexandre eut des vertus : ni sa foi, ni sa piété n'étaient feintes. Cette foi toucha Charles VIII, et sa piété envers le saint Sacrement était, dit-on, ardente. Des œuvres magnifiques remplirent son règne. Mais, sur la mémoire d'Alexandre VI [3], pèseront toujours l'outrageante faveur dont il entoura ses fils, et des inconséquences morales dont la vieillesse même ne le préserva point : « La vie de ce jouisseur, adonné à la sensualité la plus effrénée, fut, à tous égards, un démenti donné aux leçons de Celui qu'il était appelé à représenter sur la terre [4]. »

D'une inconnue, le cardinal eut ses deux premiers-nés, Pedro-Luis et Géronima. Giovanna Catanei (Giovannoza, doña Vannoza) lui donna quatre enfants : Jean, César, Jofre et Lucrèce. Sans doute, de Julie Farnèse, la sœur du futur pape Paul III, Alexandre VI eut ses derniers fils, Jean et Rodrigo. Aucune apologie ne peut voiler cette tache [5], car les bulles de légitimation de ces fils existent, et elles établissent les fautes qu'elles voulaient réparer [6].

1. Pie II, le 11 juin 1460, et le cardinal de Pavie, au nom de Sixte IV, en 1476 (Gregorovius et *Osuna*).

2. 4 février 1482 : bulle de Sixte IV permettant au cardinal de Borja de faire des donations à ses fils Pedro, Luis et Jean ; 27 mars 1582 : bulle nommant César notaire apostolique ; 16 août 1582 : don à César de l'archidiaconat de Valence et de la rectorie de Gandie, etc. (*Osuna* et *Boletin de la Real Academia de la Historia de Madrid*, t. IX).

3. † 1503.

4. Pastor, *Histoire des papes*, t. VI, p. 181.

5. La dernière est celle de Leonetti : *Papa Alessandro VI, segondo documenti e carteggi del tempo*. Bologne, 1880. 3 volumes in-8.

6. Pour Pierre-Louis et César, voir *Osuna* et *Boletin de la A. de la H.*, t. XI. — Pour Jean : *Osuna, Boletin* et Gregorovius. — Pour Rodrigue : Vatican, bullaire de Léon X, L. 1094, fol. 107, et *Regesta Leonis X*, n. 16994.

Pedro-Luis, le fils aîné du cardinal Rodrigo, fit sa fortune en Espagne, où le roi catholique l'avait appelé en 1483. En 1485, il combattait glorieusement dans l'armée du roi Ferdinand, et entrait le premier à Ronda. Aussi, le 28 mai, le roi lui conférait-il, à lui et à ses deux frères, Jean et César, le titre d'*Egregios*. Son père lui avait donné cinquante mille ducats [1]. Pedro-Luis s'en servit pour acheter, le 3 décembre 1485, les terres et la ville de Gandie [2]. Le 20 décembre 1485, le Roi Catholique créait Pedro-Luis duc héréditaire de Gandie en récompense de ses hauts faits [3]. Pedro avait acheté sa seigneurie à prix d'or, mais, son titre, il l'avait mérité par sa vaillance.

A Valence, sur la place San Lorenzo, le premier duc de Gandie éleva le beau palais qu'habitèrent ses successeurs. Il construisit sans doute aussi, dans le style des palais florentins, la maison ducale de Gandie. Il venait d'épouser Marie Enriquez de Luna, fille de Enrique Enriquez, l'oncle maternel du Roi Catholique, quand il mourut à Rome, dans le palais de son père, au mois d'août 1488. Son corps, sur son désir, fut transporté à Gandie [4].

1. Par un acte passé à Rome (3 mai 1483), le cardinal donnait aussi vingt-cinq mille écus à Jean pour acquérir un État en Espagne (*Osuna*).
2. Pedro II, roi d'Aragon, avait, une première fois, séparé Gandie de sa couronne en faveur de l'amiral Roger de Lauria. En 1296, Jaime II donnait ce fief à sa tante maternelle, doña Contanza de Suevia, sœur de son aïeul Manfred, roi de Sicile, et ancienne impératrice de Constantinople. Doña Constanza laissa la seigneurie à Jaime II, qui, en 1323, la remit à son troisième fils Pedro († 1354). Pedro la légua à son fils Alonso († 1412). Le roi don Martin créa Alonso duc de Gandie, le 13 avril 1399, et l'appela *duc royal*. Alonso II succéda à son père et mourut sans enfants, en 1424. Le duché fit retour à la couronne. Alphonse V le céda à son frère don Juan, qui, devenu le roi Jean II, vendit son duché à la ville de Valence, le 4 juin 1470. Enfin, le 3 décembre 1485, Ferdinand le Catholique l'aliéna définitivement en faveur de Pedro-Luis de Borja, avec charge, pour l'acquéreur, de restituer à Valence ce que cette ville avait versé en 1470. Le duché de Gandie resta l'apanage des Borja jusqu'à l'extinction des descendants mâles, en 1741. Il fut alors incorporé, par alliance, à la maison des Pimentel, comtes-ducs de Benavente. En 1771, il passe aux Tellez-Giron, ducs d'Osuna, chez lesquels ont subsisté les titres de duc de Gandie et de marquis de Lombay.
3. Diplôme à Osuna.
4. Dans son testament, rédigé le 14 août 1488 et publié dans le *Boletin de la A. de la H.*, t. IX (acte original aux archives d'Osuna), Pedro-Luis désigne son frère Jean comme héritier universel de ses biens et titres. Il donne

Jean, le second fils du pape, hérita le duché. Il était né
vers 1474, et, dès 1488, son alliance avec Marie Enriquez de
Luna, veuve de son frère aîné, était concerté[1]. Parti pour
Barcelone au mois d'août 1493, le duc de Gandie célébra
solennellement son mariage à la cour des Rois Catholiques,
et demeura trois ans dans ses États. Ce prince manquait
absolument de tenue. A Barcelone, il négligeait sa femme, et
la nuit, courait la ville, tuant les chiens et les chats, ou se
livrant à de moins pardonnables excès. Il jouait et dépensait
follement. Son père l'avait confié à deux hommes de confiance,
le chevalier Jaime de Pertusa et le chanoine Ginès Fira. Ces
deux conseillers devaient seuls payer les dépenses du duc.
Il lui était interdit de toucher à un denier et de s'asseoir à
une table de jeu. Indigné des nouvelles qu'il apprenait, son
père lui envoya de fortes réprimandes et de si édifiants conseils que des écrivains en ont conclu à la sainteté de celui qui
condamnait si âprement le vice. « Sa Sainteté se consume de
mélancolie », écrivait César, qui, lui aussi, prodiguait à son
frère les bons avis. A Gandie, le duc vivait fastueusement,
servi par cent trente-cinq chevaliers. Mais il brûlait de revenir à Rome. Le pape l'y rappela en 1496. Le duc Jean laissa

---

dix mille florins de dot à sa sœur Lucrèce, et ne mentionne même pas sa
femme. Je me demande si son mariage avec Marie Enriquez ne fut pas simplement un projet. En 1488, Marie Enriquez avait neuf ou dix ans.

1. L'*Epitome* ou *Historia de la ilustre familia de Borja*, écrite par le
secrétaire de Valence, don José Mariano Ortiz (26 juin 1776), à l'occasion d'un
procès, affirme que les capitulations matrimoniales de don Juan de Borja
furent reçues par Jaime de Campanga, notaire public, en 1488. Ces capitulations étaient enregistrées, en 1528, dans les archives du gouvernement de
Valence et confirmées par seize actes publics que vit Ortiz (*Osuna*, com-
muniqué par don Daniel de Ituralde). Le 28 mars 1493, Jean, évêque, élu
de Pérouse et dataire de la sainte Église, écrivait à don Enrique Enriquez
pour le rassurer sur les vertus d'Alexandre VI, dont Enriquez avait paru
douter. « *Sepa Vᵃ Srⁱᵃ*, disait-il, *y sea mas cierta que la vida, corazon y
destreza de la Santidad de Nº Sᵒʳ otra es que lo que Vᵃ carta figura...* », et,
après un copieux éloge du pontife, il ajoutait : « *Resta, Señor, que pues Su
Santidad ha determinado la ida del ilustre Sᵒʳ Duque de Gandia vⁱᵁestro fijo,
(gendre, yerno) trabaje Vᵃ Srⁱᵃ sea recibido, tratado y beneficiado por Sus
Altezas como es la esperança de quien lo manda, y el merece. De Roma.* »
(*Osuna.*) Enriquez donna à sa fille un million sept cent quatre-vingt-cinq
mille huit cent quarante-trois maravédis, dont un million sept cent quarante
et un mille quatre cent quatre-vingt-deux furent payés comptant, le reste en
étoffes et en tentures.

en Espagne sa femme et ses deux jeunes enfants, Jean et
Isabelle. Il rentrait à Rome le 10 août 1496, pour jouir de
triomphes éphémères. Nommé capitaine général de l'Église,
il montra la plus complète incapacité militaire, et fut battu
par les Orsini, le 24 janvier 1497. Son père le créait néanmoins duc héréditaire de Bénévent et héritier éventuel du
royaume de Naples. Sept jours après ce nouvel accroissement de fortune, le 14 juin 1497, le prince était assassiné
par un meurtrier mystérieux, et jeté dans le Tibre, percé de
onze blessures. On soupçonna, sans raison, Jean Sforza, son
beau-frère. On accusa surtout son propre frère César, qui
venait d'abdiquer le cardinalat et l'évêché de Valence, pour
épouser Charlotte d'Albret. Mais César est chargé d'assez
de crimes authentiques pour qu'on ne lui attribue point cet
inutile fratricide [1].

La mort de Jean, son enfant préféré, atterra le pape Alexandre. Sa douleur fut si touchante, que Savonarole lui-même
écrivit pour le consoler. Sous le coup de cette douleur salutaire, le pape entreprit de réformer la cour romaine. Il s'accusa, en consistoire, d'être la cause des malheurs de l'Église ;
il demanda pardon, et promit de ne plus rien donner aux
siens. Il parla même d'abdiquer le pontificat. Le Roi Catholique l'en empêcha.

Nous n'avons point à parler des autres fils d'Alexandre VI.
Leur père fit leur fortune ; il leur ménagea des alliances souveraines. Le nom du duc de Valentinois est resté exécrable.
La mémoire de Lucrèce, défigurée par le roman, ne mérite
ni admiration, ni mépris. La femme de Jean, le pauvre prince
assassiné, la première victime des passions romaines, apprit
en Espagne la mort de son mari. A dix-huit ans, elle était
veuve pour la seconde fois. Elle résolut de ne plus quitter
un pays, d'où les Borja n'auraient jamais dû sortir, et, dé-

1. La maison de Gandie semble cependant, avoir toujours considéré César
comme le meurtrier. Dans un procès d'information au sujet de Thomas de
Borja, le témoin Cristobal Hernandez del Castillo, qui fut camérier de
Jean II, fils du prince assassiné, déclare n'avoir point connu Jean I*er*, *que tua
son frère, le duc de Valentinois*. Le camérier relate sans doute l'opinion de
son maître.

goûtée d'un monde, dont elle avait sondé l'horreur, elle
commença l'œuvre de réparation que Dieu et le monde attendaient[1].

II

Par Marie Enriquez, la sainteté pénétra dans la famille de
Borgia et dans la maison de Gandie. Afin d'enlever à son fils
toute tentation de revoir jamais Rome, la duchesse vendit au

[1].

LES DUCS DE GANDIE

ALEXANDRE VI (1431-1503)

PEDRO-LUIS DE BORJA,
1er duc de Gandie,
† 1488, s. succession.

JUAN, 2e duc, † 1497,
épouse
Marie Enriquez,

JUAN, 3e duc, † 1543,
épouse
Jeanne d'Aragon.

SAINT FRANÇOIS, 4e duc, † 1572,
épouse
Léonore de Castro.

CARLOS, 5e duc, † 1592,
épouse Madeleine de Centelles,
5e comtesse d'Oliva.

PASCUAL-FRANCISCO, 10e duc, † 1716.

LUIS-IGNACIO DE BORJA,
11e duc, †1740,
sans succession.
Dernier
descendant mâle
d'Alexandre VI
et de
saint François.

MARIE-ANNE DE BORJA,
12e duchesse,
† 1743.
La dernière du nom
de Borja.

MARIE-IGNACE DE BORJA,
épouse en 1695
Antonio-Alfonso
Pimentel,
comte de Luna,
depuis
comte-duc de Benavente,
† 1711.
Des Benavente, le titre
ducal de Gandie passe
en 1771, aux Tellez-
Giron, ducs d'Osuna,
représentés aujour-
d'hui par le 13e duc
d'Osuna, 17e duc de
Gandie.

Roi Catholique ses seigneuries italiennes, notamment le duché de Sesa [1], dont Ferdinand fit l'apanage de Gonzalve de Cordoue. Du prix de cette terre, Marie Enriquez dota les pauvres de Gandie. Elle agrandit de moitié l'église paroissiale, qu'Alexandre VI, le 24 octobre 1499, avait érigée en collégiale. Elle fit fondre douze statues des Apôtres, don du pape, son beau-père; elle les changea en vases sacrés ou les monnaya pour fonder les prébendes de la collégiale. L'église de Gandie lui doit aussi son bel autel à triptyque, un chef-d'œuvre de Pablo de S. Leocadio [2] et des retables peints par Juanès. La duchesse ajouta, du reste, à sa principauté des baronnies importantes, et, quand son fils atteignit sa majorité, elle lui transmit un État prospère.

Le 31 janvier 1509, Jean de Borgia y Enriquez, troisième duc de Gandie, épousait, à Valladolid, doña Juana de Aragon. Il avait quinze ans. Marie Enriquez dut consentir à cette alliance, car le Roi Catholique la voulait [3], mais pour que la maison de Gandie en ait tiré tant de gloire, il fallait que l'époque eût, sur la légitimité du sang, de singulières idées. En 1409, Ferdinand d'Aragon avait eu de doña Aldonza Roig, vicomtesse d'Evol, un fils, Alphonse. Afin peut-être d'enlever à ce fils illégitime toute velléité de régner, le roi d'Aragon le voulut, à six ans, nommer archevêque de Saragosse [4].

Alphonse était déjà archidiacre. Le pape refusant d'élever un si jeune enfant à une si haute dignité, on attendit trois ans. Le siège de Saragosse étant alors redevenu vacant, Alphonse d'Aragon fut, en 1478, élu archevêque. Il le resta quarante-deux ans, et devint, en outre, lieutenant général et

1. Pour quatre-vingt-deux mille ducats d'or (quatre cent cinquante et un mille francs), dont le roi lui paya quarante-deux mille ducats comptant.
2. Qui lui coûta trente mille sous (sept mille cinq cents francs).
3. Le roi donnait en dot à sa petite-fille sept *cuentos* de maravédis (cent deux mille neuf cents francs). Cet argent fut hypothéqué sur la baronnie de Lombay.
4. Il aurait voulu, dit Zurita, lui donner l'évêché de Valence, mais le pape réservait cet évêché aux siens. Le siège de Valence resta longtemps un fief des Borgia. Alphonse (Calixte III) avait été élu, le 20 août 1429, évêque de Valence; Rodrigue lui succéda en 1458, et le siège devint, en 1492, une métropole. César hérita de l'archevêché le 31 août 1492. Juan de Borja le reçut de lui le 9 août 1499, et Pedro-Luis de Borja le reçut de Juan en 1500. Pedro-Luis mourut en 1511.

vice-roi d'Aragon. Cependant, de doña Anna de Gurrea,
Alphonse eut quatre enfants : deux fils, Jean et Ferdinand
qui lui succédèrent tous deux sur le siège de Saragosse [1], et
deux filles, dont l'une fut duchesse de Medina-Sidonia, et
l'autre, Juana, duchesse de Gandie. Alphonse ne fut ordonné
prêtre que le 7 novembre 1501, et il ne célébra la messe
qu'une fois, le jour de son ordination. Il mourut le 3 février 1520. Anna de Gurrea, lui survécut, habitant son palais
très honorée de ses fils [2].

De quelque côté qu'on y regarde, tout, dans cette ascendance encore, est illégitime. Et cependant, ni Marie Enriquez
ne put refuser son fils à la fille d'Alphonse, ni les ducs de
Gandie ne rougirent jamais des liens qui les rattachaient au
grand Roi Catholique, ni même, phénomène plus bizarre, la
foi ou la piété de cette famille ne souffrirent de la façon dont
elle s'était formée. Cette société avait évidemment d'étranges
inconsciences [3].

1. Jean d'Aragon, trente-cinquième abbé de Veruela, abbé de Monte
Aragon et de Rueda, fut, à vingt-huit ans, nommé archevêque. Il gouverna
l'Eglise de Saragosse de 1520 à 1530, mais ne fut jamais ni consacré, ni
ordonné prêtre. Don Fabrice de Portugal lui succéda, puis Ferdinand
d'Aragon de 1539 à 1577. Ferdinand, grand commandeur d'Alcañiz, de l'ordre
de Calatrava, coadjuteur avec succession du grand maître de Montesa, se
fit moine cistercien à vingt-quatre ans. Il fit profession en 1523, et, à cette
occasion, abandonna à son monastère les rentes de ses commanderies, sept
mille ducats. Prêtre en 1524, Ferdinand devint, en 1535, le quarantième abbé
de Veruela. En 1539, il était consacé à Veruela, et, en 1541, entrait à Saragosse. Il fut un puissant prélat, très défavorable aux Jésuites.

2. Dans la chapelle de Saint-Bernard, à la cathédrale de Saragosse, le
tombeau d'Anna de Gurrea s'élève en face de celui de son fils Ferdinand. Le
tombeau porte cette inscription : *D. Annæ a Curræa nobili piæque matri
fi. illustriss. ac pientiss. Ferd. Arago Caesarag. archiepiscopus A. MDLII.*

3. Dans une lettre (inédite) adressée au duc Charles, fils aîné du Saint et
datée de Madrid, 2 mars 1592 (*Osuna*), le P. Ribadeneyra annonce au duc qu'il
achève d'imprimer la Vie du très bienheureux P. François. Il en envoie les
premières feuilles. « En ce qui concerne le lignage et la maison de V. Exc.,
dit Ribadeneyra, il a paru au Maître (Galceran de Borja, grand maître de
Montesa, frère du Saint) et à don Juan (fils cadet du Saint) qu'on ne pouvait
dire plus, et plus en détail, que je n'ai fait brièvement dans le prologue au
lecteur. Ce qui se dirait en plus serait affecté, peu nécessaire et même com-
promettant pour la maison de Votre Excellence. Elle est si illustre et si
connue, qu'il n'est pas nécessaire de l'examiner à la lumière d'une bougie,
con lumbre de la candela. » Ribadeneyra s'en tirait on ne peut plus courtoisement.

En 1462, quelques Françaises, qu'on appelait *les Pauvres Dames*, s'étaient réfugiées à Barcelone. Le roi Jean II les dirigea sur Gandie et leur donna un couvent de cette ville où les Pauvres Dames établirent la règle primitive de sainte Claire. Les Clarisses de Gandie furent bientôt célèbres par leur ferveur et leur austérité. Marie Enriquez les visitait souvent, et sa fille Isabelle plus encore. Isabelle avait été soigneusement élevée, et, comme toutes les femmes de sa famille, remarquablement instruite. Elle savait le latin, et, tout enfant, faisait ses délices de l'Évangile et des Épîtres de saint Jean. Un jour, son frère lui parlait de mariages opulents qui les uniraient tous deux à la maison de Segorbe. « Vous pouvez vous marier, mon frère, répondit Isabelle, mais ne vous souciez pas de moi. Soyez bien sûr, ajouta-t-elle en montrant des fleurs, que je n'épouserai jamais que celui qui a su faire ces fleurs. »

Isabelle, en effet, épousa celui qui crée les fleurs. A douze ans, elle demandait l'habit de Sainte-Claire. On n'osait le lui donner. Alors, un jour qu'elle était entrée au couvent pour accompagner le saint viatique (le monastère n'avait pas encore d'église), elle refusa de sortir. La duchesse avertie ne voulut pas contrarier sa fille. Gandie s'émut d'un sacrifice qui la privait d'une aimable princesse. Deux députés vinrent, au nom du conseil, protester auprès de la duchesse. Marie Enriquez connaissait trop le monde pour en imposer à Isabelle les déceptions. Elle refusa d'intervenir. Quand elle eut dix-huit ans, Isabelle de Borgia dressa son testament et désigna pour héritier son frère Jean [1]. Elle ne s'appela plus que sœur Françoise de Jésus. Sa vie fut toute d'austérités et de prières. Élue abbesse, elle devint une source de science surnaturelle où des étrangers même venaient puiser. Sœur Françoise propageait, en Castille, la règle de sainte Claire, quand elle mourut à Valladolid, le 28 octobre 1557.

En 1511, dès que Marie Enriquez vit son fils Jean marié et père de deux enfants, elle lui conseilla d'aller à Baza, visiter son aïeule maternelle, doña Maria de Luna. Profitant de cette

1. Le 10 septembre 513. Ce testament fut publié le 4 janvier 1514 (*Osuna*).

absence, la duchesse entra, elle aussi, aux Clarisses. Les médecins la dissuadaient d'embrasser une règle si dure. Ils affirmaient qu'elle n'en supporterait pas les rigueurs plus d'un an. La duchesse de Gandie, devenue sœur Gabrielle, fit profession le 24 mars 1512, et vécut encore vingt-six ans. A peine instruit de la résolution de sa mère, le duc Jean était revenu de Baza, et, comme il suppliait Marie Enriquez de renoncer à son projet, prétextant les incertitudes de son propre avenir, la duchesse rassura son fils et lui prédit que son aîné, François, affermirait sa maison et devierdrait la gloire de l'Espagne et de l'Église.

Marie Enriquez obéit longtemps à sa fille. En 1530, elle fut, à son tour, élue abbesse, et porta la crosse cinq ans. La mère et la fille rivalisaient d'humilité, d'obéissance et de pauvreté. Isabelle ignorait, mais sœur Gabrielle savait quelle dette expiatrice pesait sur les Borgia, et elle était avide de la solder largement.

Marie Enriquez finit ses jours dans l'humilité. Pour purifier ses dernières heures, elle pria Dieu de l'abreuver de souffrances. Quand elle mourut, en 1537, on entendit dans l'air des chants célestes. Le duc, son fils et le clergé qui entraient au couvent furent les témoins de ce concert[1].

La mort prématurée du second duc de Gandie, la sainteté de sa veuve et de sa fille permettaient à la branche de Gandie de porter des fruits purifiés. Élevé par une sainte, Jean, troisième duc de Gandie, fut un prince vertueux. Jules II avait enlevé aux Borgia leurs apanages italiens. Privé de Bénévent et de Terracine, réduit aux seuls revenus de son fief de Gandie, Jean II se voua tout entier au gouvernement

---

1. Avant son entrée au monastère, le 31 janvier 511, Marie Enriquez avait fait un premier testament (Osuna) par lequel ell fondait une messe de l'aube chantée, une distribution aux chapelains qu accompagneraient le saint viatique, des distributions pour augmenter la solennité des messes de Noël et des offices de la Semaine sainte, pour le chant du Salve chaque samedi, des messes perpétuelles pour le repos de l'âme de son mari et de son père, etc. Le 20 février 1512, avant sa profession, Marie Enriquez fit un second testament (Osuna). Elle laissa ses biens à son fils. A sa fille, Isabelle, qui allait bientôt faire profession, elle ne légua qu'una castellana de oro.

de sa maison et de ses États. De son premier mariage avec Jeanne d'Aragon, le duc eut sept enfants : François, Alphonse, Marie, Anne, Isabelle, Henri et Louise. Doña Juana mourut le 23 février 1520, âgée de vingt-huit ans. Le duc épousa, en secondes noces, Francisca de Castro y de Pinós, fille du vicomte de Evol. Elle descendait de Pedro Fernandez, fils de Jaime el Conquistador et de Calceran Grau de Pinós, un des neuf capitaines qui reprirent la Catalogne aux Sarrasins.

Doña Francisca de Pinós apportait en dot neuf mille sous aragonais provenant de sa mère, quarante mille légués par l'archevêque de Saragosse don Alphonse, quarante-quatre mille donnés par son père. Selon la curieuse coutume de Valence, son mari, la recevant vierge, devait ajouter à la fortune de sa fiancée une valeur égalant la moitié de la dot, ce qui portait celle-ci à deux cent soixante et un mille sous[1]. Il était stipulé que cette somme, si le duc mourait le premier, ferait retour à sa veuve.

Par le contrat, signé le 13 mars 1523, le majorat du premier mariage était respecté. L'aîné pourrait disposer de vingt mille livres sur les revenus du duché. Mais un second majorat était constitué en faveur de l'aîné du second lit. Le duc disposait en sa faveur d'une rente inaliénable de deux mille ducats et d'un capital de quarante mille ducats[2]. Si le duc mourait, sa veuve aurait l'usufruit de la rente, qui passerait ensuite à l'héritier du second majorat.

Ces dispositions ébréchaient évidemment la fortune des enfants du premier lit. Rigoureusement exigées par la duchesse veuve, elles feront naître plus tard, entre elle et François de Borgia, de longs et pénibles procès.

De son second mariage, le duc de Gandie eut cinq fils : Rodrigue, Pedro-Luis, Philippe-Emmanuel, Diégo, Thomas, et cinq filles : Marie, Anne, Madeleine, Léonore et Marguerite.

1. Soit soixante-sept mille deux cent cinquante francs, le sou de Jaca valant vingt-cinq centimes.
2. Le ducat valait cinq francs cinquante, soit vingt et un sous. La livre de Valence valait cinq francs vingt-cinq, soit dix réaux. Le réal d'argent valait cinquante centimes, soit trente-quatre maravédis. Ces évaluations, basées sur le poids des monnaies, ne tiennent pas compte de la valeur représentative de l'argent, alors quatre ou cinq fois supérieure à ce qu'elle est aujourd'hui.

De noble dame Catherine Diaz, le duc Jean eut aussi, en 1507, un fils naturel, Christophe, qu'il reconnut dans son testament, et qu'il pria son héritier de toujours traiter en frère.

Le duc de Gandie était très aumônier. Ses États lui rapportaient trente mille ducats; chaque année, à la fin de sa vie, il en donnait douze mille aux pauvres. Ses majordomes avaient beau le reprendre. « L'argent, répondait le duc, devra manquer au service du palais, avant de faire défaut aux pauvres. Vous ne me disiez rien quand je dépensais pour mon plaisir. Ne me reprochez pas ce que je fais par charité. » Le duc honorait grandement la sainte eucharistie. Il avait ordonné, chaque fois qu'on portait le viatique à un malade, qu'on sonnât, une heure d'avance, une cloche qu'on entendait d'une lieue. Au son de cette cloche, il accourait souvent, interrompant une partie de chasse ou de jeu. Il suivait le prêtre, exhortait le malade à bien mourir, et, s'il était pauvre, lui laissait une aumône.

Cette pratique devint, sans doute, traditionnelle dans la maison ducale; François de Borgia, devenu duc de Gandie, l'observait scrupuleusement. Quelquefois, rapporte son fils, Carlos, nous chassions très loin de Gandie, et étions tout entiers à poursuivre le gibier. « Le duc mon père s'arrêtait soudain, et, après avoir prêté l'oreille, « on sonne », criait-il, parlant du signal qu'on donnait en ville avant de porter le viatique. Nous n'entendions rien. Nous étions à une ou plusieurs lieues de la ville, dans la vallée d'Alfandech ou dans les plaines de la torre de Xaraco. Mais lui affirmait qu'on sonnait, et s'étonnait que nous, plus jeunes, nous eussions l'ouïe moins fine que lui. Tournant bride aussitôt, il prenait le chemin de Gandie. Nous le suivions, et nous nous apercevions qu'il ne s'était pas trompé. »

Aux reproches que lui faisaient les habitants de Gandie, quand elle s'enferma à Sainte-Claire, Isabelle de Borgia avait répondu que son départ ne nuirait pas à l'État. Pour consoler sa mère, elle ajouta que le duc Jean aurait un fils, du nom de François, qui assurerait la succession au duché [1].

1. Déposition de Thomas de Borgia, au procès de canonisation du Saint

Peu de temps après la profession d'Isabelle, la duchesse
de Gandie sentit cette prophétie exaucée. Pour assurer la
bénédiction divine sur son premier enfant, elle avait répandu
beaucoup d'aumônes et de prières. Ses douleurs étant
extrêmes, elle implora saint François d'Assise, et promit
d'appeler François l'enfant qui naîtrait d'elle. Du couvent
des Clarisses elle se fit apporter un cordon du patriarche.
Elle s'en ceignit, et mit à sa prière toute la ferveur que lui
inspiraient sa piété et le danger où elle était de mourir.
Le 28 octobre 1520, elle donna le jour à son premier-né,
qui devait être saint François de Borgia et d'Aragon. A
cette date, le roi Ferdinand, bisaïeul de l'enfant, gouvernait
encore l'Espagne. Son autre bisaïeul, le pape Alexandre,
était mort depuis sept ans.

La cour de Gandie subissait l'influence de la mère et de
la sœur de Jean II. Les jeunes princes avaient besoin de
cette tutelle, mais personne ne l'accepta plus docilement
que François.

Le couvent de Sainte-Claire fut sa première école. La duchesse voulait avoir un fils instruit. Elle lui donna pour
maître un théologien estimé, le chanoine Ferran. A quatre
ans, François savait déjà ses prières ; à cinq ans, il récitait
tous les jours à genoux sa leçon de catéchisme. A la cour de
Gandie chacun avait accoutumé de tirer au sort, chaque
année, un patron spécial. La veille et le jour de sa fête, on
servait à dîner à deux pauvres. François pratiqua toujours
cette coutume, et, plus tard, l'introduisit dans son ordre. Il
aimait, comme bien des enfants, à parer de petits autels, à
imiter les cérémonies liturgiques, à les apprendre à ses
pages[1]. Son père disait parfois avec humeur qu'on élevait
son fils en clerc plutôt qu'en gentilhomme, et la duchesse
répétait à l'enfant : « Il vous faut des armes et des chevaux,
François, et non des images et des sermons. J'ai demandé

(procès de Saragosse, 1610). Le texte original et manuscrit des procès de
Madrid, Saragosse, Valence et Gandie est aux archives d'Osuna : 5 volumes
grand in-4. Chaque déposition porte la signature autographe des témoins.
Le procès de Barcelone n'est qu'en copie.
    1. Déposition de Thomas de Borgia, *loco cit.*, et de Gaspard de Beren-
guer, *ibid.*

au ciel un duc et non un moine. Soyez dévot, mais restez chevalier [1]. »

Si François penchait si fort vers la piété, la faute n'en était pas au docteur Ferran, mais à Dieu, qui sait, mieux que les hommes, et souvent malgré eux, former les saints qu'il s'est choisis. François était charmant de visage et d'allure. Il eut toujours le grand air et la grâce des Borgia. Son caractère facile le rendait sympathique. Il avait un esprit heureux. A sept ans, il commença d'apprendre la grammaire, le castillan et, peut-être, l'italien. Le chanoine Alphonse d'Avila lui enseignait le calcul et la musique. Un gouverneur le formait au maniement du cheval et des armes.

François écoutait et retenait à merveille les discours. Aux Clarisses de Gandie, sa grand'mère et sa tante s'amusaient parfois à l'installer en chaire et à lui faire répéter des sermons. Un jour, il débita ainsi une Passion avec une extraordinaire assurance [2].

François avait dix ans quand mourut la duchesse [3]. Voyant sa mère agoniser, il se retira dans une chambre, et, après avoir beaucoup pleuré et prié, il eut, dit-on, l'idée de se flageller. Il préludait ainsi aux douloureuses macérations que

---

1. Et d'après Gaspard de Berenguer, serviteur du duc Charles, fils de François : « Enlève d'ici ces autels, gamin. Ton aïeul, don Fernando, ne s'occupait pas d'autels, mais d'exercices guerriers. » Même témoignage de Jacques Arnau, seigneur de Rotona, au procès de Valence, 1611.

2. Déposition de Thomas de Borgia, *loco cit.*

3. Le testament de Jeanne d'Aragon, dressé le 19 décembre 1518, fut publié le 3 février 1522. L'original et deux copies sont aux archives d'Osuna. Les éditeurs des *Monumenta* l'ont édité (t. I, p. 381) d'après une copie trouvée à Saragosse. La duchesse demande qu'on répare ses torts inconscients, qu'on paye ses dettes. Elle fait dire trois mille messes et trente trentaines de messes; demande, le jour de ses funérailles, qu'on habille douze pauvres. Elle lègue trois mille sous aux Clarisses, cinquante livres à un monastère de Valence, cent ducats à l'œuvre du rachat des captifs, cent ducats pour marier des orphelines, quinze livres de rente à l'hôpital de Gandie...; à son fils Alonso elle lègue cent ducats d'or; trois cents à Marie, à la condition exclusive qu'elle entre en religion; à Anne et à Isabelle, quatre-vingt mille réaux de dot, et rien, si elles entrent en religion. Si l'enfant qu'elle portait alors est une fille, elle veut qu'on partage entre elle, Anne et Isabelle ses joyaux et sa garde-robe. A la réserve de différents dons, elle constitue François son héritier universel, nomme l'archevêque de Saragosse tuteur et curateur de ses enfants, et supplie le prélat de prendre à sa cour et d'élever lui-même ses neveux, de défendre et d'administrer les biens de tous.

Dieu, plus tard, lui inspirera d'accomplir, pour le perfectionner sans doute, mais, peut-être aussi, pour faire expier à l'innocent les fautes des ancêtres coupables.

Le duc de Gandie portait depuis quatre mois le deuil de sa femme, quand une révolution troubla soudainement la paix de sa famille.

Au cours d'une épidémié, en 1519, la noblesse et les notables de Valence avaient maladroitement abandonné la ville. Aussitôt, les artisans s'armèrent contre les attaques possibles des Maures d'Afrique, et la junte des *Treize* organisa, sur la place *del Real*, des manœuvres qui s'achevaient toujours en provocations contre la noblesse. Celle-ci, effrayée, supplia le roi de désarmer le peuple. Charles ne sut jamais prévoir aucun orage, et il n'était alors pas fâché de contrarier sa noblesse de Valence, qui avait osé lui refuser un *servicio*. Il venait d'apprendre à Barcelone son élection à l'empire. Il reçut, dans cetie ville, les délégués du peuple, et Chièvres, au nom de l'empereur, permit aux artisans de se former en bataillons de cent hommes. Fiers de cette victoire, les artisans désirèrent davantage, et, en juillet 1520, ils proclamèrent à Valence *la Germania*, *Fraternité* ou *Ligue des artisans et plébéiens contre les nobles*.

En même temps, les *Comuneros* s'agitaient en Castille. Ceux-ci prétendaient défendre les droits de la nation contre les faveurs accordées aux étrangers par le petit-fils de Maximilien. Allumée par des causes différentes, la sédition devint générale.

Le vice-roi d'Aragon, don Juan de Lanuza, avait, de bonne heure, éteint chez lui la révolte. En Andalousie, la mère du duc de Medina-Sidonia, doña Léonore de Zuniga, triomphait aussi de Jean de Figueroa. Mais, à Valence, la Germania prit une allure plus menaçante. La noblesse du royaume dut émigrer en Aragon et en Andalousie. A Gandie, le 12 mars 1521, vingt et un habitants placardaient un défi à la porte de l'église, et se retiraient à Cullera. Le duc leur répondit en confisquant leurs biens, et, plus tard, en les condamnant à mort par contumace. Puis, résolu à se défendre, il envoya sa mère, sa sœur et ses enfants à Peniscola, seule place qui, avec Morella, résistât aux *Germanados*. Il ne garda près de lui que son aîné, François.

Don Diego Hurtado de Mendoza, comte de Melito et vice-roi de Valence, tint, à Denia, une réunion où furent convoqués quatre-vingts chevaliers. Les fédérés donnèrent au vice-roi de quoi équiper mille fantassins et quelques chevaux. En vain le duc de Segorbe proposa-t-il, le 11 juin, aux séditieux l'arbitrage du vice-roi et du duc Jean. Les Germanados se sentaient forts. Ils refusèrent et entrèrent en campagne. Le vice-roi ne disposait que de deux mille fantassins et de cent cinquante cavaliers. Vicente Peris comptait huit mille hommes bien armés. Mendoza conseillait, du moins, d'attendre les renforts de la Catalogne. Toujours hardi, le duc de Gandie fut pour l'action immédiate.

Le 23 juillet, l'armée royale se ralliait à Gandie. Le 25, elle sortait de la ville. Le gonfalonier du duc tenait en main une bannière noire, en signe du deuil de son maître. En passant sous une porte, la hampe du drapeau se rompit, ce qui parut un mauvais présage. Les deux armées se rencontrèrent à une lieue de Gandie, sur un plateau ondulé qui domine la plaine, et qu'arrose la Vernisa. Empêtrée dans les broussailles, la cavalerie royale ne put manœuvrer. L'artillerie était servie par des traîtres. Ceux-ci, au premier cri de *Saint Georges!* lèvent leurs piques, désertent et descendent à Gandie pour saccager le quartier maure et le palais ducal. Les Maures étaient fidèles aux seigneurs, mais, soupçonnant le dessein des déserteurs, ils les suivent, et laissent leurs chefs sans armée. Mendoza crie alors : « Sauve qui peut! » et s'enfuit vers Denia. Chacun le suit en débandade.

Les déserteurs avaient déjà saccagé le quartier des Maures et fait, au palais, pour cent mille ducats de ruines. Vicente Peris les surprit en plein pillage, leur ravit leur butin, et acheva, à son profit, l'œuvre de vengeance [1].

---

1. *Quaderno en que se empezaron à escribir lo que robaron los Agerma-nados en la casa de Gandia (Osuna).* — Longue liste de bijoux : « Dix douzaines de boutons d'or, grands et petits, chaînes françaises, colliers, pièces d'or martelées..., 250 marcs d'argenterie, deux coupes de dressoir, hautes et dorées, ornées de rubis..., petites pièces d'argent de la chambre de la duchesse..., un grand reliquaire d'argent doré garni de perles, et, dedans, un autre reliquaire d'or..., chandeliers d'argent..., un lit de velours vert

A l'approche des bandits, François, demeuré seul au palais,
avait couru un grand danger. Son gouverneur lé fit sortir par
une porte qui donnait sur les jardins, et, le prenant dans ses
bras, il se jeta sur un cheval et put gagner la plage avant
d'être rejoint. Une barque les porta à Denia. Le vice-roi, le
duc, les fugitifs, encombraient déjà un vaisseau gênois. François y prit passage, et, le vent du sud fermant l'accès de
Carthagène, ce qui restait de l'armée royale atterrit, le 29 juillet, à Peniscola.

On ne fut pas longtemps réuni sur ce rocher. La noblesse
voulait sa revanche. Appuyée par l'armée d'Andalousie, elle
reprit bientôt Elche, Alicante, Orihuela, et força Valence à
capituler. L'année suivante, le duc de Gandie reconquit lui-
même ses États, et ne songea plus qu'à les biens administrer.

Dès que la bisaïeule de François, doña Maria de Luna, apprit,
à Baza, la défaite de l'armée royale, elle demanda à garder
les enfants du duc son petit-fils. L'aïeule maternelle, doña
Anna de Gurrea faisait, de Saragosse, la même demande.
L'archevêque don Juan désirait vivement connaître les fils de
sa sœur. Il était leur tuteur ; en son testament la duchesse
de Gandie avait supplié son frère d'appeler et d'élever à sa
cour ses neveux. Pour répondre à ce désir, et tandis qu'il
allait combattre les Germanados, le duc fut heureux d'abriter à Saragosse François et Louise, son aîné et sa dernière
fille. Pour satisfaire aussi doña Maria de Luna, et jusqu'à la
pacification de Gandie, il envoya à Baza sa mère et sa sœur,
sœur Gabrielle et sœur Françoise. Cette séparation coûta

aux écussons brodés..., lit de velours bleu..., lits avec figures (*cama de
figuras*) de très fine étoffe d'or et de soie..., selle pour mule de la duchesse,
en velours cramoisi..., une autre, avec monture et clous d'argent..., selle
ducale pour mule avec monture, étriers et mors d'argent..., deux paires de bos-
settes d'argent pour mors..., divers harnais d'argent..., un cimeterre monté
en argent..., selle de velours noir et de fils d'or..., autre de velours noir et
de brocart d'or..., différentes selles de velours vert ou cramoisi..., caparaçons de brocart et velours, etc.

« Armes : salade couverte de velours noir, avec pièces en argent et or... un
poignard morisque avec agrafe et fourreau d'or..., une épée avec pommeau
et fourreau d'or martelé..., autre poignard avec agrafe et fourreau d'argent...,
trois épées à deux mains, etc. » — Le palais devait être opulent s'il possédait tous les bijoux emportés de Rome par Jean de Borgia, fils du pape
Alexandre. Les orfèvres de Rome avaient travaillé bien des mois pour les
fabriquer.

beaucoup à François, qui ne devait plus revoir son père qu'à
de rares et courts intervalles. La voie de terre n'étant pas
sûre, les deux cortèges s'embarquèrent à Peniscola, l'un pour
la Catalogne, l'autre pour l'Andalousie, et la tristesse de ce
départ fut grande.

III

Don Juan d'Aragon — archevêque depuis quelques mois —
et sa mère doña Anna de Gurrea firent aux deux enfants le
plus cordial accueil. Doña Anna s'attacha surtout à la petite
Louise. L'archevêque prit à cœur de répondre aux dernières
volontés de sa sœur et d'instruire soigneusement François.
Il lui composa une maison digne de son rang, et chargea des
maîtres capables de l'avancer dans l'étude des lettres, de la
musique et des armes. A la cour fastueuse du diacre-arche-
vêque, François pouvait certainement devenir un gentilhomme distingué, mais il ne dut pas entendre de grandes
leçons de détachement, et, s'il se demanda le rôle qu'en ce
foyer avait joué sa grand'mère, sa conscience naïve dut être
singulièrement troublée.

Durant un carême, il entendit, au couvent de Santa Engracia, d'un hiéronymite son confesseur, deux sermons qui
l'émurent profondément, l'un sur le jugement, l'autre sur la
passion de Notre-Seigneur. Le premier discours le remplit
de terreur ; le second toucha si fortement son âme, que toute
sa vie, François se rappela l'émotion ressentie à Santa Engracia. Certains de ses biographes, antidatant des sentiments
qu'il concevra bien plus tard, lui prêtent, dès lors, des
intentions de vie religieuse. Il est douteux qu'un enfant de
douze ans, héritier d'un majorat, ait pu nourrir un tel rêve.
Aux hommes devenus parfaits, il est inutile d'imaginer des
enfances trop extraordinaires, et il était, du reste, assez beau
de voir l'héritier de Gandie dépasser, sans y échouer, les
premiers écueils de la vie, et résister aux séductions d'une
fortune si funeste à d'autres Borgia.

Ne nous le dissimulons pas : la religion des hommes de
cette époque était peu fervente. L'Église leur donnait beaucoup et leur demandait peu : ils l'aimaient. Ils approchaient

rarement des sacrements. A Saragosse, François assistait chaque jour à la messe ; il se confessait aux grandes fêtes. Il commença aussi de communier.

Dans la maison des Borgia, on devait parler avec admiration de ce petit-neveu de César et de Lucrèce qui échappait si obstinément aux influences ataviques. Doña Maria de Luna, sa bisaïeule, voulut le voir avant de mourir. L'archevêque ne put s'opposer à un si juste désir. Il envoya François et Louise à Baza. Sœur Gabrielle et sœur Françoise allaient en repartir pour regagner leur monastère. François eut le temps de les revoir, mais, à peine arrivé chez sa bisaïeule, il tomba gravement malade, et fut six mois avant de se remettre. Sur ces entrefaites, un tremblement de terre secoua cette partie du royaume de Grenade, et détruisit une partie de Baza. Les habitants effrayés campèrent en plein champ. François était encore alité : on l'enferma dans une litière abritée par une tente, et, pendant quarante jours, le petit malade fut soigné en plein air.

Quand il fut rétabli, doña Maria de Luna, d'accord avec l'archevêque et le duc, décida de commencer la fortune de l'héritier de Gandie. L'infante Catherine, le dernier enfant de Jeanne la Folle, grandissait à Tordesillas, en compagnie de sa mère, sous la garde sévère du marquis de Denia. Charles-Quint, affligé de l'isolement de sa sœur, avait exigé qu'on lui donnât des compagnons de son âge. Ils furent triés avec soin, et ce dut être un honneur disputé de faire partie de la maison de l'infante. François était, par sa mère, petit-neveu de la reine démente. Il fut agréé comme menin de la princesse, et son tuteur voulut qu'il parût à Tordesillas avec le luxe qui convenait à un cousin de l'empereur.

Cette décision allait pour toujours séparer François de sa sœur Louise, le seul vivant souvenir qu'il gardât de Gandie. Louise avait alors trois ans. De ses frères elle n'avait connu que l'aîné, et, au cours de sa vie, elle conserva pour lui une admiration qui devint un culte, quand François eut, bien qu'après elle, pris son parti de devenir parfait.

François s'achemina donc vers la Castille, et Louise se rendit à San Lucar de Barrameda, chez la sœur de sa mère, la duchesse de Medina-Sidonia. La duchesse adopta Louise, l'éleva, la dota, et, en 1540, la maria à don Martin de Gurrea, comte de Ribagorza, plus tard duc de Villahermosa.

En 1523, le duc de Gandie s'était remarié. Tous les cadets de son premier mariage furent par lui destinés à l'Église. Il donna ses trois filles aux Clarisses de Gandie, la première, Marie, à onze ans, la seconde, Anne, à six, la troisième, Isabelle, à deux ou trois ans [1].

Alphonse, son second fils, devint moine et, plus tard, abbé du monastère cistercien de Valldigna. Henri, né en 1518, fut chevalier profès, puis grand commandeur de Montesa, en attendant que Paul III, en 1539, le créât cardinal. Manifestement, l'Église était alors le débarras des familles seigneuriales. Elle assurait aux filles un abri que celles-ci acceptaient tantôt pieusement, s'y jugeant destinées, tantôt par force, au grand détriment de la régularité monastique ; aux fils, l'Église réservait des commanderies et des prébendes, avidement convoitées.

1. Marie s'appela sœur Marie de la Croix ; Anne, sœur Jean l'Evangéliste ; Isabelle, sœur Jean-Baptiste. La dernière savait à peine marcher quand on la mit aux Clarisses. Anne et Isabelle moururent en 1568, Marie après 1569. Deux filles du second lit, Marie (sœur Marie-Gabrielle), Anne (Jeanne de la Croix), entrèrent aux Clarisses, la première à onze ans, la seconde à huit. Carlos, fils aîné de François, aura trois filles, Jeanne, Magdeleine et Anne, qui, elles aussi, se firent clarisses, Jeanne vers sept ans, Magdeleine à deux ans et cinq mois. Dorothée, la dernière fille de François, née en 1538, et clarisse tout enfant, mourut à quatorze ans. La présence de tous ces enfants devait donner au monastère une singulière physionomie. En 1569, sœur Marie de la Croix écrivait à son frère François, alors religieux et Général : « Les enfants vont bien. Elles sont d'un caractère charmant, douces et dociles ; elles ne se souviennent ni de parents, ni de frères, elles ne sont pas méchantes, et jusqu'à présent elles n'ont donné aucune peine à celles qui ont charge d'elles. Sœur Isabel-Magdeleine (Jeanne, fille de Carlos) communie plusieurs fois l'an, elle a le jugement très formé et déjà paraît plus femme que petite fille. » Isabel-Magdeleine écrivait elle-même à son grand-père : « Je suis maintenant bien contente, servant Notre-Seigneur en une si bonne maison, et je ne tiens plus ni à père, ni à mère, ni aux richesses, et je ne rentrerais plus à Gandie même si je voyais la porte ouverte. Je suis sacristine... et j'aide la sacristine de la chapelle ; c'est une religieuse très charitable qui me lave mon linge et m'habille le matin... Je fais savoir à V. P. que doña Magdeleine (sa sœur) va se faire religieuse bientôt. J'apprends la grammaire et à écrire parce que je dois être sa maîtresse. Elle n'a que deux ans et cinq mois, et moi je suis déjà grande : j'ai sept ans et marche vers mes huit ans. Je dis qu'en classe je pourrai jouer avec Magdeleine, mais au chœur, au réfectoire et au dortoir, il ne faudra pas qu'elle me dise rien. » Ces enfants, dont la vocation, aujourd'hui, nous semblerait étrange, devinrent des religieuses remarquables.

A San Lucar Louise grandit dans les exercices d'une piété dont sa tante devait modérer l'austère ardeur. Elle n'aspirait qu'à rejoindre ses sœurs aux Clarisses de Gandie. Dans son testament, dressé en 1538, le duc son père exprimait le désir que Louise fût aussi religieuse. Il s'en remettait cependant à la duchesse de Medina-Sidonia du soin de disposer de sa pupille. Ni la duchesse, ni l'archevêque de Saragosse, ni même, semble-t-il, François de Borgia n'autorisèrent la vocation de Louise, plus spontanée cependant et plus volontaire que celle de ses sœurs. Ils l'inclinèrent à se marier. Louise obéit, et dans sa résidence de Pedrola, en Aragon, elle deviendra la sainte duchesse, quand son aîné, François, sera à Gandie le saint duc [1].

Mais cet avenir était encore lointain. François avait, en attendant, à poursuivre sa brillante carrière d'homme de cour. Tandis qu'il la parcourait, Louise, oubliée à San Lucar, priait pour que la fortune humaine ne nuisît point à l'âme de son frère.

L'infante Catherine garda pendant trois ans François à son service. En 1525, elle dut se rendre en Portugal pour épouser le roi Jean III. Le duc de Gandie ne voulait pas que son fils quittât l'Espagne. A regret l'infante se sépara de son menin. Peut-être garda-t-elle de cet abandon une rancune qu'elle lui marqua cruellement plus tard.

Privée de sa fille, l'infortunée veuve de Philippe le Beau vécut encore trente ans dans son triste palais. Les pages s'étaient, sans doute, raconté souvent l'histoire de la pauvre reine claquemurée. François ne se doutait pas, en quittant Tordesillas, qu'il y reviendrait un jour calmer les terreurs et sanctifier l'agonie de l'auguste et malheureuse captive.

François reprit le chemin de Saragosse. Il avait quinze ans. Son oncle fut heureux de le retrouver grandi et affiné. Il le confia à un ancien professeur du collège de Montaigu, le docteur Gaspard de Lax, qui, pendant deux ans, lui fit, deux fois par jour, un cours de philosophie. Pour mieux stimuler son neveu, l'archevêque lui donna des compagnons d'études, et François,

1. *La Santa Duquesa. Vida y virtudes de la Venerable y Exma S^{ra} D^a Luisa de Borja y Aragon, duquesa de Villahermosa*, por el P. Jaime Nonell. Madrid, 1892.

déjà fort lettré, prit à cœur de devenir dialecticien et philosophe.

Sa vertu, à cette époque, courut de graves périls. Ils venaient
de son âge, de sa forte complexion, des exemples et des délices qui l'entouraient, surtout des conseils pervers de ses
serviteurs et de ses amis. Si la société d'alors était si indulgente aux faiblesses des gens d'Église, que n'eût-elle pas
permis à un beau jeune homme opulent qui s'appelait Borgia ?
Aussi bien, l'archevêque le premier s'inquiétait des tendances
trop pieuses de son neveu. Cependant Thomas de Borgia
affirme [1] que son frère aîné franchit cette passe sans y rien
laisser de son intégrité de mœurs.

Mais il était temps d'assurer sa fortune et de lui ouvrir la
cour de l'empereur. En 1527, Charles-Quint triomphait. Pavie
datait de deux ans. Le prince héritier, Philippe, venait au
monde le 21 mai. Ce même mois, l'armée de Bourbon marchait au sac de Rome. Aucun nuage ne voilait l'horizon radieux
de l'Espagne, et la splendeur de la cour de Valladolid répondait à la fortune du maître. C'était un beau décor pour une
entrée en scène.

Le duc de Gandie était un des vingt seigneurs d'Espagne
auxquels, par son décret de 1520, Charles-Quint avait reconnu
la première grandesse et le droit au titre de cousin du roi [2].
Il n'avait pas sans doute gardé bon souvenir de la conduite
de Charles-Quint lors des *Germanias*, et, aux divers états de
Monzon où il siégea, il dut souffrir, comme toute la noblesse
d'Aragon, de voir l'absolutisme royal annihiler systématique-

1. *Loco cit.*
2. La grandesse de 1520 comprenait vingt maisons et vingt-cinq titres :
1. Maison d'*Acuña* : *a*) les *Pacheco*, marquis de Villena ; *b*) les *Giron*, comtes
d'Ureña. 2. *Aragon* : *a*) ducs de Segorbe ; *b*) ducs de Villahermosa. 3. *Borja* :
ducs de Gandie. 4. *Cardona* : ducs de Cardona. 5. *Castro* : comtes de Le-
mos. 6. *La Cerda* : ducs de Medina-Celi. 7. *Cordova* : *a*) marquis de Priego ;
b) comtes de Cabra. 8. *La Cueva* : ducs d'Albuquerque. 9. *Enriquez* : ami-
raux de Castille. 10. *Guzman* : ducs de Medina-Sidonia. 11. *Manrique* :
a) marquis de Aguilar ; *b*) ducs de Najera. 12. *Mendoza* : ducs de l'Infantado.
13. *Navarra* : connétables comtes de Lerin. 14. *Osorio* : marquis d'Astorga.
15. *Pimentel* : comtes de Benavente. 16. *Ponce de Léon* : ducs de Arcos.
17. *Sandoval* : marquis de Denia. 18. *Toledo* : ducs d'Albe. 19. *Velasco* : connétables de Castille, duc de Frias. 20. *Zuñiga* : *a*) ducs de Bejar ; *b*) comtes
de Miranda.

ment l'influence de l'aristocratie. Il fut un seigneur terrien, gouvernant bien ses États, mais n'en sortant jamais ; il s'opposa victorieusement, en 1532, à une descente des Maures d'Afrique, et, à son poste d'avant-garde, resta toujours armé contre l'éternel ennemi. Il correspondait du reste avec l'empereur, le félicitait pompeusement de ses succès, mais ne se résigna jamais à être courtisan. François avait de tout autres goûts, développés par la précoce fréquentation des cours. L'idée d'aller servir l'empereur lui souriait fort. Le duc son père le lui permit, et, le 8 février 1528, écrivit en ces termes à Charles-Quint pour lui présenter son fils aîné :

« Don Francisco part, afin que les fils que Dieu m'a donnés pour que je les consacre au service de Votre Majesté, commencent à la servir, et les autres le suivront quand ils auront l'âge voulu pour bien remplir ce service et ne pas dévier. Là, sans retard, ils pourront apprendre, avec leurs faibles forces, à s'employer dans cet office auquel je voudrais me consacrer avec la plus grande puissance du monde. Ce sera le plus grand contentement que je puisse retirer d'eux en cette vie. Je supplie Votre Majesté de leur pardonner les fautes qu'ils commettront, car leur volonté est aussi bonne qu'elle peut l'être. Que Notre-Seigneur garde et exalte de longues années l'impériale et catholique personne de Votre Majesté, comme le désire son cœur royal. De Gandie, 8 février 1528 », etc. [1].

En se rendant à Valladolid, François passa par Alcala de Henarès. Un jour, dans la grande rue d'Alcala, s'avançant à cheval, brillamment entouré d'amis et de serviteurs, il croisa un pauvre homme que les officiers de l'Inquisition entraînaient en prison. Frappé de son grand air, touché de son malheur, François s'arrêta à le contempler. Un docteur de l'Université, qui, par hasard, se trouvait dans la rue, fut surpris du regard ému de l'adolescent. Le prisonnier était Ignace de Loyola, en butte aux tracasseries du Saint-Office. François de Borgia et le docteur devinrent, tous deux, les disciples et les fils du condamné, et, dans sa vieillesse, le docteur aimait à raconter quelle fut la première rencontre de saint Ignace et de saint François.

(*A suivre.*) PIERRE SUAU.

1. *Monumenta*, t. I, p. 265.

L'ABSOLUTION DE HENRI IV A ROME

I. — DE SIXTE-QUINT A CLÉMENT VIII

Lorsque Henri IV prend, à Saint-Cloud, la succession de Henri III, il n'a pas lieu d'espérer du pape une particulière bienveillance. La chaire de Saint-Pierre est alors occupée par le terrible Sixte-Quint, le même qui, dans une bulle fameuse du 9 septembre 1585, a dénoncé le Béarnais et le prince de Condé comme « coupables de lèse-majesté divine, ennemis de la foi chrétienne orthodoxe » et frappés de toutes les censures canoniques réservées aux « hérétiq ues relaps et impénitents[1] ».

Néanmoins, les nombreux seigneurs catholiques qui prêtent hommage à Henri IV comme au légitime souverain de la France, obtiennent de lui, le 3 août 1589, l'autorisation d'envoyer à Rome un ou plusieurs députés, pour rendre compte au pape de leur conduite. Cette délégation est confiée au duc de Piney, François de Luxembourg. Il devra solliciter la reconnaissance du nouveau roi par Sixte-Quint, à condition que Henri de Navarre, après s'être fait instruire, embrasse la foi catholique[2].

Luxembourg fait route par la Suisse et par Venise, Mantoue, Ferrare, Florence. Le 8 janvier 1590, il parvient à Rome. Il n'y est pas reçu à titre d'ambassadeur royal, mais à titre de grand seigneur fidèle au Saint-Siège. Encore ne doit-il cet avantage qu'aux instances des représentants de Venise et de Toscane auprès du pape, et à l'intervention généreuse de l'ancien ambassadeur de Henri III, Jean de Vivonne, marquis de Pisany.

Désireux d'être bien informé des affaires de France, le

---

1. Henri IV était *relaps* pour être retourné à la « Réforme » après avoir fait, par contrainte, profession de catholicisme, à la suite de la Saint-Barthélemy.

2. Isambert, *Recueil des anciennes lois françaises*, t. XV, p. 3-4. Paris, 1829. In-8.

Souverain Pontife donne audience au duc de Piney. Celui-ci remplit fort adroitement sa mission. Il appuie sur les tendances catholiques du Béarnais. « Le Roy, en causant familièrement avec moi, comme il sied à des parents, voici ce qu'il m'a dit : « Nous croyons tous la même chose, car « nous croyons au symbole des apostres. — Vostre Majesté, « ai-je respondu, croit bien au symbole, mais ce n'est pas « tout. Vous croyez bien en Dieu, Sire, mais vous ne croyez « pas à son omnipotence. — Comment cela ? dit le Roy. — « Puisque, répliquai-je, vous ne croyez pas qu'il puisse se « trouver actuellement présent dans l'hostie consacrée et « dans le sacrement de l'autel. — En ceci, dit le Roy, nous « avons tort, et, pour ma part, j'y crois et j'y tiens ferme- « ment, et, s'il n'y a pas d'autre difficulté, nous tomberons « facilement d'accord. » Sixte-Quint est tout joyeux : « Dieu soit loué ! C'est une bonne nouvelle que vous me donnez. Mais est-ce bien vray ce que vous dites là ? Comment pouvons-nous le croire ? — Parce que je vous le dis, Saint-Père[1]. »

Au consistoire du 29 janvier suivant, le pape déclare qu'il est prêt à recevoir de grand cœur, au nom de la charité du Christ, tout prince hérétique qui marquera une sincère volonté de conversion. Puis, dans un bref aux princes et seigneurs du parti royal, il les exhorte à donner suite par leurs actes aux louables engagements qu'ils viennent de prendre.

Sixte-Quint est, d'ailleurs, bien mal représenté à Paris. Son légat, cardinal Caëtani, se déclare pour la Ligue et pour la cause des Guise et de l'Espagne avec l'intolérance la plus fougueuse. Le pape blâme vertement, et à plusieurs reprises, une pareille attitude. Lui-même résiste aux injonctions hautaines de Philippe II. Celui-ci veut obtenir une bulle excommuniant tous les catholiques royaux et déclarant Henri de Navarre exclu du trône pour toujours et quoi qu'il fasse. L'ambassadeur espagnol, Olivarès, va jusqu'à déclarer que, si Rome continue d'écarter cette demande, « le roi son maître se dégageroit de l'obédience au Pontife, et pourvoiroit aux

---

1. Hübner, *Sixte-Quint*, t. II, p. 283. Paris, 1870. In-8.

besoins de la cause de Dieu[1] ». Sixte-Quint ne recule pas.

Avec le coup d'œil exercé du politique, le pape discerne bien les motifs pour lesquels on veut le contraindre à fulminer contre le Béarnais de nouveaux anathèmes. Il ne voit pas seulement, dans la Ligue, son zèle, d'ailleurs très sincère, pour la véritable Église ; car il estime aussi que l'inimitié entre les maisons de Bourbon et de Guise résulte de vieilles rancunes « et n'a rien de commun avec les intérêts de la religion[2] ». Il observe surtout que Philippe II, en faisant écarter pour jamais Henri de Navarre, pourra transformer la France en un pays plus ou moins vassal de l'Espagne, si bien que le monde catholique presque entier appartiendrait alors à la maison d'Autriche. Par l'insolente pression qu'il est en train de subir, Sixte-Quint mesure les inconvénients qui en résulteraient pour la papauté. Aussi, loin d'admettre une diminution quelconque de notre pays, veut-il que la France reste un État de premier ordre et qu'elle fasse équilibre à l'Espagne. Tout ce qu'il réclame est que la couronne de saint Louis appartienne à un prince national, mais sincèrement catholique. Dans ce but, il appelle, il espère la conversion du vainqueur d'Ivry, chez lequel il croit découvrir l'étoffe d'un vrai roi. Sixte-Quint a deviné Henri IV[3].

Que le Béarnais vienne donc, un jour, à témoigner envers l'Église romaine de dispositions comme celles qu'il marquera au printemps de 1593 ; et le pape s'empressera d'accorder son absolution à l'hérétique, puis sa reconnaissance officielle au roi. Dès lors, le conflit sera terminé pour le plus grand bien du catholicisme et de la nation française.

La Providence ne permit pas que la victoire coutât si peu. Le 27 août 1590, tout se trouve remis en question. Ce jour-là, par une dépêche débordante de joie farouche, Olivarès annonce à Philippe II qu'après une courte maladie, Sixte-Quint vient

---

1. Hübner, *op. cit.*, t. II, p. 306-307. Cf. p. 324-325.

2. *Ibid.*, p. 339 *sqq.*

3. *Ibid.*, p. 354-355. — Thuanus, *Historiarum*, t. IV, lib. XCVII-C. Londres, 1733. In-fol. — Palma-Cayet, *Chronologie novenaire*, lib. II. Collection Michaud et Poujoulat. Série I, t. XII. — Lestoile, *Mémoires-Journaux*, année 1589, t. V. Paris, 1875-1881. In-8. — L'Epinois, *la Ligue et les papes*, p. 341-441. Paris, 1886. In-8.

de mourir[1]. Espagnols et ligueurs éprouvent une égale satisfaction. Comme le déclare en chaire un curé de Paris : « Dieu
nous a délivrés d'un méchant pape et *politique.* » L'Escurial compte bien, désormais, diriger sans obstacle la politique du Saint-Siège.

Le cardinal de Saint-Marcel est élu pape, sous le nom d'Urbain VII, mais son règne ne dure que treize jours. Les cardinaux s'assemblent, une seconde fois, en conclave. Philippe II présente une liste de *sept candidats,* les seuls dont
il veuille admettre l'élection. L'un d'entre eux, né vassal du
roi d'Espagne, Nicolas Sfondrate, cardinal de Crémone, est
élu au scrutin du 5 décembre 1599. Il prend le nom de Grégoire XIV[2].

Par les idées de son entourage comme par les tendances de
son esprit, le nouveau pape est naturellement conduit à
prendre une attitude toute contraire à celle de Sixte-Quint.
Convaincu que l'unique moyen de sauver, en France, le
catholicisme, est de ruiner la cause du Béarnais, hérétique
relaps et incorrigible ; de recourir contre lui à une vigoureuse offensive au profit de la Ligue et avec le concours
de Philippe II, il se hâte d'employer les moyens les plus
actifs. Dès le 19 janvier 1591, il envoie 60 000 écus d'or aux
ligueurs, et, un mois plus tard, 300 000. Puis, au mois de
mai, huit mille hommes, commandés par le duc de Monte-
Marciano, neveu du pape, quittent Rome et marchent vers la
Lorraine, d'où ils iront joindre les troupes espagnoles de
Flandre et batailler contre le prince de Béarn. En même
temps, part pour la France un nouveau nonce, Marsilio
Landriano, porteur d'un double monitoire, prescrivant à tous
les catholiques, prêtres ou laïques, partisans de Henri IV,
d'abandonner immédiatement sa cause, sous peine d'excommunication[3].

Contrairement à l'espoir qui règne à Rome, l'effet produit

1. Hübner, *op. cit.*, t. II, p. 371.

2. Palma-Cayet, *op. cit.*, p. 236. — *Lettres du cardinal d'Ossat,* t. I, p. 287.
Paris, 1708. In-12. — Petruccelli della Gatina, *Histoire diplomatique des
conclaves,* t. II, p. 307-308. Paris, 1864. In-8.

3. Desjardins, *Négociations diplomatiques de la France avec la Toscane,*
t. V, p. 153. Paris, 1875. In-4. — L'Épinois, *op. cit.*, p. 468. — *Bulle d'excommunication.* Tolose, chez Colomiez, 1591.

en France est déplorable. Loin de gagner des recrues à la
Ligue, le monitoire exaspère le parti royal. En juin 1591, les
fractions *politiques* du Parlement de Paris, siégeant à Châlons et à Tours, s'empressent, au mépris de tout respect et
de tout bon sens, de promulguer un arrêt où elles déclarent
« nulles et comme d'abus les bulles de *Grégoire soi-disant
pape*, schismatique, hérétique, ennemi de la paix et de
l'Église catholique [1] ». Le 4 juillet suivant, le Béarnais réunit
à Mantes une assemblée des évêques et des seigneurs fidèles
à sa cause : il approuve la récente « déclaration comme
d'abus » et renouvelle la promesse, faite à Saint-Cloud, de
sauvegarder les droits de l'Église et de se faire instruire du
catholicisme, aussitôt qu'il le pourra [2]. Le 21 septembre,
deux cardinaux, un archevêque, sept évêques et d'autres
théologiens, assemblés à Chartres, adressent aux trois
ordres, aux villes, à tous les catholiques du royaume, un
mandement collectif, où ils font respectueusement appel du
pape *mal informé* au pape *mieux informé*. Ils enverront eux-
mêmes une ambassade à Rome pour y fournir les éclaircissements désirables. En attendant, ils tiennent les bulles
pour « nulles et non avenues, comme étant suggérées par la
malice des étrangers ennemis de la France [3] ». Quant aux
gentilshommes catholiques, bien fugitives sont les idées de
tiers-parti qui hantent alors quelques-uns d'entre eux. Le
nonce Landriano reconnaît, au contraire, lui-même qu'on a
eu tort de vouloir ainsi les violenter : le monitoire, dit-il, les
a rendus « plus attachés encore au roi de Navarre, en
achevant de les persuader que le pape n'agissoit qu'à la
requeste des Espagnols, dans le seul but d'exclure de la
couronne la maison de Bourbon [4] ».

A l'automne de 1591, meurt Grégoire XIV, après avoir vu
l'échec de cette malheureuse tentative, pour laquelle il n'a
épargné aucun sacrifice, et qu'a inspirée le zèle le plus
ardent pour la religion. Son successeur, Innocent IX, ne

1. *Mémoires de la Ligue*, t. IV, p. 369-376. Amsterdam, 1758. In-4.
2. *Ibid.* — Thuanus, *op. cit.*, lib. CI, cap. xv. — Palma-Cayet, *op. cit.*,
p. 289-291.
3. Thuanus, *op. cit.*, lib. CI, cap. xviii. — Cf. Palma-Cayet, *op. cit.*, lib. II
et III.
4. L'Epinois, *op. cit.*, p. 510.

règne que durant quelques semaines. Malgré une humeur
plus pacifique, il choisit pour légat en France l'évêque espagnol de Plaisance, Philippe Sega, auquel il a d'abord accordé
le chapeau rouge. Longtemps, le « cardinal de Plaisance »
montrera contre Henri IV un acharnement étrange.

Le 10 janvier 1592, le Sacré Collège est réuni, une fois
encore, pour désigner un nouveau pape. Selon son habitude
des précédentes années, Philippe II frappe équivalemment
d'exclusion une soixantaine de cardinaux. Les opérations
électorales deviennent laborieuses. Enfin, le 30 janvier, l'un
des candidats agréés par le roi d'Espagne obtient la majorité
des deux tiers : c'est le cardinal Hippolyte Aldobrandini.
Désormais, on l'appellera Clément VIII[1].

Chez celui-ci, Philippe II ne craint pas de rencontrer
l'énergique indépendance et la décision redoutable de Sixte-
Quint. Ame timide et scrupuleuse, le pape est compromis
d'avance, par la gratitude et la nécessité, avec ce roi d'Espagne, le plus grand et le plus pieux du monde catholique,
tout-puissant même en Italie et dans le Sacré Collège. Clément VIII osera-t-il jamais compromettre une amitié si précieuse, encore que bien exigeante, et s'exposer à des représailles qui peuvent aller loin, comme l'a expérimenté Paul IV ?
Pourra-t-il, en outre, préférer aux conseils des ardents
catholiques du parti espagnol et ligueur, une politique de
rapprochement avec le chef très contesté de la France
royale, avec un prétendant anathématisé déjà comme hérétique et relaps ?

De fait, le pape semble vouloir continuer la politique militante et exclusive de Grégoire XIV. Il envoie 15 000 écus
par mois à la Ligue. Durant quelque temps même, il entre-
tient encore, aux Pays-Bas, trois mille fantassins et cinq
cents cavaliers, qui doivent combattre, avec les Espagnols,
contre Henri de Béarn[2].

Et pourtant ce dernier est en marche vers l'Église romaine.
L'avenir dira s'il aura eu tort de faire appel, malgré tout, à
la conscience de Clément VIII.

1. Petrucelli della Gatina, *op. cit.*, t. II, p. 365-395.
2. Ossat, *Lettres*, t. I, p. 290.

II. — AVANT L'ABJURATION DE SAINT-DENIS (1592-1593)

C'est le germe d'une vraie conversion, que Henri IV emporte, au mois d'avril 1592, lorsqu'il lève le siège de Rouen. Il en est redevable aux entretiens de son nouveau confident, Jaques Davy du Perron [1]. Puis l'embarras des affaires catholiques, dans les provinces soumises à sa couronne, le conduit à reconnaître que l'on ne se passe pas impunément du pape : à chaque vacance d'une abbaye ou d'un évêché, qui donc pourra conférer au nouveau titulaire l'institution canonique ? S'adressera-t-on à des fonctionnaires appelés « Économes spirituels », ou aux métropolitains, ou à un « Patriarche des Gaules [2] » ? De tels pouvoirs, distribués par arrêts des cours laïques, n'auraient manifestement pas, aux yeux du peuple fidèle, l'autorité, la validité nécessaires. Il faut donc recourir à Rome. D'ailleurs, bien des catholiques royaux se lassent de voir leur prince retarder sans cesse les actes publics qui prépareraient son retour à l'Église ; et, d'autre part, Mayenne convoque les états généraux pour faire élire un roi. Décidément, il n'est que sage de tenter un accord avec le Saint-Siège, si peu probable que le succès puisse paraître.

Le 8 octobre 1592, Henri IV écrit à Clément VIII une lettre déférante, où, sans trop préciser, il déclare sa résolution de « faire prester... et de rendre toute sa vie à Sa Sainteté l'obéissance qu'il luy devoit [3] ». Il désigne pour son nouvel ambassadeur au Quirinal l'un des membres les plus distingués de sa noblesse fidèle, le même marquis de Vivonne-Pisany, qui, naguère, a représenté Henri III auprès de Sixte-Quint et favorisé, en 1590, la mission du duc de Piney. Un autre négociateur accompagnera Pisany, le devancera même à Rome, et, assuré personnellement, comme prince de l'Église, d'y être bien reçu, devra obtenir favorable accueil au représentant officiel du roi. C'est l'évêque même de Paris, le cardinal de Gondi, qui, outré des folies démagogiques commises par les Seize et des abus de pouvoir du légat, cardinal de Plaisance,

---

1. Du Perron, *Diverses OEuvres*, p. 10. Paris, 1622. In-fol.
2. Thuanus, *op. cit.*, lib. CIII, cap. viii.
3. *Recueil des lettres missives de Henri IV*, t. III, p. 674. Paris, 1843-1876. In-4.

a cru devoir quitter sa ville épiscopale et se retirer à Noisy. A la fin d'octobre, les deux diplomates sont en Italie. Avant de gagner la cour romaine, le cardinal s'arrête à Florence, tandis que le marquis se rend à Venise [1].

Cependant, autour du pape, ligueurs et Espagnols font bonne garde. L'évêque de Paris goûte à peine l'hospitalité gracieuse du grand-duc de Toscane qu'un message pontifical vient lui fermer l'accès des États de l'Église. Il n'est, d'ailleurs, frappé qu'à titre d'envoyé présumé de Henri IV ; car on le prévient que « s'il vouloit aller à Rome, en bon cardinal, sans parler du Navarrois, il seroit bien venu [2] ». Gondi accepte la condition, espérant qu'il en sera dispensé en temps utile ; et, sans retard, il pénètre dans la Ville éternelle.

Au Quirinal, il se contente d'expédier ses propres affaires. Mais, reçu en audience par le Saint-Père, il amène Clément VIII lui-même à l'interroger sur les marques de bon vouloir que paraît donner le Béarnais envers l'Église catholique. Profitant de l'occasion, l'évêque de Paris s'empresse de donner, sur ce point, les meilleurs nouvelles et d'ébranler, chez le pape, les préventions accumulées par l'influence du milieu et des circonstances. Les paroles du cardinal font quelque impression sur l'âme droite et sincère de Clément VIII. Il tente alors un effort direct : « Mais, Père Saint, voyant la soumission très dévote du Roy, quelle difficulté faites-vous ? N'avez-vous pas puissance de le recevoir ? — Qui en doute ? répond le pape. Mais il est requis que je fasse frapper à ma porte plus d'une fois, afin de connaître si l'affection est telle qu'elle doit être. — Cependant ne seroit-il pas urgent d'ouvrir les bras au Roy, d'encourager son repentir et sa réconciliation ? — Je le ferai, déclare le Saint-Père, quand il sera temps [3]. »

Toutes personnelles et intimes qu'elles soient, de telles réponses constituent un vrai succès. Néanmoins Clément VIII n'est pas homme à modifier brusquement ses résolutions, ni

---

1. Palma-Cayet, *op. cit.*, p. 403. — Thuanus, *op. cit.*, lib. CIII, cap. VIII. — Affaires étrangères, *Mémoires et documents divers*. Rome, ms. 15, n. 202, s. — Cf. Brémond d'Ars, *le Père de Mme de Rambouillet, Jean de Vivonne*, p. 329. Paris, 1884. In-8.

2. Lestoile, *op. cit.*, année 1592, t. V.

3. Palma-Cayet, *loco cit.*

à secouer en un jour les influences de son entourage. Rien
n'est donc changé, après l'audience de Gondi, à la politique
pontificale, dont les consignes restent toujours aussi rigoureuses. Le marquis de Pisany ne tarde pas à s'en apercevoir.
Il a pris, à son tour, le chemin de Rome, qu'il croit devenu
libre. Mais il est arrêté net à Desenzano, petite ville de la
Vénétie, par un avertissement du nonce papal : « Suspect
d'hérésie, comme ayant suivi un hérétique et porté les armes
pour son service, il lui est interdit d'entrer dans les États de
l'Église, sous peine de voir procéder contre lui. » Le refus
d'entrer en relation avec un envoyé officiel du Béarnais ne
saurait être plus péremptoire [1]. L'impression en est amère
dans tout le parti royal de France.

Pisany croit, malgré tout, devoir rester dans l'Italie du
Nord. Il fait parvenir à Henri IV des conseils de patience, et
se tient prêt lui-même à entamer des négociations nouvelles,
dès que le Saint-Siège le voudra. Au Quirinal, cependant, on
n'y songe guère, et l'on n'attend plus rien que des états généraux de la Ligue, qui vont élire un roi catholique.

Cette élection n'aura pas lieu. Mais les circonstances rapportées ailleurs [2] rendent définitive la résolution vers laquelle
incline Henri IV depuis un an. Le 26 avril 1593, il en avertit
le grand-duc de Toscane, qui a toujours plaidé sa cause
auprès des papes, et, en France même, l'a soutenu par de
grosses avances financières. « Je vous veux confirmer ce que
je vous ay mandé par ledict s[r] cardinal de Gondy, touchant
ma conversion ; mais j'ay voulu de plus, et je veux vous promettre, comme je fais en foy et parole de roy, par la présente, escripte et signée de main, de faire déclaration et
profession publique de la religion catholique, selon les constitutions de l'Église [3]. »

Alors il faut sonder le Saint-Père, pour connaître à quelles
conditions il va vouloir absoudre Henri de Navarre, excommunié, il y a huit ans, par Sixte-Quint. Pisany fait les plus
grands efforts pour obtenir de Rome une réponse meilleure
que par le passé. Mais les influences espagnoles font régner,

1. Brémond d'Ars, *op. cit.*, p. 332.
2. Voir les *Etudes* du 5 juillet 1902, p. 98-109.
3. *Lettres missives de Henri IV*, t. III, p. 763 *sqq.*

autour du pape, un tel parti pris contre le Béarnais que le
pauvre ambassadeur ne peut communiquer à Henri IV aucune
espérance de succès. Il indique seulement la lente et douteuse
procédure qu'on doit tenter de suivre. Ces nouvelles, succédant aux tentatives infructueuses, aux incidents pénibles des
précédentes années, confirment l'entourage ecclésiastique et
laïque du roi de France dans l'impression qu'il est absolument impossible, malgré la meilleure volonté, d'obtenir l'absolution à Rome. Il sera donc nécessaire de la faire conférer
en France, au moins par manière de provision : tel est l'avis
des théologiens et des prélats. Henri IV en fait part, dès le
9 juin, au marquis de Pisany : « La longueur et incertitude
du remède espéré par le moyèn de vostre despesche, du
costé du Pape, et le désir de faire cesser au plus tost le
prétexte de la guerre, qui porte, chaque jour, tant de désordres et de ruines, m'ont faict resoudre n'attendre davantage à procéder à madicte instruction et conversion, ayant
assigné le terme auxdictz prélats, docteurs et aultres par moy
mandez, au vingtième de juillet prochain ; avec intention,
néantmoins, de despescher vers le Pape, après l'acte de
ma conversion, pour recevoir sa bénédiction et luy rendre
l'obédience et submission, telle que doidt un roy de France
catholique et très-chrestien[1]. » Cette parole sera tenue.

Le soir du 22 juillet 1593, Henri IV arrive à Saint-Denis.
Ce jour-là même, les théologiens ont délibéré sous la présidence du cardinal de Bourbon. Les docteurs réunis étaient:
l'archevêque de Bourges, les évêques de Nantes, de Séez,
de Maillezais, de Chartres et du Mans, les évêques nommés
de Bayeux et d'Évreux, huit chanoines ou curés, trois religieux. Il s'agit de résoudre si, oui ou non, les prélats français
vont pouvoir donner l'absolution au roi. Le cardinal de
Bourbon estime que, l'excommunication émanant d'un pape,
c'est le pape seul qui peut en relever. D'autres objectent que
la bulle de Sixte-Quint contre le Béarnais n'a pas été reçue
par l'Église gallicane ; qu'elle n'a donc, en France, aucune
valeur. Aussi Henri IV serait-il simplement dans le même cas
que tout autre calviniste. Or, de droit commun, l'absolution

---

1. *Lettres missives de Henri IV*, t. III, p. 788 *sqq.*

de l'hérésie publique appartient à la juridiction épiscopale.
Donc il n'est besoin d'aucune espèce de recours à Rome. Cette
inadmissible théorie n'est pas adoptée, au moins dans toute
sa rigueur, car on décide, au contraire, qu'il faudra demander
au Souverain Pontife lui-même d'absoudre Henri IV. Mais,
en même temps, l'assemblée juge qu'il sera matériellement
fort long et fort difficile de faire agréer par le pape une telle
requête, et que le roi, durant la guerre civile, est en perpétuel danger de mort. D'ailleurs, le bien manifeste de la religion et du royaume exige que Henri IV soit réconcilié sans
retard avec l'Église catholique. Ces graves considérations
portent les théologiens à regarder comme nécessaire et comme
valide une absolution provisoire donnée au roi par les évêques français. On devra ensuite solliciter respectueusement
de Clément VIII la confirmation de cet acte[1].

Le lendemain, tandis que Henri IV tient, avec les prélats,
une longue conférence doctrinale, après laquelle il se déclare
résolu d'abjurer immédiatement l'hérésie calviniste, le légat,
cardinal de Plaisance, adresse un manifeste à tous les
catholiques français. Il proclame nul et de nulle valeur tout
ce qui va s'exécuter à Saint-Denis. Que les membres de l'Union
ne se laissent pas surprendre ; que les catholiques royaux
n'accumulent pas erreur sur erreur ; que les ecclésiastiques
ne se rendent pas à Saint-Denis, car ils s'exposeraient à en-
courir l'excommunication, avec privation de dignités et de
bénéfices[2]. Du reste, comme si les intérêts des Guise et de
l'Espagne étaient inséparables de ceux de l'Église et des âmes,
le fougueux légat se garde bien de proposer à Henri IV un
favorable accès au Quirinal, s'il veut sincèrement venir à
résipiscence et rentrer dans l'Église. Malgré les menaces du
cardinal, les prélats de Saint-Denis estiment que les motifs
qui ont théologiquement fondé la résolution prise conservent
toute leur valeur, et, réunis de nouveau le 24 juillet, ils
font agréer par le roi le projet qu'ils ont adopté d'une abso-

---

1. Bibliothèque nationale, Fonds Brienne, ms. 137, fol. 3, 4.—Thuanus,
op. cit., lib. CVII, cap. VIII, t. V, p. 240-291. — Palma-Cayet, *op. cit.*,
p. 472 *sqq.* — Cf. abbé Féret, *Henri IV et l'Église*, p. 65-78. Paris, 1875.
In-8.
2. Palma-Cayet, *op. cit.*, p. 495. — Ossat, *Lettres*, t. I, p. 242-274.

lution immédiate à Saint-Denis, et de sa confirmation ultérieure à Rome.

Le 25 juillet 1593, Henri IV embrasse, dans les circonstances que l'on connaît, la foi de « l'Église catholique, apostolique et romaine », et s'adressant à tout le royaume, déclare être
résolu « d'y vivre et d'y mourir », comme dans « la vraie Église
de Dieu, pleine de vérité, et laquelle ne peut errer ». Le droit
du pape n'est pas oublié à la cérémonie de Saint-Denis. Sous
le porche de la vieille basilique, l'archevêque de Bourges a
employé la formule suivante : « *Sous réserve de l'autorité du
Saint-Siège apostolique*, je t'absous du crime d'hérésie et
d'apostasie ; je te rends à la sainte Église romaine et je t'ad-
mets à ses sacrements : au nom du Père et du Fils et du
Saint-Esprit[1]. »

III. — LA LÉGATION DU DUC DE NEVERS (1593-1594)

Quelques jours plus tard, Henri IV prépare l'envoi d'une
ambassade solennelle à Rome. Il en confiera la direction à un
grand seigneur catholique royal, italien de naissance : Louis
de Gonzague, troisième fils du duc de Mantoue, Frédéric II,
et, par son mariage avec Henriette de Clèves, devenu duc de
Nevers. Celui-ci présenta au pape la religieuse obédience du
roi[2]. En même temps, l'évêque du Mans, Claude d'Angennes
de Rambouillet, portera au Quirinal les explications de ses
collègues, et sollicitera la confirmation pontificale de l'absolution de Saint-Denis[3]. D'autre part, le cardinal de Gondi et
le marquis de Pisany, toujours sur le territoire de Venise,
reçoivent mission de gagner à leur souverain, dans cette
affaire, les bons offices des princes d'Italie[4]. Enfin, pour
annoncer au pape l'ambassade de Nevers, Henri IV fait partir
aussitôt un officier de sa maison, Brochard de la Clielle[5].

Le 18 août 1593, La Clielle quitte le roi ; il arrive à Rome
le 11 septembre. Lorsqu'il fait secrètement demander audience, le premier mouvement du pape est de refuser. Mais

1. Bibliothèque nationale, Fonds Brienne, ms. 137, fol. 3-6. *Procès-verbal*,
signé des évêques. — Ossat, *Lettres*, t. I, p. 40.
2. Bibliothèque nationale, Fonds Brienne, ms. 137, six pièces, fol. 78-103.
3. *Ibid.*, fol. 31-39. — 4. *Ibid.*, fol. 39-59.
5. *Ibid.*, fol. 17-30. — Cf. *Lettres missives de Henri IV*, t. IV, p. 10-21.

un prélat français, auditeur de rote depuis trente ans, qui a ses entrées libres et son franc-parler auprès de Clément VIII, Séraphin Olivier, objecte qu'il serait odieux de ne pas vouloir même entendre les propositions d'un prince hérétique qui se proclame disposé à reconnaître les droits du Saint-Siège. *On ne devrait pas refuser audience au diable même* si on le croyait capable de conversion. Ce bon mot déride le pape [1]. La Clielle est reçu en audience au palais de Saint-Marc, le 13 septembre, à une heure du matin. Clément VIII examine les lettres de Henri IV, du duc de Nevers et des prélats français, et déclare ensuite, en soupirant, qu'il y a eu erreur : il croyait accueillir un envoyé du duc de Montmorency et non pas du roi de Navarre. La Clielle affirme n'avoir recouru à aucun subterfuge de cette espèce et plaide la cause de Henri IV converti. Le pape répond tristement : « Pour l'instant, nous ne pouvons pas dire autre chose » ; puis il congédie le négociateur avec un mot aimable et une bénédiction [2].

Le 24 septembre, le cardinal Toledo, jésuite, fait venir La Clielle et lui déclare, au nom du pape, que Sa Sainteté ne recevra pas le duc de Nevers. Avant qu'on puisse parler d'ambassade officielle, il faut que le Béarnais donne des signes de contrition, fasse pénitence, obtienne absolution comme hérétique, et réhabilitation au trône comme relaps. — Mais, observe l'envoyé français, le duc de Nevers et l'évêque du Mans viennent précisément pour apporter, sur tous ces points, les explications désirables. Pourquoi refuser de les accueillir ? — Le cardinal n'a pas mandat de répondre autre chose.

En même temps, le jésuite Antonio Possevino est envoyé au-devant du duc de Nevers, pour lui signifier, de la part de Clément VIII, la défense absolue de se rendre à Rome. C'est dans le pays des Grisons, au pied du Bernina, que, le 16 octobre 1593, Possevino rencontre l'ambassadeur et lui communique son message. Profonde est la stupéfaction de Nevers, qui s'attendait à être reçu par le pape « comme les anges accueillent, au ciel, la nouvelle de la conversion d'un

---

1. Féret, *op. .cit.*, p. 122.
2. Bibliothèque nationale, Fonds Brienne, ms. 137, fol. 116 *sqq.* — Affaires étrangères, *Mémoires et documents divers.* Rome, ms. 15, fol. 156-171. — C'est le *Mémoire* de La Clielle lui-même sur toute sa mission.

pécheur [1] ». Durant trois jours, les entretiens se poursuivent émouvants, entre le duc et le religieux. Plutôt que de prendre son parti d'un tel échec pour la cause du roi, Nevers supplie Possevino de faire parvenir à Clément VIII ses humbles remontrances et de solliciter des instructions moins sévères. Possevino accepte. La commission est pourtant périlleuse et lui attirera de notables désagréments.

La cour pontificale est, en effet, bien prévenue contre le Béarnais et ses amis. La Clielle a quitté Rome, le cœur serré ; le 20 octobre, il annonce lui-même au duc de Nevers le résultat désastreux de sa légation. Nombre de prélats vont jusqu'à prétendre, avec le camérier espagnol, Gonzalès Ponce de Léon, que les résolutions prises sont irrévocables puisque nulle autorité, fût-ce le Saint-Siège, ne peut reconnaître capable du trône, ni même de l'absolution sacramentelle, un hérétique relaps. Aussi, le 24 octobre et le 6 novembre, le Saint-Office et la congrégation de France, examinant les requêtes envoyées par Possevino, maintiennent-elles que le duc de Nevers ne saurait être, à aucun prix, reçu comme ambassadeur royal. Toutefois, par égard pour la sincère piété du duc, on lui permet de se présenter eu son nom personnel, et de rester dix jours à Rome. Peut-être réussira-t-on à le gagner à la Ligue. Tel est même l'espoir du pape [2].

C'est donc sans aucune solennité officielle que, le 21 novembre, Nevers franchit la porte *angelica*, escorté de l'évêque du Mans, Claude d'Angennes de Rambouillet, du doyen de Notre-Dame de Paris, Louis Séguier, d'un religieux de Saint-Denis, dom Jean Gobelin, et de soixante-dix gentilshommes royalistes [3]. Reçu en audience par Clément VIII, le 23 novembre, le duc énumère les succès croissants de la cause du Béarnais et remet au pape une lettre où le royal converti affirme sa volonté de vivre et de mourir dans la religion catholique. Dans une seconde audience, le Saint-

---

1. Bibliothèque nationale, Fonds français, ms. 3989, fol. 108.
2. *Revue des questions historiques*, 1883, t. XXXIV, p. 68-87. — M. de L'Épinois utilise ici les documents Borghèse relatifs à Possevino. Cf. *la Ligue et les papes*, p. 606.
3. Le duc de Nevers fournit le récit détaillé de ses audiences et de toute sa légation, dans le recueil de ses *Mémoires*, t. II, p. 405-504 et 638-642. Paris, 1665. In-fol.

Père déclare qu'il a le devoir de continuer sa protection à la Ligue, dont la cause est celle même de l'Église, et que sa manière d'agir ne variera pas. Nevers sollicite, au moins l'autorisation de visiter les cardinaux, pour leur communiquer des lettres du roi; il prie surtout le pape d'admettre en sa présence les députés ecclésiastiques qui l'accompagnent à Rome : car ceux-ci ont pour mandat de rendre compte de l'abjuration de Saint-Denis. Trois jours après, Clément VIII fait porter au duc une réponse négative. Le 31 novembre, expire le délai fixé pour le séjour du négociateur dans la cité pontificale. Nevers obtient une prolongation en se faisant accorder une troisième audience pour le 5 décembre.

Ce jour-là, l'envoyé de Henri IV se jette aux pieds du Souverain Pontife ; demande avec larmes une nouvelle absolution pour le roi; offre toutes les satisfactions que l'on jugera nécessaires; conjure le pape, au nom du sang de Jésus-Christ, de se laisser toucher, d'imiter le Bon Pasteur cherchant la brebis égarée, ou le père de famille ouvrant ses bras et son cœur à l'enfant prodigue. Clément VIII résiste. Il ne veut pas préférer le dire des royalistes à celui des ligueurs. « Quant aux catholiques, dit-il, qui ont suivy son party, je ne les tiens que pour désobéyssans et déserteurs de la religion et de la couronne : ils ne sont qu'enfans bastards de la servante, et ceux de la Ligue sont les vrays enfans légitimes, les vrays arcs-boutans et mesme les vrais piliers de la religion catholique. » — Mais enfin le roi s'est converti et revient à l'Église. — Le Saint-Père ne peut admettre sa sincérité : « Je ne croiray jamais qu'il soit bien converty, si un ange du ciel ne me le venait dire à l'aureille[1]. » — Alors Nevers rappelle que trois ecclésiastiques français de marque, représentants officiels des prélats de Saint-Denis, se trouvent à Rome, témoins de l'abjuration, porteurs de la profession de foi du prince[2]. Le pape refusera-t-il de les accueillir et de recevoir de leur propre bouche les renseignements indispensables ? Clément VIII demande à réfléchir. L'audience est terminée.

1. Palma-Cayet, *op. cit.*, p. 518.
2. Bibliothèque nationale, Fonds français, ms. 5808, fol. 82. — Affaires étrangères, *Mémoires et documents divers*. Rome, ms. 15, fol. 96.

Le cardinal Toledo porte ensuite à Nevers la réponse du Souverain Pontife : l'évêque du Mans et ses deux compagnons, ayant désobéi aux monitoires de Grégoire XIV et contribué à l'irrégulière cérémonie de Saint-Denis, ont encouru les censures pontificales. Ils ne seront donc admis devant le pape qu'après avoir rendu compte de leurs actes aux congrégations compétentes et avoir été absous par le Grand-Inquisiteur. Le duc de Nevers, redoutant des poursuites juridiques, refuse d'admettre, pour les députés ecclésiastiques, les conditions proposées.

Au consistoire du 20 décembre, Clément VIII proclame, devant les cardinaux, qu'il refuse d'exaucer la requête de Henri de Navarre. Non seulement ils ne veut pas le reconnaître pour roi, mais il ne l'absoudra pas dans le for même de la conscience ; car il en a un triple motif : l'impénitence du sujet, le scandale des âmes et le péril de la foi[1]. Le 22 décembre, le pape notifie cette décision au corps diplomatique.

Néanmoins Nevers obtient une quatrième audience, le 2 janvier 1594. Rappelant qu'au nom du roi son maître, il a fait tenir à Sa Sainteté deux lettres autographes et deux mémoires, il demande avec insistance qu'on daigne lui confier une réponse écrite. Clément VIII s'y refuse. Le duc expose alors le danger qui en résultera pour la cause du Saint-Siège. Beaucoup de catholiques français, et même d'ecclésiastiques, professent, avec les magistrats des cours souveraines, que, si le pape continue de traiter le roi comme un infidèle malgré sa conversion, l'Église gallicane devra se passer de pape et se donner à elle-même une organisation indépendante. Le Saint-Père, en levant l'audience, paraît très ému de cet argument.

Une cinquième et dernière fois, Clément VIII consent à recevoir l'envoyé de Henri IV. Mais, en dépit des raisons alléguées, il persiste à refuser l'absolution et même toute réponse écrite. Après avoir exprimé sa profonde tristesse, Nevers prend congé. Le 14 janvier, il s'éloigne de Rome.

Le lendemain le duc et sa suite ont l'humiliation de croiser ₁

---

1. Bibliothèque nationale, Fonds Brienne, ms. 137, fol. 104-107 ; Fonds français, ms. 3987, fol. 175. — Palmat-Cayet, *op. cit.*, p. 549-553.

le cardinal de Joyeuse et le baron de Sénecey, ambassadeurs de Mayence et de la Ligue, pour lesquels se prépare, au Quirinal, une flatteuse réception. Parvenu à Florence, Nevers adresse au pape un mémoire où sont résumées les infructueuses négociations qui viennent de s'achever et où il énumère toutes les raisons qu'aurait le Saint-Siège de modifier son attitude envers Henri IV[1]. D'autre part, l'évêque du Mans, ayant gagné Venise, publie une déclaration dans laquelle il défend la validité de l'absolution de Saint-Denis, puis expose comment les prélats ont accompli, autant qu'il était en eux, le recours à Rome qu'exigeait leur conscience[2].

Quant au légat pontifical à Paris, il se charge de promulguer avec éclat le refus opposé par Clément VIII aux représentants de Henri IV. Apprenant que, le 27 février 1594, le roi sera sacré solennellement dans la cathédrale de Chartres, « le cardinal de Plaisance publia une lettre adressante aux bons catholiques, par laquelle il leur faisoit çavoir que Nostre Sainct Père n'avoit admis et reçu M. de Nevers que comme prince d'Italie et non en qualité d'ambassadeur de Sadicte Majesté, à laquelle il nous advertissoit qu'il ne donnerait jamais l'absolution, quoy qu'elle fist ». Voici l'impression que rapporte aussitôt un catholique notable, qui cesse d'être ligueur, Nicolas de Neufville de Villeroy : « Chacun fut extrêmement scandalisé et offencé, car, par sa lettre, il ne rendoit aucunes raisons de ce reffus, qui estoit jugé de tous trop rigoureux pour celuy qui tenoit lieu de Père commun, mesme à l'endroict d'un tel prince que Sa Majesté, Laquelle l'avait recherché avec tant de submission et d'humilité[3]. » A quoi faisait écho la rumeur populaire avec une brutalité inquiétante. « Si le curé fait tant de difficulté de bénir les œufs de Pacques, les paroissiens les mangeront sans qu'ils soient bénits[4]. »

Peu à peu, les événements vont dénouer une situation qui paraît sans issue.

1. Bibliothèque nationale, Fonds français, ms. 3989, fol. 108.
2. *Ibid.*, ms. 5808, fol. 14.
3. Villeroy, *Mémoires d'Estat,* collection Michaud. Série I, t. XI, p. 221.
4. Lestoile, *op. cit.*, t. IV, p. 257.

IV. — LES ÉVÉNEMENTS DE 1594

Dès le 22 mars 1594, Henri IV est à Paris. Grâce à la connivence du gouverneur, Cossé-Brissac, il peut entrer sans coup férir et se rendre maître de tous les points stratégiques. Puis on distribue au peuple la courte proclamation par laquelle il s'engage « en foi et parole de roy, à vivre et mourir en la religion catholique, apostolique et romaine, et à conserver tous ces subjectz et bourgeois en leurs biens, privilèges, états, dignitéz, offices et bénéfices ». La conversion au royalisme est devenue bientôt universelle ; et, après le *Te Deum* à Notre-Dame, c'est au milieu de l'enthousiasme délirant de la foule que Henri IV gagne son palais du Louvre[1].

Il députe alors du Perron vers le cardinal de Plaisance, encore tout consterné de l'événement. Si le légat veut faire visite à Sa Majesté, il sera reçu par Elle. En cas contraire, il peut se retirer où il voudra, sans avoir rien à craindre. C'est le second parti qu'adopte le cardinal. Aussi du Perron est-il chargé de l'accompagner jusqu'à Montargis et de lui faire rendre les honneurs dus à son rang. Le roi se venge en galant homme. D'ailleurs, le voyage de Montargis n'est pas inutile. L'évêque nommé d'Évreux ne tarde guère, par son charme et sa bonne grâce, à dissiper les préventions que gardait le légat contre le *convertisseur* du Béarnais. Non content d'avoir gagné son amitié, du Perron va jusqu'à incliner même vers la cause royale le fougueux cardinal de Plaisance[2]!

Cependant un irrésistible mouvement ramène la France catholique à Henri IV converti. Déjà Meaux, Orléans, Bourges, Péronne, ont fait leur soumission. Après Paris, viennent Rouen, Riom, Troyes, Sens, Agen, Laon, Amiens, Doullens, Beauvais, Poitiers. L'année 1594 apporte donc à la monarchie la conquête presque intégrale de l'Ile-de-France, de la Normandie, de la Picardie, de la Champagne, de l'Auvergne, de la Guyenne, du Poitou et de l'Anjou[3].

---

1. Palma-Cayet, *op. cit.*, p. 564-571.
2. Thuanus, *op. cit.*, lib. CIX, cap. v. — Arnaud d'Ossat confirme le fait dans sa *lettre*, écrite de Rome, le 6 décembre 1594.
3. Palma-Cayet, *op. cit.*, p. 610-621. — *Mémoires de la Ligue*, édition citée, t. VI, p. 1-135.

Les succès de Henri IV deviennent si évidents qu'au mois de mars, les négociateurs qui représentent la Ligue à Rome ont déjà singulièrement modifié leur langage. Henri de Navarre n'est plus ce petit chef de faction, hérétique obstiné, avec lequel aucun accord n'est possible et que Mayenne et Philippe II auront bientôt écrasé. Maintenant, il est le maître réel de la plus grande partie du royaume. La lassitude générale gagne chaque jour à sa cause de nouveaux adhérents, satisfaits de la profession publique qu'il fait du catholicisme. Il faut donc que le pape, d'accord avec l'Espagne, consente à traiter avec le Béarnais et lui impose, pour condition préalable à l'absolution, une bonne paix, qui garantisse de grands avantages aux ligueurs et sauvegarde leur organisation politique. Faute de quoi, chacun fera un accord séparé avec Henri IV, qui est décidément le plus fort[1]. Sous cette influence, l'entourage de Clément VIII commence à reconnaître « certaines choses qu'on n'ha jamais voulu croire, à Rome, quand ceux du costé du Roy les y ont dictes[2] ». Ce sont les envoyés mêmes de Mayenne qui obtiennent, pour le cardinal de Gondi, l'autorisation de se présenter dans la capitale du pape, alors que cette faveur lui est refusée depuis quinze ou seize mois. L'évêque de Paris profite habilement des circonstances, lutte contre de tenaces préventions ; enfin, au mois de mai 1594, repart pour la France et annonce à Henri IV que le Saint-Père attend de lui de nouveaux envoyés officieux et leur garantit bon accueil[3].

Toutes les difficultés sont, du reste, bien loin d'être aplanies. A Rome parviennent encore des messages émanés de ligueurs fanatiques, où l'on déclare qu'une absolution donnée à Henri de Navarre serait « impie et insensée », car nul ne doit croire « à la frauduleuse et feinte conversion que le Roy dit avoir faicte par devant aucuns prélatz, ses fauteurs[4] ». Telle est précisément la thèse chère à Philippe II et que son terrible ambassadeur, le duc de Sessa, développe impérieusement à la cour pontificale. Absoudre le Béarnais, répète-

1. L'Épinois, *op. cit.*, p. 613 *sqq.*
2. Bibliothèque nationale, Fonds français, ms. 3622, fol. 169.
3. Ossat, *Lettres*, t. I, p. 465.
4. L'Épinois, *op. cit.*, p. 622. — Desjardins, *op. cit.*, t. V, p. 168.

t-il, c'est rendre définitive et absolue la domination en France
de cet hérétique sans foi et sans mœurs ; c'est donc lui procurer le moyen d'accomplir un schisme gallican, dès que le
pape lui aura refusé d'annuler son mariage avec la reine
Marguerite. Devant un tel adversaire, une seule conduite est
possible : « dénier tout à plat l'absolution et continuer la
guerre par le pape, le roi d'Espagne et ce qui restoit de la
Ligue en France[1] ».

Alors Clément VIII députe à l'Escurial son neveu Jean-
François Aldobrandini. L'objet avoué de la mission est de
préparer une campagne én Hongrie contre les Turcs. Mais
on ne tarde pas à connaître qu'il s'agit aussi des affaires de
France. Le pape estime ne plus pouvoir refuser indéfiniment l'absolution que demande Henri IV. Aussi fait-il interroger Philippe II sur les clauses qui lui paraîtraient le plus
avantageuses pour un traité de paix avec ce prince. On
imposerait au Béarnais les clauses désignées, comme conditions nécessaires de l'absolution pontificale, et l'on concilie-
rait ainsi les prétentions opposées[2].

C'est justement pour ce motif que beaucoup de catholiques
français détournent Henri IV d'un nouveau recours à Rome :
inutile de solliciter encore l'absolution comme une faveur
imméritée, qu'il faudrait acheter par des concessions contraires à l'honneur ou à l'intérêt du royaume ; attendons que
le Saint-Père se voie forcé de l'accorder de lui-même, purement et simplement. Certains *politiques* du Parlement, avec
l'avocat général Servin, unissent même leurs conseils à
ceux de du Plessy-Mornay et des protestants : puisque Rome
marque si peu de bon vouloir, pourquoi ne se passerait-on
pas tout à fait du pape[3] ?

Malgré les efforts du cardinal de Gondi, ces tendances
prévalent de plus en plus dans l'entourage royal. Le grand
conseil interdit par arrêt de s'adresser à Rome pour obtenir
les bulles ou expéditions de bénéfices. Les provisions devront être délivrées par l'archevêque de Bourges et des

1. Ossat, *Lettres*, t. I, p. 276.
2. Abbé Dégert, *le Cardinal d'Ossat*, p. 116. Paris, 1894. In-8.
3. Du Plessis-Mornay, *Mémoires et correspondance*, t. V, p. 389-400.
Paris, 1824-1825. In-8.

lettres du Parlement. Si générale et si violente devient l'excitation des esprits contre le pape qu'un observateur toujours fidèle, le chanoine Francesco Bonciani, résident de Toscane à Paris, écrit, le 19 octobre 1594, que la situation est, de tout point, semblable à celle de l'Angleterre, au temps de Henri VIII[1]. Et le cardinal de Plaisance, bien converti de ses intransigeances passées, regagne Rome en déclarant que l'on doit se hâter d'absoudre Henri IV : faute de quoi, « le schisme estoit tout fait, en France, sans qu'il y eust aucun remède[2] ».

La vive irritation des conseillers du roi fait ajourner indéfiniment le départ du négociateur chargé d'obtenir l'absolution pontificale. Celui-ci, pourtant, est désigné depuis le mois d'août; c'est Jacques Davy du Perron. Henri IV n'est pas pressé de lui faire passer les Alpes, car il éprouve quelque chose des impressions de son entourage. L'échec du duc de Nevers est un humiliant souvenir. Rome annonce, il est vrai, des dispositions nouvelles, mais entendrait imposer maintenant des conditions dictées par Philippe II. Faut-il encore s'exposer à un cruel mécompte ? Néanmoins, le roi repousse toujours l'idée d'un schisme. Il n'est pas entré dans l'Église catholique pour en bouleverser la hiérarchie. Mayenne, Mercœur, une partie de la Ligue sont encore en armes contre lui et reçoivent appui de l'Espagne; or le prétexte de leur résistance, le principe qui leur garde des partisans, est que Henri IV n'est pas réconcilié avec Rome. Plusieurs places catholiques ont stipulé, en faisant récemment leur soumission, que le roi devrait être absous par le pape. Vouloir instituer une Église nationale, ne serait-ce pas livrer, une fois de plus, le royaume à ces guerres religieuses, que Henri IV a pour ambition de terminer ? Et puis, le Béarnais a d'autres motifs de ne pas rompre avec Clément VIII. Marié, en d'étranges et malheureuses conditions, à Marguerite de Valois, sœur de Charles IX et de Henri III, il n'a eu d'elle aucun enfant et ne peut espérer en avoir. Follement épris, au contraire, de Gabrielle d'Estrées, future duchesse de

1. Desjardins, *op. cit.*, t. V, p. 293, 295, 310.
2. Ossat, *Lettres*, t. I, p. 277. — L'Épinois, *op. cit.*, p. 623.

Beaufort, il voudrait l'avoir pour épouse légitime et continuer, par elle, la dynastie royale. Ce projet n'est réalisable
que si le premier mariage a été reconnu entaché de nullité
dès son principe. Le cardinal de Gondi, évêque de Paris, se
déclare être incompétent pour connaître d'une pareille cause.
Le pape seul aurait l'autorité suffisante pour prononcer l'an-
nulation et voir sa sentence respectée. Ces divers motifs
portent Henri IV à souhaiter, malgré les excitations des gallicans, une amicale entente avec Rome[1].

Mais, pour éviter de nouveaux déboires, il ne fera partir
du Perron que lorsque les principales conditions de l'absolution auront été bien préparées entre Clément VIII et un
agent secret du roi de France. Par une lettre du 8 octobre 1594, Henri IV désigne le négociateur mystérieux, résidant à Rome, qui devra le représenter auprès du pape, en
attendant du Perron. C'est Arnaud d'Ossat.

(*A suivre.*)   Yves de LA BRIÈRE.

1. Desjardins, *op. cit.*, t. V, p. 294.

L'ODYSSÉE

Le second volume de M. Bérard[1] répond aux espérances qu'avait fait concevoir le premier : il achève la démonstration de la thèse de l'auteur et donne à son système toute la cohésion et toute la solidité que peut avoir un système qui repose en partie sur des hypothèses et sur d'audacieuses inductions. Malheureusement ce livre n'est pas de ceux qui se prêtent facilement à l'analyse : c'est d'indices rapprochés et interprétés avec sagacité que se dégage une hypothèse ; c'est de détails nombreux, accumulés, que se nourrit une argumentation et ce sont justement les détails et les menus faits que néglige une analyse, surtout quand elle doit s'attaquer à un ouvrage de la taille de celui de M. Bérard.

Pour aller au plus court, on peut distinguer, dans ce dernier volume, trois parties d'inégale étendue : *La chanson du Corsaire* qui fait suite aux autres études de l'auteur sur les relations maritimes et sur la vie des gens de mer à l'époque homérique ; *La fin du Nostos* ou des pérégrinations d'Ulysse ; *L'Odyssée*, ou l'histoire des origines du poème. Ainsi, à une étude de mœurs succède un long récit de voyage et l'ouvrage s'achève sur un chapitre d'histoire littéraire.

Incapables de donner une idée plus complète de la richesse du livre de M. Bérard, les pages qui vont suivre pourront du moins la faire soupçonner et nous serions bien récompensé, si nous avions acquis à l'auteur des sympathies nouvelles et gagné à son livre des lecteurs.

I

Voici comment Ulysse commence le récit de son retour, de son *Nostos*, dans l'assemblée des Phéaciens :

1. *Les Phéniciens et l'Odyssée*, par V. Bérard. Paris, A. Colin, 1903. T. II, comprenant : La chanson des Corsaires ; — Les Lotophages et les Kyklopes ; — Aiolos et les Lestrygons ; — Kirké et le pays des Morts ; — Les Sirènes ; — Charybde et Skylla ; — L'île du Soleil ; — Ithaque ; — La composition de l'Odysséia.

Le tome Ier a été analysé dans les *Études*, 1903, t. XCV, p. 845-853.

En partant d'Ilion la brise me portait. Elle m'approcha d'Ismare chez les Ciconiens. Là, je pillai une ville : nous tuâmes les hommes ; nous enlevâmes les femmes et les objets de valeur en grand nombre, et nous fîmes la distribution en parts si égales que personne de mes équipages n'eût rien à dire. Alors j'aurais voulu que nous prissions la fuite. Mes équipages, de grands enfants, ne voulurent pas m'écouter. On se mit à boire, et beaucoup, et du vin pur. On rôtit sur la plage nombre de moutons et de grands bœufs lents aux cornes recourbées. Tant et si bien que les fuyards s'en allèrent prévenir les Ciconiens du voisinage. Plus nombreux et plus braves, les gens de l'intérieur envoient leur infanterie montée, qui savait combattre à pied ou à cheval suivant le besoin. A l'aube, les voici qui surgissent dans la plaine comme les feuilles et les fleurs du printemps. Hélas ! pauvres de nous [1] !...

Il est bien prouvé qu'Ulysse était un forban et que ses compagnons avaient des mœurs de corsaires.

C'est cette vie de « course » aux mille surprises et aux mille aventures que M. Bérard étudie de très près, dans tous ses aspects variés, et qu'il éclaire de rapprochements abondants que lui fournissent ses vastes lectures. Aussi, est-il arrivé à retracer, saisissante et toute frémissante d'une vie intense, une page de l'histoire de la piraterie méditerranéenne. Et ce n'est pas pour céder au plaisir de brosser des tableaux hauts en couleur et de nous redire les ripailles fantastiques dans lesquelles les corsaires francs, qu'il compare sans cesse aux forbans de l'époque homérique, se dédommageaient de leur vie si rude en mer et de leur maigre bouillie. Cette étude approfondie des mœurs éternelles des pirates permet à M. Bérard d'expliquer, et d'une façon toute neuve, certains usages et certains mots qu'il rencontre dans le développement du Nostos ; surtout, c'est par elle qu'il nous fait saisir, à côté de l'influence du commerce phénicien qu'il a longuement retracée dans son premier volume, une autre source d'influence orientale sur les contemporains et sur l'auteur même de l'Odyssée, l'influence de l'Égypte.

Cette influence, d'ailleurs, était dans l'ordre des choses. En effet, de même que le commerce amenait les caboteurs phéniciens des factoreries du Levant aux côtes et aux marchés de la Grèce, la « course » jeta les barques achéennes aux rivages et dans les villes de l'Egypte. Et que pouvaient souhaiter de mieux des pirates ? Le vent les pousse tout d'une haleine vers le midi ; en quelques jours, sans autre peine pour l'équipage que celle de « laisser faire le

1. Odyssée, ix, 39-52. Traduction de M. V. Bérard. Nous gardons toutefois les formes traditionnelles des noms propres.

vent et le pilote » la barque atteint le delta, la voilà sur le Nil, au milieu de grasses plaines, où les vivres abondent, où la population riche et peu belliqueuse offre une proie facile. Le corsaire fait razzia, charge à couler sa barque et revient au port, faisant miroiter les bijoux enlevés aux femmes. Ou bien, plus pacifique, il se fixe pour trafiquer dans cette terre d'abondance ; il ne la quittera qu'après fortune faite pour aller couler ses vieux jours au pays, en répétant dans les veillées les contes merveilleux appris des Egyptiens. Et c'est ainsi que dans toute l'Hellade achéenne se répandit la renommée des richesses égyptiennes, avec le nom de Thèbes aux cent portes, « où il y a dans les maisons tant de richesses[1] ».

« Il est possible — ajoute M. Bérard (p. 83-84) — que le poète odysséen ait connu l'Egypte par la renommée achéenne et par les récits des pirates de l'Archipel. Mais il paraît non moins possible qu'il la connut surtout d'une autre façon, par des textes écrits, par des contes de magie et de sorcellerie où les Pharaons[2], les Prouti et leurs filles tenaient le premier rôle. A travers l'imitation que le poète grec en fit, ces contes reparaissent tout semblables aux contes pharaoniques que nous ont livrés les papyrus, avec une seule différence, c'est que, par certains mots et par certains éléments essentiels, l'imitation grecque trahit un intermédiaire sémitique. »

M. Bérard ne s'est pas contenté de supposer l'existence de cet *intermédiaire sémitique*, il a essayé d'en déterminer la nature et c'est à l'appui de cette hypothèse, ingénieuse et nouvelle, que la plus grande partie de son livre a été écrite.

Il est certain que les navigateurs phéniciens décrivirent les côtes des mers atlantiques : on connaît le *Périple d'Hannon*. Il n'est pas téméraire de supposer qu'ils avaient pareillement écrit des périples des mers méditerranéennes et qu'ils en avaient dessiné les côtes. « C'est l'un de ces périples de la Méditerranée phénicienne que le poète odysséen a dû connaître, directement ou indirectement. C'est de ce périple qu'il a tiré les épisodes du Nostos d'Ulysse. » (P. 88.)

1., *Odyssée*, iv, 127.

2. M. Bérard, dans un chapitre fort curieux (p. 47-91), consacré aux *Contes égyptiens*, donne des raisons, qui semblent décisives, de reconnaître dans le personnage homérique de Protée un *Prouti* égyptien.

II

Cette hypothèse mérite d'être examinée et il n'y a pas d'autre moyen de la vérifier que de reprendre les faits d'où elle a jailli. Suivons Ulysse dans quelques étapes de son Nostos : pour ce voyage on ne saurait souhaiter un guide mieux informé et plus intéressant que M. Bérard.

Ulysse a quitté le pays des Ciconiens, où nous avons jugé ses habitudes de corsaire. Un vent de Bora chasse en poupe la flottille à travers une mer inconnue, sombre désert sans îles, bien différent des mers lumineuses de Grèce, où l'on ne perd jamais de vue la terre. Après de longs jours, la terre des Lotophages — la Libye, suivant M. Bérard — monte sur l'horizon. On aborde en tremblant : quelles surprises réserve cette côte inconnue ? Heureusement les « mangeurs de lotos » sont de mœurs douces : habitués à traiter avec les peuples de la mer, ils usent avec les navigateurs d'une tolérance sans bornes ; aussi, dans les plaisirs qu'ils leur font partager, les aventuriers sont tentés d' « oublier le retour ».

Enfin le vent favorable se lève, les croiseurs reprennent la mer et, après une navigation dont rien ne fixe la durée, abordent à la terre des Cyclopes. Où placer cette terre où se passeront tant d'événements terrifiants ? Le poème odysséen la décrit, sans nous orienter. Cependant M. Bérard la retrouve dans le golfe de Cumes, au détroit de Nisida, sur ce sol de Campanie, hérissé de pitons volcaniques isolés, dont les cratères éteints ressemblent à autant d' « yeux ronds », à autant de « cyclopes ». Ainsi le monstre lanceur de pierres et dévoreur d'hommes, Polyphème, redevient ce qu'il était en réalité, avant que la poésie l'eût animé, une butte volcanique, vêtue de forêts et dont le sommet, évasé en cuvette circulaire, donne à ceux qui l'aperçoivent du large, l'illusion d'un « œil rond » qui regarde fixement. En plusieurs épisodes de *l'Odyssée* on saisit sur le vif le procédé du poète qui prête aux choses la personnalité, la voix et le geste de l'homme. Mais ici ce travail se trahit plus qu'ailleurs ; il semble qu'il ait été volontairement inachevé : le cyclope du poète, tout en prenant la forme humaine, ne s'est qu'à demi dégagé de la montagne, « il est moins semblable à un homme mangeur de blé qu'à un pic chevelu des hautes montagnes qui apparaît seul à l'écart des autres [1] ».

Ulysse ne fuit un volcan que pour en rencontrer un autre : l'île d'Éolie, où il aborde pour aller consulter le roi des vents, n'est autre que l'îlot de Stromboli et le roi des vents n'est peut-être que le cône gigantesque du Stromboli, dont la fumée inquiète fournit à l'avance aux marins des indices infaillibles sur la direction des courants atmosphériques qui vont se former.

Le vent favorable que donne Éole ou, plus simplement, qu'annonce le volcan, pousse la flottille d'Ulysse vers le pays des Lestrygons. M. Bérard a retrouvé la Lestrygonie [2] dans les bouches de Bonifacio ; il identifie « la source de l'Ours au beau courant » où allait puiser « la forte fille du Lestrygon Antiphatès » avec les aiguades du cap de l'Ours, sur la côte sarde, en face de l'archipel de la Maddalena et il a vu l'anse resserrée où les compagnons d'Ulysse, pris comme dans une « madrague », sont massacrés et harponnés comme des thons par les « géants de force » Lestrygons.

Ulysse, échappé presque seul à la débâcle, arrive chez Circé. Le Monte Circeo qui se dresse, juste en face des bouches de Bonifacio, sur la côte italienne, a gardé le nom et les souvenirs magiques de la reine du maquis, de la déesse des fauves.

Mais à quoi bon, puisque aucune « colère divine » ne nous poursuit, suivre Ulysse sur toutes les plages inhospitalières où le jette sa mauvaise fortune ? Du royaume de Circé, où il a évoqué les morts, poussé par un vent « bon garçon », il dérive vers le pays des Sirènes ; puis c'est Charybde et Scylla ; puis encore l'île du Soleil ; enfin... Ithaque, la patrie dont l'amour soutint si longtemps le rude nautonier contre les coups du destin. Grâce à la sagacité de M. Bérard et à ses recherches patientes, les sites anciens revivent sous les noms rajeunis. Quand on met de France le cap sur l'Orient, au sud de l'idéale presqu'île de Sorrente, à la porte des bouches de Capri, on passe en vue de « la prairie des Sirènes » (archipel Galli) ; à l'entrée du détroit de Messine, sur la pointe aiguë de la côte italienne, Scylla, « la terrible aboyeuse », fait face à Charybde sur la côte de Sicile. Mais ni les cavernes hurlantes des promontoires avancés, ni les remous tourbillonnants du dé-

---

1. *Odyssée*, ix, 190-192.
2. M. Bérard écrit *Lestrygons* et *Laistrygonie*, ce qui mériterait une explication.

troit n'ont gardé pour nous l'épouvante qu'ils inspiraient aux mariniers d'autrefois ; néanmoins, on éprouve un soulagement quand, la bouche sinistre passée, on longe la riante côte de la Sicile, véritable « île du Soleil », qui fait un radieux contraste avec la côte calabraise trop souvent chargée de nuées et de pluie. En perdant de vue la Sicile, quand la mer se fait plus rude, peut-on ne pas avoir un souvenir attendri pour l'îlot de Théaki, qui, dans la passe séparant Céphalonie de la côte grecque, garde le nom et le souvenir du royaume d'Ulysse ?

Arrivés au terme de ce Nostos, interrompu par la bonace et retardé par les sautes de vent, nous pouvons en résumer les étapes principales. « De Calypso chez Alcinoüs, du détroit de Gibraltar à l'entrée de l'Adriatique, on voit que le récit d'Ulysse nous fournit cinq ou six grandes étapes. Il est à noter que la plupart de ces étapes sont à quelque porte de la mer occidentale : les Phéaciens gardent le canal d'Otrante ; les Lotophages ouvrent le passage entre la Sicile et l'Afrique ; Charybde et Scylla veillent au Fare de Messine, les Sirènes aux Bouches de Capri, les Cyclopes au détroit de Nisida, les Lestrygons aux Bouches de Bonifacio et Calypso aux Colonnes d'Hercule. Dans la mer redoutable, qui s'ouvre au delà d'Ithaque, le poète connaît en résumé sept grandes portes, qui toutes présentent quelques risques aux navigateurs... » (P. 400-401.)

Il est difficile de ne pas être frappé de ces constatations et elles donnent à l'hypothèse du périple, dont se serait servi le poète odysséen, une consistance singulière. Il est bien clair toutefois que l'on se tromperait fort si l'on pensait retrouver dans le Nostos « la copie fidèle et suivie » d'un périple continu. Le poète grec a cousu bout à bout des « morceaux de périple » et il n'est pas besoin d'avoir lu plusieurs fois *l'Odyssée* pour avoir remarqué qu'il a tenté de donner à l'ensemble une unité approximative èn reliant vaille que vaille ces « blocs » isolés par le refrain geignard qui revient sans cesse : « De là nous naviguons au plus tôt, le cœur navré, contents d'avoir échappé à la mort ; mais pleurant nos camarades perdus... »

On dirait à ce ton de complainte effrayée que le poète odysséen a choisi à plaisir dans le portulan qui le guidait les parages dangereux et les peuplades féroces, auxquels Ulysse eut tant de mal à échapper, dans le but de montrer à son auditoire les épou-

vantes de la grande Mer occidentale. Cette intention — si vraiment il l'eut — s'éclairera peut-être de l'étude de la composition
du poème.

III

Chercher à imaginer comment a pu naître cette œuvre étrange
qu'est *l'Odyssée*; essayer de démêler quelles furent ses sources,
de retrouver le secret de sa composition, d'indiquer sa patrie et
de fixer son âge, n'est pas chose facile. Il ne sera point étonnant
qu'en fin de compte on n'ait à produire que des conjectures et
qu'on doive s'arrêter à des « peut-être »; aussi M. Bérard, en dépit
de son assurance coutumière, déclare au début de cette dernière
étude qu'il souhaite maintenir en ces chapitres « comme une
atmosphère d'hypothèse » (p. 543). Le mot est joli, nous le retien-
drons; qu'on se souvienne donc du flottement qu'il faut laisser
subsister entre les divers membres des raisonnements que nous
allons résumer.

A l'origine, il y eut donc un *périple*, ou des fragments de
périple, c'est-à-dire « des descriptions de mer, de côtes, de pays,
faites par des navigateurs, pour les besoins de la navigation,
avec les habitudes, les visions, les termes et les idiotismes des
gens de mer » (p. 544). L'existence de ce périple originel est
prouvée, ce semble, tant par le fond même et la matière des
récits odysséens que par leur texte, formules et expressions.

Ce périple était *sémitique* : l'étude de certaines idées que l'on
retrouve dans le poème et qui sont cependant étrangères au cycle
des idées helléniques; l'examen de certains termes, de noms
propres surtout, à qui une langue sémitique seule peut donner
un sens et fournir une étymologie, empêchent d'en pouvoir
douter. Il est donc bien certain — quoi qu'on en ait dit — qu'un
seul homme n'a pu être à la fois le héros des aventures et le
poète. Le navigateur — Ulysse, si l'on veut — était phénicien;
le poète hellène. Strabon ne se trompait pas, quand il écrivait à
propos d'Homère cette phrase jusqu'ici dépourvue de sens :
« Les Phéniciens furent ses maîtres[1]. »

Mais si, d'une part, nous avons, dans un recul qu'il est difficile d'apprécier encore, le périple, et, de l'autre, le poème, peut-

---

1. Οἱ γὰρ Φοίνικες ἐδήλουν τοῦτο. (Strab., III, p. 156.)

on préciser comment s'est fait le *passage de l'un à l'autre*, comment le poème a fleuri sur l'aridité du portulan ?

C'est à quoi M. Bérard s'efforce de trouver une solution. Du périple au poème il peut sembler d'abord que le passage se soit fait directement, par quelques procédés assez simples : les noms propres du périple sont devenus les personnages du poème ; ces personnages se sont entièrement humanisés : ils ont pris les mœurs, les passions d'hommes ou de héros, ils se sont groupés en familles et en sociétés. Ainsi, par le seul procédé de l'anthropomorphisme, du bloc phénicien aurait pu naître une statue grecque. Mais il ne semble pas prouvé que les choses se soient passées d'une façon aussi simple et M. Bérard estime pour sa part que le poète odysséen ne dut pas travailler directement sur un répertoire sec de noms de lieux et sur un tableau de courants et de vents de mer. Pour lui, les Sémites ont plutôt fourni au poète une première élaboration du thème primitif, sous la forme d'un poème ou d'un roman de navigation, imité sans doute des contes nautiques des Égyptiens et assez proche parent des « Voyages » et des « Retours » assyriens. Ce roman ou ce poème sémitique aurait eu pour théâtre les sept bouches de la Mer occidentale.

Dans cette hypothèse, l'intervalle grandit entre le poème que nous lisons et le périple disparu. On ne serait même pas loin de la vraisemblance en supposant qu'il y eut entre *l'Odyssée* et son archétype *toute une série d'intermédiaires*, les uns sémitiques, les autres même grecs.

Les ébauches allaient se perfectionnant ; un jour enfin, travaillant sur ces modèles, sur les plus voisins surtout, encore tout imprégnés d'éléments sémitiques, *un grand poète* acheva le long travail inconscient de la foule et, plus heureux que ses prédécesseurs, construisit artistement, savamment, le chef-d'œuvre des « Nostoi ».

L'Odyssée est l'œuvre d'un homme. Du même coup, elle redescend de l'antiquité insondable, dans laquelle on était obligé de la repousser pour donner de la vraisemblance à sa génération spontanée. Où devons-nous nous arrêter en la ramenant près de nous ? M. Bérard croit pouvoir fixer au neuvième siècle avant notre ère, entre 900 et 850, l'apparition du poème de l'immortel aède que la tradition appela Homère. C'est dans la Grèce d'Asie Mineure, dans l'entourage des aristocraties cadméennes, qu'il vécut, on ne peut

- en douter; mais toujours en vain les sept villes se disputeront l'honneur de lui avoir donné le jour.

Ces quelques pages réussiront peut-être à donner une idée de l'abondance prodigieuse de ce livre touffu, où les étymologies grecques et sémitiques se marient heureusement aux extraits d'instructions nautiques et aux citations de portulans ; où d'exquises impressions de voyage forment un commentaire perpétuel au texte homérique et viennent toujours à propos reposer d'une discussion trop serrée ou d'une discussion trop technique... *jungit vitibus ulmos*[1] *!* Cette richesse exubérante ne fatigue pas, tant est souple le talent du conteur, un peu abondant comme les primitifs qu'il a beaucoup fréquentés, et tant est communicatif son entrain. Il se dégage même de la conviction de l'auteur comme une atmosphère de persuasion, à laquelle on a de la peine à toujours se soustraire. Cependant il faut savoir y résister quelquefois et garder son sang-froid pour juger des idées un peu hasardées que l'auteur sait rendre malgré tout séduisantes.

Ecrire un livre d'érudition est chose relativement facile ; mais il est bien autrement difficile de le faire lire avec plaisir et d'entraîner jusqu'au bout ceux qui l'auront ouvert. Ce tour de force, M. Bérard semble l'avoir réalisé. Il a fait plus : je veux bien que la critique fasse justice de quelques-unes de ses localisations géographiques ; qu'elle réforme telle ou telle étymologie ; qu'elle s'attaque même au système final, il n'en restera pas moins vrai que M. Bérard aura eu le courage d'entreprendre et le mérite d'exécuter avec succès une des œuvres les plus considérables qui aient été consacrées aux voyages d'Ulysse et à son poète.

Louis JALABERT.

1. Sur ce texte, lire la note de M. Bérard, page 135.

UNE CITATION INCENDIAIRE

LE P. ROOTHAAN A LA « CONFÉRENCE DE CHIERI »

Le 17 juin dernier, à la Chambre, lors de l'interpellation de M. Prache sur la franc-maçonnerie, l'orateur officiel des loges essaya de répondre et le dialogue suivant s'établit :

M. Lafferre. — ... Vraiment, Messieurs, quand on jette un reproche pareil à une association, il faut au moins que les citations qu'on apporte à la tribune soient empruntées à des sources autorisées.

Que dirait M. Prache de ce passage que je relève dans les comptes rendus du congrès de Chieri ? C'est une déclaration du P. Roothaan, général des Jésuites...

M. Prache. — Je n'ai pas à répondre des Jésuites ici ! parlez donc des francs-maçons.

M. le comte de Pomereu. — Vous les avez chassés, les Jésuites ! laissez-les tranquilles !

M. Lafferre. — Voici le discours du P. Roothaan : « Vraiment notre siècle est étrangement délicat ! S'imaginent-ils donc que la cendre des bûchers soit totalement éteinte ? qu'il n'en soit pas resté le plus petit tison pour allumer une seule torche ? Les insensés ! En nous appelant jésuites, ils croient nous couvrir d'opprobre ! Mais ces jésuites leur réservent la censure, un bâillon et du feu. Et un jour ils seront les maîtres de leurs maîtres. »

M. Gayraud. — D'où avez-vous tiré cela ?

M. Lafferre. — De la conférence du P. Roothaan, général des Jésuites, conférence antimaçonnique qui a eu lieu, il y a quatre ou cinq ans. Vous devez connaître cela.

M. Gayraud. — Le P. Roothaan est mort il y a un demi-siècle !

M. Lafferre. — Eh bien ! que penserait M. Prache si j'attribuais à tous ses amis, à tous les amis de son parti de pareils sentiments ?

M. Prache. — Les hommes de mon parti n'appartiennent pas à la congrégation des Jésuites, tandis que vous, vous êtes le chef du Grand Orient.

M. Lafferre. — Je dis simplement, Monsieur Prache, — comprenez mon allusion, — qu'il est imprudent d'apporter ici les citations puisées n'importe où, empruntées à n'importe qui.

M. Massabuau. — Elles sont prises dans vos livres.

M. Julien Goujon. — Elles sont empruntées à vos procès-verbaux.

M. Lafferre. — Je comprends que la citation que j'ai faite vous gêne... (Interruptions à droite.)

M. Gayraud. — Je nie le propos purement et simplement.

M. Lafferre. — Je dis, Monsieur Prache, que je ne rends pas le parti catholique tout entier responsable des paroles prononcées par le général des Jésuites, etc. (Journal officiel, samedi 18 juin 1904, p. 1510.)

On pensera ce qu'on voudra de l'éloquence et de la logique de M. Lafferre, comme aussi de son érudition historique. Un seul point nous intéresse ici ; où le député franc-maçon a-t-il été chercher cette ineptie qu'il met sur le compte du général de la Compagnie de Jésus ? L'allégation n'est pas toute neuve, elle a déjà eu, si je ne me trompe, il y a une dizaine d'années, les honneurs de l'éloquence parlementaire. C'est une de çes légendes commodes et absurdes, qui ont la vie dure, dure comme la bêtise humaine. On les écrase cent fois, et cent fois elles renaissent. Quant à dire exactement quand elles ont pris naissance, dans quel cerveau malade ou méchant, à quelle occasion, outre que le problème est le plus souvent sans intérêt, il est aussi la plupart du temps sans solution.

Ici nous sommes un peu plus heureux : nous pouvons remonter jusqu'aux environs de 1847. C'était le moment du Sonderbund. Il s'agissait d'expulser les Jésuites du territoire helvétique. Pour cette œuvre pie tous les moyens étaient bons ; même la calomnie, la grosse, l'énorme, l'invraisemblable calomnie, celle qui étourdit et assomme. N'oublions pas qu'en ce temps-là, Michelet et Quinet se faisaient une popularité sur le dos des Jésuites. Eugène Sue brassait son *Juif errant*. Libri, Génin, une foule d'autres y allaient de leur pamphlet. Ce fut le tour des radicaux protestants de Suisse. Entre autres choses, il publièrent à Berne, sans nom d'auteur, une brochure intitulée : *Conférence secrète tenue par le général et d'autres supérieurs de l'ordre des Jésuites, dans la maison du noviciat de Chieri en Piémont, en septembre 1824* (in-12, xxviii-104 pages). On jugea sans doute que l'opuscule pouvait avoir sa petite utilité même en France, car l'année suivante, on le rééditait, considérablement grossi, sous le patronage de Victor Considérant, avec ce nouveau titre : *Conjuration des Jésuites, publication authentique du plan secret de l'ordre*, par l'abbé Leoné (Paris, Librairie sociétaire, rue de Beaune, 2, 1848).

Donnons une idée sommaire de l'ouvrage.

Le récit nous reporte à l'année 1824. A cette époque, nous dit-on, les Jésuites jugèrent opportun de remettre un peu au point leurs vieux principes de politique.et de religion. Les circonstances avaient bien changé depuis cinquante ans, et les anciens procédés de domination et d'envahissement n'étaient plus tout à fait de mode.

Or cette année-là, un jeune homme se présentait au noviciat de Chieri, en Piémont, pour entrer dans la Compagnie, et il commen-çait une retraite de « probation ». Le recteur de la maison était le P. Roothaan, qui, cinq ans plus tard, devait être élu général de l'ordre.

Notons qu'en 1824 le P. Roothaan n'était pas maître des novices à Chieri, mais recteur dans l'un des deux collèges de Turin. Le maître des novices et recteur de Chieri était le P. Joseph Bellotti.

La retraite fut dure : le cœur était vide, l'esprit tendu à se rompre, l'être tout entier brisé par la méthode inhumaine des Exercices. Mais le supérieur était bon, caressant, et il soutenait le patient en lui faisant voir l'avenir avec confiance.

Il y avait pourtant bien des détails étranges dans cette proba-tion. « Chaque matin, à jeûn, malgré la grande répugnance que je manifestais, on me faisait boire je ne sais quel vin brûlé, pâteux et d'un goût étrange, qui me mettait, le jour, dans une torpeur qui jusque-là m'avait été inconnue. »

Les histoires de poison font toujours bien dans ces petits romans antijésuitiques. Celle-là ne serait-elle pas un souvenir atténué et lointain de vieilles légendes luthériennes et calvinistes ? Tout le monde, au seizième et au dix-septième siècle, en pays protestant, croyait au jésuite sorcier, au jésuite incendiaire, au jésuite conspi-rateur, au jésuite régicide, surtout au jésuite empoisonneur.

Bref, notre pauvre jeune homme, ainsi mis à la torture au moral et au physique, mais à une torture douce, insinuante, enve-loppante et comme ouatée, jusque-là confiné dans sa chambre et dans une tribune de la chapelle, sentit le besoin de prendre l'air ; il se mit en quête du P. Recteur, pour obtenir la permission de descendre au jardin. J'omets une foule de détails.

C'est alors que, ne trouvant pas le supérieur chez lui, et voyant les portes ouvertes, il entra, pour s'occuper, dans une petite bibliothèque voisine et se mit à feuilleter les livres.

Or, derrière les rayons, il aperçut un second rang de volumes. Il en prit un, il avait pour titre : *Confession des novices*. Il ouvrit le registre à son nom, y lut toutes les confessions qu'il avait faites dans la maison, avec une sorte de portrait de son caractère, l'indication des ressources qu'on pouvait trouver en lui, et la manière de les exploiter. Il ouvre un autre volume : *Confession des*

étrangers ; collection de toutes sortes de renseignements sur des
personnes de tout rang, avec anecdotes, description de leurs pen-
chants, de leur fortune. Chaque ville où les Jésuites se trouvaient
avait un registre semblable ; et quand un nouveau Père y arrivait, il n'avait qu'à le feuilleter pour se donner en quelques heures
une expérience utile, et savoir subjuguer, confondre les pénitents
qui l'écoutaient, par une perspicacité qui devait tenir du miracle.

Pour le dire en passant, l'idée de ce registre n'était pas absolument nouvelle, et deux ou trois ans auparavant, l'intègre Libri
affirmait qu'un de ses amis avait vu, à Rome, un recueil de ce
genre, où le général consignait, sur tous les personnages un peu
influents du monde entier les renseignements les plus variés.

Cependant notre retraitant continuait son exploration : et c'était
maintenant un registre sur les *Revenus, acquisitions et dépenses*,
un autre encore sur les *Ennemis de la Société*. Il en était là de
sa lecture, quand un bruit de pas le ramena à la réalité.

Huit ou dix Pères entraient dans la salle sur laquelle donnait
la petite bibliothèque. Que faire ? Il y avait danger égal à sortir
ou à rester. Il préféra rester et attendre.

Les Pères étaient en conférence. Un moment on les avait
dérangés pour introduire un seigneur piémontais, et ils l'avaient
reconduit à sa voiture, ce qui expliquait la porte restée ouverte.

La conférence reprit donc, et l'on s'imagine si le retraitant
prêta l'oreille. Après un premier discours qu'il laissa passer, il
se décida à sténographier, — car il savait la sténographie et justement il y avait là du papier, de l'encre et une table.

Cela dura longtemps : il entendit parler des Italiens, des Français, des Anglais, et il écrivait toujours. Quand ce fut fini, on
alla dîner, et le pauvre jeune homme, tout engourdi par les efforts
qu'il avait faits pour ne pas bouger, tout abasourdi par les étranges choses qu'il avait entendues, glissa son manuscrit dans ses
bas et parvint à sortir, non sans avoir jeté un coup d'œil sur
d'autres registres et cahiers qui se trouvaient là.

Abrégeons. Il tombe malade, et pris d'une fièvre d'enfer, trouve
le moyen de cacher son manuscrit dans la doublure de son gilet,
lutte contre le P. Roothaan qui veut le retenir, etc., etc. Notons
seulement la dernière confession : c'était une règle que, pour
plus d'humilité et de confusion, l'on élevât la voix en détaillant
ses péchés. Or, il remarqua que le fauteuil du confesseur était

adossé à la porte même du cabinet d'où il avait entendu la conférence et que cette porte, fort mince était faite de lattes espacées. On comprend maintenant le cahier des confessions.

Bref, le jeune homme finit par s'évader, emportant son manuscrit. Vingt ans se passèrent avant qu'il se décidât à le publier. On ne nous dit pas pourquoi.

Inutile de faire remarquer que cette histoire est truquée comme un mélodrame de bas étage. Il faut la naïveté d'un Victor Considérant pour y trouver les preuves d'une haute vraisemblance psychologique.

Quant à résumer par le menu ces incroyables conférences, ce serait du temps perdu. On n'y trouvera qu'une adaptation lointaine et sans esprit de *Monita secreta*. Le pamphlet polonais est à cent pieds au-dessus du pamphlet helvétique. L'inspiration est clairement protestante. Tout revient à trois ou quatre points exposés pêle-mêle et sans ordre.

« Ce que nous voulons, disent les conspirateurs, c'est l'empire du monde. Pour cela, il nous faut « moderner » (*sic*) nos procédés.

« Tout spécialement réunissons le plus de renseignements possible sur les choses et les hommes pour en tirer un livre dont le contenu soit pour chacun des initiés un fonds immense, produit de l'expérience de milliers de têtes. Donc faisons semblant d'accorder quelque chose à l'esprit du siècle. Sachons nous rendre à la fois redoutables et nécessaires aux puissances.

« Propageons nos doctrines dans le peuple, faisons retomber la responsabilité de tout ce qui arrive sur Luther et le luthéranisme. Surtout recommandons la confession ; faisons entendre aux grands qu'ils n'ont de salut qu'en nous, qu'il est de leur intérêt de nous abandonner leurs consciences ; mais que nous ne pourrons rien en leur faveur, s'ils ne proclament très haut nos louanges, et s'ils n'augmentent nos richesses.

« Il y a, par le temps qui court, nombre d'hommes de talent qu'il faut se concilier. On les poussera à faire l'éloge du moyen âge. Laissons ces écrivains de toute espèce travailler pour nous : quand la fin du jour approchera, nous les payerons, non pas comme fit le Maître de la parabole, mais en monnaie du moyen âge, de ce moyen âge qu'ils savent célébrer. Vraiment notre siècle est devenu étrangement délicat. S'imagine-t-il peut-être que la cendre des bûchers s'est refroidie ? Qu'il n'est pas

resté dessous le plus petit tison pour allumer une seule torche?
Les insensés (les philosophes apparemment, dit une note), ils ne
savent que nous haïr, ils sont loin de se douter que nous seuls
savons préparer une révolution auprès de laquelle toutes les
leurs n'ont été, ne sont et ne seront que des émeutes de pygmées.
Ils croient nous avilir en nous appelant des Jésuites! mais ce que
ces Jésuites leur réservent, c'est la censure, un bâillon et du feu,
et ils seront un jour les maîtres de leurs maîtres. Pardonnez-
moi, chers collègues, cette vivacité [1]... », etc.

Tout cela ne se tient guère : on ne voit pas trop à qui le conférencier en veut. Que peuvent bien être ces écrivains louangeurs
du moyen âge et qu'on menace du bûcher? Guizot peut-être?
Mais il importe peu.

Les conférenciers continuent et se succèdent, moins farouches,
toujours machiavéliques, donnant chacun son spécimen de l'éloquence à employer dans le temps présent, et énumérant ses
expériences. Il faut obtenir des puissances la guerre contre le
protestantisme. Dans les controverses, les sermons, parler le
moins possible de la Bible; car la Bible, il faut l'avouer, est
foncièrement antipapiste : seulement, il y a moyen d'exploiter
les textes scripturaires. Suit le secret pour adapter la Bible aux
dogmes romains. Enfin, perfectionner la confession : elle n'a pas
encore rendu en services pratiques tout ce qu'on est en droit
d'attendre d'elle. Mieux entendue, elle sera le suprême organe
de la police jésuitique.

Tel est le dernier mot de la fameuse conférence de Chieri.

Ce simple exposé nous dispense de conclure. On a là un spécimen de la littérature antijésuitique aux environs de 1848; spécimen, avouons-le, humiliant pour la mentalité du public auquel il
s'adressait. Mais que dire des hommes politiques qui acceptent
pour argent comptant ces imbéciles balivernes, et les apportent à
la tribune? N'est-ce pas une preuve après mille autres que la
franc-maçonnerie est le contraire d'une école de bon sens?
Victor Hugo était bien un peu aussi le poète des loges : l'auteur
des *Châtiments* n'a pas dédaigné d'asséner sur le dos des Jésuites

---

1. Je cite le texte de l'édition bernoise. Celui de Victor Considérant est
légèrement différent. Noter de plus que ce n'est pas le P. Roothaan qui est
censé parler, mais un Irlandais.

une série d'alexandrins drôles et féroces : il leur a donné pour
épigraphe les « paroles du général des Jésuites à la conférence
de Chieri ». Mais personne n'a jamais prétendu que Victor Hugo
eût le sens critique[1].

Alexandre BROU.

1. *Les Châtiments*, liv. I, n. vii. *Ad Majorem Dei Gloriam.*

QUELQUES RÉFLEXIONS SUR LA MÉTHODE

EN THÉOLOGIE

A PROPOS D'OUVRAGES RÉCENTS [1]

Deux nouveaux traités *De Deo uno et trino* nous sont venus récemment d'Italie, ouvrages considérables non seulement par les dimensions monumentales de l'œuvre, par l'effort de science et de travail qu'ils ont coûté, mais aussi par le mérite particulier des auteurs, tous deux éminents professeurs de théologie, le R. P. Lépicier au collège de la Propagande, le R. P. Piccirelli au Scolasticat de Naples. En dehors de ces titres officiels, diverses publications importantes, comme la *Théodicée* du P. Piccirelli et l'étude sur *les Indulgences* [2] du P. Lépicier, ont acquis aux deux savants théologiens, en Allemagne non moins qu'en France, une notoriété d'excellente marque, on dirait mieux, l'autorité de maîtres en doctrine.

Pour ces raisons d'ordre personnel et pour d'autres plus générales, qui touchent au fond même du mouvement théologique contemporain, ces deux traités nouveaux, issus d'une pensée antique, qui est la pensée même de saint Thomas, et rédigés suivant une tendance extrêmement hardie de la scolastique moderne, sous forme de commentaires de la *Somme*, méritent de fixer, à bien des égards, l'attention, tant par les qualités remarquables dont ils font preuve, que par le genre d'esprit et la

---

1. J. M. Piccirelli, S. J., *De Deo uno et trino, disputationes theologicæ in 1ᵃᵐ partem D. Thomæ, quæst. II-XLIII*. Naples, d'Auria, 1902. — A. M. Lépicier, O. S., *Tractatus de Deo uno. Pars I, de pertinentibus ad divinam essentiam (I, quæst. I-XIII)*. — *Tractatus de Sanctissima Trinitate (I, quæst. XXVII-XLIII)*. Paris, Lethielleux, 1903. — Ch. Pesch, S. J., *Prælectiones dogmaticæ*, t. I, *de Christo legato divino, de Ecclesia Christi, de locis theologicis*. 3ᵉ édition. Fribourg-en-Brisgau, Herder, 1903. — A. Nègre, *Cursus theologiæ dogmaticæ ad institutionem et prædicationem accommodatus*, t. IV, *de Sacramentis in genere, de Sacramentis in specie, de Novissimis*. Paris, Oudin, 1904.

2. *Les Indulgences: leur origine, leur nature, leur développement*, t. I. Paris, Lethielleux, 1903.

méthode qu'ils représentent. Aux observations suscitées par la lecture de ces deux ouvrages, on nous permettra de joindre, chemin faisant, pour les compléter ou les mieux définir, quelques remarques de détail sur le *Cursus*, aujourd'hui achevé, de M. l'abbé Nègre, professeur au grand séminaire de Mende, et sur les *Prælectiones; dogmaticæ* du R. P. Ch. Pesch, glorieusement parvenues déjà aux honneurs d'une troisième édition.

L'œuvre du P. Piccirelli attire d'abord le regard par ses proportions peu communes, et l'auteur, qui est un esprit aimable et fin, s'adresse ainsi dans l'avant-propos *au lecteur bénévole* : « Ami lecteur, lui dit-il, ne vous effarouchez point à la vue de cet énorme volume. Il contient deux ouvrages, dont l'un est de tout point excellent. Trois cent quatre-vingt-six pages reproduisent le texte de quarante-deux questions de la première partie du Docteur angélique ; le reste est consacré au commentaire que nous en donnons. »

Nous sommes ce bienveillant lecteur, que la masse puissante du colosse n'effraye point. Mais si excellentes que soient en elles-mêmes ces quarante-deux questions de la première partie du Docteur angélique, une autre question se pose invinciblement, une énigme : « Que vient faire ici cet extrait de trois cent quatre-vingt-six pages, incorporé dans un volume qui a déjà trop de corps ? » La *Somme théologique* se trouve en effet, ou peu s'en faut, dans toutes les bibliothèques. Pourquoi l'imposer à ceux qui l'ont déjà, ou qui peuvent l'avoir, dès qu'ils veulent, à leur disposition ? A ceux qui auraient envie de l'acquérir, pourquoi la débiter ainsi par tranches et l'intercaler dans un commentaire où, quand ils voudront la parcourir, ils ne s'y retrouveront plus ? Oui, la *Somme* est de tout point excellente, mais à part ; et le commentaire, au lieu de perdre à ce dédoublement, n'eût fait qu'y gagner, débarrassé d'un poids mort et encombrant. Puis, avec les mille trente-deux pages restantes, grand in-8, d'un texte serré, n'y avait-il pas matière encore à dédoublement ? Le P. Lépicier l'a pensé ; il a eu grandement raison. Pourquoi confondre sur une même couverture le *De Deo uno* et le *De Deo trino* ? C'est un *manuel* qui est offert à la jeunesse universitaire : donc un livre commode à manier, sans qu'il soit requis de le prendre à deux mains.

Mais ceci regarde surtout l'éditeur napolitain et n'atteint point le caractère de l'œuvre. Il est juste de reconnaître que cet immense volume, bourré d'une immense érudition, témoigne d'une connaissance intime du sujet. Il a, comme l'ampleur, la profondeur. La doctrine catholique est lucidement exposée, magistralement; les textes scripturaires et patristiques abondent à l'appui, parfois même surabondent un peu en dehors des exigences de la critique[1]; les divers systèmes scolastiques sont analysés dans le plus grand détail, avec un don de pénétration aiguë qui ne laisse rien échapper de leurs oppositions comme de leurs plus fines nuances : on est heureux de les voir revêtus d'un latin aisé, correct, élégant, parure un peu nouvelle pour eux et qui arrive à leur rendre, presque, un luisant de jeunesse[2].

Le vrai mérite de l'œuvre est là. Toute la métaphysique du sujet se déroule, supérieurement traitée, ne laissant rien à dire sur chaque problème; et Dieu sait si elles fourmillent, les questions ontologiques, dans le traité *De Deo uno et trino*, et ce qu'il faut déployer de science et de patience, de lectures et de conjectures, au plus sagace intellect, pour se rendre compte des opinions émises, les grouper et discuter, avant de formuler ses propres conclusions, — sujet immense qu'on a fini par épuiser, sans le maîtriser toutefois, du moins sans avoir pu créer encore le traité définitif! Au milieu de tous ces concepts qui enlèvent la pensée jusqu'aux sphères les plus hautes de l'esprit, à travers ces hardies spéculations que les profanes peuvent traiter de mes-

---

1. Par exemple, Baruch, III, 24 *sqq.* (p. 231) ; Gen. XXI, 33 (p. 262); Dion., *De Coel. Hier.*, VII, 3 (p. 411) ; Ambros., *De Off.*, I, 14 (p. 585).

2. N'est-il pas extrêmement regrettable que, dans la plupart des traités de théologie moderne, se rencontre une élocution si peu châtiée, parfois si fautive, un latin rocailleux, comme en Allemagne, ou chargé de gallicismes, comme chez nous? La décadence est telle que des critiques allemands ont pu citer comme un modèle de style la phrase si humblement ordonnée et cadencée du P. Pesch (voir l'article du professeur Heimbucher dans la *Theol.-prakt. Quartalschrift*, juillet 1895, p. 654), et que, dans le *Cours*, d'ailleurs très estimable, de M. l'abbé Nègre, on est exposé à relever des expressions aussi peu cicéroniennes que celles-ci : *fundatur difficultas quia*, p. 6; *sed revera sic est dupliciter*, p. 7; *qui volunt hanc vocem adhiberi metaphorice*, p. 120; *figuram loci capere*, p. 160 ; *id fluit ex effectu præcedenti*, p. 176; *docent confessionem*, p. 268; *docet quod, animadvertit quod*, etc., p. 400, 534; *desinite vocari catholici*, p. 450; *en clarius tota hæc argumentatio*, p. 520. M. l'abbé Nègre n'a fait que suivre, d'ailleurs, l'irrésistible courant du jour.

quines et de quintessenciées, mais qui ont leur grandeur, le
P. Piccirelli se délecte et se joue, comme l'oiseau dans l'air :
soit qu'il effleure, en passant, les écueils, avec une maëstria
qu'on aime à applaudir, soit qu'il sonde de son ferme regard les
abîmes ou qu'il explore les vastes horizons de la doctrine, toujours on a l'impression d'une intelligence élevée et sereine,
coutumière des larges explorations et poussée d'instinct vers les
sommets. Du P. Lépicier, qui est, lui aussi, un métaphysicien de
race, on en dirait volontiers autant : il y a plaisir et profit à les
suivre tous deux.

Ce n'est point que l'on ait à recueillir, de ces études, nombre
de vues vraiment nouvelles. D'ailleurs, en une matière où tout est
dit, où il est plus aisé d'être excentrique que de paraître original, à quoi bon chercher du neuf ? Et qui s'en soucie ? Le P. Piccirelli a bien tenté, il est vrai, cette fois encore, de réhabiliter
saint Anselme, en expliquant de telle sorte le fameux argument...
que ce n'est plus un argument. Mais, pour tout le reste, il s'en
tient, comme le P. Lépicier, aux sentiers battus. N'est-ce pas le
mieux ? Au surplus, il s'agit de commentaires de la *Somme* : la
question de doctrine est donc tranchée par là.

Cependant n'arrive-t-il point au P. Piccirelli de se montrer,
parfois, plutôt un fervent de Suarez qu'un disciple très fidèle de
saint Thomas ? Le Docteur angélique aurait-il tenu, par exemple, que l'existence de Dieu puisse être admise tout d'abord par
la foi avant d'avoir été démontrée par la raison (p. 89) ? A-t-il
enseigné que la vision béatifique requière essentiellement, dans
l'acte d'intelligence, le concours de l'espèce expresse (p. 347) ?
Le docte professeur l'affirme après — j'allais dire d'après —
Suarez : mais voilà une déclaration qui n'obtiendra certainement
pas les suffrages de tous les maîtres en saint Thomas.

Après tout, ces détails importent peu et la question générale
et tout actuelle de méthode doit préoccuper à bon droit davantage les esprits soucieux des progrès de la science théologique.

L'éloge de la méthode scolastique n'est point à refaire ici. A
notre époque d'émiettement intellectuel, qui ne conviendrait,
avec Léon XIII, que le retour aux procédés logiques de saint
Thomas nous est plus nécessaire que jamais pour synthétiser nos
réflexions, pour grandir la pensée, pour l'investir de cette magi-

que puissance qui met en valeur les moindres acquisitions de
l'esprit et qui vient de l'unité? C'est en vain que l'on voudrait
promouvoir la théologie positive aux dépens de la scolastique.
Sans une formation sérieuse et préalable de la pensée théologique par les méthodes rigoureuses d'exposition, de discussion et
de déduction qui ont fait la gloire de l'École et qui constituent
l'idée même de toute critique comme le fond de toute science, on
ne parviendra jamais, au point de vue doctrinal, à retirer de
l'étude approfondie des textes — l'histoire, même contemporaine, en est l'authentique garant — autre chose que des conclusions fragmentaires, des opinions disparates, incohérentes,
chancelantes, quand ce n'est point le danger de faire brèche à la
foi, au lieu de l'étayer.

Mais la méthode, comme la science elle-même, est vivante:
elle a son mouvement propre, qui suit les siècles et se développe
avec eux. Ce qu'il faut prendre d'elle, c'est son esprit, qui est
toujours jeune quand il est sain, et non point les procédés de
telle époque, qui sont caducs. Le P. Pesch, dans sa théologie
fondamentale, a fait œuvre de vrai scolastique, — une œuvre très
belle et très grande, — tout en restant très moderne. Mais, de
cet art suprême de rajeunir les méthodes, il ne paraît pas que le
P. Lépicier ni le P. Piccirelli se soient suffisamment souciés:
ils ont même retenu de la scolastique, non sans volupté, jusqu'à
ses archaïsmes.

C'est ainsi qu'ils ont jugé bon de modeler toute l'économie de
leur traité, rigidement, sur l'ordonnance de la *Somme*. N'est-ce pas
pousser bien loin, jusqu'aux confins du fétichisme, le culte de
l'antiquité? Saint Thomas, qui avait en vue son époque, quand il
écrivait, a-t-il donc trouvé un cadre pour toutes les questions
que soulèverait au cours des âges la germination incessante des
idées? A-t-il défini toutes les écoles, prévu toutes les hérésies,
dissipé toutes les erreurs que le temps devait faire naître, après
lui, sur sa route déjà longue? Pour ne parler que du théisme,
Luther, Calvin, Baïus, Jansénius, Descartes, Leibniz, Malebran-
che, Kant, Rosmini, Günther, Hermès, Schell, et le rénovateur
de l'agnosticisme, H. Spencer, n'ont-ils rien ajouté aux antiques
erreurs? Par contre, combien de théories alors florissantes, aujourd'hui déchues, enterrées! Voudrait-on ranimer ces fossiles?
A quoi bon ressusciter les thèses d'Avicebron, d'Averroës, d'Al-

gazel, de Maimonide, d'Avicenna ? Quel prestige exercent encore
sur l'esprit de nos contemporains ces figures d'antan ? Combien
peu seraient capables de les distinguer nettement l'une de l'autre !
Pourtant c'est à l'humanité présente que l'on s'adresse, c'est
pour la jeunesse du vingtième siècle que l'on écrit. Et de quoi
lui parler principalement, même en théologie, sinon, en dehors
du dogme, qui est de tous les temps, des choses et des erreurs
de son temps ? Les *Prélections* du P. Pesch sont en cela un modèle,
ou peu s'en faut.

Il est vrai aussi que pour bien comprendre les aberrations
contemporaines, il est nécessaire d'en saisir la genèse et la filiation au cours des âges qui nous ont précédés ; impossible au
théologien de laisser dans l'ombre l'histoire des dogmes et des
systèmes. Mais n'est-ce pas une raison de plus pour modifier une
bonne fois et bouleverser, s'il le faut, de fond en comble, la distribution conventionnelle des articles de la *Somme* ? Le P. Piccirelli n'a point méconnu le mouvement doctrinal qui a suivi le
siècle de saint Thomas ; nous avons loué déjà sa connaissance
profonde des diverses écoles, encore que la plupart des théories
en vogue à notre heure, panthéistes, kantiennes, agnostiques,
n'aient obtenu de lui que l'attention du dédain. Mais pour s'en
tenir obstinément à la vieille ordonnance de la *Somme*, tout en
utilisant ce nouvel apport de matériaux scolastiques, il a dû, un peu
partout, forcer le cadre, rattacher, enclaver, surajouter, au petit
bonheur, sans grands égards pour les lois de la symétrie, l'art des
proportions, l'harmonieuse unité de l'ensemble. Pour des articles
placés dans la *Somme* au même plan et traités avec la même largeur, nous voyons, par exemple, que le commentaire varie, comme
étendue, d'une demi-ligne (q. XIII, a. 2) à cent six pages (q. XIV, a. 13).
On trouvera également dans le P. Lépicier, très sobre pourtant
de nouveautés, des *Scholia*, des *Corollaria*, des *Confirmatur*, qui
jouent tant bien que mal le rôle d'appliques et témoignent éloquemment de l'insuffisance du cadre antique. N'est-ce point le
franc aveu, par le fait même, que les conditions intellectuelles
des deux époques sont notablement différentes ? Mais alors,
pourquoi reproduire invariablement, dans tous leurs détails de
structure, ces constructions, mal assorties pour nous, du moyen
âge ?

Mêmes conclusions à établir, si nous considérons, après les lacunes de la théologie médiévale, les redondances et les super-fétations.

Il y a d'abord les questions oiseuses ou vieillies, qui ne font plus à personne difficulté et qu'il suffirait, si on y tient, de signa-ler d'un mot. J'ouvre le *De Deo uno* du P. Lépicier, *q. II^a, De Simplicitate Dei*. Pour traiter à fond ce sujet, cinq ou six pages au plus, à mon humble avis, suffiraient, même en exposant par le menu non seulement la théorie de Scot, très sommairement indi-quée ici, mais, au besoin, la distinction virtuelle des anciens scolastiques et la distinction virtuelle intrinsèque des décadents, dont il n'est point fait mention. Le P. Lépicier consacre à cette question cinquante-deux pages. Et voici comment : *Dieu est-il un corps ?* huit pages ; *Dieu est-il composé de matière et de forme ?* quatre pages ; *Dieu fait-il partie d'un genre ?* cinq pages ; *Dieu est-il le sujet de quelques accidents ?* cinq pages ; enfin thèse capi-tale : *Dieu est-il absolument simple ?* deux pages. A une époque où David de Dinan divinisait la matière prime, où les thèses d'Avicebron sur la nature des substances spirituelles étaient en honneur, où des discussions interminables sur le principe d'in-dividuation passionnaient les cercles universitaires, toutes ces questions venaient à point, actuelles, vivantes, brûlantes, mais aujourd'hui questionnettes d'un autre âge, lueurs éteintes qu'on ne rallumera plus. Ainsi en est-il encore de tant d'autres hors-d'œuvre, à savoir : *Si l'on peut dire de la bonté qu'elle est bonne* (*ibid.*, p. 252) ; *Si l'ævum est, avec le temps, la mesure de l'homme* (p. 353) ; *Si Dieu est plus un que le point et plus un que l'unité* (p. 373) !

A la poursuite de ces capricieux fantômes, le P. Piccirelli s'attarde quelque peu, lui aussi. L'évocation des errements du passé ne va pas pour lui sans jouissances : longuement il nous remémore l'histoire des plus vieilles hérésies et *con amore* toute la filiation des triformes, des trithéites et des tétrathées (p. 972), celle des oméens, des anoméens et des oméousiens (p. 1288 *sqq.*). Il lui arrive même de disserter pour savoir lequel, de Pesch ou de Franzelin, est entré le plus avant dans la pensée des euno-méens (p. 335).

L'érudition n'est jamais un mal, à coup sûr ; mais je ne crois pas que cette archéologie soit ici un bien. Le livre de cours ou manuel doit se distinguer de l'encylopédie par le choix des matières, et puisqu'on ne saurait tout dire, il importe de mettre en relief cela seul dont l'intérêt nous touche, et que le reste soit voué à l'ombre. Aux hérésies saillantes, qui ont eu du retentissement dans les âmes, qui ont empreint leur marque sur un coin de la pensée humaine, aux systèmes principaux qui ont groupé les esprits en écoles au cours des siècles, aux formes plus spéciales qui ont servi à préciser dans un sens ou dans l'autre la doctrine ou les doctrines, on appliquera justement toute la vigueur de l'attention et toute la rigueur de l'analyse, parce que la théologie, sans cela, ne serait plus qu'une sèche, abstraite étude de formules, dont on risquerait, par ailleurs, de ne pas bien pénétrer le sens ni concevoir la portée. Mais le reste ? Que nous importe, au fond, si déjà nous ne sommes des gens du métier, des spécialistes, l'opinion de Trombeta sur l'essence métaphysique de Dieu (p. 448) ? Ou l'erreur, sur la vision de clarté, d'Augustinus Steuchus Eugubinus *in sua Cosmopœia, uti apud Petavium videre est* (p. 341) ? Ou encore les subtils jeux d'esprit d'Arriaga sur l'élévation de la matière aux actes immatériels (p.375,381 *sqq.*)? Fanée, toute cette flore d'antan; herbier jauni, dont on ne recueillera plus de quoi composer une plate-bande, pas même une bouture. N'y touchons que par besoin, dans des cas très spéciaux, et non par méthode ordinaire.

Il n'est pas inopportun de remarquer, en outre, que la distribution des matières était tout autre dans les écoles du moyen âge que dans nos séminaires et nos facultés. Théologie et philosophie se compénétraient en quelque sorte dans leur marche, l'une étant la servante de l'autre et suivant partout sa maîtresse dont elle emboîtait normalement le pas. C'est ainsi que la *Somme théologique* nous offre une série de questions d'ordre exclusivement métaphysique, comme la question IV sur le bien en général ou les articles 1 et 2 de la question X sur l'unité de transcendance. Avec nos programmes modernes, toutes ces questions sont étudiées et épuisées en philosophie. N'est-ce pas piétiner sur place que de les revoir *ex professo* en théologie ! Et j'ajouterai : pourquoi revenir lourdement et s'attarder sur la partie philosophique du *De Deo*, quand on a consacré déjà de longues études à la *Théodicée*? C'est pourtant ce qui se fait, par routine,

à peu près partout. Mais quel profit dans ce double emploi d'un
même traité? N'est-ce pas tuer, surtout, le goût des belles études
théologiques chez les élèves énervés d'entendre toujours ressas-
ser les mêmes choses, alors qu'il y aurait tant de vastes problèmes, neufs, féconds, actuels, que l'on n'effleure même pas? Tout
à l'antique : c'est un commun travers. On ne s'explique pas bien
cet esprit de régressivité, qui ramène à sept siècles en arrière
tant de modernes théologiens, sommulistes du vingtième siècle,
qui paraphrasent le treizième avec la terminologie du quatorzième,
en quoi réside, hélas! tout la progrès accompli.

Brisons les cadres et élargissons les formules. L'étude des
grands scolastiques est éminemment utile, elle est indispensable
à quiconque veut pénétrer sous les mots, atteindre à la moelle de
la doctrine, fortifier, étendre, assouplir son entendement : c'est
dit. Mais ce n'est point en copiant des bouts de phrase, faut-il
le dire aussi? en notant des adverbes, en répétant des sentences
surannées, comme on voit faire, parfois, à de jeunes professeurs,
que l'on remplira ce but et que l'on formera de vrais théologiens.
Non, ce n'est pas leur vêtement défraîchi qu'il faut leur emprunter, à ces grands docteurs du passé, mais bien, ce qui est moins
aisé sans nul doute, leur esprit.

Tant de fois on a évoqué de sa tombe l'ombre glorieuse de
saint Thomas! Mais que ferait-il à cette heure, l'Ange de l'école,
au milieu des kantistes, des panthéistes et des rationalistes, des
sentimentalistes et des agnostiques? Ce qu'il ferait? Je suis convaincu qu'il nous donnerait encore un précis de la doctrine catholique, sagement ordonné et condensé, une nouvelle édition
de la *Somme*, si l'on veut, mais refondue, mise à jour, adaptée
aux progrès comme aux besoins de la pensée moderne, invariable
dans ses grandes lignes, dans ses qualités souveraines d'exposition, de logique, de controverse, mais méconnaissable dans le
choix des thèses, des arguments, peut-être dans la manière.

Car si les erreurs démodées ont fait place à d'autres ou se sont
rajeunies, les méthodes elles-mêmes ont pris un autre tour; le
procédé analytique, excellent moyen d'investigation aux débuts,
serait vraisemblablement remplacé par un procédé largement
synthétique, moyen supérieur d'information, et partant d'enseignement, quand la science est fondée. Chaque traité repose
généralement sur un principe ou deux, d'où le reste découle sans

effort, quand le principe est vivement dégagé, fortement établi.
Précisement, ce sont les principes qui sont mis en cause, et de
plus en plus, depuis la Réforme, tandis que les vérités de détail
sont abandonnées à elles-mêmes. Avec les logiciens outrés du
moyen âge, il en allait autrement. La dialectique de l'époque
s'exerçait de préférence sur les déductions, les petits coins obscurs, les subtiles discussions, où maints esprits téméraires ou
ambitieux se plaisaient à briller de tout l'éclat de leur sophistique raffinée. D'autre part, l'effort tenté universellement pour
mettre d'accord la philosophie aristotélicienne avec la foi prêtait
le flanc à une foule d'attaques et d'objections qui nous font sourire aujourd'hui, mais qui passionnaient alors singulièrement,
pour des motifs fort complexes, les intelligences. Aussi conçoit-on
que les maîtres du temps aient disputé pied à pied le terrain aux
adversaires, suivant la méthode de l'ordre dispersé et avec les
armes de l'époque ; mais ces adversaires ne sont pas éternels,
leurs méthodes ont évolué, leurs engins ont fait place à une artillerie plus redoutable. Et voilà pourquoi saint Thomas lui-même,
gardant son coup d'œil et sa vaillance, changerait aujourd'hui
d'armure et, par conséquent, de tactique.

En particulier, puisque le document joue un si grand rôle aux
mains des adversaires, dans ce siècle de recherches positives
et de critique, il convient d'accepter sous cette forme la lutte,
d'octroyer plus de soin que jamais à l'étude des sources et d'opposer à l'ennemi des arguments qui tiennent contre les siens.
Bellarmin et Petau, les grands initiateurs de la théologie moderne,
ont-ils fait autre chose ? Et sans cela, que nous restera-t-il de tant
de belles et larges études ? Une théologie émaciée, un squelette
scolastique. En outre, restituant à l'exégèse et à la patristique
l'importance qui leur revient, on arrivera tout naturellement à
mieux dégager le côté dogmatique, la « note » de chaque thèse,
et ce point n'est-il pas d'une suprême importance ? M. l'abbé
Nègre l'a, semble-t-il, parfaitement compris.

Mais, pour cela, il est requis de choisir avec discernement
des textes vraiment démonstratifs et d'en évaluer l'exacte valeur.
Vouloir prouver, par exemple, l'existence de la lumière de gloire
par le texte : *In lumine tuo videbimus lumen* (Ps. xxxv, 10), n'est-
ce pas se laisser piper par les mots ? Les textes de la première
épître de saint Jean (iii, 2) et de l'*Apocalypse* (xxi, 23), apportés

à l'appui de la même thèse par le P. Lépicier, sont tout aussi
étrangers au sujet, et les beaux vers de Dante — qui figure
parmi les Pères de l'Église, après saint Augustin — ne corrobo-
rent en rien l'argument. Le texte d'Augustin lui-même (*De Trin.*,
I, 7), et celui du pseudo-Denys (*De nom. div.*, IV, 1) ne contiennent
nullement la description du *lumen gloriæ* (p. 423, *sqq.*).

Puis, quand on a sagement discerné enfin les textes probants
et, s'il se peut, à l'exemple du P. Pesch, — du moins dans la
partie scripturaire, qui est le meilleur de son œuvre, — la totalité
ou la plupart des textes probants, il reste encore à les ordonner
et à mettre en lumière, par une exégèse appropriée, leur valeur
apodictique[1]. Le P. Piccirelli offre, à ce sujet, quelques très
heureuses analyses, où il est fait appel à toutes les ressources de la
critique interne et de l'herméneutique (p. 1001, *sqq.* et 1228 *sqq.*).
Un peu clairsemées, toutefois, ces analyses. On oublie trop souvent que l'apport matériel de dix textes ne vaudra jamais, comme
argument, la discussion d'un seul texte dûment choisi. Aussi
regrettons-nous vivement que l'ouvrage du P. Lépicier, si recommandable par d'autres brillantes qualités, fléchisse parfois si
brusquement en pareille matière. Faut-il établir, par exemple, que
l'existence de Dieu se démontre *a posteriori* par la considération
des créatures, voici, comme preuve, les textes de la *Sagesse* (XIII, 5)
et celui de l'*Epître aux Romains* (I, 20). Rien de mieux. Mais qui
se serait attendu jamais à voir sortir la même démonstration de
ces mots du cantique : *Per capreas cervosque camporum?...* C'est
pourtant l'argument qui nous est présenté sous le couvert d'Aponius : *Hanc eamdem rem pulchre tradit Aponius qui, exponens
illud* : Per capreas cervosque camporum, « *cervi*, ait, *videntur intelligi, qui in ipsa philosophia, suæ velocitate doctrinæ, non mul-
tos, sed unum Deum invisibilem, immensum..., confessi sunt.* »
(P. 26.) En vérité cet Aponius nous rend rêveurs[2].

---

1. M. l'abbé Nègre, pour établir la nécessité de la confession, cite sans
ordre apparent, même chronologique : les Livres pénitentiaux, Sophrone de
Jérusalem, Anastase le Sinaïte, Augustin, saint Astère, Pacien, Ambroise,
Origène, Cyprien (p. 265 *sqq.*).

2. Pour prouver que le mot Dieu est une appellation de nature, mais tirée
de l'opération divine, le P. Lépicier s'appuie aussi sur le texte de Jean Damascène : *Deus dicitur a* θέειν..., *vel ab* αἴθειν *vel a* θεᾶσθαι (p. 534), quand,
depuis de longues années, la philologie moderne a répudié ces étymologies de
hasard, pour s'attacher plutôt à la racine *dhueso*, qui impliquerait l'idée d'es-

Presque toujours, sinon toujours, ces défaillances proviennent d'un excès de sympathie pour les citations toutes faites, moissonnées si aisément dans des manuels hospitaliers, ou de la négligence à recourir aux sources. Faut-il redire encore qu'un texte brut n'est pas une preuve? C'est la matière d'une preuve; et, pour mettre en relief sa force probante, pour en dégager l'argument, il est absolument nécessaire, puisqu'il s'agit de l'autorité d'un auteur, de s'assurer, avant tout, de la pensée de celui-ci. Car on a beau torturer les textes, on ne le fera jamais rendre un autre sens, un autre témoignage authentique que celui qu'ils portent en eux-mêmes d'après le contexte et le but de l'écrivain. Or, pour l'avoir avec pleine certitude, cette pensée intime, qu'il s'agisse des Pères, des scolastiques ou d'un adversaire, il ne faut jamais se fier à la foi d'autrui, jamais. Seuls les professionnels de la théologie sont en mesure de savoir à quelles déceptions, à quels déboires on s'expose, quand on cite de confiance. Et c'est ainsi que les ouvrages de vulgarisation regorgent de textes fautifs ou insignifiants, fausse monnaie qui déprécie la bonne.

Encore si l'on se référait à des auteurs de première marque et solidement documentés! Le P. Piccirelli utilise de la sorte les doctes travaux du P. Petau : c'est fort bien. Et il le dit : c'est loyal. Pesch lui sert également pour les théories de Kuhn (p. 19), de Schell (p. 1122); Cerciá pour la théosophie de Mastrofini (p. 1136), deux spécialistes dans ces cas particuliers. Nous sommes avertis et moralement sûrs, dès lors, d'avoir au moins en bloc l'idée de Schell et de Mastrofini. Mais, par ailleurs, cette piquante revue des théologiens qui ont patronné la thèse de la vision intuitive sensible, ne paraîtra-t-elle point un peu sommaire et ingénue : *Affirmant Leo Allatius apud Gotti et plures de Schola Carmelitarum calceatorum cum suo Magistro Bonæ Spei apud Billuart* (p. 3410)? Le P. Lépicier invoque également des ouvrages d'un crédit douteux, tels que l'*Histoire ecclésiastique* de Fleury à propos des palamites ou de Rathier, évêque de Vérone (p. 153, 185). Peu nous importe, à coup sûr, ce que pensaient

---

prit et, partant, une caractéristique de nature. Cf. Prellwitz, *Etymologisches Woerterbuch der griechischen Sprache*, p. 119 et 125. Gottingue, 1892. Voir aussi les conclusions négatives de Léo Meyer, *Handbuch der griechischen Etymologie*, p. 426 *sqq.* Leipzig, 1901.

ou ne pensaient pas ces carmes anonymes ; mais si cela nous importait, comment contrôler leur dire ?

Aussi trouvera-t-on qu'il est courtois, sinon indispensable, d'indiquer, autant qu'on le peut, les références et de donner au lecteur toutes facilités pour vérifier les citations. Le P. Piccirelli, en citant le livre d'un Père, prend encore la précaution de marquer le chapitre et le numéro, sans mentionner toutefois aucune des grandes éditions usuelles. Le P. Lépicier, que ces minuties laissent indifférent sans doute, se contente souvent de la mention du livre ou d'une donnée très générale, dont on ne saisit pas très bien l'utilité. M. Nègre, plus sobre encore de références, va jusqu'à s'en tenir au vague de ces formules : *inquiunt plures* (p. 152), *novatores sæculi XVI* (p. 189), *recentiores theologi* (p. 251), *antiqui theologi* (p. 416). Même pour un *Cursus*, précision est vertu.

Dernière remarque sur ce sujet. Quand on cite un auteur moderne, pourquoi s'opiniâtrer toujours à l'affubler d'une tournure antique ? Admettons encore, par esprit d'extrême conciliation *Thomassinus* (Piccirelli, *op. cit.*, p. 402), qui est aussi *Thomassinius* (p. 19), *Billuartius* (p. 396), *Goudinius* (p. 881), *Œcolampadus* (Nègre, *op. cit.*, p. 112), qui est aussi *Œcolampadius* (p. 120), *Carlostadius* (p. 112), qui devient *Carlostadus* (p. 120). Mais *Schleiermacherus* (Piccirelli, p. 20) ? *Mastrofinius* (p. 1136) ? *Harnackius* (Pesch, *op. cit.*, p. 116) ? Et *Tilmanus Bredembachius* (Nègre, p. 142) ! Est-on sûr de les reconnaître toujours, quand Beautain, par exemple, se métamorphose en *Boutainius* (Piccirelli, p. 16) ?... Quelques-uns, il est vrai, ont l'heur d'échapper à cette latinisation à outrance, comme le P. Billot — *carpitur Billot* (*ibid.*, p. 1404) — et le P. Knabenbauer — *Knabenbaver* (p. 56). Mais pourquoi cette différence de traitement ?

Assurément, il ne saurait être question de devenir hypercritique, d'accrocher son esprit à toutes les virgules d'un texte, encore moins de nier l'authenticité d'un passage pour une épithète inattendue qui semble « ne pas appartenir à la manière de l'auteur ». Mais le sens critique a néanmoins ses droits, qu'il faut se garder de méconnaître, si l'on tient à restituer à la scolastique son ancien prestige et sa vraie grandeur.

Car la scolastique ne tient pas tout entière, comme on semble le supposer parfois, dans les méthodes du raisonnement abstrait, moins encore dans un emploi exclusif et passionné de la forme syllogistique.

Le syllogisme! A notre époque de décalque et d'imitation, ne le voit-on pas absorber souvent, sans profit pour le reste, et plus qu'au moyen âge, le plus clair des forces intellectuelles? Ne dirait-on pas qu'une foule de mules ont pris à tâche de réduire la formation philosophique et théologique à l'art de tout « mettre en forme »? Le *Cursus* de M. l'abbé Nègre n'évite pas toujours cet excès (p. 120, 133, etc.); et le P. Lépicier lui-même, dans son important ouvrage, met plus qu'un brin de coquetterie, vraiment, à déployer, sur d'infimes sujets, toute l'opulence de sa logique, tous les secrets syllogistiques et polysyllogistiques de sa pensée.

Quels efforts de tactique savante pour démontrer, par exemple, cette proposition si simple : Dieu n'est pas un corps! Il faudrait lire tout au long l'argument, dont voici les débuts (p. 154) : *Ratione quoque id ipsum patescit, hoc polysyllogismo inclusa. Nullum corpus est α) movens non motum, β) primum ens, γ) ens nobilissimum. Atqui Deus est α) movens non motum, β) primum ens, γ) nobilissimum ens. Ergo Deus non est corpus. In hoc syllogismo minor et conclusio sunt propositiones singulares, sed æquiparantur propositioni universali in sua logica ordinabilitate. Sunt enim de uno subjecto sicut propositio universalis, et recipiunt determinate applicationem affirmationis et negationis, non secus ac subjectum propositionis universalis quod est quoddam totum comprehendens singulas partes per modum unius. — In hoc autem argumento primum membrum minoris resultat ex dictis in prima via articuli præcedentis, secundum ex deductis in secunda via, tertium ex deductis in quarta via.* Suit alors le développement de la majeure...

C'est très bien; mais trop bien, peut-être. Seuls, les métalogiciens du moyen âge étaient de taille à suivre avec délectation ce déploiement de dialectique. Mais aujourd'hui?... En toute hypothèse, c'est arborer un immense apparat pour un résultat peu enviable; et il en va de même de la solution apportée en trois pages à l'objection suivante : « Dieu est corporel », quand il s'agit tout simplement d'expliquer certaines locutions scripturaires, comme celle-ci : *Vidi dominum sedentem*, ou l'interrogation que Jéhovah pose à Job : *Si habes brachium ut Deus et si voce simili tonas* (p. 154). Point n'est défendu sans doute, à un stratège, de mettre en ligne toutes ses forces et de s'avancer en corps de bataille suivant toutes les règles de l'offensive et de la défensive. Mais pour si peu?... Et si à l'antique! Ne dirait-on pas des hoplites évoluant et pesamment se massant pour prendre d'assaut une taupinée? Sans compter que la doctrine ainsi présentée deviendrait promptement aride en son formalisme desséchant. Or, ne serait-ce point pour obvier à ce péril que le P. Lépicier a fait appel, tout en discourant et tout en déduisant, à une foule aimable de poétiques souvenirs, aux strophes de J.-B. Rousseau, aux descriptions de Marius Victor, et qu'il évoque, au milieu de ses arguments touffus, l'ombre gracieuse de Béatrice?

A Dieu ne plaise que nous condamnions l'emploi du syllogisme dans les écoles théologiques! Le syllogisme, en théologie comme en philosophie, est une arme de précision et de premier choix, un instrument précieux de conquêtes intellectuelles : il est impossible, en somme, de s'en passer, et son usage, quand il ne tourne pas à l'abus, est souverainement salutaire et fécond. Aussi admettons-nous volontiers, avec l'éminent professeur, que « la doctrine sacrée, dans l'ensemble, doit être argumentative » (p. 82). Mais nous n'allons pas jusqu'à faire de cette proposition « presque un objet de foi » (*ibid.*). Il nous semble aussi que l'argumentation, comme les meilleures choses, peut avoir ses excès et qu'il faut l'appliquer là seulement où il y a réellement matière à déduction. Encore si le syllogisme suffit, à quoi bon dérouler un sorite? Si l'enthymème, plus bref, plus nerveux, arrive à serrer plus étroitement la pensée, pourquoi donc un syllogisme?

Enfin, comme supplément à ce chapitre de l'argumentation et des procédés de discussion, il convient de louer nos auteurs de la courtoisie qu'ils observent à l'égard de leurs adversaires. Tant d'autres se croient tenus, comme pour donner du lustre à leur pensée ou mettre en relief leurs systèmes, d'invectiver les tenants de l'opinion contraire et d'avoir raison avec humeur! A quoi bon se traiter réciproquement de gens ineptes et absurdes? L'exemple méritoire du P. Piccirelli montre fort bien que l'on peut mettre toute son âme et même un tantinet de passion à réfuter les opinions divergentes ou les erreurs, sans se départir d'une sage modération. Son goût pour les joutes de la pensée est des plus vifs et son attaque impérieuse. Ses adversaires, il ne se

contente pas de les écarter : il les enfonce, — *disjicit* : c'est le mot
de César culbutant les Helvètes ! Voyez le programme sur la
notion du mystère de la sainte Trinité (p. 1411) : *Disjicitur
Günther et schola Güntheriana. — Disjicitur Raymundus Lullus.
— Disjicitur Mastrofini. — Disjiciuntur Rationalistæ reliqui.* Ailleurs : *Disjiciuntur Becanus, — Ripalda,* — et, si je ne me trompe,
jusqu'au ˌbon P. de San : *Disjicitur de San* ! Mais ces traits de
brillante ardeur, qui épargnent les personnes, ne déparent point
l'ouvrage. Le feu sacré n'est-il nécessaire pour mener à bien ces
arides et abstraites études?...

Naturellement, les observations formulées au cours de cette
longue revue n'enlèvent rien au mérite foncier des auteurs soumis
à si minutieuse analyse. Qu'il leur plaise de voir au contraire,
dans l'étendue même de ce compte rendu, l'importance que
nous attachons à leur œuvre et l'estime que nous concevons de
leur talent. Nous avons voulu relever seulement ce qu'il peut y
avoir d'exagéré ou de dangereux dans le culte trop exclusif du
passé, dans une dilection sans mesure pour des us et des procédés vieillis, dans le rôle obscurci ou incertain négligemment
réservé à la positive, cette chair et ce sang de la théologie; car
il nous semble que le véritable retour à saint Thomas consiste
à prendre de lui l'esprit, non la lettre. A ne rien modifier de sa
méthode, on agit contre sa méthode ; et c'est bel et bien lui être
infidèle que de vouloir lui rester, malgré tout, si fidèle.

Paul BERNARD.

REVUE DES LIVRES

Saint Léon IX (1002-1054), par l'abbé Eugène MARTIN, doc-teur ès lettres. Paris, Lecoffre, 1904. Collection *Les Saints*. In-12, 208 pages.

Né « dans les confins de la douce Alsace » que ses ancêtres avaient gouvernée, formé à la science et à la vertu par l'Église de Toul en Lorraine qui l'eut ensuite pour évêque, appelé au trône de saint Pierre dans une des époques les plus difficiles qu'ait traversées la chrétienté, pontife aussi bon de cœur que ferme d'esprit, apôtre infatigable et saint à miracles, Léon IX méritait de prendre place dans la galerie historique et édifiante de la maison Lecoffre. M. l'abbé MARTIN, déjà connu par son his-toire des diocèses de Toul et de Nancy, l'y introduit par un livre très substantiel. En fondant habilement ses propres recherches dans le résumé des travaux antérieurs, il a su garder au récit un mouvement qui ne laisse pas languir l'intérêt, et qui fait bien ressortir l'action irréprochablement droite et surnaturellement tenace du pape alsacien. Peut-être les lecteurs simplement pieux trouveront-ils trop complète ou trop détaillée l'énumération des actes pontificaux. La discussion finale, d'ailleurs peu sérieuse, sur le lieu de naissance du jeune Bruno d'Alsace, nous semble franchement déplacée dans un ouvrage qui ne s'adresse pas aux seuls Alsaciens-Lorrains ou aux érudits.

Nous sera-t-il permis de hasarder un vœu? La vie abrégée de saint Léon IX appelle tout naturellement celle de son illustre disciple et continuateur, saint Grégoire VII : M. l'abbé Martin paraît de taille à l'écrire, sans avoir trop à craindre les rappro-chements qu'on pourra faire de son œuvre vulgarisatrice avec des œuvres précédentes plus considérables. L'histoire des grands papes militants reste très actuelle et le monde a besoin qu'on lui rafraîchisse la mémoire des droits imprescriptibles de l'Église.

P.-P. BRUCKER.

Hippolyte Taine, par Lucien Roure. Paris, Lethielleux, 1904. In-12, xii-192 pages. Prix : 2 fr. 50.

M. Lucien Roure vient de publier sur Taine une étude lumineuse et suggestive. Les théories du célèbre philosophe, en psychologie, en métaphysique, dans les sciences sociales, la genèse de ces théories et leurs relations organiques sont exposées avec netteté. A cette exposition s'ajoute toujours une critique aussi sûre que succincte.

Psychologue, Taine relève de l'école anglaise : Stuart Mill est pour lui un maître. Comme Mill, il ramène à la sensation tout mode de connaissance, et la sensation elle-même « à des groupes de mouvements moléculaires ». Donc, pas d'idée universelle, mais des noms généraux, que l'esprit substitue aux résidus psychiques des sensations similaires. — Disciple de Spinoza, mais de Spinoza complété par Hegel, il pose une unité absolue, sous les phénomènes cosmiques. D'ailleurs, cette unité radicale ne peut se saisir. En outre, ce qui se manifeste à notre conscience, et notre conscience elle-même se réduisent à une série de phénomènes qui se déterminent suivant les lois d'une nécessité toute mécanique. Donc, non plus, pas de liberté : ce que nous appelons acte libre, sera une conséquence fatale d'antécédents physiologiques ou psychiques, qu'il nous est d'ailleurs impossible de définir jamais adéquatement. De ce déficit même de notre connaissance naît l'illusion « d'une spontanéité libre ».

A signaler aussi le caractère profondément évolutionniste de la philosophie de Taine. Il fait honneur à Spencer d'avoir essayé une synthèse évolutionniste de toutes les données de la science contemporaine. Mais, à Darwin lui-même, il emprunte les principes de cette évolution scientifique et, surtout « l'accommodation au milieu », qu'il complète par un nouveau facteur, celui « du moment ».

Ces principes, Taine les applique, et aux phénomènes de psychologie individuelle, et à tous ceux qui composent la vie sociale d'un peuple. Historien ou psychologue, Taine n'aura donc jamais qu'une méthode : observer les faits, et en rechercher, dans d'autres faits également constatés, les véritables antécédents ou conséquents. « L'ordre des causes se confond avec l'ordre des faits. » Grâce à cette préoccupation constante de rétablir la con-

tinuité vivante des faits, l'œuvre historique de Taine demeure
une œuvre puissante et originale. Que s'il lui plaît maintes fois
de faire fi de la métaphysique, il lui arrive cependant, à lui aussi,
de s'élever au-dessus des faits observés, et il énonce des lois
générales qui souvent méritent d'être gardées. « L'observation
de la nature humaine et l'étude de l'histoire lui montrèrent, d'une
part, que rien de stable dans la société ne se fait par à-coups,
par création subite ou génération spontanée ; d'autre part, que
les institutions sociales, étant faites pour des hommes réels, doivent tenir compte de ce que sont les hommes en réalité. Deux
thèses qui sont à la fois deux conclusions : la première évolutionniste, la seconde positiviste, toutes deux relevant de la méthode
expérimentale. » Le tort de la Révolution française est précisément d'avoir méconnu cette continuité progressive des races, et
d'avoir brusquement détruit tout ce que des traditions séculaires avaient réalisé déjà de bien dans la nation : car, toutes
ces coutumes provinciales, tous ces groupements divers, aristocratie, corporations multiples, étaient, par elles-mêmes, d'utiles
agents de perfectionnement social. A l'État, il appartenait, non
de les détruire, mais plutôt de les favoriser, et, en les dirigeant,
de les faire servir, toujours plus efficacement, à la réalisation de
progrès nouveaux. Le contrat social de Rousseau demeurera
donc une utopie, une anomalie, une méconnaissance des exigences premières de toute société naturelle.

L'étude loyale de l'histoire amène Taine à reconnaître aussi ce
que les nations modernes doivent au christianisme : le christianisme leur donna ce qu'elles ont de meilleur, ce qui les élève au-
dessus de la barbarie : la conscience, l'honneur, la charité. « Le
vieil Évangile, ajoute-t-il, est encore aujourd'hui le meilleur
auxiliaire de l'instinct social. » Conclusions sincères, qui excitè-
rent contre lui le dépit de ses admirateurs. A vrai dire pourtant,
Taine n'arrive point à être catholique : du christianisme, il ne
considéra guère que l'aspect social. Toujours sous l'influence de
préjugés qui dataient de sa première jeunesse, il tiendra le catholicisme en suspicion ; il ne comprit ni ne goûta jamais ce qu'il
renferme de vérité absolue, d'intime vitalité.

Tous ces problèmes, et bien d'autres, M. Lucien Roure les a
discutés avec une rare perspicacité dans sa riche et intéressante
monographie.   Eugène LANUSSE.

Eléments de philosophie, *à l'usage des élèves de la classe de Philosophie,* par l'abbé J. LE ROUX. 2ᵉ édition. Paris, Poussielgue, 1903. 1 volume in-8, 447 pages.

L'auteur de ces *Eléments de philosophie,* publiés sous le patronage de l'*Alliance des maisons d'éducation chrétienne,* est un maître expérimenté, et les qualités du livre expliquent les succès du professeur, comme le fait entendre Mgr l'évêque de Vannes, dans une lettre flatteuse à laquelle souscriraient les anciens élèves de M. le chanoine LE ROUX.

Sans doute, ce manuel ne se prêterait guère à une étude faite en particulier; il a besoin d'être non seulement illustré, mais complété; ne serait-ce pas un funeste service à rendre aux élèves et aux professeurs que de leur fournir un livre qui n'aurait besoin, croiraient-ils, que d'être expliqué littéralement ou commenté par manière de paraphrase?

Rapide, sommaire, sans être jamais obscur, l'ouvrage de M. Le Roux suggère au professeur, surtout il rappellera aux élèves, les nécessaires développements théoriques, qu'il appelle.

On pourrait désirer, dans la cinquième partie, consacrée à l'*Histoire de la philosophie,* un exposé plus nourri, et une place faite aux philosophes tout à fait contemporains. La *Logique appliquée* comporterait, pour éclairer les questions de méthode, un plus riche choix d'exemples intéressants : à la vérité, c'est le rôle agréable du professeur de les ajouter, de les *raconter.* Enfin les citations, même — et surtout — les plus classiques, gagneraient à être accompagnées de l'indication des sources : ces références exactes, si l'élève n'y est pas très sensible, peuvent rendre plus d'un service au professeur.

Le style est toujours clair, la langue exacte, la doctrine sûre; en somme, excellent livre didactique, fournissant un fonds bien complet pour les dissertations, — cadre précis et souple pour l'enseignement du professeur. Joseph DARGENT.

Louis XV et Mme de Pompadour, par P. de NOLHAC. Paris, Calmann-Lévy, 1904. In-12, 363 pages. Prix : 3 fr. 50.

Ce livre est d'un familier de Versailles, qui, dirait-on, a tout vu et tout retenu de la scandaleuse aventure qui fit de la fille du financier Poisson la maîtresse du roi de France et de la politique nationale.

Mais en déroulant toute l'histoire de cette liaison, M. de NOLHAC n'oublie quoi qu'on ait dit, ni les exigences de la morale ni celles de l'intérêt public. La protection accordée aux arts par la marquise de Pompadour, la débauche anonyme où Louis XV s'encanaille, après 1752, ne peuvent faire oublier que le roi se devait à lui-même et à ses peuples de ne point renouveler les insolents adultères de Louis XIV. Pour être brèves, les réserves de l'historien n'y sont pas moins formelles. Et en montrant en détail « l'œuvre compliquée et presque impossible », par laquelle l'habile favorite parvint à obtenir sur « l'âme inquiète et fuyante » de Louis XV « une domination » qui ne cessa qu'à sa mort, M. de Nolhac n'appuie jamais en courtisan ou en blasé. Certainement il préfère les résistances du P. Pérusseau aux platitudes de Voltaire.

Le livre est donc moral, malgré les vilenies qu'il raconte. C'est là comme la perfection de ce bon goût dont l'auteur fait preuve dans sa langue, dans son art de composer, dans cette discrétion qui cache, sous des pages charmantes, le laborieux effort de l'érudit.   Paul DUDON.

Warren Hastings (1772-1785), par Achille BIOVÈS. Paris, Fontemoing, 1904. In-8, v-372 pages, avec 1 carte et 1 portrait d'après une miniature d'Ozias Humphry.

Qu'est-ce que Warren Hastings? se demandera sans doute plus d'un lecteur. Qu'a-t-il donc fait de si remarquable qu'au bout de près de cent ans, un écrivain français croie bon de nous le présenter? La réponse à ces questions se trouve dans les pages de M. BIOVÈS. Il nous dit l'origine de l'infatigable Anglais, ses débuts et ses succès, surtout ses luttes et ses labeurs d'une quinzaine d'années pour fonder, ou, plus exactement, pour développer et maintenir la domination britannique dans les Indes.

Le personnage est important, on le voit; le sujet vaste et intéressant. Malheureusement l'auteur ne semble pas nous avoir donné tout ce que nous étions en droit d'attendre, et nous fermons son livre, sans être pleinement satisfaits, car bien des points de cette existence agitée restent obscurs ou très insuffisamment éclairés.

Cela vient principalement de ce que M. Biovès n'a travaillé que sur des documents de seconde main. Vraiment, les dépôts d'archives, publics et privés, d'Angleterre ne recèlent-ils donc pas quelques pièces, inconnues et confidentielles, grâce auxquelles on eût vu plus clair dans la conduite d'Hastings? Serait-il si difficile de découvrir quelques lettres, quelques communications intimes encore inédites, à la lumière desquelles les négociations et les intrigues du président du conseil de Calcutta nous eussent été plus complètement et plus nettement révélées? Et au lieu de raisonner sur les attaques passionnées d'ennemis acharnés ou sur les panégyriques de défenseurs à gages, n'aurait-il pas été plus scientifique de faire comparaître de simples témoins, surtout d'interroger l'accusé lui-même au moyen des écrits qu'il n'a pu manquer de laisser? Nous regrettons d'autant plus ces lacunes que M. Biovès raconte avec entrain, décrit avec agrément et juge avec finesse.

L'ouvrage, tel qu'il est, ne laissera pas, malgré tout, d'être utile et agréable aux lecteurs français, ami des choses coloniales. Ils verront une fois de plus ce que peuvent l'énergie et la persévérance; ils comprendront aussi que la conquête d'une vaste contrée comme l'Inde ne s'est pas faite sans injustices criantes, sans exactions, sans crimes; et, en dépit de l'acquittement dont il bénéficia devant la Chambre des lords, en dépit des hommages que nos voisins d'outre-Manche lui prodiguèrent à la fin de sa vie, Hastings ne leur paraîtra peut-être par trop différent des autres aventuriers que l'histoire a justement flétris, et qu'on ne trouve pas uniquement, comme quelques-uns ont osé le prétendre, dans les races latines, et parmi les catholiques.

P. BLIARD.

L'Autobiographie d'un nègre : Booker T. Washington. Traduit de l'anglais, avec introduction et notes, par Othon Guerlac. Paris, Plon. In-18.

Au mois d'octobre 1901, le président des États-Unis, M. Th. Roosevelt, reçut un nègre à sa table. Ce menu fait prit aussitôt les proportions d'un événement; il déchaîna d'un bout à

l'autre de l'Union de furieuses polémiques de presse; pour les
uns le président avait perpétré un crime irrémissible; pour d'autres il avait accompli un acte digne de tous éloges. Quant au
nègre, il entrait du coup dans la célébrité; ce dîner lui valut plus
de renom que tout le bien qu'il avait fait et les innombrables
discours qu'il avait prononcés sur tous les points du territoire.
C'est alors que pour satisfaire la curiosité publique, il dut écrire
sur lui-même une série d'articles de journaux qui sont devenus
un livre. Je me hâte de dire que le livre est fait à bâtons rompus,
ce qui ne l'empêche pas d'exciter un intérêt soutenu.

Booker Washington est né dans l'esclavage vers 1858 ou
1859; il ne sait pas au juste; de son père il sait moins encore.
Devenu libre, grâce à la défaite du Sud, l'enfant ne rêvait que
de s'instruire; l'entrée de l'école lui paraissait « l'entrée du
paradis ». A force d'énergie et de persévérance il parvient à se
faire admettre dans l'établissement où le général Armstrong préparait des maîtres d'école pour les noirs. De retour en Virginie
il entreprend la fondation d'une œuvre semblable. L'institut
de Tuskegee eut des débuts plus que modestes; le maître fit
d'abord la classe dans un poulailler; mais il avait des idées justes,
une activité tout américaine et une volonté que rien ne pouvait décourager; il fut compris et secondé comme on le sait faire
en ce pays de la vie intense et des initiatives hardies. Vingt ans
après, l'institution possédait — c'est M. Booker Washington qui
dresse ce bilan — « 2 300 acres de terre (1 150 hectares) dont 700
sont cultivés chaque année entièrement par le travail des étudiants. Il y a sur ces terrains quarante bâtiments grands et petits.
A côté de l'enseignement littéraire scientifique et religieux, il y
a à l'école vingt-huit classes industrielles toujours en activité... »
La valeur totale de la propriété, immeubles et capital, atteint
2 500 000 francs. « Les dépenses annuelles courantes sont d'environ 80 000 dollars (400 000 francs). Je collecte la plus grande
partie de cette somme chaque année en allant de porte en porte
et de maison en maison. » Le nombre des étudiants des deux
sexes est de onze cents, avec un personnel de quatre-vingt-six
fonctionnaires et professeurs, « et si nous ajoutons les familles
de nos professeurs, nous avons sur nos terrains une population
constante de près de quatorze cents personnes ».

On comprend que le nègre qui a réalisé une œuvre de cette

importance soit devenu ce qu'on appelle aux États-Unis un *proeminent citizen*. M. Booker Washington raconte ce qu'il a fait, ses épreuves et ses succès, avec une satisfaction mêlée de fierté et de candeur; il reproduit *in extenso* quelques spécimens de ses discours et nous dit sans façon combien l'effet fut profond dans l'immense auditoire.

M. Booker Washington est venu en Europe il y a deux ou trois ans; il passa un mois à Paris; le jugement qu'il porte sur notre race n'est pas pour nous inspirer trop d'estime de nous-mêmes; nous sommes à peu près au niveau de la population nègre des États de l'Union. C'est à croire qu'on lui aura montré surtout nos cafés-concerts et peut-être la Chambre des députés un jour de grand tapage. Au surplus son livre ne nous renseigne pas beaucoup plus exactement sur la question nègre aux États-Unis. M. Booker Washington est assurément un bel échantillon de la race noire; sa bonne humeur, son imperturbable optimisme, les chaudes sympathies qui vont à sa personne, lui font envisager l'avenir et même la situation présente sous des couleurs riantes. Mais combien la réalité est moins flatteuse, c'est ce qu'on ne peut ignorer pour peu qu'on se tienne au courant des choses d'Amérique, et ce qu'expose très bien l'excellente *Introduction* du traducteur. Le « problème noir » est à l'heure présente plus loin que jamais de recevoir une solution, et il n'en est pas qui pèse de façon plus inquiétante sur les destinées de la grande République américaine. Joseph BURNICHON.

Manuel de bibliographie historique, par Ch.-V. LANGLOIS, professeur adjoint à l'Université de Paris. 2ᵉ fascicule (p. 241 à 623). Paris, Hachette, 1904. In-8. Prix : 6 francs.

Le premier fascicule du *Manuel* de M. Ch.-V. LANGLOIS faisait surtout connaître les *instruments bibliographiques*. Le second fascicule est consacré à *l'histoire* et à *l'organisation des études historiques*, depuis la Renaissance jusqu'à l'époque contemporaine. Ce qu'on trouve ici n'est pas une série de dissertations pédagogiques, comme dans les *Questions d'histoire et d'enseignement*; c'est le cours même donné à la Sorbonne par le savant professeur de « sciences auxiliaires de l'histoire »; c'est une enquête sur le présent et le passé du travail historique, en Europe

et dans le Nouveau Monde. L'enquête est considérable, consciencieuse, présentée avec méthode et clarté ; la forme ne manque ni
d'élégance ni de finesse ; bref, avec une érudition germanique,
c'est un véritable ouvrage *français*.

M. Langlois caractérise nettement l'influence de la Renaissance
et de la Réforme sur les études historiques (p. 250-269). Exposant la production savante des dix-septième et dix-huitième siècles, il résume, d'une manière fort intéressante et avec une parfaite équité, l'œuvre de Richard Simon, comme celle de du Cange
et de Baluze ; les collections de patristique, d'histoire byzantine,
d'histoire conciliaire et de science hagiographique, publiées par
la Compagnie de Jésus, dont plusieurs membres furent « des
savants d'une remarquable liberté intellectuelle » ; enfin les travaux grandioses d'histoire religieuse, littéraire, nationale et
provinciale, qui ont fait la juste gloire des Bénédictins de la
congrégation de Saint-Maur (p. 273-310).

Pour étudier l'organisation actuelle des études historiques,
M. Langlois passe en revue les différents pays, énumérant les
publications ordonnées par les gouvernements, par les académies
et sociétés savantes, par les universités ou écoles spéciales, par
les librairies ou entreprises privées. Il termine par les institutions internationales, d'ordre ecclésiastique ou laïque. C'est dire
quel trésor d'indications précieuses, et souvent introuvables jusqu'à ce jour, contient le *Manuel de bibliographie historique*.

L'activité savante de chaque peuple reflète quelque chose de
son caractère national. Les États-Unis, par exemple, ont une
vocation manifeste pour faire des fiches, pour indexer, pour
trouver d'ingénieux dispositifs pratiques, « de même qu'ils ont
fourni, d'abord, plus de mécaniciens que d'artistes » (p. 504-512).
En Angleterre, selon le principe libéral du *laissez faire*, les
sociétés savantes « vivent, travaillent et meurent » sans aucun
appui du pouvoir ; mais la Couronne édite avec soin des *Calen-
dars of State-Papers* et fait inventorier les fonds d'archives
privées, sur la requête des propriétaires (p. 488-504). L'Allemagne se distingue par l'organisation puissante de son gouvernement, de ses académies royales, de ses universités, de sa librairie,
et par l'incroyable fécondité de leur production documentaire.
La vigueur de l'esprit corporatif rend possibles des œuvres telles
que le *Corpus inscriptionum latinarum*. La fière et hautaine

énergie du patriotisme anime les publications qui ont pour modèle les *Monumenta germaniæ historica* (p. 407-461).

Le chapitre consacré à la France est d'un intérêt spécial. On y remarque surtout l'influence du *Comité des travaux historiques et scientifiques*, créé par Guizot, et qui dirige les multiples collections de documents subventionnées par notre ministère de l'instruction publique. M. Langlois donne, en outre, d'instructifs détails sur la « renaissance scientifique » des universités françaises et de nos autres instituts spéciaux, imitant, avec mesure, les fortes méthodes de l'Allemagne (p. 348-406).

Il est permis de regretter que M. Langlois n'ait pas accordé une mention spéciale au marquis de Beaucourt et à ses collaborateurs de la *Société bibliographique*, dont l'activité fut si féconde pour le progrès et l'organisation des travaux d'histoire. M. Langlois en conviendrait, d'ailleurs, facilement puisqu'il signale, à diverses reprises : le *Polybiblion*, la *Revue des questions historiques*, les *Congrès bibliographiques* décennaux. De même, l'institution de la *Revue* et de la *Société d'histoire diplomatique* et celle des *Congrès internationaux d'histoire comparée* de 1898 et de 1900 (p. 195, 384, 564), auraient justement amené le nom de M. René de Maulde.

Parmi les savants répertoires collectifs publiés en France (p. 402), on s'étonne de ne pas voir désigné le *Dictionnaire de théologie catholique*, dirigé par M. Vacant, puis par M. Mangenot, commencé en 1899 et parvenu, en 1904, à son treizième fascicule. D'autre part, en Grande-Bretagne, auprès de l'*Encyclopædia biblica* de Cheyne (p. 502), il serait nécessaire de ne pas omettre le *Dictionary of the Bible*, de James Hastings, M. A., D. D. (Edinburgh, 1898-1901, 4 volumes in-4), œuvre considérable, honorée de la collaboration d'historiens tels que Burkitt, Charles, Chase, Driver, Plummer, Sanday, Stanton, Ramsay et Turner.

En des ouvrages comme le *Manuel de bibliographie historique*, on peut toujours relever mainte omission de ce genre. Il semble pourtant que le plus rigide censeur aurait peine à en énumérer ici un grand nombre, tant l'information de M. Langlois est abondante et complète, tant elle est exacte et précise. Le docte maître nous a donné un instrument de travail dont la valeur est exceptionnelle pour la plus indispensable des « sciences auxiliaires de l'histoire ».   Yves de LA BRIÈRE.

La Palestine. Guide historique et pratique avec cartes et plans nouveaux, par des professeurs de Notre-Dame-de-France. Paris, Maison de la Bonne Presse, 1904. In-32, xxxiii-522 pages.

A côté du Bædeker, bourré de chiffres et de renseignements de toutes sortes, vrai livre d'étude, il y avait certes place pour un guide de moindres prétentions, à la portée des voyageurs et des pèlerins, soucieux de s'orienter vite et de profiter jusqu'au bout d'un séjour toujours trop court en Palestine. Ecrire ce livre, où les renseignements essentiels les plus divers seraient condensés de la façon la plus claire et la plus commode, en un mot faire un *guide historique et pratique*, tel est le but que se sont proposé quelques Pères de l'Assomption, professeurs de Notre-Dame-de-France, et l'élégant volume qu'ils offrent aujourd'hui aux pèlerins dit assez qu'ils l'ont pleinement atteint.

C'est à Jaffa que l'on prend terre et l'on ne se rembarque qu'après avoir poussé une reconnaissance jusqu'aux solitudes brûlées de la frontière d'Arabie. Entre temps, on a visité la Judée, la Samarie, la Galilée, mais surtout Bethléem, Nazareth, Tibériade et Jérusalem, où s'écoula la vie terrestre de Notre-Seigneur.

Aussi, en se rembarquant, émus de tout ce passé revécu, les pèlerins ne pourront manquer d'avoir un souvenir reconnaissant pour les guides, à qui ils devront de n'avoir perdu aucune tradition de cette Terre sainte qu'ils connaissent si bien et qu'ils se plaisent à faire aimer.   L. JALABERT.

Le Monde socialiste : *Partis, congrès, formules du collectivisme*, par Léonce de SEILHAC. Paris, Lecoffre, 1904. 1 volume in-12, 329 pages. Prix : 3 fr. 50.

Les partis socialistes français sont au nombre de trois principaux : parti ouvrier socialiste révolutionnaire (P. O. S. R.); parti socialiste français (P. S. F.); parti socialiste de France (P. S. D. F.). M. de SEILHAC ayant consacré un volume séparé au premier de ces partis ne s'occupe ici que des deux autres.

Il commence par faire l'historique de ces partis et de leurs principaux chefs. Le *parti socialiste français* se compose de quatre groupes principaux : indépendants ; allemanistes [1], broussistes, fédérations départementales indépendantes. Le *parti socialiste de France*, formé le 3 novembre 1901, comprend : guesdistes, blanquistes, alliance communiste révolutionnaire (dissidents allemanistes). Ces historiques peu connus sont intéressants et instructifs ; trop souvent on ne connaît que les noms des individus ou des groupes. Que de fluctuations et de schismes ! mais aussi que d'efforts, de travaux et d'activité mal employés ; que de souffrances stériles !

La seconde partie (p. 90 à 220) contient un compte rendu détaillé, documenté et assez clair (ce qui n'est certes pas facile) des congrès socialistes politiques, de 1899 à 1903 inclusivement. Il y en avait déjà eu un grand nombre de 1876 à 1899 : c'est dans celui de Marseille en 1879 que, pour la première fois en France, le programme collectiviste fut officiellement proclamé et reconnu. M. de Seilhac en dit quelques mots dans sa première partie. Dans la seconde, outre l'analyse des six congrès qui ont eu lieu de 1899 à 1903, il résume les discussions et décisions curieuses et instructives du comité général du parti socialiste, institué par le congrès de 1899 et supprimé par celui de 1902. Une des grosses questions discutées avec passion aux congrès de 1900, 1901, 1903 a été celle du « cas Millerand » : Un socialiste peut-il accepter de faire partie d'un ministère non socialiste?

Au congrès de 1903, M. Jaurès a réussi, à force d'éloquence et d'habileté, à faire absoudre son ami Millerand, mais au congrès de 1904 (qui vient d'avoir lieu) il a été moins heureux ; malgré tous ses efforts il a été vaincu par Bebel et Guesde. Il n'est plus question de la personnalité de Millerand; mais le congrès a décidé, par vingt-sept voix contre trois et dix abstentions, « que la démocratie socialiste ne saurait accepter aucune participation au gouvernement dans la société bourgeoise ».

La troisième partie est consacrée à l'exposé et à la réfutation des diverses formules du collectivisme. La définition théorique

---

1. Une fraction seulement, le parti allemaniste s'étant divisé en 1896. Et, comme l'indique M. de Seilhac, cette fraction a repris sa liberté au congrès de 1901. A celui qui vient d'avoir lieu (congrès socialiste international, Amsterdam, 15-19 août 1904), M. Allemane a défendu avec vigueur, quoique sans succès, la motion du parti ouvrier socialiste révolutionnaire en faveur d'une grève universelle.

du collectivisme est facile : il consiste dans l'appropriation par
la collectivité de tous les moyens de production aujourd'hui possédés individuellement. Mais les diverses formules sont ondoyantes
et diverses au possible ; les variations, les contradictions, les sophismes ne coûtent rien aux divers apôtres du socialisme. Ils se
gardent bien du reste de présenter la même théorie ou formule
aux ouvriers et aux paysans. Ils ont soin le plus souvent de commencer par un exposé économique exact ; de faire ressortir des
inconvénients, des abus, des maux vrais, quoique souvent grossis.
Et alors le collectivisme est présenté comme une panacée merveilleuse. On a soin, M. Jaurès notamment excelle sur ce point,
d'escamoter les difficultés en les passant sous silence. D'autres
fois, en Belgique notamment, on a recours à des manœuvres d'une
hypocrisie achevée.

Ces variations continuelles rendent la simple exposition des
théories, *a fortiori*, la réfutation, difficile. Ce n'est donc pas la
faute de M. de Seilhac si parfois la lecture de son livre est un peu
pénible. Pour la seconde partie, principalement composée de citations, ce n'est pas du tout sa faute ; quant à la troisième, il est
clair que pour connaître et savoir réfuter ces dangereuses doctrines, une rapide lecture ne saurait suffire.

C. AUZIAS-TURENNE.

L'Ouest-Africain et les missions catholiques. Congo et Ou-banghi, par G. RENOUARD. Paris, Oudin. 1 beau volume in-8 grand colombier, avec gravures et cartes. Prix : 7 fr. 50.

La librairie Oudin vient de publier le troisième ouvrage d'une
collection qui devrait être continuée. Les œuvres qui la composent sont de première main, écrits d'après des observations
originales et inédites, au prix de voyages ou de longs séjours
dans les pays décrits. Ils sont largement illustrés de gravures
tout à fait documentaires. Je ne puis dire du bien du premier
ouvrage de cette série : *l'Inde tamoule*, car il est de moi. J'ai
essayé d'y tracer, de la partie méridionale de l'Inde, de la race
dite *tamoule*, une monographie complète ; je juge d'ailleurs cet
ouvrage bien inférieur aux deux suivants.

Un peuple antique au pays de Ménélik, les Galla, par C.-S. Martial de Salviac, a été naguère couronné par l'Académie française.

Un long séjour chez les Oromos a permis à l'auteur de donner, sur ce peuple très peu connu, des renseignements si précis et si complets, qu'ils deviennent nécessaires à tout lecteur curieux d'ethnographie.

L'Ouest-Africain et les missions catholiques. Congo et Oubanghi, par G. RENOUARD, répond à tout ce qu'on peut demander à un ouvrage de géographie coloniale : compétence de l'auteur, étude de tous les documents publiés, grande sûreté .et parfaite indépendance d'appréciations. Un seul chapitre, le dernier, étudie les missions catholiques dans le Congo et l'Oubanghi. Il marque les procédés différents des diverses missions. Sans exagération, il signale les efforts tentés, les succès obtenus, l'influence acquise.

Les autres chapitres sont tous ethnographiques. *Les Origines* nous rapportent aux premiers traités conclus en 1841 entre l'amiral Didelot et les rois de la côte du Gabon, aux premiers voyages de Stanley et de Brazza. *Les Explorateurs* racontent l'histoire contemporaine des explorations belges et françaises, depuis Serval jusqu'à Marchand. Précieux chapitre, qui condense des faits mal connus, très importants à connaître, impartialement racontés et jugés. Les quatre chapitres : *la Région, le Pays noir, l'État politique, les Ressources commerciales*, sont d'une documentation très serrée, et fixent pleinement sur l'état d'un pays d'avenir, où nous avons trop d'intérêts engagés pour qu'il nous soit indifférent de le connaître. L'ouvrage de M. Renouard est dédié à Mgr Augouard, un des missionnaires qui fait, actuellement, le plus honneur au nom français.

En Angleterre, et dans les pays où l'opinion publique s'attache avec une ardente curiosité aux efforts nationaux, un ouvrage comme celui de M. Renouard serait assuré d'un grand succès. En France, nous suivons avec trop d'indifférence les luttes que nos compatriotes soutiennent pour la civilisation et pour la foi. Nous nous dépensons plus que personne ; plus que personne nous réussissons dans nos luttes de pénétration ; mais nous nous contentons de tirer du feu les marrons : nous les laissons à d'autres, et, pendant que nous prodiguons les éloges à l'initiative anglo-saxonne, nous ignorons ce que tente et ce que produit l'initiative française. Le livre de M. Renouard, et les deux qui l'ont précédé dans la série de M. Oudin, remettent au point bien des appréciations fausses, et, sur des pays intéressants, ils ont l'avantage de fournir des renseignements puisés aux sources, et de copieuses informations. Aussi les recommandons-nous à nos lecteurs, et souhaitons-nous que la librairie Oudin ajoute à ces premiers volumes d'autres travaux de plus en plus autorisés.

                                                    P. Suau.

NOTES BIBLIOGRAPHIQUES

Le P. WATRIGANT, S. J. —
Formulaire de prières à l'Immaculée Conception. Paris,
Desclée. In-12, 250 pages.
Édition de grand luxe, à partir de 5 francs; édition de
luxe, broché, 1 franc; édition
commune, broché, 75 centimes.

L'un des buts du cinquantenaire
que nous célébrons, au long de
cette année, est de nous préparer
par la prière aux solennités du
8 décembre. En vue de nous y
aider, le R. P. WATRIGANT a publié un *Formulaire de prières à
l'Immaculée Conception*. Le volume contient des formules communes : *prières pour la confession
et la communion; prières durant la
sainte messe; vêpres du dimanche;*
mais, comme le titre l'indique, la
meilleure partie du recueil est
consacrée à l'Immaculée Conception même : *la foi dans le mystère
de la Conception Immaculée de
Marie; actions de grâces; méditations et pieux colloques; messe
propre; petit office, proses et autres prières liturgiques; neuvaine;
litanies; couronnes et chapelets;
consécrations diverses; prières pour
des intérêts spirituels d'ordre général et privé; prières diverses, oraisons jaculatoires, quelques pratiques conseillées.* Et le livre est
ainsi composé qu'il peut devenir le

vade-mecum des dévots de Marie,
non seulement en 1904, mais les
années suivantes. C'est donc avec
raison que la maison Desclée a
multiplié les éditions du *Formulaire*, et l'a mis à la portée de toutes
les bourses. Espérons qu'il se
répandra, chaque jour, de plus en
plus. Alain de BECDELIÈVRE.

Pietas Sacerdotalis erga Im-
maculatam Conceptionem Bea-
tissimæ Virginis Mariæ. Fasci-
culus precum, meditationum
et documentorum quæ collegit P. Henricus WATRIGANT,
S. J. Romæ - Tornaci, typis
societatis S. Joannis Evang.
Desclée, Lefebvre et Soc.,
1904. In-32, xvi-332 pages.
Prix : broché, 1 fr. 50.

Au cours de cette année mariale,
le P. WATRIGANT a formé une nouvelle gerbe de prières et de documents à l'honneur de l'Immaculée
Conception. Cette gerbe, il l'offre
à ses frères dans le sacerdoce, se
proposant tout à la fois d'accroître
en eux la dévotion au glorieux privilège de Marie et de les aider à
l'accroître dans les autres. Sans
doute, il n'a pas eu la prétention
de découvrir des morceaux inconnus ou entièrement inédits. Le
mérite de son volume est de grou-

per des textes et des formules, dispersés jusqu'ici dans maintes collections vieillies. L'on y trouvera, par exemple, un choix d'hymnes anciennes et de proses tirées de vieux missels ou bréviaires. Peut-être, dans telle ou telle partie, la septième me semble-t-il ou la onzième [1], les choses auraient gagné à être mises au point. Convenait-il bien de citer, comme témoins de la foi à la conception sans tache de Marie, des auteurs qui probablement l'ont attaquée, ou bien encore d'invoquer, dans un canevas de sermon, pour fournir au développement de cette pensée : *Hoc singulare privilegium semper creditum est in Ecclesia,* le témoignage de saint Thomas (p. 273) ? Mieux eût valu, je crois donner une idée de la querelle théologique qui n'a pas entravé la croyance du peuple chrétien, celle dont l'heureuse issue a tout au contraire préparé de loin la définition de 1854. Ce sont là taches légères, et le volume du P. Watrigant est fait vraiment pour nourrir une piété solide et éclairée. S. S. Pie X a daigné accepter la dédicace du recueil.

Alain de BECDELIÈVRE.

Louis de COMBES. — De l'Invention à l'Exaltation de la sainte Croix. Paris, édition de *l'Art et l'Autel.* In-8, 292 pages.

M. de COMBES continue ses recherches historiques sur la vraie croix : son nouveau volume nous conduit de l'Invention à l'Exaltation, de Constantin à Héraclius, et il nous en promet un troisième sur l'*Exode des souvenirs de la Passion.* On retrouvera dans cette étude les mêmes qualités que dans les précédents travaux de l'auteur : la même érudition, la même piété à la fois respectueuse et éclairée, le même souci de démêler le vrai et la légende dans le flot un peu confus des traditions de toute provenance et de toute valeur qui encombrent cette histoire. Tout en réduisant ces légendes à leur vraie portée, il s'attache à ne les point laisser perdre, et cela avec raison : car à défaut de l'histoire des saintes reliques du Christ, elles nous font connaître indirectement une autre histoire, fort belle aussi, l'histoire des âmes tout imprégnées de foi naïve où elles sont écloses. Nous ne pouvons donc être que très reconnaissants à M. de Combes de nous faire ainsi revivre au milieu des pèlerins qui, comme Silvia (ou mieux Ethéria), Antonin, et le pèlerin de Bordeaux, s'attachaient à retrouver jusqu'aux moindres traces du Sauveur.

Toutefois plus d'un lecteur regrettera, j'en suis sûr, que M. de Combes se laisse souvent déborder par son érudition et n'en soit pas assez maître pour laisser bien en vue, malgré le nombre des détails, les grandes lignes des récits. Celles-ci disparaissent au milieu des remarques et des digressions,

[1] « VII. Mensis decembris a devoto sacerdote consecratus immaculate conceptæ et purissimæ Virgini et Deiparæ Mariæ. » (P. 176-213.) « XI. Sacerdos concionans de Immaculata Conceptione B. Mariæ Virginis. » (P. 269-288.)

souvent intéressantes, quelquefois inutiles, mais en définitive rendant la lecture du livre assez pénible, et l'impression finale un peu confuse.

Parfois même, au milieu de cette accumulation de détails, il est difficile de saisir quelle est au juste la pensée personnelle de l'auteur (page 93, par exemple, à propos de deux « souvenirs plus ou moins authentiques de l'Ancien Testament » : la corne de l'onction et le sceau de Salomon).

L'appareil de notes et de références qui orne abondamment le bas des pages a été plus soigné, semble-t-il, que dans le premier volume. On pourrait bien cependant chercher à l'auteur quelques querelles de détail : à propos des « légendes » concernant la Dormition de la Vierge, M. de Combes rappelle les « touchants récits conservés par Denis l'Aréopagite, et Meliton de Sardes... » (p. 102) : il serait bon d'avertir en note que le *De transitu Virginis Mariæ* est rejeté comme apocryphe, avec non moins d'unanimité que les écrits aréopagitiques. Page 169, à tant faire que d'indiquer une bibliographie à propos du fameux passage de Josèphe sur le Christ, il eût été bon d'indiquer les travaux plus récents dont son authenticité a été l'objet.

Mais ces quelques desiderata laissent au volume toute sa valeur comme précieux recueil de données sur les souvenirs de la Passion. Aussi, vu le grand nombre de faits, assez difficiles parfois à retrouver, que contient ce volume, je demanderais, si je l'osais, à M. de Combes de donner à la fin de sa troisième étude une table analytique de ses trois ouvrages : elle montrerait la richesse de leur contenu et en faciliterait l'usage.

F. de CATELLAN.

AUTEUR DES *Paillettes d'or.* — La Vie après le pensionnat. *Complément de « la Vie au pensionnat ».* 3ᵉ partie : *La jeune fille et le monde.* Avignon, Aubanel, 1904. In-8, 225 pages.

La jeune lectrice des *Paillettes d'or* a grandi ; elle quitte le pensionnat pour entrer dans le monde. Le maître sage et habile qui lui a donné tant de bons conseils ne lui manquera pas à ce moment critique. Il lui offre donc ce petit volume plein de pensées utiles : souhaitons qu'elle les médite et les observe !

L'auteur dépeint d'abord le *Monde*, qui fait briller, pour éblouir et séduire les sens : le luxe, les plaisirs, la fortune..., etc., et qui promet la vérité, la liberté, le bonheur pour conquérir l'imagination. Puis il montre comment cet ennemi astucieux, par ces séductions et ces illusions, s'empare peu à peu des âmes et les pervertit ; enfin il trace à l'âme chrétienne l'attitude à prendre et les moyens à employer pour triompher de ce monde mauvais.

L'impression qui se dégage de ce tableau du monde — tout vrai qu'il soit malheureusement — me paraît un peu attristante : les pusillanimes risquent d'en tirer du découragement, et les présomptueuses soupçonneront de l'exagération : j'aurais préféré des couleurs plus adoucies. Peut-être faut-il attribuer cette impression plus au style qu'au choix des pensées : il est trop sec, trop didactique et haché, surtout dans la première partie, ce qui donne un relief dur aux idées. Par exemple, page 17, je trouve cette description du luxe : Le luxe c'est l'accessoire préféré au principal, c'est le brillant préféré au solide, c'est l'éclat préféré à la valeur, c'est le superflu préféré à l'utile, c'est l'agréable préféré au nécessaire, c'est la tendance à paraître ce qu'on n'est pas, c'est le plaisir recherché en tout. Le luxe c'est le désir de paraître, d'être vue, etc. Dans ce procédé je retrouve l'auteur du *Catéchisme en tableaux synoptiques*, — si utile à cause de sa précision, de sa méthode, de sa netteté ; — mais dans un livre de conseils j'eusse préféré un peu du laisser-aller aimable de l'auteur des premières *Paillettes*. Sans doute la lectrice a grandi, mais elle aimerait à trouver un peu plus de miel dans la forte et amère boisson qu'on lui offre.

Par contre, çà et là, il faudrait effacer quelques expressions trop enfantines, ainsi : « Jeunes filles, *doux et petits agneaux.* » (P. 92.)

Il n'y a rien dans tout ce volume qui puisse effaroucher qui que ce soit, malgré la délicatesse du sujet. En résumé une jeune fille sérieuse trouvera là matière à bonnes réflexions, et les prêtres chargés de congrégations pourront y puiser d'utiles matériaux pour leurs instructions. A. G.

François Spirago, professeur au séminaire de Pra-gue. — **Catéchisme populaire,** *rédigé d'après les règles de la pédagogie, pour les besoins de l'époque contemporaine.* Traduit sur la cinquième édition allemande, par l'abbé N. Delsor. Paris, Lethielleux. 1 volume in-8. Prix : 5 francs.

Le catéchisme du professeur Spirago, très apprécié déjà en Angleterre, en Allemagne et en Italie, mérite d'être connu chez nous. Cet ouvrage, pourrait-on dire, est un *aliment complet* Il explique la doctrine, et enseigne, avec une érudition peu ordinaire, ce qui s'y rattache d'histoire ecclésiastique et de sciences accessoires. Il forme ainsi un solide traité d'apologétique. Les explications s'appuient sur des citations scripturaires et patristiques abondantes et pas banales, précieuses par suite pour des prédicateurs. A ces qualités foncières, l'ouvrage joint une méthode excellente. Des textes de grosseur différente font sauter aux yeux les assertions essentielles, le minimum à enseigner aux enfants, qu'on distingue ainsi des développements réservés aux élèves plus avancés. Aussi le livre peut-il servir à toutes les classes d'élèves et même aux maîtres. Très moderne, l'auteur touche à toutes les questions morales qui résultent de notre état contemporain : le devoir électoral, les devoirs sociaux. Par sa précision, et sa bonne disposition typographique. il permet de trouver rapidement une solution autorisée aux doutes qui peuvent surgir dans un esprit. Dans une famille, cet ouvrage serait un secours pour des parents. Il leur servirait à s'instruire et à instruire. Le *Caté-chisme* du professeur Spirago prend place au rang des ouvrages d'apologétique usuelle. C'est un catéchisme classique. P. SUAU.

L'abbé FEIGE. — **Ange et Apôtre.** *La piété. Le zèle.* Paris, Téqui, 1904. In-12, 482 pages. Prix : 3 fr. 75.

Dans les dix-sept premiers entretiens l'auteur indique ce qu'est la piété, puis les principaux obstacles qu'elle rencontre : les *péchés*, la *tiédeur*, la *tentation*, enfin il traite de nombreux moyens propres à la promouvoir : l'*humilité*, la *volonté*, la *direction* , le *règlement*, l'*oraison*, l'*eucharistie* , les *examens*, la *souffrance*, la *sanctification des actions ordinaires;* la *dévotion à la sainte Vierge*, le *culte du Saint-Esprit*. Ces entretiens, pleins de l'esprit et des paroles mêmes de saint François de Sales, sont clairs, intéressants, pratiques. Parfois cependant on désirerait des détails plus précis, par exemple sur la méditation et l'examen. Ayant ainsi poussé l'âme à aimer Dieu, l'auteur l'excite dans les quinze derniers entretiens à faire aimer Dieu.

Qu'est-ce que le zèle ? l'égoïsme obstacle au zèle; les motifs du zèle; la pratique du zèle par les paroles, les exemples, les actes, la prière, la souffrance ; *où et sur qui exercer le zèle ?* Dans cette étude du zèle se retrouvent les qualités de la première partie : clarté et utilité ; j'aurais préféré que l'on insistât moins sur les motifs d'être zélé (six conférences), et plus sur la façon pratique d'exercer le zèle. Çà et là on bifferait avec avantage des traces de *forme oratoire,* — comme on dit, — ainsi le portrait du curé de campagne (p. 438 *sqq.*), les formules : « hâtons-nous de dire », etc.

En somme ce bon livre peut servir à instruire et à édifier les jeunes filles et les femmes chrétiennes. Il sera aussi un précieux auxiliaire pour les prêtres chargés de congrégations: ils y trouveront des sujets utiles, opportuns, clairement divisés, et en y mêlant des détails et applications pratiques plus spéciales à leur auditoire, ils instruiront et intéresseront facilement. A. G.

Dr Pascal ROSSI. — **Les Suggesteurs et la foule. Psychologie des meneurs.** Préface de Henri Morselli, traduit de l'italien par Antoine Cundari. Paris, Michalon, 1904. In-8 écu, XII-222 pages. Prix : 4 francs.

Si MM. Sighele et Ferri, en Italie, ont devancé Tarde et M. Gustave Lebon dans l'étude de la psychologie collective, il faut avouer que, depuis, on n'a guère fait que les répéter. M. le docteur Pascal ROSSI lui-même ne fournit guère que quelques observations d'importance secondaire au problème des meneurs de foule. Une étude approfondie sur un cas particulier, par exemple celui de son compatriote Donato, eût offert un plus instructif intérêt.

Que M. le docteur Rossi se défie de l'esprit de système. Il veut mon-

trer l'influence *météorique*, c'est-
à-dire d'une température chaude
ou au contraire froide, comme stimulant de la suggestion. Or, les
exemples qu'il cite (p. 164-172)
appartiennent à toutes les saisons.
Mais cela a un appareil scientifique.
Une simple remarque sur l'effet du
renouveau et de la canicule suffisait. Quant au froid, il n'agit qu'indirectement sur l'âme des foules.

La langue est à la fois compliquée et exotique.

Lucien ROURE.

L'Année philosophique (14ᵉ
année, 1903), publiée sous la
direction de F. PILLON. Paris,
Alcan, 1904. In-8, 311 pages.
Prix : 5 francs.

Cent six ouvrages philosophiques publiés en France dans le
cours de l'année, sont analysés dans
ce volume. L'analyse est tantôt
purement objective, tantôt accompagnée de remarques qui s'inspirent surtout des doctrines néo-cri-
ticistes.

Quatre mémoires ouvrent le
volume : 1º *la Morale d'Épicure*,
par V. Brochard ; 2º *la Critique
de Bayle*, *critique des attributs de
Dieu* (*simplicité*), par F. Pillon ;
3º *Essai sur l'instinct réaliste*,
Descartes et Th. Reid, par L. Dau-
riac ; 4º *Corrections à la plus récente des traductions françaises
des Prolégomènes de Kant*, par O.
Hamelin.

Si la morale d'Épicure, dit
M. Brochard, en opposition avec
celle des Cyrénaïques, put être
dite utilitaire, toute morale antique
l'est en un certain sens et à sa façon.

Elle se rapprocherait plutôt du
stoïcisme. Pour Épicure et Zénon,
le sage ne cherche qu'en lui-même
un secours contre l'adversité : la
résignation est le dernier mot de
la sagesse.

Quel sens le mot *Dieu* conser-
vera-t-il, demande M. F. Pillon à
Fénelon et à la théologie chrétienne, dans une philosophie qui
ne lui laisse d'autres vrais synonymes que les termes *être, unité,
simplicité, infini*, lesquels n'expriment rien de positif ? — La réponse sera que si ces appellations
ne marquent rien de positif pour
notre façon de comprendre, elles
désignent en soi une haute réalité
positive. Pour M. Pillon, *Dieu*
n'est pas autre chose que la conscience première, et il juge ce concept contradictoire avec celui de
la simplicité. Mais précisément, il
est une philosophie, et non mépri-
sable, qui fait de la simplicité une
condition de la conscience, et mesure la profondeur de celle-ci à la
perfection de celle-là.

Lucien ROURE.

Paul BESSON. — **Le Radium
et la radio-activité**. Paris, Gauthier-Villars, 1904. In-12, VII-
160 pages. Prix : 2 fr. 75.

Le radium a conquis une célébrité, méritée assurément, comme
jamais aucun élément chimique ne
peut se vanter d'en avoir connu.
Mais il est à craindre que la légende ne vienne se mêler à l'histoire, car les journalistes se sont
malheureusement trop occupés de
la question, et l'on sait, ou l'on doit
savoir, que, règle trop générale,

c'est à eux qu'il faut s'adresser pour être inexactement renseigné. Il n'en est pas de même de l'auteur du présent ouvrage. Dans la préface, M. d'Arsonval nous dit ses titres à notre confiance : « M. Besson, comme ingénieur-directeur de la Société centrale de produits chimiques, a suivi jour par jour l'évolution du radium, il peut donc en parler en connaissance de cause. » Ainsi c'est en toute confiance que l'on peut suivre un guide aussi sûr, et j'ajouterai que la sûreté des renseignements n'est pas la seule qualité de l'ouvrage ; la méthode et la clarté en augmentent encore l'attrait et l'utilité. M. Besson insiste beaucoup sur les travaux récents relatifs à l'emploi du radium en médecine et là, comme toujours, il ne s'appuie que sur les mémoires et les rapports originaux. Nous recommandons vivement cet opuscule à tous ceux qui désirent savoir à quoi s'en tenir sur les propriétés vraies du plus étrange des corps connus. J. de JOANNIS.

R. BLONDLOT. — Rayons N. Paris, Gauthier-Villars, 1904. In-12, VI-78 pages. Prix : 2 francs.

La découverte si extraordinaire faite par M. BLONDLOT ne peut manquer d'intéresser vivement le public instruit, et l'on désirera faire connaissance avec ces rayons étranges que nous émettons nous-mêmes constamment. M. Blondlot a donc réuni dans un petit volume toutes les communications qu'il a faites à l'Académie des sciences, en ajoutant à la fin quelques notes remettant au point les

détails qui, dans ses premiers travaux, étaient restés incomplets. Il a ajouté de plus, et ceci ne manquera pas de concourir à faire la fortune de son petit volume, il a ajouté, dis-je, un écran tout préparé avec des taches de sulfure de calcium phosphorescent, qui permettra au lecteur de s'exercer, sans aucune difficulté, à l'observation des rayons N. Quelques conseils donnés par M. Blondlot indiquent la manière de se servir de cet écran. Tous ceux qui se livreront à cet exercice doivent surtout se rappeler qu'il faut de la patience et un certain entraînement pour arriver à observer ces radiations si curieuses. J. de JOANNIS.

Dr H. DAUCHEZ. — L'Église Saint-Côme de Paris (1255-1836) et l'amphithéâtre d'anatomie de Saint-Cosme (1691). Paris, Picard, 1904. 1 brochure in-8, 20 pages, ornée de gravures.

Le secrétaire général de la Société Saint-Luc, Saint-Côme et Saint-Damien, notre aimable confrère le Dr Dauchez, se consacre depuis longtemps à l'étude de nos origines. Dans le présent travail, il fait l'intéressant historique de l'église Saint-Côme, berceau de la communauté des chirurgiens de Paris. Ce vénérable sanctuaire, construit au XIIIe siècle, nous est cher : « c'est là que vécurent et prièrent nos grands précurseurs, Jean-Louis Petit, Maréchal, François de Lapeyronie, La Martinière, Desault ». Malheureusement il fut désaffecté

dès 1791 et enfin entièrement dé-
moli en 1836 pour le percement
de la rue Racine.

L'amphithéâtre d'anatomie de
Saint-Cosme, construit en 1691,
nous reste encore, rue de l'École-
de-Médecine, mais il a subi bien
des outrages du temps et des hommes. On lit encore sur la porte
d'entrée le célèbre distique de
Santeuil :

Ad cædes hominum prisca amphitheatra pate-
Ut discant longum vivere nostra patent. [bant.

Il fait bon de rappeler ces sages
maximes et ces vieilles traditions ;
il serait utile d'y revenir, en un
temps où le charlatanisme patenté
s'étale partout, et où il faut stigma-
tiser publiquement l'*assassinat pro-*
fessionnel.   Dr Surbled.

Dictionnaire d'archéologie chrétienne et de liturgie, publié par le R. P. F. Cabrol, prieur de Farnborough. Fascicule II : *Accusation contre les chrétiens-Afrique* (col. 289-576). Paris, Letouzey, 1903. Prix : 5 francs.

Ce deuxième fascicule mérite
tous les éloges que les *Etudes* ont
donnés au premier : même érudition consciencieuse et avertie.
Les principaux articles, *Acémètes*
(J. Pargoire) ; *Acrostiche*, *Actes
des martyrs*, *Ad sanctos*, *Adjura-
tion*, etc. (dom H. Leclercq) ; *Ad
Complendum* (A. Gastoué)…, sont

de véritables mémoires qui ne laissent rien, ou presque, à désirer.
La bibliographie, un peu touffue
parfois, est très complète ; l'illustration variée et strictement documentaire. Répétons qu'*aucun* répertoire analogue, publié en France
ou à l'étranger, ne saurait suppléer
celui-ci. Pour le théologien, l'ar-
chéologue, le liturgiste, c'est un
instrument de travail indispensable, et qu'on apprécie mieux à
mesure qu'on le pratique.

L. de G.

Charles Roy, secrétaire de la présidence du Tribunal de commerce de la Seine. — Réhabilitation des faillis et des liquidés judiciaires. Paris, Librairie générale de droit et de jurisprudence. 1 volume in-8, 210 pages. Prix : 6 francs.

Dans cet ouvrage, l'auteur s'est
attaché surtout à rappeler l'histoire
de la loi du 30 décembre 1903, en
reproduisant notamment les discussions parlementaires d'où elle
est sortie. C'est une manière, et
non pas la moins efficace, d'en bien
faire ressortir l'esprit et la portée.
Un formulaire fort utile complète
l'ouvrage, et servira de guide pratique dans la procédure assez
compliquée et toute spéciale à
suivre en cette matière.

J. Prélot.

Les *Études* ont encore reçu les ouvrages et opuscules suivants [1] :

Qestions actuelles. — *Aux Indes. Chez un peuple qui meurt de faim; le mal, le remède*, par Edouard Capelle. Paris, Victor Retaux,1904. 1 brochure ornée de belles illustrations. Prix : 1 franc.

— *Epilogues (Réflexions sur la vie)*, par Remy de Gourmont. Paris, Société du « Mercure de France »,1903. 1ʳᵉ série (1875-1898). 1 volume in-8, 337 pages; 2ᵉ série (1899-1901), 1 volume in-8, 341 pages. Prix de chaque volume : 3 fr. 50.

— *Le Concordat, aperçu historique*, par l'abbé L. Chasle. Angers, Société angevine d'édition, 1904. 1 brochure in-8, 39 pages. Prix : 20 centimes.

— *La Rupture avec le Saint-Siège, les fautes, les faits, le dossier diplomatique complet*. Paris, maison de la Bonne Presse, 1904. Brochure de propagande, 32 pages. 1 exemplaire, 10 centimes ; 50 exemplaires, 4 francs; 100 exemplaires, 7 francs ; 500 exemplaires, 30 francs ; 1 000 exemplaires, 50 francs.

— *Les Traditions provençales*, réponse aux arguments de M. l'abbé Duchesne, par l'abbé Joseph Bérenger, curé de Saint-Victor à Marseille. Marseille, Imprimerie marseillaise, 1904. 1 volume in-8, 196 pages.

— *La Vie rurale en Angleterre*, par Charles Legras. Tours, Mame, 1904. 1 volume in-8, 96 pages. Prix : 1 franc.

Ascétisme. — *Sur le chemin du Calvaire*, par le P. J. Hébert, O. P. 2ᵉ édition. Paris, maison de la Bonne Presse, 1904. 1 volume in-12, 250 pages. Prix : broché, couverture glacée chamois, 2 francs.

— *Manne céleste*, tirée des écrits des Saints et des écrivains catholiques, par A.-P. Paris, Vic et Amat, 1904. In-32, 192 pages. Prix : 1 franc ; franco, 1 fr. 25.

— *La Terminologie de saint Jean de la Croix dans « la Montée du Carmel » et « la Nuit obscure de l'âme »*, suivie d'un abrégé de ces deux ouvrages, par l'abbé Calabier. Paris, Vic et Amat, 1904. In-18, 204 pages.

Morale. — *La Science considérée comme force morale*, par le vicomte de Bourbon-Busset. Paris, Vic et Amat, 1904. In-8, 381 pages. Prix : 3 francs, franco, 3 fr. 50.

Littérature. — *Le Vers français, ses moyens d'expression, son harmonie*, par Maurice Grammont. Paris, Picard, 1904. Publications de la Société des langues romanes, t. XVII. 1 volume in-8, 454 pages. Prix : 7 fr. 50.

— *Histoire littéraire du peuple anglais*, par J.-J. Jusserand (2ᵉ volume, de la Renaissance à la guerre civile). Paris, Firmin-Didot. 1 fort volume in-8, 994 pages. Prix : 7 fr. 50.

— *Mélange de littérature et d'histoire*, par A. Gazier. Paris, Armand Colin. 1 volume in-18, 354 pages. Prix : 4 francs.

Histoire. — *La Manœuvre de Lutzen, 1813*, par le colonel Laurezac, professeur à l'Ecole de guerre. Paris, Berger-Levrault, 1904. Grand in-8, 284 pages, 18 croquis. Prix : 10 francs.

---

1. Les ouvrages et opuscules annoncés ici ne sont point pour cela recommandés : les *Études* rendront compte le plus tôt possible de ceux qu'il paraîtra bon de faire plus amplement connaître à leurs lecteurs.

— *Pages d'histoire de l'Eglise*, d'après les notes de M. l'abbé Guillaume, continuateur de Rohrbacher, par l'abbé L. Mathieu, curé de Velaines. Paris, Bloud, 2 volumes in-8, 429 et 476 pages. Le 3ᵉ volume doit paraître prochainement.

— *Jeanne d'Arc, les villes d'Arras et de Tournai*, par le chanoine Henri Debout. Paris, maison de la Bonne Presse. 1 volume grand in-4, 94 pages, avec plan et enluminures. Prix : 1 fr. 50.

GÉOGRAPHIE. — *Voyage en France.* 39ᵉ série : Pyrénées centrales, 1 volume ; 40ᵉ série : Pyrénées orientales, 1 volume ; 41ᵉ série : Pyrénées occidentales, 1 volume ; par Ardouin-Dumazet. Paris, Berger-Levrault, 1904. Chaque volume, in-12, d'environ 400 pages, avec cartes et croquis, broché, 3 fr. 50.

SCIENCES. — *La Télégraphie sans fil et les ondes électriques*, par J. Boulanger et G. Ferrié. 5ᵉ édition, augmentée et mise à jour. Paris, Berger-Levrault, 1904. 1 volume in-8, 257 pages, avec 111 figures dans le texte. Prix : 4 francs.

ARCHÉOLOGIE. — *L'Église de Villers*, par H. Nimal, rédemptoriste. Bruxelles, Oscar Schepens, 1904. 1 brochure in-12, 72 pages.

— *Le Palais de Caïphe et le nouveau jardin Saint-Pierre des Pères Assomptionnistes au mont Sion*, par le P. Urbain Coppens, O. F. M. Paris, Picard, 1904. 1 brochure in-8, 95 pages, avec plans et figures. Prix : 1 fr. 50.

DROIT ET JURISPRUDENCE. — *Questions pratiques de jurisprudence canonique et civile*, par l'abbé E. Pouget, docteur en théologie. Paris, Vic et Amat, 1904. 1 volume in-18, 176 pages.

— *Les Lois de la guerre continentale* (publication de la section historique du grand état-major allemand, 1902), traduites et annotées par Paul Carpentier, avocat au barreau de Lille. Paris, Librairie générale de droit et de jurisprudence, 1904. 1 volume in-12, v-198 pages. Prix : 3 fr. 50.

— *De l'organisation et des pouvoirs des assemblées générales dans les sociétés par actions*, par G. Bourcart, professeur de droit commercial à l'Université de Nancy. Ouvrage couronné par l'Académie des sciences morales et politiques. Paris, Librairie générale de droit et de jurisprudence, 1905. 1 volume in-8, xvi-320 pages. Prix : 9 francs.

SOCIOLOGIE. — *Le Monde socialiste*, par Léon de Seilhac. Paris, Lecoffre, 1904. 1 volume, 230 pages. Prix : 3 fr. 50.

ROMANS ET THÉATRE. — *Cent comédies, en moins de trois cents pages*, par L. Cadis. Paris, Société française d'imprimerie et de librairie, 1904. 1 volume in-18 jésus. Prix : broché, 3 fr. 50.

— *Evadée*, par Une institutrice laïque. Paris, Lethielleux, 1904. 1 volume in-12, 316 pages. Prix : 2 fr. 50.

— *Le Même Problème*, par Jacques Doéz. Paris, Vic et Amat, 1904. 1 volume in-18, 376 pages.

LITURGIE. — *Etude sur la liturgie dans l'ancien diocèse de Genève*, par Pierre-Marie Lafrasse, chanoine honoraire, professeur au grand séminaire d'Annecy. Genève, A. Jullien, 1904. 1 volume in-8, 520 pages. Prix : 8 francs.

ÉVÉNEMENTS DE LA QUINZAINE

Septembre 11. — Dans le département de l'**Aisne**, M. Ermant, progressiste est élu sénateur par 823 voix. Son concurrent, M. Magnaudié, radical-socialiste, n'en obtient que 427.

15. — A **Brest**, les socialistes protestent contre un ordre du jour de l'amiral Mallarmé rappelant les ouvriers de l'arsenal à la déférence vis-à-vis de leurs chefs, même en dehors du service.

16. — En **Italie**, naissance du prince héritier d'Italie, Humberto, *prince de Piémont*, au château de Racconigi, près Turin. C'est le troisième enfant de Victor-Emmanuel III et de la reine Hélène de Monténégro.

17. — Dans le canton de **Berne**, un décret, préparé par la direction des cultes, abroge celui du 9 avril 1874, et rétablit soixante-dix-neuf paroisses catholiques en rendant aux curés leur traitement et à leur cure la propriété des biens confisqués.

— Le *Times* publie les clauses du traité signé entre l'Angleterre et le **Thibet** : les troupes britanniques occuperont la vallée de Tchoumbi jusqu'au versement intégral, dans le délai de trois ans, d'une indemnité de 5 millions de dollars. Aucune vente, aucun bail ne peut-être conclu, aucune exploitation de mines ne peut être concédée à des étrangers sans l'adhésion de la Grande-Bretagne.

— Tandis qu'à **Paris**, le grand convent maçonnique, réuni rue Cadet, envoie ses félicitations à M. Combes, encourage les grévistes de Marseille, et dicte au gouvernement ses volontés législatives, à **Lyon** s'ouvre le congrès de l'enseignement libre, sous la présidence de M. Isaac et avec le concours de MM. Picot, Aynard, etc. Pendant trois jours, il s'occupera de la création et du fonctionnement d'écoles libres ayant pour base l'association des parents des enfants, fondée conformément à la loi du 1er juillet 1901.

18. — A **Tonneins** (Lot-et-Garonne), on fête la soixantième année d'apostolat de Mgr Lanusse, le sympathique aumônier de Saint-Cyr. Né le 2 juin 1818, le vénérable vieillard a pris part à dix-sept campagnes comme aumônier. Pie X lui a fait don, à cette occasion, d'une médaille d'or à son effigie.

— A **Friedrichsruhe**, mort du prince Herbert de Bismarck, fils aîné du chancelier. Retiré des affaires publiques depuis la mort de son père, il était cependant encore représentant au Reichstag de la circonscription de Ierichow.

— En **Italie**, des grèves sanglantes ont lieu à Turin, à Milan et à Gênes. Celle de **Marseille** ne semble pas près de finir.

20. — A **Belgrade**, inauguration des fêtes du couronnement du roi Pierre Ier, auxquelles les puissances sont représentées. La seconde journée sera consacrée au couronnement, à la cathédrale.

— Mgr de Cabrières, évêque de **Montpellier**, adresse à son clergé une lettre dans laquelle il répond au discours de M. Combes à Auxerre ; on y lit le passage suivant :

Au-dessus des hommes, au-dessus des pouvoirs humains, il y a la providence et la justice de Dieu. Ma jeunesse a été nourrie de cette célèbre parole de saint Anselme : « Dieu n'aime rien tant ici-bas que la liberté de son Eglise. » Dans mes vieux ans, je crois encore à cette parole ; et comparant les ouvriers des destructions actuelles à leurs prédécesseurs du siècle passé, je les plains de se juger capables de mieux réussir que n'ont fait leurs « grands ancêtres ». Je les plains de commencer, et de prétendre achever en se moquant du ciel !

— A **Rome**, le congrès international de la libre pensée se réunit dans les locaux du Collège romain pour discourir sur le « dogme religieux dans la science », sur les rapports de l'Église et de l'État, sous la présidence d'honneur de M. Berthelot qui n'envoie qu'une lettre vague et assez incohérente. Le congrès se termine par une véritable bagarre à l'occasion des propositions socialistes de M. Augagneur.

— A **Moukden,** en Mandchourie, on signale des combats d'avant-garde, tandis qu'à **Port-Arthur** la situation reste la même.

21. — Le paquebot *Touranne*, des Messageries maritimes, apporte d'Ichtang, dans le **Hou-Pé,** des détails sur le massacre de Mgr Verhaeghen, du P. Frédéric et du P. Florent, missionnaires belges.

— A **Ferrare** (Italie), dans une collision de deux trains, il y a sept morts et dix-sept blessés.

22. — A **Brest,** l'enquête qui se poursuit sur la marine donne lieu de constater un grand relâchement dans la discipline.

24. — A **Rome**, le Souverain Pontife donne audience aux pèlerins français, et en réponse à l'adresse qui lui a été lue. Pie X répond par des paroles pleines d'espérance en l'avenir de notre pays.

25. — A **Rome**, le pape, qui le 8 septembre avait reçu déjà les pèlerins du *Sillon*, accueille aujourd'hui plus de neuf cents représentants de la *Jeunesse catholique*. Le Saint-Père est consolé par leur magnifique protestation. Il donne comme programme à leurs bonnes volontés : *Piété, étude, action.*

Paris, le 25 septembre 1904.

Le Gérant : Victor RETAUX.

Imprimerie J. Dumoulin, rue des Grands-Augustins, 5, à Paris.

LA FIN ET LE FOND DE RENAN [1]

Quand on a lu, comme il faut lire, *l'Avenir de la science* et la *Vie de Jésus*, on est en droit de se dire : « Je sais mon Renan par cœur. » Esprit, caractère, âme, l'homme est déjà là tout entier ; la suite n'y changera rien d'essentiel. Néanmoins le dernier tiers de sa vie nous offre encore deux séries d'ouvrages bons à connaître : les *Dialogues philosophiques*, publiés en 1876, mais écrits en 1871, les quatre *Drames philosophiques* échelonnés de 1878 à 1886. Là s'achève de peindre cette physionomie complexe en apparence, mobile, fuyante, habile à se déguiser pour autrui et devant elle-même peut-être, mais une en réalité, mais simple et nette, j'ose le croire, à qui la voit d'un peu haut dans le plein jour de la foi et du bon sens.

En mai 1871, dans le parc désert de Versailles, au bruit lointain du canon français bombardant la capitale révoltée, se promènent et devisent tranquillement des personnages de Platon [2]. Ils sont trois, puis quatre, puis cinq ; mais à vrai dire, ils ne font qu'un : Eudoxe, Philalèthe, Euthyphron, Théophraste et Théoctiste s'appellent de leur vrai nom Ernest Renan. En vain prétend-il décliner la responsabilité de leurs dires ; c'est trop se moquer, puisque, de son aveu, leurs entretiens nous donnent « l'état sommaire de *ses* croyances philosophiques », nous représentent « les pacifiques dialogues auxquels ont coutume de se livrer entre eux les différents lobes de *son* cerveau ». Aussi bien pourrait-on lui répondre : ou vous ne pensez comme aucun d'eux, et, à ce compte, vous ne pensez rien ; ou, chose beaucoup plus probable, vous pensez comme tous les cinq ensemble, et, dans

1. Conclusion d'une étude d'ensemble. (*Dix-neuvième siècle*, esquisses littéraires et morales. Troisième série, sous presse.)
2. *Dialogues philosophiques*. Préface, 4ᵉ édition, in-8.

ce cas, l'état de vos croyances philosophiques est le chaos pur
et simple, d'où suit la même conclusion que tout à l'heure :
vous ne pensez rien.

Et si, pourtant, il a des *certitudes* (*Dialogues*, I); il en a
deux, sans plus. — Et d'abord, on n'a jamais surpris la trace
d'un être extérieur à notre planète et agissant sur elle en
vertu d'intentions particulières ; en somme, pas de Providence, pas de Dieu. Elle n'est pas neuve, cette découverte :
voilà trente ans, — nous sommes en 1871, — elle ébranlait,
à Issy, la foi du séminariste ; un peu après, elle le poussait
hors de Saint-Sulpice, hors de l'Église ; depuis lors elle est le
préjugé aveugle, sourd, obtus, implacable, qui, dès qu'on
parle religion, discrédite et met à néant l'historien. — Par
contre, le monde a un but et travaille à une œuvre mystérieuse ; on saisit dans les choses un effort, un *nisus* vers une
fin obscure, la conservation de l'espèce peut-être, en tout
cas, on ne sait trop quel intérêt universel, impliquant le
sacrifice de l'individu et l'obtenant de bon gré par une
irrésistible duperie. « Nous sommes exploités... Quelque
chose s'organise à nos dépens ; nous sommes le jouet d'un
égoïsme supérieur qui poursuit une fin par nous. L'univers
est ce grand égoïste qui nous prend par les appeaux les
plus grossiers. » Espoirs chimériques, sentiment de famille,
morale, vertu, « grandes folies, sublimes absurdités[1] »
funestes à l'individu, mais nécessaires à la vie du monde,
mais justes et saintes par là même, car « la nature a évidemment intérêt à ce que l'individu soit vertueux ». Que
faire donc, si l'on est un sage, un grand homme, un génie ?
« Collaborer à la fraude qui est la base de l'univers..., être
complice de Dieu, conniver à la politique de l'Éternel, contribuer à tendre les lacs mystérieux de la nature, l'aider à
tromper les individus pour le bien de l'ensemble. » Voilà
qui est clair : la nature a besoin qu'on soit vertueux ; or, la
majorité, le vulgaire immense, innombrable, ne saurait être
vertueux que par une illusion aveugle, absolue ; le sage, qui
ne l'a pas, se fait scrupule de l'ôter aux autres, il se fait gloire

1. Ces deux expressions se lisent dans un autre écrit, mais identique en
substance au premier des trois *Dialogues*. (*Examen de conscience philosophique*, publié dans la *Revue des Deux Mondes*, 1869.)

de la feindre pour lui-même et de se conduire d'après elle,
comme si elle était la réalité. — Rôle de fourbe, direz-vous,
rôle d'hypocrite, rôle du prêtre enseignant et pratiquant une
religion à laquelle il ne croirait pas. Sans doute, mais à qui
la faute? Le premier fourbe, le premier hypocrite n'est-il pas
le monde, l'univers, la nature, l'Éternel, Dieu[1]? Et la vertu
n'est-elle pas de se conformer à ses vues, à sa fourberie ? A
le bien prendre, le vulgaire n'est pas vertueux, parce qu'il ne
sait pas ce qu'il fait, parce qu'il est dupe ; le sage a la vertu,
il l'a seul, parce qu'il voit les dessous, parce que, n'étant pas
dupe, il se résigne, par amour du but inconnu, à faire comme
s'il l'était, sauf à s'en dédommager par un sourire. Bref, la
vertu, l'indispensable vertu, nous apparaît sous deux aspects,
en deux états : dans le vulgaire elle est sottise, dans l'élite,
hypocrisie.

Ainsi le Dieu personnel, le Dieu-Providence n'existe pas,
et la morale n'est qu'un leurre. Dans ces deux *certitudes*, qui
sont deux négations, vous avez tout le symbole philosophique de Renan, tout son décalogue aussi. Et le second sort
nécessairement du premier ; car, si Dieu n'est rien, aucun tour
de force ne fera jamais que la morale soit quelque chose. Ne
vous étonnez donc pas des énormités qui échapperont à
l'austère idéaliste. Il vous parlera vertu presque aussi souvent que Rousseau, il vous parlera sainteté avec l'onction
béate d'un ascète ; mais, en revanche, il vous dira intrépide-
ment qu'une belle pensée vaut une bonne action ; que la
beauté — la beauté physique, s'entend — vaut la vertu (*Marc-
Aurèle*), ou même la surpasse (*Souvenirs d'enfance et de jeunesse*), vous induisant à mettre Aspasie plus haut que sainte
Thérèse, à vénérer Madeleine pécheresse plus que Madeleine
repentie ; — il vous dira que l'homme fait la sainteté de ce
qu'il aime, d'où suit que « s'amuser est une manière inférieure, une manière réelle pourtant, de toucher le but de la
vie » (*l'Eau de Jouvence*) ; — il vous apprendra que « le moyen
de salut (*sic*) n'est pas le même pour tous », que « pour l'un,
c'est la vertu ; pour l'autre, l'ardeur du vrai ; pour un autre,

---

1. Dieu impersonnel, s'entend (p. 45, 46), et nous le savons dès longtemps,
quand Renan nomme Dieu, cela veut dire qu'il n'y a pas de Dieu.

l'amour de l'art ; pour d'autres, la curiosité, l'ambition, les
voyages, le luxe, les femmes, la richesse ; au plus bas degré,
la morphine et l'alcool » (*Feuilles détachées*). Que ne vous
apprendra-t-il pas encore ! Indignez-vous, ce sera justice ;
mais n'ayez pas la naïveté d'être surpris. Rien de plus logique, rien qui tienne plus étroitement à la deuxième de ses
certitudes, laquelle ne tient pas moins étroitement à la première. Que l'on puisse « faire son salut » par les femmes ou
l'alcool, pourquoi non s'il n'y a pas de morale ? Or, quoi
qu'on invente, il n'y a pas de morale s'il n'y a pas de Dieu
personnel.

Après les *certitudes* viennent les *probabilités* (*Dialogues*, II);
après les probabilités viendront les *rêves* (*Ibid.*, III); mais,
en fait, les probabilités ne sont que rêves, et les certitudes
mêmes avaient exactement la consistance des probabilités.
Après le philosophe et le moraliste, voici le politique, l'aristocrate d'esprit, tranchons le mot, l'orgueilleux fou. A vrai
dire, nous le connaissions déjà par *l'Avenir de la science* ;
vingt-quatre ans ont passé : Renan tourne encore dans le
même cercle et du même pas.

Où va-t-il donc, le grand effort, le *nisus* universel, inconscient, spontané, aveugle en soi, mais dirigé par l'*idée*, —
une idée première sans un premier esprit qui la conçoive !
— où va-t-il ? A la raison, à la philosophie, à la science, à la
conscience. Jusqu'à présent, tout cela n'est réalisé que dans
l'homme ; mais il est *probable* que le *nisus*, le continuel
devenir — c'est tout un, je pense — ne s'arrêtera pas en si
beau chemin ; que l'univers tout entier prendra un jour la
pleine conscience de lui-même, et, ce jour-là, Dieu sera, l'univers conscient sera Dieu. C'est précisément à quoi travaille
l'élite humaine. Y réussira-t-elle ? Notre planète n'aura-t-elle
pas disparu avant ce succès ?... N'importe, si quelque autre
fraction de l'univers parvient à réaliser le grand œuvre. Et
Renan l'estime *probable*. Admirable consolation pour l'humanité disparue, pour l'univers tout entier ! — Mais revenons
au présent, à l'élite humaine en travail de Dieu. Rare élite,
car il faut « le drainage de trente ou quarante millions
d'hommes pour produire un grand poète, un génie de premier ordre » ; car « l'homme utile est à peine un sur un mil-

lion ». Pas de méprise du reste ! Sous ce nom de gloire,
n'entendez pas l'homme du monde, l'homme d'argent, l'homme
de guerre. Devant ces gens-là « le savant s'incline volontiers
(non sans quelque ironie) » (*sic*) ; car, en se dévouant aux
besognes inférieures, ils lui assurent ses loisirs ; c'est leur
emploi. — Fort bien : Renan devait cette politesse (ironique)
à Thiers, à Mac-Mahon, aux cent mille hommes qui, dans
l'instant même, prenaient la peine de lui reconquérir son
appartement parisien, ses livres, son éditeur. Hommes utiles !
Les poètes mêmes et les gens de bien ne le sont qu'à titre provisoire. « Il viendra peut-être un temps (nous voyons poindre
ce jour) où un grand artiste, un homme vertueux seront choses
vieillies, presque inutiles ; le savant, au contraire, vaudra
toujours de plus en plus. » Récapitulons. Rien n'existe que
pour aboutir à la conscience ; la plus haute conscience est,
jusqu'à présent, l'âme humaine ; la plus haute expression de
l'âme humaine, c'est le savant ; donc rien n'existe que pour
le savant, les doctes, les philosophes, les philologues, les
Renans, sont le but de la création, la fin de toutes choses,
les dieux du monde actuel, et il sied que le monde les adore[1].

Lucain fait dire à César : « Le genre humain vit pour une
poignée d'hommes : *Humanum paucis vivit genus* », et ce mot
d'orgueil, Renan le prend ici à son compte. Mais quoi ! le
chrétien, lui aussi, peut le redire, il doit le redire, et sans
ombre d'orgueil. Rien n'existe que pour la gloire extérieure
de Dieu ; donc rien n'existe que pour ceux qui la lui rendent,
pour les saints, dans l'acception large du terme, pour les
élus, les sauvés. Dans la pensée, dans l'intention manifeste
du Créateur, c'est pour ceux-là, non pour les savants, que
vit le genre humain, la création tout entière. Et si, de fait,
ils doivent être le petit nombre, le mot du poète païen devient
rigoureusement exact. Mais quel que soit leur chiffre connu
de Dieu seul, quelle différence ! Pour produire un saint,
même un saint canonisé, pas n'est besoin du « drainage de

---

1. « La philosophie est le but de la création. » (*Dialogues*, II.) — « La fin de
l'humanité, c'est de produire des grands hommes. » (*Ibid.*, III.) — « Le but
poursuivi par le monde, loin d'être l'aplanissement des sommités, doit être,
au contraire, de créer des dieux, des êtres supérieurs, que le reste des êtres
conscients *adorera* et servira, heureux de les servir. » (*Ibid.*, III.)

trente ou quarante millions d'hommes » ; naissance, fortune,
génie, études même n'y sont point nécessaires ; il n'y faut
que la droiture et le courage ; est saint qui veut. Oui, le
genre humain vit pour les élus, mais tout ensemble ils ne se
font élus qu'en se faisant, à l'exemple de Jésus-Christ même,
serviteurs et victimes du genre humain : voilà notre foi, tout
au moins deux de ses conséquences irréfragables. Ainsi le
chrétien qui se connaît sera noblement et saintement égalitaire, humanitaire, tandis que Renan est un aristocrate
superbe, un contempteur odieux de l'humanité.

Voyons-le se faire despote, et le troisième *Dialogue* enché-
rir sur le second. Dans *l'Avenir de la science*, la religion,
lisez la science même, avait déjà une « lourde épée » à bran-
dir sur les réfractaires. Qu'elle perfectionne son instrument
de règne, son « armement » ; car, ne vous y trompez pas, rien
n'est ici métaphorique ; il s'agit bel et bien d'un outillage
tout matériel. Mais qu'elle se garde bien d'en livrer le secret
à la foule, comme aujourd'hui celui de la dynamite et de la
poudre ; qu'elle le réserve jalousement à ses adeptes, qu'elle
invente même « des engins qui, en dehors des mains savantes,
soient des ustensiles de nulle efficacité » ; que les forces
humaines deviennent ainsi « la propriété d'une ligue capable
de disposer même de l'existence de la planète et de terroriser
par la menace le monde tout entier. A ce compte, « une
domination universelle deviendra possible », et qui s'en
plaindra ? D'abord « la supériorité de ses moyens sera si
grande, que la rébellion même n'existera pas » ; et puis cette
oligarchie terrible de savants ne saurait être que bienfaisante,
étant « l'incarnation de la raison..., une papauté vraiment
infaillible », « une aristocratie servant de tête à l'humanité,
et en laquelle la masse aurait mis le dépôt de sa raison ». A
la bonne heure ! Devant ces philosophes, ces philologues,
ces chimistes surtout, nous voilà prosternés comme les muets
du sérail devant le sultan, ou les « Assassins » devant le
Vieux de la montagne. Encore devons-nous bénir notre sort,
puisque, d'une part, toute révolte serait « punie de mort immédiate », et que d'ailleurs nous n'adorons que notre raison
même, déposée, placée à fonds perdu, entre les mains ou
dans le cerveau des privilégiés qui savent et pensent pour

nous. — Ne vous récriez pas. C'est du Rousseau poussé au sublime, mais ce n'est que du Rousseau, ce n'est que la théorie de la « volonté générale », le dogme premier de la Révolution[1].

Une femme disait à Renan : « N'imprimez pas ces pages : elles donnent froid au cœur. » Lui-même attendit cinq ans, puis se résolut enfin, quitte à les atténuer par une préface. A l'entendre, la bonne humeur, la bonté pratique vont très bien de pair avec les théories pessimistes ou même féroces, et tel sera le meilleur ami du peuple, qui aura dit pis que pendre de la démocratie. Enfin tout cela n'est que jeu, que fantaisie ; l'auteur nous déclare en substance qu'il s'est moqué de nous[2]. Eh bien, je refuse d'être moqué, surtout en pareille matière, et j'estime qu'un honnête homme, si quelque fièvre chaude lui inspirait jamais semblables rêves, les désavouerait en lui-même, loin de les porter à l'imprimeur.

Encore est-ce bien rêve pur ? Les doctrines que Renan professera toujours ne portent-elles pas dans leurs flancs ces monstrueuses conséquences ? Pourquoi le savant ne serait-il pas despote et jusqu'au sang même ? Qui l'empêcherait d'exterminer des individus sans nombre pour faire avancer l'espèce, l'humanité, Dieu ? Que ferait-il que seconder la Nature, « conniver à la politique de l'Eternel », accélérer le grand *nisus* qui pousse toutes choses au parfait, à l'idéal ? Armé comme Renan le suppose, ce roi, ce dieu, au moins provisoire, du monde, aurait-il moins de droits que le général qui sacrifie dix mille hommes pour sauver l'armée, le pays ? Qu'il terrorise donc les réfractaires, qu'il les foudroie,

1. Quelqu'un fait observer à Théoctiste-Renan qu'un cerveau humain serait trop étroit pour conduire ainsi tout le bétail humain. Qu'à cela ne tienne ! Défiera-t-on la science de pousser quelques hommes d'élite au-dessus des limites et aptitudes de l'espèce, de fabriquer artificiellement des êtres supérieurs, des *Dévas*, comme elle fabrique des fleurs doubles et des animaux-phénomènes (p. 115 *sqq.*)? — Il semble que Rousseau va céder ici la parole à Fourier.

2. Renan trouve bon d'égayer son impertinence d'un peu de raillerie sacrilège. Il se compare à un bon curé qui, ayant fort attendri ses ouailles sur la passion de Jésus-Christ, leur dit bonnement : « Mes enfants, ne pleurez pas tant que cela : il y a bien longtemps que c'est arrivé, et puis ce n'est peut-être pas bien vrai. » (Préface, p. xviii.)

à la bonne heure ! Les *Dialogues* en main, le logicien le plus vulgaire lui en ferait un devoir.

Je sais qu'un an après les avoir écrits, Renan publiait, à l'usage de la France vaincue, un plan de *Réforme intellectuelle et morale* (1872) en parfait contraste avec ce qu'on vient de lire. Conservateur, mais que dis-je ? parfait rétrograde, jusqu'à maudire le suffrage universel, jusqu'à redemander sans vergogne la royauté, la noblesse, l'ancien régime, il se rabattait, faute de mieux, sur une république honnête, libérale, même à l'égard de la religion [1]. Je sais qu'en maint endroit (*Dialogues*, *le Prêtre de Némi*, etc.) il proteste contre l'abus que pourraient faire de ses doctrines ou de ses rêves certains esprits moins fins que pratiques. Ceux-là, dit-il, ne l'auraient pas bien compris. Allons donc ! L'homme qui mettrait le monde à feu et à sang pour avancer l'œuvre de la Nature, l'homme qui ferait sauter la planète même pour délivrer l'univers d'une humanité décidément rebelle au grand dessein de l'univers, celui-là aurait précisément le mérite de vous comprendre ; tout son tort serait de vous prendre au sérieux.

Ce tort, ne l'ai-je pas moi-même ? A ne regarder que la valeur rationnelle des idées, peut-être ; à en voir les conséquences, non pas. Quoi de plus fou que ces trois *Dialogues* ? Mais si l'on accepte le point de départ, la négation de Dieu et de la morale, quoi de plus logique, de plus pratique aussi ? Adorons la science, les savants ; tremblons sous leur omnipotence irrésistible, d'ailleurs sainte et divine, ici-bas seule forme concrète du divin. Libre à Renan d'être aristocrate jusqu'au parfait mépris de la foule humaine : tous les démocrates sectaires, tous les « Apaches » de France, de Navarre

1. Soit dit en passant : bien naïf qui s'étonnerait des tendresses de la démocratie révolutionnaire envers l'aristocrate d'esprit et de goûts qui l'a tant décriée dans cet ouvrage et dans les *Dialogues* mêmes. N'adorait-elle pas Voltaire, le bourgeois gentilhomme, seigneur de Ferney, comte de Tourney ? — Voltaire a écrit le *Dictionnaire philosophique* et *la Pucelle* ; Renan, la *Vie de Jésus*. Voilà pour effacer toutes les injures, ou plutôt c'en est assez pour que la démocratie révolutionnaire avoue Renan et Voltaire comme siens. Qui guerroie contre Dieu guerroie pour elle ; plus avisée que ses dupes, elle le sait et le sent d'instinct. Aussi bien qu'est la Révolution dans son fond premier, dernier, intime, sinon la guerre inexpiable à l'ordre fondé sur Dieu ?

et de Bretagne font bien de monter une garde d'honneur
autour de sa statue ; leur instinct ne les a pas trompés : rien
ne vaut pour eux les aristocrates de ce caractère. Encore un
coup, les *Dialogues philosophiques* ne sont sérieux que par
là, mais ils le sont par là, et terriblement.

Ils nous ont naïvement livré le philosophe, le moraliste, le
politique. Les *Drames* achèveront de nous révéler l'homme,
l'homme tel qu'il s'exhiba sur la fin, dans le plein développement de sa nature désormais épanouie et satisfaite : dernier aspect, dernier trait qui nous aide à le concevoir dans
son fond intime, permanent, beaucoup plus simple qu'il n'aimait à le dire et qu'on n'a la complaisance de le penser.

Manifestement, ces *Drames philosophiques* ne sont pas des
drames [1]. Purs dialogues encore, pures charades, où personnages et incidents ne sont que pour les thèses; forme
commode au scepticisme — c'est Renan qui s'en vante —
parce qu'elle permet d'assembler, d'entre-choquer toutes les
contradictoires dont se compose la vérité [2].

Voici d'abord une double suite à *la Tempête* de Shakespeare. Dans *Caliban*, le duc *Prospero* a revu sa seigneurie
milanaise. Demi-savant, demi-sorcier, il la gouverne, tout
comme devant, avec l'aide de son bon génie Ariel et par une
série de prestiges bientôt réduits à l'impuissance. Il symbo-
lise la classe dirigeante, l'aristocratie, contenant le peuple
par des fables politiques, morales, religieuses, que le peuple, malheureusement, va percer à jour. Caliban est ce peuple même, Caliban, le sauvage à peine dégrossi par Prospero
dans l'île du naufrage et que le duc aurait mieux fait d'y
laisser. Qu'arrive-t-il en effet ? Une révolution met le sauvage

1. Dans ses *Essais de psychologie contemporaine*, M. P. Bourget, alors
jeune et fasciné par le maître, enveloppait de bien jolies périphrases cette
évidente nullité.

2. « Un ouvrage bien complet ne doit pas avoir besoin qu'on le réfute.
L'envers de chaque pensée doit y être indiqué, de manière que le lecteur
saisisse d'un seul coup d'œil les deux faces opposées dont se compose toute
vérité. » (*Le Prêtre de Némi*, Avant-propos.)

à la place de son pédagogue, révolution d'ailleurs bénigne
et courtoise. Prospero la prend en philosophe et s'en va.
Pour Caliban, dès qu'il a couché dans le lit ducal, vous diriez
un autre homme ; il devient conservateur, ce qui n'est point
merveille ; mais, chose plus rare, il se trouve l'étoffe d'un
passable souverain. En somme, et si j'entends bien cette histoire, le plus clair est que la démocratie adulte échappe aux
classes jadis supérieures ; que les vieux instruments de règne
ont fait leur temps, et la religion plus que tout autre. La
courbe se dessine ; l'aristocrate farouche du troisième *Dialogue* rentre savamment dans les eaux de cette pauvre démocratie tant méprisée alors... et toujours.

A vrai dire, il rêvait encore de restauration monarchique,
et nous en fait confidence. « J'avais d'abord songé à une
continuation de Caliban, dont la donnée eût certainement
enchanté les conservateurs. Prospero eût été rétabli dans son
duché de Milan ; Ariel, ressuscité, se fût mis à la tête de la
revanche des purs. » Qui a donc arrêté ce beau dessein ?
L'antipathie de l'auteur pour les ouvriers nécessaires d'un
revirement semblable. Il a vu avec épouvante Ariel entrant
« à Saint-Acheul », et l'idéal mis « au service du P. Canaye... Caliban, au fond, nous rend plus de services que
ne le ferait Prospero restauré par les Jésuites et les zouaves
pontificaux [1]. » La traduction s'impose : pour la France de 1880,
une république, et n'importe laquelle, vaut mieux qu'une
monarchie où le catholicisme trouverait son compte. Renan
déchire, cette fois, sa *Réforme intellectuelle et morale* de 1872 ;
il fait sa paix avec la démocratie sur la base d'une haine
commune à la religion. Cela devait bien venir.

---

1. *L'Eau de Jouvence.* Au lecteur. — Saint-Acheul est encore un nom
célèbre, mais le P. Canaye n'est guère connu que des lettrés et par sa *Conversation avec le maréchal d'Hocquincourt*, fantaisie invraisemblable et indé-
cente de son ingrat élève Saint-Évremont. Ce jésuite fut, en, réalité, un
homme de haut mérite, le plus renommé de nos aumôniers militaires durant
la première moitié du règne de Louis XIV. Quand Mazarin céda, pour un
temps, aux Anglais la ville de Dunkerque (1658), il stipula officiellement que
le P. Canaye y resterait comme représentant des intérêts catholiques, et,
grâce au zèle du jésuite, en quatre ans d'occupation protestante, la ville n'eût
pas un apostat. — On appréciera mieux l'à-propos du trait lancé par Renan
contre les Jésuites, si l'on se rappelle que *l'Eau de Jouvence* parut l'année
même des *Décrets* de proscription, premier essai de la loi actuelle.

Et à cet égard, *l'Eau de Jouvence* est, certes, un assez beau gage. Drame plus impie que les trois autres, et aussi choquant pour le moins que la trop fameuse *Abbesse de Jouarre*. Prospero, l'alchimiste et sorcier ducal, l'homme de la science, Renan lui-même, a pris le nom d'Arnaud de Villeneuve ; il est dans Avignon, mandé, hébergé, choyé, défendu contre l'Inquisition par le pape. C'est qu'il passe pour fabriquer l'eau de Jouvence, « l'eau de vie » (*sic*), et que le pape veut rajeunir. Admirable pontife, simoniaque, débauché, demi-sceptique et superstitieux à miracle ! La cour suit l'exemple du maître ; il y a là de tout, même de jeunes religieuses bien faites, que leur abbesse forme pour la distraction des théologiens, et qui se jettent à leur tête avec une indicible effronterie. Parmi tout ce monde, Prospero (la science, Renan) développe ses doctrines et joue son rôle. Il a lu — puisqu'il l'a composé — le premier des *Dialogues philosophiques*. Aussi continue-t-il à tromper « au profit de l'Éternel, » ce qui signifie dans sa bouche maintenir, sans y croire, l'illusion qui fait « la raison d'être du sacrifice et de la vertu ». Cependant, par une contradiction qui ne lui coûte guère, il ne veut pas moraliser le peuple. Morale, vertu : privilèges d'aristocrates, choses bonnes pour qui a, comme lui, une mission supérieure. Laissez donc aux petits le plaisir, l'amour, l'ivrognerie même ; ne les privez pas des joies qu'ils peuvent avoir, en leur offrant un paradis qu'ils n'auront pas. Lui, la science faite homme et plus que jamais infatuée de soi, lui, le serviteur désintéressé du genre humain, — pour lequel, on vient de le voir, il se refuse à rien faire, — il écarte superbement les avances de la fortune, celles de la force brutale personnifiée dans l'Allemand Siffroy (Bismarck)[1] ; il écartera même pour son compte celles de la volupté, mais, s'il faut tout dire, il ne les écartera qu'à demi et les appuiera complaisamment auprès des autres ; il ressuscitera son Ariel tout exprès pour l'unir à une des jeunes religieuses dont il a été parlé ci-dessus. Ironie providentielle ! Le génie de la science recom-

1. On retrouve ici la trace, encore plus visible ailleurs, de sa grande déconvenue en 1870. Quoi ! l'Allemagne, son Allemagne idéaliste et rêveuse, incarnée dans le robuste et positif cuirassier blanc qui avait bien osé dire : « La force prime le droit » !

mençant *la Chute d'un ange*[1] et le propre mariage de Luther[2]!
Ici un nouveau Renan se découvre, mais laissons-le se découvrir plus encore. Prospero, qui parle trop de la mort pour n'en être pas inquiet, s'arrange finalement à lui-même un suicide voluptueux, et l'Inquisition n'ayant pas osé le frapper vivant, triomphe au moins de faire jeter son cadavre dans le Rhône.

Veut-on le mot de cette charade fantastique? Il est double, je crois. D'une part, l'Église refuse la véritable « eau de vie », la science, et elle la refuse par intérêt, pour ne pas en mourir[3]. D'autre part, la joie des sens est la fin et le couronnement de toutes choses. Une courtisane fait en quatre lignes l'oraison funèbre de Prospero. « Il a, dit-elle, la récompense de sa jeunesse chaste. » Et cette récompense, quelle est-elle? C'est d'avoir obtenu en mourant une légère caresse de celle même qui parle. — Voilà de plus en plus le Renan des derniers jours.

Le Prêtre de Némi (1885) marque-t-il un temps d'arrêt sur cette vilaine pente? A grand'peine. Y peut-on saisir un léger remords, une inquiétude vague du « penseur » quant aux résultats de sa pensée? Peut-être. En tout cas, voici les faits. Sur les bords du lac de Némi, tout près d'Albe-la-Longue, en face de Rome alors naissante, le prêtre Antistius dessert un temple de Diane. Philosophe et novateur, il n'a pas tué son prédécesseur, comme le voulait la coutume; il écarte les offrandes et répugne aux sacrifices sanglants; bref, il abolit virtuellement la religion traditionnelle: c'est de quoi soulever tout le monde. Il a beau se prêter par faiblesse à bénir la guerre décrétée d'enthousiasme contre Rome; on le tue, et sa fille spirituelle, la sibylle Carmenta, le venge en tuant son meurtrier. « Tableau triste », avoue le peintre; mais où l'on voit « le vrai et le bien émerger malgré tout », la bonne cause — la fin des religions positives sans doute — gagner toujours du terrain[4].

1. Le poème de Lamartine.
2. Cela vaut donc mieux que d'entrer à « Saint-Acheul ».
3. Dans une scène qui passe toutes les bornes, Prospero sollicite le pape d'abolir « presque » la religion, mais il n'a pas grand espoir, car, dit-il, « le prêtre détruit rarement l'autel dont il vit ». A cet aphorisme, le pape reste « pensif ».
4. Avant-propos.

J'avoue chercher vainement cette perspective même. Serait-elle, par hasard, dans l'oracle final de Carmenta prédisant les grandeurs de Rome, voire de Rome chrétienne ? Selon M. J. Lemaître, elle est dans l'invincible foi d'Antistius en l'avènement de la raison pure [1], et le spirituel critique développe à ce propos une théologie singulière. Il est vrai qu'Antistius avoue bien des doutes ; mais c'est précisément où sa foi éclate. Par essence, la foi n'est pas conviction mais « aspiration passionnée », non pas certitude mais désir de la vérité des choses. Qui parle ainsi, M. J. Lemaître, ou Renan ? De vrai, Antistius, nouvelle incarnation de l'auteur, s'affermit de son mieux dans l'athéisme. « Les dieux sont une injure à Dieu ; Dieu sera, à son tour, une injure au divin » ; et voilà renvoyés dos à dos le polythéisme et le monothéisme. Avant tout, point de Providence, point de prière ! C'est tout simple, puisqu'il n'y a pas de Dieu. Mais, hors de ce dogme unique, toujours le même, Antistius hésite fort. A quoi bon me dévouer pour les hommes, « engeance vile, dévolue fatalement au mensonge » ? Ma mort servira-t-elle à quelqu'un, à quelque chose ? N'aurais-je point, d'aventure, perverti les gens, en leur offrant des vérités qu'ils ne peuvent qu'interpréter à mal ? Et cette guerre qui s'engage malgré moi, comment les y animer sans les leurrer d'une survivance, d'une immortalité qui, elle-même, ramènerait vite la croyance aux dieux ? Ce prêtre est dans un embarras pénible, et le poignard de Cosca vient bien à propos l'en tirer. Du moins, avec son dogme, l'athéisme, il retient fermement la croyance nouvelle de Renan, la croyance à l'amour. S'il s'en interdit la pratique, s'il la défend à Carmenta qui en meurt d'envie, c'est au nom de l'intérêt social, au nom des « fins de l'univers » sans doute, car je ne suis pas sûr de bien entendre, au nom de cette grande duperie à laquelle un sage doit se prêter sans en être dupe lui-même. « Les dieux à qui tu as fait des vœux n'existent peut-être pas ; mais le divin existe ; tu lui appartiens. » Et sur cet oracle péremptoire, Carmenta se résigne : elle gardera son « vœu d'insanité sacrée [2] ». Pauvre folle ! Nous allons la retrouver sous

1. J. Lemaître, *les Contemporains*, t. IV.
2. *Antistius*, un peu prophète, salue en elle, et avec attendrissement, les

un autre nom; elle s'appellera *l'Abbesse de Jouarre* et aura
précisément les idées d'Antistius; mais on lui donnera de si
bonnes raisons que le « vœu d'insanité sacrée » ne tiendra
pas.

Cette dernière pièce, écrite en 1886, a fait grand scandale
et le méritait bien. Toutefois, je l'ai dit, je n'arrive pas à
l'estimer pire que *l'Eau de Jouvence*. Julie-Constance de
Saint-Florent n'est devenue religieuse et abbesse que par
obéissance aux calculs de sa famille, par respect de ce qu'elle
estimait l'ordre établi; parfaite incrédule d'ailleurs, parfaite
voltairienne, ou renanienne plutôt. C'est Carmenta, mais
Carmenta sortant du tribunal révolutionnaire, car nous
sommes en 1793, dans l'ancien collège du Plessis, prison des
condamnés, vestibule immédiat de l'échafaud. Là se rencontre,
et au même titre, le marquis d'Arcy, un ami d'enfance, plus
tard un prétendant, mais un prétendant résigné aux mêmes
convenances qui ont fait toute la vocation de la dame. Seulement les circonstances lui paraissent changées et le devoir
avec elles. Donc il corrompt le geôlier et s'introduit dans
la chambre où l'abbesse veille, se préparant presque religieusement au lendemain. En douze grande pages, le Céladon
philosophe arraisonne son Astrée; il plaide que les convenances sociales, unique barrière entre eux, ont disparu avec
la société même; que la mort est là, qui ramène tout à l'institution primitive; qu'ayant au plus quelques heures à vivre,
il est sage de les employer selon le vœu de la nature; il
plaide si bien qu'il gagne sa cause. Mais quelle surprise!
Le jour venu, d'Arcy marche seul à la guillotine; l'abbesse a été
rayée de la liste fatale par l'intervention de La Fresnais, un
gentilhomme devenu officier républicain. Désespoir, tentative de suicide; elle s'étrangle à demi avec son bandeau,
« comme fait Monime dans *Mithridate* », remarque assez ingénument l'auteur; mais on la sauve encore malgré elle; un
prêtre, qui se trouve là prisonnier, lui enjoint de vivre, et lui

religieuses de l'avenir. Mais, que signifie la phrase suivante: « L'œuvre
sacrée..., l'expulsion des dieux malfaisants et impurs, ne sera accomplie que
le jour où la femme se révoltera contre une religion indigne de ce nom, et
mourra plutôt que de s'y soumettre » ? A qui va l'éloge implicite? à la femme
chrétienne ou à la libre penseuse? J'avoue n'en trop rien savoir.

donne une absolution assez discutable[1]. Comment, ensuite,
cachée sous un faux nom, elle travaille pour vivre d'abord,
puis bientôt pour nourrir l'enfant de d'Arcy ; comment,
relevée par son frère que la Révolution a laissé riche, elle consent finalement à épouser le général de la Fresnais ; voilà qui
importe moins ; c'est roman pur, sinon remplissage. A le bien
prendre, il n'y a dans ces cinq actes qu'une situation et qu'une
scène : on les connaît. En manière de frontispice, il y a aussi
deux préfaces et plus choquants, s'il est possible, deux
hymnes aux saints droits de la chair, deux précis de la philosophie du drame, de la dernière philosophie de l'auteur.

On voit dès lors où se complaît sa vieillesse. Le dévot de
Pallas Athéné s'est fait prêtre d'une divinité plus facile ;
c'était prévu, c'était annoncé, même dans la fameuse *Prière sur
l'Acropole*[2] ; — Socrate tourne à l'Anacréon, voire au Silène ;
Platon... mais qu'allais-je dire ? A-t-on si grand tort de lui faire
chaperonner l'abbesse de Jouarre[3], Platon avait-il à changer ?
Ne lui suffisait-il pas de découvrir un peu mieux l'un des
aspects de son génie ? — Or, cet aspect, jusque-là tenu quelque
peu sous le masque, Platon-Renan le découvre, l'expose
con amore, non seulement dans ses *Drames philosophiques*,
mais à toute occasion, banquets, distributions des prix, réunions diverses où il préside et pérore. Ce n'est plus l'idéaliste sévère ; c'est le vieillard aimable, complaisant, égrillard

---

1. Renan n'avait pas oublié que le premier mot du pénitent au prêtre est :
« Bénissez-moi, mon père, parce que j'ai péché. » Pour cela même sans doute,
il s'accorde le plaisir de faire débuter son héroïne par une protestation contradictoire. « Je n'ai pas péché. »

2. Le temps manque pour analyser cette curieuse pièce. Renan s'y excuse
devant Minerve d'avoir été chrétien ; il jure de n'adorer plus qu'elle, mais en
finissant il ne peut se tenir d'avouer qu'il changera peut-être et que la chaste
Pallas finira par se confondre avec beaucoup d'autres « dans le linceul de
pourpre où dorment les dieux morts ». (*Souvenirs d'enfance et de jeunesse.*)
Pour une fois, il lui a plu d'être sincère. Ne vous y trompez pas du reste :
Pallas est bien la déesse Raison, mais qu'il ne faut point isoler de son symbole tangible ; elle est aussi la déesse Beauté. — Notez encore comment,
pour exalter la naissance de la fille de Jupiter, l'auteur copie sacrilègement
ce qu'on lui enseignait à Saint-Sulpice de l'éternelle génération du Verbe.
(*Ibid.*, p. 67, 68.) — Avouez enfin que ce morceau quasi classique enferme
bien quelque galimatias. C'est l'avis, fort juste, de M. Brunetière dans une
de ses excellentes lettres sur la cérémonie de Tréguier. (*Cinq Lettres sur
Ernest Renan*, lettre III, p. 46, note. Perrin. In-18.)

3. *L'Abbesse de Jouarre*, Avant-propos de la 21ᵉ édition.

même, en goûts d'applaudissements équivoques, flattant les passions de la jeunesse, confus et repentant de les avoir comprimées en lui-même, exhortant ses auditeurs à mieux comprendre la vie [1]. Démenti, déchéance, dégradation pitoyable ! Des incroyants s'en indignent, et ils ont grandement raison ; mais ils s'en indignent pour l'honneur du rationalisme, et ils ont tort. Nous autres, chrétiens, nous n'en triomphons pas, à Dieu ne plaise ! mais qu'on ne nous demande pas d'en être surpris. Saint Paul montrait déjà les sages orgueilleux du paganisme abandonnés par Dieu aux désirs immondes, aux passions d'ignominie, au sens réprouvé [2]. Si ses paroles n'énoncent qu'un fait, combien d'expériences nous induisent à l'ériger presque en loi ! Renan, le Renan des derniers jours, vient y ajouter la sienne. Je ne la cherche pas dans sa conduite, que j'ignore ; je la trouve dans ses écrits ou discours, indices de son âme, et il suffit [3].

Aussi bien « le laid petit juif », qui a si mal compris Athènes, a, par avance, fort bien compris Renan, l'ayant rencontré peut-être sous le manteau de quelque sceptique et ironiste d'alors. Bien des mots de l'Apôtre sont pour entrer comme d'eux-mêmes dans le portrait de l'ancien séminariste, et nous en relèverons quelques-uns au passage. Assemblons donc et fixons, pour conclure, les traits caractéristiques de cette physionomie ; grâce à tout ce qui précède, nous pourrons être bref.

On la dit volontiers fuyante, insaisissable. Pour l'original encore vivant, c'était là une flatterie sûre de plaire ; depuis sa mort, cela reste un thème commode aux ingénieux, aux raffinés.

---

1. Qui voudra des citations les trouvera en abondance dans le livre de M. Séailles : *Ernest Renan, essai de biographie psychologique.* 2e édition. Perrin. In-18. — « Ce M. Séailles est un terrible homme », dit M Brunetière (*op. cit.*, p. 47). De fait, le professeur, notoirement incrédule et même hostile au christianisme, a, sur la vieillesse littéraire de son héros, cinquante pages vengeresses et, par endroits, sanglantes. (*Ernest Renan*, chap. xi.) Son dépit de rationaliste humilié n'infirme pas ses jugements et surtout n'ajoute rien aux citations qu'il accumule.

2. Saint Paul, *Épître aux Romains*, i, 18 à 32.

3. Notamment dans le recueil intitulé : *Feuilles détachées.*

Soyons plus simple ; écartons avant tout la fastidieuse question d'atavisme ; tenons, je ne dis pas absolument pour rien,
mais pour peu de chose, les deux races, qui, d'après Renan
lui-même, se combattaient en sa personne, le Gascon aux prises
avec le Breton et lui faisant des grimaces de singe [1]. Ne nous
arrêtons guère plus à la prétendue persistance du séminariste, de l'ecclésiastique, dans l'ennemi de la religion : qu'il
y ait là une dose minime de vérité, passe ; mais combien de
pose et de calcul ! Allons droit à l'homme, au fond de l'homme
tel que le montrent ses écrits, depuis *l'Avenir de la science*
jusqu'aux *Feuilles détachées*. J'y vois deux traits premiers,
caractéristiques : la curiosité, l'orgueil.

Avec d'incontestables talents, avec une lecture immense,
avec un labeur tenace et à la bretonne, Renan ne fut jamais
un esprit sérieux ; ce fut — chose très différente — un esprit
curieux. Mais de quoi encore ? De la vérité ? Non certes. Libre
à lui de se déclarer passionné pour elle, de souhaiter qu'on
le grave sur sa tombe : paroles que tout cela, et d'autres lui
échappent qui les contredisent, bien mieux justifiées d'ailleurs par l'aspect ordinaire de son œuvre, par le fond et l'âme
de sa manière. Quel aveu, par exemple, dans la *Prière sur
l'Acropole* ! « Ferme en toi (ô Pallas !), je résisterai à mes fatales
conseillères…, à mon inquiétude d'esprit, qui, quand le vrai
est trouvé, me le fait chercher encore ; à ma fantaisie, qui,
après que la raison a prononcé, m'empêche de me tenir en
repos. » Fantaisie, inquiétude d'esprit : qu'est-ce à dire ?
Curiosité insatiable, mais insatiable de la recherche bien plus
que de la découverte, de son propre exercice bien plus que
du résultat, de soi-même enfin plus que de la vérité. Saint
Paul avait flétri les faux savants qui apprennent toujours sans
jamais atteindre à la science du vrai [2]. Renan, qui n'y songe
pas, appelle sur lui-même cette flétrissure comme une distinction, comme une gloire. N'a-t-il pas dit que, si nous avions
le malheur de savoir tout, nous serions ravalés, par le fait,
à des préoccupations et à des besognes vulgaires ; que, n'y
eût-il rien de réel, philosopher sur ce néant serait encore

1. *Souvenirs d'enfance et de jeunesse.*
2. *Semper discentes, et nunquam ad scientiam veritatis pervenientes.*
(*II Tim.*, III, 7.)

le grand honneur et le grand plaisir (*l'Avenir de la science*, etc.)? Ne s'est-il pas montré lui-même caressant avec amour « sa petite pensée »? On l'a nommé l'homme le plus intelligent du siècle[1]. Ne discutons pas ; ajoutons seulement, le plus brouillé avec la raison. Le jour où il revendiquait hautement le droit de se contredire, il prenait officiellement congé d'elle, et pourquoi? pour mettre hors de page cette intelligence légère, vagabonde, amusée de tout parce qu'elle ne s'amusait réellement que d'elle-même ; pour contempler à l'aise, en spectateur ébloui, en amoureux, en idolâtre, les manèges de cette grande curieuse, la voltige de cette merveilleuse acrobate. Ne lui dites pas avec saint Paul qu'il s'évanouit dans ses pensées[2]. Il le sait mieux que vous, il le confesse en riant, il s'en vante. Ce sont, après tout, ses pensées, et il vit de les regarder courir, d'écouter dialoguer entre eux « les différents lobes de son cerveau » ; il vit de s'adorer, lui Renan, dans cette intelligence qui ne croit à rien, ne tient à rien qu'à elle-même. On se le figure, parmi les philosophies et les systèmes, comme un enfant dans un magasin de jouets qu'on aurait livré tout entier à son caprice. Il prend, regarde, essaye, agite, démonte, brise ; rien ne lui reste que des débris bariolés, multicolores ; mais comme il s'est amusé! Ainsi Renan proclame-t-il dix fois pour une que la vie lui aura été une fête perpétuelle d'intelligence ; il en sait gré à son dualisme prétendu ; il dirait mieux, à son désintéressement du vrai, à son scepticisme bien réel, qu'il a su tourner en dilettantisme, au lieu de le laisser rouler sur la pente du désespoir. Un sceptique, un dilettante, forme dernière du curieux sans frein ; d'ailleurs aussi opposée que possible au sérieux de l'esprit, puisqu'un pareil homme ne prend au sérieux ni le monde, ni les idées, pas même les siennes. Tout en les adorant, il s'en joue ; ou plutôt il s'admire, il s'adore lui-même d'être si habile à s'en jouer.

Mais que d'orgueil dans ce plaisir! Et voilà bien le second trait dominant du personnage. Il ne dirait pas non, lui qui a plaidé hautement son droit à l'orgueil, tout comme son droit

---

1. M. E. Faguet.
2. *Evanuerunt in cogitationibus suis.* (*Épître aux Romains*, i, 21.)

à l'incohérence. La superbe de l'esprit, ou plus exactement du cœur, mais du cœur infatué par l'esprit et s'en faisant une idole : quelle autre force a poussé Renan hors du sanctuaire et de l'Église ? Pour quelle part n'est-elle pas entrée dans ses ambitions, dans son labeur tenace, dans le bonheur intime qui lui tenait lieu des joies moins purement spirituelles, jusqu'au jour où il a publiquement regretté de ne pas les avoir connues et goûtées à leur heure ! Inutile, encore un coup, de sonder sa vie ; ses écrits parlent ; ils disent au naturel les métamorphoses de ce Protée qu'est l'orgueil, les nuances que le tempéramment lui donne, les attitudes successives que les circonstances lui conseillent ou lui permettent. Renan est avisé, habile, audacieux d'esprit, il est timide de caractère. Dès lors, s'il s'accorde, et bien des fois, la volupté du mépris ; c'est dans l'ironie qu'il met son art suprême. Or, l'ironie le sert deux fois. Elle est la ressource de l'orgueil cauteleux qui n'ose attaquer en face, qui feint de plier et s'en dédommage par un sourire ; elle est aussi le chef-d'œuvre de l'orgueil assez maître de soi pour dédaigner les éclats et les bravades ; plus cruelle d'ailleurs et plus triomphante que les bravades et les éclats. L'âge aussi marque ses nuances. Dans *l'Avenir de la science*, l'orgueil de l'esprit jette son premier feu ; volontiers il tranche, provoque, défie ; plus tard il se calcule et se gouverne, toujours hautain, mais jouant le calme ; toujours ironique, mais d'une ironie plus légère, plus savamment dosée. Dans les derniers temps, il se fait aimable, souriant, paterne, faux bonhomme ; c'est qu'il est satisfait. Mais parmi ces basses gentillesses du vieillard qui veut être populaire, quelle ironie encore, quelle visible mésestime pour ceux dont il quémande la faveur !

Curiosité insouciante de tout ce qui n'est plus elle-même, orgueil d'une intelligence qui n'adore que soi : on aimerait s'en tenir à ces deux traits les plus caractéristiques du personnage. Mais, pour qui ne veut pas se bander les yeux, un troisième s'impose : la haine. Ici, les mots comptent peu ; comme l'amour, la haine s'atteste par les actes. Or, cinq ans au plus après avoir déserté la foi chrétienne, Renan avoue le dessein de la ruiner (*l'Avenir de la science*, écrit en 1849) ; à ce dessein qui lui paraît « le plus important du

siècle », il donne sa maturité, la force, le cœur de sa vie ; il
meurt en le continuant, en poursuivant le christianisme jusque dans ses origines judaïques. Voilà les actes ; il disent la
haine, et le miel des paroles n'est que pour la rendre plus
écœurante à qui n'a point le malheur de la partager. Car,
chez d'autres, elle invective ou ricane; chez Renan, elle se
fait souriante, doucereuse, attendrie ; elle insulte à genoux,
elle soufflette en caressant. La *Vie de Jésus* nous a montré cet
art grossier porté au comble ; mais partout nous le retrouvons, partout nous le reconnaissons : affectation insolente à
poser pour le plus pieux des hommes[1] ; obstination à démar-
quer la langue sainte, à la retourner contre elle-même
pour en tirer un blasphème continu ; raffinement sacrilège
qui nous fait boire l'impiété dans les vases mêmes de l'autel.
Cet art est grossier, disais-je ; et pourtant des esprits distingués s'y laissent prendre ; ils saisissent avidement l'illusion
qu'on leur offre de vénérer, d'aimer encore le christianisme,
alors même qu'on le leur donne pour chimère ou imposture,
de s'estimer religieux après qu'on leur a ôté doucement toute
religion, de s'élever à Dieu dans le temps même où on les
rend parfaits athées. Cet art, mis au service de la haine, cet
art, misérable en soi, mais poussé au sublime dont il est
capable, c'est le dernier trait de Renan, son originalité définitive, sa puissance réelle et funeste. Ici, d'ailleurs, la droiture, l'honnêteté naturelle ne saurait être plus indulgente
que la foi ; cet art n'a qu'un nom, et il y aurait faiblesse cou-
pahle à lui chercher « un riche écrin de synonymes » ; il s'appelle et s'appellera toujours l'hypocrisie.

Aux premières lignes de cette étude, je donnais Renan
pour maître et modèle accompli d'un genre d'écrire que je me
permettais de nommer *le style hypocrite*. J'estime en effet que
la dissimulation et la duplicité passées jusque dans les menues
habitudes du langage, si elles honorent peu l'homme, sont
pour amoindrir d'autant l'écrivain. Non certes que je me sente

---

1. « Notre critique a plus fait pour la conservation de la religion que toutes
les apologies. Nous avons trouvé à Dieu un riche écrin de synonymes. » (*Le
Prêtre de Némi*, Avant-propos.) Et, de ces synonymes, pas un qui ne soit
une négation de Dieu même. Les traits analogues abondent; on en compose-
rait « un riche écrin ».

la moindre envie de ravaler celui-là : ma foi n'a pas du tout
besoin qu'il soit médiocre; mais je dirai simplement ce qui
me paraît véritable. Dans la première des *Cinq Lettres* écrites
sur les fêtes de Tréguier, M. Brunetière accorde à Renan
styliste une généreuse part d'éloges, et volontiers j'y sou-
scris. Un mot seul me fait scrupule ; en outre et surtout,
j'appuierais un peu plus sur la restriction finale. Que Renan
rappelle Platon par l'abondance facile, la suprême aisance,
l'élégance familière mais soutenue, la grâce enveloppante
et souple, le charme insinuant « et quelquefois pervers » ;
soit. Qu'il donne aux mots, en les associant, une rare puissance d'expression métaphorique et d'harmonie, je l'avoue.
Styliste savant et séduisant à miracle : je le regrette à raison du mal que cela même lui permet de faire, mais j'en
conviens sans difficulté. Quant à le nommer grand écrivain,
je n'ose, et à raison même de cette « tare secrète » que
l'éminent critique dénonce avec une ferme justesse, mais
où j'insisterais davantage pour ma part. Ce beau style est
profondément sophistique, je dirais même profondément
hypocrite, et je parle du style en soi. M. Brunetière estime
qu'il n'y a pas de préméditation formelle et absolue, que
Renan est ainsi fait, tout au moins qu'à l'école de Hegel il a
pris ce pli, cette habitude, bientôt devenue seconde nature.
Cela voudrait dire au moins qu'il a l'esprit louche, fuyant,
double, et déjà l'on se demande avec inquiétude si un tel
esprit n'est pas pour exclure la qualité de grand écrivain.
Croirons-nous d'ailleurs que, surtout dans les questions religieuses qui font le capital de son œuvre, Renan ne prémédite
jamais ces « décevantes finesses » réprouvées par l'honnête
Sacy[1], ni cette « terminologie à double et triple face » dont
se plaint M. E. Faguet[2] ? N'est-il pas évident qu'à tout le
moins il voit et accepte les naturels effets d'une pareille
manière ? Mais quand on pourrait oublier ses intentions
pourtant si peu équivoques dans l'ensemble, son style est là
qui demeure, et il porte en lui-même cette « tare » qui me
paraît s'appeler de plein droit l'hypocrisie. Dès lors il peut

---

1. Introduction à une édition de la *Connaissance de Dieu et de soi-même.*
Citation de M. Brunetière.

2. *Politiques et moralistes du dix-neuvième siècle,* III, 344.

éblouir l'esprit, enchanter l'imagination, charmer l'oreille ;
mais en est-ce donc assez? Si, comme veut La Bruyère, tout
l'art d'écrire gît à bien définir et à bien peindre, celui-là
sera-t-il grand écrivain, qui peint à merveille mais qui s'applique visiblement à définir le moins possible, à fuir, comme
un double écueil, et la franchise du faux et la franchise du
vrai? A la puissance de rayonner et de chanter que prennent
les mots sous cette plume savante, ne faut-il pas joindre celle
de dire autre chose que ce qu'ils disent, voire le contraire,
bref, celle de mentir ? Qu'on veuille bien y prendre garde :
je pose ici une question purement littéraire; je demande si à
ce genre de puissance on doit reconnaître le grand écrivain.
Et la langue française, quelle reconnaissance lui doit-elle ?
Elle était précise, franche, probe ; cela même en avait fait la
langue diplomatique de l'Europe ; cela lui valait cette « magistrature » dont a si bien parlé J. de Maistre. Aujourd'hui,
plus d'un s'ingénie à la dépraver, à la rendre équivoque et
menteuse ; mais qui plus que Renan ? Je crains bien que,
parmi les titres littéraires de cet homme, celui-là ne reste le
plus original et le mieux gagné.

Quant à son action morale, religieuse, on sourit d'imaginer ce qu'elle aurait pu être à une époque de sens rassis
et de sérieuse culture. Il est venu à son heure; sa vogue, son
importance même et sa trop réelle puissance de nuire accusent l'humiliante débilité mentale et morale où nous ont
réduits l'ignorance religieuse, la mort de la vraie philosophie,
le dévergondage effréné des opinions. Elles ont ici toute
leur valeur, les paroles du « laid petit juif » qui a d'ailleurs
si exactement figuré les Renans de son siècle : « Viendra un
temps où l'on ne supportera plus la saine doctrine; où, selon
le caprice, au gré d'une oreille chatouilleuse, on se fera des
tas de maîtres (sic), où l'on se détournera du vrai pour se
tourner vers toutes les fables [1]. » Mais à ce compte même, la
popularité du romancier des origines chrétiennes étonnerait
encore. Par où pouvait-il bien attirer les sympathies ? — Par
sa science? Mais combien peu en étaient juges ? — Par ses
sentiments et procédés à l'égard de la foule demi-cultivée

---

1. ... Ad sua desideria coacervabunt sibi magistros... (Saint Paul, II Tim.,
IV, 3.)

qui lisait ses livres ? Aristocrate d'esprit, contempteur souvent manifeste, dilettante, ironiste quasi perpétuel, s'il ne
l'insultait pas toujours, il la raillait du moins, la persiflait,
la menaçait même quelquefois, et l'on sait avec quelle désinvolture insolente[1]. Etranges titres au succès! Pour désarmer
nos susceptibilités les plus légitimes, pour nous faire « déborder » à son endroit « de reconnaissance et d'amour », était-
ce donc assez qu'il eût appris à notre langue française le
mensonge élégant et harmonieux? Non, la cause de cette
vogue était plus profonde. On pardonnait tout, on admirait
tout chez l'homme qui détruisait Jésus-Christ Dieu, le seul
et véritable Jésus, mais qui, en le détruisant, se donnait l'air
de le conserver, de le restituer, de nous le laisser plus vivant
et plus aimable. Parlons franc et français : comme l'hypocrisie avait fait la note originale de son talent, elle faisait la
raison décisive de sa gloire : elle satisfaisait tout ensemble et
notre haine instinctive du vrai et le peu d'amour que nous
en gardons.

Ernest Renan s'était prémuni de son mieux contre la clémence divine. Dans ses *Souvenirs d'enfance et de jeunesse*, il
avait renié par avance « les faiblesses qu'un cerveau ramolli
pourrait *lui* faire dire ou signer…, les blasphèmes(!) que les
défaillances de la dernière heure pourraient *lui* faire prononcer contre l'Éternel ». Ces paroles s'entendent assez ; elles
découragent tout commentaire. Aussi bien personne n'a-t-il
eu besoin de s'en prévaloir, et si, comme on s'estimerait
coupable d'en désespérer, l'orgueil a fléchi au moment suprême, cela devait rester un secret entre la conscience et
Dieu. Renan mourut le 2 octobre 1892, sans aucun signe
extérieur de retour. Le gouvernement se chargea de ses
funérailles ; on s'étonne qu'il ne l'ait pas fait mettre au Panthéon.

G. LONGHAYE.

1. *L'Avenir de la science. — Dialogues*, III.

L'ABSOLUTION DE HENRI IV A ROME [1]

V. — LA DIPLOMATIE D'ARNAUD D'OSSAT

(NOVEMBRE 1594-JANVIER 1595)

D'abord jurisconsulte et précepteur, puis secrétaire d'ambassade et titulaire du prieuré de Saint-Martin du Vieux-Bellême, Arnaud d'Ossat remplit, à Rome, un poste modeste et quelque peu singulier. Il est chargé de solliciter des funérailles. En effet, Henri III étant mort sans avoir été absous par le pape de l'assassinat du cardinal de Lorraine, à Blois, Sixte-Quint a refusé de célébrer pour lui les obsèques solennelles que les papes ont coutume de faire à la mort des rois de France. La reine Louise de Vaudemont, veuve de Henri III, a été désolée de ce refus, car elle pense que des funérailles célébrées par le pape réhabiliteraient, parmi les catholiques, la mémoire si décriée de son mari. Aussi a-t-elle choisi, en 1590, pour son procureur à Rome, l'ecclésiastique gascon Arnaud d'Ossat, très attaché au feu roi et très estimé à la cour pontificale. Et, fidèle au mandat de la reine Louise, Ossat renouvelle ses instances auprès de Sixte-Quint, d'Urbain VII, de Grégoire XIV, d'Innocent IX, de Clément VIII, et sollicite, toujours en vain, des obsèques à Rome pour Henri III.

Mais cette mission particulière lui assure ses entrées libres au Quirinal et lui permet de jouer un rôle inaperçu en d'autres affaires beaucoup plus graves. Chacune des tentatives faites pour réconcilier Henri IV avec le pape a été activement secondée par Ossat. La Chelle, Nevers, Gondi, lui sont quelque peu redevables d'avoir été reçus en audience par Clément VIII; et, plusieurs fois, c'est lui qui a fait passer à la cour de France d'utiles et sages conseils sur l'attitude à garder envers le Saint-Siège [2].

A l'automne de 1594, il est donc chargé de représenter au

---

1. Voir *Etudes* du 5 octobre 1904.
2. Dégert, *op. cit.*, p. 1 à 109.

pape les motifs qui empêchent le roi de faire aussitôt partir
un nouvel ambassadeur. En langue diplomatique, cela signifie : chargé de résoudre les difficultés qui rendraient impossible le succès de la négociation. Dès le début, il obtient du
secrétaire d'État, le jeune cardinal-neveu Cynthio Aldobrandini, une assurance formelle : le pape entend bien
accorder à Henri IV l'absolution qu'il demande[1].

Ensuite, vient un premier problème. Le Quirinal souhaiterait, avant d'absoudre le roi de France, régler une bonne
paix entre lui et le roi d'Espagne. Très nettement, Ossat
refuse. L'absolution donnée, Clément VIII pourra s'entremettre comme arbitre de la paix. Mais, alors, il traitera sur
le même pied Henri IV et Philippe II. Les obligations de
conscience du Béarnais ne s'acquitteront pas par un sacrifice
des intérêts de la couronne. Une mesure politique ne sera
pas imposée pour condition d'un acte religieux. Le pape
finit par accepter cette manière de voir[2].

Mais n'exigera-t-on pas de Henri IV de rompre, avant
d'obtenir l'absolution, l'alliance qui l'unit toujours aux princes protestants et à l'empire turc? Par exemple, voudrait-il
promettre d'empêcher la reine d'Angleterre et le comte
Maurice de Nassau de nuire au roi d'Espagne, tant que
celui-ci resterait en guerre contre les Ottomans? Il serait
étrange, réplique, en bon Gascon, Arnaud d'Ossat, que l'on
voulût obliger le roi de France à garder les États d'un
prince qui détient encore une partie du territoire français,
et à faire la guerre contre ceux qui l'aident à se défendre.
Convient-il, du reste, à la grandeur, à la bravoure et vanterie
espagnole de « demander à un *prince de Béarn*, comme ils
l'appellent, seureté qu'il ne les offensera point ni ne les
laissera offenser? Telles seuretés sont ordinairement demandées par des gens faibles et qui ont peur[3]. »

Quant à l'alliance franco-turque, dit-il, nos rois l'ont fait
servir « au soulagement et conservation d'une infinité de
chrestiens de toutes nations, qui, autrement, eussent esté
oppressez, ruinéz et massacréz en divers endroits de l'O-

1. Ossat, *Lettres*, t. I, p. 333-343.
2. *Ibid.*, p. 243-254, puis 314. — 3. *Ibid.*, p. 270, 338.

rient ; comme il m'en souvient d'avoir veu que les Papes avoient chargé les ambassadeurs de France résidens près d'eux, de remercier de leur part nos roys de leurs bons offices, que leurs ambassadeurs faisoient à la Porte dudit Seigneur pour plusieurs évesques et infinis autres chrestiens ». D'ailleurs, la catholique Espagne ne vise qu'à se substituer à la France dans les bénéfices de l'alliance turque. Philippe II, en effet, « depuis deux ou trois ans en ça, a mis tous les cinq sens de nature pour y faire recevoir (à Constantinople) ambassadeur, le seigneur Roger de Marillan, Milanois, qui trempa si longtemps à Raguse, attendant quel effect produiroient pour luy les bons offices que, pour sa réception, faisait le sieur de Lancosme, qui s'en estoit trouvé très mal[1] ». Cette légation espagnole du comte Roger Marigliani chez les Turcs, en 1591-1592, est parfaitement historique[2]. Ossat aurait pu ajouter qu'à la même époque, les chefs de la Sainte-Union ligueuse écrivaient à Mourad III, à son grand vizir et à son capitan-pacha, pour revendiquer leur étroite alliance[3]. Après cette double discussion, le cardinal Aldobrandini déclare que Clément VIII renonce totalement à exiger une rupture entre Henri IV et les Turcs ou les protestants.

Mais le Saint-Père entend obtenir un triple gage de la sincérité du roi : l'héritier présomptif de la couronne, le jeune prince de Condé, sera retiré des mains des hérétiques, pour être élevé dans le catholicisme; la religion catholique sera restaurée en Béarn ; la discipline du concile de Trente sera promulguée en France. Arnaud d'Ossat donne, à chacune des trois demandes, un plein acquiescement de principe; mais, pour les deux dernières, il estime que l'exécution en sera laborieuse et ne paraît guère réalisable immédiatement. C'est avec du Perron que l'on pourra examiner une solution pratique[4].

---

1. Ossat, *Lettres*, t. I, p. 266.

2. Abel Rigault, *Savary de Lancosme*, étude parue dans la *Revue d'histoire diplomatique*, 1902, nº 4. Cf. p. 549-552.

3. *Correspondance du duc de Mayenne*. Reims, 1860 et 1864. 2 volumes in-8. T. I, p. 14-24; t. II, p. 5-6, 24-31, 210-213.

4. Ossat, *Lettres*, t. I, p. 339-345.

Le problème le plus épineux qu'Ossat ait à débattre avec Clément VIII est celui de la *réhabilitation* de Henri IV. La bulle de Sixte-Quint, en 1585, a déclaré « Henri de Navarre inhabile de plein droit à la succession de toute seigneurie et domaine, et particulièrement du royaume de France ». Donc, aux yeux du pape, il n'a pas seulement besoin d'une « absolution », qui le relève du péché d'hérésie et des censures, mais aussi d'une « réhabilitation », qui le rende capable d'être reconnu souverain légitime. Or Henri IV, appuyé sur le clergé, comme sur les parlements et l'opinion du royaume, ne veut, à aucun prix, admettre qu'il soit au pouvoir du Saint-Siège de lui donner ou de lui enlever sa couronne. Il prétend que la règle de succession au trône tire son entière valeur du droit national, indépendamment de toute intervention de la puissance spirituelle. Depuis plus de cinq ans, s'il exerce l'autorité suprême, s'il est reconnu par un nombre croissant de Français catholiques, c'est comme prince légitime, désigné par la loi traditionnelle de l'hérédité masculine, par ce vieux droit qu'a rajeuni la victoire. Aussi Arnaud d'Ossat expose-t-il au cardinal-neveu que Henri IV, comme personne privée, comme chrétien repentant, recevrait volontiers du pape toute exigence humiliante, telle qu'une réhabilitation; « mais la dignité du roy de France, qui estoit annexée à sa personne, mais la prééminence de cette couronne, qui, au temporel, n'avoit jamois eu autre que Dieu au-dessus d'elle », les sentiments de l'Église gallicane, les arrêts des cours souveraines, les déclarations même des états généraux, « répugnoient à l'application de ce remède et requéroient quelque bon expédient ». Aldobrandini est, d'abord, fort embarrassé. « Puisqu'il y avoit eu une privation prononcée par le Saint-Siège, il sembloit donc qu'il y falloit aussi une réhabilitation. Sans cela, ce seroit nier obliquement l'autorité du Saint-Siège, qu'on prétendoit reconnaistre. Si la réhabilitation luy estoit nécessaire, le roy ne devoit pas faire difficulté de la prendre... Mais, si le roy n'avoit pas à la prendre, le pape ne devoit pas prétendre la donner[1]. »

---

1. Ossat, *Lettres*, t. I, p. 315-318, 341.

Alors que conclure? Quand du Perron viendra pour la négociation définitive, le Saint-Siège continuera-t-il d'exiger une « réhabilitation », que l'envoyé du roi aura l'ordre absolu de refuser? Ne pourrait-on pas trouver une formule d'entente, en faisant simplement déclarer par le pape, après l'absolution, que la bulle du 9 septembre 1585 ne devra plus, sous aucun rapport, être nuisible au roi?

Ayant recueilli du secrétaire d'État une adhésion conciliante, Ossat tient à la faire juger par Clément VIII lui-même, qui déclare nettement approuver les paroles de son neveu. Sa Sainteté, a répondu Aldobrandini, « entendroit toujours la raison, tant d'un costé que d'autre, et, ni en ce point, ni en aucun autre, ne voudroit rien sinon ce qui seroit raisonnable, et de la façon qu'il se devoit faire ». Puis, avec des termes moins vagues : « *en de telles difficultés, il se trouvoit mille tempéramens*, et ne pensoit pas que ce fust pour accrocher ni retarder l'affaire, non plus que les autres[1] ».

De la sorte, le terrain se trouve à peu près déblayé pour l'absolution, lorsque, dans les derniers jours de janvier 1595, une détestable nouvelle parvient à Rome, et, peut-être, va tout remettre en question.

VI. — EMBARRAS ET RETARDS

(JANVIER-JUILLET 1595)

Le 27 décembre précédent, un jeune homme, appelé Jean Chastel, se mêlant aux serviteurs de la cour, a pénétré chez Gabrielle d'Estrées, jusque dans le salon où se trouvait Henri IV. Il a pu, sans être remarqué, s'approcher de lui et diriger un poignard vers sa gorge. Mais, à ce moment même, le roi s'étant baissé légèrement pour saluer MM. de Ragny et de Montigny, le coup n'a pas atteint la gorge, mais la bouche. Henri en a été quitte pour une lèvre fendue et deux dents brisées. La tentative de meurtre contre la personne royale était, d'ailleurs, évidente. La répression a été immédiate : l'instruction du procès, les débats, la sentence n'ont pas demandé deux jours entiers. Le 29 décembre, Chastel a expié

1. Ossat, *Lettres*, t. I, p. 345-365.

son crime dans les derniers supplices. Mais cette affaire a eu
de graves conséquences religieuses.

Elève, en effet, de Marcilius, professeur de droit dans
l'Université, Chastel avait, auparavant, étudié la philosophie
chez les Jésuites du collège de Clermont, rue Saint-Jacques.
Aux yeux des parlementaires gallicans, d'une hostilité franche
contre la Compagnie de Jésus, ce fut là un motif plausible de
faire mettre, le soir même de l'attentat, tous les Pères de ce
collège en état d'arrestation, comme complices de l'assassin.
On procéda, dans leurs chambres, à une perquisition rigoureuse. On s'efforça d'arracher, par la torture, à Jean Chastel
l'aveu d'avoir été poussé au régicide par son ancien professeur, le P. Guéret. Les pièces mêmes du procès, confirmées
par le témoignage formel de contemporains fort différents
d'opinions, Palma-Cayet, Sully, de Thou, Cheverny, Lestoile,
Pierre Matthieu, Baptiste Legrain [1], ne laissent aucun doute :
jusqu'au bout, le jeune coupable « deschargea de tout les
Jésuites, mesmes le P. Guéret, son précepteur ; dit qu'il avoit
entrepris le coup de son propre mouvement, et que rien ne
l'avoit poussé que le zèle qu'il avoit pour sa religion [2] ». Néanmoins, l'arrêt du 29 décembre, qui frappait Chastel, expulsa
de tout le ressort du Parlement de Paris tous les membres
de la Compagnie de Jésus, « comme corrupteurs de la jeunesse, perturbateurs du repos public, ennemis du roy et de
l'Estat ». Une sentence spéciale frappa de bannissement perpétuel le P. Guéret, le P. Varade et quelques autres. Le
P. Guignard fut condamné à la potence pour le seul fait
d'avoir conservé dans ses papiers une note favorable au
meurtre de Henri III par Jacques Clément [3]. Dès le 8 jan-

---

1. Pièces du procès : *Mémoires de Condé*, t. VI, p. 1-197. La Haye, 1743.
In-4. — Palma-Cayet, *op. cit.*, p. 623-629. — Sully, *Sages et royales OEco-
nomies d'Estat.* Collection Michaud. Série II, t. II, p. 190. — Thuanus, *op.
cit.*, t. V, p. 445-450. — Cheverny, *Mémoires.* Collection Michaud. Série I, t. X,
p. 540 *sqq.* — Pierre Matthieu, *Histoire de France*, t. I. Paris, 1615. In-folio.
— B. Legrain, *Décade de Henri le Grand*, p. 291 *sqq.* Paris, 1614. In-folio.

2. Lestoile, *op. cit.*, t. IV, p. 249.

3. Cette note contenait neuf propositions déplorables sur le tyrannicide,
comme les docteurs de Sorbonne et curés de Paris en écrivirent un si grand
nombre, dans l'effervescence de la Ligue. Cf. Palma-Cayet, *op. cit.*, p. 625-
626 ; Carayon, *Documents inédits concernant la Compagnie de Jésus*, t. I-III:

vier 1595, trente-sept jésuites, les uns à pied, les autres
entassés dans trois charrettes, quittèrent tristement Paris
sous la conduite d'un huissier de la cour. L'arrêt s'exécuta
bientôt en province. Puis les Parlements de Rouen, de Dijon,
de Grenoble, rendirent, contre la Compagnie de Jésus, des
sentences analogues à celle du Parlement de Paris. Les Jésuites exilés durent se réfugier, soit dans le ressort des Parlements de Rennes, de Bordeaux, d'Aix et de Toulouse, soit
à l'étranger : en Lorraine, en Savoie, en Italie. Pendant ce
temps, leurs collèges étaient confisqués, et la haine parlementaire faisait élever, sur l'emplacement de la maison détruite de Jean Chastel, une pyramide chargée d'inscriptions
flétrissantes contre la secte pestilencieuse qui enseigne publiquement à tuer les rois[1]. Toute cette conduite du Parlement, écrit l'historien protestant Sismondi, n'a été qu'une
« scandaleuse iniquité..., un grand acte de lâcheté politique[2] ».

Il n'est pas difficile de concevoir quelle est la douleur et
l'indignation de Clément VIII, dès qu'il apprend de pareils
faits. Arnaud d'Ossat se trouve en fâcheuse posture, obligé
de recueillir les doléances les plus vives et les plus légitimes,
et ne pouvant démentir les actes allégués que sur quelques
détails secondaires. Il s'efforce, au moins, d'atténuer peu à
peu le mécontentement du pape, et de sauver, malgré tout,
les résultats acquis pour l'absolution future. Un jour, en
février, il a l'adresse de déclarer au Saint-Père combien il
déplore avec lui « le malheur de ces temps, où un désordre
en amenait un autre, voire plusieurs, et ce divorce du Saint-
Siège et de la couronne, qui donnait occasion à plusieurs
désordres, qui ne cesseraient jamais que par une bonne réconciliation entre eux deux[3] ».

L'ambassadeur d'Espagne à Rome, le duc de Sessa, mène
naturellement grand bruit autour de l'affaire des Jésuites, et

---

A, p. 72 ; B, p. 27. Poitiers, 1863. In-8. — Henri IV avait accordé l'amnistie
générale, mais ordonné de détruire tous les écrits rappelant les discordes
passées.

1. Carayon, *Documents* cités : A, p. 69 *sqq.* ; B, p. 12 *sqq.* — Prat, *Recherches sur la Compagnie de Jésus en France au temps du P. Coton,* t. I,
p. 184-205. Paris, 1876. In-8.

2. *Histoires des Français,* t. XXI, p. 323. Paris, 1835. In-8.

3. Ossat, *Lettres,* t. I, p. 372-382 *sqq.,* 390-391.

pour des fins quelque peu intéressées. En effet, Henri IV a
directement déclaré la guerre à Philippe II, et se prépare à
chasser les troupes espagnoles des provinces françaises du
Nord et de l'Est, qu'elles occupent toujours. Aussi les nouvelles les plus extravagantes circulent-elles bientôt à Rome
sur la persécution générale que le huguenot Henri de Béarn
dirigerait contre l'Église catholique. La situation deviendrait,
en France, pire qu'en Angleterre. Devant de telles attaques,
Ossat peut reprendre tous ses avantages. Il obtient même une
notable concession de Clément VIII. Les Capucins, les Minimes, les Chartreux, s'abstiennent de prier publiquement
pour Henri IV, tant qu'il n'a pas reçu l'absolution pontificale;
aussi le Parlement de Paris les a-t-il menacés du même bannissement que les Jésuites. Le pape retire ces religieux d'une
impasse en signifiant de vive voix aux cardinaux protecteurs
des trois ordres en question, qu'ils pourront désormais célébrer les prières ordinaires pour le roi [1].

Mais un grave problème reste posé. Ne va-t-on pas faire du
rappel des Jésuites une condition préalable et *sine qua non*
de l'absolution de Henri IV. Avec l'état d'esprit du monde
parlementaire, ce serait, sans doute, retarder étrangement
cette absolution. Toutefois Clément VIII, en face d'une telle
injustice, n'est-il pas lié par un devoir d'honneur ? C'est alors
que, dans les premiers jours de mars 1595, le général de la
Compagnie de Jésus, Claude Aquaviva, présente au Saint-
Père l'un des jésuites chassés de Paris, Alexandre Georges.
Le religieux exilé apporte des détails sur la persécution subie,
et le pape lui prodigue les marques de compassion paternelle. Mais aussitôt, rapporte un document qui semble digne
de foi, le jésuite français « supplia de toute son affection
notre Saint-Père de ne point trop s'en ressentir, ains d'avoir
esgard à la violence du temps et vouloir ouvrir les bras de sa
bonté et clémence au roy de France, lequel demandoit d'estre
réconcilié avec le Saint-Siège, et luy remonstra le danger
évident de schisme, qui sembloit estre tout formé en ce
royaume ». Semblable langage ne paraît manquer ni d'esprit
chrétien ni de délicatesse patriotique. Clément VIII en est

1. Ossat, *Lettres*, t. I, p. 395-404. — Desjardins, *op. cit.*, t. V, p. 198.

touché. Il répond donc au P. Georges qu'il n'entend plus entraver la réconciliation du roi ; et même « il s'y montra fort
enclin pour le bien de sa Majesté et du royaume ». Dès le
30 avril suivant, le jésuite Alexandre Georges aura rejoint
en Lorraine, à l'Université de Pont-à-Mousson, Clément Dupuy, son provincial, dont il a porté les dépêches. Il s'empressera de faire parvenir à quelques seigneurs français la déclaration qu'il a reçue du pape, espérant ainsi faciliter le départ
de Jacques du Perron pour Rome [1]. Quant à d'Ossat, il igno-
rera toujours quel service lui a rendu ce religieux proscrit,
qu'il regardait comme un adversaire de sa cause. En effet,
l'expulsion des Jésuites a cessé d'être un obstacle à l'absolution et, ainsi qu'Ossat lui-même l'écrit le 21 mars, le pape
proclame avoir « toujours les bras ouverts pour nous recevoir et embrasser, à toutes les fois que nous nous mettrions
en notre devoir [2] ».

Cependant la France, en guerre avec l'Espagne, peut
prendre ombrage de la légation que, depuis plus de sept
mois, dirige, auprès de Philippe II, Jean-François Aldobrandini, frère du cardinal et neveu du Souverain Pontife. Ne sti-
pulerait-on pas, en effet, des clauses onéreuses à Henri IV?
Clément VIII, voulant « oster le soupçon et l'ombre qu'on
estime que cette ambassade donne à plusieurs, et mesmement
au Roy », ordonne à son neveu de quitter Madrid. Jean-François Aldobrandini est de retour à Rome le 16 avril [3].

Dès lors, rien ne s'oppose plus à la négociation définitive
en vue de l'absolution. Le pape attend « en bonne dévotion »
l'envoyé français et déclare même à d'Ossat : « Il seroit bon
qu'il fût déjà icy. » La cour pontificale s'étonne de ne pas voir
encore paraître le représentant de Henri IV, alors qu'il
s'agit d'une affaire si urgente et si grave. On ignore, en effet,
quel mandat remplit au Quirinal le procureur de la reine
Louise, que l'on croit toujours simplement chargé de solli-
ter un service funèbre à Rome pour Henri III. Néanmoins,
le temps passe, et du Perron tarde à venir. Ossat multiplie

---

1. Relation de Mena (1603) ; reproduite dans Prat, *op. cit.*, t. V, p. 67.
2. Ossat, *Lettres*, t. I, p. 391.
3. *Ibid.*, p. 406, 430.

les explications ingénieuses pour faire prendre patience au
Saint-Père. Une indisposition du roi vient, à point nommé,
fournir la raison d'un nouveau délai. Mais la chose finit par
sembler suspecte à Clément VIII, comme à son entourage [1].

Le parti espagnol a d'abord fait une opposition violente
au principe même de l'absolution, et déclaré que, pour reconquérir la France à l'Eglise, on s'expose à perdre tous les
États qui obéissent à Sa Majesté Catholique. Maintenant, le
duc de Sessa, ambassadeur de Philippe II, s'indigne que, de
Paris, on n'ait encore envoyé personne ; il annonce que nul
négociateur ne doit venir et que Henri IV s'est moqué du
monde. Alors, malgré le cardinal de Joyeuse, gagné entièrement à la cause royale, de nouveaux projets belliqueux circulent au Quirinal. Si du Perron n'arrive pas, il va falloir,
peut-être, renouer l'alliance de Rome avec l'Espagne, envoyer
en France les troupes destinées à la Hongrie, fulminer des
excommunications répétées [2].

La sincérité religieuse de Henri IV n'a pourtant pas varié,
non plus que son désir d'être absous par le pape. Le chef de
la diplomatie française, Villeroy, secrétaire d'État aux affaires
étrangères, loin de partager les tendances au schisme que
marquent certains conseillers de la couronne, est un catholique, ancien ligueur, et très fidèle à Rome. Mais, dans le désordre du royaume, parmi les dépenses et les préoccupations
de la guerre, l'envoi d'une légation auprès du Saint-Siège
rencontre un obstacle qu'on ne peut avouer. Brulart de Sil-
lery et un autre négociateur devaient primitivement accompagner du Perron. Mais il a fallu se contenter d'un seul plé-
nipotentiaire venu de France, au lieu de trois, « par faulte
de moyens d'en deffrayer un plus grand nombre ». Le départ
même de du Perron est retardé, comme Henri IV l'écrit à Bellièvre, « par faute d'argent [3] ».

Le 9 et le 10 mai, cependant, le roi signe, à Fontainebleau,
l'*instruction* détaillée, ainsi que les lettres de pouvoirs, de
Jacques Davy du Perron, auquel est officiellement adjoint

---

1. Ossat, *Lettres* des 20 et 22 mai, 23 et 27 juin.
2. *Ibid.*, t. I, p. 444.
3. Henri IV, *Lettres inédites au chancelier Bellièvre*, 1581-1601, p. 160,
172. Edition Halphen, Paris, 1883. In-8.

Arnaud d'Ossat. Les deux procureurs devront demander, pour leur prince, au pape sa sainte bénédiction et sa souveraine absolution [1]. Le 30 mai, du Perron est à Troyes où il prend congé de Henri IV. De là, il gagne Châlons, la Lorraine, Strasbourg, le pays des Grisons, Venise, Bologne et Florence. En même temps, malgré la nouvelle tout opposée, répandue par le duc de Sessa, on apprend que les Espagnols et ligueurs viennent de subir un notable échec en Bourgogne, de la part de Henri IV, maître de Dijon, et victorieux à Fontaine-Française.

VII. — LES NÉGOCIATIONS DÉFINITIVES

(JUILLET-SEPTEMBRE 1595)

Le 16 juillet, Jacques du Perron et Arnaud d'Ossat ont leur première audience d'affaires au Quirinal. Il présentent à Clément VIII une lettre autographe du roi et les documents qui définissent leur mission et les accréditent auprès de Sa Sainteté. Tel est le charme de du Perron et de son langage que le pape est déjà conquis et répète le mot de l'Écriture à propos de David : « J'ai trouvé *un homme selon mon cœur*[2]. » Il ordonne aux deux envoyés français de se présenter chez tous les cardinaux et de venir ensuite lui rendre compte de leurs visites. Depuis la légation du duc de Nevers, les temps sont heureusement changés.

Henri IV a remis à du Perron une lettre spéciale pour chacun des membres du Sacré Collège présents à Rome. Auprès de tous, même des plus chauds partisans de Philippe II, les procureurs royaux trouvent un gracieux accueil. Mais surtout ils gagnent le concours actif du cardinal Toledo, jésuite et Espagnol, qui jouit d'une grande autorité à la cour pontificale. Jacques Commolet et Jacques Sirmond, jésuites français réfugiés à Rome, ont aidé Ossat et du Perron à obtenir l'adhésion puissante de Toledo[3].

1. Bibliothèque nationale, Fonds Brienne, ms. 137, fol. 177. — *Lettres missives de Henri IV*, t. IV, p. 359. — Du Perron, *Ambassades et négociations*, p. 135. Paris, 1623. In-fol.

2. Du Perron, *Diverses OEuvres*, édition citée, p. 14. — Cf. Bibliothèque nationale, Fonds français, ms. 5808 ; Affaires étrangères, *Mémoires et documents divers*. Rome, ms. 16.

3. Prat, *op. cit.*, t. IV, p. 67.

Le 30 juillet, seconde audience des procureurs de Henri IV
chez le Saint-Père. Ils font part à Clément VIII de l'impression
causée par leur visite aux cardinaux. Puis, au nom du roi,
ils sollicitent une nouvelle absolution « pour plus ·grande
sûreté et repos » de l'âme de Sa Majesté, pour « le bien de tout
son royaume et pour la réconciliation et réunion d'iceluy avec
le Saint-Siège ». Un long entretien s'engage, et le pape décide
que la requête sera l'objet d'un sérieux examen; après quoi,
il recevra de nouveau les envoyés français [1]. Les cardinaux
sont convoqués, pour le 2 août, au palais du Quirinal.

Cependant l'immense majorité du Sacré Collège est formée
par des sujets ou ·des clients de Philippe II. Le duc de Sessa
dispose donc, auprès des cardinaux, de redoutables moyens
de séduction et d'intimidation. Il en fait, depuis l'arrivée de
du Perron, l'usage le plus affiché. Aussi, de l'avis des meilleurs juges, une discussion publique du Sacré Collège abou-
tira-t-elle à un échec certain pour Henri IV [2].

Le cardinal de Médicis, tout dévoué à la France, fait alors,
auprès de Clément VIII, une démarche concertée avec du Perron, d'Ossat et le représentant du grand-duc de Toscane,
Giovanni Nicolini. Le conseil qu'il donne au Souverain Pontife est de consulter individuellement tous les cardinaux, et
de leur défendre, sous peine d'excommunication, de faire
connaître à personne l'issue de l'entretien. Le Saint-Père, en
audience privée, aura plus d'action sur chacun des cardinaux,
et dérobera ceux-ci aux influences espagnoles et au contrôle
du duc de Sessa. Auparavant, il faudra réunir le Sacré Collège, non pas en *consistoire*, mais en *congrégation générale*.
« Dans une congrégation, les cardinaux ne délibèrent pas, le
pape est plus libre. » Clément VIII adopte pleinement cette
manière de voir [3].

Le 2 août, les cardinaux sont donc assemblés en congrégation générale. Le Saint-Père raconte ce qui est arrivé, depuis
le début de son pontificat, au sujet de Henri de Navarre : quelle
sévérité rigoureuse a été manifestée par Rome ; quelle persé-

1. Du Perron, *Ambassades et négociations*, p. 149. — Cf. toute la lettre
d'Ossat, du 30 août 1595, t. I, p. 462-474.
2. Ossat, *Lettres*, t. I, p. 426, 458. — Desjardins, *op. cit.*, t. V, p. 211.
3. Desjardins, *op. cit.*, p. 214, 226.

vérance met, néanmoins, depuis plus de deux ans, le Béarnais à professer la religion catholique et à offrir satisfaction.
L'heure paraît venue d'adopter une conduite nouvelle. C'est
la plus grande affaire qui ait été soumise au Saint-Siège depuis
plusieurs siècles. Le pape tient à s'éclairer des lumières des
cardinaux. Ceux-ci comprendront qu'il est question, non pas
d'un homme privé, mais d'un puissant prince, qui commande
à des armées, qui régit un grand peuple. Mettant à part toute
préoccupation personnelle et tout intérêt humain, les cardinaux ne rechercheront donc que l'honneur de Dieu et le bien
de l'Église. Leur avis n'aura pour règle que la conscience
seule. Le pape, désirant leur assurer, à cet égard, toute
liberté et facilité, les fera appeler séparément, dans quatre ou
cinq jours, et ils lui donneront leur voix, l'un après l'autre,
en « chambre, et particulièrement [1] ».

Le 7 août, Clément VIII commence à recevoir les membres
du Sacré Collège en audiences privées. Cette série de consultations individuelles dure seize jours. Pendant ce temps, des
prières publiques sont adressées à Dieu, sans interruption,
dans chacune des églises de Rome. Aux fêtes de Sainte-Marie-
des-Neiges et de l'Assomption, le pape s'est rendu lui-même
du Quirinal à Sainte-Marie-Majeure. Le peuple l'a vu marcher pieds nus, les yeux baissés, versant des larmes, et ne
donnant pas de bénédiction sur son passage. Arrivé à la
basilique, il a célébré la messe, puis est resté longtemps en
prière [2].

A partir du 23 août, plusieurs conférences ont lieu entre
du Perron et d'Ossat, d'une part, au nom du roi, et, d'autre
part, au nom du pape, Aldobrandini et Toledo. L'on commence à se mettre d'accord sur les conditions définitives de
l'absolution. Les débats sont quelquefois épineux; la conclusion est toujours conciliante. Toledo, écrit du Perron, s'est
montré aussi « bon Français » que l'archevêque ligueur de
Sens, cardinal de Pellevé, s'est jadis montré « bon Espagnol [3] ».

1. Ossat, *Lettres*, t. I, p. 464. — Du Perron, *Diverses OEuvres*, p. 858-
859.
2. Bibliothèque nationale, Fonds Brienne, ms. 137, fol. 151 *sqq*.
3. Du Perron, *Ambassades et négociations*, p. 13.

Le 30 août, a lieu un consistoire. Clément VIII déclare que les trois quarts des cardinaux se sont prononcés pour l'absolution ; qu'il ajoute à leurs voix son propre suffrage, et désire conclure sans retard. Le cardinal Marc-Antoine Colonna, partisan de Philippe II, se lève pour parler. Il veut qu'avant d'absoudre Henri IV, on exige de nouvelles et sérieuses garanties. Mais, à peine a-t-il prononcé quelques mots, que, déjà, le pape lui impose silence. L'absolution est irrévocablement arrêtée en principe. Depuis quelques jours, on en a réglé les conditions essentielles. Rome tentera d'obtenir plus encore des procureurs français, et réservera les autres questions pendantes pour les futurs rapports diplomatiques avec Henri IV. La séance est levée[1].

Cette fois, le dénouement ne peut plus se faire longtemps attendre ; aussi du Perron et d'Ossat reprennent-ils les pourparlers avec le meilleur espoir. Quel est donc l'objet précis de ces négociations, qui occupent la fin du mois d'août et le commencement du mois de septembre ?

Les problèmes capitaux sont l'*absolution* et la *réhabilitation*.

D'abord, les diplomates français auraient désiré une sentence pontificale confirmant l'absolution donnée au roi par les prélats, le 25 juillet 1593. Mais, sur ce point, la résistance du Saint-Siège est absolue. D'ailleurs, si l'absolution de Saint-Denis est valide, celle du pape est inutile, et pourquoi la demander ? Il faudra donc reconnaître la sentence gallicane de 1593 pour nulle et non avenue, puis recevoir de Clément VIII même l'absolution, qu'il est seul à pouvoir donner valable. Néanmoins, Rome avoue que les prélats de Saint-Denis ont appuyé leur décision erronée sur des motifs théologiques qui avaient apparence de justesse et qui expliquent l'entière bonne foi de Henri IV. Or, le droit ecclésiastique admet que le coupable, dans la bonne foi, peut être absous des *péchés*, même lorsqu'il n'a pas été canoniquement relevé des *censures* encourues. Aussi le pape déclare-t-il reconnaître pour valides « tous les actes de religion qui ont été accomplis

1. Ossat, *Lettres*, t. I, p. 467-469. — Du Perron, *Diverses Œuvres*, p. 858.

en la personne du Roy et par sa Majesté, en vertu de la sus-
dite absolution[1] ».

Mais, si Clément VIII va, le premier, absoudre Henri IV des
censures qu'a entraînées le crime d'hérésie, va-t-il, ensuite,
le « réhabiliter » dans ses droits de roi ? Bien qu'Ossat ait
obtenu déjà que l'on ne fût pas trop rigoureux dans cette exigence, tel est bien le désir de la cour pontificale. On voudrait
même qu'à la cérémonie de l'absolution, les procureurs dé-
posassent aux pieds du pape la couronne de France, et que
le pape, après avoir réhabilité Henri de Navarre, la leur
remît sur la tête. Selon les ordres reçus de Fontainebleau,
du Perron et d'Ossat protestent, non seulement contre cette
démonstration symbolique, mais contre le principe même de
la réhabilitation, avec une énergie qui déconcerte toutes
les résistances. Henri IV, répètent-ils, ne tient la couronne
que de Dieu, de son droit héréditaire et de son épée. Ils
obtiennent gain de cause, et l'on élimine toute formule de
réhabilitation à la dignité royale. Par suite, le pape renonce
à son double vœu d'une nouvelle solennité du sacre et d'une
déclaration qui aurait porté que, si jamais le prince converti
retournait à ses anciennes erreurs, il perdrait tout droit au
trône et les sujets seraient déliés du serment de fidélité[2].

Plusieurs autres clauses, demandées par Clément VIII,
sont également écartées. Telle une légation à Rome des trois
ordres et des universités du royaume, pour promettre la persévérance de Henri IV. Telle la reconnaissance officielle des
nominations épiscopales ou abbatiales faites par Mayenne,
ainsi que des sentences rendues par le cardinal Caëtani et
le cardinal de Plaisance. Telle la révocation de l'un des con-
sidérants de l'arrêt contre Chastel, puis le rétablissement des
Jésuites. Tel un édit contre les huguenots. Telle la paix avec
les derniers ligueurs, une trêve avec l'Espagne et une rupture avec les Turcs[3].

Enfin l'on arrête le texte des seize conditions auxquelles
s'engagent, de la part de Henri IV, du Perron et d'Ossat :

1. Du Perron, *Ambassades et négociations*, p. 161, 167. — Ossat, *Lettres*,
t. I, p. 469. — Féret, *op. cit.*, p. 197-198. — Dégert, *op. cit.*, p. 155.
2. Thuanus, *op. cit.*, lib. CXIII, cap. xxi. — Ossat, *Lettres*, t. II, p. 223.
3. Bibliothèque nationale, Fonds Brienne, ms. 137, fol. 143 *sqq.*

1. Qu'ils presteront le serment accoustumé d'obéyr aux mandemens du Sainct-Siège et de l'Église.

2. Qu'ils abjureront, par devant le Pape, le calvinisme et toutes autres hérésies, et feront profession de la foy.

3. Que le roy restituera l'exercice de la religion catholique en la principauté de Béarn, et y nommera au plus tost des évesques catholiques ; et, jusques à ce que les biens puissent estre restituez aux églises, donnera et assignera du sien aux deux évesques de quoy s'entretenir dignement.

4. Que le Roy, dans un an, ostera M. le prince de Condé d'entre les mains des hérétiques, et le consignera entre les mains de personnes catholiques, pour le nourrir en la religion catholique et piété chrétienne.

5. Que les concordatz seront gardez et entretenuz, tant à la provision des bénéfices qu'ès autres choses.

6. Que le Roi ne nommera aux éveschez et abbayes et autres bénéfices auxquels il a droit de nomination, personnes hérétiques ny suspectes d'hérésie.

7. Que le Roy fera publier et observer le concile de Trente, excepté aux choses qui ne se pourront exécuter sans troubler la tranquillité du royaume, s'il s'y en trouve de telles.

8. Que le Roy aura en particulière recommandation et protection l'ordre ecclésiastique, et ne souffrira que les personnes ecclésiastiques soient oppriméez et vexéez par ceux qui portent l'espée ny par autres, ny que leurs biens soient détenus ; et, s'il y en a d'occupéz, les fera rendre au plus tost par tout le royaume, en quelque lieu qu'ils soient situez sans aucune forme ny figure de procéz.

9. Que, si le Roy avoit faict quelque inféodation des chasteaux et lieux qui appartiennent à l'Église, en faveur des catholiques ou d'hérétiques, il les révoquera.

10. Que le Roy monstrera par faicts et par dictz, et mesme en donnant les honneurs et dignitéz du royaume, que les catholiques luy sont très chers, de façon que chacun cognoisse clairement qu'il désire qu'en la France soit et fleurisse une seule religion, et icelle la catholique, apostolique et romaine, de laquelle il faict profession.

11. Que le Roy, s'il n'a légitime empeschement, dira tous les jours le chapelet de Notre-Dame, et le mercredy les litanies, et le samedy le rosaire de Notre-Dame, laquelle il prendra pour son advocate ès cieux ; qu'il gardera les jeusnes et aultres commandemens de l'Église, oïra la messe tous les jours, et, les jours de feste, messe haute.

12. Qu'il bastira en chacune province du royaume, et en la principauté de Béarn, un monastère d'hommes et de femmes de la religion monastique, ou des mandians de religions réforméez.

13. Qu'il se confessera et communiera en public, quatre fois, pour le moins, par chacun an.

14. Qu'il ratifiera en France, entre les mains du légat ou d'autres ministres du Saint-Siège, l'abjuration et la profession de foy et les

autres promesses faictes par ses procureurs, et envoyera au Pape l'instrument de la ratification.

15. Qu'il écrira aux princes catholiques en se conjouissant de ce qu'il aura été reçeu en la grâce de l'Église romaïne, en laquelle il faict profession de demeurer à jamais.

16. Qu'il commandera que, par tout le royaume, grâces soient rendues à Dieu pour un si grand bien receu de Luy [1].

Sur plusieurs articles, l'entente a été laborieuse, et, probablement, aurait été impossible, sans le concours très dévoué du cardinal Toledo. Le roi devra donc écrire à ce dernier, conseille Ossat, « qu'après Dieu et le Pape, il recognoist tenir l'absolution de luy, et ne pourra jamais le remercier tant que ce soit beaucoup au-dessous de son mérite ». Désormais, en effet, toutes les difficultés sont résolues [2].

Le duc de Sessa et le parti espagnol tentent, néanmoins, un suprême effort. Telle est la pression qu'ils exercent à la cour pontificale et sur l'esprit toujours scrupuleux du Saint-Père, qu'un ajournement de l'absolution paraît à craindre. Mais l'opinion romaine est gagnée à Henri IV. La foule insulte, dans les rues, les pages de l'ambassadeur d'Espagne, et le menace de mettre le feu à sa maison si la cérémonie n'est pas faite avant la fin du mois [3]. Saint Philippe de Néri, appuyant Toledo et Joyeuse, affirme que l'on devra, peut-être, différer l'absolution au pape, si le pape lui-même la diffère encore au roi [4]. D'autres déclarent à Sa Sainteté que Clément VII a perdu l'Angleterre et que Clément VIII va perdre de même la France. La décision du pape se raffermit. L'absolution est annoncée pour le dimanche 17 septembre, sous le portique de Saint-Pierre.

Dès la veille, samedi 16, Clément VIII se transporte du Quirinal au Vatican. C'est là qu'arrive bientôt le duc de Sessa. Escorté dans les appartements du Souverain Pontife par deux auditeurs de rote, un secrétaire d'ambassade et un écuyer, il

1. Les diverses sources imprimées ou manuscrites portent ce texte avec les commentaires des deux procureurs. Voir, par exemple, Cheverny, *op. cit.*, p. 545.
2. Ossat, *Lettres*, t. I, p. 471.
3. Desjardins, *op. cit.*, t. V, p. 254.
4. L'Epinois, *op. cit.*, p. 629.

lit au pape, devant ces témoins, une solennelle protestation
de Philippe, contre l'absolution donnée à l'hérétique prince
de Béarn. Mais Clément VIII est excédé de tant d'importunités. Pour toute réponse, il déclare avoir entendu : *Audivi-
mus*, et congédie l'ambassadeur [1].

VIII. — LE DENOUEMENT

Le 17 septembre 1595, de bon matin, une foule immense
encombre la place Saint-Pierre. Au Vatican, tout le Sacré
Collège est réuni, à l'exception des cardinaux d'Aragon,
Colonna et Alessandrino. Le cortège du pape se forme dans
la salle des Parements. Arrivé à la salle ducale, Clément VIII
s'assied sur la *sedia gestatoria*, et on le conduit au portique,
magnifiquement décoré, de la basilique. A droite, une haute
estrade, que couronne le trône pontifical, couvert de tentures
en drap d'or. Autour du pape, qui porte une chape rouge et
une mitre précieuse, se tiennent les cardinaux, puis les archevêques ou évêques présents à Rome, les protonotaires apostoliques, les consulteurs de l'Inquisition, les camériers de
cape et d'épée, les princes et seigneurs de la noblesse
romaine, les pénitenciers de Saint-Pierre et les maîtres de
cérémonies.

Jacques Davy du Perron, évêque nommé d'Evreux, et
Arnaud d'Ossat pénètrent sous le portique ; des massiers
marchent devant eux. Après trois génuflexions, les procureurs vont baiser les pieds du Saint-Père, puis redescendent
les degrés du trône pontifical, pour s'agenouiller sur le dernier. Ils lisent alors la *supplique* de Henri IV. Clément VIII
fait ensuite donner lecture, par Cosme de Angelis, assesseur
du Saint-Office, du *décret* où est prononcée à la fois la nullité
de l'absolution de Saint-Denis, la validité des actes religieux
posés depuis lors par le roi, et la décision qu'a prise le pape
d'absoudre lui-même le prince converti. Aussitôt les procureurs français, toujours à genoux au pied du trône, prononcent, de la part du roi, l'*abjuration* de l'hérésie calviniste,

1. L'Epinois, *op. cit.*, p. 872. — Forneron, *Histoire de Philippe II*, t. IV,
p. 237. Paris, 1882. In-8.

la formule de *profession de foi* catholique fixée par Pie IV et
la *promesse* d'obéir à l'Église. Puis, la main sur l'Évangile,
tous deux prêtent un double *serment*, dont ils signent le
texte. L'assesseur Cosme de Angelis promulgue les *pénitences* imposées, qui ne sont autres. que les seize articles rapportés plus haut. Les envoyés de Henri IV en signent l'acceptation.

A ce moment, la chapelle pontificale commence le chant
du *Miserere*. Selon l'usage conservé à Rome pour l'absolution des hérétiques, un maître des cérémonies remet au pape
une baguette, et, à chaque verset du psaume, Clément VIII
en frappe légèrement l'épaule des deux envoyés français,
prosternés devant lui. Alors le Souverain Pontife se lève,
récite les oraisons liturgiques, et, au milieu d'un grand
silence, prononce la formule solennelle, qui *absout* le roi
de l'*excommunication majeure*, lancée par Sixte-Quint, et de
toutes les censures encourues pour crime d'hérésie.

A peine les derniers mots sont-ils achevés, que les tambours battent aux champs, les trompettes font entendre une
sonnerie joyeuse ; les acclamations s'élèvent de l'immense
foule ; les canons du château Saint-Ange y associent leurs
tonnantes décharges. Quant aux procureurs français, ils
viennent, de nouveau, baiser les pieds du Saint-Père. Clément VIII les relève, les embrasse, et leur dit que les portes
de l'Église militante sont désormais ouvertes devant Henri IV :
à lui-même de s'ouvrir les portes de l'Eglise triomphante.
L'évêque nommé d'Evreux s'empresse d'affirmer que le roi,
par ses bonnes œuvres, montrera son zèle. Puis on dresse
un acte notarié de la cérémonie et le pape rentre au Vatican,
après avoir ordonné l'ouverture de la basilique. Le cardinal
grand pénitencier conduit aussitôt du Perron et d'Ossat vers
l'autel de la Confession de saint Pierre, où l'on chante un *Te
Deum* solennel.

A Saint-Louis-des-Français, un second *Te Deum* est chanté,
sous la présidence du cardinal de Joyeuse. Dans cette même
église, une messe d'actions de grâces est célébrée, le lendemain 18, par Guillaume d'Avanson, archevêque d'Embrun.
Chez les Minimes français du couvent de la Trinité, Anne
d'Escars, évêque de Lisieux, officie pontificalement. Des

cérémonies pareilles ont lieu dans un grand nombre d'églises de Rome.

Pendant trois jours, la Ville éternelle est illuminée. Sur les places, flambent des feux de joie. Les Romains s'arrachent les portraits de Henri IV[1].

Du camp de Traversy, près La Fère, partent, le 12 et le 17 novembre, les vifs remerciements du roi converti pour Clément VIII et pour le Sacré Collège, pour Toledo en particulier[2].

Quelques jours plus tard, Henri IV ordonne que l'on célèbre, dans chaque diosèce, l'absolution pontificale par des cérémonies religieuses, auxquelles prendront part les autorités publiques, et que suivront des réjouissances populaires. Au *Te Deum* de Notre-Dame de Paris, assistent le roi, les officiers de la couronne, les parlementaires en robe rouge et une foule nombreuse, tandis que les échos de la fête sont répercutés par le canon de la Bastille et de l'Arsenal[3].

En janvier 1596, un grand acte est accompli pour la pacification intérieure du royaume et la réconciliation de tous les Français. Au traité de Follembray, le duc de Mayenne, chef de la Ligue, se soumet loyalement à Henri IV. C'est le fruit de l'absolution qu'a conférée le pape.

Au mois de juillet suivant, Alexandre de Médicis, cardinal de Florence, est reçu à Paris, avec les plus grands honneurs, comme légat du Saint-Père. Le 19 septembre 1596, Henri IV signe et lui remet l'acte officiel de ratification, grâce auquel les promesses faites à Rome, par du Perron et d'Ossat, reçoivent la sanction légale. Clément VIII se hâte d'en remercier le roi, par un bref très affectueux, daté du 13 octobre. C'est

1. *Procès-verbal de l'absolution*, dans du Perron, *Ambassades et négociations*, p. 162. — Bibliothèque nationale, Fonds Brienne, ms. 137, fol. 151. — Ossat, *Lettres*, t. I, p. 475-487. — Palma-Cayet, *op. cit.*, p. 684-690, etc.

2. *Lettres missives de Henri IV*, t. IV, p. 453 *sqq.* — Prat, *op. cit.*, t. I, p. 235.

3. Bibliothèque nationale, Fonds Brienne, ms. 137, fol. 146. — *Item*, Cheverny, etc.

le terme des longues négociations diplomatiques qu'a réclamées la grave et délicate affaire de l'absolution[1].

Dans leur ensemble, les engagements pris seront tenus.
Henri IV, malgré ses écarts de conduite morale, pratiquera
toute sa vie les actes personnels de piété qui lui ont été im-
posés : récitation du chapelet, messe quotidienne, communion aux fêtes. De même, le jeune prince de Condé sera
élevé dans la foi catholique[2]. Les droits de l'Église seront
habituellement respectés, ainsi que les règles concordataires
pour l'attribution des bénéfices. L'édit du 15 avril 1599 res-
taurera, dans la mesure du possible, le culte catholique en
Béarn. Un nouveau monastère ne sera pas élevé, dans chaque
province, par le roi ; mais le progrès d'un grand nombre
d'instituts religieux d'hommes et de femmes sera favorisé
activement. Une seule des clauses accordées lors de l'absolution ne sera jamais accomplie : la promulgation des actes
disciplinaires du concile de Trente. En mars 1600, le roi,
soutenu par Bellièvre et Villeroy, voudra, cependant, imposer un édit de promulgation ; mais les magistrats gallicans,
notamment de Thou, annonceront une résistance si déterminée, au Conseil royal comme au Parlement, que Henri IV
abandonnera pour toujours son projet[3].

En revanche, des concessions refusées au pape en 1595
lui seront accordées ensuite. Des négociateurs pontificaux
joueront le rôle d'arbitres entre la France, l'Espagne et la
Savoie, aux traités de 1598 et de 1601. Il est vrai qu'avant
cette dernière convention diplomatique, le Saint-Père aura
reconnu la nullité du mariage de Henri IV avec Marguerite
de Valois et fait bénir son union nouvelle avec Marie de
Médicis.

1. Cocquelines, *Bullarium amplissima collectio*, t. II. Rome, 1753. In-
fol. Bulle d'absolution, ratification royale et bref de Clément VIII, p. 127-
135. — Palma-Cayet, *op. cit.*, p. 740. — Thuanus, *op. cit.*, lib. CXVI, cap. xvii.
— Du Perron, *Ambassades et négociations*, p. 48, 50, 53. — Ossat, *Lettres*
des 16 juin, 18 septembre, 17 octobre 1596, t. II.

2. Bourdaloue rapportera ce fait avec détail dans la première partie
de l'*Oraison funèbre de Henri de Bourbon, prince de Condé*, prononcée en
1683.

3. De Thou, *Mémoires*. Collection Michaud. Série I, t. XI, p. 272. — Cf.
Mignot, *Histoire de la réception du concile de Trente*, t. II, p. 229-301.
Amsterdam, 1756. In-12.

Enfin les Jésuites, à leur tour, recevront les plus grands bienfaits du roi. Lorsque le ¡Parlement de Paris viendra, le 24 décembre 1603, protester contre l'édit qui les rappelle en France, Henri IV répondra : « Que si un Espagnol, Jésuite et cardinal, a aydé à obtenir la bénédiction de Nostre Sainct-Père, quand je me fis catholique, pourquoy voulez-vous mettre en ombrage les Français, mes naturels subjects[1] ? »

L'absolution romaine du 17 septembre 1595 a consacré la réputation de ses deux négociateurs principaux, devenus le cardinal d'Ossat (1599) et le cardinal du Perron (1604). Mais il ne faut oublier aucun de ceux qui ont travaillé à cette œuvre difficile : le duc de Piney-Luxembourg, le marquis de Vivonne-Pisany, le cardinal de Gondi, Brochard de la Clielle, le duc de Nevers. Tous ont fait preuve, à la fois, d'une énergie singulière et de beaucoup de tact et de respect, en défendant à Rome la sincérité de Henri IV. Néanmoins, ils ne pouvaient qu'échouer, d'abord, tant ce retour à l'Église inspirait de défiances, tant l'influence espagnole et ligueuse entretenait de préjugés hostiles. Ce sont les événements de 1594, qui, gagnant Paris et la plupart des provinces à la cause royale, ont modifié l'opinion admise, au sujet du Béarnais, dans l'entourage du pape. Le prince converti devenait manifestement le chef de la France catholique ; et vouloir encore, malgré sa loyauté persistante, lui refuser l'absolution, serait risquer un schisme. Alors Clément VIII est revenu aux derniers projets de Sixte-Quint. Sans avoir le même génie politique, il a trouvé dans sa conscience et dans son cœur la force de vaincre les plus graves obstacles. Ouvrant les bras à Henri IV, il a réconcilié la couronne avec le Saint-Siège et terminé la pacification religieuse de la France.

Yves de LA BRIÈRE.

1. Dupleix, *Histoire de Henri IV*, p. 347. — *Relation* d'un témoin dans le tome V des *Recherches* du P. Prat, p. 215. — Cf. Couzard. *De Edicto rhotomagensi Jesuitas in Galliam restituente.* Paris, 1900. In-8.

LES CATHOLIQUES ALLEMANDS

AU XIXᵉ SIÈCLE

I. — LES MARIAGES MIXTES

Je n'ai pas la prétention de traiter dans toute son étendue le vaste et difficile sujet qu'annonce le titre général de cet article. Je me propose d'examiner, parmi les questions qu'il soulève, quelques-unes de celles qui offrent aux lecteurs français un intérêt spécial par leur actualité et par les leçons qu'elles renferment. '

La première sera celle des mariages mixtes. Peu connue en France, elle est d'une importance capitale pour l'Église d'Allemagne. Ce que je vais en dire, servira d'ailleurs à éclairer les récits qui suivront.

Je dois au P. Krose la partie statistique de cette étude. Les éléments historiques de la réorganisation de l'Église catholique en Allemagne m'ont été fournis principalement par l'ouvrage du P. Otto Pfülf : *Cardinal von Geissel aus seinem handschriftlichen Nachlass geschildert*[1]. J'ai déjà eu la bonne fortune de puiser quelques articles pour les *Études* dans sa *Vie de Mgr de Ketteler*. Le P. Pfülf est un guide sûr et intéressant.

I

Le nombre des catholiques, relativement à la population totale de l'empire d'Allemagne, a diminué pendant tout le cours du dix-neuvième siècle.

Le P. Krose, dont la réputation comme statisticien est si parfaitement établie, même en Prusse, le pays par excellence de la statistique, vient de publier un volume où il réunit, en les complétant, les articles qu'il avait fait paraître dans les

1. Herder, Fribourg-en-Brisgau, 1896. 2 volumes in-8.

Stimmen aus Maria-Laach, sur le mouvement absolu et relatif des deux confessions principales, la protestante et la catholique [1]. La lecture de cette brochure repose de ces statistiques admiratives et exclamatives qui souvent trompent le public. Ici tout est pesé avec la plus grande exactitude ; tout est discuté : la pureté des sources où l'on puise, la valeur des chiffres proposés, les causes d'erreurs possibles.

La première partie expose l'état actuel des diverses religions, dans une série de tableaux que l'auteur explique avec soin :

I. Les diverses religions de la population des États confédérés au 1er décembre 1900 ;

II. Le nombre au 1er décembre 1900, sur cent personnes, des adhérents de chacune de ces religions *dans l'empire*.

Les tableaux suivants donnent le nombre absolu et le tant pour cent de la population totale des adhérents de ces diverses religions *dans les États* et dans leurs provinces et divisions administratives.

Mais comme, en Allemagne, les divisions administratives ne correspondent exactement ni aux circonscriptions électorales, ni aux circonscriptions ecclésiastiques (protestantes, catholiques, etc.), les tableaux XI, XII, XIII indiquent le nombre des adhérents de chaque confession dans chacune des circonscriptions électorales et ecclésiastiques de l'empire. Le tableau XI, mis en regard du résultat des élections, montre que le centre ne possède pas toutes les circonscriptions électorales où les catholiques sont en majorité. Sur 397 arrondissements électoraux, 146 ont une population en majorité catholique [2], dont les deux tiers seulement ont envoyé un député au centre du Reichstag.

Le tableau XIV divise la population suivant les langues maternelles des habitants.

1. *Confessionsstatistik Deutschlands*, miteinem Rückblick auf die numerische Entwicklung der Confessionen im 19. Jahrhundert, von H. A. Krose, S. J. Mit einer Karte. Freiburg im Bresgau, Herdersche Verlagshandlung, 1904.

2. On peut consulter sur ce point le livre de Mgr Kannengieser : *D'étape en étape. Le centre catholique en Allemagne*. Première partie, § 5.

La seconde partie traite du *mouvement numérique* absolu et relatif des confessions pendant le dix-neuvième siècle.

Jusqu'à la fin du dix-huitième siècle, la maxime : *cujus regio, ejus religio*, a été appliquée avec la plus grande rigueur. L'empire comprenait donc alors une multitude d'États exclusivement protestants ou exclusivement catholiques. Il y avait cependant quelques pays mixtes, parce que le traité de Westphalie accordait aux habitants le libre exercice de la foi qu'ils professaient, eux ou leurs ancêtres, en l'année normale 1624, quelle que fût la religion de leur souverain actuel. La grande facilité des communications, la libre circulation accordée aux sujets de l'empire ont, depuis, amené un mélange beaucoup plus considérable des différentes confessions. Toutefois la puissance numérique d'une confession reste plus grande dans les territoires où elle dominait autrefois.

Les statistiques ne méritent quelque confiance que depuis 1822, et encore restent-elles longtemps trop imparfaites pour qu'on puisse suivre de recensement en recensement le développement des confessions.

Abstraction faite de l'Alsace-Lorraine, le territoire actuel de l'empire comptait :

	Habitants.	Protestants.	Catholiques.
En 1822. . .	25 668 420	16 198 000	9 091 500
En 1858. . .	35 381 380	22 640 070	12 212 607

Depuis 1871, les statistiques permettent de suivre de recensement en recensement le mouvement confessionnel. Donnons seulement quelques chiffres.

	Habitants.	Protestants.	Catholiques.	Juifs.
En 1871. .	39 500 054	25 581 685	14 869 292	512 951
En 1900. .	56 367 178	35 231 104	20 327 313	586 833

J'ai omis le recensement d'autres confessions, telles que les confessions grecques.

Il est plus intéressant de connaître le mouvement relatif des confessions. Chaque recensement donne pour 100 habitants aux religions protestante, catholique et juive les nombres suivants [1] :

---

1. Les tableaux donnent aussi par 100 habitants le nombre de Grecs, de Russes, de bouddhistes, de libres penseurs.

	Protestants.	Catholiques.	Juifs.
En 1871.	62,31	36,21	1,25
En 1880.	62,63	35,89	1,24
En 1885.	62,68	35,82	1,20
En 1890.	62,77	35,76	1,15
En 1900.	62,51	36,06	1,04

Il résulte de ce tableau que le nombre absolu des deux principales confessions a toujours été en augmentant. Il n'en pouvait pas être autrement, la progression de la population totale ayant été considérable. Mais, de 1871 à 1890, la proportion des catholiques, relativement à la population totale, a toujours été en diminuant ; elle s'est relevée de 1890 et surtout de 1895 à 1900. Considérée dans ces nombres relatifs, la diminution paraît bien légère ; mais quand on applique ces proportions aux nombres énormes auxquels elles se rapportent, l'effet produit n'est plus le même. Si la proportion des catholiques à la population totale était restée ce qu'elle était en 1871, ils auraient, en 1900, été 228 000 de plus. Ils ont donc perdu dans ce laps de temps 228 000 adhérents, et l'on peut affirmer que pour le siècle entier *la perte s'élève à plus de 1 million*.

Si nous entrons dans le détail, nous arrivons à quelques résultats curieux.

En *Prusse*, depuis 1871, *la proportion* du nombre des catholiques a toujours été en augmentant.

Dans le cercle de la ville de Berlin on comptait, en 1871, 51 517 catholiques et en 1900, 188 440. Le nombre des catholiques a aussi beaucoup augmenté dans les environs de la ville. On s'est extasié devant cet accroissement. Il n'a rien de merveilleux quand on le compare à l'accroissement énorme de la population totale et qu'on se rappelle que la circulation est libre *maintenant* en Allemagne et que Berlin est devenue la capitale d'un grand empire. Le nombre des protestants était à Berlin, en 1871, de 732 851 et en 1900, de 1 590 515.

Dans la province de *Schleswig-Holstein*, le nombre absolu et le nombre relatif des catholiques ont beaucoup augmenté. En 1871, ils étaient 6 144 ; en 1900, 30 624. Le lecteur qui n'est pas familiarisé avec les circonstances locales (c'est une

remarque du P. Krose) pourrait s'étonner d'un tel accroissement : en réalité, il n'a rien que de très naturel; la création
d'industries nouvelles suffit à l'expliquer.

Dans les *provinces orientales* et en *Silésie*, la proportion des
catholiques a augmenté; dans la *Prusse occidentale*, ils sont
en majorité. Ils sont aussi en forte majorité en *Westphalie* et
dans les *provinces rhénanes*; mais leur proportion à la population totale y a diminué. En Westphalie, si ce mouvement
continue dans le même sens, comme il est probable, on peut
prévoir l'époque où la majorité passera aux protestants. Dans
les provinces rhénanes, la diminution, quoique moins considérable, reste encore fort grande.

Dans le *royaume de Saxe*, en soixante-cinq ans, le nombre
des catholiques est monté de 25 000 à 197 000. Il est donc
devenu sept fois plus grand. Mais la population totale a
augmenté, dans le même temps, de 170 p. 100. La proportion
des catholiques a passé de 1,79 à 4,69 p. 100.

En *Bavière* on comptait :

	Catholiques.	Protestants.
En 1871.	3 464 364	1 342 592
En 1900.	4 357 133	1 749 206

Si l'on calcule le nombre des catholiques et des protestants pour 100 habitants, on trouve que la proportion des
catholiques a baissé de 71,13 à 70,15 et celle des protestants
est montée de 27,61 à 28,32.

Je laisse de côté le nombre relatif des adhérents à d'autres
religions.

On a tant parlé du *grand-duché de Bade* que je ne puis me
dispenser d'en dire un mot.

Les recensements donnent :

	Protestants.	Catholiques.
En 1871.	491 008	942 560
En 1900.	704 058	1 131 639

En 1900, le recensement donne aussi 26 182 juifs.

Le calcul fournit pour 100 habitants :

	Protestants.	Catholiques.
En 1871	33,59	64,49
En 1900	37,69	60,58

Les catholiques ont donc beaucoup perdu depuis 1871, et si l'on remonte à 1836, époque où les statistiques badoises commencent à mériter quelque confiance, on voit qu'ils ont perdu plus de 118 000 individus durant ce laps de temps. Dans le district de Manheim, la majorité a passé aux protestants.

Dans la *Hesse*, la proportion des catholiques ¡à la population totale a notablement augmenté.

L'*Alsace-Lorraine* comptait :

	Catholiques.	Protestants.	Juifs.
En 1871.	1 234 686	271 251	40 938
En 1900	1 310 450	372 078	32 264

Le calcul donne pour 100 habitants :

	Catholiques.	Protestants.	Juifs.
En 1871.	79,73	17,44	2,64
En 1900.	76,21	21,64	1,88

Le lecteur français ne comprend peut-être pas tout l'intérêt que ces statistiques ont pour les Allemands. Cela vient de ce qu'il ne se rend pas compte de la situation des catholiques. Ils sont en minorité dans l'empire. Ils ont à se plaindre de ce que leurs droits comme catholiques ne sont pas toujours respectés ; on les tient à l'écart des fonctions publiques, on ne leur donne pas dans les emplois de l'État la part qui leur revient ; les libertés de leur Église sont souvent violées, et partout ils sont en butte aux attaques des protestants. Qu'ont-ils à attendre, si l'accroissement de la majorité protestante les met à la merci de leurs adversaires ? Ces réflexions ne sont pas de moi, mais du P. Krose, dans un de ses articles des *Stimmen aus Maria-Laach*.

Il y a donc diminution constante dans la proportion des catholiques à la population totale, de 1871 à 1898 ; il y a relèvement surtout de 1895 à 1900.

Quelles sont les causes de ces faits ?

II

La diminution du nombre relatif des catholiques doit être attribuée surtout aux mariages mixtes.

Dans la troisième partie de son travail, le P. Krose examine les causes qui peuvent influer sur le mouvement relatif des deux confessions protestante et catholique en Allemagne.

Il ne pense pas que les causes extérieures, la *non-parité* de traitement des catholiques, la faveur dont jouissent les protestants, les écoles mixtes ou simultanées avec des maîtres protestants, contribuent à l'augmentation d'une des confessions au détriment de l'autre. Il étudie donc plus spécialement les causes intérieures, qu'il ramène à quatre.

1° *Fécondité des mariages.* Dans ses articles des *Stimmen*, le P. Krose ayant affirmé avec preuves à l'appui que les familles catholiques sont en moyenne plus nombreuses que les familles protestantes, les protestants lui répondirent avec violence, l'accusant d'injurier leur religion : son livre traite donc de ce grave sujet avec le plus grand soin. Il constate de nouveau que le fait ne peut être révoqué en doute.

La statistique prussienne, beaucoup plus riche en documents que celle des autres États, nous donne les résultats suivants, pour la période de 1881 à 1890.

La moyenne du nombre des naissances par famille s'est élevée au-dessus de 5 dans sept régences, dans six desquelles le catholicisme l'emporte de beaucoup. La septième compte autant de catholiques que de protestants. Un exemple : la moyenne la plus élevée (5,4 naissances par famille) appartient à la régence d'Aix-la-Chapelle, où les catholiques sont 95,25 p. 100. — Quinze régences ont eu une moyenne allant de 4,5 à 3 : le protestantisme y domine.

Le P. Krose prouve avec une merveilleuse sagacité que les causes invoquées par la plupart des statisticiens protestants pour expliquer ce fait sont insuffisantes, et qu'il faut l'attribuer à l'influence de la religion.

Toujours est-il que la diminution relative du nombre des catholiques ne vient pas de ce que les naissances par famille

seraient moins nombreuses chez eux que chez les protestants.

2° L'*émigration* et l'*immigration* peuvent exercer une grande
influence sur le rapport numérique des confessions.

L'on sait que l'*émigration* des Allemands est considérable.
Ne parlons que des États de l'empire actuel. On estime que
de 1820 à 1870, 2 millions d'Allemands de ces États sont
allés dans l'Amérique du Nord, un demi-million au Brésil, en
Australie, etc. ; — de 1871 à 1900, 3 millions dans l'Amérique du Nord[1] ; en outre, plusieurs milliers en Italie, en
France, etc.

Le P. Krose démontre que cet exode par millions a plus
atteint les protestants.

L'*immigration*, d'autre part, a été favorable à ces derniers :
elle a, de 1890 à 1900, fait remonter leur proportion à la
population totale. Dans ces dix années, 345 344 étrangers
sont venus s'établir dans l'empire[2]. On peut admettre qu'il y
avait sur ce nombre de 280 000 à 290 000 catholiques. Ce
chiffre suffit à expliquer l'augmentation que nous avons
signalée. En Alsace-Lorraine, le nombre des étrangers s'est
élevé de 6 505 (en 1895) à 20 952 (en 1900).

La libre circulation des sujets de l'empire amène des
perturbations locales dans le rapport des confessions : elle
n'influe pas sur les nombres généraux.

3° *Le passage d'une confession à l'autre*. Les statistiques
officielles n'en parlent pas, excepté en Bavière. Un individu
qui passe d'une confession à une autre est obligé dans ce
royaume de prévenir l'administration.

Les seuls documents dont on puisse se servir sont fournis
par les consistoires protestants ou par les diocèses catholiques. Ils laissent beaucoup à désirer. Exacts quand ils donnent le nombre des individus qui entrent dans une confession,

---

1. Le recensement fait en 1900 aux États-Unis confirme ces chiffres. Il
donne 6 234 220 individus nés de parents qui l'un et l'autre étaient nés en
Allemagne, et 1 585 258 individus dont l'un des parents était né en Allemagne
et l'autre aux États-Unis.

2. En 1890, on comptait 433 254 étrangers *devenus sujets* allemands, et en
1900, 778 698. En 1900, le nombre des étrangers dans l'empire était de
829 629.

ils ne le sont plus quand ils indiquent les sorties [1]. Tout bien
calculé, il paraît certain que le nombre des conversions au
protestantisme est plus grand que celui des conversions au
catholicisme ; mais il est trop faible pour influer beaucoup
sur les rapports numériques des confessions.

4° Les *mariages mixtes*, conclus entre un protestant et une
catholique, ou une catholique et un protestant.

Nous voici arrivés à la question grave entre toutes. Le
nombre des protestants français étant relativement peu considérable, nous avons peine à concevoir l'importance que
l'Église attache à cette question, la prohibition qu'elle fait
à ses enfants de contracter de tels mariages, les dispenses
qu'elle se réserve de donner, les conditions qu'elle impose
aux deux conjoints avant de les unir. Nous comprendrions
mieux la sagesse de cette législation, si nous voulions réfléchir à ce qui se passe sous nos yeux. Chaque jour, nous
voyons des jeunes filles catholiques, élevées dans la piété,
épouser des libres penseurs. Ces mariages ne sont pas
mixtes, au sens strict du mot. Ces libres penseurs ont été
baptisés dans l'Église catholique, ils ont fait leur première
communion ; pour la circonstance, ils se disent catholiques
et demandent même à un prêtre un billet de confession. Mais
si la statistique nous révélait le sort de la plupart de ces
mariages, quels tristes résultats elle nous fournirait ! Que
deviennent, après quelques années, les sentiments religieux
de la jeune femme ? Comment les enfants seront-ils élevés ?
Octave Feuillet a dépeint, dans son roman *la Morte*, les
immenses douleurs qu'une telle union réserve trop souvent
à une jeune fille chrétienne. Les mariages mixtes proprement dits ne donnent pas des résultats moins tristes.

Mais d'abord, quel est dans l'empire d'Allemagne *le nombre des mariages mixtes* ?

Les recensements officiels devraient constater le nombre
des mariages mixtes contractés depuis le recensement précédent, et celui des mariages mixtes actuellement existants ;

---

1. Les documents officiels des Églises protestantes donnent pour l'empire,
sans la Bavière, les nombres suivants :
De 1890 à 1900, conversions du catholicisme au protestantisme : 46 600 ;
Du protestantisme au catholicisme : 6 820.

mais ces documents ne sont pas fournis par tous les États de l'empire. La statistique officielle a donné le nombre des mariages contractés en 1901 :

Nombre total des mariages	468 329
Entre protestants	277 480
— catholiques	145 141
— un protestant et une catholique.	18 418
— un catholique et une protestante	20 697
— personnes de même religion (protestante, catholique, juive, etc.)	427 315
— personnes de diverses religions	42 014
Dont entre protestants et catholiques	39 115

Le nombre des mariages mixtes depuis 1871 et surtout depuis 1890 a augmenté considérablement en Prusse, et principalement en Silésie, en Westphalie, dans les provinces rhénanes, en Bavière, en Alsace-Lorraine et surtout dans le grand-duché de Bade[1].

Le point capital qu'il faudrait examiner est celui de l'éducation des enfants. Quelle est la proportion des enfants, provenant de ces mariages mixtes, qui sont élevés dans le protestantisme ou dans le catholicisme? Je n'entrerai pas

---

1. Dans la première moitié du dix-neuvième siècle, un mariage mixte en Bavière *sur la rive droite* du Rhin était extrêmement rare. Aujourd'hui il y en a un sur dix.
En 1900 se sont conclus :

Mariages entre catholiques.	32 262
— protestants	12 876
Mariages mixtes : mari protestant	2 510
— — catholique	2 340

La même proportion, hélas! se retrouve en Alsace-Lorraine :

En 1898, mariages conclus	12 519
— mariages mixtes en tout.	1 206
— , mariages : mari protestant.	732
En 1900, mariages conclus	12 914
— — mixtes, en tout	1 304
— — mari protestant	763

Dans le grand-duché de Bade :

De 1866 à 1870, mariages conclus.	11 918
— — — mixtes	1 079
De 1891 à 1900, mariages conclus.	13 585
— — — mixtes	1 968

Donc, de 1866 à 1900, la proportion pour 100 a passé de 9,1 à 14,5.
En l'année 1864, le grand-duché comptait 11 772 mariages mixtes existants ; en 1890, 25 252. Le nombre en a donc plus que doublé.

dans cette discussion qui m'entraînerait trop loin[1]. La conclusion du P. Krose est celle-ci : « L'Église catholique en Allemagne souffre des pertes constantes et considérables par
suite de l'accroissement continuel du nombre des mariages
mixtes. Ils lui ont enlevé des centaines de mille personnes
qui devaient lui appartenir et, par suite, la proportion des
catholiques relativement à la population totale de leur patrie
allemande a été sensiblement diminuée[2]. » Le P. Krose, dans
un article publié en 1902, cite un fait curieux qui aidera à
saisir la justesse de cette conclusion. Dans l'État de Brême,
en 1900, on comptait 12 509 catholiques romains ; 3 211 étaient
nés sur le territoire de l'État, 9 298 dans des pays catholiques.
Or 2 548 catholiques (hommes) se sont mariés, 1 389 avec
des protestantes et 1 159 avec des femmes catholiques ; —
701 femmes catholiques ont épousé des protestants. Ces
2 090 mariages mixtes ont produit 4 289 enfants, dont 3 513
sont élevés dans l'Église protestante et 776 dans l'Église
catholique[3].

III

Ces chiffres sont éloquents. Les mariages mixtes, voilà le
grand instrument de propagande du protestantisme, employé
par le gouvernement prussien. Dans les provinces où la
religion catholique existait presque exclusivement avant la

---

1. Voici quelques nombres pour la Prusse.
Enfants nés de mariages mixtes vivant dans la maison de leurs parents
au moment du recensement :

1er décembre 1885. .	231 712 protestants ;	194 542 catholiques.
— 1890. .	258 668 —	211 325 —
— 1895. .	332 947 —	264 648 —
— 1900. .	381 953 —	294 604 —

De 1885 à 1900, un grand nombre d'enfants ont quitté la maison paternelle ; par conséquent ces nombres n'expriment pas les nombres véritables
des enfants nés de mariages mixtes ; ils leur sont inférieurs.
Dans le grand-duché de Bade : en 1890, nous trouvons, nés de mariages
mixtes, 9 894 enfants protestants et 9 055 catholiques.
2. Je relève une observation faite par le P. Krose dans le courant de sa
longue et savante discussion. Les femmes ont plus d'énergie que les hommes
pour exiger que les enfants soient élevés dans leur religion, et les maris protestants plus que les maris catholiques.
3. Mœhler, dans son *Histoire de l'Église*, publiée par le P. Gams, a écrit
une longue dissertation sur les mariages mixtes, tome III.

révolution de 1803, le gouvernement envoie une multitude
de fonctionnaires, de jeunes officiers protestants. Ils s'in-
troduisent dans les familles catholiques où ils sont parfaitement accueillis; et bientôt ils ont noué une alliance avec une
jeune fille catholique.

Le roi Frédéric-Guillaume III[1] favorisait de tout son pouvoir ce genre de prosélytisme. Le haut point de fortune où il
était parvenu, après la chute de Napoléon, avait achevé de le
convaincre que rien ne devait résister à sa volonté. En 1717 il
imagina de fonder une religion nationale par l'union de
toutes les confessions protestantes. Ces réformes soulevèrent dans le peuple en plusieurs provinces une violente
opposition. Elle fut réprimée avec une extrême brutalité. Ce
roi était animé d'une véritable haine contre la religion
catholique. Il chassait de son service tout protestant qui
revenait à l'ancienne religion. Sa sœur et son beau-frère
s'étant convertis au catholicisme, il leur écrivit une lettre de
reproches, pleine de mépris pour l'Église. La princesse de
Liegnitz qu'il avait épousée en secondes noces, la princesse
Élisabeth de Bavière, femme du kronprinz, furent contraintes
moralement par lui à embrasser le protestantisme. C'était
prêcher d'exemple et montrer tout le parti qu'un protestant
zélé peut tirer d'un mariage mixte. Le 25 août 1825, il étendit
aux provinces de l'Ouest la déclaration, promulguée en 1803
pour celles de l'Est, en vertu de laquelle tout pacte relatif à
l'éducation des enfants conclu avant le mariage des parents
était de nulle valeur : les enfants devaient être élevés dans la
religion du père. Ces prescriptions ayant rencontré une vive
opposition dans les nouvelles provinces de la monarchie, il
résolut de la briser. Les prêtres qui avant la célébration
d'un mariage mixte exigeraient une dispense ou une promesse
quelconque, les prêtres qui refuseraient la bénédiction
nuptiale, etc., etc., seraient passibles de retrait d'emploi. Les

1. Dans plusieurs contrées catholiques en Allemagne, le décret du concile de Trente n'a pas son plein effet. Les mariages entre protestants y sont
considérés par l'Église comme valides et par suite comme indissolubles. Or
le divorce sévit en Prusse parmi les protestants. Lorsqu'un de ces mariages, indissolubles aux yeux de l'Église, était brisé, Frédéric-Guillaume III
aurait voulu qu'elle reconnût comme valide la nouvelle alliance d'une des
parties divorcées avec une partie catholique.

évêques demandèrent au roi à soumettre l'affaire au Saint-
Siège : Frédéric-Guillaume y consentit et chargea le fameux
chevalier Bunsen de porter à Rome avec ses propres instructions les mémoires épiscopaux. Le pape Pie VIII y
répondit par le bref daté du 25 mars 1830; il y poussait les
concesssions jusqu'aux dernières limites, sans sacrifier pourtant les prescriptions canoniques et l'intérêt. des âmes. Une
Instruction du cardinal Albani, destinée aux évêques, accompagnait le bref. Elle devait demeurer secrète. Un bref qui n'approuvait pas les mariages mixtes devait déplaire au roi :
celui de Pie VIII ne fut pas publié.

Grégoire XVI ayant succédé à Pie VIII, Bunsen reporta à
Rome bref et *Instruction* pour obtenir les modifications
désirées. Grégoire XVI ne pouvait rien accorder, il n'accorda
rien. Alors Bunsen redemande le bref et l'instruction de
Pie VIII. Son plan de campagne est tout tracé. Il est fort
compliqué, car Bunsen est un grand stratégiste et pourtant
tout se résume en deux mots : séduire et tromper. Bunsen
retourne à Berlin. L'archevêque Spiegel y est mandé. Il s'y
rend, la mort dans l'âme, avec le docteur München, son secrétaire.   On rédige les quatorze articles d'une convention
destinée aux évêques. Elle contenait une prétendue interprétation authentique du bref pontifical; en réalité, elle mainte-
nait les prescriptions de l'ordonnance royale de 1825. Spiegel
la signa avec Bunsen, il obtint aussi — avec beaucoup de
peine — mais enfin il obtint la signature de ses suffragants. Tous s'engageaient donc à publier le bref qu'on ne
pouvait pas cacher plus longtemps, sauf à en donner par
leurs vicariats aux curés une interprétation qui en était
une flagrante contradiction. On enterrait l'*Instruction romaine*.

Mis en possession du bref pontifical, les curés se divisent :
les uns conforment leur conduite à l'interprétation des évêques, les autres aux règles de l'Église. Les conflits avec le
gouvernement se multiplient.

Les évêques sont dans le plus grand embarras. L'auteur
principal de tous ces maux, Spiegel, parut le 2 août 1835,
devant le tribunal de Dieu pour y rendre compte de ses
défaillances, de la protection qu'il avait accordée aux enne-

mis de la foi, du désordre où sa lâcheté et sa trahison avaient jeté l'Église d'Allemagne.

Le roi sentait que l'opposition et la haine contre son gouvernement grandissaient tous les jours en Westphalie et dans les provinces rhénanes. Pour calmer les esprits, on résolut de donner pour successeur à Spiegel un homme jouissant de la confiance universelle, Clément-Auguste, baron de Droste-Vischering, frère de l'évêque de Munster, évêque de Calama *in partibus*. Administrateur du diocèse de Munster dans les temps les plus difficiles, il avait donné des preuves évidentes de sa fermeté et de son habileté. Depuis plusieurs années, il vivait en dehors des affaires, tout occupé d'œuvres de charité. Le ministre des cultes, Altenstein, voulut connaître ses intentions : il lui envoya un chanoine de Munster, Schmülling, pour lui demander confidentiellement si, dans le cas où il serait élu à un siège épiscopal, il accepterait pour règle de conduite, *avec le bref du pape Pie VIII, une convention conforme à ce bref,* laquelle avait été signée par quatre évêques. Ni Schmülling, ni Clément-Auguste ne connaissaient le second document. Ce dernier répondit qu'il ne voyait aucune difficulté à accepter une convention conforme au bref, et la réponse parut suffisante. Habitué à l'obéissance passive, le chapitre de Cologne élut à l'unanimité l'évêque de Calama, comme archevêque de Cologne. Il fut intronisé le 29 mai 1836 [1].

Mais quand le prélat eut pris connaissance des pièces authentiques de l'affaire, il se convainquit de suite qu'on l'avait trompé. Sa résolution fut bientôt arrêtée. Il obéirait au bref, et, pour tenir la promesse qu'il avait faite au gouvernement, il suivrait toutes les prescriptions de l'instruction épiscopale et de la convention qui ne lui étaient pas contraires. Comme il se défiait de son vicaire général, le docteur Hüsgen, et de son chapitre, il se réserva à lui-même la solution de toutes les affaires concernant les mariages mixtes et s'attacha à instruire les catholiques de leurs obligations. Le nombre de ces mariages diminua, et plus encore

1. Pour quelle raison Clément-Auguste ne demanda-t-il pas à son frère communication des documents ? Il est probable que la question posée par Schmülling lui parut n'avoir pas besoin d'examen ultérieur.

le nombre des bénédictions nuptiales, accordées aux conjoints qui n'avaient pas accompli les conditions imposées par l'Église. Soutenus par leur archevêque, les curés bravaient les menaces du gouvernement pour obéir au bref de Pie VIII.

Pendant que ces choses se passaient en Allemagne, que pensait-on à Rome? Les négociations auxquelles l'affaire des mariages mixtes donna lieu sont embrouillées, invraisemblables. Les historiens augmentent encore la confusion des faits en entremêlant leur récit des élans de leur éloquence indignée.

La cour romaine est avertie qu'une instruction explicative, mais en réalité destructive du bref, a été adressée par Mgr Spiegel à ses suffragants. Ce n'était pas exact; le texte envoyé à Rome ne l'était pas non plus. Le 15 mars 1836, note du cardinal Lambruschini à Bunsen. Il se plaint de cette instruction et demande que le roi accorde au Souverain Pontife un représentant fixe à Berlin.

Le 15 avril 1836, réponse de Bunsen. On a calomnié son gouvernement. L'existence d'une instruction telle que celle qui a été remise au Saint-Siège est « moralement impossible » à cause du caractère des évêques, et à cause de la droiture du gouvernement prussien. D'ailleurs, il espère que les évêques eux-mêmes adresseront au Saint-Père des explications qui dissiperont tous les malentendus. Le ministère des cultes, prévenu par Bunsen, envoie aux évêques Schmedding, qui les presse d'écrire au pape dans ce sens.

Les trois suffragants de Cologne obéissent. Ils racontent à leur manière l'histoire de la convention. Les instructions données par eux étaient nécessaires pour empêcher la division dans le clergé, éviter les conflits avec le gouvernement, maintenir la paix dont ils ont un si pressant besoin. Ils se gardent bien de communiquer les textes de la convention et de leurs instructions. Ils oublient de dire qu'ils ont supprimé l'instruction du cardinal Albani. Quant à l'archevêque, voulant éviter d'exposer une situation qu'il n'a pas encore approfondie, il n'écrit que quelques lignes pour assurer le pape de son obéissance.

Bunsen remit ces notes à Lambruschini le 15 janvier 1837; il triomphait. L'affaire semblait terminée.

Mais, le 5 février 1837, il reçoit une nouvelle note de Lambruschini, copie de l'instruction même adressée aux vicaires généraux par les évêques. Que s'était-il passé ? L'évêque de Trèves, Mgr de Hommer, avait signé, le 1ᵉʳ octobre 1836, la lettre que Bunsen avait communiquée à Rome, le 15 janvier suivant. Le jour même de cette signature, il recevait le saint viatique. Dieu lui accorda la grâce de reconnaître sa faute et de la réparer, avant d'entrer dans l'éternité. Le 10 novembre, en face de la mort, il instruisit le pape de tous les détails de l'affaire et lui envoya le texte même de l'instruction et de la convention. Le même jour, il adressait au roi copie de sa rétractation et, le lendemain, il rendait son âme à Dieu.

Bunsen répondit au pape, le 14 du même mois, par une longue note, qui est un modèle de duplicité. Il termine en disant qu'il conçoit l'impression profonde que la démarche de l'évêque de Trèves a produite sur le cœur si bienveillant de Sa Sainteté. Il la prie de considérer, d'un autre côté, que l'archevêque vivant de Cologne ne juge pas l'instruction de la même manière, puisqu'il a promis, en acceptant sa dignité, de l'appliquer et qu'il l'applique depuis un an en toute sécurité de conscience.

Le gouvernement prussien faisait en effet tous ses efforts pour amener le prélat à condescendre à ses désirs. Le président supérieur de la province du Rhin s'y employait de toutes ses forces. Le ministre écrivit, le 25 décembre 1836, à l'archevêque pour lui prêcher la paix : il en reçut une fière réponse. Il répliqua le 27 mars 1837 : l'archevêque ne lui répondit pas. Le président du district de Düsseldorf, comte Stolberg, est chargé alors d'ouvrir avec lui des conférences; elles commencent le 17 septembre 1837; Bunsen y assiste. Clément-Auguste répète qu'il sera fidèle à sa promesse, qu'il obéira au bref et suivra l'instruction dans les points qui ne sont pas contraires au document pontifical. Le gouvernement continue à peser sur lui de tout son poids; on lui insinue que, s'il refuse d'obéir au roi, il doit donner sa démission; Bunsen lui propose de signer une formule qu'il a rédigée lui-même : tout est inutile. Le bref d'abord, puis l'instruction dans les points qui ne sont pas en opposition

avec le bref. On tente un dernier effort. Le ministre lui
écrit, le 24 octobre 1837 : c'est un ultimatum. Obéir, accorder la bénédiction nuptiale à tous les mariages mixtes, ou
se démettre. On lui demande prompte réponse. Elle part le
31 octobre. Il restera fidèle à la promesse qu'il a faite ; il
n'est tourmenté par aucun scrupule de conscience ; mais il a
la pleine et entière conviction qu'aucun évêque ne peut
accorder ce qu'on exige de lui. Ses obligations envers le
diocèse ne lui permettent pas de donner sa démission.

Dès lors, il n'a plus aucun doute sur le sort qui lui est
réservé : il s'y prépare avec une tranquillité parfaite. La
nouvelle s'en répand dans l'archidiocèse. Les populations,
qui ne sont rien moins que favorables au gouvernement
prussien, s'agitent. Des témoignages de sympathie arrivent
de tous côtés au courageux prélat.

Le 20 novembre 1837, le président supérieur de la province, Bodelschwingh, suivi de trois individus, pénètre,
sans se faire annoncer, dans l'appartement où l'évêque se
trouve seul avec son secrétaire. Le fonctionnaire renouvelle
l'ultimatum : obéir ou se démettre. Le prélat reste inflexible.
Alors on lui déclare que le roi a donné ordre de le conduire
dans la forteresse de Minden, en employant la force, s'il est
nécessaire. Le prélat se lève aussitôt et se rend à la porte
du palais épiscopal. Là il refuse d'aller plus loin. Il faut le
porter dans la voiture qui l'attend. « Dieu soit loué, s'écria-
t-il ! Maintenant on me fait violence. » Il était sept heures du
soir. Il ne lui fut pas permis d'emporter les objets les plus
indispensables. Un colonel de gendarmerie prit place à côté
de lui dans la voiture ; un gendarme monta sur le siège et
l'on partit. Les rues adjacentes avaient été fermées par des
batteries d'artillerie et les troupes consignées dans toutes
les casernes.

Clément-Auguste resta prisonnier à Minden pendant dix-
huit mois ; il ne cessait de réclamer sa liberté ou des juges,
non comme une grâce, mais au nom de la justice. Une maladie dangereuse dont il fut atteint, fit craindre pour ses jours :
le gouvernement donna ordre de le transporter en Westphalie, au château de sa famille. Il promit de ne pas s'en
éloigner.

« Au moment où Clément-Auguste fut traîné de force hors de son palais, le soleil de l'église resplendit de nouveau sur l'horizon de l'Allemagne, dit Mœhler. L'émotion produite par cet attentat dans le monde entier fut indescriptible. Les chanoines de Cologne seuls y parurent insensibles. Ils se hâtèrent de nommer un vicaire capitulaire, comme si le siège de Cologne eût été vacant. Grégoire XVI cassa l'élection et témoigna au chapitre son indignation. Il n'était pas homme à rejeter sur l'imprudence des victimes les injustices des persécuteurs. Le 10 décembre 1837, il prononça une allocution dans laquelle il louait la prudence et le courage de Clément-Auguste ; il repoussait avec énergie les accusations portées contre lui. Cette allocution, accompagnée des pièces relatives à cette affaire, pièces qui dévoilaient les intrigues et les mensonges du gouvernement prussien, fut envoyée à toutes les cours et, malgré les efforts de la Prusse, répandue à profusion en Allemagne.

Dans l'est de la monarchie, Mgr Dunin, archevêque de Posen et de Gnesen, montrait la même fermeté. En décembre 1837, il écrivit une lettre pastorale sur les mariages mixtes et l'envoya au roi avec ces paroles : « Votre Majesté disposera de ma tête blanche comme elle voudra. J'ai sauvegardé mon âme. » Condamné par la Haute-Cour de Posen, il est interné par ordre du roi à Berlin. Mais fatigué d'attendre inutilement sa mise en liberté, il part une nuit de Berlin, arrive à Posen et se rend à la cathédrale, suivi d'une foule immense. La nuit suivante, les gendarmes pénètrent dans le palais, jettent l'évêque à bas de son lit, lui laissent à peine le temps de s'habiller et l'entraînent à Berlin comme un malfaiteur. A la nouvelle de cet attentat, les deux diocèses prirent le deuil ; les cloches restèrent muettes, les chants et la musique furent interdits. Dix mois plus tard, Mgr Dunin fut rendu à son diocèse par Frédéric-Guillaume IV. Il mourut le 24 décembre 1842.

Bien différent était le prince-évêque de Breslau, Sedlnizky. Vendu au gouvernement, il adoptait avec empressement toutes les mesures hostiles à l'Église. L'opposition qu'il rencontra dans le clergé et dans le peuple devint si forte et les ordres du pape si pressants qu'il finit par donner sa démission (1840). Il se. retira à Berlin, où il se fit protestant.

L'évêque de Munster, Max de Droste-Vischering, et l'évêque de Paderborn, Ledebur, rétractèrent publiquement l'adhésion qu'ils avaient donnée à la convention et proclamèrent leur soumission au Saint-Siège ; les chanoines de Trèves firent la même profession de foi.

Si peu libre qu'elle fût à cette époque, la presse catholique avait pris vaillamment la défense des prélats persécutés. La Faculté de théologie de Munich se signala dans la lutte. L'illustre polémiste Gœrres se jeta dans la mêlée avec son beau livre *Athanasius*. Le gouvernement interdit l'ouvrage et voulut l'empêcher de pénétrer en Prusse : ce fut peine perdue. Les catholiques s'en disputaient les exemplaires ; une foule de protestants ripostèrent. L'Allemagne fut inondée de pamphlets de tout format. Parmi ses adversaires les plus marquants, Gœrres en choisit trois, Leo, Marheinecke, Bruno, et il répondit à leur attaque, dans un nouvel ouvrage : *les Triaires*[1]. Ils furent obligés d'avouer qu'il n'y avait pas un homme dans le monde protestant qui fût capable de se mesurer avec lui.

Ce serait peut-être ici le lieu d'examiner la valeur intrinsèque de ces opuscules et les causes de leur influence. Etude intéressante et toujours actuelle : car le caractère essentiel de la lutte n'a pas changé. Gœrres le décrit en ces termes : « La lutte présente est engagée par l'État abstrait et l'Église réelle, vivante, telle qu'elle a été fondée par Jésus-Christ. » Les ouvrages de Taine sur la Révolution sont pénétrés d'une pensée analogue. Cette pensée domine l'esprit de Gœrres ; elle est le fil qui le conduit à travers toutes ses déductions ; elle est la lumière qui l'éclaire. Champion de l'Église de Jésus-Christ, il ne mendie pas pour elle la tolérance dédai-

1. Dans l'avant-propos, Gœrres explique ce titre. En signalant les brochures et les pamphlets publiés contre l'*Athanasius*, les journaux berlinois disaient : « Les Triaires n'ont pas encore paru. » C'est le nom des soldats qui formaient la troisième ligne de bataille dans la légion romaine. Quand les deux premières avaient été enfoncées, on disait : « Maintenant aux Triaires. » Napoléon disait : « La garde n'a pas donné. » Après plusieurs mois d'attente, l'auteur pense que les Triaires de la légion protestante sont entrés dans la mêlée. Il va les combattre à son tour. Il nomme alors les trois auteurs que j'ai cités.

gneuse des princes : il affirme fièrement, il réclame le libre exercice des droits qu'elle a reçus de Dieu.

Son apologie de Clément-Auguste dans la première partie de l'*Athanasius* repose sur ces principes. L'archevêque de Cologne n'a manqué à aucune de ses obligations comme sujet du roi de Prusse ; il n'a pas violé ses promesses. Il a agi comme il convient à un catholique, comme doit agir un prince de l'Église[1]. Sans doute, il rappelle le gouvernement à l'observation des traités qui garantissent la liberté de l'Église ; mais il n'est pas homme à appuyer son plaidoyer sur une déclaration quelconque des droits de l'homme et du citoyen, sur le prétendu droit de dire et de penser ce que l'on veut. Il est persuadé que la proclamation haute et fière des droits de Dieu, de Jésus-Christ, de l'Église, produit plus d'impression sur les âmes que toutes ces abstractions.

Les Triaires (*die Triarier*) sont une réponse aux accusations portées par les protestants contre l'Église catholique. Elles sont lumineuses, ces pages où il expose ce qu'est l'Église par rapport à l'État et où il lui assigne sa place véritable en regard des sectes protestantes. Elle parle, et seule elle peut parler au nom de Dieu. — La vérité exposée dans sa plénitude communique sa puissance à l'œuvre de Gœrres. C'est la première cause de son succès.

Voici la seconde. Cette glorification de l'Église n'est pas composée d'une suite de raisonnements abstraits. Pour réfuter ses adversaires, Gœrres se sert de la connaissance profonde qu'il possède et du protestantisme et des protestants, de leurs préjugés, de leur orgueil, de leurs sentiments, de leur état d'âme. Ce n'est pas qu'il leur adresse des arguments *ad hominem* ; mais cette science psychologique pénètre ses preuves ; elle leur donne une forme nouvelle, une vie intense.

Enfin, quelle vigueur de style ! C'est le style de Saint-Simon avec moins de fougue et de longueurs. Quelle puissance

___

1. Gœrres demanda à ses collègues de l'Université de Munich une consultation sur le bref de Pie VIII et la convention des évêques. Cette consultation est insérée dans la première partie de l'*Athanasius* ; elle montre article par article l'opposition qui existe entre le bref et la convention. Elle est signée par Dœllinger, Mœhler, de Moy et Phillips.

dans les images!. Comme il développe ses comparaisons !
C'est par là qu'il rend. populaires ses profondes et sublimes
pensées. Dans l'*Athanasius*, après avoir raconté l'intervention du pape, il représente ce prêtre, ce roi des prêtres, dont
on méprisait la faiblesse, se levant dans sa majesté pour
défendre la justice et le droit et ébranlant les consciences.
Comme il fouille dans les profondeurs du cœur des protestants et des mauvais catholiques pour y découvrir ces fibres
cachées que l'on croyait mortes et qui ont vibré aux accents
du pontife ! Puis, quand il contemple les combats que les
catholiques soutenaient alors par tout l'univers, son enthousiasme déborde. Nous avons vu, dit-il, deux papes en captivité. Ces événements et d'autres encore dont nous avons été
les témoins étaient bien considérables. Auprès d'eux, l'emprisonnement de l'archevêque de Cologne n'est qu'un fait
médiocre. Mais le petit fait l'emporte par l'importance des
conséquences sur les grands événements. Et pourquoi? Parce
que les temps marqués par la Providence sont accomplis.
Minuit a sonné. Un jour vient de finir pour les catholiques,
celui de la servitude; un jour nouveau commence à luire,
celui de la liberté. La lecture de ces pages vous saisit et
vous émeut profondément[1].

Les vigoureux écrits de Gœrres, venant s'ajouter à la
protestation pontificale du 10 décembre 1837, contribuèrent
puissamment à généraliser en Allemagne le mouvement d'indignation qui avait accueilli l'emprisonnement du nouvel
Athanase. « Toute la population catholique, dit un historien,
s'était levée comme un seul homme pour témoigner contre
la violence ; même des catholiques tout à fait tièdes, voyant
la liberté individuelle et les exigences du droit lésées par de
pareils procédés, les désavouèrent hautement. Quant au
clergé, il revint partout à l'observation énergique des lois
de l'Église qu'on voulait rendre vaines. » Devant cette opposition, le roi Frédéric-Guillaume III jugea prudent, dès

1. En 1838, Gœrres résuma toute cette polémique et les revendications
de l'Eglise dans un très court opuscule intitulé : *Zum Jahresgedæchtniss des
zwanzigsten november 1837* (pour l'anniversaire du 20 novembre 1837).
En 1842, il fit paraître un nouvel ouvrage : *Kirche und Staat nach Ablauf
der kœlner wirren* (*l'Église et l'État à l'issue des troubles de Cologne*).

l'année suivante 1838, de rendre aux évêques la décision
exclusive de certains cas qu'il s'était réservés à lui-même.
Son fils et successeur, Frédéric-Guillaume .IV, sur la
demande de la diète provinciale du Rhin, renoua en 1841
avec Rome des négociations amicales, qui aboutirent en 1842
à une entente définitive.

« La grande lutte était terminée et la liberté rendue à
l'Église. La malencontreuse convention fut annulée et la
libre communication avec Rome accordée à l'épiscopat allemand. Mais il y eut plus. Dans toutes les couches du peuple
catholique, une vie religieuse toute nouvelle se manifesta.
L'événement de Cologne avait comme un coup de tonnerre
réveillé les indifférents de leur sommeil. Désormais les forces
enchaînées se sentaient délivrées et prêtes à de nouvelles
luttes [1]. »

Le vénérable archevêque de Cologne, solennellement
réhabilité par une lettre autographe du nouveau roi, consentit
à se sacrifier pour mieux assurer le rétablissement complet
de la paix religieuse. Il accepta comme coadjuteur avec
future succession l'évêque de Spire, Jean de Geissel, et lui
transmit par une touchante lettre pastorale l'administration
de son diocèse. Trois ans plus tard, le 19 octobre 1845, Clément-Auguste emportait dans la tombe l'estime singulière
du pontife romain, la vénération de la chrétienté et le respect
de l'histoire. L'Allemagne catholique allait le retrouver
dans son digne successeur.

S'il faut donner une conclusion pratique au double exposé
que nous venons de faire, l'un, tout à l'honneur de la foi et
de l'énergie du peuple allemand, à l'époque des troubles de
Cologne, — l'autre, inquiétant pour l'avenir du catholicisme
actuel, à cause du nombre croissant des mariages mixtes,
nous laisserons encore une fois parler Gœrres. Voici les
félicitations et les conseils que le vieux lutteur respecté
adressait, dans les dernières pages de son *Athanasius*, aux
catholiques rhénans :

« Ce qui m'a réjoui dans votre attitude, ce ne sont pas les
rodomontades extravagantes ni les indignations tapageuses et

1. Marx, *Kirchenlexicon de Wetzer et Welte*, art. Droste-Vischering.

raisonneuses de quelques-uns : celles-là n'ont pas plus de portée que les ronds qui se forment à la surface de l'eau, quand
on la remue... Mais c'est votre contenance calme et sûre ;
c'est la façon dont vous avez su vous trouver, vous sentir les
coudes et vous tenir là tous debout comme un seul homme ;
c'est la fermeté résolue par laquelle s'est affirmé de nouveau
votre caractère national, et la force avec laquelle l'élément
religieux s'est rouvert un chemin... Continuez dans cette
voie, et que chacun ait l'œil sur le voisin qui pourrait être
tenté de s'en écarter.

« Votre foi, vous avez bien fait de vous rassembler autour
d'elle : il n'y a pas de lien plus solide, plus sûr et plus indissoluble que celui-là pour vous unir... Ne vous laissez pas
dévier du mouvement commencé, car vous êtes dans votre
bon droit... Rappelez-vous que, même dans ce conflit, le
travail intime qui rendra votre foi plus complète et plus
vivante est un moyen de lutte bien plus efficace et mène plus
vite au but que les plus violentes invectives contre l'adversaire. Or, l'impulsion pour cette œuvre de perfectionnement
et de vivification est donnée : le temps des semailles est
arrivé. Puisse votre clergé en comprendre l'importance ; et,
considérant la responsabilité qui pèsera sur lui, s'il néglige
son devoir, puisse-t-il bien cultiver le champ, afin qu'il
rapporte au temps voulu une riche moisson ! »

Les catholiques allemands ont su profiter de ces graves
leçons : ils peuvent le faire encore — et d'autres avec eux.

(*A suivre.*)   Henri de BIGAULT.

SAINT FRANÇOIS DE BORGIA

I. — L'HOMME DE COUR (suite)[1]

Charles-Quint et l'impératrice Isabelle accueillirent François de Borgia moins en sujet qu'en parent. La cour ignorait son père, mais il n'y avait pas vingt ans que le duc de Valentinois était mort en Navarre. Ceux qui l'avaient connu durent se demander avec inquiétude si le nouveau venu ne ferait pas revivre le terrible Borgia. Ils furent bientôt détrompés.

Don Juan d'Aragon avait pris soin que son neveu figurât à Valladolid avec plus d'éclat encore qu'à Tordesillas. François avait dix-sept ans ; il était grand, très distingué et très beau. Il aimait les chevaux et la chasse. Son équipage fut toujours superbe. Après l'empereur, auquel évidemment les courtisans laissaient en tout le premier rang, Borgia passa bientôt pour le meilleur cavalier. Encore estimait-on que, si l'empereur montait le mieux à l'allemande, le nouveau venu se servait avec plus d'aisance des courts étriers arabes. Il triomphait aux tournois et aux joutes, cueillait la bague avec une grâce suprême. De tels succès, en tel lieu, étaient capables de griser un jeune homme entièrement maître de ses actions. Mais, aux charmes de son commerce, François joignait une telle rigidité de mœurs, qu'aucune calomnie ne l'effleura jamais. Point d'étrangeté ; quelques communions par an, ce qui était alors la mesure ordinaire. Il différait pourtant des autres courtisans par sa réserve, et bien qu'il faille se défier du panégyrique perpétuel auquel se livrent ses biographes, on doit reconnaître qu'à Valladolid, Borgia laissa le souvenir d'une vertu peu ordinaire. « Il parlait aux dames avec une souveraine modestie, déclare son frère, au procès de Saragosse[2], et des domestiques l'ont vu se ceindre parfois d'un cilice avant de se rendre à une fête. » Dès ce premier

---

1. Voir *Études* du 5 octobre 1904.
2. Déposition de Thomas de Borgia, *loco cit.*

séjour à Valladolid, il s'établit entre François et Charles-
Quint, son aîné de dix ans, une de ces intimités dont l'empereur n'était pas coutumier. « Ceux qui n'en furent pas
témoins, raconte Vasquez, auront peine à croire la faveur que
l'empereur lui ménagea dans sa maison, et l'affection avec
laquelle il le traita. » Borgia reconnut cette affection par un
culte dont la ferveur ne se démentit jamais.

En 1529, Charles-Quint allait se faire couronner à Bologne
par Clément VII. Avant son départ, l'impératrice lui demanda
de marier Eléonore de Castro, une amie d'enfance et la plus
chère de ses demoiselles d'honneur. Eléonore était portugaise, fille de don Alvaro de Castro et de doña Isabelle de
Mello Barreto y Meneses. Tout enfant, elle était entrée, avec
sa sœur Jeanne, au service de l'infante de Portugal. Doña
Isabelle, en 1526, avait emmené les deux sœurs en Espagne [1]. Elle aimait surtout Eléonore, ne s'en séparait jamais,
la soignait comme une sœur, lui ménageait d'inappréciables
privautés. Charles-Quint permit à l'impératrice de choisir,
pour sa protégée, le fiancé qui lui plairait. Doña Isabelle
nomma aussitôt François de Borgia. L'empereur eût préféré
un Castillan. Il connaissait les susceptibilités aragonaises, et
craignit que le duc de Gandie ne refusât, pour son fils,
l'alliance d'une étrangère. L'impératrice insistant, Charles
ordonna au secrétaire de ses commandements, don Francisco
de los Cobos, d'expédier à Gandie un messager, porteur des
ordres impériaux. L'empereur écrivit lui-même au duc que
l'impératrice et lui entendaient traiter François en fils et
l'établir eux-mêmes.

A ces avances, le duc de Gandie répondit en remerciant
l'empereur, et en l'assurant que, quand François serait en
âge d'être marié, il saurait, dans le royaume de Valence, lui
trouver un parti. On ne pouvait être plus maladroit. Cobos
avertit François de l'imprudence que commettait son père.
François qui tenait à Eléonore, indiqua un expédient. Le duc,

---

1. Dans la tragi-comédie *Templo d'Apollo*, de Gil Vicente, représentée à
Lisbonne en 1526, à l'occasion du départ de la future impératrice, Eléonore
de Castro figurait le personnage de la Renommée. On lui faisait dire : *Yo
soy flor de gentilleza... Soy criada de la Emperatriz sagrada — y vivo con
su Alteza...*, etc.

terré dans son coin de Gandie, ignorait les usages de Castille : il craignait, peut-être, de violer les *fueros* d'Aragon en
mariant son fils hors de sa province. Mais si l'empereur mandait le duc à la cour, François assurait que son père, effrayé
par ce voyage, laisserait, plutôt que de le faire, toute liberté
à son fils. Charles-Quint suivit ce conseil. Il appela le duc de
Gandie. Jean II, décidément peu courtisan, supplia l'empereur de le laisser dans ses terres, et, si le prétexte de ce
voyage était le mariage de son fils, il autorisait l'empereur à
tout arranger à sa guise [1].

Heureux d'avoir triomphé de résistances qu'il n'était pas
habitué de rencontrer, Charles-Quint avertit l'impératrice de
donner suite à ses projets. François fut aussitôt fiancé à Eléonore de Castro et don Pedro Gonzalez de Mendoza, maître
de chambre de l'impératrice, partit pour Gandie afin d'y
arrêter, avec le duc, les capitulations matrimoniales. « Je me
suis réjoui, écrivit l'empereur au duc de Gandie, de la résolution que vous avez prise relativement au mariage de don
Francisco... Quoique cette résolution vous soit avantageuse,
à vous, à votre maison et à votre fils, je l'apprécie cependant
et l'agrée beaucoup..., et j'espère que vous reconnaîtrez
qu'elle a été plus profitable qu'un refus d'entrer en accommodements. A cause donc de cette décision et du désir que j'ai
de faire plaisir à doña Eléonore, j'ai résolu de lui donner en
dot huit cuentos [2] de maravédis en plus ce qu'elle possède
déjà, et aussi d'accorder à l'un de vos fils, celui que vous
m'indiquerez, une commanderie de Calatrava vacante depuis
plus de quatre mois et qui rapporte environ cinq mille maravédis de rente. Elle comprend une bonne forteresse et des

1. En conséquence sans doute de cette promesse, le duc, le 13 juin 1528,
émancipait son fils aîné. *Nos Johannes de Borgia, Dux Gandiæ... Quia de
nostro procedit beneplacito emancipare et a nostra patria potestate solvere
et liberare carissimum filium nostrum Franciscum de Borgia...,* etc. *Testes
R[dus] Ferdinandus Gomez, præpositus sedis Valentiæ et Bernardinus de la
Costa, secretarius nostræ dictæ villæ Gandiæ.* (*Osuna.*)
2. Le *cuento* (un million) de maravédis représentait deux mille huit cents
livres de Valence, soit quatorze mille sept cents francs. Douze *cuentos* reve-
naient à cent soixante-seize mille quatre cents francs. Dans ces évaluations,
je tiens compte uniquement du poids des monnaies. La valeur relative de
l'argent était alors quatre ou cinq fois supérieure à celle qu'il possède
aujourd'hui.

possessions peu éloignées de Valence. Elle est située près
Tolède, et s'appelle la commanderie de la *Fontaine de l'Empereur...* »

Charles-Quint promettait de donner à Éléonore quatre
cuentos, outre les huit de la dot. « Ajoutez à cela, concluait-
il, les mérites personnels de doña Eléonore, et surtout l'a-
mour que nous lui portons, l'impératrice et moi, et vous
avouerez que c'est bien le mariage que vous pouviez rêver [1]. »

Sur le point de s'embarquer pour Gênes, le 7 juillet 1529,
l'empereur écrivait encore au duc de Gandie, le priant d'envoyer sans retard ses pouvoirs. « Actuellement, déclarait-il,
je veux que don François reste en Espagne pour asseoir sa
maison, et sitôt votre réponse reçue, je l'enverrai se marier.
Ayez pour assuré, que, puisque j'ai voulu l'établir et l'avantager, j'aurai toujours soin de veiller sur lui et de lui faire du
bien comme il est juste et comme il le mérite [2]. »

Le 26 juillet, la réponse du duc devait être arrivée, car à
cette date, l'empereur fit dresser, à Barcelone, le contrat [3].
On ignore le jour où le mariage fut célébré.

Le 29 juin, 1529, le duc de Gandie avait cédé à François

---

1. Archives de Simancas. Publiée dans les *Monumenta Borgiana*, t. I,
p. 267.

2. *Simancas* et *Monumenta*, t. I, p. 268.

3. *Sepan quantos esta presente carta y scriptura vieren, como tratandose
matrimonio entre los Ill[os] Don Francisco de Borgia, hijo primogenito y mayo-
razgo del Muy Ill[o] Don Juan de Borgia duque de Gandia, con licencia, man-
damiento y autoridad del dicho señor duque su padre, de una parte, — y la
señora D[a] Leonor de Castro, dama de la muy alta y muy poderosa se͂ora la
Imperatriz y Reyna N[a] S[ra], de la otra parte, — el qual matrimonio se faze
por servicio y con intervencion, voluntad y consentimiento de la Sacra, Cesarea
y Real Majestad del Emperador y Rey N[o] S[or]...* Suit la procuration de l'empereur : *Don Carlos... Attendido y considerado que por los muchos y muy
agradables y acceptos servicios que la Ill[a] y bien amada N[ra] doña Leonor de
Castro, dama de la muy alta y muy poderosa señora la Imperatriz y Reyna,
N[a] muy cara y muy amada mujer, ha fechos y cada dia faze y se͂ espera que
fará á nos y á la dicha serenisima Imperatriz, y por su condigno mereci-
miento y generosa prosadia, havemos sido servido de entender en su casamiento
y collocacion con el Ill[o] D. Francisco de Borgia, hijo primogenito del Ill[o]
D. Juan de Borgia duque de Gandia y de la Ill[a] D[a] Juana de Aragon, su pri-
mera mujer...,* etc. Comme procureur de l'empereur intervient au contrat
el muy magnifico y noble señor D. Francisco de los Cobos, secretario de su
Cesarea y catholicas majestades (sic). (Osuna.)

la moitié de la baronnie de Lombay, en payement d'un reliquat de seize mille deux cent vingt-cinq livres valenciennes qui revenait à l'héritier universel de doña Juana de Aragon. Charles-Quint, pour relever le prestige des jeunes époux, érigea cette baronnie en marquisat[1]. C'était la seconde fois seulement qu'en Espagne un fils aîné de grand recevait une semblable distinction, et Charles-Quint l'accordait pour la première fois. L'empereur nomma le nouveau marquis de Lombay son grand veneur. L'impératrice en fit son grand écuyer avec un traitement annuel de quinze mille ducats[2], auquel s'ajoutaient de nombreuses gratifications extraordinaires. La marquise devenait la *camarera mayor* de l'impératrice.

Le 10 septembre 1529 doña Isabelle avait écrit au duc de Gandie : « La Reine. — Illustre duc, mon cousin, je me suis réjouie, comme de raison, que le mariage de don François de Borgia votre fils et de doña Eléonore de Castro ma dame se soit effectué, et comme je voudrais que votre fils en soit aussi content, autant pour les mérites de doña Eléonore que pour la tendre volonté que j'ai de lui être favorable, j'ai voulu vous faire savoir que don Francisco me cause un entier contentement. J'aurai, de son agrandissement, le soin qui est juste, étant donné qu'il est votre fils, et comme le mérite doña Eléonore. Pour vous, je vous suis reconnaissante de la bonne volonté que vous avez mise à faire réussir cette affaire, et, pour vous remercier de ma part et vous visiter, j'envoie Jean Diez, gentilhomme de ma Chambre, par lequel je vous prie de m'informer de votre santé et de ce qui vous plaira, car, pour vous faire des grâces et des faveurs, vous trouverez toujours en moi entière bonne volonté, comme vous le dira plus longuement de ma part ledit Jean Diez. De Madrid, le 10 septembre 1529.—Moi, la Reine[3]. »

1. L'empereur expédia ce titre d'Augsbourg, le 7 juillet 1530. Voir le diplôme impérial dans les *Monumenta*, t. II, p. 579.
2. Quatre-vingt-deux mille cinq cents francs ! Ribadeneyra ne donne aucun chiffre. Nieremberg parle de quatorze mille ducats, et Cienfuejos de quinze mille. Ce chiffre me semble exagéré; vice-roi de Catalogne, Borgia ne touchera que cinquante mille ducats, et grand majordome du prince d'Espagne il ne devait pas recevoir davantage. Il est invraisemblable qu'à vingt ans le marquis de Lombay ait été plus avantagé que dans la suite de sa carrière.
3. *La Reyna.* — *Illº Duque, primo, yo he holgado quanto es razon de averse*

Dès lors, le marquis de Lombay eut, dans cette cour austère et presque conventuelle, une situation privilégiée, et
que sa jeunesse — il n'avait pas vingt ans — ne semblait pas
autoriser. Toujours en voyages et en campagnes, ne faisant
en Espagne que de rapides apparitions, l'empereur se reposait sur le grand écuyer de la garde de l'impératrice, et la
confiance qu'il inspirait était telle, que la rigide étiquette de
la maison impériale n'existait pas pour lui [1].

Jour et nuit il avait ses entrées franches dans tous les
appartements, et aucune critique n'entama jamais une réputation au-dessus de tout soupçon [2].

IV

Tout entier aux devoirs de sa charge, le marquis de Lom-

efetuado el casamiento de D. F^{co} de Borgia, V^o hijo con Dª Leonor de Castro
mi dama; y como qera (sic) que á el le esté tan bien, assi por lo que
Dª Leonor merece, como por el amor y voluntad que yo tengo de hazerle merced, he querido hazeros saber que de Don Francisco tengo todo contentamiento,
y assi de su acrecentamiento tengo el cuidado que es razon, siendo vuestro
hijo, y se debe á Dª Leonor. A vos os agradezco mucho la voluntad que tuvis-
teis en que este negocio viniese en efecto, y para os dar gracias y os visitar
de mi parte, envio á Juan Diaz de mi camara con el cual os ruego me hagais
saber de v^a salud y de lo que os plazera, pues para os hazer merced y favor,
siempre hallareys en mi entera voluntad, como mas largo os lo dirá de mi
parte el dicho Juan Diaz. — De Madrid, á diez de 75 de mil quinientos y XXIX
años. — Yo, la Reyna. (Osuna.)

1. Déposition de Thomas de Borgia, loco cit. Para el Marques de Lombay no habia puerta cerrada de dia ni de noche, y el se tratava de manera
— con ser tan moço, de muy lindo rostro y disposicion, — que merecia bien
se hiciese del esta confiança.

2. Toujours soucieuse d'être agréable à doña Éléonore, l'impératrice lui
communiquait la lettre suivante qu'elle venait d'adresser à l'empereur :
† S. C. C. M^d. Ya V^a Majestad sabe con quanta voluntad se ha ofrecido el duque
de Gandia en todo lo que se ha ofrecido en aquel reyno, y ahora en esto del
casamiento de Don F^{co} de Borgia su hijo, lo mostró bien; y porque he sabido
que V^a Mag^t le ofreció de hazerle merced de la Encomienda de la Fuente del
Emperador para un hijo suyo, y que, por no lo tener, no la recibió, agora le
ha nascido uno, ya ve V^a Magestad la razon que ay para que el Duque
reçiba merced, y que sea demostracion de las que se han ofrecidas, yo suplico
V^a Mag^t quando puedo tenga memoria... Por respecto de Dª Leonor la reci-
biré yo muy grande y aunque se vea que todos tenemos cuidado de su
acrecentamiento como es razon. — Cuya Imperial persona y estado N^o S^r
guarde, y sus dias acresciente como yo deseo. De Madrid, 29 setiembre 1529.
— Beyso as manos de vostra Majestad. Yo, la Reina. (Osuna.)

bay remit à sa femme le gouvernement de sa maison. Il
trouvait en doña Eléonore l'âme la mieux faite pour comprendre la sienne. Leur mutuel attachement, la similitude
de leurs goûts, leur commun dévouement à des souverains
dont ils étaient aimés, tout leur rendait la vie charmante, et,
plus tard, sous le coup de leur première épreuve de courtisans, ils rappelleront à Charles-Quint, non sans mélancolie,
l'heureuse époque où ils le servaient avec joie.

En 1530, la marquise mit au monde son premier fils,
Carlos. L'enfant reçut le nom de l'empereur absent. Le
prince Philippe d'Espagne, âgé de trois ans, et l'impératrice
furent parrain et marraine du nouveau-né. En cette occasion,
l'impératrice avait rendu à la jeune mère des soins de sœur
aînée ou de servante. Durant leur enfance, Carlos de Borgia
et le prince Philippe étaient compagnons inséparables. Le
prince d'Espagne s'était pris d'une belle passion pour le
marquis de Lombay. Très opiniâtre, il faisait de violentes
colères quand on voulait l'arracher des bras de son grand
ami. D'une si précieuse intimité et d'une fortune si soudaine
quels avantages n'eût point tirés une âme ambitieuse [1].

Mais le marquis et la marquise de Lombay ne se servaient
de leur crédit que pour se faire les avocats des malheureux,
et l'on était si assuré de leur désintéressement, que personne,
dans cette cour jalouse, ne s'inquiétait de la faveur dont ils
jouissaient [2].

Jusqu'au retour de Charles-Quint, le marquis de Lombay

---

1. Le 18 janvier 1530, Clément VII accordait par bref à l'excellentissime
seigneur don François de Borgia, fils aîné du duc de Gandie, à son épouse, à
ses fils, petits-fils, gendres, belles-filles et à leurs serviteurs, diverses faveurs
spirituelles : droit de se confesser à un séculier ou à un régulier, d'être
absous une fois durant la vie et à l'article de la mort de tous les cas réservés
au Saint-Siège, usage de l'autel portatif, pouvoir à leur confesseur de les
dispenser des vœux (sauf cas prévus par le droit), mêmes privilèges accordés
à l'autel portatif qu'aux sept autels de Rome, permission de faire célébrer
une demi-heure avant le jour, une demi-heure après midi, et même en cas
d'interdit devant eux et quinze personnes à leur choix; exemptions des jeûnes
et abstinences du carême. Participation aux mérites et œuvres de l'ordre de
Saint-François. Permission aux dames d'entrer dans la clôture des Clarisses,
etc. (*Osuna*).

2. Les archives d'Osuna possèdent une petite liasse d'actes signés par
François de Borgia même avant son mariage. Ce sont des dons faits à de
pauvres gens, promesses de dot, bons de secours, etc.

s'attacha au service de l'impératrice. Il dut séjourner à Tolède en 1531, car cette année le gouverneur du prince
Philippe, Pedro Gonzalez de Mendoza, écrivait à l'empereur :
« Son Altesse est sortie de Tolède sur un petit genet. Elle
n'a pas consenti qu'on l'assît sur la selle, mais a voulu avoir
les pieds aux étriers. Nous allions à pied, le marquis de
Lombay d'un côté, et moi de l'autre, la soutenant tous
deux. Les gens s'amassèrent tellement pour voir Son Altesse
qu'ils encombraient les rues. Et chacun de dire des mots à
mourir de rire, et Son Altesse très fière de se voir à cheval.
Son Altesse est sortie aujourd'hui pour offrir à Dieu son
anniversaire de naissance (á ofrecer sus años). Elle a quatre
ans, mais marque bien davantage [1]. »

Au mois de mai 1531, Borgia suivit la cour à Avila, où le
26 juillet, dans le couvent de Sainte-Anne, le prince Philippe
venait dépouiller sa robe d'enfant, ses mantillas, et recevait
du marquis de Lombay, son premier vêtement d'homme [2].

D'Avila, le 28 septembre, la cour se rendait à Medina del
Campo, dont elle ne s'éloigna qu'en 1532. En cette ville,
François eut son second enfant, une fille, dont l'impératrice
fut la marraine et qu'elle appela de son nom. Après avoir
guerroyé en Allemagne et en Hongrie, Charles-Quint, à la
fin de cette année, ménagea à Bologne, avec Clément VII,
une entrevue qui aboutit à un traité d'alliance. Au mois
d'avril 1533, l'empereur regagnait l'Espagne. Le 26 mars
l'impératrice l'attendait déjà à Barcelone. Un mois plus tard,
les vaisseaux d'André Doria étaient signalés, et, le 22,
Charles-Quint débarquait [3].

Un mois de fête célébra ce retour, mais, au milieu de la
joie publique, l'impératrice tomba gravement malade. Du

1. Cité dans *Discursos de medallos y antiguedades que compusó el M. I.
Sr d. Martin de Gurrea y Aragon, duque de Villahermosa... con una noticia
de la vida y escritos del autor*, par O. José Ramon Mélida. Madrid, 1902.

2. Le 3 janvier 1531. Les Dominicains d'Avila accordaient à François de
Borgia, à sa femme et à leur fils Charles, communication de tous les biens
spirituels de l'ordre. *In nostro conventu Sancti Thomæ Abulensis. Devotis
et in Xo dilectis Illbus Dris Marquionibus de Lombay, Dño Dño Francisco de
Borja et Dñæ Dñæ Leonor de Castro, cum filio suo Dño Carolo*. Fr. Barthol.
de Sayavedra, Provinciæ Hispaniæ ordinis prædicatorum Prior provincia-
lis., etc. (*Osuna*, diplôme original.)

3. V. *Anales de Cataluña*.

29 juin au 2 juillet, des prières publiques furent ordonnées pour l'arracher à la mort. Isabelle guérit, et la reconnaissance populaire s'exprima par un pèlerinage à Montserrat. Le marquis de Lombay et la *camarera mayor* durent prendre une large part aux angoisses et à la joie communes. Six ans plus tard, durant des fêtes plus splendides, le deuil qu'on avait écarté cette fois s'appesantira sur l'Espagne et commencera à détacher François de vanités auxquelles, sans doute, il croyait encore.

Le 17 juillet, l'impératrice rétablie quittait Barcelone et rejoignait l'empereur parti quatre jours plus tôt pour Monzon. Les Cortès d'Aragon, ouvertes dans cette ville, ne furent clôturées qu'en décembre. En voyage, à Bellpuig, la marquise de Lombay avait donné le jour à son second fils, Jean. De retour en Castille, le marquis fut saisi de fièvres pernicieuses qui l'éprouvèrent durant plusieurs mois. Il prenait déjà, malgré sa jeunesse un embonpoint exagéré que sa haute taille ne dissimulait pas, et il était, plus qu'un autre, exposé aux perpétuelles épidémies qu'entretenait le mauvais état des villes de Castille.

Sa maladie fit du moins voir au marquis de Lombay l'estime dont il jouissait à la cour. Avant que le grand écuyer eût reçu un logement au palais, l'empereur l'avait établi dans une maison voisine qu'un passage couvert unissait au palais. Souvent l'empereur et l'impératrice allaient, par ce passage, visiter leur favori. Ils redoublèrent d'attention pendant sa maladie. L'empereur venait s'asseoir à son chevet et lui parlait avec affection. Dieu aussi visitait le malade et l'éclairait sur la caducité d'une fortune à la merci des moindres accès de fièvre. Ce fut le caractère de cette âme réfléchie de tirer, de tout événement, d'immédiates conséquences morales. Borgia avait demandé, pour se distraire, des livres ascétiques, des histoires de saints. Il goûta le Nouveau Testament, qui, désormais, ne le quitta plus. On lui ordonnait des promenades en litière. Il en profitait pour lire les *Épîtres* de saint Paul, les *Évangiles*, des homélies de saint Jean Chrysostome. Il lisait lentement et se recueillait ensuite pour méditer ce qui l'avait touché. Il fit ainsi ses premiers pas dans la voie de l'oraison.

Villalobos, son médecin, lui avait promis la güérison à échéance fixe, et, en échange, avait demandé au marquis une des plus belles pièces de son dressoir. Au jour convenu, le pouls du malade indiquait si peu de fièvre que le pari pouvait sembler gagné, mais, malgré son désir du riche plateau promis, Villalobos, consciencieux, dit à François : « *Amicus plato, magis amica veritas :* vous n'êtes pas guéri. » François comprit, et, au lieu d'un, donna au plaisant Esculape deux plats d'argent.

Encore mal remis, Borgia dut reprendre le service de l'empereur. Il le suivit à Valladolid, à Tolède, puis, de nouveau, à Avila et à Valladolid. Toute l'année 1534, et jusqu'au printemps de 1535, Charles-Quint et François vécurent dans une constante intimité. Le prince, à cette époque, s'était engoué de mathématiques. Il pria son favori de les étudier avec lui. Celui-ci, encore novice en la matière, écoutait, chaque matin, une leçon du cosmographe de l'empereur, Alphonse de Santa Cruz, et, le soir, il la répétait à son auguste élève. Ce régime dura six mois, au bout desquels César se déclara satisfait. Il eût été pourtant curieux d'apprendre l'astrologie judiciaire, mais le marquis de Lombay, indépendant jusque dans son obéissance, le détourna d'étudier une science si peu sérieuse.

Les incursions de Barberousse préoccupaient l'empereur, qui, un an à l'avance, confia à Borgia son dessein d'attaquer Tunis. Le marquis usa de ces confidences pour prémunir son père contre une attaque possible des Turcs. Le 6 septembre il lui écrivit de Palencia : « Cette semaine, un courrier est venu d'Italie. On écrit à Sa Majesté que Barberousse a jeté sept mille hommes sur le royaume de Naples. Il est entré à Fundi, à une lieue et demie de la mer, ville de huit cents à mille foyers. Il l'a saccagée, et a enlevé la population, après avoir tué beaucoup de gens et brûlé beaucoup de villages et de fermes. Il vient si puissant, d'après ce que l'on dit, que, s'il arrive dans ce royaume, il donnera bien du mal à ses habitants. Pour qu'il n'en cause pas à V. S. et aux nôtres, il serait bon que V. S. donne ordre que mesdames sœur Marie et sœur Françoise, ainsi que toutes les autres dames, sortent de Gandie; car, à mon sens, elles n'y sont pas en sûreté

tant que cette escadre gardera l'attitude qu'elle a présentement [1]. » Quand il dictait cette lettre, le marquis de Lombay
était tout indisposé; aussi ne pouvait-il que la signer.

Il avait dû, sans doute, prévenir directement les supérieurs réguliers des Clarisses, car, le 11 juin 1534, Fray
Antonio de Calcena, provincial des Franciscains d'Aragon,
écrivait de Valence à sœur Marie-Gabrielle, abbesse, et aux
sœurs de Gandie que leur monastère, formant la partie la
plus exposée de la cité et celle que l'armée devrait occuper
en cas de siège, il a prié le duc de Gandie de recevoir les
sœurs en son palais. Il ordonne, conséquemment, à l'abbesse
d'obéir au duc dès qu'il leur ordonnerait de quitter leur
clôture. Le 23 août, le provincial renouvelle cet ordre au
nom de l'obéissance. Le 9 septembre, il demande au duc de
permettre aux religieuses de se retirer dans des maisons de
Jativa. Le danger redouté fut heureusement écarté. Le 10 septembre, Ferdinand III, duc de Calabre, rassurait les Clarisses
de Gandie, qui, cette fois, en furent quittes pour la peur [2].

La confiance que l'empereur témoignait au marquis de
Lombay, l'amitié fidèle que lui portait et que lui conserva
toujours le tout-puissant François de los Cobos, assurait au
jeune courtisan le plus glorieux avenir. Sans avidité, mais
sans répugnance, Borgia acceptait ces promesses, et c'est
commettre un anachronisme que le supposer, alors, rêvant
toujours de s'humilier. Il ne mettait à s'agrandir aucune obstination, et se contentait de remplir avec conscience son
devoir d état. L'imagination de quelques biographes a seule
pu lui découvrir, à cette époque, des désirs de vie cénobi-
tique. Ils le montrent prêchant toujours à l'empereur le néant
des grandeurs terrestres, et ils disent qu'un soir, après avoir
longtemps contemplé le ciel, le prince et le sujet se promirent, l'un à l'autre, si jamais ils devenaient veufs, de se
retirer du monde. Je crains que le désir d'introduire dans la
vie de leur héros une rigoureuse unité, n'ait porté ces historiens à prêter à Borgia gentilhomme des sentiments qu'il ne
pouvait encore nourrir.

Le 3 avril 1535, Charles-Quint était à Barcelone, sur le

1. *Osuna.* — 2. *Ibid.*

point d'appareiller pour Tunis. Il avait ordonné à tous les
seigneurs qui le devaient suivre de s'assembler en armes et
à cheval devant la porte de Perpignan. Le marquis de Lombay
se présenta à cette parade avec son ami et parent Georges
de Mello et quelques chevaliers de Valence. Ils étaient superbement parés et assis sur des caparaçons de brocart. Leur
escorte comptait dix arquebusiers à pied et vingt cavaliers.
Le 28 avril, l'escadre portugaise mouillait au port. Le 1er mai,
André Doria amenait ses dix-sept galères. Le 16, l'empereur,
accompagné de Borgia, et monté sur la galère capitane
d'André Doria, passait en revue la flotte portugaise. Le 21,
l'infant don Luis de Portugal, frère de Jean III et d'Isabelle,
arrivait à son tour. Les quelques rapports qu'eurent l'infant
et le marquis de Lombay suffirent à établir entre eux une
amitié, dont l'infant, dix ans plus tard, semblera se souvenir
assez peu, mais qui, à des époques plus lointaines, se changera, de sa part, en véritable vénération.'

L'empereur, le 27 mai, célébra solennellement la fête du
Saint-Sacrement, et, le 30, il s'embarqua. Une grande déception attendait, ce jour-là, le marquis de Lombay. Soit qu'il
fût encore mal guéri de ses fièvres, soit que sa présence fût
jugée plus utile à Madrid qu'à Tunis, Charles-Quint lui
enjoignit de retourner servir l'impératrice. François partit
le cœur serré. Il gagna Madrid, alors une des villes les plus
malpropres et les plus malsaines de l'Espagne. Il en écrivait
le 23 juillet au vicomte de Evol : « Je suis arrivé ici si indisposé, et sujet à tant d'accidents, que je n'ai jamais été un jour
en santé, et ce ne sont pas tous les sirops et toutes les purges
qu'on m'a prescrits qui me l'ont rendue. Je vais un peu mieux,
mais mon estomac est abîmé; que Dieu en soit béni. Si j'essaye de sortir de la maison, aussitôt la fièvre m'assaille, de
sorte que je vis toujours en chambre, voyant tous mes enfants
enfiévrés eux aussi. La chaleur est actuellement si vive, qu'il
y a ici un nombre infini de malades. » Le marquis de Lombay
avait alors cinq enfants. Alvaro était né en 1534, à Tolède, et
Jeanne cette même année à Madrid.

Le 6 août, on apprit en Espagne la victoire de Charles-
Quint. Après un mois de siège Tunis avait capitulé; vingt
mille chrétiens recouvraient la liberté. Le 8 septembre l'es-

cadre portugaise revenait à Barcelone, et le 17, l'empereur
signait avec le bey de Tunis un traité qui laissait La Goulette
à l'Espagne. Georges de Mello fut envoyé à Madrid porter ces
heureuses nouvelles à l'impératrice.

L'année suivante donna au marquis de Lombay l'occasion
désirée de combattre sous les yeux de l'empereur. Le
5 avril 1536, tandis que Charles-Quint était reçu triomphale-
ment à Rome, l'amiral Chabot de Brion conquérait le Piémont. François Ier, sous de très vains prétextes, avait voulu
cette campagne qui rallumait la guerre entre l'empereur et
lui. S'attendant aux représailles, il fortifia sa conquête, ne
laissant ouvert aux Impériaux que le chemin de la Provence.
Montmorency, chargé de les attendre, recourut à un effrayant
système de défense. Il dévasta la Provence, ne laissant
debout qu'Arles et Marseille, et, retranché dans son camp
d'Avignon, il abandonna le désert à l'ennemi. Le 25 juillet,
Charles-Quint passait le Var à la tête de soixante mille
hommes.

Avant même que l'empereur eût décidé cette campagne, le
marquis de Lombay avait dû recevoir l'ordre de le rejoindre.
Peut-être pour se préparer à son voyage, il écrivait, le
11 février 1536, à Jean Garcia, rationnal de Valence : « Vertueux señor, Pierre de Coimbre emmène le roussin que vous
m'aviez envoyé. Je le regrette beaucoup, parce que maintenant le temps du flegme est passé : c'est la meilleure bête·
que j'aie montée de ma vie. Il faut qu'à l'arrivée dudit Pierre
vous vous empressiez de me chercher un autre cheval, sarde
si possible. Les qualités qu'il doit avoir sont les suivantes :
il faut qu'il soit vigoureux et jeune, qu'il marque l'amble,
qu'il ait bonne bouche. Après cela, quand il ne serait pas
gracieux, ni très large, ni grand coureur, il n'importe.
Pierre doit, en tout cas, revenir avec le cheval, même s'il ne
peut s'arrêter que deux jours, car, sans lui, je ne peux m'en·
tirer ni pour chasser, ni pour courir. Comme Llanos sait
bien ce que doit être mon cheval, je le charge de s'en occuper, s'il est là.

« Vous m'enverrez aussi, avec Pierre de Coimbre, une paire
d'épées valenciennes. Qu'elles soient bonnes et légères, et
que Pierre ne vienne, en aucun cas, sans le cheval... Je vous

renvoie le roussin pour que vous le vendiez ; si le prix de sa vente ne suffit pas pour en acheter un autre, payez-le. Qu'il soit bon, c'est tout ce que je demande[1]. »

Le marquis dut s'embarquer à Alicante ou à Valence. Il passa du moins par cette ville et s'arrêta à Lombay. Le 8 avril 1526, il écrivait, du Campillo, à Juan Garcia : « Très vertueux señor, j'espère, Dieu aidant, arriver mardi à Toris. Je vous dépêche ce messager pour vous prévenir et pour vous demander d'aller passer la nuit de mardi à Toris. Avant d'entrer à Valence je veux vous communiquer certaines affaires que je réserve pour cette entrevue.

« Pour le moment remettez cette lettre au duc mon Seigneur, et avertissez aussi le Seigneur gouverneur, mais en secret, et à condition que ni sa Seigneurie, ni aucun de mes Seigneurs ne viennent le mercredi me recevoir. Comme c'est la Semaine sainte, je ne veux pas qu'ils manquent les offices, et puis je sais, par une grande expérience, que, dans ces réceptions, ceux qui reçoivent et ceux qui sont reçus souffrent également. Si par hasard Llanos se trouve là-bas, avisez-le, et, s'il le peut, qu'il vienne avec vous à Toris ou qu'il m'attende à Lombay.

« Je vous avertis aussi qu'avec moi vient un chevalier qui s'appelle don Alvaro Carrillo. Je le voudrais traiter le mieux possible ; aussi, dans votre auberge, faites-lui préparer un lit. C'est un personnage honorable. Il ne mène avec lui que deux serviteurs et un cheval. J'écris également à Melchior Martinez, père de Mosser Nofre[2], afin qu'il dispose son auberge pour y recevoir un serviteur de l'impératrice. Faites-lui remettre sans retard ma lettre.

« Comme nous arrivons très friands de poissons frais, à cause des mauvaises provisions que nous avons eues en route, je vous prie, quand vous viendrez le mardi soir à Toris, de nous porter une cargaison de poissons qui nous serviront ce soir-là, puis à Lombay. Nous dirons le reste là-bas. Je n'ajoute donc rien sinon que tout se fasse sans faute, comme il arrive du reste toujours dans ce que vous faites.

1. *Osuna.*
2. Onofrio Martinez, chanoine de Gandie.

Et que Notre-Seigneur, etc. Du Campillo, le 8 avril. — Si quelques-uns des Seigneurs de Valence vous demandent quand
j'arriverai, répondez que ce sera le Samedi saint, mais au
Seigneur D. Jean de Borgia, dites la vérité : je ne veux pas
que sa Seigneurie l'ignore. » Et il ajoute, de sa main : « Micer
Bines est arrivé ici ce soir, et m'a dit avoir croisé une cargaison de grenades que vous m'envoyiez. Elles viennent à
propos, et je vous en remercie. — Le marquis de Lombay¹. »

Le 9 avril, la marquise mandait à Juan Garcia de donner à
sœur Isabelle quatre livres de bonne cannelle pour madame
l'abbesse, de lui faire fabriquer à elle-même des paires de
socques, et elle ajoutait : « N'oubliez pas de m'informer
souvent de la santé du marquis mon Seigneur, et de tout ce
qui se passera là-bas, et quand vous pourrez m'écrire sur
S. S. et sur vos embarquements, rien ne me fera plus plaisir.
Dites-moi aussi comment va Llanos et s'il s'embarquera. Ici
nous ne l'avons jamais appris par sa lettre². »

Restée seule à Madrid, la marquise de Lombay écrivait
tristement, le 4 mai, à la duchesse de Gandie : « Très illustre
dame, je n'ai d'ici à raconter à Votre Seigneurie que mes
angoisses et ma solitude, et puisque Votre Seigneurie est
notre dame et mère à tous, je pense qu'elle en prendra sa
part. Que Dieu dirige tout pour son service ! Ici nous allons
tous bien et sommes désireux de savoir qu'il en est de même
pour Votre Seigneurie et tous mes Seigneurs dont je baise
les mains. Je supplie Votre Seigneurie de me faire souvent la
faveur de m'écrire. Elle sera très appréciée par moi, qui,
actuellement, n'aurai d'autres consolations que vos lettres.
Plaise à Dieu que, dans toutes vos lettres, vous me donniez les
nouvelles que je désire. Celles d'ici, je les ai écrites au duc
mon Seigneur. Pour ne pas retarder le messager, je ne les
répéterai pas. Mais je supplie V. S. et tout le monde de nous
recommander à Dieu, ainsi que mes couches qui auront lieu
ce mois-ci, et dans cette ville où je reste seule. Cependant
le seigneur D. Alonzo d'Aragon m'a fait la charité de m'attendre ici et de me tenir compagnie. Madame doña Juana, ma
sœur, baise les mains de V. S. Tous mes enfants font de

1. *Osuna.* — 2. *Ibid.*

même. Doña Isabelle est si désireuse d'aller à Gandie, qu'elle ne parle que de cela. Elle n'a pas voulu que ce messager parte sans emporter une lettre d'elle à V. S. », etc. [1].

Le marquis de Lombay rejoignit l'empereur en Lombardie et passa le Var avec lui. Il amenait un renfort à sa solde, et venait avec ses deux meilleurs amis et parents Ruy Gomez de Silva, le futur prince d'Eboli, et Georges de Mello. Le marquis del Basto commandait l'avant-garde. L'empereur suivait, avec dix mille Allemands. Au cours d'une marche, l'empereur et son escorte s'avançaient complètement armés ; l'empereur s'aperçut que le marquis de Lombay fondait en eau sous son armure. Il lui dit de ne garder que ses brassards et son heaume. Confus d'être moins chargé que son maître, Borgia voulut résister, mais l'empereur insista, et le corpulent marquis dut obéir.

La campagne de Provence fut peu glorieuse pour les Impériaux. Ils prirent Arles, durent lever le siège de Marseille. La dysenterie leur fit plus de mal que Montmorency. Ils perdirent vingt mille hommes et furent contraints de se retirer.

Le marquis de Lombay avait dans l'armée un intime ami Garcilaso de la Vega, son aîné de sept ans. Garcilaso était un des princes de la poésie espagnole. Très aimé de l'empereur à qui il avait appris le castillan, Garcilaso avait suivi Charles-Quint dans toutes ses campagnes, à Vienne, à Tunis, en Provence. Le soldat-poète protégeait la retraite à la tête de onze compagnies d'infanterie, quand, près de Fréjus, il voulut emporter une méchante forteresse, la tour du Muy, que défendaient cinquante arquebusiers. Garcilaso sautait le premier à l'échelle, suivi de deux officiers, quand une charge de pierres, versée par les assiégés, le culbuta. Borgia, averti, se jette dans le fossé, enlève son ami et l'emporte dans ses bras. Garcilaso était blessé à mort. François le suivit à Nice, l'assista dans son agonie, l'avertit que la fin approchait, et, jusqu'au dernier moment, se montra pour lui un ami fidèle et chrétien.

Le 25 novembre, Charles-Quint qui avait d'abord gagné Naples, s'embarquait à Savone pour regagner l'Espagne. Le 6 décembre il touchait à Cadaques, et, le soir même, il

1. *Osuna.*

couchait à Barcelone. Le 7 au soir il partait pour la Castille.
Le marquis de Lombay l'avait, sans doute, accompagné dans
sa retraite et fut dépêché en avant-coureur à Ségovie pour
porter à l'impératrice des nouvelles de la malchanceuse expédition. Il eût été plus consolant, quinze mois plus tôt, d'être
choisi, comme l'avait été Mello, pour annoncer la victoire de
Tunis.

Borgia revenait en Espagne doublement blessé dans son
honneur d'Espagnol et dans ses affections d'ami. Il rapportait
aussi les germes d'une angine infectieuse qui éclata à
Ségovie, et mit bientôt sa vie en grand danger. Il se prépara
sérieusement à la mort. Mais son œuvre n'était pas encore
faite. Il se rétablit, et ne garda de cette alerte que la résolution de servir Dieu avec plus de fidélité. La cour se trans-
portait à Valladolid. Le marquis de Lombay l'y suivit.
Le 1er juillet il était appelé aux Cortès de Monzon dont les
séances ne prirent fin qu'en novembre.

Depuis sa maladie de Ségovie, Borgia se confessa et com-
munia tous les mois, coutume alors bien rare. Il avait toujours fui le jeu. « A tout le moins, disait-il, on y perd quatre
choses : son temps, son argent, la dévotion et souvent la
conscience. » Pour se distraire, il s'adonnait avec passion aux
exercices militaires, à la chasse et à la musique. Il goûtait
surtout la chasse au faucon et entretenait une volière
renommée. Plus tard, devenu religieux, et voyageant en
Castille avec le P. Denis Vasquez, il s'arrêta un jour à
regarder des oiseaux volant si haut qu'on les distinguait à
peine. Vasquez demandant quels étaient ces oiseaux, François
dit aussitôt leurs noms, leurs mœurs et la façon dont on les
chassait, et Vasquez s'étonnant qu'on trouvât tant de goût à la
chasse, François, en connaisseur, vanta les charmes de ce
sport. Son âme, devenue contemplative, découvrait alors,
dans cet exercice, des analogies touchantes entre la façon
dont l'homme s'empare des bêtes, et celle dont Dieu gagne
les âmes. Il est évident que, jeune homme, Borgia ne demandait pas à la chasse des consolations si transcendantes. Je
veux bien qu'un jour, pour se mortifier, il ait fermé les yeux
au moment où un faucon, lancé par lui, allait saisir sa proie,
mais une fois n'était pas coutume, et il n'en faut pas conclure

que le marquis de Lombay n'allait chasser que pour épier
l'occasion de se vaincre.

Le goût musical de François, soigneusement cultivé dès
son enfance, et toujours exercé, se développa à la cour sous
la direction sans doute des maîtres flamands musiciens de
l'empereur.

« Après son mariage, raconte Ribadeneyra [1], le marquis
de Lombay se livra avec ardeur à l'étude de la musique, et
il y fit tant de progrès, que, chanteur très habile, il devint
également compositeur remarquable. Il écrivit des ouvrages
dignes d'un excellent maître de chapelle, et que l'on chantait
dans plusieurs églises d'Espagne. Elles sont connues sous
le nom d'œuvres du duc de Gandie. »

Cienfuegos complète ce récit : « Borgia était doué d'une
voix sonore et douce, affirme-t-il, et savait tirer de son organe
un si merveilleux parti, qu'en cet art encore il pouvait passer
pour maître. Dès l'année 1532, il s'appliqua à l'étude de la
musique pour laquelle il avait un goût très prononcé, et il
se rendit si familières les finesses de l'art, qu'il conquit une
place parmi les maîtres d'Espagne les plus estimés. Ses
compositions musicales eurent une telle célébrité qu'on les
chantait dans beaucoup de cathédrales, et les maîtres de
chapelle mettaient à se les procurer un extrême empressement. On n'obtint jamais de lui, par aucune instance, qu'il
fît la musique des poésies profanes. Toutes ses compositions
avaient pour objet le culte divin, le chant d'église et le jeu
de l'orgue. » Et Cienfuegos affirme, que, devenu général de
la Compagnie de Jésus, François de Borgia consacrait, à
Rome, les loisirs d'une longue convalescence à mettre en
musique le psaume cxviii, *Beati immaculati in via*, composition qui fut, ajoute le biographe, très admirée [2].

En Europe, l'empire de la musique appartenait alors aux
Flamands, dont plusieurs, attirés par les splendeurs de la
cour de Charles-Quint et par le goût personnel de l'empereur, s'étaient fixés en Espagne. Mais la musique d'église
était encore dans la parfaite décadence que signalait et con-

1. *Op. cit.*, liv. I, chap. v.
2. Si elle fut admirée, elle fut exécutée. Or, à cette époque, Palestrina était
en pleine gloire. Mais cette anecdote me paraît peu établie.

damnait le concile de Trente. Ce concile n'a jamais songé, comme l'a dit une ridicule légende, à proscrire la musique des églises, et Palestrina n'eut pas à la sauver du désastre en présentant à Marcel II sa messe dite « du pape Marcel ». La musique d'église, contemporaine du concile, se composait de motifs tirés d'airs de théâtres et de chansons à la mode, parfois très inconvenantes. Les maîtres flamands écrivirent pour Charles-Quint des messes sur les airs favoris du souverain, tels *l'Homme armé...*, *De la bataille écoutez...*, *Baise-moi ma mye...*, etc. Ces motifs, ces *timbres*, appliqués aux paroles liturgiques, étaient développés longuement dans le style contraponstique, seul admis alors dans les compositions sacrées et le plus en faveur auprès des musiciens flamands. Les défenses du concile de Trente ne visaient que ces adaptations inconvenantes.

Son sens artistique et son respect pour le culte sacré portèrent le marquis de Lombay à donner à l'Église une musique digne d'elle. Il n'écrivit point de compositions profanes. Un chant d'amour, noble et digne, courut en Espagne sous le nom de *Cancion del duque de Borgia*, mais rien n'en démontre l'authenticité. Sa musique d'église, au contraire, fut célèbre, et si beaucoup de chapelles l'adoptèrent, c'est que François de Borgia abandonnait ses œuvres au public sans en garder le monopole, comme faisaient, pour leur répertoire, la plupart des chapitres. Cet abandon prouvait à la fois la générosité de l'auteur et son zèle pour la vraie musique sacrée. Mais il amena la perte de ces compositions.

Imprimées, les compositions de François de Borgia eussent sans doute fait bonne figure à côté de celles de Guerrero, de Morales et de Vittoria. Manuscrites, elles n'échappèrent point au pillage et à la destruction. On les dédaigna quand l'introduction de l'orchestre dans les églises eût enlevé l'intelligence des œuvres classiques.

Un docte bénédictin espagnol, dom Guzman, actuellement maître de chapelle à Montserrat, a pourtant retrouvé, dans les archives de la collégiale de Gandie, une messe à quatre voix et huit motets anonymes, compositions, qui, dues à la même main, sont, à peu près certainement, l'œuvre de Borgia.

La messe, sans *Gloria* ni *Credo*, a toujours été chantée, à

la collégiale, aux dimanches d'avent et de carême où le jeu
de l'orgue est permis, et toujours elle a passé pour l'œuvre
du saint duc. Rolland de Lassus, maître de chapelle de la
cour de Bavière, l'a enrichie d'un *Gloria* et d'un *Credo* ; il a
légèrement modifié le *Sanctus* et l'*Agnus*, et, se jugeant des
droits sur une composition qu'il avait complétée, il l'a
imprimée dans ses œuvres avec la légende : *Missa sine
nomine*. Mais la ressemblance des styles ordonne de l'attribuer à l'auteur des motets.

Alexandre VI avait concédé aux Clarisses de Gandie le
privilège de conserver le saint Sacrement dans leur monument, du Jeudi saint jusqu'au dimanche de Pâques. François
de Borgia, sur le point, en 1550, de quitter Gandie pour
toujours, voulut laisser à sa bonne ville un souvenir de sa
piété : le 4 août, il réunit le chapitre de la collégiale et lui
fit don de rentes perpétuelles, destinées à rehausser la solennité de la procession, qui, le dimanche de Pâques au matin,
devait aller prendre le saint Sacrement dans le monument
des Clarisses, le promener dans les rues voisines et le ramener dans l'église du couvent. Borgia fit mieux que laisser
des rentes. Il composa une sorte d'oratorio, ou d'*anto sacra-
mental*, qui serait exécuté en cette cérémonie annuelle. La
procession de la collégiale parvenait, à cinq heures du
matin, au monastère de Sainte-Claire et trouvait la porte de
l'église fermée. Le célébrant la heurtait, et, de l'intérieur,
deux anges demandaient : *Quem quæritis in sepulcro Chris-
ticolæ?* Le chœur de la collégiale répondait, à quatre voix :
Jesum Nazarenum, Cœlicolæ. Les anges reprenaient : *Non
est hic; surrexit sicut prædixerit* (sic) *Ite, nuntiate quia surrexit a mortuis.* Le dialogue se poursuivait, puis la porte
s'ouvrait, et la procession atteignait le monument. Les trois
Marie — enfants qui les figuraient — chantaient : *Quis
revolvet nobis lapidem?* et simulaient la recherche du Sauveur. Enfin Magdeleine disait par trois fois : *Surrexit Christus.* A quoi tout le chœur répondait, à sept voix : *Alleluia!
Alleluia* [1] *!*

---

1. « Que cherchez-vous dans le sépulcre, amis du Christ? — Jésus de
Nazareth, ô habitants des cieux. — Il n'est pas ici, il est ressuscité, comme

Ce dialogue se composait de huit motets dont la valeur artistique est de tout premier ordre. Strictement contraponstique, leur style est notablement supérieur aux compositions flamandes de l'époque, par le bon goût, l'art de varier les imitations, de les couper à temps et de les changer. Certains duos à voix seules, écrits en contrepoint, supposent dans leur auteur une science très raffinée. Certaines fugues, plus dégagées de l'imitation flamande, ont le brio de l'école de Valence. Toute cette écriture dénote une intuition artistique très rare en ce temps. Il en est de même de la messe de Gandie. Le 13 janvier 1887, cette messe fut exécutée en France, dans la métropole de Toulouse [1], et, à cette occasion, présentée à Ambroise Thomas. Le directeur du Conservatoire la jugea très belle, et, par l'écriture et le style, absolument digne de Palestrina.

Exclusivement sacrée, sans aucun motif profane, cette musique est polyphonique et palestrinienne bien qu'antérieure à Palestrina. Elle est constituée par des thèmes à répétition en imitations, canons, selon tous les artifices du plus savant contrepoint, et, basée généralement sur les tonalités du plain-chant, elle produit, bien exécutée, une impression profonde de piété et de recueillement.

Le mérite de ces œuvres ne laisse qu'un regret, c'est que, ni dans les archives de Rome, ni dans celles d'Espagne, on n'ait pu retrouver d'autres compositions de François de Borgia ; mais il nous permet de confirmer les dires de ses anciens biographes, et d'affirmer que Borgia fut, en Espagne, un des restaurateurs de la musique sacrée. Plus tard, à Barcelone et à Gandie, il entretint à grands frais une chapelle toujours très réputée, et les répertoires des chapelles, restant la propriété de chacune, il est probable que le prince artiste fournissait à ses chantres ses propres compositions [2].

il l'avait prédit. Allez, annoncez qu'il est ressuscité d'entre les morts. — Qui nous soulèvera la pierre ? — Le Christ est ressuscité. — Alleluia ! »

1. Le R. P. Comire qui fit exécuter cette messe y ajouta le *Gloria* de la *Messe des confesseurs,* de Palestrina, et un *Credo* à l'unisson, de sa composition. Il y avait aussi adapté un accompagnement d'orgue et un quadruple quintette à cordes doublant les parties, qui, dans un vaste vaisseau, eussent paru trop faibles.

2. La collégiale de Gandie possède un livre de musique manuscrit et tout

Sœur Gabrielle, la veuve du second duc de Gandie, mourut en 1537. La mort de son aïeule dut beaucoup toucher le marquis de Lombay, et le récit qui lui vint, de Gandie, des derniers moments de la sainte, augmenta assurément dans son âme l'estime qu'il nourrissait déjà pour le sacrifice et le renoncement religieux.

François resta toute l'année 1538 au service de l'impératrice. Toujours actif, Charles-Quint, de retour des états de Monzon, s'était rendu à Barcelone le 31 décembre précédent, avait visité ses places du Roussillon, et, le 27 avril 1538, était parti pour l'Italie. Paul III travaillait à établir, entre l'empereur et le roi de France, une paix plus durable que les précédentes. Le 18 mai, une trêve de dix ans fut, en effet, conclue entre les deux souverains, qui, au mois de juillet, se rencontrèrent à Aiguesmortes. Le 20 juillet l'empereur regagnait la Castille. Au milieu de ses graves soucis il n'avait pas oublié le marquis de Lombay. Pour le récompenser de ses services, il lui donnait, le 13 juin, à lui et à la marquise, une rente viagère de quatre cent mille maravédis, pris sur les revenus des trois évêchés d'Osma, de Siguenza et de Calahorra[1].

En 1537, Borgia avait eu, à Valladolid, son septième enfant, Dorothée. Un autre, Alphonse, allait naître l'année suivante à Tolède.

Mais, en cette ville, un événement plus important devait singulièrement influer sur l'avenir de François de Borgia. L'empereur avait convoqué les Cortès à Tolède pour le printemps de 1539. Son trésor était en détresse. Tous les domaines de la couronne, tous les revenus de l'État étaient aliénés, et ces emprunts déguisés n'amortissaient aucunement sa dette ; ils ne fournissaient même pas au prince les ressources dont il avait besoin. Il avait essayé en vain, aux

noirci par le feu. L'écriture en est illisible et l'auteur inconnu. (Voir deux remarquables articles publiés par la revue espagnole *Razon y Fé* [octobre et novembre 1902] : *Las obras musicales de San Francisco de Borja,* par le P. Mariano Baixauli.) On sait qu'une sœur cuisinière de Gandie brûla dans son fourneau, comme papiers inutiles, beaucoup de pièces des archives conventuelles. Bien des souvenirs concernant François de Borgia durent périr dans cet autodafé.

1. *Osuna.*

Cortès de 1527, d'imposer la noblesse. Celle-ci répandait volontiers son sang, mais regardait comme un privilège de la *hidalguia* de ne point payer d'impôt. A Tolède, l'empereur espérait enlever l'assentiment de sa grandesse récalcitrante, et en obtenir la *Sisa*, impôt sur la consommation. On le lui refusa, et Charles-Quint, jugeant désormais inutile de consulter, sur le vote de l'impôt, un ordre qui ne le payait point, cessa de le convoquer.

Il avait, en tout cas, voulu, pour gagner ses hôtes à ses projets, leur faire, dans sa ville impériale, un accueil magnifique. Tolède, au mois d'avril, était en fête, et Charles-Quint ne paraissait à aucune réjouissance sans le marquis de Lombay. Tous deux semblaient à l'apogée de leur bonheur. On bâtissait alors l'orgueilleux Alcazar que Charles n'habita jamais. Durant les Cortès, les majestés et leurs principaux officiers résidaient au palais du comte de Fuensalida. Vers la fin d'avril, l'impératrice fut prise de fièvres malignes, et son état devint très alarmant. Tolède changea soudainement d'aspect. Aux carrousels succédèrent des processions de pénitence. Le chapitre, pendant huit jours, se rendit aux principales églises de la ville, et, pour faire violence au ciel, il consentit, contre tous les usages, à sortir de la cathédrale, et à porter à S. Juan de los Reyes la statue vénérée de Notre-Dame del Sagrario[1]. Aucune prière ne toucha Dieu. Le jeudi 1er mai, à une heure de l'après-midi, l'impératrice Isabelle expirait. La marquise de Lombay ne s'était pas éloignée de la mourante, qui, en signe de suprême affection, ordonna que seule sa *camarera mayor* toucherait ses restes et l'ensevelirait, et que le marquis de Lombay conduirait son corps à Grenade.

Il n'est point nécessaire, pour comprendre la douleur de Borgia, d'imaginer le romanesque amour que la légende lui a prêté[2]. Doña Isabelle était l'amie d'enfance, la bienfaitrice

---

1. Archives du chapitre de Tolède : *Actas capitulares*, t. VI, 1537-1544, fol. 109.

2. Le duc de Rivas dans *El solemne desengaño*, et Campoamor dans *Los Amores en la luna*. Cette légende est restée populaire en Espagne. Le bonhomme qui me montrait, à Tolède, le palais ruiné de Fuensalida, me parlait de l'amour de Borgia pour l'impératrice en homme qui croyait que c'était arrivé.

d'Eléonore de Castro. Le marquis vivait depuis dix ans à son ombre et dans sa privauté. Elle était enfin l'impératrice. Tout ce que peuvent inspirer le culte dynastique, la reconnaissance et l'amitié, s'unissait pour consterner le gentilhomme, et, devant le soudain effondrement de tant de joie et de grandeur, le chrétien, éclairé par la grâce, sondait facilement le vide de tout ce qui n'est pas Dieu.

Tandis que l'empereur désespéré se retirait non loin de Tolède, au monastère de Sisla, chez les Hiéronymites[1], le vendredi soir, 2 mai, le chapitre accompagnait les restes de l'impératrice jusqu'à la porte d'Alcantara. Le cortège s'achemina ensuite vers Grenade. Le corps, renfermé dans un cercueil de plomb recouvert de brocart, était porté dans une litière. Le grand écuyer de l'impératrice dirigeait le cortège, qui comprenait un cardinal, des évêques et de nombreux gentilshommes. On s'arrêtait chaque nuit. Doña Isabelle avait défendu qu'on l'embaumât, et durant les quinze jours que dura le voyage, le travail de la mort se faisait sentir à l'escorte[2].

De la porte d'Elvira à la cathédrale, Grenade s'était tendue de deuil pour recevoir l'impératrice. Dans l'après-midi du 16 mai[3], le chapitre vint attendre la dépouille impériale, qui fut aussitôt transportée à la cathédrale, dans le chœur de la chapelle des rois drapée de noir[4]. Le lendemain matin, samedi, les prélats et gentilshommes venus de Tolède se réunirent devant le catafalque. Les principaux étaient le car-

1. Charles-Quint le visitait souvent. Il pensa s'y retirer quand il abdiqua. C'est à Sisla que Philippe II songea d'abord à élever la nécropole qu'il bâtit ensuite à l'Escurial.
2. Vasquez. — Cienfuegos raconte qu'un jour, en ce voyage, le marquis de Lombay aperçut, en plein midi, son aïeule, sœur Gabrielle. Elle montait au ciel entourée de saintes, et elle dit à son fils : « Il est temps, mon fils, que tu commences à gravir le chemin dans lequel Dieu veut que tu le serves. » A peine arrivé à Grenade, Borgia aurait écrit à Gandie pour avoir des nouvelles de sa grand'mère. On lui répondit que sœur Gabrielle était morte au moment même où François l'avait vue. Malheureusement la mort de sœur Gabrielle remontait déjà à deux ans.
3. *Actas capitulares* du chapitre du Grenade.
4. Je me dirige, dans mon récit, sur un document contemporain : *El triumfo que Granada hizó al recibimiento de la Imperatriz*, chap. ix. Manuscrit inédit de la bibliothèque du duc de Gor à Grenade. Les archives municipales possèdent un autre récit que je n'ai pu consulter.

dinal de Burgos, l'évêque élu d'Osma, les évêques de Léon et
de Coria, don Diego Pacheco, marquis de Villena, don Francisco de Borgia, marquis de Lombay, don Luis de la Cerda et
don Pedro de Cordoba, maîtres de la chambre, doña Léonore
de Castro, marquise de Lombay, la comtesse de Faro, la sœur
de la marquise de Lombay. Le cardinal de Burgos célébra le
saint sacrifice, l'archevêque de Grenade don Gaspar d'Avalos
prononça une ˜oraison funèbre. On chanta ensuite l'office
des morts, puis les gentilshommes qui avaient amené le corps
le descendirent avec beaucoup de peine dans le caveau où
reposaient les Rois Catholiques. On enferma le premier cercueil dans une bière de plomb qui pesait au moins vingt *ar-
robas*[1]. En présence de l'archevêque de Grenade, les marquis de Villena, de Mondéjar et de Lombay, les autres
membres de l'escorte demandèrent qu'on témoignât, sous la
foi du serment, qu'ils avaient remis leur dépôt. Miguel Ruiz
de Baeza, premier secrétaire de l'ayuntamiento, prêta serment, et, au nom de la ville, signa l'accusé de réception[2].

Le soir, après un long office funèbre, tous les personnages
qui avaient escorté l'impératrice descendirent de nouveau
dans le caveau royal. Ils devaient, à leur tour, affirmer et
jurer que le corps enfermé dans le cercueil de plomb, mais
dont le visage restait découvert, était bien celui de l'impératrice. Le premier chapelain, don Miguel Muñoz, évêque élu
d'Almeria, devait ensuite, au nom du chapitre, déclarer qu'il
recevait et acceptait l'auguste dépôt. L'impressionnante cérémonie s'accomplit dans sa majestueuse simplicité. Les auditeurs du conseil, les membres de l'escorte, d'autres personnages s'avancèrent pour reconnaître le corps. Tous prêtèrent
un serment consigné au procès-verbal. Le marquis de Lombay s'avança à son rang, découvrit le visage voilé de l'impératrice, et, devant cette beauté naguère éblouissante, aujour-
d'hui horriblement fanée, il ne prit aucune attitude théâtrale.

1. Environ deux cent cinquante kilogrammes.
2. A cinq cents mètres environ de la porte d'Elvira se dresse, à Grenade,
une croix de marbre. En cet endroit la tradition populaire raconte que le
marquis de Lombay fit cette remise du cadavre qui décida sa conversion.
L'ayuntamiento de la ville vint peut-être recevoir en ce lieu les restes de
l'impératrice, mais la scène officielle de la reconnaissance eut pour théâtre
le caveau de la chapelle royale.

Il prêta serment comme les autres. Ni ses compagnons de route, ni lui, n'eurent, sur l'identité du cadavre, des doutes qui eussent été puérils. Seize jours de voyage sous le soleil de mai suffisaient à expliquer la décomposition de l'impératrice. Un drame se renouvela bien alors en Borgia, mais tout intime, et qui s'était accompli, plus poignant, le jour de la mort de doña Isabelle.

Thomas de Borgia, dans sa déposition juridique de Saragosse[1], affirme, d'après des traditions de famille, la grande impression causée à son frère par la scène du caveau royal. Au même procès, François de Gurrea et d'Aragon, duc de Villahermosa, comte de Luna et neveu de François (fils de sa sœur Louise), raconte qu'en son enfance il a entendu dire que la décomposition avait altéré les traits de l'impératrice, au point de les rendre méconnaissables à ceux qui l'avaient mise dans son cercueil.

L'émotion ressentie à Grenade par le marquis de Lombay put donc être vive et féconde. Quand il sortit de la chapelle royale son cœur était changé. Dieu l'avait éclairé sur la vanité du monde. Ces noirs cercueils du roi Ferdinand son ancêtre et de la Reine Catholique, le sombre caveau où il abandonnait, près des grands rois, la plus aimée des souveraines, lui avaient rappelé le terme inéluctable de toute vie. Son existence était déjà chrétienne, mais fastueuse encore et mondaine. Il résolut de la rendre parfaite. Il rentra dans sa demeure, où l'attendaient sa femme et sa belle-sœur non moins touchées que lui, et il s'enferma seul pour s'abîmer dans la prière.

Mais c'est la mort de l'impératrice (1er mai), plus peut-être que l'enterrement à Grenade (17 mai), qui détermina en Borgia le changement célèbre, principe de sa sainteté. Aux archives de la Compagnie, j'ai naguère rencontré un précieux journal spirituel écrit de la main du saint, et qui va du 1er février 1564 au mois de février 1570[2]. Au passage,

1. *Loco cit.*
2. Je citerai souvent ce journal spirituel que je décris dès maintenant. Il se compose de vingt cahiers (quatre cents pages) reliés ensemble sous le titre *Diarium S. F^{ci} Borgiæ*. Il est formé de rognures de papier à lettres, la partie des versos laissée en blanc dans les lettres que Borgia recevait. Plusieurs lettres portent les adresses et des cachets. Le journal commence

Borgia signale, pour en remercier Dieu, les dates des principaux événements .de sa vie. Jamais aucune allusion aux événements de Grenade. Au contraire, le 1ᵉʳ mai, il rappelle souvent la mort de l'impératrice. Il écrit, le 1ᵉʳ mai 1564 : « Pour l'impératrice qui mourut en ce jour : *Por la Emperatriz q. murio al dia como oy.* » Le 1ᵉʳ mai 1566 : « Avec l'impératrice, en me réjouissant de ce que le Seigneur a opéré en elle et en moi par sa mort : *Con la E. gozando de lo que el Sʳ obro en ella y en mi por su muerte... Magnificate Domimum mecum!* » Le 1ᵉʳ mai 1568 : « Vingt-huit ans depuis la mort de l'impératrice : *28 de la muerte de la Emperatriz.* Action de grâces pour les bienfaits reçus en ce jour dans les années passées : *Act. de gras por los beneficios deste semejante dia en los años pasados.* »

L'art et la légende n'ont pas manqué d'agrémenter ce thème saisissant de la conversion d'un Borgia. Jean-Paul Laurens en France, Carbonero en Espagne, ont peint la scène de Grenade en des toiles éloquentes. Cienfuegos l'a amplifiée, en mauvais rhétoriqueur qu'il était; et qui ne l'a entendu décrire par un panégyriste du saint? Cienfuegos le premier assure que le marquis de Lombay s'écria, devant les restes de l'impératrice : « Jamais plus, non jamais plus je ne servirai un maître qui peut mourir ! » et on est convenu d'admettre que François de Borgia fit alors le vœu de se retirer chez lui, pour y mener une sorte de vie religieuse.

Cette affirmation me semble insoutenable. D'abord parce que Borgia n'avait point alors de résidence. Gandie appartenait à son père âgé seulement de quarante-cinq ans, et ce n'est pas à Lombay que le marquis aurait pu élever ses nombreux enfants et pourvoir à leur avenir. Il avait besoin, pour eux, d'exercer une charge rétribuée. La preuve, d'ailleurs, qu'il

---

ainsi : *Primᵒ de Hebrero de 1564 en Roma.* Il se ferme sur ces mots : « I de Hebrero 70 : *Deseo .de derramar la sangre por su amor* : désir de répandre mon sang pour son amour. » L'année 1569 manque. Le texte dit : « *69 esta en el libro nuevo* ; 69 est dans le cahier neuf. » Sauf quelques interruptions causées par la maladie, ce journal relate jour par jour, heure par heure, les intentions surnaturelles dont s'animait le saint. Ecrit hâtivement, il est d'une lecture plus que difficile ; il est encombré de signes conventionnels et énigmatiques. Aucun document n'éclaire mieux sur la vie spirituelle de Borgia à l'époque en question.

ne fit alors point ce vœu, c'est qu'il ne le tint pas. Il accep-
tera bientôt une vice-royauté, et en remerciera Charles-
Quint comme d'un bienfait. Il l'exercera sans arrière-pensée,
très heureux de servir un maître mortel, parce qu'en ce
service, excellemment rempli, il voyait son devoir et le service même de Dieu. Sept ans plus tard seulement, des coups
nouveaux et absolument imprévus l'arracheront au service
des maîtres humains, sans qu'il ait jamais demandé auparavant à s'en affranchir. Exagérer ce qu'on appelle la conversion
de François Borgia, c'est rendre inexplicables les années qui
la suivent. Je sais bien que, pour en justifier l'emploi, les
biographes peignent le marquis de Lombay sollicitant toujours de Charles-Quint un congé qu'il n'obtenait jamais. Mais
cette attitude, nous le verrons, est contredite par tous les
actes, par toutes les lettres du saint. En 1539, son fils aîné
Carlos comptait neuf ans, le dernier quelques mois à peine.
Il en devait avoir un autre qui ne vécut pas. Rien ne lui permettait alors de rêver une retraite, que, de longtemps, il ne
désirera pas. Dieu seul sait le terme où il conduit les âmes,
et celles-ci ne devancent pas les desseins de la Providence;
elles ne les comprennent qu'en se rappelant, après coup, les
chemins qu'elles ont suivis.

Les services funèbres pour l'impératrice se poursuivirent
pendant neuf jours à la chapelle royale de Grenade. Le
18 mai, le bienheureux Jean d'Avila, l'apôtre de l'Andalousie,
prêchait. Le vigoureux discours du prêtre parut à François
l'écho de ses propres pensées. Aussi, dans l'après-dîner, fit-il
appeler Avila pour lui ouvrir son âme. L'apôtre comprit
quelle œuvre divine s'était accomplie la veille; par ses conseils il aida Borgia à la poursuivre, et à fuir les trois fléaux
des cours : l'ambition, l'envie et le plaisir.

Ribadeneyra raconte que peu de temps après ces événements, François de Borgia recevait de sa tante, l'abbesse de
Gandie, une lettre qui acheva de l'émouvoir. Elle avait cru
voir son neveu, tandis qu'il gagnait Grenade; François semblait tendre vers Dieu ses mains, et Dieu le relevait et l'attirait
à Lui. Songe ou symbolique révélation, cette vision répondait
trop bien à la réalité pour ne point toucher celui qui en
avait été le sujet. En la consignant, Ribadeneyra prouve, du

moins, qu'elle était de tradition dans la famille de Borgia.

De retour à Tolède, le marquis de Lombay ne dissimula point quel changement s'était opéré en lui. Il en donna même une preuve éclatante et qui semble authentique, bien que Cienfuegos soit seul à la rapporter. Avant son départ pour Grenade, à propos sans doute de l'impôt, Borgia avait eu avec l'amiral de Castille une discussion fort vive. A son retour, il envoie saluer l'amiral, et lui demande un rendez-vous. Don Fernando Enriquez, persuadé qu'il s'agit d'une rencontre, désigne à son adversaire un terrain en conséquence. François s'y présente, et à peine a-t-il vu l'amiral, qu'il se jette à ses pieds et lui offre ses excuses. Fernandez confondu releva Borgia. Il resta depuis son ami, et lui-même se plut à raconter ce trait de vigoureuse humilité.

D'après le témoignage de François de Gurrea [1], l'empereur et le marquis de Lombay, pendant plusieurs jours, passèrent des heures enfermés seul à seul; ils parlaient sans doute de leur douleur. Sans doute aussi Charles-Quint instruisait le marquis des obligations dont il allait le charger. Doña Eléonore et doña Juana n'avaient plus de charges au palais. Le marquis lui-même avait perdu sa principale fonction. Il restait grand veneur, insipide emploi dans une cour en deuil. Aussi bien l'empereur devait récompenser le marquis et la marquise de Lombay de leur constant dévouement envers l'impératrice. Le 26 juin 1539, Charles-Quint nomma Borgia son vice-roi et son lieutenant général en Catalogne [2]. Le même

1. *Loco cit.*, procès de Saragosse.
2. « In Dei nomine, Pateat omnibus...

« Nos Carolus et Joanna eius mater... Cum obiit Ill. et R. Federicus de Portugalia A. Cæsar. de summo præside in Cataluniæ principatu et commitatibus Rossilionis et Ceritaniæ providendum sit, qui vices regias nostras habens, provinciam ipsam, pro magnitudine et montuositate sua, sine ipso præside regi et recte gubernari non potest, neque ibidem populati in pacis tranquillitate et institia permanere atque a facinorosis hominibus se abstueri, nisi nobis aut præside ipso præsentibus et Regalias ordinarias rigide exercentibus, idcirco, de fide, virtute, sagacitate, prudentia et omni probitate Vestri Ill[mi] Francisci de Borgia Marchionis de Lombay, Consiliarii nostri fidelis, dilecti admodum Confidentes, quippe, a primis annis juventutis vestræ in aula nostra et serenissimæ Imperatricis, quo, Consortis nostræ dilectissimæ divæ memoriæ educatus, ea obsequia Nobis et dictæ serenissimæ consorti et uxori nostræ vos et Illma Marchionissa conjux vestra, nobis dilecta, assidue præstitistis et tales vos exhibuistis, q. merito provinciam

jour il annonçait officiellement cette nouvelle à la trésorerie et à l'évêque de Barcelone, et il remettait au jeune vice-roi, avec ses lettres de créance, de copieuses instructions qui le devaient diriger dans son gouvernement [1].

L'empereur conseilla au marquis de Lombay de prendre, avant de quitter Tolède, l'habit des chevaliers de Saint-Jacques. Cet ordre jouissait en Catalogne de nombreux privilèges ; ses membres étaient exemptés de payer la *Sisa*, l'impôt sur les consommations. Une fois chevalier de l'ordre, le marquis pourrait, en outre, recevoir une commanderie. Il obéit à l'empereur, et, le 25 juin, il fut admis à revêtir le manteau blanc à croix rouge des chevaliers [2].

ipsam tuto regendam et gubernandam vobis committimus, rati rem nostram perinde ac vestram summopere curaturum. Quamobrem, tenore præsentis, de certa scientia Regiaque auctoritate nostra et consulto et motu proprio, vos eumdem Ill[um] Franciscum de Borgia, Marchionem de Lombay, Locumtenentem Generalem nostrum ex latere nostro dextero sumptum et *Alterum Nos* et personam repræsentantem in dicto Catalauniæ principatu et comitatibus Rossilionis et Ceritaniæ et Cunctis illorum partibus facimus, constituimus, creamus et solemniter ordinamus atque præficimus, ex ipsoque latere nostro ad unum triennium exinde in antea computandum, et deinde, dum de nostro processerit beneplacito, delegamus. Itaque vos Franciscum de Borgia, tempore prædicto durante, in principatu comitatibusque prædictis.... præsitis, præferamini et imperetis omnibus et singulis Archiepiscopis, Episcopis, Abbatibus, Prioribus, Prælatis religiosis... ac etiam ducibus... et possitis super ipsos, tamquam nostra persona et *Alter Nos*, disponere, mandare, ordinare et statuere pro libito voluntatis vestræ et prout prudentiæ vestræ et discretioni... videbitur expedire.

« Omnibus jubemus, sub iræ et indignationis nostræ incursu, pœnaque florenorum auri decem millium quatenus vos eumdem Franciscum de Borgia pro Locumtenente Generali et personam nostram repræsentante omnino habeant.

« Actum in Curia nostra Toleti die 25 M. Junii A. an. D. 1539, regnorumque nostrorum, videlicet S. Imperii a 21, Regni Castellæ 38, Navarræ, 25 », etc. (*Osuna*, copie insérée dans le procès manuscrit de canonisation de Madrid, 1617.)

1. Publiées par les *Monumenta*, t. II, p. 252. Le diplôme original est aux archives d'Osuna.

2. Le 1er janvier 1540, une cédule royale permettait au vice-roi de faire profession, bien qu'il fût novice depuis moins d'un an et n'eût point fait de noviciat au monastère d'Uclès. On ne sait quand il fit profession. Une nouvelle cédule du 7 février 1540 autorisait le profès à porter des vêtements précieux, des fourrures, des chaînes d'or et des joyaux, sans manquer aux règles de l'ordre, qui, elles, prescrivaient des costumes blancs ou sombres, et de simples tissus de laine ou de peu de prix. Le 31 mars 1540, Charles-Quint donnait au marquis de Lombay la commanderie de Huelano, dans la province de Cuenca. Il la lui retirait plus tard et l'investissait en échange,

Homme de cour et favori, François de Borgia s'était montré, pendant douze ans, un parfait gentilhomme. Mais durant cette période constamment heureuse, il n'avait donné la vraie mesure ni de son talent, ni de son caractère. Investi, à vingt-neuf ans, de l'autorité souveraine, chargé d'un gouvernement difficile, il allait montrer qu'aux gracieuses qualités d'un courtisan il joignait la fermeté et la féconde initiative d'un homme d'État.

PIERRE SUAU.

A suivre.)

---

en juillet 1543, de la commanderie plus importante de Reyna, dans la province de Badajoz. Les vice-rois ne pouvant s'absenter de leurs provinces, Charles-Quint, le 8 mai 1549, dispensait le commandeur de Reyna des quatre mois de résidence annuelle qu'il aurait dû fournir dans sa commanderie. Le 20 décembre 1549, François de Borgia ayant renoncé à Reyna, l'empereur lui en laissait les rentes. Le 21 janvier 1550, cette commanderie était transférée par l'empereur à Jean de Borgia, fils cadet de François. (Voir *Boletin de la A. de la H.*, t. XXII. Pièces publiées par don Francisco de Uhagon, ministre du tribunal des Ordres.)

DE NIETZSCHE ET DE M. FAGUET [1]

Que M. Faguet souffre qu'on le lui dise. Il déconcerte parfois ses lecteurs, et n'en paraît pas, d'ailleurs, autrement fâché. Au lendemain d'une distribution de prix où il aura parlé à des fillettes de vertu, de devoir, de religion, on l'entendra, au feuilleton dramatique des *Débats*, analyser avec un parfait détachement moral les pièces les plus dissolvantes, dire de tel vaudeville plus que risqué qu'il fait rire d'un rire un peu gaulois, mais qu'il fait beaucoup rire. Dans ses articles de revue, dans ses livres, il aime, et plus qu'autrefois, à entremêler au bon sens le paradoxe. Il y prend manifestement plaisir. Après quelques pages bien sagement écrites, soudain une affirmation à étonner le candide lecteur, une négation à faire froncer le sourcil aux tenants de la vieille morale. C'est un procédé. C'est un jeu. Vous me croyez attaché aux antiques notions de bien et de devoir : certainement, je les estime ; seulement je ne suis pas bien sûr qu'elles soient vraies. Vous vous assurez de voir en moi un conservateur de l'ordre social : je le crois, en effet, assez propre à faire vivre commodément les gens rentés ; mais s'il n'était qu'un préjugé ?

Feu Renan nous avait habitués à ces jongleries et nous en avait lassés. M. Anatole France s'est donné la tâche d'imiter Renan, et l'a fait en disciple qui sent trop son écolier. M. Faguet protesterait d'être rapproché de Renan, mais peut-être pas comme d'une chose qui pourrait le déprécier. Il aimerait moins, et pour cause, d'être comparé à M. Anatole France qui est un faux plaisantin, et, en outre, ce que ne fut jamais Renan, un anarchiste-jacobin. Mais pourquoi a-t-il cette peur, qu'il trouvait chez Renan, qu'il reprochait — oh ! sans éclat — à Renan [2], la peur « de paraître trop convaincu, parce que la conviction a toujours quelque

---

1. *En lisant Nietzsche*, par Émile Faguet, de l'Académie française. Paris, Société française d'imprimerie et de librairie, 1904. In-12, 362 pages. Prix : 3 fr. 50.
2. *Politiques et moralistes du dix-neuvième siècle*, troisième série.

chose d'un peu naïf » et risque de faire sourire? D'autant qu'il
déclare ce sentiment « mauvais ».

Et voyez la conséquence de cette attitude. M. Faguet a certes
la prétention de passer pour indépendant, d'être un indépendant.
Et voilà qu'il s'asservit à un goût, disons mieux, à une manie, au
travers de heurter l'opinion ou ce que certains appellent dédaigneusement le préjugé. Il y a là du snobisme, un désir de se sin-
gulariser, un besoin d'adopter ou d'afficher les opinions singulières. A le bien considérer, c'est aussi un dogmatisme, mais un
dogmatisme à rebours, qui prend le contre-pied du dogmatisme
commun, qui a l'infériorité sur celui-ci d'être factice, artificiel, et
qui est autrement tyrannique. Pour y être fidèle, il faut être prêt à
tout instant à se faire violence, à se raidir contre des habitudes
d'esprit ou des retours d'habitudes d'esprit. Et malgré tout, on
ne parvient pas à mettre d'accord sa conduite avec ses procédés
intellectuels, ses jugements courants avec ses jugements de commande et de pose.

En lisant Nietzsche, M. Faguet relève que celui-ci admet deux
morales, la morale de l'élite et la morale du peuple, la morale des
« surhommes » et la morale de la canaille, l'une dionysiaque et
olympienne qui va à la vie intense et luxuriante, à « créer de la
beauté », l'autre médiocre et inféconde qui, sous prétexte de
répartir également tous les biens, rend la vie fade, rebutante,
nauséabonde, et qui n'est que l'envie des impuissants.
Nietzsche se trompe, poursuit M. Faguet. Et en quoi? D'abord
en ce qu'il imagine que la morale de la vie intense, exubérante est
la vraie morale grecque. Et en effet, cette morale était avant tout
la morale de l'ordre et de la mesure. Des admirateurs de l'hellénisme païen, comme Louis Ménard, y ont même trouvé l'idée de
droit et de devoir. Mais cette réserve n'a pour M. Faguet qu'une
valeur secondaire. La grande erreur de Nietzsche, c'est qu'il n'y
a pas deux morales, mais un nombre indéterminé de morales. La
morale est chose variable et souple. A mesure qu'un homme monte
plus haut dans l'humanité, on exige de lui des choses qu'on n'en
exigeait pas tout à l'heure, on lui passe des choses qu'on ne lui

passait pas auparavant. Chaque profession a sa morale : il y a une morale du soldat qui n'est point celle du juge, une morale du prêtre qui n'est point celle de l'ouvrier, une morale du savant qui n'est point celle de l'ignorant, une morale de l'homme qui n'est point celle de la femme. Il ne faut point parler de morale universelle. Il y a autant de morales que de catégories d'individus, ou même, si l'on veut, d'individus.

N'est-ce pas là une espèce de gageure ? On veut dépasser Nietzsche. Nietzsche avait cherché une fusion des contraires, une conciliation des antinomies *par delà le bien et le mal*. M. Faguet s'ingéniera à trouver une doctrine morale ou amorale *par delà Nietzsche*. C'est un sport.

Et d'abord est-il certain que Nietzsche ait distingué ainsi deux espèces irréductibles de morales ? Il a noté l'existence de fait de deux types fondamentaux, d'une *morale de maîtres* et d'une *morale d'esclaves*. En réalité, il dit à tous : vivez le plus possible, selon vos moyens, d'une vie de force, d'expansion, d'intensité ; faites beau et gai autant que vous le pourrez. Au fond, « rien n'est vrai, tout est permis ». Rien n'est bien, à moins qu'on n'appelle bien tout ce qui est déploiement du moi. Cela vaut pour tout le monde. C'est sur cette donnée qu'il convient de refaire *la table des valeurs*.

M. Faguet, plus ou moins à son insu, a attribué un système arrêté à Nietzsche qui n'a jamais formulé de système. J'ajoute qu'il a pris au sérieux un homme qui se moque de tous les hommes, de ses lecteurs et des autres.

Sans tomber dans ce travers et sans accorder aux dires de M. Faguet plus d'importance qu'il ne leur en accorde lui-même, on peut cependant faire sur ces dires quelques remarques : elles seront à l'usage des disciples trop disposés à jurer sur la parole du maître. M. Faguet veut que la morale varie avec le rang. Mais Néron a beau avoir été empereur romain ; il n'a pas été amnistié par la conscience du genre humain. Le meurtrier du duc d'Enghien s'est vu aussi sévèrement reprocher son crime que s'il avait été un chemineau qui tue pour voler. Les flatteurs en prose ou en vers ont. pu parler des « délassements » auxquels ont droit les grands parmi les soucis des affaires. Les historiens et les moralistes ont

pu dire que certains entraînements étonnent moins de la part de
ceux qui ne voient rien au-dessus de leur tête. Mais, d'autre part,
ils ont rappelé que ceux-là sont tenus à donner de plus fortes
leçons que leur rang place plus haut et fait apercevoir de plus
loin.

M. Faguet lui-même dit, quoique trop négligemment : « Je
crois bien, au fond, que l'homme supérieur a tout simplement
plus de devoirs que les autres sans compensation. » Autour
d'eux, de leur vivant même, on les juge assez exactement. Ce que
l'on condamne chez tous, en somme on le condamne chez eux ; et
ce qu'on leur passe, on le passe à tous. Et même, de nos jours,
on supporterait mal dans un chef d'État ou un premier ministre telle liberté de conduite que le monde tolère dans un
simple député ou un homme du peuple. Nous disons tolérer et non
amnistier. Les hommes s'abstiennent de proscrire bruyamment
ce qu'ils ne se sentent pas le courage d'éviter eux-mêmes. Il serait
d'une observation superficielle de conclure qu'ils voient là une
chose honnête. Beaucoup sont lâches : ils se disent lâches, ils ne
se proclament pas vertueux.

Chaque condition a sa morale. Certainement, les devoirs particuliers varient avec les circonstances particulières. Cela est élémentaire. Mais les devoirs généraux restent. Mais les devoirs spéciaux sont déterminés selon des principes eux-mêmes généraux.
Et par là, la morale universelle se fait sentir jusque dans la
divergence des préceptes particuliers.

*
* *

Nietzsche croit à la beauté et à la force. Il propose aux
hommes de réaliser un certain idéal de beauté et de force ; et, à
cet effet, il veut la nature humaine affranchie de toute contrainte,
de toute religion, de toute morale. On l'a remarqué, et M. Faguet
le note à son tour : c'est là, après tout, une morale, quoique à
l'encontre des morales communes, puisqu'on désigne à l'homme
un but à poursuivre, un idéal à réaliser. Mais convient-il d'ajouter avec M. Faguet : c'est donc d'un esprit étroit ou d'un esprit
niais d'accuser Nietzsche d'être sceptique ou anarchiste?

Si ce négateur qui « philosophe à coups de marteau » n'est
ni sceptique ni anarchiste, à ce compte personne ne l'est. Tous

les maîtres en scepticisme et en anarchisme sont des croyants et des affirmatifs. C'est la contradiction forcée où ils tombent tous. Le dogmatisme est inséparable de l'esprit de système. Mais on peut, en toute justice, leur appliquer l'épithète de sceptique et d'anarchiste, la chose étant entendue au regard des vérités communes, et aussi avec cette réserve qu'il y a dans leur attitude beaucoup de *bluff*.

Oui, du *bluff*. Selon M. Faguet, Nietzsche a travaillé, sa vie entière, à se dégager de tout préjugé avec un « courage qui était bien le fond de sa nature », avec « beaucoup de courage : ce que je dis très sérieusement », ajoute-t-il. Chez lui, « la probité intellectuelle autant que morale était très forte ». On a dit cela de Renán; M. Faguet l'a dit lui-même de Renan. Il est vrai qu'il a ajouté qu'il y avait chez Renan « une terminologie à double ou à triple face » dans laquelle il se joue avec une parfaite désinvolture, qu' « enivré de paradoxes et un peu excité d'ironie, se moquant de nous, mais se moquant un peu de lui-même, c'est-à-dire prenant ce suprême plaisir de l'intelligence qui consiste à se contredire au moment où elle parle, à se réfuter au moment où elle prouve », il se fait « un jeu à passer brusquement de l'autre côté de l'idée qu'il envisage pour jouir de sa promptitude et de son adresse ». Cette probité est bien accommodante; elle ressemble même fort au dilettantisme qui n'est guère synonyme de sincérité intellectuelle et morale.

M. Faguet avoue que Nietzsche est « volontiers exagéreur ». Mais alors comment avoir confiance en sa sincérité ? D'autant que cette outrance paraît très consciente. S'il a de la bravoure, c'est la bravoure d'un fanatique qui s'entête dans une attitude, dans un procédé, d'un détraqué qui passerait sa vie à combattre les principes de la logique et de la mathématique, qui ne s'estimerait content que lorsqu'il se serait prouvé, au moins que lorsqu'il se serait crié à s'en étourdir que le tout peut être plus petit, est plus petit que la partie. Sans doute, il faudra une belle hardiesse, un inconfusible vouloir pour soutenir ce rôle. Seulement ce malheureux mériterait mieux un cabanon qu'une place à l'Institut.

Non, nous ne pouvons nous résoudre à prendre Nietzsche au

sérieux. Et M. Faguet aurait fait preuve d'une vraie indépendance d'esprit en s'appliquant moins à vouloir comprendre et
justifier Nietzsche. La contradiction, l'incohérence, l'inconscience intellectuelle y est partout.

Nietzsche admire Corneille comme peintre de la vie forte et
intense. Mais quel rapport entre les viveurs et les égoïstes pervers que veut créer Nietzsche et les héros cornéliens qui incar-
nent le devoir et sacrifient tout au devoir ? Parce que Corneille a
su montrer la vie intense là où elle est, dans l'héroïsme de la
vertu, de quel droit Nietzsche, qui n'a donné qu'une caricature
de la vie intense, prétend-il se réclamer de Corneille ? Et quelle
jonglerie que cette explication de l'héroïsme par M. Faguet :
« En tant que bête de combat, l'homme adore la passion contre
la passion, la passion contre lui-même » ; il trouve une saveur
merveilleuse d'égoïsme dans le « triomphe sur le moi du moi
pur » !

Nietzsche parle de vie intense, et il nie le libre arbitre, lequel,
par ailleurs, « a son père et sa mère dans l'orgueil humain ». Il
nie l'immortalité qui est cependant une assez splendide et ambitieuse aspiration de l'être humain. Il refuse de voir dans la
croyance à l'immortalité une « volonté de puissance » sinon
erronée. Pour Nietzsche, c'est la souffrance et l'impuissance qui
ont créé l'au-delà. Il répète à l'homme : Restez fidèle à la terre.
Et si l'homme étouffe dans le cercle d'ici-bas, s'il aspire à le
briser, comment ne pas voir une marque de grandeur en cette
souffrance ? Comment ne pas applaudir à cet effort ? D'autant que
Nietzsche proclame qu'il faut savoir « vouloir l'illusion », savoir
découvrir des illusions assez belles, assez séduisantes, pour qu'elles
nous fassent aimer la vie malgré ses laideurs et ses souffrances,
savoir mettre toute notre sagesse et notre énergie au service de
ces illusions. Et en ce rêve d'immortalité l'*illusion* est assez raisonnable ; elle a pour tout homme sensé des présomptions qu'il
ne saurait négliger, des présomptions qui satisfont de plus en
plus la raison à mesure qu'elle les étudie mieux, jusqu'au jour
où elles lui donnent le repos dans la lumière.

Mais de cela pas un mot de la part de M. Faguet.

Nietzsche parle de vie intense, et il fait du christianisme l'en-

nemi. Il l'attaque furieusement, passionnément. Il se flatte de
l'avoir vaincu. « Dieu est mort! » va-t-il répétant. « Nous l'avons
tué ». Ce Dieu, c'est le Dieu chrétien. Et ce qu'il reproche au
christianisme, c'est d'être hostile à la vie. Quoi donc? le fondateur
du christianisme n'a-t-il pas dit : « Je suis venu pour qu'ils aient
la vie, pour qu'ils l'aient plus abondante »? Cette intensité, il la
promet, il la donne dès ce monde, en attendant la plénitude de
l'autre. Quelle force et quelle hauteur il met en l'âme chrétienne!
Et quelle ampleur en ses horizons! Quel éclat et quelle chaleur
dans les soleils qui les dorent! Tout voir, tout aimer, tout poursuivre sous reflet d'éternité, *sub specie æternitatis*.

Mais Nietzsche confond avec la force qui est dans la mesure
l'expansion sans frein, le débridement de la bête humaine, le
dévergondage. Car c'est bien là qu'aboutit sa théorie.

Tout récemment, en un bruyant et factice centenaire, M. Marcel Prévost, rappelant « le tumulte sentimental » de la jeunesse
de George Sand, proclamait que « nulle observance de règles
morales essentiellement contingentes n'eût compensé la perte
de certaines pages immortelles ». Sans demander à M. Marcel
Prévost s'il compte ajouter ces pages immortelles à la suite des
Lettres à Françoise, on peut dire qu'elles représentent une
tranche de vie intense selon le mode nietzschéen. Et cette tranche de vie est à la fois douloureuse, mesquine, honteuse.

Nietzsche, tout en voyant dans le christianisme l'ennemi, ne
peut se tenir de le parodier. Il va plus loin. Il veut substituer
son évangile à l'Évangile du Christ. Il intitule *Ecce homo* son
autobiographie. Il tend avec une condescendance sacrilège la
main à Jésus comme à un devancier, à un précurseur. L'orgueil
l'envahit de plus en plus. Il croit sentir naître et grandir en lui
le « surhomme », le Dieu. Son dédain transcendant écrase tout
le genre humain. Et il se plaint d'être méconnu. Lui qui divise
l'espèce humaine en charretiers et en quelques hommes de
génie, il souffre de la mésestime des charretiers; il refuse de
voir dans son isolement le signe de son accession à une nature
supérieure.

Hélas! cette nature supérieure se manifestait par d'étranges
effets. Ce n'est pas en vain que Nietzsche l'avait dressée, entraî-

née au rebours de la logique commune, de la morale commune, nourrie, gonflée de rêves d'un orgueil insensé. Le « surhomme » en Nietzsche aboutissait au ramollissement cérébral, le Dieu sombrait dans la démence.

Lucien ROURE.

BULLETIN D'HISTOIRE

UNE REVUE DE SYNTHÈSE EN HISTOIRE [1]

Bien que le nombre des revues d'histoire soit relativement assez considérable, sans parler de la part importante faite dans tous les périodiques aux choses du passé, l'année 1900 — celle de l'Exposition et des congrès, — en vit éclore une nouvelle. Son but répondait aux idées qui flottaient alors dans l'atmosphère saturée d'*universalité*. L'encombrement des arrivages et la cohue des visiteurs ne semblèrent à la plupart des historiens réunis de tous les pays à ce rendez-vous mondial qu'une faible image du formidable amoncellement de découvertes et de travaux, de publications et de contributions, qui menace d'effondrer leur science. Les bibliographes étaient là qui leur signalaient le péril. Sur telle question, trente ans plus tôt, il suffisait de recourir à un ouvrage unique ; maintenant il en faut consulter exactement soixante-dix. Or, ce mouvement continue et progresse, loin de s'atténuer, en raison géométrique [2]. N'était-il pas temps de s'arrêter un instant sur la pente, de refréner tout au moins la vitesse et de jeter un regard en arrière ? De là l'idée de la présente revue, une idée qui a fait son chemin.

Le programme était celui-ci. On se proposait de dresser pour toutes les divisions de l'histoire, un *état* du travail déjà exécuté ou qui reste à accomplir, et, par suite, d'orienter les recherches, au lieu de les laisser se disperser et s'éparpiller. On prétendait aussi « rapprocher les diverses études historiques et ainsi les éclairer l'une par l'autre ». Mais surtout on visait d'une part à

---

1. *Revue de synthèse historique*. Paris, Cerf, rue Sainte-Anne, 12.— Cette revue paraît depuis août 1900, en six livraisons par an qui forment deux volumes de trois à quatre cents pages grand in-8. Prix de l'abonnement : France, 15 francs; étranger, 17 francs; le numéro, 3 francs. Directeur : M. Henri Berr.

2. *La Question bibliographique*, par M. Langlois, dans *la Grande Revue*, octobre 1900, p. 21-53.

préciser la notion de l'histoire, de l'autre à neutraliser les fâcheux effets d'une analyse et d'une spécialisation poussées visiblement à outrance. Bref la revue naissante promettait d'être synthétique dans tous les sens et dans toute la force du mot.

Les moyens employés pour y atteindre seraient les suivants. Dans le choix des rédacteurs, unir en une collaboration fraternelle historiens et philosophes. Comme genres d'études, adopter quatre sortes de travaux : les articles de fond, les revues générales, les notes, questions et discussions, enfin la bibliographie. La matière des articles de fond, les seuls qui vous intéressent ici, devait elle-même être double : les uns rouleraient sur la théorie de l'histoire, ses principes, ses méthodes, puis sur les tâches particulières de l'historiographe, du professeur, du sociologue ; les autres traiteraient de l'interprétation psychologique de l'histoire au point de vue national ou social, c'est-à-dire de la psychologie des peuples et des groupements divers, particulièrement des *pays* ou provinces de France.

Les cycles à parcourir ne manqueraient point, on le voit, d'étendue ni même de profondeur. Les revues générales devaient embrasser notamment des périodes de trois à quatre années « sans rien négliger de ce qui concerne l'humanité agissante et pensante ». Ce vaste programme a-t-il été rempli ? Je n'oserais l'assurer ; mais il est beau d'avoir tenté l'effort, et, somme toute, je ne sais si l'on trouverait, dans un autre recueil récent, autant d'observations d'ensemble et de larges aperçus, d'expositions de systèmes et d'indications, de problèmes, de questions soulevées et de controverses prolongées.

Dans l'impossibilité de tout résumer, nos lecteurs nous permettront de nous attacher aux deux thèses principales qui nous ont paru se dégager des doctrines parfois opposées, mais le plus souvent concordantes, soutenues par une rédaction pourtant très cosmopolite. La première consiste dans la nécessité plus opportune que jamais de la synthèse ; l'autre revendique, pour l'histoire, le droit et le devoir d'être encore un art, sans renoncer à devenir de plus en plus une science.

I — ANALYSE ET SYNTHÈSE

Si le mot de synthèse a été remis à la mode, c'est parce qu'il répond à un besoin manifeste des écrivains et des lecteurs d'histoire ; mais on ne saurait se dissimuler que le mot comme la chose rencontre beaucoup d'adversaires. A tout le moins ils éveillent d'ombrageuses défiances. Sans remonter à la fondation de l'École des hautes études sous le ministère Duruy et à la création de la *Revue critique*, en 1866, il semble que l'apparition de la *Revue historique*, en 1876, ait répondu plutôt à une tendance analytique. « On a compris, disait M. Monod, dans une introduction souvent citée, le danger des généralisations prématurées, des vastes systèmes *a priori* qui ont la prétention de tout embrasser et de tout expliquer... On a senti que l'histoire doit être l'objet d'une investigation lente et méthodique où l'on avance graduellement *du particulier au général, du détail à l'ensemble* ; où l'on éclaircisse successivement tous les points obscurs afin d'avoir des tableaux complets et de pouvoir établir sur des groupes de faits bien constatés des idées générales susceptibles de preuve et de vérification [1]. » Pourquoi se hâter ? Ne sommes-nous pas dans une période « de préparation, d'élaboration des matériaux qui serviront plus tard à construire des édifices plus vastes... Les esprits généralisateurs, les artistes viendront à leur tour, mais animés de réserve et de prudence, ne se servant que de matériaux éprouvés et authentiques et laissant volontiers inachevées les parties de l'édifice que la science ne peut retrouver et dont l'imagination seule peut deviner vaguement les formes probables [2]. »

Ces lignes étaient écrites, il y a une vingtaine d'années ; on les croirait d'hier. C'est le cas de rappeler le mot célèbre : « En France, il n'y a que le provisoire qui dure. » La période de transition, aux yeux de nombre d'historiens, ne fait encore que de commencer ; elle doit se poursuivre indéfiniment jusqu'à ce que la grande, l'immense enquête soit menée à un terme qui menace de fuir toujours. La synthèse ne serait donc qu'un éternel mirage.

M. Monod a cependant encouragé la présente revue. Avec bonne grâce il se laissa interviewer, avant même l'origine, et comme M. Edmond Fazy, rédacteur au *Temps*, menait alors une petite enquête sur le sort actuel et prochain de l'histoire, il lui fit

1. *Revue de synthèse historique*, août 1900, p. 3.
2. *Ibid.*, août 1900, p. 7.

quelques déclarations plutôt favorables aux projets de M. Berr.
Il annonça que la *Revue de synthèse historique* serait destinée
« à marquer les grands courants directeurs, et à faire, comme son
nom l'indique, la synthèse des résultats [1] ». Il constata de plus
« que certains jeunes historiens ont une méfiance excessive de la
généralisation, et, par contre, que certains philosophes ont une
tendance à faire de la généralisation historique ». C'était tenir la
balance égale entre les deux partis et s'exprimer dans le plus
modéré des langages.

Mais on assure que d'autres emploient moins de ménagements.
Ceux-là, « le seul mot de synthèse les effarouche ou les irrite...,
ils ne conçoivent la science que sous forme de recherches menues, et, le détail étant infini, ils n'avancent dans ces recherches
que pour voir reculer le but. Ils prennent en pitié les imprudents,
qui veulent dépasser l'horizon étroit de ce qu'ils ont étudié personnellement et qui aspirent à se donner une vue d'ensemble, fût-ce
sur un domaine encore limité. Ils estiment que, de temps à
autre, l'esprit humain est pris de *fringales de synthèse* qui compromettent le travail patient d'analyse. Tous les trente ou quarante ans, disent-ils, l'humanité pensante s'abandonne à une
folie passagère qu'elle prend pour une activité normale. »

A quoi les partisans de la synthèse, heureux d'un pareil aveu
involontaire, s'empressèrent de répliquer : « Si ce besoin se manifeste régulièrement, c'est sans doute qu'il est foncier dans
notre nature. » Et profitant de leur avantage, ils élargissent aussitôt le débat, passent de la défensive à l'offensive, déclarent que
la poussière des faits n'est rien et qu'il n'y a de science, selon la
vieille formule, que du général.

On se perd dans l'analyse : de là des réactions de synthèse. Les retours
de synthèse ont l'avantage de rappeler le savant à la conscience de son
rôle. Si la science n'était que la satisfaction d'une curiosité de reportage
rétrospectif, elle serait singulièrement vaine. Le collectionneur de faits
n'est pas plus estimable que le collectionneur de timbres-poste ou de
coquillages. La synthèse est utile, même moralement, en faisant concevoir
la dignité de la science [2].

La condamnation est un peu dure pour les collectionneurs,
gens patients et modestes, qui rendent aux théoriciens, gens

1. *Revue de synthèse historique*, octobre 1900, p. 231.
2. *Ibid.*, août 1900, p. 7.

plutôt pressés et fiers, d'inappréciables services. Mais que penser
des tirades bien autrement amères de F. Nietzsche, incriminant
l'étude de l'histoire, sans qu'on puisse bien démêler d'ailleurs
qui reçoit le plus de coups, des tenants de l'analyse ou de ceux de
la synthèse. Les tenants de l'analyse toutefois semblent plus
directement visés. Nietzsche, partisan de la *superhistoire* qui seule
dirige notre regard du fini à l'infini, gémissait sur la vie contemporaine continuellement reportée dans le passé, il y voyait la
destruction absolue du bonheur, le bonheur impliquant la faculté
d'être entièrement au présent; la ruine aussi de toute originalité
de caractère et de toute force plastique. « Nous sommes, disait-il,
devenus semblables aux animaux qui ne vivent qu'en ruminant. »
Il ajoutait : « Tout est critique pour l'homme moderne, qui par
suite n'a qu'une très faible personnalité. Notre science ne suit
plus la nature spontanée, mais la tue. Nous avons oublié que la
science doit servir surtout à la vie, à laquelle l'histoire aussi
devrait être utile et non nuire. La nouvelle maladie dont nous
souffrons tous maintenant peut vraiment s'appeler *historicite*. »
La preuve que Nietzsche s'en prend surtout à l'*analysite* plutôt
qu'à la *synthétite*, si l'on nous permet de forger à son exemple
des vocables nouveaux, c'est qu'au cours de ses plaintes contre
le passé, pesant si lourdement sur les épaules du présent qu'il
l'écrase, il compare l'homme d'aujourd'hui à une « encyclopédie
historique ambulante [1] ».

Mais la synthèse a trouvé auprès d'un autre philosophe, moins
humoristique peut-être et moins ironiste, moins exagéré par
contre et moins violent, une défense si calme, si logique, si
mesurée et en même temps si ferme, que nous croyons devoir la
reproduire ici en substance.

Dans son article intitulé *Histoire et synthèse*, M. Emile Boutroux — c'est de lui qu'il s'agit — s'est efforcé de combattre ce
prétendu axiome répandu depuis une cinquantaine d'années
« qu'en histoire il faut débuter par l'analyse, et n'aborder la
synthèse que quand l'analyse a terminé son œuvre ». Il s'en
prend donc et à Renan et à Fustel de Coulanges. Renan disait:
« Aussi longtemps que toutes les parties de la science ne seront
pas élucidées par des monographies spéciales, les travaux géné-

---

1. *Revue de synthèse historique*, avril 1902, p. 183.

raux seront prématurés. » Fustel de Coulanges avait moulé sa
pensée dans une phrase passée en aphorisme : « Il faut toute une
vie d'analyse pour une heure de synthèse » ; mais en pratique il
donna le plus éclatant démenti à sa fameuse maxime : ayant commencé par la synthèse de *la Cité antique*, il termina par l'analyse
de *la Monarchie franque*.

M. Boutroux, sans relever cette dernière contradiction, s'occupe,
en vrai philosophe, de rechercher l'origine de ces théories spé-
cieuses et il les combat au nom des principes les mieux établis.
La genèse du sophisme remonte à Locke et à Bacon, à Bacon
surtout qui, condamnant l'hypothèse dans la recherche des lois,
prescrivait de dresser d'abord des tables complètes de faits avant
de dégager les lois qui les régissent. Aux yeux des empiristes, la
seule induction qui soit permise est l'induction par énumération
complète. N'apercevant ni ordre ni logique dans les choses, ils
regardent toute anticipation de l'esprit comme une témérité.
Mais M. Boutroux assure que les sciences physiques n'ont point
tardé à entrer dans une voie toute différente, la méthode hypo-
thético-déductive, et que, loin de s'en tenir à l'observation, elles
procèdent de l'universel et du général au particulier, « des
grandes lois aux lois de détail, en ayant soin seulement de n'admettre jamais le général qu'à titre d'hypothèse ». Stuart Mill,
allant plus loin encore, aurait reconnu que pour passer du fait à
la loi, il n'est aucunement nécessaire d'épuiser la connaissance
analytique des cas et que la considération d'un seul exemple peut
servir dans certaines conditions à établir une proposition universelle.

L'application de ces notions à l'histoire est féconde en conclusions.

Il ne se peut pas, écrit M. Boutroux, qu'en histoire plus que dans une
science quelconque, la juste méthode consiste à épuiser l'analyse ou détermination du multiple avant d'aborder la synthèse. Là, comme partout, les
deux opérations se supposent réciproquement.

Et d'abord, l'objet que l'on se propose est nécessairement de dégager de
la masse des documents, certaines classes de faits que l'on juge plus spécialement dignes de vivre dans la mémoire des hommes. Il faut donc que l'idée
de ces classes soit définie, et qu'elle soit constamment présente à la pensée
pendant la recherche.

Dans cette recherche elle-même, il faut aller du facile au difficile, de ce qui
est près de nous à ce qui est loin. Or, ce qui nous est le plus accessible, ce
sont les grands faits, les faits généraux, ceux où un partisan intransigeant
de l'individuel et du concret ne voudrait voir que des fictions synthétiques.

Ici, à l'appui de ses assertions, le distingué professeur de Sorbonne invoque l'autorité de l'auteur de l'*Histoire générale* : « Le général en histoire, dit M. Lavisse, est plus certain que le particulier, quelque paradoxale que cette assertion puisse paraître. Il est plus facile de ne pas se tromper sur tout un pays que sur un seul personnage. La vue qui se perd dans les broussailles, embrasse les ensembles ; les horizons les plus vastes sont les plus nets. » Ces grands faits, les mieux connus, sont donc nos guides naturels, les premiers qui se présentent à nous et les plus sûrs pour arriver à la détermination des moindres. De là l'opinion courante que pour bien comprendre un homme il est nécessaire de le replacer dans son temps et dans son milieu. Or ceci n'est-ce pas avouer que « le détail ne se connaît que par l'ensemble, de même que l'ensemble ne nous est donné que dans la multitude des détails ».

Ici intervient un autre ordre de considérations, celle des rapports de cause à effet ou réciproquement. Un historien digne de ce nom et qui veut s'élever au-dessus du terre à terre de la chronique, des annales, du journal, en un mot de l'historiographie, n'entreprendra ses travaux supérieurs que pour rechercher en dehors et au-dessus des faits les relations causales entre ces faits. Mais ces relations peuvent-elles donc être obtenues sans en appeler à mainte connaissance psychologique, sociologique ou autre encore, d'un caractère général ou synthétique? « L'affirmation d'une relation causale quelconque, déclare M. Boutroux, implique le sentiment ou la connaissance d'une ou de plusieurs lois naturelles. »

Deux autres avantages résultent pour l'historien du bon emploi de la synthèse. Grâce à elle, il sait comprendre et formuler ses résultats. Par elle enfin il obtient de solides points de repère qui se transforment en nouveaux jalons pour sa marche en avant.

C'est un besoin très vif et très légitime chez l'historien, que de se rendre compte et d'informer son lecteur de la signification et de la portée des résultats qu'il a obtenus. C'est à cette œuvre de condensation et de simplification compréhensive que se reconnaissent les esprits vigoureux, ceux qui savent transmuter les faits en idées sans rien laisser perdre de leur substance. C'est ce travail qui est vraiment la prise de possession des documents historiques par l'intelligence humaine, comme la réduction des phénomènes physiques en formules mathématiques est la prise de possession de la matière. Et les vues générales que nous donnent ainsi les esprits philosophiques ne sont pas seulement la sécularisation des résultats déjà obtenus

par la recherche scientifique; elles fournissent, pour les recherches ultérieures, un point de départ et des directions. Toute grande œuvre historique
a pour objet de discuter, de soutenir ou de combattre une théorie.

Tout en maintenant ses positions, M. Boutroux consent volontiers, avant de clore le débat, à céder quelque terrain à ses
adversaires. Il répète que l'histoire proprement dite n'isole pas
d'abord les éléments pour les réunir ensuite, mais cherche à les
comprendre à la fois dans leur unité et leur multiplicité, ce qui
est sa thèse; puis, ceci démontré, il reconnaît qu'en pratique la
division et la graduation du travail ont leur place en histoire
comme dans toute œuvre humaine : il trouve bon que, parmi les
savants, les uns s'appliquent principalement à la découverte des
faits, à l'aide des instruments de recherche analytique, et que
les autres s'attachent plus spécialement à dégager les vues générales que révèlent les connaissances déjà acquises. Il recommande
même à ces derniers de ne pas abuser des principes abstraits.

M. Boutroux ne pouvait manquer, malgré sa puissance d'affirmation ou de déduction, de rencontrer un contradicteur. Il le
trouva en M. Rickert qui soutient la théorie diamétralement
opposée. *Les Quatre Modes de l' « universel » dans l'histoire*, tel est
le titre de cet article tellement scolastique et de dialectique si
subtile qu'il serait ingrat de l'analyser. Ajoutons qu'il est fort
paradoxal et contentons-nous d'en indiquer l'idée même qui est
celle-ci : « Comme l'opposition de l'universel et du particulier
est l'opposition fondamentale qui domine toutes les recherches
logiques, toute tentative pour comprendre la nature logique des
sciences historiques devra partir de ce fait que l'histoire, d'après
sa définition la plus compréhensive, est la *science de l'individuel*,
de *ce qui se produit une fois*, par opposition avec les sciences
naturelles, qui ont pour objet l'universel, ce qui reparaît toujours
avec les mêmes caractères[1]. » Quant à cette assertion que « si
l'on écarte l'*universel*, la science en général devient impossible »
et que, par suite, une science portant sur le particulier et l'individuel implique contradiction, cette grave objection inspire à
M. Rickert tant de *distinguo*, qu'il serait par trop ardu de le suivre
dans cette voie hérissée d'épines.

Il vit se dresser à son tour un contradicteur en M. Lacombe,

1. *Revue de synthèse historique*, avril 1901, p. 123.

spécialiste ès matière de théories sur l'histoire, mais de théories plus sensées. Il répliqua ainsi :

Il est certain que l'histoire — celle des historiens, des plus grands historiens, comme le dit M. Rickert — n'a guère été jusqu'ici que le narré des changements du monde ; que cette histoire s'est intéressée exclusivement, ou presque, à l'individuel et à ce qui est arrivé une fois. J'en donne acte à M. Rickert.

Mais l'histoire — cette fois les choses, les événements, les hommes, la matière, la réalité historique elle-même — n'a-t-elle jamais contenu que de l'individuel, que des choses qui sont arrivées une fois, et jamais rien de commun, de similaire, rien de collectif, de réitéré, de répété ?

Si oui, M. Rickert a pleinement raison, — si non, sa manière de concevoir l'histoire narrée est absolument incomplète.

M. Lacombe n'a pas eu de peine à développer ces premiers éléments de sa loyale et spirituelle réfutation. Il concède que les modes de l'activité humaine sont très variés, mais il observe avec raison que les directions de l'activité extérieure et les procédés de l'esprit ne le sont guère. La tâche de l'historien consistera donc à abstraire, à dégager les similitudes et les généralités, à les rattacher les unes aux autres, à « emboîter les moindres dans les plus larges ». L'invention des hypothèses lui paraît chose indispensable ainsi que l'emploi alterné et combiné de l'induction et de la déduction.

Et il prétend bien que l'histoire n'en sera pas moins scientifique pour cela :

Il y a une forme d'histoire, dit-il, qui peut être scientifique à la façon de l'histoire naturelle ; une histoire qui, après avoir observé les *complexes* de faits particuliers, tirera de ces faits des similitudes, c'est-à-dire des généralisations plus ou moins étendues. Elles seront d'abord purement empiriques ces généralisations ; puis, au moyen de l'hypothèse, des expériences ou, si vous voulez, des observations vérificatrices, au moyen de la déduction elles seront rattachées à des principes, à des forces psychiques constantes, en combinaison avec l'influence constante de telle ou telle conjecture. Évidemment, de par sa complexité beaucoup plus grande, cette science historique n'aura pas, du moins de longtemps, — car il faut toujours réserver prudemment l'avenir, — ce degré de précision et de certitude dans l'*explication*, qu'on voit aux sciences naturelles ; mais ce ne sera pas une différence dans le résultat, dans le succès du travail ; ce ne sera pas une différence essentielle, fondamentale, dans les procédés et la méthode employée par les travailleurs.

Voltaire, Napoléon, Bismarck et Gœthe fournissent d'autres arguments, pour et contre, aux deux adversaires. Qu'il nous suffise d'avoir indiqué leurs raisons théoriques.

Vers le même temps, M. Xénopol, recteur de l'Université de Jassy, membre de l'Académie roumaine, avait été élu correspondant de l'Académie des sciences morales et politiques. Cette dernière distinction était la juste récompense et de la grande part prise par lui au congrès de l'Histoire comparée, en 1900, et de son remarquable ouvrage sur *les Principes fondamentaux de l'histoire* [1]. Dans la séance du 13 juillet, il donna lecture d'une communication sur *la Psychologie et l'histoire* riche en aperçus méthodiques et précis.

D'après M. Xénopol, la psychologie fournirait à l'histoire deux sortes d'éléments. Le premier serait constitué par les lois psychologiques, lois qui gouvernent les facultés humaines et se retrouvent idendiques partout et toujours. Le second serait fourni par les données psychologiques individuelles, par les complexions mentales particulières. Et ce second élément l'emporterait sur le premier. Les lois psychologiques reposent sur les faits de *répétition*, ceux qui se reproduisent perpétuellement ; les éléments psychologiques individuels appartiennent au contraire aux faits de *succession* qui arrivent une seule fois dans la suite des temps.

Les lois psychologiques, conclut-il, ne sauraient donc avoir en histoire l'importance que les lois des faits de la répétition possèdent dans les sciences ainsi appelées naturelles. Elles ne rendent pas compte de la production des phénomènes historiques (événements). Ainsi, par exemple, si l'on voulait expliquer les caractères différents des peuples : espagnol, français, anglais, par la loi psychologique de la consolidation des impressions répétées pendant longtemps, cette explication générale laisserait dans l'ombre précisément les points importants, les différences qui distinguent ces caractères en autant de produits historiques particuliers. Pour expliquer le caractère espagnol, il faut ajouter à la loi psychologique générale, l'élément individuel donné par la circonstance absolument particulière à l'histoire de ce peuple, ses luttes séculaires contre les Maures. Pour le caractère français, il faut y ajouter des guerres heureuses poursuivies pendant des siècles qui en firent un peuple capable de tout sacrifier pour la gloire ; pour les Anglais, la pratique séculaire du commerce, etc... Les lois psychologiques n'expliquent donc rien par elles seules, si l'on n'y ajoute les circonstances individuelles particulières à chaque développement. Au contraire les complexités mentales spéciales à chaque individu, à chaque groupe humain, contiennent la clé de l'histoire. Pour comprendre un événement, il faut étudier psychologiquement les acteurs du drame (individus, peuples, races, esprit public à un moment donné) ; et c'est cette étude d'éléments qui ne se rencontrent qu'une fois dans le cours des âges et ne se reproduisent

1. Paris, Leroux, 1899. In-8.

jamais complètement, qui est seule en état de nous donner le sens des événements historiques.

Pour résumer le système de M. Xénopol : faits de répétition, lois, sciences, tels sont les trois termes corrélatifs du premier élément de l'histoire, l'élément foncier, la trame profonde sur laquelle elle brode ses dessins toujours nouveaux; phénomènes de succession, individualités, séries, tels sont les trois termes corrélatifs du second.

M. Xénopol n'est point, par une conséquence logique, de ceux qui croient aux éternels *recommencements* de l'histoire ; encore moins conçoit-il le monde comme régi par la fatalité et croit-il à la possibilité qui en découlerait, de prévoir avec certitude l'avenir. « Les faits futurs, écrit-il, devant être toujours nouveaux, la loi de leur production ou plutôt de leur reproduction est impossible à trouver, attendu que les faits ne se reproduisent jamais. »

Souvent l'auteur est revenu sur ces idées qui seules permettent, à son avis, d'assigner à l'histoire sa véritable place dans la hiérarchie des connaissances humaines.

II. — L'HISTOIRE EST-ELLE UN ART OU UNE SCIENCE ?

Cette question est trop connexe aux précédentes pour ne pas avoir été soulevée en même temps. Voici près de vingt-cinq ans que les savants des divers pays, Angleterre, Allemagne, France, Italie, se sont repris à la retourner en tous sens. Leurs systèmes fort variés ont été exposés avec lucidité par l'Italien Pasquale Villari, dans ses *Scritti Vari* (1894), et M. Léon Pélissier a rendu service à la *Revue de synthèse historique* en faisant passer en français pour ses lecteurs la dissertation académique du maître étranger[1].

La première idée de transformer l'histoire en une science exacte reviendrait, d'après Villari, à l'Anglais Buckle. L'auteur de l'*Histoire de la civilisation en Angleterre* crut découvrir, vers le milieu du dix-huitième siècle, que le moyen de parvenir à cette métamorphose était l'introduction de la statistique. Buckle ne se soucie guère que des masses, et ce qu'il étudie dans leurs mou-

1. Octobre et décembre 1901.

vements, c'est le développement successif de l'Etat. Au reste,
pour lui, l'histoire n'est qu'un livre d'information à l'usage des
gouvernants.

Ses procédés ne manquaient pas d'originalité. Il déduisait le
caractère de la civilisation des anciens Hindous, de leur nourriture qui était le riz; celle des Égyptiens, de la datte; celle des
Brésiliens, du maïs. Ainsi Dubois-Raymond discutait avec Liebig
si la cause de la chute de l'empire romain avait été l'ignorance
de l'acide phosphorique qui eût rendu la fertilité à un sol épuisé,
ou celle de la poudre à canon qui eût permis de repousser les
envahisseurs barbares. Plus récemment, un docte et brillant
écrivain, transportant sur le terrain de la géographie et de l'histoire les méthodes de son illustre maître Le Play, ne nous a-t-il
pas enseigné, non seulement qu' « il n'a pas été indifférent pour
un peuple d'avoir suivi une route ou une autre », mais encore
que « si l'histoire de l'humanité recommençait, sans que la surface du globe ait été transformée, cette histoire se répéterait dans
ses grandes lignes, les mêmes routes. reproduisant les mêmes
types sociaux, et leur imposant les mêmes caractères essentiels ».
C'est la synthèse de l'histoire par l'étude analytique des voies
de communication. Grâce à cette nouvelle explication du monde
par la route, écrit M. Demolins, « l'histoire cesse d'être le récit
d'événements souvent inexpliqués et inexplicables. Elle s'éclaire
d'une lumière nouvelle, elle se coordonne, elle s'élève, elle
aboutit *à la plus exacte des philosophies*; elle devient vraiment
le guide et la maîtresse de la vie[1]. »

Mais Villari, en 1894, ne pouvait encore citer que Bernheim
et Lorenz, Humboldt et Ehrardt, qui professaient d'ailleurs des
doctrines tantôt opposées, tantôt analogues. Il n'oublie pourtant
ni le professeur Seeley qui, dans son *Expansion de la politique
anglaise*, vient de reprendre les idées de Buckle, ni *les Origines
de la France contemporaine*, où Taine a esquissé quelques principes, ni Freeman et ses *Methods of historical studies* (1886), ni
les Allemands Dahlmann et Bruno Gebhardt.

Ce dernier, dans son étude *Histoire et art*[2], avait traité *ex pro-*

1. Edmond Demolins, *les Grandes Routes des peuples. Essai de géographie sociale. Comment la route crée le type social. Les routes de l'antiquité*,
préface, p. VIII-X. Paris, Firmin-Didot.
2. *Geschichtswerk und Kunstwerk*, 1886.

fesso la question qui n'a cessé depuis de défrayer périodiquement livres, revues et journaux.

Gebhardt se posait en champion du caractère artistique de l'histoire.

Ce qui constitue l'art, dit-il, c'est l'intime union de l'idée et de la forme, du contenu et du contenant. Ce sont aussi deux éléments, deux parties distinctes qui constituent l'histoire ; l'une est la recherche des faits, l'autre en est l'exposition ; la première prépare les matériaux à la seconde, qui est l'art.

Assurément l'art met sous vos yeux le beau, et l'histoire au contraire expose « ce qui est arrivé », — ce qui n'est pas toujours beau. Mais pour les sens les événements ne sont visibles qu'en partie ; ce qui les lie !es uns aux autres, leur intime signification idéale, d'où résultent leur vérité et leur vie il faut le chercher et le découvrir. Pour retrouver l'esprit des faits et les exposer ensuite selon cet esprit, il faut une sorte de création poétique ; ce n'est que l'imagination qui le découvre et reproduit, l'imagination qui chez l'historien doit être conduite, bridée, corrigée par l'expérience et la réalité historique. L'historien doit se garder de fondre dans les faits une conception qui lui soit personnelle, des idées imaginées par lui, pour obtenir un effet artificiel et factice. S'il sait pénétrer les faits, il y trouvera des trésors cachés ; il en découvrira l'esprit animateur, par là il en discernera l'harmonie malgré leur apparent désordre ; par là il pourra, avec les ruines du passé, reconstruire leur unité organique, la faire revivre à nos yeux, en s'élevant à la dignité d'artiste.

Ainsi, pour Seeley, l'*histoire-récit* s'abaissait de la science à la littérature ; pour Bruno Gebhardt, elle s'élève jusqu'à l'art. C'était leur manière de séparer ce que le grand historien Ranke avait jadis uni ; car Ranke professait que l'histoire est en même temps un art et une science. L'illustre Humboldt avait dit déjà avant Ranke : « L'historien doit comme le poète faire appel à l'imagination. »

Mais même parmi ceux qui tiennent à la fois pour la science et pour l'art, il y a une double catégorie à distinguer. Les uns mettent la science au premier rang, les autres y placent l'art. Enfin, ici, se présente une nouvelle distinction à introduire. Que l'élément littéraire artistique soit d'importance secondaire ou principal, il reste en outre à se demander si l'historien doit pratiquer la doctrine de l'art pour l'art, ou celle de l'art pour une fin plus haute. Ces considérations nous entraîneraient trop loin. Contentons-nous ici de résumer le système libéral et éclectique de Villari :

À bien y regarder, trois sont les éléments qui constituent l'histoire. Avant tout autre, il y a *le fait* dont la recherche occupe surtout l'érudition historique : le fait se recherche et se trouve par des procédés scientifiques dont le progrès est chaque jour plus sûr. Puis il y a *la représentation du fait* qui est l'objet propre de l'histoire narrative : travail, pour une part non médiocre, littéraire, pour lequel l'œuvre de l'imagination est continuellement requise, non pour l'altérer mais pour le faire revivre devant nous dans la forme qu'il eut réellement. Il y a enfin un troisième élément qui donne lieu à des controverses continuelles. Il faut rechercher la connexion logique des faits, les lois qui les gouvernent, ce que Humboldt appelait les idées, l'esprit des faits qui seul peut en faire pleinement comprendre le sens et la valeur historique. Ces trois éléments ne peuvent jamais se séparer complètement parce que, quoique en proportion très diverses, ils sont toujours nécessaires en tout travail historique, même de simple érudition. C'est pourtant le dernier qui devrait principalement et essentiellement constituer la science de l'histoire.

Rien de plus sage que cet idéal de l'histoire exposé par M. Pasquale Villari. C'est le triomphe de la synthèse, soutenue dans son apothéose par la science et par l'art.

Et ce serait aussi l'idéal d'une revue parfaite de synthèse historique de se rapprocher, dans l'ensemble comme dans le détail de ses travaux théoriques ou pratiques, de ces vues larges et élevées. De fait, la revue de M. Berr n'a peut-être pas atteint le but souhaité autant qu'on était en droit de l'espérer, et la cause nous paraît en être son antipathie prononcée pour la *philosophie de l'histoire*. On veut de la synthèse assurément, mais on rejette la philosophie. Dès lors, il était difficile de ne pas dévier souvent vers l'analyse. Et c'est ce qui est arrivé. Puisse l'avenir nous ménager une réaction en sens contraire !

Henri CHÉROT.

REVUE DES LIVRES

La Contrefaçon du Christ. *Étude critique de la « Vie de Jésus »*, *de Renan*, par L.-A. GAFFRE. Paris, Lecoffre. 1 volume in-12, XIX-265 pages.

Avec une érudition solide et une logique qui met à nu le sophisme, l'auteur montre l'impudent escamotage par lequel l'hébraïsant du Collège de France chercha jadis à découronner Jésus de l'auréole de Fils de Dieu.

Ce travail, il est vrai, a déjà été fait bien des fois. Mais ce n'est ni un mince profit ni un plaisir banal de le voir refaire à M. l'abbé GAFFRE au lendemain de l'apothéose de Tréguier. Dans un style où la métaphore sonne peut-être un peu en fanfare, mais dont l'originalité ne s'émousse pas, l'entraînant conférencier a su animer cette *Étude critique* d'un souffle irrésistible d'ironie, d'indignation et de haute éloquence. Avec un adversaire comme l'auteur de la *Vie de Jésus* une seule arme est de mise : la cravache ; M. l'abbé Gaffre en a supérieurement joué.

Nous conseillons particulièrement cette lecture aux jeunes gens du monde. Si l'œuvre pseudo-critique de Renan est en train d'aller rejoindre dans l'oubli des bibliothèques l'œuvre pseudo-philosophique de Voltaire, le *renanisme*, lui, imprégnera longtemps l'atmosphère intellectuelle. Un bon moyen de s'immuniser contre cette peste, c'est de l'étudier dans son germe.

Table des matières : I. La méthode, les procédés de l'auteur ; II. Les origines de Jésus ; III. La mentalité de Jésus ; IV. La moralité de Jésus ; V. Les moyens d'action de Jésus.

Ces titres indiquent tout le plan de l'auteur. Nous pouvons dire qu'il n'a pas failli à leurs exigences.　　　　L. SEMPÉ.

La Science de la foi, par Cyrille LABEYRIE. La Chapelle-Montligeon. 1 volume in-8, XXIV-653 pages.

Ce volume contient un essai de vulgarisation des traités préliminaires de la théologie, essai remarquable à plus d'un point de vue et qui a mérité le prix Albert-le-Grand, à l'Université de Fribourg. La révélation, les motifs de crédibilité, la foi, l'Église, la théologie dogmatique : tels sont les sujets que l'auteur aborde successivement et sur lesquels il a condensé des connaissances fort étendues. Mettant à contribution les meilleurs travaux publiés ces dernières années, il en tire un excellent parti; abordant certaines controverses contemporaines, il en indique sommairement la vraie solution. Peut-être cette synthèse offre-t-elle un inconvénient : n'étant pas destinée à ceux qui savent, elle ne dit pas assez pour ceux qui ignorent.

A propos de l'étude sur la foi, il y aurait bien des remarques à faire. La distinction sur laquelle on s'appuie entre ce qu'on appelle la foi scientifique et la foi d'autorité, convient parfaitement au témoignage humain, mais ne saurait s'appliquer au témoignage divin. La foi scientifique, nous dit-on, « admet tel fait parce qu'une critique minutieuse en a trouvé le récit exempt d'erreur et de mensonge » (p. 181). Telle est, par exemple, la foi d'un juge, en présence de certaines dépositions faites dans des conditions qui ne permettent pas de les récuser. La foi alors repose non pas sur l'autorité personnelle du témoin, mais sur son autorité actuelle dûment contrôlée. Tout autre est la foi d'autorité : un homme jouit d'une telle réputation que j'accepte son témoignage sans prendre la peine de le contrôler. C'est ainsi qu'on croit couramment « les voyageurs, les savants, les narrateurs de toute espèce, sans soupçonner ni leur sincérité ni leur compétence » (p. 182). Comme après tout ces témoins ne sont cependant ni infaillibles ni impeccables, je fais, en acceptant leur témoignage sans contrôle, un acte de foi dans lequel il entre une part de confiance, et c'est là, assure-t-on, la foi proprement dite. Quoi qu'il en soit, cette distinction ne convient pas au témoignage de Dieu. Dès que je sais, en effet, que Dieu a parlé, je n'ai que faire de contrôler, pour le cas présent, la véracité de sa parole, car il est essentiellement et par conséquent toujours infaillible. En ce sens, la foi accordée à son témoignage ou ne sera pas une foi éclairée et raisonnable, ou elle sera une foi rigoureusement scientifique. Il est regrettable qu'une explication de la foi repose tout entière sur une comparaison aussi défectueuse.

On pourrait à la rigueur maintenir cette dénomination de foi

scientifique et de foi d'autorité, mais en donnant un tout autre sens
à cette dernière. Nous dirions que la foi scientifique se mesure
strictement à la connaissance soit de la science et de la sincérité
du témoin, soit de la réalité de son témoignage ; la foi d'autorité,
au contraire, provoquée par cette connaissance, se mesure à la
dignité du témoin. Un ou deux exemples éclaireront notre
pensée. Plusieurs théologiens consultent un même texte de saint
Thomas. L'un a étudié l'origine de ce document et il a acquis, par
une démonstration rigoureuse, la certitude de son authenticité ; un
autre l'accepte, en voyant le traité qui le contient rangé universellement parmi les œuvres du grand docteur ; un troisième s'en
rapporte à l'autorité d'un professeur ou d'un bibliothécaire.
Quant à l'autorité même de saint Thomas, encore que tous en
sachent la valeur exceptionnelle, chacun a plus ou moins raisonné
cette appréciation. Vont-ils mesurer leur adhésion à cette connaissance préalable dont la nature et les degrés diffèrent profondément ? Non, tous vont accepter les textes qu'ils ont sous les
yeux avec le respect que mérite la parole du plus grand théologien catholique. Voilà ce que j'appellerais la foi d'autorité.

Dans un autre ordre, mais avec une analogie complète, plusieurs personnes sont admises devant un souverain. L'une connaît particulièrement le monarque ; une autre ne l'a jamais vu,
mais ne peut douter de son identité devant les indications qui lui
sont données et en présence de l'éclat qui l'entoure ; un enfant
conduit par sa mère s'en rapporte à la parole de celle-ci. Tous
vont saluer le souverain, non pas en proportion des motifs si différents qu'ils ont de croire à son identité, mais en proportion de sa
dignité, comme on doit saluer un souverain.

Ainsi en est-il pour l'acte de foi. Quels que soient les motifs
qui conduisent à la certitude et que Dieu a parlé et que Dieu est
infaillible, cette certitude une fois acquise, l'intelligence adhère
à la vérité révélée par Dieu, non pas en proportion de cette connaissance préalable, mais en proportion de l'autorité même de
Dieu.

On ajoute, page 213 : « Sous la motion du vouloir, l'esprit
s'abandonne à l'infaillible autorité de Dieu révélateur. Elle ne
l'attire pas elle-même directement, car, dans l'acte de foi, il fait
abstraction de son évidence. »

C'est contre cette théorie inadmissible que protestait récemment

M. Portalié, au cours de sa belle étude sur saint Augustin, publiée dans le *Dictionnaire de théologie* (fasc. VIII, col. 2338, 2339) : « Quelle n'eût pas été, dit-il, la stupéfaction d'Augustin si on lui eût dit que la foi doit fermer les yeux sur les preuves du témoignage divin, sous peine de devenir la science ! Si on lui eût parlé d'une foi d'autorité qui donne son assentiment, dit-on, sans regarder aucun motif qui prouve la valeur du témoignage ! Comme s'il était possible à l'esprit humain d'accepter un témoignage sans motifs, ou, ce qui est la même chose, sans motifs connus ! » Non, ce qui constitue la foi, à la différence de la science, c'est qu'au lieu d'être déterminée par l'évidence directe ou indirecte de la vérité, elle est provoquée par la connaissance certaine du témoignage suffisant qui la garantit ; et ce qui caractérise la foi divine, c'est qu'au lieu de se mesurer à cette connaissance du témoignage, elle se mesure à l'autorité même de Dieu. Mais si cette connaissance du témoignage n'est pas la mesure de l'adhésion intellectuelle, il ne s'ensuit pas que j'en doive faire abstraction dans l'acte même de la foi. Tout au contraire, cette connaissance, après avoir provoqué l'acte de foi, doit prolonger son influence sur cet acte, sans quoi il ne serait ni éclairé ni raisonnable. Nous nous bornons à cette indication ; des développements nous entraîneraient beaucoup trop loin.

Après de très belles pages sur le magistère de l'Eglise, ce n'est pas sans surprise qu'on rencontre une assertion ou plutôt une hypothèse absolument inexplicable. On a reconnu que l'ensemble de l'épiscopat ne peut ni se séparer du Souverain Pontife ni tomber dans l'hérésie, puis l'on ajoute : « En un sens néanmoins, la foi des dépositaires du pouvoir est moins solide que celle des simples fidèles ; car, malgré la défection des évêques, l'Église n'aurait pas encore péri, si des chrétiens assez nombreux se tenaient groupés autour du Souverain Pontife ; mais sans fidèles il n'y aurait certainement plus d'Église. » (P. 478.) Comme si l'Église, telle qu'elle a été constituée par Jésus-Christ, n'avait pas dans l'épiscopat un de ses éléments essentiels, et comme si un être individuel ou collectif restait lui-même, en perdant un des éléments qui composent son essence !

Au sujet de la Bible, on lit : « Tous les énoncés proprement scripturaires sont exacts ; ils sont tous des affirmations de Dieu et, partant, de vraies révélations... L'inspiration, l'inerrance et

la révélation embrassent toute la Bible. L'inspiration s'étend à
tout, au fond et à la forme, mais différemment. L'inerrance affecte
le fond et la forme. La révélation se trouve dans les énoncés ; le
fond est entièrement révélé. » (P. 350.) Quand on donne au mot
révélation un sens large, je le sais, on l'applique à tout ce qui
est inspiré, à tout ce qui est parole de Dieu. Mais ici on distingue
nettement la révélation et l'inspiration. De la révélation ainsi
entendue, il est faux de dire qu'elle se trouve dans tous les
énoncés de la Bible. Nombre d'énoncés étaient connus naturellement des écrivains sacrés et n'avaient pas besoin d'être révélés.

P. Bouvier.

De la méthode sentimentale, par J.-M.-Paul Ritti, membre
de l'exécution testamentaire d'Auguste Comte. Paris, Paul
Ritti, 1904. In-8, lii-292 pages.

M. Paul Ritti est de ceux qui désirent véritablement le bonheur terrestre de l'humanité. Pour lui, cette formule n'est pas
une phrase de discours officiel, ou l'enveloppe qui dissimule plus
ou moins habilement des préoccupations fort étrangères au bonheur du genre humain. Elle exprime un vœu sincère. En dehors
de ceux qui aiment leur prochain pour l'amour de Dieu, cette
disposition n'est pas tellement commune qu'il n'y ait lieu de la
signaler.

Mais M. Ritti ne regarde pas au delà ni au-dessus de cette
terre. Il pense trouver ici-bas une explication suffisante et un
suffisant déploiement de la vie humaine.

De plus, il s'occupe de l'humanité plutôt que des hommes. La
valeur de la personne humaine ne ressort pas dans son ouvrage.
Le contraire, du reste, devrait surprendre. Comment la dignité de
la personne humaine pourrait-elle subsister, quand on mécon-
naît la grandeur de la conscience humaine ? Et le moyen de comprendre ce qu'est la conscience, quand on relègue dans l'oubli
Celui qui en est le législateur et le juge, et qui, par là, lui communique, d'une certaine manière, sa divine autorité ? M. Ritti ne
voit pas que le christianisme a fondé la liberté spirituelle et affran-
chi la conscience. Hippolyte Taine a mieux compris l'histoire.

Histoire et philosophie subissent un singulier traitement dans
l'ouvrage de M. Ritti.

Voici une des vues historiques de l'auteur : « Le catholicisme fut une conséquence naturelle du développement de notre nature sociale. » A l'époque où Jésus apparut, c'était une «inévitable fatalité » qu'on adorât un dieu « infiniment bon », ayant souffert pour les hommes. « Si pour un tel avènement les circonstances n'avaient pas été si favorables à la personnalité de Jésus, il se serait alors trouvé certainement sur terre un autre homme capable de réaliser la légende de l'incarnation divine. »

Citons maintenant une analyse philosophique : « Malgré que nous ne puissions nous rendre compte de l'essence dont la matière est faite, toutefois il nous est possible de constater que, sans elle, aucun être ne saurait prendre corps. En dernière analyse, on-peut donc conclure que tout être est de la matière, mais convergente à des degrés divers d'intensité. » Ainsi tout être est matériel, parce que tout corps se compose de matière !

Mais enfin qu'est-ce que la « méthode sentimentale » ? Elle consiste à faire prévaloir, dans la pratique et la spéculation, la « bonté » sur la « vénération » et l'« attachement » : termes arbitrairement définis par l'auteur, surtout le second.

Xavier Moisant.

La Philosophie ancienne et la critique historique, par Charles Waddington, membre de l'Institut. Paris, Hachette, 1904. In-16, xvi-386 pages. Prix : 3 fr. 50.

Il y a plaisir et profit à entendre un maître parler des choses qu'il a longtemps enseignées ; le volume où M. Charles Waddington réédite des mémoires datant pour la plupart de vingt ou trente ans, ne saurait donc manquer de trouver bon accueil près de ceux qui étudient la pensée antique.

Ces mémoires détachés ne forment pas une histoire complète de la philosophie grecque, — certaines écoles, et non des moindres, y sont laissées dans l'ombre, par exemple le stoïcisme, l'épicurisme et le néoplatonisme. On peut néanmoins y suivre le mouvement qui emporte la pensée grecque, depuis Thalès de Milet jusqu'à Simplicius, ce platonicien éclectique du cinquième siècle, qu'on a nommé « le ciment de tous les anciens philosophes ». L'idée directrice est une estime sincère des deux grands génies qui éclairent encore l'humanité, Platon et Aristote. Loin

d'exagérer la distance qui les sépare, l'auteur s'attache à mettre
en lumière la donnée spiritualiste qui leur est commune, et se
montre constamment soucieux de réconcilier le disciple avec le
maître. Dans l'ensemble, il manifeste des tendances conserva-
trices, sinon ultraconservatrices. C'est ainsi qu'après Grote, il
défend l'authenticité de tous les écrits platoniciens inscrits au
canon de Thrasylle, dialogues et lettres : peu de platonisants,
croyons-nous, le suivront jusque-là. Contre Grote lui-même, il
maintient l'existence d'un canon aristotélicien primitif, revisé
par Andronicus de Rhodes. Nous avons lu avec un vif plaisir le
chapitre consacré au Parménide de Platon : excellente introduction à cette œuvre prestigieuse et souvent incomprise, où Socrate,
à ses débuts, esquisse devant Parménide les grandes lignes de la
théorie des idées, et où le vieux sage stimule encore l'audace du
jeune penseur, en cherchant à l'éblouir par un feu d'artifice dialectique, à la fois ingénieux et déconcertant.

D'autre part, M. Waddington a recueilli avec un soin extrême
les moindres informations de la critique historique, — et par là
se justifie la seconde partie de son titre [1]. Une chronologie exacte
lui a permis de reviser l'histoire de la pensée grecque avant
Socrate, et de serrer, plus qu'on ne fait d'ordinaire, le faisceau
des penseurs ioniens. Réagissant contre une tradition séculaire,
qui rapporte Présidème au temps de Cicéron, il se fonde sur le
silence de Sénèque et sur le témoignage manifeste d'Eusèbe pour
rajeunir de deux siècles ce philosophe contemporain de Marc-
Aurèle.

Nous ferions quelques réserves sur les pages où il touche à la
scolastique : cette austère création de la foi et du génie de nos
pères n'a pas, sans doute, les séductions d'un art affiné au contact des modèles antiques ; mais elle demande à être étudiée
dans le même esprit où elle fut conçue : l'auteur ne semble pas
en avoir aperçu l'éternelle et simple beauté. Il est assez piquant
de le voir tempérer son admiration pour Aristote par l'admira-

1. Quelques détails gagneraient à être encore précisés. Ainsi on lit page 97 :
« Σοφίστης, d'après l'étymologie donnée par Platon, signifie : celui qui fait
des savants. » Je ne le crois pas. Platon définit le sophiste : celui qui est
versé dans les choses savantes, τὸν τῶν σοφῶν ἐπιστήμονα (Protogoras, 312 C).
Il ajoute d'ailleurs un peu plus bas que le sophiste a la prétention de faire
des savants ; mais alors l'étymologie n'est plus en cause.

tion pour Ramus, qui fut au seizième siècle le porte-étendard
des ennemis d'Aristote. Les premiers travaux de M. Waddington
sur Ramus remontent à plus d'un demi-siècle ; aujourd'hui encore
il nous le présente comme un docteur et un martyr. Nous aurions mauvaise grâce à lui reprocher cette fidélité aux enthou-
siasmes de sa jeunesse ; il faut pourtant bien avouer que nous
apprécions autrement que lui les divers esprits qui soufflaient, au
seizième siècle, sur l'Université de Paris, et que, si nous détestons
autant que personne la Saint-Barthélemy, nous nous gardons
bien d'en canoniser les victimes.

Mais c'est trop insister sur des hors-d'œuvre. Par son objet
principal, le livre nous a instruit et charmé.

Adhémar d'Alès.

Nos égaux et nos inférieurs, *ou la Vie chrétienne au milieu
du monde*, par la princesse de Sayn Wittgenstein. Entretiens pratiques recueillis, revisés et publiés par E. Laubarède. Paris, Téqui, 1904. In-12, 420 pages. Prix : 3 fr. 50.

On connaît le premier volume[1] des œuvres ascétiques de la
princesse de Sayn et le mérite de ce livre. Les femmes du monde
résolues à rester, ou à redevenir sérieusement chrétiennes y trouvent une foule de pensées, de remarques, de conseils pleins de
bon sens. La connaissance approfondie de la morale chrétienne,
sa perspicacité naturelle, enfin l'expérience acquise dans sa vie
longue et étrangement variée avaient permis à cette grande dame
de mêler à bonne dose la psychologie et les questions pratiques
d'ascétisme.

Le second volume qui vient de paraître offre ainsi un intérêt
réel, mais il est inférieur au point de vue chrétien ; non pas qu'il
y ait à condamner des défaillances dans les doctrines, mais la
partie philosophique a fortement empiété sur la partie pratique.

Le volume serait mieux intitulé : *Etudes de morale sociale et
religieuse* que *Entretiens pratiques.*

Ainsi le traité de la Coquetterie débute par un chapitre de
hautes considérations d'esthétique ; plusieurs chapitres du traité

---

1. *La Vie chrétienne au milieu du monde.* Entretiens pratiques recueillis,
revisés et publiés par H. Lasserre. 11e édition. Dentu, 1902. In-12. Prix :
3 fr. 50.

de l'Indulgence sont consacrés aux relations sociales ; nous copions dans la table : « Chapitre III. Des rapports entre les classes supérieures et les classes moyennes. — Questions de naissance. — Du principe de l'aristocratie. — L'Église type de la constitution sociale. — Du préjugé aristocratique, sang bleu et sang rouge. — Permanence du principe, immutabilité du personnel. — La doctrine de l'Évangile. — Infériorité de naissance. — Noblesse oblige. — La bourgeoisie. — Solidarité des peuples », etc.

La lecture de ce second volume est plus dure que celle du premier : les idées çà et là sont moins limpides, les expressions moins nettes ; peut-être la faute en est-elle au sujet plus philosophique, peut-être à un respect plus grand qu'aurait eu l'éditeur pour le travail de la princesse de Sayn, car M. Laubarède qui publie ce second volume déclare, comme M. H. Lasserre, qui nous avait donné le premier, qu'il a eu la liberté d'ajouter, de retrancher, de corriger, comme s'il se fût agi de ses propres écrits (p. 7), ce qui nous laisse dans quelque doute à qui attribuer l'excellent, à qui le moins parfait.

Des pensées comme celles-ci, par exemple, ne sont-elles pas un peu transcendantes pour qui cherche des avis pratiques à propos de la coquetterie : « Alors dans la nouvelle Jérusalem la matière transsubstantiée obéira à l'esprit, à la volonté, et, par là même, deviendra leur transparente enveloppe, destinée à unir les affirmations de la forme propre à la matière, au resplendissement de l'idée propre à l'esprit... Chaque atome de la matière obéira à une volonté maîtresse harmonieusement réglée par une intelligence dépouillée de toute obscurité ; et l'idéal de la forme conçue d'après la réalité du sentiment ne trouvera plus de résistance rebelle, ni dans la laideur héréditaire, ni dans la difformité accidentelle qui, à présent, obscurcissent la transparence de notre vêtement charnel. » (P. 83.)

Ces remarques ne vont point à nier l'intérêt et l'utilité du livre, mais à montrer qu'il n'y faut pas chercher un traité de vie spirituelle, encore que bien des chapitres soient d'excellentes leçons de vie chrétienne.

Ainsi les chapitres « de la toilette » et « de la pose » renferment une multitude de remarques et de conseils d'une vraie portée pratique ; et, comme l'auteur touche à ces choses sans cette exagération du trait et sans cette ironie un peu blessante habituelles aux moralistes moins informés de l'état d'esprit des femmes du monde, elle fait entrer plus profondément la leçon.

L'ouvrage est divisé en quatre traités : de la Bienveillance ; de la Coquetterie ; de l'Indulgence et de l'Irascibilité.   A. G.

Mélanges religieux et historiques, par E. RENAN. Paris, Cal-mann-Lévy, 1904. In-8, 394 pages. Prix : 7 fr. 50.

Ce recueil est fait d'articles devenus introuvables ou insérés dans des recueils que tout le monde n'a pas facilement sous la main. On y retrouvera tout RENAN, avec sa hantise des sujets religieux, son goût d'artiste, son érudition discrète, son culte de la philologie, son inclination à philosopher des choses politiques, les incertitudes qu'il avait coutume d'amasser autour des sujets où se promenait sa curiosité intellectuelle.

Parmi les études réunies dans ce volume, je signalerai : la crise religieuse en Europe (1874), le protestantisme libéral (1876), la morale sociale (1851), les services que la science rend au peuple (1869).

Comme tous les morceaux de ces mélanges sont déjà connus, il est superflu d'insister ici autrement. Une seule réflexion : cet homme dont les gouvernants anticléricaux d'aujourd'hui ont pré-tendu accaparer le nom et réclamer le patronage est un de ceux qui ont le plus protesté au dix-neuvième siècle contre l'interven-tion tyrannique de l'État. Je ne pense pas que jamais sur ce point Renan ait varié ou énoncé un peut-être.

Paul DESLANDES.

Une religieuse Réparatrice, *d'après son journal et sa cor-respondance,* par Mme S. S. Avec une préface de M. René Bazin, de l'Académie française. Paris, Perrin, 1904. In-16, XVII-368 pages.

Ce livre est l'histoire d'une jeune religieuse de la Société de Marie-Réparatrice, rappelée à Dieu à l'âge de vingt-quatre ans. Ce ne peut donc être une vie bien chargée d'événements, il est vrai ; mais en quelques années Marie-Anne Hervé-Bazin, en reli-

gion Marie de l'Agnus Dei, a marché à grands pas vers l'amour
parfait de Notre-Seigneur, vers la vraie sainteté, faite d'humilité
et d'entier détachement.

A dix-huit ans, quand Marie-Anne entre au noviciat de Toulouse, elle est décidée à devenir une sainte. Ses qualités de cœur,
d'esprit, d'activité, semblaient lui promettre à elle-même et à la
société, qu'elle pourrait beaucoup pour la gloire de Dieu dans les
œuvres de l'apostolat. Et d'ailleurs fille d'un grand chrétien, qui
fut homme de foi et de zèle, pouvait-elle rêver une autre vie ?
Mais Dieu lui réservait le rôle de victime. Vers la fin de son noviciat, elle l'entrevit : « Notre-Seigneur m'a demandé si j'accepte-
rais une vie toute de croix et de sacrifices. Comme je ne veux
rien lui refuser, j'ai dit *oui* de tout mon cœur. » (P. 219.) Dieu
lui prend donc tous ses organes les uns après les autres : sa voix
s'éteint, plus de chants à la chapelle ; sa parole même parfois
s'embarrasse, ses mains s'engourdissent et peuvent à peine écrire,
ses jambes se dérobent et elle tombe dans les escaliers. Cependant
elle est chargée de différents offices, elle va toujours ; quand elle
tombe on la relève ; elle s'acquitte comme elle peut de ses charges, et bien souvent il faut refaire son ouvrage. C'est une maladie
étrange, les médecins n'y voient clair que très tard, trop tard,
car le mal est sans remède. Alors commencent les longs mois de
réclusion : le corps achève de s'épuiser et de se dissoudre, mais
aussi l'âme, qui sent venir sa liberté, accepte croix et humiliations pour l'amour de Jésus et des âmes. « O Jésus je veux accepter toute votre action sur moi dans tous ses détails. Je veux ma
croix, ma pauvreté, mon anéantissement... Me voici, c'est un
simple acquiescement à la volonté détruisante de Dieu et une
coopération à sa double action : l'une qui m'anéantit, l'autre qui
élève Jésus-Christ sur mes ruines... Ah ! oui, me réjouir de tout
ce qui m'enlève un morceau de moi-même, et tenir toujours tout
mon être devant Dieu pour qu'il y travaille selon toute l'étendue
de sa volonté. » (P. 339-340.)

Ainsi elle s'abandonnait à Dieu sans réserve : elle avait même
surpris dans une conversation que sa maladie se porterait probablement au cerveau et lui ôterait l'usage de sa raison. Cette dure
humiliation fut regardée en face et acceptée comme les autres :
Dieu cependant la lui épargna. Enfin quand la loi des associations
jeta les religieuses en exil, Marie de l'Agnus Dei, malgré son état,

dut partir pour Liége : c'est là que Notre-Seigneur vint la délivrer, une quinzaine de jours après son arrivée.

Voilà cette vie ou plutôt cette mort lente dont le souvenir
méritait d'être conservé. Car ici nous sommes en plein surnaturel
et c'est le vrai son de l'Évangile que nous entendons. La spiritualité de cette jeune fille est de bonne marque : tout est fondé sur
l'humilité, sur l'obéissance, sur l'abandon, vieilles vertus que
d'aucuns trouvent démodées et voudraient changer, mais vertus
qui plaisent toujours à Dieu et que sa grâce fait fleurir dans les
âmes qui se renoncent à fond.

Cette belle vie sera une consolation pour la famille qui a donné
si généreusement Marie-Anne à Dieu ; pour la société où Marie
de l'Agnus Dei a puisé son esprit de sacrifice et de réparation ;
pour toutes les congrégations enfin dont les œuvres sont détruites et les membres dispersés. Car — c'est bien la leçon qui se
dégage de cette histoire — si devant Dieu l'activité apostolique
a son prix, l'immolation acceptée et aimée est une moisson de
gloire pour Notre-Seigneur et une rançon pour les crimes du
monde. Et si la persécution actuelle multiplie les victimes de cette
sorte, l'amour dont Jésus-Christ aura été aimé l'emportera sur
la haine des hommes ; et c'est déjà une victoire de Dieu.

R. Devillers.

NOTES BIBLIOGRAPHIQUES

H. Gœlzer, docteur ès lettres. — Nouveau Dictionnaire français-latin, *contenant la traduction de tous les termes employés dans la langue depuis le dix-septième siècle jusqu'à nos jours.* Paris, Garnier frères, 1904. Grand in-8 à 3 colonnes, 1 900 pages.

Voici un dictionnaire qui « abandonne résolument les pratiques anciennes ». Au lieu de grouper autour de chaque mot français un choix d'expressions latines qui le traduisent plus ou moins bien, et parmi lesquelles (j'invite le lecteur à se rappeler son jeune temps) l'élève prend un peu *au hasard de la fourchette*, M. Gœlzer les fait venir une à une, dans l'ordre logique, d'abord celle qui rend avec le plus de précision le sens français, puis les synonymes ou les équivalents. A la suite de chaque mot latin, il amène des exemples classiques, destinés à en illustrer la valeur et l'emploi. L'avantage de cette disposition est de montrer nettement dans quelles acceptions le mot est pris par les bons auteurs et dans quelles constructions il peut entrer. C'est le seul système intelligent pour se familiariser avec l'esprit d'une langue, parce qu'il impose à l'étudiant l'effort personnel. Souhai-

tons que ce travail consciencieux rapprenne à la jeunesse studieuse une chose qu'elle a trop oubliée : à écrire en latin.

P.-P. Brucker.

Larive et Fleury. — Dictionnaire français encyclopédique, *à l'usage des écoliers* (*Petit Larive et Fleury*). Paris, Chamerot. In-8 illustré à 3 colonnes, 1 150 pages.

Il s'est établi, depuis un certain nombre d'années, entre les éditeurs *pratiques*, une louable émulation pour condenser en des volumes de taille raisonnable, sous une forme attrayante, la quintessence des connaissances utiles. De même que l'extrait Liebig permet de se procurer un bouillon sans avoir la peine de tailler dans un bœuf, de même nos petites Encyclopédies nous dispensent de nous surmener pour paraître savants. Elles sont très avantageuses pour les gens du monde qui ont passé l'âge des études à fond, ou à qui leur mémoire chancelante rappelle mal une foule de choses qu'ils ont sues peut-être. Et tous, si doctes qu'on nous connaisse, ne sommes-nous pas bien aises, parfois, d'avoir à portée de la main un renseignement immédiat sur quelque point d'histoire, de géographie, de sciences, voire même (avouons-le ingénument) d'orthographe ? car depuis que nos quarante immortels et nos ministres se sont conjurés pour la simplifier, on ne s'y reconnaît plus du tout ! Quant à nos petits étudiants, le dictionnaire illustré sera pour eux un livre de chevet. Aux studieux qui le consultent sans relâche, il apprendra mille choses sérieuses et mille autres simplement agréables ; les paresseux, à force de regarder les fleurs et les plantes, les chameaux et les puces, les scaphandres et les ballons, quelquefois peut-être les cartes, feront tout de même, à la longue, entrer quelque chose, par les yeux, dans leur cervelle.

MM. Larive et Fleury ont bien travaillé pour les gens du monde et pour les écoliers ; soyons-leur reconnaissants.

P.-P. Brucker.

pour la prononciation. Il ne faudrait pas croire d'après le titre du livre que la prononciation soit indiquée entre parenthèses comme dans certains dictionnaires. Grâce à un système très ingénieux de traits, de points, de barres transversales, etc., le mot lui-même livre au lecteur le secret de son identité. Sans doute rien ne remplace la parole du maître ; du moins trouvera-t-elle un puissant auxiliaire dans cette méthode. Un autre mérite du livre, que je regrette de ne pas retrouver dans l'abrégé, c'est de réunir dans le très riche appendice une foule de notions pratiques sur la manière de ponctuer, de saluer, d'écrire les lettres..., toutes choses fort utiles quand on veut se servir d'une langue pour l'usage courant, et que trop souvent l'on ignore presque totalement au sortir du collège.

Ferdinand Morera.

P. F.-J. Simó, de la Compania de Jésus. — Curso completo de gramatica inglesa con la pronunciacion de las palabras. 2e édition. Buenos-Aires, Angel Estrada, 1903. In-8, xiii-361 pages, cartonné toile.

Compendio de la Gramatica inglesa. 3e édition. Même éditeur, 1903. 169 pages, cartonné.

La grammaire du P. Simó m'a paru conçue d'une façon très pratique : les règles sont peu nombreuses, les tableaux et les exemples multipliés. Ceux-ci peuvent en même temps servir d'exercices

Lady Hamabel Kerr. — Jeanne d'Arc glorifiée par une Anglaise. Traduction avec une préface et des notes par L. de Beauriez. Paris, Perrin. In-16, lix-251 pages.

C'est une histoire de Jeanne d'Arc rapide, claire et intéressante. Une évidente sympathie, un vif et discret désir de rendre à la grande et douce Française un hommage réparateur, donnent à ce livre un charme touchant. Il faut remercier celui qui l'a traduit, et lui pardonner, en raison de cette bonne œuvre, l'introduction et les notes qu'il y a ajoutées.

M. Moncavey.

I. L'abbé BARAUD. — Le
Clergé vendéen victime de la
Révolution française. *Notices
biographiques, 1790-1801.* Lu-
çon, Bideaux, 1904. In-8, 454
pages.

II. J.-B. COUDERC. — Vic-
times des camisards. *Récits,
discussion, notices, documents.* Paris, Téqui, 1904.
In-16, 309 pages.

I. C'est une pieuse et féconde
idée que vient de réaliser M. BA-
RAUD en esquissant les notices
biographiques de plusieurs des
prêtres vendéens, tombés sous
les coups des révolutionnaires.
De tels héros méritaient de sortir
de l'oubli. D'ailleurs, qui sait si
l'imitation de leur énergique fidélité à l'Église et à Dieu ne sera
pas bientôt d'une indispensable
pratique pour les héritiers de leur
ministère sacré? On ne saurait
donc trop encourager l'auteur à
continuer son œuvre. Espérons
seulement que de nouvelles et
fructueuses recherches lui permettront de parfaire des ébauches jusqu'ici forcément inachevées ou incomplètement éclairées.

II. Avec M. COUDERC le tableau
reste le même, mais le cadre
change. Nous ne sommes plus sur
les bords de la Loire ou de la
Sèvre, nous errons au milieu du
sombre massif des Cévennes;
nous n'assistons pas aux exploits
féroces des émissaires du Comité
de salut public, mais à ceux des
camisards, ces jacobins du dix-
huitième siècle à ses débuts, vrais
ancêtres, par leur fanatisme brutal
et leur sauvagerie, des séides de

la Convention. Il est juste d'ajouter que le spectacle qui nous
passe sous les yeux dans les pages
des « camisards » est plus instructif encore que celui du
« clergé vendéen »; car il ne nous
est pas donné d'y voir uniquement
ment des prêtres mourir pour leur
foi : on nous montre de simples
fidèles, des femmes et des enfants
sacrifiant tout plutôt que de renier leur baptême. Quelques gravures éparses dans le texte nous
aident aussi à revivre plus entièrement en ces années affreuses et
en ces contrées sauvages.

P. BLIARD.

Comte de BELLEVUE. —
Le Comte Desgrées du Loû,
*président de la noblesse aux
états de Bretagne de 1768 et
1772, et généalogie de la famille Desgrées.* Paris, La-
mule et Poisson, 1903. In-8,
239 pages.

Biographie intéressante d'un
noble et vigoureux caractère.
Comme de plus M. Desgrées du
Loû fut quelque temps très activement mêlé aux luttes de la Bretagne contre l'autorité royale, ces
pages seront lues avec profit par
les historiens de Louis XV. Ils y
verront que si les membres des
états de Bretagne, en défendant
avec acharnement les privilèges
de leur province, ne manquaient
ni de patriotisme, ni de courage,
leur perspicacité par contre fut
lamentablement en défaut; car
leurs résistances passionnées préparaient cette révolution de 1793
qui devait les dépouiller bien plus

complètement que ne le faisait la royauté. Ils y verront encore que les maladresses, nous ne voulons pas dire les provocations, par exemple en ce qui regarde l'indemnité demandée pour La Chalotais et son fils, ne manquèrent pas de la part de la majorité des représentants, même de la noblesse.

Si les hommes du dix-huitième siècle peuvent être partiellement disculpés de ces fautes, on ne saurait guère excuser l'historien du comte Desgrées de n'avoir point blâmé avec plus d'énergie une pareille imprévoyance.

P. BLIARD.

Albert HOUTIN. — **Henri Bernier, chanoine d'Angers (1795-1859).** Paris, Nourry, 1904. 476 pages. Prix : 6 francs.

Une invincible réflexion vient à l'esprit quand on a fini la lecture de ce volume : est-ce qu'il valait la peine de l'écrire ?

Beaucoup de diocèses de France, fort probablement, auraient eux aussi à présenter leur type de prêtre lettré, pieux, indépendant, et fanatique des libertés gallicanes. Si on faisait en quatre cents pages la biographie de chacun, qu'est-ce qu'y pourrait gagner l'histoire du gallicanisme en France au dix-neuvième siècle ? Pas grand'chose, apparemment. Quant aux querelles personnelles, aux incidents accessoires, aux intrigues et aux petitesses qui se sont mêlés à la question doctrinale, en quoi changent-ils ou aident-ils à comprendre celle-ci ? En rien. Ils risqueraient plutôt d'en faire mé-

connaître l'importance ou le vrai sens.

Reste le point de savoir si on doit porter un jugement public sur la valeur et le rôle d'un homme comme le chanoine Bernier. Au cas où, dans les annales du diocèse d'Angers, la place de cet homme serait assez considérable pour qu'on s'explique de lui en un juste volume, on peut douter que ce volume souhaitable soit précisément celui que M. HOUTIN vient de publier.

Paul DUDON.

Ch. VINCQ. — **Manuel des hospitalières et des gardes-malades.** Paris, Poussielgue, 1904. In-8 écu, VIII-540 pages, avec 250 gravures. Prix : broché, 5 fr. 50 ; cartonnage spécial, 6 francs.

Les Manuels d'infirmières se multiplient. Il faut s'en féliciter. Il y a là une émulation dont les malades seront les premiers à tirer profit. Le *Manuel* du docteur VINCQ s'adresse particulièrement aux religieuses. Elles y trouveront les notions nécessaires pour la préparation au *Brevet simple d'infirmière* et aussi au *Brevet supérieur*, et tout ce qui leur importe pour entretenir et développer leur instruction technique. Celles qui ont la garde d'une crèche, celles qui sont dans un service de chirurgie ou de médecine, de même que dans le monde les mères de famille s'instruiront grandement à ce livre. Toutes s'y instruiront sans effort, grâce à un texte clair et limpide, soigneusement et abondamment illustré.

A noter aussi d'excellentes recommandations d'ordre moral sur le bon accueil à faire aux malades, sur le secret professionnel, sur la conduite envers les mourants.

Lucien ROURE.

Dr CHALLAN DE BELVAL. — **Au Tonkin (1884-1885)**. Paris, Plon, 1904. 1 volume in-8. Prix : 7 fr. 50.

Bien que nous racontant des événements déjà un peu anciens (l'on vit si vite aujourd'hui) de la guerre du Tonkin, ce gros volume de quatre cent quinze pages n'en renferme pas moins des pages très intéressantes et toujours bonnes à lire. Nous dirons même qu'il est des plus utiles, sinon indispensable, pour ceux qui désirent juger d'une façon impartiale certaines phases de l'histoire de notre conquête de ce pays. Le docteur CHALLAN DE BELVAL, attaché en qualité de médecin-major au corps expéditionnaire, prit part aux opérations périlleuses dirigées par le général Baillot et le général de Négrier. Sa situation particulière lui permit d'être renseigné au mieux sur certains événements tels que les affaires de Bac-lé et de Lang-son. Son jugement sur les officiers responsables, entre autres sur le colonel Herbinger, est sévère, mais paraît juste. La partie la plus intéressante et naturellement la mieux étudiée est celle qui s'occupe de l'organisation médicale, qui laissa fort à désirer, et de l'hygiène des pays chauds. Toutes les personnes appelées à résider en Cochinchine ou dans d'autres pays tropicaux y trouveront les renseignements des plus utiles et entièrement pratiques. La question des coups de chaleur ou insolations y est spécialement traitée, et l'on sait de quelle importance elle est pour tous ceux qui ont à surveiller des hommes sous les tropiques.

Le journal du docteur Challan touche un peu à tous les sujets. Nous y trouvons avec plaisir une saine et juste appréciation des services rendus par nos missionnaires catholiques que nos gouvernants d'aujourd'hui poursuivent de leur haine destructive.

Quelques passages sur la médecine pratique auraient pu être supprimés avec avantage, et gardés pour un rapport technique ou un livre destiné à ceux qui s'occupent spécialement de ces questions. Le médecin écrivain résiste difficilement à la tentation de parler médecine ou chirurgie dans un livre destiné au grand public, etc. Nous avons déjà eu l'occasion de signaler ce petit défaut au sujet des ouvrages d'un collègue de notre auteur, à savoir le docteur Matignon, médecin de la légation de France à Pékin.

A.-A. FAUVEL.

Albert BORDEAUX. — **La Bosnie populaire**. Paris, Plon, 1904. 1 volume in-18, 307 pages. Prix : 3 fr. 50.

Le traité de Berlin (1878), après quatre siècles, a délivré la Bosnie du joug des Turcs. Cette longue période d'engourdissement a laissé aux Bosniaques des habitudes de lenteur que le paternel gouvernement de l'Autriche s'efforce de secouer. L'exploitation des mines est reprise ; des voies de communication, ouvertes partout, rendent possible l'accès de cette pittoresque région ; les stations de bains d'Ilidgé et de Guber reçoivent chaque année des convois de malades ou de touristes.

Si pesante qu'ait été la tyrannie des Turcs, dont les vieilles ballades disent le despotisme, elle n'est pourtant pas arrivée à tuer la foi des Bosniaques. C'est aux Franciscains que la Bosnie doit d'avoir résisté à l'influence et à la religion turques et d'avoir conservé au catholicisme plus du tiers de sa population. L'auteur a assisté, émerveillé, à la messe dite dans une église nue, sans chaises ni bancs, mais débordante de monde et où tout le peuple chante en chœur, et il nous donne, sans s'en douter peut-être, une des causes de la conservation de la foi : le sermon *repose* le plus souvent sur les peines de l'enfer et sur les joies du paradis (p. 51).

On s'est appliqué, et c'est ce qui justifie le titre du volume, à noter certains usages locaux, certaines traditions populaires. Parmi ces coutumes on en trouvera qui, a quelques variantes près, reproduisent celles de France, la bûche de Noël, par exemple, et les feux de la Saint-Jean.

Quelques négligences de style que l'auteur aurait dû faire disparaître (p. 22 : *grâce* à la paresse) n'empêchent pas *la Bosnie populaire* d'être un livre d'une lecture intéressante et profitable.

Lucien GUIPON.

Tancrède ROTHE. — Traité de droit naturel théorique et appliqué. Tome IV : *Droit laborique*. Paris, Larose, Lecoffre, 1904. 1 volume in-8, 792 pages.

Le distingué professeur de droit naturel aux Facultés catholiques de Lille vient de publier le quatrième volume d'un vaste traité de droit naturel qui doit en comprendre six. Ce volume est consacré aux délicates et passionnantes questions du travail. Il était difficile de les fouiller avec plus de soin. L'esclavage, le salaire, le juste prix des échanges, le prêt à intérêt, tels sont les principaux problèmes que l'auteur s'est efforcé de résoudre avec une rare compétence et, comme le disait Mgr Baunard, avec « une raison, une logique uniquement soucieuse d'instruire et de convaincre ». Nous ne pouvons entreprendre ici l'examen détaillé de ces thèses dont chacune représente un véritable traité. Certains sociologues pourront ne pas souscrire à toutes les propositions qu'elles renferment, mais aucun ne contestera qu'il y ait intérêt et profit à recueillir sur des points d'une pareille gravité la pensée d'un tel maître.　　P. B.

Alexandre ALVAREZ, professeur de droit civil comparé à l'Université de Santiago du Chili. — Une nouvelle conception des études juridiques et de la codification du droit civil. Paris, Librairie géné-

rale de droit et de jurisprudence.

Après cent années d'existence,
notre vieux Code civil a été tellement remanié, retouché, modifié
par des lois nouvelles, celles-ci ont
été elles-mêmes si nombreuses,
soumises à leur tour à tant de nouvelles modifications, qu'on a peine
à reconnaître, dans ce fatras, l'œuvre du législateur de 1804.

Aussi une nouvelle codification
du droit civil semble bien s'imposer en France. C'est l'avis de
M. ALVAREZ, et il donne, en vue
de ce travail, des idées qui ne seront pas à dédaigner par ceux à
qui incombera cette mission.

En même temps, il indique aux
futurs professeurs de droit une
« nouvelle conception des études
juridiques », telle qu'il souhaiterait
la voir pratiquer dans nos écoles.
C'est, en résumé, l'étude historique des institutions qu'il préfère
à l'exégèse des textes. Mais, à vrai
dire, le système n'est pas nouveau,
et sans parler des disparus, nous
comptons dans nos facultés bon
nombre de profeseurs éminents
qui le pratiquent journellement, et
avec un talent que consacre suffisamment la vogue qu'ils rencontrent auprès de la jeunesse universitaire.

Jos. PRÉLOT.

Les *Études* ont encore reçu les ouvrages et opuscules suivants[1] :

RELIGION ET PIÉTÉ. — *Petit catéchisme, court et facile*, par l'abbé René
Guérin, chanoine de Séez. Alençon, Imprimerie alençonnaise, 1904. Broché,
l'exemplaire : 20 centimes; le cent : 15 francs.

— *La Doctrine catholique sur la communion fréquente*. Réfutation d'une
doctrine relâchée, par l'abbé F. Chatel. Bruxelles, imprimerie Polleunis et
Centerick, 1904. 1 volume in-8, 104 pages. Prix : 1 fr. 50.

— *Le Christ de la légende dorée*, par l'abbé Broussole. Paris, maison
de la Bonne Presse, 1904. 1 beau volume in-8, 484 pages. Broché, couverture en couleurs, 5 francs; relié toile, 8 francs; relié avec luxe, tranches
dorées, 10 francs.

QUESTIONS ACTUELLES. — *Le Problème de l'heure présente, antagonisme de
deux civilisations*, par Henri Delassus. Lille-Paris, Desclée, de Brower.
2 volumes in-8, 425 et 472 pages.

EDUCATION. — *Études sur l'éducation et la colonisation*, par Maurice Courant. Paris, Librairie générale de droit et de jurisprudence, 1904. 1 volume
in-12, 172 pages. Prix : 3 francs.

THÉOLOGIE. — *De definibilitate mediationis universæ Deiparæ* (ouvrage
dédié au Congrès marial), par F.-X. Godts, C. SS. R. Bruxelles, à la Procure des Missions étrangères belges du Très-Saint-Rédempteur, 1904.
1 volume in-4, XII-451 pages. Prix : 10 francs.

PHILOSOPHIE. — *Le Positivisme*, par G. Cantecor. Paris, Paul Delaplane,
1904. 1 volume in-18 raisin, 144 pages.

1. Les ouvrages et opuscules annoncés ici ne sont point pour cela recommandés : les *Études* rendront compte le plus tôt possible de ceux qu'il
paraîtra bon de faire plus amplement connaître à leurs lecteurs.

— *Compendium philosophiæ scolasticæ*, auctore Josepho Urraburu, S. J. Volumen quintum. Theodicea. Madrid, Sáenz Jubera, Hermanos, 1904. 1 volume in-8, 552 pages. Prix : broché, 4 francs ; relié, 5 francs.

— *L'Art de croire, ou préparation philosophique à la foi chrétienne*, par Auguste Nicolas. 8ᵉ édition. Paris, V. Retaux, 1904. 2 volumes in-18, 456 et 432 pages. Prix : 7 fr. 50 chacun.

HISTOIRE ÉCCLÉSIASTIQUE. — *Saint Jean et la fin de l'âge apostolique*, par l'abbé C. Fouard. Paris, Lecoffre, 1904. 1 volume in-8, XLV-343 pages. Prix : 7 fr. 50.

HISTOIRE PROFANE. — *Le Général de la Horie (1766-1812)*, par Louis Le Barbier. Paris, Dujarric, 1904. 1 volume in-18, 300 pages. Prix, franco par poste, 3 fr. 50.

— *Le Cimetière de Sainte-Marguerite et la sépulture de Louis XVII (1624-1904)*, par Lucien Lambeau. Paris, Daragon. 1 volume in-8, 239 pages, orné de 3 plans. Prix : 8 francs.

BIOGRAPHIE. — *La Vie et les bonnes œuvres du commandant Chatelain*, par L. Dimier. Paris, Librairie des Saints-Pères, 1904. 1 volume in-18, 101 pages.

— *Achille III de Harlay, premier président du Parlement de Paris sous le règne de Louis XIV*, par É. Pilastre. Paris, Calmann-Lévy. 1 volume in-12 carré, 190 pages, avec gravures. Prix : 5 francs.

— *Neuf ans de souvenirs d'un ambassadeur d'Autriche à Paris (comte de Hübner)*, publiés par le comte Alexandre de Hübner. 2ᵉ volume. Paris, Plon-Nourrit, 1904. In-8, 431 pages. Prix : 7 fr. 50.

GÉOGRAPHIE ET VOYAGES. — *En Corée*, par Emile Bourdaret, Paris. Plon-Nourrit, 1904. 1 volume in-16, 362 pages, avec 30 gravures hors texte. Prix : 4 francs.

— *Journal de bord d'un aspirant*, par Avesne. Paris, Plon-Nourrit, 1904. 1 volume in-18, 340 pages. Prix : 3 fr. 50.

INDUSTRIE. — *L'Industrie oléicole. Fabrication de l'huile d'olive*, par J. Dugast. Paris, Gauthier-Villars, 1904. 1 volume petit in-8, 176 pages, avec 10 figures. Prix : broché, 2 fr. 50 ; cartonné, 3 francs.

SOCIOLOGIE. — *Annales de l'Institut international de sociologie*, publiées sous la direction de René Worms. Tome X, contenant les travaux du cinquième congrès tenu à Paris en juillet 1903. Paris, Giard et Brière, 1904. 1 volume in-8, 420 pages. Prix : 8 francs.

— *Philosophie des sciences sociales*, par René Worms. Paris, Giard et Brière, 1904. 1 volume in-8, 254 pages. Prix : broché, 4 francs, relié, 6 francs.

— *Le Socialisme fédéral*, par Noël Dolens. Paris, Stock, 1904. 1 volume in-8, 378 pages. Prix : 6 francs.

ROMANS. — *Guerre et Paix*, par Léon Tolstoï. Traduction de J.-W. Bienstock. Tomes VI et VII. Paris, Stock, 1904. 2 forts volumes in-18, 468 et 480 pages. Prix : 2 fr. 50 chacun.

— *La Seconde Faute*, par Henri d'Hennezel. Paris, Stock, 1904. 1 volume in-18, 253 pages. Prix : 3 fr. 50.

— *L'Aventure d'Huguette*, par Guy Chantepleure. Paris, Calmann-Lévy, 1904. 1 volume in-18, 360 pages. Prix : 3 fr. 50.

— *Vieilles filles*, par Claude Mancey. Paris, Lethielleux, 1904. 1 volume in-12, 335 pages. Prix : 3 fr. 50.

THÉÂTRE ET LITTÉRATURE. — *Le Théâtre de Victor Hugo et la parodie*, par Alexandre Blanchard. Paris, Picard, 1904. 1 brochure in-18, 68 pages.

ÉVÉNEMENTS DE LA QUINZAINE

Septembre 26. — A **Marseille**, les ouvriers des ports et des docks rejettent la sentence arbitrale rendue le 24 septembre par M. Magnan, ancien président du Tribunal de commerce, concluant, avec le contrat de 1903, à la liberté de l'embauchage et du contrat individuel, et à la proscription des mises à l'index.

27. — A **Rome,** l'*Osservatore romano* publie la lettre par laquelle le Souverain Pontife proteste contre la réunion à Rome du congrès de la libre pensée, « provocation qui apparaît comme une offense contre Dieu et contre le pape ». Pie X remercie les catholiques italiens de leurs nombreuses sympathies et ordonne des prières expiatoires dans les églises de Rome.

— A **Hombourg** (Bavière), entrevue très commentée de M. Giolitti, ministre de l'intérieur d'Italie, et de M. de Bülow, chancelier d'Allemagne.

28. — A **Saint-Pétersbourg**, le prince Mirsky, nouveau ministre de l'intérieur de Russie, entre en fonctions.

— Le tribunal de **Marseille** condamne un gréviste à quatre mois de prison pour entrave à la liberté du travail.

— A **Birmingham** (Angleterre), est réuni le congrès de la *Catholic Truth Society*, sous la présidence de Mgr Bourne, archevêque de Westminster. On y traite spécialement des mesures à prendre par les catholiques de tous pays pour assurer la liberté de l'enseignement.

29. — A **Barcelone** (Espagne), trois mille ouvriers demandent à M. Salmeron la solution des questions ouvrières en Catalogne.

— A **Londres**, sir John Pound, depuis trente-cinq ans membre du Common Council, est élu lord-maire.

30. — A **Marseille,** les dockers, répondant à l'appel des entrepreneurs, ont commencé à se faire inscrire sur la liste de l'*Union maritime* et à reprendre le travail aux conditions de la sentence arbitrale du 24 septembre.

Octobre 1er. — De **Rome**, le Souverain Pontife envoie une lettre autographe au directeur de *la Croix,* pour le remercier des listes de fidélité au Saint-Siège qu'il a envoyées couvertes des signatures de cinq cent quarante mille électeurs.

— A **Amiens**, le congrès de la *Ligue de l'Enseignement*, réuni depuis le 29 septembre sous la présidence de M. F. Buisson, émet le vœu que la morale laïque, « un produit de l'évolution humaine », devienne obligatoire.

— A **Nuneham** (Angleterre), mort de sir William Vernon Harcourt, ancien ministre de l'intérieur, ancien chancelier de l'Échiquier et depuis 1895 leader du parti libéral en Angleterre.

— A **Marseille**, un contrat de réglementation du travail à bord est signé par M. Nemesker au nom de la Compagnie transatlantique, M. Pénissat, chef de l'inscription maritime, MM. Vando et Rivelli, représentants du syndicat des inscrits maritimes.

3. — On annonce de **Saint-Pétersbourg** que les troupes de Mandchourie sont divisées en trois armées ayant pour chefs les généraux Mayendorf, Grippenberg et Linievitch. Le général Kouropatkine devient général en chef.

— A **Edimbourg**, M. Balfour, chef du parti unioniste en Angleterre, déclare, dans un discours, qu'il refuse le *Home rule* à l'Irlande et il prend nettement parti pour le libre-échange.

4. — A **Paris**, S. Em. le cardinal Richard préside la fête du cinquantenaire de l'école Sainte-Geneviève.

— *La Croix* de Paris rapporte ces paroles du docteur Bérillon (qui n'est pas un croyant), à propos des guérisons dont il a été le témoin à Lourdes :

Il faut repousser les sarcasmes faciles...

Ceux qui sont là souffrent, ils tentent le suprême assaut d'une suprême miséricorde. Nous devons reconnaître que les malades de Lourdes sont souvent arrivés aux derniers périodes du mal, et alors un miracle seul peut les sauver. Lourdes fait de ces miracles. L'effet produit est considérable.

6. — A **Toulouse**, ouverture du congrès radical-socialiste. Son président, Bonnet, fait ressortir le péril qui résulte de l'*Action libérale populaire* à laquelle s'affilie la jeunesse catholique, constituée en fédération nationale. Le congrès est nettement internationaliste et révolutionnaire.

— Un arrangement est conclu entre la **France** et l'**Espagne**, au sujet du Maroc. Il impliquerait de la part de l'Espagne l'acceptation déjà faite par l'Angleterre, le 8 avril dernier, de notre rôle de surveillance et de protection sur le Maroc, sans atteinte à la souveraineté du sultan.

— Une dépêche du général Stœssel arrive à Saint-Pétersbourg, annonçant qu'à **Port-Arthur** l'attitude des assiégés est héroïque et que tous les assauts japonais ont été repoussés.

7. — A **Marseille**, quatre mille ouvriers environ sont embauchés. Le nombre des travailleurs n'a cessé de croître, surtout depuis le jour (4 octobre) où les troupes sont venues assurer la liberté du travail. Les inscrits maritimes, de leur côté, se déclarent à la disposition des armateurs. On évalue à 150 millions les pertes subies par les compagnies maritimes par suite de la grève.

— A **Dantzig,** inauguration de l'Ecole supérieure de marine par l'empereur Guillaume II.

— Un arrêté ministériel ouvre, dans l'île d'**Ouesssant,** un poste de télégraphie sans fil à l'échange, avec les navires en mer, des correspondances originaires ou à destination de la France, de la Corse, de l'Algérie, de la Tunisie, de Monaco et d'Andorre.

— En **Allemagne,** la succession du comte Léopold à la régence de la principauté de Lippe-Detmold, vacante par la mort de son frère (26 septembre), soulève de graves difficultés.

8. — Incendie du théâtre de **Bâle.**

— En **France,** les Chambres sont convoquées pour le 18 octobre.

9. — A **Moukden,** les Russes prennent l'offensive, comme le faisait prévoir l'ordre du jour du général en chef Kouropatkine, en date du 2 octobre.

Paris, le 10 octobre 1904.

Le Gérant : Victor RETAUX.

Imprimerie J. Dumoulin, rue des Grands-Augustins, 5, à Paris.

DE LA SÉPARATION DE L'ÉGLISE ET DE L'ÉTAT

La question de la séparation de l'Église et de l'État est à l'ordre du jour. Cette mesure demandée timidement par quelques-uns, vers l'année 1880, a vu croître sans cesse le nombre de ses adhérents; elle a aujourd'hui la majorité dans les commissions parlementaires; elle risque d'avoir demain la majorité dans les Chambres; il n'est pas un congrès radical ou socialiste qui ne l'inscrive en tête de son programme; les ministres paraissent décidés à y engager leurs portefeuilles. Peut-être, au dernier moment, nos hommes politiques hésiteront-ils à ouvrir une crise dont nul ne saurait mesurer ni la durée ni la profondeur, et qui risque d'ébranler l'édifice fragile de leur propre autorité; mais il faudra qu'ils marchent et abordent la discussion; le mouvement qu'ils ont déchaîné ou favorisé est trop violent; ils ne pourront pas l'arrêter. Ceux-là mêmes qui y sont entrés à contre-cœur y parviendront moins que les autres. On ne se retient pas sur une pente, quand on s'y est laissé entraîner en cédant à une pression que l'on subit encore. Ils continueront de se conformer aux injonctions de la secte étroite et ardente qui les pousse, et dont les ordres, même impatiemment supportés, ont toujours été docilement suivis.

Il n'y a pas moins de quatorze projets de séparation actuellement déposés sur le bureau du Palais-Bourbon; presque tous ne sont qu'une déclaration de guerre à l'Église, et ne visent à la « séparer » que pour mieux l'« étrangler »; trois ou quatre cependant (projet Flourens, projet Grosjean, projet Berthoulat) prétendent la séparer pour la laisser mieux vivre. Ils émanent de républicains modérés qui rééditent à leur usage et à leur manière, en les adaptant à la nouveauté des circonstances, les vieilles théories libérales de 1830.

Nous disions que le mouvement séparatiste date de quelque vingt-cinq ans. Nous avions surtout en vue la séparation « jacobine »; les idées de séparation « libérale » sont

plus anciennes : dès le commencement de la monarchie de
Juillet, un certain nombre de catholiques, et non des moins
illustres, Lamennais, Lacordaire, voyaient, dans le régime
inauguré par le Concordat de 1801, une sorte de vasselage
ou de servage de l'Église et prétendaient l'affranchir par la
séparation. De nos jours, beaucoup, à leur exemple, ont
pensé qu'à bien regarder les faits, il résulte du Concordat
que, s'il y a empiétement d'un pouvoir sur l'autre, ce n'est
nullement de l'Église sur l'État, de l'autorité religieuse sur
le pouvoir civil, mais au contraire du pouvoir civil sur l'autorité religieuse, de l'État sur l'Église. La série des mesures
antireligieuses qui se sont succédé sous nos yeux, dans ces
dernières années, à l'abri du régime concordataire, ont singulièrement fortifié cette opinion. Par suite, et à mesure que
le pacte de la paix religieuse en France, détourné de son but,
vicié dans son esprit, violé dans sa lettre, s'est transformé de
plus en plus en instrument d'oppression, le désir de s'en
affranchir s'est répandu jusque dans les rangs des conservateurs ; il a même pris, à un certain moment, chez des catholiques dont le zèle n'égalait pas la prudence, un caractère
assez vif et assez hautement exprimé pour que le Souverain
Pontife lui-même — c'était encore Léon XIII — ait cru devoir le contenir par la haute autorité de sa parole. C'est ainsi
que, peu à peu, la rupture de toute relation entre l'Église
et l'État, objet des pétitions ou des sommations des partis
sectaires, menace hautaine dans la bouche de nos gouvernants, pour se faire obéir, est devenue une éventualité facilement acceptée, sinon souhaitée, par plusieurs d'entre nous.

Notre dessein ici n'est pas précisément de comparer la
valeur des concessions échangées en 1801, entre les deux
puissances, et moins encore d'examiner si le moment est
venu, ou non, d'appeler de nos vœux, de hâter par nos efforts,
la dénonciation d'un contrat faussé dans son interprétation,
dénaturé dans ses applications pratiques. La solution de
cette délicate question relève d'un tribunal plus haut que
celui de l'opinion. « C'est une scission, a dit Léon XIII, dont
le Saint-Siège seul a le droit de s'occuper. » Incontestable
prérogative de son auguste ministère, dont nul n'a le droit
de disputer ni même de contrôler l'exercice. Nous plaçant à

un point de vue plus général et plus dégagé des contingences de la politique, nous nous demandons ce qu'il faut penser du principe même de la séparation, que les ennemis de l'Église défendent et propagent si bruyamment, et qui recrute des adeptes même parmi les fidèles.

Sur ce terrain, conformément à l'enseignement traditionnel, nous croyons que s'incliner devant la puissance morale de la religion et lui faire une place d'honneur dans la loi, c'est, pour une société, rendre à son Créateur un juste hommage, qui la grandit elle-même et l'affermit. Nous croyons que les intérêts matériels et spirituels des peuples sont unis par des liens trop étroits et trop complexes pour qu'on puisse les rompre ; et loin de saluer dans la séparation de l'Église et de l'État le progrès attendu de la civilisation, nous craignons au contraire d'en voir renaître ces luttes entre les lois civiles et politiques, entre la force et la conscience, qui ont ensanglanté le berceau des sociétés naissantes.

Nous formulons, là-dessus, ce qui nous paraît être la vérité, dans les trois propositions suivantes :

1° Le séparatisme est faux comme doctrine.

2° Le séparatisme est impossible dans la pratique.

3° Le séparatisme est gros de menaces meurtrières contre l'Église.

I

Le séparatisme est faux comme doctrine. Il est incompatible avec l'intégrité de l'enseignement catholique. Cet enseignement est celui de l'unité dans l'action providentielle, ordonnant toutes choses à la béatitude éternelle. Le principe du séparatisme est la négation formelle de cette unité. Il suppose un Dieu créateur de l'Église et un Dieu créateur de l'État ; une fin totale et suprême de l'État complètement distincte et séparée de la fin de l'Église : c'est une sorte de manichéisme social.

Le christianisme a introduit dans le monde la distinction du temporel et du spirituel ; avant lui, on ne connaissait rien de semblable. Dans l'antiquité, la religion n'était qu'une des branches de l'administration publique ; le sacerdoce, une magistrature pareille aux autres quant à son origine, bien que différente par ses fonctions; on devenait grand pontife comme on devenait consul ou tribun. Cette liberté romaine, que Cicéron célébrait avec tant d'emphase, n'était que le droit de désigner celui ou ceux qui exerceraient l'omnipotence souveraine. L'individu n'était que citoyen et était absorbé tout entier par l'État.

A vrai dire, les anciens ne pouvaient éviter cette confusion, faute de données précises sur la destinée d'outre-tombe et sur les moyens d'y atteindre. Autant était vivace parmi eux l'idée d'une sanction de la loi morale postérieure à la mort, autant était vague la notion qu'ils s'en pouvaient faire, placés qu'ils étaient entre des fables puériles, qui seules déposaient en faveur de la tradition, et une philosophie sceptique qui la décriait. Or, l'autorité ne se conçoit pas sans la certitude : une autorité religieuse indépendante suppose une certitude religieuse qui offre à l'adhésion de la conscience un point d'appui solide. Il était réservé au christianisme de donner à la vie humaine cette ferme orientation du côté de la destinée ultérieure. « Ne craignez pas, dit le Christ, ceux qui peuvent tuer le corps, mais qui, après cela, n'ont plus de mal à vous faire. Je vais vous apprendre qui il faut redouter : craignez celui qui, après avoir ôté la vie du corps, a le pouvoir d'envoyer votre âme dans l'éternelle prison; oui, je vous le dis, voilà celui qu'il faut craindre. » (Saint Luc, XII, 5.)

Il y a donc deux fins de la vie humaine : l'une qui doit être atteinte dans les limites de l'existence terrestre; l'autre qui ne peut l'être qu'au delà; l'une qui passe, l'autre qui demeure.

De cette distinction en naît une autre : il y a deux sociétés, deux autorités, deux obéissances; l'une qui soumet l'individu aux hommes chargés de lui faire atteindre sa fin terrestre; l'autre qui le subordonne aux mandataires expressément choisis de Dieu pour le conduire à sa fin d'outre-tombe.

Préposée aux intérêts éternels de l'humanité, l'Église est ce que les juristes appellent une *société parfaite*. Il y a des associations qui ont quelques-uns des éléments nécessaires à la vie collective; mais qui ne les possèdent pas tous et doivent emprunter ceux qui leur manquent à une société plus

complète, sur laquelle elles sont pour ainsi dire entées.
Telle n'est pas l'Église de Jésus-Christ. Elle tient de son
divin Fondateur tout ce qui suffit à sa vie. Elle a sa fin
propre, qui lui est assignée par Dieu même. Sa hiérarchie,
divinement instituée, assure aux hommes tout ce que réclame
l'éternelle et surnaturelle destinée où ils ont été élevés par
don gratuit du Créateur, et cette hiérarchie n'emprunte rien
aux pouvoirs humains.

Préposée aux intérêts temporels de l'humanité, la société
politique est aussi une société parfaite. Sa fin est distincte de
celle qui est la raison d'être de l'Église. L'Église est faite
directement pour procurer aux hommes les biens qui appartiennent à l'ordre du salut éternel; l'autre société a pour
objet principal et premier les avantages de la vie présente :
*Quum alteri proxime maximeque propositum sit rerum mor-
talium curare commoda, alteri cælestia ac sempiterna bona
comparare*, a dit le pape Léon XIII dans son encyclique
Immortale Dei. La société politique a aussi les organes nécessaires à son fonctionnement et possède en elle-même tout ce
que demande l'accomplissement de sa mission. Chacune des
deux sociétés est souveraine dans son domaine : *utraque est
in suo genere maxima* (*ibid.*), et Dieu a partagé entre l'une et
l'autre le gouvernement de l'humanité : *Deus humani generis
procurationem inter utramque partitus est.*

Voilà certes, à côté de l'affirmation des droits de l'Église,
une reconnaissance formelle de l'autonomie du pouvoir civil.
Mais, une fois l'indépendance du pouvoir civil établie relativement au but temporel qu'il est de son droit et de son
devoir de poursuivre, s'ensuit-il qu'il puisse complètement
se désintéresser de la fin supérieure de l'humanité, s'isoler
dans sa sphère, supprimer entre son action et celle de l'Église
tout lien de coordination? Non, c'est une notion de simple
et élémentaire bon sens que les fins partielles et subalternes
doivent être subordonnées à la fin suprême. Ce serait amoindrir l'homme que de ne lui montrer, même dans l'administration des biens de la vie présente, que la terre et le temps,
comme s'il devait s'y fixer pour toujours. Ce serait traiter le
peuple comme un troupeau de brutes que de n'avoir aucun
égard à ses intérêts éternels dans la gestion de ses affaires

temporelles. Ce serait outrager la loi divine et violer le plan
providentiel que d'oublier, volontairement et par système,
dans le gouvernement de la chose publique, les hautes destinées auxquelles l'homme est appelé de Dieu. Telle ne peut pas
être la mission des pouvoirs civils, dont l'autorité n'est,
en définitive, qu'un écoulement de la souveraine autorité de
Dieu.

« Quand une chose doit être faite en vue d'une autre qui
est sa fin, dit saint Thomas, on doit veiller à ce que
l'œuvre soit en harmonie avec cette fin..., or la fin de la
vie vertueuse qu'il faut mener ici-bas étant la béatitude
céleste, il est du devoir de celui qui gouverne de procurer
au peuple un genre de vie qui puisse le conduire à la vie
éternelle. Il doit donc prescrire ce qui mène au bonheur
du ciel, et défendre, dans les limites du possible, ce qui en
détourne. En matière de gouvernement, le législateur doit
avoir en vue de diriger les citoyens de manière qu'ils
vivent conformémeut à la vertu... et se proposer comme
fin ultérieure, tant pour lui-même que pour ses sujets, la
béatitude éternelle[1]. »

La conséquence de ces principes est manifeste et peut se
formuler ainsi : bien que les droits de la puissance temporelle et de la puissance spirituelle soient parfaitement distincts, elles doivent cependant marcher d'accord, et être harmonieusement ordonnées l'une à l'autre, l'inférieure à la
supérieure, comme le corps est ordonné à l'âme ; ou encore,
selon une autre comparaison classique, elles doivent être
comme les deux luminaires destinés à présider de concert

---

1. « Cuicumque incumbit aliquid perficere, quod ordinatur in aliud, sicut
in finem, hoc debet attendere ut suum opus sit congruum fini, sicut faber
sic facit gladium ut pugnæ conveniat, et ædificator sic debet domum disponere ut ad habitandum sit apta. Quia igitur vitæ quâ in præsenti bene
vidimus, finis est beatitudo cœlestis, ad Regis officium pertinet eâ ratione
vitam multitudinis bonam procurare secundum quod congruit ad cœlestem
beatitudinem consequendam, ut scilicet ea præcipiat quæ ad cœlestem beatitudinem ducunt et eorum contraria secundum quod fuerit possibile in-
terdicat. (Saint Thomas, De Regimine principum, lib. I, cap. xv.) In regimine legislator debet semper intendere ut cives dirigantur ad vivendum
secundum virtutem : imo hic est finis legislatoris. (Ibid., lib. III, cap. III.)
Finis autem ad quam principaliter Rex intendere debet in seipso et in sub-
ditis est æterna beatitudo. » (Paulo inferius.)

aux sociétés humaines. « Le roi, revêtu de gloire, sera assis et dominera sur son trône; le pontife sera sur le sien; et entre eux, il y aura un conseil de paix. » Une séparation entre ces deux puissances dissemblables, mais également l'œuvre de Dieu, serait funeste aux sociétés et contraire aux vues de la Providence. Et puisque l'Église a reçu directement de Dieu le pouvoir de gouverner les âmes, de gérer leurs affaires les plus sacrées, à elle aussi de créer l'unité et de conduire à la fin supérieure qui est sa raison d'être les fins particulières des gouvernements de ce monde.

Mais tout cela, nous dira-t-on, prééminence de l'Église, coopération de l'État avec l'Église, c'est le saint-empire avec ses accessoires surannés; voudriez-vous donc nous ramener au moyen âge et à ce régime de droit public qui constituait l'empereur d'Occident protecteur officiel et armé de l'Église, qui exigeait des princes appelés au gouvernement des peuples la profession de foi catholique, qui reconnaissait au pape le pouvoir de les déclarer déchus quand ils s'obstinaient dans l'erreur? Vous oubliez que l'humanité a marché et qu'elle ne paraît pas décidée à revenir sur ses pas.

— Oui, l'humanité a marché; il resterait à décider dans quel sens, si c'est du côté du progrès, ou du côté de la décadence; il resterait à voir ce qu'elle a gagné à remplacer les principes du droit chrétien par ces maximes du droit moderne qui enseignent qu'il faut bannir l'Église des sociétés humaines et soustraire les affaires de ce monde à toute influence religieuse.

En ce qui concerne le saint-empire et le moyen âge, nous convenons qu'ils sont morts et enterrés, et nul ne songe à les faire revivre. Le droit public du saint-empire et du moyen âge ne fut pas imposé par l'Église, mais librement voulu et consenti des peuples et des rois. Ce droit public n'était qu'un mode d'exercice, ou, si l'on veut, une ampliation parfaitement libre, une extension très légitime du droit radical et essentiel que possède l'Église de diriger vers la fin suprême de l'humanité l'action des pouvoirs humains; il ne le créait pas; l'Église le tient directement de son divin Fondateur; elle peut en varier les applications d'après les circonstances; elle ne saurait en principe y renoncer.

Nos contradicteurs insistent : quel que soit son mode
d'application, cette doctrine de l'harmonie des deux pouvoirs
présuppose, en toute hypothèse, une condition qui n'existe
plus et qui, en disparaissant, l'a rendue caduque ; elle présuppose l'absence de dissidents, l'accord dans la croyance, le
consentement unanime des peuples dans la foi au Christ.
Mais cette unité, qu'est-elle devenue, aujourd'hui que les
hérésies, les schismes, l'incrédulité, ont ravagé les âmes et
dépeuplé l'Église ? Le vieux mot de *chrétienté*, qui exprimait
la commune adhésion des consciences et des peuples au
même *Credo*, n'a plus de sens dans la langue moderne.

Nous le reconnaissons avec tristesse : la défection de tant
de millions d'âmes détachées de la véritable Église rend
aujourd'hui impossible le maintien rigoureux d'une discipline
qui répondait jadis aux besoins et aux vœux du plus grand
nombre.

Mais, cela dit, on nous permettra d'ajouter deux observations :

1° Cette impossibilité ne saurait être considérée comme
un bien ; il suffit, pour en juger, de se rappeler quelles en
ont été les causes : c'est l'affaiblissement de la foi, c'est la
multiplication des dissidents au sein d'une société chrétienne ;
cela évidemment est un mal. Le mal une fois fait, qu'il y ait
des ménagements à garder, nous n'en disconvenons pas ;
mais ne vaudrait-il pas mieux que de tels ménagements
fussent inutiles ? Pour l'homme dont la santé est délabrée,
les précautions d'hygiène sont un bienfait ; mais ne serait-il
pas plus heureux d'être en état de s'en passer.

2° S'il y a des ménagements à garder, l'Église, qu'assiste
l'Esprit-Saint, n'y faillira pas ; sans renier ses droits, elle
saura, par des tempéraments pratiques, se plier à la nécessité des circonstances et corriger, par de miséricordieu-
ses concessions, ce qu'il y a d'immuable dans la doctrine.
Saint Thomas pose en principe que le régime humain doit
imiter l'ordre divin d'où il dérive ; observant que Dieu a
permis des maux qu'il aurait pu empêcher, il conclut que les
infidèles, même les rebelles et réfractaires à l'Église, peuvent
être tolérés à cause du bien qui peut naître d'eux ou du mal
qui peut être ainsi évité. La théologie a tiré de cette doctrine

du Docteur angélique la distinction de la thèse et de l'hypothèse.

La thèse, c'est le principe inaltérable dans sa rigueur, auquel l'enseignement doit demeurer invariablement attaché. L'hypothèse, c'est la concession imposée ou conseillée dans la conduite par les circonstances politiques. La thèse, c'est l'idéal dogmatique en vue d'une société professant tout entière la même foi; l'hypothèse, c'est la transaction avec une société qui a brisé l'unité de la foi et au sein de laquelle coexistent des cultes négation réciproque l'un de l'autre. La thèse est le bien; l'hypothèse est le moindre mal. La thèse s'appuie sur la loi; l'hypothèse naît de la puissance dispensante du pape. Si l'Église ne se dirigeait que par la thèse, elle serait droite comme la barre de fer; ayant fait sa place à l'hypothèse, elle est droite encore, mais comme le fil souple qui fléchit tantôt d'un côté, tantôt de l'autre, en reprenant toujours sa rectitude primitive.

La thèse, dans les rapports de l'Église et de l'État, c'est, nous l'avons montré, que les deux sociétés quoique distinctes, ne doivent pas se séparer, mais conserver entre elles un ordre harmonique et se prêter un mutuel appui. L'hypothèse est que, quand les gouvernements de la terre veulent obstinément faire leurs affaires tout seuls; quand la reconnaissance officielle du christianisme comme règle des lois et des mœurs, comme autorité régnant sur les institutions politiques aussi bien que sur les consciences individuelles, ne pourrait être, nous ne disons pas établie, mais seulement tentée au milieu de nous, sans provoquer des bouleversements immédiats dans l'ordre civil et des réactions incalculables contre le catholicisme lui-même, l'Église, par crainte d'un plus grand mal, se résigne à restreindre son action bienfaisante et à limiter l'exercice de son droit d'intervention.

C'est une maxime de bon sens pratique que, quand il n'y a plus à opter qu'entre la tolérance et la guerre, la tolérance est préférable.

Mais c'est bien de tolérance qu'il s'agit, et l'Église emploie ici ce mot dans son vrai sens. Tolérer n'est pas approuver, moins encore glorifier ou consacrer. Le catholique tolère ce que le partisan de la neutralité et de l'indépendance de l'État

exalte. Le premier voit un moindre mal, ou la forme accidentelle du bien, là où le second voit un bien absolu et un progrès de la civilisation. Le premier excuse la société moderne
de ne pouvoir mettre en vigueur tout le droit chrétien ; le
second plaint la société chrétienne des temps passés de
n'avoir pas connu les splendeurs du droit moderne. Le premier, trop frappé des quelques inconvénients qu'ont pu avoir
parfois l'alliance et la protection, ne rêve plus que liberté,
et considère la rupture de l'harmonie comme l'état normal,
le type auquel doivent être désormais ramenées toutes les
sociétés humaines ; le second, mieux éclairé, ne voit dans la
rupture, quelles que soient les formules qui l'expriment,
serait-ce le mot d'ordre fameux qui a séduit tant de bons
esprits : « L'Église libre dans l'État libre », qu'un expédient
temporaire et non pas un principe régulateur.

Pendant ce temps, l'Église, bien que renonçant à revendiquer tout son droit parce que la société civile est devenue
incapable de remplir tout son devoir, n'en maintiendra pas
moins une double exigence. Au pouvoir civil elle demandera de donner à la vérité dont elle est la dépositaire toute
la mesure d'appui extérieur que permettront les circonstances, et de n'abandonner jamais volontairement ce qu'il peut
retenir de sa glorieuse mission d'auxiliaire de Dieu, si restreint qu'en puisse être l'exercice. A ses enfants elle demandera de reconnaître expressément et dans leur intégrité les
droits supérieurs dont elle est investie, — témoin l'encyclique *Mirari vos* de Grégoire XVI, l'encyclique *Quanta cura*
de Pie IX, l'encyclique *Immortale Dei* de Léon XIII. Elle
leur demandera cette reconnaissance parce que, alors même
que les principes ne sont plus applicables dans toute leur
étendue, leur affirmation n'en est pas moins utile pour prévenir de plus funestes égarements et retenir les sociétés sur
le penchant des abîmes où elles se précipitent.

II

Au surplus, — ici nous entrons dans le domaine des faits
et de l'expérience, — la séparation complète, absolue, entre
l'Église et l'État est-elle possible ? Peut-elle être autre chose

qu'une théorie abstraite, un rêve chimérique? Nous ne le pensons pas ; nous croyons que c'est une nécessité inéluctable, de l'ordre pratique, que d'une manière ou d'une autre ou par accord tacite, ou par échange de signatures, ne serait-ce que par les principes déposés dans le pacte constitutionnel, une combinaison, un *modus vivendi*, à défaut d'union et de coopération intime, intervienne entre les deux pouvoirs.

On nous dit : L'Église et l'État vont coexister, vivant chacun de sa vie propre, indifférents l'un à l'autre, et ne se connaissant plus ; ils iront glissant, pour ainsi dire, sans se rencontrer jamais, sur deux plans parallèles, le temporel et le spirituel. Et comme ils ne se rencontreront pas, il n'y aura plus ni choc ni frottement. Supprimer les points de contact, c'est supprimer les causes de querelle ; le terrible embarras de s'aimer ou de se haïr est épargné à ceux qui s'ignorent.

Système séduisant, qu'il est malheureusement plus facile d'imaginer que de réaliser ; belle géométrie, mais que les faits risquent fort de venir déranger. En essayant de l'exposer, nous n'éprouvons qu'un regret, c'est que, s'il existe réellement un moyen de séparer, d'un trait de plume, le domaine de la religion et le domaine de la politique ; s'il existe quelque part une carte où soit tracée la ligne exacte qui distingue les confins du spirituel de ceux du temporel, les heureux inventeurs qui en tiennent le secret à leur disposition soient venus si tard dans le monde. Plus tôt connue ou plus tôt révélée, cette découverte eût épargné aux générations chrétiennes bien des veilles et bien des luttes. Voici dix-neuf siècles en effet qu'elles la cherchent sans l'avoir trouvée. Depuis le jour où les hommes, émancipés par l'enseignement libérateur du Christ, ont essayé de soustraire le sanctuaire de leur conscience au contrôle des pouvoirs humains, l'histoire des peuples n'a été qu'un long effort pour réaliser péniblement dans les faits la distinction aperçue par la conscience. Faire rigoureusement la part de ce qui est soumis aux pouvoirs humains et de ce qui ne relève que de la loi divine, ce fut dans tous les âges la recherche obstinée des politiques et des penseurs, des souverains comme des pontifes, des jurisconsultes comme des théologiens.

Tous y ont constamment travaillé, tantôt de concert, tantôt en conflit, les uns sous l'empire de la passion et du préjugé, les autres avec scrupule et sincérité. Ils n'ont jamais
réussi a éviter complètement les disputes de frontières ni
les reproches d'empiétement ; et le problème incessamment
posé et toujours renaissant à mis vingt fois l'Europe en feu.
Nos modernes théoriciens auraient-ils réussi à trouver la solution de cette quadrature du cercle moral ou social ? Il est à
craindre qu'ils n'en voient même pas la difficulté.

Il leur paraît aisé de faire vivre au sein d'un même pays,
dans l'enceinte des mêmes frontières, la puissance civile et
l'autorité religieuse, sans qu'elles se touchent et même sans
qu'elles se connaissent, chargées, celle-là des intérêts temporels, celle-ci des intérêts spirituels des populations. Le
clergé catholique d'une part, le gouvernement de l'autre,
établis côte à côte, chacun occupé de son affaire, sans relation ni communication, sans inimitié comme sans alliance :
c'est un plan dont la simplicité les séduit ; et, comme il ne
faut qu'un mot pour le définir, ils se figurent qu'il ne faut
qu'un acte de volonté pour l'exécuter.

Et, en effet, rien ne serait si simple, si un État et une Église
n'étaient que ce qu'imagine leur grossière ou superficielle
appréciation. Si l'Église n'était qu'une institution de prières
et l'État qu'une institution de police ; si toute la religion
consistait en opinions abstraites, en sentiments mystiques,
en contemplations intimes ; et si tout le devoir de la politique se bornait à faire régner l'ordre matériel dans les cités
et dans les rues ; si l'ordre spirituel ne comprenait que les
communications secrètes de chaque âme avec Dieu, et si le
pouvoir temporel ne se reconnaissait d'autre fonction que
d'empêcher les hommes de se piller, de se battre et de se
tuer entre eux, peut-être pourrait-on sans trop de peine
garder distinctes deux régions qui ne se toucheraient nulle
part, et faire demeurer dans l'indépendance et l'ignorance
l'un de l'autre deux pouvoirs qui ne se rencontreraient pas.
Mais la réalité, qui fait le désespoir des systèmes, se joue
de ces lignes de démarcation si commodes. Ni la religion
n'est un ermite confiné dans une cellule, ni l'État ne se contente du rôle d'un gendarme caserné dans un corps de garde.

L'un et l'autre portent plus loin leurs vues et leurs prétentions; et, sans sortir même de leurs attributions naturelles et légitimes, aucun d'eux jusqu'ici n'a pu, pour ainsi dire, faire un pas sans qu'ils se soient trouvés face à face.

Que serait une religion qui ne prétendrait pas régner sur les consciences et par là exercer son empire sur la plupart des actions des hommes? A quoi serviraient les prières, les cérémonies, les prédications, si elles n'avaient pour but de nous éclairer sur la moralité de nos actes, de nous dicter dans chaque occasion ce que nous devons éviter ou faire, de tracer devant nos yeux, à travers les nuages de la vie et le tourbillon des passions, l'étroit sillon du devoir? Tout ce qui a un caractère de moralité quelconque, tout ce qui peut être qualifié de bien ou de mal, c'est-à-dire tout ce que fait un être libre, rentre ainsi par quelque côté dans le ressort de la religion. C'est cet empire prétendu et exercé sur les actes humains qui fait même par excellence l'efficacité et constitue aux yeux de juges indifférents le mérite d'une religion. Sans cette fécondité de conséquences pratiques, la religion leur paraîtrait chose vaine. Tout dogme est apprécié d'après sa morale, comme l'arbre par ses fruits. Mais d'autre part ces mêmes actes que la religion doit inspirer ou commander, l'État émet la prétention de les régler; il se croit chargé de les contenir dans les limites de la justice, de ne pas leur laisser franchir les bornes du droit de chacun ni compromettre l'intérêt de tous. Si le sentiment religieux est un mobile, la loi civile se regarde comme un frein à peu près universel; et de là vient qu'il n'est presque aucun point du champ où se déploie l'activité des êtres libres qui ne puisse être à la fois matière de préceptes religieux et de lois civiles, qui ne puisse devenir pour ces deux autorités un lieu de rencontre, et, si l'on n'y veille pas, un champ de bataille.

Il serait trop long, et ce ne serait pas ici le lieu d'énumérer toutes les occasions qui amènent ces rencontres inévitables de l'État et de l'Église, et leur rendent par là impossible de passer l'un près de l'autre sans se connaître, sans se toucher, et, si l'on n'y prend pas garde, sans se heurter. Enseignement de la doctrine et communication de l'autorité religieuse avec les fidèles par la voix de la prédication ou de la presse, réunions publiques des offices ou du culte, recrutement du clergé, constitution d'un patrimoine nécessaire à l'entretien de l'autel et de ceux qui en vivent, comme au soutien des fondations charitables ; ce sont là autant de points — et combien d'autres on pourrait citer — sur lesquels l'Église réclame, au nom de la mission qu'elle a à remplir, sa liberté d'action, tandis que l'État, au moins tel que nous le connaissons, prétend bien, lui aussi, avoir le droit d'en fixer les conditions. Et que dire des cas plus graves, où ce sont des actes que doivent accomplir de simples citoyens dans la vie commune, qui relèvent à la fois, pour la conscience, de la loi religieuse, et de la loi civile au point de vue de l'intérêt social; en sorte qu'il peut arriver que ce que l'une défend, l'autre le permette ou même l'ordonne ? C'est le fait en particulier de tout ce qui touche à la constitution de la famille.

Bref, il est sans doute parmi les objets dont l'État s'occupe des intérêts purement matériels, comme il est dans les dogmes de la religion des questions purement métaphysiques, et ces points séparés comme le ciel l'est de la terre, n'auront jamais rien à démêler les uns avec les autres. Mais sur tout ce vaste théâtre où se développe la vie morale des peuples, sur tout ce terrain accidenté où se meuvent les passions humaines, il n'est à peu près rien qui ne puisse intéresser à la fois la religion et la politique, l'Église et l'État; tout y est spirituel par une face, et temporel par l'autre. Rien de si distinct que ces deux principes; rien de si mélangé que leurs conséquences. Qu'arrivera-t-il, si sur tous les points de ces territoires mixtes et de ces zones intermédiaires, la loi civile prescrit ce qu'interdit la loi religieuse, et réciproquement ? C'est alors qu'éclatent, sous le nom de guerres ou de persécutions religieuses, ces luttes profondes qui déchirent les entrailles d'une nation. L'État insiste, la religion résiste, et quel que soit le mode de sa résistance, qu'elle soit armée ou passive, ce n'en est pas moins le signal d'un de ces interminables duels également funestes aux deux combattants.

Comment prévenir ces calamités et apaiser les différends ? Car enfin Dieu a dû pourvoir à ce que le partage des attributions ne restât pas perpétuellement indécis; sans quoi il aurait condamné la conscience à d'irrémédiables angoisses, et les sociétés humaines à un état de guerre permanent, et il doit y avoir quelque part un principe de solution.

Oui, le principe de solution existe indiqué par Dieu même : c'est la reconnaissance docile de l'autorité de l'Église à qui il appartient de décider ce qui, dans les matières mixtes, revêt un caractère sacré, et appartient exclusivement à sa juridiction ; le reste sera dévolu à l'État. Exemple : l'Église enseigne que, par l'institution de Jésus-Christ, le mariage lui-même, dans sa substance, est devenu le signe et le véhicule de la grâce ; que le sacrement n'est pas séparable du contrat naturel lorsque l'union se célèbre entre chrétiens. Donc, dans le mariage, tout ce qui regarde l'union des personnes est sacré et relève exclusivement de la législation de l'Église ; les dispositions qui intéressent l'avantage temporel des époux et des enfants demeurent de la compétence de l'État.

Que si l'État craint d'être lésé par les décisions du pouvoir religieux, il lui reste un recours, c'est de proposer à l'Église un arrangement transactionnel, où les difficultés les plus fréquentes seront prévues et résolues par des concessions réciproques. C'est le régime concordataire, moins parfait en théorie, puisqu'il implique d'ordinaire un abandon partiel des prérogatives du pouvoir spirituel ; mais souvent préférable en pratique, parce qu'il coupe court à bien des conflits, prévient bien des révoltes, et donne aux relations des deux pouvoirs une fixité qu'elles ne peuvent avoir quand les parties, intéressées en sens contraire, ont à faire elles-mêmes, et pour chaque espèce, l'application des principes.

Voilà les moyens providentiels de l'accord ; mais tout cela, reconnaissance de l'autorité prééminente de l'Église, pacte concordataire discuté et signé par les hautes parties contractantes, est au rebours du système de séparation absolue, que l'on nous prônait comme une garantie de la paix, et qui, vérification faite, ne peut être qu'une source de querelles, sans cesse renaissantes.

III

Nullement, ripostent les séparatistes, votre conclusion est démentie par les faits ; vous avez invoqué l'expérience ; une expérience éclatante dépose, contre vous, en faveur du régime de la séparation.

Il y a au delà de l'Atlantique un grand État dans lequel les deux principes, temporel et spirituel, vivent en paix, juxtaposés, sans conflit, et pourtant sans concordat, ni subordination d'aucune sorte. Les États-Unis renferment dans leur sein vingt sectes diverses, vivantes, pleines de zèle, animées de l'esprit de propagande le plus audacieux. Au milieu, au-dessus de cette mêlée, l'Église catholique elle-même élève sa tête ; elle se développe, elle prend chaque jour de nouveaux accroissements. Tout ce mouvement se passe à côté de l'État en dehors de lui, sans qu'il paraisse s'en soucier ni même le connaître. Il ne protège ni n'opprime ; il ne fait ni guerre ni paix avec personne ; il ignore. « L'État, dit la Constitution américaine, ne favorise aucune religion, il n'en prohibe aucune. » Bref, en Amérique, toutes les Églises sont libres et tous les États sont neutres ; ce qui n'empêche pas que toutes les Églises sont florissantes et que tous les États s'en trouvent bien. C'est l'idéal, mais un idéal réalisé et dégagé de vos nécessités de convention.

Admettons pour un instant — nous reviendrons tout à l'heure sur ce point — que le nouveau monde ait découvert le secret qui avait échappé à l'ancien, celui de faire vivre et prospérer Église et État dans des conditions d'indépendance et même d'ignorance réciproque. Nous avons de fortes raisons de douter que ce secret puisse être transplanté et s'acclimater dans notre sol ; tant sont profondes, d'un continent à l'autre, les différences de milieu social et politique.

Les États-Unis ont entrepris de faire vivre une société et durer un gouvernement en laissant à la liberté de l'individu un champ à peu près illimité, et en réduisant l'action répressive de l'État à une nullité à peu près complète. Laisser faire à chacun ce qui lui plaît, en chargeant aussi chacun de pourvoir à ses propres besoins, et réduire les droits de l'État en proportion de la diminution de sa tâche, c'est le principe du droit public américain. Et ce qu'il permet à chaque individu isolément, il le souffre avec une facilité presque égale de ces mêmes citoyens assemblés entre eux. La liberté d'association est égale en Amérique à la liberté individuelle, dont elle n'est qu'une des formes, la plus énergique et la plus éclatante. Associations de tout genre pour l'industrie, pour le commerce, pour la propriété, pour la science, pour la littérature, pour la politique ; associations de toute forme, depuis les simples réunions d'une soirée qui s'écoulent et se dissipent en paroles jusqu'aux sociétés qui poursuivent un but légal, et couvrent des provinces entières de leur organisation et de leur correspondance; associations de toute dénomination, clubs, meetings, banquets, universités, banques, sociétés civiles et commerciales, anonymes ou en commandite, trusts gigantesques, toutes ces manières diverses d'unir et de faire communiquer les hommes entre eux, se donnent là pleine carrière, sans que l'État se mette en peine de leur tracer aucun règlement, et même sans qu'il regarde de trop près à la légitimité et à la moralité de leurs conséquences.

Une telle latitude de liberté pour les citoyens, une telle réserve, une telle atténuation de l'autorité sociale, sont-elles bien compatibles avec l'imperfection humaine ? Laissent-elles peser une pression atmosphérique suffisante sur ce fond toujours en ébullition de passions, de convoitises et de haines qui fermentent dans la lie d'une société ? De bons esprits en ont parfois douté. Espérons que l'épreuve se poursuivra heureusement jusqu'au bout, que la liberté apprendra là-bas ce qu'elle a su si rarement de notre côté de l'Atlantique, à se corriger elle-même sans s'abdiquer, et à réformer l'abus sans supprimer l'usage.

Quoi qu'il en soit, et pendant que l'épreuve dure, il est tout simple que la religion en profite comme toute autre manifestation de l'activité humaine, et l'Église comme toute autre association d'hommes. L'Église catholique se déploiera là avec sa hiérarchie, son culte, sa discipline, à la faveur de cette liberté générale qui n'attend rien du pouvoir. Elle aura des réunions de culte comme une société politique a des meetings; des diocèses et des paroisses comme un trust commercial a des bureaux et des comptoirs. L'État ne se mêlant à peu près aucunement à ces diverses entreprises, il n'y a pas d'occasion, j'en conviens, de se quereller avec lui.

Que si maintenant nous détournons les yeux du spectacle

de cette activité tumultueuse et grandiose pour les reporter
sur la surface plus unie et plus régulière de notre monde
européen, quel rapprochement pourrons-nous faire, et quelle
conclusion pourrons-nous tirer de ce qui se passe là-bas à ce
qui pourrait se passer ici ? Nous vivons sur un principe directement opposé à celui qui fonde tout le droit public américain. Notre principe à nous, que notre exemple a popularisé
dans toute l'Europe, c'est que l'État seul, pour ainsi dire, a
des droits à exercer et des fonctions à remplir, que l'individu ne peut agir que sous son contrôle et par sa permission.
Cette opinion est accréditée dans les camps les plus opposés.
Nous différons sur la constitution politique de l'État, nous
ne différons guère sur l'étendue de sa compétence. Que le
représentant du pouvoir ait pour origine l'hérédité ou l'élection, qu'il soit roi, empereur, dictateur ou assemblée, il
importe peu, il se croit toujours autorisé, obligé à se mêler
de tout. Rien n'égale le nombre des attributions dont il s'est
emparé, si ce n'est le poids de la responsabilité dont, par
suite de la même intempérance, il s'est chargé. Quant aux
citoyens, il les considère comme des mineurs, dont, en bon
père de famille, il doit aider tous les efforts et contenir tous
les écarts. Il a des lisières toutes taillées pour nous soutenir
au risque de nous gêner dans nos moindres mouvements.

Mais de toutes les tentations d'agir que peuvent concevoir
les individus, il n'en n'est aucune qu'il surveille avec plus
d'attention que la tendance à s'associer entre eux pour un
but quelconque. Il n'y a pas bien longtemps que l'association,
en elle-même, était une coupable qui n'avait besoin que
d'être reconnue pour être frappée. Quoi qu'elle fît, quoi
qu'elle voulût, il importait peu, son crime était d'exister. En
ces derniers temps, on s'est relâché de ces rigueurs, mais
avec quelle méticuleuse précaution ; et combien il est difficile encore à l'association de se mouvoir dans les trois com-
partiments que la loi de 1901 a daigné lui ouvrir ! Ainsi maintenu en permanence dans la gêne et l'isolement, l'individu
perd à la fois la force et le désir de se suffire à lui-même ; il
s'affaiblit parce que l'État l'entrave, et il s'abandonne aux
bras de l'État parce que qu'il est faible.

Et à l'Église d'Amérique, libre de toute contrainte légale,

soutenue par l'esprit d'énergique individualisme de ses fidèles, on voudrait comparer la situation de l'Église de France qui, même dans l'hypothèse de la séparation, n'en resterait pas moins emprisonnée dans les mailles du réseau gouvernemental et administratif jeté sur toute la surface du pays, sans pouvoir, avant longtemps, compter sur l'initiative de ses enfants, déshabitués de vouloir et d'agir par eux-mêmes ! Non, le contraste est trop frappant ; et combien d'autres divergences il faudrait noter : là-bas une confédération d'États ayant chacun sa physionomie propre et ses règlements particuliers ; ici l'État le plus compact, le plus centralisé, le plus uniformisé qui se puisse voir, et où l'oppression, quand elle veut s'exercer, ne rencontre, d'une frontière à l'autre, aucune barrière. Là-bas, une société où, si ardentes que soient les rivalités politiques, par exemple entre démocrates et républicains, l'idéal de la forme gouvernementale est resté le même pour tous ; ici, une société vieillie, qui a longtemps lutté et souffert et à qui ce passé a laissé une succession fortement grevée de ressentiments et de haines de partis, dont l'Église ne peut qu'à grand'peine se dégager ; etc. Non, encore une fois, les conditions sont trop dissemblables pour qu'une assimilation soit possible ; la tenter ce serait commettre, dans l'ordre pratique, le genre de sophisme que les logiciens appellent : *transitus de genere ad genus.*

Mais est-il bien vrai que le gouvernement des États-Unis pratique vis-à-vis de l'Église cette neutralité absolue, cette indifférence, cette ignorance que l'on nous oppose ? Examinons la chose de plus près, nous verrons que tel n'est pas, il s'en faut, l'attitude de la grande République américaine.

Rien n'est en effet changé en Amérique depuis le temps où M. de Tocqueville écrivait que « la religion chez les Américains, sans se mêler jamais directement au gouvernement de la société, doit cependant être considérée comme la première de leurs institutions ; le christianisme y règne sans obstacle, de l'aveu de tous ».

C'est hier que l'homme en qui s'incarne présentement l'Amérique, le président Roosevelt, disait : « L'avenir de notre nation dépend de la manière dont nous combinerons, avec la force, *la religion*. »

La démocratie américaine est foncièrement et profondément chrétienne, voilà le fait contre lequel rien ne prévaut, ses gouvernements reconnaissent et proclament à l'occasion le droit de Dieu ; ils s'appuient sur le christianisme, et presque tous ont voulu que leur Constitution s'ouvrît par une solennelle affirmation de la foi chrétienne. Étrangers seulement aux divergences qui séparent les différents cultes, ils font adhésion aux croyances communes à tous, et les prennent pour base de l'ordre social. Les législations y proclament le respect que l'on doit à Jésus-Christ comme fondateur de notre religion ; et les tribunaux y punissent le blasphème public. Aux heures de crise et de péril, le président prescrit un jour de jeûne et d'humiliation ; chaque année un jour solennel est consacré à remercier la Providence de ses bienfaits. La loi du dimanche est respectée ; l'unité du mariage maintenue ; et si le divorce est permis, c'est le fait du protestantisme plutôt que de la législation qui s'efforce de le rendre plus difficile. Les membres du clergé, en raison de leurs fonctions, sont exempts de la milice ; ils sont traités avec honneur par l'autorité civile qui considère leur influence comme utile, nécessaire, et le déclare hautement ; l'outrage à leur caractère est l'objet de peines sévères. Le pouvoir répressif de chaque Église est reconnu par les magistrats, qui refusent aux excommuniés toute action en justice contre ceux qui les ont frappés de censure, par la raison que nul tribunal sur terre ne peut contrôler la juridiction ecclésiastique (Cour du Kentucky, Cour de New-York).

Les paroisses, les hospices, les collèges et établissements religieux obtiennent aisément en Amérique la personnalité civile, les congrégations elles-mêmes bénéficient de la même facilité. L'État ne salarie aucun culte ; mais les Églises ont le droit d'acquérir, et, de fait, les différentes confessions, les églises catholiques en particulier, y possèdent des biens considérables. S'il y a une limite à leurs acquisitions d'immeubles, il n'y en a point à leur fortune mobilière, la richesse mobilière étant de sa nature indéfinie. Et non seulement les Églises ont la faculté de posséder, mais d'ordinaire les temples et les édifices voués au culte ou aux soins des pauvres jouissent de certaines immunités, de l'exemption d'impôts spécialement. Avec la faculté d'acquérir, de recevoir des donations et des legs, sous le régime des *trustees*, les différentes Églises en Amérique sont en possession de toutes les libertés : liberté d'enseignement, liberté de la presse, liberté de la parole dans la chaire comme sur la place publique, droit de se grouper, comme ils l'entendent, pour les ecclésiastiques comme pour les fidèles, pour les moines comme pour le clergé séculier ; aucun obstacle aux réunions des évêques ni à leurs rapports avec le pape.

Que l'on appelle cela de la neutralité, nous le voulons bien pourvu que l'on ajoute : une neutralité empreinte de tant de respect et de bienveillance qu'elle ressemble, à s'y méprendre, à une amicale entente, et voilà la meilleure réponse que l'on puisse faire à l'objection des séparatistes.

Ils citeront encore l'Angleterre et la séparation de l'Église d'Irlande. De nouveau, l'exemple qu'ils invoquent se retourne contre eux. Il y a quelque trente ans, l'Église anglicane d'Irlande, dont les adhérents ne formaient pas le huitième de la population, a été, comme on dit de l'autre côté de la Manche, *désétablie*, c'est-à-dire déclarée déchue de son rang d'Église officielle et privilégiée. Mais en cessant de la traiter comme sienne, l'État n'a pas cessé de la tenir pour utile ; il ne s'est pas cru le droit de se détacher d'elle sans lui reconnaître les libertés les plus étendues ; il ne s'est pas même cru le droit de la livrer sans aide aux premières difficultés de vivre. L'Eglise désétablie a gardé ses temples, ses écoles, ses cimetières ; elle a reçu une dotation de cent vingt-cinq millions ; elle peut augmenter indéfiniment ses ressources grâce aux donations et aux legs qu'elle est autorisée à recevoir.

Même remarque à propos de la Belgique, où quelques-uns veulent trouver un autre exemple justificatif de la théorie séparatiste. Violemment unie à la Hollande par les traités de 1815, la Belgique n'avait vu, durant quinze années, dans l'État dominateur, qu'un ennemi de sa nationalité, de sa langue, de sa religion. Lorsque, en 1830, elle se fut affranchie par les armes, elle ne voulut pas demander à un traité conclu par l'État avec Rome, la garantie de ses intérêts religieux ; elle aima mieux en confier la garde à la Constitution même, et à la nation tout entière. Le souci était moindre d'empêcher l'invasion de l'Église dans l'État que celle de l'État dans l'Église. Les libertés de réunion, d'association, d'enseignement, proclamées comme le droit fondamental du nouveau royaume, donnèrent à l'Eglise le moyen de constituer sa hiérarchie, de répandre sa doctrine, de se créer des ressources. Ce qui n'empêcha pas du reste qu'à ce large droit commun vinrent s'ajouter de précieuses faveurs : recrutement du sacerdoce facilité par l'exemption du service militaire, subsistance du clergé assurée par des allocations puisées dans le Trésor. Ce régime était si peu, de la part du pouvoir politique, un système d'indifférence et d'abandon, que nulle part plus qu'en Belgique les destinées nationales n'ont semblé unies aux destinées religieuses.

On le voit, dans aucun pays, ni chez les catholiques, ni chez les protestants, ne se trouve réalisée la séparation pure et simple, la disjonction absolue et complète entre les deux pouvoirs. Dans aucun pays, l'État ne se désintéresse de l'Église ; il faut qu'il prenne parti. Vers quel parti inclinent nos gouvernants, quand ils parlent de la séparation ? Est-ce celui de la bienveillance ? Est-ce celui de l'hostilité ? C'est ici que nous ne pouvons nous défendre de craindre et de voir dans le séparatisme une menace meurtrière contre l'Église. Guizot exprimait déjà de son temps cette opinion que la séparation de l'Église et de l'État, en France, « ne peut être qu'un expédient grossier qui les abaisse et les affaiblit l'une et l'autre, sous prétexte de les affranchir l'une de l'autre ». Serait-ce assez dire aujourd'hui ? Aventure pleine de périls pour la société civile, la séparation ne serait-elle pas une des plus redoutables machines de guerre qui aient été préparées contre l'Église ?

Nous nous en expliquerons prochainement.

HIPPOLYTE PRÉLOT.

LES SEIZE CARMÉLITES DE COMPIÈGNE

D'APRÈS LES DOCUMENTS ORIGINAUX

C'est le 18 octobre 1904 que tombait le trois centième anniversaire de l'introduction du Carmel en France. L'événement auquel contribuèrent les plus vénérés personnages, avait joui, à l'époque, d'un grand retentissement. En des temps plus heureux que les nôtres, ces souvenirs eussent sans doute mérité, comme tant d'autres, les honneurs d'un centenaire. L'Église de France eût pris à cœur d'acquitter tout entière par des hommages solennels sa dette séculaire de reconnaissance [1].

Mais aux heures troublées que nous traversons, au milieu des voix bruyantes qui réclament contre les catholiques la reprise du programme révolutionnaire intégral, il nous a semblé que, dans l'espèce, la plus opportune des commémorations était celle des seize saintes femmes, des seize religieuses françaises, victimes en bloc de la tyrannie jacobine.

Rome elle-même semble nous y inviter. S'il ne nous appartient en aucune manière de saluer officiellement du titre de martyres les carmélites de Compiègne guillotinées à Paris, le 17 juillet 1794 (27 messidor an II), nous ne pouvons ignorer que leur glorification est impatiemment attendue des nombreux fidèles qui ont les yeux fixés sur le Vatican. A Pie X paraît destiné l'honneur de les proclamer bienheureuses. Ainsi seront confirmés les jugements des historiens et les vœux de la France chrétienne. Déjà dans ses *Confesseurs de la foi* l'abbé Carron avait salué la généreuse phalange des seize carmélites allant recevoir auprès du Christ « la palme

---

1. Voir les Lettres de LL. EEm. les cardinaux Richard et Langénieux, des 9 et 11 septembre, ainsi que le bref de Rome accordant aux carmels français, même exilés, la célébration d'un *triduum*.

du martyre et la couronne de virginité [1] ». Une de leurs
sœurs en religion, providentiellement échappée à la mort
pour être leur témoin devant la postérité, s'écriait vers la
même époque : « Combien de fois, Seigneur, en parlant de
vos pieuses épouses, n'ai-je pas été tentée de leur donner les
qualités de saintes et de martyres. Je les crois telles en
effet [2]. » « Mais ces sœurs-là, disait un jour le cardinal
Richard, il faut les canoniser [3]. » Depuis lors ce vœu est
entré en bonne voie de réalisation. Le 16 décembre 1902, a
été signé par Léon XIII le décret rendu, le 2 décembre, par
la congrégation des Rites pour l'introduction de la cause de
béatification de la Mère Thérèse de Saint-Augustin et de ses
quinze compagnes, dites les martyres de Compiègne. Désormais elles avaient droit au titre de vénérables.

Le 19 juin de l'année suivante, le procès mené déjà si
rapidement [4] entrait dans la période décisive, par la nomination du tribunal, chargé au nom du Souverain Pontife des
dernières enquêtes. De la fin de juin 1903 au 27 janvier 1904,
trois procès apostoliques de miracles ainsi que le grand procès sur le martyre et la cause du martyre étaient terminés
Les documents déposés à Rome sont maintenant à l'étude [5].
Pour nous, profondément respectueux des décrets d'Urbain VIII, nous nous garderons d'ajouter à ces informations
aucun commentaire; notre tâche est ailleurs, dans le pur
domaine de l'histoire, sur le terrain accessible à tous des
témoignages publics et des faits avérés.

La question des sources est fort peu complexe. Encore
que la bibliographie des travaux parus soit assez considérable, les informations de première main ne sont pas très
abondantes. Plusieurs religieuses du Carmel étaient pour
des raisons diverses absentes, lors de l'arrestation de la
communauté. L'une d'elles, sœur Marie de l'Incarnation,

1. Abbé Carron, *Confesseurs de la foi*, t, II, p. 80.
2. Marie de l'Incarnation, *Histoire*, p. 115.
3. *Souvenir du premier centenaire du martyre des carmélites de Compiègne*,
p. 36.
4. La demande officielle en vue de la constitution du tribunal pour le procès
d'information de l'ordinaire n'avait été remise à l'archevêque de Paris que le
19 mars 1896. Ce premier procès fut terminé en moins de deux ans.
5. *Décret et circulaires sur la cause des martyres de Compiègne.*

après avoir séjourné à Paris au couvent de la rue Cassini,
devenue pensionnaire au carmel de Sens, passa les dernières
années de sa vie à rédiger ses souvenirs [1]. Mais il ne faudrait
pas croire qu'elle ait attendu le dernier période de son
existence pour veiller sur la mémoire de ses héroïques compagnes. Femme de tête et de cœur, ainsi que le prouvera sa
rétractation officielle du serment, sitôt revenue à Compiègne
après la barbare exécution qui avait exterminé sa famille
religieuse, elle se mit à errer comme une ombre autour des
bâtiments déserts. Avec un soin pieux elle cherchait à
recueillir les moindres vestiges de tant de saintes existences
disparues. Un petit trait consigné de sa propre main en tête
d'un manuscrit inédit, nous la révèle tout entière dans sa
passion d'en retrouver les plus petites parcelles. Écoutons-
la nous raconter elle-même ces minces particularités, qui
nous la montreront au naturel.

Ce papier d'*Exaction* [2], écrit-elle, n'est point de cette maison [3]. Il
a été envoié par moi. Sr J. Marie de l'Incarnation R[se] professe de
notre Ste Maison des Carmélites de Compiègne. Ledit papier a été
retiré des ordures où il est resté exposé aux injures de l'air, pluie,
etc., pendant l'espace de quinze mois, c'est-à-dire le temps que les
scellés sont restés apposés sur les effets. mobilliers des S[tes] Mar-
tires ; et c'est lors de la levée desdits scellés, après la vente qui eut
lieu, des enfans s'amusant à ramasser le plus qu'ils pouvaient des
choses qu'ils voiaient sur le tas d'ordure, le présent papier d'Exaction et les deux pattes d'un scapulaire travaillé des propres mains de

1. La sœur Marie de l'Incarnation, dite dans le monde Françoise-Gene-
viève *Philippe*, était née à Paris, le 23 novembre 1761, d'une famille en relation « avec tout ce qu'il y avait de plus grand et de plus illustre ». Une brillante éducation avait développé ses talents ; mais à vingt-trois ans, elle fit
une maladie grave et recouvra la santé au tombeau de la bienheureuse Marie
de l'Incarnation ȳ Pontoise. Entrée par reconnaissance au carmel de Compiègne, le 23 septembre 1786, elle y prit l'habit, le 23 mars 1787, et prononça
ses vœux, le 22 juillet 1788, presque à la veille de la Révolution. Retirée en
Suisse après la Terreur, elle y souffrit toutes les privations et toutes les
détresses de l'émigration. Finalement elle se réunit aux carmélites de Sens
le 30 septembre 1823 et mourut le 10 janvier 1836, âgée de soixante-qua-
torze ans et dix mois. Voir sa notice (avec erreur sur son âge) dans la Préface
de l'*Histoire des religieuses carmélites de Compiègne*, par Villecourt, et Victor
Delaporte, *le Monastère des Oiseaux*, p. 76. Paris, Retaux, 1899. In-8.
2. On appelle ainsi au Carmel des règlements d'ordre intérieur. C'est l'équivalent du *Coutumier* dans d'autres ordres.
3. C'est-à-dire du carmel de *Sens*.

Marie-Thérèse femme de Louis XIV et apporté par elle d'Espagne, les deux pattes tenues par un ruban de moir blanc, que les révolutionnaires prirent soin de mettre au feu, se trouvèrent dans la robe d'un enfant de 4 à 5 ans, que je ne pus faire lâcher ce qu'elle y avait qu'à force de présens entr'aute (*sic*) d'une grande boite de cartons remplie de grosses perles de toutes couleurs qu'une personne de la ville qui l'avait en dépôt, fut comme inspirée du ciel pour me la faire passer, au même moment que l'enfant persistait à ne rien vouloir céder. Le désir d'avoir la boite lui fit jeter aussitôt à terre tout ce que la robe renfermait. Il s'y trouvait des ossements provenant des châsses brisées, les riches étoffes et les pierreries [1]... (*Le dernier mot est illisible.*)

C'est évidemment lors de la même occasion que la sœur de l'Incarnation découvrit les trois strophes composées par la Mère Henriette de Jésus, l'avant-dernière prieure, et remise par celle-ci aux membres du Directoire du district de Compiègne, dans leur visite au couvent, du 5 août 1790 [2] :

> Qu'ils sont faux les jugemens
> Que de nous porte le monde...

puisqu'elle déclare que ce papier « a été trouvé dans les ordures après la levée des scellés et qu'on procédait à la vente de nos effets mobiliers [3] ».

Elle n'était pas toujours aussi heureuse dans ses recherches; mais les documents qu'elle ne pouvait pas acquérir, elle les copiait. C'est ainsi qu'elle manqua le cantique composé à la Conciergerie par la même Mère Henriette ou par la Mère Thérèse de Saint-Augustin, prieure en exercice :

> Livrons nos cœurs à l'allégresse,
> Le jour de gloire est arrivé...

J'atteste, écrit sœur de l'Incarnation, avoir transcrit ce cantique sur

---

1. *Le Papier d'exaction à l'usage du Carmel, ayant appartenu à nos Mères martyres.* Collection du carmel de Compiègne, *ms.* 5.

2. Sur l'objet de cette visite, qui était d'inviter les religieuses à déclarer si, conformément au décret des 13 février et 20 mars 1790, leur intention était de sortir de leur monastère, voir : Marie de l'Incarnation, *Histoire*, p. 95, et A. Sorel, *les Carmélites de Compiègne devant le tribunal révolutionnaire.*

3. *Ms.* 3 (appelé le *grand cahier*), p. 37. Collection de Compiègne. Le texte imprimé, moins précis, porte : « Cette feuille a été retrouvée dans un amas de rebuts, lors de la vente de nos effets mobiliers. » (Marie de l'Incarnation, *Histoire*, p. 96.)

l'original, écrit avec du charbon ou brins de bois brûlé, j'ai eu beau prier, solliciter la pieuse demoiselle qui l'avait entre les mains et me dit le tenir d'une personne renfermée à la Conciergerie qui en était sortie... Tous mes efforts pour avoir l'original ont été inutiles, la D^lle regardant cette pièce comme une vraie relique [1].

Nous sommes suffisamment édifiés sur le zèle de la sœur Marie de l'Incarnation et sur sa passion de collectionner les autographes des martyres. Mais il n'y a pas lieu de la féliciter de l'édition posthume donnée de ses travaux, en 1836, par l'abbé Villecourt, vicaire général du diocèse de Sens, futur évêque de La Rochelle et cardinal [2]. Malheureusement le célèbre orateur appartenait encore, en matière de publication, à l'école du dix-huitième siècle, celle à qui nous devons les *Sermons* de Bossuet édités par Deforis et les *Lettres* de Mme de Sévigné arrangées par le chevalier Perrin. Il retouchait, retouchait, retouchait. Encore ce perpétuel procédé aurait pu ne faire tort qu'à la fidélité du texte et l'améliorer au point de vue littéraire; mais le malheur est que le maladroit correcteur, au lieu de changer quoi que ce soit en mieux, transforme plutôt en pire. Sous prétexte de noblesse de style, il remplace habituellement le mot propre par de prétentieuses périphrases, coupant avec ses impitoyables ciseaux de censeur toute fleur de naturel, toute expression vive et ingénue. Qu'il ait été, par exemple, jusqu'à retrancher, dans la notice de la sœur Euphrasie, l'anecdote familière de la ronde dansée par Marie Leczinska au carmel et la plaisanterie d'un goût douteux échappée à l'esprit caustique de la religieuse, on le comprend facilement; mais que dire de ses libertés jusque dans les citations! Il les fait passer sous le

---

1. *Ms.* 3, p. 59. Collection de Compiègne. Elle insistait encore davantage dans la première rédaction manuscrite de sa *Relation de la mort des carmélites de Compiègne* : « J'ai eu dans les mains l'original ; je n'ai pu obtenir... le vénérant comme une relique que j'aurais bien voulu. J'ai fait mille efforts pour me procurer l'original, mais la... qui l'avait entre les mains n'a jamais voulu s'en désaisir et ne m'a donné que la permission d'en tirer copie sous ses yeux. » (*Ms.* 2, p. 58. Collection de Compiègne.) Le texte imprimé (*Histoire*, p. 61) est moins riche en détails.

2. Clément Villecourt, né à Lyon, le 9 octobre 1787, vicaire général de Mgr de Cosnac et supérieur de toutes les maisons religieuses du diocèse de Sens, nommé évêque de La Rochelle en 1835, fait cardinal le 17 décembre 1855.

même impitoyable niveau de banalité et d'emphase que les propres récits de l'historienne. Marie de l'Incarnation raconte que, se trouvant à Paris, en avril 1794, elle reçut un billet de la sœur Euphrasie dont l'état moral lui avait inspiré des inquiétudes. Villecourt met en scène les adieux, puis retravaille la lettre à sa manière.

On en jugera par les deux textes mis en regard :

MANUSCRIT [1]	HISTOIRE IMPRIMÉE (p. 85)
Comme nous nous trouvions elle (sœur Euphrasie) et moi réunies dans la même maison qu'occupait notre révérende Mère Prieure, *j'eus bien de la peine à la quitter*[2], au mois d'avril 1794, pour aller à Paris où ma présence était nécessaire, la sachant dans des dispositions que j'avais essayé inutilement de détruire : mais quelle fut ma joie lorsque je trouvai, dans le pli d'une tunique qu'elle me fit passer un billet renfermant ces mots :	Lorsqu'au mois d'avril 1794 j'allais à Paris, où ma présence était nécessaire, *les larmes que je versai en l'embrassant lui peignirent les sentimens que j'avais pour elle.*
« Unissez-vous à moi, ma chère Bonne petite sœur, pour rendre grâce au Seigneur de ce que par son infinie bonté il a daigné faire tomber de dessus mes yeux, les énormes écailles qui les couvraient et me dérobait *(sic)* la vue de l'affreux précipice préparé à cet infernal esprit d'orgueil, d'envie, de jalousie, par lequel j'ai eu le malheur de me laisser toujours conduire. Je ne devais pas craindre de m'humilier et je puis vous dire l'avoir fait dans toute la sincérité de mon cœur... J'espère que le Seigneur, touché de mon repentir, me pardonnera mes fautes... *La guillotine, depuis que j'ai recouvré le calme de la conscience, ne m'effrait (sic) plus autant, et*	J'en reçus, quinze jours après, une tunique que j'avais prié notre Mère de m'envoyer, et je trouvai, dans un de ses plis, la lettre suivante de ma chère sœur Euphrasie :
	« ... Unissez-vous à moi, ma bonne petite sœur, pour louer le Seigneur et sa miséricorde, qui a daigné faire tomber de mes yeux les écailles qui les couvraient et me dérobaient la vue de l'affreux précipice où devait me conduire cette funeste disposition à l'orgueil et à la jalousie que vous avez remarquée en moi. Je ne devais pas craindre de m'humilier : et je puis vous dire l'avoir fait dans toute la sincérité de mon cœur. J'espère que le Seigneur, touché de mon repentir, me pardonnera mes fautes, *depuis que j'ai tâché de me remettre en grâce avec lui. Loin de craindre de périr par la faulx révolutionnaire, il me semble désirer cette mort, tant je m'estimerais heu-*

1. *Ms.* 3, p. 24. Collection de Compiègne.
2. C'est nous qui soulignons, ici et *passim*.

que je regarderai comme un bien-
fait de la miséricorde de mon Dieu
qu'il m'accorde la grâce, toute (sic)
indigne que j'en suis, d'être associé
(sic) à la gloire du martyre ! »

reuse de cesser de vivre, pour ne
plus offenser mon Dieu ! »

Cette *faux révolutionnaire*, aussi banale que la faux allé-
gorique de la Mort ou du Temps, substituée au terme cru la
guillotine, ne serait après tout qu'une fâcheuse correction ;
mais que dire de la pensée finale si différente de fond et de
forme ! Le désir de la mort provoqué par la crainte d'offenser
Dieu a été mis au lieu et place de l'aspiration, malgré l'indi-
gnité ressentie, *à la gloire du martyre*. Un sentiment de tous
les temps a recouvert, comme un vulgaire badigeon, un trait
particulier à l'époque et qui peint un état d'âme caractéristique : la préparation consciente au martyre entrevu et
souhaité. On n'en prend pas plus à son aise avec la couleur
historique et l'analyse exacte d'une situation morale.

Depuis 1891, les manuscrits doublement précieux de la
sœur de l'Incarnation se trouvent, grâce au généreux désintéressement des carmélites de Sens, au couvent de leurs
sœurs de Compiègne ; c'est là que la parfaite obligeance de
la révérende Mère Marie de Saint-Joseph, prieure actuelle,
nous a permis de les consulter librement. Ils constituent le
principal fonds des renseignements contemporains de provenance monastique.

La seconde source d'information conventuelle est la relation des Bénédictines anglaises, de Stanbrook (Worcester).
Ignorée en France jusqu'en 1894, date du premier centenaire
du martyre, leur tradition, restée très vivante par delà le détroit, vint apporter brusquement la plus inespérée des contributions. L'on savait bien que dans la prison des Carmélites
à Compiègne se trouvaient « les Bénédictines anglaises de
Cambray, arrêtées à Calais, au moment où elles allaient s'embarquer pour rentrer dans leur patrie[1] ». Mais la sœur de l'Incarnation à qui l'on devait ce détail, ayant ajouté que les Carmélites avaient été empêchées de communiquer « avec ces
saintes dames », que les murs de séparation et les croisées

---

1. Marie de l'Incarnation, *Histoire*, p. 43.

bouchées exprès les privaient même de s'entendre, personne
n'avait songé à s'enquérir de ce qu'avaient pu devenir des voisines si peu en état de correspondre et de parler. Quelles ne
furent pas la surprise et la joie, lorsque, en 1894, la nouvelle du
centenaire ayant franchi la Manche sur les ailes des *Annales
catholiques*, les descendantes des bénédictines incarcérées à
Compiègne apprirent aux descendantes des carmélites leurs
coprisonnières qu'elles possédaient des reliques des martyres
consistant en effets leur ayant appartenu. Au carmel de Dar-
lington, on rencontrait non seulement des fragments d'étoffe,
mais une lettre de la révérende Mère Mary Blyde, abbesse
des bénédictines de Woolton (aujourd'hui Stanbroock), rendant témoignage à la mémoire de ses compagnes de captivité : « Les Carmélites étaient, dit-elle, dans une chambre
vis-à-vis de nous, et nous les avons vu conduire jusqu'à la
porte par les gardiens, lors de leur départ pour Paris. J'ai
eu la satisfaction de causer deux fois avec elles, mais avec
grand'peur[1]. » Si timides qu'elles fussent, les dames anglaises
avaient souffert aussi pour la foi. Quatre d'entre elles moururent en prison[2] et les autres ne furent sauvées que par la
chute de Robespierre.

A ces documents de première main qu'on ajoute les dossiers originaux conservés à l'hôtel de ville de Compiègne,
aux archives départementales de l'Oise, enfin aux Archives
nationales, la plupart exploités déjà avec talent par M. Sorel,
on aura épuisé à peu près la liste des sources authentiques.

Le plan de cette étude, qui loin d'avoir aucune prétention
à augmenter la somme des données traditionnelles tendra
plutôt à en restreindre le nombre par un choix critique et
sévère, est calqué sur la succession des faits. Nous traite-
rons du carmel de Compiègne et de ses futures martyres
jusqu'en 1789, ensuite de leurs premières épreuves durant
la tourmente révolutionnaire, finalement de leur arrestation,
de leur emprisonnement et de leur supplice. La simplicité
de cette division est le seul mérite auquel nous visions au

1. Abbé Odon, *les Carmélites de Compiègne mortes pour la foi sur l'échafaud révolutionnaire*, p. 46, n. 1.
2. *Ibid.*, p. 86.

milieu des multiples productions bien renseignées, mais
souvent touffues qui constituent la bibliothèque de la cause.

I

CARMEL ET CARMÉLITES DE COMPIÈGNE

SOUS L'ANCIEN RÉGIME

Lorsqu'on visite le musée Vivenel installé dans le merveilleux hôtel de ville de Compiègne, on aperçoit, parmi les
sculptures, trois inscriptions funéraires attribuées par le
catalogue à l'ancien carmel. Deux seulement paraissent authentiques. La plus ancienne se lit sur une dalle carrée :
CY GIST IEANNE VAILLANT, TOURIERE DES CARMELITTES (*sic*), ELLE
EST DECEDÉE LE 31 IUILLET 1716. *Priez pour elle*[1]. Par son
laconisme cette épitaphe rappelle les modestes plaques de
Saint-Paul-Saint-Louis, à Paris; mais la suivante, qui a pres-
que les dimensions d'une pierre tombale, offre une rédaction
plus développée : †. J. M. J. CY GIST SŒUR LOUISE MAGDELEINE
DE Sᵗ JOSEPH RELIGIEUSE DE CET ORDRE DE N. D. DU MONT CAR-
MEL : ELLE EN A PRIS L'HABIT ET FAIT PROFESSION LE 6 JAN-
VIER 1695 AGÉE DE 18 ANS 9 MOIS EN CE MONASᴇʀ DE L'ANNONCIA-
TION DE COMPIEGNE : ELLE EST DECEDÉE LE 29 MARS 1748 AGEE
DE 72 ANS : DE RELIGION 55 ANS NEUF MOIS. *Requiescat in pace*[2].

L'aspect usé de ces deux dalles prouve qu'elles étaient
foulées aux pieds et que les religieuses avaient leurs sépul-
tures dans leur chapelle ou dans leur cloître[3].

Une troisième épitaphe conservée au carmel actuel (rue
Saint-Lazare, n° 37 *bis*) est loin de compléter ce nécrologe.

1. J. Bru, *Musée Vivenel, Catalogue illustré des peintures, dessins, sculptures*, n° 376, p. 70. Compiègne. In-12. Nous pensons qu'on doit rejeter,
comme faussement attribuée par le catalogue (n° 378, p. 72), l'inscription de
la « Mère Mne Paiot *assistante* », la fonction d'assistante n'existant pas chez
les Carmélites.
2. Bru, *Musée Vivenel*, n° 382, p. 73. Nous avons corrigé *de visu* les fautes
de lecture. — Il est évident que M. l'abbé Blond, le biographe si fidèle à
énumérer les cérémonies d'entrée et les décès de l'ancien carmel, n'a pas
connu cette inscription ; autrement il n'eût pas mentionné la mort, dans *Sœur
Charlotte de la Résurrection*, page 60, à l'année *1738*.
3. Au carmel de Saint-Denis, les tombes étaient dans le cloître, mais sans
épitaphe, une simple croix marquant la place.

Mais elle est doublement intéressante, et par le nom de la reine qui y figure, et parce que nous la croyons inédite :

... ANS ET DEMIE, ELLE REÇUT LE VOILE DES MAINS DE LA REINE MARIE LECZINSKI QUI A BIEN VOULU AUSSI LUI DONNER UN DE SES NOMS EN CE MONASTERE DE L'ANNONCIATION DE COMPIEGNE ELLE Y EST DÉCÉDÉE LE 26 IANVIER 1782. AGÉE DE 67 ANS UN MOIS, ET DE RELIGION 44 ANS MOINS 7 JOURS REQUIESCAT IN PACE [1].

Enfin, encore au musée Vivenel, trois premières pierres ou pierres de fondation portent les noms de Claude de Rouville, marquise d'Hanneveux, de la Mère Elisabeth de Jésus, prieure en 1663, et de Jean Geoffroy, curé de Saint-Antoine avec les marguilliers Cl. Picard et Hier. de Croijs [2]. Ces dernières inscriptions proviennent, paraît-il, des fouilles pratiquées pour la construction de la nouvelle salle de spectacle du Palais. Ainsi donc un théâtre prolongé par un quartier de cavalerie [3] recouvre aujourd'hui sanctuaire et caveaux, cloître et monastère.

La dernière église, construite en 1737, à l'instigation du comte de Toulouse, et dépositaire de son cœur [4], était paraît-il, un bijou d'architecture. A la Révolution, le monastère fut converti en hôpital militaire, placé sous le vocable civil de Jean-Jacques Rousseau ; puis un maçon l'acquit et s'en fit le démolisseur [5].

Fin violente et prématurée pour un couvent comptant un siècle et demi d'existence seulement ! Les premiers murs ne dataient que de 1646 ; la communauté remontait à 1641. Mais leur histoire mérite d'être esquissée.

1. La partie inférieure de la dernière ligne est brisée. — H. O., 45 ; L. O., 57. C'est la sœur de la Présentation. Voir l'abbé Blond, *op. cit.*, p. 94.

2. Bru, *Musée Vivenel*, nᵒˢ 371-373, p. 68-69. S'agit-il de la famille de Crouy ? Voir Auger, p. 17.

3. Le quartier de cavalerie *Bourcier*. Les Carmélites, à la veille de la Révolution, occupaient le rectangle compris actuellement entre les rues d'Ulm, Othenin, du Four, et le boulevard du Cours. Voir dans l'abbé Blond, *op. cit.*, p. 50, le *Pian pour servir à l'histoire du Carmel*. Ce plan prolonge d'ailleurs inexactement jusqu'au quai la rue du Four qui est coupée par la caserne.

4. Auger, p. 24.

5. Blond, *op. cit.*, p. 149-150. Cependant tout ne dut pas être rasé à l'époque, puisque sous la Restauration il fut question de rachat. Voir Auger, p. 13.

II

Durant la première moitié du dix-septième siècle les progrès du Carmel dans le royaume très chrétien avaient été rapides. C'était l'aube resplendissante de la réforme catholique qui se levait sur la France. La fondation du couvent de Compiègne venait la cinquante-troisième. Pourquoi le choix de cette ville ? Il semble que la présence de la cour n'y ait été pour rien ; la Providence seule régla tout.

Dans les appartements extérieurs du carmel d'Amiens vivait une pensionnaire de haute distinction et d'éminente piété. Veuve de messire Antoine Trudaine, seigneur de Choisy, trésorier de France et général des finances en Picardie, Mme de Louvancourt avait formé le dessein d'établir un nouveau monastère de la réforme thérésienne. Naturellement les carmélites amiénoises s'y intéressèrent et elles voulurent contribuer pour moitié aux frais de premier établissement. Après avoir consulté Dieu dans la prière, on s'arrêta à trois villes : Senlis, Soissons et Compiègne, entre lesquelles on tira au sort. Le sort désigna Compiègne[1].

Restait à composer la colonie et à lui trouver un premier gîte. Amiens s'était empressé de fournir six religieuses ; le second monastère de Paris en ajoutait deux. C'étaient des âmes d'élite désignées conformément au conseil de Mme Acarie (plus tard la bienheureuse Marie de l'Incarnation) qui ne recommandait rien tant au milieu de ses fondations en France que de choisir avec un soin extrême les religieuses destinées à établir les monastères.

Le 17 avril 1641, le double essaim quittait Paris et Amiens pour se rencontrer auprès de Compiègne dans la magnifique abbaye de Royallieu, aujourd'hui en ruine, alors dans sa splendeur. L'abbesse était Mme de l'Aubespine, sœur du chancelier de France si fameux par ses diverses fortunes, Charles de l'Aubespine, marquis de Châteauneuf. L'Église et l'État représentés par le diocèse et la municipalité de la ville s'associèrent à leur réception. Mgr Simon Le Gras, évêque

---

1. *Chroniques de l'ordre des Carmélites de la réforme de sainte Thérèse, depuis leur introduction en France*, p. 84. Troyes, 1864. In-8.

de Soissons et abbé de Saint-Corneille, autre abbaye com-
piégnoise, perpétuée comme la première par de curieux vestiges, alla les prendre à Royallieu ; les échevins leur offrirent
une magnifique collation avec des présents, tous les habitants de la cité étaient accourus sur leur passage.

Simon Le Gras avait une sœur prieure des religieuses de
Saint-Nicolas, à Compiègne ; il fallut faire halte dans ce couvent au milieu de toutes les personnes de qualité de la ville
et des environs ; après quoi l'on inaugura solennellement le
modeste logis provisoire, berceau de la nouvelle communauté.
Il était situé rue des Minimes, vis-à-vis la rue de l'Ardoise, et
portait le nom de la *Toison d'or*.

Dès le début, la régularité parfaite qui devait être un siècle
et plus la caractéristique du carmel de Compiègne, comme
l'esprit de silence et d'oraison est l'essence de l'Ordre, commença d'y régner. Mais cette régularité même était impraticable en un local étroit et incommode. Anne d'Autriche vint
à leur aide. La fille de Philippe III ne pouvait se désintéresser
de la réforme de sainte Thérèse son illustre compatriote. Elle
fit les choses royalement et offrit aux Carmélites un appartement au château. Se souvenait-elle que saint Louis avait jadis
abandonné aux Dominicains le vieux palais de Charles le
Chauve ? Au bout de quatre années la première pierre du
nouveau monastère construit à proximité de la demeure
royale fut posée, en la fête de saint Joseph, le 19 mars 1646.
Il s'élevait sous le double patronage des échevins de la ville
et de *Mme la princesse*, Charlotte-Marguerite de Montmorency, mère du duc d'Enghien, le futur Grand Condé. La
princesse ne contribua toutefois que par son nom à la fondation et ne versa jamais les vingt mille livres promises, ses
affaires, disent les *Chroniques*, ne le lui ayant pas permis.

Les Carmélites n'attendirent même pas pour quitter le
château que leurs bâtiments fussent achevés. Elles n'avaient
pu souffrir de voir que le jeune roi venu à Compiègne avait
été logé, par égard pour elles, à l'abbaye de Saint-Corneille ;
Anne d'Autriche ayant craint que le tapage de la cour ne trou-
blât le recueillement des religieuses. Le 8 juin, elles s'étaient
retirées dans une maison particulière, disant adieu à la chapelle et à la grande salle construites par le pieux roi Louis IX.

Bien leur en avait pris. A peine quittaient-elles la pièce témoin de leur dernière réunion, qu'un plancher s'effondra qui eût causé leur mort.

Une nouvelle prieure, sœur du duc de Biron, arrivée le 9 juillet 1647, hâta si bien les travaux que les dix-huit carmélites entrèrent dans leur troisième et définitive habitation, le 23 mars 1648. Il fut appelé le monastère de l'*Annonciation*, nom glorieux qui sera au vingtième siècle célèbre par le monde chrétien.

Déjà les relations les plus cordiales s'étaient établies pour ne plus cesser entre la cour et le carmel. Un jour de l'année 1646, le petit roi âgé de huit ans y avait accompagné sa mère Anne d'Autriche ; entre ses mains destinées au sceptre il portait un calice et un ostensoir pour l'humble chapelle des religieuses. Tandis que la communauté témoignait sa reconnaissance, la sœur Geneviève de Tous-les-Saints, qui prophétisa, dit-on, le martyre de 1794[1], exprimait son naïf désir de voir « ce bon roi avec son petit manteau royal ». La reine de faire aussitôt apporter le manteau qu'on jette sur les épaules du jeune Louis XIV.

Il y a là, égarées en ces *Chroniques* peu connues, des scènes charmantes qui mériteraient d'entrer dans l'histoire du duc d'Orléans. On y retrouve une preuve des goûts enfantins et bizarres qui, à la cour d'Anne d'Autriche, portaient déjà le futur *Monsieur* à faire le dameret[2].

1. L'abbé Guillon (*les Martyrs de la foi*, t. II, p. 303 ; 1821 ; in-8) se trompe de tout un siècle en moins.
2. Le duc d'Orléans, frère de Louis XIV, éprouvait aussi une vive satisfaction à entrer chez les Carmélites. Il s'y trouvait alors deux postulantes, Mlles de Coudren, qu'une vocation précoce et des circonstances particulières avaient fait recevoir l'une âgée seulement de douze ans et l'autre de quinze. Le jeune prince prenait un plaisir tout particulier à faire avec elles des processions ; mais son séjour préféré était la cuisine, où il aidait la sœur cuisinière à préparer le repas de la communauté. Il fallait consentir à lui mettre un tablier et à le laisser battre les œufs. Il aurait bien voulu entraîner la bonne sœur à goûter sa cuisine ou à aller acheter ce qu'il désirait. Lorsqu'elle lui répondait qu'elle n'en n'avait pas la permission : « Je vous la donne », répondait-il, et au besoin il ajoutait un louis d'or pour que l'on pût avoir ce qu'il souhaitait. La permission du prince ne remplaçait pas celle de la prieure, et la cuisinière demeurait inflexible. Plus tard le duc d'Orléans aimait à rappeler ces souvenirs de son enfance et quand il rencontrait quelqu'une des anciennes Mères qu'il avait vues alors : « Vous souvenez-vous, lui disait-il, des belles processions que nous faisions ensemble, et des bonnes

Anne d'Autriche était attirée au couvent de Compiègne par ce goût qui la portait si souvent à se rendre seule ou accompagnée de son fils aux cérémonies des Carmélites et des Carmes de la capitale [1].

Mais de plus, à Compiègne, elle aimait à retrouver une de ses dames d'honneur les plus chères. C'était Mme de Lincourt. Devenue veuve à quarante-trois ans, la brillante mondaine s'estimait heureuse d'expier, par les plus durs travaux des sœurs converses, ses vanités passées [2].

La pieuse épouse de Louis XIV, la reine Marie-Thérèse, y vint à son tour, mais, semble-t-il, sans empressement. C'est en 1683 seulement, l'année même de sa mort (30 juin), qu'on mentionne sa visite aux Carmélites.

Soit désir de réparer son retard, soit pressentiment de sa fin prochaine, elle alla voir les religieuses trois fois en huit jours. Est-ce dans cette circonstance qu'elle leur donna le magnifique scapulaire brodé par elle en Espagne et qui à demi brûlé par les révolutionnaires fut recueilli par la sœur Marie de l'Incarnation?

En même temps Louis XIV avait présenté la *Dauphine de Bavière*.

Sept ans après, en 1690, l'année même où mourait cette dernière princesse (20 avril), le duc d'Orléans, de séjour à Compiègne avec le roi, entrait dans le carmel, et, l'année suivante, il y amenait avec son fils, le futur régent, appelé alors le duc de Chartres, celle qu'on pouvait nommer la nouvelle reine de France, Mme de Maintenon. Un fragment de lettre adressée par elle de Saint-Cyr à la prieure reflète bien ses sentiments divers : « Je voudrois, ma chère mère, vous dire la bonté que le roi a pour vous. Il a dit à M. de

omelettes que je faisais moi-même avec la bonne cuisinière?... » (*Chroniques*, t. V, p. 96 et *Notes manuscrites.*)

1. Le 19 mars 1646, elle fait ses dévotions chez les Carmélites et chez les Carmes (*Gazette*, p. 204). — Le 30 avril 1647, la reine se rend encore chez les Carmélites, pour la fête de saint Joseph, et y entend un sermon du P. Faure, le futur évêque d'Amiens (*Ibid.*, p. 248) ; elle y retourne avec le roi le 30 avril (*Ibid.*, p. 360).

2. Voir sa notice, sous le nom de sœur Louise de Sainte-Thérèse, dans les *Chroniques*, t. V, p. 102. Anne d'Autriche s'apitoyait souvent sur la blancheur de ses mains condamnées à faire la cuisine et elle lui envoya une batterie de cuivre rouge pour cent personnes.

Chamillard, en lui parlant de votre affaire, que vous étiez
des filles qu'il aimoit fort, que vous étiez régulières, pauvres,
cachées, vous contentant d'une petite maison, sans penser à
bâtir comme les autres, et ne songeant qu'à servir Dieu.
J'entendis ce discours avec une grande joie, vous aimant
toujours tendrement. Redoublez donc vos prières pour le
roi, et ne vous lassez point de demander la paix[1]. »

Louis XIV, dont il serait superflu de compter les visites
aux religieuses du carmel de Compiègne, ne se contenta
point de professer pour elles, jusqu'à la fin de sa vie, une
sincère estime; il savait proportionner ses bienfaits en conséquence. Chaque année il leur faisait un présent de cent louis
auquel se joignaient le *franc salé*[2] et le chauffage donnés par
le duc d'Orléans, libéralités d'autant plus appréciables qu'à
la suite des guerres les années étaient devenues dures pour
les finances publiques et privées. On en était alors partout
réduit à porter à la Monnaie toute l'orfèvrerie du royaume
et même l'argenterie des églises. Apercevant un jour un
parement d'autel d'une grande beauté : « Quoi, dit-il, un
parement tout d'argent, en ce temps-ci? » Sire, lui répondit-
on, ce n'est que du geai (*sic*). « Il faut avouer, reprit-il, que
cela est bien fait; on y est trompé[3]. »

La dernière visite du roi qui ait laissé souvenir, fut celle
de l'année 1699, lors du fameux camp de Compiègne formé
pour l'instruction du duc de Bourgogne. On eût dit une
apparition suprême de la monarchie absolue encore à son
apogée et de la famille royale à la veille d'être décimée par
la mort. Ce jour-là, le 20 janvier, anniversaire du décès
d'Anne d'Autriche, le vieux monarque se fit un honneur de
présenter ses trois petits-fils, les ducs de Bourgogne, d'Anjou et de Berry; il entretint avec bonté les anciennes religieuses qui avaient connu sa mère, et, au souvenir de son
épouse Marie-Thérèse, il laissa tomber cette phrase : « C'est

1. Elle resta avec la communauté « qu'elle entretint longtemps et à laquelle
elle donna de grands témoignages d'amitié ; elle promit aux Sœurs de venir
les voir toutes les fois qu'elle serait du voyage de Compiègne ». (*Chroniques*,
t. V, p. 97.)
2. On appelait ainsi la distribution gratuite du sel.
3. *Chroniques*, t. V, p. 97.

une sainte, priez pour elle et pour toute ma maison [1]. » Ce cri du cœur était sincère; mais il ne saurait faire oublier à l'histoire, comme Louis XIV peut-être se le rappelait lui-même, que là-bas dans sa capitale, au fond du carmel du faubourg Saint-Jacques, vivait, livrée à la pénitence et aux expiations, cette Louise de la Baume Le Blanc, duchesse de la Vallière, devenue sœur Louise de la Miséricorde, dont trop longtemps il avait fait la rivale de la pieuse reine. Et le temps allait venir où, sous les coups de la Providence frappant son royaume et sa famille, il payerait à son tour sa dette à la justice divine si longtemps offensée. .

· Combien de fois des rapprochements analogues s'offrent à l'esprit, lorsqu'on lit dans les souvenirs de la sœur Marie de l'Incarnation mainte anecdote où revivent la bienveillance royale d'une part et la pieuse fidélité de ces *orantes* de la monarchie française à Compiègne!

C'est Marie Leczinska, la reine si éprouvée dans son honneur conjugal, qui durant trente années vient chercher au carmel des consolations à la hauteur de ses épreuves. Les voyages de la cour à Compiègne étaient alors longs et fréquents. La reine ne manquait point à chaque séjour d'aller visiter la prieure et ses filles; elle faisait au couvent des retraites, y prenait volontiers son repas et se complaisait singulièrement dans ce milieu de sainteté. Elle y passa ses jours de deuil les plus pénibles, en 1766, après la mort de son père le roi Stanislas.

Ce sont les filles de Louis XV, Mesdames de France, Adélaïde, Victoire, Sophie et Louise. Souvent elles accompagnaient leur mère. Leur bonheur était de se livrer librement au carmel à l'attrait de leur piété. Fréquemment, le dimanche surtout, elles assistaient aux vêpres de la communauté, se plaçant dans les stalles avec les religieuses, n'osant pas — sauf Louise — traverser le chœur, quand elles arrivaient en retard. Les jours de communauté, elles remplissaient au réfectoire les fonctions de *lectrice* et de *serveuse*, vêtues de vêtements fort simples qu'elles avaient troqués pour la circonstance contre leurs toilettes de cour, et elles

1. *Chroniques*, t. V, p. 100.

s'en acquittaient avec tant d'aisance que les bonnes sœurs n'en étaient pas même distraites. C'était là leur Trianon avant la lettre; ou plutôt ce spectacle n'évoque-t-il point la lointaine image de leur saint aïeul Louis IX qui lui aussi aimait à servir lui-même à table les religieux de Royaumont? Volontiers également elles prenaient part avec la reine aux récréations de la communauté, y montrant tant d'affabilité et de bonté que toutes les religieuses se sentaient à l'aise en leur présence.

Mais parmi ces quatre princesses regardées comme des anges dans une cour en proie à une dissolution effrénée, il en était une à qui ces dévotions, pareilles à des jeux d'enfant, ne devaient pas suffire. Louise de France avait au cœur une ambition plus haute. En face des hontes qui montaient comme une inondation de boue sur les marches du trône de saint Louis, la pensée lui était venue que seule une princesse de sang pourrait devant Dieu expier ces turpitudes. Et elle s'était offerte en victime. Qui sait si Louis XV touché de son sacrifice n'arrêterait pas le cours de ses scandales; qui sait du moins si la grâce d'une suprême miséricorde ne serait pas accordée au père en considération de sa fille à la fois innocente et repentante [1].

C'était encore la pieuse et charmante dauphine Marie-Josèphe de Saxe qui se mêlait aux autres princesses, pour aller coudre chez les Carmélites chemises et layettes destinées aux pauvres.

Une des sœurs, raconte Marie de l'Incarnation, l'ayant vu un jour ôter son gant qui étoit marqué de sang et s'envelopper le doigt de son mouchoir qui de suite parut lui-même ensanglanté, lui dit : « Oh ! M⁶, il faut que V[otre] A[ltesse] R[oyale] se soit faite une rude picure ! —Je

---

1. C'est après avoir assisté à une vêture au couvent de Compiègne, que Madame Louise écrivit à la prieure, pour lui demander la tunique de serge que portait la novice. Tel fut le premier acte de son essai de vie monastique à la cour. Voir *la Vénérable Louise de France,* par l'abbé Gillet, p. 138. Paris, 1880. In-8. Si plus tard la princesse entra au monastère de Saint-Denis, ce fut pour plaire au roi son père et parce que ce carmel était le plus pauvre de France. Voir la *Vie de la vénérable Mère Thérèse de Saint-Augustin, Madame Louise de France,* t. I, p. 68, 72 et 102. 4ᵉ édition, 1879. In-12. « Excepté à Compiègne », avait dit finalement Louis XV. Il n'est que trop facile de deviner le motif de cette interdiction.

vous remercie, dit la P[rincesse], mais la chose ne vaut pas la peine que
l'on y fasse attention. » Comme néanmoins le sang continuoit à couler,
la Mère prieure lui ayant demandé à voir sa main s'aperçut que le sang
sortoit d'une coupure assez profonde que la princesse avoit au doigt, et
qui n'étoit causé que par la grosseur et rudesse du fil dont elle se ser-
voit pour coudre dans une toile de même calibre : « Est-il possible,
Mme, lui dit la mère, qu'avec des mains aussi délicates, V. A. R. entre-
prenne de semblables ouvrages? De grâces, Mmes, reprit la [Princesse],
veuillez ne me témoigner aucune sensibilité de ce petit beaubeau (*sic*)...
qui n'est rien... absolument rien en comparaison de ce que je mérite-
rois d'avoir, en punition de ce que j'ai trop longtems écouté mon
aversion pour le travail de l'aiguille. Je ne me suis même corrigé de ce
deffaut que depuis une très forte remontrance qui me fut faite jadis à ce
sujet par une religieuse d'un couvent où j'allois quelquefois (les Dames
du Saint-Sacrement à Varsovie). — Oui, reprit la Reine, la leçon
est restée si bien gravée dans l'esprit et le cœur de Mme la Dauphine,
qu'elle s'est imposée la loi de cinq heures de travail par jour, et de
trois les jours des voiages de Compiègne et de Fontainebleau, et vous
saurez de plus, ajouta la reine, que si Madame est empêchée de remplir de jour sa tâche, c'est sur son sommeil qu'elle prend pour la finir,
en exigeant toutefois des personnes de son service qu'elles se couchent
et ne l'attendent pas. » Et puis la Reine se tournant du côté de Mme la
Dauphine, lui dit du ton de la plaisanterie la plus aimable : « Ma fille
voudra bien, j'espère, me pardonner de révéler ainsi le secret de
l'école ?... Au reste nous sommes ici en société d'amies [1]. »

Ce dernier mot peint au vif les relations simples et cordiales qui unissaient les excellentes princesses aux religieuses
du Carmel. Si nous ne craignions d'allonger ce récit, nous
donnerions encore la parole à la sœur de l'Incarnation, pour
nous raconter les propos à la fois graves et plaisants qui
furent échangés à propos de la bague de la dauphine examinée un jour de près. En guise de bijou apparut une tête de
mort enchâssée dans un double rang de diamants. Or la dauphine avait annoncé son portrait! Mieux vaut citer le jugement d'ensemble porté par la carmélite sur Marie-Josèphe de
Saxe :

« La piété de la princesse répondoit à ses connaissances, et
une personne qui a partagé les soins de son éducation et l'a
suivie en France, à son mariage, écrivoit qu'elle était née
vertueuse et que depuis qu'elle eut le premier usage de la

---

1. *Ms.* 2, p. 15. Collection de Compiègne.

raison jusqu'à sa mort on ne s'étoit point aperçu que sa ferveur se fût ralentie un seul jour. Sa piété fut toujours également vive, sincère et active[1]. »

Quant au roi Louis XV, il rebâtissait le palais de Compiègne (1753) sans épargner le souvenir de son plus illustre
aïeul le roi saint Louis ; puis il y installait dans un somptueux
appartement la comtesse du Barry. En 1769, on vit l'insolente
favorite se promener, comme le monarque lui-même, dans
un carrosse à six chevaux et, quelques jours après, assister à
une fête militaire dans la plaine de Royallieu. Le brevet qui
lui conférait l'usufruit de Louveciennes fut signé à Compiègne même, le 14 juillet 1769, vingt ans, jour pour jour
avant la prise de la Bastille. M. Sorel suppose que des fenêtres du château la frivole créature « avait pu tourner plus
d'une fois ses regards vers l'humble monastère des Carmélites, à qui la *bonté* du roi accordait chaque année quelques
centaines de livres pour le chauffage, alors qu'elle-même
arrachait à la faiblesse de Louis XV des millions qu'elle jetait
aux caprices de la mode la plus extravagante[2]. »

Telles quelles, les sept cent vingt livres annuelles que le
carmel recevait du roi pour le chauffage, lui étaient encore
servies en 1790[3]. Jusqu'à la fin la cour avait été représentée
par des princesses sympathiques aux religieuses. Les sœurs de
Louis XVI y continueront les traditions de leur mère, de leur
aïeule et de leurs tantes. L'infortunée Marie-Antoinette, dont
les souvenirs ont été remis en honneur dans le château, fournit
encore sur sa cassette la dot d'une des dernières religieuses
destinées comme elle à l'échafaud.

Mais le moment est venu de présenter à nos lecteurs ces
simples et vaillantes filles à qui le contact avec la cour n'avait
jamais rien enlevé de leurs vertus cachées. Nous suivons
l'ordre des noms adoptés par le postulateur dans les articles
produits au procès de béatification.

1. — Magdeleine-Claudie Lidoine, en religion sœur Marie-Thérèse
de Saint-Augustin, prieure, née à Paris, le 22 septembre 1752, entrée
au monastère des Carmélites de Compiègne, au mois d'août 1773.

2. — Marie-Anne Françoise Brideau, en religion sœur de Saint-Louis,

1. *Ms.* 2, p. 16. Collection de Compiègne.
2. Sorel, *op. cit.*, p. 70 *sqq.* — 3. *Ibid.*, p. 14.

sous-prieure, née à Belfort, le 7 décembre 1752, entrée à Compiègne, le 4 mai 1770.

3. — Marie-Anne Piedcourt, en religion sœur de Jésus Crucifié, née à Paris, le 9 décembre 1715, entrée au Carmel de Compiègne, le ... septembre 1734.

4. — Magdeleine-Anne-Marie Thouret, en religion sœur Charlotte de la Résurrection, née à Mouy [1], le 16 septembre 1715, entrée au Carmel de Compiègne, le 18 mars 1736.

5. — Marie-Claudie-Cyprienne Brard, en religion sœur Euphrasie de l'Immaculée-Conception, née à Bourth (Eure), le 12 mai 1736, entrée au Carmel de Compiègne, 1756.

6. — Marie-Françoise de Croissy, en religion sœur Gabrielle-Henriette de Jésus, née à Paris, le 18 juin 1745, entrée au Carmel de Compiègne, le ... octobre 1762.

7. — Marie-Anne Hanisset, en religion sœur Thérèse du Saint-Cœur de Marie, née à Reims, le 18 janvier 1742, entrée au Carmel de Compiègne, le ... février 1762.

8. — Marie-Gabrielle Trezel, en religion sœur Thérèse de Saint-Ignace, née à Compiègne, le 4 avril 1743, entrée au Carmel de Compiègne, le ... juillet 1770.

9. — Rose Chrétien, en religion sœur Julie Louise de Jésus, née à Loreau, diocèse de Chartres, le 30 décembre 1741, entrée au Carmel de Compiègne, le ... juin 1776.

10. — Anne Perbras (sic), en religion sœur Henriette de la Providence, née à Cajarc (Lot), le 16 juin 1760, entrée au Carmel de Compiègne, le ... octobre 1785.

11. — Marie-Jeanne Meunier, en religion sœur Constance, née à Saint-Denis, près Paris, le 28 mai 1766, entrée au Carmel de Compiègne le 29 mai 1788. Novice.

12. — Angélique Rousselle, en religion sœur Marie du Saint-Esprit, née à Fresne, le 4 août 1742, entrée ... Converse.

13. — Marie Dufour, en religion sœur de Sainte-Marthe, née à Beaune, le 2 octobre 1741, entrée au Carmel de Compiègne...

14. — Julie Vérolot, en religion sœur de Saint-François-Xavier, née à Compiègne, le 13 janvier 1764, entrée ... Converse.

15. — Catherine Soiron, née à Compiègne, le 13 janvier 1764, entrée ... Tourière.

16. — Thérèse Soiron, née à Compiègne, le 23 janvier 1748, entrée ... Tourière.

Aux épreuves de révéler le caractère. L'attitude de chacune des futures martyres à travers les événements révolutionnaires nous fera cennaître ses vertus personnelles.

(*A suivre.*)   Henri CHÉROT.

1. Et non à *Meaux.*

LE CONGRÉS DE LYON
ET
L'ÉCOLE LIBRE DE DEMAIN

Qu'il s'agisse d'un problème de mécanique pratique, d'une affaire d'importance à débrouiller, ou d'objets encombrants à mettre en ordre, la solution la plus simple, qui a beaucoup de chances d'être la meilleure, est aussi celle que l'on trouve en dernier lieu. On y arrive d'ordinaire après de longues études, de patientes recherches et de multiples tâtonnements ; il n'y faut rien moins parfois qu'un trait de génie ;

Pascal et la brouette en sont un témoignage.

Cette réflexion, croyons-nous, se présentera à l'esprit de ceux qui voudront prendre la peine d'examiner l'œuvre du récent congrès de l'enseignement libre. Pour préciser, nous parlons du *Premier congrès national des administrations d'écoles libres*, tenu à Lyon du 17 au 19 septembre. Il avait été préparé par le *Comité lyonnais des associations scolaires*, et, comme son titre même l'indique, il avait pour objet d'étudier et de choisir, parmi les différents systèmes d'administration des écoles libres, celui qui répond le mieux aux difficultés et aux exigences de l'heure présente. Trente départements avaient envoyé des délégués ; le congrès ne comptait pas moins de quatre cents adhérents, la plupart représentant des comités, sociétés civiles ou associations scolaires. La *Ligue de la liberté d'enseignement*, sous le patronage de laquelle le congrès s'était placé, y avait envoyé plusieurs de ses membres les plus éminents, entre autres MM. Georges Picot, de l'Institut, Édouard Aynard et Alphonse Gourd, députés du Rhône. Les archevêques de Lyon et de Besançon s'étaient fait représenter par deux de leurs vicaires généraux, et le dimanche 18 septembre, le cardinal Coullié voulut lui-même célébrer la messe pour les congressistes réunis dans la basilique de Fourvières.

Les séances du congrès, au témoignage de M. Georges Picot, eurent une physionomie à part et un intérêt exceptionnel : « Ni harangues enflammées, ni protestations dans le vide, ni déclamations vaines ; trois journées employées à entendre des rapports précis, des discussions pratiques sur l'application d'une idée très simple et très nouvelle, qui constitue une véritable découverte [1]. » De fait, les organisateurs du congrès y apportèrent autre chose que des discours et des discussions théoriques. Ils exposaient un plan pour la constitution et l'administration des écoles libres et chrétiennes, et ce plan, très simple et très nouveau, était déjà réalisé ; il fonctionnait à Lyon, dans toute la région circonvoisine, et çà et là dans divers départements. Aussi, dans le discours qu'il prononça à la clôture des travaux du congrès, M. Georges Picot, après avoir rappelé l'œuvre entreprise par la *Ligue de la liberté d'enseignement*, ajoutait : « Mais nos campagnes de conférences n'étaient qu'une satisfaction accordée à nos sentiments, qu'une forme de notre indignation, tandis que l'Association des pères de famille, telle qu'elle a été conçue à Lyon, telle qu'on l'y a mise en pratique, ainsi que sur quantité de points du territoire français, constitue une création. » Cette création apparaissait à M. Georges Picot comme une sûre garantie pour l'avenir de l'enseignement libre ; si bien que, quelques jours plus tard, confiant au *Journal des Débats* les impressions rapportées du congrès, il écrivait ces mots: « Il était évident que les Lyonnais, avec leur rare esprit pratique, avaient trouvé la solution du problème. »

En quoi consiste donc cette création, inspirée « d'une idée très simple et très nouvelle », qui excitait ainsi l'enthousiasme du très distingué secrétaire perpétuel de l'Académie des sciences morales et politiques ? Nous allons essayer de le dire.

I

La liberté de l'enseignement primaire date de la loi de

1. *Journal des Débats*, 23 septembre 1904.

1834 ; celle de l'enseignement secondaire, de la loi de 1850.
Dès l'abord, les catholiques de France ont profité de ces deux
lois pour fonder un grand nombre d'écoles libres de l'un et
de l'autre degré. Mais c'est surtout depuis que la loi de 1886
a établi la laïcité de l'enseignement primaire que les établissements libres se sont multipliés avec une admirable
fécondité. Exclus de l'école publique, les instituteurs et
institutrices congréganistes ont ouvert partout où la chose
était possible des écoles privées. M. Combes a pu se vanter dans son discours d'Auxerre d'en avoir fermé environ
treize mille. La loi du 7 juillet l'autorise à fermer ce qui
reste. Quand la besogne sera achevée, c'est plus de quinze
mille établissements libres d'éducation qui auront succombé
sous les coups de la bande de vandales dont se compose la
majorité du Parlement français.

Sur quelles bases étaient constitués ces établissements
scolaires? Les uns étaient des entreprises dues à l'initiative
des congrégations religieuses elles-mêmes ; elles les avaient
créés, et les entretenaient avec leurs ressources propres et
sous leur seule responsabilité. Dans cette catégorie, il faut
ranger spécialement les collèges et les pensionnats dirigés
par des religieux ou des religieuses. D'autres, avec un personnel congréganiste, n'étaient point, à proprement parler,
l'œuvre des congrégations, moins encore leur propriété. Les
religieux et les religieuses y travaillaient à titre d'employés
et de salariés.

Les écoles de ce type étaient de beaucoup les plus nombreuses; celles qui avaient été fondées depuis la loi de 1886
lui appartenaient en très grande majorité. Voici en effet
comment les choses se passaient. A mesure que les écoles
publiques étaient laïcisées, quelques personnes dévouées se
concertaient pour créer une école libre où les enfants pourraient continuer à recevoir une éducation chrétienne; quelquefois c'était un riche propriétaire qui offrait une maison,
et se chargeait du traitement des frères ou des sœurs. Plus
souvent, sous l'inspiration du curé, un comité se formait
pour recueillir des fonds, acheter ou louer les immeubles
nécessaires et pourvoir à toutes les charges de l'école. En
réalité, la plupart du temps, le curé assumait à lui seul tout.

le fardeau, et alors même qu'il était plus ou moins couvert par un comité, c'est à lui qu'on laissait le soin d'arranger toutes choses, et surtout de trouver des ressources. Quel que fût d'ailleurs le *patron* de l'école libre, riche particulier, comité ou curé de la paroisse, il s'adressait à une congrégation religieuse pour avoir des maîtres ou des maîtresses qui tiendraient l'école et recevraient de lui leur traitement.

Ce système avait sans doute ses avantages. Le principal assurément, c'est qu'il offrait toutes les garanties possibles au point de vue de l'éducation chrétienne des enfants. Par le fait même qu'il en supportait là charge, le curé en avait aussi la surintendance; l'école était vraiment une annexe de l'église; le curé, soit comme fondateur, soit même comme représentant du comité dont il était l'âme, s'y sentait chez lui. Il disait, et il avait raison de dire : mon école, aussi bien que : mon église. Alors même que l'école était l'œuvre et demeurait la propriété de quelque généreux châtelain, celui-ci se rendait compte, tout le premier, que son école ne pouvait être que celle du curé.

Mais, d'autre part, il est impossible, pour peu qu'on y réfléchisse, de n'être pas frappé des inconvénients de cette organisation. La plupart du temps, on peut dire toujours, à part de rares exceptions, le souci de ses écoles ajoute aux autres obligations du curé un surcroît excessif ; dans beaucoup de paroisses de la campagne la charge est positivement écrasante ; nombre de pasteurs, emportés par leur zèle pour la plus chère portion de leur troupeau, ont pris sur leur nécessaire pour ne pas laisser périr leurs écoles. Une telle préoccupation, d'ailleurs, ne va pas sans détriment pour d'autres devoirs du ministère paroissial. Ajoutez que, aux yeux de notre gouvernement sectaire, le dévouement du curé pour ses écoles est considéré comme une preuve d'hostilité contre l'école officielle, et, par conséquent, de peu d'affection pour les institutions républicaines. Beaucoup de prêtres sont mal notés à la préfecture et à l'administration des cultes, uniquement pour se consacrer trop à l'entretien et à la prospérité de leurs écoles. Beaucoup de suppressions de traitements ecclésiastiques n'ont pas eu d'autre motif.

A un autre point de vue, la part trop prépondérante, presque exclusive, du curé dans l'administration de l'école ne va pas sans effets fâcheux. Cette part, qu'on le remarque bien, ce n'est pas lui qui se l'arroge par ambition, mais bien plutôt ceux à qui elle devrait revenir qui s'en déchargent sur lui, par indifférence ou paresse. Toujours est-il que, aux yeux de beaucoup de gens, l'école libre, l'école chrétienne apparaît comme l'école du curé. Il n'en faut pas davantage pour étendre sur elle je ne sais quelle prévention, quelle défaveur que subissent, sans bien s'en rendre compte, ceux-là mêmes qui lui confient leurs enfants ou l'aident de leur bourse.

La prévention grandit encore quand l'école appartient à quelque riche personnage, qu'elle a été créée par lui, et est entretenue par ses libéralités. L'école dépendance du château suscite la défiance, plus encore que l'école annexe de l'église. Les intentions charitables du bienfaiteur se tournent aisément en visées politiques. Le grand propriétaire, le puissant industriel, le noble surtout, sont gens acquis à la réaction, l'école est entre leurs mains un instrument d'opposition et, sous prétexte d'éducation chrétienne, ils travaillent à recruter des adhérents à leur parti. Voilà ce que l'on dit couramment; et les lecteurs des *Études* se souviennent peut-être que nous avons dû relever semblables propos jusque dans un livre de M. Demolins, qui aspire pourtant à rénover l'éducation nationale, et qui a créé lui aussi dans ce but une école autour de laquelle on ne cesse de mener grand bruit[1]. Rien de plus facile aux adversaires de l'enseignement chrétien que d'exploiter un tel grief et, par suite, de semer dans l'esprit des populations la malveillance à l'égard de l'école libre. Le vieux levain de jalousie contre le château, qui est toujours au fond de l'âme de nos paysans, ne les prédispose que trop à regarder avec cet œil mauvais les bienfaits qu'ils en reçoivent.

En résumé, dans le système pratiqué jusqu'ici, l'école libre apparaît avec le caractère d'une œuvre de zèle ou de charité. Elle est offerte aux familles sans que les familles

1. *Études,* 20 avril 1903, t. XCV, p. 282.

elles-mêmes aient rien fait pour la créer ou l'entretenir. Elle
se présente comme une concurrente de l'école officielle, dont
les *entrepreneurs* — qu'on nous passe le mot — ne demandent aux pères et aux mères de famille que de leur envoyer
leurs enfants. Presque toujours, quand il s'agit de l'enseignement primaire, l'école libre est, comme l'école officielle,
entièrement gratuite; il le faut, dit-on, pour soutenir la lutte
à armes égales. On en viendra même à donner les fournitures
scolaires, des repas, des secours de toute sorte, parce que cela
se fait à l'école laïque, avec les subsides municipaux. On
amène ainsi les parents à croire qu'on se dispute leurs enfants; et, par un bizarre renversement des rôles, ils arrive-
ront à se persuader que, en confiant leurs enfants à l'école
libre, c'est eux qui lui rendent service, et elle qui est leur
obligée.

De là encore cette erreur, moins outrée en apparence, en
réalité plus fâcheuse et plus fatale, qui s'établit dans leur
esprit à l'état d'axiome, à savoir que l'éducation de leurs
enfants est chose dont ils n'ont pas à se préoccuper. Quand
ils leur auront donné la nourriture et les vêtements, ils
auront rempli tout leur devoir. Pour la culture de l'intelligence et la formation du caractère, c'est un service public
dont l'État et l'Église revendiquent la charge et l'honneur.

Par suite, les parents ne prendront que peu ou pas d'intérêt à la vie de l'école. Ils n'ont rien à y voir, pas plus à l'école
libre qu'à l'école communale. L'instituteur officiel est un
fonctionnaire de l'État; il en a tout le prestige et l'indépendance vis-à-vis des administrés; appuyé sur la hiérarchie, il
ne relève que de ses chefs et n'a nul compte à rendre aux
parents. L'instituteur libre, de son côté, se sent beaucoup
moins responsable envers les familles qu'envers ceux qui
l'ont appelé et qui le payent.

Et ainsi s'explique, pour une bonne part, l'audace du gouvernement dans la guerre qu'il a déclarée à l'enseignement
libre. Sans doute, en fermant les écoles, il va froisser les
familles chrétiennes dans leurs préférences; mais il ne les
atteint ni dans leurs propriétés, ni dans leurs affaires. L'école
libre est la chose du prêtre ou de la congrégation, non celle
des parents; elle ne les intéresse que dans la mesure où ils

en profitent, et, pour un trop grand nombre, le service rendu n'est pas tellement considérable ; la différence entre l'éducation chrétienne et celle qui ne l'est pas ne leur paraît point si profonde. Quand l'école libre sera fermée, on enverra les enfants à la laïque ; il y a de la place pour les recevoir. Le gouvernement se rend parfaitement compte de cet état d'âme, et c'est pourquoi il ose tout. Il n'y a pas à se gêner quand on n'a en face de soi que des curés et quelques riches réactionnaires. Et de fait, à part quelques exceptions plus ou moins retentissantes, les écoles libres ont été fermées sans soulever beaucoup d'émoi ; en bien des endroits, les populations ont regardé faire sans sortir de leur indifférence et de leur apathie ; dans l'ensemble la résistance à cet abominable abus de pouvoir a été lamentablement molle.

Et encore, il ne faut pas craindre de le dire, ces démonstrations telles quelles s'adressaient aux religieux et aux religieuses bien plus qu'à l'institution elle-même. Ce qui révoltait les populations, c'était l'expulsion des frères et des sœurs, plus encore que la fermeture de leurs écoles libres. Si ces écoles avaient été dirigées par des laïques, on aurait à peine protesté contre leur suppression. On aurait dit : Le gouvernement ferme l'école de M. le curé ou de M. le comte. Que M. le curé ou M. le comte se défendent. Ce n'est pas notre affaire.

En effet, l'école libre n'est pas l'affaire des parents, ou du moins elle ne l'est pas assez ; elle ne l'est pas comme elle devrait l'être. Elle se présente à eux comme une institution quelconque de bienfaisance, créée en leur faveur et mise à leur service, mais sur laquelle ils n'exercent aucun contrôle, parce qu'elle ne leur impose aucune charge, où, en un mot, ils n'ont ni droit ni devoir. Et c'est là le point faible de l'organisation actuelle de nos écoles libres.

Rien n'est plus loin de notre pensée que de blâmer ceux qui les ont organisées de la sorte. Ils pourraient répondre, tout d'abord, que, s'ils ont fait ainsi, c'est qu'ils ne voyaient pas le moyen de faire autrement, que ce moyen même n'existait vraisemblablement pas, et que, en tout cas, ils sont allés au plus pressé, uniquement préoccupés de parer à un besoin qui ne pouvait attendre. Quand l'indigent meurt de faim, il faut d'abord lui donner à manger, sauf à examiner ensuite si l'assistance par le travail ne vaut pas mieux que l'aumône. Au surplus, si l'on avait un reproche à faire à tant de généreux fondateurs d'écoles, ce serait de s'être trop exclusivement dépensés eux-mêmes, d'avoir trop payé de leur personne et de leur bourse, d'avoir trop fait, en un mot, parce qu'ils ont tout fait, et porté seuls un fardeau que d'autres auraient dû porter avec eux. Mais, tout en rendant à l'œuvre et aux ouvriers l'hommage qu'ils méritent, il est bien permis de se demander si l'on ne pourrait pas faire mieux.

D'ailleurs, les circonstances nous obligent à modifier nos méthodes.

L'enseignement libre, en effet, reposait jusqu'ici sur les congrégations religieuses; c'était partout l'école des frères ou des sœurs; le bienfaiteur d'une part, la congrégation de l'autre supportaient tout l'édifice; les congrégations supprimées, l'édifice ne saurait tenir debout longtemps.

D'abord, grâce aux congrégations religieuses, les frais étaient réduits au minimum. Le même établissement, avec un personnel laïque, imposera des dépenses beaucoup plus considérables. On avait déjà tant de mal à trouver chaque année les ressources indispensables ! Les plus généreux se lassent de sacrifices toujours renouvelés et toujours grossissants. En bien des endroits, les écoles congréganistes fermées ne se rouvriront pas, faute du supplément de ressources nécessaire pour les transformer en écoles laïques.

Mais ce n'est là que le plus petit côté de la question. Avec les congrégations religieuses, les fondateurs d'écoles avaient toutes les sûretés désirables pour le fonctionnement et l'avenir de leur œuvre. Ils fournissaient l'argent, mais ils pouvaient se décharger sur leurs mandataires de tout autre souci. Le personnel ne ferait jamais défaut; la congrégation remplacerait le maître ou la maîtresse qui viendraient à manquer. On n'avait pas à se préoccuper davantage de leur capacité professionnelle. La congrégation avait autant d'intérêt que les bienfaiteurs eux-mêmes à maintenir le bon renom de ses écoles. A quelque point de vue que l'on se place, les congrégations religieuses offraient pour le service de l'enseignement libre un ensemble de garanties qu'on ne

retrouvera pas. C'était de quoi suppléer à certaines défec-
tuosités d'une organisation incomplète et insuffisante.

Cet état de choses n'existe plus. Il faut aviser à le rem•
placer au mieux des intérêts de l'enseignement libre ; il faut
aviser surtout à asseoir l'enseignement libre lui-même sur
des bases solides et durables.

C'est ici que le congrès de Lyon apporte une idée qui
semble vraiment heureuse. Voici, dans ses grandes lignes, le
plan qui y fut proposé et adopté pour la constitution et
l'administration de l'école libre.

II

On part de ce principe que ce sont les parents qui doivent
assumer la charge de l'école. En conséquence, les pères et
mères de famille, qui veulent pour leurs enfants l'éducation
et l'instruction chrétiennes, seront invités à former une association, dont le but sera précisément de créer et d'administrer
une école libre. Nous avions bien déjà pratiqué une sorte de
groupement de ce genre, en vue surtout de sauvegarder la
propriété de nos établissements scolaires. En vertu d'un
contrat de vente régulier, ils passaient aux mains d'une
société anonyme qui les exploitait. Le collège ou l'école
étaient ainsi assimilés à une affaire industrielle; on pouvait
être actionnaire de Sainte-Barbe ou de la rue des Postes,
comme d'un chemin de fer ou du Bon Marché. Le système a
ses avantages, il peut convenir en certains cas spéciaux,
mais assurément il ne saurait fournir la solution du problème
dans son ensemble. Il a d'ailleurs le tort de donner une
physionomie commerciale, fort malséante, à l'œuvre de l'éducation. On sera porté à regarder comme un bon collège celui
qui rapportera un honnête dividende. La Société civile est,
par définition, celle qui cherche à réaliser un bénéfice. Ici, il
ne s'agit point de bénéfice. Les associés devront donner,
mais l'idée même de recevoir doit être exclue de leur esprit.

Il fallait donc chercher autre chose. La loi du 1er juillet 1901
— qui serait excellente si, dans sa dernière partie, elle ne
se tournait en loi d'exception contre les congrégations religieuses — reconnaît trois types d'associations : l'association

libre, l'association déclarée, et l'association reconnue d'utilité publique. La première naît et fonctionne sans formalité aucune, mais n'a aucune capacité civile. L'association déclarée, c'est-à-dire celle qui a déposé ses statuts en la forme prescrite, jouit de la personnalité civile et d'une capacité restreinte ; elle peut posséder les cotisations de ses membres et les locaux stricte-ment nécessaires pour le but qu'elle se propose. Pour qu'elle puisse recevoir des dons et des legs, il faut qu'elle soit, en outre, reconnue d'utilité publique, et alors elle passe dans la troisième catégorie.

L'association fondée en vue d'administrer une école libre et chrétienne ne saurait prétendre à une telle faveur ; d'autre part, il faut qu'elle ait des droits et des ressources propres, que la simple existence de fait ne lui assurerait pas. On adoptera donc la forme intermédiaire, qui permet à l'asso-ciation, en attendant mieux, de vivre et d'atteindre très con-venablement son but.

Pour faire connaître et juger le nouvel organisme, il suf-fira d'esquisser sommairement les statuts approuvés au congrès de Lyon, et qui ont déjà servi à la constitution d'un bon nombre d'associations scolaires.

L'association se compose des pères, mères ou tuteurs des enfants qui reçoivent l'instruction dans l'établissement, et dont la cotisation est représentée par la rétribution scolaire fixée par le conseil d'administration. Elle comprend en outre les bienfaiteurs et membres adhérents qui payent une cotisa-tion, laquelle peut être rachetée, aux termes de la loi, par le versement d'une somme ne dépassant pas cinq cents francs. Il est expressément spécifié que l'association a pour but « l'administration d'un établissement d'éducation et d'ensei-gnement à principes moraux et religieux ». Le conseil d'ad-ministration a des pouvoirs souverains pour l'admission et, au besoin, l'exclusion des membres. Les femmes peuvent faire partie du conseil d'administration ; on considère en effet que, en matière d'éducation, leur intérêt et leur compétence leur donnent voix au chapitre. Le conseil est composé de douze à vingt personnes, dont la moitié au moins doit être prise parmi les pères ou mères de famille ayant leurs enfants dans l'établissement. Le conseil d'administration se réunit au moins tous les trois mois. En temps ordinaire il délègue ses attributions à son bureau. Le président dirige l'association ; il la représente dans tous ses actes civils et en justice. Enfin l'assemblée générale est convoquée au moins une fois par an ; elle peut être convoquée extraordinairement par le bureau, quand il le juge utile ; elle entend le rapport « moral et financier » du conseil d'administration, donne son avis sur les questions posées par le conseil et procède aux élections réglementaires.

Nous ne pouvons ici entrer dans le détail. Assurément il y a des points importants sur lesquels nous voudrions plus de précision ; mais il s'agit uniquement de l'administration de l'école, et, à ce point de vue, il semble bien que rien n'a échappé à la sagacité des hommes d'affaires qui ont rédigé les vingt-trois articles que nous avons sous les yeux. Au surplus ces statuts, jugés suffisants par les uns, peuvent être estimés incomplets par d'autres qui y ajouteront suivant leurs convenances. Nous dirons plus loin en quoi nous les voudrions retoucher et renforcer.

C'est le système qu'il s'agit ici d'apprécier, en le considérant dans ses éléments essentiels. Et vraiment il semble bien qu'il touche de très près, s'il ne le réalise pleinement, l'idéal de l'école libre. Nous y trouvons en effet la mise en exercice du principe fondamental que l'éducation est le devoir des parents, en même temps que leur droit, qu'il ne leur est pas permis de s'en décharger, sinon dans la mesure où ils ne peuvent s'en bien acquitter par eux-mêmes. L'école en général, mais surtout l'école du jeune âge, ne doit être que le prolongement de la maison paternelle, les maîtres et maîtresses, les délégués et les suppléants des parents. Jamais il ne fut plus nécessaire d'affirmer cette simple et capitale vérité qu'en un temps où l'État ose s'attribuer un droit supérieur à celui des familles, où, au lieu de se tenir dans son rôle d'auxiliaire, il prétend se substituer à elles, en leur imposant son école gratuite et obligatoire. Le système que nous venons d'exposer contient la protestation en acte contre cette théorie monstrueuse, qui devrait révolter les parents, mais qui malheureusement a pour complices l'insouciance, la

paresse et la cupidité. Il est si commode de se décharger sur
l'État des obligations qu'on tient de la nature, de lui abandonner l'éducation de ses enfants, comme le souci de ses infir-
mes et de ses vieillards ! Pourquoi s'en imposer le soin quand
on a l'école de l'État, l'hospice de l'État, en attendant le
chantier, la fabrique et l'usine de l'État, et qui sait? bientôt
peut-être, le restaurant de l'État? A ce régime on ruine
la famille, on énerve toutes les énergies et toutes les initiatives, on se prépare, sous l'omnipotence de l'État, pour
toutes les tyrannies et toutes les servitudes. Il est quelquefois permis de renoncer à ses droits, mais quand l'exercice
d'un droit se confond avec l'accomplissement d'un devoir,
l'abdication est coupable et elle ne va pas sans détriment
pour ceux qui s'y résignent.

Le système lyonnais laisse aux parents la place et la part
qui leur reviennent dans l'éducation de leurs enfants. Il leur
rappelle leur devoir en consacrant leur droit. Ici, les parents
ne se trouvent plus, comme dans le système officiel, du même
coup débarrassés du soin de l'école et obligés de lui remettre,
les yeux fermés, leurs enfants, payant ainsi par l'abandon de
leur droit la rançon du devoir méconnu. L'école est à leur
charge, mais aussi sous leur contrôle. Ils devront en faire
les frais, sous la forme de la rétribution scolaire, rétribution
qui sera allégée dans la mesure des besoins, mais qui a sa
contre-partie et sa compensation dans le droit qu'elle confère, puisque, par le fait même qu'il paye la rétribution, le
père de famille devient membre de l'association qui a la
haute main sur l'école.

Puisque l'occasion s'en présente, il ne faut pas avoir peur
de le dire, la gratuité absolue de l'école est un principe faux,
de quelque point de vue qu'on l'envisage : faux et mensonger
dans l'application qu'en fait l'État ; car enfin cette gratuité se
paye avec l'impôt ; si elle n'existait pas, les charges des con-
tribuables pourraient être allégées de deux cent cinquante
millions ; ils payent donc par l'intermédiaire de l'État un
service qu'ils feraient beaucoup mieux de payer directement
eux-mêmes ; car alors ils se feraient servir à leur convenance. Principe faux aussi en ce sens qu'il s'appuie sur une
erreur, savoir que les parents peuvent se dispenser de faire

des sacrifices pour l'éducation de leurs enfants. On peut ajouter : principe pernicieux par les conséquences qui en sortent d'elles-mêmes. Si l'État est tenu d'instruire gratuitement les enfants, pourquoi n'est-il pas tenu aussi de les nourrir et de les habiller ? Et de fait, on y vient petit à petit. Il est peu de villes de quelque importance où l'école officielle ne se double d'une cantine.

A cet égard, le principe de la gratuité ne vaut pas mieux à l'école libre qu'à celle de l'État. Le moindre inconvénient de cette libéralité fâcheuse, c'est que les parents apprécient peu l'instruction qui ne leur coûte rien. Qu'on réduise autant qu'on le pourra la contribution aux frais communs, qu'on la supprime pour les indigents, soit ; mais qu'on en maintienne le principe, principe vrai et salutaire, comme une des bases de l'école libre. Il n'est pas impossible de faire comprendre, même aux petites gens, qu'il y va de leur dignité de ne pas accepter comme une aumône l'instruction donnée à leurs enfants. Au reste, il y a lieu de croire que l'organisation nouvelle leur facilitera le sacrifice nécessaire. Les ouvriers socialistes, ceux qui s'intitulent les prolétaires, trouvent le moyen de verser leurs cotisations au syndicat dont ils sont membres ; ils le font même volontiers, parce que c'est la condition pour entrer dans une collectivité dont ils profitent. Il en sera de même apparemment quand il s'agira de l'association scolaire. Tel qui ferait difficulté d'ouvrir sa bourse pour payer une rétribution à l'école où il envoie ses enfants, n'y regardera pas pour verser sa cotisation qui le rend associé et lui donne sa part de droits dans la propriété, l'administration et le fonctionnement de l'école.

Membres de l'association scolaire, intéressés à l'existence de l'école, les pères et mères seront amenés par là même à s'intéresser à ce qui s'y fait ; ils se verront contraints tout doucement, à leur insu peut-être, de collaborer à l'éducation, voire à l'instruction de leurs enfants. Et ce sera pour eux un bénéfice incalculable ; car ils seront ainsi rentrés dans l'ordre d'où les fait sortir à peu près fatalement l'école organisée sans leur concours.

Du même coup l'école libre aura une assiette autrement solide que par le passé. Le gouvernement sectaire ne s'arrête pas dans sa rage d'envahissement devant une école gardée par un curé ou quelques particuliers qu'il tient pour des adversaires; mais un groupe d'électeurs réunis en association légale lui inspirera sans doute plus de circonspection. Et s'il prétend passer outre, il faut croire que ces citoyens sauront résister, qu'ils défendront leur école comme on défend son bien, comme les bouilleurs de cru, par exemple, qui ont mis le feu au Parlement pendant des mois et des années, et ce n'est pas fini.

Cette organisation de l'école libre sera, par ailleurs, pour les catholiques français, qui en ont tant besoin, un excellent exercice de ce que l'on pourrait appeler l'esprit d'association, la caractéristique des peuples qui ont le sens et les mœurs de la liberté. Nous sommes en retard sur ce point, parce que dans le passé, nous avons été trop gouvernés peut-être, et que l'État d'aujourd'hui, sous l'étiquette républicaine, garde, avec une jalousie féroce, la tradition monarchique la plus autoritaire et la plus autocratique. De plus en plus il entend que rien ne se fasse sans lui ou plutôt que par lui. La guerre à la religion d'une part, et de l'autre le courant socialiste qui affole le pays n'ont fait jusqu'ici que favoriser cette tendance de l'État à élargir ses attributions, à supprimer toute énergie et toute activité autre que la sienne ; en un mot, à tout accaparer et tout absorber. Devant cette puissance exorbitante de l'État, nous ne pouvons rien que par l'association, et c'est pourquoi les amis de la liberté, ceux surtout qui subissent déjà l'oppression ou qu'elle menace, doivent saisir avec empressement toutes les occasions de s'associer.

L'association pour l'école préparera l'association pour la religion et pour le culte, qui sera peut-être la nécessité de demain. Déjà en différents endroits, notamment à Paris et dans cette ville de Lyon qui a inauguré l'association pour l'école, on avait constitué des associations selon la forme légale, en vue d'assurer l'existence des œuvres de la paroisse. C'était, pour ainsi dire, l'essai avant la lettre du régime qui succédera à l'abolition du Concordat. Sans doute ces associations devaient comprendre dans leur objet les écoles paroissiales. Au congrès la question a été posée : L'asso-

ciation pour l'administration de l'école libre devait-elle étendre son champ d'action, embrasser dans sa sollicitude
d'autres intérêts d'ordre religieux? Le congrès se prononça
pour la négative. En principe, il décréta, à sa façon et très
nettement, la séparation de l'église et de l'école. On ne voit
pas bien pourquoi. Puisqu'il s'agit d'écoles chrétiennes, il
semble que l'union serait le régime normal. En Angleterre,
aux États-Unis, tout centre catholique se compose essentiellement de l'église et de l'école; c'est un seul et même
committee, un seul et même *trust*, qui administre ces deux
moitiés d'une même institution, ces deux ailes d'un même
édifice. Ne faudrait-il pas voir dans la décision du congrès
un reste de défiance vis-à-vis de la prépondérance sacerdotale, la peur inavouée de donner à l'œuvre une teinte trop
religieuse, pour tout dire, si l'on osait parler comme les philosophes, un fond de laïcisme subconscient? Mais ne discutons pas; on a voulu laisser à l'école libre son autonomie; on
veut qu'elle ne soit pas trop à l'ombre de l'église, qu'elle
ait son air et son soleil. Soit : on verra à l'usage si ce mode
d'installation a bien tous les avantages qu'on s'en promet, et
s'il ne comporte pas certains dangers que redoutent des
gens trop clairvoyants peut-être. En attendant, l'association
pour l'école libre aura rendu aux catholiques un grand service; il s'y seront formé la main et auront fait leur apprentis-
sage de l'association pour l'Église libre.

III

Telle est l'économie du plan adopté au congrès de Lyon
pour la reconstitution de l'enseignement libre. Outre le
mérite d'être en harmonie avec les lois fondamentales et
imprescriptibles de la famille, aussi bien qu'avec la législation actuelle, les idées et les mœurs de la société contemporaine, il a manifestement ce caractère naturel et simple des
choses bien trouvées, faites pour vivre et prospérer, devant
lesquelles on se prend à dire : C'était bien facile; comment
ne s'en est-on pas avisé plus tôt? Toujours l'histoire de l'œuf
de Christophe Colomb.

D'ailleurs il ne s'agit pas de théorie pure ; le projet n'est

pas seulement à l'étude, on est entré dans la période de
l'exécution ; on parlait à Lyon sur témoignages concrets. C'est
de l'histoire d'hier, mais c'est de l'histoire. Les associations
scolaires existantes, créées d'après le type et les idées que
nous venons d'exposer, dépassaient la centaine. Elles fonc-
tionnaient et produisaient des résultats dont l'école n'était
pas seule à recueillir le bénéfice. « C'est l'école qu'on transforme, mais plus encore la société même ; c'est à des écoliers
qu'on fait du bien, plus encore à des chefs de famille qu'on
ramène à la pratique de leurs devoirs d'éducation ; c'est aux
enfants qu'on apprend à devenir des hommes, c'est à des
hommes qu'on apprend à s'occuper de leurs enfants ; c'est
l'avenir qu'on prépare par les petits ; c'est le présent qu'on
améliore par les grands. Nous connaissons une association
de près de cinq cents personnes, intelligemment groupées
autour de leurs écoles, qui est en train d'opérer une transformation inattendue dans l'esprit et les habitudes de ses
associés[1]. »

. Le mouvement était donc lancé ; le congrès lui a donné
une impulsion vigoureuse ; chaque jour, depuis lors, a vu
naître quelques associations nouvelles ; le journal *l'Univers*
a cru devoir ouvrir une rubrique spéciale pour enregistrer
les déclarations parues à l'*Officiel*. Évidemment l'idée fait son
chemin ; l'association pour l'école libre a le vent en poupe.
Rien ne le prouve mieux que le déchaînement furibond de
la Lanterne, qui invoque les foudres gouvernementales contre
cette tentative factieuse de « résistance » aux lois républicaines. En revanche, le Saint-Père, à qui un groupe des
congressistes lyonnais est allé rendre compte des faits accomplis et des espérances d'avenir, leur a libéralement accordé
ses encouragements et ses bénédictions. C'est là un gage de
succès auquel nos sympathies les plus sincères et nos souhaits
les plus chaleureux ne sauraient rien ajouter. Ce n'est pas
une raison de les refuser à une entreprise de laquelle on
peut certainement attendre beaucoup pour le maintien et
même la rénovation de l'enseignement libre. Toutefois, il
nous reste une inquiétude ; elle s'est trahie déjà dans les

1. Rapport de M. Bornet, *l'École libre de demain*.

pages qu'on vient de lire; nous croyons devoir en terminant,
la formuler en toute franchise.

Dans l'organisation de l'école libre, telle qu'elle a été exposée au congrès de Lyon, telle qu'elle ressort des statuts
modèles qui ont obtenu l'approbation de l'assemblée, il ne
nous paraît pas que l'on fasse au prêtre la place qui lui convient. Il est stipulé que le prêtre, « le ministre de la religion »,
aura ses entrées à l'école; il y viendra « donner l'instruction religieuse, parce que nul ne peut le remplacer dans cet
enseignement, parce que lui seul en a accepté et reçu le ministère par des fonctions qui l'obligent à la répandre, et une
consécration qui lui permet de la donner avec autorité[1]. ».

Et plus loin : « Le prêtre, à qui ressortit, pour les familles
associées, l'instruction religieuse de l'enfant, sera encore
pour les administrateurs un homme de bon conseil... Dé-
chargé désormais des responsabilités de l'administration qui
incombent à d'autres, il retrouvera avec joie l'indépendance
qui lui est nécessaire pour remplir auprès des âmes son
ministère élevé. »

Ainsi, d'une part, professeur de religion auprès des
enfants, et, de l'autre, conseiller bénévole auprès des administrateurs, c'est à quoi se réduit le rôle attribué au prêtre,
au curé, dans l'établissement scolaire libre, collège, pensionnat, école élémentaire. On lui permet encore de montrer
son zèle pour l'œuvre, en usant « de son influence et de ses
relations pour lui assurer des associés nombreux ».

Nous pensons que c'est insuffisant.

De quelle école s'agit-il, après tout, sinon de l'école chrétienne, où l'enfant chrétien est envoyé pour être élevé chrétiennement? Qu'on le veuille ou qu'on ne le veuille pas, c'est
là la raison d'être, quant à présent, des écoles libres. Où
sont les écoles libres fondées et entretenues pour le pur
amour de la liberté? Ceux qui s'en tiennent à ce sentiment
respectable s'accommodent fort bien de l'enseignement de
l'État. Je le veux bien, « nul ne peut garantir qu'il ne se fon-
dera pas un jour des écoles privées où la libre pensée, la foi

1. Rapport de M. Bornet, *l'École libre de demain*.

laïque, le progrès social, trouveront leur refuge ». Ainsi
s'exprime M. Barthou, dans son rapport sur le projet de loi
relatif à l'enseignement secondaire privé ; et c'est pourquoi
il repousse certaines dispositions sectaires qui pourraient
un jour se retourner contre les libres penseurs, s'ils venaient
à fonder des écoles. Soit ; mais en attendant, ce sont les catholiques, quelquefois les protestants ou les israélites, qui créent
des écoles pour faire élever les enfants conformément à
leur foi religieuse qu'ils mettent au-dessus de tout. Cela
étant, ni la logique, ni la justice n'autorisent à réduire au
minimum les attributions du ministre de la religion, — de
cette religion qui est le motif déterminant de l'existence de
l'école, — du curé qui a la charge de ces âmes d'enfants confiées à l'école parce que l'école est religieuse. Le prêtre, le
curé doit y être plus qu'un professeur ou un conseiller dont
les conseils n'ont d'autorité que celle qu'on veut bien leur
attribuer. L'enseignement des maîtres, le choix des livres,
surtout avec un personnel laïque, sont, pour ne pas parler
d'autre chose, des affaires majeures sur lesquelles il faudrait
lui reconnaître plus que le droit de présenter, à l'occasion,
d'humbles observations ou de timides remontrances.

Nous regrettons de ne pouvoir donner à notre pensée et à
nos prévisions les développements que comporterait l'importance du sujet. Qu'il nous suffise d'appeler l'attention de qui
de droit sur un point qui n'a peut-être pas été étudié sans
quelques préventions fâcheuses [1].

Qu'on nous permette encore de faire entendre, le plus
discrètement possible, — comment dire : un blâme ou une
plainte? Une plainte dépasserait notre pensée, et un blâme
dépasserait notre droit. Un regret sera tout à la fois plus
modeste et plus juste.

Il nous paraît regrettable que le congrès de Lyon, com-

---

1. Nous avons sous les yeux un document d'un haut intérêt. En voici le
titre : *Association départementale pour la protection des intérêts religieux et
tout d'abord l'instruction chrétienne libre de l'Orne* Les catholiques du diocèse de Séez se sont inspirés des idées du congrès de Lyon ; mais les statuts qu'ils ont dressés pour leurs associations font à l'autorité ecclésiastique
une part autrement large. Nous croyons qu'ils sont dans le vrai.

posé en majorité de catholiques militants, se soit contenté, à propos des congrégations enseignantes, de jeter quelques fleurs sur leur tombe. Leur suppression est acceptée comme un fait accompli; « leur œuvre est finie »; c'est entendu; on ne les reverra pas, et vraiment on paraît en faire son deuil, ou du moins en prendre son parti, avec une sérénité excessive. On manifeste d'autre part pour la sincérité de la sécularisation une sollicitude qu'il faudrait peut-être laisser aux procureurs et aux juges d'instruction.

En vérité, la cause de l'enseignement congréganiste est-elle désespérée à ce point qu'on ne doive plus même en parler entre gens sérieux, pour ne pas perdre son temps? Est-il vraiment mort et enterré, et le sceau de la République apposé sur la pierre du tombeau vous répond-il que la résurrection est à jamais impossible? Nous nous refusons à le croire.

Les congrégations religieuses sont victimes d'une mesure qui, pour se parer du nom et de l'autorité de la loi, n'en est pas moins un attentat contre le droit naturel de l'homme et le droit constitutionnel du citoyen. En dépit des principes fondamentaux de toute notre législation, on a mis hors la loi les personnes qui prétendent pratiquer la religion catholique sous sa forme la plus parfaite; on en a fait une classe de parias qui ne jouissent pas des libertés publiques. Pendant trente ans, nos gouvernants républicains n'ont pu faire aboutir la loi d'association, parce qu'ils étaient trop anticléricaux pour accorder aux congrégations religieuses le droit commun, mais encore trop libéraux pour les en exclure. Il a fallu des jacobins et des sectaires sans vergogne pour oser ce coup de force qui déshonore un régime. Les libéraux timides, qui ont eu peur de la liberté des moines, comprennent aujourd'hui que le grand péril pour leur chère République n'était pas de ce côté.

Quant aux congrégations religieuses, brisées momentanément par une loi d'exception, elles n'admettent pas que l'injustice soit sans retour. Elles réclament le droit commun, rien que le droit commun, dont les malfaiteurs eux-mêmes ne sont pas exclus. Est-il donc déraisonnable d'espérer qu'il leur sera rendu un jour? En tout cas, ce n'est pas aux amis

de la liberté, moins encore aux catholiques, à leur interdire cet
espoir, en accréditant l'opinion que l'iniquité est irréparable.

Et qu'on ne croie pas, en attendant, qu'il soit si aisé de se
passer d'elles. On prendra peut-être leur place, on ne les
remplacera pas. Avec leur concours, l'organisation nouvelle
de l'enseignement libre, dont on vient de jeter les bases,
avait toutes les chances de succès ; sans elles, qu'on ne se
fasse pas d'illusion, elle va rencontrer des difficultés qu'il
vaut mieux ne pas trop regarder en face, pour ne pas perdre
courage.

On s'est parfaitement rendu compte, au congrès de Lyon,
qu'il ne suffit pas de pourvoir, au moment présent, les écoles
libres d'un personnel habile et digne de confiance, point
trop difficile à trouver grâce aux congréganistes sécularisés.
Mais, pour que l'œuvre ait un lendemain, il faut songer à
préparer un corps de maîtres et de maîtresses, donc, créer
des écoles normales et les faire vivre, fonder et alimenter
des caisses de secours et de retraites, organiser l'inspection
et le contrôle de l'enseignement, en un mot, monter de
toutes pièces un vaste organisme qui fonctionnera parallèlement à l'Université de France et lui sera semblable.
Il s'agit de créer un ministère de l'instruction publique libre
— le mot a été dit à Lyon — et de le doubler d'un ministère
des finances. Nous ne pouvons qu'admirer la vaillance
d'hommes, versés dans les affaires, qui n'ont point capitulé devant une telle tâche.

Les congressistes ont émis une série de vœux où rien n'est
oublié : vœux pour que les associations forment des *unions*
régionales, pour que les *unions* avisent aux moyens d'assurer le recrutement et le perfectionnement du personnel ;
vœux pour que l'on fonde des syndicats entre les maîtres et
maîtresses, des sociétés de secours mutuels, des unions
coopératives, des assurances, etc., etc. Dieu veuille exaucer
ces vœux ! Mais les congrégations religieuses enseignantes
ôteraient aux associations scolaires les neuf dixièmes de ces
soucis. Et c'est pourquoi on aurait pu, ce semble, à la longue
liste des vœux adoptés au congrès de Lyon, en ajouter un
qui ne serait pas plus chimérique que les autres et que nous
proposons à tous les amis de l'enseignement libre :

Que chacun, dès maintenant, travaille, dans la mesure de ses forces, à faire abroger les lois scélérates qui privent de leurs droits civiques des Français et des Françaises, uniquement parce qu'il leur plaît de pratiquer les conseils de la perfection évangélique.

JOSEPH BURNICHON.

LA SÉPARATION JACOBINE

(1794-1800)

Tout le monde a pû lire les propositions que M. Buisson a faites au congrès de Toulouse sur la séparation de l'Église et de l'État. Les journaux de l'endroit nous apprennent qu'elles ont valu « à l'éminent défenseur de la laïcité de la nation française » une « ovation magnifique » et d'unanimes applaudissements [1]. Il ne tiendra pas aux radicaux-socialistes que le divorce ne se fasse entre les deux puissances, en assurant aux Églises « toute la liberté, rien que la liberté », et à l'État « toute l'autorité civile, rien que l'autorité civile ». Formules paisibles et engageantes ! Le temps dira ce qu'elles renferment.

En attendant ces leçons de l'avenir, il est bon de consulter le passé. D'autant que nombre de gens oublient ou ignorent que l'idylle dont M. Buisson trace le programme, la France l'a vécue déjà, il y a plus d'un siècle.

C'était sous la Convention et sous le Directoire.

Ces noms seuls éveillent quelque inquiétude. Les pages qui vont suivre ne feront, sans doute, que légitimer ces craintes instinctives.

C'est par la porte de la finance que l'idée de séparer l'Église de l'État s'est fait jour dans la législation révolutionnaire.

L'inauguration du culte de l'Être suprême et de la Raison n'avait pas empêché la Montagne, maîtresse des destinées du pays, de respecter l'œuvre religieuse de la Constituante. Au temps de Robespierre, comme en celui de Mirabeau, la constitution civile du clergé était la loi. Si les *pensions*

---

1. *La Dépêche de Toulouse*, 8 octobre 1904.

prévues par ceux qui avaient nationalisé les biens d'É-
glise étaient réduites (27 septembre 1792) ou suspendues
(26 mars 1794), elles n'étaient pas rayées de la comptabilité
publique ; et, à trois reprises, la Convention avait solennellement déclaré que le *traitement* des ministres du culte faisait indéniablement partie de la dette nationale (30 septembre 1792 ; 11 janvier, 27 juin 1793).

La réaction thermidorienne semblait devoir être plus
favorable encore. Le 5 août 1794, un décret décide que « les
ci-devant ministres du culte, religieux et religieuses pensionnés de la République », doivent toucher « sans délai »
l'arriéré des sommes qui leur sont dues. Le 4 septembre,
ordre est donné au Comité de salut public de faire « sous
trois jours » un rapport sur la suppression du décret qui
exclut les ci-devant nobles et prêtres de toutes fonctions
publiques [1]. Mais l'embarras du Trésor, la logique de la
situation, la survivance de l'esprit jacobin devaient rendre
impossible une politique persévéramment libérale.

Sur le rapport de Cambon, la Convention légiféra de nouveau sur les pensionnés ecclésiastiques et sur le traitement
des curés, et le grand mot prit place dans le Code : « La République française ne paye plus les frais ni les salaires d'aucun
culte [2]. » On séparait ainsi, si l'on peut dire, la caisse de
l'Église et celle de l'État. Cela ne pouvait suffire. Le décret
du 3 ventôse an III (21 février 1795), voté sur le rapport de
Boissy d'Anglas, régla « l'exercice » de ce culte qu'on prétendait ne plus connaître :

Art. 3. — Elle (la République) ne fournit aucun local, ni pour
l'exercice du culte, ni pour le logement des ministres.
Art. 4. — Les cérémonies de tout culte sont interdites hors de l'enceinte choisie pour leur exercice.
Art. 5. — La loi ne reconnaît aucun ministre du culte : nul ne peut
paraître en public avec les habits, ornements ou costumes affectés à
des cérémonies religieuses.
Art. 6. — Tout rassemblement de citoyens, pour l'exercice d'un
culte quelconque, est soumis à la surveillance des autorités constituées.
Art. 7. — Aucun signe particulier à un culte ne peut être placé

1. Ce décret était du 15 thermidor an II (2 août 1794).
2. Décret du deuxième jour des sans-culottides an II (18 septembre 1794).

dans un lieu public, ni extérieurement, ni de quelque manière que ce soit. Aucune inscription ne peut désigner le lieu qui lui est affecté. Aucune proclamation ni convocation publique ne peut être faite pour y inviter les citoyens.

ART. 8. — Les communes ou sections de communes, en nom collectif, ne pourront acquérir ni louer de local pour l'exercice des cultes.

ART. 9. — Il ne peut être formé aucune dotation perpétuelle ou viagère, ni établi de taxe, pour en acquitter les dépenses.

Trois mois après, nouvelles mesures relatives « à la célébration des cultes dans les édifices qui y étaient originairement destinés » :

ARTICLE PREMIER. — Les citoyens des communes et des sections des communes de la République auront provisoirement le libre usage des édifices non aliénés... dont elles étaient en possession au premier jour de l'an II de la République.

ART. 2. — Les édifices seront remis à l'usage desdits citoyens dans l'état où ils se trouvent, à la charge de les entretenir et réparer ainsi qu'ils verront, sans aucune contribution forcée.

ART. 4. — Lorsque des citoyens de la même commune ou section de commune exerceront des cultes différents ou prétendus tels, et qu'ils réclameront concurremment l'usage du même local, il leur sera commun ; et les municipalités, sous la surveillance des corps administratifs, fixeront, pour chaque culte, les jours et les heures les plus convenables.

ART. 5. — Nul ne pourra remplir le ministère d'aucun culte dans lesdits édifices, à moins qu'il ne soit fait décerner acte, devant la municipalité du lieu où il voudra exercer, de sa soumission aux lois de la République [1].

Enfin, un mois avant de se quitter, les conventionnels achevèrent de régler les rapports de l'Église et de l'État par un dernier décret, en trente-deux articles, qui prévoit les « garanties assurées au libre exercice de tous les cultes », celles « exigées des ministres de tous les cultes », celles prises « contre tout culte qu'on tenterait de rendre exclusif ou dominant » ; un dernier titre détermine « la compétence des tribunaux, la procédure et les amendes ». Il serait trop long de transcrire bout à bout les trente-deux articles de ce testament religieux de la Convention. Il convient pourtant d'en signaler quelques dispositions significatives.

1. Décret du 3 prairial an III (22 mai 1795).

Le culte ne peut s'exercer que dans une enceinte déclarée à l'autorité municipale (art. 17). Dans cette enceinte aucun ministre du culte ne saurait être admis aux fonctions de son état, s'il n'a signé, dans un registre *ad hoc* ouvert à la mairie, la formule suivante : *Je reconnais que l'universalité des citoyens français est le souverain, et je promets soumission et obéissance aux lois de la République.* « Deux copies, en gros caractères très lisibles, certifiées par la signature de l'adjoint municipal ou du greffier de la municipalité et par celle du déclarant », doivent rester « constamment affichées dans l'intérieur de l'édifice destiné aux cérémonies » (art. 5). Le culte peut être célébré dans des maisons particulières, « pourvu qu'outre les individus qui ont le même domicile » le rassemblement » ne compte pas plus de dix personnes (art. 16). On ne manque point de détailler (art. 23) les délits par lesquels le ministre du culte s'expose à l'interdiction de ses fonctions, à l'amende et à la prison. Naturellement on déclare particulièrement criminels tous écrits ou discours qui représenteraient comme injustes les « ventes et acquisitions de biens nationaux » (art. 24)[1].

En face de cette législation, M. Aulard se prend d'un enthousiasme grave. « On prétend, dit-il, que Bonaparte ressuscita le catholicisme en France ; c'est un mensonge historique. Ce n'est pas Bonaparte, c'est la Convention nationale qui releva les autels par la seule application du principe de la liberté de conscience, et qui les releva sans asservir ni l'Église à l'État, ni l'État à l'Église[2]. »

Ce sont là, comme on va voir, des hardiesses très peu scientifiques.

Quelque versatilité que l'on soit en droit de supposer dans les majorités d'une assemblée politique, on ne saurait croire que les conventionnels de thermidor, éclairés, écœurés et repentants, après les saturnales de la Terreur, en étaient venus à un calme respect de la religion nationale. Les hom-

1. Décret du 7 vendémiaire an IV (28 septembre 1795).
2. *La Révolution française*, décembre 1893.

mes qui se sont rués sur Robespierre pour le tuer, loin qu'ils fussent des chrétiens, n'étaient pas même les soldats du droit et les vengeurs de la liberté. Ils étaient fiers d'avoir fait périr un tyran ; leur haine de la tyrannie n'allait pas jusqu'à flétrir le coup d'État robespierriste du 31 mai et du 2 juin ; qu'on lise leur proclamation aux départements, deux jours après leur victoire, et on verra que la proscription des girondins leur était aussi chère que la mort de Maximilien, « le moderne Catilina ». Quelle modération pouvaient attendre les catholiques, de la part des hommes à qui la Gironde même était importune ? Ces modérés n'avaient-ils pas inauguré leur avènement en faisant à Marat une apothéose dans ce Panthéon des grands hommes, d'où ils arrachaient les cendres de Mirabeau ?

Il est vrai, le temps amena une détente. Le 18 ventôse an III (8 mars 1795), les survivants du 31 mai reprirent leur place au milieu de la représentation nationale. Par là, les hommes du Marais devenaient vraiment les maîtres de l'Assemblée. Mais quel était l'idéal de courage et de liberté qui flottait devant les yeux de ces modérés indécis et muets ? Pour la plupart d'entre eux, revendiquer en faveur des prêtres le droit de vivre et de remplir leurs fonctions était une entreprise impolitique sinon compromettante. L'action de cette caste leur semblait redoutable au point que la Révolution serait manquée, tant que pèserait sur les épaules de la foule le pouvoir sacerdotal.

Le mépris de la religion révélée et la peur des ministres fidèles à leur foi, le vague espoir de réduire cette religion à une morale philosophique, et la volonté nette de ruiner l'influence de ses ministres : tel est le fonds commun d'opinion où se rencontrent les soixante-treize, les thermidoriens et les montagnards. Volontiers ils auraient dit, comme ce malfaiteur politique dont on exhume en vain certains petits papiers, pour essayer de garantir sa mémoire contre les flétrissures qui l'attendent : « L'anticléricalisme est une manière d'être constante, persévérante et nécessaire aux États[1]. »

---

1. *Revue politique et parlementaire*, octobre 1904, p. 18 (Lettre de Waldeck-Rousseau à M. Millerand).

Pour qui lit le rapport fait par Cambon, le deuxième jour des sans-culottides, il est clair que ce financier, quand il proposait la suppression du budget des cultes, se doublait d'un jacobin qui voulait exterminer le sacerdoce par la famine[1].

Dans cette assemblée où la Montagne n'est plus maîtresse, la prétrophobie est tellement à la mode que, lorsque Grégoire, provoqué par un violent discours de Chénier, monte à la tribune pour réclamer la liberté des cultes, sa parole courageuse est accueillie par des murmures; sans lui faire l'honneur de discuter sa motion, on passe à l'ordre du jour (1er nivôse an III, 21 décembre 1794). Les mois ont beau s'écouler, la belliqueuse ardeur des conventionnels contre « le fanatisme » ne s'éteint pas. Celui-là même qui demandera que, « conformément à l'article 7 de la Déclaration des droits et à l'article 122 de la Constitution », l'exercice d'aucun culte ne puisse être troublé, Boissy d'Anglas s'épanchera avec outrance sur le caractère puéril, malfaisant et sanguinaire du catholicisme : il saluera le jour prochain où, grâce à la Convention, « la religion de Socrate, de Marc-Aurèle et de Cicéron sera la religion du monde » (3 ventôse an III, 21 février 1795).

Avec Lanjuinais le ton change. Un janséniste, même impénitent, ne pouvait faire à la tribune des professions de foi à la Jean-Jacques. Mais l'esprit régalien est capable de nouer avec l'esprit jacobin les plus faciles et les plus solides alliances. La loi du 11 prairial en est la preuve.

Le rapporteur de la loi du 7 vendémiaire an IV n'était pas non plus un jacobin irréductible. S'il n'avait pas fait preuve de grande modération durant sa mission dans le Maine, en revanche, à la tribune de la Convention, il avait osé condamner les exigences de la Révolution à l'égard des prêtres en matière de serment, qualifiant tout cela de « jurisprudence atroce », indigne du « code des hommes libres » (13 messidor an III, 1er juillet 1795). Et l'ironie du hasard fera que ce même Génissieu imposera aux prêtres qui voudront exercer le culte un nouveau serment, dont le refus sera regardé comme une preuve de conspiration.

1. M. Aulard convient que Cambon parle de la religion avec « mépris et rudesse ». (*Histoire politique de la Révolution française*, p. 534.)

Tant il était difficile aux conventionnels de comprendre et de vouloir, avec une logique sincère, cette liberté des cultes dont ils faisaient, dans leurs constitutions, leurs déclarations et leurs décrets, un si pompeux étalage [1].

*
* *

Pour pénétrer à fond la portée des lois qui sont l'objet de cette étude, il ne suffit pas d'en connaître le texte, et d'être renseigné sur l'état d'âme de ceux qui les votèrent; il faut parcourir le Bulletin des décrets de la Convention. J'entends parler évidemment de la période qui va de thermidor aux premiers jours du Directoire.

Il y a là des décisions intéressantes. M. Aulard, qui sait si bien, à certains jours, ramasser les menus détails de l'histoire, aura sans doute oublié ceux que je vais dire. Sans cela, son jugement sur la restauration des autels par la Convention paraîtrait quelque peu effronté.

Le propre jour des sans-culottides où Cambon pose le principe de la séparation, un décret porte « que le comité de législation se fera rendre compte dans le plus bref délai de l'exécution de la loi relative à la déportation des prêtres ». Deux mois après (27 brumaire an III, 17 novembre 1794), « dans toutes les communes de la République, les ci-devant presbytères non vendus sont mis à la disposition des municipalités pour servir tant au logement de l'instituteur qu'à recevoir les élèves ». Boissy d'Anglas obtient, le 16 frimaire (8 décembre 1794), qu'une poignée de prêtres de l'Ardèche qui avaient rétracté leur serment à la constitution civile soient poursuivis conformément aux lois (!). Et lorsque Lecointre, pour anéantir « les espérances du fanatisme », demande que l'on mette en vente tous les presbytères et toutes les églises, la Convention, loin de s'indigner, charge ses comités de rédiger un projet de décret (14 pluviôse

---

1. Il ne faut pas oublier que, dès le 18 frimaire an II (10 décembre 1793), la Convention avait décidé que « toutes violences et mesures contraires à la liberté des cultes sont défendues ». Mais elle avait soin d'expliquer que autre chose était la liberté des cultes, autre chose la turbulence de ceux qui abusent « du prétexte de religion pour compromettre la cause de la liberté ».

an III, 2 février 1795). Il est vrai que les violences de Dumont
et de Rewbell, qui réclament qu'on extermine les prêtres
comme « bêtes fauves », n'aboutissent à aucune mesure nouvelle ; mais en rétablissant les administrations départementales (28 germinal an III, 17 avril 1795), on ne manque point
de les obliger à rendre compte, chaque décade, de l'exécution des lois « relatives aux prêtres réfractaires ». Bientôt, sur le rapport de Chénier, on décide que les prêtres
déportés « rentrés dans la République seront tenus de quitter le territoire français dans l'espace d'un mois » ; sans quoi
« ils seront punis de la même peine que les émigrés »
(12 floréal an III, 1er mai 1795). Le 20 fructidor (6 septembre
1795) la même disposition est confirmée et aggravée. Les
corps administratifs et judiciaires sont déclarés responsables,
« à peine de destitution et de détention », de l'exécution des
lois sur les ministres du culte. Enfin, en son dernier jour de
puissance, la Convention exhale un suprême cri de colère et
de haine contre ces prêtres qui n'avaient jamais cessé d'être
son cauchemar :

Art. 10. — Les lois de 1792 et de 1793 contre les prêtres sujets à la
déportation et à la réclusion seront exécutées dans les vingt-quatre
heures de la promulgation du présent décret ; et les fonctionnaires
publics qui seront convaincus d'en avoir négligé l'exécution seront
condamnés à deux ans de détention.

Les arrêtés des comités de la Convention et des représentants en
mission, contraires à ces lois, sont annulés.

Art. 16. — La Convention nationale recommande paternellement à
tous les républicains, à tous les amis de la liberté et des lois la surveillance de l'exécution du présent décret[1].

On sait avec quelle piété le Directoire recueillit cette
dernière volonté de la Convention expirante. Inutile d'y
insister. L'école de M. Aulard n'a point encore essayé de réfuter le livre irréfutable que M. Victor Pierre a intitulé : *la
Terreur sous le Directoire.*

En bonne logique, on pourrait lier l'une à l'autre la responsabilité de chacune de ces deux assemblées révolutionnaires.
Et dans un travail qui a précisément pour but de montrer ce

---

1. Décret du 3 brumaire an IV (25 octobre 1795).

qu'est devenu, entre des mains jacobines, le principe de l'Église libre dans l'État libre, l'argument que fournirait cette solidarité dans la violence ne serait ni déplacé ni excessif. Mais, d'autre part, à renfermer la démonstration dans un espace plus étroit, on gagne peut-être de la rendre plus invincible, sinon plus saisissante.

Demeurons donc en face de ce régime et de ces hommes qui ont, avant Bonaparte et bien mieux que lui, paraît-il, restauré les autels.

*
* *

Qu'advint-il de la liberté de conscience dans la pratique, sous la législation nouvelle dont Cambon, Boissy d'Anglas, Lanjuinais et Génissieu furent, pour ainsi dire, les promoteurs?

Le règne des proconsuls, dont le gouvernement révolutionnaire avait fait ses plus redoutables agents, ne fut point terminé pour si peu. Un grand nombre furent rappelés à Paris (26 thermidor); mais leurs successeurs ne valaient guère mieux. Et on pourrait écrire sur les commissaires thermidoriens un livre, qui rappellerait singulièrement celui de M. Vallon sur *les Représentants en mission* en l'an II de la République française [1].

M. Aulard, malgré qu'il en ait, se trouve bien obligé de noter que « la déchristianisation » continua encore « çà et là, dans les départements » après thermidor. Il cite le fameux arrêté pris à Albi le 3 frimaire an III (23 novembre 1794) par Mallarmé. Toutes les municipalités où il y a eu des « rassemblements » seront destituées; « tous les ex-prêtres ou ci-devant ministres d'un culte, quel qu'il soit », seront tenus de se retirer à Toulouse et à Cahors, sauf les ci-devant prêtres mariés; les veufs avec enfants, les septuagénaires seront tenus de résider au chef-lieu du district. « Les ci-devant églises seront fermées et les clefs remises aux agents nationaux des districts, jusqu'à ce qu'il en soit autrement ordonné. » Toutes les cloches seront descendues et cassées.

---

1. Sciout, dans son *Histoire de la constitution civile du clergé* (t. IV, p. 320-410), a tracé une esquisse du sujet.

« Tous les rassemblements de citoyens et réunions de communes sont expressément défendus », sauf les rassemblements pour célébrer le décadi. « S'il arrivait que, sous prétexte de célébrer le culte, plusieurs citoyens ou citoyennes se rassemblassent, même dans leur domicile ou tout autre, ils seront déclarés suspects et traités comme tels[1]. »

Avant de signifier ainsi ses volontés draconiennes aux habitants du Tarn, Mallarmé avait tenu le même langage à ceux du Gers et de la Haute-Garonne (14 vendémiaire an III, 3 octobre 1794). « Ce serait, s'écriait-il, pour justifier ses actes, compromettre la tranquillité publique, retarder le triomphe de la raison, que... de laisser subsister les moindres vestiges d'un culte que nous rappelle l'ignorance et la servitude où l'aveuglement de nos pères nous avait plongés... Nous n'avons plus à honorer cette trinité hétéroclite et incompréhensible des chrétiens : liberté, égalité, fraternité, voilà celle que nous devons encenser; d'elle procède la République, une et indivisible, et impérissable. »

Bordas, Musset, Debry, Gauthier, Calès, Sautereau, Delacroix, Bouret, ne pensaient guère autrement que Mallarmé. Leurs arrêtés sont remplis de la même littérature et s'inspirent du même libéralisme. La Gironde et les Charentes, les départements de l'Auvergne et ceux de la Bourgogne, la région du Rhône et celle des Ardennes, etc., etc., eurent à subir les exigences jacobines de ces nouveaux proconsuls. Pas une des quatre grandes lois qui nous occupent qui n'ait été outrée par « les missionnaires », qui avaient reçu de la Convention le mandat d'en faire respecter le texte et d'en inculquer l'esprit.

Presque muet sur ces choses odieuses, M. Aulard insiste avec complaisance sur « l'enthousiasme » avec lequel furent accueillies par les croyants les lois de la Convention, et sur « le mouvement catholique si spontané et si populaire » qui allait grandissant tous les jours, lorsque les maladresses du Directoire vinrent tout compromettre. Il vante, avec raison, l'activité de Grégoire pour réorganiser l'Église constitution-

---

1. *Histoire politique de la Révolution*, p. 644.

nelle. Il donne comme « un fait certain » que dès 1796 trente-
deux mille deux cent quatorze paroisses étaient régulièrement desservies [1].

Dans l'état actuel des études historiques sur la Révolution,
il est absolument impossible de savoir avec exactitude, pour
la France entière, quelle fut exactement la situation religieuse,
de l'an III au 18 brumaire. Les monographies ne sont pas
assez nombreuses, ni assez détaillées, ni d'une méthode assez
sûre. Mais il demeure indéniable que dans beaucoup d'endroits les catholiques eurent à subir les plus odieuses persécutions.

Parfois des lois atroces dormirent dans les codes inappli-
quées. M. Aulard écrit, par exemple, qu'avant le 18 fructidor,
les répressions ordonnées en brumaire an IV sont demeurées lettre morte. Soit. Le fait étant dûment constaté, la vraie
question est de savoir pourquoi il a pu se produire. Et alors
il faut bien convenir de deux choses : 1° lorsque les autorités
locales étaient religieuses ou intelligentes, elles ont toléré,
sans mot dire, ce qu'elles ne voulaient pas ou ce qu'elles ne
pouvaient pas empêcher ; 2° quant au pouvoir central, ou bien
il a ignoré ces complaisances ; ou bien, contraint de céder à
la force des choses, il a fermé les yeux sur une violation des
lois qu'il eût été impolitique d'apercevoir et de punir.

Sa volonté certaine était que la loi sortît tous ses effets, et
loin d'encourager la mollesse de ses agents, elle les aurait
plutôt encouragés à être plus sévères qu'elle-même.

Si ces pages devaient être autre chose qu'une esquisse
générale, j'entrerais dans des détails nombreux. Je n'en tou-
cherai qu'un seul. Au sujet de la loi du 11 prairial, dont
l'article 3 rendait au culte, à Paris, une église par arrondissement, M. Aulard signale l'avis du comité de législation
d'après lequel, la soumission exigée des prêtres ne pouvant
porter sur des lois abolies, les églises seraient aussi bien
rendues à ceux qui n'avaient pas juré cette constitution qu'à
ceux qui l'avaient jurée. Ce résumé de la circulaire du

---

1. C'est dans son article de *la Révolution française* (décembre 1893) que
M. Aulard prend à son compte ce chiffre avancé par Grégoire. Dans son *Histoire politique de la Révolution* parue en 1901, je n'ai pas vu qu'il ait persisté dans cette affirmation, avec la même assurance (v. p. 649).

19 prairial est exact. Mais en même temps que le comité de
législation opinait avec cet équitable bon sens, le comité de
sûreté générale — M. Aulard n'en dit rien — veillait à ne
point renier le passé ; le 3 fructidor il prenait un arrêté dans
lequel il invitait les administrateurs du département à « préférer les prêtres constitutionnels aux autres » pour leur
confier les églises de la capitale. Cette ingérence illégale
valut au comité une leçon de droit correcte, habile et fort
nette : les administrateurs parisiens se refusèrent à devenir,
par ordre du gouvernement, les protecteurs de cette église
constitutionnelle dont le gouvernement lui-même avait aboli
le statut légal. Mais la démarche des conventionnels montre,
à l'évidence, quelle sincérité d'intention et quelle largeur de
vues ils apportaient dans cette question de la liberté religieuse.

A côté de cet unique exemple, on en pourrait citer vingt
autres aussi décisifs.

Il est donc absolument inadmissible d'attribuer au seul jeu
« du principe de la liberté de conscience », proclamé par la
Convention, la restauration des autels qui suivit thermidor.
Jamais la Convention ne donna à ce principe son sens vrai et
plein ; les discours de ses orateurs et les violences de ses
décrets le prouvent. Et lorsque en fait elle laissa tranquilles
ceux qui prenaient, sans l'attendre du gouvernement, la
liberté d'exercer leur culte, ce ne fut point le respect du
droit, mais l'impuissance de le réduire, qui dicta sa conduite.
Son mouvement naturel fut toujours de surveiller, d'en-
chaîner et de frapper les catholiques.

Et cela devait être.

M. Aulard, dans ses études, ne manque pas de dire que ce
fut surtout la faute des prêtres s'ils furent poursuivis. Ils
étaient de « mauvais citoyens », l'âme même de tous les
troubles politiques que le gouvernement d'alors eut à
réprimer. On devait leur faire la guerre ; ce n'étaient que
justes représailles.

Dieu me garde de déclarer en bloc indemnes de tout

reproche tous les prêtres de France à qui la Providence fit
l'honneur de les faire vivre en des temps si difficiles. Nombre
d'entre eux durent faire des imprudences. A l'heure même
où ils les commirent, l'ancien évêque d'Alais, Beausset, leur
reprochait avec amertume leur « zèle inconsidéré » ; il regrettait qu'ils eussent « fait tout ce qu'il fallait pour réveiller
la haine mal assouvie d'un gouvernement ombrageux, toujours prompt à s'alarmer, et affectant quelquefois de le
paraître, lors même qu'il ne l'était pas, pour s'en faire un
prétexte de revenir à ces mesures rigoureuses dont l'habitude avait fait une espèce de besoin ».

Quel homme de sang-froid pouvait s'étonner que les prêtres
demeurassent défiants, hostiles même, à l'égard de la Révolution ? Elle leur avait tout pris, leur fortune, leur rang, leur
liberté. Que pouvaient-ils attendre d'elle, lorsqu'elle semblait leur faire quelques avances, sinon quelque machiavé-
lique surprise ? La faute de ces hommes qui avaient été
témoins et victimes d'un brigandage inouï, il semble qu'elle
fût exactement celle-ci : ils n'avaient jamais eu grand'foi dans
la constitution civile du clergé; ils en avaient eu encore
moins à la mansuétude de Robespierre et à l'équité de Fou-
quier-Tinville, à la modération des assemblées révolutionnaires, à la sagesse des sections et des clubs; dans cette
puérile méfiance, ils avaient eu la hardiesse de se cacher et
l'insolence de ne pas se laisser couper la gorge; c'est à peu
près tout ce que voulaient dire ceux qui accusaient les prêtres
de n'être pas les amis de la République. On peut proclamer
sans honte que ce ne sont pas là des crimes irrémissibles[1].

Malgré le trouble des luttes politiques et la tentation pres-
sante des rancunes trop humaines, il est à croire que, parmi
les prêtres fidèles à leur foi catholique et dignes de leur
sacerdoce, les imprudents ne furent qu'un petit nombre ; dès
l'an IV, ils se seraient ralliés, — comme ils firent plus tard
autour de Bonaparte, — s'ils avaient connu, au lendemain de
thermidor, un pouvoir respectueux de la religion.

Mais les hommes de thermidor n'étaient pas, il faut le

1. En ce passage, je ne fais qu'appliquer au clergé réfractaire le plaidoyer
que Bourlier, évêque d'Evreux, écrivait, en 1806, au préfet de l'Eure, en
faveur d'un de ses prêtres dénoncé par Fouché comme un perturbateur.

répéter encore, respectueux de la religion. Et là se trouve la raison dernière des solutions qu'ils apportèrent au problème de la séparation de l'État d'avec l'Église.

Avec Boissy d'Anglas ils constatent l'erreur de leurs devanciers. Les constituants n'ont su organiser qu'un schisme qu'ils ont été impuissants à réduire. Les terroristes ne se sont détachés de ce lambeau de l'Évangile qui était la constitution civile du clergé, que pour offrir aux peuples, à la place, « le scandale d'une orgie ». Que conclure ? Qu'il faut abandonner le rêve d'une religion ou d'une irréligion d'État, laisser chaque doctrine à ses forces et chaque conscience à ses préférences. On n'y parvient pas. Les libres penseurs qui se piquent de raison et de libéralisme poursuivent les prêtres réfractaires parce qu'ils ont refusé le serment à une constitution qui est abolie; et ils traquent les prêtres constitutionnels qui ont le malheur de rétracter leur serment d'autrefois. On dit aux catholiques : Pratiquez votre religion; personne ne s'y oppose. Mais on leur interdit le repos du dimanche, on entend couper leurs communications avec le pape, on leur arrache les prêtres qu'ils préfèrent, on vend les églises où ils pourraient se réunir, on défend de doter celles qu'on leur laisse...

C'est l'incohérence et l'iniquité tout ensemble.

L'esprit de ces législateurs, qui aurait dû se mouvoir dans la paix des principes, loin du fracas des passions en lutte, se trouve entraîné et submergé dans le remous violent où se mêlent, sous le souffle de la Révolution déchaînée, le courant des tyrannies régaliennes et le courant des théories de l'*Encyclopédie*. Ils pensent donc, ces hommes d'État, et que la religion catholique est une faiblesse dont les cerveaux populaires ne sont pas encore dépris, et que l'État a le droit de régler, en toute souveraineté, tout ce qui touche au culte.

Dans ces conditions, en quel sens devait se produire la poussée gouvernementale ? En ce sens uniquement que la liberté pleine serait assurée à tous ceux qui rompraient avec l'antique religion nationale. Et c'est ce qu'on vit jusqu'au 18 brumaire.

Ces années déjà lointaines de notre histoire nous permettent de conjecturer, sans témérité, comment se fera présentement chez nous la séparation de l'Église et de l'État.

Il n'est point nécessaire de considérer de très près la plupart des projets déposés devant le Parlement pour leur trouver, avec les lois révolutionnaires dont il a été question ici,
une ressemblance inquiétante. Pour l'un de ces projets la ressemblance est poussée à son point de perfection : le sénateur
Boissy d'Anglas a cru devoir à la mémoire de son ancêtre et
à l'exigence du moment, de copier presque mot pour mot la
loi du 3 ventôse an III.

Les textes de loi sont pareils parce que pareilles sont les
âmes. Au milieu de toutes les tendances diverses qui amène-
raient le « Bloc » à se dissoudre il y a, pour le cimenter fortement, la haine ou le mépris de la religion catholique, le sentiment jaloux, jusqu'à la puérilité, de l'omnipotence de l'État.
L'infatuation de positivisme, qui gonflait l'esprit de Gambetta
et de Ferry, n'a point cessé d'être la coquetterie de tout républicain vraiment pur. Et le concept de l'absolutisme est
devenu dans l'âme de chaque « majoritard » d'autant plus impérieux, qu'il a senti en sa personne, plus vivante et plus puissante, l'incarnation du gouvernement lui-même.

Pour eux il est de tout point impossible qu'un prêtre ne
soit pas, comme tel, soumis à un code sévère fait contre lui
seul.

En l'an V, tandis que les rapports de Camille Jordan et de
Dubruel essayaient de faire entrer le Directoire dans la voie
des aveux et des réparations, un nommé Jean-Augustin
Leblond envoyait de Meulan aux présidents des Conseils ses
observations sur les « matières très intéressantes au bonheur
de la République et présentement à l'ordre du jour ». Et
voici comment il débute :

Première question : les prêtres sont-ils citoyens ? Non... Pour le
décider il ne faut que lire l'article douzième de la Constitution. On y
voit que « l'exercice des droits de citoyen se perd », entre autres causes,
par les deux suivantes : l'une est « l'affiliation à toute corporation étran-

gère... qui exigerait des vœux de religion », l'autre, « l'acceptation de
fonctions ou de pensions offertes par un gouvernement étranger ». Or
tout prêtre sans distinction est affilié à une corporation étrangère à la
République, tout prêtre tient à une corporation qui exige quelque vœu
de religion... Cette corporation qui fut toujours plus ou moins redoutable aux gouvernements et qui ne cessera jamais de l'être, tant qu'elle
existera, a son centre de réunion et son chef suprême à Rome.

N'est-ce pas à chaque instant que nous entendons un pareil
langage ? Les hommes les plus écoutés du gouvernement ne
rougissent pas de débiter de pareilles inepties.

M. le président du conseil a tenu récemment à montrer
qu'il était capable, en parlant de Rome, de rivaliser en littérature courtoise avec les scribes de *la Lanterne* ou de *l'Action*,
les orateurs des clubs socialistes [1].

Ce sont toujours les morts qui parlent.

Et voilà pourquoi, aujourd'hui comme en l'an IV, la séparation des deux puissances se fera contre la liberté.

Paul DUDON.

1. *Journal officiel*, 23 octobre 1904.

SAINT FRANÇOIS DE BORGIA

II. — L'HOMME D'ÉTAT [1]

LE VICE-ROI [2]

I

La nomination du jeune marquis de Lombay à la vice-royauté de Catalogne prouvait son précoce mérite. En ce temps de paix mal assurée avec la France, cette clef de l'Espagne devait reposer en des mains fermes et fidèles. Le gouvernement de cette province en désordre, et entichée de ses *fueros*, demandait un grand tact, de la vigueur, un rare discernement. Il était enfin inouï qu'on débutât dans la carrière administrative par la vice-royauté de Catalogne. On venait à Barcelone après avoir gouverné Valence, l'Aragon ou Mayorque. De Catalogne, les vice-rois passaient à Naples, en Sicile ou aux Pays-Bas [3]. D'assez brillantes sinécures auraient pu récompenser le marquis de Lombay de son dévouement envers l'impératrice. Si Charles-Quint lui confiait une charge qu'avaient accoutumé de remplir les personnages les plus considérables, c'est qu'en l'aimable homme de cour il avait depuis longtemps reconnu un homme d'État.

Le marquis de Lombay connaissait la Catalogne. Il en parlait la langue et avait assez souvent assisté aux Cortès de Monzon pour savoir quelles lois et quelles coutumes régis-

---

1. Voir *Études* des 5 et 20 octobre 1904. — Dans le numéro du 20 octobre, page 217, note 2, lire : *cinq mille* ducats, au lieu de *cinquante mille*.

2. *Archives de Simancas et d'Osuna ; Archives nationales de Paris* (Simancas, Estado Corona de Aragon, 267-287, et Paris, Archives nationales, Monuments historiques, K, 1689-1707). — *Monumenta historica S. J. Borgia*, t. II. — *Manual de novels ardits, vulgarment apellat Dictari del antich consell Barceloni*, t. IV, p. 1534-1562. — *Barcelona antigua y moderna*, par don Andrés Avelino Pi y Arimon : 1854, etc.

3. Charles-Quint, en 1520, avait institué des vice-rois, à charge triennale, pour celles de ses provinces qui jouissaient de *fueros*.

saient cette province, quels maux la travaillaient. Du reste,
les minutieuses instructions dictées par l'empereur [1] lui mar-
quaient clairement ses prochains devoirs.

Son traitement serait de quatre mille ducats, sa garde
de trente hallebardiers. Son attention était attirée sur trois
points. D'abord et principalement sur l'administration de la
justice criminelle, très fautive en Catalogne. Les magistrats,
gens du pays, cédaient aux influences locales. Au vice-roi
d'être avisé, diligent, bon et rigoureux. Sitôt arrivé, il nom-
merait des commissaires chargés d'instruire certaines causes
pendantes. Il ne prendrait point ces magistrats parmi les
officiers du vice-roi son prédécesseur, et il surveillerait leur
conduite. Une pragmatique [2] avait interdit les ports d'armes
et les attroupements. Le vice-roi veillerait à son exécution.
Il ferait, en personne, les rondes de nuit à Barcelone. Il
déjouerait les supercheries par lesquelles on évitait la justice
royale en se réclamant sans raison du for ecclésiastique. La
Catalogne, le Roussillon et la Cerdagne étaient en proie aux
brigandages. Loin de les réprimer, les seigneurs ecclésiastiques et temporels offraient, dans leurs châteaux, un repaire
aux bandits. Il faudrait donner la liste des malfaiteurs, les
punir et, au besoin, prendre les châteaux des recéleurs.
Chaque année, le vice-roi ferait dresser un état des procès en
suspens, et en presserait l'exécution. Il contiendrait les juges
de cour, avides d'usurper l'autorité royale. Des inégalités
flagrantes régnaient dans la répression des torts; on les
supprimerait. On empêcherait les seigneurs de soustraire
à la justice royale les causes qui en ressortaient. Les criminels seraient punis au lieu où ils auraient failli. Le vice-roi
était encore invité à sauvegarder l'indépendance des juges,
à être régulier aux audiences, à faire visiter, chaque samedi,
les prisons, à s'assurer par lui-même que les pauvres y étaient
bien traités et que le geôlier prenait soin d'eux.

Au civil, le vice-roi ferait cesser les retards des procé-
dures. Il présiderait habituellement une des deux chambres

---

1. *Monumenta*, t. II, p. 582. Original à Osuna : dix-huit pages.
2. Décret royal porté dans l'intervalle des Cortès et encore dépourvu de
leur sanction.

de justice, et tiendrait tout ce qui touche aux procès «.aussi réglé qu'une montre ». Il serait d'un accès facile aux pauvres, aux veuves, et leur ferait rendre prompte justice.

Enfin quelques cas particuliers lui étaient signalés. Les troubles du vicomté de Castelbo avaient révolutionné la Catalogne, et ni l'évêque de Barcelone, ni les commissaires royaux ne s'étaient employés à les réduire. Le vice-roi demanderait compte de leur mandat à ces personnages. Il essayerait de réconcilier deux ennemis fameux, Semanat et Pujadas. Il ferait verser des cautions non soldées. Il entrerait en Catalogne par Tortosa afin de mettre en ordre cette ville. Il construirait une route d'Urgel à Barcelone; veillerait à ce qu'à Barcelone le pain soit bien cuit et la voirie moins rudimentaire. Le vice-roi antérieur avait permis au peuple de s'armer. Les quartiers formaient un corps de douze mille hommes munis d'étendards, de tambours, d'arquebuses et de piques. Outre leurs revues, chaque dimanche, ces soldats irréguliers s'exerçaient au tir. Il faudrait, doucement, les désarmer et les licencier. Il faudrait aussi hâter les fortifications du port, s'assurer des intelligences avec les vice-rois voisins, et tendre, de concert, à la répression du banditisme. Enfin, les Cortès de 1537 avaient voté un *servicio*, et soixante-dix mille livres restaient à percevoir. Le vice-roi les exigerait des députés de Catalogne.

D'ailleurs, concluait l'empereur, ces affaires ne sont que les plus urgentes. D'autres seront signalées en leur temps.

Ce programme était redoutable, et, quand il en prit connaissance, le marquis de Lombay dut être médiocrement rassuré. On lui signifiait d'être un justicier, et on ne lui cachait point que nul concours fidèle ne lui était assuré, qu'il se heurterait plutôt à des trahisons ou à d'incessants conflits de juridiction. On lui avouait l'indigence du Trésor, et on le pressait de mener à bien une lutte et des œuvres qui nécessiteraient d'abondantes ressources. Charles-Quint voulait sans doute favoriser Borgia, mais surtout, il le savait droit, consciencieux, assez dévoué pour assumer l'odieux des rigueurs nécessaires, trop humain pour sévir avec dureté, et, sur le point d'aller lui-même châtier les Gantois révoltés, il était heureux de laisser en de si bonnes mains la plus remuante de ses provinces.

Le marquis de Lombay prit, à Tolède, congé de l'empereur, et, avec sa femme, sa belle-sœur Jeanne de Castro Meneses qu'il garda toujours à son foyer, ses huit enfants, la gouvernante de ses filles, Isabelle Rodriguez, il se rendit d'abord à Gandie, où il s'arrêta peu de jours.

Ses frères et sœurs avaient disparu du palais familial. Alphonse était mort l'année précédente, abbé de Valdigna, Henri jouissait de la commanderie de Montesa. Marie, Anne et Isabelle étaient cloîtrées. Louise vivait à San Lucar. Jean-Christophe, son frère naturel, avait vingt-deux ans. Six ans plus tard, il deviendra chevalier de Saint-Jacques.

De sa seconde femme, le duc de Gandie avait eu de nouveaux et nombreux enfants. L'aîné, Rodrigue, créé cardinal à treize ans, n'avait porté la pourpre qu'un an. Il était mort depuis trois ans. Marie, cloîtrée à onze ans, était recluse. Pierre-Louis-Galceran avait onze ans. Un an plus tard, il devait hériter de Henri, devenu cardinal, la commanderie de Montesa, en attendant qu'à dix-sept ans, il obtînt, malgré une violente et légitime opposition, la Grande-Maîtrise de l'Ordre. Diego et Philippe, âgés de dix et de neuf ans, étaient clercs, et ne soupçonnaient pas quel avenir douloureux leur réservait leur violent caractère. Eléonore avait cinq ans, Anne quatre, Madeleine deux. Thomas avait un an. Marguerite, sans doute, n'était point née. Anne, à huit ans, devait être mise aux Clarisses. En réalité, Gandie appartenait aux enfants du second lit. Les âmes du seizième siècle ignoraient la mélancolie ; celle de François de Borgia, à ce spectacle, ne fut pas atteinte de ce sentiment. Mais ces âmes connaissaient l'intérêt, et Borgia ne fit jamais comprendre qu'il souffrait de voir son héritage diminué.

Le duc de Gandie remercia l'empereur d'avoir permis au marquis de Lombay cette visite au foyer. Le 14 août, le marquis arrivait à Tortosa, où, selon l'usage, dans l'église cathédrale, il prêta serment de respecter les *fueros* de Catalogne.

Dès lors, la copieuse correspondance du marquis de Lombay, si judicieusement publiée par les rédacteurs des *Monumenta*, nous permet de suivre avec quelle activité, quel souci de la justice, quel tact, quel désintéressement, quelle conscience, il s'acquitta de sa tâche malaisée. En ces lettres, d'un style prime-sautier et pittoresque, adressées à l'empereur, au cardinal de Tavera, président du Conseil de Castille, à don Francisco de los Cobos, éclatent la franchise, la décision, un dévouement religieux au service du prince, parfois une vivacité encore juvénile, toujours une urbanité de très grand seigneur. On y cherche en vain cette attitude compassée et larmoyante de pénitent désenchanté, que certains biographes du saint lui prêtent systématiquement. Il sert très volontiers le roi dans une charge qu'il regarde comme un bienfait. Aucun dépit de fuir une situation qu'il cherche simplement à bien remplir. Toujours il voit et parle clair. Son culte pour l'empereur se montre au soin qu'il prend d'exécuter ses ordres et de défendre les intérêts de la couronne. Viceroi, il tient à ses prérogatives, et les fait respecter. Justicier, il châtie promptement et avec sévérité. Un mot le caractérise, qui revient souvent sous sa plume : la conscience. Il ne peut comprendre que d'autres négligent un devoir de conscience, et lui, entend tout sacrifier plutôt que de mentir à sa conscience.

Le marquis de Lombay avait à peine mis pied à terre à Tortosa, qu'il inaugurait son rôle de justicier. Le 15 août, il ouvrait une enquête sur de récents méfaits. Le château de la ville était devenu une caverne de brigands, et l'alcade du fort était le pire de tous. Sentant la corde, il avait disparu. Le vice-roi arrêta du moins six coupables. « En vérité, mandait-il à l'empereur, les seuls brigandages de cet endroit occuperaient un conseil d'État et un vice-roi... J'ai gagné ensuite Tarragone, ajoute-t-il. Ici, point de bandes organisées, mais beaucoup de meurtres, car la justice entre en composition avec tous les assassins, et, comme les naturels du pays aiment à verser le sang, ils ne sentent que les châtiments sanglants. La justice est d'ailleurs partagée entre le *veguer* de V. M. et celui de l'archevêque. Or ce dernier préfère tirer aux gens de l'or, que les mettre à la potence. Il faut donc que V. M.

écrive à ce cardinal (Jérôme Doria), afin qu'il s'acquitte de ses obligations de conscience. »

Le samedi 23 août, François de Borgia entrait à Barcelone. Les conseillers, le régent de la *vegueria*, les consuls de la mer[1], de nombreux chevaliers, bourgeois et marchands allèrent, en une brillante cavalcade, l'attendre à la *Croix couverte*, à l'est de la ville. Les présentations faites, le cortège rentra par la porte de Saint-Antoine, et conduisit le vice-roi, d'abord à la Séo, où il dut de nouveau prêter serment de respecter les privilèges provinciaux, puis dans la maison de l'archidiacre, celle des maisons épiscopales que Charles-Quint avait assignée comme résidence à son lieutenant.

Le marquis de Lombay ne perdit point son temps en fêtes. Le lendemain de son entrée, il étudiait les dossiers des séditieux de Perpignan. « D'une façon ou d'une autre, écrivait-il, le 27 août, à l'empereur, j'espère, Dieu aidant, que V. M. sera bien servie et les brigands châtiés. Ayant toujours cette affaire en vue et la poussant, j'ai pour certain qu'ils finiront par me la payer... Je trouve en Catalogne une grande disette de blé et de justice. Même pour manger on manque d'argent. » Touché de l'indigence matérielle, il demandait la réduction de certains impôts. « Quant à la justice, ajoutait-il, les voleurs circulent ici par bandes de cinquante à soixante arquebusiers ou frondeurs. Les châteaux, ceux de V. M. comme ceux des particuliers, servent au même usage que celui de Tortosa. Gros travail de pacifier tout cela ! Aussi, conviendrait-il au service de V. M. que je sois pourvu de quelque troupe de cavaliers. Que V. M. ne me trouve pas importun si j'insiste sur cette demande, déjà faite par moi à Tolède. Mais voyant si clairement que mon autorité risque d'être méprisée, je dois répéter ma prière non pas une, mais cent fois... Nous nous demandions, l'autre jour, au Conseil, s'il ne serait pas bon d'arrêter Semanat, qui est sous le coup d'un procès et qui possède, non loin de Barcelone, une place

---

1. Le *veguer*, ou vicaire, jugeait au civil sous les comtes de Barcelone. Il avait gardé le privilège de juger la noblesse. Le *baile*, ou bailli, jugeait le peuple. Les *consuls de la mer* étaient deux magistrats annuels, l'un militaire, l'autre marchand.

où se réfugient tous les malfaiteurs du pays. « Nous conve-
« nons qu'il faudrait l'arrêter, répondirent les conseillers,
« mais, par crainte des résistances, nous n'osons vous y enga-
« ger. » Moi, je ne fais aucun cas de ces résistances. Puisqu'il
s'agit du service de V. M., dussé-je mourir dans l'assaut, je
leur mettrai leur château par terre. Je raconte ce fait, pour
que V. M. reconnaisse combien j'aurais besoin de quarante
ou cinquante cavaliers à la solde de V. M. J'ai trop peu de
fortune pour les entretenir à mes frais. Que V. M. ne dise
pas que l'archevêque, mon prédécesseur, se passait de soldats. Étant clerc, il n'avait pas mes obligations ; puis le pays
n'était pas alors dans l'état où je le trouve. V. M. pense bien
que ce n'est pas mon intérêt qui me meut, puisque la garde
même qu'Elle m'a assignée, je dois chaque mois la payer de
mes deniers. A ce train ma fortune ne suffira pas longtemps,
tant ici tout est cher. »

Borgia n'avait alors d'autre fortune que sa solde, sa rente
de quatre cent mille maravédis, et les revenus de son marquisat ; mais les revenus étaient maigres ; la rente, et peut-
être même la solde étaient payées négligemment. Le trafic de
la justice, ressource de beaucoup d'officiers royaux, n'entrait
même pas dans la pensée de Borgia. Aussi, en plusieurs lettres, rappelle-t-il à Cobos sa pénurie. Il le presse de hâter
l'expédition d'une commanderie, promise en décembre 1539,
mais donnée seulement cinq mois plus tard. « Nous n'a-
vons pas d'autres ressources pour servir S. M. », écrit-il le
5 mai 1540. Il supplie encore le ministre de faire obtenir à la
marquise de Lombay cinq mille ducats légués par l'impératrice défunte et payables sur certaines denrées du Pérou.
Le 3 janvier 1541, il signale à Cobos une abbaye vacante.
« Elle rapporte cinq à six cents livres, dit-il, et les fils ne me
manquent point, auxquels S. M. pourrait faire une faveur.
L'évêché de Cordoue est aussi vacant, et, chaque jour,
s'offrent des biens d'Église dont S. M. pourrait tirer de quoi
m'avantager, — mes fils ou moi, c'est tout un. — Que V. S.
veuille bien rappeler à S. M. de me faire quelque faveur, par
une pension ou de toute autre façon. Je saurais qu'elle me
vient par les mains de V. S. »

La fortune était pourtant son moindre souci. Ce qui l'occupe, c'est d'alimenter Barcelone, de la défendre, d'armer des galères, de dissiper des inimitiés dommageables, de régulariser la justice, de purger le pays de brigands.

Les incursions barbaresques tenaient toujours la ville sur le qui-vive, et le roi n'avait aucune flotte pour défendre les côtes. A peine en charge, Borgia s'abouche avec des armateurs, mais il se heurte à des prétentions exagérées, à des susceptibilités irréductibles. On lui présente des dires fantastiques, Chacun veut être amiral, on ne consent à servir que sous tel chef, qu'en telle compagnie. Borgia déjoue les ruses intéressées, inspecte les chantiers, presse l'empereur de signer des ordres qui n'arrivent jamais, dresse des états de situation, improvise une artillerie, fait mettre les places de la côte sur le pied de guerre, commande une galère bâtarde dont il surveille la construction avec amour. Les rusés Catalans ont trouvé leur maître, mais ils l'apprécient. L'un d'eux, dont cependant il a fortement réduit les dires, écrit à Cobos, le 27 octobre 1539 : « Rien à dire d'ici, sinon que le seigneur vice-roi sera un homme de bien et un justicier : *hombre de bien y de justicia.* »

Dès le 9 décembre 1539, les plans des travaux du port sont arrêtés en Conseil. Seul l'argent manque. Des chanoines, dont on attend un secours, le refusent. Il faut l'emporter de haute lutte. Le 10 avril 1536, le vice-roi don Fabrique de Portugal avait posé la première pierre du rempart de l'est, qui regardait la mer. Le 14 juin 1540, en présence de Borgia, on commence le prolongement des murailles, qui iront du boulevard de Saint-Raymond jusqu'à la Atarazana, et couvriront ainsi la ville. La députation de Catalogne tardait à payer le *vernicio* voté en 1538. Par sa persévérance, le vice-roi le lui arrache ducat par ducat. Les discordes privées troublent, et souvent ensanglantent le pays. Borgia réconcilie le clergé de Santa Maria del Mar avec celui del Pi ; il rétablit la paix entre le duc de Cardona et ses frères, entre Galieran de Pinos et les gens de Berga, entre l'irascible comte de Modica et le seigneur de Peralada. Son œuvre, il est vrai, dure peu ; ce qu'il arrange d'un côté, se défaisant toujours de l'autre.

Il sait fermer les yeux à propos, et tout en veillant au

désarmement des mauvais sujets, il laisse les laboureurs aller aux champs avec leurs épées et leurs arbalètes, afin d'être en état de résister aux brigands.

Le mauvais état des prisons l'émeut : «.Elles contiennent soixante-dix condamnés aux galères, écrit-il. Ces gens meurent de faim parce qu'ils n'ont rien et que la trésorerie ne peut les nourrir. C'est un devoir de conscience pour les conseillers de ne pas laisser des hommes, condamnés à un certain temps de galères, pourrir en prison préventive, quitte ensuite à leur faire accomplir leur peine. » On tranchait alors, ou l'on perçait une main aux détrousseurs pris en flagrant délit. Borgia demande qu'au lieu de cette mutilation, qui réduisait les malheureux à l'impuissance, on leur coupât un pied. Cette commutation de peine laissait une terrible place à la justice. Cependant on répondit au vice-roi que le cas était grave, et qu'on l'examinerait aux prochaines Cortès. En revanche, les seigneurs, à couvert de ce supplice de vilains, échappaient à tout châtiment. Borgia demande et obtient qu'on lui désigne des îles où il puisse déporter les gentilshommes malfaisants.

Certains monastères avaient besoin d'une réforme urgente. Le vice-roi presse l'évêque de Barcelone d'y veiller, et lui-même admoneste les religieuses relâchées. « On me dit bien, écrit-il, qu'elles se sont un peu réformées, mais ceci ne me satisfait pas encore. Elles ne vivent pas comme il convient. » En 1540, à cause du décès de l'impératrice, il fermait les bals publics. « Si les gens de Barcelone, mande-t-il à Cobos, vous disent du mal de moi, n'en croyez rien. Cette année je leur ai interdit les bals du Carnaval. J'ai eu beau leur assurer que cette défense n'était que pour cette année, ils en ont dans l'âme... D'ailleurs les mascarades ont été fort réussies, comme vous le dira le trésorier Ramago qui le sait mieux que moi. »

Mais le grand souci du vice-roi fut la répression du banditisme féroce que favorisait la connivence des gens de justice, et que, faute de troupes, il ne pouvait lui-même poursuivre efficacement. « Que V. M. considère, écrit-il à l'empereur, que toutes les poursuites que j'organise sont menées avec des Catalans, et dirigées par eux... Ici, écrivait-il encore, plus de faux serments que d'étoiles au ciel. » L'énergie du vice-roi gagne peu à peu les conseillers et les commissaires. Mais des conflits de juridiction survenaient, dont le crime seul bénéficiait. Alors, Borgia perdait patience.

Un bandit fameux, qu'il avait pris et jugé, Gaspar de Lordat, s'avisa d'invoquer le for ecclésiastique. L'évêque de Barcelone admit cet appel. « Il ne le devait pas, écrit Borgia à Cobos (17 décembre 1539), et le conseil étant de mon avis, j'ai parlé clair à l'évêque en plein conseil, et lui ai exposé les dangers de sa conduite. Il a passé outre. Bien que je sois l'ami de l'évêque, comme il convient et comme le mérite sa personne, je ne me suis pas privé de lui dire le mal qu'il fait, et la peine que j'en ressens, car ceci touche au service de S. M., chose qui m'importe plus que tout au monde. Que S. M. y porte remède, sinon l'on ne pourra plus châtier aucun malfaiteur, et il y en a tant ici qu'ils suffisent à m'occuper. »

L'évêque de Barcelone, don Juan de Cardona, ne tint aucun compte des remontrances du vice-roi. « Vos lettres, écrit celui-ci à Cobos (15 janvier 1540), n'ont produit aucun effet. Où règnent les passions, la raison n'a plus de prise. Hier, l'évêque a déclaré qu'il fallait avoir un nouveau procès, faute pire que la précédente. Ainsi on aura à juger trois fois une cause, qui, d'après la justice et toutes les lois reçues, ne devait recevoir qu'une sentence. Si cela me regardait exclusivement, je n'importunerais pas V. S., car je pense qu'avec l'aide de Dieu, personne ne m'en fera une qu'il ne me la paye. Mais il s'agit de l'évêque, et, bien qu'il soit mon ami, j'aime encore mieux la vérité et la justice... Si cette affaire suit le cours qu'elle a pris, le pays se perdra. Si l'on ne peut user de rigueur et de prompte justice avec des gens si cruels et si sanguinaires (*con gente tan cruda y carniceria*), mille maux s'ensuivront. Il faudrait que l'évêque reçût une lettre bien taillée, dans laquelle on lui dirait qu'il ne peut faire tout ce qui lui plaît, surtout quand il s'agit de ses serviteurs comme l'était Lordat. Tous les malfaiteurs feront désormais appel, puisque l'évêque, juge suprême au for ecclésiastique, recommence les procès. Ceci ne s'était jamais vu, ni entendu. Quand les gens du peuple entendent de tels propos des officiers du roi, il n'est pas étonnant qu'ils se révoltent, puisque

ceux qui doivent éteindre le feu, l'attisent. Et si S. M. écrivait en outre à cet évêque qu'il devrait se faire consacrer,
et que le temps qu'il gaspille au jeu, il le devrait employer à
son office, S. M. déchargerait sa conscience. Elle se l'est déjà
suffisamment chargée en le nommant évêque. Elle ne doit
pas tolérer le mauvais exemple que ce prélat donne à Dieu
et au monde. Je veux que V. S. reconnaisse que je suis l'ami
de l'évêque, au soin que je mets à le guérir ; je veux lui payer
le loyer de sa maison, que j'occupe, en obtenant que Dieu
demeure dans la sienne. V. S. agira comme il lui plaira. Moi,
je ne veux pas quitter le monde avec ce scrupule. »

La lettre, *bien taillée*, fut adressée à l'évêque. « C'est
comme si vous n'aviez rien fait, reprenait Borgia (25 mars), et
vous pensez quel châtiment recevra Lordat des mains de
l'évêque, puisque, malgré tous les brigandages et meurtres
qu'il a commis, ce prélat veut le sauver. Ni les vivants ne se
souviennent d'avoir vu pareil scandale en Catalogne, ni les
morts, s'ils ressuscitaient, ne diraient en avoir vu d'analogue.
Au moins qu'on écrive à l'évêque de punir Lordat comme il
le mérite. Mais je pense que celui qui l'a arraché de mes
mains ne le châtiera qu'en lui jetant de l'eau bénite... Et
comme tous les gens d'ici sont serviteurs de l'évêque, puisqu'il a commencé sans que je pusse en avoir raison, chaque
jour il voudra retirer un des siens de la potence. »

L'évêque reçut lettres sur lettres, mais Gaspar de Lordat
n'en fut pas moins sauvé. Les brigands qui tombaient aux
mains du vice-roi étaient, au contraire, sûrs de leur fait.
Aucun déni de justice, des jugements très réguliers ; mais
aucune faiblesse. Un des témoins du procès de canonisation
de Borgia, Luis de Biruegel raconte qu'un jour le vice-roi fit
exécuter soixante brigands avec leur chef Mosen Costeller.
Les gibets de la ville ne suffisant pas, on dut, pour la circonstance, en élever d'autres. Un autre témoin parle d'une fournée
de trente à quarante coupables, dont les uns furent pendus,
les autres fustigés. Ces témoins, pour faire grand, ont sans
doute exagéré les chiffres, et lu soixante au lieu de six :
les faits dataient de soixante-dix ans, et l'éloignement les
trompait. En revanche, des biographes assurent que Borgia
ne signait pas une condamnation à mort sans avoir passé

des nuits à pleurer et à prier : autre fable; il était de son temps et de son pays, et, dès qu'un crime était prouvé, il punissait sans larmoyer. « Cette terre a plus besoin de châtiment que de pardon, écrivait-il à l'empereur », et, dans ses lettres, on retrouve souvent cette expression significative : « Que Dieu, seulement, le mette entre mes mains ! » A la suite d'un meurtre, il a fait arrêter vingt coupables. « Un d'eux, écrit-il, prisonnier à Urgel, s'est laissé mourir en prison. Puisqu'il a exécuté lui-même ce que nous devions lui faire, cela va bien (*vaya en hora buena*)! » Des malfaiteurs perpignanais lui ont échappé. « J'ai tant veillé pour étudier cette affaire, mande-t-il à Cobos, que j'ai tiré au clair la façon dont tant d'eau s'est perdue. Le régent avait avec lui un notaire qui a commis maintes vilenies. Il recevait de l'argent des prévenus, et accomplissait nombre d'exploits fort laids. J'ai ordonné qu'on l'arrêtât. Il s'est réfugié dans une église. Si jamais il tombe entre mes mains, il en sortira tel qu'il le mérite. » Et c'est le plus naturellement du monde qu'il signale à Cobos qu'un tel a été pendu, un tel écartelé. La moindre injustice le mettait hors de lui; il accomplissait froidement les rigueurs nécessaires. Vasquez rapporte de lui cette énergique expression : « Je vais maintenant à la chasse avec la justice de Dieu. »

Le marquis de Lombay disait à chacun ses torts, et la condition des coupables n'arrêta jamais sa justice. « Ma conscience ne me permet pas de taire ceci, écrit-il à Cobos le 2 décembre 1539. Je tiens pour certain que, si S. M. n'avait point gaspillé l'argent que lui avait laissé la reine, il n'y aurait pas eu trois cents morts à Castelbo, ce qui, semble-t-il, charge lourdement la conscience de S. M. Et pour que le chiffre des morts ne monte pas à trente mille, et que la conscience de S. M. ne soit pas beaucoup plus chargée, il faut aviser. »

« Ces jours derniers, écrit-il le 12 octobre 1540, j'ai envoyé chez le baron de la Roca faire signer des trêves à certains prévenus. Cela se fait constamment. Cependant le baron prit si mal la chose, que, non content d'arrêter mes envoyés, il fit défendre par un crieur public de signer ces trêves. Il ajouta des paroles très libres contre l'Audience. Moi-même, je n'en sortis pas net. Il me traita cependant mieux que je

ne l'attendais de lui, car m'avoir appelé *Valencien* n'est pas
me faire une grande injure. Le pire est qu'il affirma que,
des provisions de S. M., il, sauf votre respect, s'essuierait...
Je dépêchai aussitôt mon alguazil et, avant vingt-quatre
heures, j'eus mon homme prisonnier ici. Je le mis au cachot,
les fers aux pieds et aux mains, afin de le châtier comme un
fou, puisqu'il avait parlé en fou. Députés, conseillers et chevaliers eurent beau intercéder, je n'ai pas voulu lui enlever
les fers, bien que, paraît-il, on n'enchaîne jamais les chevaliers. Ensuite je les lui fis retirer, parce que ses plaies s'en-
venimaient : il souffre du mal français. D'ailleurs il a, à son
actif, une résistance armée qu'il fit naguère à la justice, et
dont l'alguazil n'a échappé que parce que Dieu le voulait
ainsi. J'informe Votre Seigneurie de ce mauvais cas. Je
punirai le baron comme il le mérite, mais il serait bon, en
outre, que S. M. écrivît une forte lettre aux Conseillers, car
de semblables fautes en engendrent de pires. Et votre règle
dit que ceux qui pèchent en public doivent faire une pénitence publique. »

Cette incorruptible équité répandit bientôt une salutaire
frayeur. Janot Cadell, un des principaux chefs de bande,
s'enfuit en France. Antonio de la Roca, la terreur de Vich,
disparut pour un temps. Francès et Miguel de Cinisterre
furent capturés, les châteaux de Belver et d'Arseguel conquis.
Moins d'un an après son arrivée en Catalogne, le vice-roi
pouvait assurer que, momentanément, le pays était pacifié.

Tous n'approuvaient pas des procédés si nouveaux, une
impartialité si constante. Les mécontents se plaignaient à
don Francisco de los Cobos, et il en revenait au vice-roi
des contre-coups qui l'affectaient vivement. L'empereur avait,
par exemple, défendu l'exportation des chevaux. Borgia n'en
voulut laisser sortir aucun de Catalogne, pas même pour le
vice-roi de Sardaigne. Ce puissant personnage et son frère,
le duc de Cordoue, s'offensèrent et dénaturèrent sans doute
la conduite du vice-roi de Catalogne. Le 31 juillet 1540,
celui-ci écrivait à Cobos : « Dans cette affaire, j'ai rempli
mon devoir. Aussi ai-je fait des mécontents et ai-je perdu
quelques amis, entre autres le vice-roi de Sardaigne. Lui et
son frère ont eu beau m'importuner, je ne leur ai pas laissé

embarquer un seul cheval, et j'ai fait peu de cas de leur offense, étant donné que je remplissais un devoir. A cette occasion, j'ai fait toutes les diligences nécessaires. J'ai écrit à l'alcade de Perpignan et aux autres officiers, leur reprochant de laisser sortir frauduleusement des chevaux. L'alcade s'est fort piqué. Il voudrait être traité comme un capitaine général... Aussi est-il bien capable d'avoir voulu répandre sur moi de faux bruits.

« Assurément, ce serait un beau succès pour moi, après avoir rempli très ponctuellement mon devoir et m'être fait des ennemis à ce sujet, de savoir encore S. M. mécontente. Je ne puis manquer, vous le pensez bien, d'avoir vivement ressenti ce mécompte. Rien ne donne moins de cœur pour servir, rien n'abat davantage, que de voir que, des choses dont on attend le plus de reconnaissance, il arrive qu'elles ne sont pas appréciées comme elles le méritent. Ce qui me console, c'est de savoir que S. M. et V. S. me connaissent, et que, moi aussi, je connais S. M. Elle ne se règle pas d'après les fausses informations, et démêle promptement la vérité. Surtout, Dieu ne permet pas que les menteries réussissent, pour si bien que les méchants les aient dorées.

« Si par hasard j'ai eu quelque négligence comme homme, je donne à V. S. ma parole que je la lui avouerai comme à mon confesseur. Mais inutile d'insister, car je sais, de science très certaine (*porque se que tengo muy bien sabido*), qu'on me doit beaucoup de remerciements pour cela et pour le reste... Que si S. M. ordonne des exceptions, je n'en serai pas offensé. Je lui baiserai au contraire mille millions de fois (*mil cuentos de veces*) les pieds, pour m'avoir délivré d'un si grand tracas... puisque je ne me tirais d'affaire qu'en invoquant la défense de S. M. Agir ainsi n'était certes pas exalter ma propre autorité, mais en user pour le service royal. »

Le cardinal de Tavera, gouverneur de Castille en l'absence de Charles-Quint, avait pressé le marquis de Lombay d'aller visiter Perpignan, asile de nombreux révoltés, théâtre de séditions dont on n'arrivait point à punir ni à connaître les auteurs, place de guerre mal fortifiée. Ce voyage ne souriait point au vice-roi, qui s'en explique avec sa franchise et sa vivacité ordinaires.

« Si ma présence était nécessaire à Perpignan, écrit-il au cardinal le 22 septembre 1540, je partirais sur l'heure, car V. S. peut être certaine qu'en ce qui touche au service de S.M. on ne me trouvera jamais négligent. D'autant plus que, pour un homme de ma condition, siéger au conseil est plus pénible que d'être en campagne, vu que j'ai passé ma vie en ces exercices. Mais, actuellement, on ne parle ici que d'une escarmouche livrée à Gibraltar, et de la défense que demande cette côte. Si, en ce moment, on me voit aller à Perpignan, on murmurera, on cancanera sur mon compte. Si les Maures fondent sur Tortosa, je ne serai pas à ma place à Perpignan, tandis que, de Barcelone, je puis, sans retard, me porter aux points attaqués.

« Donner comme prétexte nos craintes du côté de la France serait maladroit, puisque, en France, on a fait défendre à son de trompe de dire qu'une guerre était possible. Nous aurions l'air de douter d'eux ou de les craindre, ce qui paraîtrait mal.

« Dire que je vais rechercher les brigands serait meilleur ; mais, si les Catalans savent où se cachent les brigands, ils n'aident pas à les trouver ni à les prendre, et ils murmureront s'ils me voient abandonner les remparts, les Maures et les brigands d'ici. Ce serait nuire à l'autorité du vice-roi, que de le voir partir pour une chasse qui ne réussit jamais. D'autant plus que, pendant ce temps, les affaires de justice se perdraient. On ne capture les brigands qu'en allant à pied, et en courant par la montagne comme ils font. D'ailleurs ce prétexte ne vaut rien, car Antonio de la Roca et sa bande ont disparu, et ce pays n'a jamais été plus tranquille. On dira que je n'ai pas été chasser les brigands quand il y en avait, que j'y vais quand il n'y en a plus, et la conservation de mon crédit est nécessaire dans ma charge.

« Si je dis que je vais inspecter les fortifications, je serai ridicule, puisque je ne peux les pourvoir, faute d'argent, ni rien y ajouter d'important. Il suffit, pour les visiter, d'envoyer un inspecteur quelconque, et non moi. D'autant plus que les révoltés de Perpignan n'étant encore ni condamnés, ni pardonnés, je ne devrais aller dans cette ville que pour faire justice. On dira que j'y vais seulement pour recouvrer de l'argent.

« Aussi bien, V. S. saura que, quand S. M. eut la bonté de
me confier cette charge, je lui exposai la nécessité où je
serais d'avoir, pour mes expéditions, une compagnie de
soldats ou quelques cavaliers à la solde de S. M. On me
répondit qu'on me demandait uniquement de résider toujours à Barcelone. A peine arrivé, voici qu'on m'invita à me
mettre en campagne contre les malfaiteurs. Je revins sur
le besoin que j'avais d'une compagnie. Réponse: dans ce
cas, ne vous préoccupez plus de partir. A la fin, j'y voudrais
comprendre quelque chose: quand je demande des troupes
on me dit de rester. Quand je veux rester, on m'en joint
de partir. Aussi, ai-je fait supplier S. M., qui m'a promis
une commanderie, de me donner à la place une compagnie.
Je prodigue ma peine, je dépense ma fortune et je risque
ma vie chaque fois qu'il le faut, mais je voudrais, au moins,
sauvegarder mon honneur. Et je le perdrais, si S. M. m'ordonnait de voyager escorté de deux cavaliers, devenu une
manière de commissaire, *hecho un comisario*, ou pour des
motifs peu importants. C'est cette considération qui m'est
pénible. Il s'agirait de choses importantes, j'aurais des troupes pour m'acquitter de mon office avec l'autorité qui convient, alors je voudrais, par chaque courrier, recevoir l'ordre
de servir S. M.

« Après cela, si, après avoir entendu mes raisons, V. S.
m'ordonne de partir, pour des motifs qu'elle connaît et que
j'ignore, je partirai sur-le-champ. En ce qui touche au service de S. M., je ne serai jamais en retard. »

Le cardinal de Tavera renouvela ses ordres. La chasse
aux brigands n'était qu'un prétexte. Il fallait fortifier le Roussillon, car la France armait ses frontières. Charles-Quint,
qui prodiguait le sang espagnol sur les champs de bataille
de l'Europe, ne pouvait donner cinquante hommes d'escorte
à son vice-roi. D'ailleurs, pour ne pas éveiller les soupçons
de l'ennemi, on tenait à ce que Borgia voyageât sans aucun
appareil militaire. Le vice-roi n'hésita plus. Il mit ordre à
ses affaires, rendit une sentence arbitrale qui lui demanda
neuf heures consécutives d'audience, fit célébrer un service
funèbre pour son frère le cardinal Henri, récemment mort
à Viterbe, neuf mois après sa création, et, bien que la mar-

quise de Lombay fût assez souffrante des suites d'une fausse couche, elle partit de Barcelone avec son mari le 20 octobre 1540.

Le 26, le vice-roi arrivait à Perpignan. Le voyage avait beaucoup fatigué le marquis, et le changement d'air l'éprouva au lieu de le rétablir. Pendant deux mois, Borgia inspecta la frontière. Au même moment, en France, le sénéchal de Toulouse visitait et fortifiait Narbonne. L'empereur avait affecté six mille ducats aux travaux de défense. Borgia fit remettre en état les fortifications de Perpignan, de Salsas, de Colioure, de Bellegarde, de Pus et il laissa au *visiteur de la frontière* un mémoire où les moindres travaux à conclure étaient minutieusement indiqués.

Perpignan offrait un aspect lamentable. « C'est grand'pitié de la voir, écrivait Borgia à l'empereur. Cette ville si importante est quasi détruite. Les maisons fermées sont presque aussi nombreuses que les maisons ouvertes. Les tisserands de ces draps si renommés errent en France, et, s'ils s'y fixent, leur industrie s'y transportera. »

La vue de cette misère inclina le vice-roi à l'indulgence. D'anciens crimes restaient à punir. « Je puis dire à V.S., mandait Borgia à Cobos, que ces gens sont disposés à mourir plutôt que d'avouer la vérité sur ce qui s'est passé, tous ont à cœur d'établir le loyalisme de leur ville. J'ai tant travaillé, tant confronté de gens, qu'à la fin, les uns ont parlé pour les autres. Il y a quatre jours, j'ai fait pendre le principal auteur du meurtre d'un soldat. Le jour de l'exécution, toutes les femmes pleuraient et tous les hommes maudissaient don Francès [1]. »

Cette leçon donnée, le marquis de Lombay supplia l'empereur d'accorder aux Perpignanais une amnistie dont très peu de coupables seraient exceptés. Cette prière fut entendue, et, à la grande joie de la ville, le pardon général fut promulgué le 15 décembre.

L'inspection était achevée, et Perpignan pacifié. « Cette partie du Roussillon, écrivait Borgia, est fort pacifique et très bonne. Elle avait seulement besoin de justice, autant civile

1. Don Francès de Besmonde, le général de la frontière.

que criminelle, car les gens sont très mauvais payeurs. Je crois
bien que ma venue aura profité aux créanciers, pas aux débiteurs. Mais ce que le Roussillon a gagné, Barcelone l'a perdu.
Les trêves, que j'avais eu tant de mal à concerter, se rom-
pent. En trois jours on a détruit mon œuvre d'une année.
Onze voyageurs ont été détroussés près de Barcelone. A Tarragone, on a compté, en mon absence, onze meurtres, sans
parler des vols et autres méfaits. Il faut que S. M. me permette
de rentrer au plus vite, ou qu'elle accepte de ruiner cette
principauté. » Et il ajoute, pour don Francisco de los Cobos,
cette note, qui prouve qu'un vice-roi, sous Charles-Quint, par-
ticipait à la pénurie de la couronne : « Mille baisemains pour
le soin que prend V. S. de me faire défrayer ; S. M. met du
retard à répondre sur ce point. Moi, je n'en mets point à la
servir, et mes besoins non plus n'attendent pas. Je reconnais
que S. M. a aussi des besoins, aussi ne veux-je rien tirer de
sa bourse dont je prends plus de soins que de la mienne,
mais seulement des biens dont Elle dispose en faveur de
ceux qui la servent. Il y a des biens d'Église vacants, et ma
commanderie ne suffit pas à payer les dépenses de ma charge.
Cette charge, V. S. le sait, est si mal payée, et cause tant de
tracas, que, n'étaient l'amour et le goût que j'ai à servir, je
ne la remplirais certainement pas. Je supplie donc V. S. de
me favoriser comme elle en a coutume, de façon que, sans
causer de dépenses à S. M., on m'aide à subvenir aux miennes.
Sinon, quand j'aurai achevé de vendre le peu qui me reste,
je ne sais en quel état je me trouverai. »

Le 16 décembre, le marquis de Lombay partait de Perpignan ;
le 21, il rentrait à Barcelone, où, pendant deux ans et demi,
il allait, avec une inlassable énergie, exercer son gouvernement réparateur.

II

De son voyage à Perpignan, le marquis de Lombay rapportait la conviction qu'un danger prochain menaçait la frontière. Il n'y croyait guère auparavant, et le cardinal de Tavera
avait été bien inspiré en le forçant à constater ce danger. Du
moins, une fois éveillée, son attention ne s'endormit plus.
Pendant deux ans il fortifie le Roussillon. Il suit et, dans

toutes ses lettres, il dénonce les mouvements de l'ennemi.
« Les Français se préparent, écrit-il le 30 août 1541, et se
mettent sur pied de guerre. Je supplie V. M. d'observer que
Juan de Acuna, le gouverneur de Perpignan, a trop peu de soldats et aucun cavalier. On le sait en France, et c'est un grand
danger. Ils disent bien qu'ils veulent observer la trêve conclue avec V. M., et que leurs armements sont une simple
précaution, au cas ou V. M., qui a réuni une si forte escadre,
voudrait tenter une attaque sur Marseille ou sur tout autre
point; mais il peut arriver, que, voyant partir V. M., se sentant forts et nous voyant si impuissants, ils décident une
descente en Roussillon. Je supplie humblement V. M. de
pourvoir à ce danger que j'ai signalé au cardinal de Tolède
(Tavera) et au commandeur de Léon (Cobos). »

Il ne cesse d'avertir l'empereur. « Le danger va croissant.
Ils arment toujours. De Narbonne à Aiguesmortes il y a
vingt mille hommes, groupés par troupes de deux cents et
trois cents hommes. Près de Narbonne, il y en a trois mille.
Je veux croire que ces forces se disloqueront, quand on aura
vu V. M. s'éloigner vers Alger, mais il en pourrait être
autrement, vu la faiblesse de Perpignan. » En tout cas, il
ordonne à toutes les villes, à tous les seigneurs de province
de se tenir prêts. Il envoie des hommes sûrs en France, qui
examinent ce qui s'y trame.

Quand, au mois d'août 1542, le dauphin de France envahira
le Roussillon, Borgia, retenu aux Cortès de Monzon, ne pourra
le combattre, et toute la gloire du triomphe reviendra au
duc d'Albe; mais le duc d'Albe n'aurait peut-être rien pu
contre une surprise, et lui-même dut comprendre à quel
organisateur prévoyant il devait sa victoire.

En prévision d'une attaque combinée des Français et des
Turcs, il fallait surtout armer Barcelone. L'argent manquait
toujours, et le Conseil de Castille s'impatientait, quand Borgia
lui représentait qu'en Catalogne on avait à peine de quoi
vivre, que la terre était stérile, et toutes les sources de
revenus taries. L'empereur avait interdit toute exportation
d'argent. Le marquis de Lombay s'aperçut que les chevaliers
de Malte avaient enfreint cet ordre. Son impartiale justice
n'admettait point d'exception. Il se fit donc apporter les livres

de l'ordre, et, par lui-même, examina les comptes, voulant être éclairé sur l'emploi des sommes exportées. Les chevaliers de Saint-Jean n'étaient pas habitués à se sentir surveillés. Ils recoururent à l'empereur, et Charles-Quint, ravi sans doute de la vigilance de son lieutenant, lui recommanda néanmoins d'entourer des plus grands égards un ordre si méritant.

L'activité de Borgia s'accommodait mal de l'apathie, de l'indifférence que les conseillers apportaient aux travaux de guerre. Aussi, les harcelait-il sans cesse, afin d'en obtenir plus d'argent et de plus nombreuses équipes d'ouvriers. « Si j'arrive à fortifier la ville comme je prétends qu'elle doit l'être, mandait-il à Cobos, je vous réponds que trente galères ne pourront la mettre en danger... Mais, depuis un mois et demi, on dépense chaque semaine une forte somme à fortifier les Atarajanos, et, malgré mes efforts pour tirer de l'argent des compositions, je ne parviens pas à couvrir les dépenses... Que V. S. écrive au Conseil avec chaleur et furie (*con calor y furia*), comme il faut pour le réveiller. » Il ne s'employait pas avec moins de zèle à fréter les galères. Sa galère bâtarde lui tient surtout à cœur. « D. Bernadino de Mendoza, écrit-il à l'empereur, est venu voir ma galère bâtarde; elle est si bien construite et si gentille, qu'il en est ravi. V. M. en sera contente quand elle la verra... C'est la plus gentille galère qu'il y ait sur mer... Je mets tous mes soins à fréter les galères, surtout la bâtarde, qui est bien la meilleure et la plus achevée galère qui ait jamais pris la mer... Hier matin (13 juillet 1541), on a lancé ma galère bâtarde; impossible de le faire plus tôt, à cause du mauvais temps. Avant-hier soir, le vent étant tombé, hier je me suis levé à trois heures du matin, et j'ai aussitôt couru à l'arsenal où m'attendait D. Bernardino. En ma présence on a lancé le navire. Et j'ai bien fait de me lever si tôt, car, la galère à peine lancée, une averse comme je n'en ai jamais vu a fondu sur Barcelone. »

Le dévouement du marquis de Lombay eût davantage profité à la Catalogne, si des préoccupations d'un autre ordre ne l'avaient distrait. Les brigands ne désarmant pas, il les fallait poursuivre, et les susceptibilités catalanes allaient rendre malaisée sa tâche de justicier.

· A son retour de Perpignan, le 3 janvier 1541, Borgia écrivit à l'empereur : « Je suis arrivé le 21 décembre, et bien que
les fêtes de Noël aient coutume d'arrêter les affaires, je n'ai
point cessé d'en expédier autant qu'il convenait au bien de
ce pays. Il ne fallait rien différer. En ces deux mois de mon
absence, le feu à pris à Tarragone. Ici, autour de Barcelone, réveil des repris de justice. Quel travail pour couper
tant de mauvaises herbes ; à Vich non plus il n'en manque
pas, bien qu'Antonio Roca ait quitté cette principauté. J'ai
partout envoyé des commissaires. On publiera qu'aucun
Gascon ne peut porter d'arquebuse, d'arbalète, de lance ni
de rondache sous peine de mort ; en outre on désignera dix
où douze des principaux chefs de bandes, avec défense, sous
peine de mort, de les fréquenter ; on promettra cinquante
ducats et rémission de tous délits à ceux qui prendront et
livreront un des chefs. Avec la grâce de Dieu, rien de ma
part ne manquera de ce qui peut importer au service de V. M.
et au bien de ce pays. Le principal obstacle à la pacification
du pays est la pénurie du Trésor. J'ai beau me rompre la
tête à dresser des mémoires et à signer des provisions, à
quoi bon, si tout reste à la trésorerie ? »

Les commissaires royaux étaient de connivence avec les
malfaiteurs. Le vice-roi les révoque tous, et essaye de trouver des officiers consciencieux. « Comme c'est difficile en
Catalogne ! avoue-t-il à l'empereur. Point de commissaires,
point de captures. Mais si j'en choisis de passionnés, de
leurs excès naissent des désordres. Si j'en choisis de désin-
téressés, ils font leur besogne mollement, ne cherchent
qu'accommodements, se tirent toujours des dangers et des
ennuis, et se gardent bien de s'attirer l'inimitié de Pujadas
ou de Semanat. On a toujours nommé à cet emploi des
hommes de basse condition. Cela a déconsidéré la charge.
Ceux qui la désirent sont inaptes ; les idoines n'en veulent
pas. Enfin je fais ce que je peux pour trouver des officiers
capables. »

Au lieu de commissaires, il voudrait des soldats. « Faute
d'argent, il faut, pour chasser les brigands, se servir tantôt des forbans de Pujadas, tantôt de ceux de Semanat. C'est
un vieil usage que j'ai trouvé implanté, mais je le trouve si

mauvais, je l'abhorre à tel point, et le peuple en est si fatigués, que, pour l'acquit de ma conscience, je ne cesserai de
supplier V. M. d'y remédier, car tous doivent être également
poursuivis, et la justice ne doit excepter personne. Ainsi,
du reste, l'entend V. M. Le remède serait que les commissaires fussent pourvus d'argent et accompagnés de troupes
bien payées, et qu'ils poursuivissent tous les coupables. Ainsi
on ferait plus, en trois mois, que, différemment, en trois ans.
Il faudrait qu'une compagnie de cavaliers visitât les parties
en plaine... Les gens d'armes qu'enverrait V. M. seraient fort
bien reçus. On les désire, tant les brigands font la vie dure
aux gens. Ils ne payent pas ce qu'ils mangent et, par-dessus
le marché, ils volent et maltraitent. » Un an plus tard, l'empereur envoyait sept cent cinquante hommes à Perpignan,
avec ordre d'obéir à toutes les réquisitions du vice-roi.

Le marquis de Lombay ne devait compter que sur son initiative et sa fermeté. « La veille des Rois, mande-t-il à l'empereur le 10 février 1542, un de mes commissaires conduisait
deux malfaiteurs fameux. Parvenu à une lieue de Barcelone,
le commissaire apprend que, dans une tour voisine, était
retranchée une bande qu'il devait arrêter. Il aborde la tour
en question, la réponse qu'il obtient fut une volée de flèches
qui lui blessent quelques hommes. Il s'écarte, descend de
cheval, et, armé de son arbalète, le bâton de la justice en
main, il revient et ordonne de se rendre au roi et d'ouvrir
les portes. Même réponse que ci-devant, on lui blesse un
homme. Lui-même eut son arbalète atteinte d'une flèche.
Devant ces deux résistances, il résolut de venir me consulter.

« Aussitôt j'envoie Mosser Albanel, alguazil de V. M.,
savoir s'il y avait un commissaire parmi les bandits. Je l'aurais pris seul. Au cas contraire, je voulais être renseigné.
Mais averti que quelques cavaliers du parti de Semanat
allaient secourir les assiégés, et des cavaliers de Pujadas
appuyer les assiégeants, je partis immédiatement afin d'empêcher la bagarre, et fis fermer les portes de la ville pour
empêcher les sorties. J'eus beau me dépêcher, beaucoup des
chevaliers les plus qualifiés de Barcelone me suivirent,
notamment le comte de Modica et le vicomte de Peralada. A

mi-chemin un courrier d'Albanel m'annonçait que les gens
de la tour refusaient d'obéir, qu'ils tiraient ferme, qu'ils
n'avaient avec eux aucun commissaire. On m'appelait parce
que, sans moi, on n'arriverait à rien. Je pressai l'allure ; le
soleil était déjà couché, et je voulais arriver avant la nuit.

« J'arrivai après l'angélus, et, voyant que rien, pas même
ma présence, ne les empêchait de tirer, je les fis barricader
dans leur fort, afin qu'aucun ne pût sortir. Dans cette opération, un de mes hommes eut la main traversée. Par un
courrier je demandai aux conseillers deux cents arquebusiers, et rangeai mes gens pour l'assaut. J'allais l'ordonner,
après deux heures d'attente, quand les assiégés, se jugeant
perdus et sans espoir d'être secourus, me firent savoir
qu'ils se rendraient à moi, si je leur promettais un sauf-conduit. Je refusai tout sauf-conduit, et leur dis de se rendre
sans condition. Après bien des pourparlers ils consentirent,
me demandant d'écarter ceux qui les assiégeaient. Je répondis que je me contenterais de recevoir leurs arbalètes et
leurs armes. Cela les inquiéta fort. Pour tout concilier je
demandai simplement les gâchettes des arbalètes. Ils récla-
mèrent trois ou quatre cavaliers auxquels ils remettraient
les gâchettes. Craignant qu'ils ne les gardassent comme
otages, je refusai. Enfin ils me remirent leurs gâchettes et
m'ouvrirent les portes. J'entrai, je les désarmai, les arrêtai
tous et revins à Barcelone à trois heures du matin. En revenant, je rencontrai les conseillers qui venaient avec deux
mille arquebusiers et quatre pièces d'artillerie pour démolir
la tour.

« Le jour des Rois, les prisonniers furent conduits à Barcelone. Je pressai à tel point leur procès, que le jugement
allait être rendu le samedi suivant. Ils firent appel au for
ecclésiastique, ce qui retarda la sentence de quinze jours...
Enfin, vendredi dernier, j'en ai pendu six, les plus fameux.
Les procès des autres se poursuivent. Celui qui s'en tirera à
moins de frais est sûr de ramer toute sa vie. Ceci a calmé le
pays ; il n'aura la paix que s'il voit hors de Catalogne cette
bande de Semanat et de Pujadas. »

« Grâce à ces exécutions, écrivait deux mois après le vice-
roi, le pays est calme. Il n'y a plus, pour le troubler, qu'An-

tonio Roca que j'essaye de prendre... Je ne puis assez
remercier Dieu, ajoutait-il humblement, du remède que sa
main a appliqué à ce pays, car j'avais peu de moyens pour
le guérir ; mes efforts ont été peu de chose, cette paix semble miraculeuse. »

Borgia se défiait toujours de cette paix, aussi ne s'endor-
mait-il pas. Chaque jour il capturait quelques bandits. Un
d'eux fut écartelé : il avouait au moins quinze meurtres.
« On fait aux brigands toute la chasse possible, disait Borgia.
Cette semaine on en a exécuté trois, et on en prend chaque
jour. Aussi toute une bande de Cadell a passé en France.
Plaise à Dieu qu'ils prennent tous le même chemin, et qu'ils
ne reviennent jamais ici ! »

Mais Antonio Roca revint en Catalogne, et avec lui les brigandages recommencèrent. On lui donnait la chasse. On lui
tuait des partisans. Ce chef dangereux restait insaisissable,
d'autant mieux que les grands seigneurs lui prêtaient main-
forte et l'aidaient à disparaître.

En mai 1542, Borgia lançait quarante soldats à sa poursuite.
« Plaise à Dieu que je puisse enfin prendre Roca ! » écrivait-il
souvent. Il ne put jamais capturer ce forban, et il avait
depuis longtemps laissé le gouvernement de Catalogne, que
Roca mettait encore sur les dents vice-rois et commissaires.

La poursuite des bandits, persévérante et méthodique,
n'en avait pas moins été le grand soin du marquis de Lombay. « Nous sommes bien exilés dans ces montagnes de Catalogne, écrivait-il à Cobos, en mars 1542. Et je certifie à V.S.
que j'ai grand besoin de repos, tant ces brigands m'ont fait
courir par les montagnes, à pied et armé, et après dîner. Que
V. S. juge quelle affaire c'est pour mon gros ventre (*qué cosa
para mi barriga*) ! »

Aussi bien, les brigands titrés causaient-ils plus d'ennuis
au vice-roi, et plus de dommages au pays, que les vulgaires
malfaiteurs. Ces hobereaux avaient à gages des spadassins
qui servaient leurs vengeances et terrorisaient le pays. Ils se
croyaient, de par leurs privilèges, à l'abri de tout châtiment;
mais le marquis de Lombay ne reconnaissait aucun privilège
au crime. Un certain baron Cubells se réfugiait en Aragon.
« Il y continue les exploits qu'il accomplissait ici, dit Borgia,

mais, Dieu aidant, et grâce au soin que je prends de lui,
j'espère qu'il recevra le châtiment qu'il mérite. » Le vicomte
de Castillo et son fils étaient exilés de Catalogne. Par ses
bons offices, le vice-roi achevait de réduire ceux que la
rigueur avait intimidés. Il essayait alors de faire signer des
trêves aux partis ennemis, et amena ainsi des conciliations
nombreuses qui permettaient, au moins, de gagner du temps.

Les plus puissants et les plus irréductibles chefs de bandes
étaient les deux frères Pujadas et Semanat. Pujadas et Semanat divisaient Barcelone en deux camps toujours prêts à
en venir aux mains. « Enfin, écrivait Borgia, en juin 1541, ce
pays va assez bien, quoique nous le méritions fort peu ; je
pense que désormais il ira mieux, car j'ai réussi, après beaucoup de peine, à faire signer entre Semanat et Pujadas une
trêve de six mois. Tout le pays s'en montre très heureux.. »
Un spadassin de Pujadas avait été saisi et condamné. Afin de
favoriser la trêve, Borgia consentit à le délivrer sous caution,
à la condition que, si la trêve était rompue, le coupable
serait exécuté. Cette indulgence obtint l'approbation unanime. Seul l'inquisiteur y trouva à redire, la moifié de la
caution n'ayant pas été versée dans le coffre du Saint-Office.
Mais la trêve n'était qu'un remède provisoire. Le marquis
de Lombay préférait prévenir les fautes que les punir. Aussi
suppliait-il l'empereur de donner aux deux chefs ennemis un
emploi militaire et de les employer, par exemple, à l'expédition d'Alger. « Là-bas, disait-il à l'empereur, V. M. les
réconciliera facilement, et si V. M. leur demandait d'amener
leur bande avec eux, elle délivrerait la Catalogne d'un grand
embarras. Que V. M. leur permette d'armer une compagnie
d'infanterie. Ces gens-là serviront très bien ; et le seul bienfait que V. M. aurait procuré à ce pays attirerait les bénédictions de Dieu sur son expédition...

« Un d'eux, actuellement, parcourt le pays avec soixante-
dix garçons. Ils commettent mille désordres. Un commissaire de V. M. les a attaqués l'autre jour ; ils lui ont tué sept
hommes. On a pris un garçon qui fut aussitôt pendu, mais
cet exemple ne suffit pas pour mettre les autres à la raison.
J'ai fait arrêter D. Galceran de Pinos, un des principaux fauteurs. Mais, le vrai remède, je l'attends de V. M. »

La trêve touchait à sa fin. Borgia pressait de plus en plus l'empereur d'employer, comme soldats, ces forcenés qui ne rêvaient que batailles. « V. M. manque d'archers, écrivait-il. Qu'elle fasse donc armer une compagnie par Semanat, une autre par Pujadas. J'ai déja écrit sur ce sujet à V. M.; qu'elle ne s'irrite pas de mes insistances. Dieu est si bon, qu'il récompensera ces mesures. Mais il faut faire vite, car la trêve touche à sa fin. La trêve a eu de grands avantages dans les environs de Barcelone; voilà dix mois qu'on n'a tué ni volé personne, et si cette trêve pouvait durer, le pays resterait en paix. »

Les prières du vice-roi n'étaient pas entendues. « Voyant que la trêve expirait à Noël, écrivait-il à l'empereur, le 16 décembre 1541, d'accord avec le conseil royal j'ai profité d'une dispute qu'Enrique Semanat avait eue avec son frère, et je l'ai fait arrêter. Ainsi, même si les Pujadas veulent rompre la trêve, ils ne le pourront pas. » L'arrestation de Semanat ne contint pas ses ennemis. « Afin que V. M. sache quelles difficultés l'on trouve en ce pays, écrit de nouveau Borgia, et comment, quand on arrache quelques mauvaises herbes, il en naît d'autres, le premier jour de carême, voici que les deux frères Pujadas ont défié D. Antonio Doms et Ramon Durall à son de trompes, et par des cartels publics, selon l'usage des chevaliers en Catalogne. Ils n'avaient aucun motif de plainte, seulement ça leur a passé par la tête. Enrique Semanat étant en prison à Colibre, on pensait que les Pujadas ne s'en prendraient à personne, mais ils trouveront toujours à se plaindre de quelqu'un. Ils ne songent maintenant qu'à révolutionner le pays; je redoute que la partie provoquée ne se mette à l'unisson, et qu'il ne s'allume ainsi quelque incendie. J'ai fait tous mes efforts auprès d'Antonio Doms, pour que, de son côté, il ne provoque personne. J'ai agi également auprès de Ramon Durall. Au surplus, j'ai fait intenter un procès aux Pujadas pour avoir provoqué Antonio Doms qui est bailli de Colibre, et j'ai fait saisir leurs biens par le fisc. Ils consistent en une tour, où les repris de justice avaient accoutumé de se réfugier, et en une maison à Barcelone. C'est tout ce que j'ai pu faire. Mais je supplie de nouveau V. M. de donner quelque emploi militaire à ces hommes qui troublent cette principauté. »

Un mois après il écrivait : « J'ai réussi, non sans grande peine, à faire signer une trêve jusqu'à Pâques entre Pujadas, Doms et Durall. Plaise à Dieu que cette trêve devienne perpétuelle! J'espère qu'il en sera de même avec Semanat, car j'apprends que les Pujadas vont lui envoyer un défi, et, comme Semanat est en prison, les Pujadas se contenteront sans doute de le défier. Que Notre-Seigneur dirige tout à son service; c'est en ce service que consisterait le repos de la Catalogne, c'est cela qui mettrait fin aux brigandages. En attendant, je ne perds point de vue la chasse aux bandits. »

Le défi de Pujadas fut mal reçu de Semanat. « Le diable, écrivait Borgia, doit travailler à mettre aux mains les deux partis. Il doit mieux vendre sa marchandise, quand la guerre est déclarée. »

Le marquis de Lombay n'eut pas plus raison des rancunes catalanes que des bandits. Durant sa sage et forte administration, il avait, du moins, reconnu les causes du désordre.

Il avait indiqué les remèdes. Plus enclin à traiter qu'à punir, il avait multiplié les trêves bienfaisantes. « Par ce moyen, déclarait-il à l'empereur, les maux se guérissent mieux que par des exécutions. Si la pendaison était le vrai remède, il n'y aurait plus de mal en Catalogne, tant on y a pendu d'hommes. »

Après son départ de la province, le banditisme y redoubla. Ses successeurs n'eurent plus son tact ni sa prudence, et, en confondant les partisans avec les simples bandits, ils coalisèrent contre eux tous les ressentiments. Il n'avait manqué à Borgia, pour éteindre le fléau, que d'être dans un pays mieux gouverné.

Aussi bien, les plus grandes souffrances du marquis de Lombay ne lui vinrent ni des brigands, ni des rivalités de partis, mais bien des mesquines susceptibilités d'une noblesse toujours appuyée en haut lieu, et des obstacles qu'apportaient à son œuvre des juridictions jalouses.

Il écrivait à Charles-Quint, le 10 février 1541 : « Ces jours derniers, Martinot, alguazil ordinaire de V. M., prit, de nuit, une épée à deux mains à un homme qui ne jouit aucunement d'une réputation de saint. Cet homme alléguant qu'il était

garde de la Députation générale[1], on lui rendit son arme en
l'avertissant de ne plus la porter de nuit. Quelques jours
après, on le retrouva avec son épée; on la lui prit, et on vint
me demander s'il fallait la rendre. Ignorant si la Députation
avait le privilège d'armer des agents, je remis la cause au
Régent de la Chancellerie; il m'affirma que ce privilège n'existait pas. J'apportai l'affaire au Conseil, et chacun fut de l'avis
du Régent. Cependant, voulant favoriser la Députation, je
priai l'alguazil de dire aux députés que, par considération
pour eux, il rendait l'épée, bien qu'en justice il la pouvait
briser. Les députés répondirent qu'ils ne la voulaient point
recevoir par faveur, mais par droit, et que l'alguazil n'avait
qu'à rendre l'arme sans s'inquiéter d'autre chose. Martinot
repartit qu'il n'en ferait rien, et il se retira. A peine était-il
chez lui, que les députés l'envoient arrêter par quelques-uns
de leurs officiers. Ils le traînent par les rues, et le conduisent
dans les prisons de l'évêque, qui sont dans la maison que
j'occupe. Par bonheur, j'étais à ma fenêtre. Étonné d'un fait
sans précédents, je fis monter les agents, ce qu'ils firent
avec peine, et, prenant à part Martinot, je m'enquis sur son
cas. Apprenant qu'il n'était coupable que d'avoir gardé cette
épée, je fis arrêter à mon tour ceux qui le tenaient captif, et
j'envoyai chercher le Régent et les Conseillers. Informés de
ce qui s'était passé, étonnés d'une audace si inouïe, toutes
dépositions prises, l'affaire fut promptement instruite, un
procès-verbal dressé contre les députés, et un mandat d'amener lancé contre l'avocat présent à la Députation et contre
les agents. Je voulus que le même alguazil qu'ils avaient
arrêté prît les prévenus et les menât enchaînés à la prison,
et, passant plus outre, j'envoyai prendre la déposition de deux
d'entre eux, le député militaire et le député royal. Alors ils
vinrent tous chez moi, escortés de beaucoup de chevaliers.
Je fis sortir les étrangers qui les accompagnaient; je les
introduisis dans ma chambre, et envoyai chercher les juges
de cour pour recevoir leurs dépositions. L'évêque s'étant
joint à eux, je fis prendre aussi sa déposition. Les dépositions

1. La Députation générale, ou le *Général* de Catalogne, était le corps
représentatif de la province.

prises et lues en conseil, quelques conseillers voulurent
qu'on mît en prison les députés séculiers, et qu'on arrêtât
l'évêque chez lui ; d'autres plus timides votèrent pour des
arrêts dans la ville. La plupart étaient mus par la crainte ou
l'intérêt, car c'est la Députation qui leur verse leurs salaires ;
aussi décidèrent-ils de surseoir, tout en avouant que le cas
était inouï. Finalement, la sentence se rendant à la majorité
des voix, malgré moi il fallut surseoir. Les députés, fiers de
n'aller pas en prison, s'unirent aussitôt pour tramer de nouveaux désordres, et, loin de témoigner du regret, ils agitèrent
le pays malgré l'absence de V. M., et se promirent de dépenser
beaucoup pour soutenir leur cause, eux qui doivent encore
tout à V. M.

« Deux ou trois jours après, ils m'envoyèrent une nouvelle
ambassade pour me dire que, d'après leurs constitutions,
cette cause réssortissait à la Députation. Déboutés de cette
prétention, ils me demandèrent de la leur déférer par faveur.
Voyant la timidité des conseillers, je voulus faire le généreux,
et leur témoigner de la miséricorde : je délivrai leurs prisonniers.

« Nouvelle ambassade, il y a quatre jours, me demandant
de suspendre le procès royal. J'ai refusé ; dans l'espèce, je
n'ai plus besoin de l'avis du conseil, et il importe au service
de V. M. que la justice royale puisse s'exercer quand il faut...
Que V. M. veuille bien examiner le cas ; les députés s'appuient
sur des précédents nullement fondés en droit, mais qui prouvent seulement la faiblesse de ceux qui les ont soufferts. »

Piquée au jeu, la Députation se mutina. De Flandre,
Charles-Quint consulté ne répondit pas. Trop d'affaires
extérieures sollicitaient son attention, pour qu'il pût, rapidement, appuyer ses vice-rois.

Ces atermoiements livraient les magistrats énergiques aux
rancunes locales, et portaient les officiers timides à éviter des
affaires dont ils portaient seuls le préjudice. Les députés de
Catalogne gardèrent un long ressentiment au marquis de
Lombay et, aux Cortès de Monzon, en 1542, ils se plaignirent
officiellement que leurs privilèges avaient été violés par lui.

La grandesse n'était pas moins susceptible. Elle estimait
évidemment que tout était permis aux hommes nés et le jeune

marquis de Lombay en jugeant autrement, il s'ensuivit, entre
lui et l'aristocratie catalane, des différends dont une lettre à
l'empereur nous offre un pittoresque tableau. Borgia écrivait,
le 20 mai 1541 :

« Les lieutenants de V. M., en cette principauté, ont toujours observé cette marque de prééminence, que, dans aucune
église, dans aucune fête, une personne titrée n'a pu, devant
eux, user d'un baldaquin ou d'un trône. Le lieutenant de
V. M. n'est pas seul à user de ce privilège; les conseillers de
Barcelone n'ont jamais permis au duc de Cardona d'user de
baldaquin en leur présence. Tous nos prédécesseurs ont
observé cet usage et l'archevêque de Saragosse, D. Fabrique,
dans une fête donnée sur la place du Borno, il y a quelques
années, fit enlever un baldaquin que s'étaient fait élever le duc
et la duchesse de Cardona. Et, l'an passé, le duc et les conseillers étant invités aux funérailles de l'abbesse de Valdon-
zella, les conseillers, arrivés les premiers, firent enlever un
trône destiné au duc, ce que sachant, celui-ci n'entra point.
Or, à la fin de ce carême, je permis d'annoncer un tournoi
pour le 3 mai, fête de la sainte Croix. On m'en fit juge, moi, et
des seigneurs nommés par moi. J'allais sortir de ma demeure
quand on m'apprit qu'on avait dressé, sur la place, un baldaquin de brocart pour le duc et la duchesse de Cardona.
Depuis deux ans on n'avait jamais agi ainsi, bien que nous
nous soyons souvent trouvés ensemble dans des églises et
des fêtes. Le duc étant âgé, je voulus avoir égard à lui et agir
amicalement. Sans sortir de chez moi, j'envoyai donc avertir
Mossen Albanel, qui a été alguazil de V. M. et est oncle de
la duchesse de Cardona, et je le priai de dire au duc que,
puisqu'il savait que le lieutenant de l'empereur ne pouvait
autoriser ce baldaquin, il serait bon de l'enlever avant son
arrivée; qu'il reconnaîtrait ainsi la prééminence de V. M.
dont je le savais si bon vassal et serviteur. Mossen Albanel
transmit mon message au duc avant son arrivée à Borno,
mais il ne put le persuader... Je fais peu de cas de cet usage,
mais les conseillers me répétaient que jamais on n'avait
souffert qu'il fût violé, et que, si j'étais sur la place, ils me
diraient de renverser le baldaquin. Voyant que le duc s'obsti-
nait à garder son baldaquin de brocart, et que l'amiral de

Naples, D. Ferdinand de Cardona, en avait un autre, voulant
agir avec calme, je mandai au tenant de la joute de ne pas
ouvrir le tournoi sous peine de désobéissance et de deux
mille ducats d'amende, et je restai chez moi. Le comte de
Modica[1] vint m'y trouver, et me demanda pourquoi je ne
laissais pas combattre, et ce que me faisaient ces baldaquins.
« Rien lui dis-je, sauf que cela touche à la prééminence royale.
« Sinon je me réjouirais d'aller voir le tournoi. — Faites
« bien attention, reprit le comte, car il serait pire qu'on vous
« désobéît. — Qui me désobéirait, répondis-je, serait puni en
« toute rigueur. — Prenez garde, repartit le comte, quel-
« qu'un pourrait descendre dans l'arène, que, peut-être, vous
« n'oseriez châtier. — Je ne vois pas qui ce pourrait être, car
« il n'y a personne en Catalogne que je ne sois prêt à châtier,
« s'il agissait contre son devoir. » Il se tut alors et alla retrouver le duc et l'amiral, puis, tous trois se rendirent chez
le tenant de la joute, D. Henri Centellas, frère du comte de
Quirra. Ils lui demandèrent instamment d'ouvrir le tournoi
malgré mes ordres. Ils s'offraient à payer l'amende. D. Henri
refusa de désobéir à V. M. Comme on disait que D. Henri ne
pourrait, du reste, paraître au tournoi, parce que des alguazils
étaient sur la place pour arrêter les délinquants, le comte
affirma qu'il se tiendrait au côté de D. Henri, et que ses serviteurs à lui étaient habitués à poignarder les alguazils. Enfin
voyant qu'ils n'arriveraient à rien, et que le soir venait, on
m'envoya les duchesses de Cardona et de Soma[2] pour me
supplier de laisser combattre, mais on prétendait garder les
baldaquins. Je répondis aux duchesses que, ce jour-là, il n'y
aurait point de tournoi, que, le lendemain, rien ne l'empêcherait, car c'était jour de conseil criminel, et je ne manque
jamais au conseil. Alors je permettrais la joute, dont les du
chesses pourraient jouir à leur guise. Ainsi fut-il fait.

« Durant cette fête, au Borno, quelques serviteurs du comte
de Modica daguèrent deux garçons, dont l'un n'avait pas

1. Don Louis Enriquez Giron, duc de Medina de Rioseco, comte de Mel-
gar, sixième amiral de Castille, chevalier de la Toison d'or, par son mariage,
en 1518, comte de Modica et d'Osuna.
2. La duchesse de Soma était la femme de l'amiral de Naples, don Ferdinand de Cardona et de Soma.

plus de douze ou treize ans. Un de mes serviteurs demandant à l'agresseur comment il avait eu le courage de daguer un enfant, pour réponse, ce serviteur reçut un coup de dague à la tête, dont il reste très dangereusement malade. Un appariteur allait prendre le meurtrier, quand le comte de Modica l'assaillit, le traita de canaille, le frappa de son étrier, et l'endommagea si fort que l'appariteur ne put arrêter le coupable et dut se taire. Le comte de Modica empêcha un autre officier d'arrêter son serviteur, puis il se promena sur le Borno avec ses gens. Personne n'osait les aborder, ce dont le peuple se scandalisa fort, et moi aussi, quand je le sus.

« J'étais dans la salle où l'on m'avait invité, le soir de cette fête. A l'entrée d'une seconde salle où devaient dîner les duchesses et de nombreuses dames, on m'avait prié de rester à la porte et de ne laisser d'abord entrer que les dames. Les chevaliers attendaient avec moi que les dames eussent toutes pris leurs places. Je me tins, en effet, devant la porte, et, à mon exemple, l'amiral et tous les autres gentilshommes se rangèrent pour laisser entrer les dames. Survient, un des derniers, le comte de Modica, qui veut passer. On veut lui faire entendre qu'il doit se ranger comme les autres, pour laisser aux dames le temps de s'installer ; il réplique par des paroles très malsonnantes ; je lui réponds avec beaucoup de calme, mais lui, tandis que nous discutions, met la main à la dague, et, en sortant, il déclare bien fort qu'il avait été sur le point de me poignarder. Finalement il n'entra point. Quand les dames furent assises, je passai, disant à tous qu'on pouvait me suivre, et je pris place au dîner. Le comte se rendit à sa demeure ; il réunit, me dit-on, ses serviteurs et quelques hommes afin de s'armer et de partir. On l'en détourna.

« Le lendemain, l'affaire ayant été entendue au conseil, le comte devait être arrêté chez lui. Il le fut, après avoir protesté cinq ou six heures. J'avais dû réunir le conseil et adresser au comte une nouvelle injonction d'avoir à se soumettre, sous peine de désobéissance et de cinquante mille ducats d'amende... Loin de témoigner aucun repentir, le comte montra une grande furie, se répandit en gros mots contre l'autorité royale, menaça de bâtonner le secrétaire qui rédigeait le procès-verbal, et autres folies capables de trou-

bler une ville, surtout une ville déjà si pleine de passions et
de partis, qu'il suffit d'un peu de paille pour causer un grand
feu. J'ai envoyé un rapport de ces incidents à Ratisbonne à
S. M. et, en attendant la réponse impériale, au lieu de consigner le comte chez lui, je lui ai permis de circuler dans la
ville. »

On avait pleinement approuvé Borgia tant qu'il s'était contenté de frapper des vilains ; mais refréner les insolences de
la noblesse parut, de sa part, bien osé. Le comte et ses deux
complices avaient la partie forte. On parla pour eux au Conseil de Castille.

Le premier, Borgia avait averti don Francisco de los Cobos
par cette lettre très ferme (19 mai 1541) : « V. S. a su l'affaire
du comte de Modica. Elle a débuté par un incident bien futile,
s'il est rien de futile en ce qui touche à la prééminence
royale. Il a été bon de l'arrêter, car le peuple se scandalisait
de voir ses serviteurs daguer les gens en pleine place et
l'escorter, sans que personne osât les arrêter. Ou bien le
peuple se serait mutiné contre moi, qui ne rendais pas justice,
ou il aurait attaqué le comte, faisant spontanément ce que je
négligeais de faire. Je me mets dans les embarras pour servir
S. M., laissant de côté alliés, parents et amis ; aussi supplié-je
V. S. de m'aider en marquant à S. M. la bonne volonté que
je porte à son service, durant sa si longue absence et en face
d'affaires si difficiles. Si l'on n'aide point les officiers, qui,
sans égard à leurs intérêts, n'ont en vue que la justice, ces
royaumes iront mal, et les vassaux seront encouragés à désobéir. Tout ceci a peut-être bien été amené par la faiblesse
qu'on a montrée vis-à-vis des députés. Mais je ne veux pas
revenir sur cette affaire, étant donné que S. M. n'a pas répondu, et, bien que le retard soit inexcusable, V. S. sait que,
dans ce pays, on obtient plus en donnant du bâton que du
pain.

« Actuellement, on exerce la justice mieux que jamais, les
rôles de la justice criminelle en témoignent. Aussi n'est-il
pas surprenant que certains soient mécontents. Si on les
écoute, tant vaut-il fermer les portes de la justice.

L'amiral de Naples m'a étonné. Malgré sa jeunesse, il est
plus sage que bien des vieillards de ce pays, et il est fidèle

vassal de S. M. Cependant, pour plaire à quelques chevaliers, il s'est conduit autrement que je ne l'attendais de lui. Puisque V. S. connaît le proverbe : *Avec ton seigneur ne partage pas les poires*, qu'elle se fasse entendre de façon que S. M. soit bien servie. Du duc de Cardona il y aurait beaucoup à dire. Sans doute, il faut le ménager à cause de ses cheveux blancs; mais cela même l'obligerait à prendre mon parti. Il m'a assez mal payé des services que je lui ai rendus... La conduite du comte de Modica vous étonnera, vous qui savez le mal que je me suis donné pour ses procès. Mais j'ai fait ce que demandaient le service de S. M. et le bien du pays : je suis donc bien payé... »

Les ministres n'aiment point les affaires. Don Francisco de los Cobos, tiraillé en sens divers, adresse au marquis de Lombay des conseils de prudence.

« Mille baisemains à V. S., répondit Borgia (12 juin), pour la charité qu'elle me fait de me conseiller au sujet du comte. Je dirige tous mes actes selon le service de Dieu et de S. M. et pour le bien et l'apaisement de ce pays : aussi est-il juste que V. S. m'aide de ses conseils. Qu'elle se tranquillise : ni dans le passé, je n'ai agi par passion; ni dans l'avenir, Dieu aidant, je n'agirai de la sorte. On m'a donné et on me donne de grandes occasions de me passionner, humainement parlant, mais Dieu est si bon, bien que je ne le sois pas, que j'ai pu dissimuler et que je dissimulerai encore toute impression personnelle. D'ailleurs, je n'ai par moi-même voulu rien décider; j'ai agi après délibération de tout le conseil. Et pour que V. S. voie combien je suis libre de passion, l'inquisiteur m'ayant dit que le comte aurait besoin d'aller dans ses terres, je lui ai étendu ses arrêts à toute la Catalogne.

« J'ai seulement demandé à S. M. d'exiler le comte de Catalogne, car il y cause trop de mal... V. S. saura qu'il fait maintenant circuler par tout Barcelone une lettre que j'aurais écrite au conseil royal, et dans laquelle je prétends que le duc de Cardona, l'amiral, les conseillers, les députés, tous les chevaliers du pays enfin, sont des fourbes et des traîtres, et autres sottises par lesquelles il pense s'attirer du crédit et me créer des ennemis. Ceci aurait des inconvénients s'il n'y avait ici des gens assez avisés pour rire de ces inventions.

Outre que le conseil royal ne communique jamais de telles
copies, V. S. sait que j'ai agi et écrit avec beaucoup de calme.
Je n'en suis pas moins attristé de voir ce que peut la passion
en un homme qui a reçu tant de bienfaits de ma main...

« Il y a trois jours, je me promenais dans Barcelone avec
quelques chevaliers et des officiers de S. M., et, passant par
une rue, je croisai le comte. Il passa près de moi, et, non
content de paraître ne pas m'apercevoir, il montra un visage
aussi altéré que s'il eût rencontré son pire ennemi... Je fus
affligé, non de son impolitesse, mais de l'altération de ses
traits; c'est preuve qu'il n'a pas l'intérieur sain, et je voudrais qu'il l'eût... Jérôme Augustin, beau-frère du duc de
Cardona, précédait le comte, et bien que lui ne soit pas comte,
et que je ne lui aie jamais témoigné que bienveillance et
amitié, il passa, près de moi, plus raide que jamais, sans
même me saluer. L'archevêque D. Fabrique ne le lui eût point
pardonné. J'ai voulu montrer que je ne gardais aucun ressentiment, je n'ai rien dit.

« Quant au duc de Cardona, je lui ai fait toutes les amitiés
que j'ai pu. Il vint chez moi et moi chez lui. Nous nous pro-
menons ensemble. Soyez sûr que je continuerai à être plus
que correct.

« Si l'amiral m'a fait quelques amitiés, sachez bien que je
lui en ai rendu davantage. Je continuerai, car il est très
enfant, et je le crois mal conseillé. Et puisque V. S. l'ordonne,
je multiplierai les signes d'amitié. J'ajoute, au sujet de Jérôme
Augustin, que sa mauvaise éducation a choqué bien des gens,
vu surtout qu'il est officier, et que son exemple pourrait être
contagieux. On m'a blâmé d'avoir été trop patient, aussi
serait-il bon de lui écrire une lettre dont il se souvienne.
Que V. S. veuille bien me donner une règle de conduite. Je
ne veux excéder en aucune façon, et dans le pays la bonté
paraît faiblesse. Du moins, s'il est bon que moi je patiente, il
n'en est pas de même de V. S. ni de S. M. C'est de semblables enfantillages qu'on prend occasion de tomber en de
graves fautes. »

« Vous savez bien, écrivait-il encore à Cobos, le 24 juin,
que je déteste tant de telles affaires, que j'attribue à mes
péchés qu'elles soient survenues. Je n'abomine rien tant...

V. S. a pu s'en apercevoir, pendant les années que j'ai passées à la cour. Et s'il en était ainsi alors, que doit-ce être à présent, puisque mon rôle consiste à apaiser les rancunes et les inimitiés. Ainsi l'an passé, l'amiral de Naples ayant offert un autre tournoi au Borno, j'appris que la duchesse de Soma s'était fait élever un baldaquin avant qu'on dressât le sien. N'étant pas juge du tournoi, et n'étant pas obligé d'y paraître, pour enlever toute occasion de trouble sans nuire à l'autorité royale, j'avisai de me faire inviter à la fenêtre de la duchesse qui, du reste, me dit que les serviteurs avaient eu tort de faire élever ce baldaquin, que, nouveaux venus dans le pays, ils en ignoraient les usages. Ainsi tout se passa fort courtoisement. La première année de mon séjour ici, je ne parus pas aux fêtes à cause du deuil de l'Impératrice, et, aux dernières fêtes qui ont occasionné tant de trouble, j'avais été le premier voir ces seigneurs chez eux. Deux jours avant le tournoi, j'avais prié le duc de venir à ma fenêtre pour juger avec moi des prix à donner, car il m'aiderait ainsi à ne faire tort à personne... Voyez comme ces seigneurs ont donc agi sans raison, et combien ce qui s'en est ensuivi m'a dû coûter, Dieu seul le sait, et V. S. peut penser quel fruit je gagne à perdre de bons amis et des parents. Mais, d'autre part, si je m'étais tu, les chevaliers et le peuple se seraient plaints. On aurait dit que pour les très grands il n'y pas de justice. Aussi considéré-je ma peine comme bien employée puisque j'ai servi Dieu, S. M. et l'État. Ma conduite en cela a produit plus d'effet que de grandes exécutions, et, grâce à Dieu, toute la principauté est en paix.

« Afin que V. S. voie combien je veux être raisonnable, le jour même de l'arrestation du comte, le duc de Cardona vint me voir. Il voulut me parler en présence de la marquise, et me demanda de ne point garder rancune au comte. Je lui répondis que, sur ce point, je lui obéirais, que je ne gardais aucune rancune, et que je restais le serviteur du comte comme par le passé. Il me parla du procès. Ceci, lui dis-je, n'est plus mon affaire; je m'en remets au Conseil. Le duc me demanda au moins d'adoucir les conseillers. J'entrai alors au Conseil..., je m'assis, et demandai si on avait lu le procès. On me répondit que le procès était lu et la sentence prête.

« Laquelle, dis-je ? — Que le comte soit arrêté chez lui avec
« obligation de prêter serment et hommage, et verser dix
« mille ducats. » Je n'avais qu'à faire exécuter cette sentence.
Cependant, au lieu de consigner le comte chez lui, en attendant la réponse de S. M., je l'ai laissé circuler en ville. Sa
colère se traduisit de bien des façons. Je lui mandai toutefois que, s'il avait besoin d'aller dans ses terres, je le lui
permettais... J'ai donc fait pour lui tout ce que j'ai pu. J'ai
tenu à me dépouiller de toute passion. J'ai consulté S. M.,
afin qu'on ne pût dire de moi que la parenté ou la passion
troublaient ma conscience. Je n'ai point demandé qu'on usât
de rigueur envers lui, mais qu'on l'exilât à cause des suites
que pouvaient avoir les paroles qu'il lance à ceux qui
m'accompagnent, ou ses relations tantôt avec les Pujadas,
tantôt avec Semanat. Un véritable ami doit l'écarter du feu.
Mieux vaut l'éloigner ; ensuite le temps arrangera et guérira
tout. Pour mon compte, je puis le certifier à V. S., ni dans
le passé, ni actuellement, je n'ai cessé ni ne cesserai de
vouloir du bien au comte. Chaque fois qu'il aura besoin de
quelque chose de ma maison, il peut la regarder comme
donnée. Je me crois, dans cette affaire, justifié aux yeux de
Dieu, et j'espère que cette lettre me justifiera aux yeux de
V. S...

« J'espère, après tout, avoir plus d'amis que d'ennemis,
parce que je rends à tous justice, j'écoute volontiers les
gens, je les honore de mon mieux ; j'y dépense ma fortune,
quoique je puisse, en cela, faire peu, et bien qu'il m'en arrive
des déboires, je tâche de tirer chacun de ses procès et de
ses rancunes ; je ne fais de mal à personne ; je fais à tous le
bien que je peux ; avec cela, je suis content. Ceux que je
mécontente ne me semblent pas avoir raison...

« J'ai fait d'ailleurs cette expérience que les chevaliers que
j'ai faits prisonniers depuis mon arrivée en Catalogne sont
maintenant mes meilleurs amis : tels D. Bernart Albert,
Mossen San Climente et d'autres. Quant au baron de la Roca
que je ne connaissais pas, depuis que je l'ai arrêté pour ce
que je vous ai raconté, il est venu souvent chez moi. Il a été
mon convive, il le sera chaque fois qu'il le voudra... »

Le comte de Modica ayant fait appel à l'empereur, Charles-

Quint, tout en louant la conduite du vice-roi, le pria de ne plus s'occuper du comte. Borgia obéit avec un empressement qui montrait sa vertu. L'appel ne porta du reste pas bonheur à Modica, qui fut exilé de Catalogne et disgracié. Borgia fut alors le premier à plaider en faveur de l'insupportable comte, et, apprenant que l'empereur lui avait pardonné, « j'ai appris, écrivait-il à Charles-Quint, que V.M. a daigné pardonner au comte. La marquise et moi en avons été très touchés. A Ratisbonne, au début de cette affaire, V.M. a considéré ce qui convenait à son service et à l'autorité de la justice. Maintenant elle n'écoute que sa clémence et sa bonté. Rien ne peut augmenter le désir que nous avons de servir V.M. Ce pardon accordé au comte est une des plus grandes faveurs que la marquise et moi ayons reçues de V.M.

En Catalogne, cependant, le marquis de Lombay trouva plus fort que lui. Sa conscience et les ordres de l'empereur lui enjoignaient de réformer les monastères relâchés. Il n'y parvint point, et saint Ignace de Loyola lui demandant, en 1546, par quels moyens on viendrait à bout de cette œuvre nécessaire, « les couvents de religieuses à Barcelone, à Gérone et en d'autres endroits sont si désordonnés, répondit Borgia(7 juin), que leur imposer, du premier coup, la perfection serait imprudent. On pourrait commencer par défendre les sorties et les entrées et les autres offenses que reçoit le Seigneur; on leur ferait observer leurs règles au pied de la lettre. Si l'on voulait davantage, Sa Sainteté pourrait défendre de recevoir de nouvelles religieuses dans ces couvents. Le nombre diminuant, les résistances faibliraient.

« Il faudrait punir les désobéissances. S.S. marquerait le châtiment, et on devrait enlever aux mandataires de S.S. la permission de remettre les peines. S'il s'agit, par exemple, d'un an de prison, il faudrait toujours en faire accomplir six mois... Et que ceci ne paraisse pas une cruauté : la plaie est si étendue, qu'il faut la cautériser.

« Qui pourra s'opposer à la réforme ? me demandez-vous. Mais tous ceux qui entrent dans les monastères, et favorisent cette mauvaise coutume. De quel parti se rangera la ville ? Je crois ce que je voudrais ne pas croire, à savoir que, si on faisait voter la ville, nous courrions risque d'avoir la majo-

rité contre nous, bien que la justice soit clairement en notre
faveur. Quel secours je pourrai prêter par mes parents et
amis ?... Je voudrais avoir beaucoup de parents en Catalogne,
et de parents très enclins à cette œuvre, mais je n'en ai pas.
Mes amis, vous les connaissez déjà. Je n'ai, en outre, à offrir
que de bons désirs. Cependant je ne veux point refuser ma
pauvre coopération. Aussi écrirai-je à quelques conseillers,
mes amis, leur recommandant cette sainte entreprise...

   « En somme, voici ce que je pense de cette affaire. Elle est
malaisée, comme le prouvent les nombreux essais qui ont
été tentés sans grand résultat, du temps de la feue reine
Isabelle et depuis. Quand je suis parti de Catalogne, je laissais la réforme en train et assez solidement assise. Le cardinal de Séville en avait chargé l'inquisiteur, aujourd'hui
évêque de Lérida. Lui et moi étions bien résolus de monter
à l'assaut, s'il le fallait. Il avait visité les monastères, inti-
mant l'ordre formel aux abbesses de ne laisser entrer aucun
homme dans la clôture, et de ne laisser sortir aucune religieuse. Nous avions décidé qu'en cas d'infraction, lui, de
son côté, lancerait l'excommunication, et moi, au nom de
S. M., je publierais un ban très rigoureux. Nous étions per-
suadés que trois exemples suffiraient à obtenir le fruit désiré :
à savoir l'obéissance et la crainte. En ne faiblissant pas au
début, nous pourrions obtenir davantage. On déplacerait les
supérieurs négligents ; on introduirait dans les couvents des
religieuses exemplaires. Nous tenions aussi pour très avantageux de défendre les réceptions de nouvelles novices. Par
les soins de personnes ferventes on pousserait à la fréquentation des sacrements. Ainsi arrachant, d'une part, les mauvaises herbes, de l'autre acclimatant les vertus dans les
couvents, nous pensions avancer cette sainte œuvre de la
réforme.

   « Sur ce, S. M. vient en Catalogne. Elle nous ordonne, à
moi, de me rendre à Gandie pour poursuivre d'autres affaires[1],

---

   1. « En 1549, il écrivait à don Juan Vasquez de Molina, secrétaire de Sa
Majesté : « C'est pour obéir à S. M. et accomplir son service royal que je
quittai la charge de Catalogne qui était de tant d'autorité et de profit, comme
vous savez. En échange, S. M. nous donne à la Duchesse et à moi la charge
de Grand-Majordome et de *Camarera Mayor* avec le même salaire qu'en

à l'inquisiteur, d'aller en Aragon pour en diriger d'autres. De ce qui s'est passé depuis, j'en saurais donner un compte exact. Pour le moment, il faudrait suivre la marche indiquée. Le mandat du vice-roi serait signé par S. M., et il faudrait enlever au vice-roi la faculté de remettre les peines. Ceci est très important, car rien ne sert d'ordonner si les ordres sont mal exécutés ; et si, dès le début, les infractions ne sont pas réprimées, tout effort échouera. »

Pierre SUAU.

(*A suivre.*)

Catalogne. » Retenons bien ces déclarations. Pas plus en 1543 qu'en 1539, Borgia ne demandait à l'empereur sa retraite. Il n'a nullement quitté la Catalogne spontanément et pour chercher à Gandie une réclusion pieuse. La légende qui le prétend est une fable.

NOTES DE LITTÉRATURE BIBLIQUE

REVUE DE QUELQUES PUBLICATIONS RÉCENTES

F.-E. König, *Historisch-kritisches Lehrgebäude der hebräischen Sprache* (*Système historico-critique de la langue hébraïque*). Leipzig, J.-C. Hinrichs. 3 volumes in-8. Prix : brochés, 50 Mk., reliés, 57 Mk. 50.

Dr Hermann L. Strack, *Einleitung in den Thalmud*. 3ᵉ édition. Leipzig, J.-C. Hinrichs, 1900. Collection des *Scriften des Institutum judaicum in Berlin*, nᵒ 2. Prix : 2 Mk. 50. — *Die Sprüche der Väter. Ein ethischer Mischna-Tractat*. 3ᵉ édition. Leipzig, J.-C. Hinrichs, 1901. Collection des *Scriften des Institutum judaicum in Berlin*. Prix : 1 Mk. 20.

Gustave Dalman, *Die Worte Jesu*. Band I : *Einleitung und wichtige Begriffe, nebst Anhang : Messianische Texte.* Leipzig, J.-C. Hinrichs, 1898. In-8. Prix : 8 Mk. 50.

Hans Hinrich Wendt, *Die Lehre Jesu* (*l'Enseignement de Jésus*). 2ᵉ édition. Gottingen, Vanderhoeck und Ruprecht, 1901. In-8. Prix : broché, 12 Mk.

The Rev. Arthur Wright, *A Synopsis of the Gospels in Greek*. 2ᵉ édition. Londres, Macmillan, 1903. In-4. Prix net : 2 shillings.

Langue hébraïque. — La science de l'hébreu gardera bon souvenir du dix-neuvième siècle. Les études grammaticales surtout retrouveront difficilement pareille période de floraison intense et continue.

Dès 1813, Gesenius leur imprimait une vive impulsion par son *Hebräische Grammatik* dont le succès, très grand dès le début, n'a pas encore connu de déclin[1]. L'illustre savant s'y appliquait particulièrement, comme dans ses ouvrages subséquents, à l'étude analytique des formes grammaticales. Sa méthode a été bien dénommée *analytico-particulariste*. (König, *Lehrgebäude*, t. I, p. 2.)

Henri Ewald prit une route opposée dans sa *Kritische Grammatik der hebräischen Sprache* (1827). Considérant de préférence les phénomènes morphologiques dans leur ensemble et dans leurs réactions réciproques, il tâcha d'en découvrir les lois géné-

---

1. Elle en est, depuis 1902, à sa vingt-septième édition. L'auteur, il est vrai, aurait quelque peine à s'y reconnaître après les remaniements profonds opérés par E. Rödiger d'abord (14ᵉ-21ᵉ éditions, 1845-1872), puis par E. Kautzsch (22ᵉ-27ᵉ éditions, 1878-1902).

rales et d'en fournir une explication rationnelle. C'est la méthode · *synthético-spéculative*. (*Ibid.*, p. 3.)

Olshausen la suivit aussi dans son *Lehrbuch der hebräischen Sprache* (1861), mais il y ajouta un élément essentiel, en essayant de remonter au sémitique primitif, représenté, selon lui, par l'arabe ancien. Méthode *comparative ou historique.* (*Ibid.*)

Après ces grands initiateurs, il pouvait sembler que toutes les voies fussent frayées et qu'il ne restât plus aux hébraïsants qu'à les poursuivre plus loin, tout au plus à combiner des systèmes si brillamment inaugurés. Ainsi firent Stade et Nägelsbach dont l'un s'appliqua à fondre les méthodes d'Olshausen et d'Ewald, l'autre celles d'Ewald et de Gesenius. Quelqu'un pourtant pensa qu'il restait mieux à entreprendre.

En 1881, paraissait à la librairie savante J.-C. Hinrichs, de Leipzig, un volume de sept cent vingt pages sous le titre légèrement monumental de *Historisch-kritisches Lehrgebäude der hebräischen Sprache*. Il était signé F. E. König, du nom d'un jeune Privatdocent à l'Université de la même ville. La préface respirait, en effet, une ardeur juvénile en ses phrases brèves, saccadées, vaillamment fières.

Cette grammaire nouvelle devait se distinguer de ses devancières par quatre qualités : 1° elle offrirait à l'étude de l'hébreu une introduction née de la pratique ; et toutefois 2° elle poursuivrait un but nettement scientifique ; 3° à l'ancienne méthode analytique elle unirait la nouvelle, historique et physiologico-phonétique ; 4° enfin elle discuterait les points controversés, ferait entendre les diverses autorités, entre autres les grammairiens juifs du moyen âge, de sorte que la conclusion apparût avec son degré exact de probabilité. En un mot, elle formerait de tous les manuels un commentaire qui parlerait encore là où ils se taisent et tâcherait de donner des raisons là où ils se contentent d'affirmer dogmatiquement.

Ce n'étaient pas là belles promesses en l'air. Dans la première partie, seule parue alors, il était traité des éléments, écriture et prononciation, et des deux premières sections de la morphologie, les pronoms et les verbes. L'on y pouvait remarquer une *Gründlichkeit* tout allemande, par exemple aux pages 44-49, sur la place du *Cholem*, et aux paragraphes 12-13 (p. 90-111) consa-

crés au *Qames long* et au *Qames-Chatuph*. Dans les discussions
sur les points en litige, le *Miklol* de David Qimchi et les *Dikduke-
ha-teamím* de Ben-Ascher(?) obtenaient voix au chapitre à côté des
grammaires les plus récentes. Dans la phonétique, la physiologie
éclairait plus d'un point resté obscur.

Bref, les débuts du grand œuvre en faisaient vivement désirer
le couronnement. Et, par bonheur, au dire de M. König, deux
ans, trois au plus devaient y suffire. Hélas! deux ans et trois ans
se passent et beaucoup d'autres les suivent. « Anne, ma sœur
Anne, ne vois-tu rien venir? — Je ne vois rien que le soleil qui
poudroie et l'herbe qui verdoie... » Enfin, 1895 arrive, et un
deuxième volume paraît; puis en 1897, Benjamin vient rejoindre
Joseph, et quel Benjamin aux belles proportions!

Les hébraïsants purent se féliciter d'avoir attendu. Le plan
s'était grandement développé dans l'intervalle; ou du moins sa
réalisation avait pris une ampleur inattendue.

Le tome second achève la morphologie générale. Le savant
Auguste Müller avait exprimé, en 1891, le vœu qu'une statistique
des noms fût établie pour les principaux dialectes sémitiques.
C'est fait, quant à l'hébreu, d'une manière provisoirement complète, et non seulement pour les noms, mais aussi pour les autres
mots. Les nombres et leur emploi dans la Bible, par exemple,
sont présentés en une série de tableaux synoptiques (p. 215-224)
dont la composition suppose la patience d'un massorète. La section cinquième, consacrée aux particules (p. 232-343), en devient
une véritable concordance permettant de se rendre un compte
exact de leurs nuances dans les Livres sacrés.

Dans la morphologie générale où le corps de la langue est
étudié dans les relations et les réactions mutuelles de ses divers
organes, les considérations physiologiques tiennent une large
place, et une non moindre la comparaison avec les autres dialectes sémitiques connus. D'innombrables problèmes soulevés et
débattus dans les revues de philologie et de linguistique sont
soumis à un consciencieux examen et plus d'une fois heureusement résolus.

Quels que soient cependant les mérites de ce deuxième volume,
le troisième a plus de droits à la reconnaissance des sémitisants.
Il est réservé tout entier à la syntaxe que les grands travaux précédents de grammaire hébraïque ou n'avaient pas abordée ou

n'avaient pas approfondie. Cette grave lacune est désormais royalement comblée; et M. König a pu se féliciter en toute justice de
nous avoir donné dans ces sept cent vingt pages le commentaire
syntaxique à la fois le plus court et le plus complet de l'Ancien
Testament.

La syntaxe particulière des diverses parties du discours est
traitée d'abord, puis la syntaxe générale ou de la proposition.
Cette dernière, à peine indiquée dans les manuels, occupe ici
près de trois cents pages.

La méthode reste la même : inductive pour l'étude des matériaux, assemblés avec une abondance qui déconcerte; comparative au point de faire de certaines parties des chapitres d'une syntaxe comparée des langues sémitiques; psychologique enfin dans
la discussion des problèmes, comme elle était physiologique en
morphologie. Ceux qui veulent savoir le pourquoi des phénomènes, *cognoscere per causas*, suivant la définition antique de
toute science, seront satisfaits, sinon toujours, des solutions apportées, du moins de la loyauté et du consciencieux effort des
recherches.

Le répertoire des passages de la Bible et de quelques autres
documents hébraïques cités dans ce volume n'occupe pas moins
de quatre-vingts pages à trois colonnes chacune (p. 621-710). Il se
distingue par une heureuse innovation à laquelle il faut souhaiter
des imitateurs. Les tables de ce genre sont dressées naturellement suivant l'ordre des livres de la Bible, des chapitres et des
versets. Quand plusieurs références se rapportent à un même
verset, l'ordre suivi est celui des pages ou des paragraphes auxquels elles renvoient; et il peut arriver ainsi qu'il faille feuilleter
un bon nombre de pages avant d'arriver au point que l'on cherche. M. König, au prix d'un énorme travail, a voulu épargner à
ses lecteurs pareille perte de temps. Sa table suit l'ordre même
des difficultés; par exemple, dans la Genèse (chap. ɪᴠ, v. 22),
trois difficultés se présentent, étudiées aux paragraphes 250 *b*,
327 *x*, 340 *c*; l'ordre où elles se présentent dans le texte est précisément inverse; la première est résolue au paragraphe 340 *c*, la
deuxième au paragraphe 327 *x*, la dernière au paragraphe 250 *b*.

En revanche, le tome second manque, on ne sait pourquoi,
d'un répertoire quelconque. Un *Register* alphabétique commun
aux trois volumes eût été aussi le bienvenu, d'autant que les

tables analytiques placées en tête de chacun sont trop peu complètes.

Puisque. nous voici à formuler des desiderata, remarquons, sans
risque de tomber dans le « panbabylonisme », que la place faite
à l'assyrien, dans la partie comparative, né nous a pas semblé
répondre à son importance soit d'actualité, soit de valeur absolue. Dès la page 10 du tome I, on est surpris de voir signaler les
seuls Éthiopiens comme écrivant de gauche à droite. Au tome III
(p. 375, § 329 b), M. König se demande si l' « objet interne »
existe en assyrien. Il nous semble qu'il n'y est pas rare [1].

Terminons par un souhait qui soit encore une critique amie.
C'est que le premier volume au moins du *Lehrgebäude* soit publié
quelque jour en seconde édition. L'auteur aura ainsi l'occasion
de reviser quelques résultats dépassés, par exemple, au sujet du
pâséq [2], de faire une statistique des verbes comme il l'a faite pour
les autres mots, d'étendre la partie historico-comparative, — on
regrette, au chapitre des pronoms, l'absence de comparaison
avec lés pronoms égyptiens, — enfin et en un mot, de donner à
ce début du livre l'ampleur de la suite et d'unifier davantage le
plan d'ensemble.

Quoi qu'il en soit, d'ailleurs, son œuvre, outre qu'elle est un
bel exemple de persévérance dans une longue et laborieuse entreprise, ne paraît pas devoir être remplacée de sitôt; et voilà pourquoi nous avons cru pouvoir en parler encore sans trop de paradoxe, d'autant que les revues françaises, à notre connaissance,
n'en ont guère entretenu leurs lecteurs.

TALMUD. — Le champ jusqu'ici trop peu exploré de la littérature
rabbinique commence d'attirer l'attention des spécialistes. Des
appels sont venus de divers côtés essayer de la réveiller [3]; quelques

1. Voir, par exemple, dans le *Handwörterbuch* de Delitzsch, au mot
Zakâru, p. 255 a, *circa fin.*, et p. 653 b au mot *Schâmu.*
2. D'après les travaux de H. Grimme dans ses *Psalmen-Probleme* et dans la
Biblische Zeitschrift (1903-1904),et de J. Kennedy: *The note-line in the Hebrew
Scriptures.*Edinburgh,1904. M. König a rendu compte de ce dernier ouvrage
dans les *Theologische Studien und Kritiken*, avril 1904, p. 448 *sqq.*
3. Voir, par exemple, l'*Expository Times* de janvier 1904, p. 187 *sqq.* :
The Talmud and Theology.

bons ouvrages d'ensemble ont déjà paru, tel, entre autres, celui de M. W. Bousset : *Die Religion des Judentums im neutestamentlichen Zeitalter*[1]. L'Allemagne possède des *Instituta judaica...* Bref, le branle semble donné. Et les exégètes ne peuvent que s'en réjouir; non certes que les études bibliques doivent en être renouvelées; mais il n'est pas douteux qu'elles n'en reçoivent un surcroît de lumière, surtout si l'on parvenait à faire le départ critique des diverses couches de traditions renfermées dans le *Talmud* et les *Midraschim*.

Au nombre des promoteurs du mouvement, le professeur Hermann L. Strack mérite d'être nommé en bonne place. Par son impulsion et avec son active collaboration, une collection de brochures se publie à Leipzig, sous le titre général de *Schriften des Institutum judaicum in Berlin*. Celles dont il est l'auteur se distinguent par leur caractère nettement scientifique; par exemple, son *Introduction au Talmud*. Parue en 1887, et déjà deux fois rééditée (1890, 1900), elle constitue un précieux fil d'Ariane à travers le labyrinthe de cette compilation étrange, sans analogue dans aucune littérature. Huit chapitres font connaître successivement le sens des termes hébreux ou araméens les plus importants, la division de la *Mischna*, le sommaire de ses six ordres, de ses soixante-trois traités et même, d'un mot, de ses cinq cent trente-trois chapitres, quelques-uns des traités non canoniques, l'histoire du Talmud, la série chronologique des docteurs qu'on y entend, les caractères généraux de l'œuvre, de son herméneutique [2], enfin l'immense littérature du sujet. Sur ce dernier point seulement la troisième édition ajoute un supplément à la seconde dont elle n'est, quant au reste, qu'une réimpression anastatique. Et c'est regrettable; les yeux n'y gagnent pas. Mais il fallait se hâter, paraît-il, pour parer à des attaques injustifiées qui se préparaient contre le Talmud en plein Reichstag allemand !

Les *Pirqé Aboth* ou *Sentences des Pères* sont assurément le plus intéressant traité de la Mischna et peut-être le moins connu en France, parce qu'il est absent du Talmud de Jérusalem et par suite de la traduction de M. Moïse Schwab. On le trouve inséré

1. Berlin, 1903.
2. On aimerait savoir d'où est tirée la citation : « On ne répond pas aux paroles de la Haggada. » (P. 98.)

dans les recueils de prières juives, sous le titre dé « Éthique, des anciens rabbins », pour servir de sujet de glose les soirs de sabbat, durant la saison d'été.

Le but principal des *Pirqé Aboth* est de rattacher au Sinaï les traditions rabbiniques qui constituaient la « haie » autour de la Loi. « Moïse reçut la Loi sur le Sinaï et la transmit à Josué, Josué aux anciens, les anciens aux prophètes, les prophètes aux membres de la grande Synagogue » (chap. i, v. 1), les derniers membres de la grande Synagogue aux cinq *zougoth* ou couples de docteurs, — jusqu'à Hillel et Schammaï inclusivement, — qui viennent tour à tour faire entendre quelque sentence. — Le second but des *Aboth* est l'édification morale ; et voilà pourquoi on y entend des dictons des principaux *Tannaïm* ou docteurs de la Mischna. Parfois on dirait des échos de la voix des prophètes ou même de l'Évangile : Antigone de Socho disait : « Ne soyez pas comme les serviteurs qui servent le maître en vue du salaire, mais soyez comme les serviteurs qui servent le maître sans songer au salaire, et que la crainte de Dieu (littéralement : du ciel) soit en vous. » (*Aboth*, i, 3.) — Hillel disait : « Sois un disciple d'Aaron, aimant la paix, recherchant la paix, aimant les hommes et les attirant à la Loi. » (i, 12.) — Juda ben-Thema disait : « Sois prompt comme le léopard, rapide comme l'aigle, agile comme la gazelle, fort comme le lion, pour accomplir la volonté de ton Père céleste. » Malheureusement le légalisme formaliste, si justement critiqué par Notre-Seigneur, reparaît souvent, et aussi plus d'une de ces niaiseries haggadiques qui ont valu au Talmud une si triste réputation : « Dix choses furent créées la veille du sabbat, au crépuscule du soir, et voici lesquelles : l'abîme de la terre (pour Coré et ses partisans), l'orifice du puits (au rocher d'Horeb), la bouche de l'ânesse (de Balaam), l'arc-en-ciel, la manne, la verge (de Moïse), le Schamir (un ver qui fendait les pierres, et dont Salomon fit usage à la construction du temple), les lettres, l'écriture, les tables de la Loi... » (v, 6.) Il faut savoir gré à M. Strack d'avoir rendu facile à aborder ce curieux document et souhaiter qu'il publie ainsi tous les principaux traités de la Mischna. Le *Ioma*, le *Aboda Zara* et le *Schabbath* ont déjà paru.

NOUVEAU TESTAMENT. — M. Gustave Dalman offre dans *Die*

Worte Jesu, un bel exemple de la mise à profit du rabbinisme dans l'exégèse du *Nouveau Testament*. Il faut d'ailleurs convenir que le début est de difficile imitation.

L'auteur, actuellement directeur du jeune Institut archéologique allemand de Palestine [1], aborda la littérature juive dès les années de son gymnase, pour se mettre à même de reconstituer exactement le milieu historique où Jésus vécut ici-bas. Plus tard, il conçut le projet de retraduire les paroles du Sauveur dans leur langue primitive et de mettre au service de leur interprétation la connaissance des documents rabbiniques. Douze ans furent consacrés à des travaux d'approche : *le Messie souffrant et mourant* (1888)[2], *Grammaire de l'araméen judéo-palestinien* (1894)[3], *Dictionnaire araméen et néo-hébreu* (1897)[4]. Enfin parut la première partie de l'œuvre rêvée[5].

Elle s'ouvre par une introduction de soixante-douze pages où il n'y a pas de longueurs. M. Dalman y démontre d'abord à l'évidence une conclusion admise désormais, que les Juifs, à l'époque de Notre-Seigneur, parlaient l'araméen et non pas l'hébreu, bien qu'ils écrivissent aussi en cette dernière langue, comme ils ont continué à faire de tout temps. Vient ensuite une recherche d'extrême importance sur le caractère et l'origine des sémitismes dans nos Évangiles synoptiques. Pour la première fois, les aramaïsmes et les hébraïsmes sont soigneusement distingués entre eux et aussi des idiotismes communs aux deux langues [6]. Un résultat à première vue surprenant : saint Luc, le seul évangéliste de race grecque et qui semble bien n'avoir connu ni l'araméen ni l'hébreu, est presque seul à employer des hébraïsmes. L'explication de l'énigme est dans l'usage des Septante, chez qui tous ces hébraïsmes se retrouvent. Nulle apparence sérieuse, en effet, qu'il y ait eu des sources hébraïques des Évangiles, et M.Dalman paraît

---

1. Œuvre commune de toutes les Églises évangéliques d'Allemagne.
2. *Der leidende und sterbende Messias.*
3. *Grammatik des Jüdisch-Paläst. Aramäisch.* Leipzig.
4. *Aramäisch-neuhebräisches Wörterbuch.* Terminé en 1901. Frankfurt a.M.
5. *Einleitung und wichtige Begriffe, nebst Anhang : Messianische Texte.*
6. Les résultats sont résumés à la page 29. En voici quelques-uns : sont des *aramaïsmes* : ἀφείς (καταλιπών), ἤρξατο, l'adverbe εὐθύς (παραχρῆμα) ; *hébraïsmes* : les expressions où entre πρόσωπον, la construction ἐν τῷ avec l'infinitif, le renforcement du verbe par le substantif de même racine, les formules καὶ ἐγένετο, ἐλάλησεν λέγων, ἀποκριθεὶς εἶπεν...

avoir raison de critiquer sévèrement l'opinion de M. Resch sur l'existence d'une collection hébraïque de *Logia* ou de *Generationes Jesu*. En revanche, il est peut-être sceptique outre mesure au sujet d'un Évangile araméen de Matthieu, qu'il ait ou non consisté en simples λόγια κυριακά. Il demeure vrai, du reste, que notre saint Matthieu actuel n'est pas une simple traduction de l'araméen.

Quelle qu'ait été la langue des sources mises en œuvre dans les Évangiles, il est indubitable que Jésus s'est exprimé en araméen. Et il doit donc être possible en bien des cas d'y retraduire ses paroles; et cela est aussi très utile pour en saisir les nuances, à condition qu'une science précise et une critique rigoureuse président à la tâche et que des preuves soient apportées à l'appui des solutions adoptées.

M. Dalman a satisfait à ces exigences, dans l'ensemble au moins, avec une maîtrise incontestée, s'efforçant de remettre dans leur forme araméenne primitive les notions les plus importantes de la théologie synoptique : règne ou royaume de Dieu, siècle futur, Père céleste, dénominations euphémiques de Dieu, Fils de l'homme, Fils de Dieu, le Christ, le Seigneur, le Maître... La seconde partie de l'œuvre remettra ces concepts fondamentaux dans la contexture générale et le milieu ambiant des notions plus secondaires.

Notre auteur n'est pas l'homme des brillantes synthèses, *latet dolus in generalibus*, ou du moins il veut qu'une exacte analyse leur ait préparé au préalable une base solide. Et voilà pourquoi nous ne pouvons songer à entrer ici dans le détail des problèmes qu'il étudie.

Le travail sur le Fils de l'homme semble avoir été définitif, bien que M. Wellhausen, du haut de son Olympe, continue de n'en pas tenir compte et de soutenir que ces mots signifient simplement : « l'homme ». L'expression est tirée du chapitre VII de Daniel et constitue un titre messianique peu ou point usité autour de Jésus. Le Maître l'employait à dessein, quoi qu'on en ait dit, pour réformer la conception alors courante du royaume avant de proclamer plus nettement qu'il en était lui-même le roi.

L'étude sur le Fils de Dieu est, à notre avis, moins complète et moins réussie. Elle met d'ailleurs en bonne lumière la valeur du *logion* célèbre sur la connaissance mutuelle du Père et du Fils

(Matth., xɪ, 27; Luc, x, 22). Il y a parfaite réciprocité des termes ; et l'on voit ce qui s'ensuit pour la transcendance de Jésus.
La même conclusion ressort d'ailleurs du titre de Fils de Dieu,
toujours entendu au sens propre chez les Grecs et les Romains.

Le volume se termine par une collection de textes messiani-
ques araméens ou grecs extraits de la littérature juive ou canonique, et par les diverses tables dont ne manque jamais un bon
ouvrage allemand. — Plaise à Dieu qu'en ce point nous devenions
imitateurs !

A quand le second volume ? Nous ne savons, M. Dalman étant
de ceux qui savent se hâter lentement.

Tout le monde connaît le vieux précepte : *Sæpe stylum vertas* :
« ajoutez quelquefois et *souvent effacez* ». M. Wendt a le rare
mérite de l'observer. Son livre, *Die Lehre Jesu*, paru une première fois en deux volumes (1886-1890), a été réduit à un seul.
C'est l'une des œuvres les plus marquantes de l'école ritschlienne.
Pour le fond des idées et l'accent religieux, elle fait songer à
l'*Essence du christianisme* de M. Harnack. Mais au lieu des belles
envolées et des brillantes synthèses du professeur de Berlin,
nous avons ici, sous une forme très calme, peut-être même un
peu terne parfois et légèrement traînante, une *théologie biblique*
des Évangiles très étudiée jusque dans les minimes détails. A
défaut des qualités qui donnent la vogue, on y trouve celles qui
assurent un durable succès. Et il semble, en effet, que *Die Lehre
Jesu* ait exercé dans certains milieux une influence profonde, en
pays anglo-saxons particulièrement. Puisse-t-elle n'avoir pas,
contre le gré de son auteur, contribué à diminuer d'autant la foi
déjà branlante de trop nombreux protestants.

Il y est traité, en six sections, des sources de l'enseignement
de Jésus, de son milieu historique, de sa méthode, de la prédication du royaume, du témoignage de Jésus sur sa messianité et
de ses vues sur l'avenir terrestre de son œuvre.

Selon M. Wendt, aucun de nos Évangiles ne serait l'œuvre
immédiate d'un apôtre, mais dans tous, avec quelques éléments de
seconde main, se retrouverait un riche fonds de traditions apostoliques.

Au sujet des synoptiques, les grandes lignes de sa théorie

n'excèdent pas les limites d'une critique modérée. Deux documents fondamentaux : la catéchèse de Pierre, recueillie par Marc,
et les *logia* de l'apôtre Matthieu, combinés avec Marc par l'auteur
du premier Évangile et par celui du troisième. Celui-ci aurait
de plus utilisé l'Évangile de Matthieu.

Toujours d'après M. Wendt, les instructions de Pierre auraient été, dans leur forme primitive, disposées, partie suivant
l'ordre chronologique, partie suivant l'analogie des matières.
Marc se serait efforcé d'y introduire le seul ordre des temps. Il
semble, en effet, qu'une étude attentive reconnaisse çà et là, dans
la contexture de son récit, comme des pièces rapportées ne
s'adaptant qu'imparfaitement au plan actuel et gardant quelques
traces d'un arrangement antérieur différent.

Dans le quatrième Évangile, le professeur d'Iéna fait deux parts :
les discours de Jésus, recueillis, dans leur substance, par le disciple bien-aimé, et les récits, composés par un auteur plus récent
pour servir de cadre aux discours. Ceux-ci, en effet, reproduisent fidèlement, malgré la différence des couleurs, la doctrine de
Jésus rapportée par les synoptiques, au lieu que les récits témoi-
gneraient d'un point de vue tout autre, notamment par l'importance démesurée attribuée aux miracles. La première assertion est ingénieusement démontrée par la mise en parallèle,
dans chaque chapitre de l'ouvrage, de l'enseignement de Jésus
d'après l'une et l'autre source. Mais, d'accord en ce point avec
les adversaires comme avec les partisans de l'authenticité johan-
nique, nous avouons ne pas voir entre récits et discours les divergences qu'on voudrait nous y montrer. Manifestement ils
coulent de même source. Peut-être l'effort de M. Wendt con-
tribuera-t-il à ramener les esprits à une étude plus impartiale de
ce problème. Qui sait si, tel essai d'interprétation symbolique par
trop visiblement arbitraire tendant au même résultat, le temps n'est
pas proche où l'on s'apercevra, comme il y a dix-sept ou dix-huit
siècles, que l'auteur du quatrième Évangile a pu être un théologien
et un mystique éminent et tout à la fois un historien de première
valeur à condition d'être sainement interprété ?

Dans la troisième section, le paragraphe 7 mérite une mention
spéciale. Le docte exégète y formule en ces mots le principe
selon lui fondamental de la méthode de Jésus : « la plus grande
netteté dans la plus grande concision possible ». Et il fait de cette

découverte le plus heureux usage pour l'explication des paradoxes évangéliques. Cela le dispense d'y trouver un sens faux ou violent, dût-il se priver par là d'arguments plus ou moins précieux en faveur de la parousie prochaine. Car lui aussi en attribue la pensée au Sauveur. Mais il n'a garde d'y absorber toute la prédication évangélique.

Il y a gagné de pouvoir, dans la quatrième section, la plus étendue et la plus travaillée, exposer la doctrine morale de Jésus avec beaucoup de justesse, dans l'ensemble, et parfois une véritable élévation. Comme chez M. Harnack, bien qu'avec moins de relief, la paternité de Dieu, la meilleure justice et le commandement de l'amour en occupent le centre. Nous regrettons de ne pouvoir insister sur quelques excellents passages, d'autant plus que les dernières sections nous ont beaucoup moins satisfait. *In cauda venenum !*

Deux écrivains protestants[1], l'un citant l'autre, reprochent à leurs plus illustres coreligionnaires d'avoir mené saint Paul à leur école au lieu d'aller à la sienne. « Les théologiens de la Réforme dit M. J. S. Banks, traitaient Paul comme s'il eût été l'un d'eux. Des écrivains plus récents font de même. » Et, citant M. E. de Dobschütz : « Chez Neander et Godet, Paul est *a pectoral theologian*, chez Rückert un pieux supernaturaliste, hégélien chez Baur, orthodoxe chez Luthardt, chez Ritschl un pur ritschlien. »

Ils auraient pu ajouter que le Maître n'est guère mieux traité que le disciple. Lui aussi doit aller d'école en école. M. Wendt n'a pas résisté à la tentation de le conduire à la sienne. Nous avions pu le remarquer déjà dans mille détails. Désormais les questions vitales du christianisme vont s'en ressentir.

Voici donc Jésus devenu protestant et ritschlien. Il n'a pu, par conséquent, se proclamer Dieu. S'il est Fils unique du Père, c'est parce qu'il est vis-à-vis de lui dans une relation unique d'amour. Bon gré mal gré, les discours johanniques doivent se plier à cette conception, sous peine d'inauthenticité. — Jésus a-t-il cru à ses propres miracles ? Sans doute, comme ses contemporains. Mais il n'a pu en faire la base de la foi à sa messianité et au royaume. Le corps de Jésus est le pain de vie, parce que Jésus porte dans

---

1. Recension des *Probleme des apostolischen Zeitalters* de E. von Dobschütz, par J. S. Banks, dans l'*Expository Times*, avril 1904, p. 304.

ce corps une révélation divine ! Les textes qui font de la mort en
croix un sacrifice pour le péché ne sauraient évidemment être
primitifs. Celui qui attribue à Pierre la primauté dans une Église
établie par le Sauveur peut bien avoir un noyau authentique ;
mais il a dû subir des transformations substantielles.

Nous pourrions allonger l'énumération. Et plus d'un en conclurait, ravi des solutions simples, que dire exégèse historique
ou exégèse arbitraire, c'est dire bonnet blanc et blanc bonnet.
Il est vrai seulement que le passage est aisé de l'une à l'autre et
qu'un esprit aussi naturellement juste et droit que M. Wendt peut
le franchir fréquemment, s'il sacrifie aux préjugés de secte et
d'école. Son livre n'en rendra pas moins de très précieux services
à qui sait distinguer au besoin entre véritable critique et ce qui
en prend de bonne foi le nom.

Le dernier mot n'est pas dit et ne le sera pas de sitôt sur les
sources de nos trois premiers Evangiles et sur leurs rapports
entre eux. C'est la *question synoptique*. A qui veut l'étudier de
première main, la *Synopse des Evangiles en grec* du Révérend Arthur Wright, complètement remaniée et plus que doublée de
volume dans sa deuxième édition, offre un instrument de travail
d'inappréciable commodité.

Ce n'est pas que la théorie admise par l'auteur nous semble
devoir recruter beaucoup d'adhérents. Il reste fidèle à « l'hypothèse orale », proposée autrefois par Gieseler (1818), popularisée
en Angleterre par Westcott, mais rejetée aujourd'hui — M. Wright
en convient de très bonne grâce — par l'ensemble des critiques
de toutes nuances sur l'un et l'autre continent et même de plus
en plus en Grande-Bretagne. Qu'il faille faire très large la part
de la catéchèse orale dans la solution du problème, on n'en
saurait raisonnablement douter. Le milieu même où nos Évangiles sont nés invite à supposer cette influence ; et de fait, elle
rend bien compte des différences qui les séparent et suffisamment
de leurs similitudes générales. Mais elle n'expliquera jamais ni le
parallélisme si étroit de l'ordre suivi, ni l'identité parfois minutieuse des détails soit du contenu, soit souvent des mots ou des
membres de phrases.

M. Wright expose son système avec une modestie parfaite et

une sincérité entraînante. Mais la précision manque et surtout
les preuves vraiment démonstratives. Que vaut ceci, par exemple,
contre l'hypothèse de documents écrits : « Ne rien confier à
l'écriture, était une maxime des rabbins » (p. xiv) ? La maxime
a eu cours chez *quelques* rabbins du troisième siècle de notre
ère, peut-être plutôt comme une simple boutade, au sujet des
halakoth ou ordonnances de la loi orale. Rien n'est établi
au delà[1]. De plus et surtout, Notre-Seigneur et ses disciples
n'étaient pas des rabbins, jaloux de leurs traditions d'écoles et
les dérobant avec mystère au *Am haarez*, au vulgaire méprisé.

La préface de saint Luc est présentée comme une plate-forme
de l'hypothèse orale (p. xviii). Plus d'un continuera d'y trouver
plutôt un solide appui de l'hypothèse documentaire. M. Wright
va jusqu'à tirer argument du mot ἀνατάξασθαι (Luc, 1, 1), qui serait à
entendre d'un récit oral. Faudra-t-il donc voir également un récit
catéchétique dans le συνταξαμένων de Dioscoride d'Anazarbe dont
le Περὶ ὕλης ἰατρικῆς débute d'une manière si curieusement parallèle au prologue de saint Luc[2] ?

Mais le point de vue adopté n'a pas nui sérieusement à la
valeur de la Synopse que l'auteur a voulu rendre utilisable à
chacun, quelles que soient ses opinions et ses idées en critique.

En voici le plan et le contenu : après l'introduction consacrée
à diverses questions concernant les sources, la formation, la
valeur historique des Évangiles, etc., vient une série de tables
admirablement claires et pratiques :

1° Les sources : matières contenues dans le Cycle de Marc,
les *logia* de Matthieu, une collection paulinienne, des fragments
anonymes, des récits particuliers à saint Luc (il s'agit principalement de l'Évangile de l'enfance tel que le rapporte le troisième
évangéliste).

2° Contenu respectif des trois éditions de Marc supposées par
M. Wright. La première aurait été utilisée par saint Luc à qui
elle serait parvenue à Philippes sous forme de catéchèse orale ; la
deuxième, par saint Matthieu, à Alexandrie ; la troisième consti-
tuerait notre Marc actuel.

---

1. Voir L.-H. Strack, *Einleitung in den Thalmud*, 3ᵉ édition, p. 49 :
« Das Verbot des Schreibens. »

2. Voir *Revue biblique*, 1896, p. 35.

3° Proto-Matthieu (*logia* communs à Matthieu et à Luc) et Deu-
téro-Matthieu (*logia* particuliers à Matthieu).

4° Grandes divisions et principales subdivisions de Matthieu et
de Luc.

5° Court aperçu topographique du ministère de Jésus d'après
chacun des quatre évangélistes.

6° Leçons ecclésiastiques. M. Wright pense que nos Évangiles
synoptiques ont été composés à dessein par leurs auteurs de
manière à être distribués en Évangiles des dimanches. L'hypothèse nous paraît douteuse et l'application plus encore.

Vient ensuite la Synopse proprement dite où le texte grec est
disposé suivant les cinq divisions de la première table et coupé
de telle sorte que les passages parallèles soient immédiatement
sensibles au regard. Il y est joint des en-têtes de chapitres ou de
paragraphes et de nombreuses notes remplies d'indications précieuses, bien que la critique en soit, à notre avis, trop souvent
artificielle et subjective. L'auteur nous paraît avoir de l'inspiration et de ses effets une conception trop vague et flottante. Il est
de ceux toutefois — et nous sommes heureux de l'en féliciter —
qui voient dans un sage emploi de la critique, au lieu d'un obstacle
à l'acceptation d'un article quelconque du Symbole, un auxiliaire
excellent pour défendre et affermir la foi.

Le volume se termine par une table alphabétique des notes,
une autre des mots grecs et une troisième des références bibliques.

Le tout est imprimé et édité avec un soin — on pourrait dire
avec une magnificence — digne de tout éloge. Ajoutons que
le prix est d'une modicité dont nous voudrions la librairie
anglaise plus coutumière.

Jean CALÈS.

BULLETIN SCIENTIFIQUE

Un combat naval : Un vieillard de douze ans. — Malheur aux vieux vaisseaux.
— Coquillages et vitesse. — Recherche d'une peinture empoisonnée. — Comparaison des armements. — L'expérience confirme les théories. —— La guerre aux campagnols : Un peu de classification. — Les méfaits du criminel. — Le microbe vengeur. — Un bouillon malsain. — Les hostilités. — Le massacre. —— L'efficacité du vêtement : Physiologie du froid. — Défense de l'organisme. — Un sujet en cuivre. — Résultats. —— Le train Renard : Problème de la traction sur routes. — Paradoxe de la traction : la force ne suffit pas, il faut être pesant. — Principes de la *propulsion continue* et du *tournant correct*. — Résultats encourageants.

Nous avons décrit, dans notre dernier Bulletin, les armes navales formidables dont se servent les belligérants de l'Extrême-Orient. Depuis lors, ceux-ci nous ont donné deux « leçons de choses » en deux combats différents, l'un au large de Port-Arthur, l'autre dans le détroit de Corée. Du premier, nous n'avons rien à tirer en ce moment, les rapports étant trop incomplets. En revanche, nous possédons trois relations du second, et, pour être un peu contradictoires, elles ne sont pas moins suggestives. Examinons donc quelle « satisfaction » ont donnée, à l'usage, les cruels engins dont nous parlions naguère.

Rappelons en quelques mots le combat du 4 août.

Vers quatre heures et demie du matin, l'escadre russe, composée des trois grands croiseurs cuirassés : *Rossia*, *Gromoboï* et *Rurik*, rencontra, à 42 milles de Fusan, une escadre japonaise formée de quatre croiseurs cuirassés à peu près de même force que les précédents : *Iwate*, *Idzumo*, *Tokiwa* et *Azuma*. Bientôt, cette flotte se voyait renforcée par l'arrivée de trois croiseurs protégés, parmi lesquels le *Naniwa* et le *Takachiho*.

La lutte inégale s'engagea vers cinq heures; vers huit heures, un projectile détériora le gouvernail du *Rurik*, en le faussant d'une manière si malheureuse que le croiseur ne pouvait même plus se diriger au moyen de ses machines. En vain le *Rossia* et le *Gromoboï* attirèrent-ils sur eux tout l'effort de l'ennemi, afin de permettre à leur compagnon d'armes de réparer son avarie.

Celui-ci réussit bien à reprendre sa route avec une belle vitesse, mais presque aussitôt, il resta en arrière, en proie aux attaques des deux croiseurs de seconde classe. L'amiral russe, espérant que le *Rurik* viendrait à bout de ces adversaires, s'éloigna vers le nord, entraînant à sa poursuite les quatre croiseurs cuirassés. Toutes ces manœuvres, bien entendu, s'effectuaient au milieu du combat le plus acharné, quoique les Japonais se soient toujours maintenus à grande distance, et c'était leur intérêt, vu la supériorité de leur artillerie.

Les deux escadres suivirent ainsi deux lignes parallèles en se canonnant réciproquement; à dix heures, les Japonais abandonnèrent la poursuite et revinrent vers le pauvre *Rurik* pour l'achever.

Celui-ci, en tête à tête avec deux adversaires de moindre force, aurait pu les écraser s'il eût eu la liberté de ses mouvements. Mais l'ennemi gardait la position la plus favorable et le tenait sous un feu d'enfilade très meurtrier. Au retour des grands croiseurs, l'héroïque vaisseau dut s'avouer vaincu, mais non capituler. Le commandant fit submerger cette épave criblée de coups et s'occupa de sauver ses blessés et ses hommes que les Japonais accueillirent avec beaucoup d'humanité. Pendant ce temps, le *Rossia* et le *Gromoboi*, couverts de blessures, mais toujours à flot, rentraient à Vladivostok comme par miracle.

Telle est à peu près l'histoire ; il s'agit d'en tirer la morale : ο μῦθος δηλοῖ ὅτι.

Tout d'abord, il semble bien que, même sans l'accident survenu à son gouvernail, le *Rurik* eût été en grand danger de se perdre. C'était un vieillard en effet, ce doyen des grands croiseurs, dont la construction, en 1892, fut le signal de la mégalomanie en cette matière. Un vieillard de douze ans ! On va sourire. Eh bien, l'on a tort, car de nos jours, dans ce court espace de temps, un vaisseau de guerre gagne ses cheveux blancs et — qui pis est — voit ses forces offensives et défensives traitées de surannées par les nouveaux venus. Ainsi le *Rurik*[1] (10 950 tonnes) n'avait à la flottaison qu'une cuirasse partielle, ne régnant pas d'une extrémité à l'autre; ce blindage était loin d'avoir les qualités des

---

1. Nous empruntons ces données, et la plupart de celles dont nous ferons usage dans cette courte étude, au *Scientific American*, 27 août 1904.

plaques actuelles : voilà pour la défensive. Quant à l'offensive, ses quatre canons de 20 centimètres étaient d'ancien modèle et, par conséquent, de moindre portée, de moindre puissance. Les seize canons à tir rapide n'avaient qu'un calibre de 142 millimètres, alors que les pièces similaires des Japonais étaient de 152 millimètres. Or, un faible accroissement de calibre augmente beaucoup la force et la portée.

Du moins le *Rurik* avait-il l'avantage de la vitesse? Non, encore. Sans doute, en sortant de son rude berceau, il filait 18 à 19 nœuds, mais cette vitesse avait certainement diminué, et du fait de l'usure, et surtout à cause de l'état de la carène. On pense qu'elle ne dépassait guère 15 nœuds[1] au moment de la rencontre. Le *Rurik* devait donc fatalement, s'il en était ainsi, ou retarder ses compagnons, ou rester en arrière.

Au contraire, le *Rossia* et le *Gromoboï*, tous deux cotés comme filant 20 nœuds, devaient posséder à peu près cette vitesse. D'abord, ils sont plus jeunes (1896 et 1899). Puis, leur carène présente une particularité dont il nous faut dire un mot.

On peut considérer un navire comme un gigantesque gastéropode : il marche, en effet, ou plutôt glisse sur le ventre, et le frottement de l'eau contre l'énorme coque est un des principaux obstacles à vaincre. Il importe donc que celle-ci soit aussi lisse que possible et l'on sait avec quel soin on nettoie les *racers* à la veille des régates. Malheureusement il y a dans la mer toute une flore, toute une faune, algues, coquillages, etc., qui se sont imaginé que les flancs des vaisseaux étaient faits spécialement pour leur servir de point d'appui. La carène se hérisse peu à peu de ces verrues vivantes, dont l'esthétique n'a pas à se louer et la vitesse moins encore. Empêcher cette invasion de parasites est donc une des conditions de bon entretien. Une foule d'inventeurs s'efforcent d'y parvenir en couvrant la coque de peintures ou d'enduits variés, contenant des poisons, tels que sels de cuivre, de mercure, etc., destinés à intoxiquer les bestioles qui s'y attachent étourdiment et à leur faire conséquemment lâcher prise. Certains préconisent, dans ce but, un revêtement en cuivre qui, légèrement attaqué par l'eau de mer, produirait en permanence des sels vénéneux aptes à tuer les parasites. Ce dernier effet se

1. *Scientific American, loco cit.*

réalise-t-il bien en pratique ? D'aucuns en doutent, mais il est certain qu'au point de vue de la durée, le cuivre est supérieur au fer. Celui-ci se ronge pitoyablement, dès que les coquillages ont fait tomber la peinture dont il est recouvert. Suivant l'expression pittoresque d'un ancien officier de marine, « au bout de quelques années, une coque en fer ou en acier, grattée à sec, présente l'aspect d'un visage marqué de petite vérole ». Pour lui, d'ailleurs, les coquillages et algues s'installent à peu près aussi facilement sur le cuivre que sur le fer, seulement le premier ne se pique pas comme le second. On voit que notre marin n'est pas partisan de la théorie de l'empoisonnement par les sels de cuivre et ne reconnaît guère à ce dernier métal que l'avantage d'une meilleure conservation. D'autres critiques semblent, au contraire, attacher au doublage cuivré[1] une extrême importance, même en ce qui regarde la propreté de la coque et l'éloignement des coquillages. D'après eux, ce serait à ce perfectionnement dont le *Rossia* et le *Gromoboi* sont seuls munis qu'ils auraient dû leur vitesse supérieure. Car, sans doute, les croiseurs japonais filaient tous, aux essais, 21 à 22 nœuds, mais leur longue campagne dans les détroits à la poursuite de l'escadre russe, avait dû très probablement encroûter leur coque non cuivrée et restreindre leur rapidité. Sur tout cela, on ne peut guère faire actuellement que des conjectures, mais elles présentent un certain intérêt, parce qu'elles mettent en lumière les données du fameux problème : comment rester maître du combat, grâce à une vitesse effective plus grande ?

S'il est vrai que, de ce chef, les Japonais fussent inférieurs, en revanche, ils avaient l'avantage du nombre et de l'armement : seize canons de 20 centimètres, contre douze mis en ligne par les Russes ; encore, parmi ceux-ci, les quatre du *Rurik* étaient-ils de vieux modèle. Comme artillerie à tir rapide, les quatre grands croiseurs japonais disposaient, en tout, de cinquante-quatre pièces de 152 millimètres ; les Russes n'en avaient que seize (sur le

---

1. Ce doublage est généralement appliqué sur un vêtement en bois qui recouvre lui-même la coque d'acier. C'est donc nécessairement compliqué et lourd. On a proposé d'appliquer simplement les minces feuilles de cuivre sur le fer, en interposant une sorte de colle isolante (laque et poix) qui les fixerait fortement et empêcherait, de plus, la formation accidentelle d'une pile fer-cuivre. Nous ignorons quelle a été la fortune de ce brevet.

Gromoboï), tandis que le *Rossia* et le *Rurik*, armés chacun de seize pièces de 142 millimètres, se trouvaient par là, comme nous· l'avons dit, en état d'infériorité marquée.

On comprend mieux maintenant les péripéties du combat et les enseignements qu'il comporte. D'abord il importe peu d'avoir une nombreuse artillerie si elle n'a pas la même puissance, la même portée que celle de l'ennemi. Celui-ci, pour peu qu'il sache manœuvrer, vous tient sous ses canons sans rien craindre des vôtres.

L'excellence des cuirasses actuelles a paru, elle aussi, avec éclat, puisque, malgré leurs terribles avaries, les croiseurs russes sont restés à flot et se sont sauvés. Enfin les avantages bien connus de la vitesse — non pas théorique, mais pratique — ont été confirmés. Rien de bien neuf en tout cela, mais qui donc a dit qu'une once d'expérience vaut une livre de théorie ? Ce doit être un Anglais, et il n'a pas tout à fait tort.

Occupons-nous maintenant d'une guerre plus... humaine que celle que l'on fait aux hommes, la guerre aux rats.

Aux rats... le mot n'est pas très exact, bien qu'il s'agisse du rat des champs. C'est qu'en effet celui-ci, de son vrai nom, est un *campagnol*. L'immense famille des *Muridés*, contient douze sous-familles parmi lesquelles les *Murinæ* ou Rats proprement dits et les *Microtinæ* ou Campagnols. — Les Rats proprement dits comprennent : 1° le surmulot ou rat brun, le fléau des villes où, en revanche, il a presque exterminé le rat noir ; 2° le rat noir ; 3° le genre *Mus*, qui embrasse les souris vulgaires et les mulots. Ce dernier n'habite guère la ville, mais ravage les champs. Il est aidé, dans cette besogne, par son cousin le campagnol, dont nous voulons parler. En résumé, — et nous négligeons beaucoup d'autres membres de cette rongeuse famille, — nous avons à lutter, en ville, contre le rat brun et le rat noir, heureusement en lutte fratricide ; à la campagne, contre le mulot qui est un vrai rat et le campagnol qui n'est qu'un parent rustique.

Un peu plus grand que la souris, fauve avec le ventre et les pieds blancs, ayant la queue poilue, au lieu de la queue écailleuse du rat, ce rongeur se plaît surtout dans les champs cultivés. Il y creuse son terrier qui débouche sur le sol par plusieurs ouvertures,

continuées au dehors en un système de tranchées enchevêtrées. —
'Pour creuser ce repaire, le bandit met à mal, bien entendu, toutes
les racines qu'il rencontre ; puis, il y entasse sa récolte prélevée
sur les épis et autres comestibles qui croissent aux alentours. On
évalue à 20 grammes par jour le train de table d'un seul campagnol, sans compter les ravages causés aux racines. La prolifica-
tion étant considérable, bientôt les petits pullulent, si bien que
dans les régions envahies, on compte parfois de dix mille à quarante mille animaux par hectare ! Fort heureusement, la pluie, les
inondations, détruisent une grande partie des nouveau-nés, mais
en certaines années de sécheresse, la multiplication est terrible.
— Quand il y a disette, les campagnols émigrent en masse et ne
craignent pas alors de traverser de grands fleuves en bataillons
serrés. C'est ainsi qu'en 1801, l'est et l'ouest de la France furent
envahis par cette engeance qui, dans quinze communes seulement,
en Vendée, causa pour plus de 3 millions de dégats. — Les inva-
sions les plus récentes sont celles de 1893 et de 1903. On va
voir cependant qu'elles menacent de devenir funestes à la race
des campagnols, grâce aux travaux de M. Danysz, de l'Institut
Pasteur.

Celui-ci découvrit, en 1893, une maladie spéciale qui s'était
déclarée parmi les campagnols et les souris. Bien entendu, il
soupçonna un microbe malfaisant, l'isola, le cultiva *con amore* et
se trouva bientôt en état de servir aux ravageurs un plat de sa
façon.

Une question cependant se posait avant tout. N'allait-on pas se
heurter aux inconvénients des pâtées arsenicales ou phosphorées
déjà essayées, qui, répandues dans les champs, créaient un danger
général pour les animaux domestiques, le gibier, peut-être même
pour les enfants ?

Une série d'expériences calma cette inquiétude. Il fut montré
que le bacille, toxique pour tous les petits rongeurs ennemis
des récoltes, était inoffensif pour les grands rongeurs, les animaux de basse-cour, les chiens, les chats, le bétail, l'homme lui-
même.

Une expérience réalisée en 1893, sur un vaste terrain, réussit
parfaitement. Je n'y insiste pas, préférant donner des détails sur
la campagne qui vient d'être conduite en 1904.

Pendant l'été de 1903, le département de la Charente fut envahi

par des armées de campagnols. Tout était dévasté : céréales,
vignes, luzernes, herbe des prairies ; le sol était percé de trous
innombrables, d'où partaient les petites tranchées caractéristiques : un vrai siège de Port-Arthur !

Le ministre de l'agriculture s'émut, — c'était son droit et son
devoir, — et décida l'exécution d'une immense expérience de destruction par le procédé Danysz. On devait opérer sur 1 200 hectares, situés dans les communes d'Aigre, d'Oradour et de Mons,
sous la direction de M. de Lapparent, inspecteur général de
l'agriculture, assisté de MM. Chamberland et Danysz, chefs de
service à l'Institut Pasteur. Le virus est préparé au laboratoire
de la façon suivante. On fabrique un excellent bouillon de viande
de cheval, additionné d'un peu de peptone ; puis, avant de l'in-
fecter méthodiquement, on le stérilise à 110°, afin d'être sûr qu'il
ne contiendra que le germe voulu. On met en bouteilles, on laisse
refroidir, et, prenant alors une goutte de la culture microbienne,
on la laisse tomber dans le liquide. Il ne reste plus qu'à mettre à
l'étuve pendant vingt-quatre heures, la température étant maintenue à 35°. Le microbe, heureux de cette douce chaleur, pullule
à souhait ; et maintenant, malheur au campagnol qui goûtera la
succulente liqueur.

La bouteille étant expédiée et arrivée au lieu de l'expérience,
on diluait son contenu dans 4 litres d'eau légèrement salée ; le
mélange ainsi obtenu permettait d'imbiber environ dix mille petits
cubes de pain, formant en tout 6 à 7 kilogrammes. Plus tard, dans
l'impossibilité de se procurer tant de pain, on prit de l'avoine
concassée que l'on plongea dans les 5 litres de liquide dilué.
Ceux-ci suffisaient à imbiber 20 kilogrammes d'avoine, et représentaient la dose nécessaire pour traiter 1 hectare de terrain.
Chaque bouteille de virus étant livrée actuellement au prix de
1 fr. 50 (non compris les frais du transport), le pain ou avoine
revenant à 2 francs par hectare, on voit que la dépense, à laquelle
il faut ajouter celle qu'occasionne la main-d'œuvre, reste assez
minime. L'épandage se fait très simplement, en semant les appâts
sur la surface à traiter, surtout aux environs des trous à campagnols.

Dans les essais dont nous parlons, il fut employé, pour
1 200 hectares : 1 190 bouteilles de virus, 4 200 kilogrammes de
pain et 9 300 kilogrammes d'avoine. Les hommes employés tra-

vaillèrent 1 200 demi-journées, de une heure à cinq heures du
soir (c'était en hiver).

Les résultats semblent avoir été très satisfaisants. D'après le
docteur Roux, 95 p. 100 des rongeurs avaient péri. Voici par
exemple un champ d'environ 1 hectare. Avant l'épandage, on
compte les trous de campagnols : il y en a 12 484. Ces trous
sont soigneusement bouchés et deux jours après l'on compte
ceux qui ont été fraîchement rouverts : il y en a 1 304, ce qui
doit représenter, à peu près, le nombre des rongeurs actuellement
en activité. Le virus est alors répandu et huit jours après, l'empoisonnement ayant dû se produire, on bouche de nouveau les
trous. Deux jours plus tard, 37 seulement sont rouverts. Il semble donc que la différence, c'est-à-dire 1 267 campagnols, aient
reçu le châtiment de leurs crimes. Ailleurs, on a procédé à la
charrue, labourant le sol et comptant les animaux morts et vivants
qui se trouvaient dans les terriers défoncés par le soc. Presque
tous étaient morts, et l'autopsie montra qu'ils avaient succombé
au virus, ce qui réjouit atrocement les assassins.

Cela les encouragea surtout, si bien que le ministre de
l'agriculture demanda et obtint des Chambres un crédit de
295 000 francs à titre d' « allocations et subventions à l'Institut
Pasteur pour la destruction des rats et autres animaux de la
même espèce nuisibles à l'agriculture ». Sur cette somme,
25 000 francs furent employés à construire, à l'Institut Pasteur,
une véritable usine pour la fabrication du bouillon empoisonné.
Le reste fut destiné à fournir gratuitement le virus aux communes
qui en feraient la demande, les autres frais restant à leur charge.
On a traité de la sorte environ 200 000 hectares et, du coup, la
période des essais semble close. Désormais, les agriculteurs
devront payer eux-mêmes les bouteilles de virus, que l'Institut
Pasteur est maintenant en mesure de leur fournir à très bon
compte, 1 fr. 50 la bouteille, avons-nous dit.

*
* *

Voici l'hiver qui arrive à grands pas, et s'il faut en juger par
la carte de visite glaciale qu'il nous a envoyée en plein septembre, il menace d'être particulièrement âpre. Par conséquent, il
ne sera pas hors de saison de parler des études sur l'efficacité du

vêtement, entreprises cette année par M. Bergonié. Les résultats
en ont paru dans les comptes rendus de l'Académie des sciences
du 1er février 1904, dans les comptes rendus de la Société de
biologie et en plusieurs revues. De plus, l'auteur a fait, lors de
l'exposition annuelle de la Société de physique, une conférence
sur la matière, dont M. G.-H. Niewenglowski a donné un intéressant résumé dans le *Cosmos* du 11 juin. Nous empruntons à
ces divers documents les données numériques qui résultent de
ces essais.

Le vêtement a pour but, en négligeant ici les raisons de convenances, d'empêcher la déperdition de chaleur par rayonnement,
qui constitue notre principale dépense thermique. L'homme au
repos dégage, en effet, environ 2 600 grandes calories[1] chaque
jour, et, sur ce total, 1 700 sont fournies par le rayonnement de la
peau. Plus est grande la différence entre la température intérieure
(37° en moyenne) et la température extérieure, plus cette déperdition sera forte et plus nécessaire sera le vêtement. A la vérité,
l'on peut bien, dans une certaine mesure, compenser la chaleur
perdue en mangeant davantage, ce qui produit des calories sup-
plémentaires, mais cette compensation devient vite impossible.
C'est ainsi que M. d'Arsonval, ayant tondu un lapin exposé au
froid, le vit manger trois fois plus que de coutume et mourir
néanmoins d'hypothermie[2] (insuffisance de chaleur).

Cependant, l'animal et l'homme lui-même possèdent dans
certaines limites un admirable pouvoir de régulation de leur chaleur interne. Puisque l'occasion se présente, nous en dirons
quelques mots.

Le froid provoque automatiquement une double défense de
l'organisme : celui-ci restreint sa déperdition de calorique et
augmente sa production.

L'économie de chaleur d'abord : elle se produit de deux façons :
par contraction des vaisseaux cutanés et par réduction de la sécrétion sudoripare.

Le froid se faisant sentir à la peau, affecte les nerfs sensitifs
qui s'y trouvent engagés. Ceux-ci, par un mécanisme réflexe,
mettent en branle les nerfs vaso-constricteurs cutanés qui res-

1. Grande calorie = quantité de chaleur nécessaire pour élever de 1° la
température de 1 kilogramme d'eau pris à 15°.
2. Cité par M. Niewenglowski, *Cosmos*, *loco cit.*

serrent vivement les vaisseaux capillaires superficiels. Dès lors, la circulation ne se fait plus, ou se fait à peine, dans ces canaux à fleur de peau. Or, c'est justement là que le sang se refroidit le plus, étant au voisinage immédiat de l'air frais. Cette partie de la circulation se trouvant bloquée, il se passe à peu près la même chose que dans une machine d'automobile où l'on fermerait la clef du radiateur [1]. Désormais, le sang ne circule plus activement que dans les parties profondes; il est isolé de l'air ambiant par la quadruple couche de l'épiderme, du tissu cellulaire, du panicule adipeux et du derme. Par conséquent, il se refroidit beaucoup moins.

Autre source d'économie de calorique : l'abaissement de température tarit ou diminue la sécrétion des glandes sudoripares. Or celle-ci représente au total, en un jour, 370 calories; on voit que, de ce chef encore, l'organisme peut économiser sérieusement.

Il fait mieux : sous l'action du froid les muscles se tonifient [2] davantage, ce qui entraîne une augmentation des réactions thermogènes. La chose peut sembler étonnante, mais l'expérience l'a vérifiée, et depuis Lavoisier, toutes les observations déposent dans le même sens. Ainsi un homme placé dans un milieu de température de 15° consomme plus d'oxygène et dégage plus d'acide carbonique qu'à 30°. Les expériences de Speck, en particulier, ont montré que les moindres *tensions des muscles* ont un retentissement rapide sur les échanges respiratoires, et donc sur la production de chaleur.

Voilà donc comment l'organisme résiste au froid. Contre la chaleur, il est moins bien armé, car le dernier processus que nous venons d'indiquer ne se produit pas en sens inverse. La température s'élevant au-dessus de la moyenne (environ 20°), les réactions thermogènes (respiration, etc.) ne diminuent pas, au contraire. Mais les deux autres procédés fonctionnent — à rebours, bien entendu. Les capillaires dilatés offrent au sang un facile

---

1. Le radiateur est ce tube à ailettes placé à l'avant de la voiture dans le courant d'air créé par sa marche. L'eau qui s'est échauffée en rafraîchissant les cylindres, vient s'y refroidir à son tour.

2. On dit qu'un muscle se tonifie quand il se contracte. Même au repos, cette tonification a lieu, car si on coupe le muscle à ce moment, les deux parties s'éloignent.

accès, celui-ci vient circuler à fleur de peau et s'y rafraîchir, à moins que le thermomètre n'ait eu le mauvais goût de dépasser 37°, ce qui est rare. En même temps, la transpiration s'accentue, causant une nouvelle cause de déperdition de chaleur.

Ceci posé, revenons à la question du vêtement. C'est le précieux auxiliaire dont l'homme ne saurait se passer, car l'ingénieux système de régulation que nous venons de décrire, ne fonctionne évidemment qu'entre des limites assez étroites.

M. Bergonié, pour simplifier les mesures, a pris comme sujet un buste de cuivre rouge, ayant exactement les dimensions et la forme d'un homme vivant. Il le remplissait d'eau à 37° et le laissait refroidir, par rayonnement, dans une pièce maintenue à 12°. On notait le temps t mis par le buste nu pour perdre 32 calories, (ce qui correspondait à une baisse de température de 1° pour l'eau qui y était contenue). Ensuite, on revêtait le mannequin ramené à 37° de divers vêtements, une chemise, par exemple, et l'on voyait combien il fallait de temps pour amener la même diminution de chaleur : soit T. Le quotient $\dfrac{T}{t} = u$ représente ce que M. Bergonié appelle le *coefficient de protection* du vêtement considéré.

Un maillot de cycliste en coton tricoté, marron clair (la couleur a son importance) et pesant 340 grammes, a pour coefficient 1,1. Cela veut dire que $T = t \times 1,1$; en d'autres termes, que le buste vêtu du maillot met un dixième de temps en plus, pour se refroidir de 1°, que lorsqu'il était nu. Ce vêtement constitue donc une faible protection, du moins quand il est seul.

Une chemise de coton (255 grammes) a pour coefficient 1,35.

Une chemise de laine (370 grammes) : 1,40.

Une chemise de flanelle (465 grammes) : 1,75.

Un gilet de laine des Pyrénées, très floconneux : 2,50, c'est-à-dire que le buste ainsi vêtu se refroidira deux fois et demie moins vite que lorsqu'il était dépouillé.

Si nous passons aux vêtements extérieurs, le veston de cuir des chauffeurs a pour coefficient 1,6.

Un mac-farlane (1 580 grammes) : 2,1.

Une pelisse en vison d'Amérique, poil en dedans (4200 grammes) : 4,5.

La même, poil en dehors : 5,50.

M. Bergonié examine ensuite l'effet d'un habillement complet.

La combinaison d'*été* : chemise, gilet, veston, a pour coefficient 1,98. Le buste qui, non vêtu, perdait 96 calories à l'heure, n'en perd plus, ainsi habillé, que 48.

Cette perte tombe à 32 calories avec l'habillement d'*hiver* : gilet de flanelle, chemise, gilet, veston, pardessus ; le coefficient étant 2,65. Il diffère peu, comme on le voit, du coefficient d'été, beaucoup moins qu'il ne le faudrait, eu égard à la différence des températures. Aussi reste-t-il à la régulation thermique, plus haut décrite, ample matière à s'exercer. Elle n'y manque pas, du moins chez les gens bien portants.

Je ne crois pas d'ailleurs qu'il faille exagérer la portée de ces expériences, ni trop se hâter d'en déduire, pour le vivant, des conclusions pratiques, car le problème, en ce cas, devient très complexe. Il semble du moins que ces résultats confirment nettement ce que l'on savait déjà : les vêtements les plus chauds sont ceux qui retiennent le mieux de l'air emprisonné dans leurs tissus, car l'air, comme tous les gaz, est très mauvais conducteur. De là l'efficacité des fourrures, de la flanelle neuve, de la laine, etc. On a même prétendu que rien n'était plus chaud, pour dormir, qu'un étui confectionné avec un journal convenablement collé, cette enveloppe imperméable devant empêcher l'air de passer. J'ai connu quelqu'un qui voulut essayer de la recette. Il prit un ou deux numéros du *Times*, cette plantureuse réserve de papier, et s'en fit un énorme sac dans lequel il coucha et... gela. C'est pourquoi, malgré la modicité du prix, je ne saurais recommander le système.

Pour terminer, nous parlerons d'une belle invention datant déjà de plusieurs mois, mais dont l'intérêt théorique et pratique est trop grand pour ne pas lui consacrer au moins quelques pages. Il s'agit du train sur route imaginé par le colonel Renard, directeur du Parc d'aérostation militaire, célèbre par les exploits de son dirigeable *la France*. Cette fois, le colonel a daigné quitter les moelleuses routes de l'air, sans cahots ni heurts, pour fouler les grands chemins de cette misérable planète. Et son coup d'essai est un coup de maître. Posons le problème :

L'invention de l'automobile a été, jusqu'ici, l'occasion surtout de véritables débauches de vitesse. Écraser le plus de piétons possible dans le moins de temps possible, semble être l'idéal de certains chauffeurs, grisés de vitesse au point de perdre le sens moral. Mais il est un autre côté de la question, beaucoup plus intéressant : l'utilisation du monstre pour les transports de voyageurs ou de marchandises avec une rapidité raisonnable et une sécurité entière. Sans doute, il existe des automobiles-camions, qui rendent de grands services; Madagascar, par exemple, les emploie avec succès pour le courrier, en attendant l'achèvement du chemin de fer. Toutefois, une automobile coûte très cher et ne porte nécessairement qu'un fret assez limité. Il faudrait pouvoir l'utiliser comme remorqueur, et former, sur les routes ordinaires, — nos belles routes de France, — des trains de camions tirés par cette nouvelle locomotive.

Rien de plus simple, penseront peut-être les non-initiés, il suffit de choisir un très fort moteur, d'y atteler des voitures à la queue leu leu, et puis, en avant !

Eh bien pas du tout, un pareil convoi n'irait pas le moins du monde en avant. Généralement, l'automobile resterait à patiner sur place, déchirant ses *pneus* aux pierres du chemin. C'est qu'ici entre en jeu le grand problème de l'adhérence, si important dans les chemins de fer.

Il ne suffit pas en effet que le moteur (locomotive sur rails ou automobile sur route) ait la puissance d'entraîner le convoi, il faut qu'il pèse assez pour adhérer fortement au sol et y prendre son point d'appui de traction. Supposez un engin sur roues d'une puissance énorme, dix fois suffisante pour remorquer le train qui lui est attaché, mais imaginez en même temps qu'il soit extrêmement léger. Il aura beau faire tourner ses roues, celles-ci glisseront sur place et rien n'avancera. Maintenant chargez ce même moteur d'un fort poids additionnel, de masses de plomb, par exemple, l'adhérence augmentera et il se mettra en route, entraînant la longue file des wagons. C'est pourquoi les locomotives très légères que l'on employait jadis, ne pouvaient remorquer que quatre ou cinq voitures; et si l'on fait aujourd'hui les machines si pesantes, ce n'est pas seulement pour augmenter leur puissance, c'est surtout pour accroître leur adhérence. Ces considérations expliquent aussi pourquoi, quand il y a de la glace sur les rails, les locomotives n'avancent pas et « pa-

tinent » ; leur force tractrice n'a pas diminué, mais elles n'adhè-
rent pas suffisamment.

Ceci compris, reprenons notre train avec automobile en tête ;
celle-ci, quelle que soit sa puissance, ne le remorquera que si
elle possède un poids d'autant plus fort que sera grand le nombre
des voitures. Elle devra donc, pour être avantageuse, peser énor-
mément, et, partant, défoncera sur son passage routes, caniveaux,
petits ponts, qui n'ont pas été faits pour supporter ces mas-
todontes d'acier et de pétrole.

Le remède est très simple : le colonel Renard rend toutes les
voitures motrices, quoiqu'il n'y ait qu'un moteur. A cet effet,
l'automobile de tête (elle pourrait être ailleurs) communique son
mouvement à un arbre de couche articulé qui circule d'un bout à
l'autre du train. Ceux qui ont visité quelque usine, ont remarqué
ces arbres d'acier qui courent d'une extrémité à l'autre, mus par
la machine à vapeur et distribuant, de distance en distance, à
l'aide de poulies et de courroies, la force aux divers métiers.
C'est tout à fait analogue. Ici l'arbre est mis en mouvement par
l'automobile, il communique ce mouvement aux roues motrices
de chaque voiture par le moyen d'engrenages. Dès lors, chacune
de ces voitures devient motrice et, de ce chef, *son poids compte
pour l'adhérence*. Le moteur n'a donc plus qu'à adhérer pour son
propre compte et peut rester fort léger, pourvu, toutefois, qu'il
soit assez puissant. Inutile de dire qu'on pourrait adopter un
autre mode de transmission de force ; en particulier, l'électricité
s'y prêterait à merveille ; ce qui est requis est ceci seulement :
que chaque voiture soit motrice et non passive. Tel est le principe que le colonel Renard appelle : de la *propulsion continue*.
Il en est un autre presque aussi nécessaire, celui du *tournant
correct*.

Avez-vous vu parfois un enfant monté sur un cheval mécanique
à la queue duquel il a attaché une suite de petits chariots, chiens
à roulettes, etc., qu'il remorque à toute vitesse ? J'ai dû faire cela
dans mon enfance, car le phantasme vient de s'en présenter fortement à mon esprit. Quoi qu'il en soit, tant que le jeune cavalier
marche en ligne droite, tout va à peu près bien ; dès qu'il tourne,
c'est un cataclysme : les chariots ne suivent pas, glissent et
finalement culbutent. C'est d'abord qu'ils n'ont pas été attelés
d'après le principe du tournant correct. De plus, sollicités obli-

quem'ent en avant par la remorque du cheval, et en arrière par
la résistance des chars qui suivent, ils ne peuvent pas prendre
immédiatement la direction imposée par le moteur : il y a du
ripage (glissement), selon l'expression technique. Ce dernier
inconvénient est déjà évité en partie dans le train Renard, par le
fait que chaque voiture est motrice. Mais ce n'est pas suffisant ;
il faut que lorsque le moteur de tête décrit une courbe, la voiture
suivante décrive une courbe de même rayon et ainsi de suite.
Par des considérations mathématiques très simples, quoique nous
ne puissions les reproduire ici, le colonel Renard a montré que
l'on pouvait obtenir ce résultat en établissant une certaine relation
entre la longueur du timon qui joint deux voitures consécutives,
et la distance respective de ses extrémités aux essieux moteurs
de ces deux véhicules [1]. Le résultat est obtenu rigoureusement
quand la courbe décrite est un arc de cercle ; l'écart est très faible
(30 centimètres) lorsque le rayon de courbure varie lentement,
ce qui est le cas de la pratique.

Signalons encore un organe appelé *compensateur*, destiné à
éviter un ripage·longitudinal lorsque la distance de deux voitures
successives varie, par suite du passage de la ligne droite à la
ligne courbe. C'est une liaison élastique (ressort spiral) interposée
entre la roue motrice et son essieu. Il donne aussi aux démar-
rages une grande douceur.

Enfin un appareil nommé *variateur* permet de régler, au début
du voyage, les limites de vitesse entre lesquelles pourra se mouvoir le mécanicien. Si le train est très lourd, le levier est placé
de telle sorte que l'allure ne pourra varier que de 4 à 18 kilomètres
à l'heure ; s'il y a de deux à quatre voitures attelées, l'appareil,
placé à un autre cran, permettra de marcher à des vitesses de
8 à 36 kilomètres. Si le moteur est seul, une troisième position
du levier lui permet toute allure jusqu'à 72 kilomètres. Ce perfectionnement de détail est commode pour la pratique ; il n'est
pas indispensable.

1. Si l'on suppose des voitures à quatre roues, dont l'essieu arrière est
seul moteur, l'essieu avant étant mobile sur cheville ouvrière et relié à angle
droit au timon ; a étant la distance de l'extrémité postérieure du timon à
l'essieu moteur de la voiture menée ; b la longueur du timon ; c la distance
de l'extrémité antérieure du timon à l'essieu moteur de la voiture menante,
on doit avoir : $c^2 = a^2 + b^2$.

Le train Renard qui a figuré au dernier Salon de l'automobile, était mis en mouvement par une voiture motrice de 50 chevaux, pesant environ 1 500 kilogrammes. Il a évolué dans Paris d'une manière remarquable. Plusieurs photographies que nous avons sous les yeux le montrent décrivant des courbes de faible rayon avec plein succès. L'un de ces documents, en particulier, nous fait voir le convoi sortant d'une porte cochère dans une rue assez étroite. Avec un attelage ordinaire, le résultat ne serait pas douteux : la deuxième ou la troisième voiture irait buter, en glissant, sur le trottoir voisin de la porte, chavirerait peut-être, et, du moins, arrêterait le mouvement. Ici, au contraire, on voit toutes les voitures suivre docilement le sillage de l'automobile de tête, presque comme si le train se mouvait sur rails.

Inutile de décrire les applications possibles de cette ingénieuse invention. Elle résout le problème du transport économique sur route, tant pour les voyageurs que pour les marchandises. L'art militaire lui-même en tirera grand profit et c'est même, je crois, dans ce but que le colonel Renard, suspendant un instant ses recherches pour la conquête de l'air, a résolu si élégamment ce vil problème terrestre.

Auguste BELANGER.

CORRESPONDANCE

Dans le numéro du 20 septembre dernier, j'ai énoncé, avec modération mais liberté, mon sentiment sur la question de Notre-Dame-de-l'Épine ; loué la science de l'abbé Misset et la courtoisie de M. le chanoine Pannet.

Le respectable doyen du chapitre de Châlons-sur-Marne m'adresse à ce sujet quelques observations. Il ne me pardonne pas de me séparer du parti qui veut toujours croire au miracle de l'Épine. Tout d'abord je persiste à penser que, dans une discussion scientifique, il ne faut jamais se demander de qui on est le partisan ou l'adversaire, mais bien quelles raisons l'on a de se prononcer dans un sens ou dans un autre.

Quant à la doctrine, on a déjà suffisamment fait observer que l'attitude de réserve ou même d'opposition à l'égard du buisson lumineux peut se concilier avec les principes de la plus sévère orthodoxie ; car d'une part le miracle de l'Épine ne possède pas de titres documentaires ; de l'autre, il ne porte en lui-même aucun critère qui permette de distinguer entre la tradition et la légende.

Enfin, j'ajouterai que l'on ne résoudrait jamais aucun problème de critique, si, après les recherches les plus diligentes et les plus infructueuses, on restait éternellement sur l'expectative, en répétant, avec M. le chanoine Pannet : « Il est possible que les Archives nous livrent encore d'autres secrets. »

Ces remarques suffiront, car nous nous sommes interdit de rouvrir un débat qui ne sort pas des mêmes redites.

Voici maintenant celles des observations de M. l'abbé Pannet qui concernent l'auteur de l'article incriminé et qui pourraient intéresser le lecteur.

OBSERVATIONS SUR L'ARTICLE DE M. DOIZÉ

1° Je n'ai pas eu recours aux feuilles périodiques (p. 818, l. 14). Je commence aujourd'hui et j'espère bien que ce sera tout.

2° Je n'ai cité que les noms des personnes qui ont pris parti pour M. Misset, sans examen (l. 22).

3° Il y a longtemps que les erreurs de détail de notre légende sont hors de cause (p. 819, l. 18). Elles ont été rectifiées lorsque MM. Longnon et Grignon ont découvert des documents qui éclairent la question d'un nouveau jour.

Il est possible que les Archives nous livrent encore d'autres secrets.

4° Les erreurs de détail de notre légende n'atteignent pas le fond de notre tradition que M. Misset a dénaturée pour en diminuer l'autorité.

C'est là ce que M. Doizé appelle sa *prudente attitude* (p. 821) (il s'agit de M. Misset), en m'accusant de l'avoir qualifié de *rationaliste*; ce qui est inexact. J'ai seulement parlé, en mai 1904 (p. 20 et 21), de *tendances rationalistes* qu'il a révélées, en présentant comme une *sottise* la *possibilité* d'une statue *sculptée de main divine et angélique* (p. 15, de 1903).

5° Je n'ai jamais parlé de buisson *ardent* (p. 820, l. 38), mais de buisson *lumineux*.

Je n'ai jamais avoué *ne plus rien comprendre* aux objections de M. Misset (p. 819, l. 38), et si j'ai invoqué, non pas désespérément, mais logiquement, la *possession paisible*, je crois être d'accord avec les règles de la saine critique, en fait de *tradition*.

6° Je n'ai nullement accordé à M. Misset que la cure de l'Épine a été placée sous l'autorité des Victorins (p. 821, l. 24), et aujourd'hui plus que jamais je le nie formellement.

M. Doizé ne paraît pas plus convaincu que moi de la création de notre pèlerinage par ces célèbres religieux; mais comment peut-il voir une brillante hypothèse (p. 822, l. 7) dans une histoire que M. Misset n'a pu appuyer que sur trois textes interpolés, ou mal traduits, ou mal interprétés? (Voir ma troisième réponse.)

Il est vrai qu'il paraît les ignorer.

N'est-il pas vrai que, pour faire produire au simple culte de la sainte Vierge les effets que nous voyons, il eût fallu un miracle plus grand que celui qui est contesté.

7° Il faut que M. Doizé tienne beaucoup à écarter de notre pèlerinage toute intervention surnaturelle, pour l'attribuer à la *crédulité populaire* plutôt que d'admettre notre tradition (p. 822,

l. 19). Ainsi l'affluence des pèlerins depuis sept cents ans, la construction de deux églises dans les conditions que nous connaissons, l'approbation de notre office par le Souverain Pontife, le couronnement de notre statue en son nom ; tout cela n'a pour cause que la crédulité du clergé et des fidèles, qui se sont mis, un beau jour, à prier sur un plateau désert, à y apporter leurs largesses, et à y bâtir une église. *Aveugles !* (P. 820, l. 34.)

Il réclame les titres de notre miracle (l. 30). Croit-il que les évêques de l'époque ne les ont pas réclamés et jugés ? Et si nous n'avons pas, ou si nous n'avons plus aujourd'hui de *titres écrits*, notre tradition ne réunit-elle pas toutes les conditions de la tradition admise, en histoire comme en théologie ? Je ne veux pas dire que toutes les légendes soient vraies, mais je dis que l'on n'a pas de motifs de rejeter la nôtre.

8° M. Doizé nous fait la gracieuseté d'ajouter que l'*histoire religieuse locale présente un assez grand nombre de variétés de la crédulité populaire* (p. 822, l. 20). Lesquelles, s'il vous plaît ?

9° Il dit qu'il s'est trouvé sur place, à diverses époques, des esprits assez libres pour contester notre tradition et ne la regarder que comme une prétendue tradition (p. 822). Aucune contestation, aucune discussion n'a eu lieu sur la réalité du fait miraculeux avant M. Misset.

10° Enfin je lis, page 821, ligne 5, cet aveu :

« Il fallait rendre raison de la dévotion à l'Épine, de la construction d'une église dédiée à Marie sous ce vocable, de la statue prétendue miraculeuse, du pèlerinage enfin. »

M. Doizé reconnaît donc que M. Misset ne l'a pas fait. Qu'a-t-il fait alors ? Où est la preuve que notre tradition est fausse, que notre statue n'est pas authentique (l. 39), que ma démonstration est faible (l. 38), que je suis battu (l. 1), et que M. Misset triomphe et n'a d'autre tort que de triompher trop bruyamment (p. 822, l. 24-26) ?

Jugez de l'effet produit par de telles paroles dans le diocèse de Châlons !

On voit bien que M. Doizé n'a pas jugé la question sur place ; autrement, non seulement il ne traiterait pas notre admirable monument de *petite église* (p. 820, l. 30), mais il reconnaîtrait que nous avons un ensemble de témoignages qui rendent notre miracle incontestable.

Cependant, nous n'imposons à personne la croyance de nos pères, mais si on conteste la réalité de son objet, nous demandons des preuves.

REVUE DES LIVRES

Droit naturel, par A. CASTELEIN, S. J. Paris, Lethielleux, 1903. 1 volume in-8, 965 pages.

L'infatigable auteur vient d'ajouter à ses nombreux ouvrages une exposition large et précise des principales questions du droit naturel. La plupart de ces questions ont de nos jours un intérêt particulier. Inutile de dire que le savant philosophe s'est inspiré des travaux contemporains et des discussions récentes, qu'il a pris les difficultés et les objections corps à corps, et qu'il a projeté sur les points les plus graves toutes les lumières de la raison et de la tradition chrétienne. Nous signalons spéciale- ment ce qui a trait au socialisme et au droit de propriété, aux droits et aux devoirs de l'État. P. B.

Les Trente-deux Religieuses guillotinées à Orange au mois de juillet 1794, par l'abbé REDON, vicaire général à Avignon. Avignon, Aubanel, 1904. In-8, xvi-288 pages. Prix : 2 fr. 50.

Par ce travail, M. le vicaire général a bien mérité de son diocèse, de la vraie France et de l'Église. Des nombreuses bio- graphies que sa plume infatigable a tracées avec tant de naturel et d'exactitude, il n'en est aucune qui offre plus d'actualité et d'intérêt. Sans autre souci que celui d'être vrai, sans autre ambition que de replacer et de faire revivre, dans leur cadre soigneusement reconstitué, des scènes tout à la fois simples, ter- ribles et sublimes, l'auteur a écrit un livre d'une lecture extrê- mement émouvante. D'abord, tout est bien vrai, dans chacun de ces trente-deux petits drames qui se déroulent sous nos yeux. le procès-verbal des exécutions, rédigé par l'huissier du tribunal révolutionnaire d'Orange en fait foi. Les jugements du tribunal sont extraits du registre officiel, justement appelé le *dossier rouge*; on y trouve, avec les accusations portées par l'accusateur public contre les religieuses, les motifs de leur condamnation à

mort. Quant aux circonstances qui précédèrent ou accompagnèrent leur ascension sur l'échafaud, elles sont aussi retracées
d'après les témoins les plus dignes de foi, ayant bien connu ces
héroïnes, dont la plupart appartenaient à l'un des deux monastères de Bollène, celui des Sacramentines ou celui des Ursulines.

Par le seul exposé des faits, à mesure qu'on avance vers le
dénouement, la pitié, l'admiration augmentent jusqu'au saisis-
sement de l'âme tout entière, jusqu'aux larmes. Quel spectacle
de voir ces vierges soupirer vers l'échafaud comme vers un Thabor
qui les rapproche du ciel et de leur époux bien-aimé, se refuser
sans hésitation à la prestation d'un serment contraire à leur
religion et que réprouve leur conscience, chanter le *Laudate*,
chaque fois que tombe la tête de l'une de leurs compagnes, ou
plutôt, chaque fois qu'une âme s'envole vers Dieu...

Quant à l'actualité du livre de M. REDON, inutile de la faire
ressortir, au moment où la congrégation des Rites vient d'admettre la cause de béatification des seize religieuses de Compiègne, guillotinées à Paris, le 17 juillet 1794. Les motifs et les
autres circonstances de la mort ne sont-ils pas les mêmes ?

Le récit de M. Redon doit encore intéresser à un autre point
de vue les religieux, les catholiques et même ceux qui, étrangers
à nos convictions religieuses, sont pourtant regardés comme
honnêtes et partisans sincères de la liberté. Les premiers puise-
ront, dans la vie de ces héroïnes de Bollène, le courage, l'esprit
de foi, d'amour nécessaires pour supporter patiemment un martyre qui, pour n'être pas sanglant, n'en est pas moins douloureux par sa dureté et son étendue. Les autres verront qu'en se
désintéressant du soin des religieux, ils facilitent la marche d'un
pouvoir inique vers d'autres attentats dont ils seront les victimes. L'Assemblée législative a préparé la Convention, comme
Waldeck a préparé Combes. Si le clergé, les catholiques et les
modérés avaient formé bloc contre bloc, en serions-nous là ?

F. TOURNEBIZE.

Esquisse d'une évolution dans l'histoire de la philosophie,
par Nicolas KOSTYLEFF. Paris, Alcan, 1903. In-8, 213 pages.
Prix : 2 fr. 50.

M. KOSTYLEFF propose une philosophie de l'histoire de la phi-

losophie. Il estime tout d'abord que l'évolution des idées philosophiques offre une signification et ne s'explique pas uniquement
par une succession fortuite de libres initiatives. D'autre part,
l'auteur ne se trouve pas satisfait par les théories connues. Hegel
donne au mouvement de la spéculation une interprétation toute
logique et superficielle. Zeller retient le rythme ternaire et
explique la suite des théories philosophiques par l'inquiétude de
l'esprit humain qui, frappé d'une première idée, y ramène toutes
ses connaissances, puis, s'apercevant de l'insuffisance du premier
point de vue, établit l'antithèse en face de la thèse, et enfin, désireux de tout concilier, passe à la synthèse, qui jouera elle-même
le rôle d'une nouvelle thèse, et imprimera un nouvel élan à la
spéculation philosophique. Mais cette interprétation de l'hégé-
lianisme est trop vague. Renouvier n'admet pas d'évolution continue. D'après lui, l'esprit va et vient entre deux séries d'affirmations opposées deux à deux et formant deux chaînes parallèles. Il s'agit d'opter tout d'abord entre le déterminisme et la
liberté. M. Kostyleff n'admet pas non plus la classification de
Renouvier, qu'il estime partiellement arbitraire.

Voici le point de vue de l'auteur. L'histoire de la philosophie
s'oriente dans une direction déterminée, et présente un enseignement précis. Elle signifie que le monisme universel peut seul
contenter l'esprit humain. Pourquoi cette succession de systèmes?
Parce que les philosophes admettent une supposition fausse : la
dualité de l'esprit et de la matière, de la pensée et du monde
extérieur. Quelles sont les théories qui offrent le plus de consistance? M. Kostyleff en cite quatre, et il les présente comme des
essais imparfaits, mais singulièrement précieux, de monisme.
Aristote, dans l'antiquité, Spinoza et Hegel, dans les temps modernes, M. Fouillée, dans la philosophie contemporaine, auraient
le plus approché de la réalité une et identique.

Nous nous contenterons de proposer à M. Kostyleff une seule
remarque. Parce que le dualisme ne s'est pas imposé à la spéculation philosophique, M. Kostyleff conclut à sa fausseté. Le monisme est donc faux, lui aussi, puisqu'il ne rallie pas, loin de là,
tous les penseurs. X. Moisant.

Méthodes et concepts, par Paul Dupuy. Paris, Alcan, 1903.
In-8, 239 pages. Prix: 5 francs.

La plus grande partie du livre de M. Dupuy semble une introduction historique et critique à la méthode que l'auteur expose dans le dernier chapitre, sous le titre de : *Méthode des corrélations*.

Dans cette première partie que nous regardons, contrairement sans doute aux intentions de l'auteur, comme un simple préambule, l'histoire de la philosophie et l'analyse des principales notions métaphysiques sont résumées en quelques chapitres, dont la qualité principale est la clarté.

La loi des corrélations, que formula Cuvier, et le principe des connexions, que Geoffroy Saint-Hilaire s'est attaché à mettre en lumière, suggèrent à M. Dupuy l'idée d'une méthode applicable en philosophie générale, en morale, en religion, en politique, en sociologie. Il s'agit de constater les termes qui s'incluent mutuellement, et, d'autre part, de faire ressortir les contradictions, les alliances impossibles, ou, du moins, illogiques. La méthode de M. Dupuy présente donc une certaine analogie avec celle que suivit Renouvier dans les *Dilemmes de la métaphysique pure*.

Quelques exemples préciseront la pensée de M. Dupuy. On dit que la liberté psychologique ou morale est une hypothèse. L'hypothèse est vérifiable et vérifiée, répond l'auteur. La méthode des corrélations établit l'existence de la liberté. L'obligation, en effet, la responsabilité, le remords, la satisfaction de la conscience, sont des faits, dont la réalité atteste la réalité du terme qu'ils supposent : la liberté morale.

M. Dupuy dénonce, inversement, comme factices et mensongères, certaines filiations, certaines associations d'idées ou de doctrines. Le socialisme, par exemple, et le jacobinisme sont les pires ennemis de la dignité et de la liberté personnelles. « Si les socialistes de nos jours font un grand usage du mot, c'est pour mieux dissimuler qu'ils suppriment la chose, car ils représentent la plus détestable des tyrannies. » « Les droits de la pensée, de la conscience, dans l'occasion le droit de propriété, le respect dû à l'individu, dû aux minorités, rien de tout cela ne touche le parfait jacobin, qui n'a en réalité qu'un objectif: l'écrasement, et parfois la suppression, de ses adversaires. » Que le jacobinisme cesse de se réclamer de la liberté, qu'il déclare franchement sa maxime pratique: *quia nominor leo*, il deviendra cohérent. « Avec l'idée de liberté (ou de droits de la personne) disparaissent toutes les inconséquences ; et le système, au point de vue général des corrélations, constitue un ensemble désormais homogène. »

X. MOISANT.

Polémique et Histoire, par A. AULARD. Paris, Cornély, 1904. In-18, iv-399 pages. Prix : 3 fr. 50.

Le volume est un recueil d'articles parus principalement dans *l'Aurore*, *l'Action*, et *la Dépêche de Toulouse*.

A ces seuls noms, un doute viendra au lecteur : quels intérêts peuvent avoir les réflexions inspirées à M. AULARD par le monument de Michel Servet ou la statue de Taine, la mort de Gaston Paris ou de Léon XIII, un discours de l'abbé Gayraud ou de M. Jaurès, etc., etc. ? Si, il y a un intérêt et qu'on va comprendre tout de suite.

« Journaliste et conférencier, j'ai essayé d'appliquer à la polémique quelques-uns des procédés essentiels de la méthode historique, surtout pour la documentation. » Voilà une claire profession de foi. Pouvait-on en attendre une autre d'un professeur d'histoire à l'Université de Paris ? Et par un temps où la polémique est si fréquente et si déplorable sur cent questions de religion, d'enseignement et de politique, n'était-ce pas une bonne fortune qu'un maître, qui tient et fait école, daignât montrer la vraie « manière de s'en servir » ?

Malheureusement l'essai de M. Aulard ne réussit qu'à révéler combien sont puissants les entraînements de la polémique. Son « procédé essentiel » consiste à tirer d'un fait exact ce qu'il ne saurait comporter, à oublier le fait d'à côté, qui contredit ou atténue le fait qu'il cite, à présenter comme s'il était général un fait isolé. Bref les défauts mêmes de cet affreux Taine que les gens d'Église affectent de prendre pour « un historien », et qui n'était qu' « un pamphlétaire, un pamphlétaire de droite ». M. Aulard « ne croit pas être un fanatique », soit. Mais lui aussi il a « tant d'ardeur », en raisonnant, « son cerveau fume si fort », qu'il n'arrive pas, sur nombre de questions actuelles, à se maintenir dans « cet état d'esprit critique qui est proprement l'état de grâce » des « laïques et mécréants ».

Tant il est difficile de se connaître soi-même !

Apporter des exemples entraînerait trop loin. On voudra bien

tenir pour·justifiée cette appréciation générale, que je suis prêt
d'ailleurs à détailler au besoin.   Paul Dudon.

Le Pangermanisme en Autriche, par Georges Weil. Paris, Fontemoing, 1904. xv-296 pages. Prix : 3 fr. 50

Les livres sur l'Autriche se multiplient chez nous; celui-ci, qui
est le dernier venu, est excellent. Il y a là une étude attentive et
pleine de la poussée qui, à travers le dix-neuvième siècle, s'est
exercée pour changer les destinées de la vieille monarchie habs-
bourgeoise.

Cette poussée est venue du dehors et du dedans ; la question de
religion s'y est mêlée à la question des races. M. Weil analyse avec
soin les éléments et les péripéties de ce mouvement tragique. Et
il conclut par des pages pleines d'espoir. Le triomphe du panger-
manisme en Autriche lui paraît improbable. La place de la famille
impériale est trop grande, la Bohême est trop inassimilable,
l'Europe est trop intéressée à l'existence d'une barrière aux en-
vahissements des Germains, pour que ceux-ci réalisent jamais le
rêve des plus ambitieux d'entre eux.   Paul Deslandes.

Les Hospitaliers en Terre sainte et à Chypre (1100-1310), par J. Delaville Le Roulx. Leroux, 1904. Grand in-8, xiii-440 pages : Prix : 15 francs.

De l'ordre des Hospitaliers de Jérusalem nous n'avons retenu
que quelques légendes chevaleresques et quelques scènes héroïques; son histoire n'était pas écrite. Mais voici qu'elle vient
de tenter un savant et, on l'avouera sans peine, personne n'était
mieux préparé à cette tâche que M. Delaville Le Roulx. C'est en
effet à cette histoire qu'il songeait, quand il inventoriait laborieu-
sement les chartes de l'ordre de Saint-Jean et publiait par avance
ses pièces justificatives[1]; c'est pour suppléer aux lacunes des
documents officiels, exhumés des archives, qu'il dépouillait les
annales, les chroniques et les histoires dont les titres remplissent
dix-huit grandes colonnes de petit texte. Aussi bien une enquête

---

1. Delaville Le Roulx, *Cartulaire général des Hospitaliers de Saint-Jean-de-Jérusalem (1110-1310)*. E. Leroux. 4 volumes in-folio.

aussi dispersée était nécessaire pour suivre au travers de l'Europe
et de l'Orient les ramifications ultimes de l'ordre ; et puis, si
les chartes nous font connaître dans le détail la constitution
intime, les rouages administratifs des Hospitaliers, leurs richesses,
leurs privilèges, elles se taisent, ou à peu près, sur leur rôle politique et militaire. Cependant ce sont les Hospitaliers qui per-
sonnifient, pendant sept siècles, en Orient et dans le bassin de la
Méditerranée, la lutte de la croix contre le croissant.

Ces sept siècles, M. Delaville Le Roulx les divise « en trois
grandes périodes, correspondant aux trois étapes principales de
l'ordre : Terre sainte et Chypre (1100-1310), Rhodes (1310-
1523), Malte (1530-1798) ». L'histoire de la première étape et de
la première période remplit seule le présent volume. Tour à
tour l'auteur nous y raconte les deux premiers siècles de l'ordre ;
nous initie à la constitution singulière de cette confrérie militaire
et religieuse, et nous fait pénétrer dans l'administration qui donnait la vie et le mouvement à ce puissant organisme.

L'intérêt se soutient toujours dans ces chapitres où les faits
nouveaux abondent et tiennent le lecteur en haleine. Ainsi les
« Origines » sont fort curieuses et, dans ces pages suivies, il y
a beaucoup de détails piquants à glaner sur la situation des
chrétiens en Terre sainte avant les croisades, sur les débuts
lointains du protectorat français en Orient, sur les œuvres hospitalières bénédictines antérieures à la première croisade, qui
relient, comme par une tradition de charité, l'ancien hospice latin
de Charlemagne à la fondation de l'ordre de l'Hôpital. Quant à
l'histoire de l'ordre, à son action politique et militaire, vingt
grands noms la résument, depuis Gérard qui fut le premier
grand maître de l'ordre naissant, au lendemain de la prise de
Jérusalem, jusqu'à Foulques de Villaret qui vit l'abolition des
Templiers, et dont le magistère fut signalé par la prise de Rhodes
et par l'installation définitive des Hospitaliers dans cette île d'où
ils semblaient devoir tenir en échec les flottes et les armées du
sultan d'Égypte. Dans l'intervalle, c'est toute l'époque des
croisades dont nous retrouvons les traces héroïques et malheureuses dans la biographie des vingt-quatre grands maîtres qui
se sont succédé à la tête de l'ordre avant l'exode vers Rhodes.
Cela seul suffirait pour recommander la lecture de ces courtes
monographies qui occupent les deux tiers du volume ; mais on y

trouve plus encore. Parallèlement à l'histoire politique de l'ordre,
M. Delaville Le Roulx étudie sa constitution, son administration
centrale et son administration régionale. C'est là que se trouve le
secret de sa puissance et l'explication du rôle qu'il a joué si
longtemps.

Tel qu'il est, tel que nous avons essayé de le faire connaître,
ce livre sera le bienvenu de tous ceux qui s'intéressent à l'histoire
des anciens ordres monastiques. Mais il semble qu'il ait été écrit
surtout pour les historiens de l'Orient; il lui feront bon accueil,
et je crois être leur interprète en souhaitant que M. Delaville Le
Roulx achève l'œuvre commencée : il lui reste à nous conduire
à Rhodes et à Malte; après avoir raconté les origines des Hospitaliers, il se doit d'en célébrer les dernières gloires.

L. JALABERT.

Excursions artistiques et littéraires, par Gaston SORTAIS.
2ᵉ série. Paris, Lethielleux, 1904. Prix : 2 fr. 50.

A la première série annoncée par les *Études* l'an dernier
(20 décembre 1903, p. 869), en succède déjà une seconde qui,
nos lecteurs l'espèrent bien, ne sera pas la dernière. Ils aimeront
en effet à retrouver plus d'un article qu'ils ont apprécié en son
temps dans ce recueil aux chapitres variés : *B. Pinturicchio et
l'école ombrienne ; la Physionomie morale et littéraire de La
Bruyère ; le Génie de Buffon ; Souvenirs de Slough ; Berryer, orateur politique et judiciaire ; la Collection Dutuit.*
Les questions d'esthétique ou d'histoire de l'art et de la littérature étudiées ici sont, pour la plupart, de celles qui ont passionné
le public dans une heure de vogue nécessairement passagère.
L'auteur partage spirituellement les hommes célèbres en trois
catégories : « ceux qui le furent et ne le sont plus ; ceux qui le
sont et le resteront ; ceux enfin qui l'ont été et le redeviennent
par intermittence ». Pinturicchio et Thomas Gray, dont l'auteur
aimait à visiter le mélancolique monument au cimetière de Stoke
Poges, près Slough, appartiennent sans doute à la troisième
classe, Buffon et La Bruyère à la deuxième, et le bon M. Dutuit,
malgré le flot des admirateurs de ses vitrines au Petit-Palais, à la
première.

Une réelle unité, toute de saine doctrine et de bon goût, règne

·pourtant dans ces études si diverses, et au cours de ces promenades qui vont du château de Windsor aux appartements Borgia,
en passant par la salle des Pas perdus où l'auteur salue de si
bonne grâce la statue de Berryer. Mais pourquoi donc ne s'est-il
pas arrêté, semble-t-il, à Chantilly ou à Montbard et même à
l'école de droit de Dijon, ancien collège des Godrans[1], pour y
étudier dans leur cadre historique et poétique La Bruyère et
Buffon ? Sans doute il s'était trop attardé à Pérouse ou au Vatican ;
mais il en décrit si bien les paysages et les merveilles ; il en tire
des considérations si justes sur l'art et sa mission moralisatrice,
qu'on lui pardonnera d'avoir marchandé la place à nos classiques.

H. C.

A History of classical Scholarship, *from the sixth century
B. C. to the end of the middle ages*, by J.-E. SANDYS. Cambridge University Press, 1903. In-8, XXIV-672 pages. Prix :
13 francs.

Il faut commencer par une définition. *Quid est scolaris ?*
demande le vieux catéchisme scolaire du moyen âge ; et il répond
gravement : *Est homo discens virtutes cum sollicitudine...* A
son tour, M. SANDYS répond un peu différemment à la question
soulevée par le titre qu'il a donné à son livre : « Le *Scholarship*,
c'est l'étude attentive de la langue, de la littérature, de l'art de la
Grèce et de Rome, en un mot de tout ce qu'elles nous apprennent
sur la nature et l'histoire de l'homme. » La définition est claire
pour qui veut bien l'entendre : c'est une histoire des premiers
siècles de la philologie que nous devons au *public orator* de
l'Université de Cambridge. Or, nous pouvons constater que;
malgré l'inquiétante pullulation des manuels, nous ne possédons
encore rien de semblable dans notre langue. Faut-il s'en étonner ?
Non, et encore moins de voir ce livre nouveau nous venir d'Angleterre, de la patrie des bons *scholars*, et d'une de ces universités où les traditions classiques se maintiennent, où les vers
latins ont trouvé un dernier refuge.

Aussi il n'est que juste de faire bon accueil à ce nouveau venu
étranger : nous n'aurons point à nous en repentir. Ce gros volume
est, en effet, une mine précieuse d'informations où nous trouverons

1. Et non *Gaudrano* (p. 103).

facilement, dans un ordre confortable, une foule de notions et
d'idées, partout ailleurs dispersées et confuses, que l'auteur a su
dégager, préciser et grouper en chapitres clairs, bien ordonnés,
précédés de tableaux chronologiques, et coupés en marge de titres
parlant à l'œil et facilitant les recherches. M. Sandys ne s'est pas
contenté de réunir et de coordonner dans un exposé continu et
logique ce que d'autres avaient plus ou moins exposé avant lui ;
en quittant les périodes grecque, romaine, byzantine, il cesse
tout à fait d'être tributaire des histoires littéraires, et les chapitres
qu'il consacre à l'histoire de la philologie au moyen âge sont sans
contredit les plus personnels et les plus intéressants.

L'*Histoire littéraire de la France* des Bénédictins est une œuvre
colossale, mais touffue comme une forêt vierge : on s'y perd. On ne
risquera pas de s'égarer dans les deux cent vingt-cinq pages que
M. Sandys consacre au moyen âge occidental, on ira sans fatigue
jusqu'au bout de cette lecture attrayante et, en fermant le livre, on
constatera avec joie que l'on y aura beaucoup appris. Sans doute,
tout ne peut être dit dans un résumé ; du moins, l'essentiel y est,
les grandes lignes sont tracées, les figures les plus intéressantes
esquissées en quelques traits rapides et sûrs, et le livre, qui est
avant tout un ouvrage d'initiation, a atteint son but : il ouvre des
idées nouvelles et ravive le goût d'études qui passent de mode. A
ce titre il se recommande à toutes les sympathies des derniers
scholars français.   Louis JALABERT.

NOTES BIBLIOGRAPHIQUES

Étienne CHARGEBŒUF, des Missions étrangères de Paris. — La Bible méditée d'après les Pères (*Livres historiques de l'Ancien Testament*). Paris, Desclée. In-12, 444 pages. Prix : 5 francs.

M. l'abbé CHARGEBŒUF, qui a des préventions quelque peu injustifiées contre l'exégèse moderne, demande « pourquoi l'on ne pourrait pas butiner à loisir les fleurs mystiques de cette terre sainte (l'Ecriture) où coulent le lait et le miel ».

C'est pourquoi il a mis en méditations mystiques les livres historiques de l'Ancien Testament. Ce volume comprend cent quarante-quatre sujets divisés chacun en trois points.

Peut-être cet allégorisme continu est-il plus subtil que pratique. L'auteur craint que certaines applications ne paraissent un peu forcées. Nous le craignons aussi.

Ceux qui aiment les sens accommodatices et qui se plaisent à penser en textes scripturaires, ne méditeront pas sans consolations les cent quarante-quatre sujets de ce recueil. L. SEMPÉ.

Mgr BILLARD, évêque de Carcassonne. — Œuvres choisies : *Lettres pastorales, discours et allocutions de circonstance*. Carcassonne, Bonnefois ; Rouen, Cacheux ; Montpellier, Hamelin frères, 1903. 1 volume in-8, xiv-494 pages.

Une main filiale vient de recueillir les œuvres laissées par l'éloquent et sympathique évêque de Carcassonne, pour en faire bénéficier le public. Ceux qui ont connu et aimé Mgr BILLARD ont dû se réjouir d'un pareil projet. Le vertueux prélat possédait, en effet, de rares qualités oratoires : une grande distinction de parole, une véritable élévation de pensée et une exquise sensibilité. Avec de pareils dons, quand il s'agissait d'écrire ou quand il fallait parler, il n'avait d'ordinaire qu'à s'abandonner au souffle de l'inspiration. Jamais il n'avait songé à composer quoi que ce soit pour la grande publicité. Cependant les pages qu'il a conservées étaient marquées au coin de sa personnalité. Dût-il s'en étonner dans sa tombe, on a été bien inspiré en les léguant ainsi à ceux qui se souviennent de lui et à ceux qui viendront après lui. P. B.

L'abbé Th. BESNARD. — Le Code de bonheur du Maître. *Conférences quadragésimales*. Paris, Lethielleux, 1904.

1 volume in-12, XII-242 pages. Prix : 2 fr. 50.

Ce code de bonheur ce sont les huit béatitudes et le Maître c'est Jésus-Christ. On ne saurait choisir un meilleur thème de prédication. Le plan de ces conférences est généralement vaste, trop vaste même, car il court risque de rester un peu vide, l'auteur ayant voulu trop embrasser. Exemple : la dernière conférence sur le bonheur des persécutions montre, en trois points, que nous avons à subir : 1° la persécution de nos sens ; 2° la persécution du monde ; 3° la persécution des pouvoirs ; triple sujet, trop étendu évidemment pour être traité dans l'espace restreint que devait lui consacrer le conférencier.

On trouve çà et là dans ces conférences certaines manières de dire qui n'ont pas encore droit de cité dans la chaire chrétienne ; il est à souhaiter qu'elles continuent à en être bannies. Exemples : « Levée en masse à la conquête de la toison d'or. » (P. 40.) « Mettre au rancart. » (P. 134.) « Les longues beuveries du cabaret. » (P. 135.) « On voudrait faire aujourd'hui (du prêtre) un simple meuble de sacristie, style Bas-Empire... » (P. 192.) « Les égoïstes qui ne se risquent jamais à sortir de leur fromage de Hollande. » (P. 193.) « Le vrai pacifique n'est pas un don Quichotte. » (P. 193.) Mais, après tout, ce ton plus familier peut avoir son excuse dans l'auditoire auquel on s'adressait. Sans le blâmer absolument, il faut se tenir en garde contre une manière de parler qui, insensiblement, tendrait à rabaisser la parole de Dieu.

Car c'est bien la parole de Dieu, la doctrine substantielle du saint Evangile que l'auteur prêche, et les défauts extérieurs que je signale dans son ouvrage ne sont, j'imagine, qu'une concession de son zèle d'apôtre qui veut éveiller l'attention, et parler à son peuple la langue que son peuple comprend.

Lucien GUIPON.

Ernest ROQUIN, doyen de la Faculté de droit de l'Université de Lausanne. — Traité de droit civil comparé. Le mariage. Paris, Librairie générale de droit et de jurisprudence. 1 volume in-8, 400 pages. Prix : 10 francs.

Cet ouvrage est le premier d'une série qui va paraître successivement de façon à présenter un ensemble assez complet du droit civil comparé. Le succès avec lequel l'auteur s'est acquitté de sa tâche est du meilleur augure pour les traités à suivre. La matière du mariage, depuis les fiançailles ou simples promesses jusqu'à sa conclusion, les divers droits ou devoirs respectifs qu'il entraîne jusqu'à sa rupture ou son relâchement par le divorce ou la séparation de corps, tout y est examiné avec une largeur de vue remarquable et une érudition complète, qui font de cet ouvrage un livre fort intéressant à lire, en même temps que très utile à consulter.

On ne peut que souhaiter à l'éminent doyen de Lausanne de mener à bonne fin l'œuvre qu'il a si bien commencée, et tous les amis de la science juridique attendront avec impatience les volumes annoncés. On en comptera environ une dizaine.   J. Prélot.

Paul Carpentier, avocat au barreau de Lille. — La Loi espagnole sur la propriété industrielle, du 16 mai 1902. Traduction et commentaire. Paris, Chevalier-Marescq.

Les personnes qu'intéressent les questions de droit étranger accueilleront avec plaisir la traduction de la loi espagnole du 16 mai 1902, sur la propriété industrielle, que vient de publier M. Paul Carpentier, avocat du barreau de Lille et lauréat de l'Institut.

Le législateur espagnol a, en effet, réuni dans une codification unique toute la législation relative aux manifestations diverses de la propriété industrielle, et c'est ce qui donne à l'ouvrage de M. Carpentier une importance toute particulière.

C'est, du reste, plus qu'une simple traduction : des notes, sous forme de commentaires, la complètent, et font de l'ouvrage un véritable traité sur la matière.

Ajoutons qu'un index alphabétique très détaillé, mis à la fin de l'ouvrage avec renvois aux articles de la loi, facilite les recherches, et permet de trouver promptement le renseignement cherché.
     J. Prélot.

Mme de Jourville. — Dans le monde, comédies de salon.

Paris, Perrin, 1903. 1 volume in-16, 358 pages. Prix : 3 fr. 50.

Ces comédies de salon ne sont pas des comédies de collège ni de pensionnat. Il y en a neuf, et les deux dernières tiennent plus du tiers du volume, c'est dire que les sept autres sont très courtes. Elles sont toutes enjouées et parfaitement convenables. Il faut faire des vœux pour qu'elles expulsent des salons distingués et des intérieurs chrétiens, certaines représentations dont le laisser-aller et la sottise blessent à la fois le bon goût et la littérature.

A défaut d'acteurs, ces charmantes saynètes demandent des lecteurs. Représentées ou lues, elles procureront des leçons utiles et de douces jouissances. Aux critiques, dont la plume trop prompte va blesser un cœur à travers un livre, le Bon Enfant apprendra à lire au moins ce qu'ils critiquent. A ceux qu'on flatte, quand ils sont là, le Revenant fera voir que mourir a parfois du bon. Ça sert à connaître les vivants. — Le vicomte Timoléon de Précy se déguise en maître d'hôtel pour Un dîner parisien en 1902. Le domestique improvisé a des distractions comiques et bien pardonnables ; et pourtant ce dîner semble un peu long. Une journée de l'hôtel de Rambouillet est tout à fait joli et précieux.   L. Guipon.

Paul Bastien. — Les Carrières administratives des jeunes gens. Paris, Fontemoing, 1904. 1 volume in-12, xii-539 pages

M. Bastien continue ses minutieuses et pratiques études, en nous
donnant aujourd'hui le deuxième
volume de son *Répertoire général
des carrières en France au vingtième siècle.*

Parcourant successivement les
« bureaux silencieux et obstinés de
l'administration », comme il parle,
l'auteur nous dit qui sont ceux qui
les peuplent ; quelles conditions
d'âge, de science il faut remplir
pour arriver à ces postes et obtenir
de l'avancement, du moins lorsqu'on suit la voie ordinaire ; quelles sont les occupations journaliè-
res de chacun ; quels traitements
on touche. Il ne nous laisse rien
ignorer, en un mot, de ce qui peut
intéresser les candidats aux fonctions des divers ministères et de
la ville de Paris.

L'œuvre est nouvelle, semble-
t-il. Elle sera de plus très utile à
ceux qui se sentiront le triste courage d'aliéner leur volonté, de sacrifier leur liberté pour plaire à
des ministres sectaires et à l'armée
perspicace de leurs subordonnés,
trop souvent plus sectaires encore.
Peut-être les concurrents se con-
soleront-ils en pensant qu'il n'en
sera pas toujours ainsi. Souhai-
tons-le pour l'honneur et le bien
de la France.   P. Bliard.

Dʳ Fr. Guermonprez. —
**L'Assassinat médical et le res-
pect de la vie humaine.** Paris,
Rousset, 1904. 1 volume in-16,
290 pages.

Qui n'applaudirait à cet éloquent
et courageux plaidoyer en faveur
de la vie humaine et pour l'honneur

professionnel ? Notre vaillant confrère, M. le professeur Guermonprez, a très nettement posé les lois
imprescriptibles de la conscience
médicale. Notre mission est de
guérir nos malades, *non de les tuer.*
Et il était opportun de le rappeler
à l'heure où un groupe médical
important de New-York discutait
froidement (octobre 1903) cette invraisemblable question : A-t-on le
droit de raccourcir l'existence
d'un cancéreux, d'un phtisique,
d'un paralytique incurable et gâ-
teux ?

Notre savant confrère et ami se
prononce comme nous-même contre
l'homicide médical. Et en cela, re-
marque-t-il justement, « je me com-
promets ». La contradiction n'est
pas pour m'arrêter, si les novateurs
sont de bonne foi, parce que les
arguments ne seront pas altérés.
Toujours il faut le répéter avec Le
Play : « Il n'y a pas d'autre règle de
réforme que de chercher le vrai et
de le confesser, quoi qu'il arrive » ;
et avec Ollé-Laprune : « La vérité
vaut bien que l'on s'engage pour
elle et qu'on se compromette. »

Le professeur Guermonprez ré-
pudie énergiquement *l'assassinat
médical,* parce qu'il outrage la vocation, la tradition et la religion du
médecin. Dans une seconde partie,
qui date de douze ans, il étudie
le *respect de la vie humaine,* et
s'élève contre les expérimentations
scandaleuses que des confrères ont
tentées sur des malades, en Allemagne, et même en France, au nom
d'une prétendue science. Pourquoi
ne stigmatise-t-il pas aussi la *fureur opérative* qui sévit aujour-
d'hui ? On aimerait à entendre sur
ce sujet un chirurgien catholique
rétablir la vraie notion des *droits*

de l'homme si gravement méconnus par les opérateurs, nous allions écrire les charcutiers. Le professeur Reclus s'est honoré en inaugurant son cours, à la Faculté de Paris, par une critique justifiée du chirurgien *sans foi* ni loi, de l'opérateur sans scrupule.

Ajoutons un dernier desideratum. Notre confrère de Lille n'a pas une documentation suffisante sur un sujet déjà abordé par nombre d'auteurs; mais nous aimons par contre à rendre hommage à ses excellentes intentions, et surtout à son admirable thèse qui se résume dans le mot célèbre d'Ambroise Paré : *Je le pansay, Dieu le guarit !*

D' Surbled.

Edouard Schuré. — **Précurseurs et révoltés**. Paris, Perrin, 1904. In-12, v-377 pages. Prix : 3 fr. 50.

Il y a un vrai souffle idéaliste chez M. Edouard Schuré. Pour lui, le monde invisible est aussi réel que le monde matériel. Il montre comment c'est se nier soi-même et se vouer au malheur que nier l'éternelle Justice et l'éternel Amour. Dieu est le soleil de l'âme. Schelley l'a cherché douloureusement, mais dans un panthéisme insaisissable. Nietzsche l'a attaqué, obstiné et farouche, et a tari en lui les sources mêmes de la vie. Ada Negri, voix du peuple, s'est révoltée contre les inégalités du sort; sa plainte est amère, non compatissante. Ibsen et Maeterlinck ont soulevé les problèmes de l'avenir; le pessimisme exaspéré de l'un, la mélancolie un peu inerte de l'autre ont laissé les solutions dans l'ombre. Sous des formes diverses, Wilhelmine Schroeder - Devrient, Gobineau, Gustave Moreau, ont poursuivi l'idéal et en ont été les victimes.

La sympathie d'Edouard Schuré pour tous ces chercheurs et ces souffrants lui laisse parfois avouer que l'orgueil et l'égoïsme furent, pour une part, dans la vanité de leurs recherches et le désespoir de leurs souffrances. Fait-il cette part assez large? Nous ne le pensons pas. La recherche humble, douce, désintéressée arrive tôt ou tard à la paix.

La prédilection de M. Edouard Schuré pour les héros tragiques donne à son ton une grandiloquence un peu trop continue, qui n'est pas toujours exempte de quelque emphase.

Lucien Roure.

Rev. Walter Mc Donald, D. D. — **The Principles of Moral Science**, an Essay. Dublin, Browne and Nolan, 1903. In-8, vi-230 pages.

On ne voit pas nettement de quel point de vue l'auteur des *Principes de la Morale* répartit son ouvrage en trois livres ainsi composés : *Nature de la moralité*; *Cr.térium de la moralité*; *la Crainte*, *l'ignorance et le doute*.

Quelques-unes des théories de l'auteur soulèveront des objections. Croyant peut-être fuir la subtilité, ou se défiant de principes qu'il estime trop généraux, il propose parfois des solutions qui manquent d'ampleur et de consistance, et que l'on accusera d'empirisme.

La restriction mentale ne le satisfait pas. Pourquoi, demande-t-il, ne pas déclarer, aussi bien, que le *mensonge* est parfois licite ? Parce que, répondra-t-on, le droit de légitime défense n'implique pas que l'*assassinat* soit parfois permis.

L'auteur critique vivement la maxime : *Lex dubia non obligat*, et, dans son étude sur le doute spéculatif ou pratique, se préoccupe particulièrement de combattre le probabilisme. Il refuse, d'autre part, de prendre parti, par une réponse générale, entre le probabilisme, l'équiprobabilisme et le probabiliorisme.

Le plus souvent, l'auteur atteint son but, qui était de discuter ou d'exposer les questions de morale générale, à l'aide d'exemples précis et dans un langage simple. Bien des chapitres seraient à citer. L'argumentation contre la morale utilitaire, et l'examen partiel, mais lucide, de l'impératif catégorique, se lisent avec un intérêt particulier.

X. MOISANT.

William Romaine PATERSON (Benjamin Swift). — L'Éternel Conflit. *Essai philosophique.* Traduit de l'anglais par G. Milo. Paris, Alcan, 1904. In-18, XII-210 pages. Prix : 2 fr. 50.

Tout est duel dans l'univers, dit W. Romaine PATERSON. La lutte est partout, dans le monde inorganique, dans les êtres organisés, dans l'homme. L'idée de conflit résume ce que nous connaissons et pouvons connaître de l'origine, de la nature et de la destinée des choses.

On reconnaît là la doctrine darwiniste. W. R. Paterson la pousse à l'excès. « Il n'existe pas un seul exemple connu, écrit-il, qu'une espèce ait été créée pour le profit ou le service d'une autre espèce. » Laissons de côté la forme finaliste de l'affirmation. Comment dire qu'il n'existe point d'espèce travaillant, par sa constitution, au service et au profit d'une autre ? Et les parasites ? Et tant de microbes ? Et les ferments de digestion ou autres ? L'auteur parle lui-même de ceux-ci quelques pages plus loin. On pourrait retourner la formule et dire : dans l'univers il n'est rien qui ne soit au profit ou au service de tout. La loi de solidarité est aussi universelle que la loi de lutte. L'opposition se résout finalement en accord. Ce qu'on appelle conflit n'est souvent que l'action qui, par la réaction, aboutit à la combinaison. En somme, les lois du monde subsistent, les organismes se maintiennent et se développent. Chose inexplicable sans la grande loi de solidarité.

De l'*éternel conflit*, W. R. Paterson tire son éthique : faire le bien quand on pourrait faire le mal, être bon quand on pourrait être méchant. C'est la morale *tragique*. Seulement, qu'est-ce que le bien ? Il ne le définit que par opposition au mal, et le mal par opposition au bien. Nous voilà peu éclairés. On nous dit, à la vérité, que le matérialisme n'est pas le dernier mot des choses, que l'existence d'aspirations vers l'idéal ne saurait être niée. Mais on ne précise en rien ce que peut être cet idéal. Bien plus, on appelle la liberté

« un *canard* tout à fait amusant », la croyance à l'immortalité une pure chimère. On écrit sérieusement : « Il est bien naturel que l'homme, qui ne voit autour de lui que déclin et dépérissement, ait soif de connaître les choses d'un monde impérissable... Cette mégalomanie est vraiment nécessaire à un être que la mort oppresse et étouffe de toutes parts. » Comment cette aspiration peut-elle être naturelle si elle n'a pas d'objet réel ?

L'auteur fait souvent appel au Nouveau Testament. Mais il l'interprète en protestant libéral.

En somme, le livre est chaotique. La pensée va d'un sujet à un autre, se heurtant à tout, mêlant tout, parfois se contredisant elle-même. Le contenu d'un chapitre pourrait sans inconvénient être déversé dans un autre. Le traducteur a cru devoir mettre en tête un résumé analytique. Le lecteur français eût préféré que l'auteur en usât à son égard avec moins de sans-gêne. Nous aimons en France que le livre qu'on nous sert soit un livre fait.

Notons cependant un jugement assez sain porté sur Nietzsche, (p. 79-81), et cette notion du mouvement universel, à savoir qu'il n'est pas un progrès en ligne directe et sans fin.

Lucien ROURE.

Louis WEBER. — **Vers le positivisme absolu par l'idéalisme**. Paris, Alcan, 1903. In-8, 380 pages. Prix : 7 fr. 50.

Depuis Descartes, nous dit M. WEBER, la spéculation philosophique est idéaliste, c'est-à-dire qu'elle oppose, aux affirmations immédiates de la perception et de la science, les analyses de la réflexion critique. Si d'autres philosophies s'attachent à l'ancien réalisme, elles ne comptent pas, paraît-il. Il faut n'y voir que les « survivances de la mentalité d'un autre âge ».

Cependant le mouvement positiviste s'impose, lui aussi, à l'attention. Or idéalisme et positivisme semblent tout d'abord deux rivaux. Pour le positivisme, du moins tel qu'on l'entend généralement, les préoccupations de l'idéalisme sont viande creuse. Dès qu'il se détourne de l'objet, pour se replier sur lui-même et s'analyser, l'esprit travaille à vide et à faux.

L'antinomie est-elle insoluble ? M. Weber ne le pense pas. La métaphysique idéaliste et la science positive peuvent se réconcilier ; l'une conduira vers l'autre, pourvu qu'elles ne cherchent pas la paix dans des compromis et des concessions, mais au contraire dans le développement total de leurs tendances respectives. Au terme, elles se rencontreront.

Que l'idéalisme soit logique et radical, et non incomplet, comme celui de Hegel, qui n'a pas su se débarrasser du préjugé dualiste, et qui admet qu'il y a de l'être en dehors de l'idée. Que la science, d'autre part, prenne conscience de sa nature et de sa signification. Science et métaphysique concluront, d'un commun accord, que tout objet de pensée se confond avec la pensée, que l'être est idée, et seulement idée.

Le lecteur prévoit, d'une manière générale, les difficultés que présente et les objections que

soulève l'ouvrage de M. Weber.
L'auteur nous avertit lui-même
avec insistance qu'il a voulu dépasser Hegel.   X. Moisant.

Gaston Richard. — **L'Idée
d'évolution dans la nature et
dans l'histoire.** Paris, Alcan,
1903. In-8, vi-401 pages. Prix :
7 fr. 50.

A l'évolutionnisme, tel qu'il se
présente dans l'œuvre de Spencer,
M. Richard oppose la méthode
génétique.

La loi de l'évolution formulée
par Spencer, nous est donnée
comme rationnelle, *a priori*, nécessaire, universelle. Tout s'explique
mécaniquement, par le passage de
l'homogène à l'hétérogène, l'homogène n'étant, en dernière analyse, que l'étendue géométrique,
et l'hétérogène se réduisant à des
complications de figures. M. Richard, dénonce dans cette conception de l'univers, « une philosophie
mathématique vieillie ». Spencer
n'a pas échappé à l'erreur contre
laquelle s'élevait Comte : l'absorp-
tion de toute la science dans la
mathématique.

La méthode génétique, qu'emploient et sanctionnent les sciences, présente, d'après M. Richard,
des caractères différents. Elle est
moins ambitieuse et se laisse accuser d'empirisme. Elle procède par
observations comparatives, et se
garde, sous prétexte d'unité, de
méconnaître la diversité des phénomènes. Ainsi respecte-t-elle l'o-
riginalité de la vie et de la conscience.

La méthode génétique, telle que

l'expose M. Richard, corrige en
partie l'évolutionnisme spencé-
rien. Mais elle n'échappe pas à
toute préoccupation transformis-
te. Ainsi, d'après l'auteur, si l'on
ne suit pas l'évolution du type
de l'éléphant dans le dinothérium,
le mastodonte, le mammouth et
l'éléphant indien, on doit révoquer
en doute la transformation de la
vapeur d'eau en neige, en glacier
et en fleuve.   X. Moisant.

Léon Cahen, agrégé d'his-
toire, docteur ès lettres. —
**Le Grand Bureau des pauvres
de Paris au milieu du dix-
huitième siècle.** Paris, Société
nouvelle de librairie et d'édition.

C'est l'histoire anecdotique et
assez bien documentée de ce que
fut, au dix-huitième siècle, l'institution charitable, correspondant
dans la capitale à notre Assistance
publique d'aujourd'hui.

On éprouve, en parcourant cet
opuscule, l'impression des difficultés grandissantes que présentait, il y a deux cents ans, la
question de l'assistance à fournir
à une population, toujours de plus
en plus nombreuse, de pauvres et
de malheureux, ce fléau des grandes villes. Comme toujours, c'est
l'argent surtout qui fait défaut !

Aujourd'hui, le budget de l'Assistance publique atteint des proportions colossales. En résulte-
t-il qu'on fasse mieux ? C'est ce
que l'auteur oublie de nous dire.

J. Prélot.

Les *Études* ont encore reçu les ouvrages et opuscules suivants[1] :

QUESTIONS RELIGIEUSES. — *Sur les chemins de la croyance. Première étape :
L'utilisation du positivisme,* par Ferdinand Brunetière, de l'Académie fran-
çaise. Paris, Perrin, 1905. 1 volume in-16, xxii-312 pages. Prix : 3 fr. 50.
— *Les Difficultés de croire,* par Ferdinand Brunetière. Paris, Perrin, 1904.
1 brochure in-8, 39 pages.
— *La Vie future devant la sagesse antique et la science moderne,* par Louis
Elbé Paris, Perrin, 1905. 1 volume in-16, 400 pages. Prix : 3 fr. 50.
— *Vers la lumière* (roman évangélique), par Guy d'Aveline. Paris, Vic et
Amat, 1904. 1 volume in-16, 275 pages. Prix : 3 fr. 50.
— *Le Dernier Avènement de l'Homme-Dieu.* Réponse à quelques objec-
tions et paraphrase du *Dies iræ,* par l'abbé Charre, curé de Mauves (Ardè-
che). Paris, Téqui, 1904. 1 volume in-16, 270 pages. Prix : 2 fr. 50.
— *Exagérations historiques et théologiques concernant la communion quo-
tidienne,* par le R. P. Godts, rédemptoriste. Bruxelles, Jules de Master, 1904.
1 brochure in-8, 72 pages.

ASCÉTISME. — *La Vie spirituelle d'après les mystiques allemands du quatorzième siècle,* par le R. P. Denifle, O. P. Paris, Lethielleux, 1904. 1 volume
in-32, 282 pages.

HAGIOGRAPHIE. — *Saint Paulin, évêque de Nole (353-431),* par André Baudrillart. Paris, Lecoffre, 1904. Collection *Les Saints.* 1 volume in-12, vii-
190 pages. Prix : 2 francs.
— *Les Iniquités du procès de condamnation de la vénérable Jeanne d'Arc,*
par J.-B. Ayrolles. Lyon, imprimerie Jevain, 1904. 1 brochure in-8, 83 pages.

BIOGRAPHIE. — *La Vie de Mgr Borderies, évêque de Versailles,* par Mgr
Dupanloup (œuvre posthume). Paris, Téqui, 1905. 1 fort volume in-12,
450 pages. Prix : 4 francs.
— *Liberi pensatori cruciati ni Roma dal XVI al XVIII secolo* (da documenti
inediti dell archivio di stato in Roma), par Domenico Orano. Roma, 1904.
1 volume in-8, xvi-119 pages. Prix : 1 franc.

PHILOSOPHIE. — *Elementa philosophiæ scolasticæ,* auctore Dr Seb. Reins-
tadler. 2e édition. Fribourg-en-Brisgau, Herder, 1904. 2 volumes in-12, xlviii-
900 pages. Prix : 7 fr. 50 chacun.

DROIT CANON. — *Synopsis rerum moralium et juris pontificii, alphabetico
ordine digesta et novissimis SS. RR. Congregationum decretis aucta,* par le
P. Benedicto Ojetti, S. J. Tome I : A-G 2e édition. Prati, Giachetti, 1904.
1 volume grand in-8, 744 pages. Prix : 10 francs.
— *Guide canonique pour les constitutions des instituts à vœux simples,
suivant les récentes décisions de la sacrée congrégation des Évêques et Réguliers,* par Mgr Albert Battandier. 3e édition entièrement refondue. Paris,
Lecoffre, 1905.
— *A qui appartiennent les églises et autres biens ecclésiastiques?* par l'abbé
J.-B Verdier. Chez l'auteur à Peyrouzat (Haute-Garonne). 1 brochure in-8,
70 pages. Prix : 1 franc.

---

1. Les ouvrages et opuscules annoncés ici ne sont point pour cela recommandés : les *Études* rendront compte le plus tôt possible de ceux qu'il
paraîtra bon de faire plus amplement connaître à leurs lecteurs.

ŒUVRES DE CHARITÉ ET D'APOSTOLAT. — *Trente ans de ministère à Paris. Notes et souvenirs (1870-1900)*, par le chanoine H. Avoine. Paris, Vic et Amat, 1905. 1 volume grand in-8, 317 pages.

— *La Belgique charitable*, par Mme la vicomtesse de Spoelberch de Lovenjoul, née d'Ursel. Nouvelle édition refondue et complétée par Mme Ch. Vloeberghs. Bruxelles, Librairie nationale, 1904. 1 volume in-8, 799 pages.

HISTOIRE. — *Mémoires du duc de Choiseul (1719-1785)*. Paris, Plon-Nourrit, 1904. 1 volume in-8, 467 pages, avec 1 fac-similé. Prix : 7 fr. 50.

SCIENCES. — *Éléments de la théorie des groupes abstraits*, par J.-A. de Séguier. Paris, Gauthier-Villars, 1904. 1 volume grand in-8, ii-174 pages. Prix : 5 francs.

— *Leçons sur la topométrie et la cubature des terrasses*, par Maurice d'Ocagne. Paris, Gauthier-Villars, 1904. 1 volume grand in-8, vi-235 pages, avec 146 figures. Prix : 7 fr. 50.

— *Mémoire sur la reproduction artificielle du rubis par fusion*, par A. Verneuil. Paris, Gauthier-Villars, 1904. 1 brochure in-12, 30 pages.

— *Notions sur l'électricité*, par A. Cornu, membre de l'Institut. Paris, Gauthier-Villars, 1904. 1 volume in-16, 276 pages, avec figures. Prix : 5 francs.

— *L'Année technique (1903-1904)*, par A. da Cunha, ingénieur des arts et manufactures. Avec préface de A. Moissan, de l'Institut. Paris, Gauthier-Villars, 1904. 1 volume in-8, viii-303 pages, avec 142 figures. Prix : 3 fr. 50.

QUESTIONS SOCIALES. — *Le Fils de l'esprit* (roman social), par Yves Le Querdec. Paris, Lecoffre, 1903. 1 volume in-12, 606 pages. Prix : 3 fr. 50.

— *Corporations et syndicats*, par Gustave Fagniez, de l'Institut. Paris, Lecoffre, 1904. 1 volume in-12, 200 pages. Prix : broché, 2 francs.

LITTÉRATURE. — *Chateaubriand. Études littéraires*, par Victor Giraud, professeur à l'Université de Fribourg (Suisse). Paris, Hachette, 1904. 1 volume in-16, 323 pages. Prix : 3 fr. 50.

— *Offrande à Flore*, par L.-M. Olivier. Paris, Société française d'imprimerie et de librairie, 1904. 1 volume in-18 jésus, 232 pages. Prix : 3 fr. 50.

ROMANS ET THÉÂTRES. — *Elsa*, par Michel Auvray. Paris, Gauthier, 1904. 1 volume in-12, 247 pages. Prix : 2 francs.

— *Franche gaieté, bon rire*. Dix monologues et piécettes en vers, par Hortense Barrau. Paris, Jeandé, 1904. Collection enfantine Paul Delarue. 2 volumes in-18, 202 pages, avec 15 illustrations. Prix : 1 fr. 25 chacun ; franco, 1 fr. 50.

VARIA. — *Le Peuple chinois, ses mœurs, ses institutions*, par Fernand Farjenel, chargé de cours au Collège libre des sciences sociales. Paris, Chevalier et Rivière, 1904. 1 volume in-12, 426 pages. Prix : 4 francs.

— *La Crise d'une âme*, par Alexandre Martin. Paris, Perrin, 1904. 1 volume in-16, 351 pages. Prix : 3 fr. 50.

— *Choses de guerre et gens d'épée*. Paris, Desclée. 1 volume grand in-8, 300 pages.

— Ouvrages de l'œuvre de Saint-Charles. Grammont (Belgique) :

— *Almanach des bons conseils 1905* (luxe), 5 centimes.

— *Almanach de l'enfant de Marie* (luxe), 5 centimes.

— *Almanach des personnes consacrées à Dieu et sécularisées*, 7 centimes.

— *Almanach de la jeunesse chrétienne* (illustré), 10 centimes.

ÉVÉNEMENTS DE LA QUINZAINE

Octobre 12. — **A Paris,** *le Figaro* publie les papiers de M. Waldeck-Rousseau, relatifs à l'exécution par M. Combes de la loi de 1901. Il en résulte que, si l'ancien président du conseil n'approuve pas la violence avec laquelle son successeur applique cette loi, il ne regrette cependant pas de l'avoir fait voter.

14. — **A Pilnitz,** mort du roi Georges de Saxe. Né en 1832, il avait succédé à son frère en juin 1902. Il laisse comme héritier du trône son fils aîné, Frédéric-Auguste, âgé de quarante ans.

— **De Mandchourie,** les dépêches officielles relatent la défaite des Russes dans la bataille engagée depuis le 11 octobre sur un front de 50 kilomètres. Les troupes de Kouropatkine ont dû se replier sur le Cha-Ho en laissant trente-quatre canons aux mains de l'ennemi.

— **A Rome,** le Souverain Pontife donne audience au congrès des jurisconsultes catholiques français, réuni à Rome sous la présidence de Mgr de Cabrières.

16. — **A Rome,** élection du T. R. P. dom Augustin Mare, abbé de la Trappe d'Igny, comme supérieur général des Trappistes.

— **A Arras,** congrès en faveur de la *représentation proportionnelle,* où beaucoup de partis politiques de la Somme, du Pas-de-Calais et du Nord sont représentés.

— **A Belgrade,** réception des quarante-neuf officiers français invités, à l'occasion de son couronnement, par le roi de Serbie, leur camarade de promotion à Saint-Cyr.

17. — **A Paris,** à l'Académie de médecine, ouverture du congrès de chirurgie, sous la présidence de M. Loubet. On y traitera de la curabilité chirurgicale du cancer.

— **En Espagne,** mort, à l'âge de vingt-quatre ans, de la princesse des Asturies, sœur aînée d'Alphonse XIII, épouse du prince Charles de Bourbon, son cousin.

18. — **A Paris,** rentrée des Chambres. Les députés, par 327 voix contre 230, votent l'ordre à suivre dans les interpellations, proposé par M. Combes : politique religieuse; protectorat d'Orient; administration du ministre de la guerre ; grèves de Marseille. La Chambre décide que seules les séances du vendredi seront réservées aux interpellations.

19. — Dans la **Baltique**, la flotte russe est signalée au passage du Grand-Belt, à destination de l'Extrême-Orient.

— En **Italie**, dissolution de la Chambre. C'est la lutte ouverte contre le socialisme.

20. — En **Mandchourie**, les Russes ont chassé leurs adversaires des positions importantes de Cha-Ho-Pou, et Kouropatkine est décidé à continuer l'offensive.

22. — A **Paris**, la Chambre des députés est saisie de l'interpellation sur la politique religieuse du gouvernement. M. Combes se défend dans un langage violent et grossier ; il est combattu par M. Ribot. Le gouvernement obtient un ordre du jour de confiance, voté à 88 voix de majorité. C'est l'acceptation, par la Chambre, du principe de la séparation de l'Église et de l'État.

23. — Dans la **mer du Nord**, l'escadre russe, en route pour l'Extrême-Orient, canonne une flottille de pêcheurs anglais au milieu de laquelle se seraient dissimulés des torpilleurs japonais. L'incident semble devoir entraîner des complications.

— Dans la **Loire**, M. Audiffred, député progressiste, est élu sénateur par 489 voix contre 468 données à M. Réal, radical. Ce siège avait été laissé vacant par la mort de M. Waldeck-Rousseau.

24. — A **Paris**, le conseil des ministres, présidé par M. Loubet, décide de faire discuter, dès la rentrée de janvier, le projet de séparation de l'Église et de l'État, élaboré par le gouvernement. Le projet Combes est encore plus oppresseur que le projet Briand.

Paris, le 25 octobre 1904.

Le Gérant : Victor RETAUX.

Imprimerie J. Dumoulin, rue des Grands-Augustins, 5, à Paris.

LE

PROTECTORAT CATHOLIQUE DE LA FRANCE

EN ORIENT ET EN EXTRÊME-ORIENT[1]

(Article traduit de la Civiltà cattolica *du 5 novembre 1904)*

I. — OCCASION DE CETTE ÉTUDE ET ÉTAT DE LA QUESTION

Les relations diplomatiques ayant été rompues entre la France et le Saint-Siège, la presse européenne et celle de France en particulier, surtout depuis les déclarations de M. Combes au rédacteur de la *Neue Freie Presse* de Vienne, à peine atténuées par le discours d'Auxerre, s'est largement occupée du protectorat catholique de la France en Orient et en Extrême-Orient. Il faut avouer que les déclarations de M. Combes n'ont pas rencontré de faveur ; car les principaux hommes politiques et les organes les plus importants de l'opinion publique en France ne se résignent pas à admettre que, par suite de la haine de quelques-uns contre l'Église, la nation perde un privilège qui fait partie du patrimoine national et qui a contribué et contribue encore si efficacement à maintenir haut le prestige moral de la France dans ces régions. Mais ce n'est pas notre intention d'entamer ici une polémique avec M. Combes ; nous nous bornerons à rappeler la fausseté absolue de ce qu'il a laissé entendre dans son

---

1. **Nous sommes heureux** de publier dans la *Civiltà cattolica* cet article sur le Protectorat français en Orient et en Extrême-Orient, écrit par un distingué et savant prélat bien connu de nous. Pour de bonnes raisons il n'a pas cru opportun de le signer ; mais nous pouvons certifier aux lecteurs que c'est un personnage très compétent dans la matière qu'il traite et justement estimé des amateurs de science sacrée pour les divers ouvrages de droit qu'il a donnés à la presse. Quiconque a du protectorat français, dont on parle tant aujourd'hui, une connaissance même superficielle, ne pourra pas ne pas être frappé des révélations qu'il va lire ici et ne pas s'étonner de la légèreté de certains politiques de France, qui semblent disposés à faire fi d'un insigne privilège de leur nation.

(*Note de la direction de la* Civiltà.)

discours d'Auxerre pour exciter les esprits contre l'Église : savoir que le Saint-Siège, comme par manière de représailles pour la rupture des relations diplomatiques, aurait menacé d'enlever à la nation française le protectorat catholique. Nous voulons plutôt faire une courte étude, objective et sereine, sur ce protectorat, et nous caressons l'espoir que, même après les excellents articles publiés dans plusieurs journaux et périodiques français, nous pourrons jeter encore quelque lumière sur un sujet si important et si actuel.

Le protectorat français en Orient et en Extrême-Orient consiste dans le droit exclusif (et aussi dans le devoir) de la France de défendre l'Église catholique dans ces régions, accompagné de certaines prérogatives honorifiques. Il embrasse donc deux choses, qu'il importe de bien distinguer : 1° le droit exclusif (et aussi le devoir) de protéger l'Église catholique dans les lieux soumis au protectorat ; 2° certains honneurs particuliers, réservés dans les mêmes lieux aux représentants de la France, en tant que protectrice de l'Église catholique. Dans un sens, on peut dire que le protectorat a une certaine ressemblance avec le droit de patronage, bien connu des professionnels de la science canonique, lequel comprend aussi, non seulement quelques droits (avec les charges correspondantes), mais encore quelques prérogatives honorifiques spéciales. Tels sont les deux éléments qui composent le protectorat catholique de la France et qui, réunis, lui donnent une véritable suprématie morale dans tout le Levant et l'Extrême-Orient.

Le but principal de cette étude est de déterminer la base juridique de chacun de ces éléments, dont, par suite, nous parlerons séparément. Quant aux limites territoriales du protectorat français, disons seulement qu'il s'étend presque à tout l'empire turc et à tout l'empire chinois, et c'est ce que nous entendons ici par Orient ou Levant et Extrême-Orient. Ce protectorat, en tout ou en partie, s'exerce-t-il encore dans les pays qui ont autrefois appartenu à la Turquie, mais sont aujourd'hui indépendants ou quasi indépendants, ou appartiennent de fait à un autre État ? S'exerce-t-il encore en d'autres États de l'Extrême-Orient, distincts de la Chine ? Nous ne le rechercherons pas, soit parce que cette recherche, pour

quelques États, ne serait pas facile, soit parce qu'elle n'est
pas indispensable à notre but. Une fois admis les principes
que nous allons développer pour la Turquie et la Chine, il
sera aisé de se faire une idée exacte du protectorat français
pour les autres endroits où il est en vigueur. De même, nous
ne nous arrêterons pas à énumérer dans le détail les personnes et les institutions comprises sous ce protectorat, ni
les droits qu'il est autorisé à revendiquer, tels qu'ils résultent des traités internationaux, des firmans ou de l'usage : il
suffira de dire, en général, qu'il a le soin des intérêts de
l'Église catholique dans ces régions.

II. — DROIT DE LA FRANCE

DE PROTÉGER LES INTÉRÊTS CATHOLIQUES EN ORIENT

Il est évident que tout gouvernement, par droit propre, peut
(et doit) protéger en tout pays étranger ses sujets et leurs
propriétés, à plus forte raison les propriétés nationales.
Ce droit, pour ce qui regarde la Turquie, a été reconnu
aux agents diplomatiques et consulaires des puissances par
l'article 62 du traité de Berlin (13 juillet 1878) :

La Sublime-Porte ayant exprimé la volonté de maintenir le principe
de la liberté religieuse en y donnant l'extension la plus large, les parties contractantes prennent acte de cette déclaration spontanée.

Dans aucune partie de l'empire ottoman, la différence de religion
ne pourra être opposée à personne comme un motif d'exclusion ou
d'incapacité en ce qui concerne l'usage des droits civils et politiques,
l'admission aux emplois publics, fonctions et honneurs, ou l'exercice
des différentes professions et industries.

Tous seront admis, sans distinction de religion, à témoigner devant
les tribunaux.

La liberté et la pratique extérieure de tous les cultes sont assurées à
tous, et aucune entrave ne pourra être apportée soit à l'organisation
hiérarchique des différentes communions, soit à leurs rapports avec
leurs chefs spirituels.

Les ecclésiastiques, les pèlerins et les moines de toutes les nations
voyageant dans la Turquie d'Europe ou la Turquie d'Asie, jouiront
des mêmes droits, avantages et privilèges.

Le droit de protection officielle est reconnu aux agents diplomatiques et consulaires des puissances en Turquie, tant à l'égard des personnes susmentionnées, que de leurs établissements religieux, de
bienfaisance et autres, dans les Lieux saints et ailleurs.

Les droits acquis à la France sont expressément réservés, et il est bien entendu qu'aucune atteinte ne saurait être portée au *statu quo* dans les Lieux saints.

Les moines du mont Athos, quel que soit leur pays d'origine, seront maintenus dans leurs possessions et avantages antérieurs et jouiront, sans aucune exception, d'une entière égalité de droits et prérogatives.

Quant aux sujets étrangers, à leurs propriétés ou aux propriétés d'une autre nation, un gouvernement n'a pas le droit de les protéger en pays étranger, sinon par concession du gouvernement local ou par mandat légitimement reçu, et par conséquent dans les limites de cette concession ou de ce mandat. Ce principe, que certainement personne ne voudra mettre en doute, explique le protectorat catholique de la France en Orient et en Extrême-Orient.

En effet, le droit de la France de protéger les intérêts de l'Église catholique dans le Levant repose en premier lieu sur les *Capitulations* obtenues du gouvernement ottoman et qui ont force de traités internationaux. Toutes ces Capitulations se trouvent dans le *Recueil d'actes internationaux de l'empire ottoman*, etc., publié à Paris en 1897, par Gabriel Effendi Noradounghian, conseiller légiste de la Porte ottomane. Nous nous arrêterons à la Capitulation de 1740 avec Louis XV, laquelle reproduit et étend les concessions faites précédemment par les Capitulations de 1535, 1569, 1604 et 1673. Nous la citons d'après la traduction officielle faite par Deval.

Dans l'article premier de ladite Capitulation, on lit: *L'on n'inquiétera point les Français qui vont et viendront pour visiter Jérusalem, de même que les religieux qui sont dans l'église du Saint-Sépulcre, dite* CAMAMAT. Ces mots de la traduction semblent étendre le droit de protection aux religieux de nationalité quelconque qui se trouvent dans l'église du Saint-Sépulcre, tandis que le texte turc le restreint aux religieux de nationalité française. Mais quoi qu'il en soit du texte turc, les religieux d'autres nationalités aussi sont compris sous la protection française, comme il ressortira mieux de ce que nous allons dire.

Les articles 32, 33, 34, 35, 36 établissent :

Art. 32. — Les évêques dépendant de la France et les autres reli-

gieux qui professent la religion franque, *de quelque nation* ou espèce
qu'ils soient, lorsqu'ils se tiendront dans les bornes de leur état, ne
seront point troublés dans l'exercice de leurs fonctions, dans les endroits
de notre empire où ils sont depuis longtemps.

Art. 33. — Les religieux francs qui, suivant l'ancienne coutume, sont
établis dedans et dehors de la ville de Jérusalem, dans l'église du Saint-
Sépulcre, appelée *Camamat*, ne seront point inquiétés pour les lieux de
visitation qu'ils habitent et qui sont entre leurs mains, lesquels resteront encore entre leurs mains, comme par ci-devant, sans qu'ils puissent être inquiétés à cet égard, non plus que par des prétentions d'im-
positions; et s'il leur survenait quelque procès qui ne pût être décidé
sur les lieux, il sera renvoyé à ma Sublime-Porte.

Art. 34. — Les Français ou ceux qui dépendent d'eux, *de quelque
nation* ou qualité qu'ils soient, qui iront à Jérusalem, ne seront point
inquiétés en allant et venant.

Art. 35. — Les deux ordres religieux français qui sont à Galata,
savoir les Jésuites et les Capucins, y ayant deux églises qu'ils ont entre
leurs mains *ab antiquo*, resteront encore entre leurs mains, et ils en
auront la possession et la jouissance. Et comme l'une de ces églises a
été brûlée, elle sera rebâtie avec permission de la justice et elle restera
comme par ci-devant entre les mains des Capucins, sans qu'ils puissent
être inquiétés à cet égard. On n'inquiétera pas non plus les églises que
la nation française a à Smyrne, à Saïda, à Alexandrie et dans les autres
échelles, et l'on n'exigera d'eux aucun argent sous ce prétexte.

Art. 36. — On n'inquiétera pas les Français quand, dans les bornes
de leur état, ils liront l'Évangile dans leur hôpital de Galata.

Le premier des articles cités, l'article 32, serait très clairement en faveur de la protection française sur les religieux
de nationalité quelconque. Malheureusement, dans le texte
turc (art. 32 et aussi art. 34), il manque les mots : *de quelque nation*, lesquels par conséquent devraient être supprimés.
Malgré cela, le sens de l'article resterait également clair : car
il faut observer que, pour les Turcs, la *religion franque* signifie là *religion catholique de rit latin*, comme les *francs* sont
les *catholiques de rit latin*, et par conséquent, puisque l'article parle des religieux qui *professent la religion franque, de
quelque espèce qu'ils soient*, il s'ensuivrait toujours que la
protection française s'étend sur tous les religieux catholiques
de rit latin. Dans le *Recueil* déjà cité de M. Noradounghian,
a près la Capitulation de 1740, on trouve quelques *Notes expli-
catives de M. Bianchi sur plusieurs articles de la traduction
officielle* (par Deval) *des Capitulations avec la France du*

28 mai 1740, et dans la note 13, à propos de l'article 32, il est observé que *dans le texte turc les religieux doivent, tout aussi bien que les évêques, être dépendants de la France* : ce qui semble confirmé par l'article 82, qui reproduit les conces-sions des articles précédents et parle des évêques et religieux *dépendants de l'empereur de France*. Nous ne pouvons entrer dans une discussion philologique sur le texte turc : qu'il nous suffise de constater que l'article 33 parle de religieux *francs*, c'est-à-dire catholiques de rit latin, et que d'ailleurs l'usage antique et constant, admis par le gouvernement ottoman lui-même, a interprété l'article 32 dans le sens favorable à la France. Admettons donc que la France, en vertu des Capitu-lations, étend sa protection sur tous les religieux catholiques du rit latin qui se trouvent dans le Levant, de quelque natio-nalité qu'ils soient, tandis que les catholiques du rit oriental y sont compris plutôt par l'usage que par le texte écrit des traités.

Cependant, un droit pareil de protection, non moins étendu, a été aussi concédé par la Porte à d'autres nations, en particulier à l'Autriche-Hongrie. Pour s'en convaincre, il suf-fit de lire l'article 13 du traité de paix de 1699, répété plus tard dans les traités de 1718 et 1739 :

A l'égard des religieux chrétiens, relevant de S. S. le Pape, je con-firme les clauses et les conditions contenues dans les traités (Capitu-lations) accordés par mes illustres prédécesseurs et dans les édits impériaux spécialement promulgués à cet effet. Lesdites clauses et conditions seront aussi valables que par le passé, à savoir qu'on ne s'opposera pas à la réparation de leurs églises dans leurs formes et situations primitives et à l'exercice de leur culte. On n'exercera pas des vexations à l'égard de ces religieux à quelque ordre qu'ils appar-tiennent et ce pour leur soutirer de l'argent ou sous tout autre prétexte contrairement à la loi du Chéri et aux stipulations du traité impérial. Lesdits religieux jouiront de toute tranquillité sous ma protection impériale. De même, lorsque l'ambassadeur de l'empereur viendra à Constantinople, il aura le droit de me soumettre leurs demandes relati-ves aux affaires religieuses et aux lieux de pèlerinage sis à Jérusalem.

Il est évident que l'Autriche-Hongrie, en vertu de ces articles, a, non moins que la France, le droit de protéger dans tout le Levant les religieux catholiques sans aucune res-triction de lieu et de nationalité. Et bien que l'Autriche, manquant alors de flotte, ait de fait exercé son protectorat *spécialement* dans les pays turcs confinant à elle, son droit, tel qu'il résulte des traités, est pourtant général comme le droit de la France. On peut même ajouter qu'en *se tenant aux termes des traités internationaux*, le protectorat autrichien s'étend à tous les religieux catholiques, tandis que le protectorat français est restreint, comme nous l'avons dit, aux religieux catholiques du rit latin.

L'Angleterre, de son côté, pourrait revendiquer le même droit, qui lui est concédé, non pas explicitement, mais implicitement, par l'article 18 de la Capitulation de 1675 :

> Tous les privilèges, articles et capitulations accordés aux Français, aux Vénitiens et à d'autres princes, qui entretiennent des rapports d'amitié avec la Sublime-Porte, ayant également été accordés par faveur aux Anglais, en vertu de notre commandement spécial ; ces mêmes privilèges, articles, capitulations devront en tout temps être observés, suivant leur forme et teneur, de manière qu'à l'avenir personne ne se permette de les enfreindre ou d'y contrevenir.

Et à la rigueur encore, la Russie pourrait invoquer en sa faveur l'article 7 du traité de paix de 1774 : *La Sublime-Porte promet une protection constante à la religion chrétienne et aux églises de cette religion*. Il n'est pas question, dans cet article, de la religion orthodoxe, mais de la religion *chrétienne*, qui comprend certainement et principalement le catholicisme ; par suite, si les religieux catholiques, russes ou non, venaient à être persécutés en raison de leur religion et faisaient appel au représentant russe, nous ne voyons pas pourquoi celui-ci ne pourrait s'appuyer sur l'article cité pour intervenir.

De ce qui a été dit jusqu'ici, il ressort nettement que le droit de protéger dans le Levant les intérêts de l'Église catholique est attribué par les traités, non seulement à la France, mais aussi à d'autres nations, soit pour leurs propres sujets, soit pour des sujets étrangers, sans exclure les sujets de la Porte même. Ce droit n'a pas été supprimé par le susdit article 62 du traité de Berlin, et, de fait, l'Autriche, par exemple, depuis ce traité, a continué d'exercer son protectorat dans les lieux où elle l'exerçait autrefois, même en faveur de personnes et d'institutions non autrichiennes. Bien plus : si les dispositions contenues dans ledit article n'étaient pas respectées,

nous croyons que chacune des puissances signataires, en
vertu même de l'article, pourrait réclamer, même à propos de
personnes et de choses de nationalité étrangère, sous réserve
des droits spéciaux que certaines puissances, particulièrement
la France, tiennent des traités, de l'usage ou du Saint-Siège.
Quelques-uns font observer que les autres puissances en
dehors de la France, n'ayant jamais exercé le protectorat, en
ont perdu le droit, supposé qu'elles l'aient eu. A cela on peut
faire plus d'une réponse : bornons-nous à dire qu'il est faux
que les autres puissances n'aient jamais exercé leur droit de
protection. Ainsi l'Autriche, bien qu'elle ait usé du droit de
protectorat, d'une façon continue et intensive, *spécialement*
dans les provinces confinant à elle, est cependant plusieurs
fois intervenue en faveur des saints Lieux de Jérusalem. Pour
conserver un droit consacré par des traités internationaux
solennels, il n'est pas nécessaire d'en faire un usage constant.

Donc le droit de protection, attribué par la Porte à certaines puissances en vertu de traités internationaux, reste
entier. La Porte, dans ces traités, fait certaines concessions à
l'Église catholique et accorde aux puissances le droit d'intervenir, toutes les fois que ces concessions seront violées ;
et c'est en cela que consiste le droit de protection. Cette
ingérence est particulièrement odieuse au gouvernement
ottoman, quand il s'agit de sujets turcs et de leurs établissements : elle n'en est pas moins un droit concédé par les
sultans à ces puissances et qui doit être respecté. De son
côté, le Saint-Siège ne pourrait supprimer ou restreindre ce
droit, puisqu'il vient d'une concession de la Porte, dans
laquelle le Saint-Siège n'a rien à voir.

Reste maintenant à examiner quels sont les titres spéciaux
de la France au protectorat catholique en Orient et pourquoi,
malgré le droit de chaque puissance à protéger ses propres
sujets, malgré la concession faite par la Porte à diverses
puissances dans les traités internationaux, le protectorat
catholique en Orient appartient presque exclusivement à la
France.

Cela dépend uniquement du Saint-Siège et ne peut dépendre de nul autre. En premier lieu, comme il ressortira des
documents que nous citerons tout à l'heure, le Pontife

romain, chef suprême de l'Église catholique, a conféré à la France, qui l'a accepté, le mandat ou la mission de protéger dans tout le Levant, moins les lieux réservés à l'Autriche, les personnes et les institutions catholiques de nationalité quelconque. Pour cette raison, tandis que les autres puissances ont un seul titre pour intervenir dans la protection des personnes ou des établissements de nationalité étrangère, savoir la concession du sultan, la France en a deux : la concession du sultan et le mandat ou la mission du Saint-Siège ; et quand il s'agit de personnes ou d'institutions de la propre nationalité, les autres puissances ont deux titres, la France en a trois. Nous admettons sans peine que cette différence est plutôt théorique que pratique, attendu que, pour la pratique, il importe peu qu'un droit dérive d'un ou de plusieurs titres.

Mais le Saint-Siège ne s'est pas contenté d'un simple mandat ou d'une simple mission concédée à la France ; il a en outre obligé les catholiques d'Orient à recourir aux agents diplomatiques et consulaires français, et leur a défendu de faire appel à d'autres, sauf exception pour les endroits où l'Autriche exerce le protectorat. Naturellement cet ordre et cette défense n'empêchent pas que le Saint-Siège puisse, au besoin, s'adresser à d'autres puissances, dans le but de défendre les missions et les missionnaires catholiques contre l'injustice et la persécution. De fait, le Saint-Siège a agi de la sorte en diverses circonstances, et toutes les puissances, plus ou moins, ont répondu à ses sollicitudes.

Étant donnée la prescription du Saint-Siège dont nous parlons, les autres puissances peuvent bien protéger dans le Levant les personnes et les institutions catholiques de leur propre nationalité par leur droit propre, reconnu de la Porte, et celles de nationalité différente par concession obtenue dans les traités internationaux ; mais, de fait, elles ne protègent ni les unes ni les autres (sauf quelques cas où elles interviennent de leur initiative personnelle), parce que les missionnaires d'une nationalité, à cause de la défense pontificale, n'invoquent pas, généralement parlant, la protection de leur nation. La France, au contraire, a pour protéger les unes et les autres un titre spécial, résultant, comme nous

l'avons déjà dit, du mandat ou de la mission qui lui a été conférée par le Saint-Siège; et, de fait, elle seule les protège,
parce que les missionnaires même de nationalité différente,
obéissant à la voix du pape, s'adressent à elle seule.

Il est donc évident que la France, en regard des puissances
qui ont obtenu de la Porte des concessions analogues, jouit
en Orient d'une situation privilégiée de droit et de fait, qui la
constitue, de préférence à toute autre nation, la protectrice du
catholicisme en Orient; mais il est évident aussi qu'elle doit
cette situation uniquement au Saint-Siège. Si le Saint-Siège
laissait tomber l'ordre donné aux missionnaires de recourir
à la France et levait la défense de s'adresser à d'autres puissances, *ipso facto* la France, surtout après la rupture des relations avec le Saint-Siège, perdrait sa situation privilégiée et
serait ramenée au niveau des autres puissances; et si le
Saint-Siège formulait le même ordre et la même défense en
faveur d'une autre puissance, *ipso facto* la situation de celle-ci
deviendrait prépondérante et la France n'aurait plus qu'une
place secondaire, comme l'ont en ce moment les autres puissances. Du droit des gens et des traités internationaux on
peut bien faire découler le droit de protection commun à
d'autres puissances; mais la situation privilégiée de droit et
de fait dont jouit la France dépend d'une concession du
Saint-Siège et ne peut dépendre d'ailleurs.

Il est difficile de déterminer exactement la date de la loi
pontificale, qui prescrit aux missionnaires en Orient de
demander protection aux agents de la France, à l'exclusion
de tout autre, sauf les exceptions indiquées plus haut. Voici
comment nous croyons que s'est passée la chose. Depuis le
temps où les armes françaises, guidées par le preux Gode-
froy de Bouillon, triomphant des nombreuses forces opposées par les califes, arrachèrent aux musulmans, dans la première croisade, la domination de la Terre sainte et plantèrent
à Jérusalem l'étendard de la croix, la France fut regardée
comme la protectrice du catholicisme en Orient. Et le zèle
catholique des rois très chrétiens ne manqua pas de venir à
l'appui. Aussi bien, de fait, la France seule protégeait dans
le Levant tous les intérêts catholiques, même non français,
soit parce que, parmi les grandes puissances européennes,

elle fut la première à avoir des relations d'amitié avec la
Porte, soit parce qu'elle était mieux en état, par sa force, de
rendre sa protection efficace. Le Saint-Siège, non seulement
ne s'opposa point à cette action, mais l'approuva; et cette
approbation, peu à peu, devint loi, comme en récompense des
services que la France avait rendus et rendait à la cause
catholique, et aussi pour assurer plus efficacement la protection des intérêts de l'Église en Orient.

De cette situation privilégiée, la France, dans le cours des
siècles, s'est toujours montrée jalouse, et avec raison. Voici
comment s'exprimait l'ambassadeur de France près le Saint-
Siège, dans une note du 8 juillet 1825, adressée à la secrétairerie
d'État : « Protégeant depuis des siècles les établissements et
les populations catholiques de tout l'Orient, elle (la couronne
de France) regarde comme un de ses plus beaux privilèges
d'avoir à les protéger toujours. Elle est jalouse de l'autorité
et des prérogatives qu'elle a acquises par tant de services
rendus à la religion et qui lui sont nécessaires pour continuer de la maintenir et la défendre dans les lieux soumis à
la domination des infidèles. »

De là il est arrivé que, chaque fois que les missionnaires
du Levant, spécialement en Palestine, ont en quelque occur-
rence fait appel à la protection d'une autre puissance que la
France, les ministres de celle-ci n'ont pas manqué de réclamer énergiquement auprès du Saint-Siège (ils ne pouvaient
le faire auprès d'autres), et il a toujours pris leurs plaintes en
sérieuse considération. Entre beaucoup de faits, nous n'en
citerons que deux, que nous choisissons à dessein dans des
siècles différents, pour faire mieux apparaître la continuité
dans la ligne de conduite du Saint-Siège.

En 1744, les missionnaires de Terre sainte au Caire,
subissant une avanie pour la construction d'un hospice à eux,
leur président eut recours à la médiation du consul d'Angleterre, parce qu'il était ami du chef des janissaires, auteur de
l'avanie. Quoique le président affirmât qu'il avait commencé
par implorer l'aide du consul français, résidant en cette ville,
comme protecteur unique, mais que celui-ci lui-même l'avait
adressé au consul britannique, néanmoins l'ambassadeur de
France, M. de Canillac, par ordre de Sa Majesté très chrétienne,

se plaignit à la Sacrée Congrégation de Propagande, que le président, à l'insu du consul français, se fût adressé à celui d'Angleterre et eût ainsi renoncé à la protection de la France. Il ajoutait, sous forme de menace, que si ces religieux ne se renfermaient pas mieux dans leurs devoirs à l'égard aussi des nationaux français, Sa Majesté se verrait obligée de donner à son ambassadeur à Constantinople des ordres qui ne leur seraient pas très favorables. La Sacrée Congrégation ordonna au gardien de Terre sainte de retirer de cet hospice tous les religieux, *cum præcepto iisdem fratribus ut ante discessum debeant se sistere Consuli Franciæ et eidem humiliter actus excusationis præstare*[1], et en même temps d'y envoyer un nouveau président avec d'autres religieux, *qui præses teneatur una cum sociis pariter se præsentare prædicto Consuli eumque precari de consueta sua protectione*[2]. Elle ajouta, de plus : *Inhibeat (P. Guardianus) novo præsidi ne amplius... recursum habeat ad Consules aliarum nationum, cum quibus tamen ita se gerere debebit, ut, quantum fieri potest, nullam eis occasionem indignationis præbeat*[3].

Un fait semblable se produisit en 1844. Les Pères de Terre sainte ayant refusé de recourir à la protection de la France dans certaines circonstances où ils avaient eu besoin de secours, le consul de Jérusalem en fit la matière d'une plainte à la Sacrée Congrégation. Celle-ci lui répondit, le 3 juin, dans les termes suivants : « Est désapprouvée sans hésitation la conduite de ces religieux qui, croyant avoir besoin de protection, ne l'ont pas demandée, comme ils devaient, au consulat de France, auquel la Sacrée Congrégation maintiendra de bon cœur la noble prérogative de défendre le catholicisme en Orient. »

Plus récemment aussi, le Saint-Siège, soit dans des cas

---

1. « Avec ordre à ces religieux d'aller, avant leur départ, se présenter au consul de France et de lui faire humblement des excuses. »

2. « Lequel président soit tenu également de se présenter avec ses compagnons audit consul et de le prier de continuer sa protection accoutumée. »

3. « Que le P. gardien enjoigne au nouveau président de ne plus avoir recours aux consuls d'autres nations, avec lesquels cependant il devra se comporter de telle façon, qu'autant que possible, il ne leur fournisse aucun motif de ressentiment. »

particuliers, soit par des instructions générales, a confirmé
la prescription dont il s'agit en faveur de la France. Il suffira
de citer l'instruction de la Sacrée Congrégation de Propagande
du 22 mai 1888, où on lit : *Norunt (Delegati, Vicarii apostolici
cæterique in locis Missionum Ordinarii) protectionem Gallicæ
Nationis per regiones Orientis a sæculis esse invectam et
conventionibus etiam inter imperia initis firmatam. Qua-
propter hac in re nihil prorsus innovandum; protectio hujus-
modi, ubicumque viget, servanda religiose est, eaque de re mo-
nendi Missionarii, ut si quando auxilio indigeant, ad Consules aliosque Gallicæ nationis administros recurrant. In iis
etiam locis Missionum in quibus Austriacæ nationis protectio
invaluit, pariter absque immutatione teneatur* [1]. Cette instruction fut rappelée et confirmée par Léon XIII, d'heureuse
mémoire, dans sa lettre du 1er août 1898 au cardinal Langénieux, archevêque de Reims : « La France a, en Orient, une
mission à part, que la Providence lui a confiée ; noble mission
qui a été consacrée, non seulement par une pratique séculaire, mais aussi par des traités internationaux, ainsi que l'a
reconnu de nos jours notre Congrégation de Propagande, par
sa déclaration du 22 mai 1888. Le Saint-Siège, en effet, ne
veut rien toucher au glorieux patrimoine que la France a reçu
de ses ancêtres et qu'elle entend, sans nul doute, mériter de
conserver, en se montrant toujours à la hauteur de sa tâche. »

III. — DROIT DE LA FRANCE

DE PROTÉGER LES INTÉRÊTS CATHOLIQUES EN EXTRÊME-ORIENT

Si maintenant du Levant nous passons en Extrême-Orient,
nous trouvons que la position de la France, en Chine, sur le
terrain des traités internationaux, est meilleure. En effet, en

---

1. « Les délégués, vicaires apostoliques et autres ordinaires des lieux
de missions savent que le protectorat de la nation française en Orient est
établi depuis des siècles et même confirmé par des conventions entre les
puissances. C'est pourquoi il ne faut absolument rien innover en cette matière ;
ce protectorat, partout où il est en vigueur, doit être conservé religieusement, et il faut avertir les missionnaires que, quand ils auront besoin de
secours, ils devront recourir aux consuls et autres représentants de la France.
Dans les lieux des missions où le protectorat de l'Autriche est établi, qu'il
soit maintenu aussi sans changement. »

1858, elle a conclu avec le Céleste-Empire le traité de Tien-Tsin, dont l'article 13 porte :

La religion chrétienne ayant pour objet essentiel de porter les hommes à la vertu, les membres de toutes les communions chrétiennes jouissent d'une entière sécurité pour leurs personnes, leurs propriétés et le libre exercice de leurs pratiques religieuses ; et une protection efficace sera donnée aux missionnaires qui se rendront pacifiquement dans l'intérieur du pays, munis des passeports réguliers dont il est parlé dans l'article 8. Aucune entrave ne sera apportée par les autorités de l'empire chinois au droit qui est reconnu à tout individu en Chine d'embrasser, s'il le veut, le christianisme et d'en suivre les pratiques sans être passible d'aucune peine infligée pour ce fait. Tout ce qui a été précédemment écrit, proclamé ou publié en Chine, par ordre du gouvernement, contre le culte chrétien, est complètement abrogé et reste sans valeur dans toutes les provinces de l'empire.

En vertu de cet article, la France a le droit de protéger dans tout l'empire chinois les personnes et institutions, non seulement catholiques, mais chrétiennes, d'une communion quelconque, même schismatique ou hérétique, et d'une nationalité quelconque, même chinoise.

Les autres puissances peuvent, sans doute, en vertu de leur droit propre, protéger en Chine les personnes et institutions de leur nationalité respective, sans toutefois que la Chine soit tenue de reconnaître les passeports consulaires ; car ceci est une concession faite à la France, que le gouvernement chinois est libre, mais non tenu d'étendre à d'autres puissances. De fait, si nos renseignements sont exacts, cette concession a été étendue aux autres puissances qui ont un représentant à Pékin, en particulier à l'Italie et à l'Allemagne en 1888 ; l'Italie et l'Allemagne ont même obtenu, en outre, que les autorités chinoises refusent leur visa aux passeports délivrés par toute autre légation étrangère aux sujets italiens ou allemands. Pour écarter des froissements possibles, il y eut, en 1901, une entente ultérieure entre l'Italie et la France ; celle-ci déclara qu'elle n'avait rien à objecter contre la protection exercée par la légation italienne en faveur des missionnaires italiens en Chine qui s'adressent à elle, mais qu'elle ne croyait pas pouvoir repousser les missionnaires italiens qui solliciteraient la protection de la légation française. Même sans cette entente, la France ne pouvait réclamer

auprès du gouvernement chinois, puisque celui-ci aurait pu
répondre que le traité de Tien-Tsin ne lui défendait pas
d'accorder à d'autres puissances, surtout pour leurs propres
sujets, les mêmes droits qu'il avait concédés à la France.
Peut-être cette entente empêche-t-elle la France d'insister
auprès du Saint-Siège, pour faire retirer les demandes de
protection que les missionnaires italiens auraient, par hasard,
adressées à la légation italienne; mais il est évident que cela
ne lie en aucune façon les mains du Saint-Siège.

Nous ne sachions pas cependant qu'une autre puissance
que la France ait obtenu du gouvernement chinois le droit
général de protection. Ainsi, tandis que les autres puissances
ont un droit de protection limité à leur propre nationalité, la
France seule a un droit général, qui la constitue protectrice
du christianisme en Chine. Par suite, les personnes et institutions chrétiennes qui appartiennent à la France ou à la
Chine ou à une nation sans représentant à Pékin, n'ont pas
d'autre protecteur que la France; les autres peuvent recourir,
soit au représentant de la France, soit au représentant de
leur propre gouvernement. La France donc, en vertu du
traité de Tien-Tsin, jouit en Chine d'une situation prépondérante et privilégiée.

Cette situation a ensuite reçu son complément du Saint-
Siège, qui, en Chine comme dans le Levant, a conféré à la
France le mandat ou la mission de protéger les intérêts de
l'Église catholique. De là, en Chine également, la France a
un double titre pour intervenir : le premier lui vient du
traité de Tien-Tsin ; elle tient le second du mandat ou de la
mission à elle confiée par le Saint-Siège. De plus, en Chine
aussi, le Saint-Siège a prescrit aux missionnaires de toute
nationalité, de s'adresser au représentant de la France, et
non à d'autres. La circulaire déjà citée de la Sacrée Congrégation de Propagande, du 22 mai 1888, n'embrasse pas
seulement le Levant, mais encore l'Extrême-Orient. Et dans
beaucoup de cas particuliers même récents, qu'il serait facile
de citer, la Sacrée Congrégation a toujours soutenu le droit
exclusif de la France. C'est cette prescription du Saint-Siège
qui fait que la France protège réellement les missionnaires
de toute nationalité, parce que ceux-ci, obéissant au précepte

pontifical, recourent au seul représentant français, laissant de côté même le représentant de leur propre gouvernement.

Il est donc clair qu'en Chine également la France doit au Saint-Siège une grande partie de sa situation prépondérante et privilégiée. Si le Saint-Siège retirait le précepte imposé aux missionnaires, la France conserverait la protection effective des catholiques français, chinois ou de nationalité non représentée à la cour de Pékin, mais elle perdrait sans aucun doute, surtout après la rupture des relations avec le Saint-Siège, la protection des catholiques de toute autre nationalité ; le privilège de la France serait diminué de moitié.

IV. — HONNEURS RÉSERVÉS AUX REPRÉSENTANTS DE LA FRANCE
EN ORIENT ET EN EXTRÊME-ORIENT

Le droit de protéger est l'élément essentiel du protectorat français ; les prérogatives honorifiques réservées à ses représentants en sont l'élément accessoire. Il suit de là que la France, dans les pays où elle ne possède ou n'exerce plus le droit de protéger, ne saurait plus prétendre à ces distinctions : *accessorium sequitur principale*.

Après cette observation préalable, notons que les prérogatives honorifiques réservées en Orient aux représentants de la France, comme protectrice de l'Église catholique, sont de deux sortes : les unes ont été accordées par le Saint-Siège moyennant acte positif et écrit ; les autres ont été introduites peu à peu par une coutume tolérée ou tacitement approuvée du Saint-Siège.

Quelques contestations, surgies entre le préfet de la mission de Tripoli et le consul français qui résidait là en 1741, au sujet des honneurs que celui-ci réclamait, donnèrent occasion de déterminer les honneurs qui devaient être rendus aux consuls de France dans le Levant, et de publier le *Règlement de la Sacrée Congrégation de Propagande de 1742 pour les honneurs à rendre aux consuls de la France dans le Levant.* Ce règlement, divisé en neuf articles, revu et corrigé par la Sacrée Congrégation de Propagande sur quelques points d'après les décrets antérieurs, pourrait presque être appelé en langage ecclésiastique : *Cérémonial des représentants français dans le Levant.* Il y est statué qu'à l'entrée du consul en charge, un *Te Deum* solennel sera chanté dans l'église de la mission ; qu'il y aura dans l'église une place réservée pour le consul ; que le préfet de la mission devra envoyer un serviteur pour avertir le consul de l'heure de la messe ; que, dans les diverses occasions exprimées, on dira dans l'église l'oraison pour le roi très chrétien (aujourd'hui pour la République), avec d'autres prescriptions liturgiques, qui feraient sourire bien des affiliés à la franc-maçonnerie, mais qui indiquent la déférence particulière de l'Église à l'égard de la nation française et servent beaucoup à rehausser, près des populations orientales, le prestige des consuls français, par-dessus leurs collègues des autres nations, et le crédit de la France qu'ils représentent. Ce règlement, il est vrai, a été établi à propos des difficultés de Tripoli, mais il se trouve également étendu à toutes les missions du Levant, en particulier à celles de Terre sainte ; et non seulement il a été mis à exécution lors de sa publication, mais il a été encore remis en vigueur successivement, en 1806, après les troubles et les révolutions survenues en France, puis de nouveau en 1817, et finalement en 1848.

Les honneurs accordés en 1742 regardent seulement la France, comme il appert du titre même du *Règlement*, de sorte que ces honneurs ont formé jusqu'à présent un privilège exclusif de cette nation. De fait, non seulement on ne voit pas qu'ils aient été accordés à une autre puissance, mais il y a même une déclaration expresse dans ce sens donnée en 1848. La difficulté concernant les honneurs consulaires s'étant réveillée en cette année et ayant été soumise à la secrétairerie d'État, celle-ci inculqua l'observation du règlement ci-dessus mentionné, dans une note envoyée le 2 octobre à l'ambassadeur de la République française à Rome, M. le baron d'Harcourt, par S. E. le cardinal Soglia, secrétaire d'État de Sa Sainteté. De cette note, il résulte que ce règlement doit valoir *pour la seule puissance protectrice* et que les honneurs en question *doivent être en général rendus aux consuls français, comme représentants de la puissance protectrice des catholiques, à l'exclusion de ceux des autres puissances catholiques.* D'autres fois encore, à la suite de quelque contraven-

tion, la France a fait valoir son droit exclusif à ces honneurs
auprès du Saint-Siège, qui n'a jamais manqué de l'appuyer.

Il y a pourtant une exception, si toutefois on peut dire que
c'en est une. En 1867, l'ambassadeur d'Espagne s'étant plaint
de ce que les Capucins à Beyrouth n'avaient pas rendu les
honneurs au consul de Sa Majesté catholique au service religieux de la fête onomastique de la reine, des, informations
furent demandées à Mgr Valerga. Il répondit qu'un conflit
semblable soulevé entre le consul français et ceux des autres
puissances catholiques, à Jérusalem, en 1848, avait reçu cette
solution, que le consul français, *avec l'assentiment de son gouvernement*, abandonnait la prétention de son prédécesseur,
à savoir de ne pas souffrir, même dans la circonstance en question, que les honneurs ecclésiastiques fussent accordés aux
consuls d'une autre puissance sans son consentement ; en
sorte que, ajoutait-il, depuis lors, les honneurs ecclésiastiques
sont accordés par le patriarcat *dans la circonstance indiquée,
sur la demande que les consuls en font chaque fois.* Cette exception, introduite à Jérusalem avec le consentement du gouvernement français et sous les restrictions marquées, fut ensuite
étendue à la Syrie et à l'Égypte.

Outre ces privilèges honorifiques accordés dans le Levant
aux consuls français par acte positif et écrit, il en est d'autres,
avons-nous dit, introduits par l'usage, et qui, pour cela, ne
sont pas uniformes partout, ni toujours constants dans le même
lieu. Pour en citer quelques-uns, les représentants de la
France ont coutume d'assister et de présider aux examens et
exercices scolaires et à la distribution des prix dans les écoles.
Il y a plus. Lorsqu'un nouveau délégué du Saint-Siège arrive
au lieu de sa mission, c'est le représentant de la France qui
traite officiellement avec le gouvernement pour les honneurs
civils à rendre au délégué ; il va le recevoir à l'arrivée, l'accom-
pagne, en prenant place dans son carrosse, jusqu'à l'église ;
assiste en grand uniforme à la cérémonie religieuse, notifie
sa venue aux autres consuls et même aux communautés religieuses, le présente aux autorités civiles. Après la cérémonie religieuse à l'église, le délégué se rend au consulat français pour faire sa première visite, que le consul lui rend
immédiatement. Même au cours de la mission pontificale, le

représentant français, au moins pour quelque temps et en certains endroits, entendait que le délégué apostolique ne demandât que par son intermédiaire les audiences à l'autorité civile, et prétendait l'accompagner, ou personnellement lui-même ou par remplaçant, jusqu'au palais, et demeurer présent à l'entretien : chose que tout le monde reconnaîtra comme particulièrement excessive. En somme, on peut dire d'une manière générale qu'en Orient, dans les missions où est en vigueur le protectorat français, il ne se passe aucun acte extérieur solennel, où le représentant de la France, de préférence à tout autre, n'intervienne avec les honneurs correspondant à son grade.

Inutile de faire observer que toutes ces prérogatives honorifiques, soit écrites, soit d'usage, n'ont aucun rapport avec les capitulations et avec les traités internationaux conclus entre les diverses puissances et la Porte ; elles appartiennent aux représentants de la France dans le Levant, uniquement par le fait du Saint-Siège, qui a voulu par là récompenser la protection que la France accordait, et rehausser aux yeux des populations orientales la dignité de la nation protectrice de l'Église. Un signe du Saint-Siège suffirait, pour que tout cet appareil honorifique tombât d'un coup ; bien plus, il suffirait que le Saint-Siège ne veillât plus à son maintien, pour le faire cesser immédiatement, au moins dans les missions non françaises, surtout si l'état actuel de guerre de la France contre l'Église persistait.

Le règlement déjà cité de la Sacrée Congrégation de Propagande de l'année 1742 vaut pour le Levant seul ; il ne s'applique donc pas à l'Extrême-Orient. Cependant, même en Chine, les missionnaires de toute nationalité ont coutume d'honorer de façon spéciale les représentants de la France, soit dans les cérémonies religieuses, soit dans les actes civils solennels de la mission, bien qu'ils n'y soient pas obligés par des prescriptions écrites ; et le Saint-Siège, non seulement ne désapprouve pas, mais voit avec plaisir ces honneurs réservés aux représentants de la nation protectrice de l'Église dans le Céleste-Empire.

UN PRÉLAT ROMAIN.

LE CONGRÈS DE RATISBONNE
ET
L'INFLUENCE CATHOLIQUE EN ALLEMAGNE

La situation de l'Église catholique en Allemagne, dans la
seconde partie du dix-huitième siècle, était loin d'être florissante. L'influence du joséphisme, l'usage depuis trop longtemps établi de ne conférer les évêchés, les canonicats et
les abbayes importantes qu'aux familles princières ou nobles,
quasi par droit de naissance, et parfois sans garantie
suffisante de vraie vocation, avaient amené peu à peu une
réelle dépression de la vie spirituelle et de fâcheux abus.
Toutefois, les populations catholiques, restées profondément
religieuses, réagissaient encore contre les conséquences de
ces principes d'affaiblissement, lorsque la destruction du
Saint-Empire par Napoléon, de connivence avec beaucoup de
princes allemands, vint brusquement porter le mal à son
comble, et faire tomber l'Église catholique en Allemagne d'un
état de prospérité relative, à un état de décadence profonde et
apparemment irrémédiable. Ce fut surtout l'œuvre de la
sécularisation. Les principautés ecclésiastiques qui avaient
survécu aux guerres de religion, et sous le gouvernement
desquelles le peuple dit encore aujourd'hui qu'il faisait bon
vivre, furent détruites et livrées à des maîtres séculiers,
parfois protestants, avides d'argent et de domination. La
sécularisation enleva à l'Église des millions de sujets sur les
deux rives du Rhin et du Danube. Elle se fit sans même que
le pape eût été consulté, avec de fréquents remaniements, au
gré de l'arbitraire et des intérêts politiques. Bientôt les
évêques et le clergé, privés de la libre communication avec
Rome, furent soumis aux réglementations les plus capri-
cieuses de leurs nouveaux seigneurs, car en héritant de la
souveraineté temporelle ils prétendaient aussi hériter de
l'empire sur les consciences. Quand ces parvenus eurent

suffisamment rançonné ou pillé les évêchés et abbayes, expulsé religieux et religieuses, ils se vengèrent de leur situation de valets attelés au char de celui qui avait exalté leur fortune, en aggravant l'asservissement de l'Église [1]. Celle-ci, redevenue puissante et estimée de nos jours, placée au centre de la vie publique, aimée de ses enfants, redoutée de ses ennemis, ressemblait au début du dix-neuvième siècle à une masure en ruine : triste résultat de ce que les Allemands ont appelé le *Staatskirchenthum*, l'Église d'État, c'est-à-dire la mainmise par l'État sur le gouvernement de l'Église, l'État sortant de son domaine pour réglementer et surveiller le culte, la prédication, l'administration des sacrement, les mandements, les visites pastorales, voire même le nombre des messes à dire et des cierges à allumer à l'autel.

La Prusse se distingua dans cette guerre de tracasseries mesquines, jusqu'au moment où, poussant les choses aux derniers excès, elle trouva soudain en face d'elle un véritable évêque, le baron de Droste-Vischering, resté célèbre à Cologne sous le nom de Clément-Auguste. Il s'opposa nettement à la Prusse dans la réglementation anticanonique des mariages mixtes, fut jeté en prison par ordre de Frédéric-Guillaume III, le 20 novembre 1837, et provoqua par là une réaction, bientôt irrésistible, dans le monde catholique. Son attitude fut approuvée par Grégoire XVI dans l'allocution du 10 décembre. Le pape y démasque avec une sévérité apostolique le système d'hostilité artificieuse de l'État, empiétant sur les droits de l'Église. Gœrrès se fit le porte-voix vibrant de l'indignation publique dans son écrit polémique l'*Athanase*, et Frédéric-Guillaume III en fut réduit à déclarer au prince de Metternich que jamais le catholicisme n'avait fait autant de progrès dans ses États que depuis la malheureuse affaire de Cologne.

1. Le récit des ruines et des maux accumulés par le grand vol décoré du titre de *sécularisation*, dans les seules régions bavaroises, en 1802, est raconté dans le deuxième volume de l'ouvrage en cours de publication du docteur Scheglman : *Geschichte der sœcularisation im rechtsrheinischen Bayerm.* Ratisbonne, 1904. Cet ouvrage comble une lacune historique. On croirait lire les exploits des agents de M. Combes en France. L'histoire se renouvelle souvent ; elle prouve que les persécuteurs passent ; tandis que l'Église et les moines, qui sont une de ses parures, demeurent.

Le réveil qu'elle provoqua se propagea en effet de ville en ville, de région en région. Deux centres surtout, Münster et Mayence, l'avaient préparé. *Münster* fut remué aux débuts du siècle par la princesse Galitzin, le noble converti Léopold de Stolberg, Fürstenberg, les Droste-Vischering, et devint un foyer de vie catholique intense. *Mayence*, par son évêque alsacien Louis-Colmar nommé par Napoléon en 1802, et le célèbre régent de son grand séminaire, l'inoubliable Liebermann, avait noué des relations qui se continuèrent plus tard avec les chefs du parti catholique de France, tels que Chateaubriand, de Bonald, Lamennais, Lacordaire, Montalembert et d'autres. Dans cette ville paraît en 1821 la première publication périodique : *le Catholique*, encore florissant aujourd'hui.

Trèves voit en 1844 un million et demi de pèlerins à l'ostension de la sainte Robe de Notre-Seigneur. *Munich* est le centre d'activité de Gœrrès. Les *Historiche Politische Blœtter* y naissent avec sa collaboration en 1838. *Fribourg-en-Brisgau* secoue la torpeur badoise, sous l'action puissante du conseiller Buss, du baron Henri d'Andlaw et de l'intrépide confesseur de la foi, Mgr Hermann von Vicari.

Les régions orientales s'ébranlent comme celles de l'ouest. A *Posen* l'archevêque Martin de Dunin est une colonne de l'Église ; le prince-évêque Melchior de Diepenbrock remue toute la *Silésie* ; c'est un type idéal de la perfection humaine. Le terrain est prêt, quand le contre-coup de la chute de Louis-Philippe ébranle toutes les bases de l'ordre politique et social en Allemagne, et fait éclater, au milieu d'une tourmente parfois sanglante, ce qu'on appela les *Freiheitsstürme*, les assauts pour la liberté.

Profitant de la liberté d'association reconquise, les catholiques, eux aussi, entrent en campagne, et comme jadis au temps de saint Boniface, l'organisateur de l'Église en Germanie, c'est de Mayence que partent le mouvement régénérateur et le premier appel pour l'*union de tous les catholiques allemands* [1].

---

1. Coïncidence remarquable, c'est en 748, juste onze siècles avant l'impulsion libératrice donnée au congrès de Mayence, que saint Boniface monta sur le siège archiépiscopal de cette métropole.

L'honneur de cette initiative revient avant tout à un homme au zèle ardent, le chanoine de la cathédrale, Adam Franz Lennig. Il représentait son évêque malade à l'assemblée générale des évêques à Würzbourg, assemblée qui dura du 22 octobre au 6 novembre 1848, et d'où sortit le mémorable document du 14 novembre, dans lequel les évêques proclament avec une noble indépendance les principes de la vie intérieure et extérieure de l'Église. Mais Lennig comprit que ces revendications de l'épiscopat, pour braver les résistances des puissants et de l'opinion, devaient s'appuyer sur l'organisation et la mobilisation du peuple. Il se met à l'œuvre, et avec une rapidité qui tient du prodige, les associations catholiques jaillissent sur le sol allemand. Elles se nommaient presque toujours *Piusvereine*, du nom du pontife qui depuis deux ans illustre la chaire de saint Pierre. Buss traverse le grand-duché de Bade en conquérant, et en un mois quatre cents associations y surgissent comprenant cent mille membres. Le mouvement, parti de Mayence en mars 1848, au cri d'appel de Lennig, pour se propager en ondes bienfaisantes jusqu'aux extrémités des régions allemandes, va refluer vers cette même ville en une manifestation, grandiose surtout par ses résultats, et qui portera toujours dans l'histoire le nom de *Première assemblée générale des catholiques d'Allemagne à Mayence.*

Elle dura du 3 au 6 octobre 1848. Lennig la salua comme la devancière d'un avenir meilleur. Buss la présida avec une puissance égale d'éloquence et de travail. L'*aristocrate* baron d'Andlaw, s'élançant à la tribune où pérorait le *démocrate* Lasinky, s'écria : « Je tends la main à *notre démocrate* que je trouve près de moi sur le même terrain pour travailler à la liberté de l'Église et à tout ce qui peut y contribuer. » L'arrivée de vingt-trois députés de l'Assemblée nationale de Francfort, le matin du 4 octobre, donna à cette journée un incomparable éclat. Dœllinger qui était du nombre conclut ainsi son discours : « Quand la voix des catholiques retentira claire, puissante, unanime dans l'opinion publique, elle trouvera au Parlement l'attention et le respect qu'elle mérite. » Là, le noble curé, baron de Ketteler, deux ans après évêque de Mayence, éleva le premier la voix en faveur de l'amélio-

ration des conditions sociales du travail. C'est à Mayence,
selon la belle expression du curé May, l'auteur de la
récente *Histoire des assemblées générales des catholiques
d'Allemagne* [1], c'est à Mayence que fut planté pour les catholiques l'*arbre de la liberté*. Là commença à crouler l'odieux
bureaucratisme d'État qui tenait l'Église captive. Là se cimente
l'accord entre le clergé et le peuple, entre le peuple et ses
représentants.

C'est de ce moment en effet que datent et le catholicisme
militant en Allemagne et les sentiments d'*union et de solidarité* des soldats de l'armée chrétienne. Isolés jusque-là, leurs
efforts avaient été sans influence appréciable. Le *rouage
central*, décuplant les forces et les bonnes volontés individuelles, manquait encore. A partir de l'assemblée de
Mayence, suivie dès 1849 de deux autres assemblées, à Breslau et à Ratisbonne, les catholiques comprirent la puissance
de la fraternité d'armes, unissant les troupes les plus
variées. Ils eurent la sagesse de refouler les germes de dis-
sentiments nés trop souvent de l'égoïsme, de rejeter dans
l'ombre les points litigieux qui divisent, de ne pas quitter le
large et magnifique terrain catholique, de baser leur rapprochement sur le fondement de la foi, du patriotisme, du
dévouement à tout bien, des espérances et des intérêts communs. A travers bien des années de luttes et de souffrances,
la devise chère au Christ : « *Einig! einig!* Unis! unis! »
retentit comme un cri de ralliement. Voilà pourquoi le sentiment de leur force, le courage joyeux, l'assurance du succès causée par l'étreinte fraternelle de tout un peuple qui
encourage et applaudit, s'indigne ou s'attendrit, rendirent
invincibles les lutteurs et les martyrs d'avant-postes aux
jours sombres du *Kulturkampf*, et en firent les vainqueurs
du Chancelier de fer.

Quand Bismarck eut constaté que ses assauts se brisaient
à l'héroïque résistance des catholiques, que ses prisons
regorgeaient d'évêques, de prêtres, de journalistes enfermés pour désobéissance aux lois de mai, et que le clergé et
la presse catholique y gagnaient une puissance et une po-

1. Köln, Bachem, 1904.

pularité inconnues jusque-là; quand il vit les journaux se
fonder partout, le centre monter en deux législatures de
quarante à cent sept membres, l'union s'affermir dans la tourmente, et le peuple catholique prendre plus que jamais conscience de sa force dans sa lutte « pour la vérité, la liberté
et la justice », la criminalité, par contre, augmenter dans des
proportions fantastiques, et le socialisme bénéficier de la
guerre à l'Église, grande école d'autorité et de respect, alors
il s'avoua vaincu, fit trêve à la campagne féroce menée de
1871 à 1878 et, après un grand, mais passager éclat de
colère, quand, le 15 novembre, le centre eut refusé de voter
sa loi contre le socialisme, il laissa tomber, en juillet 1879,
son cher ministre des cultes Falk, et prit avec un bon sens
résigné « la route de Canossa ».

Depuis lors, les catholiques allemands sont en effet des
vainqueurs, mais des vainqueurs modestes, qui ne s'endor-
ment pas sur leurs lauriers, qui montent sans cesse la garde,
l'arme au poing, l'œil au guet, courant à toute brèche, si
minime soit-elle. Inlassables dans la revendication de leurs
droits intégraux, ils affirment leur volonté de se faire respecter en haut et en bas, resserrent d'année en année
l'immense réseau d'associations et d'œuvres populaires qui
enlace toutes les conditions sociales, et les unifie en une
puissante centralisation. S'ils laissent à chaque groupe sa
liberté d'action, ils les rapprochent aux jours de lutte, de
manifestation ou d'action commune nécessaire, selon cette
devise si énergique dans sa lumineuse concision : « *Getrennt
marschiren, vereint schlagen* : Marcher séparés, frapper tous
ensemble. »

Dans cette marche en avant, les catholiques savent tout ce
qu'ils doivent à leurs *assemblées générales annuelles*, et s'ils
pouvaient en douter, l'intérêt passionné et les haines étranges qu'elles suscitent suffiraient à les instruire et à les convaincre.

Cette année encore, l'annonce de la 51e *assemblée générale
à Ratisbonne*, en Bavière, provoqua la levée de boucliers des
journaux sectaires d'Allemagne. « Après la splendide réunion
jubilaire de Cologne, l'année dernière, pourrait-on réussir
encore? Ne convenait-il pas de s'arrêter? Le fanatisme poli-

tique du centre était-il donc insatiable? Déjà on avait lâché
d'un cran le câble qui jugule les Jésuites, ces ennemis de
l'empire! Que de frais et d'efforts dans une semblable mobilisation, pour exciter des rivalités confessionnelles et troubler la paix! Du reste, ces grandes manifestations sont-elles
autre chose que de la poudre jetée aux yeux des badauds,
pour les exalter par de solennelles parades et des harangues
enflammées, bien différentes des banales homélies de leurs
curés et les pousser ainsi à la guerre religieuse?» Il est
difficile de se faire une idée des violences de langage parfois
insensées auxquelles se laissent entraîner les journaux protestants. Les flots d'encre et de bile versés d'un bout à l'autre
de cette presse, qui vit surtout de négations, d'attaques
calomnieuses ou d'insinuations perfides, sont pour les catholiques un stimulant et ont, notamment cette année, contribué
au succès du congrès de Ratisbonne. Les journaux opposants, en effet, ont exploité contre le congrès en préparation
deux incidents de bien minime importance : la manifestation
assez inconsidérée de deux jeunes gens de la noblesse, les
comtes de Preysing (vingt-cinq ans), et d'Arco-Zinneberg
(vingt-deux ans).

Le premier, membre du Reichsrat (chambre des Seigneurs)
de Bavière, avait, dans un discours, attaqué la politique du
centre bavarois; le second, dans une lettre assez sotte et par
lui rendue publique, déclinait l'invitation de se rendre au
congrès. M. Charles Pustet, président du comité local d'organisation à Ratisbonne, lui répondit dans une lettre, rendue
publique aussi, de façon à lui faire perdre le goût de semblables incartades. Ce ne sont là, sans doute, que boutades
de jeunesse, écarts dus à de mauvais conseillers, car, chose
étrange, ces jeunes nobles descendent tous les deux de
parents qui se sont acquis de grands mérites dans le parti
catholique. Le père du jeune de Preysing, le comte Conrad,
mort il y a trois ans, était, en Bavière, une des plus hautes
personnifications du dévouement à la cause de Dieu, et nous
trouvons un comte Louis d'Arco-Zinneberg, président du
comité local au congrès de Munich, en 1876, au plus fort de
la tempête du Kulturkampf. Nous avons vu, du reste, cinq
membres de la famille de Preysing et un d'Arco-Zinneberg

protester par leur présence à Ratisbonne, contre l'attitude
des deux jeunes membres de leur parenté.

Les journaux libéraux s'emparèrent de ces deux faits, qui
n'avaient pas ému un instant les catholiques, les grossirent
à plaisir, y virent un pronostic de la désagrégation prochaine
du centre, un gage d'échec pour le congrès auquel la noblesse et les évêques se garderaient de paraître. Le bruit fut
tout à fait extraordinaire. Il fit dire à un journal de Munich
que les adversaires étaient en train de rabaisser la politique
au niveau d'un théâtre de marionnettes (*Kasperl-Theater*).

Le comte Max de Pfetten, au nom de la noblesse, et Mgr le
baron von Ow, coadjuteur de Ratisbonne, au nom de l'épiscopat, protestèrent, et le résultat fut que la noblesse bavaroise se piqua d'honneur et fut représentée au congrès par
une centaine de ses membres les plus distingués, tandis
qu'une dizaine d'évêques, y compris S. E. Mgr Caputo, nonce
de Munich, honorèrent l'assemblée de leur présence et de
leurs encouragements. De tous les pays de langue allemande
affluèrent des lettres et des télégrammes épiscopaux disant,
dans les termes les plus variés, leur admiration, leur sympathie, leurs regrets de ne pouvoir se rendre à Ratisbonne.
Nous reçûmes même, le dernier jour, un télégramme d'affectueuse adhésion du délégué apostolique de Ratisbonne.

Tant que chez nous, en Allemagne, continue le journal, les assemblées des catholiques seront en honneur, l'union durera et tant que
durera cette union, l'influence des catholiques dans la vie politique
augmentera. Pourquoi donc, en France, en Italie, et en partie aussi
en Autriche et en Belgique, ne rendent-ils pas tout ce qu'ils pourraient? C'est précisément faute d'être unis. Chez nous aussi l'entente a
été menacée parfois, mais toujours on se retrouvait dans nos congrès
et toujours la concorde se cimentait de nouveau. Puisse-t-il en être de
même à l'avenir. Car tant que ces grandes assemblées provoqueront
l'intérêt général du peuple allemand, elles seront un puissant rempart
pour défendre l'unité de direction et de tendances du peuple catholique. (*Kath. Bayerisches Sonntagsblatt*, 18 août 1904.)

Parlons maintenant de quelques événements, étrangers
aux débats mêmes du congrès, mais qui n'en eurent pas
moins un grand retentissement à des titres divers et en font
ressortir toute l'importance.

Le premier est la belle lettre que S. S. Pie X adressa, à la date du 25 juillet, à M. le conseiller de commerce (*Königlicher Commerzienrat*), Charles Pustet[1], lettre qui apporta un immense encouragement aux braves travailleurs du comité local. Lue et acclamée dans la première réunion du congrès, elle mérite, vu son importance, une reproduction intégrale :

A NOTRE CHER FILS CHARLES PUSTET, PRÉSIDENT DU COMITÉ D'ORGANISATION DE LA 51ᵉ ASSEMBLÉE GÉNÉRALE DES CATHOLIQUES D'ALLEMAGNE, A RATISBONNE.

PIE X, PAPE

Notre cher Fils, salut et bénédiction apostolique,

Nous avons appris que vous déployiez une activité exceptionnelle pour la préparation de l'assemblée des catholiques d'Allemagne, qui doit se tenir cette année à Ratisbonne. Nous savons aussi que vous êtes efficacement secondé dans ce labeur par la ville entière, dont tout le monde se plaît à l'envi à louer la foi et l'activité, non moins que les vertus aimables et hospitalières. Vos efforts sans répit, aussi bien que le zèle du comité d'organisation et celui de tant de citoyens éminents, Nous donnent une entière espérance en un succès éclatant pour ce congrès. Quand les hommes de l'Allemagne catholique s'unissent et traitent ensemble les plus hauts intérêts de l'Église, Nous avons d'avance la certitude que cette assemblée aura les débuts les plus heureux et les résultats les plus consolants. Car Nous savons, depuis fort longtemps, avec quel soin consciencieux sont préparés vos congrès et avec quel tact fécond en fruits ils sont dirigés. Inutile donc de vous inspirer d'exemples étrangers; prenez simplement pour modèles vos brillantes assemblées passées, alors les résultats glorieux renchériront sur les résultats glorieux : *Gloria certe cum gloria cumulabitur.* Dans le sentiment de l'insuffisance des efforts humains, vous implorez avec raison, avant tout, le secours de Dieu et celui des saints si puissants par leur intercession. Daigne la mère de Dieu, préservée de la tache originelle, vous obtenir des grâces abondantes, précisément en cette année jubilaire de la proclamation solennelle de sa Conception immaculée! Puissent aussi vous assister, secourables et puissants, vos patrons, saint Boniface et saint Wolfgang, qui ont établi et maintiendront la foi dans votre pays! Allez donc de l'avant dans vos conseils et vos travaux, et que la bénédiction apostolique, que Nous accordons du fond

---

1. La famille *Pustet* s'est acquis, depuis plusieurs générations, des titres nombreux à la reconnaissance des catholiques de Ratisbonne et d'Allemagne, par la beauté solide de ses publications liturgiques et par sa munificence envers les bonnes œuvres. Ce fut déjà un Pustet, le père de l'actuel, qui présida le comité local de la troisième assemblée des catholiques à Ratisbonne, en octobre 1849.

du cœur à tous ceux qui participeront au congrès, soit pour vous et pour tous les membres du comité local, un encouragement et un gage de Notre bienveillance.

Donné à Rome, près Saint-Pierre, le 25 juillet 1904, la première année de Notre pontificat.   Pie X, pape.

Cette lettre parle assez éloquemment par elle-même. Elle nous montre la haute estime du Souverain Pontife pour l'activité féconde des congrès catholiques allemands. A ce document souverain vient s'ajouter le télégramme suivant du cardinal Merry del Val au président :

Les magnifiques témoignages de foi et d'amour que l'assemblée générale des catholiques allemands s'est empressée d'exprimer au Saint-Père ont rempli Sa Sainteté d'une vive joie. Elle forme les meilleurs vœux pour l'heureuse continuation du congrès et vous accorde de tout son cœur, à vous et à toute l'assemblée, la bénédiction apostolique.

Enfin, S. E. le nonce de Munich honora de sa présence la réunion de clôture, et, d'une voix fine et claire, prononça une allocution qui provoqua l'enthousiasme et le ravissement de ces vaillants de la cause de Dieu. Le nonce s'inclina légèrement avec un sourire devant un tonnerre d'acclamations et se prêta de bonne grâce, à la descente de la tribune d'honneur, à une série d'épreuves... photographiques.

Le *second événement* dont la portée fut considérable est *le télégramme que l'empereur d'Allemagne Guillaume II* daigna adresser à l'assemblée et signer de sa main.

Dès que M. le président Porsch annonça un message impérial, la foule enthousiasmée se leva et l'interrompit par des retentissants vivats. Puis le document fut entendu debout, dans un grand silence. En voici les termes :

Aux membres de l'assemblée générale des catholiques d'Allemagne siégeant à Ratisbonne j'exprime ma reconnaissance impériale pour l'hommage qu'ils m'ont transmis ; j'espère, Dieu aidant, que les débats, dirigés par l'esprit de concorde, auront une heureuse issue et contribueront à l'honneur et à la prospérité de la patrie allemande.

GUILLAUME I. R.

Un télégramme affectueux du prince-régent Luitpold de Bavière, le vieillard toujours vert et si aimé des catholiques, arriva au même moment et redoubla l'allégresse. L'immense assemblée confondit dans un même hommage le chef de la grande famille bavaroise et celui des États confédérés de l'empire.

Le *télégramme impérial*, dit la *Köhnischezeitung* (n° 863), a causé au congrès une grande surprise. Jusqu'à il y a deux ans, la réponse à l'hommage des catholiques était : « *Sa Majesté exprime ses meilleurs remerciements*. Signé : VON LUCANUS. » L'année dernière, le télégramme du chef de cabinet était plus cordial. Cette année, l'empereur répond lui-même... C'est sans doute une des pages les plus importantes de l'histoire des congrès catholiques, que le chef évangélique de l'empire lui adresse personnellement une très chaude salutation, tandis que le régent catholique du pays où siège l'assemblée envoie par son adjudant général un salut amical.

Et c'est ce journal qui avait affirmé, quelques jours auparavant (n° 853), que le catholicisme politique, *hostile à l'État*, tenait sa grande revue à Ratisbonne.

L'émoi fut presque comique dans bon nombre de journaux, d'autant plus que le respect et la crainte les empêchèrent cette fois de déverser sans réticence leur sac de bile. Je n'en citerai qu'un exemple, pour montrer comment un événement, bien simple en lui-même, peut être dénaturé par la mauvaise foi et l'intolérance de ces pseudo-libéraux.

Le *Fränkischer Kurier* perd complètement la tête, il gémit de voir l'empereur saluer un congrès qui

ne travaille qu'à la glorification du centre romain et de sa politique ultramontaine, d'où ne peut ressortir que le mal de l'Allemagne. Du moment qu'il honore ainsi une assemblée en guerre contre les tendances protestantes, le centre n'a plus à se gêner. Vraiment l'empereur a été mal conseillé, ou il ne l'a pas été du tout. Nous tremblons pour l'avenir ! *Pourquoi le prince héritier n'épouserait-il pas une princesse catholique?* Si jamais une catholique partage avec son époux le trône impérial, alors nous travaillerons avec la grâce de Rome « à l'honneur et à la prospérité de la patrie allemande », selon le texte du télégramme impérial[1].

A-t-on, dit l'*Augsburger Postzeitung* (30 août), le meilleur

---

1. On a appris depuis que le prince impérial vient d'être fiancé à la princesse protestante Cécile de Mecklembourg-Schwerin. Et dire qu'un journal protestant s'inquiète et gémit de voir cette princesse porter le nom d'une sainte catholique ! Comme si les protestants avaient des saints chez eux !

journal catholique de l'Allemagne du Sud, perdu toute pudeur dans les rédactions libérales, pour ne plus reculer devant des perfidies anonymes aussi insensées?

Cette bizarre polémique nous amène à citer un des articles fondamentaux et toujours inviolés des congrès catholiques. C'est le quinzième du règlement, ainsi formulé : *Toute polémique confessionnelle est défendue dans les débats de l'assemblée générale*. Dans la fête d'ouverture, M. Pustet le rappelle en termes formels et, dans son premier discours, le docteur Porsch en parle ainsi :

Nous avons maintenu les vieilles traditions. Dès la première assemblée générale, on a déclaré que si nous réclamons la liberté pour nous, nous tenons à l'accorder aux autres croyances. Dœllinger l'a dit dans la première et la troisième assemblées; Windthorst n'a cessé, dans la suite, de le proclamer énergiquement; et, aujourd'hui encore, nous continuons à reproduire cette affirmation au Parlement avec la même énergie. (*Applaudissements.*) Si l'article 15 du règlement nous interdit les polémiques confessionnelles, c'est avant tout dans notre propre intérêt; nous n'avons nul besoin de débattre ces questions et nous ne voulons pas rabaisser le niveau de nos assemblées. (*Applaudissements.*) Je dois rappeler cette tradition à un moment où, dans notre patrie, s'affirme une tension confessionnelle extraordinaire, poussée à des limites à peine tolérables. (*Assentiment.*) Nous n'en resterons pas moins fidèles à l'usage de nos prédécesseurs : nous ne ferons aucune polémique religieuse. Si j'avançais sur le terrain où on nous provoque, je susciterais des tonnerres d'approbation; mais j'y renonce (*Applaudissements*) et je crois par là me conformer à vos sentiments. (*Applaudissements.*) Nous sommes tous convaincus que la paix entre les divers cultes est absolument nécessaire à notre pays, et aujourd'hui plus que jamais. (*Longs applaudissements.*)

Cette attitude prise et maintenue cette année encore à Ratisbonne fait la partie belle aux catholiques et force l'hommage de leurs adversaires de bonne foi, tels que la *Post* de Strasbourg et d'autres. Oui, la partie est d'autant plus belle, que le congrès de la *Ligue évangélique*, inauguré le 3 octobre à Dresde, s'ouvre par un double outrage aux catholiques. Le premier est des plus maladroits.

Dès le début, à la grande stupeur des journalistes, le président leur a déclaré qu'on ne publierait pas de comptes rendus et que tous les journalistes, non membres de la Ligue, eussent à quitter la salle. Aussitôt des protestations éclatent. « Ce qu'on a fait à Ratisbonne, pourquoi ne pas le faire à Dresde? La cause de la Ligue évangélique est assez bonne, assez forte pour ne pas craindre la publicité. Quel mauvais effet à l'extérieur, si on parlementait les portes fermées ! » etc. Le président dut céder et les publicistes renoncèrent à leur menace de quitter la salle en corps. Cette affaire à peine réglée, le premier orateur du congrès, un certain Senior Dr. Baerwinkel, de partir en campagne au sujet de l'abrogation du paragraphe 2 de la loi contre les Jésuites et d'affirmer, en face des dangers du jésuitisme et de l'impossibilité de la paix avec l'ultramontanisme, la nécessité de l'*action politique* de la Ligue.

Ces messieurs ne sont jamais gênés en rien : leurs manifestations les plus variées reçoivent les affectueux encouragements des princes et seigneurs régnants, l'empereur y compris ; le grand-duc de Bade s'attendrit devant l'assemblée du *Gustav-Adolphverein*, tenue en septembre à Heidelberg, y envoie son fils, le prince héritier, entendre insulter les catholiques, et offre mille marks à la caisse de l'œuvre ; la grande-duchesse y joint des dons princiers et un télégramme des plus affectueux[1]. La consécration de la nouvelle église protestante de Spire, dite *Protestations Kirche*, attire le représentant de l'empereur et une foule de princes. Cette église, solennellement inaugurée en septembre 1904, a été bâtie en souvenir de *la protestation* formulée le 19 avril 1529 par quelques princes et représentants d'États protestants contre les libertés que l'empereur Charles-Quint voulait, pour la paix, accorder aussi bien aux catholiques qu'aux réformés. C'est de là que date le nom de *protestant*. D'après son origine historique, ce nom signifie donc un chrétien qui proteste non seulement contre l'Église catholique, mais contre la tolérance due aux catholiques et à l'exercice de leur culte. Cela ressort d'une belle étude de l'*Augsburger Postzeitung* du 27 août.

1. N'est-ce pas le fait d'un manque de patriotisme odieusement sectaire, outrageant pour un tiers des habitants de l'empire, de donner à une grande association de propagande protestante le nom d'un prince étranger qui pilla et saccagea, au milieu d'abominables profanations, les plus belles régions de l'Allemagne, notamment la riche vallée du Mein qu'il appelait la Pfaffengasse (la rue des Moines)?

Devant tous ces faits, les catholiques ne réclament ni ne gémissent; ils prêtent même leur concours. Mais aussitôt qu'ils demandent et reçoivent une partie encore incomplète de leurs propres droits, les adversaires se croient lésés et poussent des cris d'orfraie. A quoi les catholiques répondent : « Nous souhaitons à l'Église protestante son plein et libre développement, mais nous en réclamons autant pour la nôtre. » (*Augsburger Postzeitung*, 6 octobre.)

La princesse bavaroise Louis-Ferdinand, infante d'Espagne, un ange de charité, étant venue à Ratisbonne pour présider l'œuvre de charité du *Marianischer Maedchenschutzverein*, honora, pendant une heure environ, le congrès de sa présence. Cela suffit pour provoquer un tolle général d'insultes grossières qui se poursuivit, dans la presse dite évangélique, pendant tout le mois de septembre. On invectivait l'*Espagnole*, l'instrument du centre; on réclamait des mesures pour empêcher à l'avenir semblable écart, etc.

Voici quelques détails sur la fameuse Ligue évangélique. Elle fut fondée en 1886, au déclin du Kulturkampf, *pour la défense des intérêts du protestantisme allemand*. Elle n'est, en réalité, qu'une haineuse machine de guerre montée contre l'Église, à grand renfort de pasteurs aux abois. Elle n'a fait, depuis son origine, que pousser à l'assaut contre Rome le peuple protestant fanatisé, et susciter aussi de nobles protestations. C'est une association d'offensive. Détruire le papisme, le jésuitisme, l'ultramontanisme, c'est pour elle mission divine. Sa haine, qui ne connaît aucune mesure, aucune vérité, aucun bon sens, touche tellement au tragique dans la violence, qu'elle en devient parfois très amusante. Les juifs et les francs-maçons sont dépassés par les pasteurs. Je ne leur reconnais d'autre mérite sur nos Buisson français que celui d'être moins odieusement hypocrites. Chez eux, c'est de la déraison. Buisson, lui, s'essaye encore à raisonner, parfois à louer les moutons qu'il égorge. Quand on a lu les diatribes insensées des orateurs de la Ligue évangélique, on peut la définir une *ligue de surenchère dans l'injure* et affirmer, preuves à l'appui, qu'elle est une honte pour le protestantisme. Néant de la doctrine et cri de guerre fanatique contre l'Église, tel est, en effet, le résumé de la récente assemblée de Dresde, et c'est avec infiniment de raison qu'un de nos orateurs a dit que la Ligue n'a d'*évangélique* que le nom. Comment ne pas cueillir quelques perles... en un tel monceau ?...

Écoutez le pasteur Everling de Crefeld :

Quand les ultramontains, pour faire valoir la monstruosité de leurs prétentions religieuses, se retranchent, en secouant l'épaule, derrière l'infaillibilité de leurs dogmes et se cachent, pour exploiter leur domination, derrière un parti politique, le centre, ne semble-t-il pas qu'ils chantent au protestantisme, avec leurs invitations à la paix, la vieille berceuse connue : « *Schlaf, Kindchen, Schlaf, der bist ein grosses Schaf.* Dors, mon enfant, dors, tu n'es qu'un grand mouton » ? (Le jeu de mots ne saurait être rendu. Suit un retentissant appel à la guerre religieuse.)

Puis c'est le professeur Bœthlingk, de Karlsruhe, docte personnage, qui entonne cet hymne guerrier :

Amis d'opinions et de combat! (vaillant début pour ce thème non moins vaillant) *une fois de plus, serons-nous romains ou allemands?* C'est, pour l'Allemagne, une question de vie ou de mort (*sein oder nicht sein*), et pour finir : Ou bien nous nous appartenons politiquement et légalement, ou bien nous ne sommes plus une nation.

Suit la résolution votée à l'unanimité :

Le déploiement de la puissance politique de l'ultramontanisme, par lequel l'Église catholique romaine s'efforce, de nos jours, de réaliser ses prétentions perturbatrices de la paix, a amené, dans la mère-patrie de la Réforme, une situation funeste et menaçante : une minorité cléricale domine et les représentants d'une conception du monde (*Weltanschauung*) en lutte ouverte avec le docteur Luther et la Réforme, règlent les destinées de la nation allemande. Le congrès renouvelle donc au peuple évangélique le pressant avertissement d'entrer en lutte à rangs serrés et avec une volonté énergique, sur tous les terrains de la vie publique, *pour la destruction de la prédominance ultramontaine dans notre peuple allemand.*

N'est-ce pas là l'expression d'une haine aveugle et folle, et le tout parce qu'on vient d'accorder à quelques jésuites isolés le droit de vivre dans leur patrie, droit qu'on laisse aux pires malfaiteurs, et parce que les catholiques demandent que la foi de leurs enfants ne soit pas exposée à sombrer dans les écoles populaires.

A la séance du 5 octobre, le docteur Meyer, de Zwickau, se résume ainsi :

La domination de la doctrine romaine est la fin de la civilisation allemande. Celui qui confond la tolérance envers les autres cultes avec la tolérance envers l'Église catholique manque d'intelligence religieuse et est un allié de l'ultramontanisme... A présent, nous sommes en lutte avec Rome pour maintenir le haut degré de piété que Dieu nous a donné (!). Le combat est devenu inextinguible (*sic*) grâce aux faiblesses et aux concessions des diplomates. Dans ce combat, les guerriers du papisme emploient, avec un sauvage fanatisme, des armes empoisonnées contre tout ce qui se rattache à la Réforme... ils se conduisent envers l'Évangile comme ne ferait pas un Turc ou un Herrero (!).

Le *Deutscher Protestantentag*, siégeant à Berlin en même temps, a trouvé le moyen de renchérir sur ces douceurs, et les pasteurs Sulze et un autre Mayer se sont attelés à deux au sujet suivant : « Ce n'est que *par la destruction du catholicisme* des deux Eglises qu'*on pourra briser la puissance croissante de l'*ATHÉISME (!). » Par les deux Églises, il faut entendre et l'Église catholique et ce qui reste d'idées catholiques dans la protestante !

La discussion qui suivit fut si confuse, qu'un membre de l'assemblée, entendant dire que celui qui se crée sa propre croyance a une foi suffisante, quitta bruyamment la salle en criant : « Pfui ! Fi donc ! » Le programme du congrès étant épuisé, le président fit ressortir le contraste entre congrès protestants et congrès catholiques par ces mots :

Chez nous, on s'abstient de tout appel aux masses ; on n'agit pas avec des grands mots à effet que les catholiques emploient parce qu'ils servent un parti ; tandis que les congrès protestants ne servent que l'Église et n'ont pas besoin de *bétail électoral* (*Stimmvieh*), mais d'hommes pensants. Debout et en avant avec Dieu.

Ces citations peignent la position prise par les protestants en face des catholiques en Allemagne et font comprendre à quel *combisme* d'un nouveau genre le *furor protestanticus* livrerait ces derniers, s'ils venaient à défaillir. Elles sont, pour le centre, le plus puissant motif de maintenir sa phalange intacte. C'est pour le catholicisme, non pour le protestantisme, que les catholiques n'ont jamais attaqué, une question de vie ou de mort. Or, dit l'*Augsburger Post-zeitung* du 11 octobre 1904, « nous ne ferons pas Harikiri ! »

Les contradictions pleuvent, sans émouvoir nos adversaires. Croirait-on qu'au moment où la Ligue évangélique fonce dans l'action politique, une autre réunion réformiste propose de faire déposer au prochain congrès catholique le vœu suivant : « Veuille l'assemblée déclarer que la discussion de *questions purement politiques* n'est pas considérée comme de son ressort et qu'elle laisse à la conscience de chacun le soin d'exercer à son gré ses droits politiques » ? C'est la haineuse gazette *Münchener Neueste Nachrichten*, le journal, hélas! le plus lu de Munich (indispensable pour ses annonces, disent les bons bourgeois), qui appuie cette motion, et l'*Allgemeine Zeitung* (n° 449) dit que le congrès « reconnaîtra par là son incompétence dans les questions politiques ». Quelle douce gaieté ce factum provoquera parmi les catholiques réunis à Strasbourg, l'an prochain!

Le docteur Porsch traite d'ailleurs cette question avec un bon sens souverain dans le discours d'ouverture déjà cité :

Un député de la Chambre badoise a dit, et des journaux libéraux ont répété après lui, que le Katholikentag n'est autre chose qu'une assemblée politique du centre. Si nous voulions, de fait, constituer une assemblée du centre, je ne vois pas pourquoi nous ne le dirions pas. (*Très bien.*) Ce n'est vraiment pas une honte d'appartenir au centre. (*Vifs applaudissements.*) Et, si nous voulions convoquer à Ratisbonne une réunion de ce parti, cette vaste salle y suffirait à peine et serait aussi remplie qu'aujourd'hui. (*Vive approbation.*) Chose étrange, les mêmes journaux qui nous qualifient d'assemblée du centre écrivent plus tard, en critiquant nos débats : « Et dire qu'ils ne se sont pas occupés de la question du canal (*Rires*), ni des traités de commerce, ni même de l'organisation du système des deux Chambres! » (*Rires prolongés et applaudissements.*) Qui donc prétendra sérieusement que le centre rougirait de traiter ces sujets? (*Rires.*) Non, certes! mais nous ne traitons pas les questions purement politiques à l'ordre du jour, précisément parce que nous sommes et voulons rester une assemblée catholique. C'est la liberté et l'indépendance de l'Église qui amena, en 1848, les catholiques à s'unir à Mayence et ailleurs, et donna naissance aux grands congrès annuels. Dès cette première réunion de Mayence, on vit paraître vingt-trois membres de l'Assemblée nationale siégeant alors à Francfort. Sous l'inspiration de notre inoubliable Reichensperger, ils ont dit, comme représentants politiques du peuple allemand : « Élevez vos voix, catholiques, et demandez aux pouvoirs législatifs la liberté pour l'Église. » Est-ce donc autre chose que ce que nous voulons nous-mêmes ? (*Assentiment.*) A cette époque, à Mayence, on résolut la création d'une vaste association et on lui donna un triple but : *Liberté de l'Église, liberté de l'enseignement* et par conséquent de l'éducation. chrétienne, et enfin *sollicitude pour les besoins spirituels et matériels du peuple,* ou bien, pour nous exprimer comme on le faisait à Mayence : il existe une *question sociale,* à la solution de laquelle nous devons travailler en nous inspirant des principes chrétiens. Or, on est venu dire dans la presse qu'en 1871, le centre a mis la main sur le congrès et lui a imprimé un caractère de haute politique. Ce n'est pas là l'œuvre du centre, mais celle du Kulturkampf, qui a secoué le peuple en 1871. Le peuple s'est levé tout seul. (*Vif assentiment.*) C'est à Breslau, en 1872, qu'on proposa de traiter à l'avenir les questions politiques dans nos réunions. Et qui a présenté cette motion ? Ni Windthorst ni le centre, mais le comité central et, en son nom, le vénérable prince de Lœwenstein, que nous pouvons regarder comme la tradition vivante des congrès catholiques. (*Longs applaudissements.*) Le changement du règlement fut nécessité par le Kulturkampf... Les chefs du centre se sont, à dessein, maintenus longtemps en dehors des congrès. Ce n'est qu'en 1879 que notre grand Windthorst parut pour la première fois à Aix-la-Chapelle, non certes pour exciter le peuple, mais pour l'apaiser, en lui expliquant pourquoi le centre avait adhéré à la politique douanière de Bismarck, bien que le gouvernement n'eût pas encore fait droit aux justes revendications des catholiques.

Personne ne nous a reproché d'avoir résolu, à Linz, en 1850, d'exclure la politique de nos assemblées. C'est un brave homme de Ratisbonne qui a basé cette résolution sur d'excellentes considérations. Mais il pensait naïvement que la liberté de l'Église et les questions d'intérêt social n'étaient pas du ressort de la politique... Qui eût pu croire alors que l'activité des sœurs de charité deviendrait matière à législation, que la participation d'écoliers à des congrégations de la Sainte-Vierge serait le sujet de très graves débats politiques, et provo-querait un branle-bas général ? (*Longs applaudissements.*)

S'ils avaient pu faire semblable supposition, ces messieurs auraient pris en considération, dès 1850, la proposition du comité central de 1872, quand éclata le Kulturkampf. Les questions purement politiques restent encore aujourd'hui étrangères à nos débats : nous ne fixons les yeux que sur notre triple but. Personne ne niera la nécessité, pour les représentants du centre, qui, après tout, sont bien aussi des hommes du peuple catholique, de venir à ce peuple et d'examiner avec lui ce qu'il convient de réaliser dans ces trois ordres d'idées. (*Assentiment.*) Nous avons un peu changé depuis les premiers temps. Un homme de cinquante et un ans a une autre mine qu'à deux ou trois ans, et pourtant il reste le même homme. Il en est ainsi de notre congrès en la cinquante et unième année de ses sessions. Nous sommes les mêmes u'autrefois, seulement nos ailes, grâce à Dieu, ont poussé[1]. (*Applau-dissements.*)

Malgré tout, les ennemis de l'Église s'obstinent à appeler ses congrès une manifestation politique du centre, afin d'opposer le catholicisme politique, qu'ils abhorrent, au catholicisme religieux auquel ils se résigneraient à concéder une petite place au soleil... de la sacristie. Les orateurs des assemblées catholiques ne cessent de protester contre cette confusion volontaire. De ce que des membres du parti catholique du Parlement, nommé *Zentrumsfraction*, soient présents au congrès, comme ceux d'autres organismes catholiques, de ce qu'ils y aient même, souvent, par suite de leurs talents et de leur situation, une influence prépondé-rante, il ne s'ensuit pas que ces assemblées soient pour cela des réunions de leur parti. La parole d'un député du centre y a l'importance que lui donnent le poids de ses raisons et les résultats de ses travaux. Les congrès catho-liques ne s'inspirent pas du parti du centre, *c'est le contraire qui a lieu.*

La voix du peuple inspire et dirige les chefs.

Le centre, parti politique, s'efforce de se pénétrer de l'esprit et des travaux des congrès et de leur donner corps dans la législation et la vie publique. L'illustre baron Georges de Frankenstein, qui présida longtemps le centre allemand, disait à Trèves, le 30 août 1887 :

1. Ce trait fut souligné de sourires, car c'est à l'âge de cinquante et un ans que notre aimable docteur Félix Porsch préside le cinquante et unième congrès catholique. Il est né le 30 avril 1853 à Ratibor en Silésie, s'est con-sacré à l'étude du droit à Breslau, à Berlin, à Leipzig et à Tubingen. Pendant longtemps il a représenté au Reichstag le onzième cercle électoral de Silé-sie (Reichenbach). Membre du Landtag de Prusse depuis 1884, il en est actuel-lement le premier vice-président. Windthorst, qui s'y connaissait en hommes aussi bien qu'en organisation, fondait sur lui des espérances qui ne furent pas démenties. Peu d'hommes ont su défendre la cause catholique avec autant de bonne grâce et de vigueur aussi bien dans les parlements que dans les assemblées publiques. Il préside avec un tact, une sûreté de coup d'œil, une dis-tinction que rehausse une bonne simplicité.

Depuis la mort du si regretté docteur Lieber, la situation de M. Porsch voisine à celle du président actuel du Reichstag, le comte Franz Ballestrem, qui eut le regret de ne pouvoir assister au congrès et auquel l'assemblée, à l'occasion du soixante-dixième anniversaire de sa naissance (le 5 septembre), envoya un télégramme de félicitations.

Le centre a représenté les intérêts catholiques dans .des temps difficiles. Mais il n'a pu le faire que grâce à la confiance de ses mandataires. La fraction du centre s'est, en réalité, distinguée de tous les autres groupes par son désintéressement, son esprit de sacrifice, l'abandon même de ses propres idées, quand d'autres semblaient meilleures. En réalité, les assemblées générales sont la base de notre activité.

N'est-ce pas là faire au grand jour, avec une absolue loyauté et une influence légitime, pour le plus grand bien du pays, l'inverse de ce que les loges maçonniques font sournoisement en France, contre tout bien, tout droit et toute légalité, en inspirant nos législateurs, en leur dictant leurs votes pour l'oppression et la destruction du catholicisme, dans une guerre de conquête maçonnique et athée.

Puisque j'ai parlé des attaques de la presse et des associations protestantes, je tiens à rendre hommage aux excellentes dispositions de la municipalité de Ratisbonne. Bien que les protestants ne soient guère qu'un dixième de la population, le conseil municipal est en majorité protestant avec son premier bourgmestre, M. Geib, bel homme de trente-quatre ans, plein de talent, et d'allure on ne peut plus engageante. Il fit pavoiser les monuments publics, seconda le comité local dans toutes ses entreprises et honora de sa présence la fête d'inauguration et le banquet final.

Voici ses paroles en la première circonstance :

Illustre assemblée! L'allégresse des grands jours et des fêtes solennelles envahit notre cité. Partout s'agitent en votre honneur drapeaux et oriflammes, fleurs et couronnes. Les membres des partis les plus variés, des confessions les plus différentes, sont fraternellement unis dans une hospitalité antique et renommée, et vous offrent un salut sincère de bienvenue. Très honorés Messieurs! Vous n'êtes pas des étrangers à Ratisbonne. Et bien que votre première réunion remonte à plus de cinquante ans, le souvenir de ce mémorable congrès tenu à une époque de bouleversements sociaux n'est pas encore éteint, et on n'oubliera jamais qu'il fut pénétré d'un esprit vraiment chrétien, de l'amour de la tolérance et de la liberté. A l'occasion de votre assemblée actuelle, la délibération publique du comité local, au début de l'année, et l'invitation qu'il a lancée aux catholiques d'Allemagne ont affirmé mêmes tendances et mêmes principes; justice, liberté, charité, respect de tout ce qui est sacré à d'autres opinions et à d'autres croyances. Je vous souhaite de tout mon cœur que sous cette inspiration votre second congrès de Ratisbonne contribue, avec l'aide de Dieu, à développer le sentiment religieux et la piété, l'amour de la belle patrie allemande, et le dévouement fidèle à notre empereur et à notre prince-régent ; et qu'il parvienne à créer, sur le terrain social et charitable, de nouvelles œuvres puissantes, au service de la fraternité chrétienne.

Ces remarquables paroles, prononcées avec chaleur, furent longuement acclamées. Elles ont leur éloquent complément dans le discours du banquet : M. Geib témoigne sa reconnaissance, son admiration, prie les hôtes de Ratisbonne de ne pas oublier la belle cité du Danube ;. de même qu'elle n'oubliera jamais les « jours où les vagues joyeuses de la multitude affluaient dans ses rues, où les antiques murailles disparaissaient sous l'éclat varié des parures de fête, où des masses innombrables écoutaient les paroles enflammées et enflammantés des chefs ; vrais modèles de fidèle attention, d'irréprochable discipline et d'imposante union ».

Une salve de bravos accueillit cet hommage du magistrat protestant. Comme il remet bien tout au point et avec une droiture sainement libérale et une exacte appréciation des actes et des intentions des congressistes, pulvérise les attaques lancées par la presse et les réunions sectaires aussi bien avant qu'après la grande assemblée !

Saluons en finissant la noble figure du prince Albert de Thurn et Taxis, dont l'antique manoir renouvelé et agrandi par ses soins et les jardins splendides sont un des ornements de la vieille cité bavaroise. Ses ancêtres se fixèrent à Ratisbonne en 1748 et possédèrent longtemps le monopole des *Postes* avec le titre de *Reichs-Erbpostmeister*. C'est l'origine de leur haute fortune. Quand on annonça au prince Albert que le congrès catholique se tiendrait à Rastisbonne, il accepta avec empressement le titre de *protecteur* de l'assemblée, s'engagea, de concert avec M. le conseiller de commerce Pustet, à couvrir les déficits prévus par la nécessité d'élever un immense local, et se fit représenter par le baron Charles d'Aretin, chef général de sa maison. Il parut lui-même au milieu des congressistes et reçut l'ovation enthousiaste ue méritait et son dévouement intelligent à la prospérité de Ratisbonne et la part prise par lui à la splendeur de ces grands jours.

Ce premier article me paraît faire ressortir le caractère et l'importance des assemblées générales des catholiques d'Allemagne et de celle de Ratisbonne en particulier. Elles sont une manifestation originale et sans doute unique dans l'histoire de l'Église de la puissance d'action et de l'organisation du catholicisme. Ceux qui dénigrent et ceux qui admirent prouvent également, par des attaques passionnées ou des hommages enthousiastes, qu'elles sont un rouage de premier ordre dans la vie religieuse, politique et sociale d'un peuple et ne sauraient laisser personne indifférent. Il en reste à l'esprit et au cœur comme une réconfortante vision des siècles de foi, dans le cadre savant et grandiose d'une organisation toute moderne. L'étude de leur fonctionnement nous fera pénétrer plus intimement dans l'examen de ce puissant facteur de la vitalité catholique en Allemagne.

Léon SŒHNLIN.

QUELQUES PRÉCISIONS

SUR LA

RÉVÉLATION ET LE DOGME

DANS LEURS RELATIONS AVEC LE PROGRÈS

———————

Il est hors de conteste que la Révélation et le Dogme peuvent se regarder de points de vue fort divers, découvrant des champs d'études différents, disparates même, et qui ne se recouvrent mutuellement qu'en des points singuliers, ou, comme dit l'École, par accident.

Le point de vue de l'historien, uniquement soucieux d'envisager la face phénoménale du prophétisme et d'enregistrer les phases psychologiques de la foi, n'est pas celui du théologien appliqué à définir le rôle des causes transcendantes et à vérifier le lien intime des croyances.

Entre deux se place le point de vue du philosophe, par où s'opère le raccord de la théologie et de l'histoire : l'expérience prophétique accuse-t-elle ou n'accuse-t-elle pas la présence dynamique d'un être plus qu'humain, et plus que surhumain ?

Historien, philosophe, théologien, ont leurs méthodes et leurs principes qui diffèrent. Si toute science se détermine d'après les éléments indiqués par Aristote, περί τινος, ἔκ τινων, τι, on devra reconnaître que le premier seul, περί τινος, est commun au critique, à l'apologiste et au scolastique, et encore dans sa matérialité seulement, et non pas selon la face qu'il présente. Le second, ἔκ τινων, est des uns aux autres totalement différent : principes de la foi pour le théologien, principes de la raison pour le philosophe, lois de la psychologie individuelle et sociale pour l'historien. Il est donc impossible que le troisième élément, τι, conditionné par les précédents, se trouve coïncider suivant toute l'étendue qu'il prend dans les trois sciences. C'est dire qu'outre et moyennant principes et méthodes spéciales, les diverses disciplines religieuses auront leurs conclusions propres, qui pour être vraies doivent ne pas se heurter, mais peuvent d'aventure ne pas se rencontrer : on a évolué dans des plans différents de l'espace qui n'ont de commun que leurs intersections.

Considérée du point de vue empirique, et sous la forme qui lui est la plus ordinaire, celle du prophétisme, la révélation assurément n'est et ne peut être qu'une série de faits de conscience : perceptions religieuses : 1° généralement engagées dans des émotions et des attitudes ou démarches morales ; 2° portant avec elles leur certitude et l'évidence de leur provenance divine ; 3° la plupart du temps hors de proportion avec les antécédents psychologiques du prophète ; 4° et surtout associées à des faits prodigieux, naturellement constatables, scientifiquement inexplicables, qui vont à les autoriser. Solidarité d'Israël et d'Iahvé, monothéisme triomphant dans ses défaites, espérance messianique dominant ses ruines, la foi antique canalisée par la main infatigable des prophètes, souvent avec leur sang, à travers le lit toujours encombré et toujours mouvant des générations de Juda rebelle, dispersé, opprimé ; du berger de Thécué au Baptiste, une rivière qui remonte toujours son courant : autant d'énigmes indéchiffrables pour l'histoire, mais de clartés pour la foi.

De la sorte, ce qui dans l'ordre métempirique, où règne la gnose soit sacrée soit profane, est pour le philosophe et pour le croyant une infusion miraculeuse de savoir, faite de Dieu à l'homme, ne sera plus dans l'ordre empirique où se cantonnent les sciences d'observation, telles que la psychologie et l'histoire, qu'une série et un système d'intuitions théologiques, supérieurement lumineuses et fécondes, et, par l'insuffisance du milieu intellectuel et moral de leur éclosion, s'accusant presque aussi nettement que les phénomènes physiques auxquels elles sont liées, pour des commencements absolus.

C'est ainsi qu'au regard de l'histoire, la révélation a été en progrès constant des origines jusqu'à Jésus-Christ, et même jusqu'à l'âge apostolique : chaque stade de con-

science religieuse contenant à l'état d'information « théodi-
dacte » des données nouvelles, que ne présentait pas,
même à l'état virtuel, le stade antérieur. Car on ne peut parler
de virtualité, là où le présent ne régit pas l'avenir ; où le
donné ne peut passer en acte d'une détermination ultérieure
que moyennant l'introduction dans le conséquent d'éléments
irréductibles à ceux de l'antécédent ; c'est-à-dire là où, devant
l'esprit perplexe du prophète, se posent des questions que
rien, dans le champ prophétique, ne peut l'aider à résoudre :
que sera le royaume de Iahvé ? Céleste, terrestre ? universel,
palestinien ? glorieux, douloureux ? Qui tiendra le sceptre ?
Iahvé en personne, ou un autre en son nom ? Tant que n'a
pas lui au firmament l'étoile nouvelle, sacrant de ses clartés
augustes les contingences élues dans les conseils divins,
c'est en vain que le regard se fatigue à sonder l'horizon des
temps pour leur dérober un secret qu'il refuse. Rien n'apparaîtra qu'une alternative aux deux membres également
possibles.

Mais la potentialité même admet des degrés. Au plus bas,
on peut concevoir une passivité pure, indifférente à tout
apport nouveau. Plus haut, il y aura place pour une attente
positive, pour une capacité circonscrite, pour un appel vers
un complément aux lignes encore indécises, bien que prises
entre de certaines limites, où, s'il y a du jeu, il n'y a pas de
hasard. Or, telle fut la loi du progrès prophétique. La révélation primitive était en puissance à la révélation ultérieure,
non seulement parce que la foi à une vérité donnée laisse
possible la foi à toute autre vérité qui ne la heurte pas, mais
encore et plus proprement parce que les acquisitions pro-
gressives de la foi n'étaient que le perfectionnement de son
avoir antérieur, chaque connaissance religieuse nouvelle
venant lever une indétermination des connaissances anciennes. Au point de départ, un rapport de l'homme à sa fin
surnaturelle en Dieu ; et, au cours des siècles, des détermi-
nations de plus en plus précises et des termes du rapport, et
du lien qui les unit, et des conditions de sa permanence, et
par-dessus tout du nœud vivant, Jésus-Christ, annoncé,
apparu, continué, initiateur et futur consommateur de la
synthèse définitive de la conscience humaine avec la con-

science divine dans la jouissance perpétuelle d'un commun
et indivisible bonheur.

Au contraire, quand commence à intervenir le rôle du
magistère ecclésiastique, succédané de la prédication apostolique, l'historien observe une succession et un conditionnement réciproque tel entre les divers stades de la connaissance religieuse, que le stade subséquent s'explique
adéquatement par l'antécédent : en ce sens que, les antécédents étant ce qu'ils furent, le conséquent, encore que moulé
dans des formes nouvelles de pensée et de vie, ne pouvait
pas, normalement, être autre qu'il n'apparut. Sa genèse était
commandée par les lois ordinaires de l'association des idées
et des synthèses psychologiques ; l'esprit humain en possession d'une certitude dominante et surtout divine, tendant
universellement à la faire réagir sur ses entours psychologiques et historiques, pour amener jugements spéculatifs et
règles pratiques, soit de conduite individuelle, soit de conduite sociale, en conformité avec le principe régulateur de
la conscience et générateur de son unité : tellement au moins
que les idées de rang inférieur ne compromettent pas l'idée
reine. Tout ce qui résulte fatalement du jeu normal de l'esprit
humain en lutte pour sa conservation, doit être dit contenu
virtuellement dans les données initiales de conscience pour
y avoir été préformé. Et c'est la manière dont, aux yeux de
l'histoire, les dogmes ecclésiastiques étaient contenus dans
la révélation divine. Véritable préexistence virtuelle, entièrement différente de l'existence purement potentielle de l'enseignement évangélique dans l'enseignement des prophètes.

Nous n'accordons donc pas que l'Église ou le dogme soit
dans le même rapport avec l'Évangile que l'Évangile avec
les prophètes. L'Évangile enrichit les prophètes. L'Église
exploite l'Évangile. La théologie des prophètes était en
puissance à d'autres théologies que celle de l'Évangile.
L'Évangile serait démenti par une Église divergente de
l'Église actuelle et par un dogme antithétique au nôtre.

En langage théologique, cela revient à dire que des prophètes à l'Évangile il a fallu révélation nouvelle, surplus
d'information infus par Dieu ; tandis que de l'Évangile à
Pie X, il a suffi de l'action vigilante de l'Esprit dans l'Église,

pour la maintenir à travers mille mentalités différentes et
parmi la variété sans fin des états sociaux successifs, une et
identique avec elle-même, une avec le Christ, identique avec
l'Évangile. Intervention surnaturelle, préservatrice de la
vérité ancienne contre l'erreur, mais nullement révélatrice
à l'ignorance de vérités nouvelles.

C'est aussi une différence analogue qui sépare l'action de
l'Esprit dans le prophète et l'action de l'Esprit dans le croyant
ordinaire. Dans le croyant ordinaire l'Esprit ne révèle pas,
bien qu'illuminateur et inspirateur. Il ne révèle pas ce qui
est déjà suffisamment dévoilé, c'est-à-dire transporté de la
région de l'inconnaissable dans le champ du connaissable
par la prédication évangélique, ou peut-être à son défaut par
une tradition religieuse plus ancienne. Mais il applique
l'esprit du catéchumène à ce connaissable par un mouvement
moral et une intuition religieuse, qui légitiment les noms
d'inspiration et d'illumination sans comporter de révélation.
A regarder la chose phénoménalement, il y a cette différence
entre la foi prophétique et la foi commune, que le contenu de
la foi prophétique était irréductible au contenu des états de
conscience préexistants, mais non pas le contenu de la foi
commune. Ce qui n'est pas pour interdire à l'Esprit-Saint
d'amener un sauvage à la foi, même sans proposition extérieure d'aucune vérité surnaturelle : mais, dans ce cas, il y
aura révélation et prophétisme.

Que le dogme donc ne soit pas la révélation, mais en
résulte par une élaboration et une traduction lente, généralement sous le coup de circonstances historiques qui heur-
taient la conscience chrétienne et allaient à compromettre la
foi, nécessitant par suite un énoncé plus clair et plus rigoureux de la vérité religieuse qu'on croyait, c'est-à-dire un
formulaire à l'épreuve des subterfuges, cela ne saurait faire
difficulté pour personne. Mais sur cette conception inattaquable, volontiers s'en greffe une autre, qui, pour séduisante
et persuasive qu'elle soit de prime face, n'en mérite pas

moins d'être critiquée avec indépendance. On observe que le dogme n'est pas une entité simple, mais un composé de corps et d'âme, de matière et de forme. Alors, pourquoi hésiter à admettre que l'élément matériel puisse être caduc, réformable, pour le plus grand bien de l'élément formel qui est ce qu'on croit de foi religïeuse, mais qu'il faut, de nécessité psychologique et historique, se représenter en fonction de notre imagination et de notre langage, des idées courantes et des mœurs, quïttes à faire, l'occasion donnée, un départ encore plus réfléchi et plus conscient entre la vérité abstraite et son enveloppe concrète. Ainsi, l'on ira de clarté en clarté, d'abstraction en abstraction, de précision en précision, épurant toujours les formules de vérités toujours identiques à elles-mêmes et toujours immuables, mais serrées de plus en plus près par des représentations progressivement émancipées de la servitude temporelle et spatiale qui est celle de l'imagination, et de l'étreinte des philosophies et des institutions qui datent parce qu'elles meurent. Par conséquent, l'objet propre de la foi dans les formules dogmatiques, l'«article», ne sera pas le composé de corps et d'âme, mais l'âme qui ne peut subsister que dans un corps qu'elle s'adapte en le perfectionnant indéfiniment ; et, quant au corps, il suffira de croire qu'il ne trahit pas l'âme ni ne la compromet dans les circonstances de temps et de lieu où il a pris figure, et où il subsiste par la grâce du magistère. La formule ne participe donc qu'indirectement et provisoirement à l'infaillibilité de l'article : elle s'impose tant que l'Église l'impose. Mais le temps pourra venir où l'Église la jugera insuffisante, dangereuse même, quand, dans un nouveau milieu mental et social, le point de vue s'étant déplacé, l'objectif des définitions apparaîtra renouvelé.

Et n'est-ce pas, dira-t-on, ce dont tous les théologiens devraient tomber d'accord devant les vicissitudes de la phrase *unus de Trinitate passus est*, devant les hésitations et variations sur les mots : substance, subsistance, personne, devant l'équivoque de l' « évêque universel », devant tant d'autres locutions qui étaient orthodoxes chez les Pères et ne le sont plus aujourd'hui, l'image qui suggérait l'idée et les mots qui la mettaient en circulation étant désormais, à raison de notre psychologie et de nos habitudes de langage contemporaines, plus aptes à desservir l'idée qu'à la servir ?

Pour les Pères, saint Thomas répondait que, dans bien des cas, ils étaient orthodoxes d'intention, pour n'avoir pas perçu le lien de leurs idées avec l'hérésie; mais que depuis, la lumière s'étant faite, il n'y aurait plus d'excuse à parler comme eux. Il y a lieu d'observer aussi que certaines locutions sont et resteront toujours ambiguës, et ne devraient par conséquent s'employer que sous le bénéfice d'un commentaire verbal ou réel qui les précisât. Enfin, d'autres, absolument correctes, portaient sur des matières délicates où la subtilité ne s'exerce sûrement qu'avec le contrôle du temps. Que, momentanément, elles aient été suspectes, cela n'est pas pour surprendre le théologien, à qui il suffit qu'elles n'aient pas été condamnées. Et ce peu de remarques suffit à écarter la plupart des cas classiques. Aussi, la thèse vaut-elle plus par ses arguments que par ses exemples.

On voudra bien noter qu'il ne s'agit pas présentement de l'élasticité des formules dogmatiques, mais de la question de leur mobilité. La mobilité est le pôle inverse de l'élasticité. Si une formule, sans varier, peut couvrir plusieurs sens, on l'appellera élastique. Si un même et unique sens constant exige à travers le temps plusieurs formules successives, on les appelera mobiles. Telle formule pourrait n'être mobile que faute d'élasticité. Incapable de couvrir deux sens, elle ne pourrait, au cours des âges, devenir susceptible d'un sens nouveau qu'en perdant son aptitude à rendre l'ancien, qui était pourtant le vrai. En revanche, une formule indéfiniment élastique serait par définition immuable. La question de l'élasticité a été traitée ici même, il y a sept ans, avec une supériorité qui dispensera pour longtemps d'y revenir. Reste à apprécier la doctrine de la mobilité.

On ne le peut qu'en s'expliquant d'abord sur la vérité, et en distinguant entre l'apport psychologique de l'homme éternel et celui de l'homme actuel dans la construction des formulaires de la foi.

Il est clair, en premier lieu, que la vérité dont· sont vraies nos pensées ne change pas. Il faudrait être hégélien pour soutenir le contraire, ou sceptique pour se permettre une hésitation à ce sujet. Donc, il est clair que la vérité d'ordre divin que nous nous efforçons de nous exprimer à nous-mêmes en façons de penser humaines, et d'exprimer aux autres en mots humains, n'évolue pas. Immuable est la vérité de nos actes de foi. Entendez non pas seulement la vérité qui est derrière nos idées, c'est-à-dire la réalité en dehors de l'esprit, mais la vérité dans l'esprit même. Non seulement Dieu, par exemple, reste éternellement ce qu'il est ; mais le rapport de convenance ou de disconvenance entre le formel de mes assertions et Dieu ne change pas ; et c'est ce formel que. je tâche à dire, et que de fait je me dis, et me dirai encore en des locutions mentales d'une pureté indéfiniment croissante jusqu'au jour où, libéré du sensible, je n'aurai plus à craindre ses trahisons, et divinisé je verrai tout Dieu d'un seul acte, non plus dans mes verbes créés, miroirs défaillants, mais dans son propre Verbe, don éternel de Dieu à ceux qu'il aime. La vision témoignera alors de la vérité des actes de foi par où je l'anticipais. Tout sera dépassé, rien ne sera démenti ; et l'attente s'étonnera seulement d'être vérifiée à l'excès.

L'immutabilité intime de nos croyances, telle est la foi catholique. Comment affecte-t-elle le sort des formules ?

Et d'abord, du point de vue de la psychologie humaine dans ce qu'elle a de plus général, l'effort avoué de la pensée et de la langue, pour saisir et traduire la vérité divine, n'atteste-t-il pas qu'il y a dans notre verbe quelque chose de précaire ? Et comment en serait-il autrement quand il s'agit d'emprisonner de l'immatériel et de l'éternel dans les contours de l'espace et du temps, de plier de l'intelligible à des cadres sensibles, et de viser le divin dans une perspective

humaine ? Difficulté bien attestée par l'enseignement séculaire de la philosophie traditionnelle sur la « voie d'analogie »
et la « voie d'élimination ».

Nos verbes du divin portent en eux une double raison
d'infirmité. Créés nous sommes : et le créé ne peut représenter, et par conséquent ne peut se représenter l'incréé que
par une analogie lointaine, encore que réelle, dans le genre
plus ou moins de celle qui relie l'autorité déléguée d'un lieutenant de cosaques au pouvoir souverain de l'autocrate de
toutes les Russies. Mais, de plus, sensibles nous sommes : et
débiteurs et serfs de nos sens jusque dans nos plus sublimes
spéculations ; et l'immatériel ne peut se présenter à nous
que sous la livrée du matériel. Si je veux penser à un esprit
pur, bon gré mal gré, je l'anthropomorphise, tout en me
disant que je le travestis et qu'il dépasse ma conception. Et,
ce qui est plus grave, je ne puis même me représenter les
choses matérielles que par des idées générales qui les
mutilent, et qu'encore je ne puis penser qu'en les incorpo-
rant à des simulacres strictement individués par l'espace et
le temps.

Que de causes d'infirmité dans la représentation que je
me ferai du divin ! La première, celle qui tient à ma condition
de créature, explique pourquoi mon verbe est fragmentaire
et multiple. La seconde, celle qui tient à ma condition
d'homme, explique pourquoi mon verbe est précaire, et par
conséquent perfectible. Si j'étais ange, j'aurais des idées
incomplètes et analogiques de Dieu ; j'aurais peut-être à les
associer ; mais non à les corriger l'une par l'autre, car elles
ne seraient engagées dans rien qui faussât leur objet et
pût me donner le change sur la valeur respective de mes
divers éléments psychologiques. De plus, je n'en aurais pas
le pouvoir, car la connaissance angélique n'est vraisemblablement pas discursive, mais comme intuitive, et le changement proprement dit n'affecte que ce qui s'écoule dans
l'espace et dans le temps. Mais, homme, non seulement mes
idées sont incomplètes et analogiques, fragmentaires et multiples, mais elles sont dans un flux qui tient à l'adhérence
des éléments corruptibles où elles résident, et dont je dois
travailler à les libérer. Laissé à moi-même, je suis en per-

pétuel danger de me former de la divinité et des choses divines des conceptions qui enferment une part de vérité et aussi une part d'erreur ; auquel cas le progrès ne consistera pas seulement à posséder une vérité de plus en plus riche, mais encore à éliminer le mensonge qui s'y mêlait.

Mais que l'on suppose un homme divinement protégé contre l'erreur, sinon contre l'ignorance ; sa dualité physique introduira encore dans ses spéculations des éléments perfectibles, mais non plus réformables. Il y aura à compléter, à clarifier, non à corriger, à démentir. Sur le déclin de l'âge, il pourra trouver que les représentations de son enfance étaient rudimentaires, mais non pas fausses. Il pourra trouver impossible de s'en contenter, mais non de s'en servir.

Ainsi, non seulement la vérité de ce que nous nous disons dans nos actes de foi est immuable, mais encore le style, fût-il d'un enfant, est toujours juste et toujours intelligible. *Quando autem factus sum vir, evacuavi quæ erant parvuli.* Le parler de l'enfant était du lait et je veux du pain ; mais le lait est bon aussi, et je continue d'en goûter la divine saveur. Or cela étant, puisque la psychologie foncière de notre race, en tant qu'elle s'oppose à la psychologie historique ou sociale, est un facteur constant, on ne voit pas comment elle pourrait introduire dans le dogme un élément de mobilité. Si tout croyant peut se comprendre, se reconnaître et s'approuver de l'enfance à l'âge mûr, ce n'est pas le dualisme de l'esprit et de la matière qui pourrait empêcher les croyants de se reconnaître, de s'appeler et de se répondre d'un millénaire à l'autre. De ce chef, impossible de comprendre pourquoi une formule, intelligible à saint Augustin, serait inintelligible à Kant ou à Spencer. Un génie plus perçant peut trouver de meilleures expressions que ses devanciers. On peut juger que saint Thomas l'a fait. Mais une formule plus achevée n'abolit pas l'ancienne, si celle-ci reste apte à prendre pour la postérité le même sens doctrinalement orthodoxe qu'elle avait pour ses auteurs.

Et ce sera le cas de tout énoncé dogmatique, à ne le regarder, du moins encore, que comme conditionné par l'homme éternel.

*
* *

Aux infirmités inhérentes à notre nature sensible se joint
l'étreinte du milieu philosophique et scientifique, moral et
politique. C'est le facteur social de la théologie symbolique :
plus sujet à caution que le précédent, si l'homme actuel
enveloppe plus de contingence que l'homme éternel, et est,
par conséquent, plus apte à introduire dans les formulaires
de la croyance des éléments fragiles, parce que non seulement extérieurs, mais encore étrangers à l'élément théologique.

Et pourtant, en ce qui regarde la philosophie, on est surpris du peu qu'elle a tracé sur la texture du dogme. Elle a
pu indirectement fournir à l'auteur du quatrième Évangile
un mot que, d'ailleurs, n'ignorait ni l'Ancien Testament, ni
surtout les Targumim auxquels Philon lui-même l'avait vraisemblablement emprunté. Elle a pu introduire dans le *Livre
de la Sagesse* une classification platonicienne des vertus.
Dans le dogme on peut dire, au risque de paraître audacieu-
sement paradoxal, qu'elle n'a presque rien mis.

Si l'on veut bien distinguer des énoncés dogmatiques
les spéculations préliminaires à leur confection, et si l'on fait
état que des mots d'allure savante peuvent quelquefois re-
couvrir les pensées de tout le monde, on n'aura pas de peine
à se laisser persuader, par les textes, que pour toute la période
patristique, les définitions conciliaires restèrent étrangères
au conflit des philosophies ambiantes. Dans un siècle où les
eénacles académiques ont cru « exorciser l'absolu » et « démé-
taphysiquer » le moi, les vieilles notions de personne et de
substance peuvent prendre une saveur tout hellénique. Mais
la vérité est qu'elles sont l'apanage inaliénable de l'esprit
humain depuis sept mille ans et plus qu'il y a des hommes, et
qui ne dissertent pas, mais qui vivent.

L'âge scolastique parut entraîner le magistère officiel
à une fusion plus intime de la gnose théologique avec la
sagesse péripatéticienne. La définition de Vienne sur l'âme
et le corps offre des éléments que seule, semble-t-il, une
exégèse courageuse peut se flatter de réduire aux concep-

tions du vulgaire sur notre dualité vivante. Et pourtant vienne après trois siècles une philosophie qui n'unit plus la matière à l'esprit, comme la puissance à son acte, mais comme le mobile au moteur, sera-t-elle par avance condamnée par la sentence de Vienne? Tout le monde ne le crut pas au dix-septième siècle, et rien ne nous oblige encore à le croire aujourd'hui. Alors quel rôle jouait dans ce cas le système si spécifiquement aristotélicien de la matière et de la forme? Celui d'abréviation commode, celui de clef, celui de notation symbolique et conventionnelle. Supposé vraie la théorie de la matière et de la forme dans ce qu'elle a de commun à toutes les écoles : dans cette supposition, on devra tenir que l'âme raisonnable est vraiment par elle-même et essentiellement la forme du corps. Le dogme de l'Incarnation nous oblige à croire que l'âme pensante n'est pas extérieure au corps comme serait l'ange à une matière qu'il gouvernerait, mais qu'elle est vraiment intime à son être, *vere informantem*; encore, que l'âme raisonnable ne s'unit pas au corps humain par l'intermédiaire d'une âme sensitive, mais immédiatement, *per se*; enfin qu'elle ne peut se retirer sans laisser le corps privé de toute vie humaine, *essentialiter*. Ajoutez que la dichotomie, en tant qu'elle s'oppose au monisme, déjà définie implicitement contre Macédonius, explicitement contre les albigeois, était encore impliquée authentiquement dans la sentence qui atteignait Pierre d'Olive, et l'on pourra conclure que tout système échappant au monisme, respectant l'immédiateté et l'intimité de l'union entre l'esprit et la matière, ainsi que la nécessité de cette union pour la vie des sens dans l'homme, sera à couvert des anathèmes de Vienne aussi bien que de ceux du Latran et de Damase.

Certaines croyances de l'Église pourraient donc théoriquement s'exprimer en fonction de plus d'un système. Transposées de l'un dans l'autre, elles prendraient évidemment des formes toutes différentes sans cesser d'être identiques au fond. Notez la même mélodie en deux clefs différentes, vous ne la changez pas. Si l'on veut, la clef de *fa* était la scolastique; la clef de *sol* serait telle philosophie présentant l'union encore comme intime et essentielle, bien que sous une forme moins plastique et plus dynamique. Une même

courbe peut s'écrire dans divers systèmes de coordonnées :
prenez que la matière et la forme soient des coordonnées
polaires, et tel pourra penser qu'il y aurait place encore pour
des coordonnées cartésiennes. De même que le sens géométrique n'est pas affecté par ces changements d'écritures, de
même le sens théologique peut rester invariable sous
diverses expressions. Et telle philosophie qui aurait fourni
les termes de sa définition pourrait être démontrée ration-
nellement fausse, et être abandonnée par toutes les écoles,
sans qu'en rigueur il y eût rien à changer au formulaire dogmatique : ce qui était affirmé théologiquement, ce n'était pas
le système philosophique, mais, dans l'hypothèse du système,
la nécessité logique de tel énoncé. Tout au plus pourrait-il
y avoir, dans ce cas, d'ailleurs chimérique, une question
d'opportunité.

Régulièrement parlant, l'Église ne définit donc pas les
philosophies particulières. Elle peut les canoniser comme
orthodoxes, c'est-à-dire comme harmonisables avec la foi ;
ce qu'elle a fait pour la philosophie de saint Thomas, et ce
que certes elle n'a pas fait pour celle de Descartes, ni ne fera
pour aucune philosophie issue de Kant ou de Comte. Mais qui
dit harmonisable ne dit pas solidaire : l'orthodoxie déborde
la vérité. En revanche, hétérodoxie dit fausseté ; et, par conséquent, quand l'Église condamne une philosophie particulière,
comme inconciliable avec la foi, elle la dénonce du même
coup comme erronée. Il est bien vrai que la contradictoire
est alors définie, mais ce ne sera pas en général une philosophie particulière ; ce sera plutôt une thèse négative, susceptible de couvrir un champ immense d'opinions philosophiques, hors desquelles est la région proscrite.

Car lorsqu'on dit que le dogme pourrait théoriquement
s'exprimer en fonction de plusieurs philosophies, surtout
lorsqu'on insinue que pratiquement il gagnerait à le faire,
on ne devrait pas oublier plusieurs conditions préalables
impérieusement requises. Premièrement, il ne peut s'agir
que de philosophies respectueuses des données de la foi, et
non pas de celles qui ébranlent par la base l'enseignement
catholique. Mais cette condition même ne suffit pas. Pour
que le magistère officiel puisse se commettre avec un sys-

tème, c'est peu qu'il soit tolérable ; il doit être recommandable ; il ne suffit pas qu'il soit exempt de toute opposition évidente avec le dogme, mais il faut qu'il soit en accord certain avec lui. Cette considération réduit singulièrement le nombre des philosophies utilisables. Sur un même point donné en trouvera-t-on si facilement plusieurs ? Et surtout peut-on espérer faire la trouvaille parmi les philosophies de notre temps ?

Que dans l'usage privé, en vue de cas individuels, par la nécessité de couper court à des malentendus qui amènent des fins de non-recevoir, on expose économiquement le dogme dans la langue d'une philosophie non traditionnelle, c'est ce que personne ne blâmera. Le cardinal Manning donna l'exemple, quand, se plaçant au point de vue étroit de certains négateurs de la transsubstantiation, pour qui les mots « changement physique », « changement de substance » ne représentaient qu'une expérience de laboratoire, il prit la peine de noter que, dans une langue où les mots « physique » et « empirique » seraient synonymes, il ne saurait plus être question que d'une transsubstantiation métaphysique au vieux sens du mot, c'est-à-dire métempirique. Qui n'a été tenté de juger quelquefois que la théologie, qualifiée de science dans des documents ecclésiastiques d'une souveraine autorité, pourrait, en certains cas, sans déroger, et même par respect pour sa dignité, laisser tomber ce titre devant des théoriciens pour qui la science, par définition, n'est plus que la détermination de l'empirique par l'empirique ? A ce prix, tout ce qui est explication de l'empirique par l'intelligible, et plus encore l'analyse du divin par la raison gagneraient encore à passer dans une catégorie transcendante, fût-ce sous le nom amphibologique de croyance.

Au surplus, s'il ne s'agissait que de lexique et de vocabulaire, la question ne mériterait pas même d'être étudiée, et se laisserait résoudre pratiquement par la composition d'une table des équivalences entre les diverses langues philosophiques. Mais en réalité, il y va de tout autre chose. Qui ne sent que ces équivoques, ces locutions en partie double, ces terminologies de circonstance sont faites pour dérouter le public et scandaliser les fidèles ? C'est pourquoi la plus grande réserve s'impose, même en dehors des formulaires officiels. Les « nouveautés de langage » ont toujours paru depuis saint Paul liées à la « fausse gnose ». Elles sont une menace pour la foi, qui n'est pas seulement un bien individuel, mais un bien social dont la conservation est à la charge de chaque membre de la communauté. Aussi est-il intolérable de voir la « saine forme du langage « compromise arbitrairement par l'introduction de vocables nouveaux, dont les acceptions insolites sont le fait exclusif d'un clan littéraire. Que les savants limitent à leurs sciences leurs mots techniques. Pour le reste, et surtout pour les choses de la foi, qu'ils gardent le parler commun. Il n'est guère de points sur lesquels l'Église ait insisté avec plus d'énergie, de Grégoire IX à Pie IX.

On voit combien infinitésimale et pratiquement nulle est la part qui dans la vie des formulaires théologiques pourrait revenir aux changements conseillés, ou même simplement comportés par l'évolution philosophique : et ce, parce que l'Église, sur le terrain de la philosophie, nie beaucoup plus qu'elle n'affirme. Elle n'affirme que le bon sens; et si, par exception, telle définition parait le dépasser pour s'aventurer dans la région des systèmes, c'est qu'en réalité rien n'est affirmé qu'un rapport théologique constant entre deux termes bruts, commodément exprimé dans la langue d'une théorie hautement vraisemblable et supérieurement orthodoxe, bien que laissée à la libre dispute des hommes.

Ainsi, même cet élément de la psychologie sociale, le milieu philosophique, n'est pas de nature à introduire dans la symbolique un élément appréciable de flottement et de mobilité.

Il serait superflu de mentionner les rapports de la foi avec les sciences naturelles, après les études et les conclusions du siècle dernier, si, récemment, les idées cosmologiques du premier siècle n'avaient été accusées de fausser pour l'antiquité la perspective d'un article du symbole, la descente aux enfers. Et véritablement, il n'y a qu'à sourire.

Si l'Église n'a jamais plus grave sujet de reviser ses symboles, les conciles peuvent se reposer.

Autrement intéressante est l'exception tirée du conditionnement des vérités religieuses par la science historique contemporaine de leur révélation ou de leur définition. Car il y a encore un problème de la vérité historique en matière de foi; non pas celui qui fut agité naguère sous cette forme injustifiable : Y a-t-il une vérité historique de la Bible? ou : Y a-t-il des erreurs historiques dans la Bible? Ce problème-là a été tranché à jamais par l'encyclique *Providentissimus*, écho de dix-huit siècles de tradition, et par elle-même aussi irréformable que la lettre au cardinal Gibbons ou la condamnation des ordinations anglicanes, c'est-à-dire, malgré les indécisions des théologiens, véritable document *ex cathedra*. Mais, étant donnée la foi de l'Église sur l'inerrance historique de la Bible, on peut se demander et on se demande encore ce qu'implique en rigueur la vérité historique; et, ramenée à ces termes très généraux, la question ne laisse pas que d'intéresser les conciles en même temps que la Bible, bien qu'à des titres inégaux.

Il y a un principe dont tout le monde convient : c'est que l'intention avouée d'un orateur ou d'un écrivain détermine la mesure d'exactitude inhérente à l'énoncé matériel des faits qu'il utilise. Si son intention est d'émettre une opinion, ou de donner une approximation, ou enfin de s'exprimer sous telles réserves que de droit, l'énoncé matériellement pris pourra être inexact, quand la pensée, qui est la synthèse de l'assertion et de sa modalité, sera encore vraie. Nous aurions un type d'intention expresse dans le second livre des Machabées. Mais, la plupart du temps, les auteurs ne disent rien de formel sur le crédit auquel prétend leur information. On s'essayera alors à l'inférer de données littéraires plus claires et plus certaines. On interrogera, si on le peut, l'intention générale qui a présidé à la composition de l'ouvrage. L'auteur est censé avoir voulu mettre dans son écrit la mesure d'exactitude matérielle qui importait au but poursuivi : peut-être pas plus, mais certainement pas moins. Si l'exactitude matérielle absolue de telle assertion importe manifestement à la valeur du livre en vue de sa fin, l'exactitude absolue est censée garantie. Si l'exactitude de telle autre reste manifestement indifférente, l'auteur n'est pas censé nécessairement la garantir de tout point, mais seulement dans la mesure où il la fait servir à son dessein. Et cependant, là même où l'auteur ne garantit pas nécessairement tels et tels détails secondaires pris individuellement, il y aura généralement lieu de penser qu'il en garantit du moins la masse et la collection. Il se peut que ni l'une ni l'autre de ces mille vétilles, prise à part, n'importe aux visées de l'écrivain, quand l'exactitude néanmoins de l'ensemble restera chose indispensable.

La pensée étant donc conçue comme la synthèse d'un jugement et de sa modalité, on arrivera à se représenter assez correctement la vérité historique sous un aspect téléologique. L'exactitude matérielle impérée par les fins de l'hagiographe constituera la vérité historique que la foi impose au catholique de respecter absolument dans l'écrit inspiré. Cette vérité historique peut être appelée absolue, comme tout ce qui est certitude, et non hypothèse ; comme tout ce qui est affirmation, et non pure forme de langage ; comme tout ce qui est chose, et non symbole mystique à traduire en doctrine. Elle peut aussi, bien qu'improprement, être appelée relative, à raison du rapport téléologique qui mesure son élément matériel, l'exactitude. Et cette conception finaliste est suffisamment propre à rendre raison de ce qu'il y a d'acceptable dans la théorie des apparences, la théorie des genres littéraires, la théorie documentaire.

La difficulté n'est pas d'admettre ces généralités. Personne ne niera qu'un auteur puisse quelquefois, sans le dire, donner ses informations pour ce qu'elles valent. On eût assurément étonné saint François de Sales en lui demandant s'il se portait garant de l'art de la bouquetière Glycéra à diversifier ses bouquets, ou de l'inaptitude d'Arélius à peindre aucun portrait que de celle qu'il aimait, ou de la générosité d'Alexandre à se désister de Compaspé en faveur

d'Apelle. Mais s'il y a une matière où la question d'espèces
est autrement troublante que la question de principes, c'est
bien celle-ci. Quand il s'agira de déterminer si telle ou telle
particularité de détail doit se prendre au pied de la lettre,
sous peine de compromettre la portée historique de l'œuvre,
on trouvera difficilement les critiques d'accord. Sans doute,
chacun estimera bien que l'Évangile croulerait, si Jésus-
Christ n'avait pas été réellement crucifié et s'il n'était pas
réellement ressuscité. Chacun devrait se rendre compte
aussi que c'est saper l'Évangile que de douter si le Christ
institua en termes propres le sacrifice eucharistique tel que
nous le connaissons, ou s'il eut réellement conscience d'être
Dieu en même temps que d'être homme. Mais, à une infinie
distance de ces sommets lumineux, et plus ou moins proche
de la région des infiniment petits, où l'on disserte si le
précurseur parla de « porter » ou seulement de « dénouer »
les sandales de son Maître, il y a la région indécise où la
finalité littéraire ne projette plus que des lumières douteuses.
Et c'est alors que le chrétien doit se souvenir, en émettant
ses hypothèses, qu'elles sont sujettes à correction. Gardienne
authentique du dépôt de la révélation, l'Église est juge-née
de son contenu ; et l'interdépendance du fait et du dogme fait
rentrer le fait dans le dogme. Moins qu'une contradiction,
une simple inéquation entre la foi et l'histoire est justiciable
des arrêts du magistère : si c'est effectivement un principe
catholique, que le dogme n'amplifie pas l'Évangile, comme
l'Évangile les prophètes, ou les prophètes la Loi ; mais qu'une
fois pour toutes le Nouveau Testament a déposé dans la conscience ecclésiastique une somme finie d'énergie doctrinale,
qui peut bien développer en série des phénomènes indéfiniment renouvelés, mais toujours reliés entre eux suivant cette
loi, que rien ne se perd et rien ne se crée, non plus dans
l'économie de la foi chrétienne que dans celle des activités
cosmiques. Il y a donc, et de plein droit, même en histoire,
une science approuvée par les supérieurs : et c'est celle qui,
au jugement de l'autorité compétente, ne lèse pas les attaches
historiques de la croyance.

Ces principes valent en première ligne des décisions de
l'Église en matière d'histoire biblique. Mais ils trouvent éga-

lement leur application dans certains faits d'histoire purement humaine, tellement liés à l'exercice du magistère ou à
la conservation de la foi que l'Église pourra les définir comme
faits dogmatiques. A côté de ces définitions proprement historiques, il y en a d'autres, qui portent sur des vérités transcendantes, et dans la structure desquelles les faits n'ont que
la valeur d'illustrations, qui pourraient être fausses sans que
le dogme s'en ressentît. Ceux-là ne sont pas définis. Mais
c'est précisément parce qu'ils ne sont pas définis, et ne font
à aucun titre partie intégrante de la théologie symbolique,
qu'on ne voit pas pourquoi les progrès de l'histoire pourraient commander une revision du matériel dogmatique. Qui
gagnerait à ce que fût revisée la sentence qui condamnait
ce propos de Wiclef : « Le pape Sylvestre et l'empereur
Constantin se sont trompés en dotant l'Église » ? Ne com-
prenons-nous pas tous ce qui a été condamné ?

Restent les mœurs, l'état social, le facteur politique et
moral des dogmes. Il est possible que de nos jours on prît
des formes pour censurer une assertion comme celle-ci :
« Brûler les hérétiques est contraire à la volonté du Saint-
Esprit », et que l'erreur luthérienne, réprouvée par Léon X,
se fût légèrement immatérialisée sous la plume de Léon XIII
ou de son successeur. Mais que nous font ces représentations concrètes ? Question de costume et de décor historique !
Aux expressions de « Principat civil du pontife romain », et
d'« Empire politique du Siège apostolique », usitées par
Pie IX dans le *Syllabus*, Pie X, à en croire la presse, préfé-
rerait celle d'« indépendance pontificale ». Qu'en conclure ?
Que les premières ont fait leur temps ? Nullement, si la souveraineté reste encore la seule condition possible de l'indépendance. Mais il était sans doute opportun de souligner ce
qui rend la souveraineté, si minuscule qu'on la suppose,
désirable et exigible.

De quelque côté qu'on se tourne, on ne voit donc pas que
l'Église, sous peine d'abdiquer le sceptre des intelligences,

ait à refaire l'œuvre symbolique de son passé. Les éléments qu'on prétend caducs, et qu'on voudrait mobiles, qu'ils revêtent le dogme ou le pénètrent, n'appellent aucune rénovation de ce genre. Le vêtement du dogme est assez discret et souple pour n'en jamais altérer au regard la sévère pureté. Et le peu que le dogme s'incorpore des vérités éternelles de l'ordre naturel ou des contingences du temps est protégé contre toute entreprise réactionnaire par l'immutabilité propre à ce que sanctionne la parole divine. Ainsi, inutile dans un cas, impossible dans l'autre, est la transformation qu'on voudrait faire subir aux solennels oracles du magistère antique. Non, la transcription de l'éternel mystère dans la langue du temps, une fois faite par le doigt infaillible, ne se refait pas. C'est une page sans ratures. *Quod scripsi, scripsi,* peut sans témérité dire l'Église, car elle n'a fait qu'écrire Jésus de Nazareth et son règne en caractères lisibles à toutes les races et à toutes les civilisations, au Juif et au gentil, au Grec et au Romain, à l'orient et à l'occident des âges.

Nous n'avons donc pas à regarder en arrière, mais en avant, confiants dans l'héritage des Pères pour poursuivre utilement leur travail d'investigation théologique, *in eodem scilicet dogmate, eodem sensu, eademque sententia.*

MAURICE DE LA TAILLE.

LES SEIZE CARMÉLITES DE COMPIÈGNE

MARTYRES SOUS LA RÉVOLUTION

D'APRÈS LES DOCUMENTS ORIGINAUX [1]

III

LA TOURMENTE RÉVOLUTIONNAIRE

Depuis la suppression de la Compagnie de Jésus en 1772, presque partout dans l'Europe s'amoncelait l'orage qui allait fondre sur les ordres religieux, ruiner de fond en comble d'innombrables couvents, disperser au loin leurs habitants ou les frapper à mort. Certains esprits s'illusionnaient encore en France : mais on se tromperait en s'imaginant qu'aucune communauté n'y ait vu monter les nuages ni entendu les grondements de plus en plus rapprochés de la foudre.

Quoique mortes au monde et comme ensevelies derrière leurs grilles, les carmélites de Compiègne étaient loin de vivre dans une complète ignorance du cataclysme qui se préparait. Dès 1780, un prêtre distingué, depuis près de vingt ans déjà visiteur du Carmel, n'avait pas laissé de soulever à leurs yeux un coin du voile qui cachait un horizon de plus en plus assombri. Leur faisant une exhortation au chapitre, il avait jugé inutile de leur imposer de nouveaux règlements les anciens étant d'ailleurs parfaitement observés [2], et tout ce qu'il avait vu l'ayant profondément édifié, mais portant

---

1. Voir *Études* du 5 novembre 1904, p. 311.
2. « Si ma visite à Compiègne, ma chère fille, n'a mécontenté personne, c'est que, par la grâce de Dieu, *tout le monde y veut le bien*. Je m'estimeray heureux si j'ay contribué en quelque chose à le procurer ou plus tôt à l'y *maintenir*. » (Lettre inédite de l'abbé Rigaud « à la très chère sœur Euphrasie, religieuse carmélite à Compiègne ». Chaume-en-Brie, le 26 septembre 1780. [Archives départementales de l'Oise, FFI, pièce 7.]) A rapprocher de ce témoignage original son *Exhortation* du 13 septembre 1780, rapportée par Marie de l'Incarnation, *Histoire*, p. 174 *sqq.*, d'après le manuscrit autographe de la Mère Thérèse de Saint-Augustin, dernière prieure. (*Ibid.*, p. 85, n. 1.)

ses regards au delà des questions de discipline intérieure, l'abbé Rigaud n'avait pas craint de signaler aux religieuses les symptômes de la tourmente sociale et politique [1].

Voici en quels termes il leur peignit la situation générale du royaume. Il y a dans ce tableau, poussé au noir peut-être, quelques traits tristement révélateurs sur l'état de la religion en France et notamment sur la fréquentation ou plutôt sur l'abandon des sacrements. N'est-ce pas comme le reflet des éclairs prophétiques qui jaillissaient en chaire de Notre-Dame des lèvres inspirées du P. Beauregard?

> Ah! de quelle douleur ne serait pas pénétrée votre sainte mère Thérèse, si elle vivait dans ce siècle malheureux, où l'irréligion et l'impiété sont, pour ainsi dire, à leur comble et où on s'efforce d'anéantir le peu de religion qui reste encore! Car (le croiriez-vous, mes filles?) dans les campagnes, il se débite des catéchismes d'incrédulité, qui enseignent que tout périt avec nous, qu'il n'y a pas d'enfer... et mille autres choses qui font frémir.
>
> Sur cent mille âmes dans Paris, il n'y en a pas douze mille qui fassent leurs pâques. Je ne finirais pas, si je voulais vous dire tout ce que je sais de déplorable à ce sujet. Je vous dis cela, mes filles, afin que vous soyez comme Moïse, que vous éleviez les bras pour détourner la colère de Dieu, qui nous menace de l'entière ruine de la religion!

Et imitant le mouvement de Fénelon, dans son discours sur *la Vocation des gentils*, il se demandait à son tour si le flambeau de l'Évangile n'allait pas s'éteindre parmi les vieilles nations chrétiennes, pour aller briller d'un éclat nouveau au milieu des peuples jusque-là assis à l'ombre de la mort:

> Il y a, à présent, continuait-il, des missionnaires qui travaillent avec succès à l'établir la religion dans la Grande-Tartarie, dans l'empire de la Russie et celui de la Chine. Dieu veuille qu'elle ne s'abolisse pas

---

1. L'abbé Rigaud (ou *de* Rigaud), après avoir fait ses études au séminaire de Saint-Sulpice où il reçut les ordres sacrés, devint dans la suite vicaire général du diocèse de Cambrai, abbé de Chaume-en-Brie et visiteur des carmels de France durant près de quarante ans. Au lendemain de la Révolution, il allait être appelé à de hautes fonctions dans le diocèse de Paris, quand il mourut, le 20 septembre 1800. Il laissa la réputation d'un prêtre plein de zèle apostolique et de charité pour les âmes. Voir sa notice, dans *le Trésor du Carmel, contenant les avis, exhortations, réglements de MM. les visiteurs*, etc., p. 235. Tours, Mame, 1842. In-8. Ce recueil contient notamment ses *Règlements propres pour toutes les maisons de l'ordre*, datés de Tours, 22 août 1765, p. 239 *sqq.*

entièrement parmi nous !... Nous n'avons que trop d'exemples qui
doivent nous faire craindre ce malheur. Vous savez, mes filles, que
l'état des musulmans était le centre de la religion chrétienne, et qu'actuellement, il y a bien encore quelques chrétiens, mais la religion qui
domine est celle de Mahomet. Prions Dieu qu'il n'en soit pas ainsi de
la France qui était le centre de la religion catholique. A présent, je
vous assure que le nombre des catholiques y est bien petit ; je suis
certain qu'il y en a moins qu'en Angleterre ; oui, dans l'Angleterre,
en y comprenant l'Irlande, je suis persuadé qu'il y a actuellement plus
de catholiques qu'en France. Le nombre en diminue tous les jours ; il
n'y a presque plus de prêtres ; on manque de prêtres [1] !

Ce clergé, si réduit en nombre, mais encore riche en vertus
sacerdotales, fut, contrairement à ce qui se passe de nos
jours, attaqué le premier par les ennemis de la religion parvenus au pouvoir. Le 2 novembre 1789, ses biens séculaires
avaient été confisqués par l'Assemblée constituante. Les
politiciens d'alors donnant le plus cynique exemple des
hypocrisies légales si souvent renouvelées depuis, ne devaient
déclarer l'odieux abus de la confiscation à jamais supprimé
dans nos institutions que le jour où il ne leur resterait plus
rien à prendre. Ils possédaient aussi déjà à fond l'art des
termes équivoques et des euphémismes ingénieux. Pour
masquer la brutalité du coup, ils déclarèrent que les biens
du clergé étaient mis à la disposition de la nation.

Le tour des ordres religieux atteints également par la
confiscation générale des biens ecclésiastiques, ne pouvait
tarder à sonner. Comme il arrive fatalement en temps de
révolution, les démolisseurs, enivrés de leur facile succès, se
grisaient à détruire. Aucune résistance ne leur faisant obstacle, le sentiment de leur omnipotence leur montait au
cerveau et fébrilement ils se livraient au féroce plaisir d'accumuler ruines sur ruines. Le prétexte mis en avant, car il en
faut toujours un, fut emprunté à la niaise sensiblerie qui constituait l'une des maladies mentales de cette époque sceptique
et légère, bientôt cruelle jusqu'au sang. N'était-ce pas un
devoir d'humanité pour la société de délivrer les victimes
cloîtrées, de briser leurs chaînes rivées par les vœux et de
ne plus les décréter de mort civile ?

1. *Histoire*, p. 176-178.

Le 29 octobre 1789, l'Assemblée constituante avait suspendu provisoirement les vœux dans les monastères. Le 13 février 1790, elle décrète comme article constitutionnel que « la loi ne reconnaîtra plus les vœux monastiques et solennels », et qu'en conséquence « les ordres et congrégations » dans lesquels on fait de pareils vœux « *sont et demeureront supprimés en France*, sans qu'on puisse à l'avenir en établir d'autres ». Les religieux de l'un et l'autre sexe pouvaient sortir des monastères, en faisant leur déclaration à la municipalité du lieu. Pour les rassurer sur les craintes d'un avenir nécessairement précaire, la nation, toujours grande et généreuse, leur assurait qu'il serait « pourvu *incessamment* à leur sort par une pension convenable ». Quant à ceux qui ne voudraient profiter ni de la liberté ni de la pension, il devait leur être indiqué des maisons où ils seraient tenus de se retirer. Mais les religieuses, par une attention délicate, étaient autorisées, en vertu de l'article IV, à rester chez elles; une exception expresse les dispensait de l'obligation faite aux religieux de se réunir « en un petit nombre de maisons ».

Les premiers résultats de cette loi se firent péniblement sentir au carmel de Compiègne. Une des religieuses les plus distinguées de la communauté en conçut une impression si violente que l'on craignit pour ses jours; mais le Seigneur qui avait déjà opéré un miracle en sa faveur, écrit la sœur de l'Incarnation, et qui lui réservait une fin plus glorieuse, ne permit pas qu'elle succombât [1].

IV

La sœur si vivement frappée se nommait en religion Charlotte de la Résurrection. C'est une des seize martyres sur qui l'on possède le plus de détails. Arrêtons-nous donc quelques instants devant cette figure de carmélite plus originale et plus vivante que la plupart de ses compagnes. Née à Mouy [2], comme nous l'avons dit plus haut, en septembre

---

1. *Histoire*, p. 78.
2. Petite ville manufacturière entre Creil et Beauvais; chef-lieu de canton de l'arrondissement de Clermont. Voir la savante monographie de M. l'abbé Blond, *Sœur Charlotte de la Résurrection*, p. 11 et 56. Paris, Desclée, 1898. In-8.

1715, elle descendait, par son père François Thouret, d'une
honorable famille originaire de Clermont, et, par sa mère
Marie-Anne Le Rat, elle appartenait à la meilleure bourgeoisie
de Senlis. Mais l'épreuve la frappa de bonne heure. Vers
l'âge de neuf ans, elle perdit son père ; lorsqu'elle atteignit
sa seizième année, sa mère se remaria. Dès lors, se regardant
comme entièrement orpheline, elle ne songea plus qu'à jouir
de son indépendance et à se livrer aux plaisirs du monde.
Elle aimait, racontait-elle plus tard elle-même, « à la passion »
particulièrement celui de la danse [1]. Volontiers elle acceptait
tous les bals qui lui étaient proposés.

Mais la Providence avait des desseins sur elle et l'attendait
là. Un jour la fête tourna au tragique. Magdeleine-Anne-Marie
Thouret n'en sortit pas la même qu'elle y était entrée. Elle
en emportait, avec la résolution de ne plus remettre les pieds
au bal, la détermination irrévocable de dire au monde un
éternel adieu. C'est « ce qu'avec l'aide et la grâce du Seigneur, ajoutait-elle en terminant son récit, je suis parvenue
à faire coûte que coûte, car le bon Dieu n'attire pas toujours
ses colombes avec du sucre » ; mais de l'amertume que sa
jeunesse avait brusquement trouvée au fond des joies du
siècle elle ne paraît avoir livré le secret à personne.

Le 18 mars 1736, en sa vingt et unième année, elle était
entrée au monastère de l'Annonciation ; la douleur et la
déception plutôt que la suavité d'un attrait l'y avait portée.
Avant de quitter à jamais sa famille, elle lui avait laissé son
portrait, — le seul que l'on possède d'une martyre de Compiègne. Une énigme semble errer encore dans ses yeux
gris presque mi-clos, sur ses fines lèvres pensives et rele-
vées aux coins. Le front élevé trahit une intelligence peu
commune et les traits, plutôt anguleux qu'arrondis, décèlent
un caractère énergique. L'ensemble de la physionomie
respire la vague tristesse de toutes ces jeunes filles de l'époque
que le pinceau de Greuze a immortalisées [2].

1. *Ms.* 3, p. 19, Collection de Compiègne, et l'abbé Blond, *op. cit.*, p. 49.—
Voir aussi Villecourt, *Histoire*, p. 74, malgré ses retouches de style. L'abbé
Blond ne paraît pas avoir connu le texte du manuscrit, ce qui est ici parti-
culièrement regrettable.

2. Le portrait de Mlle Thouret appartient aujourd'hui à M. le comte
d'Elbée.

Il semble que chacune des étapes de la vie religieuse ait traîné singulièrement en longueur pour la nouvelle venue. Son postulat, au lieu de six mois, en dura dix ; son noviciat se prolongea jusqu'à trois années et plus au lieu d'une[1]. Il y eut évidemment des retours en arrière ou des piétinements sur place. Mais la grâce avait finalement triomphé des hésitations ou des rébellions de la nature, et Mlle Thouret devenue, au jour de son entrée, sœur Charlotte de la Résurrection, s'était montrée désormais une religieuse d'une vertu supérieure. La sœur de l'Incarnation admire « les victoires qu'elle a remportées sur elle-même et sa constante fidélité à pratiquer tous les points de la règle et des constitutions ». Elle nous la montre remplissant, avec un zèle et une ardeur toujours les mêmes, les divers emplois dont elle fut chargée : successivement sacristine, tourière du dedans, infirmière, trois fois dépositaire ou économe et deux fois sous-prieure. Elle exerça même les fonctions de prieure.

> C'est surtout, raconte sa compagne, dans l'emploi d'infirmière, que son amour pour Dieu et sa charité pour le prochain ont éclaté davantage, supportant avec courage et sans jamais témoigner le moindre dégoût, la moindre répugnance de l'odeur infecte qu'exhalloit le corps d'une sœur qui étoit rongé d'un chancre de la tête aux piés et qu'il falloit penser presque à chaque heure du jour et de la nuit, indépendamment des soins du chirurgien de la maison qui avouoit avoir peine à soutenir lui-même le hideux spectacle d'un corps vivant dépouillé de ses chairs. Mais le dévouement généreux de notre chère sœur Résurrection ne put empêcher que la position contrainte où elle étoit forcée à se mettre pour les pansemens de sa malade ne lui procurât un effort de reins et qu'on ne s'apperçût (sic) que sa taille, naturellement bien faite, devenoit de travers[2].

Qui sait si par ces actes véritablement héroïques Magdeleine-Anne-Marie Thouret ne cherchait pas à expier son goût d'autrefois pour les jouissances mondaines ? Ce qui donnerait à le croire c'est que la Mère prieure ayant remarqué son infirmité naissante et lui ayant aussitôt exprimé le désir qu'elle

1. Entrée au Carmel le 18 mars 1736, elle prit l'habit le 27 juillet 1737 et fit profession le 19 août 1740. — Mme la vicomtesse d'Hérouville, son arrière-petite-nièce, a bien voulu mettre sous mes yeux un ancien livre de raison qui mentionne son entrée en religion.

2. *Ms.* cité.

quittât un office si dangereux, la bonne infirmière demanda au contraire comme une grâce de demeurer fidèle à son poste. La raison, d'une exquise délicatesse, qu'elle en donna, fut que sa pauvre malade habituée à ses soins éprouverait sans doute quelque chagrin de son remplacement. Celle-ci vécut encore deux jours, et, jusqu'à son dernier moment, elle eut la consolation d'être assistée par celle qui lui avait immolé sans retour sa santé et ses forces. Désormais sœur de la Résurrection ne marcha plus qu'avec difficulté et en s'appuyant sur une béquille. Quand viendront plus tard pour elle les horreurs de la prison et du dernier supplice, elle sera peut-être plus entraînée que d'autres à la souffrance ; mais nous verrons quel surcroît de douleurs lui occasionna son pénible état.

A peine avait-elle été retirée de l'infirmerie qu'elle faillit être victime d'une maladie cérébrale contractée en travaillant par les plus fortes chaleurs, dans un réduit étroit, à des ouvrages qui exigeaient l'emploi du vernis. Ce fut alors que se produisit en sa faveur cette première intervention visible du ciel à laquelle faisait allusion tout à l'heure la sœur de l'Incarnation.

Toutes les ressources de la médecine, continue son historienne, ayant été inutilement employées pour sa guérison, il vint en pensée à nos mères de faire un vœu en l'honneur de Marie, qui est le canal de toutes les grâces que nous recevons du ciel, afin d'obtenir, de son cher Fils, par son intercession, qu'il voulût bien manifester sa puissance en rendant à notre chère sœur l'usage de la raison. Leur vœu fut pleinement exaucé [1].

Zèle et prudence, telles furent ses deux qualités dominantes dans l'exercice de la supériorité. Appelée à gouverner la communauté après le décès de la prieure Catherine de la Miséricorde (5 février 1779), elle envoya à tous les carmels de France une circulaire nécrologique qui témoigne d'une remarquable netteté de pensée et d'une rare élégance d'expression. C'est un modèle du genre. Et comme on peut croire qu'en parlant de sa devancière elle a fait à son insu son propre por-

1. Marie de l'Incarnation, *Histoire*, p. 77.

trait, n'est-ce pas elle-même qu'il faut reconnaître dans cette peinture touchante de la supérieure défunte :

Tant de vertus avaient préparé notre révérende mère à la charge de prieure, qu'elle exerçait actuellement pour la seconde fois. La douceur, la bonté, l'attention réglaient ses discours et ses démarches qui, dans toutes les rencontres, étaient conformes à l'esprit de notre état. Ce n'était qu'à ses prévenances et qu'à ses soins que nous reconnaissions l'empire qu'elle avait sur nous. La bonté de son cœur lui faisait partager tous les sentiments que nous éprouvions, soit de joie, soit de peine, rien ne lui était étranger. Aussi recevait-elle nos parents avec un accueil qui les charmait et leur donnait la douce consolation de nous laisser entre les mains d'une mère qui les remplaçait par sa tendresse. Quelles furent nos alarmes, ma révérende mère, quand nous nous vîmes menacées de perdre une si digne prieure [1] !

A ce dernier cri du cœur, à ces accents émus, on sent une âme profondément affectueuse et bonne. On comprend mieux dès lors et l'attachement passionné qu'elle avait jadis éprouvé pour le monde et son dévouement plus que maternel sous le cloître, autour des maladies les plus répugnantes. Aussi sœur Charlotte de la Résurrection était-elle aimée dans sa communauté autant qu'elle était aimante [2]. Lorsque en 1786, on fêta ses noces d'or, « elle put s'apercevoir, par l'empressement et le plaisir qu'on fit éclater en célébrant sa cinquantième année de religion, combien elle était aimée, chérie et respectée [3] ».

La Révolution l'avait donc trouvée *jubilaire*, en attendant qu'elle lui donnât la couronne du martyre.

V

Un autre contre-coup des tyranniques décrets édictés par l'Assemblée constituante à partir du 29 octobre 1789, avait

1. Le document a été reproduit tout entier par l'abbé Blond, *op. cit.*, p. 88-93. Il est daté du 6 février 1779 et signé « Sœur Anne-Marie-Magdeleine-Charlotte de la Résurrection, R. C, I. ». — Les *Articles* [1895], par le R. P. Hertzog, postulateur, la nomment tantôt Magdeleine-Anne-Marie (p. 3), tantôt Marie (p. 27).
2. « Ma sœur Résurrection, écrivait sa prieure, le 15 décembre 1789, à une ex-novice, le dispute à vos Mères en *tendresse*, c'est beaucoup dire. » (*Histoire*, p. 135. Voir aussi p. 14.)
3. Cité par l'abbé Blond, *op. cit.*, p. 97.

été l'impossibilité pour la Mère Thérèse de Saint-Augustin, alors prieure depuis deux ans, d'admettre à la profession une jeune novice, nommée Marie-Jeanne Meunier[1]. Née à Saint-Denis, le 28 mai 1765, elle avait pris l'habit au carmel de Compiègne le 13 décembre 1788[2]. La règle de sainte Thérèse prescrivant l'intervalle d'un an et un jour entre cette dernière cérémonie et celle des vœux solennels, le 15 décembre 1789 s'était trouvé le premier jour possible selon les constitutions en usage; mais l'interdiction légale était venue apporter un obstacle inopiné et presque invincible à la profession de sœur Constance. « Priez beaucoup pour votre petite compagne sœur Constance, écrivait la prieure, ce jour-là même, jour de joie transformé en jour de deuil; hélas ! je devrais avoir la consolation de recevoir ses vœux aujourd'hui sans le décret qui m'a été signifié légalement il y a trois semaines[3]. Cette pauvre enfant a bien du chagrin, sa mère veut la rappeler ; nous nous y opposons ; mais je crains qu'elle ne l'emporte. Ce sera une terrible épreuve pour cet enfant! *Fiat fiat !* Adieu, ma chère fille[4]. »

La jeune fille à qui ces lignes étaient destinées partageait à sa manière l'épreuve de sœur Constance. Sa déception était même plus grande encore. Mlle de Grand-Rut avait dû quitter le Carmel, pour faiblesse de complexion, quelques semaines

1. Tout en lui laissant, sous bénéfice d'inventaire, ces prénoms de *Marie-Jeanne*, sous lesquels elle est désignée dans les *Articles* (p. 4 et 37), nous croyons devoir observer que l'*Extrait du registre des professions et prises d'habit des cid. religieuses carmélites de Compiègne*, conservé aux archives départementales de l'Oise (district de Compiègne, série L 2 V), la porte comme « appelée dans le monde *Marie-Geneviève Meunier*, fille de Noël Meunier laboureur et de Marie-Geneviève Boursier, son épouse ». Ces mêmes prénoms sont répétés dans un *Mémoire* adressé par elle au district le 10 janvier 1793 et dont nous aurons à reparler. Le jugement rendu sur cette affaire ne la qualifie plus que « *Marie* Meunier » ou « la citoyenne Meunier ».

2. C'est la date de l'*Extrait* précité et aussi de l'*Histoire*, p. 108. Mais dans le *Mémoire* on lit : *le vingt-troisième*, erreur évidente. Quant à son âge, on lui donne alors près de *vingt-trois ans* et demi. Donc l'histoire la fait naître à tort en *1766*.

3. La notification légale avait donc été faite vers le 21 novembre 1789.

4. Mère Thérèse de Saint-Augustin à Mlle de Grand-Rut. « Des Carmélites de Compiègne, le 15 décembre 1789. » (Lettre publiée dans l'*Histoire*, p. 132-136.) Entrée, vers le 10 novembre 1788, Mlle de Grand-Rut était sortie au commencement d'octobre 1789. Voir les lettres de la même à la même, des 10 novembre 1788 et 9 octobre 1789. (*Ibid.*, p. 124 et 127.)

avant le décret. Or, s'il était possible à une supérieure de conserver toutes les présentes, elle ne pouvait plus songer du moins à reprendre une absente. C'est pourquoi la Mère Thérèse de Saint-Augustin, avec son tact admirable et son esprit de discernement, détournait celle-ci de la même main qui avait retenu celle-là. Mlle de Grand-Rut (sœur Louise de Jésus) n'avait fait qu'entrevoir, durant ses onze mois d'essai courageux, cette profession religieuse qui était sa terre promise à elle et voici qu'on lui disait de renoncer pour toujours à y revenir.

Si comme les circonstances actuelles me le font craindre, lui écrit quelques mois plus tard la Mère Thérèse de Saint-Augustin, la Providence vous contraint de passer dans le monde une vie que vous désirez si ardemment consacrer à Dieu dans la retraite, consentez humblement à ce sacrifice dont je sens tout le prix ; immolez-vous joyeusement à cette volonté souverainement adorable de notre bon maître : partout, en tous lieux et en tous temps, on peut le servir, l'aimer, etc... Vous avez dévotion à la sainte Enfance, hé bien ! je pense quelquefois que si vous vous trouviez bien chez vous, Mme votre mère pourrait vous représenter la très sainte Vierge, et M. votre père, notre père saint Joseph, et vous, ma chère enfant, vous vous uniriez en esprit à l'adorable Jésus dont il est dit dans le saint Evangile : *Il leur était soumis.* Vous que je prêche toujours, ne vous en prenez qu'à mon zèle pour votre perfection et à mon sincère et tendre attachement : car n'allez pas conclure d'après ma morale que j'ai pris aisément mon parti sur notre séparation et qu'à l'amitié a succédé l'indifférence. Oh non [1] !...

L'abbé Rigaud, également consulté par l'ex-novice inconsolable, n'était guère moins bienveillant, mais pas plus encourageant que la prieure. Nous connaissons de longue date son pessimisme. Ce n'est pas après avoir vu les événements confirmer ses sombres pronostics de 1780, qu'il pouvait, en plein désastre, songer à des jours meilleurs. D'autres, tout à l'optimisme, s'obstinaient à espérer contre toute espérance. Mais on peut croire que c'est à son corps défendant qu'il avait signé, en qualité de l'un des quatre visiteurs apostoliques de l'ordre des Carmélites de France, cette lettre collective, du 12 mars 1790, qui a été appelée « leur testament », où on lisait : « Déjà le père des miséricordes et le

1. Thérèse de Saint-Augustin à Grand-Rut. Compiègne, Jeudi saint, [1er avril] 1790. (*Histoire*, p. 138-139.)

Dieu de toute consolation a daigné jeter sur vous quelque
regard favorable! Déjà le soleil de justice a fait luire dans
vos déserts quelques rayons de clémence et de bonté qui
annoncent l'espérance et le calme, après l'effroi le plus acca-
blant et les plus vives alarmes. Oui, nos très chères sœurs,
vous aurez la consolation et l'inestimable bonheur de vivre
et de mourir dans votre saint état, de vivre et de mourir dans
les différentes maisons où vous avez formé, avec le Seigneur
votre Dieu, ces saints engagements qui vous sont plus précieux que la vie... Continuez de prier avec plus de ferveur,
avec plus de confiance que jamais[1]. »

Lorsqu'il écrit seul et en son propre nom, le ton du clair-
voyant abbé est tout autre, témoin cette réponse à Mlle de
Grand-Rut :

Paris, le 24 septembre 1790.

Je désirerais fort, mademoiselle et très chère fille en Notre-Seigneur,
qu'il fût en mon pouvoir de répondre favorablement à la demande que
vous me faites. Mais votre entrée au Carmel devient plus impraticable
qu'elle n'a jamais été. L'Assemblée va pensionner toutes les religieuses,
et bien mincement[2], en s'emparant de leurs biens : elles auront bien
de la peine à se soutenir. Dans une pareille position, je ne saurais, à mon
grand regret, vous donner des espérances qu'il ne serait pas en mon
pouvoir de réaliser. Dès lors que vous trouvez ces obstacles à votre
entrée au Carmel, c'est une preuve que Dieu ne vous y veut pas. Il ne
tiendra qu'à vous de mener une vie sainte et retirée chez vos parens;
d'y édifier, en y vivant en carmélite, en vous y prêtant néanmoins, avec
une charité complaisante, à tout ce qui ne serait pas contraire aux devoirs
que la religion vous impose...Évitez avec vos parens une humeur sombre et triste qui ne pourrait que leur déplaire. Vous aurez sans doute des
chagrins dans le monde; et où n'y en a-t-il pas? mais en les prenant en
esprit de pénitence et les supportant patiamment (sic) pour plaire à
Dieu, toutes ces peines vous paraîtront légères, et contribueront plus
que les consolations à vous rendre bien sainte. L'abbé RIGAUD[3].

Si sainte qu'elle ait pu devenir dans le monde, Mlle de
Grand-Rut venait pourtant de manquer la voie royale du
martyre. En avait-elle le pressentiment?

Plus heureuse, sœur Constance, soutenue jusqu'au bout
par la Mère Thérèse de Saint-Augustin, ne se laissait pas

1. *Le Trésor du Carmel*, p. 267.
2. Décret du 14 octobre 1790.
3. Rigaud à Grand-Rut. Paris, 24 septembre 1790. (*Histoire*, p. 151-152.)

rejeter ni entraîner hors du chemin qui menait à la couronne. Plus qu'aucune de ses compagnes, semble-t-il, elle avait pleuré sur le départ de sœur Louise de Jésus (Mlle de Grand-Rut) : « Je puis vous garantir, écrivait à celle-ci la Mère prieure, la sincérité des regrets continuels de ma Sœur Constance, que je n'eusse jamais cru susceptible d'une telle sensibilité; je suis même obligée de l'en gronder; dernièrement encore, quelque violence qu'elle se fît à la messe, elle éclatait en sanglots; elle dit à notre mère Henriette[1] et à nous ensuite qu'elle avait fait la Ste communion pour vous et qu'elle vous recommandait si instamment à Notre-Seigneur, afin qu'il ne vous laissât pas dans le monde où elle-même craint souverainement de retourner, qu'elle fondait en larmes[2]... A côté d'elle, ma Sœur Marie de l'Incarnation[3] en faisant autant, en s'étouffant tant qu'elle pouvait; je vous assure de leur part une union constante dans toutes les saintes pratiques du Carmel, où nous les voyons avec consolation se renouveler avec une ferveur que cet événement a bien ranimée[4]. »

Pour sœur Constance, l'interdiction légale des vœux se compliquait de sa situation fort tendue vis-à-vis de sa famille. Bien qu'elle fût entrée en religion à un âge qui garantissait sa pleine connaissance de la portée de son acte[5], ce n'avait été qu'après avoir arraché pour ainsi dire le consentement de ses parents[6]. Mais maintenant que les Meunier se sentaient forts

---

1. La maîtresse des novices.

2. Les mêmes faits sont confirmés par une lettre de la Mère Henriette de Jésus, maîtresse des novices, adressée également à Mlle de Grand-Rut, et, bien que non datée, partie évidemment le même jour : « Je me suis acquittée de vos commissions pour vos compagnes; toutes sont bien touchées de cette séparation ; elle fait encore couler des larmes ; *je ne pouvais tarir celles de ma sœur Constance* qui vient de me donner la nouvelle assurance qu'elle ne vous oubliera jamais, mais particulièrement à la Sainte-Communion. » Henriette de Jésus à Grand-Rut (s. l. n. d.). Compiègne. (*Histoire*, p. 172.)

3. La future historienne des martyres. Il est intéressant de retrouver ici sa sensibilité (puisque sensibilité il y avait partout), mais aussi dévouement; elle avait voulu prendre en supplément l'office de la novice partie, sans être déchargée du sien.

4. Thérèse de Saint-Augustin à Grand-Rut. Compiègne, 9 octobre 1789. (*Histoire*, p. 128 *sqq.*)

5. Née le 28 mai 1765, elle avait été reçue au Carmel le 29 mai 1788, au lendemain de ses vingt-trois ans accomplis.

6. *Ms.* 3. Collection de Compiègne.

de l'appui de la loi, ils cherchaient à retirer leur fille et à revenir sur leur parole.

Sœur Constance est toujours ici novice, écrit la Mère Thérèse de Saint-Augustin, le 14 août 1790 ; les épreuves du côté de sa famille ne lui ont pas manqué ; actuellement ils ne veulent plus ni de ses lettres, ni en entendre parler ; le Seigneur le permet ainsi pour s'assurer de sa fidé-lité ; elle s'estime, au reste, bien heureuse encore de ce qu'ils la laissent ici tranquille à présent ; elle espère que le bon Dieu touchera enfin leurs cœurs, et qu'ils verront sans peine sa persévérance [1].

Un mois après, la situation ne semblait pas avoir encore empiré [2]. Mais avec la tournure de plus en plus critique prise par les événements, les parents s'enhardirent et ils ne craignirent pas de faire appel à la violence. Un des frères de Marie-Jeanne Meunier fut envoyé par eux à Compiègne, muni de leur autorisation, avec mission, si la novice se refusait à sortir de gré, de recourir contre elle à la force publique. Résistance de la novice et descente de justice. A la vue du procureur du roi accompagné d'un commissaire, la jeune carmélite ne se laissa point troubler. Ayant posément écouté la sommation qui lui était faite au nom de la loi de réintégrer le domicile paternel, elle fit cette magnifique réponse :

Messieurs, je ne suis entrée ici qu'avec le consentement de mes pa-rens. S'ils ne veulent m'en faire sortir que parce que leur tendresse s'allarme des dangers que je puis courir, en y voulant rester, je les en remercie ; mais rien, rien sinon la mort, ne pourra me séparer de la société de mes mères et sœurs ; et vous, mon frère, que probablement j'ai le plaisir de voir pour la dernière fois, témoignez bien à nos chers parens, que l'indiférence n'entre pour rien dans le refus que je fais de céder à leurs désirs ; qu'il en coûte même beaucoup à mon cœur de les chagriner ; mais qu'ils ne peuvent trouver mauvais que je suive le mou-vement de ma conscience. Priez-les, suppliez-les de ma part, de ne point se mettre en peine de moi, parce qu'il ne peut m'arriver que ce qu'il plaira à Dieu de permettre ; et que je [suis] à cet égard parfaite-ment tranquile [3].

Frappés d'admiration devant tant de courage et de fermeté,

1. Thérèse de Saint-Augustin à Grand-Rut. Compiègne, veille de la fête de l'Assomption 1790. (*Histoire*, p. 144.)
2. Même à la même. Compiègne, 24 septembre 1790. (*Ibid.*, p. 150.)
3. *Ms.* 3, p. 49-50. Collection de Compiègne.

les officiers de justice se retirèrent. Toutes les tentatives de la famille étaient demeurées inutiles et sœur Constance avait prouvé une fois de plus qu'elle était digne de porter son nom.

VI

Tandis que s'étaient déroulées les péripéties de ce conflit familial, les rapports de la communauté avec les administrations publiques étaient devenus de jour en jour plus difficiles.

Le 20 avril 1790, les assemblées de district avaient reçu l'injonction de faire procéder à l'inventaire et à la description sommaire des meubles, titres et papiers, dépendant de tous les bénéfices, corps, maisons et communautés de l'un et l'autre sexe.

A Compiègne, le président du directoire du district était un ancien religieux de l'ordre de Cluny, et s'appelait Antoine-Gilles-Claude de Pronnay [1]. Il est à croire que la besogne confiée à son autorité dans l'intérieur des couvents ne lui déplaisait pas. N'est-ce pas une joie naturelle à tout défroqué de reparaître en seigneur et maître, là où il a vécu naguère soumis et obéissant, petit et humble ? D'autre part, pouvait-il ne pas se souvenir qu'il était membre d'une de ces vieilles et chrétiennes familles de Compiègne, les Seroux, les Le Féron, les Charmolue et les Crouy, qui avaient soutenu le carmel par leurs abondantes aumônes et leurs filles religieuses [2] ? Quoi qu'il en fût des sentiments particuliers de l'ex-clunisien, il se présenta flanqué des nommés Joly, Scellier fils, le futur maire de Compiègne, Bertrand, secrétaire du directoire, et Poulain, procureur-syndic, le 4 août 1790, au monastère de l'Annonciation. En vertu de leur mandat, ils procédèrent à l'inventaire du mobilier et constatèrent en même temps la présence de quinze religieuses de chœur et de trois converses. Tous les titres et papiers furent examinés sommairement.

Le lendemain, jeudi 5 août, nouvelle visite domiciliaire.[1]

1. Voir Sorel, *op. cit.*, p. 10, n. 1.
2. Chanoine Auger, *Notice sur les carmélites de Compiègne*, Note préliminaire. Paris, 1835. In-16.

Cette fois les membres du directoire du district de Compiè. gne invitèrent chacune des sœurs à déclarer si, conformément aux décrets des 13 février et 20 mars 1790, leur intention était de sortir du monastère. On a le récit de la sœur de l'Incarnation ; mais, faute de dates, il n'est pas facile de faire coïncider ses assertions avec les indications précises puisées par le docte et érudit magistrat qu'était M. Sorel, uniquement dans les pièces d'archives, puis soumises par lui à une critique à la fois juridique et historique [1]. Il est probable donc que cette visite du 5 août, appelée par la bonne religieuse écrivant de mémoire la *troisième visite*, avait été précédée, la veille sans doute, de quelque interrogation officieuse et d'une sorte d'essai [2]. Sur la mise en scène de la seconde visite (4 août), nous pouvons par contre nous fier à ses souvenirs :

Ils (les inquisiteurs républicains), dit-elle, se présentèrent comme étant autorisés à faire comparaître toutes les religieuses, les unes après les autres, à la grille du parloir, pour les interroger, chacune en particulier, sur les motifs de leur vocation, et offrir leur liberté à celles qui voudraient l'accepter. Mais comme les religieuses furent toutes unanimes pour dédaigner une pareille proposition, ils supposèrent qu'elles avaient été gênées dans l'expression de leurs sentimens, par les sœurs tierces qui avaient pu les entendre [3].

Dans la visite du jeudi, la seule dont il reste quelque trace d'interrogatoire dans les documents officiels, la mise en scène devient plus pathétique. Voici la relation de notre religieuse :

On les vit donc reparaître une troisième fois. Mais alors ils ordonnèrent que les portes du monastère leur fussent ouvertes. On obéit à la nécessité. Lorsqu'ils furent entrés, ils visitèrent toute la maison ; puis ils désignèrent notre grande salle de communauté comme l'endroit le plus sûr pour n'être pas entendus. Quatre soldats furent placés en sentinelle aux deux portes de la salle ; d'autres soldats furent placés à

1. Sorel, *op. cit.*, p. 10 et 93.
2. Elle se trompe évidemment en plaçant comme première visite celle qui eut lieu pour l'élection de la supérieure et que nous aurons à raconter ensuite.
3. *Histoire*, p. 34. — On sait qu'aux parloirs du Carmel des grilles et un voile séparent la religieuse des personnes en visite et qu'une sœur dite *tierce* demeure présente à l'intérieur durant l'entretien.

la porte de chacun des dortoirs et des cloîtres. Après cela, ils nous firent venir, l'une après l'autre, dans la grande salle de communauté. Ils s'offraient à chacune de nous, et voulaient que nous les regardassions comme des libérateurs qui venaient briser nos chaînes et mettre fin à notre dure captivité. *Nous vous apportons*, nous disaient-ils, *l'heureuse nouvelle de votre délivrance; vous pouvez maintenant, sans crainte, rentrer dans le sein de vos familles, et jouir enfin du bonheur que l'on a voulu vous ravir en vous renfermant dans ce triste séjour* [1].

« Il est facile de juger, continue la sœur de l'Incarnation, comment nous accueillîmes *toutes* cette injurieuse proposition.» S'il n'était pas difficile en effet de le prévoir, il est encore plus aisé aujourd'hui après un siècle de s'en rendre compte avec certitude. Le registre officiel dans lequel toutes les réponses furent consignées l'une après l'autre, est venu jusqu'à nous, et le contenu en a été publié par M. Sorel. Nous allons les reproduire à notre tour ; mais pour interrompre la monotonie des déclarations, toutes plus ou moins ressemblantes, nous nous efforcerons de faire connaître les religieuses au fur et à mesure qu'elles parleront. N'oublions pas qu'elles préludaient à leur martyre par ces actes de fidélité publique à leurs engagements les plus sacrés. L'heure solennelle était venue pour elles de les tenir, comme elles les avaient pris, devant Dieu et devant les hommes.

La première interrogée fut la prieure. Elle répondit « vouloir vivre et mourir dans cette maison [2] ».

Madeleine-Claudie *Lidoine* [3] était une Parisienne, et dès son enfance, on avait remarqué en elle beaucoup d'esprit uni à une grande piété. Son éducation avait été des plus soignée ; mais ses parents y avaient laissé le plus clair de leur modeste fortune, si bien que l'aspirante au Carmel avait dû quérir sa dot en haut lieu. Madame Louise de France, carmélite à Saint-Denis, avait voulu voir la jeune fille, et, ravie de son rare mérite, elle avait prié sa nièce Marie-Antoinette, alors dauphine,

1. *Histoire*, p. 35.
2. Sorel, *op. cit.*, p. 93.
3. Nous adoptons ses prénoms, tels qu'ils figurent dans la première liste des *Articles*, par le R. P. Hertzog, postulateur, p. 3. [Paris, 1895] Brochure autographiée, in-8. Dans sa seconde liste (p. 25) il suit la sœur de l'Incarnation qui lui donne ceux de *Marie-Charlotte*. (*Histoire*, p. 65.) Il est probable qu'elle aura mal complété les initiales : *M. C.*

de se charger des frais de l'entrée au couvent (1773). Par
reconnaissance, la nouvelle novice prit les noms de Thérèse
de Saint-Augustin, portés déjà en religion par la fille de
Louis XV. Vingt ans plus tard, sa seconde protectrice l'ex-
dauphine, maintenant reine et reine malheureuse, précédait
de quelques mois sous la guillotine la petite postulante devenue prieure de Compiègne.

C'est au bout de onze ans seulement de profession que la
Mère Thérèse de Saint-Augustin avait été élue supérieure
par sa communauté. Entrée en charge en 1787, après la Mère
Henriette de Jésus, dont elle avait hérité la douceur, la
sagesse et la prudence, elle n'avait pas encore achevé son
premier triennat, quand éclatait la Révolution. Si redoutable
que fût la tournure prise par les événements, la prieure
s'était trouvée capable de faire face à l'orage et de veiller
utilement sur son troupeau. Femme de tête et de cœur, mais
surtout religieuse accomplie, elle savait à la fois traiter avec
les gens du dehors et, à l'intérieur, édifier et sanctifier ses
religieuses. « Très dure à elle-même, écrit Marie de l'Incarnation, mortifiée jusqu'à outrance, son attention se portoit
tout entière sur les besoins des sœurs, ayant le secret de
faire passer les privations qu'elle s'imposoit comme étant
affaire de régime[1]. »

Avec cela, poète à ses heures, mais poète médiocre, elle
rimait sur des airs de chansons des strophes où elle enchâs-
sait les sentiments les plus sublimes de l'ascétisme chrétien,
le *Souffrir ou mourir* de sainte Thérèse, l'*Ama nesciri* de
l'auteur de l'*Imitation*. Retenons-en ce beau vers qui donne
peut-être le secret des grandes choses accomplies par elle :

On peut tout quand on aime[2].

Mais sa prose est infiniment supérieure. Nous la connaissons déjà par le résumé des *Avis* de l'abbé Rigaud que nous
avons cité plus haut. Ses six ou sept lettres à Mlle de Grand-
Rut, cette jeune fille de plus de courage que de force, à qui

1. *Ms.* 3, p. 3. Collection de Compiègne.
2. Voir ses trois *Cantiques* ou fragments de cantiques, parmi les pièces
justificatives de l'*Histoire* de Marie de l'Incarnation, p. 119-122. Sur leur
authenticité, voir aussi la note 1 de la page 72.

sa santé n'avait point permis de supporter les travaux et les austérités du Carmel, sont admirables d'esprit de foi, de connaissance du cœur humain, de solidité et de souplesse de direction. L'abbé Villecourt, le futur cardinal, a consacré trois pages à leur éloge et finalement il les donne pour « modèle aux personnes que Dieu appelle à gouverner les maisons religieuses »; il aurait pu ajouter : et à guérir les âmes, tant est légère et douce la main qui panse ici avec une patience toujours nouvelle la blessure à jamais ouverte[1]. Ailleurs il appelle la prieure l' « incomparable Thérèse[2] ». Mais donnons encore une fois la parole à sœur Marie de l'Incarnation : « Je n'ose entreprendre de la dépeindre, dit-elle, telle que j'ai eu le bonheur de la connaître, car tout ce que je pourrais en dire ne ferait qu'affaiblir ses qualités. Qu'on se figure une personne qui, à toute la dignité et à toutes les grâces naturelles, réunit toutes les qualités de l'esprit et du cœur, toute la prudence du serpent à toute la simplicité de la colombe, toute l'énergie des plus grandes âmes à cette douce amabilité et à ce ton persuasif qui agit victorieusement sur tous les esprits et sur tous les caractères; voilà ce que fut notre mère[3]. »

Après la prieure, fut interrogée la sous-prieure.

Celle-ci, qui se nomme, dans le monde, Marie-Anne-Françoise Brideau et, en religion, sœur Saint-Louis, déclare que « tout désir est de vivre et mourir carmélite ».

C'était une religieuse douce et modeste, que « son application à bien connoître les rubriques, son exactitude à se rendre à toutes les heures de chœur et de communauté avoient fait élire sous-prieure, en octobre 1786[4] ». Elle devait garder cette charge jusqu'au pied de l'échafaud.

Le troisième interrogatoire visa la sœur de Jésus-Crucifié (Marie-Anne Piedcourt).

Parisienne comme la Mère prieure et née, comme la sœur de la Résurrection, en 1715, l'année de la mort de Louis XIV, elle comptait près de soixante-quinze ans d'âge dont cinquante-six de vie religieuse. Après ce demi-siècle et plus

1. *Histoire*, p. 122-124.
2. *Ibid.*, p. 74. — 3. *Ibid.*, p. 71.
4. *Ms.* 3, p. 31. Collection de Compiègne.

d'observances monastiques, elle n'est lasse ni de l'existence ni de la règle. « Carmélite, répond-elle, depuis cinquante-six ans, je voudrais, pour tout au monde, avoir encore le même nombre d'années à consacrer au Seigneur. » Sa réplique dut faire sourire les interrogateurs, à moins que le président de Pronnay n'y ait vu une allusion personnelle à son apostasie. Cet état d'éternel contentement lui avait valu un jour une aimable plaisanterie de la sœur Charlotte de la Résurrection. « Ma compagne, disait celle-ci en parlant de sa contemporaine, n'a été jusqu'à présent nourrie que de lait; et son attrait pour la vie religieuse avait des charmes si puissans qu'elle se fit carmélite par le seul plaisir de porter notre habit qui lui ravissait l'âme de joie [1]. » On vantait dans la sœur de Jésus-Crucifié, son humilité, son esprit de dépendance digne d'une simple novice, et surtout son indulgence miséricordieuse envers le prochain.

Sœur Charlotte de la Résurrection, interrogée la quatrième, « veut vivre et mourir dans son état ». Sa physionomie nous est trop familière pour que nous ayons ici à en retracer les traits.

Sœur Euphrasie de l'Immaculée-Conception (Marie-Claudie-Cyprienne Brard[2]) comparaît la cinquième. Nous avons déjà cité ailleurs [3] son admirable lettre de 1794 qu'elle termine en demandant à Dieu d'être associée à la gloire du *martyre*. Sans être encore aussi explicite, on croirait volontiers qu'elle entrevoit déjà la même perspective. Elle déclare donc que « religieuse de son plein gré et de sa propre volonté, elle est dans la ferme résolution de conserver son habit, dût-elle acheter ce bonheur *au prix de son sang* ». Son caractère, à en juger par son fameux billet à Marie de l'Incarnation, ne paraît pas avoir été facile. Elle y prononce en effet les gros mots d' « infernal esprit d'orgueil, d'envie, de jalousie » par lequel elle aurait eu « le malheur de se laisser toujours conduire ». La vérité c'est qu'elle avait l'esprit fort caustique et qu'elle en avait pâti. Il en était résulté qu'avec une capacité

---

1. Marie de l'Incarnation, *Histoire*, p. 74-75.
2. Les *Articles* la nomment *Claudie* (p. 4) et *Claudine* (p. 30). Elle signait : *Claude*.
3. Voir *Études*, 5 novembre 1904, p. 316-317.

supérieure et même toutes les vertus requises pour le gouvernement d'une maison religieuse, elle avait toujours été
reléguée aux moindres offices et systématiquement écartée
des charges mettant en relation avec le dehors. Mais en conversation, son esprit plein de vivacité, qui contrastait singulièrement avec son air sérieux et grave, la rendait, écrit sa
biographe, « l'âme de nos récréations[1] ».

Aussi, ajoute Marie de l'Incarnation, la pieuse Reine Marie Leczinska,
femme de Louis XV, qui affectionoit singulièrement la communauté et
se plaisoit à y venir souvent[2] lors des voiages de la cour à Compiègne,
aimoit-elle à entendre notre chère Sr Euphrasie qu'elle nommoit
sa toute aimable et religieuse Philosophe.

Suit un trait inédit, auquel nos lecteurs trouveront sans
doute une saveur assez piquante pour un propos de récréation au Carmel. Mais il peint tellement au vif la bonhomie
polonaise de la reine, avec ce mélange d'abandon et de
dignité qui la caractérisait, qu'il a nécessairement sa place
en ces souvenirs du royal couvent. On y verra aussi que la
clôture n'engendrait pas nécessairement une noire mélancolie.

Il se présenta cependant, continue la sœur de l'Incarnation, une occasion où notre bonne sœur (Euphrasie) penseat (*sic*) perdre cette fla-
teuse renommée par une petite espièglerie qu'elle fit à sa souveraine
et dont voici le sujet : un jour la Reine éprouvat un très grand froid
aux piés ; elle demandat à la Mère Prieure si elle voudroit bien permettre à ses filles de danser une ronde. « Je me mettrois de la partie, et
il mes emble que cela me feroit du bien. » Et puis en regardant sa montre :
« Oh ! quel plaisir ! Il n'est que onze heures et demie, et nous avons
encore une bonne demie heure jusques à la fin de la récréation. » Alors
de se mettre en branle, lequel branle fini, ma sœur Euphrasie s'approche
de la Reine et lui dit tout bas à l'oreille : « Madame, V[otre] M[ajesté]
sçait-elle à qui elle tenoit la main pendant la ronde ?... Eh bien,
M[adame], l'avouerai-je à Votre M[ajesté], cette sœur n'est ni plus ni
moins qu'une *danseuse sur la corde.* — Une danseuse sur la corde,
s'écriat la bonne Reine d'un ton tout ému ; comment, vous recevez dans
votre maison des personnes d'une profession si basse et si vile... Et

1. Sur sa bonté de cœur, voir *Histoire*, p. 134.
2. L'auteur avait écrit d'abord : « à s'y retirer le plus longtemps possible ».
Nous avons dû rétablir un mot effacé, pour donner un sens à la variante
mise en interligne que nous avons adoptée.

vous avez souffert que ce fût moi qui lui donnât le voile ! Ah !, quel
mal vous me faites !... » A ces mots, ma sœur Euphrasie qui sentit
bientôt l'inconvenance de la plaisanterie, s'empressat de faire remarquer à la Reine « que la semelle de la chaussure des Carmélites étant
faite de chanvre patté [1], l'idée lui étoit venue de voir si S[a] M[ajesté]
saisiroit le sens [de] la qualification donnée à la sœur de denseuse sur
la corde ». La reine se remit et reprit son air de bonté et d'afabilité
ordinaire, et, quant à notre chère sœur, nos mères remarquèrent qu'elle
seu bien profiter de la leçon pour être moins facile à donner cours aux
saillies d'une imagination ardente qui, de son propre aveu, étoit son
plus cruel ennemi [2].

Telle fut la morale édifiante de cette plaisante anecdote qui
jette un jour si aimable sur les distractions innocentes de la
communauté.

Mais pour connaître sœur Euphrasie, nous avons mieux
encore que les souvenirs de Marie de l'Incarnation rapportant
soit ce qu'elle a vu, soit ce qu'elle a entendu raconter, comme
ce dernier trait. La bonne sœur Euphrasie écrivait heureusement beaucoup. Si nous n'avons plus ses propres lettres,
nous possédons du moins quatorze réponses à elle adressées
par trois des ecclésiastiques distingués qui remplirent les
fonctions de visiteurs apostoliques du Carmel de France : les
abbés Rigaud, de Brassac [3] et de Floirac [4]. On y peut suivre
durant une période de treize années (1779-1792) toutes les
vicissitudes de sa vie intérieure à travers ces lettres de
direction [5]. Au premier abord, on éprouve quelque étonnement à trouver sous la bure thérésienne une religieuse
en apparence si imparfaite. Et cependant, à mesure que l'on
pénètre mieux dans l'intimité de cette âme tourmentée, on se
sent pris d'estime et presque de sympathie pour cette nature
exubérante, d'une débordante activité, passionnée d'austérités extraordinaires et en même temps inquiète, curieuse,
ambitieuse, susceptible ; au demeurant, la meilleure personne
du monde.

1. Cette chaussure, d'origine espagnole, se nomme *alpargate*.
2. *Ms.* 3, p. 23-24. Collection de Compiègne.
3. Les deux abbés de Brassac, neveux de l'abbé Rigaud, ont leur notice
dans *le Trésor du Carmel*, p. 247.
4. L'abbé de Floirac est un des quatre signataires de la lettre du
12 mars 1790.
5. Archives départementales de l'Oise, FFI.

Pour calmer son exubérance de mouvement et de vie, l'abbé Rigaud lui recommande le travail des mains, et surtout les ouvrages utiles et lucratifs : « Vous en avés besoin, ajoute-t-il, pour servir d'aliment à vostre activité naturelle. Écrivés peu [1]. » Plus souvent encore il lui recommande de veiller en récréation sur ses saillies humoristiques qui avaient déconcerté un jour la reine de France.

Tachés, lui écrit-il, de profiter de mes avis, et d'estre d'une grande attention sur vos propos ; évités avec soin tous ceux qui vous rapprocheroient des gens du monde dont une carmélite doit éviter les goûts, les propos et tout ce qui pourroit en exprimer l'esprit et la façon de penser, qui n'est pas communément celle qu'on trouve chés les carmélites. Je fais profession de franchise [2].

D'autres fois, il lui suggère de pieuses industries pour passer plus religieusement ce temps de la récréation si difficile pour elle [3], ou bien il lui renouvelle ses conseils, mais en la prémunissant contre une attitude contrainte ou taciturne, où pourrait l'entraîner son excès de bonne volonté.

Quelques-unes de vos sœurs auroient bien pu avoir pris de travers ce que vous auriés dit avec simplicité et sans y entendre malice ; il faut sans doute veiller sur ses propos pour ne rien dire que de convenable à un état si saint que le vostre ; évités cependant une sorte de gesne d'esprit et une attention trop scrupuleuse dont les effets ne seroient pas avantageux. La sainte liberté des enfants de Dieu [4]...

Pour refréner son goût immodéré des austérités surérogatoires, ses trois directeurs successifs, les abbés Rigaud, de Brassac et de Floirac ne cessent de lui rappeler qu'avant tout elle doit obtenir l'autorisation de la Mère prieure. « Je veux, lui écrit l'un d'eux, que vous vous contentiés d'une discipline de fil ou de ficelle, à moins que vous n'eusiez la facilité de vous en procurer une de parchemain [5]. » Il lui rappelle que

---

1. Rigaud à Euphrasie. Paris, 9 mars 1787. Lettre inédite. (Archives départementales de l'Oise, FFI, pièce 32.)
2. Même à la même. Paris, 18 mai 1779. Lettre inédite. (Même fonds.)
3. Même à la même. Chaume-en-Brie, 26 septembre 1780. Lettre inédite. (Même fonds.)
4. Même à la même. Chaume-en-Brie, 10 octobre 1785. Lettre inédite. (Même fonds, pièce 3.)
5. Brassac à la même. (S. l.), 4 mars 1786. Lettre inédite. (Même fonds, pièce 18.)

mieux vaut suivre en tout la communauté que de risquer
d'interrompre le train commun pour avoir dépassé la limite
de ses forces en des pénitences qui ne sont point de règle.
« En général, la vie commune, la pratique exacte de vos saintes
observances est le moyen le plus sûr de plaire à Dieu et de
parvenir à la fin que vous vous proposez, la sanctification de
votre âme [1]. » Et encore : « La discrétion doit régler l'usage
des pénitences que vous me demandez [2]. » Mais la bonne sœur
n'avait plus, semble-t-il, devant les yeux que saint Jérôme, le
rude solitaire, dans sa grotte de Bethléem, si bien qu'elle
voulait en prendre le nom dans les adresses de sa correspondance, ce qui « désoriente » l'abbé de Brassac.

Les idées d'élévation qui hantaient parfois sœur Euphrasie
étaient réprimées par ses directeurs avec la même sagesse.
La période électorale, ouverte en 1787, avait laissé des
mécomptes à l'excellente sœur. Il fallut la réconforter par
l'*Ama nesciri* [3]. « Je puis vous assurer, malgré tout ce qui
s'est passé, que la communauté vous est attachée [4] », lui écrit
l'abbé Floirac, écho ici de la sympathie générale.

Pour l'aider à se punir de sa curiosité, on lui suggère de se
condamner elle-même « à passer un quart d'heure dans sa
cellule, après Complies, avec les yeux bandés », en méditant
sur Notre-Seigneur livré aux outrages de ses bourreaux qui
lui voilèrent la face.

Au sixième interrogatoire, cè fut à la sœur Henriette
Emmanuel-Stanislas de la Providence (Mme *Legros*) de
répondre. Ainsi que la sœur de la Résurrection, s'inspirant
de la formule solennelle des vœux terminée par la clausule
si expressive *et ce jusqu'à la mort* : « Elle ne trouve pas, dit-
elle, de plus grand bonheur que de vivre carmélite et son
plus ardent désir est de vivre et de mourir telle. » Sœur

---

1. Brassac à Euphrasie. Chartres, 6 décembre 1785. Lettre inédite.
(Même fonds, pièce 20.)
2. L'abbé de Floirac, qui par la suavité et le bon sens de ses avis fait penser à saint François de Sales, lui développe cette théorie que « la patience,
l'humilité, les bas sentiments de soi-même, le support de ses sœurs, sont
bien plus agréables au Seigneur que toutes ces pénitences extérieures ».
Floirac à la même. Paris, 20 février, 1787. (Même fonds, pièce 4.)
3. Rigaud à Euphrasie. Paris, 26 février 1787. (Même fonds, pièce 11.)
4. Floirac à la même (lettre citée.)

Pierre de Jésus, interrogée en septième lieu, « déclare que si elle avait mille vies, elle les consac[re]rait à l'état qu'elle a embrassé, et que rien ne pourrait la déterminer à quitter la maison où elle a trouvé le bonheur ».

Malgré ces vibrantes protestations, ni l'une ni l'autre de ces deux sœurs ne sera appelée à la gloire du martyre.

La huitième qui eut à répondre fut la maîtresse des novices, l'une des religieuses les plus importantes à tous égards du carmel compiègnois. Encore une Parisienne. *Gabrielle-Henriette de Jésus* [1], née Marie-Françoise de Croissy, était venue au monde dans la capitale, le 18 juin 1745. Par sa mère, elle était petite-nièce de Colbert. Présentée au carmel de Compiègne, dès l'âge de seize ans, par le saint et illustre évêque d'Amiens, Mgr de la Motte d'Orléans, elle s'en était vu d'abord refuser impitoyablement l'entrée. Outre la délicatesse de sont empérament, son extrême jeunesse inspirait quelque incertitude sur sa vocation. En vain, le prélat « qui connaissoit à fond, disait-il, les dispositions intérieures de Mlle de Croissy, dont il était le directeur », insista auprès de la prieure en lui disant : « Recevez-la, ma Mère, recevez-la. C'est un ange que je vous présente, dans un corps terrestre, et vous comblerez ma mémoire un jour de bénédictions, pour vous avoir fait un si riche présent [3]. » La supérieure se montra inflexible et exigea que Françoise retournât au moins six mois chez sa mère, qui, devenue veuve, s'était fixée à Amiens, sa ville natale. L'année révolue, Monseigneur voulut lui-même en personne « ramener la colombe dans l'arche » et il eut la satisfaction d'y obtenir son entrée, le 21 octobre 1762 [4]. Elle prit l'habit le 12 février 1763, et prononça ses vœux le 22 février 1764. Mais la cérémonie du *voile* fut remise au

1. Rigaud à Euphrasie. Paris, 20 février 1787.

2. Gabrielle-Henriette de Jésus (*Articles*, p. 4) ; Henriette de Jésus (*ibid.*, p. 32).

3. Nous empruntons ce détail et les suivants aux rédactions I et II de Marie de l'Incarnation qui se complètent l'une l'autre. (*Ms.* 2 et 3, p. 31-39. Collection de Compiègne.)

4. Sur le grand renom de sainteté de Mgr de la Motte d'Orléans, voir trois lettres d'une carmélite d'Amiens adressées à deux sœurs de la rue de Grenelle, à Paris, quelques jours après la mort du prélat (15 juin 1774) dans l'*Histoire*, p. 154 *sqq.*

mois de juillet, époque du séjour de la cour, afin de permetttre à la reine d'y assister [1]. Marie Leczinska désirait en effet le donner à la jeune professe de ses propres mains. La cérémonie eut lieu en sa présence, et voici le petit discours que la jeune princesse adressa à la descendante des Colbert : « Ma sœur, lui dit-elle, le manteau que vous sortez de recevoir n'a ni la légèreté ni le brillant de celui de Colbert votre grand-oncle ; mais vous en donneriez mille, n'est-il pas vrai, comme celui du ministre, en y joignant même *son esprit*, pour conserver le manteau et l'esprit de votre bon Père, le saint prophète Élie. Vous avez choisi, en embrassant une vie de retraite et de pénitence, la voie du salut qui applanit toutes les difficultés que nous trouvons dans le séjour bruyant et mensonger de la cour. »

La nouvelle carmélite charmait ses compagnes par son esprit et par l'aménité de son caractère. Aussi fut-elle élue d'une commune voix à la charge de prieure, en 1779, n'étant encore que dans sa trente-cinquième année. Elle succédait à la sœur Charlotte de la Résurrection qui remplissait l'intérim depuis la mort de la Mère Catherine de la Miséricorde (5 février même année).

Son premier triennat expiré (1779-1782), la communauté qui de plus en plus appréciait avec ses talents naturels ses connaissances acquises dans le gouvernement, n'eut « qu'une voix et qu'un désir » pour la maintenir de nouveau à sa tête durant trois ans (1782-1785). On s'accommodait même si bien de ce régime qu'on eût fort souhaité, « si les règlemens ne s'y opposaient, écrit sœur de l'Incarnation, la pouvoir toujours conserver ». Une circonstance fortuite la maintint de fait encore à son poste durant dix-huit mois, l'évêque de Séez, Mgr du Plessis d'Argentré, supérieur de la maison, ayant été empêché de venir présider les élections. Enfin, après ce délai qui lui parut un siècle, elle fut remplacée dans la supériorité (1787) par la Mère Thérèse de Saint-Augustin. On l'élut alors maîtresse des novices. La sœur de l'Incarnation, qui fut une des cinq religieuses formées par elle [2],

1. L'abbé Blond (*op. cit.*, p. 94) a confondu à tort les deux cérémonies.
2. Entrée le 23 septembre 1786, elle prit l'habit le 23 mars 1787. (*Histoire*, p. 22.)

est qualifiée pour attester qu'elles lui gardèrent toutes
jusqu'au dernier moment « la même tendresse et la même
reconnaissance que si elle eût été leur mère naturelle·».

De ces sentiments affectueux et presque maternels nous
avons une preuve écrite dans les deux lettres que nous possédons d'elle, adressées toutes deux à cette demoiselle de
Grand-Rut qu'elle avait eue plusieurs mois sous sa conduite
spirituelle : « Ma chère petite amie et toujours fille, lui écri-
vait-elle, oui, vous regardant constamment comme carmélite,
puisque de cœur vous habiterez le Carmel, je conserverai
pour vous ce nom si doux de *Mère* [1], et j'en aurai le cœur et
la tendresse [2]. » Et elle prie son ancienne enfant de lui garder toujours une amitié qu'elle croit sincère, comme elle-
même lui donnera éternellement devant Dieu ces preuves de
son affection. « Ma très chère petite sœur et constamment
fille, lui écrit-elle une autre fois, vous pouvez être persuadée
que je n'oublierai pas ce nom de *Mère*. Je vois avec plaisir
que vous me le conservez. Pour moi, j'en conserverai les sentimens, surtout l'intérêt à votre bonheur et la tendresse [3].»

La direction de la Mère Henriette de Jésus se trahit pourtant, dans cette trop courte correspondance [4], forte et virile
en même temps que suave et onctueuse. Mais, si l'on y
rencontre une parfaite conformité de vues et de principes
avec la prieure, il s'en faut que le style offre les mêmes qua-

1. C'est elle qui souligne.
2. Henriette de Jésus à Grand-Rut (s. l. n. d.). (*Histoire*, p. 170.)
3. Même à la même (s. l. n. d.). (*Histoire*, p. 167.)
4. Deux lettres en tout. (*Histoire*, p. 167 et 170.) Leur origine est la même
que pour celles de la Mère Thérèse, et l'abbé Villecourt assure y retrouver
« la même prudence, la même charité et le même zèle ». La seconde, comme
nous l'avons dit, est du 9 octobre 1789. Outre qu'on y trouve rapporté le
même fait que dans la lettre de la Mère Thérèse de cette date, celle-ci dit
expressément : « Comme vous le marque votre respectable Mère maîtresse,
qui m'apporte un mot pour sa chère et bien-aimée fille, *vous ne devez pas
vous faire de reproches* de n'avoir pas répondu à ce que le Seigneur exigeait
de vous. » Or, dans sa seconde lettre, la Mère Henriette écrit : ...*Vous vous
en faites un reproche que vous ne méritez pas. (Histoire*, p. 128 et 171.)
La première lettre que nous ne croyons pas rangée à sa vraie place, ne
devrait venir qu'en deuxième lieu, car on a plus d'une raison de la croire
datée du 15 décembre 1789. Les allusions à une sœur Louise de Jésus, carmélite récemment décédée et dont Mlle de Grand-Rut, sa nièce, avait repris
le nom de religion, ne laissent guère de doute, sans parler d'autres indices.

lités littéraires. Il n'y a eu qu'une grande prieure de Compiègne : la Mère Thérèse de Saint-Augustin, la prieure du
martyre. D'ailleurs, toutes deux si unies que Thérèse pouvait dire d'Henriette : « Vous savez que nous n'avons qu'un
cœur[1]. »

Dans l'interrogatoire du 5 août 1790, il semble, à en juger
par l'impression produite sur la future historienne, qu'Henriette de Jésus se soit distinguée entre toutes ses sœurs.
« Elle occupoit encore cette place (de maîtresse des novices),
écrit Marie de l'Incarnation, lorsque l'infernal décret de la
suppression des ordres religieux arrivat. Pleine de zèle et
d'atachement pour son saint état, elle entendit avec horreur
l'offre faite aux religieuses de recouvrer la liberté de quitter
le cloître pour retourner dans le monde. »

Son indignation tourna même à la fureur poétique.

« Tout à l'heure, dit-elle aux autorités, vous allez avoir ma
réponse ; elle sort et [une] demie-heure après, rentre et leur
présente l'écrit, emblême des vrais sentimens dont son
esprit, son cœur, son âme étoient pénétrés. »

C'étaient trois strophes, ni pires ni meilleures que les
cantiques de la Mère Thérèse, mais qui avaient le mérite de
l'à-propos :

> Qu'ils sont faux les jugemens
> Que de nous porte le monde !
> Son ignorance profonde
> Blâme nos engagemens ;
> Tout ce dont il se décore
> N'est que pure vanité :
> Il n'a de réalité
> Que les chagrins qu'il dévore.
> Il n'a[2]... (Bis.)

A ceux qui trouveraient cette poésie un peu faible, nous

1. Thérèse de Saint-Augustin à Grand-Rut, 9 octobre 1789. (*Histoire*,
p. 131.)
2. Voici les deux dernières strophes : « Je méprise sa fierté, — Je m'honore de sa haïne, — Et je préfère ma chaîne — A sa fausse liberté. — Jour
d'une éternelle fête, — Jour à jamais solennel, — Où me vouant au Carmel
— De Dieu je fus la conquête, — Où me vouant... » (*Bis.*)
« Nœuds chéris et précieux, — Chaque jour je vous resserre : — Tout ce que
m'offre la terre, — N'est d'aucun prix à mes yeux, — Vos sarcasmes, par ma
joie, — Mondains, sont bien démentis : — Qu'elle vaut bien les soucis —
Auxquels votre âme est en proie. — Qu'elle vaut... » (*Bis.*)

répondrions avec Marie de l'Incarnation, laquelle s'était rappelé sans doute ses classiques et le sonnet d'Oronte, que la bonne carmélite n'avait pas mis beaucoup plus d'un quart d'heure à les faire.

« Ces Messieurs » prirent-ils la peine de lire la pièce jusqu'au bout ? Ce qu'il y a de probable, c'est qu'ils remirent les vers à l'auteur, ce qui permit à Marie de l'Incarnation de les retrouver plus tard dans l'amas de rebuts, au jour de la vente du mobilier; et ce qu'il y a de certain, c'est que sur leur registre, les officiers du directoire écrivirent : Mme de Croissy affirme « que ses engagements elle les a pris pour la vie, et qu'elle saisit avec empressement cette occasion de renouveler ses promesses ».

La neuvième carmélite mise en demeure de répondre n'avait de commun avec le grand Colbert que d'être aussi originaire de Reims. Marie-Anne Hanisset, née dans cette ville en 1742, introduite au Carmel, vingt ans après, par Henri Hachette des Portes, vicaire général de Reims, visiteur général des Carmélites, abbé de Vermand, évêque de Cydon[1] (Crète) *in partibus*, puis évêque de Glandève[2], enfin propagateur en France de la dévotion au saint Cœur de Marie, avait pris, sans doute, sur le conseil de ce prélat, le nom de sœur Thérèse du Cœur de Marie[3]. Sage, prudente et discrète, première tourière de l'intérieur et seconde dépositaire

1. Et non *Sidon* ou *Sydon*, comme on l'écrit souvent.
2. Mort à Bologne, en 1799.
3. Il avait réussi à introduire cette dévotion à Compiègne et il continuait à la répandre dans les autres carmels même en pleine Révolution française : « J'ay vu en passant, écrit-il à la prieure, vos sœurs de Lyon. Elles sont toutes dévouées au cœur de Marie, notre auguste et tendre Mère ; mais elles voudroient bien luy dedier un hermitage, et je leur ay promis de leur donner le tableau. Pour cela, je désirerois, ma très chère Mère, d'avoir *une copie de celuy que je vous ai donné,* parce qu'il me paraît remplir les deux dévotions du cœur de Jésus et de Marie, objets inséparables de notre culte. Je vous serois très obligé de m'envoyer une peinture en petit que je feray exécuter par un bon peintre... Vous voudrez bien me l'adresser le plus tôt possible chez les carmélites à Trévoux en Dombes. Assurez toutes mes chères filles de Compiègne de mes sentiments. J'avois quelque espérance de les revoir en allant à mon abbaye ; mais bientôt elle n'existera plus, et peut-être l'évêché de Glandève subira le même sort, *fiat voluntas.* » Hachette des Portes à Thérèse de Saint-Augustin. Trévoux, 8 juin 1790. Lettre inédite. (Archives départementales de l'Oise, FFI.)

(économe), elle s'était jusqu'ici contentée de satisfaire et d'édifier tout le monde. Elle avait mérité notamment « plus d'une fois les éloges des grands de la cour[1] ». Le 5 août 1790 sera sa première occasion de paraître. Elle répond que « si elle pouvait doubler les liens qui l'attachent à Dieu, elle le ferait avec toute la force et le zèle qui dépendent d'elle[2] ».

La dixième interrogée fut Marie-Gabrielle Trezel, nommée en religion sœur Thérèse de Saint-Ignace et surnommée le *Trésor caché*. Compiègnoise. Ame mystique, éprise de pure oraison et de silence absolu. Marie de l'Incarnation voudrait « la plume d'un ange », pour parler dignement d'une religieuse qui semblait, dit-elle, représenter la Sainte Vierge. Toujours recueillie en Dieu, elle n'aimait pas lire et se refusait à écrire[3]. » Cette contemplative répond simplement aux hommes de loi, en revenant à la formule des vœux, qu'elle est « contente de son état et qu'elle y veut vivre et mourir ».

L'intention de sœur Thérèse de Jésus, onzième interrogée, est aussi de « mourir carmélite ». Peut-être son vœu sera-t-il réalisé ; mais elle ne mourra point martyre.

Celle de la douzième, sœur Julie-Louise de Jésus[4], est de « rester toute sa vie dans cette maison ».

Là-bas, au diocèse de Chartres, entre Epernon et Hanches, on voit une ferme avec son vaste enclos de champs et de bois, une fontaine dite de la Trinité et une voie ferrée. Le calvaire a été transporté ailleurs. Plus aucune trace ni du

---

1. *Histoire*, p. 83.

2. Voir *Glorieux souvenir. Marie-Anne Hannisset, née à Reims le 18 janvier 1742, carmélite à Compiègne, martyrisée avec ses compagnes à Paris, le 17 juillet 1794*, par le chanoine Cerf. Reims, 1897. In-8.

3. « Marquant mon étonnement de ce que je ne lui voiois *jamais de livre en mains*, au chœur et particulièrement les fêtes et dimanches, et comment elle pouvoit faire pour s'en passer : « Ah ! c'est, me dit-elle, que le bon Dieu « découvre en moi une ignorance si profonde qu'il pense que tout autre maître « que lui ne seroit en état de m'instruire et voilà pourquoi *il veut bien pren-* « *dre la peine de le faire lui-même.* » (*Ms.* 2, p. 26 et 27. Collection de Compiègne.) — « Votre officière, ma sœur Saint-Ignace, ne vous oublie pas ; elle m'a assuré, en ne pouvant retenir ses larmes, qu'en voyant que plusieurs de nos sœurs vous avaient écrit, elle se serait jointe à elles *sans son extrême difficulté pour écrire.* » Thérèse de Saint-Augustin à Grand-Rut. Compiègne, 15 décembre 1789. (*Histoire*, p. 134.)

4. Appelée simplement *Julie de Jésus*, dans la seconde liste des *Articles* (p. 34).

château, ni de l'église, ni même de la paroisse du Loreau.

Cette paroisse, supprimée vers 1748, était pourtant le berceau d'une future martyre, cette sœur Julie-Louise de Jésus, appelée, dans le monde, des jolis noms de Rose Chrétien[1]. Elle y était née, le 30 décembre 1741.

Ses compagnes, qui la voyaient depuis le jour de ses vœux douce et affable, toujours prête à obliger et faisant le charme des fêtes intimes de la communauté par ses compositions poétiques ou ses décorations artistiques, n'avaient cependant pas oublié, même après quatorze ans passés, l'avoir connue, à son entrée, froide, renfrognée, dédaigneuse. Sa gêne et sa morgue d'alors contrastaient même si étrangement avec la gaieté franche et naturelle des novices, que celles-ci lui avaient donné le surnom de *Grande sœur*.

Tant de fiel entre-t-il dans l'âme des novices !

« Oh ma chère Mère, disaient-elles à la prieure, que nous souhaiterions donc que le bon Dieu permît qu'elle se dégoutât ou qu'elle ne fût pas reçue au chapitre ! » Ces propos prouvent simplement que la jeunesse, même au fond des cloîtres, est sans pitié. Les espiègles petites sœurs ignoraient que dans le passé de la *Grande sœur* il y avait un douloureux roman.

Il datait de l'époque de sa première communion, où des voix intérieures lui avaient fait entendre l'appel de Dieu vers une vie plus parfaite. Mais volontairement sourde à ces inspirations, elle avait cru se délivrer de leur importunité, en épousant, vers l'âge de dix-neuf ans, son cousin germain, M. Chrétien de la Neuville pour qui, depuis sa plus tendre enfance, elle ressentait un vif penchant. Au bout de cinq ou six ans, la mort brisa leur union. Alors elle eût voulu rejoindre dans la tombe celui qu'elle avait tant chéri. Désormais enfermée dans ses appartements tendus de noir, elle s'interdit toute communication, même avec sa famille, ne parlant plus qu'à ses domestiques pour leur donner ses ordres. En vain, au nom de ses parents désolés, son oncle, M. l'abbé de Vaux,

---

1. Voir *les Carmélites à Compiègne, Rose Chrétien*, dans *la Voix de Notre-Dame de Chartres*, juillet 1897, p. 154.

grand chantre de l'église d'Évreux, lieu de retraite de la désespérée, employa-t-il durant deux années lettres, prières et instances pour la ramener. Enfin sa nièce se laissa vaincre et
l'accueillit avec des torrents de larmes. « Emus par une sensibilité réciproque », ils furent d'abord longtemps sans se
parler. Puis l'oncle obtint la disparition des tentures noires, la
reprise des relations de famille, le retour aux principes de
piété et même, au prix de beaucoup d'efforts, l'aveu du secret
de la première communion. Il félicita la jeune veuve de ce
qu'elle était résolue de renoncer aux spectacles, ainsi qu'à la
lecture des romans et des pièces de théâtre, lui conseilla de
reprendre la musique qu'elle aimait fort et de lire les grands
prédicateurs. Mais, sur la question de la vocation, Mme de
la Neuville, qui avait « de l'horreur naturelle pour les cloîtres »,
hésitait toujours. Elle eut alors une idée heureuse : c'était
d'aller consulter la plus célèbre des religieuses : Madame
Louise de France. La princesse l'accueillit avec bonté, au parloir de Saint-Denis, fit faire une neuvaine pour elle, et lui
offrit de la recevoir dans son carmel. Mais ayant appris que
sa dot était considérable, elle l'envoya de préférence à celui
de Compiègne, auquel elle portait intérêt. Ici encore le combat
avait été dur ; la victoire n'en fut que plus éclatante. On se disait
que sous le drap mortuaire de ses vœux sœur Julie avait
laissé le « vieil homme[1] ».

Pour la treizième fois M. de Pronnay posa l'interrogation
accoutumée. Sœur Marie-Henriette de la Providence (Mme *Perbras* ou plutôt *Pelras*[2]) lui répondit que mourir dans son
carmel était « le vœu de son cœur ».

Cette religieuse n'avait pas toujours été carmélite. Ses
parents, sur leurs dix-huit enfants, couronne de bénédiction « d'une famille toute composée de saints et de saintes »,
en avaient perdu huit moissonnés dans la première fleur de la
jeunesse. Des dix autres, quatre garçons et six filles, trois des
frères étaient entrés dans les ordres, dont l'un chez les

---

1. *Ms.* 3, p. 41. Collection de Compiègne.
2. Dans les *Articles* on lit *Perbras* (p. 4) et *Pelras* (p. 36). Cette dernière
forme paraît la plus exacte. On l'appelle d'abord *Henriette de la Providence*
p. 43), puis simplement *Marie-Henriette* (p. 36).

Pères Jésuites de Cahors[1], et les six sœurs dans la congrégation de Nevers. Anne Pelras n'avait, lors de sa réception, que
quinze à seize ans. « Mais, ajoute Marie de l'Incarnation,
comme la nature l'avait douée de tous les agrémens dont
une femme est susceptible, sa beauté peu commune lui fit
courir des dangers qui alarmèrent sa pudeur; elle crut devoir
renoncer tout à fait au monde pour la mettre en sûreté, et
dans son goût dès lors très décidé pour le cloître, elle se
présentat à nos mères à l'âge de vingt-cinq ans, le 26 mars
1785[2]. » Elle était donc une des dernières venues parmi les
carmélites de Compiègne. On lui avait confié la charge dévouée
de sous-infirmière qu'elle remplira jusqu'au dernier moment
avec zèle et charité.

Mme Philippe (sœur Joséphine-Marie de l'Incarnation),
notre historienne, ne parla que la quatorzième. Elle déclare
« qu'elle veut vivre et mourir dans son état, que son bonheur
est aussi constant que les motifs de sa vocation ».

On a ici une preuve en passant de l'exactitude de son récit,
car, sans se mettre personnellement en scène, c'est sa propre
réponse qu'elle a rapportée et prêtée aux autres dans sa relation : « Nous ne répondîmes, écrit-elle, à la prétendue bienveillance qu'on nous témoignait, qu'en publiant hautement que
le monastère avait été une maison de notre choix, et que toute
notre ambition était d'y vivre et d'y mourir; qu'il n'y avait
rien eu que de libre dans notre vocation[3]. »

En quinzième, parut une religieuse infirme, Mme Boitel
(sœur de Jésus-Marie). Je veux, dit-elle, « vivre et mourir
vraie carmélite; après la céleste patrie il n'y a pas de plus profond bonheur ». Ses infirmités l'empêchèrent d'apposer sa
signature[4]. Tel fut aussi le cas des trois sœurs converses;
elles déclarèrent ne savoir pas signer. Mais ces braves filles

---

1. Les *Articles* (p. 36) donnent à croire que *tous* ses frères embrassèrent
l'état ecclésiastique. L'un d'eux (Jean-Jacques Pelras) resta dans le monde et
se maria. (Voir *Articles*, p. 43.)

2. *Ms.* 3, p. 46.

3. *Histoire*, p. 36.

4. C'est par une distraction évidente que M. Sorel (*op. cit.*, p. 14) rapporte
ce fait au procès-verbal du 4 *août* (pour le 5), puisque lui-même a reproduit la pièce justificative *in extenso*, page 92. Même erreur, page 15.

avaient fait des déclarations aussi dignes que les religieuses
de chœur. Deux d'entre elles, deux futures martyres, les sœurs
Marie du Saint-Esprit et Sainte-Marthe (Angélique Rousselle
et Marie Dufour), avaient protesté vouloir « vivre et mourir
dans leur saint état ». La troisième converse martyre, sœur
Saint-François-Xavier (Mme Julie Vérolot[1]) ferme le long
défilé en disant « qu'une épouse bien née reste avec son
époux et que rien ne peut lui faire abandonner son divin
époux Notre-Seigneur Jésus-Christ ». Cette réponse ingénue peint bien le caractère de la plus jeune des converses.

Née à Lignières (diocèse d'Autun), le 1ᵉʳ janvier 1764, la
sœur Saint-François n'avait fait profession, après moins de
deux ans de séjour au Carmel, que le 11 janvier 1789[2]. L'heure
était déjà inquiétante pour les ordres religieux ; mais cette
simple fille des campagnes de Bourgogne, qui « portait sur
son front un caractère de franchise et de gaieté » (sic), ne se
préoccupait de rien.

La Mère Thérèse ayant cru, avant de recevoir son engagement définitif, lui mettre sous les yeux les menaces de
l'avenir : « Ah, ma chère bonne Mère, lui dit-elle avec sa naïveté
ordinaire, vous pouvez être bien tranquille, car pourvu que
j'aie le bonheur d'être consacrée à mon Dieu, voilà tout ce
que je désirons (sic)... Ainsi, ma chère bonne Mère (c'était son
terme), ne vous mettez pas du tout en peine de moi, parce
que, allez, le bon Dieu en prendra soin[3]. » Elle égalait d'ailleurs en sensibilité les personnes de la ville : « Tout à l'heure
encore, écrivait la prieure après le départ de Mlle de Grand-
Rut, je recueillais les larmes de cette bonne petite Saint-François dont je crois les prières bien agréables au bon Dieu, à
cause de la candeur de son âme : « Ma bonne chère mère, me
« dit-elle, si j'osais vous prier de dire à notre bonne petite
« sœur Louise de Jésus que, tous les jours de ma vie, je prierai

1. Marie de l'Incarnation (Histoire, p. 112) lui donne pour prénoms :
Etiennette-Jeanne et change son nom de Vérolot en Vézotal. Dans les Articles, elle est appelée Julie (p. 5) et Juliette (p. 39).
2. C'est la date des manuscrits préférable à celle du 1ᵉʳ janvier, qu'on
trouve dans l'Histoire, loco cit.
3. Ms. 3, p. 52. Collection de Compiègne.

« pour elle, et lui serai toujours unie et son bon ange », etc. [1].

Des deux tourières du dehors, les deux sœurs Catherine et Thérèse Soiron, il ne fut et ne pouvait être question, tant il est vrai, ce qui est à retenir pour la suite, qu'elles n'étaient pas aux yeux de la loi regardées comme religieuses. La sœur Constance, qui n'avait point prononcé de vœux, n'eut pas davantage à paraître devant les prétendus libérateurs.

« Voyant, conclut Marie de l'Incarnation, que tous leurs efforts étaient inutiles pour nous faire accepter une liberté ridicule, ils se retirèrent. » Mais en se retirant, ils laissèrent à la garde des religieuses, « effets, argenterie, argent monnayé, livres et papiers », dont elles s'étaient spontanément chargées.

Le rideau de la clôture retombait sur le premier acte de la grande tragédie. Dans cette mémorable journée du 5 août 1790, les caractères des héroïques filles de sainte Thérèse s'étaient révélés, en pleine lumière et à la face des autorités publiques. Aujourd'hui, devant les promesses et la séduction, comme demain, devant la persécution sanglante, les carmélites de Compiègne avaient fait bloc. Pas une défection n'était à déplorer.

Henri CHÉROT.

(*A suivre.*)

1. Thérèse de Saint-Augustin à Grand-Rut. Compiègne, 9 octobre 1789. (*Histoire*, p. 129.)

LES CONGRÉGANISTES

HORS LES SÉMINAIRES

Si accoutumés qu'ils soient aux impertinences du ministère actuel des cultes, nos évêques ont dû éprouver quelques moments de stupeur à la lecture de la circulaire récente, qui leur enjoint de renvoyer les « professeurs congréganistes » de leurs séminaires dans le délai d'un an. Voici, d'après le texte publié par les journaux et qui n'a pas été désavoué, le début de ce document :

> Les plaintes nombreuses qui se sont élevées contre le personnel congréganiste enseignant des séminaires m'ont décidé à mettre fin à une situation qui n'est d'ailleurs ni dans la lettre ni dans l'esprit du Concordat.
>
> C'est un principe absolu de notre législation, aussi bien que du droit canon, que seuls les prêtres séculiers ont qualité pour former l'enseignement de leurs confrères (*sæcularia sæcularibus*).

Jamais pape n'a parlé à l'épiscopat de ce ton d'autocrate. Mais comment qualifier la prétention, affichée par le ministre exécuteur des basses œuvres du Grand Orient, de ramener les évêques à l'observation des lois de l'Église ? A cette insolente mise en demeure, qu'un évêque peut subir, non accepter, nos prélats auront fait la réponse qu'elle mérite, nous n'en doutons pas. Abstraction faite du procédé injustifiable, la leçon de droit contenue dans la circulaire repose-t-elle, au fond, sur un « principe » légitime ? Quelques-uns ont paru l'admettre parmi ceux mêmes qui ont blâmé le plus vivement le nouveau « coup de force » de M. Combes. Il vaut la peine de chercher ce qu'il en est, sans autre souci que celui de la vérité.

Toutes les questions relatives aux séminaires sont régies,

en *droit canon*, par le chapitre xviii du décret *De Reformatione* de la vingt-troisième session du concile de Trente. Nous devons, avant tout, citer ce chapitre. Il commence en ces termes :

> Comme le jeune âge, s'il n'est bien élevé, est enclin à se livrer aux plaisirs mondains et que s'il n'est formé à la piété et à la religion dès les tendres années, avant que l'habitude du vice ait envahi tout l'homme, il ne persévère jamais parfaitement dans la discipline ecclésiastique, à moins d'une grâce de Dieu tout-puissant très grande et presque exceptionnelle, le très saint Synode ordonne que toutes les églises cathédrales, métropolitaines et les autres de rang supérieur soient tenues d'entretenir et d'élever religieusement et d'instruire dans les sciences ecclésiastiques un certain nombre, proportionné aux ressources et à l'étendue des diocèses, d'enfants de la ville épiscopale et du diocèse ou, si la ville et le diocèse même n'en offraient pas, de la province, dans un collège à choisir pour cela par l'évêque, au voisinage des églises ou en autre lieu convenable.

Le décret énumère ensuite les conditions auxquelles doivent satisfaire ces enfants. La première est qu'ils soient âgés d'au moins douze ans, sachant lire et écrire : preuve, entre autres, que le concile avait en vue, non seulement les grands, mais aussi les petits séminaires. Puis, il précise les matières de l'enseignement qu'il faudra leur donner, depuis la grammaire jusqu'à la théologie. Il ordonne aux évêques de choisir parmi leurs chanoines deux des plus graves pour s'aider de leurs conseils dans l'organisation de ces établissements, qu'ils devront ensuite visiter fréquemment, afin d'en maintenir le bon fonctionnement. Pour couvrir les frais d'une œuvre si nécessaire à la religion, tous les bénéfices ecclésiastiques auront à fournir une quote-part, que l'évêque est autorisé à déterminer d'accord avec un conseil, composé de quatre membres du clergé, dont deux élus par leurs confrères, et c'est en présence de ce même conseil que l'évêque se fera rendre compte, chaque année, de la situation financière du séminaire.

Enfin voici, textuellement encore, ce qui concerne les professeurs :

> Afin qu'il soit pourvu avec moins de dépense à l'institution de ces écoles, le saint Synode ordonne que les évêques, archevêques, primats

et autres ordinaires obligent et contraignent, même par soustraction
des revenus, les écolâtres et autres jouissant de bénéfices avec charge
de leçons ou d'enseignement, à professer, dans les écoles qui seront
fondées, soit personnellement, s'ils sont capables, soit en se substituant
des maîtres capables, approuvés par les ordinaires.

Si l'évêque ne juge pas dignes ceux qu'ils nommeront, qu'ils en
nomment un autre qui soit digne, sans interposer aucun appel. S'ils y
manquent, que l'évêque nomme lui-même. D'ailleurs les maîtres ensei-
gneront suivant que l'évêque le trouvera bon.

Si l'on ajoute encore quelques dispositions en faveur des
diocèses pauvres (faculté de s'associer à deux ou plusieurs
pour la fondation d'un séminaire commun) et des diocèses
étendus (auxquels on accorde, s'il y a utilité, plusieurs séminaires), on aura dans ce qui précède tout ce que le concile
de Trente a statué concernant les grands et les petits séminaires.

Il en ressort avec évidence que le concile ne s'est prononcé
ni directement ni indirectement pour l'emploi exclusif des
prêtres séculiers dans la formation des séminaristes. En
somme, il s'en remet à la sagesse des évêques pour le choix
des directeurs et professeurs de la nouvelle institution, et il
ne limite leur droit à aucune classe, aucune qualité de personnes. Une seule condition est spécifiée comme indispensable : c'est que les hommes chargés de l'éducation des
jeunes clercs soient *idonei*, c'est-à-dire aient l'aptitude
requise pour une fonction si importante. Le concile n'interdit
donc nullement de la confier à des religieux ou à des congréganistes chez qui l'évêque trouverait les qualités voulues.

Il y a plus que cet argument négatif. La question a été
expressément posée à Trente et résolue dans le sens de la
thèse que nous défendons. Le projet de décret sur les séminaires fut discuté dans les congrégations générales des
10 et 11 juillet 1563. Sous sa première forme, peut-être, il
n'admettait ou paraissait n'admettre que le clergé séculier à
l'enseignement des séminaires. En tout cas, les Pères du
concile avaient à peine commencé à donner leur avis, que
l'archevêque de Grenade (il parlait le sixième) vint demander
que les évêques eussent la faculté de prendre les professeurs

de leurs séminaires parmi les *réguliers*. Aucune voix ne s'éleva contre cette motion, tandis qu'un grand nombre d'autres prélats l'appuyèrent, soit explicitement, soit en adhérant en bloc au suffrage de l'archevêque de Grenade[1]. On ne peut donc douter qu'elle n'ait été admise par le concile; et si le décret définitif, voté le 14 juillet 1563, ne la reproduit pas en termes exprès, il la contient au moins implicitement.

Plus encore que par la lettre du décret, on peut s'éclairer sur la pensée du concile et sur ce qui est en réalité le droit canonique par rapport aux séminaires, en voyant ce qui a été fait dans l'Église après les résolutions de Trente, et spécialement par ceux qui, de l'aveu de tout le monde, les ont le mieux comprises et le plus fidèlement exécutées.

Regardons d'abord à Rome. Les papes ont tenu à honneur, en effet, de réaliser les premiers le vœu si salutaire du concile.

A vrai dire, ils l'avaient prévenu. Alors que s'élaborait à Trente le décret de la vingt-troisième session, il y avait onze ans que fonctionnait à Rome le « collège germanique », véritable séminaire, destiné à fournir des prêtres et des évêques saints et savants à l'Allemagne ravagée par l'hérésie.

Les rédacteurs du décret de Trente se sont manifestement inspirés des statuts donnés à cette maison par saint Ignace de Loyola. D'ailleurs ses plus zélés promoteurs furent précisément les prélats qui déjà patronnaient le collège germanique, avant tous l'illustre cardinal Morone, ancien nonce en Allemagne et qui, en 1563, présidait le concile comme premier légat du pape. C'est peut-être Morone qui eut la première idée de ce séminaire général pour l'Allemagne, et assurément c'est lui qui, avec saint Ignace de Loyola, fit le plus pour la réaliser. Érigé par une bulle de Jules III en date du 31 août 1552, doté de revenus stables par Grégoire XIII et favorisé par la bienveillance de tous les papes jusqu'à ce jour, le collège germanique a toujours été dirigé par la Compagnie de Jésus. Tant d'hommes remarquables à tous

---

1. Massarelli, *Acta genuina concilii Tridentini*, édition Theiner, t. II, p. 302-309.

égards qu'il a donnés à l'Église d'Allemagne, témoignent
éloquemment en faveur de cette direction[1]. D'ailleurs, les
règlements de ce premier séminaire, déjà empruntés quant à
leur substance par le décret de Trente, ont été adoptés encore
plus complètement par presque tous les séminaires suivants.
Quand il n'y aurait que ces faits, il serait difficile de démontrer l'inaptitude des réguliers à former des prêtres séculiers.

Le collège germanique ne formait des prêtres que pour
l'Allemagne. Pour l'exemple de tous les diocèses de la chrétienté, le clergé romain devait avoir aussi son séminaire. Ce
fut en effet la première préoccupation de Pie IV, aussitôt qu'il
eut confirmé le concile de Trente. En 1564, il nommait une commission, composée de dix cardinaux et de quatre autres prélats, avec charge d'étudier, entre autres questions pratiques,
celle du choix des professeurs et directeurs du futur séminaire. Après mûre délibération, cette commission, à une
grande majorité, opina pour les Jésuites. Cette décision,
quand elle fut connue à Rome, souleva une véritable tempête
dans une partie du clergé et parmi les nombreux professeurs
que possédait la Ville éternelle. Convenait-il d'enlever ainsi
au clergé séculier la formation de ses recrues ? Lui déniait-
on une capacité au moins égale à celle des réguliers ? Ces
plaintes et des accusations calomnieuses qui y furent perfi-
dement mêlées, en particulier, contre le collège romain de la
Compagnie, impressionnèrent pour un temps le Souverain
Pontife lui-même. Toutefois, après enquête, non seulement il
ratifia l'avis de sa commission, mais de plus il adressa à
l'empereur Maximilien et à l'électeur-archevêque de Mayence
des lettres, où il justifiait les Jésuites de ces accusations qui
avaient été aussi répandues en Allemagne : elles n'ont d'autre
source, dit le pape, que la jalousie de quelques-uns, « qui
n'ont pu voir sans chagrin et ressentiment que nous ayons
fait appel de préférence aux bons et fidèles services du collège (de la Compagnie) pour certaines œuvres, et qu'ayant
récemment fondé dans cette ville un séminaire, conformément
au décret du concile de Trente, nous lui en ayons confié le

1. Voir les notices dans Steinhuber, *Geschichte des Collegium Germanicum
Hungaricum in Rom*. Fribourg-en-Brisgau, Herder, 1895.

soin et le gouvernement, de notre propre mouvement, avec l'assentiment de tous nos frères les cardinaux de la sainte Église romaine ». Le Souverain Pontife terminait ses lettres en.priant instamment les princes de protéger, à son exemple, les collèges de la Compagnie dans leurs domaines[1].

Le séminaire romain est resté sous la direction de la Compagnie de Jésus, jusqu'à la suppression de l'ordre par Clément XIV.

Preuve, à tout le moins, que le Saint-Siège n'a jamais considéré le séminaire dirigé par des prêtres séculiers comme le type nécessaire ou idéal de l'institution voulue par le concile de Trente.

J'omets d'autres séminaires fondés par les papes pour une destination analogue à celle du collège germanique, c'est-à-dire pour fournir un clergé indigène digne de sa vocation aux contrées où dominaient plus ou moins l'hérésie et le schisme. Grégoire XIII, qui fut comme le second fondateur du *Germanicum*, dota en outre l'Église de plus de vingt établissements de ce genre, à Rome, en Allemagne et dans divers pays catholiques. C'est encore la Compagnie de Jésus qui dut accepter la charge de presque tous ces séminaires. On pourrait opposer qu'il n'y a pas à tirer argument de ces séminaires, créés dans des circonstances anormales, pour des régions pauvres en prêtres séculiers.

C'est de même par la disette de prêtres séculiers qu'on peut expliquer, dans une certaine mesure, que les séminaires diocésains de l'Allemagne, du seizième siècle jusque vers la fin du dix-huitième, aient été presque tous dirigés par des réguliers ou, pour parler plus précisément, par les Jésuites. Je laisse donc ces faits, pour passer aux séminaires de France, après avoir toutefois préalablement dit un mot de ce qu'a fait saint Charles Borromée à Milan.

Personne, on le sait, n'a dépassé le grand archevêque dans son zèle pour l'exécution des décrets de Trente, en particulier de celui qui concerne les séminaires. Il est, d'ailleurs,

---

1. Ces lettres, datées des 29 et 30 décembre 1564, sont reproduites dans Sacchini, *Historiæ Societatis Jesu pars secunda,* lib. VIII, n°ˢ 34-35.

sans conteste « l'homme qui a le mieux connu la question
des séminaires et l'esprit du concile de Trente[1] ». On a
beaucoup dit qu'après avoir d'abord confié son séminaire à
des réguliers, aux Jésuites, il le leur avait enlevé pour le
donner à des prêtres de son diocèse. Là-dessus, il y a quelques
observations à faire. C'est en effet avec le concours des
Jésuites que saint Charles fonda son séminaire, plutôt ses
trois séminaires, en 1565, et qu'il renouvela peu à peu la vie
sacerdotale dans son diocèse. L'histoire atteste qu'il ne cessa
d'apprécier très haut ce concours. Voici comment un ancien
biographe, qui fut un de ses familiers[2], rapporte le changement de direction des séminaires : « Les Pères Jésuites gou-
vernèrent ces établissements pendant plusieurs années ;
mais enfin, parce que la tâche était très considérable, il fut
jugé expédient, *conformément aussi à leur désir*, de les soulager quelque peu. On les laissa donc s'appliquer à l'éducation de la jeunesse quant aux études, et à une infinité
d'autres œuvres saintes qu'ils font suivant leur institut, au
grand profit de tout le monde et particulièrement pour l'aide
et le soulagement des évêques ; et le gouvernement domestique de ces établissements fut donné à d'autres bons prêtres
qu'on appelait *Oblats*. C'était une congrégation instituée et
fondée par le seigneur cardinal, le 16 août 1578. » Inutile de
nous attarder aux raisons qui motivèrent ce changement ; je
dirai seulement que le biographe, dont le témoignage sur ce
point pourrait aisément être confirmé par d'autres preuves,
a mentionné très justement le propre désir des Jésuites[3].

Quoi qu'il en soit, le départ de ces derniers n'accentua que
très relativement le caractère *séculier* du séminaire de saint
Charles. Le saint voulut en effet que ses séminaristes conti-
nuassent à recevoir l'enseignement de la Compagnie de Jésus
dans les cours de lettres, de philosophie et de théologie du

---

1. Mgr Fuzet, lettre pastorale du 15 août 1900. Voir la *Revue du Clergé
français*, t. XXIII, p. 492.
2. Giovan Battista Possevino, *Discorsi della vita et attioni di Carlo Borromeo, prete cardinale..., arcivescovo di Milano*, p. 109. Rome, 1591.
3. On peut voir aussi *De vita et rebus gestis sancti Caroli Borromei... libri
septem quos ex Joanne Petro Glussiano presb. congr. Oblatorum, Bartholo-
mæus Rubeus ejusd. sodalitatis. . latine reddidit, Balthasar Oltrocchi Obla-
tus... notis æberrimis illustravit*, p. 96-97. Milan, 1751.

collège de Braida ou Brera. De plus, les *Oblats* qu'il substitua aux Jésuites, dans la direction intérieure de ses maisons cléricales, étaient des *congréganistes*. On a vu que son biographe J.-B. Possevino les désigne comme tels ; qu'on lise encore ce qu'il ajoute sur leur organisation. « C'était une congrégation..., composée de bons prêtres, et aussi de quelques laïques, lesquels s'offraient spontanément à l'obédience de ce seigneur, et de tous les archevêques futurs de Milan, oblation qu'ils faisaient avec serment et vœu... Quelques-uns d'entre eux renonçaient à leurs bénéfices et à ce qu'ils possédaient, et ajoutaient au vœu d'obéissance celui de pauvreté. Beaucoup vivaient ensemble dans la maison et église du Saint-Sépulcre, recevant de cet établissement le vivre et le vêtement... Chaque année ces Oblats tenaient leur congrégation générale, à laquelle assistait toujours le cardinal, et dans laquelle ils nommaient leurs officiers et directeurs. »

On le voit, ceux dont l'idéal est le séminaire dirigé par des prêtres séculiers au sens strict, n'ont pas pour eux le patronage du célèbre archevêque de Milan.

Venons enfin à la « tradition » française. Mgr l'archevêque de Rouen, comme premier trait essentiel de la nouvelle organisation qu'il a donnée, en 1900, à son grand séminaire, signale ce qui suit : « 1° Le caractère séculier de l'institution des séminaires y est nettement affirmé... En confiant directement à des prêtres diocésains notre premier établissement ecclésiastique, nous le ramenons à ses conditions normales, nous nous conformons à la règle de l'Église et aux vieilles traditions de notre pays[1]. »

Comme tout évêque, Mgr Fuzet, de par le décret de Trente, est le maître de choisir les directeurs et les professeurs de son séminaire selon qu'il le juge à propos, et personne ne dira qu'il les choisit mal en les prenant dans son clergé si distingué. Cependant, puisqu'il a bien voulu faire part au public de ses motifs, et même formuler une théorie générale sur la question, il n'est sans doute pas interdit de discuter ses raisons, du moins au point de vue théorique. Qu'il me soit

---

1. Lettre pastorale citée. (*Revue du Clergé francais*, t. **XXIII**, p. 499-501.)

donc permis de le faire brièvement, avec le respect que je dois
à la haute dignité et aux éminentes qualités personnelles du
savant archevêque, mais aussi en toute franchise.

Quelle « règle de l'Église » prescrit de confier les séminaires diocésains à des prêtres séculiers? J'avoue que je
l'ignore. Est-ce le décret du concile de Trente? Le texte
même du décret et les interprétations les plus autorisées,
notamment celle que représente la pratique des papes et de
saint Charles Borromée, nous ont montré qu'il ne renferme
rien de semblable.

Les « vieilles traditions de notre pays », par rapport aux
séminaires, commencent dans la seconde moitié du seizième
siècle, et même Mgr Fuzet ne remonte, pour appuyer sa
théorie, qu'au second quart du dix-septième siècle. C'est,
en effet, à cette date qu'appartient la *remontrance*, qu'il cite
d'après Thomassin, des représentants du clergé de France.
On y voit les prélats se plaindre que des séminaires, « éri-
gés » dans le principe « sous la direction des évêques », aient,
pour la plupart, fini par être « soustraits de la juridiction
épiscopale et soient tombés sous la direction des réguliers
de différents ordres », et demander « qu'il plaise au roi de
mettre à l'avenir lesdits séminaires sous la main des évêques,
qui mettront des officiers auxdits, déposables *ad nutum*[1] ».

Cette « remontrance » est-elle bien dans les « traditions »
de l'Église de France? On en peut douter. Elle est une suite
de cette assemblée de 1625, qui, entraînée par quelques prélats passionnés, s'occupa surtout de réprimer les empiétements, réels ou supposés, des réguliers [sur les droits et
l'autorité des pasteurs ordinaires. Heureusement, l'aigreur
que manifestèrent les évêques de cette époque à l'égard de
leurs auxiliaires religieux, ne caractérise pas les sentiments
habituels de l'épiscopat français.

Au surplus, il résulte de la remontrance, qu'en 1629, la plupart des séminaires étaient dirigés par des réguliers. Ceux-ci
avaient-ils supplanté des directeurs et professeurs séculiers?
Le document ne l'affirme pas, et certainement ne pouvait

---

1. *Actes, titres et mémoires concernant les affaires du clergé de France*,
t. II, p. 90-91 : Remontrance sur l'article vi de l'ordonnance royale de 1629.
Paris, 1646.

l'affirmer. En réalité, les évêques les plus zélés pour l'exécution du décret de Trente sur les séminaires, en France
comme ailleurs, n'avaient pas cru pouvoir faire mieux — ou
n'avaient pas pu faire autrement — que de demander le concours des religieux. Ainsi le cardinal de Lorraine fondant,
dès 1567, dans sa ville archiépiscopale, à Reims, un séminaire pour cinquante clercs, le confiait à la Compagnie de
Jésus. C'est également aux Jésuites que, d'accord avec les
autres évêques de Lorraine, il ouvrait à Pont-à-Mousson une
université, comprenant aussi un séminaire. L'archevêque de
Cambrai appela les mêmes religieux à diriger son séminaire
de Cambrai, le premier apparu en France à la suite du concile de Trente, et celui qu'il établit auprès de l'Université de
Douai, en 1586. A Rouen, un des plus grands prédécesseurs
de Mgr Fuzet, le cardinal de Joyeuse, fonda en 1615 un séminaire pour trente clercs, dont il chargea les Jésuites, qui le
gardèrent jusqu'en 1761.

Si donc la « tradition » de l'Église de France, en 1629, était
établie en quelque sens, elle l'était plutôt en faveur du séminaire dirigé par les réguliers. La « remontrance » des prélats
n'y changea pas grand'chose. Elle avait pu entraver les séminaires trop peu nombreux qui existaient; elle n'en fit pas
surgir de nouveaux.

Heureusement, l'esprit de Dieu suscitait en ce temps-là
même des hommes qui seraient plus puissants que les ordonnances des synodes et les édits royaux, pour créer des foyers
de vie cléricale. Vincent de Paul, M. de Bérulle, M. Olier, le
P. Eudes et d'autres saints prêtres allaient bientôt couvrir
notre pays d'une magnifique floraison de séminaires. Mais
ces grands éducateurs du clergé français, pour assurer à leur
œuvre perfection et durée, croient, eux aussi, devoir lui
donner une base congréganiste. Et ainsi, depuis le milieu du
dix-septième siècle jusqu'aujourd'hui, la grande majorité de
nos séminaires diocésains sera dirigée par des congrégations. Le savant Thomassin, qui tout à l'heure constatait
« combien les évêques de France (du moins aux environs de
l'an 1629) tenaient à ce que les séminaires fussent dirigés par
des prêtres entièrement en leur pouvoir plutôt que par des

réguliers », écrit un peu plus loin [1] : « La Providence divine, qui veille sans relâche sur l'Église, ayant suscité dans ces derniers temps plusieurs congrégations et sociétés purement cléricales, les évêques confient à celles-ci, sans hésitation et très volontiers, leurs séminaires, et ils suivent, en cela même, les traces de saint Charles, après avoir fait avec lui l'expérience que les séminaires peuvent à grand'peine, ou ne peuvent pas se perpétuer sans le concours des congrégations, à qui appartient, semble-t-il, ce don de perpétuité [1]. »

Il n'y a donc pas à le contester, la « tradition » de l'Église de France, si l'on veut parler de tradition, est pour le séminaire dirigé par des prêtres associés plus ou moins intimement en congrégation. Après cela, ce serait injustice et folie de nier qu'on trouve des prêtres séculiers très capables de bien former les séminaristes, et l'évêque qui saura les trouver ne doit pas être blâmé, s'il les préfère aux congréganistes. Ce qu'il est impossible d'admettre, c'est qu'un gouvernement laïque ait la prétention de dicter ou de restreindre les choix de l'évêque. Cette intrusion dans une matière qui touche l'intérêt le plus vital de l'Église, est particulièrement révoltante, quand elle est le fait d'un renégat sectaire, qui manifeste par tous ses actes et même avoue cyniquement le but de détruire le catholicisme.

Nous envoyons l'expression de notre cordiale sympathie aux derniers « congréganistes » que la main brutale de la franc-maçonnerie arrache des chaires d'enseignement, en attendant qu'elle expulse les prêtres séculiers eux-mêmes des écoles et puis des églises.

JOSEPH BRUCKER.

1. *Vetus et nova Ecclesiæ disciplina circa beneficia*, t. II, part. II, lib. I, cap. CII, n. XII. Mgr Fuzet, qui a reproduit (d'après le texte français) le premier passage, ne cite pas le second.

1. Après la période aiguë des démêlés avec les réguliers, les évêques s'adressèrent même à ceux-ci pour la direction des séminaires, comme avaient fait leurs prédécesseurs au seizième siècle. Après 1682, la Compagnie de Jésus accepta plusieurs séminaires en France ; en 1761, elle en dirigeait encore dix-sept, tandis que les Sulpiciens en gouvernaient environ vingt-cinq et les Lazaristes autant ; les Eudistes, Oratoriens, Doctrinaires, se partageaient la plus grande partie du reste.

BULLETIN PHILOSOPHIQUE

PSYCHOLOGIE ET PHYSIOLOGIE

I. Pourquoi rions-nous ? — II. L'autoscopie externe et interne. — III. Le langage intérieur et ses troubles. — IV. Marie Heurtin ou l'éducation d'une aveugle-sourde-muette de naissance. — V. La défense contre la mort. Pourquoi vieillissons-nous ?

I

Les philosophes vont-ils s'entendre sur la question. « Pourquoi rit-on ? » L'accord entre philosophes, surtout en un sujet qui a soulevé tant de disputes, serait digne d'être noté. Nous n'en sommes pas encore là. Peut-être cependant est-il permis de relever des indices d'une tendance à la conciliation.

Il y a quelques années, M. C. Mélinand[1] s'engageait dans cette voie. Il admettait dans le rire un double élément, un double moment. Chaque fois que nous rions, un objet nous paraît d'abord surprenant : voilà le premier temps ; et aussitôt nous le reconnaissons comme habituel : voilà le deuxième temps. « Ce qui fait rire, c'est ce qui est à la fois, d'un côté, absurde, et, de l'autre, familier. » Ce système combinait l'opinion qui ramène le risible à l'insolite et l'opinion qui le trouve dans une dégradation non essentielle. L'homme qui rit a d'abord l'impression de quelque chose de surprenant, puis il retombe sur cette autre : ce n'est que cela.

Plus récemment, M. Dugas[2] allait plus avant. Pour lui, il y a des rires non seulement de degré différent, mais de nature différente. Il existe non pas un rire, mais des rires, de sorte que les théories du rire sont à la fois vraies et fausses. Le rire revêtira « autant de formes qu'il y a de personnalités différentes et de façons propres à chacune de réagir contre les événements qu'elle subit ; en un mot, le rire est essentiellement relatif ».

1. Voir *Études* du 14 décembre 1895, p. 613.
2. Voir *Études* du 5 juin 1902, p. 686

Là-dessus, nous faisions observer que cette attitude, plutôt sceptique, laissait le champ ouvert à la recherche de la cause générique du rire. Nous ajoutions que cet élément générique du rire, les théories diverses exposées et combattues par M. Dugas tendraient à le mettre dans une détente à la fois nerveuse et intellectuelle.

Or, c'est à cette solution précisément que s'arrête M. James Sully dans une étude considérable intitulée modestement *Essai sur le rire* [1]. « Le domaine du risible n'est pas un territoire bien clos et nettement délimité. » Cependant l'élément commun qui s'épanouit en toute espèce de rires, c'est la détente. Détente le rire nerveux, l'accès spasmodique qui succède souvent à l'ébranlement de la peur, à la tension prolongée d'un sentiment d'appréhension, de contrainte ou de souffrance. Détente le rire quotidien qui est proprement le rire de la joie, telle la gaieté exubérante et éclatante des enfants qui se précipitent hors de la classe. Détente qui ne se traduit en vrai rire que si elle est accompagnée d'un sentiment agréable de soulagement. Le naufragé qu'un sauveteur dépose sur le rivage, le patient qu'un dentiste vient de libérer d'une douleur aiguë, le solliciteur qui voit enfin s'ouvrir la porte du tout-puissant ministre, pousseront un soupir de soulagement, de détente. Combien ce soupir qui s'irradie sur leur face est près du rire ! Il deviendra rire s'ils ont assez de présence d'esprit pour goûter leur bonheur. Détente à la fois nerveuse et mentale. Elle est l'un et l'autre dans le rire humain. Même le rire né du chatouillement ne se présente pas comme purement organique. Une personne sensible au chatouillement peut se procurer elle-même cette sensation, par exemple à l'aide d'une plume, sans éprouver là moindre envie de rire. La réaction du rire au chatouillement ne se produit chez l'enfant qu'après le second mois, alors que déjà il est capable de certaines opérations mentales. Le mécanisme de ce rire semble s'expliquer par le passage brusque d'une appréhension momentanée au sentiment joyeux d'un jeu inoffensif, par la détente après un état d'incertitude et de malaise.

A la détente se ramène un accroissement soudain et notable de joie, la conscience de l'arrivée d'un bien inattendu.

1. *Essai sur le rire. Ses formes, ses causes, son développement et sa valeur.* Paris, Alcan, 1904. In-8, 408 pages.

Les objets qualifiés communément de *risibles* feront rire s'ils provoquent cette détente ou cet accroissement subit de joie. Ainsi la nouveauté ou l'étrange, certaines difformités, certains vices moraux, certaines infractions à la règle, à l'ordre, à la mode, les petites mésaventures, la disproportion, la disconvenance, l'absurdité, les jeux de mots, font rire dans la mesure où ils nous arrachent au convenu, au sérieux, à l'ennuyeux, au monotone, soit même au respect quelque peu pénible de la règle, où ils provoquent par là en nous une secousse joyeuse, parfois renforcée par la première impression d'étonnement ou de gêne que ces objets produisent, malaise promptement résolu en une détente.

Cette détente que M. Sully place à l'origine du rire, beaucoup d'auteurs la mettent parmi ses éléments constitutifs.

On voit ce qu'a de commun avec ce système une théorie proposée naguère par M. Penjon[1]. D'après M. Penjon, ce qui nous fait rire, c'est ce qui nous apparaît comme libre, comme échappant à toute loi, comme se manifestant en une activité qui se joue. Le système de M. Sully nous semble à la fois plus compréhensif et plus précis. Ce qui provoque le rire, ce n'est pas seulement la spontanéité et le jeu, mais toute détente; d'autre part, la spontanéité et le jeu ne produisent cet effet que par leur explosion, l'afflux soudain d'un sentiment joyeux.

Au pôle opposé, au moins en apparence, se présenterait la théorie de M. Bergson[2]. A l'origine de tout comique, dit M. Bergson il y a de l'automatisme et de la raideur. Vous pensiez trouver la vie et vous avez devant vous un automate. « Les attitudes, gestes et mouvements du corps humain sont risibles dans l'exacte mesure où ce corps nous fait penser à une simple mécanique. » Le comique de situation consiste à traiter la vie comme un mécanisme à répétition, au lieu de lui laisser son infinie souplesse et son incessante nouveauté. Lé comique de mots n'est tel que par inconscience, que par une *distraction* qui met un personnage hors de la vie. Par

1. *Revue philosophique* d'août 1893.
2. *Le Rire. Essai sur la signification du comique*, par Henri Bergson. 2ᵉ édition. Paris, Alcan, 1901. In-18.

exemple, on insère une idée étrangère dans une phrase toute faite, ou bien on affecte d'entendre une expression au propre, alors qu'elle était employée au figuré, ou encore on transpose l'expression naturelle d'une idée dans un autre ton. Un caractère devient comiquepar son raidissement contre la vie sociale et par l'automatisme qu'il imprime aux mouvements et aux actions. « Toute distraction est comique. Et plus profonde est la distraction, plus haute est la comédie. Une distraction systématique comme celle de don Quichotte est ce qu'on peut imaginer au monde de plus comique : elle est le comique même, puisé aussi près que possible de sa source. »

Et M. Bergson va jusqu'aux dernières conséquences de sa théorie de l'automatisme. Parce qu'il trouve de l'automatisme dans les rêves, il écrit : « L'absurdité comique est de même nature que celle des rêves. »

A ce moment, le lecteur se demande si lui-même ne rêve pas, si ce n'est pas là une gageure, si M. Bergson n'a pas voulu mystifier son public, ou... le faire rire, en lui donnant un exemple d'*automatisme*, l'exemple d'un penseur monté comme un système ou un mécanisme inflexible.

Mais vous auriez tort de rire, car ce serait juger M. Bergson en simpliste, et il ne faut pas juger M. Bergson en simpliste; lui-même est tout le contraire d'un penseur simpliste. Il n'a pas voulu, et il insistait là-dessus dans une réponse aux critiques de M. Faguet[1], il n'a jamais voulu donner une définition du risible, encore moins définir le comique par l'automatisme. Le comique est le comique, quelque chose *sui generis*. S'il était l'anomalie inoffensive, comme le veulent quelques-uns, ou l'automatisme, on dirait « l'anomalie inoffensive » ou « l'automatique », on ne dirait pas « le comique ». Ce qui est vrai, c'est que l'automatisme est de l'*essence* du comique, qu'il se trouve au fond de tout ce qui fait rire. Seulement, il arrive que la chose qui fait rire actuellement ne fait rire que par ce qu'il y a de risible dans un autre objet, lequel est risible parce qu'il évoque dans l'esprit l'image d'un troisième, etc. Il faut ainsi remonter parfois très haut pour arriver à l'image originairement risible, et on aura peine à déga-

1. Feuilleton dramatique du *Journal des Débats* des 26 septembre, 3 et 10 octobre 1904.

ger du risible actuel le caractère saillant dans le risible originel.

M. Bergson est vraiment très ingénieux. Mais enfin ces dégradations successives que subit l'automatisme primitif pour arriver jusqu'à tel objet risible, ou lui laissent sa nature ou la changent. Dans le premier cas, il sera vrai de dire que le fond, que le propre du risible est un automatisme plus ou moins atténué ou dilué. Dans le second cas, pourquoi partir de l'automatisme plutôt que de toute autre notion? Nous croyons que les exemples abondent de choses risibles où nul automatisme n'existe ni au fond ni à l'origine, si loin qu'on remonte ou qu'on creuse. A moins qu'on ne recoure à de fantaisistes tours de passe-passe ou qu'on ne se rejette sur le principe que tout est dans tout. Un personnage solennel, un juge, par exemple, fera rire non seulement en exagérant le convenu, l'automatique, mais en en sortant avec trop de liberté, en en prenant trop à son aise avec le décorum. Les saillies d'un enfant, expression même de la spontanéité, nous font rire.

En outre, M. Bergson nous semble chercher trop le risible hors de nous. Sans être chose purement subjective, le risible dit action sur nous : c'est toute chose capable de provoquer en nous une détente joyeuse. En retournant la théorie de M. Bergson, on pourrait dire que cela nous fait rire qui nous libère soudainement d'un certain mécanisme, d'une règle, d'une contrainte, qui nous rend à la spontanéité. C'est ce que M. Bergson a peut-être entrevu quand il écrivait cette phrase dont on cherche la connexion avec tout le système : « Il y a surtout dans le rire un mouvement de *détente*. » Sachons-lui gré d'ailleurs d'une déclaration qui nous ramène à ce que nous disions en commençant : « Il serait chimérique de vouloir tirer tous les effets comiques d'une seule formule simple »[1].

La théorie de M. James Sully a encore l'avantage de pouvoir faire du sourire un rire incomplet, un commencement, une ébauche du rire. Quelques auteurs s'acharnent contre le sens

1. M. Ribot, de son côté, ne croit pas que le rire a *une* cause. « Il a *des causes* très distinctes qui paraissent irréductibles ou dont, au moins jusqu'ici, on n'a pas découvert l'unité. » (*Psychologie des sentiments*, p. 343. Paris, 1896.)

commun, contre l'usage des langues latines, à voir dans le sourire
un phénomène d'une autre nature que le rire[1]. Mais le sourire
primitif et spontané, par exemple chez l'enfant, apparaît comme
l'expression d'un état d'âme agréable et heureux. Renforcez cet
état, faites-le naître brusquement : vous aurez le rire.

Le rire peut s'unir à divers sentiments d'ordre étranger. Combiné avec le sentiment du mépris, de la supériorité conquise, il
devient sarcasme ; avec une disposition agressive, il est satire ;
avec une habitude à la fois mélancolique et sereine d'envisager
les réalités de la vie, il constitue l'*humour* moderne. M. J. Sully
explique et décompose en véritable Anglo-Saxon les éléments
intimes de l'humour. L'humour nous rend le service de nous faire
considérer nous et toutes choses selon la particulière valeur de
l'objet. Il nous défend contre les excès d'une sotte vanité ou d'une
inutile indignation. M. J. Sully regrette qu'il tende de plus en
plus à remplacer le joyeux rire d'autrefois, la bonne et franche
gaieté populaire, si propre à entretenir autour de l'âme une atmosphère saine et salubre. Gravité ou cynisme, telle est trop souvent
l'attitude de nos contemporains.

Peut-être, les peuples dits latins ont-ils moins perdu le don du
vrai rire : ce serait une supériorité sur les Anglo-Saxons qui aurait
son mérite[2].

II

Le rire est un phénomène normal. La liste des troubles qui
peuvent déséquilibrer la personne humaine est infinie.

Parmi ces troubles un des plus curieux, récemment étudié par

1. Pour M. G. Dumas, si le sourire est dans certains cas le premier degré
du rire, il s'en distingue souvent pour se rattacher, sans intermédiaire, aux
lois profondes de l'expression et de la vie. De fait, il rapporte à la première
catégorie le sourire spontané, à la seconde soit le sourire pur réflexe, soit
le sourire volontaire et conventionnel, soit le sourire de société. (*Revue
philosophique* de juillet 1904.)

2. M. Sully étudie assez vainement, selon la méthode darwinienne, l'origine et l'évolution du rire chez les animaux, l'enfant, le sauvage. Tout aussi
fantaisistes sont les hypothèses évolutionnistes présentées par M. C. Van-
lair dans son étude, *la Genèse du rire* (*Revue bleue* des 23 et 30 juillet 1904).
Celui-ci ramène la cause psychique du rire au *contraste*.

le docteur Sollier, dans une intéressante monographie[1], est l'*au-toscopie*. Dans l'autoscopie externe, un sujet se voit soi-même devant soi. Aristote en fait déjà mention. Alfred de Musset y aurait été disposé s'il faut prendre à la lettre ce qu'il écrit dans *la Nuit de décembre* :

> Du temps que j'étais écolier,
> Je restais un soir à veiller
> Dans notre salle solitaire.
> Devant ma table vint s'asseoir
> Un pauvre enfant vêtu de noir,
> Qui me ressemblait comme un frère.

Le frère « vêtu de noir » se trouve dans diverses observations de malade. Guy de Maupassant racontait à un de ses amis qu'un jour, étant à sa table de travail dans son cabinet, où son domestique avait ordre de ne jamais entrer pendant qu'il écrivait, il lui sembla entendre sa porte s'ouvrir. Il se retourne et n'est pas peu surpris de voir entrer sa propre personne qui vient s'asseoir en face de lui, la tête dans la main, et se met à lui dicter tout ce qu'il écrivait.

L'autoscopie présente de multiples degrés, depuis la simple impression que le malade éprouve qu'il va se trouver en face de lui-même jusqu'à la vision nette de son image comme s'il se voyait dans une glace. Dans ce dernier cas, l'apparition est d'ordinaire brusque, inopinée et fugitive. Mais il arrive que le sujet se voit non identique à lui-même : son double diffère de lui-même en taille, en âge, en costume. Alors le phénomène peut durer plusieurs heures avec des variations dans l'intensité. Il en est de même quand le double est simplement senti. La vision se produit presque toujours à la nuit tombante ou encore au moment du réveil matinal. Elle coïncide ainsi avec un état d'amoindrissement de la conscience. Le plus souvent le personnage évoqué est muet. Cependant on relève des cas de dialogues, de discussions entre les deux moi.

Un cas inverse, dénommé assez improprement *autoscopie néga-tive*, peut se produire : un sujet ne parvient pas à s'apercevoir quand il se regarde dans une glace. Ce cas est rare.

Mais la partie neuve des études du docteur Sollier se rap-

1. *Les Phénomènes de l'autoscopie,* par le docteur Paul Sollier. Paris, Alcan, 1903. In-12, 175 pages.

porte à l'*autoscopie interne*. On connaît les merveilles de la radio-
scopie, grâce à laquelle on peut examiner, comme à découvert, le
squelette d'un individu. Certains sujets semblent avoir à leur usage
un instrument plus merveilleux encore : ils aperçoivent tout leur
organisme et le décrivent avec la précision, sinon suivant les
vocables d'un anatomiste ou d'un biologiste de profession.

Telle malade décrit une de ses articulations avec son liquide,
avec les cordes qui font mouvoir les os, ou encore la configuration de son cœur, de son estomac, de ses organes intestinaux.
Telle autre décrit par le menu toute sa circulation sanguine et
jusqu'aux globules du sang. A une autre les poumons apparais-
sent comme des branches de corail. Et ces malades ne semblent
pas avoir étudié l'anatomie ni en avoir entendu savamment parler.
En voici une qui précise la forme exacte d'un morceau d'os, ou
d'un morceau de plomb avalé par mégarde.

Comment expliquer ces curieux phénomènes ?

Pour le docteur Sollier, l'autoscopie externe ne serait pas un
cas de vision, d'hallucination proprement visuelle. Il s'agirait d'un
phénomène « cénesthésique », d'une sensation objectivée. Chacun a conscience de sa propre existence par une sensation sourde
et diffuse. Cette sensibilité générale peut éprouver des troubles,
devenir comme présente, revêtir un caractère aigu. Le sujet l'exté-
riorise, la projette hors de lui. Secondairement, il lui donne une
forme visuelle et tactile, par suite de notre habitude de percevoir
tous les objets dans l'espace sous forme de couleur ou de résistance. L'autoscopie, dite négative, reste très obscure. On peut la
rapprocher des hallucinations négatives suggérées chez certains
hystériques.

L'autoscopie interne n'appartient pas non plus à la vision. On ne
peut supposer que le sujet soit doué de la vue à travers les corps
opaques. Il s'agit encore d'un trouble de la sensibilité générale.
Chaque élément de notre organisme se projette sous forme de
conscience, dit le docteur Sollier, en quelque partie de notre cerveau ; ou mieux si la conscience organique, comme elle-même en
témoigne, réside dans chaque partie de l'organisme, la sensibilité
générale est liée à tel fonctionnement du cerveau. Qu'un trouble
dérange, aiguise cette sensibilité, en conséquence, par exemple,

d'un mauvais fonctionnement cérébral, le malade aura une conscience nette de ce qu'il ne sent d'ordinaire que très vaguement
ou même d'aucune façon. C'est cette sensation qu'il décrira. Des
malades disent que « ça leur part de la tête », que « ça leur tire
dans la tête ». Les organes décrits sont ceux qui ont précisément présenté des troubles pathologiques.

Si des malades parlent de la couleur de leur sang, c'est que
tout le monde sait que le sang est rouge, mais ils ne le voient pas
rouge. Une image ancienne et habituelle vient comme d'elle-même
se superposer à la sensation présente. Chacun aussi a pu voir à
l'étal d'un boucher des poumons, un cœur, un cerveau, des intes-
tins, et il n'est pas impossible que certains malades complètent
par leurs connaissances normales leurs représentations morbides,
et cela plus fréquemment que le pense le docteur Sollier. Cependant, parmi ceux qu'il cite, on n'en trouve pas qui fassent appel à
ce genre de comparaison. Ils parlent plutôt de leur intérieur
comme d'une chose neuve, et le décrivent à l'aide de termes vulgaires, comme sac, poche, cordes. C'est que, dit le docteur Sollier, le muscle senti, le poumon senti, n'est pas le muscle vu, le
poumon vu de quelque animal écorché.

Disons que ces observations, à cause même de leur caractère
étrange, doivent être acceptées avec réserve. Sans les nier d'em-
blée, ce qui serait peu scientifique, on est en droit d'exiger qu'elles
soient strictement contrôlées.

III

On regarde généralement comme des déséquilibrés ceux qui
parlent tout seuls. Nous ne contredirons pas à cette opinion. Au
moins témoignent-ils d'une forte émotion ou d'une préoccupation
intense. Mais c'est un trouble beaucoup plus grave que de ne pouvoir parler seul, silencieusement sans doute, non à haute voix, au
dedans, non au dehors. La parole intérieure précède la parole
extérieure, celle-ci n'est que l'écho de celle-là, les troubles qui
atteignent la première se répercutent sur la seconde.

Nous pensons à l'aide de mots. Ces mots, les uns les entendent
comme si une voix les disait en eux : ce sont des *auditifs*. D'autres
les lisent, comme s'ils les voyaient écrits devant eux: ce sont des
visuels. Tels ceux qui ne parviennent pas à retenir un nom propre

qu'ils ne l'aient lu d'abord écrit. Certains prononcent intérieure-
ment ces mots sans faire toutefois les mouvements de phonation,
ils pensent avec le bout de la langue : ils appartiennent au type
moteur. Ce don de langage intérieur, cette faculté de penser en
mots, M. G. Saint-Paul l'appelle *endophasie*[1]. Ces types dits endo-
phasiques peuvent se combiner deux à deux. Il y a le type auditivo-moteur : j'entends au dedans de moi-même ma pensée, mais
cette pensée que j'entends, je ne l'entends que parce que je la
prononce en dedans. Il y a le type visuelo-moteur : je vois les mots
écrits parce que je les prononce mentalement. M. G. Saint-Paul
nous dit qu'il appartient au type auditivo-moteur, et il s'est
observé très exactement lui-même.

Est-ce cette habitude d'introspection qui a développé en lui le
caractère verbal ? Il semble être arrivé à ne penser qu'en mots, et
en mots techniques. Il lui faut un mot particulier pour chaque
catégorie, pour chaque nuance de procédé mental. De là, son
livre est hérissé de vocables étranges : formules *sunéidiques*,
formules *parallaxéidiques*, pour dire simultanées et successives,
sans parler de l'expression *endophasie* qui ne dit rien de plus que
langage intérieur et le dit moins clairement pour beaucoup de
lecteurs.

Mais ne nous arrêtons pas à ce *verbalisme*, sinon à titre d'intérêt scientifique et d'exemple notable d'un type assez fréquent
chez les spécialistes. Signalons seulement quelques remarques ou
quelques conclusions plus intéressantes de l'auteur.

On peut se demander s'il est nécessaire d'admettre un centre
de la mémoire visuelle des mots, distinct de la mémoire visuelle
générale. L'extrême ressemblance, répond-il, la netteté des lignes

---

1. *Le Langage intérieur et les paraphasies. La fonction endophasique*,
par G. Saint-Paul. Paris, Alcan, 1904. In-8, 316 pages. — En même temps
que le travail de M. G. Saint-Paul, paraît une seconde édition du livre de
M. Victor Egger : *la Parole intérieure ; essai de psychologie descriptive*.
Paris, Alcan, 1904. In-8, vii-326 pages. Dans cette étude d'une lecture facile
mais d'une pensée un peu courte, l'auteur, ainsi qu'il le répète en sa préface
nouvelle, n'admet qu'un type normal de parole intérieure, le type auditif,
et cela parce que l'homme social est parleur ; le type visuel et le type moteur seraient des types exceptionnels et anormaux. Cas anormal encore,
mais dans un autre sens, celui de Jeanne d'Arc, dont les *voix*, *voix d'en
haut*, seraient une parole *intérieure* : philosophie courte.

que présentent les caractères écrits ou imprimés, impressionnant toujours d'une façon presque identique la substance nerveuse, sont de nature à déterminer dans un coin de la zone de mémoire visuelle une localisation bien délimitée : pendant une lecture, nous pouvons voir, toujours avec une même forme, plus de mille fois la lettre *a* ; au cours d'une promenade, nous ne rencontrons pas deux maisons exactement identiques. De fait, certains malades ne reconnaissent plus les lettres de l'alphabet, qui reconnaissent les hommes et les choses.

Dans bien des troubles du langage, le centre n'est pas atteint. Ce sont les voies de communication qui ne fonctionnent plus. Ce fait a son importance pour la thérapeutique.

La troisième circonvolution frontale gauche, dite circonvolution de Broca, est un centre de mémoire sensitif plutôt qu'un centre moteur. La destruction du centre de Broca n'entraîne pas de paralysie. L'aphasique ne parle pas, parce qu'il ne se souvient plus des mouvements qu'il faut faire pour parler. C'est chose curieuse que la présence des centres sensitifs dans une région motrice.

Certains malades sont incapables de faire concorder la pensée et l'expression : ce sont les *paraphéniques*. Quelques-uns ont conscience plus ou moins de ce désaccord, soit qu'ils entendent leurs propres paroles, soit que l'articulation verbale interne provoque l'éveil d'une image auditive correspondante. Mais chez plusieurs, cette conscience est abolie. Une cliente de Trousseau, dame bien élevée, belle-mère d'un médecin distingué, avait un langage bizarre. Lorsqu'un visiteur entrait chez elle, elle lui disait d'un ton fort aimable, en lui montrant un fauteuil : « Animal, fichue bête, etc. — Madame vous invite à vous asseoir », expliquait aussitôt le gendre. Ces malades ne manifestent aucun signe d'énervement ou d'impatience de ne pouvoir parler correctement.

Dans le rêve, les centres de langage intérieur fonctionnent mal ou sans coordination.

IV

Le 1er mars 1895, arrivait à Notre-Dame de Larnay, aux portes de Poitiers, une enfant de dix ans. Marie Heurtin, née à Vertou, d'une famille de pauvres artisans, était aveugle-sourde-muette de naissance. La religieuse, sœur Sainte-Marguerite, de la Congrégation des Filles de la Sagesse, à qui elle fut confiée, menait dès

lors l'éducation d'une autre aveugle-sourde-muette, Marthe
Obrecht. Mais Marthe Obrecht avait joui de tous ses sens jusqu'à
l'âge de trois ans et demi. Le cas de Marie Heurtin, qui avait
apporté en naissant sa triple infirmité, était beaucoup plus grave.
Ses débuts à Larnay furent terribles. Dès qu'elle s'aperçut du
départ de ses parents, raconte M. Louis Arnould [1] qui s'est fait
son historien admiratif et ému, l'enfant entra dans une sorte de
rage qui ne cessa guère durant deux mois. Elle se roulait sur le sol
qu'elle frappait à coups de poing, poussait des cris de fureur et
comme des aboiements qui s'entendaient même du dehors.
Essayait-on de la calmer par quelques courtes promenades à la
campagne : ses accès la reprenaient au milieu du chemin ; elle
criait, se jetait par terre, et plusieurs fois il fallut la remporter
à la maison par les épaules et par les jambes.

Cependant sœur Sainte-Marguerite ne se décourageait pas.
Ayant remarqué que l'enfant ne se séparait presque jamais d'un
petit couteau de poche qu'elle avait apportée de chez elle, elle le
lui prit. Marie se fâcha. La religieuse le lui rendit un instant
et lui mit les mains l'une sur l'autre, l'une coupant l'autre, signe
abrégé pour désigner un couteau chez les sourds-muets. Puis elle
lui reprit l'objet. Nouvelle colère de l'enfant. Mais dès qu'elle eut
l'idée de refaire avec ses mains le mouvement qui lui avait été
appris, on lui rendit le couteau. Le premier, le grand pas était
fait : l'enfant avait compris qu'il y avait un rapport entre le signe
et l'objet.

L'institutrice poursuivit dans cette voie. Marie aimait les
œufs. Un jour qu'elle palpait avidement l'œuf qui lui avait
été servi, la sœur le lui reprend, en lui dessinant sur la paume
de la main un œuf. Colère de Marie ; mais comme elle ne reproduit pas le nouveau signe, on ne lui rend pas l'objet. Le lendemain, la sœur répète le stratagème. Marie à son tour fait le signe :
l'œuf lui est restitué. Pendant quelques temps, on ne lui prépare
rien à table ; on l'habitue à tout demander par signes appro-
priés.

Mais on ne pouvait indéfiniment employer une méthode qui
demande un signe particulier pour chaque objet, méthode rudi-

1. *Une âme en prison*, par Louis Arnould. 3ᵉ édition. Paris, Oudin, 1904,
et *la Quinzaine* du 16 juin 1904, p. 498-516.

mentaire et où la mémoire de l'enfant aurait succombé. La sœur Sainte-Marguerite lui enseigne l'alphabet dactylologique des sourds-muets. Seulement on ne pouvait, comme aux autres sourds-muets, lui montrer ces signes ; il fallait les lui *poser* sur la main. Après l'alphabet appliqué sur l'épiderme, vint l'alphabet Braille ou en lettres piquées sur le papier.

Jusqu'ici Marie ne savait guère reconnaître et désigner que des objets concrets et des actions matérielles. La sœur entreprit de lui donner des notions sur les qualités des choses, des notions spirituelles. En palpant deux de ses compagnes, l'une grande et l'autre petite, elle acquit l'idée de grandeur et d'inégalité. Une vieille sourde-muette de quatre-vingt-deux ans lui apprit, par ses rides et son corps courbé, l'idée de vieillesse. Une religieuse morte l'instruisit du mystère final. Mais quand on eut dit à l'enfant qu'elle, à son tour, vieillirait, qu'elle, à son tour, se coucherait pour ne plus se relever, elle se révolta et déclara que cela ne sera pas, qu'elle ne voulait pas que cela fût. Son institutrice s'attacha à lui expliquer qu'elle-même, sœur Sainte-Marguerite, vieillirait, qu'elle mourrait, et que néanmoins elle était contente et heureuse. L'enfant se résigna, acceptant la vieillesse et la mort. « Marguerite veut », disait-elle.

Ensuite, elle connut qu'elle avait une âme, ce quelque chose qui s'émouvait d'une lettre reçue de son papa, avec quoi elle aimait, et qui ne devait pas se glacer avec le corps. Et qui avait fait le soleil qui la réchauffait ? Non .le boulanger, comme elle répondit d'abord pensant au boulanger qui allume le four, mais quelqu'un plus grand et plus puissant que le boulanger, plus grand et plus puissant que toutes les personnes dont on lui a parlé. L'enfant qui avait commencé par demander un couteau, était arrivée à connaître Dieu.

Avec l'idée de Dieu sont venues les idées morales, puis les grandes clartés de la foi. Cette « âme en prison » est de celles que la Vérité a libérées, selon la promesse de Celui qui est la Lumière. L'enfant sauvage et révoltée d'autrefois est devenue la jeune fille aimable et chrétiennement sereine. Comme on lui proposait un voyage à Lourdes pour demander la vue : « Non, dit-elle, en mettant les doigts sur ses yeux, je veux rester ainsi, je ne veux pas voir ici-bas, pour voir d'autant plus de clarté là-haut. »

La notoriété a été lente à venir à Marie Heurtin et à ses admirables institutrices de Larnay. Elles ne travaillaient pas pour la gloire humaine, et il a fallu presque un ordre de Rome pour leur faire accepter le prix Montyon, qui leur fut décerné en 1899.

L'attention allait à miss Hélène Keller, née en 1880, élève de l'Institut des sourdes-muettes de Boston, et à sa patiente institutrice miss Sullivan. Et il faut dire que les feuilles américaines ne négligeaient rien pour solliciter cette attention. On vient de traduire en français les mémoires de miss Hélène sous ce titre : *Histoire de ma vie : Sourde, Muette, Aveugle*[1]. La lecture en est déconcertante pour qui réfléchit tant soit peu. On y trouve des phrases comme celles-ci : « L'esprit d'un enfant ressemble au ruisseau qui sautille dans un lit pierreux, réfléchissant ici un buisson d'épines, là-bas un nuage floconneux. » L'aveugle décrit la blancheur unie d'un paysage de neige. Du faîte de la statue *la Liberté éclairant le monde*, « nous vîmes, écrit-elle, se dérouler sous nos yeux le panorama que la Liberté, nuit et jour, contemple. Comme c'était beau ! » Le matin d'une chasse, « je percevais le piaffement des chevaux que les chasseurs avaient amenés de la ville... On les entendait hennir bruyamment, impatients de partir. Enfin les cavaliers s'enlevaient en selle et prenaient le galop, précédés des chiens aboyant avec furie. » Qui parle ainsi ? Est-ce la sourde-muette-aveugle ? Est-ce son institutrice ou quelque maladroit metteur en scène ? Il faut dire que miss Hélène ne perdit la vue et l'ouïe qu'à dix-huit mois ; elle semble confesser qu'elle entend encore quelque peu ; surtout elle a beaucoup lu et elle avoue ne savoir pas aisément distinguer ce qui est d'elle et ce qui lui vient de ses lectures.

Il reste que rien n'est moins spontané que ses mémoires, à moins que son traducteur ne l'ait absolument trahie. Les impossibilités n'y sont pas rares. Elle raconte avoir goûté et compris le génie et la tristesse d'Homère en palpant un médaillon, et dans une *annexe*, il est dit que « le toucher n'a pas été exercé, chez elle, au delà des limites ordinaires. Un ami mit un jour entre ses mains

---

1. Paris, Juven, 1904. — Voir aussi *Helen Keller Souvenir* dans la *Revue philosophique* d'août 1901, p. 208-212.

diverses pièces de monnaie. Il fallut à la jeune fille un temps relativement long pour les reconnaître à leur poids et à leur taille[1]. »

Elle dit avoir appris l'allemand, le français, le latin, le grec, et juge avec intrépidité les grands auteurs classiques. Tout cela est merveilleux. Mais, encore une fois, quelle est la part de ce qui est vraiment personnel à miss Keller? Et tant que cette part n'aura pas été établie, ses mémoires restent dépourvus de toute valeur scientifique. Que nous aimons mieux Marie Heurtin racontant qu'elle tricote des bas, ou avouant qu'elle ne comprend pas comment une locomotive peut traîner tant de voyageurs ave c leurs wagons.

L'intelligence positive et la parfaite sincérité de Marie Heurtin en font un excellent sujet d'étude pour les psychologues. M. P.-Félix Thomas[2] a relevé chez elle l'extrême finesse de l'odorat et du tact. MM. J. Filhol et G. Peyrot[3] ont étudié, peut-être sans assez de méthode, la perception qu'elle a de l'étendue.

On peut ajouter que Marie Heurtin semble l'emporter en intelligence soit naturelle soit acquise sur les autres aveugles-sourds-muets *de naissance* connus. Parmi la cinquantaine d'aveugles-sourds-muets élevés dans des établissements d'éducation, on ne compte que trois autres sujets atteints, dès leur naissance, de cette triple infirmité, l'un à Paderborn, les deux autres en Amérique.

V

« Toute joie se termine en deuil », dit l'Ecriture; *Extrem a gaudii luctus occupat.* Les larmes sont près des ris. Est-ce la fatale nécessité de cette loi qui nous amène à parler de la mort

---

1. A comparer avec cette note de sœur Sainte-Marguerite au sujet de Marie Heurtin : « Après avoir fait examiner le centimètre cube, je le remplis d'eau, je le mis sur l'une des mains de mon élève et le gramme sur l'autre, puis je lui dis sottement : « Vois, compare... Le gramme et le centimètre « cube d'eau sont du même poids. » Après une minute d'examen : « Non, me « fit-elle vivement, l'eau est plus lourde. » En effet, il y avait le poids du récipient en plus, et je dus rectifier mon erreur sur place. » (*La Quinzaine, loco cit.*, p. 502.)

2. *Revue de Paris* du 1er janvier 1901.

3. *Bulletin des conférences et des cours de la Faculté des lettres de Poitiers* de juin 1904. — Les conclusions de ces divers travaux concordent avec ce que nous avons nous-même écrit jadis sur les aveugles : *Doctrines et Problèmes,* chapitre XIII, *l'Aveugle dans la lutte pour la vie.* Paris, 1900.

après avoir commencé par le rire ? Est-ce l'ironie d'une rencontre
fortuite ? Si nous n'avons rien fait pour amener ce rapprochement,
nous ne ferons rien pour l'écarter.

Ici les problèmes se pressent autrement multiples et graves[1].
La psycho-physiologie nous occupera seule présentement. Parmi
les questions qu'elle a débattues en ces derniers temps avec
quelque bruit, est celle-ci qui répond à un instinct si profond de
la nature humaine : Existerait-il quelque moyen de prolonger la
vie ?

Le moment précis de la mort est par lui-même une question
très ardue. Certains éléments anatomiques peuvent cesser de
vivre sans qu'on puisse dire que l'individu est mort. La *mort élémentaire* peut être partielle sans entraîner la *mort générale*. La
mort peut n'être qu'*apparente*, c'est-à-dire il peut y avoir sus-
pension incomplète et temporaire des phénomènes de la vie, et
cette mort est essentiellement distincte de la mort *réelle* qui est
un arrêt définitif et total des phénomènes vitaux. La mort réelle
peut se définir la dissolution de la société active des éléments
anatomiques, ou la dissolution sans retour de la conscience personnelle, laquelle est liée à la société anatomique[2].

Autrefois le cœur était regardé comme l'*ultimum moriens*,
l'organe dont les mouvements persistent le plus longtemps, dont
les battements indiquent la présence de la vie, dont l'arrêt est le
critérium assuré de la mort. Mais chez des suppliciés, le battement du cœur s'est prolongé durant une heure après la décapitation, et cependant personne n'admet la vie individuelle dans un
tronc séparé de la tête. La conscience y est abolie, la personnalité n'existe plus.

La véritable mort, c'est la mort du cerveau, la dissociation des
éléments anatomiques du cerveau. Mais quand arrive cette dissociation ? Par exemple la tête séparée brusquement du tronc peut-

---

1. Au point de vue théologique, voir le très intéressant travail du R. P. Juan
B. Ferreres : *La muerte real y la muerte aparente con relación á los santos
sacramentos. Razon y Fe*, 1903, et Madrid, 1904, 45 pages.

2. C'est à peu près la définition que donne M. A. Dastre dans son livre
la Vie et la Mort, p. 299. Paris, 1903. Voir Brouardel, *la Mort et la mort
subite* (Paris, 1895); Icard, *la Mort réelle et la mort apparente* (Paris, 1897);
Du danger de la mort apparente (extrait de *la Presse médicale*; Paris,
Masson, 1904). Le cas du cardinal Donnet, cité page 24, semble être une illusion du trop imaginatif prélat.

elle continuer à vivre quelques instants d'une vie consciente? On
a cité l'exemple d'un chien élevé dans le laboratoire de Brown-
Séquard : à l'appel de celui-ci, le chien, qu'on venait de décapiter,
tourna les yeux vers son maître. Ce fait, qui n'a pu être renouvelé,
a été révoqué en doute. MM. P. Regnard et P. Loye ont expérimenté sur un condamné, d'un tempérament très calme, exécuté à
Amiens en 1887. Aucun signe de vie consciente n'a pu être décelé
deux secondes après la décollation. L'approche d'un doigt au-
devant de l'œil le laisse immobile. Un clignement des paupières
a été provoqué par l'irritation de la cornée, jusqu'à la sixième
seconde après l'exécution : il ne s'agit là, du reste, que d'un acte
réflexe. A part les mouvements réflexes de l'œil, à part la con-
tracture des mâchoires, à part les jets des carotides, on aurait
pu croire que l'on venait de décapiter un cadavre, tant les restes
du supplicié sont demeurés inertes après la décollation[1].

Certains suppliciés semblent avoir manifesté des mouvements
vitaux plus prolongés. La transfusion du sang, opérée dans la
tête d'animaux décapités, a fait persister des mouvements réflexes,
des mouvements convulsifs, pendant une douzaine de minutes.
Rien cependant ne permet de conclure assez sûrement chez les
uns ou chez les autres à l'existence de mouvements conscients[2].
Chez les sujets qui meurent de maladie, l'observation établit que
la mort ne se produit pas d'une manière instantanée, l'organisme
ne s'éteint que progressivement.

Mais un intérêt de plus grande portée pour les physiologistes
et les médecins est de rétablir les mouvements vitaux essentiels
chez un sujet en état de syncope ou d'asphyxie incomplète, par
exemple par accident de chloroformisation ou séjour dans l'eau,
en général dans les cas de mort apparente. Les moyens employés
sont les mouvements de hausse et d'abaissement des bras, les
compressions rythmiques du thorax, les tractions rythmées de la
langue, quelquefois l'application d'un courant faradique aux côtés
du larynx.

1. *Comptes rendus de l'Académie des sciences*, 1887, 1ᵉʳ semestre, p. 1871-
1875.
2. *Ibid.*, p. 751-754; et *la Mort par la décapitation*, par le docteur Paul
Loye. Paris, 1888. L'auteur croit que la décapitation est suivie de la destruction du moi immédiate.

M. le docteur Maurice d'Halluin, de la Faculté libre de médecine de Lille, dans une thèse[1] qui a fait quelque bruit, préconise un procédé déjà tenté par quelques médecins, procédé qui ne manque pas de hardiesse : le *massage du cœur*.

Il insiste d'abord sur la vitalité extraordinaire du cœur. A l'aide d'un sérum salin dont la formule est due à Locke, on a réussi à faire battre le cœur isolé d'animaux ou à rendre le mouvement à des cœurs unis aux autres organes, deux, trois, cinq jours après la mort au moins apparente. Le docteur d'Halluin a obtenu, par le sérum, le battement rythmique des oreillettes durant quarante-deux heures après le moment constaté de la mort.

Il s'est demandé s'il ne serait pas possible, en ranimant le cœur d'une façon artificielle, de faire renaître la circulation dans le corps entier, et par ce mécanisme de rappeler la vie, comme cela se pratique pour la respiration. Et, à défaut du sérum de Locke ou préférablement à ce sérum, le massage du cœur ne serait-il pas efficace pour provoquer cette réviviscence ? Ce massage, d'ailleurs, n'est pas de tout point nouveau. Il est employé par les opérateurs quand, au cours d'une vivisection, le pouls vient à s'arrêter. En 1898, Tuffier, sous l'influence du massage par la voie thoracique, rétablit un instant la circulation chez un malade opéré de l'appendicite : le malade mourut à quelques jours de là. Quatorze autres tentatives, relatées dans les journaux de médecine depuis cette époque, échouèrent. En 1903, Starling est plus heureux. Il remarqua, rapporte le docteur d'Halluin d'après le *Balneologische Centralzeitung*, que dans un sujet qu'il opérait d'appendicite, le pouls et la respiration diminuaient d'une façon inquiétante, puis survint l'arrêt complet. La respiration artificielle, les tractions rythmées ne produisirent aucun résultat. Le chirurgien introduisit alors la main par une incision faite au niveau du creux épigastrique et massa le cœur malgré le diaphragme interposé. Il sentit bientôt le myocarde se contracter quoique le pouls fût imperceptible à la radiale. On continua la respiration artificielle et les autres moyens ordinaires, et douze minutes plus tard la respiration spontanée apparut et le pouls

1. *Résurrection du cœur. La vie du cœur isolé. Le massage du cœur*, par le docteur Maurice d'Halluin. Paris, Vigot ; Lille, Masson, 1904. La Faculté de Lille vient de décerner un prix à cette thèse.

devint appréciable. L'opération fut terminée sans l'emploi d'anes-
thésique et le malade guérit sans autre embarras qu'un peu de
tension vers la région diaphragmatique.

Dans une première série d'expériences personnelles faites
presque toutes sur des chiens asphyxiés, le docteur d'Halluin constate cinq fois la reprise des battements faibles et transitoires.
Seize insuccès sont dus aux trémulations fébrillaires. Il convenait
de chercher à corriger cet accident, sorte de convulsion désor-
donnée du cœur. Les trémulations cèdent souvent à l'injection du
chlorure de potassium. Grâce à l'emploi de ce procédé, dit
le docteur d'Halluin, « sur huit nouvelles tentatives, nous comptons
maintenant cinq succès complets ».

Ces résultats sont certainement très intéressants et méritent
que l'on poursuive dans cette voie. Nous exprimerons seulement
le regret qu'on n'ait pu, par suite d'accident ou d'une autre nécessité, conserver en vie aucun des animaux soumis au massage[1].
D'autant que la réviviscence qu'on dit totale s'est, en somme,
réduite à des mouvements respiratoires, à des mouvements de
tête, à des mouvements automatiques, c'est-à-dire nés d'une excitation interne, ou réflexes, c'est-à-dire dus à une excitation péri-
phérique. Dans ces conditions, il y a lieu de se demander si elle
aurait indéfiniment persisté, surtout si elle a été accompagnée ou
si elle aurait été suivie du retour à la vie consciente. Et même
dans les mouvements observés, il est très délicat de faire la part
de ce qui est mécanique et de ce qui est vital.

En outre, il reste, dans ces expériences, la question du passage
de l'animal à l'homme. Il faut quelque hardiesse pour tenter sur
un asphyxié, sur un sujet en syncope, ce procédé qui, pour être
direct, doit être précédé d'une grave opération chirurgicale. Il
importe, dit le docteur d'Halluin, si l'on veut avoir chance de
réussir, de ne pas trop retarder le massage. Mais le docteur présent sera fort enclin à essayer d'abord des moyens moins héroï-

1. Le docteur J. Prus, de l'Université de Lemberg, a employé la com-
pression rythmique du cœur mis à nu sur des chiens, même une heure après
la suffocation : 31 succès sur 44 expériences; dans la mort par intoxication
chloroformique, 16 réussites sur 21 cas; dans la mort par décharge élec-
trique, 5 succès sur 35 cas. (*Archives de médecine expérimentale et d'anatomie pathologique*, mai 1901.) Il a gardé en vie plusieurs des chiens ranimés.

ques; ensuite l'opération chirurgicale préalable demande nécessairement un temps notable, si tant est que le médecin ait sous
la main les instruments. De fait, le seul cas humain vraiment
heureux, quoique, de l'aveu du docteur d'Halluin, trop brièvement rapporté, est celui d'un sujet disposé pour l'opération de
l'appendicite. La condition la plus avantageuse est évidemment
celle d'une syncope cardiaque au cours d'une laparotomie.

Quoi qu'il en soit, la vie humaine a trop de prix pour qu'on
ménage les encouragements à un procédé capable, en certaines
conditions, de la prolonger ou de la conserver.

Mais le problème peut s'élargir : n'existerait-il pas quelque
moyen de prolonger pour les hommes la durée normale de la vie,
et aussi de rendre la vieillesse plus supportable, en corrigeant les
infirmités qui présentement la caractérisent ?

M. Élie Metchnikoff, professeur à l'Institut Pasteur, croit que
la science peut ambitionner de découvrir ce moyen, que même
elle est en voie de le tenir entre les mains.

Dans ses *Études sur la nature humaine*[1], il note la présence
chez l'homme d'un grand nombre de ce qu'il appelle des « désharmonies naturelles ». Une de ces désharmonies est l'existence
du cæcum et de l'appendice vermiforme. Utile chez les herbivores pour la digestion des aliments végétaux, cet organe ne
rend pas de services à l'homme, et on a pu en faire l'ablation
sans inconvénient.

On avait jadis contesté aussi, pourrait-on rappeler à M. Metchnikoff, l'utilité de la rate et de la glande thyroïde. Depuis on a
découvert que la rate prend part à la formation de l'hémoglo-
bine et à la maturation des globules rouges du sang. La glande
thyroïde semble nécessaire au développement physique et mental
de l'être vivant; elle active le fonctionnement des centres nerveux qui régularisent les battements du cœur et la circulation
sanguine[2].

Mais que fait chez nous le gros intestin lui-même ? Au point de
vue de la fonction digestive, cette partie du tube intestinal ne

1. *Études sur la nature humaine. Essai de philosophie optimiste,* par Élie
Metchnikoff, professeur à l'Institut Pasteur. 2ᵉ édition. Paris, 1904.
2. *Comptes rendus de l'Académie des sciences,* 28 juin et 13 septembre
1897. Communications de M. E. de Cyon.

joue certainement aucun rôle tant soit peu important. Il n'est
utile qu'aux herbivores. Sans doute, il sert même à l'homme de
réservoir pour les déchets de la digestion. M. É. Metchnikoff
juge cet avantage négligeable. Pourquoi l'homme n'imiterait-il
pas les oiseaux qui sont dépourvus de gros intestin et qui, on le
sait avant et depuis Tobie, s'embarrassent peu des résidus de
leur alimentation. Inutile, cet organe devient nuisible par la fer-
mentation putride dont il est le siège, par la flore microbienne
qui y pullule, par les substances plus ou moins nocives qui s'y
développent et qui sont résorbées dans notre organisme. Ces
substances provoquent la dégénérescence scléreuse, l'induration
des parois des artères, en général l'atrophie des éléments nobles
et spécifiques des tissus et leur remplacement par le tissu con-
jonctif hypertrophié : en quoi consiste la dégénérescence sénile.
Les redoutables agents de cette dégénérescence sont les *macrophages* qui précisément dévorent les éléments nobles de l'organisme.

Il n'est pas possible, poursuit M. Metchnikoff, d'attendre de
l'évolution la suppression du gros intestin, devenu inutile. Cette
évolution s'est produite en faveur des oiseaux qui doivent à la
disparition de cet organe de surpasser en longévité les mammi-
fères. Malgré les grands progrès de la chirurgie, on ne peut
songer, non plus, à éliminer le gros intestin à l'aide du bis-
touri, pas plus qu'à éliminer l'estomac, lequel pourrait facilement
être suppléé par l'intestin grêle pour la digestion des substances
albuminoïdes, sa principale fonction. Mais on peut lutter contre
les microbes nuisibles qui peuplent le gros intestin. A cet égard
est spécialement efficace le régime lacté, et davantage le kéfir,
lait fermenté, et mieux encore le lait aigri. On n'usera en outre
que d'aliments préalablement soumis à la cuisson ou entièrement
stériles.

Ainsi l'homme recouvrera la longévité des temps bibliques,
où la moyenne de la vie humaine semble avoir été de cent vingt
ans, dit M. Metchnikoff. Mais les patriarches de la Bible étaient-
ils dépourvus de gros intestin ? Peut-être, il est vrai, faisaient-ils
leur nourriture de lait aigri. — Surtout par ce procédé, l'homme
évitera les infirmités et la dégénérescence de la vieillesse. Sans
doute, il n'obtiendra pas l'immortalité. L'immortalité n'appartient qu'aux êtres monocellulaires, et dans les métazoaires,

dans l'homme, aux cellules *reproductrices* ou *germinales* à la différence des cellules *somatiques*, fragiles et vulnérables. [Cette distinction, malgré les travaux de Weismann et d'autres biologistes,
ne nous paraît pas assez établie [1]. En tout cas, la théorie du
rajeunissement par conjugaison n'a pas l'importance capitale
imaginée autrefois.] Ce fait, continue M. Metchnikoff, n'implique
pas l'immortalité consciente de la personne humaine, la seule qui
compte pour nous. Mais l'homme arrivera à se défendre de l'instinct de la vie, à contracter l'instinct de la mort naturelle, à
l'exemple des anciens patriarches qui mouraient « rassasiés de
jours ». Ainsi sera détruite la plus grande désharmonie qui
existe chez l'homme, celle qui naît de l'instinct de vivre et de la
nécessité de mourir. Ce qui tuera la crainte de la mort, ce ne
sera pas la religion et ses promesses d'immortalité, mais la
science.

Dans quel lointain avenir, nos descendants salueront-ils cette
conquête de la science? Nous l'ignorons. Cultivons l'hygiène,
pratiquons une alimentation rationnelle. Nous obtiendrons par là
de vieillir moins vite. Mais ne nous berçons pas trop de l'espoir
de ne pas vieillir du tout, de nous garder de la dégénérescence
sénile [2]. Et si nous parvenions à nous en défendre, nous ne voyons
pas comment notre jeunesse ou notre maturité continue tuerait
en nous l'instinct de vivre. D'où viendrait la satiété à un être à
qui la vie n'apporterait que des jouissances? Et, remarque
justement M. Dastre, « puisque l'instinct de la mort ne saurait
exister qu'aux environs du moment où elle doit survenir, le jeune
homme et l'homme mûr, en pleine possession de l'instinct de la

1. Le docteur J. Grasset enseigne que même les plastides monocellulaires ont leur individualité vivante, laquelle périt par division génératrice.
(*Revue de philosophie* d'août 1903, p. 643-645.)
2. Voir *Pourquoi mourons-nous*, dans *Études* de mai 1893, particulièrement, p. 76 à 82. — M. Yves Delage écrit, de son côté, à propos du livre de
M. Metchnikoff : « Les macrophages ont beau montré une activité extrême,
il leur reste interdit, ainsi qu'aux phagocytes dans tous les phénomènes
biologiques, de manger des éléments non affaiblis. Les atrophies séniles
n'ont donc les macrophages que pour cause seconde. Et pour cause première il reste la sénilité primordiale aussi obscure que par le passé. » Il en
revient à la *théorie du ballast* de Lendl : le fonctionnement vital doit créer
des substances incompatibles avec la vie, des substances encombrantes.
(*Année biologique*, 1902, p. 594.)

vie, mais avertis de la fatalité du trépas, envisageront-ils avec moins d'horreur qu'aujourd'hui l'inexorable loi [1] ? »

« L'humanité, c'est l'aveu que fait M. Metchnikoff lui-même, croira plus facilement à la vie éternelle qu'au changement de l'instinct de la vie en instinct de la mort. » Et cette croyance à la vie éternelle n'est point vaine. L'instinct de la nature humaine est confirmé par les démonstrations du spiritualisme traditionnel, par les enseignements du christianisme. Et si notre corps se détruit lui-même, il n'y a pas sujet en cela d'attaquer la sagesse du suprême Constructeur. Celui-ci n'a pas eu dessein d'y réaliser le mouvement perpétuel ; il a voulu que la machine fût périssable et qu'elle portât en elle le principe de son dépérissement. Sans doute, elle se détraque et se dissout alors que persiste dans l'individu l'aspiration à durer. M. Metchnikoff qui a lu la Bible aurait pu y voir le secret de cette *désharmonie*. La mort, telle qu'elle se produit présentement pour l'homme, est à la fois chose naturelle et chose violente. Elle suit notre nature présente, mais notre nature primitive a été elle-même modifiée, dégradée en punition d'une faute commise. Ainsi la mort a le caractère d'une peine, et son approche provoque chez l'homme l'appréhension qui provoque tout châtiment. La Bible, ici comme en tout autre point, ne contredit pas la science ; elle la complète.

Il n'est qu'un moyen d'atténuer cette appréhension de la mort. C'est de porter si haut l'assurance et l'amour de la vie impérissable qui doit suivre celle-ci que l'âme voie dans la mort non un terme, mais un passage.

Lucien ROURE.

1. C'est la conclusion de son livre *la Vie et la Mort* (Paris, 1903), où il résume pour le public instruit et curieux les données présentes de la physiologie sur ce sujet. L'auteur admet l'identité essentielle de l'énergie intime des corps bruts et des corps vivants : le phénomène de la cristallisation présenterait tous les caractères dits spécifiques de la vie.

LES ÉGLISES ORIENTALES

A PROPOS DE PUBLICATIONS RÉCENTES

I. *Student's history of the Greek Church*, by the Rev. A.-H. Hore,
M. A. London, Parker, 1902. — II. *Die ruthenisch-römische Kirchenvereini-
gung genannt Union Zu Brest*, von Dr. Eduard Likowski, Weihbischof in
Posen, mit Erlaubniss des verfassers aus dem Polnischen übertragen von
Prälat Dr. Paul Jedzink. Freiburg im Breisgau, Herder, 1904. — III. *Das
Klosterland des Athos*, von Alfred Schmidtke. 16 Abbild. Leipzig, Hinrichs,
1903.

I. Le livre de M. Hore, dédié — avec permission — au tsar
de Russie, vise à des buts très différents : initier les étudiants
par un manuel assez complet à l'histoire des Églises orientales,
édifier l'auteur : *I wrote this book for my own edification*, enfin et
surtout promouvoir un résultat politique : *my object is chiefly
political* (préface); ce but politique est l'alliance, civile d'abord,
religieuse ensuite, entre la Russie et l'Angleterre. Cette triple
visée explique ce qu'il peut y avoir de simpliste, de subjectif et de
partial dans l'ouvrage.

Après une introduction sur « quelques caractéristiques de
l'Église grecque », l'auteur expose, en dix chapitres, l'histoire
des quatre patriarcats orientaux, — Constantinople, Alexandrie,
Antioche et Jérusalem, — depuis le premier concile de Nicée
jusqu'au dix-huitième siècle. Les quatre derniers chapitres —
une centaine de pages — sont consacrés à l'Église russe. Avec
des mérites d'ordre, de clarté, de méthode, nous voudrions pouvoir attribuer aussi à l'auteur celui d'une rigoureuse exactitude.
N'a-t-on pas, en effet, le droit d'être exigeant, après avoir lu cette
déclaration : « L'Église anglicane en appelle à l'histoire, l'Église
romaine ignore l'histoire, ou plutôt interprète l'histoire par le
romanisme et non le romanisme par l'histoire » (p. 467)?
Mais quelle histoire a révélé à M. Hore que la présence et
l'épiscopat de saint Pierre à Rome sont *an historical impossi-
bility* (p. 35 et 215)? Il fera donc bien de changer, en même

temps que les faits, la liturgie orientale, qui, dans l'*Hypakoe* du
29 juin, chante : « O Pierre, rocher de la foi, ô Paul, lumière du
monde, venus ensemble de Rome, fortifiez-nous »; qui, le 12 mars,
honore saint Grégoire le Grand, « proèdre de Rome, sage successeur de Pierre le Coryphée ». Que M. Hore veuille bien publier
les précieux documents qui lui permettent de poser ces affirmations : le christianisme primitif divisé en *high and low Church
people* (p. 465); saint Hilaire d'Arles, mort excommunié (p. 471);
Dmitri le Faux, ancien élève des Jésuites, — ce dont Boris Godou-
nof lui-même ne s'avisa jamais ; — le titre de saint et de martyr dû à Cyrille Lukar, plus qu'à tout autre membre de l'Église
(p. 344) : heureusement pour l'Orient, les canonisations ne relèvent pas de M. Hore !

Nous ne parlerons pas des innombrables attaques contre Rome :
ignorer encore ce qu'est une définition *ex cathedra*; confondre
infaillibilité et impeccabilité ; qualifier de majorité « obtenue par
dragonnade (*dragooned*) ou du moins assez insignifiante », les
quatre cent cinquante et un électeurs, qui, sur six cent un votants,
approuvèrent, dès le début, la constitution *Pastor æternus*;
omettre le vote final de cinq cent trente-trois *placet* contre deux
opposants; découper, sans référence, un texte de Bellarmin, pour
en tirer juste le contraire de sa signification, tout cela montre ou
trop peu de sang-froid, ou trop de confiance en des auteurs douteux.

Cette dernière hypothèse nous paraît plus probable, quand
nous voyons à quel faible contrôle M. Hore a soumis les jugements — pourtant très suspects — d'Eusèbe sur l'arianisme.
Mêmes distractions dans l'histoire de l'Église russe. Prenons au
hasard. Le métropolitain de Kief, Hilarion (1051-1065), élu en
dehors de Constantinople, put bien recevoir une lettre de Michel
Cérulaire : on oublie de dire qu'il n'en tint aucun compte.
Georges, son successeur, fut consacré à Constantinople; mais,
ayant attaqué la papauté, il dut fuir, sous le grand Kniaz Isiaslaf Iᵉʳ
(1054-1078), qui délégua une ambassade à Grégoire VII. Ce
bannissement, M. Hore l'appelle une inégalité de caractère,
causée par la crainte des Polonais (p. 366)! Pourquoi, après ce
Georges, troisième métropolitain et sixième évêque de Kief, un
anachronisme de près d'un siècle, pour citer une attaque — apocryphe — de Léontius, deuxième évêque de Kief (992), bien

antérieur au schisme? Si, pendant le onzième et le douzième
siècles, les évêques, toujours envoyés de Constantinople, insinuent
de plus en plus leurs attaques contre Rome, leur insistance même
ne prouve-t-elle pas que, malgré la distance et l'anarchie, les
défenseurs de la papauté restaient nombreux et puissants?

Pourquoi, parmi les métropolitains de Kief, omettre Éphrem
(1090-1096), qui, malgré Constantinople, quarante ans après Cérulaire, institua une fête, maintenue encore au ménologe russe,
pour commémorer la translation des reliques de saint Nicolas de
Myre à Bari (1087), et la fixa au 9 mai, le jour même choisi par
Urbain II (1088-1099)? Pourquoi ne pas mentionner l'insertion
au calendrier oriental, en 1294, d'une fête de la sainte Maison de
Lorette (14 septembre)? Pourquoi, dans les vingt-quatre pages
consacrées à l'Église byzantine de 1453 à nos jours, réserver la
plus grande part aux vieilles légendes sur la papauté et le jésuitisme?

Nous pourrions prolonger cette liste d'inexactitudes : M. Hore
n'en peut être blessé. Puisqu'il aime la vérité, puisqu'il souhaite
avec un zèle vraiment religieux — sa conclusion en fait foi — la
réunion de tous les chrétiens, nous avons voulu lui signaler
quelques-uns des points à corriger dans ses futures éditions.
Dans cette longue conclusion de cinquante pages, de tout l'ouvrage la partie la plus intéressante, l'auteur exprime ses espérances; il esquisse les efforts nombreux — trop peu connus des
catholiques — pour unir l'Orient, l'anglicanisme, les vieux-
catholiques. Pourtant, ici encore, les préoccupations personnelles
de l'écrivain font trop souvent dévier son argumentation. « Rome,
pour cette union, est à présent *a negligable quantity.* » (P. 467.)
Le mot fait sourire et se rachète peut-être par cette autre déclaration : « La réunion de la chrétienté sans Rome serait analogue,
par exemple, à l'union des îles Britanniques sans l'Angleterre. » (P. 474.) Mais les bases d'union qu'il propose aux Russes
seront toujours inacceptables à l'orthodoxie. Restreindre la foi à
un double *Credo*, continuellement attaqué par une partie du
clergé anglican[1], renoncer à cinq des sacrements institués par

---

1. Une grande campagne se mène en Angleterre pour modifier le symbole
de saint Athanase sur des articles essentiels; cette modification compromet-
trait aussi les symboles des apôtres et de Nicée, que veut pourtant garder
M. Hore. L'épiscopat anglican n'ose guère protester. Aussi, le 16 juin 1904,

Notre-Seigneur, et cela — nous empruntons les mots d'un écrivain russe, le savant archiprêtre de l'ambassade russe à Berlin,
Alexios von Maltzew — « pour plaire à une association de laïques
baptisés, soumis à un concile séculier, et qui doivent, après avoir
abjuré l'hérésie, demander leur admission dans l'Église », la
hiérarchie de l'Orient ne le fera pas. Car « elle ne peut abandonner pour un rien, par complaisance pour des ambitieux, soi-
disant évêques, son passé de deux mille ans [1] ».

Le mot est dur, injuste même envers beaucoup d'âmes loyales,
si le reproche d'ambition est généralisé ; puisse-t-il du moins
déterminer M. Hore à étudier le catholicisme ailleurs que dans
les pamphlets protestants : ses travaux historiques y gagneront.

II. L'ouvrage de Mgr Likowski, évêque auxiliaire de Posen, est
une précieuse contribution à l'histoire religieuse de la Pologne
et de la Russie occidentale. L'union à Rome des Grecs-Ruthè-
nes soumis à Sigismond III, scellée définitivement au synode
de 1596, à Brest, en Lithuanie, fut l'un des événements les plus
considérables dans l'histoire du catholicisme en Orient. Or, si
de nos jours encore, à beaucoup de catholiques instruits, la diversité des rites, approuvés par Rome, reste inconnue ou paraît
inexplicable, cependant leur variété, dans la stricte unité du
dogme, n'est pas un des moindres ornements de l'Église ;
Mgr Likowski le prouvera à ses lecteurs.

le quarante-cinquième congrès de la *English Church Union* s'indigna de
cette mollesse, *deplored the action of the northern bishops.* L'archevêque de
Cantorbéry fut vivement attaqué : « il aurait dû penser, s'écria le révérend
Berdmore Compton, à la douleur éprouvée par les croyants, lorsque la dignité épiscopale s'avilit jusqu'à devenir *the stalking-horse of the party of un-
belief* », et le chanoine Newbold déclara que dans cette affaire, « les ecclésiastiques avaient été de *miserable cowards* ». Écoutons maintenant une
autre association, favorable celle-ci aux réformes, *Churchmen's Union for the
advancement of Liberal Religious Thought*; elle déclarait, le 14 juin 1904,
que seul, l'archevêque de Cantorbéry était sage : « Car, affirma le révérend
docteur Rashdall, le christianisme ne peut rester la religion du monde moderne,
s'il ne renonce aux vues traditionnelles que le progrès du criticisme a rendues insoutenables. » Et comme exemple de ces vues traditionnelles à rejeter,
on cita la supériorité de l'inspiration biblique sur l'inspiration personnelle,
l'enfantement du Verbe incarné par une Vierge, l'historicité de la Résurrection.
(*Times*, édition hebdomadaire, 17 juin 1904.)
 Voilà ce que M. Hore propose à la Russie !
 1. *Die Sakramente*, préface, p. cx.

Évêque latin, l'auteur raconte le retour du rite slave à l'Église
catholique; polonais et latin, il veut, lui-même nous en avertit,
réparer l'indifférence et parfois l'injustice de nombreux catholiques de l'ancienne Pologne envers leurs frères ruthènes. Des
érudits, tout en louant cette parfaite impartialité, regretteront
peut-être l'absence de documents multipliés et de controverses
critiques; ils jugeront qu'un ordre strictement chronologique
eût évité plusieurs répétitions; des psychologues se plaindront
que les ouvertures n'aient pas été ménagées plus nombreuses
vers les coulisses; leur sévérité n'empêchera pas le grand nombre
des lecteurs d'apprécier justement la valeur historique de cet
ouvrage et le charme de sa narration. Après avoir esquissé,
dans les deux premiers livres, les rapports de Kief avec Rome,
prolongés encore après Cérulaire, puis la dégradation, au seizième
siècle, du clergé soumis à Constantinople, l'auteur en vient au
vif de son sujet. L'Union, entravée par les plus redoutables oppositions de Constantinople, de Moscou, des réformés luthériens
et des catholiques latins eux-mêmes, est préparée depuis 1590
par la ténacité des évêques ruthènes : au nom de tous, Pociey
et Terletsky, évêques de Vladimir et de Loutsk, proclament, à
Rome, la foi catholique de leurs Églises, et leur soumission au
successeur de Pierre; Clément VIII répond à leurs hommages
par la constitution *Magnus Dominus* (23 décembre 1595).

C'est la charte qui autorise à perpétuité la langue slave, les
rites et les cérémonies ruthènes : grâce à elle, grâce à Paul V et
à Urbain VIII, malgré les plus terribles épreuves, plusieurs diocèses subsistent encore, sous la domination autrichienne, qui,
dans la langue des saints Cyrille et Méthode, prient Dieu pour le
pape et pour l'union de tous les chrétiens.

Les revers et les triomphes de l'Union au début du dix-septième siècle remplissent le cinquième et le sixième livres; ces
faits méritent d'être largement connus parmi les catholiques ;
une traduction française qu'on nous annonce sera la bienvenue.
L'intrépidité d'un évêque comme Routski devant les agents de
Ladislas IV, les merveilles de persévérance opérées par le martyre
de saint Josaphat Kountsewich, archevêque de Polotsk, massacré
à quarante-trois ans, élèvent toujours les âmes. A l'Église de
France, dans les épreuves actuelles, elles offrent en outre de
magnifiques enseignements. Certains peut-être y remarqueront

une dernière leçon : si l'œuvre de l'Union ne fut pas plus complète, si beaucoup, bien disposés d'abord, devinrent ensuite de farouches adversaires de Rome, c'est qu'en un jour décisif, les catholiques avaient failli. Le duc Constantin II Ostrogski, qui fut, après 1596, l'ennemi décidé — et souvent heureux — de l'Union, avait fondé, en 1580, une université à Ostrog ; tout-puissant parmi les siens, il s'était adressé, en mars 1583, au nonce Bolognetto pour offrir les chaires à des maîtres de Rome : nul ne se trouva prêt ; repoussé de ce côté, le duc dut s'adresser aux calvinistes et aux pires ennemis de Rome. On devine les résultats, le récit en est instructif. Plaise à Dieu que pareil malheur ne se renouvelle jamais !

III. M. Schmidtke a la plume alerte et légère ; il aime, comme ses compatriotes, les descriptions poétiques, les rêveries qui font vivre aux temps lointains d'Athènes ou de Byzance : et quel endroit plus propre aux songes de l'artiste, aux observations du psychologue, que cet Athos escarpé, avec ses vingt grands monastères, ses innombrables habitations d'ermites, ses dix mille moines, les uns solitaires, les autres cénobites ; les uns gardant la pauvreté, l'abstinence de viande, la vie commune, les autres constitués en « familles spirituelles », où un ancien rassemble des novices, en fait ses serviteurs, les envoie étudier à Chalcis ou à Athènes, leur procure de l'avancement et leur lègue enfin ses richesses ? Sur la *Sainte Montagne*, si peu accessible, riche de merveilles byzantines amassées jusqu'au seizième siècle, devant la mer si pure sous le ciel grec, dans le fourré des constructions disparates, un décor splendide, l'auteur, muni des lettres du Phanar, a pu errer et étudier sept mois. En un résumé historique, plein d'intérêt, où les détails sont choisis avec art, depuis la légende de la *Panagia*, fondant avec saint Jean le premier monastère, jusqu'aux luttes toutes récentes du moine Anthime contre le patriarche de Constantinople, et à leur conclusion par la déposition de Constantin V (1901), tout est raconté avec finesse, entrain, humour. — Curieuse aussi la description de l'envahissement progressif des moines russes, supplantant, par leurs ressources et leur nombre, l'élément grec : l'Allemand a un droit spécial d'en être offusqué, et nous comprenons son déplaisir lorsqu'il voit, dans les salons monastiques, des tableaux repré-

sentant les fêtes de Toulon, ou la réception du tsar à Paris.

Après avoir décrit le décor, l'auteur, en quelques scènes bien croquées, fait vivre devant nos les habitants des cloîtres. Et toujours, la plume court, vive c joyeuse. Elle court un peu trop : la disposition intérieure des covents et des cellules, le règlement journalier, auraient pu être plu détaillés. Nous apprenons qu'il y a des fresques où sont peinte la Conception, la Nativité, la vie entière de la *Panagia*, les scaes de l'Ancien ou du Nouveau Testament ; des descriptions pus complètes nous eussent intéressés. Dans la bibliothèque, duze mille manuscrits grecs, beaucoup de manuscrits slaves et d'iiprimés, un bibliothécaire ignare : un peu bref. Enfin, si ls conversations rapportées sont utes, drolatiques, la violece des cinquante dernières pages

.e la vie religieuse inspii quelques doutes sur la compé
Je du juge protes·   uiur s'est indigné de la décadence
s couvents grec   ; mais il en existe d'autres. Du
nême spectacl   .-Grancey, dans son voyage *Aux*
pays d'Homè·   ré e si illégitimes conclusions. Que
M. Schmi·   rout et *l'Oblat* ; qu'il visite surtout
lui-mêr   Je Trapistes, de Chartreux ou de Béné-
dicti·   .ors, des proles injustes ne viendront plus
d·   qui, par ses lustrations comme par son texte,
        Jt un   pi·   tableau de la vie monastique

M. D'HERBIGNY.

NOTES BIBLIOGRAPHIQUES

Cardinal BELLARMIN. — **Lectures spirituelles sur l'art de bien mourir**, disposées par P. Gœdert, E. M. La Chapelle-Montligeon (Orne) et Paris, Vic et Amat. In-12, xix-273 pages. Prix : 2 fr. 50.

M. Gœdert, à qui nous devons une collection de lectures spirituelles pour tous les mois de l'année, maintes fois louée ici (*Etudes*, 5 juin 1902, p. 713), en a entrepris plusieurs autres qui ne cessent de s'enrichir. Qu'il suffise de les nommer : *Bibliothèque de lectures pieuses, la Science religieuse, Bibliothèque des communautés religieuses, Petite bibliothèque de lectures spirituelles*. Il publie aujourd'hui l'un des meilleurs opuscules de BELLARMIN *l'Art de bien mourir*. Cet excellent traité fort souvent traduit en français aux dix-septième et dix-huitième siècles, avait paru pour la dernière fois par les soins de Mgr de Belzunce. L'illustre prélat l'offrait aux fidèles de son diocèse « comme un admirable abrégé de toute la morale chrétienne, comme un recueil de toutes les instructions les plus propres à les faire vivre dans la pratique constante des bonnes œuvres, et à rendre la mort tranquille et agréable à Dieu ».
Mgr de Belzunce avait introduit

dans le texte quelques changements sans conséqu... M. Gœdert s'est app... rétablir exactement les

sentant les fêtes de Toulon, ou la réception du tsar à Paris.

Après avoir décrit le décor, l'auteur, en quelques scènes bien croquées, fait vivre devant nous les habitants des cloîtres. Et toujours, la plume court, vive et joyeuse. Elle court un peu trop : la disposition intérieure des couvents et des cellules, le règlement journalier, auraient pu être plus détaillés. Nous apprenons qu'il y a des fresques où sont peintes la Conception, la Nativité, la vie entière de la *Panagia*, les scènes de l'Ancien ou du Nouveau Testament ; des descriptions plus complètes nous eussent intéressés. Dans la bibliothèque, douze mille manuscrits grecs, beaucoup de manuscrits slaves et d'imprimés, un bibliothécaire ignare : c'est un peu bref. Enfin, si les conversations rapportées sont piquantes, drolatiques, la violence des cinquante dernières pages contre la vie religieuse inspire quelques doutes sur la compétence du juge protestant. L'auteur s'est indigné de la décadence des couvents grecs; libre à lui; mais il en existe d'autres. Du même spectacle, M. de Mandat-Grancey, dans son voyage *Aux pays d'Homère*, n'a point tiré de si illégitimes conclusions. Que M. Schmidtke relise *En route* et *l'Oblat*; qu'il visite surtout lui-même une abbaye de Trappistes, de Chartreux ou de Bénédictins. Peut-être alors, des paroles injustes ne viendront plus déparer ce livre, qui, par ses illustrations comme par son texte, offre à l'Occident un si pittoresque tableau de la vie monastique en Orient.

M. D'HERBIGNY.

NOTES BIBLIOGRAPHIQUES

Cardinal BELLARMIN. — **Lectures spirituelles sur l'art de bien mourir,** disposées par P. Gœdert, E. M. La Chapelle-Montligeon (Orne) et Paris, Vic et Amat. In-12, xix-273 pages. Prix : 2 fr. 50.

M. Gœdert, à qui nous devons une collection de lectures spirituelles pour tous les mois de l'année, maintes fois louée ici (*Etudes*, 5 juin 1902, p. 713), en a entrepris plusieurs autres qui ne cessent de s'enrichir. Qu'il suffise de les nommer : *Bibliothèque de lectures pieuses, la Science religieuse, Bibliothèque des communautés religieuses, Petite bibliothèque de lectures spirituelles.* Il publie aujourd'hui l'un des meilleurs opuscules de BELLARMIN, *l'Art de bien mourir.* Cet excellent traité fort souvent traduit en français aux dix-septième et dix-huitième siècles, avait paru pour la dernière fois par les soins de Mgr de Belzunce. L'illustre prélat l'offrait aux fidèles de son diocèse « comme un admirable abrégé de toute la morale chrétienne, comme un recueil de toutes les instructions les plus propres à les faire vivre dans la pratique constante des bonnes œuvres, et à rendre la mort tranquille et agréable à Dieu ».

Mgr de Belzunce avait introduit dans le texte quelques changements sans conséquence. M. Gœdert s'est appliqué à rétablir exactement les références.

Henri CHÉROT.

L'abbé Eugène CHIPIER, curé d'Orliénas, près Lyon, licencié ès lettres. — **La Vie liturgique.** Paris, librairie catholique Vitte, 1904.

Ce livre est assez recommandé par l'accueil sympathique qu'il a reçu du public. Il est arrivé à sa cinquième édition, et il promet de continuer vaillamment son chemin.

Dans le sous-titre, l'auteur nous a donné une analyse complète de son ouvrage. C'est « l'âme se nourrissant, se consolant et tendant à sa destinée dans le culte social que l'Église rend à Dieu, le long de l'année chrétienne ». Comme on le voit, le programme est vaste, mais quiconque aura lu ce livre reconnaîtra que l'auteur a fidèlement tenu sa promesse. Il y a, en effet, dans ces pages plus qu'une explication historique des rites de l'Église ; c'est une étude consciencieuse et en même temps un fonds très riche de solides et pieuses méditations. Tout le livre, en particulier le chapitre sur le chant liturgique, reçoit une actualité

sentant les fêtes de Toulon, ou la réception du tsar à Paris.

Après avoir décrit le décor, l'auteur, en quelques scènes bien croquées, fait vivre devant nous les habitants des cloîtres. Et toujours, la plume court, vive et joyeuse. Elle court un peu trop : la disposition intérieure des couvents et des cellules, le règlement journalier, auraient pu être plus détaillés. Nous apprenons qu'il y a des fresques où sont peintes la Conception, la Nativité, la vie entière de la *Panagia*, les scènes de l'Ancien ou du Nouveau Testament ; des descriptions plus complètes nous eussent intéressés. Dans la bibliothèque, douze mille manuscrits grecs, beaucoup de manuscrits slaves et d'imprimés, un bibliothécaire ignare : c'est un peu bref. Enfin, si les conversations rapportées sont piquantes, drolatiques, la violence des cinquante dernières pages contre la vie religieuse inspire quelques doutes sur la compétence du juge protestant. L'auteur s'est indigné de la décadence des couvents grecs ; libre à lui ; mais il en existe d'autres. Du même spectacle, M. de Mandat-Grancey, dans son voyage *Aux pays d'Homère*, n'a point tiré de si illégitimes conclusions. Que M. Schmidtke relise *En route* et *l'Oblat*; qu'il visite surtout lui-même une abbaye de Trappistes, de Chartreux ou de Bénédictins. Peut-être alors, des paroles injustes ne viendront plus déparer ce livre, qui, par ses illustrations comme par son texte, offre à l'Occident un si pittoresque tableau de la vie monastique en Orient.

M. D'HERBIGNY.

NOTES BIBLIOGRAPHIQUES

Cardinal BELLARMIN. —
**Lectures spirituelles sur l'art
de bien mourir**, disposées
par P. Gœdert, E. M. La Chapelle-Montligeon (Orne) et
Paris, Vic et Amat. In-12,
xix-273 pages. Prix : 2 fr. 50.

M. Gœdert, à qui nous devons
une collection de lectures spirituelles pour tous les mois de
l'année, maintes fois louée ici
(*Etudes*, 5 juin 1902, p. 713), en a
entrepris plusieurs autres qui ne
cessent de s'enrichir. Qu'il suffise de les nommer : *Bibliothèque
de lectures pieuses, la Science religieuse, Bibliothèque des communautés religieuses, Petite bibliothèque de lectures spirituelles.* Il
publie aujourd'hui l'un des meilleurs opuscules de BELLARMIN,
l'Art de bien mourir. Cet excellent traité fort souvent traduit
en français aux dix-septième et
dix-huitième siècles, avait paru
pour la dernière fois par les soins
de Mgr de Belzunce. L'illustre
prélat l'offrait aux fidèles de son
diocèse « comme un admirable
abrégé de toute la morale chrétienne, comme un recueil de toutes les instructions les plus propres à les faire vivre dans la
pratique constante des bonnes
œuvres, et à rendre la mort tranquille et agréable à Dieu ».
Mgr de Belzunce avait introduit

dans le texte quelques changements sans conséquence. M. Gœdert s'est appliqué à rétablir
exactement les références.

Henri CHÉROT.

L'abbé Eugène CHIPIER,
curé d'Orliénas, près Lyon,
licencié ès lettres. — **La Vie
liturgique.** Paris, librairie
catholique Vitte, 1904.

Ce livre est assez recommandé
par l'accueil sympathique qu'il a
reçu du public. Il est arrivé à sa
cinquième édition, et il promet de
continuer vaillamment son chemin.

Dans le sous-titre, l'auteur nous
a donné une analyse complète de
son ouvrage. C'est « l'âme se nourrissant, se consolant et tendant
à sa destinée dans le culte social
que l'Église rend à Dieu, le long
de l'année chrétienne ». Comme
on le voit, le programme est vaste,
mais quiconque aura lu ce livre
reconnaîtra que l'auteur a fidèlement tenu sa promesse. Il y a, en
effet, dans ces pages plus qu'une
explication historique des rites de
l'Église ; c'est une étude consciencieuse et en même temps un fonds
très riche de solides et pieuses
méditations. Tout le livre, en particulier le chapitre sur le chant
liturgique, reçoit une actualité

nouvelle depuis les enseignements du Souverain Pontife : *Instaurare omnia in Christo*. Et on ne saurait trop le recommander aussi bien aux séminaristes et aux prêtres qu'aux simples fidèles.

F. TOURNIER.

Le P. SERTILLANGES. — **La Politique chrétienne**. Paris, Lecoffre, 1904. XVI-332 pages. Prix : 3 francs.

Il y a, réunies dans ce volume, six conférences dont voici les titres : *Y a t-il une politique chrétienne? le Principe générateur de la politique chrétienne ; l'Autorité temporelle ; l'Autorité spirituelle ; la Synthèse des pouvoirs ; Concordat ou séparation?* Cette simple énumération suffit pour indiquer tout l'intérêt des pages publiées par le P. SERTILLANGES. Et son nom est une sûre garantie pour le lecteur : il retrouvera là les habituelles qualités du distingué professeur de l'Institut catholique de Paris : une étude attentive de chaque sujet, un soin égal de prendre acte de la réalité présente et de la juger à la lumière des principes catholiques.

Paul DUDON.

L'abbé BIROT, SALTET, ARMAND, SCALLA, le R. P. PÈGUES, MAISONNEUVE, Mgr BATIFFOL. — **Conférences pour le temps présent**. Paris, Lecoffre, 1903. 1 volume in-12, VIII-258 pages.

Ces conférences ont été prononcées à l'Institut catholique de Tou-

louse, dans les premiers mois de 1903. Les orateurs de mérite qui ont apporté leur concours à l'œuvre du haut enseignement catholique ont tous abordé des questions vivantes d'actualité : la crise du libéralisme ; l'origine religieuse de la Déclaration des droits de l'homme ; la fable dramatique et le problème social de *l'Étape* ; éducation et libre pensée ; la crise du devoir ; l'immoralisme de Nietzsche ; l'Église, l'histoire et le libéralisme.

Nous ne saurions trop applaudir à la pensée qui a suggéré ce mode d'enseignement, et nous applaudissons également à l'idée de lui donner un plus vaste retentissement, en confiant à la presse des discours qui méritent d'être relus et médités.

P. B.

C. ALIBERT, P. S. S. — **La Psychologie thomiste et les théories modernes**. Paris, Beauchesne. 1 volume in-8, 418 pages.

C'est une excellente pensée de mettre en regard les solutions apportées aux différents problèmes de psychologie qui préoccupent le plus de nos jours, soit par les philosophes contemporains, soit par saint Thomas. Sans avoir la prétention d'épuiser les questions qu'il aborde, l'auteur les expose avec une clarté et une loyauté parfaites. Il lui suffit de cette exposition franche et nette pour faire saisir la supériorité de la psychologie thomiste sur tous les essais par lesquels on a voulu jusqu'ici la remplacer. Ceux mêmes qui ne sont point initiés aux secrets de la scolastique liront ces pages avec intérêt et profit.

Il est un point sur lequel nous regrettons de ne pouvoir souscrire à la pensée de l'auteur, c'est quand il semble innocenter le transformisme devant la métaphysique (p. 132). Jamais la métaphysique n'admettra que du mouvement puisse sortir la vie, ni de la vie purement sensitive la pensée. Il y a là des vides qui ne se combleront jamais seuls.

P. B.

Kurzer Leitfaden der russischen Sprache für den Reisegebrauch nebst Redewendungen und Wörterwerzeichnis. 4e Auflage. Leipzig, Bædeker, 1903. 1 volume in-18, 98 pages.

Voici, à l'usage des voyageurs qui savent l'allemand, un petit manuel portatif de langue russe, contenant dans le moindre espace possible un précis grammatical, un recueil de phrases usuelles et un vocabulaire allemand-russe. La grammaire est suffisamment complète, un peu effrayante même pour les commençants, qui auront tout avantage à passer rapidement sur les anomalies de la déclinaison. Chaque mot est marqué de l'accent tonique et accompagné de sa prononciation figurée.

Antoine VALMY.

Paul ACKER. — **Les Petites Confessions.** 2e série. Paris, Fontemoing. Collection *Mi-*

nerva. 1 volume in-16 écu. Prix : 3 fr. 50.

— Que prouvent ces monotones visites à des bonshommes qui posent? L'indiscrétion obstinée de celui qui les a faites. Pas plus. On ne raconte pas les autres, quand on peut être original.

— Bah! vous croyez? Mais l'art de choisir son personnage, de l'encadrer, de lui faire dire ce qu'on veut : c'est quelque chose, et M. ACKER y excelle. Sans doute il peint en beau, mais il faut le bien lire. Il sait *blaguer* qui le mérite : lisez *les Pacifistes.* Et tel mot d'une ironie légère indique par où l'on peut crever les ballons trop gonflés. Puis j'aime à faire, sans me déranger, des visites agréables et instructives. Je sais gré à qui les fait pour moi. Par exemple, tout gibier convoité par M. Paul Acker est sûrement abattu. Aucun ne peut fuir. M. Gaston Boissier se défend-il chez lui : il est saisi à son cours. M. Paul Doumer est insaisissable, mais l'auteur raconte l'interview qui *aurait pu avoir lieu*... Et rien n'est monotone. Tout est, au contraire, charmant de variété. Quand elle paraîtra, je lirai, je vous assure, avec beaucoup d'intérêt, la troisième série des *Petites Confessions.*

P. SUAU.

E. van den BROECK. — **Au pays flamand,** *vers et proses.* Illustrations de A. Kaub. Paris, éditions de *l'Art et l'Autel.* Plaquette in-8, 30 pages.

Il y a quelques bien jolies choses dans ce petit livre, — sans parler des illustrations, parfois charmantes. Mais la crainte du banal jette trop souvent M. van den BROECK dans l'excentrique. Ses beffrois regardent, malgré la grammaire, *par au delà* des remparts et dressent, malgré la pro-sodie, leur *vieille* gloire de pierre. Ses *théories* de vierges *entourent, doucement orantes, l'icone sainte* de la Madone! Si c'est ainsi qu'on parle *au pays flamand*, mieux vaudrait assurément ne pas l'écrire.   Joseph BOUBÉE.

Les *Études* ont encore reçu les ouvrages et opuscules suivants[1] :

ASCÉTISME ET RELIGION. — *Méditations sur tous les évangiles de l'année,* par le R. P. Bourgoing. I. De l'Avent à la Passion. Paris, Douniol. 1 volume in-12, 504 pages. Prix : 2 francs ; édition de luxe, 2 fr. 50.

— *Comment on devient fort* (la communion fréquente pour la jeunesse). Grammont, à l'œuvre de Saint-Charles. In-12, 144 pages, avec 8 hors texte. Prix : 10 centimes.

— *Nouvelle bibliothèque chrétienne illustrée.* Grammont, à l'œuvre de Saint-Charles, 1904. 40 brochures d'actualité, grand in-18, 4 000 pages environ. Prix : 3 francs.

— *Ma vie en Jésus-Christ,* par le P. Jean de Cronstadt, archiprêtre de l'Eglise russe, publiée par dom Antoine Staerck, O. S. B. Paris, Lethielleux, 1904. 1 volume in-18, xxiv-271 pages.

— *La Messa nella sua storia e nei suoi simboli,* par P. Giovanni Semeria, barnabite. Rome, F. Pustet, 1904. 1 volume in-12, xvi-284 pages. Prix : 2 fr. 50.

— *Un santo pensiero pei morti,* par Giuseppe Michelini. Rome, F. Pustet, 1904. 1 volume in-8, 81 pages. Prix : 1 franc.

— *Manuel classique d'instruction religieuse,* d'après saint Thomas d'Aquin et saint Alphonse de Liguori, à l'usage des maisons d'éducation (partie de l'élève), par l'abbé Elie Constantin. Tours, Cattier, 1904. 1 volume in-12, 515 pages. Prix : 3 fr. 50.

— *L'Athéisme réfuté par les grands penseurs et les hommes de science,* par E. Ménage. 2ᵉ édition. Paris, Lethielleux, 1904. 1 volume in-12, 287 pages. Prix : 3 fr. 50.

DOGME. — *Della Chiesa e della sua divina Costituzione,* par D.-A. Gréa, supérieur général des réguliers de l'Immaculée-Conception. Traduit du français par Mgr Lancia, archevêque de Montréal. Rome, F. Pustet, 1904. 2 volumes in-12, 421 et 376 pages.

— *Nuova esposizione dei Criteri theologici lavaro scientifico,* di Mons. Can. Salvatore di Bartolo. Rome, F. Pustet, 1904, 1 volume in-12, 364 pages.

DROIT CANON. — *Direction canonique à l'usage des congrégations à vœux simples,* par dom Pierre Bastien, O. S. B. Abbaye de Maredsous, 1904. 1 volume in-8, xvii-442 pages. Prix : 5 francs.

---

1. Les ouvrages et opuscules annoncés ici ne sont point pour cela recommandés : les *Études* rendront compte le plus tôt possible de ceux qu'il paraîtra bon de faire plus amplement connaître à leurs lecteurs.

Philosophie. — *Leçons de philosophie, préparatoires aux baccalauréats classique et moderne*, par Antonin Bernard. Tome II : Logique, morale, métaphysique. Paris, Vic et Amat, 1904. In-8, 508 pages. Prix : 5 francs.

Littérature et Poésie. — *Les Rêveurs incompris*, par Roger de Saint-Paul. Orléans, Marcel Marron, 1904. 1 brochure, 47 pages.

— *Les Mansuétudes*, par Charles Droulers. Paris, Lemerre, 1904. 1 volume in-18, 160 pages. Prix : 3 francs.

— *La Jeunesse d'Ovide*, par H. de la Ville de Miremont. Paris, Fontemoing, 1904. Collection *Minerva*. 1 volume in-16 écu, 291 pages. Prix : 3 fr. 50.

Histoire profane. — *La Société française pendant le Consulat. Bonaparte, sa famille, le monde et les salons*, par Gilbert Stenger. 3ᵉ série. Paris, Perrin, 1904. 1 fort volume in-8 écu, 520 pages. Prix : 5 francs.

— *Grandeur et décadence de Rome. La conquête*, par G. Ferrero. Paris, Plon-Nourrit, 1904. 1 volume in-16, 426 pages. Prix : 5 francs.

— *L'Europe et la Révolution française*, par Albert Sorel, de l'Académie française. 3ᵉ partie : La coalition, les traités de 1815. Paris, Plon-Nourrit, 1904. 1 volume in-8, 520 pages. Prix : 8 francs.

— *Histoire contemporaine*, par J. Brugerette. Tours, Cattier, 1904. Classe de 4ᵉ : Les temps modernes. 1 volume in-12, 415 pages. Prix 3 fr. 50. — Classe de 3ᵉ A-B, 1ᵉʳ cycle : Histoire contemporaine (1789-1889). 1 volume in-12, 523 pages. Prix : 4 francs.

Histoire ecclésiastique. — *Les Moines d'Orient antérieurs au concile de Chalcédoine (451)*, par dom J.-M. Besse. Paris, Oudin. 1 volume in-8, 554 pages. Prix : 7 fr. 50.

Romans. — *Au temps de Pétrarque. Avignon, 1348*, par Martial Donël. Paris, Fontemoing, 1904. Collection *Minerva*. 1 volume in-16 écu, 230 pages. Prix : 3 fr. 50.

— *Le Village endormi*, par Georges Riat, Paris, Fontemoing, 1904. Collection *Minerva*. 1 volume in-16 écu, 230 pages. Prix : 3 fr. 50.

— *L'Utile Amie*, par Gustave Hue. Paris, Fontemoing, 1904. Collection *Minerva*. 1 volume in-16 écu, 304 pages. Prix : 3 fr. 50.

— *L'Obstacle*, par Pierre Perrault. Paris, Henri Gautier, 1904. *Bibliothèque de ma fille*. 1 volume in-18 jésus, 324 pages. Prix : 3 francs.

Actualités. — *Au pays de la vie intense*, par l'abbé Félix Klein. Paris, Plon-Nourrit, 1904. Un fort volume in-16, 386 pages. Prix : 3 fr. 50.

— *L'École des sciences sociales et politiques à l'Université catholique de Lille*. Organisation et programme des cours de l'année scolaire 1904-1905. Imprimerie H. Morel, rue Nationale, 77, Lille. 1 brochure de 90 pages.

— *La Jeunesse catholique française au dix-neuvième siècle*, par l'abbé Rouzic. Paris, Beauchesne, 1904. 1 volume in-8, 444 pages.

— *L'Avenir de nos filles*, par Gabrielle Réval. Paris, Hatier, 1904. Collection *Hermine*. 1 volume in-16, 304 pages, sous couverture illustrée. Prix : 3 fr. 50.

— *Christiane*, par Serge d'Ivry. Paris, Hatier, 1904. Collection *Hermine*. 1 volume in-16, 285 pages. Prix : 3 fr. 50.

Varia. — *Itinéraire de Paris à Jérusalem*, par Julien, domestique de M. de Chateaubriand, avec introduction et notes par Édouard Champion. Paris, Honoré Champion, 1904. 1 volume in-16 carré, 127 pages, avec fac-similés. Prix : 3 fr. 50.

ÉVÉNEMENTS DE LA QUINZAINE

Octobre 27. — A **Paris,** la Chambre des députés adopte un projet de loi proposé par la commission du suffrage universel, relatif au secret du vote qui se fera par bulletins mis sous enveloppes cachetées.

28. — A **Paris,** interpellation sur la délation dans l'armée. Le colonel Rousset et surtout M. Guyot de Villeneuve apportent des documents nombreux, authentiques, prouvant qu'un service de dénonciations est établi au ministère de la guerre contre les officiers. Les principaux agents sont le capitaine Mollin, officier d'ordonnance du général André et le franc-maçon Vadecart, secrétaire du Grand Orient. La Chambre, à l'unanimité, réprouve ces actes, et par 278 voix contre 274 passe à l'ordre du jour, « convaincue que le ministre de la guerre donnera les sanctions nécessaires ». Ce dernier avait lui-même déclaré que *si ces faits étaient exacts,* il viendrait offrir sa responsabilité à la tribune !

— A **Rome,** le Souverain Pontife donne audience au ministre de Corée à Paris, et lui remet une lettre autographe pour l'empereur Yi-Yen.

29. — A **Paris,** dans le grand amphithéâtre de la Sorbonne, célébration du centenaire du Code civil, sous la présidence de M. Loubet.

— D'après les chiffres publiés à l'*Officiel* de ce jour, le taux de la natalité, en France, en 1903, est de 2,22 p. 100 habitants, au lieu de 2,27 en 1902 et de 2,30 en 1901. C'est le taux le plus bas depuis le début du dix-neuvième siècle.

31. — A **Paris,** M. Loubet préside la fête des mutualités et des sociétés de secours mutuels à la galerie des Machines. Il y a un banquet de trente mille couverts.

— La solution du conflit né de l'incident de Hull, entre la **Russie** et l'**Angleterre,** est confiée, grâce surtout à l'intervention de l'ambassadeur de France, M. Cambon, à une commission d'officiers supérieurs qui siégera à Paris. Dès lors la flotte russe peut quitter le port de Vigo (Portugal), où elle avait dû attendre cette décision, et reprendre sa route vers l'Extrême-Orient.

— En **France,** les journaux publient la lettre par laquelle M. Combes enjoint aux vingt-trois évêques intéressés de remplacer, dans le délai d'un an, les Sulpiciens qu'ils avaient choisis pour directeurs et professeurs de leurs séminaires.

Novembre 1er. — En **Espagne**, séance très orageuse aux Cortès, à l'occasion de demandes de poursuites contre des députés républicains. Le ministère Maura, violemment combattu par les radicaux, conserve toute la confiance du roi.

2. — En **France**, l'excédent des retraits sur les versements aux caisses d'épargne, pour les dix premiers mois de 1904, atteint 34 773 000 francs.

3. — A **Paris**, à Saint-Germain-l'Auxerrois, messe solennelle (autrefois officielle), à l'occasion de la reprise des travaux judiciaires. Le cardinal Richard présidait. Environ cinq cents avocats, avoués ou agréés étaient présents.

4. — A **Paris**, à la Chambre des députés, M. Guyot de Villeneuve vient sommer le ministre de la guerre de donner sa démission conformément à la promesse qu'il a faite, il y a six jours, à la tribune. Au milieu d'un grand tumulte, dans une séance qui ne finit qu'à onze heures du soir, le ministre, ne pouvant nier sa participation à la délation organisée dans ses bureaux, essaye de légitimer sa conduite. Grâce à la pression des loges maçonniques sur le « Bloc » et à l'intervention de M. Jaurès, le cabinet obtient 2 voix de majorité sur la question de confiance. M. Syveton, député nationaliste, croit alors venger l'armée en souffletant publiquement le ministre de la guerre.

— Aux **États-Unis**, M. Roosevelt est réélu président. Son concurrent était M. Parker.

— A **Madagascar**, inauguration, par le général Galliéni, d'une ligne de chemin de fer reliant Brikaville à Fadonava (102 kilomètres).

— Sur les côtes d'Algérie, dans une collision avec l'*Ange-Schiaffino*, le vapeur *Gironde*, propriété d'un armateur d'Alger, est englouti avec son équipage et presque tous ses passagers (cent cinquante environ).

5. — A **Inspruck** (Tyrol), des rixes sanglantes ont lieu entre les étudiants allemands et les étudiants italiens de la nouvelle université italienne créée en cette ville. Il y a deux morts et une vingtaine de blessés.

— A **Saint-Viatre** (Loir-et-Cher), décès, à l'âge de soixante-deux ans, de M. Paul de Cassagnac, directeur et fondateur de *l'Autorité*, ancien député du Gers. La presse est unanime à rendre hommage à la loyauté et à l'unité de vie politique de ce distingué publiciste catholique.

— A **Bruxelles**, un incendie détruit les archives du ministère de l'intérieur.

— A **Paris**, M. Delcassé fait part au conseil des ministres de la conclusion d'un traité d'arbitrage entre la France et les Etats-Unis, analogue au traité franco-anglais du 14 octobre 1903.

6. — En **Italie**, les élections législatives donnent une forte majorité au ministère contre les socialistes.

7. — A **Paris**, au deuxième conseil de guerre, le commissaire du gouvernement Rabier abandonne l'accusation portée contre le lieutenant-colonel Rollin, les capitaines François et Mareschal et l'archiviste Dautriche, pour détournement de 25 000 francs. Cette somme, dans la pensée du gouvernement, aurait servi à suborner le témoin Czernuski qui déposa contre Dreyfus. Les inculpés sont acquittés à l'unanimité, après plusieurs semaines de prison préventive.

— A **Paris**, la Chambre des députés, par 415 voix contre 141, auto-. rise le procureur général Bulot à poursuivre M. Syveton, pour voies de fait à l'égard du ministre de la guerre, dans la séance du 4 novembre.

Paris, le 10 novembre 1904.

Le Gérant : Victor RETAUX.

Imprimerie J. Dumoulin, rue des Grands-Augustins, 5, à Paris.

JUBILÉ DE L'IMMACULÉE

(1854-1904)

I

Cinquante ans ont passé, depuis ce jour de gloire :
Jour qui combla les vœux de nos cœurs fiers de croire,
Jour où le Ciel s'ouvrit, où l'Enfer frissonna ;
Où des Anges de Dieu les légions fidèles
Applaudirent leur Reine en longs battements d'ailes
Et, sur leurs harpes d'or, chantèrent l'*Hosanna*.

Les peuples attendaient ce jour et cette fête
Que, du haut du Carmel, entrevit le Prophète
Dans la blanche nuée à l'Orient lointain ;
Les siècles en mourant disaient : Demain, peut-être !...
L'aurore enfin paraît, enfin le jour va naître ;
O peuples, saluez les clartés du matin.

Ce jour, oh ! qu'il fut beau : quand le Pape infaillible,
Les yeux sur l'Évangile et la main sur la Bible,
Au nom du Christ Jésus, Dieu de Dieu, Roi des rois,
Au nom de Pierre, au nom de la Foi révélée,
Dit, de sa voix puissante : « Elle est Immaculée ! »
L'univers, à genoux, répondit : « Je le crois. »

Ce jour, oh ! qu'il fut grand pour le Christ Fils de l'homme :
Quand l'éclair jaillissait au Sinaï de Rome,
La beauté de sa Mère à son front resplendit ;
Ce jour fut grand pour vous, Marie, ô nouvelle Ève,
O Reine qu'un tel Fils chérit, couronne, élève;
Et nous, votre grandeur, ô Vierge, nous grandit.

Tout à coup, à la voix des cloches catholiques,
Le *Te Deum* éclate au fond des basiliques ;
Rome a parlé : le monde applaudit ; il s'émeut,
Il tressaille ; et la Foi, par l'amour enhardie,
Allume au ciel du soir un joyeux incendie :
Gloire à l'Immaculée ! il le faut, Dieu le veut !...

Cinquante ans ont passé, mais notre foi demeure ;
Et notre amour survit à ces fêtes d'une heure,
Dont l'écho triomphal retentit en tout lieu ;
Toute langue ici-bas chante l'Immaculée ;
Aux flancs de la montagne, aux plis de la vallée,
Ses temples ont fleuri sous le soleil de Dieu.

II

Et voici que, montrant pour nous sa préférence,
La Vierge descendit sur nos rochers de France ;
Et là, d'un piédestal de fleurs et de granit,
L'Immaculée, au sol français dont elle est reine,
Nous dit : « C'est Moi... » — C'est vous, divine Souver
Dont le cœur nous aima, dont la main nous bénit.

Vous êtes toute belle, ô vous l'Immaculée !...
Lis que Dieu fit éclore aux champs de Galilée,
Votre blancheur sans tache a brillé sur nos monts ;
Notre-Dame, c'est vous, comme aux siècles antiques ;
Entendez nos vivats, écoutez nos cantiques :
Nous sommes votre peuple et nous vous acclamons.

Mais votre doux royaume est en grande détresse ;
Un deuil de mort l'accable et la honte l'oppresse ;
Nous allons trébuchant aux hasards du chemin,
L'abîme est entr'ouvert, où l'Enfer nous entraîne...
Venez sur nos rochers ; et de ce trône, ô Reine,
Penchez-vous, sauvez-nous, en nous tendant la main.

JUBILÉ DE L'IMMACULÉE (1854-1904)

Vierge pure, voyez : la fange nous inonde ;
Le mal nous envahit comme un reflux immonde ;
Peuple de naufragés, nous crions : Au secours !
Nous crions dans la nuit, dans la nuit sans aurore ;
Nos appels éperdus vous toucheront encore,
Vous, jadis notre joie, et notre espoir toujours.

Notre-Dame, au secours de vos fils, de la France !...
Que votre Jubilé soit notre délivrance ;
Renouvelez nos cœurs, ô Cœur immaculé ;
Du Roi Jésus, sur nous, assurez la victoire :
Et nous pourrons dater, à nouveau, notre histoire
Du dernier *Te Deum* de votre Jubilé.

Victor DELAPORT

L'HISTOIRE D'UN DOGME [1]

Quand Pie IX, il y a cinquante ans, définissait le dogme de l'Immaculée Conception, il ne proclamait pas seulement une vérité glorieuse à Marie ; il entendait imposer à la foi du peuple chrétien une doctrine divinement révélée. C'est ce que dit en termes exprès la définition papale : « La doctrine suivant laquelle la bienheureuse Vierge Marie a été, au premier instant de sa conception, par une grâce et un privilège spécial du Dieu tout-puissant, en vue des mérites de Jésus-Christ, sauveur du genre humain, préservée de toute tache du péché originel, est une doctrine révélée de Dieu, et par conséquent tous les fidèles sont tenus de la croire fermement et sans hésiter. »

Cette définition suppose donc la révélation de la vérité définie : Dieu a dit à son Église que Marie a été conçue immaculée. Où et quand l'a-t-il dit ? En quels termes et de quelle façon ? C'est une tout autre question, non plus de foi, mais de science ; non plus de dogme à croire, mais d'histoire à élucider. Question d'ailleurs très intéressante : en elle-même d'abord, et aussi par les jours qu'elle nous ouvre sur le mouvement de la pensée chrétienne. Quand nous l'aurons examinée de près, nous ne serons plus en peine pour répondre à ceux qui accusent l'Église d'inventer des dogmes nouveaux, ou qui nous demandent ironiquement de leur en montrer les origines célestes.

I

L'Église ne reçoit plus de révélation ; depuis la mort des apôtres, le dépôt ne s'enrichit plus : « L'Esprit-Saint, nous dit le concile du Vatican, n'a pas été promis aux successeurs de Pierre pour leur révéler des doctrines nouvelles, mais

---

1. Travail présenté au Congrès marial breton de Josselin (Morbihan), 21-24 novembre 1904.

pour les assister dans la transmission fidèle de la révélation apostolique et dans la garde du dépôt. » Ainsi le pape, en définissant l'Immaculée Conception comme divinement révélée, entend nous dire que cette vérité était contenue dans le dépôt confié par Jésus aux apôtres et par les apôtres à l'Église. Il faut donc la chercher dans l'Écriture sainte ou dans la tradition orale.

Or l'Écriture ne dit rien de l'Immaculée Conception. Tout au plus pouvons-nous, le mystère une fois connu d'ailleurs, en éclairer, pour ainsi dire, l'Écriture, et, à cette lumière, inclure aussi l'Immaculée Conception dans la plénitude du texte biblique qui nous dit les inimitiés entre la femme et le serpent et comment le fils de la femme broiera la tête du serpent; l'inclure encore dans les mots à perspectives infinies de la Salutation angélique, ou dans les tendres appellations de l'Époux des *Cantiques* à son Épouse toute belle et toute pure, à sa bien-aimée en qui il n'est pas de tache. Hors de là, l'Écriture est plutôt faite pour nous dérouter sur ce point : qu'on se rappelle les textes de saint Paul sur le péché d'Adam souillant l'humanité tout entière, et sur le besoin que nous avons tous de la glorieuse rédemption à cause du péché commun à tous. Elle déroutera, en effet, nombre de docteurs, et des plus grands, comme nous le verrons dans la suite de cette étude.

C'est donc dans la tradition orale qu'il faut chercher les traces du glorieux privilège. Mais, ici encore, le théologien novice ne laisse pas d'être d'abord quelque peu déconcerté, car les témoins ordinaires de la tradition se taisent ou ne parlent pas clair; quelques-uns, et de ceux que nous sommes le plus habitués à entendre, sont formellement défavorables. C'est un fait qui peut être gênant, mais c'est un fait qu'il faut reconnaître : le temps n'est plus où l'on pouvait se débarrasser des difficultés en les niant. Les textes sont là, il faut les accepter tels qu'ils sont, quitte à renoncer peut-être à des façons trop simplistes de concevoir et de s'expliquer les choses. La réalité est complexe, et, si elle déborde les vieilles formules, ce n'est pas elle qu'il faut y ramener malgré tout, c'est celles-ci qu'il faut élargir.

En fait, non plus que dans l'Écriture, il n'est question de

l'Immaculée Conception dans les premiers siècles, et quand l'idée s'en présenta, précise et explicite, au peuple chrétien, ce fut pour être contredite par plusieurs des maîtres les plus saints, les plus savants, les plus écoutés du peuple chrétien.

Il n'en est pas question dans les premiers siècles : les textes précis et exprès ne remontent pas au delà du douzième. Avant cela, il y avait bien la fête de la Conception, et cette fête, dont l'histoire commence enfin à sortir des brouillards et de la légende, remonte très haut et s'est vite répandue.

Mais quel était l'objet précis de la fête ? A la fois, semble-t-il, d'après les documents qui nous restent, la venue de la Vierge, mère du Rédempteur, et la maternité miraculeuse de sainte Anne. Comme l'Annonciation est à la fois la fête de Jésus, le Dieu qui s'incarne, et celle de Marie, devenant sa mère virginale, ainsi la fête de la Conception rappelait à la fois la venue de la Vierge et la maternité miraculeuse de sa mère. La fête se nommait couramment *Conceptio Annæ*, comme qui dirait *la maternité de sainte Anne*. Si bien que les Bretons, honorant en sainte Anne l'Immaculée Conception de Marie, donnent la main, par delà les siècles, aux premiers instituteurs de la fête.

Je n'ai pas à dire les origines de cette fête, ni son développement rapide[1]. Mais l'histoire du dogme s'y trouve intimement liée. Vite, en effet, l'idée de l'Immaculée Conception s'en dégagea nette et précise, comme objet même du culte, au moins comme objet partiel. La fête portait le dogme..., et c'est pour cela qu'elle allait rencontrer la plus formidable opposition.

II

Qui ne connaît la fameuse lettre de saint Bernard aux chanoines de Lyon ? C'est à la fête qu'il s'en prend directement, c'est la fête qu'il repousse. Mais en attaquant la fête, il frappe aussi sur la doctrine : Dieu a permis que le docteur pieux, le docteur marial par excellence, éclaboussât les origines toutes pures de la Vierge, qu'il aimait tant et dont il a dit les plus

1. Les *Études* en ont parlé, 20 septembre 1904.

belles paroles peut-être et les plus glorieuses que jamais lèvres humaines aient prononcées à propos de Marie.

Et Bernard n'est pas seul. Que de docteurs au moyen âge ont pensé comme lui ! Pour ne citer que les plus grands, saint Anselme, sans traiter directement la question, suppose à l'évidence que Marie a été conçue dans le péché originel ; saint Thomas d'Aquin examine le pour et le contre, et il conclut contre ; saint Bonaventure pèse avec soin les raisons, et malgré, semble-t-il, l'inclination de son cœur, il tient la négative pour plus probable, plus commune, plus vraie. Les plus saints et les plus doctes, ceux dont l'accord nous suffit d'ordinaire pour conclure que leur pensée est la pensée de l'Église, viennent ainsi déposer contre une pieuse opinion que l'Église devait un jour définir comme un dogme.

Fait étrange en vérité. Si étrange que l'énoncé en a presque je ne sais quoi de scandaleux. C'est un fait cependant.

Mais, dit-on, saint Anselme aurait soutenu ailleurs l'Immaculée Conception. Nulle part. Il y a bien sous son nom un sermon sur ce sujet, où la pieuse croyance est défendue avec force, mais ce sermon n'est pas de lui.

On a mis en doute l'authenticité de la lettre de saint Bernard. On pourrait aussi bien douter de tous ses écrits. Il y a même pour cette lettre des témoignages spéciaux qui vaudraient encore quand il y aurait lieu d'hésiter pour le reste.

On a dit que le pieux docteur s'en prend à la fête, non à la doctrine. Il suffit de lire la pièce pour voir que la doctrine aussi est attaquée, et de front.

Enfin on a cru trouver des témoignages du saint abbé en faveur du privilège. Mais regardez-y de plus près : ils laissent la question intacte. Une chose est sûre, au contraire : saint Bernard veut que Marie ait été sanctifiée avant sa naissance, mais qu'elle ait été sanctifiée, et après sa conception.

Mêmes efforts, et aussi peu critiques, pour arracher saint Thomas aux adversaires du dogme, pour le mettre parmi ses tenants. L'article de la *Somme* où la question est traitée *ex professo* aurait été supposé, interpolé, dénaturé. Les preuves ? Aucune, sinon qu'il s'y rencontre la doctrine qui déplaît. Système commode pour se débarrasser des textes.

Les rationalistes, à qui nous le reprochons, n'y vont même pas avec ce sans-gêne : ils y mettent les formes. Dans le cas présent, la supposition n'est pas seulement téméraire, elle est invraisemblable; car cet article tient à d'autres qui, par un détour, nous ramènent à la même doctrine. Dira-t-on que saint Thomas a varié sur ce point? On cite, en effet, quelques textes de lui en faveur du privilège. S'il y a eu variation, c'a été pour aller du vrai au faux; car ces textes sont antérieurs à ceux de la *Somme*. Mais cela n'est pas. Les mêmes expressions qu'on cite pour se retrouvent dans l'article *ex professo*, contraire au dogme, pour dire seulement que Marie, à sa naissance, n'avait *plus* le péché originel.

Sur un point, il y a eu peut-être altération dans quelques manuscrits. La chose n'est pas sûre, elle est possible. Mais s'il y a eu altération, c'a été non pour prêter au Docteur angélique une idée défavorable au privilège, c'a été pour glisser, dans un texte du commentaire sur l'*Ave Maria* (commentaire qui peut-être n'a pas été écrit par lui, mais qui doit être une rédaction de son enseignement), un mot qui pût être interprété en faveur du privilège.

Enfin, car à quoi n'a-t-on pas eu recours? on a distingué en saint Thomas deux hommes : l'homme officiel, le maître qui enseigne au nom de son Ordre les doctrines de son Ordre, et l'homme privé, le saint, qui, dans son for intérieur, honorait dévotement le privilège qu'il combattait dans sa chaire. Un orateur aurait ici beau jeu, belle matière à mouvements. Restons dans l'histoire. Où sont les preuves? Il n'y en a pas. Où sont les vraisemblances? Il n'y en a pas. Tout au contraire. Si l'Ordre a eu ici une doctrine, c'est qu'il a cru en voir une dans saint Thomas.

Combien mieux avisés les derniers éditeurs de saint Bonaventure, à qui nous devons une œuvre de tout premier mérite! Ils reconnaissent que saint Bonaventure s'est trompé ; et ils montrent, textes en main, que la plupart des docteurs, jusque vers la fin du treizième siècle, se sont trompés comme lui en prenant parti contre la pieuse croyance.

III

Le fait admis, l'histoire du dogme n'en est que plus admirable. C'est merveille, en effet, que l'idée ait fait son chemin malgré tout, ait conquis les docteurs, soit devenue la foi explicite de l'Église. C'est un des cas les plus beaux et les plus touchants de la piété, je ne dis pas, commme on l'a fait quelquefois, triomphant de la science, mais devançant la science, stimulant la science, éclairant la science, amenant enfin la science à ratifier les intuitions de l'amour et de la piété.

C'est parmi les chrétiens dévots, c'est dans les cloîtres, que la fête a commencé d'être célébrée, au moins en Occident ; c'est de là, autant que nous pouvons suivre son histoire, qu'elle est sortie, souvent sans doute avec les moines devenus évêques (comme Hugues d'Amiens, par exemple, abbé de Reading, en montant sur le siège de Rouen, semble bien avoir introduit dans son église la fête qu'il célébrait dans son monastère). C'est à un moine que nous devons le premier traité connu où le glorieux privilège soit affirmé en termes précis et formels, le *De Conceptione Sanctæ Mariæ*, et le manuscrit le plus ancien que nous en ayons — peut-être l'autographe même de l'auteur — le donne comme l'écrit « d'Edmer, moine, grand pécheur ». C'est à la vision d'un moine que l'on rattacha longtemps les origines de la fête en Angleterre.

C'était la dévotion des petits et des humbles, les adversaires disaient volontiers, après saint Bernard, des simplets et des ignorants. Le pieux auteur du *De Conceptione* ne repoussait pas le reproche ; il en tirait argument, comme autrefois la Chananéenne des duretés de Jésus. « Ils sont simples, disait-il, et ne sauraient peut-être répondre aux raisons profondes que leur opposent les sages. » Mais ils aiment ; et l'Écriture ne dit-elle pas que Dieu se plaît à converser avec les simples ?

La science finit par se mettre de leur côté. Qu'y a-t-il de vrai dans ce qu'on nous raconte de la fameuse dispute où Duns Scot aurait si brillamment défendu le privilège de Marie et

obtenu que la Sorbonne exigeât de ses docteurs le serment
de la soutenir? Je ne saurais le dire. C'est là probablement
une de ces fables vraies dont parle Joseph de Maistre, plus
vraies souvent que l'histoire, dont elles concentrent la réalité
pâle et diffuse en un moment dramatique et expressif. Toujours est-il que Scot donne d'excellentes raisons en faveur
de la pieuse croyance, et que la Sorbonne en avait fait sa
doctrine dès avant le concile de Bâle, où elle la définit
autant — et même plus — qu'elle pouvait définir. Il est donc
probable que Scot marque un tournant dans l'histoire du
dogme, son entrée officielle dans le monde théologique;
probable qu'il eut sa part d'influence, la grande part peut-
être, dans l'admission de la pieuse doctrine en Sorbonne. Je
ne sais si les documents permettent d'être plus précis et plus
affirmatif.

La suite est connue. C'est la marche victorieuse du dogme.
Non sans luttes bruyantes, non sans obstacles gigantesques.
Mais chaque lutte finissait par un triomphe; chaque obstacle
renversé donnait un nouvel élan.

On faisait arme de tout, pour ou contre. Et certes on
n'était pas difficile dans le choix et le triage des arguments.
C'était la mode alors d'accumuler les raisons; bonnes ou
mauvaises, c'était question secondaire. Comme on torturait
les hommes, on torturait les textes pour leur faire dire ce
qu'on voulait. De gré ou de force, on les amenait. Dieu sait
si parfois on n'en supposait pas, comme on supposait les
chartes : ils croyaient faire œuvre pie en forgeant des armes
à la vérité.

Se dégage-t-il quelque chose de ces mêlées tumultueuses
des théologiens? Trois choses me semblent mériter attention, à notre point de vue.

IV

Et d'abord l'utilité de la lutte. L'obstacle provoqua l'effort.
On eût moins fait pour aboutir, si la route eût été libre et
unie ; si le dogme n'avait pas été contredit, on n'eût pas fait
le vœu de le défendre, — le vœu « sanguinaire », comme
disaient les opposants, par allusion à la coutume d'en signer

la formule de son sang[1] ; — si la pieuse croyance n'eût pas été repoussée comme opposée à la foi, on se fût moins préoccupé d'en obtenir la définition solennelle.

Mais il y a plus et mieux que ce profit extérieur. La dispute fit étudier la vérité de plus près : en elle-même, dans ses convenances multiples et ses analogies, dans ses fondements traditionnels, dans ses rapports avec d'autres vérités acquises. La lumière se fit par là sur une foule de points où l'attention n'eût pas été attirée sans cela. La doctrine de l'Immaculée Conception ne fut pas seule à y gagner. Ce fut grand profit pour la théologie mariale ; ce fut profit pour toute la théologie, pour la positive, non moins que pour la scolastique. Nulle part sans doute, mais surtout en théologie, une vérité ne se dégage toute seule : tout le système en est éclairé.

Que d'idées confuses chez les premiers qui ont écrit sur le dogme, pour ou contre ! Le point précis à étudier est comme noyé dans le flot des notions confuses sur le péché originel et sur la façon dont il se propage.

Faute de distinguer, comme diront plus tard les théologiens, la conception active et la conception passive, on déplace à chaque instant la question ; on parle comme si conception immaculée de l'enfant était synonyme de maternité virginale ou de génération sans convoitise de la part des parents. Ces confusions sont visibles chez saint Anselme et chez saint Bernard ; l'auteur du *De Conceptione*, tout en posant nettement l'affirmation qui deviendra le dogme catholique, n'arrive pas à les dissiper toutes.

Faute de distinguer l'essence du péché originel de ce qui n'en est, comme dira saint Thomas, que le matériel, que la condition extrinsèque, le milieu organique, on en rattache l'idée à celle de je ne sais quelle impureté physique inhérente à cette chair de péché dont parlait saint Paul. Saint Thomas et saint Bonaventure feront ici les distinctions nécessaires. Mais longtemps encore une idée trop matérialiste du

1. Et peut-être aussi par allusion à la teneur même de la formule : on y promettait de défendre le glorieux privilège, fût-ce au prix du sang, de mourir pour, si c'était requis. Signer de son sang était comme un gage et une garantie.

péché originel empêchera plusieurs de comprendre comment la Vierge conçue d'une chair de péché n'aura en elle aucune trace de péché.

Faute enfin de distinguer le droit et le fait, ou, comme on dira plus tard, la *dette* et le péché même, la condition naturelle de Marie en vertu de sa descendance adamique et sa condition personnelle en vertu de sa maternité divine, on conclut, sans plus songer, du droit au fait, de la loi à son application absolue, des textes et des raisons qui incluent la nature sous le péché à l'inclusion de la personne.

Et de là tout naturellement un élément d'erreur dans l'interprétation des données traditionnelles. Saint Paul parlait de la condition naturelle de l'humanité, quand il la montrait tout entière pécheresse, sous la loi du péché : on ne vit pas que l'affirmation générale de la loi pour tous laissait place à l'exception de fait, à l'exception personnelle. Sans doute, restait à prouver le fait exceptionnel; mais la preuve se faisait.

Les saints Pères, après saint Paul, affirmaient l'universalité du péché originel, au même titre que l'universalité de la rédemption : on en conclut trop vite que Marie rachetée supposait Marie pécheresse, et que Marie exempte de péché c'était Marie échappant à l'influence bienfaisante du Rédempteur.

Il fallut du temps pour faire les distinctions nécessaires, pour dissiper les confusions, pour mettre dans son vrai jour la vérité révélée. Ces luttes auraient semblé rendre la question inextricable. Quand la poussière des batailles fut tombée, tout parut clair et lumineux ; quand le tumulte eut cessé, on entendit plus distincte la voix de la tradition. Bien avant la définition, toutes les objections étaient résolues, toutes les difficultés évanouies. Aussi l'accord était-il fait des esprits et des cœurs. La définition ne connut pas de vaincus parmi les bons catholiques. Ce fut le triomphe de tous.

V

En regard des théologiens qui disputent, il est intéressant d'observer l'attitude des fidèles et l'attitude du Saint-Siège.

· Les fidèles ne pouvaient suivre ces discussions profondes.

Mais un instinct secret, qui est, au fond, le sens catholique, leur disait que Marie conçue dans le péché ce n'était plus Marie telle qu'ils s'en faisaient l'idée, sans tache et sans souillure : Jésus, pour son honneur et pour celui de sa Mère, n'avait pu permettre cela. Aussi, dès que l'Immaculée Conception leur était présentée, s'y rangeaient-ils aussitôt. C'est au point qu'il était impossible de soutenir en chaire l'opinion opposée sans exciter les murmures et le mécontentement, sans s'exposer même, comme il arriva plus d'une fois, en Espagne notamment, à des prédicateurs trop dédaigneux du sentiment populaire, aux clameurs et aux violences. Ils n'auraient pu détailler les raisons en faveur du privilège, ni les déduire savamment ; ils auraient été en peine de répondre aux objections et aux difficultés des opposants. Mais ils sentaient que parler contre l'Immaculée Conception c'était parler contre l'honneur de Marie, et par contre-coup contre l'honneur de Jésus ; et que c'était méconnaître la délicatesse filiale du divin Sauveur de mettre en doute qu'il eût préservé sa Mère du péché originel. Au fond, les théologiens, défenseurs de la pieuse croyance, s'ils disaient la chose autrement, ne disaient pas autre chose.

On sait toute l'influence qu'eut sur le mouvement du dogme et sur la définition solennelle ce sentiment du peuple chrétien. Et ce fut une des raisons de l'accueil enthousiaste fait à la définition. Il avait conscience, en fêtant la pure gloire de sa Mère, d'avoir travaillé lui-même à la diffusion de cette gloire.

Le Saint-Siège, cependant, observait, attendait, agissait. Il observait, sans entrer jamais dans la mêlée, au-dessus et en dehors des partis ; il étudiait, avec l'aide des théologiens ; il agissait à l'occasion, lentement, mais toujours dans le même sens : chacun de ses pas était un pas en avant vers la décision définitive, comme s'il avait vu, dès son premier acte, la vérité à définir, et comme s'il s'était toujours dirigé à sa lumière.

Saint Bernard, à propos de la fête, demandait qu'au moins on consultât Rome, et qu'on ne fît rien sans son autorisation. Rome autorisa la fête en l'acceptant. Elle fit plus, elle l'imposa à toute l'Église. C'était un coup porté aux adver-

saires du dogme, un grand argument pour. On se dérobait
en disant que l'objet de la fête n'était pas la conception, mais
la sanctification. Rome maintint que l'objet de la fête était
bien la conception. On distinguait, dans la conception, un
premier et un second instant, et l'on prétendait que l'exemption n'était que pour le second instant. Rome maintint que
la croyance des fidèles regardait le premier instant, et que
c'était le sens de la fête.

En même temps, le Saint-Siège intervenait pour modérer
les débats publics et réprimer les excès de langage. Sixte IV,
qui avait encouragé la fête (1476), intervint pour défendre le
privilège contre les attaques trop passionnées (1483) ; et, pour
maintenir la charité, il interdit aux deux partis de se traiter
d'hérétiques ou de dire que c'était péché mortel de soutenir
l'opinion contraire à la sienne. Un jour vint (1617) où il ne fut
plus permis de rien dire en public contre la pieuse croyance.
En revanche, Rome ne voulait pas qu'on allât plus vite que
l'Église, en regardant comme définie une doctrine qui ne
l'était pas encore, en taxant de péché mortel ou d'hérésie
l'opinion contraire. Ainsi avait déjà fait Sixte IV, tout favorable pourtant au privilège ; sa constitution fut renouvelée
par le concile de Trente, par Pie V, par Paul V.

Par la force des choses, la question de définition se posait.
Mais le Saint-Siège ne se pressa pas. Le concile de Bâle,
en 1439, avait défini la doctrine comme « pieuse, conforme
au culte de l'Église, à la foi catholique, à la droite raison et
à la sainte Écriture ». Mais l'Église ne fit pas sien le décret
du concile schismatique. Et le décret ne parlait pas nettement de vérité révélée. Léon X songea à soumettre la question au concile de Latran; mais ce ne fut qu'un projet. Elle
se présenta devant le concile de Trente, à propos des canons
sur le péché originel. Il y eut une poussée dans le sens de la
définition. On a dit que l'autorité de saint Thomas l'empêcha
d'aboutir; elle put y être pour quelque chose. Mais le concile
déclara — et c'était beaucoup dans la circonstance — que
« son intention n'était pas de comprendre dans le décret sur le
péché originel la bienheureuse et immaculée Mère de Dieu ».
Après cela, on pouvait regarder la question de fond comme
tranchée. Ce fut plus net encore quand Alexandre VII eut

expliqué authentiquement le sentiment des fidèles et le sens
de la fête (1661).

Dès lors, la définition devenait une question de temps et
d'opportunité. La sainte Vierge elle-même sembla la provoquer par les merveilles de la médaille miraculeuse et de
l'archiconfrérie de Notre-Dame-des-Victoires. Pie IX fit
l'enquête que l'on sait sur la pensée des évêques et du peuple
chrétien, et après que tout eût été discuté, éclairci, mis au
point, prononça la solennelle définition qui fit tressaillir le
monde catholique.

Pie IX dut être heureux quand trois ans plus tard la
Vierge elle-même vint dire à Lourdes qu'elle était l'Immaculée Conception. Mais il est probable que rien n'égala le
sentiment intime et profond qu'il disait confidemment avoir
éprouvé au moment où il allait prononcer la parole définitive : il eut l'impression que la sainte Vierge était là, lui
faisant sentir au fond du cœur la vérité qu'il définissait,
— comme si, à cet instant, la conscience catholique s'était
concentrée en lui.

Une chose surtout est remarquable dans les procédés du
Saint-Siège en toute cette question : sa grande indépendance
à l'égard des docteurs et des documents écrits. Certes, il ne
fait pas fi du passé, et il traite les docteurs avec les plus
grands égards. Et les travaux demandés aux théologiens, et
la bulle de définition, et les lenteurs du mouvement le disent
assez haut. Mais il n'est pas enchaîné au passé, il n'est pas
l esclave du document écrit. Le passé, le document sont des
témoins qu'il consulte. Mais ce qu'il veut, c'est voir clair dans
la conscience de l'Église. Il interroge le passé, il fait parler
les docteurs. Mais il les contrôle, en les écoutant; il les juge
en les consultant : on sent qu'il a un critérium supérieur. Ce
critérium, c'est la pensée de l'Église. Saint Thomas le disait :
« Les docteurs n'ont d'autorité que par l'Église : aussi faut-
il s'en tenir à l'autorité de l'Église plus qu'à celle d'Augustin,
ou de Jérôme, ou de tout autre docteur. » C'est elle-même,
c'est pour ainsi dire sa conscience qu'elle consulte en les
consultant, dont elle cherche à dégager la voix obscure et profonde en les écoutant. Quand elle s'entend en eux, quand
leur parole éveille en elle un écho de sa propre pensée :

elle reconnaît en eux ses organes, et comme ses porte-voix.

Quand leur parole ne répond plus à ce sens intime qu'elle a de sa propre pensée, quand elle le contredit, elle les laisse : ce ne sont plus pour elle que des hommes qui expriment des idées personnelles. Il arrive parfois que la contradiction même sert à éveiller en elle ce sens intime, à lui faire prendre conscience de sa pensée, — et c'est ainsi que les disputes et les hérésies tournent au profit de la foi, font progresser le dogme.

Choses complexes, délicates à concevoir, plus délicates à expliquer, comme tout ce qui touche à la vie intime de cet être social et surnaturel, qui est l'Église. L'histoire du dogme de l'Immaculée Conception, vue dans l'intime, est admirablement faite pour nous ouvrir des jours sur le monde mystérieux où s'élaborent cette vie et cette pensée vivante. Ce qui nous reste à dire va nous le faire entrevoir.

VI

Comment peut-on soutenir que l'Immaculée Conception est une vérité révélée, si nous ne la trouvons ni dans l'Écriture ni dans lès documents des premiers siècles, ou si, pour l'y trouver, pour l'y reconnaître, il faut que nous la connaissions d'ailleurs ? Comment l'Église a-t-elle pu en prendre conscience, si elle n'en a pas eu conscience dès les débuts ? Et si elle en a eu conscience toujours, comment se fait-il qu'il n'y en ait pas trace plus visible dans les écrits anciens, comment surtout se fait-il que les plus doctes et les plus saints, les mieux faits pour la signaler, l'aient méconnue quand elle s'est présentée à eux, et l'aient traitée de nouvelle ?

On dit souvent que la définition de l'Immaculée Conception, c'est le triomphe de la tradition. Et l'on dit vrai. Nous y voyons la tradition à l'œuvre, nulle part peut-être elle n'opère si bien à découvert.

Mais encore faut-il s'expliquer. Car si par tradition nous entendions la transmission, pour ainsi dire matérielle, d'un dépôt inanimé, de formules toutes faites et de vérités cristallisées dans ces formules, nous serions bien en peine de justifier notre dogme par la tradition.

C'est précisément pour l'avoir entendue ainsi que les

hommes de tradition textuelle, les hommes d'un passé mort
dont ils cherchent les traces à la seule lumière des documents
tangibles, — les jansénistes, par exemple, ou Muratori, ou
quelques érudits allemands au temps de la définition, — n'ont
pas su trouver dans le passé la tradition de l'Immaculée
Conception; c'est pour l'avoir entendue de la même façon,
sans voir la continuité vitale du présent avec le passé, que des
hommes comme Harnack demandent dédaigneusement quand
et à qui aurait été révélé le dogme défini en 1854. C'est pour
cela qu'ils croient, en nous la montrant à l'œuvre, nous la
montrer du même coup créant son objet, faisant le dogme
quand elle prétend le transmettre.

La tradition n'est pas cela. C'est quelque chose de vivant;
par là même, quelque chose qui échappe, comme tel, à nos
formules et à nos analyses; qui y échappe, j'entends, dans sa
réalité intime et profonde, mais dont nous pouvons saisir
dans les monuments les manifestations vitales, à condition
précisément de prendre ces documents pour ce qu'ils sont,
pour des traces et des vestiges d'une vie qui est la vie dans le
passé de cette Église qui vit actuellement sous nos yeux,
dont nous vivons nous-mêmes.

Alors les monuments nous livrent vraiment leur secret; ils
nous disent ce qu'ils ont à nous dire. Alors ils nous appa-
raissent tels qu'ils sont en effet, comme les vestiges d'une
pensée vivante, saisissant et portant une réalité vivante,
mais qui ne prend possession que peu à peu d'elle-même
et de son riche contenu. Quoi d'étonnant alors que cette
pensée nous apparaisse comme une pensée qui évolue, qui
s'ignore peut-être pendant quelque temps, qui se cherche
longtemps peut-être, qui ne trouve pas tout d'abord son
expression; qui peu à peu cependant prend conscience d'elle-
même, s'analyse, se formule, se définit, achève de devenir
elle-même pour elle-même?

Ce qui arrive pour un homme qui prend possession de ses
idées et de ses sentiments, de sa vie psychologique, est l'image
de ce qui se passe aussi dans la conscience de l'Église. Disons
mieux, l'Église peut être comparée à cet égard à un enfant
qui a bien appris, bien compris, bien retenu son catéchisme,
bien vécu sa foi. A mesure qu'il grandit, qu'il se développe,

qu'il devient homme, il prend une possession nouvelle de la vérité religieuse : ce catéchisme vivant qu'il porte en lui-même évolue avec son esprit. Ce sont les mêmes vérités, mais combien différentes d'aspect ; combien mieux comprises, possédées d'une façon plus personnelle, vues sous des jours nouveaux !

Avec deux différences cependant—sans parler ici de l'assistance surnaturelle donnée à l'Église, avec laquelle les grâces de foi données à l'enfant n'ont qu'une analogie lointaine— entre l'enfant qui compte ses années et l'Église qui compte ses siècles. Différence d'une conscience individuelle à une conscience sociale, et l'on entrevoit tout ce que cela met de plus complexe, de plus insaisissable à nos formules analytiques dans la conscience de l'Église. Différence d'une intelligence qui ne prend contact avec la réalité vivante que par l'intermédiaire des formules abstraites à une intelligence mise en contact dès les débuts par une intuition d'expérience avec la réalité vivante. Et cette intuition n'a pas été seulement le commerce quotidien des apôtres et des premiers disciples avec Jésus et Marie. Elle a été surtout l'illumination — partielle en mainte circonstance, plénière sans doute au jour de la Pentecôte — des objets de la foi, produite dans ceux qui ont reçu le dépôt pour nous le transmettre.

C'est ce contact vivant avec les objets de la foi (vision intuitive quand il s'agit de Jésus, celui qui est dans le sein du Père et qui est venu nous dire ce qu'il voyait ; vision par idées infuses et par illuminations dont Dieu sait le secret, et un peu ceux qui les ont eues quand il s'agit des autres « prophètes » ou intermédiaires premiers entre le Dieu révélateur et nous), c'est ce contact vivant qui est à la base de l'histoire du dogme. Qui ne part pas de là n'aura jamais de cette histoire que des notions fragmentaires, qu'une idée inexacte. Et c'est le vice fondamental de la *Dogmengeschichte* de Harnack, ce qui en fausse toute la perspective.

Il faut donc, pour comprendre quelque chose à l'histoire du dogme de l'Immaculée Conception, pour donner leur vrai sens aux faits et aux textes, il faut admettre qu'il était dans le dépôt de la tradition, voir dans la tradition ce qu'elle est en effet, la transmission vivante d'une idée vivante.

Il était dans le dépôt de la tradition. Mais pas n'est besoin qu'il y fût explicitement connu, expressément formulé. C'est assez qu'il y fût en réalité, impliqué dans une vérité plus générale comme celle de la toute sainteté de Marie ; dans une idée vivante et concrète donnée aux apôtres où l'on pourrait un jour le voir distinctement.

Pas n'est besoin que nous en suivions la trace depuis le jour de la définition solennelle jusqu'au jour de la révélation. C'est assez que l'Église constate, à un moment donné, que les fidèles y croient. S'ils y croient, c'est vrai ; car, elle est infaillible. S'ils y croient, Dieu l'a dit ; car la foi suppose la révélation. S'ils y croient, il y ont toujours cru ; car l'objet de la foi ne change pas, bien qu'il puisse se présenter plus ou moins clairement à la foi consciente, et se formuler de diverses façons. Ils y ont toujours cru, tout en y croyant peut-être autrement.

Il y était comme une idée vivante, comme une réalité donnée. Mais pas n'est besoin que cette idée ait été formulée ni à l'origine, ni dans les premiers siècles ; pas n'est besoin que cette réalité ait été dès l'abord traduite en phrase ni en jugement explicite. C'est assez que cette idée ou cette réalité ait été perçue de quelque façon ; assez que sa présence réelle, si je puis dire, ait laissé sa trace dans des effets, actes ou formules, qui pussent y être rapportés un jour comme à leur cause latente, comme à la seule hypothèse capable de les expliquer tous ; assez qu'elle fasse partie d'un système que nous savons beau et harmonieux, comme condition nécessaire, comme partie intégrante de son harmonie et de sa beauté.

Peu importe dès lors, au regard de la foi et de la théologie, que nous puissions ou ne puissions pas dire quand et comment le dogme a été révélé. Le théologien peut savoir là où l'historien ignore : l'ignorance de l'un ne prouve pas celle de l'autre.

Peu importe que nous puissions ou non donner de façon précise les formules de la révélation, ni dire si même elle s'est faite par formules, ni assurer si telle formule ancienne, qui de soi peut contenir et exprimer le dogme, le contenait et l'exprimait pour la conscience réfléchie de ceux qui employaient la formule ou qui l'entendaient. Ce sont là questions d'histoire, non de théologie.

Rien d'étonnant même que des docteurs aient nié là où les ignorants affirmaient, et que les docteurs aient eu tort contre les ignorants. Ceux-ci obéissaient à l'idée vivante, sans souci d'analyse, ni de systématisation doctrinale, ni de difficulté scientifique. Les autres, hommes de textes et de science, pouvaient ne pas reconnaître du premier coup le rapport de l'idée nouvelle aux formules antiques, ni voir comment l'exception s'harmonisait avec la règle, ni trouver facilement la place d'une vérité non classée jusque-là, ni même se rendre compte comment cette vérité s'accordait avec l'ensemble du dogme, dont elle semblait plutôt contredire des points importants. Qui ne sait que les faits déconcertent parfois la science avant d'entrer dans la science? Rien d'étonnant enfin que la dévotion populaire ait fini par triompher. Elle portait l'idée vivante, la vérité.

Mais si notre foi n'a pas besoin d'explication plus précise, ne peut-on pas préciser pour notre piété, pour notre curiosité scientifique? Essayons.

VII

Comment et sous quelle forme a été révélé le dogme de l'Immaculée Conception? Nous ne savons. Mais rien n'indique une révélation explicite; tout s'explique par une révélation implicite, dont nous pouvons saisir les indices dans l'histoire. D'après ces indices, nous pouvons nous représenter de deux façons cette révélation implicite. Dans une formule expresse, — en donnant ici au mot formule un sens très large, et l'entendant d'une idée infuse autant ou plus que d'une phrase prononcée, — formule très générale qui dans sa généralité impliquerait le privilège, quitte à ne pas le laisser voir tout d'abord.

Quelle a été cette formule précise? Ici encore nous ne saurions le dire. Mais la tradition nous en fournit qui contiennent le dogme et qui en traduisent l'idée pour qui porte en soi cette idée: Marie toute belle, toute pure, toute sainte ; Marie nouvelle Eve, à côté du nouvel Adam; Marie inséparable de

Jésus et comme toute baignée dans sa lumière ; Marie pleine de grâce. Sous l'influence de la même idée vivante, les formules se précisent quelquefois de façon à être, suivant l'expression de Newman, des anticipations du dogme. Ainsi celle de saint Augustin, « que Marie, pour l'honneur même de Jésus, doit toujours être hors de cause quand il s'agit de péché, et qu'elle a eu grâce pour être, sur toute la ligne, victorieuse du péché ». Ainsi celle de saint Anselme, « qu'il convenait qu'elle fût pure autant qu'on peut le concevoir sans la faire pure comme Dieu, la Vierge à qui Dieu le Père voulait donner son Fils unique qu'il avait engendré de son propre cœur égal à lui-même, et qu'il aimait comme lui-même, et donner de façon que ce Fils fût à la fois fils de Dieu le Père et fils de la Vierge ». Je le veux bien, ces saints docteurs, en écrivant, n'ont pas songé expressément à l'Immaculée Conception ; mais aussi comment ne pas voir que l'Immaculée Conception s'encadre à merveille dans ces vastes perspectives, et qu'on ne peut l'en exclure sans en rompre l'harmonie ?

Il est des formules moins précises, mais dont la plénitude inclut la même vérité. « Quand une présomption est en faveur de Marie, il faut s'y tenir jusqu'à preuve du contraire. » C'est la formule de Nicolas de Saint-Alban. « Tout ce qu'il y a de plus digne en dehors de Dieu, Dieu l'a voulu pour Marie. » C'est celle de l'auteur du *De Conceptione*. D'autres disaient plus brièvement : « *De Maria totum quod est optimum* : A Marie tout ce qu'il y a de mieux. » On peut chicaner sur ces formules ; et elles peuvent avoir besoin d'explication. Mais elles traduisent, tant bien que mal, des principes admis de tous, des principes catholiques. On en pourrait signaler bien d'autres ; et chez ceux-là mêmes qui sont contraires au privilège, lesquels se trouvent ainsi porter un trésor sans le savoir, et tout en niant qu'ils le portent.

Ces principes se rattachent, en général, à des raisons de convenance ou à l'analogie de la foi. Raisons de convenance, se ramenant à la formule : Dieu le pouvait ; il le devait (pour telle et raison) ; donc il l'a fait : *Potuit ; decuit : fecit*. Analogie de la foi, partant de la loi générale constatée pour Marie, et dégageant le privilège comme un cas spécial de la loi : Marie est en tout et partout privilégiée : donc ici ; Marie est

partout au-dessus des anges : donc ici; Marie est partout
toute sainte, victorieuse du démon, etc. : donc ici.

Et cela nous amène à une remarque importante. Les
théologiens disent communément qu'une raison de convenance, lors même qu'elle serait démonstrative en faveur d'une
vérité, ne ferait pas que cette vérité fût de foi; tout au plus
lui donnerait-elle une certitude théologique. Admettons
qu'une vérité ainsi déduite par raisonnement humain n'est
pas une vérité divinement révélée. Il s'ensuit qu'ils ont
raison formellement et dans l'abstrait. Mais je doute que
leur distinction s'applique dans le concret, au moins si
l'on s'en tient à l'Immaculée Conception. Regardez bien, en
effet, les principes invoqués dans la circonstance : « Que le
déshonneur de la Mère rejaillirait sur le Fils ; que Jésus n'a
pas dû moins faire en faveur de sa Mère qu'un bon fils n'eût
fait en sa place », etc. Vous verrez ou que ces principes,
appliqués au cas concret, ne sont plus de simples principes
de raisonnement humain, ou qu'ils n'ont pas dans les argu-
mentations des théologiens une valeur syllogistique proprement dite, mais une valeur, comme on dit, expositive ; ils ne
sont pas principes de déduction, mais plutôt moyens d'induction, secours pour l'intuition intellectuelle, comme qui
dirait des lunettes pour voir. C'est un point que je ne puis
qu'indiquer ici. Mais la remarque a son importance.

Quant à l'analogie de la foi, c'est aussi une sorte de procédé inductif. « Sur toute la ligne, je vois Marie du côté de
Jésus contre le démon. Donc je ne puis la voir, ne fût-ce qu'un
moment, captive du démon. » Nous présentons l'argument
sous forme déductive. Mais regardons-y de près : nous y saisis-
sons directement la réalité. Une vérité ainsi perçue dans l'analogie de la foi pourrait être définie comme vérité de foi.
Remarque importante comme celle qui précède. L'une et
l'autre doivent nous mettre en garde contre la tendance à
confondre la façon déductive dont nous prenons possession
d'une vérité donnée avec la façon dont cette vérité nous est
donnée. Aussi constatons-nous que l'Église, dès qu'elle se
trouve en possession d'une vérité, l'Immaculée Conception,
par exemple, ou l'Assomption, s'inquiète peu de la façon dont
elle en a pris possession : elle la regarde comme une vérité

révélée. Les raisonnements des théologiens, comme les
monuments du passé, sont pour elle un moyen de prendre
conscience de la vérité qu'elle porte en elle-même ; mais cette
vérité elle la possède par une sorte d'intuition directe,
comme nous possédons nos idées.

Après les explications qui précèdent, il n'y a plus qu'un
mot à dire de l'autre façon dont nous pouvons nous représenter Dieu disant une vérité à son Église, lui disant l'Immaculée Conception. Ce n'est plus par formule spéculative,
traduisant la réalité ; c'est en présentant la réalité elle-même
au regard de celui qui reçoit la révélation ou en la traduisant dans une action qui l'implique. Au lieu de dire :
« Je suis bon, sage, clément », Dieu se montre ou se fait
sentir bon, sage, clément. Au lieu de dire : « Jésus est libre,
saint », il nous montre ou nous fait sentir Jésus qui agit
librement, saintement. Au lieu de dire : « Marie est toute
pure et toute sainte », il la montre [1].

Et il est probable que c'est ainsi que Dieu a fait connaître
à son Église les privilèges de Marie : il la lui a montrée telle
qu'elle est, non pas seulement dans sa personne extérieure,
dans les manifestations de sa grâce et de ses amabilités, mais
dans son être intime, dans son âme, à sa place dans le plan
de Dieu. A peu près comme si les apôtres, au jour de la
Pentecôte, en recevant le même Esprit que Marie, avaient vu,
à la lumière de ce divin Esprit, tout ce qu'il avait fait en
Marie ; ou comme si saint Paul, ravi au troisième ciel, avait vu,
en Dieu le plan de l'Incarnation, la personne de Jésus et la
personne de Marie, et avec la personne son rôle et tous ses
privilèges. L'Église garderait dans sa conscience obscure le
souvenir de cette vision de la réalité, et c'est de ce fond
qu'émergeraient tour à tour devant sa conscience réfléchie
les vérités dont elle prend peu à peu possession.

Ce sont là, je le répète, choses difficiles à concevoir, choses

1. Intermédiaire entre cette façon et la première serait celle où Dieu pousserait lui-même une âme à honorer Marie comme Vierge, comme Immaculée,
à s'adresser à elle comme médiatrice de toutes les grâces, etc. On peut la rattacher à l'une des deux autres. Et ces deux façons elles-mêmes ne sont pas adéquatement distinctes. Nous ne pouvons analyser qu'en distinguant et divi-
sant ; mais la réalité vivante est une et complexe : l'homme vivant n'est pas
un corps et une âme, mais un animal raisonnable.

plus difficiles à dire ; et je sens mieux que personne combien
je les ai dites imparfaitement. J'ai voulu du moins aider à
mieux comprendre comment l'idée de Marie, toujours
vivante dans l'Église, déborde les formules par sa richesse
quasi infinie ; comment elle triomphe des difficultés qui se
présentent dans l'étude abstraite et dans la systématisation
héologique ; comment elle précède la vue des aspects particuliers qui se dégagent pour l'Église et pour les fidèles de la
contemplation ravie de cette idée toute belle et tout aimable ;
comment l'Immaculée Conception est un de ces aspects
venus en temps et lieu dans notre champ de vision.

Daigne la Vierge immaculée me tenir compte de l'intention, comme, d'après la vieille légende, elle sourit au naïf
jongleur, qui, n'ayant pas mieux à lui offrir, lui faisait devant
son image, de son mieux et de tout cœur, les tours qu'il
savait faire.

Jean BAINVEL.

LA VIERGE MARIE
DANS
L'ISLAM ET LE CORAN

« ... L'on ne sait, à chaque pas qu'on fait, si
l'on marche sur une *semence* ou sur un *débris*...
(A. DE MUSSET.)

I

La Vierge Marie, l'Islam !

Voilà deux mots et deux êtres à dissonance étrange, quasi
choquante ; l'un, la Vierge, la douceur, la pureté, la délicatesse, le rêve le plus chaste de la pensée humaine ; l'autre,
le sensuel polygame du harem et des houris célestes, l'apôtre
d'une religion brutale, haineuse, antichrétienne, sans respect
pour la femme et le vaincu.

Et cependant la Vierge Marie est dans l'Islam.

Maintes fois, au cours de notre pèlerinage[1], nous avons
rencontré des musulmans aux pieds de la *Setna* chrétienne ;
non seulement on les voit faire des prostrations devant ses
images, amener leurs malades, offrir des dons et l'invoquer à
haute voix, mais encore ils s'approprient certains rites chrétiens, courent aux solennités annuelles, font des vœux, res-
pectent les « maisons de Mariam » et même, dans certaines
régions, on les trouve, concurremment avec les chrétiens
indigènes, observant le « carême de la Vierge », c'est-à-dire,
jeûnant les huit ou quinze jours qui précèdent l'Assomption.

Ce n'est point là seulement un usage local, un entraînement
passager ; à toutes les époques, dans toutes les sectes et sur
toutes les contrées de l'Islam, on retrouve ce phénomène[2].

---

1. Le présent travail est l'appendice d'un ouvrage sur *la Sainte Vierge en
Syrie* qui est sur le point d'être publié ; dans le cours de cet article, l'auteur
fait allusion à un grand nombre de faits observés sur les lieux et consignés
dans son livre ; ici il ne trace qu'une vue d'ensemble, une sorte de synthèse.
Pour cette raison, on a jugé inutile de citer toutes les sources.

2. Voici un fait typique : Le caïmacam de *Ba'albek* ayant appris que certains protestants avaient ouvert une école dans ce village, demanda ce

Il fit, on le sait, l'étonnement des croisés ; les chroniqueurs d'alors, comme beaucoup de voyageurs modernes, enregistrent les traces d'une sorte de culte, et ce culte, en effet, remonte au berceau même de la secte.

Mahomet, tout le premier, en posa un acte public dans une circonstance à jamais mémorable pour l'Islam. Rentré victorieux à La Mecque, après de sanglantes luttes [1], son premier soin fut de se rendre au temple de la *Kaabah*, sorte de Panthéon arabe plein d'idoles :

> En entrant, raconte le musulman Azrahi, le prophète brisa de sa main la grande colombe de bois et fit détruire la statue d'Abraham tenant les flèches du sort (c'était le dieu Hobal), s'indignant qu'on eût donné cet emblème idolâtrique au patriarche. Tournant ensuite ses regards vers les peintures couvrant les murailles et les piliers qui soutenaient le plafond, il y remarqua des figures d'anges et une image de Mariam tenant son fils Aïssa ; celle-ci était sur un des piliers les plus voisins de la porte. Il la couvrit de ses deux mains et donna ordre d'effacer toutes les peintures, excepté celle sur laquelle il avait placé ses mains. L'image de Aïssa et de Mariam fut donc conservée jusqu'à l'incendie de la Kaabah (par Yazid, sous Ibn-en-Zobair), dans la seconde moitié du premier siècle de l'hégire (689) [2].

Même souci religieux ou politique dans les premiers successeurs de Mahomet :

En 634, Omar, le deuxième calife, venu en Syrie pour organiser la conquête arabe, fait son entrée à Jérusalem, et de là se rend en pèlerinage à l'église de Notre-Dame de

qu'étaient ces protestants ; on lui répondit : « Ils n'honorent point Setna Mariam. » Le caïmacam se leva et, se bouchant les oreilles : « Maah Allah ! [Dieu m'en préserve !], mais notre maître le sultan lui-même honore la sainte Vierge. » Et il fit défendre d'envoyer les enfants à cette école. (*Lettres de Mold*, t. IV, p. 571.)

1. D'abord persécuté, Mahomet dut fuir de La Mecque à Médine, en 622. Les musulmans datent l'hégire de cette année. Le prophète, avec l'aide des Médinois, triompha et revint à La Mecque.

2. Caussin de Perceval, *Essai sur l'histoire des Arabes*, t. I, p. 198. — Noël des Vergers, *Vie de Mahomet*, p. 132. — Cette peinture était-elle réellement *une image de la Vierge*? Lenormant pense que c'était une image d'Astarté ; Blochet opine pour la Vierge Marie ; il y avait alors, dit-il, des tribus chrétiennes en Arabie, et pourquoi n'auraient-elles pas transporté dans le Panthéon arabe l'image de la Vierge, telle qu'elle était représentée sur les colonnes, dans les basiliques byzantines ? Peu importe d'ailleurs ! Mahomet la prit ou *feignit de la prendre* pour *Mariam*, et, comme telle, la sauva.

Bethléem où il prie longuement, à la grande admiration de tous [1].

Trente-sept ans après, Mo'awiah, le premier et somptueux calife des Ommayades, après son élévation au souverain pouvoir dans la ville de Jérusalem, montait au Golgotha pour y prier ; puis il descendait au tombeau de la Vierge Marie, à Gethsémani et y priait également [2].

Plus tard, lorsque Saladin eut repris Jérusalem aux croisés (2 octobre 1187), son propre fils, Daher, et l'émir de Hamah, Taker-ed-Din, son parent, usent de tout leur pouvoir pour arrêter dans les églises les profanations. Tandis que Taker-ed-Din balayait de ses mains et lavait à l'eau de rose le sanctuaire de sainte Anne, la mère de Mariam, on vit Daher déposer, par honneur, au pied d'un autel de la Vierge, son bouclier, sa lance, son *jerid*, son cimeterre et son heaume [3].

Ces actes, venant des chefs, avaient le retentissement de l'exemple ; aussi voit-on les musulmans aller en pèlerinage aux lieux traditionnels où vécut et mourut Setna Mariam ; de bonne heure, leur dévotion se traduit par des *hadj* vers des centres spéciaux. Ainsi, pour nous borner aux églises précitées, non seulement Notre-Dame de Bethléem échappa aux destructions du calife Hâkem (onzième siècle) [4], mais, dans un traité passé, le 26 mars 1229, entre le sultan et l'empereur Frédéric II, les Sarrasins, en restituant cette église aux Latins, se réservèrent le droit d'y aller en pèlerinage [5].

---

1. Clermont-Ganneau, *Recueil d'archéologie orientale*, t. II, p. 322.
2. D'après un fragment de vieille chronique syriaque, cité dans *Zeitschrift der Morgenlandisches Gesellschaft*, t. XXIX, p. 85 et 95.
3. *Échos d'Orient*, année 1898, p. 291. — Le *jerid* est une baguette que les cavaliers se lancent en galopant, dans les fantasias.
4. Trente mille églises furent ruinées en Egypte et en Syrie. Cette persécution détermina presque la première croisade. — Un chroniqueur explique par un miracle la conservation du sanctuaire de Bethléem. Pendant que les païens (Sarrasins) s'efforçaient de détruire l'église de Bethléem, une lumière éclatante apparut, et tous, jetés à terre, expirèrent ; ainsi l'église de Notre-Dame resta intacte. (Adhémar de Chabanois (1020), dans D. Bouquet, *Recueil des historiens français*, t. X, p. 152.)
5. Riant, *Bethléem*, p. 32. — Aujourd'hui encore, d'après M. Guérin (*Jérusalem*, p. 350), on trouve, à Jérusalem, dans la basilique de l'Assomption, un *mihrab* près duquel les musulmans viennent prier. Le *mihrab* est une sorte de niche qui se trouve dans chaque mosquée, dans la direction de La Mecque ; c'est vers elle que les croyants adressent leurs prostrations.

Le pèlerinage est la grande forme de la dévotion orientale ; or, ce que nous venons de dire pour Bethléem et Jérusalem, serait à répéter pour chaque sanctuaire célèbre de Notre-Dame ; on y rencontre des musulmans.

Qu'on se rappelle Notre-Dame de Saidnaya[1] où, dit un chroniqueur de 1187, « venaient tuit li Sarrazin del païz entor la feste Notre-Dame la mi-aout et en septembre », et où un sultan de Damas fut guéri miraculeusement (1203) et fit une rente de cinquante mesures d'huile.

On n'a pas oublié le grand sanctuaire de Tortose[2], très respecté et visité par les musulmans qui le considèrent, dit un voyageur, « comme l'honneur et la bénédiction du pays ».

Même phénomène pour Notre-Dame de Matarieh, au Caire, lieu probable du séjour de la sainte Famille en Égypte : « En cele Babiloine (Caire), raconte un pèlerin, a une fontaine ; a cele fontaine solait Notre-Dame laver les drapiaus à son cher Fils, quand ils s'enfouirent en Égypte de paour du roi Hérode ; y cele fontaine tenaient li Sarrazins en moult grant chierté et li portaient moult grant révérence et moult vólontiers si venaient laver[3]. »

Ainsi de Nazareth, ainsi de la plupart des sanctuaires que nous avons visités, ainsi de beaucoup d'autres[4].

Certes, c'est là une dévotion plus ou moins orthodoxe et de bon aloi ; néanmoins, il est indéniable que la Mère des Miséricordes la récompense, çà et là, par des grâces miraculeuses.

Tel est le phénomène.

Ne serait-il pas intéressant d'en fouiller les origines et d'en démêler les causes ? Région nouvelle, bizarre si l'on veut,

1. Très ancien sanctuaire à cinq heures au nord de Damas.
2. A dix heures au nord de Tripoli ; Joinville y alla en pèlerinage.
3. *Continuateurs de Guillaume de Tyr* (édition Paulin, Paris), t. II, p. 495.
4. On en cite de jolis traits sur Notre-Dame du Mont-Taureau, à Minorque, Notre-Dame-de-Liesse, en France, Notre-Dame de Lorette, etc. (Migne, *Summa aurea*, t. XII, p. 194, 1089.) Il y a quelques années, à Marseille, les visiteurs de Notre-Dame-de-la-Garde voyaient avec surprise entrer dans le sanctuaire un Marocain fraîchement débarqué, lequel étala son tapis en pleine église, s'agenouilla et, sans respect humain, fit ses prostrations devant la Vierge.

mais où nous entendrons peut-être un écho affaibli de l'applaudissement universel : *Beatam me dicent omnes generationes.*

Quand on s'approche de ces exotiques pèlerins et qu'on leur demande : « Pourquoi honorez-vous Setna Mariam, vous, des musulmans ? » Ils font tous la réponse que faisait, il y a quelques années, le fils d'un gouverneur de Beyrouth à un missionnaire auquel il avait demandé une image de la Vierge :

« J'aime beaucoup l'image de Mariam; j'en ai une chez moi et celle que je vous demande est pour ma mère; j'ai un joli cadre qui l'attend. Vous savez bien, mon Père, que le Coran parle de Aïssa et de Mariam[1]. »

Le Coran parle en effet de Notre-Dame. Il la recommande aux croyants et semble lui porter un étrange respect. Aussi, de prime abord, nous échappe-t-il un cri de surprise joyeuse, en retrouvant le nom d'une Mère dans ce code fameux qui a créé un monde. Cependant, pour saisir le sens vrai et la juste portée de ces louanges, il est nécessaire d'esquisser à grands traits la patrie, l'auteur, la naissance et comme la biographie de ce livre.

II

Au sud de la Syrie, s'étale l'immense plateau rectangulaire de l'Arabie, rattaché au continent comme un réservoir fécond d'où sortent d'incessantes émigrations; île gigantesque enserrée par trois mers et un désert, région scellée par le mystère de l'inconnu, séduisante par ses antiques richesses, étonnante par les phénomènes de sa nature, elle a cette gloire unique d'avoir envahi le monde par ses enfants, sans jamais subir elle-même aucune servitude; quiconque a osé la dompter, a péri dès le premier pas : berceau inépuisable et tombe sans fond.

Dans cette mystérieuse Arabie, une race non moins mystérieuse vit, portant en son âme, avec d'étranges bassesses, des

1. *Lettres d'Aix*, p. 84. 1877.

grandeurs qui étonnent, le goût de réalités enfantines avec,
au front, un rêve solennel et constant.

En ces espaces sans limites, dans cette terre libre et
inviolée qui se défend elle-même, l'*idée*, comme-la vie nomade,
s'est développée sans entraves et sans règles. Toutes les
religions s'y sont répandues successivement et parfois
conjointement.

L'*idolâtrie* y régna en maîtresse; le *judaïsme* la suivit; le
christianisme y pénétra de bonne heure et y récolta des
martyrs. Hélas! le faux christianisme s'y écoula aussi.

Novateurs et hérésiarques, proscrits par les décrets impériaux, reculaient loin de Byzance, s'enfonçaient dans les
solitudes inaccessibles de la Syrie, de la Mésopotamie et de
l'Arabie. Là, ils trouvaient un refuge, et, dans l'esprit fan-
tasque du nomade, un vaste champ à ensemencer.

Sabéens, Ariens, Ébionites, Nazaréens, Gnostiques, Marcio-
nites, Docètes, Manichéens, Nestoriens, Monophysites, Collyridiens, Marianites, etc., s'abattirent, les uns après les autres,
dans ces déserts et assaillirent la tente et l'âme du pauvre
Arabe.

Et comme, sur ces âmes simples de pâtres et de guerriers,
l'autorité, le *Livre*, ont plus de prise que la logique et la
raison, chaque secte avait avec elle son évangile, ses
apocryphes : mutilation et délayage parfois ridicule du texte
sacré.

Or, en 571, au centre même de cet imbroglio religieux,
dans la ville où s'agitaient, en crise aiguë, le magisme perse,
le polythéisme idolâtre, le judaïsme et le christianisme plus
ou moins altéré, à La Mecque, naquit un enfant.

Sorti d'un berceau pauvre, orphelin à huit ans, élevé dans
le désert par une Bédouine, gardeur de chèvres et de chameaux, le jeune Mohammed eut une enfance triste; à douze
ans, il s'engage comme chamelier dans les riches caravanes
qui reliaient La Mecque à Damas, et, jusqu'à vingt-cinq ans,
il erra sur ce chemin du Hadj où, plus tard, tant de tribus
armées et tant de pèlerins passeraient, en prononçant son
nom.

Assez curieux pour écouter, rêveur pluiôt que penseur,
énergique et prompt, Mahomet traversa ces immenses plaines

où flottaient des lambeaux de vérités, comme dans le désert, au crépuscule, flottent encore de vagues lueurs. Il observa, s'aboucha avec des hérétiques, surtout avec un moine nestorien, nommé Sarkis ou Saïd Bahira[1], et bientôt, dans son cerveau, fermentèrent les plus disparates éléments de judaïsme, de christianisme et d'idolâtrie, culte de son enfance[2].

Il en résulta une sorte de mysticisme sensuel, bien traduit par cet aveu de Mahomet :

« Il y a deux choses que j'aime : les femmes et les parfums ; mais ce qui réjouit mon cœur plus que tout, c'est la prière. »

L'ignorant chamelier, qui probablement ne sut ni lire ni écrire, rêva de tirer la vérité de ce chaos religieux.

La vraie religion, pensa-t-il, fut le *monothéisme d'Abraham*[3] ; mais l'idolâtrie d'abord, puis le judaïsme et le christianisme, en dépit des prophètes Moïse et Aïssa (Jésus), dénaturèrent ce culte primitif pur ; aussi Allah a-t-il envoyé un troisième prophète, le plus grand de tous, pour ramener le monde à la vérité première, et ce prophète c'est Ahmed ou Mohammed.

1. Certains ne voient sous ces deux noms qu'un seul moine ; d'autres en trouvent deux : Sarkis, moine de Bosra ; Bahira, moine du Sinai. — « Bahira, disent les Arabes, reconnut à Mahomet le signe de la prophétie entre les deux épaules. » — Mais ce dernier moine semble imaginaire, car pour les Arabes idolâtres, Bahira était la chamelle chargée de fournir de lait l'Olympe arabe.

2. En 606, Mahomet replaça de ses propres mains, dans la Kaabah, la fameuse *pierre noire d'Astarté*, objet vénéré encore aujourd'hui par tous les musulmans. — L'Islam, de par ailleurs, a gardé de l'ancien polythéisme phénicien une foule de rites et de symboles ; on sait qu'aux premiers siècles, l'Église exigeait du catéchumène sarrasin l'abjuration suivante : « J'anathématise la maison de pierre qui est à La Mecque, au milieu de laquelle se trouve une grande pierre qui représente Aphrodite. »

3. Abraham, aïeul de Mahomet par Ismaël, avait, disent les Arabes, restauré la Kaabah fondée par Adam et déjà réparée par Seth. Mahomet voulait avant tout un monothéisme arabe où sa race fût la maîtresse ; ne pouvant se donner pour le Messie, il se déclara prophète postérieur et supérieur à Jésus qui, disait-il, avait prédit sa venue. Comment avait-il prédit sa venue? Les chrétiens, répondent les musulmans, ont effacé de l'Évangile les textes *positifs* qui le prouvent ; cependant on trouve encore la promesse d'un *Paraclet* ; or ce Paraclet, c'est Mahomet, car παράκλυτος (glorifié), légère modification de παράκλητος (consolateur), est synonyme de Ahmed (très loué), second nom de Mahomet. De là ce verset du Coran : « Aïssa, fils de Mariam, disait : « O « enfants d'Israël, je suis l'apôtre d'Allah envoyé... pour vous annoncer la « venue d'un apôtre après moi, dont le nom sera *Ahmed*. » (Sour. LXI, 6.)

Donc, vers quarante ans, Mahomet se présente à ces conci-
toyens, comme prophète d'Allah et il leur dit :

« Oh! que vous êtes malheureux! Vous vivez dans une
erreur évidente [1] ! » Peu écouté d'abord et même persécuté,
son habileté, son hypocrisie [2] et l'exaltation des siens le
firent triompher.

Dès lors, se sentant maître, on le voit, selon les besoins de
sa politique ou les suggestions de ses passions, dicter des
sentences, ramassis de judaïsme et d'hérésies, mais qu'il dit
tenir de l'esprit de Dieu, Gabriel, et dont l'ensemble incohérent sera le plus formidable explosif qui troublera le monde.

Et c'est dans ce livre que Mahomet parle maintes fois de
Jésus et de Marie, mais après les avoir découronnés, l'un de
sa divinité, l'autre de sa maternité divine [3]. Aussi, en nous
aventurant dans ce fourré d'anachronismes et d'incohérences,
Dieu nous garde de prétendre en tirer une louange saine et
pure pour la Vierge. Mais nous aurons, outre un certain
charme de pittoresque, un document sur les traditions mariales de l'Arabie du septième siècle et sur la pensée musulmane actuelle.

III

Ouvrons donc le fameux livre [4] !

1. *Massaoudi* (apud Marracci, *Prodr. Alcorano*, chap. iv).
2. ... *Per religionis et pietatis larvam...*, dit saint Jean Damascène. (Migne,
P. G., t. XCIV, p. 766.)
3. *Doctrine du Coran sur Jésus-Christ:* « Né de la Vierge Mariam, par
l'opération de Gabriel, l'esprit de Dieu, Aissa fut un *apôtre* illustre, non
Dieu lui-même, mais qui prêcha l'*unité divine*. Il reçut la révélation de l'Évangile et fit des miracles, pour confirmer la loi de Moïse ; les Juifs voulurent
le crucifier, mais Dieu lui substitua un homme *semblable...* »
4. Le Coran (lecture) est la Bible des musulmans ; Gabriel, disent-ils,
l'apporta du ciel feuille à feuille ; en réalité, Mahomet, outre le moine Sarkis
et d'autres apostats chrétiens, visitait souvent à La Mecque un orfèvre chrétien, nommé Djabr ; de plus, un cousin du prophète passe pour avoir traduit les Evangiles. — La dernière rédaction du Coran fut faite, après la mort
de Mahomet, par son beau-père, le calife Abou-Bekr. La seule longueur
des sourâts semble avoir déterminé une classification. Les musulmans ont ce
livre en grande vénération ; ils savent combien il y a de lettres et combien de
fois chaque lettre s'y trouve ; naguère un cheik prétendait y trouver toutes
les sciences, même l'électricité et les rayons X. Il y a 114 sourâts (chapitres) et 1 666 versets. — Nous citerons le Coran, d'après la traduction de
Kasimirski.

A travers ses grossières expressions [1], nous entreverrons des souvenirs bien chers, un peu de l'Evangile de saint Luc et beaucoup des rêveries des Apocryphes, car Mahomet n'a rien inventé. Nous y trouvons même une Vie assez complète de Notre-Dame et, avec les éclaircissements des commentateurs musulmans, on peut la diviser quasi en chapitres.

Qu'on en juge !

PRÉDESTINATION ET NAISSANCE DE MARIAM

Le prophète, après avoir savamment confondu Marie, sœur de Moïse, avec Marie, Mère de Jésus [2], fait ainsi discourir Gabriel :

... Souviens-toi du jour où l'épouse d'Imran fit cette prière à Allah : « Seigneur, je t'ai consacré ce qui est dans mon sein ; il t'appartiendra entièrement ; agrée-le, car tu entends et connais tout. »

Quand elle eut enfanté, elle dit : « Maître, j'ai mis au monde une fille. » (Allah savait bien ce qu'elle avait mis au monde : le garçon n'est pas comme la fille.) « Je l'ai nommée Mariam. Je la mets sous ta protection, elle et sa postérité, afin que tu les préserves des ruses de Satan le Lapidé [3]. » (Sour. III, 31.)

Ce long verset est le calque d'un récit apocryphe de l'enfantement de sainte Anne :

Anne dit : « Vive le Seigneur mon Dieu ! Si j'enfante un garçon ou une fille, je l'offrirai en présent au Seigneur mon Dieu ; il lui sera consacré tous les jours de sa vie. »

1. On en verra plus loin des spécimens ; Mahomet *matérialise* toujours un sens spirituel de l'Evangile ; il se complaît dans les *traditions enfantines* et bizarres ; on voit bien le disciple des Apocryphes : *Deliramenta apocryphorum*, dit saint Jérôme.

2. La famille Imram n'est autre que la famille de Moïse. (*Exode*, chap. VI, 20 ; *Num.*, XX, 1.) Il est curieux de voir les tours de force des théologiens musulmans pour laver leur prophète de cette faute : « Les deux Marie, disent les uns, avaient chacune pour père un homme appelé Imram. » « La sœur de Moïse, disent les autres, fut conservée jusqu'à Jésus pour être sa mère. » « La mère de Aïssa, disent les plus avisés, était de la descendance d'Imran. » Cependant cette troisième sourât d'*Imram* est sacrée et privilégiée entre toutes, chez les musulmans.

3. Pourquoi *le Lapidé* ? « Allusion, disent les uns, à la chute des anges tombant du ciel comme des *pierres*. » « Non, répondent les autres, c'est parce qu'Abraham chassa à coups de pierre Satan qui le voulait détourner d'immoler Isaac. »

Anne accoucha au neuvième mois et dit à la sage-femme : « Qu'est-ce ? » Elle répondit : « Une fille ! » et Anne dit : « En ce jour, mon âme est fière [1]. »

Mais que signifie la finale coranique : « Je la mets sous ta protection, elle et sa postérité, afin que tu les préserves des ruses de Satan... » ?

« Cela signifie, dit Nasser-ed-Din [2], que Satan qui a l'ambition d'emprisonner dans le mal tous les nouveau-nés, en leur imprimant dès lors son cachet, n'a pu le faire pour Mariam et son Fils, parce qu'Allah les en a préservés. »

« Oui, ajoute Cottada [3], tout homme qui naît d'Adam est percé au cœur par un dard de Satan, excepté Jésus et sa Mère. Dieu plaça un voile entre eux et Satan, et ce voile retint le trait du diable qui ne put ainsi les atteindre. »

Ainsi parle toute la tradition musulmane, tradition qui, au dire d'Ahmed-et-Taleh, a été recueillie par Abou-Horeirah de la bouche même de Mahomet [4]. Qui n'entrevoit ici un pâle reflet de la Prédestination divine de la Vierge et de son Immaculée Conception ?

En fait de pureté, chose curieuse, les musulmans se montrent très délicats pour la Vierge Marie.

« Un jour, raconte le mufti Moradi, dans une mosquée, un iman voulut parler contre Sitti Mariam et sa pureté sans tache ; aussitôt tous ses confrères se soulevèrent contre lui, le chassèrent de la mosquée et il ne put y rentrer qu'en faisant amende honorable et pénitence. »

Le P. Poiré rapporte même comment un jeune prince mahométan, passant à Avignon, lors du séjour des papes dans cette ville, fut si vivement choqué d'entendre un prédicateur déclamer contre l'Immaculée Conception de Notre-Dame, qu'il en fit des remontrances au pape lui-même,

---

1. *Protev. Jacobi*, IV, 1 ; V, 2.

2. *Nasser-ed-Din el-Beïdaouï*, fameux « cadi des savants », dont le *Commentaire sur le Coran* est très estimé des musulmans.

3. Autre commentateur distingué.

4. Herbelot (*Bibliothèque orientale*, art. *Mariam Djelal-ed-Din*), autre glossateur : « Aucun homme ne naît sans que Satan ne le saisisse au moment de sa naissance ; voilà pourquoi il vagit ; exceptons toutefois Mariam et son Fils. »

Jean XXII, s'étonnant « grandement comme Sa Sainteté et
les cardinaux qui étaient près de sa personne les arcs-bou-
tants de la religion, avaient pu souffrir qu'un tel discours
fût fait en leur présence, vu que c'était une chose très
certaine que, tout mahométans qu'ils étaient, s'il se fût
trouvé parmi eux un homme qui eût tenu semblable langage
de Notre-Dame, voire de la mère de Mahomet, jamais il
n'eût échappé d'être lapidé [1] ».

ENFANCE DE MARIAM ; SON MARIAGE AVEC JOSEPH

Nous savons combien les Apocryphes sont féconds sur ce
sujet :

Marie, disent-ils, fut offerte par ses parents au temple, dès l'âge
de trois ans ; chaque jour, les anges la visitaient ; l'un d'eux lui apportait du ciel sa nourriture. Les prêtres, désirant des tentures pour la
maison de Dieu, Marie prit de la pourpre et se mit à filer.

Elle était sous la garde de Zacharie ; quand elle fut en âge d'être
fiancée, chaque prétendant donna sa baguette ; seule, celle de Joseph
fleurit ; les autres, désespérés, brisèrent leurs bâtons et s'en allèrent[2].

Écoutons Mahomet :

Allah fit le plus bel accueil à la femme d'Imran (Anne) ; or, il lui
avait fait produire une charmante créature...

O Mohammed, parle dans le Coran de Mariam ! Dis comment elle se
retira de chez sa famille et alla du côté de l'Est[3].

Elle se couvrit d'un voile qui la déroba aux regards.

Zacharie eut soin de l'enfant ; toutes les fois qu'il allait visiter
Mariam dans sa cellule, il trouvait de la nourriture auprès d'elle : « O
Mariam, d'où vous vient cette nourriture ? — Elle me vient d'Allah,

---

1. Poiré, *Triple couronne*, t. I, p. 372. Un autre auteur place le fait en
1342 ; c'était, dit-il, le fils du sultan de la Grande Arménie, jeune homme de
bel avenir, maniant fort bien le grec et le latin et sur le point de devenir
chrétien. Toute la cour pontificale s'en réjouissait, lorsque le sermon dudit
prédicateur l'arrêta et, malgré le pape, il repartit pour son pays. (**Migne**,
Summa aurea, t. XII, p. 1108.)

2. *Protev. Jacobi*, VIII, 1, 3 ; XIII, 2 ; XV, 3 ; X, 1 ; XII, 3 ; IX, 1. — *Pseudo-
Matthieu*, V, 2, 3 ; VIII ; XII, 1. — *Evang. Infant*, III. — *De Nativ. Mariæ*,
VII, 1 ; VIII.

3. C'est-à-dire dans la partie orientale du temple : « C'est pour cela, dit
le savant Nasser-ed-Din, que les chrétiens se tournent vers l'Orient pour
prier. »

répondit-elle, car Allah nourrit abondamment ceux qu'il veut et ne leur compte pas les morceaux. » (Sour. III, 32, 39 ; XIX, 16-17[1].)

Les commentateurs signalent les qualités et la croissance extraordinaires de la jeune Mariam : « Allah, dit Djelal-ed-Din, accepta l'enfant des mains de sa mère (Anne), développa en elle le plus beau caractère et la faisait croître en un jour autant qu'un autre enfant croît en un an[2]. »

Nasser-ed-Din ajoute : « Préserve-la, disait Anne à Allah, préserve-la de toute erreur et rends-la parfaite, afin que sa conduite réalise son nom, qui en hébreu signifie dévote[3]. »

Mahomet reprend :

Tels sont les récits inconnus à toi jusqu'ici, ô Mohammed, que nous te révélons. Tu n'étais point parmi eux, lorsqu'ils jetaient leurs *baguettes* à qui aurait *soin* de Mariam ; tu n'étais point parmi eux, quand ils disputaient.

Plusieurs glossateurs rapportent la scène des baguettes au grand prêtre Zacharie :

« Zacharie, dit l'un d'eux[4], voulut élever Mariam, parce qu'il avait pour épouse la tante de l'enfant. « Non, répon-« dirent les prêtres ; mais tirons-la au sort. » Ils allèrent donc, vingt-neuf prêtres, au Jourdain et y jetèrent leurs baguet-tes... Celle de Zacharie seule resta droite et flottante ; Mariam lui fut confiée. »

Mais la plupart des musulmans voient, dans la scène des baguettes, les fiançailles de Marie ; Ibn-Khaldoun, par exemple, écrit :

« Joseph le charpentier parut dans l'assemblée et il sortit une blanche colombe de son bâton, laquelle vola et vint se poser sur sa tête. Alors Zacharie lui dit : « Cette Vierge du Seigneur te sera donnée en *ressemblance* d'épouse[5]. »

---

1. « Cependant, disent les commentateurs, Zacharie avait bien soin, en se retirant, de fermer les sept portes du temple ; mais il n'en trouvait pas moins des fruits d'été en hiver et des fruits d'hiver en été. »

2. Autre exemple de matérialisation ; les musulmans ne reculent pas devant de telles absurdités.

3. Etymologie erronée.

4. Djelad-ed-Din.

5. Ibn-Khaldoun, *Histoire* (édition égyptienne, liv. II, p. 145). Abou'l-Feda (*Histoire antéislam.*, liv. I) réunit les deux opinions : « Zacharie, dit-il, tout

ANNONCIATION DE MARIAM

Marie, d'après les musulmans, avait treize ou quinze ans, lorsque l'ange la visita. Mahomet a fait deux récits de l'Annonciation, à deux époques différentes de sa vie. Faut-il y voir la réminiscence de la double annonciation racontée par les Apocryphes, la première, à la fontaine de Nazareth, la seconde dans la chambre de la Vierge[1]? Peut-être.

Voici la seconde version, celle qui reflète le mieux la page de saint Luc :

Les anges dirent à Mariam : « Allah t'a choisie et t'a faite pure ; il t'a élue de préférence à toutes les femmes de l'univers.

« O Mariam, sois pieuse envers ton Seigneur ; prosterne-toi et fléchis le genou devant lui ! »

Un jour, les anges dirent à Mariam : « Allah t'annonce son Verbe. Il se nommera le Messie, Aïssa, Fils de Mariam, illustre dans ce monde et dans l'autre et le plus proche familier d'Allah.

« Car il parlera aux humains, enfant au berceau et homme fait ; il sera du nombre des justes. »

« Seigneur, répondit Mariam, comment aurai-je un fils ? Aucun homme ne m'a touchée. — C'est ainsi, reprit l'ange, qu'Allah crée ce qu'il veut. Il dit : « Sois ! » Et il est. »

Il lui enseignera le livre de la Sagesse, le Pentateuque et l'Évangile. Aïssa sera son envoyé auprès des enfants d'Israël. Il leur dira : « Je viens vers vous, accompagné des signes du Seigneur ; je formerai de boue la figure d'un oiseau, je soufflerai sur lui et l'oiseau sera vivant ; je ressusciterai les morts ; je guérirai l'aveugle-né et le lépreux ; je vous dirai ce que vous aurez mangé et ce que vous aurez caché dans vos maisons. Tous ces faits seront autant de signes pour vous, si vous êtes croyants. » (Sour. III, 37-44[2].)

Tel est le mystère ; Gabriel, l'esprit d'Allah, souffla sur Mariam.

en étant un prophète de la postérité de Salomon, fils de David, — à eux le salut ! — Zacharie fut aussi charpentier et tuteur de Mariam, mère de Aïssa. »

1. *Protev. Jacobi*, xi, 1. — *Pseudo-Matthieu*, ix. — *De Nativ. Mariæ*, X. — Le souvenir de cette première annonciation est consigné à Nazareth par l'église grecque orthodoxe, située près de la Fontaine de Marie. D'antiques gravures signalent aussi cette scène ; par exemple, un diptyque (reproduit dans Martigny, *Dictionnaire des antiquités chrétiennes*, p. 50) représente la Vierge richement vêtue qui puise de l'eau à une source, tandis qu'un ange la salue.

2. Le premier récit se trouve dans la sourât *Mariam* (xix, 17-21). Il diffère peu de l'autre.

« Comment souffla-t-il, demandent les musulmans?

« Il souffla dans le col de sa tunique, dit Djelal-ed-Din, et elle sentit l'enfant palpiter dans son sein.

« Non, réplique Nasser-ed-Din ; Gabriel souffla par la manche ; la grossesse de Mariam fut de sept mois, d'autres disent six ou huit. »

Toujours la puérile matérialisation d'un sens spirituel [1] !

MATERNITÉ DE MARIAM

Arrivé à la Maternité de Notre-Dame, Mahomet se trouve en présence de trois opinions : Mariam est Mère de Dieu, disent certains ; Mariam est Mère de Dieu, car c'est une déesse, pensent quelques-uns ; Mariam est mère, mais non vierge, répètent d'autres.

Aux premiers, notre théologien à turban, nourri de nestorianisme, répond :

Ne l'appelez point Mère de Dieu, mais mère de Aïssa. Ne dépassez pas la juste mesure ; ne dites de Dieu que ce qui est vrai ! Comment aurait-il un fils ? Dieu ne peut avoir d'enfant ; loin de sa gloire ce blasphème !

Le Messie fils de Mariam était un envoyé du ciel ; d'autres envoyés l'avaient précédé ; sa mère était juste. Tous deux ils mangeaient. (Sour. iv, 6 ; xix, 36 ; v, 79.)

« Et celui qui doit manger, conclut Djelal-ed-Din, n'est pas Dieu, à cause de la composition et de l'infirmité de son corps. » De plus, un Dieu se suffit à lui-même ; or « Allah a placé l'Esprit-Saint, Gabriel, près de Aïssa pour le sanctifier et marcher avec lui partout où il ira [2] ».

Ainsi Aïssa est un homme et Mariam n'est pas mère de Dieu ; voilà pour les premiers.

Aux seconds, aux adorateurs de Mariam, c'est-à-dire aux collyridiens [3] et, dans la pensée de Mahomet, à tous les chrétiens [4], le prophète rapporte ceci :

1. En arabe, *esprit* et *souffle* s'expriment par le même mot ; Mahomet a confondu l'Esprit-Saint descendu en Marie, avec un souffle matériel. Même confusion, voulue peut-être, de Gabriel avec l'Esprit de Dieu.

2. Vague réminiscence de l'ange gardien.

3. Hérétiques soutenant que Marie a été délivrée de la nature humaine et déifiée, et qu'elle est le complément de la Trinité. (S. Epiph., *Hær.*, 27 et 29.)

4. Mahomet et les musulmans affectent de croire que les chrétiens adorent

Allah dit à Aïssa : « As-tu jamais dit aux hommes : Prenez pour dieux Moi et ma Mère, à côté du Dieu unique ? — Par ta gloire, non ! Comment aurais-je pu dire ce qui n'est point vrai ? » (Sour. iv, 169 ; v, 116, 19, 20, 76, 77, 79.)

« Mariam elle-même, ajoute Djelâl-ed-Din, étant d'une véracité parfaite, n'a jamais dit : je suis dieu ou déesse ! »

Aux troisièmes enfin, à ceux qui *nient* la virginité de Marie, Mahomet fait ainsi parler Gabriel :

Souviens-toi de celle qui a gardé sa virginité et en qui nous soufflâmes une partie de notre esprit et que nous fîmes, avec son Fils, une merveille pour les deux mondes ! (Sour. xxi, 91 ; lxvi, 12.)

Aïssa n'eut point de père sur la terre ; voilà pourquoi, disent les commentateurs, ils est appelé « Fils de Mariam » par l'ange Gabriel. « Qu'y a-t-il là de difficile ? s'écrie Nasser-ed-Din ; Celui qui a pu donner une tête au palmier pour la consolation de Mariam, ne pouvait-il la rendre mère sans corruption [1]. »

Ici, Mahomet pense aux Juifs, à ces Juifs odieux qui avaient refusé de croire à sa parole et qu'il avait chassés de Médine ; il se rappelle leurs moqueries à l'adresse de la virginité de Notre-Dame et il s'écrie :

Ils n'ont point cru à Aïssa ; ils ont inventé contre Mariam une calomnie atroce [2]. (Sour. iv, 155.)

Et le prophète furieux leur assène ce verset :

Pour prix de leur méchanceté et parce qu'ils détournent les autres

Marie ; voilà pourquoi ils se vantent de posséder la véritable dévotion à Notre-Dame.

1. D'après les musulmans, le palmier était jadis un tronc sans palme ni fruits ; Allah fit, en faveur de Mariam, un miracle en donnant « une tête au palmier ». Voir plus loin.

2. Quelle est cette calomnie ? L'esprit se porterait d'abord sur le doute de saint Joseph, mais le contexte indique des Juifs ennemis ; on lit dans un Apocryphe, déjà connu au deuxième siècle (*Acta Pilati*, ii, 3), que la première des trois accusations portées contre Jésus devant Pilate fut qu'il était né d'un adultère : πρῶτον ὅτι ἐκ πορνείας γεγένησαι. Les Juifs avaient jadis l'habitude de se moquer de la sainte Vierge, par exemple à Antioche, au temps de saint Jean Chrysostome.

du sentier d'Allah, nous leur avons interdit les aliments délicieux qui
leur avaient d'abord été permis [1]. (Sour. IV, 158.)

Les musulmans n'ont point perdu, au sujet des Juifs, la
haine de leur prophète ; au dix-septième siècle, un missionnaire d'Alep écrivait :

« On ne peut rien ajouter à la vénération profonde des
Turcs pour Marie ; ils l'appellent la Mère du grand prophète
Jésus, et, en cette qualité, la révèrent, jusqu'à faire empaler
les juifs qui osent blasphémer contre elle [2]. »

NATIVITÉ DE AÏSSA, SON ENFANCE

Après cette passe théologique, Mahomet aborde la Nativité de Jésus ; ce récit, comme celui de l'Annonciation, est
tiré de la sourât XIXᵉ qui porte le nom même de Mariam ;
une des premières dictées à La Mecque, cette sourât reflète
plus fraîchement que les autres les narrations entendues par
le prophète.

Ce Noël islamique est une vraie fantasmagorie ; intention
ou ignorance, Mahomet brouille plus que jamais l'Ancien et
le Nouveau Testament ; nous y verrons passer les silhouettes
d'Agar et d'Ismaël, des légendes connues sur la fuite en
Égypte, enfin quelques rayons du récit de saint Luc.

Elle devint grosse de l'enfant et se retira dans un lieu éloigné. Les
douleurs de l'enfantement la surprirent auprès d'un tronc de palmier :
« Plût à Dieu, s'écria-t-elle, que je fusse morte avant et oubliée d'un
oubli immortel ! »

Quelqu'un lui cria de dessous elle : « Ne t'afflige point ! Ton Seigneur a fait couler un ruisseau près de toi. Secoue le tronc du palmier,
des dattes mûres tomberont vers toi. Mange, bois et rafraîchis ton œil
(console-toi), et si tu vois un homme, dis-lui : J'ai voué un jeûne au
Miséricordieux ; aujourd'hui je ne parlerai à aucun homme. »

Elle alla dans sa famille, portant l'enfant dans ses bras. On lui dit :
« O Mariam, tu as fait là une chose étrange [3].

« O sœur de Haroun (Aaron), ton père n'était pas un homme pervers,
ni ta mère une femme dissolue ! »

---

1. Ces aliments délicieux sont une allusion soit à la distinction des viandes
pures et impures dans la loi de Moïse, soit plutôt aux paroles de Jésus-
Christ, « point de part au festin céleste ».
2. *Lettres édifiantes : Syrie* (édition Desrez), t. I, p. 160.
3. Réminiscence probable du doute de saint Joseph.

Mariam leur montra du doigt l'enfant, afin qu'ils l'interrogeassent :
« Je suis le serviteur d'Allah, leur dit Aïssa ; il m'a donné le Livre et
m'a constitué prophète.

« La paix sera sur moi au jour où je naquis et au jour où je mourrai
et au jour où je serai ressuscité. » (Sour. xix, 22-34.)

MORT ET ASSOMPTION DE MARIAM

« Mariam, mère de Aïssa, dit Abou'l-Féda, vécut environ
cinquante-trois ans ; elle avait treize ans lorsqu'elle conçut
le Messie ; elle passa avec lui un peu plus de trente-trois ans
et survécut encore six ans à son élévation (Ascension)[1]. »

A partir de la naissance de Jésus, le Coran ne dit presque
plus rien de Notre-Dame, comme d'ailleurs beaucoup d'Apocryphes ; seul, un dernier et très vague verset jette encore
un rayon sur la grandeur de la Vierge. L'esprit dit :

Nous avons fait du Fils de Mariam et de sa mère, un signe merveilleux pour les hommes ; nous leur avons donné à tous deux, pour
demeure, un lieu élevé, tranquille et abondant en sources d'eaux limpides. (Sour. xxxiii, 52.)

Grande controverse entre les docteurs musulmans, pour
déterminer cette mystérieuse demeure ! — C'est Jérusalem,
dit l'un ; — c'est Ramleh, dit un autre ; — c'est Damas, disent
les autres.

En réalité ce verset coranique n'est qu'une lointaine réminiscence de l'Assomption de Notre-Dame, Assomption déjà
connue et fêtée partout en Orient, au septième siècle ;
Mahomet, toujours brutal et matériel, place Mariam dans
un paradis semblable à celui qu'il a rêvé pour ses fidèles.

IV

Voilà ce que le Coran nous dit de la sainte Vierge. Intérêt
de curiosité, de pittoresque, si l'on veut ; Dieu nous garde
pourtant, comme dit un pieux auteur, de vouloir « faire tro-
phée de ces sottises et de ces rêveries[2] ». Sans doute la virginité de Marie y est affirmée, ses qualités signalées ; mais ce
sont là de pauvres et même de perfides louanges.

1. Abou'l-Féda, *Histoire antéislam.*, liv. LXIII.
2. Poiré, *Triple couronne*, t. I, p. 370.

Comme les Renan de tous les âges qui couvrent de fleurs leurs victimes, le Renan brutal mais habile du septième siècle chante la Vierge Marie, mais après l'avoir systématiquement dégradée.

Non seulement il commence par la faire descendre de son trône de Mère de Dieu en ne voyant en elle que la mère d'un prophète ; mais, après l'avoir découronnée de son plus beau titre, voici la cour et la société que l'imposteur donne à l'Immaculée :

« Le Prophète a dit : Un grand nombre d'hommes ont été parfaits ; parmi les femmes, il n'y en a que quatre qui le soient : Assiah, femme de Pharaon, Khadijad (première femme de Mahomet), Fatimah, sa fille, enfin Mariam, mère de Aïssa. »

« Et encore, ajoute Nasser-ed-Din, Aischah (deuxième femme de Mahomet) surpasse toutes les femmes, comme le *tharid* surpasse toute autre espèce de mets[1]. »

Enfin, dernière perfidie, n'oublions pas que, non content d'affubler son mannequin de vierge avec les dépouilles de l'hérésie, c'est avec ce mannequin disparate que Mahomet veut renverser la véritable Vierge chrétienne et son véritable Fils, l'Homme-Dieu.

Somme toute, le Coran ne nous offre donc qu'un relent d'apocryphes et d'hérésies et, comme tel, ne mériterait guère l'attention par lui-même ; mais ce livre, nous le savons, a créé un monde et, aujourd'hui encore, il alimente et codifie la vie religieuse de plus de deux cents millions d'hommes.

C'est de lui en particulier que les musulmans se réclament dans leur culte pour la sainte Vierge.

V

Aussi une question se pose-t-elle : Ce culte actuel, quel qu'il soit, est-il le *développement normal* et pratique des versets du Coran, ou la *germination bâtarde* d'une sève étrangère ? Est-ce un parasite ou une tige à vie propre ?

Pas plus que l'ensemble de la doctrine de l'Islam, moins

1. Nasser-ed-Din, *Comment. Sour.*, LXVI, 12. Le *tharid* est un mets chéri des Arabes ; il se compose de petits morceaux de pain imbibés de bouillon, aromatisés et assaisonnés de miel.

encore même, l'enseignement marial du Coran n'a eu une évolution organique, une vitalité personnelle. D'autres influences ont agi sur l'embryon coranique et la principale fut le *contact chrétien*.

Ce contact, autant que nous pouvons le saisir, eut pour effet, non de briser ou d'absorber l'*idée mariale primitive* de Mahomet, mais de la dédoubler, ou du moins de lui imprimer deux orientations bien distinctes, l'une se rabattant de plus en plus vers le Coran, l'autre inclinant vers le culte chrétien et, çà et là, se greffant pratiquement sur lui.

Mis en face de notre dévotion, tout musulman subit une double influence : *répulsion* pour la Maternité divine, base de notre culte, *attrait* pour les manifestations extérieures et même thaumaturgiques de ce culte ; de là, suivant la prédominance de l'attrait ou de l'aversion, un double culte : le culte *officiel* ou *doctrinal*, le culte *populaire* ou *pratique* ; deux cultes vivant côte à côte, se réclamant d'une même origine, mais en réalité aussi différents qu'une greffe et un sauvageon.

Les uns donc, fidèles à l'antique préjugé qui leur montre les chrétiens adorant la Vierge, *Mère de Dieu*, s'en détournent comme d'une idolâtrie et d'une atteinte au principe même du monothéisme coranique ; la haine et l'orgueil aidant, on les voit affecter une hauteur méprisante pour le culte marial chrétien. Eux seuls, ils ont la vraie dévotion à Marie ; eux seuls, ils sont les orthodoxes, les purs ; les autres sont des païens, détestés de Mariam qu'ils déshonorent.

De là, ce fait étrange, en apparence contradictoire, mais facile à comprendre : des musulmans qui louent Mariam, la révèrent et pourtant se moquent de la Setna chrétienne ; dans leur esprit, et avec raison, les Jésus et Marie de l'Évangile s'opposent formellement aux Aïssa et Mariam du Coran. Et cette répulsion s'est traduite, maintes fois, par des actes de violence : certaines profanations à froid d'églises et de tableaux ont été commandées, moins par la cupidité que par un paroxysme de zèle.

Ceux-là visitent peu les églises de la Vierge ; si par hasard ils s'y agenouillent, c'est pour honorer la vierge islamique, non la nôtre. Le musulman va au Lieu saint où Mariam a passé ; qu'importe que les chrétiens l'occupent ! Son hommage monte à Elle, dans l'abstraction et l'isolement de son âme de croyant, et Mariam l'entend, comme une mère sait discerner la voix de son enfant perdu dans une foule.

Tel est proprement le *culte officiel*, le culte marial des chefs religieux et politiques de l'Islam, ulémas, muftis, santons et autres ; telle est l'idée des docteurs et commentateurs du Coran ; il n'est pas douteux que ce fut celle de Mahomet, si Mahomet en eut précisément ; parmi les divers groupes islamiques, elle domine chez les orthodoxes ou sunnites, qui ont la prétention de serrer de plus près les enseignements du prophète.

Ce culte, on le prévoit, est mort ; il ne se traduit guère que par certaines prostrations, des salams au nom de Mariam, des lectures et de vagues commentaires des sourâts relatives à la Vierge, des paroles énergiques sur sa virginité ; pas d'images, pas d'emblèmes, pas de rites spéciaux ! Seuls, quelques versets du Coran écrits dans les mosquées de femmes ; d'ailleurs, volontiers, les chefs religieux relèguent cette dévotion à l'usage du sexe, pour lequel Mariam ne peut être qu'un modèle profitable de pureté, de piété et surtout de soumission.

C'est ainsi qu'à la prise d'Alger, on découvrit dans une mosquée de femmes, au fond d'une grande niche où, tous les vendredis, l'iman chantait les prières solennelles, cette inscription arabe tirée du Coran :

« Allah envoya un ange à Mariam pour lui annoncer qu'elle serait la mère de Aïssa. Mariam répondit : « Comment cela se « fera-t-il ? » Et l'ange : « Par la toute-puissance d'Allah[1]. »

Évidemment, ce n'est point dans cette dévotion fausse et puérile qu'on doit chercher une gloire pour Marie, encore moins une de ces faveurs miraculeuses que la Mère de Dieu a laissé parfois descendre sur un infidèle ; plongeant directement dans le Coran dont il se dit la réalisation pratique, ce culte, jadis, semble-t-il, plus vivace, s'est peu à peu attiédi,

---

1. « Mgr Dupuch posa dans cette niche une statue de la sainte Vierge trouvée dans le port d'Alger, sans qu'on sût d'où elle venait. » (L. Veuillot, *les Français en Algérie*, p. 66.)

exténué ; aujourd'hui il végète dans la somnolente et coutumière indolence du musulman.

VI

Mais, parallèlement, s'affirme dans l'Islam un autre culte, *culte populaire*, agissant, basé sur l'attrait exercé par la dévotion chrétienne et tenant plus de l'Évangile que du Coran[1].

Une triple cause l'a fait naître et le soutient.

D'abord l'*insuffisance pratique du culte officiel* ; la vierge de Mahomet n'est guère qu'une théorie, une apparition froide, bizarre, imprécise, sans contours nets, sans liturgie fixe et saisissante ; la Vierge des chrétiens au contraire, physionomie douce, souriante, visible dans les images, mère et reine, brillamment encadrée dans une auréole de rites clairs, dans des églises spéciales, cette Vierge, dis-je, exerce une irrésistible séduction sur ce peuple enfant, avide d'objets palpables et de religion pratique ; de cet attrait à la participation de notre culte, il n'y avait qu'un pas ; le prophète d'ailleurs n'a rien prohibé à ce sujet.

En outre, pour un très grand nombre de musulmans actuels, il s'ajoute une *tradition* ; la plupart d'entre eux sont les fils de ces anciens chrétiens de Syrie dont la dominante religieuse fut la dévotion à Marie avec ses rites, ses icones et ses pèlerinages ; par un effet d'atavisme, cette empreinte originelle est restée sur ces générations dévoyées, et peu à peu s'est fondue avec les usages islamiques, pour former cette singulière dévotion qui se traduit par cette fatidique réponse : « Ainsi firent nos pères, nous faisons comme eux. »

A cela, il faudrait joindre peut-être la *tendance* bien orientale au culte féminin ; on sait combien le sexe tenait une haute place dans le Panthéon phénicien, et les hérésies qu'enfanta plus tard la Syrie tendirent presque toutes, non à diminuer, mais à exagérer la sainte Vierge. Cette tendance, qui a singulièrement contribué à la diffusion du culte de Notre-Dame en Orient, a certainement travaillé au maintien de la dévotion mariale, même dans l'âme des apostats.

1. Naturellement la ligne de démarcation entre ces deux formes de culte est très flottante ; ce n'est guère que par les extrêmes qu'on en juge.

Enfin et surtout, il y a l'*attrait du phénomène surnaturel*.

Le miracle, les guérisons, les délivrances, les bénédictions du sanctuaire, l'extraordinaire et son mystère, fascinent le musulman et l'attirent aux pieds de la toute-puissante Vierge[1].

Aussi, pour bénificier de semblables faveurs et toujours en se couvrant de l'autorité de son Coran, se mêle-t-il bravement au culte chrétien. A la Setna chrétienne de tel ou tel lieu, il apporte ses rites à lui : ablutions, tapis, prostrations, tournées; bien plus, non seulement il pratique les rites communs à tout lieu saint : incubation, serment, vœux, etc., mais il adopte les coutumes et les objets chrétiens[2].

« Les Métoualis d'ici, écrit un missionnaire de la Haute-Galilée, portent ostensiblement et sans respect humain sur la poitrine la médaille miraculeuse ; ils disent qu'elle les délivre des serpents et de la magie[3]. »

Une dévotion favorite est de faire baptiser leurs enfants dans un sanctuaire ; les croisés signalent déjà ce fait : « Les Sarrasins, rapporte de Vitry, amènent leurs enfants à Notre-Dame de Tortose pour les faire baptiser, disant que par là ils vivront plus longtemps ou seront guéris[4]. »

Dans un voyage que faisait, au dix-septième siècle, un missionnaire avec un musulman, ce dernier tomba malade ; le Père lui parle de Marie, la lui fait invoquer : l'infidèle est guéri. « Depuis lors, écrit le Père, il la prie toujours et il redisait souvent sur le chemin : *Mariam el Adra gaoui Meliha* (la Vierge Marie, très bonne)[5]. »

Ces pauvres êtres s'imposent quelquefois de vrais sacrifices pour Notre-Dame ; non seulement ils ont protégé des

---

1. Ainsi s'explique encore la dévotion de certains musulmans au prophète Elie, à saint Georges, à saint Antoine, etc.

2. *Tournées* (sortes de processions circulaires) ; *incubation* (coucher dans un sanctuaire) ; *serment* (prise à témoin d'un saint ou de la Vierge devant un autel ou sur une tombe)... Ces rites et bien d'autres sont les débris d'antiques coutumes religieuses qu'on retrouve encore chez les populations orientales.

3. *Lettres de Mold*, t. VI, p. 560.

4. *Historia Jer.*, t. I, chap. xliv. D'ordinaire, pour se débarrasser de leurs importunités, le prêtre leur donne le baptême de saint Jean, pratique qui consiste à lire une page du quatrième Évangile sur la tête de l'enfant.

5. Relation du R. P. Poirresson.

sanctuaires, mais ils ont çà et là cédé un terrain ou bâti eux-mêmes de léurs propres déniers.

« Prends, disait un jour un cheik métouali, prends ce qu'il te faut de mon champ pour l'église de Setna, mais garde ton argent; la Nabieh (prophétesse) de ces ruines m'a tellement béni que je n'ai pas l'œil de lui réclamer une somme. »

Sans doute, c'est là une dévotion superstitieuse souvent, toujours matérielle, ne visant qu'à des biens temporels ; mais elle est sincère et s'adresse formellement à la Setna chrétienne; on la trouve surtout dans le peuple, chez les ignorants, les enfants, les femmes et de préférence parmi les sectes islamiques ennemies dès sunnites.

Il est certain que Notre-Dame se penche parfois sur ces égarés, écoute leurs bruyantes supplications et les exauce miraculeusement: « L'épine profite de l'eau versée sur la rose, nous disait un curé maronite en parlant des grâces accordées à ces infidèles[1]. »

Et c'est ainsi que même de ce culte mêlé et bâtard, Notre-Dame tire une certaine gloire, une louange ajoutée à l'acclamation universelle qui la dit bienheureuse. Louange qui a sa récompense ; car c'est par là que Notre-Dame prend contact avec l'âme du mahométan, et parfois la ramène ; tous les convertis de l'Islam, trop rares malheureusement, se déclarent convertis par la Mère de Dieu.

Il y a là une espérance, et plus d'un missionnaire y compte pour un avenir encore bien mystérieux.

J. GOUDARD.

1. Ainsi, le premier miracle opéré en Syrie par la statue de **Notre-Dame-du-Mont-Carmel** fut la guérison subite d'un pauvre petit musulman de Saïda. Nous signalons plusieurs de ces faveurs dans notre ouvrage.

LE « VOTUM BELLARMINI »

SUR

L'IMMACULÉE CONCEPTION [1]

I

Quand l'anniversaire d'un grand événement se solennise, le souvenir se reporte, comme d'instinct, vers ceux qui ne sont plus, mais qui contribuèrent de leurs efforts et de leurs sueurs au triomphe commun. Là se trouve l'idée inspiratrice du présent article. Le vénérable cardinal Bellarmin a sa place, parmi les serviteurs insignes de Marie et parmi les champions décidés du glorieux privilège que nous fêtons. Deux pionniers infatigables, Hippolyte Maracci et le franciscain Pierre de Alva, citent son nom et invoquent son autorité, l'un dans sa *Pourpre mariale* [2], l'autre dans sa *Milice de l'Immaculée Conception* [3].

Nombreux sont les titres qui justifient cette double mention d'honneur. Laissons toutefois ce qui est général, et ne nous arrêtons qu'aux détails de circonstance. Dans la carrière active du vénérable serviteur de Dieu, carrière longue et si bien remplie, pas une étape où la Vierge immaculée n'apparaisse. Qu'on ouvre la série des sermons que jeune encore il fit à Louvain sur la Salutation angélique, et qu'on lise le second, prêché par une heureuse coïncidence la veille de la fête de la Conception, *pridie Conceptionis B. Virginis* [4]. Avec quelle piété et quelle richesse d'expression l'orateur latin commente les paroles où l'archange Gabriel salue Marie

---

1. *Ven. Servi Dei Roberti Cardinalis Bellarmini De Immaculata B. V. M. Conceptione Votum aliaque ejusdem argumenti fragmenta inedita, anno post definitum dogma quinquagesimo, collegit, vulgavit, illustravit X. M. Le Bachelet.* Paris, Beauchesne, 1904.

2. H. Maraccius, *Purpura Mariana*, chap. xv, § 7; réédition dans la *Summa aurea*, édition Bourassé (Paris, 1862), t. X, col. 1240 *sqq.*

3. Petrus de Alva et Astorga, O. M., *Militia Immaculatæ Conceptionis Virginis Mariæ contra malitiam originalis infectionis peccati*, col. 1369 *sqq.* Louvain, 1663.

4. Roberti Bellarmini, *Opera*, t. VI, col. 628. Cologne, 1617.

pleine de grâce! Quelle forte affirmation de l'innocence absolue de la Vierge bénie dans cette glose du *Dominus tecum* : « Pour les autres saints et amis de Dieu, c'est de la part du tout-puissant une assez haute faveur qu'il daigne, quand ils tombent, les soutenir pour qu'ils ne se brisent pas contre terre ; mais pour Marie, il en va bien autrement ; Dieu ne l'a pas seulement empêchée de se briser, il ne l'a jamais laissée tomber ! » Aussi est-elle *bénie entre toutes les femmes*, « non pas plus bénie que les autres, mais la seule bénie, toutes les autres tombant sous la loi de la commune malédiction ».

De retour dans la Ville éternelle, en 1576, Bellarmin monta dans cette chaire de controverse qu'il devait illustrer. Quiconque a lu le traité *De amissione gratiæ et statu peccati* connaît les trois chapitres substantiels, où le grand apologiste de la doctrine catholique venge, contre les attaques du protestantisme, la pieuse croyance en l'Immaculée Conception de Marie. Préludant à une série de considérations fécondes que les grands travaux patristiques et liturgiques des siècles suivants devaient accentuer et développer, il insiste sur le rapport typique que la sainte Écriture et les Pères signalent entre le premier et le second Adam, entre la première et la seconde Ève [1]. Si le premier Adam a été formé par Dieu lui-même et d'une terre qui n'avait point encore été maudite, ne fallait-il pas que le second Adam naquît par l'opération du Saint-Esprit et d'une terre exempte de la malédiction, c'est-à-dire d'une mère vierge et immaculée ? Si l'antique Ève, figure de Marie, sortit des mains du Créateur pure et sainte, ne fallait-il pas que la seconde mère des hommes fût, dans sa conception, pure et sainte ?

Devenu en 1598 théologien du pape Clément VIII, le vénéré serviteur de Dieu composa, sur l'ordre de ce pontife, et publia sous son autorité, sa célèbre *Exposition de la doctrine chrétienne*, vulgairement appelée son *Catéchisme*. Au chapitre v, le prédicateur de Louvain et le controversiste du Collège romain se retrouvent et s'unissent pour donner à la question : « Que signifie *pleine de grâce* ? » cette réponse ma-

---

1. J'ai essayé d'esquisser les grandes lignes de cette idée féconde dans un opuscule de propagande : *l'Immaculée Conception. Courte histoire d'un dogme*. Paris, Bloud, 1903.

gistrale : « La grâce de Dieu produit surtout trois effets dans
l'âme. D'abord, elle efface les péchés qui, comme des taches,
souillent l'âme ; puis elle orne l'âme de dons et de vertus ;
enfin, elle lui confère la puissance de produire des œuvres
méritoires et agréables à la divine Majesté. *Pleine de grâce*
est Notre-Dame. Car, pour ce qui est du premier effet, jamais
elle ne fut souillée de la plus petite tache du péché, originel
ou actuel, mortel ou véniel. Pour ce qui est du second, elle
eut au plus haut degré toutes les vertus et les dons du Saint-
Esprit. Pour ce qui est du troisième, elle fit des œuvres si,
agréables à Dieu et si méritoires, qu'elles lui valurent d'être
élevée en corps et en âme au-dessus de tous les chœurs des
anges. »

En 1602, la nomination du cardinal Bellarmin au siège
archiépiscopal de Capoue le fit entrer dans une vie nouvelle,
vie du pasteur qui se consacre sans réserve aux brebis confiées
à ses soins. Parmi les devoirs que le vénéré serviteur de
Dieu se montra le plus soucieux de remplir, le « ministère de
la parole » tient le premier rang. On possède encore le précieux
cahier où se trouvent, écrites de sa main, les homélies sur les
Épîtres ou les Évangiles des dimanches et des fêtes qu'il fit
alors ; elles rappellent le souvenir d'un Augustin ou d'un Grégoire instruisant leurs ouailles. Trois de ces homélies portent
l'inscription : *In festo Conceptionis* [1]. La première présente
un développement remarquable, où le pieux archevêque
applique, en un sens mystique, à la conception de la bienheureuse Vierge, la description que l'auteur des *Proverbes* fait
de la génération de la sagesse divine, dans un passage célèbre (viii, 22 *sqq.*). *Dominus possedit me in initio viarum
suarum* ; la Vierge ne fut-elle pas la possession de Dieu, et
de Dieu seul, au premier instant de sa conception ? *Ab
æterno ordinata sum* ; n'a-t-elle pas été, de toute éternité,
prédestinée à son rôle unique de Mère de Dieu et de reine
des hommes et des anges ? *Nondum erant abyssi, et ego
jam concepta eram* ; dans sa conception la grâce n'a-t-elle
pas prévenu les ténèbres du péché ? Et ainsi du reste.

Quand, sur le déclin de sa vie, empêché plutôt par ses

---

1. Bellarmini, *Votum*, 2ᵉ partie, documents iii, iv, v.

hautes fonctions à la cour pontificale que par la faiblesse de l'âge, le vaillant athlète dut renoncer à la composition de grands ouvrages, il consacra sa plume et ses rares moments de loisir à ces opuscules de piété qui firent les délices d'un saint François de Sales. Et là encore réapparaît la radieuse vision de Marie Immaculée, de Marie entourée par son Fils d'un triple amour de prédilection dans la triple vie qu'il lui communiqua : « vie du corps, quand avec le Père et le Saint-Esprit il la créa ; vie de la grâce, quand, la prévenant de ses douces bénédictions, il la sanctifia en la créant, et la créa en la sanctifiant ; vie de la gloire, quand il la fit monter au ciel et l'éleva au-dessus des chœurs angéliques [1] ».

II

A ce qui précède, un document d'un ordre à part vient s'ajouter : le *Votum* du cardinal Bellarmin, c'est-à-dire l'avis motivé qu'il émit sur la conception de la Vierge dans une congrégation solennelle du Saint-Office, tenue sous la présidence du pape Paul V, le 31 août 1617. Souvent signalé par les auteurs qui ont traité de Marie Immaculée, cité par quelques-uns, mais d'une façon très fragmentaire [2], ce *Votum* n'a été, à ma connaissance, publié qu'une seule fois, et cela dans un recueil d'une extrême rareté, et d'après une copie incomplète et notablement fautive [3]. Il m'a paru bon, en ce cinquantenaire de la définition, de donner de ce document une édition soignée, complète et accompagnée de plusieurs autres pièces inédites qui ont aussi pour objet l'Immaculée Conception.

Le *Votum* du cardinal Bellarmin ne se recommande pas

1. *De septem verbis a Christo in cruce prolatis*, liv. I, chap. xi. (*Opera*, t. VII, Supplément, col. 1713.)

2. Par exemple, Maracci, *op. cit.* ; J. E. Nieremberg, S. J., *De perpetuo objecto festi Immaculatæ Conceptionis Virginis*, chap. xxxi, p. 57 *sqq.* (*Opera parthenica*; Lyon, 1699); T. Strozzi, S. J., *Controversia della Concezione della Beata Vergine Maria descritta istoricamente*, liv. IX, chap. i, p. 502 (2ᵉ édition, Palerme, 1703).

3. Pierre de Alva et Astorga, *Monumenta antiqua Immaculatæ Conceptionis Sacratissimæ Virginis Mariæ, ex variis authoribus antiquis tam manuscriptis, quam olim impressis, sed qui vix modo reperiuntur*, p. 718-727. Louvain, 1664. In-4.

seulement du nom illustre de son auteur ; il tire encore un
réel intérêt des circonstances où il fut émis et de la note
exacte qu'il donne sur l'état de la controverse au début du
dix-septième siècle. Maintenant que le plein jour s'est levé et
que, pour tout catholique, l'épithète d'immaculée est intimement liée au concept même de Marie mère de Dieu, la réserve
mise dans ses affirmations par un homme dont l'attachement
à la pieuse croyance est attestée par tant de témoignages
formels, pourrait provoquer en nous un premier mouvement
de surprise ; elle peut aussi nous donner une leçon. Le
mouvement progressif qui depuis le treizième siècle se déclara
et se développa dans l'Église latine en faveur du glorieux
privilège de la bienheureuse Vierge, ne fut pas un mouvement aveugle, précipité, sans contrôle. Tout au contraire :
Rome s'éclaira, elle entendit le pour et le contre, elle réfléchit longtemps, elle marcha lentement et sut résister aux
vœux impatients de ses fils les plus méritants et les plus
dévoués.

A vrai dire, la pieuse croyance n'était plus alors dans la
situation précaire où l'avaient mise, quelques siècles auparavant, l'opposition de saint Bernard et la défaveur des grands
scolastiques qui lui succédèrent. La réaction vigoureusement
provoquée par Duns Scot avait suivi son cours. Les Pères du
concile de Bâle n'avaient fait qu'obéir à ce mouvement général
des esprits quand, l'an 1439, il avaient déclaré « que la doctrine soutenant que la glorieuse vierge Marie, mère de Dieu,
par un effet spécial de la grâce prévenante de Dieu, n'a jamais
été soumise de fait à la souillure du péché originel, mais
toujours été exempte de toute faute originelle et actuelle,
toujours sainte et immaculée, est une doctrine pieuse, conforme au culte de l'Église, à la foi catholique, à la droite
raison et à la sainte Écriture ; qu'elle doit être approuvée,
tenue et professée par tous les catholiques, et qu'il n'est
plus permis désormais de rien prêcher ou enseigner qui lui
soit contraire [1] ».

Émané d'une assemblée qui n'était plus en communion
avec le chef de l'Église, cet acte n'avait pas l'autorité suffi-

1. Labbe-Coleti, *Sacrosancta Concilia*, t. XVII, col. 394. Venise, 1731.

sante pour trancher la controverse. Tout le fruit n'en fut
pourtant pas perdu. Moins d'un demi-siècle après, commen-
çait à Rome la série des actes officiels qui devaient avoir pour
terme dernier ou couronnement la définition solennelle dont
le monde chrétien célèbre, pour la cinquantième fois, le
glorieux anniversaire.

Sixte IV approuvait, en 1476, l'office de la Conception
composé par le franciscain.Léonard de Nogarole, et assurément il n'ignorait point que, d'un bout à l'autre, cet office était
une protestation en faveur de la conception immaculée de
Marie. Si, sept ans plus tard, le même pontife interdit aux
partisans de la pieuse croyance de lancer contre leurs adversaires l'accusation d'hérésie, même injonction fut faite aux
ennemis du privilège. De là une trêve qui dura plus d'un
siècle, mais non pas sans escarmouches ni combats d'avant-
garde : le saint pape Pie V dut rappeler les injonctions de
Sixte IV, et Paul V, dans sa bulle *Regis pacifici*, du 6 juillet 1616, renouvela et confirma les constitutions de ses prédécesseurs.

Ces précautions furent insuffisantes à maintenir la paix entre
les deux camps. En Espagne surtout, l'humeur belliqueuse
des adversaires de la pieuse croyance se rallumait sans cesse,
au grand regret des évêques et du Roi Catholique. De nombreuses informations furent dressées et envoyées à Rome.
Dans son *Votum*, le cardinal Bellarmin en rapporte des
extraits fort expressifs. Au dire de certains, « il était du devoir
des Inquisiteurs d'examiner l'opinion dite pieuse ; car c'était
par la même voie que Luther et Calvin étaient entrés ». Des
propos de ce genre avaient couru : « Si le pape définissait
cette opinion, elle n'en serait pas moins fausse et menson-
gère. — Enseigner qu'il faut croire à la conception sans
tache, c'est enseigner la manière de devenir hérétique. —
Affirmer que la Vierge a été conçue sans péché est une hérésie. — Pour nous, nous voulons faire notre salut dans la foi
de l'ancienne Église. » On incriminait enfin le pape d'avoir
permis de célébrer la fête de la Conception et de l'avoir
enrichie d'indulgences ; c'était, disait-on, porter les fidèles à
l'idolâtrie.

Personne ne s'étonnera qu'en voyant porter de pareilles

atteintes aux constitutions pontificales, les évêques espagnols
et le Roi Catholique se soient tournés vers Rome. En 1617,
Philippe III envoya comme internonce auprès de Paul V le
P. Placide de Tosantès, jadis supérieur général des béné-
dictins d'Espagne. L'objet de son message était d'inviter le
Souverain Pontife à couper court aux scandales en tranchant
la controverse qui les provoquait. Ce fut à cette occasion
qu'eut lieu au Quirinal l'assemblée solennelle du Saint-
Office où le vénérable serviteur de Dieu émit son célèbre
Votum.

III

Deux problèmes se posaient : Peut-on définir la question;
primo an sit definibilis questio de Conceptione? Si oui, est-il
opportun de procéder à la définition; *secundo an expediat
illam nunc definire?*

Au premier problème, le cardinal Bellarmin répond par
quatre assertions, où il délimite, avec sa netteté habituelle,
ce qu'il juge ne pouvoir pas, et ce qu'il juge pouvoir se
définir.

1° *On ne peut pas définir que l'opinion plus communément
admise soit hérétique.* Le Siège apostolique s'est, en effet,
prononcé dans un sens contraire. Dans sa constitution *Grave
nimis*, Sixte IV a déclaré formellement que taxer d'hérésie
ceux qui tiennent pour la conception sans tache, c'est se
tromper; il a même lancé l'excommunication majeure contre
les téméraires qui se permettraient un pareil langage. Du
reste, longtemps auparavant, l'Université de Paris avait
réprouvé une assertion semblable, émise par le dominicain
Jean de Montson; réprobation confirmée par un des papes
d'Avignon, Clément VII.

2° *On ne peut pas définir que l'opinion opposée soit hérétique.* Cette assertion, Bellarmin ne l'énonce pas d'une façon
absolue, mais seulement comme étant, à son avis, mieux fondée en raison : *hanc teneo probabilius, non præjudicans aliorum judicio.* L'opinion qui nie la conception sans tache ne
serait hérétique qu'à la condition d'être directement en opposition avec la foi catholique. Quelle est la règle de la foi catholique? La révélation communiquée à l'Église par les prophètes

et les apôtres. Et comment la révélation nous est-elle proposée ? Ou par l'Écriture, ou par la tradition, ou par le magistère de l'Église déclarant le sens de la sainte Écriture, que cela se fasse dans un concile ou en vertu de l'enseignement unanime des Pères. Sur ces bases, qu'on juge de la doctrine qui revendique pour Marie une conception sans tache. Ni dans la sainte Écriture ni dans la tradition, nous n'avons ce qu'il faut pour faire de cette doctrine un point révélé [1].

3° *On ne peut pas définir que l'opinion plus commune, loin d'être tenue pour pieuse, doive être rejetée comme téméraire et scandaleuse.* Ce serait dire que le Siège apostolique et l'Église ont erré, l'un en approuvant l'office de la Conception, l'autre en l'acceptant; double supposition fausse et erronée. Vainement répondrait-on que, dans cet office, ce n'est pas la sainteté même de la conception, mais la sanctification de Marie dans le sein de sa mère, qui est proposée à la vénération des fidèles. Sixte IV a suffisamment déclaré le contraire dans la constitution *Grave nimis.* Surtout qu'on lise l'office de Léonard de Nogarole approuvé par ce pape; dans la collecte, la Vierge est dite « préservée de toute tache en prévision des mérites de Jésus-Christ », et au neuvième répons se trouve l'expression de « conception sainte ». D'ailleurs, si conception et sanctification étaient ici des termes équivalents, on pourrait, au même titre, dire que le prophète Jérémie et saint Jean-Baptiste ont été conçus sans péché. Ce n'est certes pas le sentiment commun des fidèles; s'ils célèbrent la conception de la bienheureuse Vierge, et d'elle seule, c'est qu'ils lui attribuent le privilège exclusif d'avoir été, dans sa conception, exempte du péché originel.

Mais, dira-t-on, Pie V a supprimé l'office propre de la Conception, et ordonné d'y substituer celui de la Nativité. Non, Pie V n'a pas supprimé l'office propre de la Conception; les

1. Je reviendrai plus loin sur cette seconde assertion, délicate assurément, mais importante pour bien comprendre la position prise en cette matière par le vénérable serviteur de Dieu. Il est bon aussi de rapprocher de la seconde assertion du *Votum* le passage suivant des controverses (*De amissione gratiæ et statu peccati,* liv. IV, chap. xv) : « Neque vero expectandum est, ut expressum Dei verbum adferamus, aut certam aliquam Ecclesiæ definitionem. Id enim si facere possemus, non solum pie et recte existimari hoc diceremus, sed pro hæreticis haberemus, qui contra sentirent. »

Frères mineurs continuent à le réciter. Seulement pour
ramener l'unité liturgique dans l'Église romaine, ce saint
pape ordonna de prendre le même office que pour la Nativité,
Mais en changeant le nom. Il a donc par là même approuvé
l'office de la Conception et l'a mis sur un pied d'égalité avec
celui de la Nativité. Du reste, la même mesure fut appliquée
aux fêtes de la Visitation et de la Présentation; s'ensuit-il
qu'elles aient été supprimées?

4° *On peut définir que tous les fidèles doivent tenir pour
pieuse et sainte la croyance en la conception sans tache de la
Vierge, en sorte que désormais il ne soit permis à personne
d'admettre ou de dire le contraire sans témérité, scandale ou
soupçon d'hérésie.*

Comment cela, si les témoignages de la sainte Écriture pris
en eux-mêmes ne sont pas clairs, et si l'unanimité manque
chez les Pères? Le cardinal Bellarmin recourt à un argument
dont le point de départ seul se trouve dans ces deux organes
de la révélation. D'après l'enseignement formel de la sainte
Écriture, Marie est vraiment mère de Dieu (Luc, II, 31); par
ailleurs, beaucoup de Pères disent, sans qu'il y ait de voix
discordantes, que le titre de Mère de Dieu emporte en Marie,
par raison de convenance positive, une dignité et une émi-
nence de sainteté et de grâce qui la mette au-dessus de toute
pure créature. De là, ces belles paroles de saint Anselme : « Il
convenait qu'elle brillât d'une pureté sans égale au-dessous
de Dieu, cette Vierge à qui Dieu le Père devait donner son
fils unique, ce fils né de son cœur, égal à lui-même [1]. » Et ces
autres de saint Augustin : « En matière de péché, qu'il ne
soit point question entre nous de Marie [2]. » De là encore ce
principe commun : tout privilège qui peut se trouver dans
une pure créature et qui ne déroge pas aux prérogatives
essentielles de Jésus-Christ, ne doit pas se refuser à la bienheureuse Vierge. Dès lors, pourquoi lui refuser la grâce au
premier instant de sa conception, puisque ce privilège fut
celui des anges et de nos premiers parents ? Pourquoi lui
refuser l'exemption de tout péché, puisque ce privilège s'est
rencontré dans tous les bons esprits ?

1. *De conceptu virginali,* chap. XVIII.
2. *De natura et gratia,* chap. XXXVI.

On objecte la doctrine de saint Paul : « Tous ont péché en Adam », et la prérogative propre au Christ de n'avoir pas été racheté. Mais la conclusion qu'on tire de ces prémisses est-elle légitime ? Que Marie ait péché en Adam, soit, s'il s'agit du péché de notre premier père pris en lui-même ; mais s'ensuit-il que, considérée en sa propre personne, Marie n'ait pas été préservée par une grâce prévenante ? Et cette préservation elle-même ne suppose-t-elle pas, dans la bienheureuse Vierge, une réelle participation à l'universelle rédemption de Jésus-Christ ? Comme les autres descendants d'Adam, elle serait tombée sous la loi générale du péché au premier instant de son existence, si l'application des mérites du Sauveur n'avait eu précisément pour effet de la prémunir contre cette tache originelle. Elle a donc été rachetée, mais elle l'a été d'une façon plus relevée, *liberata est nobiliore modo*. Tel un condamné à mort, qu'on délivrerait avant qu'il ne montât sur l'échafaud.

Du reste, quand on réclame pour le mystère de l'Immaculée Conception des témoignages formels de la sainte Écriture, une tradition constante, des autorités anciennes et nombreuses, songe-t-on à la portée d'une pareille exigence ? Qu'on dise alors comment l'Église a pu instituer les fêtes de la Nativité, de la Présentation et de l'Assomption. Et pourtant téméraire serait quiconque, en ce point, oserait attaquer l'usage de l'Église et nier l'objet de ces fêtes. Ce que l'Église a fait pour ces mystères en en définissant pratiquement la vérité, elle peut donc aussi le faire pour la conception de Marie. *Ergo potest definiri etiam conceptio...*

IV

Est-il opportun d'en venir là ? Tel était le second problème à résoudre. Oui, répond le cardinal Bellarmin ; et même c'est plus qu'opportun, c'est nécessaire. *Dico expedire definire, imo necessarium id nunc fieri.*

Qu'on n'objecte pas la réserve du concile de Trente, ou celle du concile de Latran sous Léon X ; la question n'est pas la même. « On pensait alors, semble-t-il, à une définition de foi proprement dite, et ce n'est pas ce que je demande. A

supposer même que toute définition formelle déplaise en ce
moment, qu'on impose du moins à tous les ecclésiastiques,
séculiers et réguliers, l'obligation stricte de faire l'office de
la Conception, tel que l'Église romaine le fait; ce serait arriver
au même résultat sans définition. »

L'opportunité, la nécessité d'une définition ou d'un précepte de ce genre ne peut faire de doute. Il faut apporter
remède au scandale que crée parmi les fidèles le oui et le non
entendus du haut des chaires en cette question, comme si
l'Église était un monstre à deux langues. Bellarmin rappelle
à ce propos les extraits tirés des informations envoyées
d'Espagne, et déjà cités. D'où sont venus ces abus de langage? De la licence accordée aux deux partis de soutenir
publiquement leur opinion. Pour fermer la porte à de pareils
excès, qu'une définition ou un précepte fasse disparaître
cette licence. Pas de remède plus efficace. Voyez la France et
l'Allemagne, où l'on a reçu la définition du concile de Bâle;
plus de dispute depuis lors sur le point de la Conception. En
Italie et en Espagne, au contraire, ce sont des disputes sans fin.

Rien de plus facile que le remède proposé. Jadis il y eut
lutte de pays à pays. L'Angleterre commença la première à
célébrer la fête; la France fit opposition, comme on le voit par
les lettres de Pierre de Celles et de Nicolas, moine de Saint-
Alban. Bientôt la fête triomphe en France et se solennise à
Lyon; saint Bernard s'y oppose et objecte que l'Église romaine
ne fait pas cette fête, mais la tolère seulement; raison dont se
servit aussi saint Thomas d'Aquin. Aujourd'hui la fête se
célèbre dans l'Église latine entière, et même dans l'Église
grecque, comme l'attestent le Nomocanon de Photius et le
Ménologe des Grecs. Il y a plus; dans les pays où le concile
de Bâle n'a pas été reçu, en Espagne et en Italie, on désire·
une définition. Quelques religieux font, il est vrai, exception; mais ils sont en petit nombre, et ils se soumettront à la
décision. Si le pape Sixte IV n'avait pas accordé la liberté de
soutenir les deux opinions, la question aurait déjà été tranchée par l'usage universel de l'Église qui fait loi, suivant la
doctrine de saint Augustin[1]. Qu'on révoque donc la faculté

1. *Epist.* cxviii (*alias* liv), *ad Inquisitiones Januarii*, chap. v : « Si quid

de contredire à la pieuse croyance, et point ne sera besoin, en rigueur, d'une autre solution.

Mais il faut s'arrêter à l'une de ces deux alternatives : défi-nition formelle ou précepte. Tout autre remède serait insuffi-sant. Il y aurait bien encore la politique du silence perpétuel imposé à l'un des partis ou aux deux à la fois; mais c'est là une mesure pleine d'inconvénients et sans efficacité durable. Imposer le silence à l'un des partis, sans rien définir, ce serait lui faire injure; il pourrait toujours se plaindre et ral-lumer le débat auprès d'un autre pape; il serait constamment aux aguets pour épier les paroles des autres et épiloguer. Imposer le silence à tous, ce serait paraître condamner taci-tement les deux partis; et quel scandale, s'il n'est plus permis de prêcher publiquement ce qu'on fête publiquement! Reste donc un remède : supprimer l'une des deux opinions, et définir ou enjoindre l'autre comme croyance pieuse et con-forme à la liturgie.

Le vénérable serviteur de Dieu termine son *Votum* en réfu-tant l'argument principal des ennemis de la Conception Immaculée, celui qu'ils prétendaient tirer de l'enseignement commun des saints Pères. Un siècle auparavant, le cardinal Cajetan l'avait résumé dans un chapitre de l'opuscule qu'il composa et présenta, en 1515, au pape Léon X[1]. Bellarmin prend à partie cet illustre adversaire et le suit pas à pas. Il reconnaît l'opposition faite à la pieuse croyance par les grands scolastiques du treizième siècle, mais en observant que, dans leur connaissance imparfaite de l'antiquité patristique, ils ont avancé des propositions générales sans les prouver. Cajetan s'en tenait à cette assertion de saint Bonaventure : « L'ensei-gnement commun des Pères n'excepte que le Christ de cette proposition absolue : *Tous ont péché en Adam*[2]. » Bellarmin demande d'abord : A quoi se réduit cet enseignement com-mun des Pères, ce *communiter sancti* ? A ce très petit nombre

horum per orbem frequentat Ecclesia, quin ita faciendum sit disputare inso-lentissimæ insaniæ est. »

1. *Opuscula omnia*, t. II. Venise, 1594. *Tractatus primus de Conceptione B. M. Virginis*, chap. iv.

2. « Communiter Sancti solum excipiunt Christum ab illa generalitate qua dicitur: Omnes peccaverunt in Adamo. »

d'anciens docteurs dont les noms reviennent presque unifor-
mément dans les ouvrages des scolastiques du moyen âge,
Augustin, Ambroise, Jérôme, Hilaire et quelques autres.

D'ailleurs, les textes mêmes qu'on invoque appellent la
discussion. Le bilan d'autorités patristiques apporté par
Cajetan se réduisait à dix noms, partant de saint Augustin
pour aboutir, au onzième siècle, à saint Bernard et à un
autre saint dont Bellarmin avoue ignorer l'existence [1]. Tous
ces textes, l'habile controversiste les reprend et les examine
rapidement, avec sa netteté et sa sagacité habituelles. Saint
Bernard pourrait peut-être, comme saint Anselme, s'entendre
non point de la conception parfaite, qui a lieu quand l'âme
est créée et unie au corps, mais de la conception initiale qui
précède, *de initio conceptionis carnis*; mieux vaut s'en tenir
au dernier mot du saint abbé de Clairvaux : *Quæ, inquit,
dixi, absque præjudicio dicta sint sanius sapientis, Romanæ
præsertim Ecclesiæ cujus auctoritati atque examini totum
hoc, et cætera quæ ejusmodi sunt universa, reservo.* Bernard,
comme du reste saint Thomas et les autres, vivant de nos
jours et voyant la fête célébrée par l'Église romaine, ne serait
donc plus un adversaire.

Tel est, dans ses grandes lignes, le *Votum* du vénérable
cardinal Bellarmin sur l'Immaculée Conception.

V

Quelle fut l'issue de la congrégation solennelle tenue par
le Saint-Office, le 31 août 1617 ? Bientôt après, le 12 septembre, parut un décret pontifical où S. S. Paul V mandait et
ordonnait à tous « de ne plus se permettre à l'avenir, dans
les prédications, les leçons, les conclusions et autres actes
de toute nature, d'affirmer publiquement, jusqu'à définition
ou dérogation faite par Sa Sainteté ou le Saint-Siège, que la
bienheureuse Vierge a été conçue dans le péché originel ».
De leur côté, les partisans de la pieuse croyance ne devaient

---

1. *Sanctus Erardus episcopus et martyr.* D'autres auteurs disent : *Sanctus
Gerardus*, probablement celui dont il est question dans les *Acta sanctorum*,
septemb., t. VI, p. 724. Anvers, 1757.

pas attaquer publiquement l'opinion contraire, ni même traiter publiquement la question.

Le succès, on le voit, restait incomplet, mais il n'en était pas moins réel, puisque Paul V révoquait la faculté accordée par Sixte IV d'attaquer publiquement la doctrine de la Conception Immaculée. En défendant aux champions du privilège de poursuivre l'opinion contraire et même de traiter publiquement la question, le Souverain Pontife avait uniquement en vue la paix et la concorde. C'est là ce qui résulte d'une lettre écrite par le cardinal Bellarmin, le 14 novembre de la même année [1]. Après avoir expliqué le sens du décret et l'intention du législateur, il conclut : « De la sorte, il arrivera que ces disputes scandaleuses disparaîtront, et que néanmoins la pieuse croyance sera publiquement prêchée et finira peu à peu par prévaloir entièrement. »

Le roi d'Espagne accueillit avec joie l'acte pontifical, et fit présenter ses remerciements à Paul V et aux cardinaux du Saint-Office ; toutefois il insinua un mot de regret sur le caractère de demi-mesure qui s'attachait à la décision. L'événement justifia ses appréhensions et la remarque faite par Bellarmin que, sans une définition formelle ou équivalente, toute mesure serait inefficace. Les disputes se réveillèrent, et, en septembre 1618, Philippe III se résolut à envoyer au pape une nouvelle ambassade, plus solennelle que la première. Il choisit pour orateur un ancien ministre général des Frères mineurs, Antoine de Tréjo, maintenant évêque de Carthagène. Arrivé dans la Ville éternelle à la fin de décembre, l'ambassadeur du Roi Catholique plaida pendant deux ans, dans une suite de discours solides et soignés, la cause de la Conception sans tache ; ses efforts tendaient surtout à convaincre le pape qu'il fallait trancher la controverse par une définition formelle.

Le cardinal Bellarmin ne resta pas étranger à cette nouvelle campagne. A la vérité, Wadding ne cite pas son nom dans sa Πρεσβεια[2], parmi ceux des personnages influents de

1. Bellarmini, *Votum*, 2ᵉ partie, document ii.
2. L. Waddingus, Πρεσβεια *sive Legatio Philippi III et IV, Catholicorum regum Hispaniarum ad SS. DD. NN. Paulum V et Gregorium XV, de definienda controversia Immaculatæ Conceptionis B. Virginis Mariæ.* Louvain,

la cour romaine à qui Philippe III adressa des lettres de
recommandation ; mais il n'en est pas moins certain que
l'ambassadeur espagnol porta une lettre de son maître au
vénérable serviteur de Dieu. La réponse de ce dernier, conservée aux Archives de Simancas, atteste tout à la fois et
l'appel confiant que le Roi Catholique fit à la piété du cardinal et l'accueil sympathique qui répondit à l'appel royal.
Bellarmin promet de s'intéresser aux démarches de l'évêque
de Carthagène, « et cela d'autant plus volontiers qu'il s'agit
de l'Immaculée Conception, affaire non seulement pieuse,
mais très digne qu'on s'y donne de tout cœur [1] ».

Le résultat de cette seconde ambassade ne fut pas encore
la définition, demandée par Philippe III d'abord, puis par
Philippe IV qui lui succéda en 1621 ; mais, par sa constitution
du 2 juin 1622, le pape Grégoire XV corrobora et perfec-
tionna l'œuvre de ses prédécesseurs. La défense d'affirmer
que la bienheureuse Vierge a été conçue dans le péché originel était étendue aux sermons et aux écrits *privés* ; en
aucune façon on ne devrait plus parler ou traiter de cette
opinion. En outre, ordre était donné à tous les ecclésiastiques, séculiers ou réguliers, de fêter la Conception de Marie
comme l'Église romaine, c'est-à-dire « de ne pas employer
d'autre terme que celui de *Conception* à la messe et dans
l'office public ou privé [2] ».

Le vénérable serviteur de Dieu n'eut pas la joie d'applaudir
à ce triomphe ; depuis le 17 septembre 1621, il n'était plus
de ce monde. Mais comment méconnaître la part qui lui
revient dans l'heureuse issue de la seconde ambassade espagnole ? Des deux alternatives qu'il avait énoncées, définition
formelle ou précepte, la seconde se trouvait pleinement
réalisée.

1624. Reproduit dans Roskovany, *Beata Virgo Maria in suo Conceptu Immaculata*, t. II. Budapest, 1873.

1. Bellarmini, *Votum*, 2ᵉ partie, document ii.

2. *Bullar. roman.* (édition Cocquelines, Rome, 1756), t. V, part. V, p. 45 :
« Mandat ac præcipit, ut in sacrosancto Missæ sacrificio ac divino officio cele-
brandis, tam publice quam privatim non alio quam Conceptionis nomine uti
debeant. »

VI

Du *Votum* qui vient d'être analysé et remis dans son cadre historique, la position du cardinal Bellarmin relativement au mystère de l'Immaculée Conception se dégage aussi nettement que possible. Après tant de témoignages formels en faveur de la pieuse croyance et du véritable objet de la fête, il serait superflu de prêter la moindre attention aux quelques hérétiques qui ont prétendu trouver dans les œuvres du grand controversiste des armes contre la doctrine ou la fête de la Conception sans tache. Par contre, des auteurs catholiques qui n'avaient pas lu le *Votum* ont parfois forcé la pensée du vénérable serviteur de Dieu. Pour ne citer qu'un exemple, on lit dans l'excellent ouvrage de Mgr Malou[1] : « Bellarmin, dans le vote qu'il émit, comme membre de la congrégation formée par Paul V pour examiner la question de la Conception Immaculée, professa ouvertement la pieuse croyance, et tâcha de prouver que dès lors le Saint-Siège pouvait la définir comme dogme de foi. »

La lettre même du *Votum* empêche de souscrire à cette dernière affirmation. Bellarmin soutient qu'on peut définir l'Immaculée Conception comme *pieuse croyance*, mais non comme *dogme de foi* ; c'est le sens de la seconde assertion, où il dit : *On ne peut pas définir que l'opinion opposée soit hérétique.* Toutefois il formule cette assertion avec modestie et en respectant l'avis de ceux qui allaient plus loin : *hanc teneo probabilius, non præjudicans aliorum judicio.* Ses raisons, on les a vues ; le docte et prudent cardinal ne trouvait pas que des témoignages scripturaires et des autorités patristiques qu'on proposait, ou tels qu'on les proposait de son temps, il se dégageât une certitude suffisante pour établir un dogme de foi, le magistère de l'Église ne s'étant d'ailleurs pas encore prononcé.

Quand on compare cette doctrine avec les *Allegationes* de Jean de Ségovie, le principal champion du glorieux privilège

---

1. *L'Immaculée Conception de la bienheureuse Vierge Marie considérée comme dogme de foi*, t. I, p. 205. Bruxelles, 1857. Le contexte même prouve que l'éminent évêque de Bruges n'avait pas vu le *Votum* de Bellarmin.

de Marie au concile de Bâle, on est frappé de l'étroit rapport
d'idées qui existe entre le théologien de 1439 et celui de 1617.
Jean de Ségovie présente la doctrine de la Conception sans
tache comme rentrant dans ce qu'il appelle la piété de la foi,
pertinet ad pietatem fidei. Ce qu'il demande, pour trancher
la controverse, c'est une définition n'emportant pas précisément l'obligation d'un acte de foi, mais fixant la *vérité* de
l'Immaculée Conception : *Ad extinguendam hanc disrepta-
tionem requiritur, quod non tam sub præcepto fidei, quam de
veritate debeat diffiniri*[1]. Et c'est aussi directement sur la
vérité de la Conception que porte le traité du principal adversaire de la pieuse croyance au concile de Bâle, le dominicain Jean de Torquemada[2].

Avant que la pieuse croyance franchît sa dernière étape et
pût être proposée aux fidèles comme vérité révélée de Dieu
et objet de foi stricte, plus de deux siècles devaient encore
s'écouler. Mais l'œuvre allait se poursuivre, et le développement de la croyance se faire d'après les principes que le
vénérable cardinal Bellarmin avait esquissés dans la seconde
assertion de son *Votum*. La foi catholique, avait-il dit, repose
sur la révélation faite à l'Église par les prophètes et les apôtres ; révélation qui nous est transmise ou par la sainte Écriture, ou par la tradition, ou par les déclarations authentiques du magistère vivant. Dans cette énumération, deux
choses distinctes sont comprises et se compénètrent même :
les sources de la révélation, c'est-à-dire la sainte Écriture et
la tradition prise objectivement ; puis l'organe vivant de
transmission et d'interprétation du dépôt primitif, à savoir
la tradition au sens actif du mot et le magistère ecclésiastique.

Que manquait-il à la pieuse croyance, d'après le vénérable
serviteur de Dieu, pour qu'on pût la proposer aux fidèles
comme un dogme de foi ? Il lui manquait, du côté des sources

---

1. Joannis de Segovia... *Septem allegationes et totidem Avisamenta pro
Informatione Patrum concilii Basileensis. Studio ac labore R. P. F. Petri de
Alva et Astorga*, p. 22, 530. Bruxelles, 1664.
2. Joannes de Turrecremata, *Tractatus de veritate Conceptionis Beatis-
simæ Virginis, pro facienda relatione coram patribus concilii Basilii, anno
Domini MCCCCXXXVII. Mense Julio.* Rome, 1547.

de la révélation, des témoignagnes suffisamment clairs et certains; du côté de l'organe vivant de transmission et d'interprétation, une déclaration authentique qui eût la portée voulue. Par ailleurs, quand il s'agit d'une définition de foi strictement dite, le magistère ecclésiastique est conditionné dans son exercice par le dépôt de la révélation; il ne peut avoir pour objet qu'une vérité comprise dans le contenu, sinon explicite, du moins implicite de ce dépôt sacré[1].

Il fallait donc que des méditations plus profondes sur les textes de la sainte Église allégués en faveur de la Conception Immaculée, et des recherches plus étendues dans les monuments de l'antiquité patristique, montrassent enfin que la croyance devenue générale dans l'Église n'avait pas seulement pour base une déduction, si légitime fût-elle, de la raison humaine affirmant fermement ce qu'exigeait en Marie sa qualité de Mère de Dieu, mais bien la révélation elle-même mieux pénétrée et mieux saisie dans son contenu réel. Ce travail eut son couronnement dans le quart de siècle qui précéda et prépara la définition solennelle. Ce n'est pas le lieu de la rappeler, ni d'en montrer la légitimité et la fécondité.

Le résultat final dépassa ce que le cardinal Bellarmin avait demandé à Paul V pour Marie Immaculée; il fut ce que la piété des plus ardents défenseurs du privilège rêvait dès lors pour leur Mère bénie. Au jour où il se leva et parla dans toute la plénitude de son autorité apostolique, le 8 décembre 1854, Pie IX ne déclara pas seulement vraie la doctrine soutenant que la bienheureuse Vierge Marie fut, au premier instant de sa conception, préservée de toute tache de la faute originelle; il la proclama « révélée de Dieu et par suite devant être à l'avenir l'objet d'une foi ferme et constante pour tous les fidèles, *esse a Deo revelatam atque idcirco ab omnibus fidelibus firmiter constanterque credendam* ».

Avec quelle joie le vénérable serviteur de Dieu eût salué l'oracle de Pie IX, lui qui, au moment même où il allait s'é-

---

1. Concile du Vatican, *Constit. de Ecclesia Christi,* chap. IV : « Neque enim Petri successoribus Spiritus Sanctus promissus est, ut eo revelante novam doctrinam patefacerent, sed ut, eo assistente, traditam per Apostolos revelationem seu fidei depositum sancte custodirent et fideliter exponerent. »

tendre sur son lit d'agonie, tressaillit d'allégresse au récit de
ce qu'on lui racontait de saint Jean Berchmans, mort à Rome
le 13 août 1621. Parmi les papiers de cet angélique jeune
homme, on avait trouvé un vœu écrit de sa main et signé de
son sang, où il s'engageait à rester toute sa vie le champion,
et le défenseur de l'Immaculée Conception de Marie. « O la
belle chose ! s'écria l'auguste vieillard tout ému, ô la belle
invention, d'avoir pris un pareil engagement envers la bienheureuse Vierge, et de l'avoir signé de son sang ! Notre-Dame
elle-même aura été l'inspiratrice de cet acte ; c'est comme
une réponse qu'elle aura voulu donner, par ce jeune et saint
Flamand, à ceux qui en Flandre sont d'un avis contraire [1]. »

Puissent le vénérable vieillard et le saint jeune homme
qui, un mois après, se retrouvaient au ciel, intercéder auprès de la Vierge immaculée, pour que la bénédiction du
nouveau Pie soit, en cette année de glorieux anniversaire,
une source de grâces et, en ces jours de troubles, un gage
de paix !

X.-M. LE BACHELET.

1. Voir la soixante-treizième proposition condamnée dans Baius. (Denzin-
ger, *Enchiridion*, n. 953.)

LA SAINTE VIERGE

DANS L'ŒUVRE DE SAINT FRANÇOIS DE SALES[1]

Les contemporains de saint François de Sales aiment à
nous le montrer comme l'un des « plus chers nourrissons »
de Notre-Dame. Ils affirment à l'envi que le saint évêque
ne recommandait rien tant à ses enfants spirituels que la
dévotion envers Marie ; qu'il ne manquait jamais de prêcher
ses louanges, les jours de ses fêtes, et qu'il a parlé d'elle,
dans les livres qu'ils a laissés, « hautement » et « dignement[2] ».
Ces enseignements et ces éloges autorisés, sortis d'une âme
filialement dévote à la mère de Dieu, sont, en majeure partie,
parvenus jusqu'à nous. Peut-être il paraîtra intéressant de
les trouver ici recueillis et méthodiquement groupés, de voir
préciser en quelques pages ce qu'aujourd'hui encore, notre
piété découvre sur la sainte Vierge dans l'œuvre du grand
évêque de Genève. Et même, pendant les fêtes du cinquantenaire, cette étude aura de l'à-propos. Le bon saint, en
effet, enseigna toujours que Marie a été conçue sans péché.
Et lorsque, sans trancher la question de dogme, une bulle
de Paul V vint défendre, en 1616, de parler ou d'écrire contre
la Conception de la Vierge, il en discourut avec grand
contentement. Étant venu, par exemple, chez les Capucins
d'Annecy, « le jeudy devant Caresme prenant », il s'entretint
avec eux de la constitution pontificale, « et monstroit ce
Bien-heureux s'en resjouyr parce que cette bulle exciteroit
les fidelles à honnorer tousjours d'advantage cette Immaculée

1. Ce travail est comme un remaniement quelque peu résumé d'une étude
développée qui a été présentée au Congrès marial de Rome.
2. Voir : *Vie de l'Illustrissime et Révérendissime François de Sales*, par le
P. de la Rivière, liv. I, chap. VII et VIII ; liv. IV, chap. XIII ; — *Esprit du
bienheureux François de Sales*, part. IV, sect. XIII ; — Déposition de sainte
J.-F. de Chantal au procès de béatification et canonisation de saint François de
Sales, art. XXXIII.

Conception[1] ». Certes, il se serait réjoui plus vivement encore,
s'il lui avait été donné d'assister aux triomphes d'une définition et, cinquante ans après, d'en revivre les inoubliables
splendeurs au milieu des solennités qui, durant cette semaine,
vont se célébrer dans l'univers catholique.

I

Lorsqu'on parcourt attentivement les ouvrages du saint
docteur, l'on retrouve sans difficulté les éléments d'un traité
complet de théologie mariale. Toutes les grandes questions
dogmatiques, les thèses comme l'on dit dans l'Ecole, sont là,
supposées ou rappelées, ou même à l'occasion développées :
la maternité divine et la virginité, la sainteté incomparable
qui convient à la Mère de Dieu, les fondements de la béatitude de Marie, l'Immaculée Conception, la parfaite sujétion
de la chair à l'esprit, l'Assomption, le rôle de Notre-Dame à
l'égard des hommes comme coopératrice du salut, comme
mère et avocate de grâce, le culte qui lui est rendu par
l'Église. Et partout, ou à peu près, c'est la doctrine commune
des théologiens : un seul point peut-être ferait exception,
l'Incarnation, et conséquemment la maternité divine, décrétées par Dieu antérieurement à la prévision du péché originel[2].

La plupart du temps, nous n'avons que de brèves indications : Marie est appelée, en passant, trésorière de grâce,
ou mère de grâce, ou encore coopératrice de notre salut[3].
Nulle part, ou presque nulle part, sauf dans un ou deux opuscules encore inédits de controverse[4], il n'y a de thèses éta-

1. Déposition du P. Philibert de Bonneville, au premier procès de Genève
(Copie d'Annecy, t. II, p. 840-841). Il s'agit de la bulle *Regis Pacifici*, 16 juillet 1616.

2. *Traitté de l'amour de Dieu*, liv. II, chap. IV (édition d'Annecy, t. IV,
p. 100-101). Au cours de mon travail, je renverrai à cette édition par l'indication suivante : Ann. ; à défaut de cette excellente collection, je citerai l'édition Vivès, que j'indiquerai ainsi : Vivès.

3. Sermon LIX (Ann., t. VII, p. 419) ; sermon II (*Ibid.*, p. 40) ; sermon
recueil. XLVII (*Ibid.*, t. X, p. 72).

4. *Dissertations sur la virginité de la sainte Vierge*. Un passage du sermon XLIV (Ann., t. VII, p. 332-333) donnerait une idée de cette controverse
en matière piutôt délicate. Les *dissertations*, s'adressaut à un professiou-

blies à grand renfort d'arguments et de démonstrations, d'objections prévues et écartées, suivant la méthode scolastique. Même lorsque le saint évêque est amené par son sujet à développer tel ou tel point du dogme, il n'argumente pas à proprement parler, il expose sa croyance avec cette clarté et cette précision, cette abondance facile, qui sont l'un de ses mérites dans maints chapitres théologiques, dans le *Traitté de l'amour de Dieu* en particulier.

Ainsi, dans l'œuvre de saint François de Sales, nous ne rencontrons pas une mariologie méthodiquement présentée. Ce que nous trouvons, ce sont, dispersés dans les ouvrages ascétiques ou les compositions oratoires, des éléments nombreux qu'on groupe sans difficulté. Une fois recueillis et disposés, ces éléments nous permettent de reconnaître une doctrine sûre, toujours claire et précise, sur chacun des points de la théologie mariale.

S'agit-il par exemple de la maternité divine, nous acquérons vite la conviction que notre docteur entend une maternité au sens propre, à laquelle Marie est prédestinée indépendamment de la prévision du péché originel. Cette maternité est une dignité incomparable, l'une des plus excellentes œuvres de la toute-puissance céleste ; et le titre de Mère de Dieu est le plus haut de ceux dont nous honorons Notre-Dame[1].

Est-ce au contraire sa sainteté incomparable que nous prétendons étudier, un ensemble de doctrine se dégage de nos éléments groupés : dès sa conception la sainte Vierge a reçu une grâce excellente ; elle est sainte, et la plus sainte, et l'on n'aperçoit en elle aucun mélange d'imperfection. Toujours sainte, par la seule volonté de Dieu et sans nécessité aucune, elle n'est parvenue à la gloire que par la mort et la passion de son Fils. Elle a eu part à toutes les misères du genre humain, sauf à celles qui tendent immédiatement au

nel de théologie, sont moins réservées que le sermon et ne sauraient être mises dans toutes les mains.

1. *Traitté*, liv. VII, chap. xiii (Ann., t. V, p. 50-51) ; sermon recueil. xxxiv (*Ibid.*, t. IX, p. 346-347) ; *Traitté*, liv. II, chap. iv (*Ibid.*, t. IV, p. 100-101) ; sermon recueil. xlvi (*Ibid.*, t. X, p. 53) ; entretien v (*Ibid.*, t. VI, p. 77) ; sermon recueil. xv (*Ibid.*, t. IX, p. 115) ; sermon recueil. xxxiv (*Ibid.*, p. 346-347).

péché; elle a été préservée de tout péché, véniel même ou
originel, et des plus légères imperfections; au cours de la
vie mortelle de Marie, cette impeccabilité n'était aucunement
nécessaire comme elle l'est au ciel pour les bienheureux;
elle venait d'un privilège particulier qui convenait à la divine
maternité. Si Dieu, en effet, a voulu mettre dans la sainte
Vierge une si excellente sainteté, c'est parce qu'il l'a choisie
pour être la mère de son Fils. Aussi, le grand titre de Notre-
Dame, celui qui renferme tous les autres éloges, toutes les
autres louanges, c'est qu'elle est mère de Dieu[1].

Je me borne à enregistrer sèchement ces affirmations dogmatiques, sans m'attarder à donner des exemples, et j'aborde
enfin une thèse, qui mérite, aujourd'hui surtout, de nous
arrêter, celle de l'Immaculée Conception. Après ce que j'ai
dit sur la croyance de notre saint docteur au glorieux privilège de Marie et sur la dévotion qu'il lui portait, nous ne
serons guère surpris que, dans ses discours et ses écrits,
il l'ait souvent mentionné; sur ce point, mieux encore peut-
être que sur les autres, il nous a laissé une théologie complète. A son avis, il est absolument juste de penser que la
sainte Vierge a été sanctifiée dès le sein maternel, comme
paraît l'avoir été Jérémie. L'Église le croit, et elle fête la naissance de Marie[2]. Toutefois, lorsqu'il parle de la conception
sans tache, saint François de Sales n'entend pas simplement
une sanctification postérieure comme celles de Jean-Baptiste
ou de Jérémie. C'est l'exemption même du péché originel

---

1. Sermon recueil. xxviii (Ann., t. IX, p. 252) ; sermon recueil. xxxiv (Ibid.,
p. 345); sermon recueil. xx (Ibid., p. 171-172); sermon recueil. xxi (Ibid.,
p. 183-184); sermon recueil. iv (Ibid., p. 29); sermon clviii (Ibid., t. VIII,
p. 417); sermon xxviii (Ibid., t. VII, p. 242); sermon xcviii (Ibid., t. VIII,
p. 144); sermon recueil. lxiv (Ibid., t. X. p. 344); sermon recueil. xxii (Ibid.,
t. IX, p. 194; douze petits traités, traité V, § vii (Vivès, t. III, p. 170); sermon lxi (Ann., t. VII, p. 455); sermon cxlvii (Ibid., t. VIII, p. 377);
sermon ii (Ibid., t. VII, p. 37) ; sermon recueil. li (Ibid., t. X, p. 142);
Traitté, liv. VII, chap. xiv (Ibid., t. V, p. 55-56); Traitté, 1re rédaction du
livre X (Ibid., p. 481); entretien ix (Ibid., t. VI, p. 154); sermon lxxiv
(Ibid., t. VIII, p. 28); sermon recueil. xxi (Ibid., t. IX, p. 183); sermon recueil. xxix (Ibid., p. 274-275); sermon recueil. liii (Ibid., t. X, p. 170);
sermon i (Ibid., t. VII, p. 13); sermon recueil. lxix (Ibid., t. X, p. 415);
sermon recueil. lxv (Ibid., p. 362); entretien iii (Ibid., t. VI, p. 44); sermon recueil. xlvii (Ibid., t. X, p. 66).
2. Sermon xcviii (Ann., t. VIII, p. 142).

qu'il a proprement en vue, et dans le premier instant de la conception :

Je sçay bien, dit-il, que la sacrée Vierge Nostre-Dame n'a point esté mordue de ce serpent infernal, d'autant que c'est une chose toute claire et manifeste qu'elle n'avoit point de peché ni originel, ni actuel. Elle a esté privilegiée et preferée par-dessus toutes les autres creatures, et ce privilege est si grand et si singulier qu'il n'y en a aucune, quelle qu'elle soit, qui ayt jamais receu la grace en la façon que cette sainte Dame et glorieuse Maistresse la receut. Il n'y en a point eu et il n'y en aura jamais aucune qui ose pretendre ni aspirer à un si particulier benefice, car cette grace estoit seulement deuë à celle qui estoit destinée dès toute eternité à estre Mere de Dieu [1].

C'est là « un privilege tout particulier » par le bienfait duquel « cette sacrée Vierge fut, par la grace divine, conceuë sans aucun peché : elle estoit donques tres pure dès sa conception ». Si elle a été préservée ainsi, ce n'est pas certes nécessité de nature, c'est privilège, et privilège accordé en vue de la maternité divine à laquelle elle était prédestinée :

Bien qu'il ne fust pas impossible que la Vierge n'eust quelque coulpe, et qu'estant née de pere et de mere, elle en eust peu estre entachée comme les autres enfans, neanmoins il n'eust pas esté seant que la mere d'un tel Fils eust esté souillée du peché originel [2].

La divine maternité, voilà bien la raison d'une préservation vraiment unique, et cette préservation est octroyée à la sainte Vierge, en prévision d'une « redemption admirable », qui lui fut appliquée « par manière de remede preservatif ». Ces pensées sont indiquées dans une page d'une haute portée théologique qui mérite d'être citée :

Ainsy (Dieu) destina premierement pour sa tressainte mere une faveur digne de l'amour d'un Filz, qui estant tout sage, tout puissant et tout bon, se devoit preparer une Mere a son gré : et partant, il voulut que sa redemption luy fust appliquee par maniere de remede preservatif, affin que le peché, qui s'escouloit de generation en generation, ne parvinst point a elle. De sorte qu'elle fust rachetee si excellemment, qu'encor que par apres le torrent de l'iniquité originelle vinst rouler ses ondes infortunees sur la Conception de cette sacree Dame, avec

1. Sermon recueil. LXV (Ann., t. X, p. 362).
2. Sermon recueil. LIII (Ann., t. X, p. 170). Voir aussi sermon recueil. LXVII (*Ibid.*, p. 402).

autant d'impetuosité comme il eust fait sur celle des autres filles d'Adam,
si est-ce qu'estant arrivé là, il ne passa point outre, ains s'arresta
court, comme fit anciennement le Jourdain du tems de Josué, et pour
le mesme respect : car ce fleuve retint son cours en reverence du passage de l'Arche de l'Alliance, et le peché originel retira ses eaux
reverant et redoutant la presence du vray Tabernacle de l'eternelle
alliance.

De cette maniere donques, Dieu destourna de sa glorieuse Mere
toute *captivité* luy donnant le bonheur des deux estatz de la nature
humaine, puisqu'elle eut l'innocence que le premier Adam avoit perdue,
et jouyt excellemment de la redemption que le second luy acquit, en
suite de quoy, comme un jardin d'eslite qui devoit porter le fruit de
vie, elle fut rendue florissante en toutes sortes de perfections, ce Filz
de l'amour eternel ayant ainsy paré sa Mere de *robbe d'or, recamée en
belle varieté*, affin qu'elle fust la *Reyne de sa dextre*, c'est-à-dire la premiere de tous les esleuz, qui jouiroit *des delices de la dextre* divine.
Si que cette Mere sacree, comme toute reservee a son Filz, fut par luy
rachetee, non seulement de la damnation, mais aussi de tout peril de
la damnation, luy assurant la grace et la perfection de la grace, en
sorte qu'elle marchast comme une *belle aube, qui commençant a poindre*,
va continuellement croissant en clarté, jusques au plein jour. Redemption admirable, chef-d'œuvre du Redempteur et la premiere de toutes
les redemptions, par laquelle le Filz, d'un cœur vrayement filial, pre-
venant sa Mere es benedictions de douceur, il la preserve non seulement du peché comme les anges, mais aussi de tout peril du peché et
de tous les divertissemens et retardemens de l'exercice du saint
amour [1].

Avec de telles explications, saint François de Sales, on le
comprend, est en droit d'affirmer que « la seule porte pour
entrer au Ciel, est la Redemption ». La très sacrée Vierge,
elle-même, n'y est point entrée par une autre voie [2].

Que si nous voulons maintenant prendre une vue d'ensemble sur cette théologie de l'Immaculée Conception, si
précise et si complète, sans que le saint ait toutefois cherché
à déterminer les constitutifs intimes du péché originel, nous
n'avons qu'à parcourir ce développement d'un sermon
de 1622. Il éclairera les passages que nous avons cités jusqu'ici, mais il ne les fera point oublier :

---

1. *Traitté*, liv. II, chap. iv (Ann., t. IV, p. 106-107). De tous ces passages
sur la Conception de Marie, celui-ci est le seul dont la rédaction soit du
saint évêque. Les autres sont des fragments de sermons recueillis par les
religieuses de la Visitation.
2. Sermon recueil. xxxvii (Ann., t. IX, p. 381-382).

Quant à Nostre-Dame, la tres sainte Vierge, elle fut conceuë par voye ordinaire de generation ; mais Dieu l'ayant de toute eternité predestinée en son idée pour estre sa mere, la garda pure et nette de toute souilleure, bien que de sa nature elle pouvoit pecher. Il n'y a point de doute en cela pour ce qui est du peché actuel. Il me faut servir d'une comparaison pour vous le faire entendre. Sçavez-vous comme se font les perles ?... Les meres perles font comme les abeilles : elles ont un roy, et prennent pour cela la plus grosse d'entre elles et la suivent toutes. Elles viennent sur les ondes de la mer au tems de la plus grande fraischeur qui est à la pointe du jour, principalement au mois de may ; comme elles sont là, elles ouvrent leurs escailles du costé du ciel et les gouttes de la rosée tombant en icelles, elles les resserrent ensuite en telle sorte qu'elles couvent cette rosée dans la mer et la convertissent en perles, dont puis apres l'on fait tant d'estat. Mais remarquez qu'elles ferment si bien leurs escailles, qu'il n'y entre point d'eau salée.

Cette comparaison sert bien à mon propos. Le Seigneur en a fait de mesme pour la Sainte Vierge Nostre Dame, parce qu'à l'instant de sa conception il se mit entre deux, ou bien, en quelque façon, au-dessous d'elle, pour l'empescher de tomber dans le peché originel. Et comme si la goutte de rosée ne trouvoit pas l'escaille pour la recevoir, elle tomberoit dans la mer et seroit convertie en eau amere et salée, mais l'escaille la recevant, elle est changée en perle, de mesme la tres sainte Vierge a esté jettée et envoyée en la mer de ce monde par voye commune de generation, mais preservée des eaux salées de la corruption du peché. Elle devoit avoir ce privilege particulier, parce qu'il n'estoit pas raysonnable que le diable reprochast à Nostre Seigneur que celle qui l'avoit porté en ses entrailles eust esté tributaire de luy [1].

Les enseignements dogmatiques que notre docteur nous donne sur la conception sans tache peuvent, je crois, se résumer en quelques mots : à cause de sa sanctification dans le sein maternel, on fête la nativité de la Vierge. Étant prédestinée à être mère de Dieu, Marie a été, par un privilège singulier, préservée du péché originel. Ce privilège lui a été accordé en prévision d'une rédemption admirable, qui lui est appliquée excellemment et par manière de remède préservatif. C'est donc par la porte de la Rédemption que Notre-Dame entre dans la gloire, et elle a ainsi le bonheur des deux états de la nature humaine, celui de l'innocence et celui de la Rédemption [2].

1. Sermon recueil. LXVII (Ann., t. X, p. 403-404).
2. Sermon recueil. XCVIII (Ann., t. VIII, p. 142) ; sermon recueil. LXV

Les essais de juxtaposition minutieuse et de coordination
que nous avons faits sur les grandes questions de la maternité divine et de l'incomparable sainteté, et plus amplement
encore sur l'Immaculée Conception, nous pourrions les tenter
de même pour les autres thèses que j'ai déjà indiquées, la
virginité, les fondements de la béatitude, la parfaite sujétion
de la chair à l'esprit, l'Assomption[1], le rôle de Marie à
l'égard des hommes, et le culte que l'Eglise lui rend. Ce serait
le moyen de résumer, comme dans un sommaire, la dogmatique mariale du saint évêque de Genève, et d'acquérir l'iné-
branlable certitude qu'il a généralement tenu, sauf sur un
seul point, la doctrine commune des théologiens, doctrine
qu'il a présentée partout avec son abondance coutumière, sa
clarté et sa précision.

II

Nous nous méprendrions toutefois si nous prétendions
restreindre à un traité *De Beata*, gisant à l'état d'éléments
épars, ce que nous trouvons sur la sainte Vierge dans l'œuvre
du saint docteur. Le traité y est, je l'ai dit et le redis, mais il
ne forme pas, loin de là, la part principale. Ce qu'il y a de
plus caractéristique peut-être, ce sont ces pages, dispersées
elles aussi, qui renferment une psychologie complète, une
peinture véritable des états d'âme de Notre-Dame, aux différentes époques de sa vie, depuis l'Immaculée Conception
jusqu'à l'Assomption, jusqu'au triomphe dans le ciel. Les
sentiments de la Vierge sont soigneusement analysés, et les

(*Ibid.*, t. X, p. 362); sermon recueil. LIII (*Ibid.*, p. 170); sermon recueil.
LXVII (*Ibid.*, p. 401-404); *Traitté*, liv. II, chap. IV (*Ibid.*, t. IV, p. 106-107);
sermon recueil. XXXVII (*Ibid.*, t. IX, p. 381-382).

1. L'Assomption est un des points sur lesquels saint François de Sales
paraît insister avec une spéciale complaisance. Sur cette matière, il nous a
laissé sept sermons ou plans de sermons dans la plupart desquels la résurrection de Notre-Dame et la glorification de son corps sont explicitement
enseignées. Dans le plus important de ces sermons (sermon LXI [Ann., t. VII,
p. 439]), le saint explique comment nous savons avec certitude, par la seule
tradition ecclésiastique, que la Vierge est décédée et qu'elle est ressuscitée
bientôt après sa mort, non pas pour mourir une autre fois comme fit le
Lazare, mais pour suivre son fils au ciel, comme firent ceux qui ressuscitè-
rent au jour que Notre-Seigneur ressuscita.

vertus qu'elle a pratiquées, lors de sa conception immaculée, de sa naissance et de sa présentation, de son mariage, de l'Annonciation et de la Visitation, à la crèche et pendant les jours de l'enfance divine, au temps de la Purification, à Cana, au pied de la croix, au Cénacle. Puis, ce sont des développements qui jettent la lumière sur les progrès de la charité dans son âme, sur sa vie intérieure et sa mort d'amour, sur son assomption dans le paradis et sa béatitude. Aussi, l'on a eu, dès longtemps, l'idée de réunir, sans autre commentaire, des fragments choisis de saint François de Sales et d'en former ce que l'on a heureusement nommé un « vrai portrait » de Notre-Dame [1].

Ce portrait, ou plus exactement cette collection de tableaux psychologiques, je n'entreprendrai point de la faire passer sous les yeux des lecteurs; je voudrais toutefois en donner une idée et retracer, ici, au moins une de ces peintures. Ce sera, dessiné à l'aide d'analyses et de citations multiples, comme un caractère où l'on apercevra, méthodiquement groupés, les traits épars dans les sermons du saint, comme un état d'âme de Marie à l'instant de sa conception.

Quoique Notre-Dame, durant ses premières années, se soit cachée, comme Notre-Seigneur, sous les lois d'un profond silence, elle a reçu cependant l'usage de la raison dès le sein maternel. Elle l'a reçu, non pas en la même façon que son divin Fils, mais d'une manière bien plus excellente que saint Jean-Baptiste, « d'autant qu'elle estoit choisie pour une dignité plus grande que n'estoit celle de ce Saint [2] ». Et dès qu'elle a commencé d'user ainsi de sa raison, elle n'a jamais

---

1. *Le Vrai Portrait de Notre-Dame, tracé par saint François de Sales,* publié par le P. Charles Clair, S. J. Douniol, 1865. Cet opuscule, considérablement augmenté, a été réédité sous un nouveau titre : *la Vie de Notre-Dame par saint François de Sales,* tirée des œuvres du Bienheureux. par le P. Charles Clair, S. J. Société générale de librairie catholique, 1881. — Il existe un autre ouvrage du même genre, composé par l'aumônier d'une communauté religieuse d'Annecy, M. l'abbé Bernex : *la Très Sainte Vierge. Mystères de sa vie, ses vertus, son culte,* par saint François de Sales. Bray, 1868. J'ai dans l'idée que l'on pourrait faire quelque chose de plus étendu et de plus complet.

2. Sermon recueil. XVI (Ann., t. IX, p. 126-127); sermon recueil. XXXIV (*Ibid.*, p. 346-347).

cessé de profiter et croître en toutes sortes de vertus et de grâces. Aussi l'amas en est incomparable[1].

Ces merveilles ont été accomplies, à l'heure même où elle fut conçue :

Comme cette glorieuse Vierge devoit naistre de pere et de mere ainsy que les autres enfans, aussi semble-t-il que, comme eux, elle devoit estre tachée du peché originel; mais la divine Providence en ordonna tout au contraire et estendant sa main tres sainte la retint, de peur qu'elle ne tombast dans ce precipice. Elle luy donna l'usage de la rayson et la foy par laquelle Nostre-Dame conneut Dieu et creut tout ce qui estoit de la verité, en sorte que remplie de cette clarté, elle se dedia et consacra toute à la divine Majesté, mais d'une façon tres parfaite. Les theologiens nous asseurent que Nostre Seigneur jettant un rayon de sa lumiere et de sa grace dans l'ame de saint Jean Baptiste lorsqu'il estoit encor aux entrailles de sainte Elizabeth, le sanctifia et luy donna l'usage de la rayson avec la foy, par laquelle ayant reconneu son Dieu dans le ventre de la tres sainte Vierge, il l'adora et se consacra à son service. Que si le Sauveur fit une telle grace à celuy qui devoit estre son Precurseur, qui pourra doûter que non seulement il ayt fait la mesme faveur, mais qu'il n'ayt avantagé d'un privilege beaucoup plus grand et tout particulier celle qu'il avoit choisie pour estre sa Mere ? Pourquoy ne l'auroit-il pas sanctifiée *dès le sein maternel* aussi bien que saint Jean ?

C'est donc une chose toute asseurée que dès l'instant de sa conception Dieu la rendit toute pure, toute sainte, avec l'usage parfait de la foy et de la rayson en une façon du tout admirable et qui ne peut estre assez admirée; car il avoit fait cette pensée de toute eternité parce que *ses cogitations sont tres hautes*, et ce qui n'avoit jamais peu entrer en l'entendement des hommes, Dieu l'avoit medité avant tous les temps. Oh combien de faveurs, graces et benedictions la divine Bonté versa dans le cœur de la glorieuse Vierge. Mais elles estoyent si secrettes et interieures que personne n'en pouvoit rien connoistre qu'elle qui les experimentoit, et encores sa mere sainte Anne; car il est croyable qu'à l'instant que le Seigneur respandit tant de graces dans l'ame de cette benite enfant, la mere s'en ressentit et receut de grandes douceurs et consolations spirituelles à cause de sa Fille qui en estoit comblée[2].

Un point que notre docteur prétend mettre en lumière, c'est que ces faveurs singulières ne passèrent point inaperçues. Marie les discerna et correspondit de tout son pouvoir :

1. Sermon LXI (Ann., t. VII, p. 456).
2. Sermon recueil. XXXVII (Ann., t. IX, p. 384-385).

La Sainte Vierge eut l'usage de rayson dès l'instant de sa conception, et au mesme instant elle vit comme la divine Bonté la preserva du precipice du peché originel, où elle alloit tomber si sa main toute puissante ne l'eust retenue. Pour reconnoissance de cette grace, elle se dedia et consacra dès lors si absolument à son service, que la parole qu'elle donna à la divine Majesté fut irrevocable [1].

Dès lors, c'est-à-dire « dès l'instant de sa conception », elle fut toujours très obéissante à la volonté de Dieu et à sa parole, « sans jamais varier ni discontinuer, non pas mesme un seul moment ».

Elle ne fut jamais sujette au changement et ne peut jamais se desprendre de cette premiere union et adhesion qu'elle fit alors de sa volonté avec celle de Dieu. Cette faveur ne fut accordée à nulle autre pure creature, non pas mesme aux anges, car ils peurent changer et se departir de la grace qu'ils avoyent receuë de la divine Majesté à leur creation [2].

Ces premières actions de Marie « dès qu'elle commença d'estre » ou « dès l'instant de sa conception glorieuse aux entrailles de la bonne sainte Anne », sont vraiment admirables : elle se prend à aimer le divin Époux, « se donnant à Dieu et luy dédiant son amour [3] ».

Dans ce temps-là même, Dieu l'avait incomparablement prévenue de sa grâce, au point qu'il lui devenait impossible de déchoir ou de pécher :

... Elle n'estoit ni ne pouvoit estre souillée, ayant receu une grace si excellente dès l'instant de sa conception que celle des cherubins et des seraphins ne luy est nullement comparable. Car si bien Dieu les prevint de sa grace dès leur creation pour les empescher de tomber en peché, neanmoins il n'y furent pas confirmés dès cet instant en sorte qu'ils ne peussent plus prevariquer, ains le furent par apres en vertu du choix qu'ils firent de se servir de cette premiere grace, et par la volontaire soubsmission de leur franc arbitre. Mais Nostre Dame fut prevenue de la grace de Dieu et confirmée en icelle au mesme instant de sa conception, de sorte qu'elle ne pouvoit en descheoir ni pecher [4].

Je ne sais rien de touchant comme ce tableau, où Dieu

1. Sermon recueil. xxvi (Ann., t. IX, p. 233).
2. Sermon recueil. xxvi (Ann., t. IX, p. 232).
3. Sermon recueil. xlvi (Ann., t. X, p. 47).
4. Sermon recueil. xxviii (Ann., t. IX, p. 252).

nous est montré retenant Marie, au bord de l'abîme du péché.
Il la prévient d'une grâce incomparable, au point qu'elle ne
peut, dès ce premier moment, ni déchoir ni pécher. Elle
reçoit, en même temps, l'usage parfait de la raison et la foi ;
elle connaît Dieu, elle aperçoit les merveilles qu'il opère en
elle, et, en preuve de sa reconnaissance, elle se consacre
irrévocablement à lui. C'est une première union et adhésion
de sa volonté avec celle de Dieu ; c'est une dédicace irrévocable, et jamais elle ne la reprendra.

Cette peinture nette et gracieuse, saint François de Sales
se plaît à la continuer, et la suite répond au début. Nous
n'en pouvons, hélas! dessiner ici que les lignes principales. Ce
sont d'abord les jours de l'enfance, après que Marie a relié à
Dieu ses affections : elle vit dans une parfaite abnégation, et,
dans son berceau, elle pratique toutes les vertus, spécialement le triple renoncement au monde, à la chair et à soi-
même. Sous les apparences de l'enfance, elle mène une vie
contemplative : à l'extérieur, elle agit comme les autres
enfants, mais avec beaucoup de science et de raison. C'est
un enfant tout sage. Elle a formé le dessein de se consacrer
à Dieu, dans le temple, mais elle dissimule sa résolution.
Pourtant, ses parents, la voyant agir et parler, comprennent
qu'ils peuvent anticiper l'heure de la Présentation. Alors
viennent les détails de l'offrande, toute parfaite, qu'elle fait
d'elle-même. Ce n'est qu'un renouvellement cependant. Dès
l'instant de sa conception, la Vierge avait entendu la parole
de la vocation : elle l'avait écoutée et fidèlement gardée; elle
s'était offerte et, au temps de la Présentation, elle accomplit
extérieurement cette offrande. Oh! qu'il lui tarde de la présenter sans réserve et d'obéir pleinement à Dieu [1].

---

1. Je résume ici le mystère de la Présentation, ou plus exactement l'enfance de Notre-Dame, car ce qui est mis en lumière, c'est la vie intime de
Marie depuis sa conception et sa nativité jusqu'au temps de la Présentation. Sermon recueil. xxxiv (Ann., t. IX, p. 345-353) (développements importants) ; sermon recueil. xxvi (Ibid., p. 233-234) ; sermon recueil. xvi (Ibid.,
p. 126-127) ; sermon recueil. xxxvii (Ibid., p. 385-386) ; sermon recueil. xvi
(Ibid., p. 127-133) ; sermon recueil. xxxvii (Ibid., p. 386-387 et 397) ; sermon recueil. xxvi (Ibid., p. 232-233) ; sermon recueil. xxxvii (Ibid., p. 386-
394) ; sermon recueil. xxvi (Ibid., p. 232-238) ; sermon recueil. xvi (Ibid.,
p. 131-135).

Il faut au moins rappeler quelques-uns de ces développements :

Cette aymable Pouponne ne fut pas plus tost née qu'elle commença d'employer sa petite langue à chanter les louanges du Seigneur, et tous ses autres petits membres pour le servir. Sa divine Bonté luy inspira de se retirer de la mayson de ses pere et mere pour s'en aller au Temple, et là le servir plus parfaitement. Cette glorieuse Vierge se comportoit en ce bas aage avec tant de sagesse et discretion en la mayson de ses parents qu'elle leur donnoit de l'estonnement, si qu'ils jugerent bien, tant par ses discours que par ses actions, que cette Enfant n'estoit pas comme les autres, mais qu'elle avoit l'usage de rayson et partant qu'il failloit anticiper le temps et la conduire au Temple pour servir le Seigneur avec les autres filles qui y estoyent pour ce sujet. Ils prindrent donques cette petite Vierge à l'aage seulement de trois ans, puis la menerent, et en partie la porterent au Temple de Hierusalem.

O Dieu, comme estoyent grans les souspirs et eslans d'amour et de dilection que jetta cette petite Pucelle ainsy que ses pere et mere, mais elle sur tout, comme celle qui alloit pour se sacrifier derechef à son divin Espoux qui l'appelloit et luy avoit inspiré cette retraitte, non seulement à fin de la recevoir comme son espouse, ains encore pour la preparer à estre sa mere [1] !

Cependant, à proprement parler, Marie n'avait pas besoin pour elle-même de « cette retraitte » dans le temple :

Nostre-Dame ne peut jamais descheoir de la premiere grace qu'elle receut de la souveraine Majesté parce qu'elle alla toujours adherant à la divine volonté si qu'elle meritoit sans cesse de nouvelles graces, et plus elle en recevoit, plus son ame se rendoit capable d'adherer à Dieu, en sorte qu'elle s'unissoit plus que jamais et affermissoit sa premiere conjonction avec luy. Si donc on peut trouver du changement en la tres sainte Vierge, ce n'est que pour s'unir davantage et croistre autant qu'il se pouvoit en toutes sortes de vertus pour rendre invariable la resolution qu'elle avoit faite d'estre toute à Dieu. Pour cela elle voulut se retirer au Temple, non qu'elle en eust besoin pour elle-mesme, ains pour nous enseigner que nous autres estans sujets au changement, nous nous devons servir de tous les moyens possibles pour bien affermir et conserver nos bonnes resolutions tant interieures qu'exterieures. Quant à elle, il suffisoit, pour perseverer en son bon propos, qu'elle se fust donnée à Dieu dès le premier moment de sa vie, sans qu'elle eust besoin pour cela de sortir de la mayson de son pere ; elle n'avoit rien à craindre que les objets exterieurs la peussent jamais divertir ; mais, comme une

1. Sermon recueil. xxxvii (Ann., t. IX, p. 386).

bonne Mere, elle nous vouloit enseigner que nous ne devions rien
negliger pour *bien asseurer* nostre *vocation*, ainsy que saint Pierre
nous exhorte [1].

Avec des descriptions de ce genre, saint François de Sales
met sous nos yeux la vie entière de la sainte Vierge. Aucun
mystère n'est oublié. Quelques-uns pourtant sont dessinés
avec un soin spécial, ceux de l'Annonciation par exemple
ou de la Visitation. Dans ces tableaux, l'œil découvre de
ravissants détails d'analyse psychologique, et vraiment ce
sont des peintures achevées. A la Compassion [2], et encore
plus au progrès de l'incomparable dilection de la Mère de
Dieu, Notre-Dame, à sa mort d'amour extrêmement douce et
tranquille, le saint a consacré des pages inoubliables [3].

Plusieurs pensent qu'elles renferment les plus beaux
développements qui ont été écrits sur la psychologie de la
Vierge [4]. En tout cas, on aurait là, méthodiquement exposée,
je dirais volontiers décrite *ex professo*, la psychologie de la
vie intérieure et des derniers instants de Marie. C'en est
assez probablement pour nous permettre de conclure ces
aperçus forcément écourtés : lorsque nous avons étudié les
discours et les traités de l'évêque de Genève, nous connaissons la sainte Vierge jusqu'au plus intime de l'âme. A la suite
d'un grand saint et d'un fin psychologue nous avons pénétré
jusque dans son intérieur.

1. Sermon recueil. xxvi (Ann., t. IX, p. 233).
2. Sur l'Annonciation, voir sermon recueil. xlvi (Ann., t. X, p. 41-60) ;
sermon recueil. xlvii (*Ibid.*, p. 61-65) ; *Traitté*, liv. VI, chap. vii (*Ibid.*,
t. IV, p. 328) ; douze petits traités, traité XI (Vivès, t. III, p. 199). Sur la
Visitation, sermon recueil. xix (Ann., t. IX, p. 157-169) ; sermon recueil. xlvii
(*Ibid.*, t. X, p. 61-77) ; lettre cxxxix (Vivès, t. XII, p. 237-238) ; manière de
célébrer la messe (*Ibid.*, t. III, p. 118-119). — Dans l'un de ces sermons, l'on
trouve une page d'une psychologie remarquable (sermon recueil. xlvii [Ann.,
t. X, p. 63-64]). C'est peut-être ce que saint François de Sales a laissé de
plus beau sur le mystère de l'Annonciation.
Sur la Compassion, voir sermon recueil. xxix (Ann., t. IX, p. 276-277) ;
sermon recueil. xxviii (*Ibid.*, p. 257) ; sermon recueil. xxxiv (*Ibid.*, p. 352-353) ;
Traitté, liv. V, chap. iv (*Ibid.*, t. IV, p. 268-269).
3. Sermon lxi (Ann., t. VII, p. 439-462) ; *Traitté*, liv. III, chap. viii (*Ibid.*,
t. IV, p. 191-195) ; liv. VII, chap. xiii et xiv (*Ibid.*, t. V, p. 49-57). On pourrait y ajouter le chapitre v du livre X (*Ibid.*, p. 181-185).
4. Voir, par exemple, René-Marie de la Broise, *Comment écrire la vie de
la sainte Vierge*, dans *Études*, 20 mai 1898, p. 525.

\ Mais si saint François de Sales s'attache ainsi à placer
sous notre regard un portrait vivant et complet de sa glorieuse Mère et Maîtresse, ce n'est pas évidemment dans le but
de faire de l'art pour l'art. Il vise à un résultat pratique. Il
conçoit la Vierge comme un modèle dont les chrétiens cherchent à retracer les exemples. Les peintures, si soigneusement travaillées, qu'il fait passer devant nous, sont donc,
dans sa pensée, comme une sorte d'idéal dont nous devons,
nous autres, devenir d'exactes copies. La chose est visible
dans maints endroits des entretiens et des sermons : « Nostre
divine Maistresse, dit-il aux religieuses de la Visitation, vous
doit toujours estre devant les yeux, mes tres cheres Filles,
pour former vostre vie sur la sienne et ajuster toutes vos
actions et affections au niveau des siennes, car vous estes
ses filles, vous la devez donc suivre et imiter, et vous servir
de ses exemples comme d'un miroüer dans lequel vous vous
regardiez sans cesse [1]. »

Souvent, dans la suite d'une description, un mot jeté comme
en passant, une recommandation rapide nous avertit de reproduire en nous les perfections de Marie en général, ou bien
l'une ou l'autre de ses vertus en particulier, son obéissance,
par exemple, ou son humilité, son renoncement ou sa pureté.
Au reste, le saint docteur ne nous donne nulle part un traité
méthodique des vertus de Notre-Dame, comme il fait, dans
l'entretien XIX, pour les vertus de saint Joseph [2]. Il nous les
présente dans les faits, dans les mystères. C'est ainsi qu'il
décrit, à propos de l'Immaculée Conception et de la Présentation, l'obéissance de la sainte Vierge ou la fidélité de sa correspondance à la grâce [3]. Et çà et là, par une réflexion brève,
il nous recommande d'imiter notre modèle dans la pratique
de ces incomparables vertus.

Toutefois, il n'en demeure pas là, et ce qu'il montre pratiquement, au cours de ses engagements ascétiques, il l'érige
clairement en théorie. Voici le plus remarquable des passages auxquels je fais allusion :

1. Sermon recueil. xxxvii (Ann., t. IX, p. 394).
2. Entretien xix, *Sur les vertus de saint Joseph* (Ann., t. VI, p. 352-370).
3. Sermon recueil. xxvi (Ann., t. IX, p. 232-238).

Certes, cette glorieuse Dame .a esté un miroüer et abbregé de la
perfection chrestienne ; mais bien que Dieu l'aye fait passer par tous
les estats et degrés pour servir d'exemple à tous les hommes, si est-elle
le particulier modele de la vie religieuse.

Elle a esté d'abord sujette à sa mere ; elle est demeurée dans sa
famille pour monstrer aux filles et enfans l'honneur et sujetion qu'ils
doivent rendre à leurs parens et avec quel esprit ils se doivent tenir en
leur mayson. Elle fut presentée au Temple, en sa jeunesse, n'ayant que
trois ans, pour apprendre aux peres et meres avec quel soin ils doivent eslever leurs enfans et avec quelle affection il les doivent instruire
en la crainte de Dieu et les porter à son service. Elle fut encores en
cela l'exemple des filles qui se consacrent à la divine Majesté. Puis elle
fut mariée pour estre le miroüer des mariés, et en fin vesve. La divine
Providence l'a donc fait passer par tous les estats à fin que toutes les
creatures puissent puiser en elle, comme en une mer de grace, ce
qu'elles auront besoin pour se bien former et dresser en leur condition.

Il est vray neanmoins qu'elle a particulierement esté, comme j'ai
dit, le miroüer de la vie religieuse ; car dès sa nattivité, elle prattiqua
tres excellemment cette parfaite abnegation du monde, de la chair et de
soy mesme, en laquelle consiste la perfection chrestienne [1].

Ces lignes expriment exactement la pensée de saint François de Sales : les vertus et les admirables exemples des saints
sont comme des miroirs dans lesquels nous devons continuellement regarder pour former et dresser sur eux toutes
nos actions. Mais, entre ces miroirs, le plus beau et le plus
précieux, c'est bien « nostre tres chere Mere et Maistresse »

... car, je vous prie, quel plus beau et pretieux miroüer vous sçau-
roit-on presenter que celui-cy ? N'est-ce pas le plus excellent qui soit
en la doctrine evangelique ? N'est-ce pas elle qui l'a le plus ornée et
enrichie, tant par ce qu'elle mesme a prattiqué que par les exemples
admirables qu'elle nous a laissés [2] ?...

Concevant ainsi Marie comme le miroir et le modèle des
chrétiens, notre bon saint est bien venu à nous conseiller de
méditer sa sainte vie et de lui conformer la nôtre. C'est dans
le dessein de nous y aider qu'il a tracé un portrait de Notre-
Dame et qu'il a écrit des chapitres de psychologie mariale.

1. Sermon recueil. xxxiv (Ann., t. IX, p. 342).
2. Sermon recueil. xxxvii (Ann., t. IX, p. 384).

III

Saint François de Sales ne se borne pas à nous apprendre ce qu'est Marie dans l'enseignement de l'Église, à nous décrire ses états d'âme et à la placer sous nos yeux, comme le miroir et le modèle des chrétiens. Il cherche positivement à développer dans nos cœurs la dévotion envers la Mère de Dieu, dévotion qui naît, c'est lui-même qui l'affirme, tout incontinent de la dévotion de Notre-Seigneur [1]. Je l'ai déjà dit sur la foi des contemporains, « il ne recommandait rien tant à tous ses enfants spirituels que cette dévotion à la sainte Vierge [2] ». Il n'est donc pas étonnant que, dans son œuvre, il ait inséré quelques directions pratiques, propres à la faire croître et progresser èn nous.

C'est d'abord, dans l'*Introduction*, un paragraphe court mais plein de choses :

Honnores, reveres et respectes d'un amour special la sacree et glorieuse Vierge Marie : elle est mere de nostre souverain Pere, et par consequent notre grand'mere. Recourons donq a elle, et comme ses petitz enfans, jettons-nous a son giron avec une confiance parfaitte, a tous momens, a toutes occurences reclamons cette douce Mere, invoquons son amour maternel, et, taschons d'imiter ses vertus, ayons en son endroit un vray cœur filial [3].

Et dans le livre entier, ces conseils sont repris et développés [4]. Si le prudent directeur insiste tant, c'est que l'intercession de cette sainte Dame est, à ses yeux, « le plus grand appuy que nous puissions avoir envers Dieu pour nostre advancement en la vraye pieté [5] ».

Çà et là, saint François de Sales mentionne spécialement plusieurs prières, l'*Ave Maria*, l'*Ave Maris Stella*, « les Litanies de Nostre Dame de l'eglise de Lorette », ou bien l'*Ave*

---

1. Sermon recueil. XIII (Ann., t. IX, p. 90).
2. *Esprit du bienheureux François de Sales*, part. IV, sect. XXX.
3. *Introduction*, part. II, chap. XVI (Ann., t. III, p. 104-105).
4. *Introduction*, part. I, chap. IX, XI, XIII (Ann., t. III, p. 36, 40, 45) ; *Idem,* part. II, chap. VII (*Ibid.*, p. 82); *Idem,* part. V, chap. III, VIII, IV (*Ibid.*, p. 344, 352, 347) ; *Idem,* part. II, chap. X et XI (*Ibid.*, p. 89-91). — On peut voir aussi sermon I (*Ibid.*, t. VII, p. 28).
5. Lettre CXLIX (Vivès, t. X, p. 384).

Maria, le chapelet et les litanies [1]. Pourtant, il parle avec une particulière insistance de l'*Ave Maria*. N'est-ce pas le salut que Dieu même fit faire à Marie ? Il forme, avec le *Pater Noster*, la générale et nécessaire prière de tous les fidèles. Aussi, le saint évêque l'avait jadis défendue contre les attaques des calvinistes [2].

De l'*Ave Maria* au chapelet, la transition est facile, et saint François de Sales avait au chapelet un attachement notoire, nous le savons par le témoignage des contemporains. Sainte Chantal, entre autres, témoigne qu'il le disait tous les jours avec une très remarquable dévotion, employant une heure à cela, car il méditait en le disant. Il le portait en sa ceinture, pour marque qu'il était serviteur de Notre-Dame. Il avait prié le P. Philibert de Bonneville d'ériger la confrérie du Rosaire dans tous les lieux qu'il pourrait de son diocèse [3]. Enfin, il se préoccupait d'apprendre aux fidèles à réciter le chapelet et à le bien réciter. Comme c'est une très utile manière de prier, pourvu qu'on le sache dire comme il convient, il leur conseillait d'avoir quelqu'un des petits livres qui enseignent la façon de le réciter [4]. Bien plus, il avait lui-même dressé quelques méthodes pour aider les âmes dévotes dans cette récitation. Peut-être, nous en avons encore plusieurs entre les mains ; du moins nous possédons certains textes, semblables pour le fond en dépit des variantes de la forme, qui pourraient bien être des reproductions, infidèles par endroits, d'un original commun. Et cet original serait la fameuse *Methode pour dire le chapelet*, donnée par le saint aux fidèles de Saint-Jean-d'Aulps, le 14 août 1606, au cours d'une visite épiscopale [5].

1. Lettre ccxxxiv (Ann., t. XII, p. 357-358) ; *Introduction*, part. II, chap. i (*Ibid.*, t. III, p. 72).
2. Sermon iii (Ann., t. VII, p. 57} ; *Introduction*, part. II, chap. vii (*Ibid.*, t. III, p. 82) ; sermon xxviii (*Ibid.*, t. VII, p. 240-243).
3. Déposition de sainte J.-F. de Chantal au procès de béatification et canonisation du saint évêque, art. xxxiii et v ; Déposition du P. Philibert de Bonneville au premier procès de Genève. — Voir aussi celles de Michel Favre et Louis de Genève, au même procès (Copie d'Annecy, t. II, p. 840, 336, 198) ; *Vie de l'Illustrissime et Révérendissime François de Sales*, par le P. de la Rivière, liv. I, chap. vii, p. 30-32.
4. *Introduction*, part. II, chap. i (Ann., t. III, p. 72).
5. *Journal de saint François de Sales durant son épiscopat*, dans *OEuvres historiques* de M. l'abbé Gonthier, t. I, p. 420. Thonon, 1901.

De cet opuscule, je citerai au moins quelques lignes qui portent bien l'empreinte de l'âme affectueuse de l'aimable saint :

> Sur chaque dixaine, vous penserés à un des mysteres du rosaire, selon le loisir que vous aurés, vous ressouvenant du mystere que vous vous proposerés, principalement en prononçant les tres saints noms de Jesus et de Marie, les passant par vostre bouche avec une grande reverence de cœur et de corps. S'il vous vient quelqu'autre sentiment (comme la douleur de vos pechés passés, ou le propos de vous amender), vous le pourrés mediter tout le long du chapelet le mieux que vous pourrés, et vous ressouviendrés de ce sentiment, ou autre que Dieu vous inspirera, lhors principalement que vous prononcerés ces deux tres-saints noms de Jesus et Marie. Au gros grain qui est au bout de la derniere dixaine, vous remercierés Dièu de la grace qu'il vous a faite de vous permettre de le dire. Et passant aux trois petits grains qui suivent, vous salüerés la sacrée Vierge Marie, la suppliant au premier d'offrir vostre entendement au Pere Eternel, afin que vous puissiés à jamais considerer ses misericordes. Au second, vous la supplierés d'offrir vostre memoire au Fils, pour avoir continuellement sa mort et passion en vostre pensée. Au troisieme, vous la supplierés d'offrir vostre volonté au Saint-Esprit, afin que vous puissiés estre à jamais enflammée de son sacré amour [1].

Ainsi, saint François de Sales nous avertit de recourir, à tous moments, à toutes occurrences, à l'amour de Marie et de la prier. Mais il sait bien que la dévotion à la sainte Vierge ne consiste pas à porter un chapelet à la ceinture, et qu'il ne suffit pas d'en dire quantité, sans faire autre chose. Ce serait se tromper grandement. Aussi, recommande-t-il, dans un court paragraphe de l'*Introduction* que j'ai déjà rappelé, d'invoquer l'amour maternel de Marie, mais aussi d'en imiter les vertus [2]. Et, dans ses sermons, il expose une semblable doctrine, avec plus d'insistance encore :

1. *Methode de dire devotement le chapelet et de bien servir la Vierge Marie* (Vivès, t. III, p. 98-99). Il est assez remarquable que le saint n'insiste guère sur la méditation des mystères du rosaire, durant la récitation du chapelet, et qu'il donne la liberté de penser à quelque autre pieux sujet. Il indique cependant la considération de ces mystères.

Dans les œuvres, je n'ai trouvé nulle part l'éloge du *memorare*, ni même la prescription ou le conseil de le réciter. Camus affirme cependant que cette prière était en singulière recommandation au saint évêque et qu'il avait soin de l'enseigner avec beaucoup de zèle à tous ses dévots. (*Esprit du bienheureux François de Sales*, part. IV, sect. xxxviii.)

2. *Introduction*, part. II, chap. xvi (Ann., t. III, p. 104-105).

Les mondains s'imaginent pour l'ordinaire que la devotion à Nostre Dame consiste à porter un chapelet à la ceinture, et leur semble qu'il suffit d'en dire quantité sans faire autre chose, en quoy ils se trompent grandement ; car nostre chere Maistresse veut que l'on fasse ce que son Fils commande, et tient pour fait à elle mesme l'honneur que l'on rend à son Fils en gardant ses commandemens.

Nous avons des exemples de cecy ; je me contenteray d'en dire un ou deux. La mere de l'empereur Neron, ce cruel qui a tant persecuté l'Eglise de Dieu, estant enceinte de luy, fit venir tous les enchanteurs et devins pour sçavoir ce que son fils deviendroit. Comme ils eurent consulté, l'un d'eux l'advertit que cet enfant seroit empereur, qu'il regneroit et seroit grand. Cependant, un autre s'appercevant qu'il la flattoit, luy dit qu'il seroit vrayement empereur, mais que cela estant il la feroit mourir. Lors, cette miserable mere respondit : N'importe « pourvu qu'il regne ». Voyla comme les cœurs superbes desirent les honneurs et playsirs qui souventes fois leur sont nuisibles. Nous avons un autre exemple au troisiesme Livre des Rois, chapitre premier, où il est dit que la reyne Bethsabée vint trouver David en luy faisant plusieurs genuflexions et humiliations. Le roy voyant cela conneut bien qu'elle requeroit quelque chose, et luy demanda ce qu'elle desiroit. Bethsabée respondit : Sire, que mon fils regne apres vous. Or, si les meres ont naturellement tant de desir que leurs enfans regnent et soyent honnorés, à plus forte rayson Nostre Dame qui sçait que son Fils est son Dieu ; aussi l'honneur du Fils est celuy de la Mere [1].

La vraie dévotion des chrétiens à l'égard de Marie consiste donc, non seulement à l'invoquer filialement, mais encore à imiter ses vertus, ou, ce qui revient pratiquement au même, à obéir à ses commandements, c'est-à-dire à accomplir ce que son Fils nous prescrit, le faisant ainsi régner pleinement en nous et observant sa loi. Et c'est là, à proprement parler, ce qui forme la plus assurée démonstration de notre dévotion à l'endroit de Notre-Dame [2].

J'ai tâché de faire voir ce que renferme sur la sainte Vierge l'œuvre entière du saint évêque : les éléments épars d'un traité dogmatique De Beata, une psychologie complète de Marie aux différentes époques de sa vie ou, si l'on veut, une suite de portraits moraux, de caractères de Notre-Dame, présentée aux chrétiens comme le modèle qu'ils doivent reproduire ;

1. Sermon recueil. LXVII (Ann., t. X, p. 404-405).
2. Sermon LXI (Ann., t. VII, p. 460-461).

enfin, un traité pratique de la dévotion envers la Mère de Dieu, à l'état, lui aussi, d'éléments dispersés qu'il faut recueillir et grouper. C'est assez, j'espère, pour donner une idée des richesses mariales cachées dans ces pages, tout à la fois gracieuses et remplies de doctrine, pour faire naître, dans ceux qui m'ont lu, le désir de parcourir les ouvrages du *Docteur de Marie*[1] et de découvrir plus complètement à leur tour sous quels traits la sainte Vierge nous est montrée dans l'œuvre de saint François de Sales.

Alain de BECDELIÈVRE.

1. *Le Vrai Portrait de Notre-Dame tracé par saint François de Sales*, publié par le P. Charles Clair, S. J., avant-propos, p. 5.

VRAIE REPRÉSENTATION

DE

NOTRE-DAME DE LOURDES

Comment se fait-il que nous n'ayons encore aucune représentation artistique vraiment satisfaisante de l'apparition de
Lourdes? Faut-il accuser l'inhabileté des artistes chrétiens?
Est-ce la perfection de la céleste Figure à reproduire qui
décourage les plus habiles? L'ignorance de ce que fut au vrai
l'apparition de l'Immaculée n'est-elle pas pour beaucoup dans
la médiocrité des résultats produits? Cette question, pensons-
nous, mérite une part de l'attention du congrès marial
annoncé pour décembre. Ne serait-ce pas le moment de
convier tous les artistes chrétiens à une sorte de grand
concours, dont le monde entier serait témoin et dont les
arbitres pourraient être des sommités de l'art et de la religion?
Si cette idée, qu'on ne peut qu'insinuer ici, doit se réaliser,
il faudra, tout d'abord, fixer nettement les conditions de
l'œuvre à exécuter. Et pour cela, il importe de rappeler ce
que l'unique témoin de l'apparition en a fait connaître. Si
l'on ne peut ou si l'on ne veut suivre les descriptions de la
voyante, qu'on n'ait pas la prétention de représenter Notre-
Dame de Lourdes! C'est pour aider, dans une modeste
mesure, à l'établissement du programme, qu'on rassemble
ici toutes les indications données par Bernadette sur sa
vision merveilleuse [1].

I

ÉCLAT DE L'APPARITION

Bernadette vit, dès le premier instant, et très nettement,
une *jeune fille*. Il est vrai que la *blancheur* de la lumière qui
enveloppait l'Apparition, et la *blancheur* de son voile et de

---

1. Ce qui suit est tiré d'une histoire inédite de *l'Événement de Lourdes.*

sa robe frappèrent d'abord l'enfant, plus que tout le reste.
Bernadette disait, au mois de juillet 1858 : « Ma mère m'ayant
demandé ce que j'avais vu, je lui répondis d'abord : *Du blanc*;
et je fis la même réponse à des personnes qui me demandaient
ce que j'avais vu. »

Dans ses notes du 21 février, le procureur impérial écrit
ces mots qui certainement sont de Bernadette : « Je vois la
haie agitée et, derrière, *quelque chose de blanc.* » Puis, ce
même jour, comme les jours précédents, Bernadette désigne
souvent l'Apparition par le mot : *cela, aquéro*; mais, dès lors
et toujours, ce fut sans préjudice d'une plus précise détermination de l'objet perçu dans la niche de Massabieille : à sa
sœur, à sa mère, à tous ceux qui l'interrogeront, le 11 février,
Bernadette dira que ce *quelque chose de blanc* était une jeune
fille, une « fille blanche »; elle le dira, le 21 février, au
procureur impérial, et M. Dutour, quand viendra l'heure
de rédiger, sous forme de rapport officiel, ses notes du
21 février, laissera les mots *quelque chose de blanc*, et il
écrira : « Il lui sembla que le buisson s'agitait, et qu'une
jeune fille, vêtue de blanc, se tenait devant elle, lui souriait », etc.

Le *blanc*, la *lumière* impressionnèrent donc, vivement et
avant tout, Bernadette : ainsi furent impressionnés les trois
apôtres, sur le Thabor [1]; mais le *blanc* de la grotte de Massabieille, quelle qu'en fût la merveilleuse splendeur, n'éblouit
pas Bernadette : elle l'aida, au contraire, à mieux voir; la
splendeur en était douce, non moins qu'éclatante.

« La Dame, disait Bernadette à M. l'abbé Pène, était
entourée d'une lumière brillante et douce à la fois. » A ce
propos, M. l'abbé Pène raconte : « Un prêtre, venu, je crois,
de Pau, avait obtenu de Bernadette cette réponse : « La Dame
« est entourée d'une lumière douce »; puis, interrogée
encore, elle avait dit : « Quand la Dame vient, la lumière
« paraît d'abord; quand la Dame se retire, la lumière ne
« disparaît qu'après. » J'avais entendu moi-même ces

---

1. Luc., IX, 29 ; — Matth., XVII, 2 ; — Marc., IX, 2.

réponses et j'en avais été frappé, comme l'ecclésiastique de
Pau. Or, un peu plus tard, M. le docteur Vergès désira voir
Bernadette ; je la fis appeler, et le docteur l'interrogea devant
moi. Il fut, comme les autres, absolument satisfait; mais je
le fus moins, quand Bernadette, parlant de la lumière qui
enveloppait la Dame, au lieu de l'appeler *lumière douce*, dit :
« Elle est *comme le soleil*. » J'interrompis aussitôt : « Main-
« tenant, lui dis-je, je vois que tu nous as menti : à tel prêtre,
« tu répondis, l'autre jour, que c'était une *lumière douce*, et
« maintenant, tu dis : *une lumière comme le soleil*; le soleil
« n'est pas doux : est-ce que tu peux le regarder ? » Bernadette,
sans se troubler, répondit à l'instant : « Oh ! je ne veux pas
« dire le soleil d'en haut : je veux dire le soleil quand il est
« sur la terre. »

Le 13 juin 1866, Bernadette écrit : « .La Dame était envi-
ronnée d'une lumière *blanche, qui n'éblouissait pas*. » Ce fut
donc, jusqu'à la fin, la même impression, celle d'une *douce
blancheur*, d'un doux *éclat*; mais Bernadette ne cessa de
redire que la lumière de l'apparition était d'une blancheur et
d'un éclat incomparablement supérieurs à ceux de la lumière
du soleil : si elle compare la lumière de l'apparition à celle
du *soleil d'en bas*, c'est seulement pour faire entendre que la
première ne blesse pas l'œil, plus que la seconde ; quant à la
splendeur, il y a, entre les deux, au jugement de Bernadette,
la distance de la lumière aux ténèbres [1].

Plus d'une fois, on observa que Bernadette, l'extase finie,
se frottait les yeux. On lui a demandé pourquoi elle portait
ainsi la main aux yeux, à la fin des apparitions. Elle a répondu :
« Je n'éprouvais pas de fatigue; mais l'impression de mes
yeux était celle que l'on ressent, quand on passe du grand
soleil en un lieu sombre [2]. »

---

1. Un de nos témoins, M. Estrade, fait ainsi parler Bernadette : « Il *sortit* de
l'intérieur de la grotte un *nuage couleur d'or*, et, *peu après*, une *dame* jeune
et belle, *belle surtout*... La Dame *rentra* à l'intérieur du rocher, et le *nuage
d'or* disparut avec elle... » Bernadette n'a rien dit de ce que nous soulignons; elle n'a, en particulier, jamais parlé ni de *nuage*, ni de nuage *couleur d'or*.
M. Estrade, et tel ou tel autre de nos témoins *poétisent* leurs récits : il faut
s'en souvenir, quand on les lit, et ne pas oublier qu'une de leurs plus habituelles fantaisies est de *faire parler* Bernadette, ou de parler sous son nom.
2. Qu'on lise, au chapitre xxviii de sa *Vie*, ce que Thérèse de Jésus dit de

II

JEUNESSE DE L'APPARITION

Les premiers noms que Bérnadette ait donnés à l'Apparition sont ceux de *Aquéro* (cela), et de *Fille* ou *Jeune fille*. Bientôt, un respect grandissant lui mit à la bouche les mots de *Pétito Damizélo*, *Damizélo*, et de *Damo*, *Petite Demoiselle*, *Demoiselle*, *Dame*, et, contrainte par le sentiment de la multitude, qui voulait honorer dans la niche la Mère de Dieu, elle se fixa à ce titre de *Dame*, parce qu'il satisfaisait mieux le respect, bien qu'il semblât moins convenir à la jeunesse du mystérieux personnage. Bernadette, en effet, du jour de la première apparition, 11 février 1858, au mois d'avril 1879, qui fut celui de sa mort, n'a cessé de mentionner et de signaler la jeunesse de la mystérieuse Dame.

Mgr Malou, évêque de Bruges, dans son livre l'*Iconographie de l'Immaculée Conception*, publié deux ans avant les apparitions de Lourdes, enseigne que Marie, dans ce mystère, doit être représentée « dans sa première jeunesse, à l'âge de quatorze ou quinze ans, à l'époque qui *précéda* l'Annonciation[1] ».

Ainsi la vit Bernadette, ou plus jeune encore. Bernadette, à la date du 11 février 1858, était dans sa quinzième année, depuis trente-cinq jours, mais elle paraissait n'avoir pas douze ans, et elle était, pour son âge, de fort petite taille. Or, elle dit, dès les premiers jours : « C'est une *jeune fille*, *pas plus grande que moi*. » Jusqu'à la mort, elle ne cesse de redire : « Elle était très jeune, très jeune, petite. » Dès les premiers temps, elle l'appelle « Petite demoiselle », et elle la compare, pour les dehors de grâce et de jeunesse, à Mlle ***, une fillette que sa mère, alors, se plaisait à produire habillée de blanc. Plus tard, en présence de la statue de M. Fabisch, dans laquelle elle ne reconnaîtra pas *du tout* l'Apparition,

---

la même lumière : « No es resplandor que deslumbre, sino una blancura suave », etc., et l'on jugera que Bernadette n'a pas moins bien parlé.

1. On trouvera l'opuscule de Mgr Malou résumé, aux pages 371-387 de *Notre-Dame de Lourdes. Récits et mystères*. Paris, Retaux, éditeur.

elle dira, entre autres choses : « La figure n'est pas assez jeune. »

De bonne heure, on se scandalisa, on s'inquiéta du moins de cette petite taille et de cette jeunesse de l'Apparition, pour n'en pas comprendre ni soupçonner l'harmonie. De là des formules chaque jour nouvelles, que l'on prêta à Bernadette, mais auxquelles Bernadette ne concéda qu'un laissez-passer. Il faut, en effet, se souvenir que Bernadette ne contestait jamais, à propos des *interprétations* de ses dires : elle laissait à ses interlocuteurs tout droit d'interprétation, se contentant de maintenir le dire, dans sa nudité, et ne répondant que par des mots insignifiants, tels que : *peut-être, je ne sais pas*, etc., aux questions que l'interlocuteur lui faisait sur ses interprétations : d'où venait que celui-ci, trop souvent, croyant ses interprétations approuvées, les tenait pour *dires de Bernadette*, et les notait comme dires de Bernadette. De là, et de là uniquement, les variantes que l'on observe, même dans des documents primitifs.

Ainsi, à propos de la taille et de l'âge de l'Apparition :

Dans son premier interrogatoire officiel, qui est du 21 février, Bernadette dit au procureur impérial : « *Aquéro* (cela) n'était *pas tout à fait de ma taille* (Bernadette indique une hauteur avec sa main) : elle était grande comme ça... »

Le 28 février, le directeur de l'École supérieure de Lourdes, homme tout à fait digne de confiance, interroge Bernadette, et il écrit ses réponses, qui sont, peu après, adressées au préfet, en un long et très précieux mémoire : on y lit : « Tout à coup, apparut à mes yeux, derrière ce rideau de ronces, une fille blanche, *pas plus grande que moi*. »

Quelques jours plus tard, le frère Cérase, de l'école chrétienne de Lourdes, adresse à ses parents le récit des visions de Bernadette, tel qu'il l'a entendu de Bernadette elle-même. Il écrit : « Elle est, *à peu près, de ma taille, un peu plus grande peut-être...* »

Voilà l'Apparition *plus petite* que Bernadette, *égale* à Bernadette, *un peu plus grande* que Bernadette.

Ainsi pour l'âge : le *Journal de Lourdes*, daté du 4 mars, fait dire à Bernadette : « Elle est petite comme moi, *de mon âge...* » Beaucoup de ceux qui entendirent Bernadette parler de la jeunesse et de la taille de l'Apparition, conclurent qu'elle était de l'âge de la voyante, *au moins*, et ils lui donnèrent *quinze ans* : les Pères de Lourdes consignèrent ce témoignage dans leur *Petite histoire*. Quinze ans parut trop peu à la plupart. M. Estrade, par exemple, après avoir entendu Bernadette, attribua à l'Apparition *seize ou dix-sept ans*. M. l'abbé Pène, vicaire de Lourdes, qui vit et interrogea Bernadette au temps des apparitions, écrit : « L'âge semblait être *de dix-huit à vingt ans*. » Un autre prêtre, qui interrogea Bernadette en 1859, fait dire à Bernadette : « Elle était jeune comme une fille de *vingt ans*. » On n'a pas osé monter plus haut, et de la taille *petite*, on a fait une « taille moyenne ».

Nous avons donné, ci-dessus, le secret de ces variantes. On le trouve aussi dans ces mots du mémoire de M. l'abbé Pène : « La taille de l'Apparition était *petite* : le paraissaitelle à cause de l'élévation de la niche, ou bien l'étaitelle, en comparaison de la taille, communément élevée, des femmes de Lourdes ? Je ne sais. » On le voit, le bon prêtre ne soupçonne même pas qu'une *petite taille* (et par suite un âge enfantin) puisse être admise : après cela, on s'explique les interprétations, et Bernadette n'y ayant jamais contredit, on s'explique aussi que les interprétations soient devenues des dires de Bernadette dans la pensée et sous la plume des interprètes.

Ni l'élévation de la niche, ni la haute taille commune des femmes de Lourdes ne peuvent ici rien faire. L'ouverture de la niche des apparitions était, alors, « à *quinze pieds* au-dessus du sol » : à cette hauteur, le raccourcissement devait être insensible, pour Bernadette, qui, le 11 février, se tenait à plus de 20 mètres en deçà, et qui, les jours suivants, fut agenouillée « à 10 mètres en avant de la niche ». Mais, de plus, Bernadette, dès le 18 février, et plusieurs autres fois, vit l'Apparition tout proche d'elle, en un autre endroit, et tellement proche, disait-elle, qu'en étendant la main, on aurait pu la toucher. Enfin, la haute taille des femmes de Lourdes importe peu, puisque Bernadette compare la taille de l'Apparition à la sienne propre, et que celle-ci était, pour l'âge de l'enfant, fort au-dessous de la moyenne.

*
* *

Interrogée officiellement, en 1879 : « Vous souvenez-vous
d'avoir dit : « Elle est de mon âge ? » Bernadette a répondu :
« Je ne me souviens pas d'avoir fait la comparaison, mais
elle paraissait très jeune. » On remarquera que Bernadette
ne se récrie pas contre la comparaison.

De là, il semble que l'on peut tirer cette conclusion :
l'Apparition se montrait à l'âge, *tout au plus*, de Bernadette,
c'est-à-dire, à la quinzième année à peine commencée. Plus
sagement on conclurait : l'Apparition se montrait plus jeune
encore, car la déclaration première de Bernadette : « *Aquéro*
n'était pas tout à fait de ma taille », est sa déclaration plus
personnelle, et Bernadette n'avait pas la taille de son âge.
Les trois médecins qui l'examinèrent d'office, le 27 mars 1858,
écrivent : « Elle ne paraît pas avoir plus de onze ans. »

Il y a d'autant moins à se préoccuper de la jeunesse de
l'Apparition, que (sans rappeler l'observation de Mgr Malou)
Marie Immaculée s'est déjà certainement montrée sous cette
forme.

Parlant d'une des rares visions d'ordre inférieur, ou visions
sensibles, dont elle jouit, sainte Thérèse écrit :

« Elle était très grande la beauté que je vis en Notre-Dame...
vêtue de blanc, en une lumière très resplendissante. Notre-
Dame me paraissait très jeune enfant[1]. »

Sainte Thérèse savait son castillan : or, *niño, niña*, d'après
l'Académie, s'applique à l'enfant qui n'est pas arrivé à l'âge
de sept ans, et, par extension, à celui qui compte peu
d'années[2]. Si tel est le sens de *niña*, à plus forte raison est-
ce le sens de *muy niña*. Bernadette disait : « Elle est *bien
mignonnette* » : c'est la traduction littérale et charmante de
muy niña.

Un argument nouveau, à l'appui de la thèse de la *première*

1. « Era grandisima la hermosura que vi en Nuestra Señora... vestida de
blanco, con grandisimo resplandor... Pareciame Nuestra Señora *muy niña*. »
(*Vida*, cap. xxxiii.)
2. « Se aplica al que no ha llegado a los siete años de edad, y se extiende,
en el comun modo de hablar, al que tiéne *pocos años*. » (*Dictionnaire de
l'Académie.*)

adolescence, se peut tirer du timbre de la voix de l'Apparition : Bernadette caractérisait ce timbre par les deux mots : *douce et fine* : « La voix est douce et fine » ; or, le mot *fin*, appliqué à la voix, dans le langage populaire surtout, accuse un timbre de voix enfantine. La voix *fine* serait anormale chez un adulte.

Nous ne voulons pas cacher une difficulté, la seule qui puisse impressionner ceux qui n'ont pas, avec documents à l'appui, assez étudié l'événement de Lourdes.

Nous trouvons dans les lettres et mémoires de M. Fabisch, l'artiste qui fit la statue de la grotte, et dans les réponses de Bernadette à nos questions, preuve certaine que le *vertex* de la tête de la statue atteint, dans la niche, à peu près, l'endroit où atteignait le *vertex* de la tête de l'Apparition. Bernadette, sur place, donna à l'artiste cette indication, en septembre 1863 : or, la statue a 1 m. 70, non compris le socle, qui est d'une largeur moyenne de 7 centimètres.

On voit quelle difficulté se peut tirer de là, contre les dires de Bernadette, au sujet de la taille, et par suite au sujet de l'âge de l'Apparition.

Mais la difficulté n'existe pas, pour ceux qui savent ce qu'était la niche, au temps des apparitions.

On a entendu, plus haut, Bernadette dire à M. Clarens, le directeur de l'École supérieure de Lourdes : « Tout à coup, apparut à mes yeux, *derrière ce rideau de ronces...* »

Là où la statue se dresse maintenant, il n'y a que le roc vif, à peine un peu entaillé au ciseau, pour y encastrer le contour intérieur du socle. Mais, en 1858, sur le plan du roc où la statue est posée, se trouvait une couche épaisse de terre s'étendant jusqu'au bloc de granit demeuré en arrière de la statue. L'églantier avait des racines jusque sous le bloc ; c'était un églantier séculaire, et il vivait là, mêlé à des ronces, à des tiges de coudrier, de noisetier, etc. Des mousses se mêlaient à ces branchages enchevêtrés, et les recouvraient çà et là. Les témoins primitifs parlent ainsi. Le directeur de l'École supérieure, après avoir assisté à l'apparition du 27 février, écrit, dans son précieux mémoire :

« L'ouverture en ogive se voile, comme pour arrêter toùt regard indiscret, d'une espèce de réseau formé par l'enlacement d'une infinité de tiges sarmenteuses et de ronces, descendant ensuite presque jusqu'au sol... »

Or, cette infinité de tiges plongeaient leurs racines, comme l'églantier, dans la couche de terre et de cailloux, dont l'emplacement est aujourd'hui occupé par le socle et le bas de la statue. Quant à l'Apparition, non seulement elle n'affaissait pas les branchages enlacés, mais ses pieds en effleuraient à peine la surface : « Elle a, disait Bernadette, les pieds posés *sur la mousse de la haie.* » Pour peu que l'on touchât aux tiges pendantes des ronces ou de l'églantier, Bernadette voyait la haie et ses mousses ébranlées sous les pieds de l'Apparition, et, dans sa naïveté, elle s'en effrayait à tel point, que, au plus fort de ses extases, elle manifestait son effroi. Cette scène se produisit, non pas une fois, mais très souvent et presque à chaque apparition. L'extase finie, on l'entendit s'écrier : « Qui a touché le rosier ?... » Elle avait peur qu'on ne fît tomber la jeune fille.

L'ogive n'avait donc pas, il s'en faut, la hauteur qu'elle a maintenant, et la tête de la statue arrive là où celle de l'Apparition atteignait.

Rome, dans la légende de l'office de Notre-Dame, s'exprime ainsi : *Juvenili... videbatur aspectu* ; l'expression *juvenili* est prudemment choisie : sans trancher la question d'âge, elle n'exclut pas l'hypothèse justifiée par Mgr Malou ; on sait, en effet, que *juvenilis*, chez les Latins, et chez nous *juvénile*, se disent à propos d'adolescence, comme à propos de jeunesse.

* *

Mais comment concilier des dehors d'une telle jeunesse avec l'apparition *personnelle*? Cette question est étrangère au présent travail; disons toutefois qu'en une matière où des difficultés autrement sérieuses se rencontrent, à chaque pas, celle-ci ne doit pas arrêter. Que savons-nous des propriétés du corps *spiritualisé*, du *corps spirituel*, comme l'appelle hardiment saint Paul[1]? Que savons-nous de son *adaptabilité*

1. *I Cor.*, xv, 44.

aux volontés de l'âme? Presque rien; mais le peu que l'Évangile nous en a mis sous les yeux peut nous faire admettre sans peine des phénomènes d'un merveilleux à peine égal, ou même moindre. Encore celui-ci y peut-il être entrevu : Jésus ressuscité n'apparaît pas à tous sous les mêmes dehors, et il en revêt de tels, que ses amis, ou ne le reconnaissent pas d'abord, comme Madeleine, ou, comme les disciples d'Emmaüs, le reconnaissent alors seulement qu'il lui plaît de « leur ouvrir les yeux[1] ».

Nous hasarderons encore une considération. La chair ressuscitée est *substantiellement* celle même que l'âme, un jour, avait laissée morte; mais qu'est cette *substance*, une fois surtout que la résurrection l'a transformée? Le bouton de rose renferme *substantiellement* la rose épanouie, jusque dans ses linéaments et ses fibres, et nous concevons très bien que l'Auteur premier de l'éclosion et des épanouissements de la rose pût la ramener graduellement à l'état de bouton, l'exposer à nos regards sous les mille formes accidentelles, qu'elle a successivement revêtues, entre ces deux conditions extrêmes : pourquoi répugnerait-il d'admettre que le corps humain, dont le développement, dont les croissances sont soumises à des lois analogues, pût, sans altération substantielle, revêtir à nos yeux telle ou telle des formes successives qu'il eut réellement entre le berceau et la tombe? Dieu donne au corps ressuscité (l'Évangile le prouve et l'Église nous l'enseigne) des propriétés plus contraires que celle-là aux lois de sa condition mortelle : l'âme bienheureuse peut le transférer, inaperçu, en un clin d'œil, et à travers tout obstacle matériel, à des distances sans mesure : pourquoi ne pourrait-elle pas, à son gré, le ramener à telle ou telle des formes accidentelles, maintenant glorifiées, de son existence terrestre? Ce ne seront pas les vrais savants qui verront à cela le plus de difficultés : « Ce que nous serons n'a pas encore éclaté aux regards » (I Joan., iii, 2); mais nous en pouvons entrevoir quelque chose dans les transformations de sub-

1. Matth., xxviii; — Marc, xvi; — Luc., xxiv; — Joan., xx et xxi; — Marc., xvi, 12; — Joan., xx, 14-17; — Luc., xxiv, 31. — On peut rappeler peut-être que les plus anciens artistes chrétiens représentent le Sauveur *jeune, imberbe*. (Cf. *Études*, t. XCV, p. 819.)

stances que nous avons partout sous les yeux : les savants,
comme les ignorants et plus qu'eux, y voient partout mystère ;
ce ne sont là cependant que des ombres grossières de ce que
Dieu réserve au corps de l'homme glorifié.

III

BEAUTÉ DE L'APPARITION. — SA PARURE

« Grande était la beauté que je vis en Notre-Dame. Je n'en
considérai cependant pas les traits en détail : je parle de la
forme du visage dans son ensemble. »

Ainsi parle de sa vision Thérèse de Jésus. Bernadette
admira également la beauté de sa Dame, et Dieu voulut
qu'elle en considérât, mieux que Thérèse, tous les aspects.

L'admiration de Bernadette se produit, dès le premier jour,
et rien ne l'altéra, dans son âme, jusqu'à la mort. Nous en
avons cité plus haut quelques expressions, d'après les témoignages de M. l'abbé Pène et de M. Estrade. En voici deux
autres :

Quand on lui demandait si la Très Sainte Vierge était belle, elle semblait entrer en extase ; et si l'on insistait, elle disait que, pour s'en
faire une idée, il faudrait aller au ciel.

Ainsi parle Jeanne-Marie Védère.

Un pèlerin raconte : « On ouvrit sous les yeux de Bernadette un carton de gravures, qui toutes représentaient la
sainte Vierge. Au passage de la Vierge de saint Luc, Bernadette mit vivement la main dessus, en disant : « Il y a quel-
« que chose, là ! » Elle ajouta ensuite : « Mais ce n'est pas ça ;
« non, ce n'est pas ça ! » Quant aux autres images, elle ne
les vit qu'avec indifférence. »

Lorsqu'on se proposa de peindre, de sculpter des représentations de Notre-Dame de Lourdes, Bernadette fut minutieusement interrogée ; mais ce n'était pas sans témoigner
quelque ennui, qu'elle répondait : « On ne pourra pas, disait-
elle, on ne pourra pas faire comme c'était ! »

Le grand artiste lyonnais, professeur à l'École des beaux-
arts, M. Fabisch, expérimenta cette impuissance. Il disait,

après avoir longuement conversé avec Bernadette : « Les détails donnés par cette jeune fille sont d'un idéal si pur et si élevé, qu'ils suffisent pour démontrer qu'elle a vu une beauté du ciel. » Il écrivait : « Je défie le plus fort d'entre les membres de l'Institut d'avoir des idées plus exactes sur la convenance de l'ajustement, que celles de cette pauvre bergère illettrée. »

M. Fabisch cependant ne rendit pas les idées et l'idéal de Bernadette. Interrogée : « Est-ce que la statue, qui est là-bas, ressemble à l'Apparition ? » Bernadette, avec une expression de visage et une vigueur d'accent intraduisibles, répondit : « Pas du tout ! »

Il est vrai de dire que M. Fabisch ne s'appliqua point assez à suivre, en tout, la direction de Bernadette. Quelqu'un avait écrit, de Lyon : « Plus les artistes ont de talent, plus il est difficile de leur faire exécuter exactement un programme : ils sont toujours tentés de mettre du leur dans leurs œuvres. » Ce fut le tort de M. Fabisch, un tort qu'il eût bien voulu réparer, et qu'un autre, espérons-le, réparera, sans cependant arriver à produire à nos regards l'idéal de Bernadette : « L'artiste, écrivait M. Fabisch, reste toujours au-dessous de son propre idéal, et qu'est l'idéal de l'artiste, comparé à la vision d'un corps céleste ; qu'est-ce qu'un rêve, à côté de la réalité ? »

Tout ce que Bernadette répondit aux minutieuses interrogations de M. Fabisch, nous ne le savons pas ; mais il nous est facile de réunir ce que, dès les premiers jours et en divers temps, la voyante a dit à plusieurs autres sur les attitudes et les vêtements de l'Apparition. Ces détails serviront aux artistes, et ils nous aideront à justifier dans notre esprit la conclusion de M. Fabisch : « Ils suffisent, pour démontrer que Bernadette a vu une beauté du ciel. »

* *

LE VOILE DE L'APPARITION. — Les commissaires épiscopaux ne le décrivent pas ; il n'est même pas mentionné dans le procès-verbal de 1858 ; et la mention qui en est faite dans le procès-verbal de 1860 : « un voile blanc sur la tête », n'a pas toute la précision désirable.

M. Clarens parle d'« un voile blanc, se rejetant en arrière ».
L'instituteur dut se figurer, d'abord, un voile abaissé sur le
visage. Bernadette, interrogée, le détrompa, en lui disant
que le voile descendait, au contraire, derrière la tête, et
M. Clarens, sans rien demander de plus, écrivit : « Un voile
blanc, se rejetant en arrière. »

Dans leur rapport du 31 mars, les médecins ne parlent
pas du voile. Le *Journal de Lourdes*, fort mal renseigné,
écrit le 4 mars : « La Dame... a un morceau de tulle sur la
tête. »

Chez le commissaire, M. Estrade aurait entendu Bernadette dire seulement : « Sa tête, jusqu'au front, est couverte
d'un voile blanc, qui retombe ensuite en arrière. »

Le frère Cérase : « Sa tête est voilée. »

Les premiers, le procureur impérial et M. l'abbé Pène
interrogent mieux Bernadette et ils nous donnent une moins
inexacte et moins incomplète description du voile : « Le
voile de la Dame, dit M. l'abbé Pène, tombait en plis réguliers sur les épaules et contournait tout le haut du corps. »
La longueur du voile n'est pas exprimée, et le lecteur pourrait croire que les plis du voile, avant de descendre plus bas,
s'arrêtaient, faisaient halte aux épaules.

Le procureur impérial fait dire à Bernadette : « Elle avait
un voile blanc, qui descendait jusqu'aux pieds. » Vint enfin M. Fabisch, qui entendit Bernadette lui dire :

... Un voile blanc retombait du front sur les épaules, et
descendait bien bas.

— Jusqu'aux genoux ?

— Plus bas.

— Jusque sur les pieds ?

— Pas si bas.

Mais M. Fabisch fit faire au voile un arrêt sur les épaules :
ce n'était pas ce que Bernadette avait voulu dire. En son nom,
le curé de Lourdes réclama : « Voici les observations de
Bernadette sur la photographie de votre modèle : Du côté
droit, le voile est collé contre la tête et le cou, décrivant
une courbe, de la tête à l'épaule. Du côté gauche, il ne couvre
pas l'épaule, et puis, des deux côtés, il va se plisser, en
s'engageant sur le bras. D'après Bernadette, le voile des-

cendait perpendiculairement, uniment, couvrant les deux épaules et les coudes. »

« Le 30 janvier 1879, nous interrogeâmes ainsi Bernadette : Je désire bien la description totale du voile, longueur, largeur, plis... Le voile laissait-il voir la tête de Notre-Dame ? » On répondit, de Nevers : « Lorsque lui a été posée la question de la disposition du voile, longueur, largeur, plis, sœur Marie-Bernard a fait un geste très expressif, en disant : « Est-ce que je peux me rappeler tout cela ? S'ils veulent le « savoir, qu'ils la fassent revenir. » Puis, elle a ajouté tranquillement : « Le voile laissait voir la taille de Notre-Dame, « puisqu'il tombait sur les épaules et descendait, de chaque « côté, presque jusqu'au bas de la robe. »

LES CHEVEUX DE L'APPARITION. — Le 12 décembre 1878, Bernadette est interrogée :

— Voyait-on les cheveux de Notre-Dame ?

Elle répond :

— Il paraissait, sous le voile, quelque chose qui pouvait être des cheveux : je n'ai pas pu distinguer.

A la même question, réitérée deux mois plus tard, on répond au nom de Bernadette mourante : « L'enfant ne s'est pas rendu compte si ce qu'elle voyait sous le voile était des cheveux. »

Mais chez le commissaire, le 21 février 1858, Bernadette avait fait des réponses moins indécises, M. et Mlle Estrade l'attestent :

— Lui voit-on les cheveux ? demanda le commissaire.

— Un peu, sur les tempes, répondit Bernadette.

Et, plus tard, quand le commissaire, récapitulant son interrogatoire, en y mêlant des réponses altérées, fit dire à Bernadette : « Ses cheveux tombaient en arrière », etc., l'enfant se récria et dit : « Vous avez mal compris : les cheveux, c'est à peine si on les voit, sous le voile. »

M. Estrade, dans son compte rendu de 1878, emploie le mot *bandeaux* de cheveux, « qui disparaissent sous le voile ». Mlle Estrade n'employant pas cette expression, nous lui de-

mandâmes si elle ne l'aurait pas entendue. Voici sa réponse :
« Je n'ai pas entendu dire à Bernadette que la sainte Vierge
eût les cheveux partagés sur le front, mais bien qu'un peu
paraissait aux tempes. Elle ne se servait pas du mot *bandeaux*, mais du mot *drin* (un peu) : « Un peu de cheveux
« paraissait là », disait Bernadette ; et elle portait le doigt aux
tempes. »

Si donc les artistes doivent se garder de donner à la Vierge
immaculée des cheveux flottants, ils doivent se garder également de peindre ou de sculpter le voile, de telle sorte qu'il
semble adhérer à un crâne dénudé : c'est un des plus saillants défauts de l'œuvre de M. Fabisch.

* *

Les yeux de l'Apparition. — Le 24 octobre 1865, un pèlerin
demanda à Bernadette :

— De quelle couleur étaient les yeux de l'Apparition ?

— Ils étaient bleus, répondit Bernadette, sans hésiter.

Ainsi, dès 1858, elle avait parlé à M. l'abbé Pène. Quatorze
ans plus tard, à cette question : « Les yeux de Notre-Dame
étaient-ils bleus ? » on a répondu, de Nevers : « Sœur Marie-
Bernard croit se rappeler que les yeux de Notre-Dame étaient
bleus. »

A l'occasion des yeux de l'Apparition, Bernadette s'est, plus
d'une fois, récriée contre la tendance trop commune, qui
incline les artistes religieux à donner à leurs sujets des
poses théâtrales, des attitudes d'enthousiasme humain, au
lieu de les montrer dans *la paix de Dieu*, et là, maîtres de
tous leurs mouvements, sans qu'ils permettent à la tête, à
l'œil, à la main rien de superflu, rien qui s'écarte de la plus
parfaite harmonie.

On demandait à Bernadette :

— La Dame, à la grotte, regarde-t-elle tout le monde ?

— Oui.

— Elle tourne donc toujours la tête ?

— Non, jamais ; rien que les yeux.

— A-t-elle jamais fermé totalement les yeux ?

— Non : elle avait les yeux toujours ouverts.

Quelqu'un, au mois de janvier 1879, demanda à Bernadette :

« Quels sont les défauts principaux de la statue de la niche ? »
Bernadette répondit, entre autres choses : « Notre-Dame ne
jetait pas la tête en arrière, pour regarder le ciel ; elle levait
simplement les yeux. » C'est dire le jugement que Bernadette
eût porté d'images ou de statues, à cet égard bien moins
acceptables que celle de M. Fabisch.

Bernadette était quasi mourante, quand on lui montra la
photographie d'une statue de Notre-Dame de Lourdes. Elle
la regarda attentivement, puis ferma les yeux, se tint
recueillie pendant quelques instants, fit ensuite un signe de
tête expressif, et dit : « C'est la moins mal. » Elle ajouta : « Je
ne sais pas pourquoi on représente ainsi la sainte Vierge :
j'ai toujours dit qu'elle n'avait pas la tête ainsi penchée en
arrière : ce n'est pas de cette manière qu'elle regardait le
ciel. »

Le visage de l'Apparition. — M. l'abbé Pène et sa sœur
résument ainsi ce que leur en avait dit Bernadette :

« La figure de la Dame était blanche comme la cire,
allongée et d'une grâce inexprimable. » L'ovale allongé est
un des caractères saillants du visage de la Vierge de saint Luc.

La jeunesse et la sérénité très souriante caractérisent aussi
le visage de l'Apparition. Bernadette, on l'a vu, reprochait à
la statue de la grotte de « ne paraître pas assez jeune, ni
assez souriante ».

La tristesse, il est vrai, assombrit plus d'une fois le visage
de l'Apparition ; mais la joie y brilla, le plus souvent, et elle
y éclatait davantage, à l'instant de l'apparition du 25 mars
que M. Fabisch voulut saisir.

La robe de l'Apparition. — Ici surtout, on devait s'attendre à voir les artistes trop méconnaître les lois surnaturelles de la modestie. Le curé de Lourdes dut écrire à
M. Fabisch :

« La robe n'est pas assez montante, ou, si vous l'aimez
mieux, assez cléricale : le cou est trop découvert dans la
partie inférieure. » Cette critique était de Bernadette.

Elle avait dit au frère Cérase, en 1858 : « Le corsage de la Dame est bien fermé, et serré un peu à la partie supérieure, d'où pend un cordon blanc. » Elle avait dit à un pèlerin de 1859 : « Le col de sa robe était serré par une coulisse, avec une parfaite modestie. »

M. Clarens, le 28 février 1858, eut peine à comprendre ce que Bernadette entendait par les plis modestes de la coulisse : il imagina des nœuds, et traduisit ainsi la pensée de Bernadette : « Je distingue une robe blanche, serrée au cou par une coulisse ; un cordon à plusieurs nœuds pendant en forme de collier. »

On a écrit, à ce propos, à Bernadette : « Que dites-vous du *cordon à plusieurs nœuds, en forme de collier*? » Elle a répondu : « La robe était serrée, autour du cou, par une coulisse. Je ne me souviens pas d'un cordon à plusieurs nœuds, et je crois plutôt qu'il n'y en avait pas. » Évidemment, M. Clarens se trompa : la coulisse même était le *collier*; les plis de la coulisse étaient les *nœuds*, et le *cordon blanc*, que mentionne le frère Cérase, et dont Bernadette garda toujours souvenir, dilate ou resserre la coulisse à volonté.

Si modeste, par le haut, la robe de l'Apparition descend jusqu'aux pieds, dont elle laisse à peine l'extrémité à nu ; et le corps en est drapé de telle sorte, ses formes à tel point dissimulées, que Bernadette, plus tard, ne pardonnera pas à M. Fabisch le léger écart du pied gauche, d'où résulte une dissimulation amoindrie ; elle lui dit, par son curé : « Le pied gauche paraît un peu trop écarté. » Sûrement, la Dame n'avait pas, le moins du monde, écarté un pied de l'autre, et rien ne trahissait le genou.

La ceinture de l'Apparition. — La ceinture descendait jusqu'au bas de la robe : c'est la déclaration expresse des témoins primitifs. Ainsi, le frère Cérase : « Elle porte une ceinture bleue, qui tombe jusqu'à ses pieds. » Un pèlerin de 1859 écrivit, avec formelle approbation de Bernadette : « La ceinture tombait jusqu'au bas de la robe. »

Quand M. Clarens parle de « ceinture bleue, à bouts flottants », il ne veut pas dire que les deux bandes allaient çà et là, mobiles, mais seulement que la ceinture de l'Apparition ne se terminait pas à la taille, et qu'elle avait des bouts pendants, au-dessous.

Un artiste vulgaire ne résistera pas à la fantaisie de faire voltiger la ceinture ou une de ses deux bandes : c'est une grâce d'ordre inférieur qui dépare quasi toutes les images connues de Notre-Dame de Lourdes.

M. Fabisch demanda à Bernadette : « Comment la ceinture était-elle large? Bernadette mit ses deux mains l'une contre l'autre, et dit : « Comme ça. »

A une seconde question de l'artiste, Bernadette répondit : « Les deux bandes de la ceinture se croisaient et tombaient devant, un peu plissées. »

L'ÉTOFFE DES VÊTEMENTS DE L'APPARITION. — Au chapitre xxxiii de sa *Vie*, sainte Thérèse, après avoir dit comment, en une extase, elle se vit revêtir d'une robe « de grande blancheur et de grand éclat », ajoute : « Entendre de quelle substance était cette robe, imaginer cette blancheur, dont il plaît à Dieu de frapper les yeux, nos facultés n'y sauraient atteindre : tout ce qui se voit d'analogue ici-bas n'en paraît être, pour ainsi dire, qu'un crayonnage à la suie. »

Bernadette ne pourra mieux dire. Le frère Cérase lui demanda de quelle étoffe étaient le voile, la robe, la ceinture de l'Apparition. Elle répondit : « D'une étoffe telle qu'on n'en voit pas chez les marchands. »

Le *Lavedan* parla d'un « morceau de *tulle* », à propos du voile; il dit que la robe était « *de tulle* aussi », — et la sœur de M. l'abbé Pène nous a appris que « les roses des pieds paraissaient... à travers *le tulle* de la robe blanche ». Bernadette, en effet, comme l'assure Mlle Pène, pressée de questions et cédant aux suggestions de ses interlocutrices, paraissait enfin leur accorder que le *tulle* avait quelque chose de moins étranger à la matière subtile des vêtements de l'Apparition, mais elle faisait aussitôt fi de la comparaison. Ainsi sainte Thérèse, qui, tout à l'heure, déclarait ne pouvoir faire entendre ce qu'était la matière de sa robe, dit ailleurs, à propos d'un vêtement du même ordre : *Como una holanda*

parece la vestidura : la *holanda* était alors, entre les toiles,
la mieux tissée et la plus fine.

Le 30 janvier 1879, on rappela à Bernadette le *tulle* de la
robe et du voile. Elle répondit : « La matière du voile et de la
robe ne peut être comparée à rien de ce que j'ai vu jusqu'à
présent. » Ainsi elle avait déjà répondu à M. Fabisch, en
1863.

— De quelle étoffe étaient la robe, le voile, la ceinture : en
laine, en soie, en fil?

— Je ne sais pas : je n'en ai jamais vu de semblable.

* * *

LES MAINS DE L'APPARITION. — Bernadette les vit, ou étendues, ou les doigts entrelacés, ou jointes :

Étendues, le 11 février et le 25 mars, telles qu'on les voit
dans la médaille miraculeuse, moins les rayons. Cette position des mains ne fut, chaque fois, que passagère : presque
aussitôt après avoir été étendues vers la terre, les mains se
relevèrent et se joignirent.

Les doigts entrelacés : ainsi faisait l'Apparition, tout le
temps que Bernadette employait à réciter le chapelet. Un
pèlerin de 1859 raconte :

« Je demandai à Bernadette :

« — Comment l'Apparition passait-elle le chapelet?

« — Elle le tournait, grain par grain, mais ne remuait
jamais les lèvres.

« — Montrez-moi comment elle faisait.

« Bernadette se lève, se pose debout, les mains jointes, les
doigts entrelacés, les pouces l'un sur l'autre et, à l'aide du
pouce et de l'index de la main droite, elle fait avancer, grain
par grain, le chapelet qui glisse en travers des doigts, d'une
part, et, de l'autre, entre les paumes des mains. »

Enfin, les mains étaient *jointes* quand elles n'étaient ni
doigts entrelacés, ni étendues; mais il faut observer que
leur jonction, paume contre paume, était complète. Bernadette dut corriger, sur ce point encore, l'œuvre de M. Fabisch :
« Les mains, dit-elle, étaient plus jointes, les doigts appliqués
les uns contre les autres. »

Nous ne connaissons pas d'image de Notre-Dame de Lourdes où l'artiste, ici encore, n'ait préféré une grâce naturelle et molle à la grâce digne de ce nom de grâce : elle n'a rien d'efféminé et, même chez les saintes, elle est virile, quoique sans ombre de raideur.

LE CHAPELET DE L'APPARITION. — Bernadette disait à M. Clarens, le 28 février : « Je vois des chapelets (en patois un chapelet est dit, avec forme plurielle, *dé tchapélets*) à garniture jaune et à gros grains blancs très éloignés les uns des autres. »

Interrogée, en 1859 :

— Comment était le chapelet?

— Les grains blancs, la chaîne jaune.

— Était-il grand?

— Oui.

— Plus grand que les nôtres?

— Oh! oui, plus grand.

Vingt ans plus tard, on lui a demandé :

— De quelle couleur était la croix du chapelet de l'Apparition; quelle en était la longueur? Où atteignait le chapelet déployé?

Elle a répondu :

— La croix du chapelet de Notre-Dame était jaune, comme la chaîne, et les grains étaient blancs. La longueur de la croix paraissait de 10 centimètres, à peu près. Quand le chapelet était entièrement déployé, Notre-Dame ayant les mains jointes sur la poitrine, la croix atteignait au-dessous des genoux.

Si nous en croyions le *Lavedan* du 4 mars, Bernadette aurait dit : « Les chapelets ont une chaîne jaune, et les grains qui garnissent la chaîne qui retient la croix, ont *la forme d'un cœur*. » Interrogée en 1879, Bernadette a déclaré ne pas se souvenir de cette forme des grains ou de certains grains du chapelet de l'Apparition.

On a demandé à Bernadette :

— Y avait-il un christ à la croix du chapelet de l'Apparition ?

Elle a répondu :

— Je n'y ai pas fait attention.

Il est probable que Bernadette aurait remarqué le christ, vu les grandes proportions de la croix, s'il n'eût été absent, comme semblent d'ailleurs le requérir les harmonies du mystère représenté.

Interrogée :

— Le chapelet de l'Apparition avait-il cinq dizaines, ou davantage ?

Bernadette a répondu :

— Je ne sais pas.

Mais sûrement, c'était un chapelet de cinq dizaines, comme était celui de Bernadette. L'Apparition achevait de le dérouler, en même temps que Bernadette le sien, sans aller plus vite qu'elle :

— En passant son chapelet entre les doigts, la sainte Vierge allait-elle vite ?

A cette question, Bernadette a répondu :

— Elle allait comme moi.

Disons enfin, après Bernadette, que le chapelet pendait au poignet droit de l'Apparition, quand elle avait les mains ou jointes ou étendues.

LES PIEDS DE L'APPARITION. — A M. Fabisch, comme aux témoins primitifs, Bernadette déclara que les pieds étaient nus, mais que la robe et des fleurs en dissimulaient, quasi tout à fait, la nudité harmonieuse :

— Elle avait une robe, plissée à la taille, qui tombait sur ses pieds...

— Vous m'avez dit que la robe tombait sur les pieds ?

— On ne voyait que le bout des pieds...

— Et la chaussure ?

— Elle avait les pieds nus, avec deux roses sur les pieds.

LES ROSES DES PIEDS DE L'APPARITION. — Seul, M. Clarens donne une autre chaussure à la Dame de Massabieille : il fait ainsi parler Bernadette, le 28 février : « Je distingue... des *souliers jaunes*, avec une rose, de même couleur que les grains des chapelets, assez près du cou-de-pied. »

Ici encore, une confusion se fit dans les idées et les souvenirs de M. Clarens : il retint de son entretien avec Bernadette, au sujet de la chaussure de la Dame, qu'il y avait des *roses*, du *jaune*, et quelque chose de commun avec les *couleurs du chapelet*. Rédigeant ses souvenirs, il crut que les roses étaient *de la couleur des grains du chapelet*; or, il savait que les grains étaient blancs. Qu'y avait-il donc de jaune dans la chaussure de la Dame ? Une première erreur condamna M. Clarens à une seconde : il dut créer les *souliers jaunes* ; et ce fut sans doute sur la foi de M. Clarens, que le *Lavedan*, à l'heure même où l'instituteur achevait la rédaction de son mémoire, parla de « souliers jaunes, garnis de roses sur le pied ». Mais, chez le commissaire, huit jours auparavant, Bernadette, au rapport de M. Estrade, avait dit : « Ses pieds, qu'on aperçoit à peine, sous les derniers plis de la robe, sont nus, mais ornés chacun d'une rose jaune brillante » ; et, une seconde fois : « J'ai dit que sur chaque pied, il y avait une rose jaune » ; ou bien, comme la fait parler Mlle Estrade : « une rose jaune ou dorée sur les pieds ».

Plus tard, M. Fabisch interroge :

— De quelle couleur étaient les roses ?

— Je n'en ai jamais vu de semblables ; ça brillait comme de l'or, et bien plus encore.

A une nouvelle question, Bernadette répond : « La robe tombait sur les pieds... ; les deux roses, sur les pieds, semblaient tenir à la robe. »

Mlle Pène exprimait autrement, d'après Bernadette, cette dernière pensée : « Les roses des pieds paraissaient comme en un demi-jour, à travers *le tulle* de la robe blanche. »

Que ces visions soient imparfaitement traduites par une pauvre fille de meunier, on n'en doit pas être surpris. Thérèse de Jésus, à propos de visions semblables, n'est pas moins en peine que Bernadette : « Il me parut que Notre-Dame m'avait passé au cou un collier d'un or très beau... Cet or est si différent de celui d'ici-bas, qu'il n'y a pas de comparaison à faire : l'autre est d'une beauté bien supérieure à ce que nous pouvons imaginer en ce monde. »

Pour conclure, ce qui distinguait par-dessus tout l'Apparition, c'était la merveilleuse simplicité et, si l'on peut ainsi
parler, le merveilleux *naturel* de sa pose, de ses attitudes :
rien de travaillé, de maniéré, aucun artifice de *bonne grâce*.
On a demandé à Bernadette, à la fin de janvier 1879, ce qui
lui plaisait moins dans la statue de la grotte. Sa réponse est
profondément significative, les meilleurs artistes la méditeront avec fruit : « La statue de M. Fabisch, dit Bernadette,
ne peut être comparée à l'Apparition... : LA POSE DE L'APPA-
RITION ÉTAIT TOUT A FAIT NATURELLE. »

En s'éloignant de Lourdes, une première fois, M. Fabisch
avait dit à Bernadette : « Je vois ta Vierge ; je te la montrerai,
et quand la statue viendra, je veux que tu dises : « C'est
« Elle ! »   .

Lorsque, deux mois après, Bernadette eut apprécié l'essai
de M. Fabisch, le curé de Lourdes écrit à l'artiste : « Moi, qui
n'ai pas eu le bonheur de voir la Reine des cieux, je trouve
déjà votre modèle parfait. Pour Bernadette, c'est autre chose :
aussi, je doute qu'en voyant votre statue, elle s'écrie : « C'est
« Elle ! » Vous n'en serez pas fâché : votre statue n'en demeurera pas moins belle et nous aurons, dans ce sentiment de
Bernadette, une nouvelle preuve de la vérité de l'apparition. »

Il arriva ce que le curé avait prévu :

« Bernadette, raconte Mlle Lacrampe, n'assista pas à l'inauguration de la statue de la niche : elle était gravement malade.
Plus tard, je lui demandai :

« — Es-tu contente de la statue ?

« Avec énergie et vive expression de tristesse, elle répondit :

« — Non ! »

Artiste de mérite supérieur, M. Fabisch écrivit, en ce temps :
« M. le curé avait raison : qu'est l'idéal de l'artiste, comparé
à la vision d'un corps céleste ? »

Nous redirons que l'artiste eût bien fait de se montrer plus
fidèle exécuteur des instructions de la voyante, et il nous révé-
lera lui-même une troisième raison du succès incomplet de
son œuvre :

« Un des plus grands chagrins d'artiste que j'aie éprouvés en ma vie, c'est celui que je ressentis, lorsque je vis ma statue en place, éclairée par une lumière de reflet, venant de bas en haut, qui en changeait complètement l'expression. Ah ! je compris, dans ce moment, que la sculpture polychrome des anciens et du moyen âge avait sa raison d'être.

« L'artiste, poursuit M. Fabisch, l'artiste fut donc humilié, mais le chrétien éprouva des émotions bien douces et bien vives, pendant cette touchante cérémonie, et ce fut avec une voix attendrie que je m'associai au chant du *Magnificat*, entonné spontanément par des milliers de voix, au moment où tomba le voile qui couvrait la statue. *Ecce... beatam me dicent omnes generationes*. Je pensais : voilà dix-neuf siècles que l'Église redit ces prophétiques paroles de Marie à sa cousine Élisabeth, et il reste encore des esprits assez aveugles et entêtés, pour refuser de croire aux prophéties, aux apparitions et même à Dieu ! Mais Dieu... *dispersit superbos mente cordis sui...* »

JOSEPH LÉONARD.

ALLOCUTION

DU

SOUVERAIN PONTIFE AU CONSISTOIRE

DU 14 NOVEMBRE 1904[1]

S'il Nous est doux de pourvoir de bons pasteurs nombre d'églises veuves, en même temps il Nous est très pénible de Nous voir empêché, depuis trop longtemps déjà, de mettre fin au veuvage de tant d'autres églises.

Vous le comprenez sans peine, Nous avons en vue cette nation, noble entre toutes les nations chrétiennes, que depuis longtemps ébranlent et désolent bien des haines conjurées contre la religion. L'audace du mal y est arrivée au point de chasser officiellement des écoles et des prétoires l'image de Celui qui est l'unique Maître et l'éternel Juge des hommes. Parmi tant de vexations qu'y souffre l'Église, Nous déplorons tout particulièrement les entraves de toute sorte apportées à la nomination des évêques ; mais voici qu'on y prépare pire encore. Or, à toutes ces attaques, on ne saurait assigner d'autre cause que celle que Nous venons d'indiquer. On essaye bien d'en faire retomber la responsabilité sur le Saint-Siège, en l'accusant

Quum gestit Nobis animus, quod pastores bonos viduatis dare ecclesiis multis possumus, simul vehementer dolet, quod aliarum, nec ita paucarum, viduitati consulere iam nimium diu prohibemur.

Facile intelligitis nationem hoc loco spectari eam quæ, quum sit inter catholicas nobilissima, tamen alienis a religione studiis multorum commovetur iamdudum et iactatur miserrime. Scilicet eo processit ibi malarum rerum audacia, ut e domiciliis disciplinarum aulisque iudiciorum simulacrum Ejus, qui unus est Magister æternusque hominum Iudex exturbatum publice fuerit. In multis autem incommodis, quæ ibidem Ecclesiam premunt, hoc in primis grave conquerimur, impedimenta omne genus inferri cooptationi Episcoporum : nisi quod graviora quoque agitari consilia videmus. Iamvero huius tantæ offensionis idoneam causam frustra quæras præter illam, quam modo attigimus : nam quæ in Apostolicam Sedem coniicitur criminatio, non

1. De cette allocution nous ne reproduisons que les pages ayant trait à la France.

de ne point s'en être tenu lui-même aux conditions du pacte concordataire : c'est là une accusation déloyale autant que fausse.
Nous jugeons nécessaire, Vénérables Frères, de repousser devant
vous cette calomnie, avant d'en venir à l'objet de Nos résolutions.

Nous rappelons des faits que nul n'ignore. Au commencement
du siècle dernier, alors que la fatale tourmente revolutionnaire,
déchaînée sur la France, avait renversé l'antique constitution et
abattu partout la religion des aïeux, Notre prédécesseur d'illustre
mémoire Pie VII, et les chefs de l'État, mus celui-ci par le souci
du salut des âmes et de la gloire divine, ceux-là par le désir de,
trouver dans la religion un principe de stabilité, conclurent un
pacte destiné à réparer les malheurs de l'Église de France et à la
mettre pour l'avenir sous la sauvegarde des lois. Au pacte conclu
vinrent ensuite s'ajouter, par un acte arbitraire du seul pouvoir
civil, les articles dits organiques : addition contre laquelle non
seulement Pie VII protesta sans retard, mais encore les Pontifes
romains ses successeurs, à l'occasion et surtout quand on urgeait
la valeur de ces articles, résistèrent avec la plus grande énergie.
Résistance pleinement légitime, à considérer la nature de ces
lois. De ces lois, disons-Nous, non de ces pactes : car le consentement des Souverains Pontifes n'y est jamais intervenu. Ces lois
ne concernent nullement la sécurité publique, à laquelle il avait
été pourvu par le premier article du pacte concordaire : Le culte

---

ipsam in conditionibus pactis mansisse, ea quidem quantum ab honesto,
tantum distat a vero. Hanc porro propulsare calumniæ labem in conspectu
vestro, Venerabiles Fratres, necessarium ducimus, antequam ad ea, quæ
proposita sunt, accedamus.

Nonnulla memoramus ignota nemini. Superiore ineunte sæculo, quum te-
terrima novarum rerum procella, quæ in Galliam incubuerat, veteri disciplina civitatis eversa, avitam late religionem afflixisset, Decessor Noster
inclytæ memoriæ Pius VII et moderatores reipublicæ, ille quidem salutis
animarum divinæque gloriæ causâ sollicitus, hi vero ut stabilitatem rebus
ex religione quærerent, icto inter se fœdere, pactionem facerunt, quæ ad
sarcienda Ecclesiæ gallicæ damna, eamque in posterum tutelâ legum mu-
niendam pertineret. Ad pactum autem conventum accessere deinceps solo
civilis potestatis arbitrio organici qui vocantur articuli ; at contra accessio-
nem eiusmodi non modo Pius repugnavit re recenti, sed qui consequuti
sunt Romani Pontifices, oblata sibi opportunitate, præsertim quum eorum
vis articulorum urgeretur, acerrime restiterunt. Idque iure optimo, si quidem harum natura legum consideretur : legum, inquimus, non pactorum ;
quippe consensio Pontificum nulla unquam intercessit. Igitur hæ leges nequaquam publicam securitatem spectant, de quo genere cautum erat in

sera public, en se conformant aux règlements de police que le gouvernement jugera nécessaires pour la tranquillité publique. Sans aucun doute, en effet, si les lois organiques s'étaient renfermées dans cette sphère, l'Église, respectueuse de son engagement, les aurait reçues et observées. Mais cés lois statuent sur la discipline et la doctrine même de l'Eglise ; elles sont sur plusieurs points en opposition avec le Concordat, et, abrogeant une grande partie de ce pacte conclu dans l'intérêt du catholicisme, elles revendiquent pour le pouvoir civil les droits de la puissance ecclésiastique, en sorte qu'au lieu d'une protection, le pouvoir ne réserve à l'Église que l'esclavage.

Mais plutôt considérons de part et d'autre les engagements consentis entre le Siège apostolique et l'État français, en vue de définir les relations des deux pouvoirs.

L'État promet à l'Église la liberté du culte religieux: *La religion catholique, apostolique et romaine sera librement exercée en France.* Il déclare étrangère à son domaine et à sa fonction toute juridiction sur les choses sacrées ; il se borne à réclamer, à cet égard, force pour les décrets de police, qu'il pourra rendre en vue de la sécurité publique ; et par le fait qu'il établit cette exception, assez restreinte, il confirme que son pouvoir ne s'étend pas au delà ; que tout ce qui touche à la vie surnaturelle de l'Église échappe entièrement au domaine de l'autorité civile. Il reste donc acquis, de l'aveu même de l'État, que tout ce qui regarde la foi

---

primo pactionis capite : *Cultus publicus erit, habita tamen ratione ordinationum, quoad politiam, quas Gubernium pro publica tranquillitate necessarias existimabit.* Neque enim est dubium, si leges *organicæ* continerentur hoc genere, quin eas, memor obligatæ fidei, receptura esset et servatura Ecclesia. Nunc vero legibus istis de disciplina atque de ipsa doctrina Ecclesiæ statuitur ; pugnantia conventis plura sanciuntur ; abrogatisque magnam partem iis, quæ in rei catholicæ commodum pacta essent, ecclesiaticæ potestatis iura vindicantur civili imperio : a quo proinde non tutela expectanda sit Ecclesiæ, sed servitus. — At præstat ea, quæ inter Apostolicam Sedem et rempublicam gallicanam convenerunt, partite perstringere.

Pertinent illa ad definiendas utriusque potestatis rationes mutuas. — Respublica quidem spondet Ecclesiæ liberam religiosi cultus facultatem : *Religio Catholica, Apostolica, Romana libere in Gallia exercebitur.* Eadem munere officioque suo alienam declarat totam sacrarum iurisdictionem rerum : tantum in hoc genere rata firmaque vult decreta, quæ *politiæ* id est publicæ securitatis nomine sanciverit. Iamvero quum excipit ista, quorum non ita late campus patet, eo ipso confirmat, nihil se posse in cetera ; utpote quæ, quum supernaturalem vitam Ecclesiæ attingant, terminos longe exce-

et les mœurs, est du domaine et du ressort de l'Église. A elle
d'instituer et de maintenir tout ce qui conserve et développe chez
les catholiques la pureté de la foi et la sainteté des mœurs. A elle
donc, et à elle seule, le pouvoir de donner au peuple chrétien les
chefs aptes à garder et à promouvoir les principes et les règles
de la vie chrétienne, nous voulons dire les ministres sacrés et, au
premier rang, les évêques. Néanmoins, sur ce point, pour mieux
assurer la concorde, l'Église cède quelque chose de la rigueur
de son droit : elle accorde à l'État la faculté de nommer ceux à
qui sera confiée la charge épiscopale. Mais cette faculté n'équivaut pas et ne saurait équivaloir à l'*institution canonique*. En effet,
constituer quelqu'un en dignité sacrée, et lui attribuer un pouvoir correspondant à cette dignité, est un droit tellement propre
et réservé à l'Église, qu'elle ne pourrait en faire part à l'État
sans trahir sa mission divine. Il reste donc que la nomination
concédée à l'État ne peut signifier que le droit de désigner, de
présenter au Saint-Siège le personnage que le Pontife élèvera à
l'honneur de l'épiscopat, si lui-même le reconnaît apte à cette
charge. Cette nomination n'entraîne pas, comme conséquence
nécessaire, l'institution canonique ; car il faut auparavant peser
religieusement les mérites de la personne. Et s'il y a quelque
obstacle à ce que le Pape lui confère l'épiscopat, aucune loi ne

---

dant civilis auctoritatis. Manet ergo, ipsâ agnoscente et probante republicâ,
quidquid fidem moresque spectet, id omne in dominatu esse arbitrioque
Ecclesiæ ; ipsius esse instituenda curare atque instituta tueri, quæcumque
fidei morumque in catholicis sanctitatem conservent et foveant ; ipsam propterea, nec nisi ipsam, posse populo eos præficere, qui christianæ principia
et instituta vitæ pro officio custodiant ac promoveant, administros sacrorum
dicimus et in primis Episcopos.
 Nihilominus in hac re, nempe concordiæ facilius retinendæ gratiâ, aliquid
de severitate iuris sui remittit Ecclesia, facultatemque tribuit reipublicæ
eos nominandi, quibus episcopale mandetur munus. At vero facultas eiusmodi nequaquam valet aut valere idem potest, quod *institutio canonica*.
Etenim assumere et collocare quempiam in sacræ dignitatis gradu, eique
parem dignitati attribuere potestatem, ius est Ecclesiæ ita proprium et
peculiare, ut id cum civitate communicare, salva ratione divini muneris sui,
non possit. Relinquitur ut concessa reipublicæ nominatio nihil sibi velit
aliud, nisi designare et sistere Apostolicæ Sedi quem Pontifex, si quidem
idoneum et ipse agnoverit, ad episcopatus honorem promoveat. Neque
enim ita nominatum canonica institutio necessario sequitur ; sed ante religiose ponderanda personæ sunt merita. Quæ si forte obstent, quominus
episcopatum Pontifex, pro conscientia officii, cuipiam conferat, nulla tamen

peut obliger le Pontife à découvrir les motifs qui l'arrêtent en conscience.

De son côté, l'Église s'engage à offrir à Dieu des prières publiques pour le chef suprême de l'État : par là elle fait profession de demeurer l'amie de l'État, quelle que puisse être la forme du gouvernement.

Telles sont, dans le Concordat, les dispositions relatives au présent et à l'avenir. Quant au passé, il renferme une transaction consentie de part et d'autre. Cette transaction concerne les biens enlevés peu auparavant à l'Eglise par autorité publique. Ces biens, le Pontife en a fait l'abandon à l'État. L'État, en revanche, donne sa parole qu'il fournira au clergé ce qui est décemment nécessaire à son entretien. Il s'agit là, comme on le voit, d'un véritable contrat, au sens propre du mot. Il y est stipulé une compensation déterminée en échange d'un bien déterminé. Donc, si ce contrat et ce pacte sont dénoncés, l'Église possède intégralement le droit, ou de réclamer son bien, ou d'exiger en sa place une juste compensation.

Nous avons exposé sommairement les points sur lesquels la France et le Siège apostolique tombèrent d'accord, en un temps également critique pour l'une et pour l'autre : à tout homme impartial de décider qui des deux a violé le Concordat.

L'Église a-t-elle jamais repris à l'État le droit de nomination des évêques ? Tant s'en faut : à l'immense majorité des candidats

---

lege cogi poterit rationum momenta patefacere, quare non conferendum putarit.

Ad hæc, certas sollemnesque ad Deum preces Ecclesia pro summo magistratu civitatis adhibendas constituit ; in quo amicam se civitati fore, qualiscumque demum huius fuerit temperatio publica, pollicetur.

Ista quidem pactum habet, de quo loquimur, in præsens et futurum statuta : quod vero ad præteritum tempus, transactionem continet ultro citroque compositam. Versatur hæc in bonis, Ecclesiæ non multo ante detractis publice : quæ bona Pontifex civitati condonat ; civitas autem fidem dat, præbituram se Clero *sustentationem, quæ cuiusque statum deceat.* Agitur hic, ut apparet, de veri nominis contractu, quo quum certa præstatio pro certâ stipulata sit, non est dubium, tametsi illa conventio fœdusque resolvatur, tamen ius manere integrum Ecclesiæ aut rem repetere aut iustam pro re præstationem exigere.

Exposuimus summa rerum capita, de quibus inter Galliam et Apostolicam Sedem, necessario maxime utrique tempore, convenit : quisquis ex veritate res æstimat, iudex esto, utra conventis non stetcrit.

Num Ecclesia ius datum reipublicæ nominandi Episcopos unquam retrac-

proposés par l'État, l'Église a accordé l'institution canonique; si
à quelques-uns elle l'a refusée, elle ne l'a fait que pour des raisons très graves, et toujours étrangères à l'ordre politique; raisons que, plus d'une fois, les représentants de l'État eux-mêmes,
lorsqu'ils les ont apprises, ont reconnues fondées. Il y allait en
effet du bien de la religion, à laquelle le Pontife doit tous ses soins
et toute sa vigilance.

Quant aux lois établies dans l'intérêt de la tranquillité publique,
il est manifeste que l'Église les respecta toujours dans l'exercice du culte sacré. Au reste, elle professe au vu et au su de tout
le monde cette doctrine, qu'en Dieu réside la source de tout pouvoir humain ; que, par conséquent, les prescriptions et prohibi-
tions des lois civiles elles-mêmes, pourvu qu'elles soient justes
et utiles à la société, obligent en conscience.

Elle ne s'est pas montrée moins favorable ni moins fidèle à
l'État, quelle que fût, jusqu'à ce jour, la constitution en vigueur.
Elle n'a cessé de recommander à Dieu, par une formule consacrée, les chefs de l'État, s'ingéniant à leur concilier, non seulement la protection du ciel, bien précieux entre tous, mais encore
l'affection des meilleurs citoyens.

Enfin, fidèle à la transaction intervenue au sujet de ses propriétés, elle n'a jamais inquiété aucun possesseur des biens ecclésiastiques vendus aux enchères par l'État.

---

tavit? Immo vero candidatos, quos respublica proposuisset, partem longe
maximam, canonice instituit. Quodsi factum quandoque est, ut aliquos non
institueret, maximis semper gravissimisque de causis, eisque extra genus
politicum positis, factum est ; quas causas non semel ipsi magistratus reipublicæ deinceps cognitas probavere : nimirum ne religio, cui quidem
Pontifex summam curam diligentiamque necessario debet, aliquid detri-
menti caperet.

Iam de legibus, publicæ tranquillitatis ratione perlatis, obscurum non
est Ecclesiam in exercendo sacrorum cultu, quod promiserat, præstitisse :
cuius ceteroqui illustris ea est et pervagata doctrina, Deum esse cuiusvis
in homines potestatis fontem, ideoque civilium quoque iussa et vetita legum,
si quidem iusta et cum communi bono coniuncta sint, sancte inviolateque
esse servanda.

Nec minus æquam se fidamque impertiit reipublicæ Ecclesia, quæcumque
usque adhuc extitit constitutio temperatioque civitatis. Semper enim iis qui
præerant, quum de statuta formula Deum precaretur, non cælestem modo,
quod caput est, opem, sed etiam civium optimorum gratiam conciliare
studuit.

Denique quam fideliter transactionem de facultatibus suis factam custo-

Et maintenant voyons si l'État a également rempli ses obligations concordataires.

Le premier article du Concordat porte que la religion catholique peut s'exercer librement en France. Cette liberté, peut-on dire qu'elle existe aujourd'hui, quand on interdit aux évêques de venir, à l'insu du gouvernement, trouver le Pape, ou même de lui écrire — au Pape, maître suprême et gardien du catholicisme? quand les congrégations romaines, qui, comme on sait, administrent, au nom du Pape et par son autorité, les affaires de l'Église universelle, sont outragées publiquement, que leurs actes sont rejetés, bien plus quand on épargne à peine les actes du Pape lui-même? La liberté existe-t-elle, quand, ouvertement, on a avoué que l'on cherche à affaiblir la religion, en brisant les aides que la Providence a suscités à son Église en vue de sa mission? Nous ne pouvons penser, sans la plus grande angoisse, à cette ruine récente des familles religieuses. Pour les mettre au ban de leur patrie, on n'a eu vraiment qu'une raison : elles réussissaient trop à conserver la vieille religion au milieu du peuple. En vue de leur maintien — sinon des témoignages de reconnaissance qui leur étaient bien dus — on n'a tenu aucun compte des services qu'elles n'avaient cessé de rendre à la société. Est-il rien de plus contraire au pacte d'amitié conclu avec le Siège apostolique, que

---

dierit, vel ex hoc intelligi potest, quod nemo unus molestiam ab Ecclesia ullam unquam passus est ob eam causam, quod ipsius bona ad hastam publicam quæsita possideret.

Quærere iam licet, utrum civitas pariter, quæ sua essent ex fœdere officia, impleverit.

Statutum principio est, catholicæ religionis exercendæ liberam in Gallia facultatem fore. — At suppetere libertatem istam hodie dixeris, quando ad Pontificem, summus qui est magister et custos catholici nominis, interdicitur Episcopis aditus atque etiam missio litterarum, inscia Republica? Quando sacrorum Consiliorum, a quibus, Pontificis auctoritate et nomine, negotia Ecclesiæ universæ in Urbe Roma administrari notum est, spernuntur publice ac refutantur acta, quin immo ipsius actis Pontificis vix parcitur? Quando id non dissimulanter agitur, ut nervi incidantur viresque religionis, detrahendis iis, quæ, Dei providentis nutu, præsto sunt Ecclesiæ utilissima ad suum fungendum munus adiumenta? Neque enim reputare, nisi magno cum angore, possumus religiosarum familiarum recentem cladem : quas quidem ad exterminandas finibus patriæ hæc una ratio valuit, avitæ religionis in populo fautrices extitisse efficaces : non valuit ad retinendas, si minus ornandas ut oportebat, optimorum cogitatio meritorum, quæ ab iis omni tempore essent in cives suos profecta. Ecquid tam contrarium iunctæ cum Apostolica Sede amicitiæ ac fœderi, quam hac tanta iniuria et contumelia eos affectos esse, quibus

ces injustices et ces outrages envers les personnes les plus chères
à l'Église? Et à toutes ces tristesses, on vient encore de mettre .
le comble. Nous le savons de source certaine, il existe une circulaire visant les membres d'une Société illustre, d'ailleurs approuvée par les lois : on leur enjoint de quitter les séminaires diocésains, qu'ils dirigeaient depuis longtemps pour le grand bien de
l'ordre sacerdotal. La voilà donc, cette liberté promise à la religion : les évêques ne peuvent plus pourvoir, de la manière qu'ils
jugent la meilleure, à la formation de la jeunesse cléricale; dans
une affaire de si grande importance, ils doivent se priver de ceux
en qui ils ont toujours trouvé leurs plus précieux auxiliaires.

Mais bien plus grave encore est la chaîne dont on veut charger
le ministère apostolique. Nous le répétons, la nature même des
choses proclame que l'institution canonique, surtout en vue du
degré suprême de la hiérarchie ecclésiastique, ne peut, sans compromettre la majesté de la religion, tomber que sur un sujet
reconnu digne d'une si haute charge par ses mœurs, ses aptitudes,
sa science. C'est donc, pour le Pontife, un devoir très grave de
ne pas promouvoir de suite à l'épiscopat tous les sujets que l'État
lui désigne : il s'informe soigneusement sur le compte de chacun,
admet ceux qu'il a reconnus capables, écarte les autres ; puis,
notifiant sa résolution à l'État, le prie de conclure pour les uns,
de substituer aux autres des candidats meilleurs. Tel est l'usage

---

nihil habet Ecclesia carius? — Quin etiam ad ceteras id genus molestias
ingens nuper cumulus accessit. Etenim certum accepimus circumferri edic-
tum, quo Sodales illustris cuiusdam familiæ et quidem ratæ legibus, ab ipsis
diœcesium Seminariis, quibus magna cum salute sacri ordinis præesse diu
consueverunt, abire excedere iubentur. Huc scilicet evasit promissa reli-
gioni libertas, ut Episcopis iam non liceat, prout visum fuerit, melius insti-
tutioni prospicere sacræ iuventutis, iidemque in negotio tanti momenti ac
ponderis cogantur adiutores ab se, quos semper experti sunt optimos,
segregare.

Quamquam illud multo gravius est ministerio apostolico iniectum vincu-
lum. — Ipsa rei natura clamat, quod diximus, institutionem canonicam, præsertim si ad summum ecclesiastici ordinis gradum danda sit, non posse,
salva maiestate religionis, cadere in quemquam, nisi qui pro moribus,
ingenio, doctrina dignus tam celso munere videatur. Hac obstrictus sanctissima lege, Pontifex non omnes, quos respublica sibi designarit, continuo ad
episcopatum promovendos putat ; verum probe explorato qualis quisque sit,
alios, quos repererit idoneos, assumit, alios, quos minus, relinquit scilicet :
admonitamque de consilio suo rempublicam rogat, ut pro illis quidem legi-
time incepta perficere, his vero sufficere meliores velit. Huiusmodi consue-

que, jusqu'à ces derniers temps, le Saint-Siège ne cessa d'observer amiablement. Que fait aujourd'hui l'État? Il dénie au Pontife le droit de repousser un seul des candidats par lui nommés; il prétend que tous soient accueillis indistinctement; en conséquence, il s'obstine à ne pas laisser instituer canoniquement les candidats admis par l'Église, tant que ceux qu'elle repousse n'auront pas été accueillis par elle. Or, étendre le droit de nomination jusqu'à vouloir que cette concession faite par le Pontife à l'État détruise le droit naturel et sacré qu'a l'Église d'examiner si les candidats nommés sont dignes, en vérité ce n'est pas interpréter le pacte concordataire, mais l'annuler. Prétendre que, si quelques candidats sont écartés, les autres mêmes n'obtiennent pas l'institution canonique, c'est vouloir qu'à l'avenir on ne puisse plus créer d'évêques en France.

Enfin, quant à l'article du Concordat relatif à l'entretien décent des clercs, l'État l'observe-t-il, quand les évêques et autres ministres du culte se voient, ainsi qu'il arrive souvent, sans enquête ni jugement, sans avoir pu élever la voix ni se défendre, privés du traitement qui leur est dû, par un acte du bon plaisir gouvernemental? Il y a là, outre la violation du Concordat, un déni de justice, car ces traitements ne sont pas un don spontané de l'État à l'Église, mais bien l'acompte, et l'acompte minime, d'une dette.

---

tudinem Apostolica Sedes usque ad nostram memoriam tenuit sine offensione, quamdiu utriusque potestatis concordia stetit incolumis. Quid autem dudum respublica? Negat ius esse Pontifici repudiare quemquam ex iis, quos ipsa nominavisset; nominatos recipi promiscue vult omnes; propterea obstinat non ante sinere eos, qui probati sint Ecclesiæ, canonice institui, quam qui repulsam ab ipsa tulerint, iidem probationem ferant. Iamvero usque eo extendere vim nominandi, ut facultas, concessu Pontificis facta reipublicæ, nativum et sacrosanctum Ecclesiæ ius elidat perscrutandi utrum qui nominati sint, digni sint, hoc profecto non est interpretari pactum, sed subvertere : contendere autem ut, si qui prætereantur, ne aliis quidem canonica institutio detur, huc recidit admodum, nullós velle posthac constitui Episcopos in Gallia.

Quod denique ad eam attinet conventionis partem, qua honestæ clericorum sustentationi consultum est, num ipsam servat Respublica, quum Episcopis aliisque sacrorum administris, nulla habita quæstione aut iudicio, inauditis et indefensis, quod sæpissime usuvenire nostis, legitimum victum, ad libidinem suam, detrahit? Atqui non fœderis tantum hic lex, sed iustitiæ perfringitur. Neque enim civitas in eo, quod istiusmodi alimenta ministrat, putanda est voluntate gratificari Ecclesiæ, verum portionem, nec ita magnam, debiti exsolvere.

Il Nous en a coûté, Vénérables Frères, de développer devant vous ces pensées douloureuses. L'affliction que Nous causent les affaires de France, Nous aurions préféré vous la taire, ne fût-ce que pour épargner à tant de fils dévoués de l'Église, que Nous comptons en France, la tristesse qui déchirera leurs cœurs en entendant ces plaintes de leur commun Père. Mais les droits sacrés de l'Église criminellement violés, et surtout la dignité du Siège apostolique blessée par l'imputation d'une faute étrangère, réclamaient, sans aucun doute, une protestation publique. Nous l'avons fait entendre, sans aucun sentiment d'amertume contre qui que ce soit, et avec une affection toute paternelle pour la nation française. Dans l'amour que Nous lui portons, Nous prétendons, et personne ne peut en douter, ne le céder à aucun de Nos prédécesseurs.

Mais il ne faut pas s'attendre à voir cesser le cours de ces attaques contre l'Église. Ces jours mêmes en ont apporté des preuves trop certaines, les chefs du gouvernement sont tellement animés contre la religion catholique qu'il faut craindre, à bref délai, les dernières catastrophes.

Tandis que les actes publics du Saint-Siège disent hautement qu'à ses yeux la profession du christianisme peut s'accorder parfaitement avec la forme républicaine, ces hommes semblent vouloir au contraire affirmer que la République, telle qu'elle existe en France, est incompatible avec la religion chrétienne. Calomnie

---

Ægre induximus animum, Venerabiles Fratres, hæc memoratu audituque tam tristiâ dicendo persequi. Nam mærorem, quem ex rebus Gallicis gravem patimur, etsi levari, communicando vobiscum, intelligebamus posse, maluissemus tamen silentio premere, etiam ob eam rem, ne tot pientissimis Ecclesiæ filiis, quos in Gallia numeramus, ægritudinis morsum querimonia communis Parentis exacueret. Verumtamen iura sanctissima Ecclesiæ improbe violata, ac dignitas præsertim Apostolicæ Sedis alieno notata crimine, prorsus a Nobis expostulationem iniuriarum publicam requirebant. Idque præstitimus, nullo cum acerbitatis sensu adversus quemquam, paterna certe cum voluntate erga gentem Gallicam; in qua quidem diligenda Nos, quod ceteroqui non potest esse dubium, Decessorum Nostrorum nulli concedimus.

Enimvero sperandum non est, fore ut institutarum contra Ecclesiam rerum cursus consistat. Quædam his ipsis diebus eventa certissimum fecere indicium, eos qui ad gubernacula sedent Reipublicæ, sic esse in rem catholicam animatos, ut ultima sint brevi metuenda. — Omnino, dum Sedis Apostolicæ documenta non obscure loquuntur, professionem christianæ sapientiæ amice posse cum Reipublicæ forma consistere, ii contra affirmare velle videntur, Rempublicam, quali nunc utitur Gallia, eiusmodi esse naturæ, ut nullum habere possit cum christiana religione commercium : id quod dupliciter Gallos

qui blesse doublement les Français, comme catholiques et comme citoyens.

Mais viennent les événements les plus douloureux : ils Nous trouveront prêt et sans peur, fortifié par la parole du Christ : « S'ils m'ont poursuivi, ils vous poursuivront aussi. » (Joan., xv, 20.) « Vous aurez à souffrir dans le monde ; mais prenez confiance, j'ai vaincu le monde. » (Joan., xvi, 33.) Cependant, Vénérables Frères, redoublez avec Nous de prières auprès de Dieu, seul Maître des volontés humaines. Que, sous les auspices de la Vierge immaculée, il daigne hâter, pour son Église, les jours de paix et de tranquillité !

PIE X, PAPE.

---

calumniose petit, ut catholicos nimirum et cives. — At eveniant licet quantumvis aspera ; nequaquam Nos aut imparatos offendent aut pavidos, quos Christi Domini illa vox et hortatio confirmat : *Si me persecuti sunt, et vos persequentur* (Io., xv, 20). *In mundo pressuram habebitis : sed confidite, ego vici mundum* (Io., xvi, 33). Interea tamen Nobiscum vos, Venerabiles Fratres, humilium instantiâ precum a Deo contendite, ut qui potest unus deducere unde velit et quo velit impellere hominum voluntates, auspice Virgine Immaculata, pacem tranquillitatemque Ecclesiæ suæ benignus maturet.

PIUS PP. X.

REVUE DES LIVRES

Le Christ de la « Légende dorée », par l'abbé J.-C. Broussolle. Paris, maison de la Bonne Presse, 1904. In-8, 483 pages,
sur beau papier, avec 407 gravures. Prix : broché, 5 francs ;
reliure toile, 8 francs ; relié avec luxe, 10 francs.

Multiples sont les chemins qui conduisent à la foi. Il y a la
voie traditionnelle des miracles, des prophéties, du témoignage
humain des auteurs sacrés. Il y a la démonstration par la mission
et les bienfaits de l'Église. Il y a la considération du caractère
même des enseignements évangéliques. Mais, en notre siècle critique et avec nos âmes compliquées, combien s'embarrassent
parmi ces chemins, impuissants à aboutir. Sans déprécier aucune
des méthodes usitées, M. l'abbé Broussolle s'est demandé si,
pour amener nos contemporains à croire, il ne serait pas parfois
plus opportun de les mettre simplement en face d'un exemple,
d'un document de foi sincère et naïve, de leur présenter la *leçon
de choses* d'une âme profondément et bonnement croyante. Ce
témoignage, nous l'avons dans la *Légende dorée*, ce recueil de
lectures pour chaque jour de l'année, composé entre 1258 et 1260
par le bienheureux évêque de Gênes, Jacques de Voragine, et
durant quatre siècles l'aliment de la piété populaire, au même
titre que la Bible. Et c'est bien une bible *en action* que ce livre.
Ici, l'exactitude historique de tel ou tel récit importe peu. Ce
qu'il faut chercher dans ces lectures sur les fêtes chrétiennes et
la vie des saints, c'est l'esprit qui s'en dégage, et cet esprit est
tout évangélique : esprit de bonté, de miséricorde, de patience,
d'humilité devant Dieu, de fierté devant les puissances humaines.

Mais comment présenter ce livre au public ? Les imagiers d'autrefois l'avaient illustré pour le faire plus parlant. Leur exemple
était une indication. Seulement fallait-il se contenter de faire un
choix des plus expressives gravures parmi celles dispersées en
tant d'éditions et de traductions ? Le goût, devenu de nos jours
plus exigeant, aurait trouvé cette illustration un peu bien pauvre.

M. l'abbé Broussolle, avec juste raison, a cru mieux faire en
mettant à contribution tout l'art chrétien : les monuments de
l'âge primitif et les monuments des siècles de foi. De ceux-ci, il a
extrait, avec beaucoup de science et de goût, les représentations
qui rendent plus fidèlement la couleur de l'Évangile et de la
Légende dorée. C'est ainsi qu'il s'arrête à peu près au seuil de
la Renaissance. Il fera seulement quelque exception en faveur
de Le Sueur, de Poussin et de quelques autres. Par contre, il
puisera à pleines mains dans l'œuvre si chrétienne de Fra Angelico, de Duccio, de Taddeo Gaddi, de Giotto, de Piero della
Francesca, du Pérugin, le peintre préféré de l'auteur de *la Jeunesse du Pérugin*.

La marche de M. l'abbé Broussolle est celle-ci : d'abord la
traduction d'un chapitre de la *Légende dorée*, puis le commentaire plutôt dogmatique ou ascétique qu'artistique de l'*Illustration du mystère*. C'est ainsi qu'il attire l'attention du lecteur sur
le caractère songeur, presque triste, de la sainte Vierge et de
saint Joseph dans les premières représentations de la Nativité ;
sur l'attitude triomphale du Christ dans sa passion ; sur le souci
des pieux artistes à représenter ce que l'Évangile a de fort, de
divin et de simple, plutôt que ce qu'il a de touchant et de tendre,
en même temps que sur leur application à illustrer les mystères
sans les dénaturer.

Nous n'avons entre les mains, dans ce volume, que la vie du
Sauveur. D'autres volumes, qu'on nous promet, renfermeront la
vie de la Vierge Marie, la vie des apôtres. Que M. l'abbé Broussolle nous les donne bientôt. Pour faire une œuvre de valeur, il
lui suffira de s'inspirer de ce début. Qu'il nous permette seulement d'exprimer le souhait que, dans les volumes à venir, la part
soit faite plus large à ce qu'on a appelé les primitifs français,
plus restreinte encore aux œuvres qui sont là surtout comme
exemples d'un envahissement excessif des préoccupations plas-
tiques dans le domaine religieux (fig. 273, 274, 335, 360, et la
scène d'exposition à la Morgue : fig. 261). N'y aurait-il pas aussi
moyen d'agrandir un peu, au moins d'éclairer, les caractères trop
menus du commentaire, en élaguant impitoyablement ce qui est
causerie plutôt qu'explication ?

Puisse ce livre, qui fait tant d'honneur à la science théologique et au goût éclairé de M. l'abbé Broussolle, en même temps

qu'au renouveau artistique de la *Bonne Presse*, faire entrer par
les yeux dans les âmes, ou y fortifier, la foi au Çhrist rédempteur !   Lucien ROURE.

La Divinité de Jésus-Christ. *Conférences dialoguées de Saint-
Roch (1903)*, par MM. les abbés POULIN et LOUTIL. Paris, rue
Bayard, 5. 1 volume in-12, 300 pages, broché, avec couver-
ture glacée. Prix : 2 francs ; port : 60 centimes.

Notre-Seigneur Jésus-Christ a-t-il affirmé lui-même sa divinité?
Quelle est la valeur de cette affirmation ? Double question que les
conférenciers de Saint-Roch étaient amenés à poser et à résoudre,
durant le carême de 1903. Ils le font en cinq conférences : 1° l'affirmation de Jésus-Christ ; 2° la valeur de cette affirmation : elle
est vraie, nous en avons pour garants, d'abord le caractère moral
de Jésus-Christ et la transcendance de sa doctrine ; 3° ensuite,
ses miracles ; 4° et l'accomplissement, en sa personne, des prophéties ; 5° enfin sa glorieuse résurrection.

Ces grands sujets sont traités avec la compétence et le sérieux
qu'ils réclament. Des misérables arguties dont le rationalisme contemporain essaye d'étayer ses négations, aucune n'est omise.
L'avocat du diable, toujours spirituel, s'applique loyalement à les
mettre en pleine lumière ; et il se pourrait bien que plus d'un
auditeur, après l'avoir écouté, se fût dit avec une secrète terreur :
S'il avait raison ! L'impression, si elle s'est produite, n'aura pas
duré longtemps. C'est plaisir de voir avec quelle maîtrise le conférencier, sans jamais éprouver ni surprise ni gêne, sait aussitôt
démasquer le défaut de l'objection, faire saisir sous la phrase
sonore le vide de la pensée, et dans le raisonnement l'absence de
logique. Il faut le louer d'avoir stigmatisé comme il l'a fait, en
particulier dans sa troisième conférence, l'insupportable parti pris
du rationalisme dans la question du surnaturel, nié au nom de
l'histoire, alors qu'il se refuse obstinément à interroger les faits.
Servie par une éloquence entraînante, d'allure très personnelle,
profondément sincère et toujours apostolique, la démonstration
excelle à présenter les preuves antiques par leur côté actuel. A la
lecture, on trouvera peut-être que parfois le développement est
un peu court, et que les témoignages du texte sacré offraient plus
de ressources. Et, à ce propos, le docte conférencier nous per-

mettra-t-il de trouver que sa traduction du texte célèbre de *Philipp.*,
II, 7 *sqq.* (p. 29), déjà bien critiquable au point de vue lexicogra-
phique, ne s'accorde guère avec le contexte de tout le passage et
le but de l'apôtre?

Réunis en volume, ces discours, plus encore que les précédents, sont appelés à multiplier au loin les fruits qui n'ont pu
manquer de récompenser déjà, à Saint-Roch, le zèle des conférenciers. Nous sommes heureux de signaler ce bon livre aux
pasteurs, ainsi qu'aux directeurs d'œuvres d'hommes et de jeunes
gens.   J. G.

L'Immaculée Conception, par le R. P. J.-B. Terrien, S. J.
Paris, Lethielleux, 1904. In-18, 180 pages.

Nos lecteurs connaissent le magistral ouvrage du P. Jean-
Baptiste Terrien, *la Mère de Dieu et la Mère des hommes d'après
les Pères et la théologie* [1]. L'appréciation qui en a été faite ici a
été amplement confirmée par le jugement des organes les plus
autorisés de la presse religieuse, en France et à l'étranger. On
peut l'appeler, sans exagération, le meilleur manuel de théologie
mariale. Aussi faut-il applaudir à la pensée qu'a eue un des amis
du regretté auteur, d'extraire de son œuvre les pages consacrées à l'Immaculée Conception et de les offrir, réunies en un
élégant petit volume, à tous ceux qui veulent connaître ou se
remémorer le plus pur enseignement de l'Église sur ce beau
sujet. Il est vrai qu'on n'y trouvera développée en détail qu'une
seule des preuves du dogme défini par Pie IX; mais c'est de
beaucoup la plus importante, la plus décisive et aussi la plus
claire. Après un chapitre préliminaire, où l'on voit que la maternité divine est, pour la Vierge Marie, le principe de tous ses
privilèges, et comment tous sont, *virtuellement* au moins, renfermés
dans le titre de Mère de Dieu, deux autres chapitres expliquent
en quoi consiste le péché originel et, par suite, l'Immaculée
Conception qui en est la négation. Puis l'auteur montre que la
maternité divine est absolument incompatible avec le péché,
quel qu'il puisse être, en particulier avec le péché originel. Les
deux derniers chapitres déterminent plus précisément l'étendue

1. Voir *Études*, t. LXXXIII, p. 60.

et les richesses de la grâce que la sainte Vierge a reçue dès sa conception.

Tout cela est exposé avec la sûreté et la plénitude de doctrine qu'on peut attendre d'un maître également expert en théologie scolastique et en patristique. Le style offre à un haut degré les qualités de netteté et de justesse surtout demandées par le genre. C'est ce qui rend la lecture de ce livre de théologie non seulement aisée, mais agréable, d'autant plus que d'heureuses comparaisons et des citations bien choisies viennent à propos tempérer l'austérité des raisonnements.   Brucker.

La Sainte Vierge, par R.-M. de La Broise. Paris, Lecoffre, 1904. Collection *Les Saints*. In-16.

« Comment écrire la Vie de la sainte Vierge? » se demandait, il y a quelques années, M. R.-M. de La Broise[1]. Et déjà avec la question il apportait la réponse. Le plan, nettement dessiné dans son esprit, devait comprendre, comme toute biographie, un récit des événements, une peinture de l'âme et un tableau de l'œuvre accomplie ; en d'autres termes : la vie extérieure, la vie intérieure et le rôle providentiel de Marie.

Ce cadre une fois choisi, il s'agissait de déterminer exactement les sources auxquelles irait puiser l'auteur. Volontiers il le reconnaissait d'avance, elles sont peu nombreuses. D'ailleurs il songeait moins à en découvrir de nouvelles qu'à épurer les anciennes ou à ne rien en tirer qui ne fût passé au filtre d'une critique consciencieuse. A l'Ancien Testament il demanderait quelques-uns de ces rayons qui tracent en traits lumineux, dès le lointain des âges, la figure prophétique de la femme victorieuse du serpent, de la Vierge qui concevra et mettra au monde le Fils désiré, de l'épouse symbolique du *Cantique* et des héroïnes d'Israël, Jaël, Judith, Esther, pour arriver jusqu'à la femme revêtue du soleil dans l'*Apocalypse*. Ici nous touchons au Nouveau Testament. Ce n'est plus, comme dans les figures précédentes, le rôle glorieux de Marie, sa virginité féconde, sa fonction de médiatrice et de consolatrice des hommes, qui nous sont révélés ; sa vie extérieure est mise sous nos yeux. Si les Actes et les Épîtres contiennent des indications

1. Voir *Études*, 5 mai 1904, p. 289 *sqq.*

trop rares, les quatre évangélistes nous fournissent des faits précis, depuis la généalogie de Joseph jusqu'à la présence de Marie au pied de la croix du Sauveur des hommes.

A la tradition, moins à la tradition historique formelle qu'à la tradition dogmatique ou vérité révélée de Dieu, quoique non contenue dans l'Écriture mais fidèlement conservée par l'enseignement catholique et la croyance commune, l'auteur comptait emprunter les couleurs qui manquaient encore à la physionomie de Marie. Enfin, dans la patrologie grecque et latine, il s'apprêtait à recueillir quelques documents précieux qui semblent avoir une valeur originale et n'être pas seulement l'écho d'un témoignage plus ancien. Ignace d'Antioche, Justin, Irénée, Hippolyte, Origène et d'autres offrent plusieurs de ces perles enfouies dans leurs immenses matériaux théologiques.

Ce plan si bien construit, les lecteurs des *Études* ont vu l'auteur s'attacher à le suivre, lentement mais sûrement, sans déviation aucune[1]. Aujourd'hui l'édifice est achevé et nous avons à féliciter M. de la Broise d'avoir élevé si à propos ce beau monument à la gloire de Marie Immaculée. Les proportions n'en sont point considérables, mais partout une sobre élégance s'y allie à la solidité des assises et à la pureté des lignes. L'auteur a dédaigné les ornements de la rhétorique et le coloris parfois si faux et si exagéré obtenu par les descriptions de paysage et les restitutions archéologiques. Ce n'est pas que son exégèse ne s'inspire des multiples renseignements dus aujourd'hui à la connaissance scientifique du temps et du milieu, mais il est et il demeure avant tout un historien doublé d'un théologien, et chez lui le théologien, plus positif sans doute que scolastique, ne craint pas cependant d'associer fréquemment aux passages des Pères de l'Église ou des écrivains ecclésiastiques, les profondes théories des maîtres et des docteurs de l'école. Certaines pages ont même une saveur presque mystique et ce ne sont pas les moins bonnes. L'ensemble est de nature à instruire et à élever l'esprit, tout en échauffant le cœur. Somme toute, c'est un ouvrage historique et doctrinal qui s'adresse à un public sérieux. Le style en est sévère et distingué.

Henri Chérot.

1. Voir notamment les articles intitulés : *Un chapitre de la vie de la Vierge, l'Enfance de l'Immaculée, les Dernières Années de la sainte Vierge,* dans les *Études* des 5 mai 1901 et 1904 et 5 août 1897.

La Sainte Vierge dans la tradition et dans l'art, dans l'âme des saints et dans notre vie, par J. Hoppenot. Lille et Paris, Desclée, 1904. In-folio, illustré de 5 chromolithogravures et de 270 gravures. Prix : 10 francs.

Si l'intention de l'auteur était de publier, à propos du Jubilé de l'Immaculée Conception, un ouvrage qui s'adressât à toutes les catégories de fidèles, son but a été atteint. Les âmes pieuses trouveront ample matière à lectures édifiantes, mais d'une édification actuelle et vivante, dans les chapitres consacrés soit aux mystères de Marie, soit aux saints passionnés pour son culte, soit enfin aux applications morales destinées à notre époque. Les amis de l'histoire et des arts s'arrêteront aux intéressantes études qui occupent le centre du volume, ou plutôt ils se laisseront entraîner, d'illustration en illustration, à le lire tout entier.

La maison Desclée a tenu à honneur d'offrir aux catholiques, pour ce glorieux anniversaire qui remue la chrétienté tout entière, un livre digne des circonstances ; elle n'a point failli à sa tâche ni à son bon renom. Citons d'abord parmi les chromos : *Notre-Dame-du-Rosaire* de Sassoferrato, l'*Image miraculeuse* de Sainte-Marie-Majeure, et *la Déposition de la croix* par Fra Angelico. Le coloris en est d'une suavité exquise et rappelle le ton des fresques de Florence. Les gravures reproduisent les chefs-d'œuvre de l'art chrétien depuis les catacombes jusqu'aux toiles de Bouguereau ou aux vitraux de Champigneulle, et c'est toujours Marie qui revit sous leur pinceau ou leur ciseau inspirés par la foi et le génie. Quelle merveilleuse galerie que cette série de madones décorant les cimetières de Priscilla ou de Domitilla, coloriant les verres et les fioles antiques, enluminant les manuscrits du moyen âge, s'incarnant dans le bois et la pierre des statues miraculeuses, étincelant dans les mosaïques de Ravenne ou l'émaillerie de Byzance, enfin se dressant au seuil de nos cathédrales dans une pose hiératique et souveraine !

Et dans ce long pèlerinage, quel guide aimable et éloquent on rencontre dans M. Hoppenot ! Son information, empruntée aux meilleurs archéologues et aux plus récents critiques, à Rossi et à Marruchi, aux regrettés Rohault de Fleury et Müntz, à Rio et à M. Gruyer, est variée autant qu'abondante. Assurément, l'auteur a ses préférences ; il aime les Ombriens et voudrait ne pas aimer

Raphaël ; il prend la défense de Léonard de Vinci et malmène
M. Venturi, il déprime le Corrège et exalte Giotto ; mais qui lui
reprochera de mettre l'idéal de l'expression au-dessus des beautés
de la forme, le sentiment religieux plus haut que le réalisme plastique ? A l'entendre nous décrire ses impressions devant un lever
de soleil dans la cathédrale de Reims avec ses profondeurs mysté-
rieuses et sa façade ajourée, on sent qu'il cherche dans toute
œuvre une âme qui vibre à l'unisson de la sienne. Parfois il en
devient lyrique et ne peut retenir les cris d'une admiration com-
municative.

Les pages les plus neuves et les plus saisissantes racontent la
découverte de sainte Marie Antique dans les décombres du Forum
et décrivent l'incomparable image de la Vierge qui fait l'ornement
de l'abside. La Mère de Dieu, assise comme une reine, tient un
Enfant Jésus à l'air dominateur. Dans ce type, premier type
public introduit dans l'Église de Rome et ensuite répandu jusqu'aux Églises les plus lointaines, « on ne voit pas encore, écrit
le P. Grisar, les formes rigides du byzantinisme ; on y sent plutôt un souffle de l'antique art classique ; on y remarque une liberté,
un naturel joint à une gravité et un sérieux suprêmes. On ne se
risque pas certainement trop en disant qu'on a affaire au type
de la première époque du triomphe de la religion chrétienne. »
(P. 91.)

Le volume de M. Hoppenot est le plus beau souvenir de l'année
jubilaire que nous puissions recommander à nos lecteurs.

Henri Chérot.

**Eadmeri monachi Cantuariensis tractatus de conceptione
sanctæ Mariæ**, editus a P. Herb. Thurston et P. Th. Slater,
Soc. Jesu acerdotibus. Fribourg-en-Brisgau, Herder, 1904.
In-32, xl-104 pages.

Les lecteurs des *Études* connaissent déjà ce petit traité[1], le premier que nous ayons sur l'Immaculée Conception. Il a été édité
plus d'une fois, notamment par dom Gerberon dans son édition
de saint Anselme, et par le P. Hurter au tome XII de ses *Patrum
opuscula selecta*. Mais le texte donné par le P. Thurston, d'après

---

1. Voir *Études*, 20 septembre 1904, p. 772.

un manuscrit de Cambridge, est bien meilleur. Le manuscrit est du douzième siècle, d'avant 1150. Ce pourrait être l'autographe de l'auteur.

Les éditeurs donnent sans hésiter le traité comme d'Eadmer, le disciple et biographe de saint Anselme. Leurs raisons paraissent convaincantes. Le manuscrit, contemporain ou à peu près, a pour titre *Opuscula Eadmeri*, et notre traité y est énuméré dans la liste de ces *Opuscula*. Le titre propre du traité est plus significatif encore : *De Conceptione Sanctæ Mariæ editum ab Eadmero monacho magno peccatore.* Qui ne voit que l'auteur seul a pu se désigner ainsi ? Et c'est d'ailleurs ainsi qu'Eadmer parle de lui-même et de ses écrits. Il y a bien quelques difficultés ; mais le P. Thurston y a répondu. Nous pouvons donc lire l'opuscule comme d'Eadmer.

Comment le fidèle disciple d'Anselme ose-t-il soutenir une autre doctrine que son maître ? Il ne nous le dit pas. Mais il l'insinue : « Veut-on tenir que la sainte Vierge a été soumise au péché originel ? Si c'est catholique, je ne le nie pas ; mais une étude plus approfondie (*altior consideratio*) me fait penser autrement. »

Ses réflexions et son humble piété l'ont bien inspiré. Il a donné en faveur du glorieux privilège des raisons destinées à devenir classiques, et il les a données avec l'éloquence du cœur. Qu'on en juge, autant qu'on peut juger de ces choses par une traduction : « Dans ses conseils éternels Dieu a réglé qu'elle serait la maîtresse et la reine des anges, et nous croirons que, moins favorisée que les anges, elle ait été conçue comme la masse des hommes pécheurs ? Le pense qui veut, raisonne en ce sens qui veut, s'oppose à mes dires qui veut. Pour moi, tant que Dieu ne me montrera pas qu'il y a mieux à dire pour la dignité de ma dame, ce que j'ai dit, je le dis, ce que j'ai écrit, je n'y change rien, m'en remettant d'ailleurs pour moi et pour mes intentions à son Fils et à elle. O ma dame, mère de mon Maître, mère de celui qui est la lumière de mon cœur, nourricière de celui qui est ma réconciliation et le réparateur de tout mon être, enseignez, je vous prie, à mon cœur comment il doit vous comprendre, quelle digne idée se faire de vous, dans quel sentiment vous vénérer, avec quelle douceur se réjouir en vous, avec quelle suavité se délecter de vous, de quel amour s'attacher à vous, avec quelle confiance s'en remettre à vous, par quel service vous honorer, par quel hommage vous plaire, par quelle voie parvenir à vous. »

Les éditeurs ont eu la bonne idée de mettre en appendice quelques pièces ayant rapport au sujet : la lettre d'Osbert de Clare à l'abbé Anselme sur la fête nouvelle ; la lettre du même Osbert au doyen d'York en lui envoyant un sermon sur la Conception ; le sermon en question ; quelques pièces de l'ancienne liturgie de la fête ; l'histoire de l'abbé Elsin et de l'apparition qui aurait donné lieu à la fête après la conquête normande (sous trois formes) ; quelques légendes sur les amis et ennemis de la fête ; une courte notice sur Anselme, abbé de Saint-Edmond.

L'élégant petit volume a de plus l'avantage de venir à son heure, au moment où tous les dévots de Marie pensent à l'Immaculée Conception[1].   Jean BAINVEL.

Le Petit Office de l'Immaculée-Conception. Histoire et commentaire, par le P. P. DEBUCHY, S. J. *Souvenir du Jubilé de 1904.* Bruxelles, Vromant. *Petite Bibliothèque chrétienne.* In-16, 298 pages.

Le P. Paul DEBUCHY, à qui l'on devait déjà une explication sommaire de ce célèbre recueil de prières, ainsi qu'une traduction aussi littérale qu'élégante et de savantes recherches bibliographiques, vient de réunir ses divers travaux dans le présent volume. Mais on y trouvera davantage encore. Le *Commentaire* à la fois théologique et mystique est emprunté aux meilleurs auteurs, particulièrement au bénédictin Ziegelbauer, à Bossuet et au surintendant Foucquet. Quand même le prisonnier de Pignerol ne serait pas l'auteur du *Fuquetus in vinculis*, ni par conséquent des vers que lui attribue le P. Debuchy (p. 21) :

> *Cur ego qui primis tibi sum devotus ab annis*
> *Talia non sperem ?*

il n'y a pas de raison de lui ravir l'honneur d'avoir composé le livret paru en 1663 et intitulé : *l'Office de la Sainte et Immaculée Conception de la glorieuse Vierge Marie, mis en françois avec une explication de ce qui est contenu en cet office par M. N. F. V. D. M.* (M. Nicolas Foucquet, vicomte de Melun).

---

1. Le P. Slater semble attribuer à saint Augustin le *De fide ad Petrum* (p. 17) ; le P. Thurston donne au P. Hurter le nom de *Hubert* (p. 35) ; c'est *Hugo* qu'il faudrait.

Quoi qu'il en soit, il y a d'autres problèmes plus importants. Le savant critique est parvenu à les élucider presque définitivement, par exemple celui de l'origine franciscaine du *Petit Office*. Naguère, le P. Debuchy s'était évertué à prouver, à force de raisonnements, que saint Alphonse Rodriguez, coadjuteur jésuite en Espagne, n'avait pas pu composer cette série de pieux et charmants poèmes. Une découverte du P. Dreves, publiée dans ses *Analecta hymnica medii ævi*, a depuis tranché la question dans le même sens. On a retrouvé, en effet, un texte remontant à l'année 1476, c'est-à-dire à cinquante-cinq ans avant la naissance du saint.

Ce qui reste à Alphonse Rodriguez c'est d'avoir été l'apôtre de cette dévotion et de l'avoir inspirée à un autre saint, son disciple, Pierre Claver, l'héroïque missionnaire et patron des nègres.

Le 17 février 1678, une édition du *Petit Office* fut mise à l'*Index*, par suite d'un certain titre malencontreux imaginé par un libraire de Milan. L'empereur Léopold Ier et le roi d'Espagne Charles II intervinrent pour faire rappeler le décret. Cette histoire de la condamnation et de la réhabilitation du *Petit Office*, puis de sa diffusion merveilleuse aux dix-huitième et dix-neuvième siècles sont l'objet d'excellentes pages de l'introduction.

Mais on voudra lire surtout les considérations variées par lesquelles l'auteur interprète le symbolisme biblique des hymnes dues, croit-on, à Bernardin de Busto, ce rival un peu inférieur de Jacopone de Todi. L'illustration est d'un goût plutôt moderne. Le chef-d'œuvre de Murillo, qualifié ici d'*Immaculée Conception*, ne serait-il pas sa classique *Assomption*? A part ce détail, l'ensemble de ce pieux et docte volume semble frappé au coin de l'exactitude, et c'est son moindre mérite. Henri Chérot.

Bibliothèque mariale blésoise, par R. Porcher. Blois, 1904. 1 volume in-8, 148 pages, imprimé à cent exemplaires, par A. Mame et fils, imprimeurs à Tours.

Dans le dessein de montrer la part que le Blésois a prise, dans le passé, au culte de la Vierge Marie, M. le chanoine Porcher a édité une *Bibliothèque mariale*. Avec un soin minutieux, il a dressé la liste des ouvrages qui concernent Notre-Dame et se rattachent d'une façon quelconque, par l'origine, l'auteur ou le

sujet traité, non seulement à l'ancienne région du Blésois, mais
au diocèse de Blois et au département tout entier.

Dans ce catalogue, quatre cent douze publications ont été rele-
vées, de toute nature et de toute dimension, depuis les plus
importantes collections jusqu'aux moindres cantiques et articles
de journaux. Elles ne se présentent point à nous sous la forme
d'une nomenclature aride de noms d'écrivains et de titres de
livres : mainte note historique ou littéraire, maint détail biogra-
phique, parfois même de brèves citations, reposent le lecteur et
l'instruisent. On regrette toutefois, dans ce travail exact et bien
compris, de rencontrer trop rarement des appréciations, marquant la portée des œuvres et l'usage qu'on en peut tirer.

C'est un mince défaut. Cet essai, le premier qui ait été tenté
dans cette ligne pour le diocèse de Blois et, probablement, pour
la plupart des diocèses de France, n'en mérite pas moins d'être
encouragé. Je souhaite que de nombreux érudits, compétents et
consciencieux à l'égal de M. Porcher, suivent un exemple si
utile. Ils nous donneraient des bibliographies locales dont la collection formerait peu à peu une *Bibliothèque mariale française.*

Alain de BECDELIÈVRE.

Du 18 au 21 août 1902, à Fribourg en Suisse. *Congrès marial
sous le patronage de S. G. Mgr Déruaz, évêque de Lausanne
et Genève. Compte rendu.* Blois, imprimerie C. Migault, 1903.
2 volumes in-8, 612 et 549 pages. Prix : 12 francs.

L'un des secrétaires du Congrès marial de Fribourg, Mgr Bauron, s'était chargé de réunir les actes des séances de langue française et d'en dresser un compte rendu. Cette tâche ingrate a été
menée à bonne fin, et deux forts volumes, d'élégante apparence,
sont sortis des presses de la maison Migault, à Blois[1].

En guise de préface, Mgr Bauron consacre une centaine de
pages à l'histoire du Congrès. Dans ce prologue, les faits sont
montrés sous un jour plutôt favorable, et ce sont les résultats heureux qui sont, avant tout, indiqués. On le comprend au reste :
l'artiste expérimenté qui présente son œuvre au public, n'a guère

---

1. Le compte rendu de la section allemande du Congrès a été édité à Fribourg par les soins de Mgr Kleiser. Les *Études* en ont parlé déjà (20 août
1904, p. 570).

coutume d'en placer en pleine lumière les côtés moins avantageux. C'est plus tard affaire au critique d'examiner la chose à
loisir et de mettre tout au point.

Outre une bonne demi-douzaine de discours, intercalés dans
l'historique, les volumes renferment cent quatre études, lues
pour une grande part dans les séances. Elles sont réparties en
cinq séries dont trois remplissent le tome premier : *la Sainte
Vierge et le dogme, la Sainte Vierge et le culte, la Sainte Vierge
et les associations, confréries et congrégations, la Sainte Vierge
dans l'histoire, l'Art marial.* Entre ces séries, les cloisons ne sont
pas absolument étanches, et tel mémoire se trouve dans l'une qui
pourrait bien être rangé dans une autre.

Plusieurs de ces travaux sont bons et suggestifs. Avec plaisir,
j'ai lu, ou relu, l'*Allocution* de Mgr Jacquet (t. I, p. 33) ; le *Panégyrique du bienheureux Canisius*, par Mgr Dadolle (t. I, p. 52) ;
le discours de l'abbé Coubé sur *la Royauté de Marie* (t. I, p. 82) ;
l'étude du R. P. D. Renaudin, O. S. B., sur *la Définibilité de
l'Assomption de la très sainte Vierge* (t. I, p. 190); celle du
P. Fidèle de Chambéry, sur *la Préélection ou prédestination éternelle de la très sainte Vierge* (t. I, p. 246) ; de S. A. R. le prince
Max de Saxe, sur *le Culte marial dans la liturgie grecque* (t. I,
p. 307); de Mgr le patriarche d'Alexandrie, sur *le Mois de Marie
dans la liturgie alexandrine des Coptes* (t. I, p. 333) ; l'ensemble
des monographies sur l'état marial des divers pays ou diocèses.
L'essai de M. l'abbé Dupraz, sur *Notre-Dame de Lausanne, son
histoire et son culte* (t. II, p. 323), m'a spécialement intéressé. Je
l'avouerai cependant, et sans doute je n'étonnerai pas, parmi ces
cent quatre travaux ou mémoires, tous n'ont pas la même valeur :
quelques-uns paraissent au lecteur superficiels, ou moins bien
remplis.

Mgr Bauron a sagement fait pourtant de nous donner une collection complète : comme il le remarque justement (t. I, p. 21),
ce sont ces documents qu'on doit examiner pour prononcer, en
connaisance de cause, sur la portée du Congrès de Fribourg. Il
conviendrait aussi d'étudier avec quelque attention les *Vœux pro-
clamés officiellement* (t. II, p. 537) et la *Liste des récompenses*
décernées par le jury de l'Exposition (t. II, p. 543).

Ainsi, ces volumes de compte rendu constituent un important
recueil documentaire : tous ceux qu'intéresse la mariologie ou

l'histoire des Congrès marials sauront gré à Mgr Bauron de les
avoir édités.   Alain de Becdelièvre.

Histoire de Notre-Dame-de-Liesse, par Joseph Macquart.
Châlons-sur-Marne, Martin frères, imprimeurs, 1904. In-12,
214 pages.

Entre le monumental ouvrage des abbés Duployé, *Notre-Dame-
de-Liesse, légende et pèlerinage* (2 volumes in-8, 1862) et les courtes
notices anonymes, objets de spéculation, il y avait place pour un
volume moins et plus considérable. M. l'abbé Macquart, que
plusieurs années d'apostolat à Liesse avaient mis à même d'étudier sur place les traditions anciennes et de faire de nouvelles
recherches, vient de nous donner ce *justum volumen*. Malgré son
légitime souci de vulgarisation, l'auteur n'a pas oublié les droits
et les devoirs de la critique. C'est ainsi qu'il rejette, comme non
démontrée et invraisemblable, la venue de Henri IV, révoque
en doute celle de Jeanne d'Arc, d'après les renseignements du
P. Ayroles (ce fut la fausse Jeanne d'Arc, Claude des Armoises qui
se rendit à Liesse), et il n'admet pas davantage l'historicité des
pèlerinages de saint Vincent Ferrier, de saint Vincent de Paul et
de saint Benoît Labre (p. 184). Quant à l'origine de l'église et à
la merveilleuse tradition des trois chevaliers, il s'attache à en
défendre l'exactitude. Peut-être se montre-t-il un peu affirmatif
en repoussant le témoignage d'une charte de 1236, citée par
M. Oscar de Poli, et d'après laquelle la princesse Ismérie, ayant
épousé Robert d'Eppes, lui aurait donné un fils, croisé plus tard
à la suite de saint Louis, et qualifié « le fils de la *more* » (p. 186).
Mais on ne peut que féliciter M. Macquart du soin avec lequel il
a recueilli çà et là nombre de documents nouveaux relatifs au
culte de Notre-Dame-de-Liesse dans les provinces de la vieille
France, notamment en Bourgogne.   Henri Chérot.

Les *Études* ont encore reçu les ouvrages et opuscules suivants[1] :

Ascétisme. — *Le Pater, ou instructions sur l'Oraison dominicale*, par l'abbé Daymard, vicaire à Saint-Mandé. Paris, Lethielleux, 1904. 1 volume in-12, 265 pages. Prix : 2 fr. 50.

— *Avis de Pie X et de Grégoire le Grand rappelés aux prêtres à l'occasion de la retraite*, par G. Lahousse, S. J. Bruges, Ch. Bayaert ; Paris, Lethielleux, 1904. 1 volume in-32, 146 pages.

Religion. — *La Critique des traditions religieuses chez les Grecs, des origines au temps de Plutarque*, par Paul Decharme, professeur à l'Université de Paris. Paris, Picard, 1904. 1 fort volume in-8, 518 pages. Prix : 7 fr. 50.

— *La Divinité de Jésus-Christ*, par D. Vieillard-Lacharme. Conférences prêchées à Saint Jacques-du-Haut-Pas en 1903 et en 1904. Paris, Lecoffre, 1904. 1 volume in-18, 287 pages.

Théologie. — *La Théologie catholique au dix-neuvième siècle*, par l'abbé Bellamy, prêtre du diocèse de Vannes. Paris. *Bibliothèque de théologie catholique.* 1 volume in-8, 290 pages.

Morale. — *Medecina pastoralis in usum confessariorum*, auctore Joseph Antonelli, sacerdote. Rome, Frédéric Pustet, 1905. 1 volume in-8, 397 pages.

— *Medecina pastoralis, Tabulæ anatomicæ*, auctore, Joseph Antonelli, sacerdote. Rome, Frédéric Pustet, 1905. 1 volume in-8, avec 90 figures et leurs explications. Appendice du volume précédent.

Etudes bibliques. — *Der Zweite brief des apostelfürsten Petrus, geprüft auf seine echtheit*, par le Dr Karl Henkel. Fribourg-en-Brisgau, Herder, 1904. 1 volume in-8, 446 pages. Prix : 12 francs.

— *Grammatica lingua hebraicæ*, par le Dr Thomas Weikert, O. S. B. Rome, Typographie polyglotte, 1904. 1 volume in-8, 446 pages. Prix : 12 francs.

Droit canon. — *Cuestiones canónicas*, par Enrique Reig y Casanova, arcediano de Toledo. Toledo, imprenta de la viuda é hijos de J. Rodriguez, 1904. Colección de *Articulos*. 1 volume in-8, 325 pages. Prix : 4 pesetas.

Hagiographie. — *Le Patriarche saint Benoît*, par le R. P. dom A. Lhuillier, bénédictin de l'abbaye de Saint-Maur. Paris, Retaux, 1904. 1 fort volume in-8, 525 pages. Prix : 7 francs.

Histoire de l'Eglise. — *Les Martyrs*, par dom H. Leclercq. Tome III : Julien l'Apostat, Sapor, Genséric. Paris, Oudin, 1904. 1 fort volume in-8 écu, 420 pages. Prix : 3 fr. 50.

— *OEuvres de saint François de Sales*. Edition complète. Tome XIII. *Lettres*, volume III. Lyon-Paris, Vitte, 1904. Grand in-8, 462 pages.

1. Les ouvrages et opuscules annoncés ici ne sont point pour cela recommandés : les *Études* rendront compte le plus tôt possible de ceux qu'il paraîtra bon de faire plus amplement connaître à leurs lecteurs.

HISTOIRE PROFANE ET GÉOGRAPHIE. — *Sous la couronne d'Angleterre*, par Firmin Roy. Paris, Plon, 1904. 1 volume in-16, 300 pages. Prix: 3 fr. 50.

— *L'Evolution démocratique de Victor Hugo* (1848-1851), par Jules Grasou. Paris, Emile-Paul, 1904. 1 volume in-12, 230 pages.

— *Les Allemands sous les aigles françaises. Essais sur les troupes de la confédération du Rhin* (1806-1813). II. *Le contingent badois*, par le commandant Sauzey. Paris, librairie militaire Chapelot et Cᶦᵉ, 1904. 1 volume in-8, avec cartes et portraits, 172 pages. Prix : 5 francs.

— *Grandeur et décadence de Rome. I. La Conquête*, par G. Ferrero. Paris, Plon, 1904. 1 volume in-16, 426 pages. Prix : 5 francs.

— *Correspondance intime et inédite de Louis XVII avec sa famille* (1834-1898), avec introduction, notes et éclaircissements historiques, en partie tirés des archives secrètes de Berlin, par Otto Friedrichs. Tome I. Paris, Daragon, 1904. 1 volume in-8, orné de 12 planches hors texte et 2 fac-similés, 342 pages. Prix : 10 francs. Le tome II paraîtra en janvier 1905.

— *Souvenir de la baronne du Montet* (1785-1866), avec un portrait en héliogravure. Paris, Plon, 1904. 1 volume in-8, 509 pages. Prix : 7 fr. 50.

— *Souvenirs de Mme de Maintenon*, publiés par le comte d'Haussonville et G. Hanotaux. Tome III. Paris, Calmann-Lévy, 1904. In-8, 336 pages. Prix : 7 fr. 50.

BIOGRAPHIE. — *Vies intimes*, par Henri Bordeaux. Paris, Fontemoing. Collection *Minerva*. 1 volume in-16 écu, 364 pages. Prix : 3 fr. 50.

— *Bernardin de Saint-Pierre*, d'après ses manuscrits. Paris, Société française. d'imprimerie et de librairie, 1905. 1 volume in-8 jésus, 423 pages. Prix : 3 fr. 50.

— *Vie, action politique et œuvres de M. Emile Ollivier*, de l'Académie française, par Mgr Fèvre. Paris, Savaète, 1904. 1 volume in-8, 261 pages. Prix : 3 fr. 50.

— *Le Père Pierre Le Tallec, zouave pontifical, docteur du collège romain, jésuite* (1843-1903), par le P. V. Delaporte. Saint-Brieuc, imprimerie René Prud'homme, 1904. 1 volume in-18, 291 pages. Prix : 3 francs.

— *Le Ministère pastoral de Jean-Jacques Olier, curé de Saint-Sulpice* (1642-1652), par G. Letourneau, curé de Saint-Sulpice. Nouvelle édition. Paris, Lecoffre, 1903. 1 volume in-18, 223 pages.

PHILOSOPHIE. — *Morale*, par A. Castelein, S. J. Bruxelles, Dewit, 1904. Nouvelle édition. 1 volume in-8, 453 pages. Prix : 5 francs.

— *Psychologie*, par A. Castelein, S. J. Bruxelles, Dewit, 1904. Nouvelle édition. 1 volume in-8, 810 pages. Prix : 8 francs.

— *Prælectiones de Dei existentia*, par le R. P. de Munnynck, O. P. Louvain, Uystpruyst-Dieudonné, 1904. 1 volume in-8, 99 pages.

ACTUALITÉS. — *Turcs et Grecs contre Bulgares en Macédoine.* Préface par Louis Léger, de l'Institut. Paris, Plon, 1904. 1 volume in-8, 57 pages. Prix : 50 centimes.

— *Les Carrières libérales*, par Paul Bastien. Paris, Fontemoing, 1905. 1 volume in-18, 267 pages. Prix : 3 fr. 50.

— *Introduction à la géométrie générale*, par Georges Lechalas, ingénieur des ponts et chaussées. Paris, Gauthier-Villars, 1904. 1 volume in-16, IX-65 pages. Prix : 1 fr. 75.

LITTÉRATURE ET POÉSIE. — *Propos de théâtre*, par Emile Faguet, de l'Académie française. 2ᵉ série. Paris, Société française d'imprimerie et de librairie, 1904. 1 volume in-18 jésus, 350 pages. Prix : 3 fr. 50.

— *Catholicisme et romantisme*, par l'abbé L.-Ch. Delfour. Paris, Société française d'imprimerie et de librairie, 1904. 1 volume in-18 jésus, 341 pages. Prix : 3 fr. 50.

— *La Composition française. I. La description et le portrait*, par M. Roustan. Paris, Delaplane, 1904. 1 volume in-18 raisin, 139 pages. Prix : 90 centimes.

— *Rose de Noël et perce-neige*, rimes pour les grands et les petits, par Léon Jeanneret. Paris, Société française de librairie et d'imprimerie, 1904. 1 volume in-18 raisin, 126 pages. Prix : 1 fr. 50.

— *Le Centenaire de Victor Hugo*, poésie présentée au concours ouvert par l'Académie française, par L.-C. de Neuville. Paris, 1904. Opuscule de 22 pages.

— *Marette*, par Jacques Mabic. Paris, Société française d'imprimerie et de librairie, 1904. 1 brochure in-18, 118 pages. Prix : 1 franc.

— *Feuilles mortes*, par George Doncieux. Poésies posthumes. Paris, Lemerre, 1904. 1 volume in-12, 154 pages.

— *Études dramatiques*, par Adolphe Môny. Tome II. Paris, Plon, 1904. 1 volume in-16, 592 pages. Prix : 3 fr. 50.

— *Littérature espagnole*, par J. Fitzmaurice-Kelly. Traduction de Henry-D. Davray. Paris, Colin, 1904. 1 volume in-8 écu, 500 pages. Prix : broché, 5 francs ; relié toile, 6 fr. 50.

SCIENCES. — *Les Turbines à vapeur*, par G. Hort. Paris, Gauthier-Villars, 1904. 1 volume grand in-8, 139 pages, avec 53 figures et 1 planche. Prix : 4 francs.

— *Recueil d'expériences élémentaires de physique*, par Henri Abraham, maître de conférences à l'École normale supérieure. 2ᵉ partie : Acoustique, optique, électricité et magnétisme. Paris, Gauthier-Villars, 1904. 1 volume in-8, XII-454 pages, avec 424 figures. Prix : broché, 9 fr. 25 ; cartonné toile, 7 fr. 50.

— *L'Ether, principe universel des forces*, par A. Marx. Paris, Gauthier-Villars, 1905. 1 volume grand in-8, x-217 pages, avec figures. Prix : 6 fr. 50.

CLASSIQUES. — *Les Annales de Tacite*, traduction nouvelle par L. Loiseau, premier président honoraire. Paris, 1904. 1 volume in-18, 698 pages.

— *Éléments de philosophie morale et de philosophie scientifique*, par Pierre-F. Pécaut, à l'usage des classes de philosophie. Paris, Garnier, 1904. 2 volumes in-18, 301 et 187 pages. Prix de chaque volume : 2 fr. 50.

ROMANS. — *L'Erreur*, par Jacqueline Rivière. Paris, Henri Gautier. 1 volume in-18 jésus, 319 pages. Prix : 3 francs.

— *Vendée*, par Charles Foleÿ. Tours, Mame et fils, 1904. 1 volume in-12, 296 pages. Prix : broché, 3 francs.

— *Cousins germains*, par Mary Floran. Paris, Calmann-Lévy, 1904. 1 volume in-18 jésus, 317 pages. Prix : 3 fr. 50.

VARIA. — *Une âme en prison*, histoire de l'éducation d'une aveugle-sourde-muette de naissance et de ses sœurs des deux mondes, par Louis Arnoud.

Paris, Oudin, 1904. 3ᵉ édition, mise à jour et doublée. 1 volume in-8, 172 pages,
Prix : 2 francs.

— *Essai sur les langues naturelles et les langues artificielles*, par Pyr-
rhus Bardyli. Bruxelles, librairie Kiessling et Cⁱᵉ, 1904. 1 volume in-18,
146 pages.

— *Par la parole et par la plume*, conférences par Guillaume Verspeyen.
Nouvelle série. Gand, imprimerie A. Siffer, 1904. 1 volume in-8, 406 pages.
Prix : 3 fr. 50.

— Collection *Fede e Scienza*. Rome, F. Pustet, 1904. Opuscules d'environ 80
à 100 pages. 3ᵉ série : *Il Papa vigilio*, par Fedele Savio, S. J. — *Cause efficienti,
e cause finali*, par G. Tuccinnei. 2ᵉ édition. — *La Liberta nelle sue forme
principali*, par Nicolas Jezzoni. — *Il progresso morale*, par le chanoine
Roberto Puccini. 2 volumes. — *Il mistero e il fatto del evangelo*, par G.-M.
Sampini.

DROIT. — *Traité théorique et pratique du contentieux des transferts d'actions et d'obligations nominatives*, par J. Bezard-Falgas, docteur en droit,
chef adjoint du contentieux des titres de la Compagnie P.-L.-M. Paris, Librairie générale de droit et de jurisprudence, 1905. 1 volume in-8, 444 pages.
Prix : 9 francs.

— *Die toten in recht nach der lehre und den normas des orthodoxen mor-
genländischen Kirchenrechts und der gesetzgebung griechenlands*, von Dʳ jur.
Dem. A. Petrakakos. Leipziz, A. Deichert'sche, 1905. 1 volume in-8,
248 pages.

LIVRES D'ÉTRENNES. — Alfred Mame, Tours, 1905 :

— *La Terre qui meurt*, par René Bazin. Illustrations d'Alfred Paris. 1 volume in-folio, 253 pages, reliure Bradel fantaisie, plats en étoffe. Prix:
12 francs.

— *Un trésor dans les ruines*, par Charles Foleÿ. Illustrations de G. Dutriac.
2ᵉ série. 1 volume in-4, relié percaline, tranche dorée, 287 pages. Prix:
7 francs.

— *Les Petits Drames du poste*, par Jean Drault. Illustrations de Guydo et
Charly. 1 volume in-4 carré, relié en percaline, 147 pages. Prix : 5 francs.

— *Le Théâtre de la Primevère*, par Guy Chantepleure. Illustrations de L. Métivet. 1 volume in-4 carré, relié en percaline, tranche dorée, 141 pages.
Prix : 5 francs.

— *La Petite Princesse*, par Georges Beaume. Illustrations de Georges
Roux. 2ᵉ série. 1 volume in-4, relié percaline, tranche dorée, 207 pages.
Prix : 7 francs.

— *La Terre sanglante*, par Jules Mazé. 2ᵉ série. 1 volume in-folio, orné
de 50 gravures, relié percaline, tranche dorée, 308 pages. Prix : 9 francs.

— *La Femme dans l'Ancien Testament*, par le chanoine Boissonnot, lauréat
de l'Académie française. 2ᵉ série. 1 volume in-folio, orné de 58 gravures,
d'après Gustave Doré, relié percaline, tranche dorée, 318 pages. Prix :
9 francs.

ÉVÉNEMENTS DE LA QUINZAINE

Novembre 11. — A **Paris**, la Chambre des députés discute l'inter-pellation de M. Duclaux-Monteil qui s'élève contre la violation du secret des lettres, et le pouvoir par trop discrétionnaire des juges d'instruction sur ce point. M. Charles Benoist ajoute : « Il importe qu'on sache s'il restera une liberté dont, en ce pays, les citoyens puissent profiter encore. » L'ordre du jour pur et simple est voté par 300 voix contre 196.

12. — A **Paris**, la Chambre adopte la convention passée avec l'Angleterre, concernant Terre-Neuve, l'Afrique occidentale et centrale. Ainsi est consacré l'abandon de nos droits sur Terre-Neuve, avec cette réserve que la France obtienne les avantages de la nation la plus favorisée.

13. — A **Paris**, mort, à l'âge de quatre-vingt-douze ans, de M. Wallon, doyen du Sénat, secrétaire perpétuel de l'Académie des inscriptions et belles-lettres. C'est lui qui proposa le fameux amendement, voté par 353 voix contre 352; portant : « Le président de *la République* *est élu* par le Sénat et la Chambre des députés. » M. Wallon fut toujours catholique pratiquant.

14. — A **Rome**, le Souverain Pontife, dans un consistoire secret tenu à l'occasion des prochaines canonisations et de la préconisation de nouveaux évêques, s'étend longuement sur la guerre faite à l'Église de France par la franc-maçonnerie. Dans un langage plein de fermeté, Pie X déclare que la cour de Rome a toujours observé le Concordat (contredit par les articles organiques en plus d'un point), que le pouvoir concédé à l'État de *nommer* les évêques ne *peut* signifier autre chose que le droit de *désigner* les candidats.

— Mort du cardinal Mocenni, né en 1823.

16. — A **Paris**, le général André remet sa démission de ministre de la guerre entre les mains du président du conseil. Il est remplacé par M. Berteaux, agent de change, député radical-socialiste de Seine-et-Oise.

— Mort de M. Lebas, supérieur général de Saint-Sulpice, né en 1827 à Liéven (Pas-de-Calais). Il avait été supérieur du grand séminaire de Lyon de 1875 à 1902.

— Devant le tribunal correctionnel de la Seine, dans un procès en diffamation, *l'Action* (Bérenger, Charbonnel), contre *la Raison*, un

témoin, M. Gustave Théry, déclare qu'il ne peut pas promettre de dire
toute la vérité, parce que ce serait au désavantage du franc-maçon
Delpech, partie au procès, que les loges ont *jugé* innocent.

— A **Windsor** (Angleterre), arrivée du roi et de la reine de Portugal à qui une réception des plus brillantes est faite.

— A **Lyon**, rentrée solennelle des Facultés catholiques, présidée par
S. Ém. le cardinal Coullié. En 1904, les Facultés ont fait recevoir vingt-
cinq licenciés ès lettres, obtenu vingt-trois certificats pour les sciences
et diplômes pour le droit, décerné cinq diplômes de licencié en théologie, et cinq diplômes de docteur.

17. — A **Paris**, la Chambre des députés rejette, à 30 voix de majorité, la demande d'interpellation déposée par M. Ch. Benoist à propos de l'impunité des délateurs de l'armée. M. Ribot avait démontré
que la responsabilité de M. Combes était aussi bien engagée que celle
du général André sacrifié par lui.

— On apprend qu'un torpilleur russe, le *Raztoropni*, est arrivé de
Port-Arthur à **Chéfou** (port chinois), apportant au consul de cette
ville des dépêches du général Stœssel pour le tsar. Après avoir rempli
sa mission et mis en sûreté l'équipage, le capitaine Pelem ordonna de
faire sauter son bateau, afin de le soustraire, pense-t-on, aux croiseurs
japonais lancés à sa poursuite.

— En **Mandchourie**, vers Moukden, les deux armées gardent leurs
positions, sans combats sérieux ; **Port-Arthur** résiste toujours,
malgré un siège d'environ quatre mois.

— A **Lille**, rentrée solennelle des Facultés catholiques, sous la présidence de Mgr l'archevêque de Cambrai.

19. — A **Paris**, réunion, à la Salle d'agriculture, du congrès de la
Fédération des *Jaunes* de France, due à l'initiative de M. Paul Biétry,
autrefois fauteur de la grève d'Audincourt (Doubs), aujourd'hui converti au catholicisme et aux vrais principes de liberté. Plus de 800 syndicats sont représentés. Patrons et ouvriers s'y trouvent réunis ;
après de sérieux travaux sur les grandes questions de corporations
professionnelles, de coopératives, etc., le congrès, à l'unanimité, répu-
die les *principes socialistes, quels qu'ils soient*, et décide de *porter ses
efforts vers la participation des travailleurs à la propriété individuelle*.

— Le conseil supérieur du travail vote le principe d'une loi rendant
obligatoire le repos hebdomadaire pour les employés et ouvriers.

— A **Chicago**, quarante personnes sont tuées par l'explosion des
réservoirs à gaz pour l'éclairage des wagons.

— En **Hongrie**, un rescrit royal ajourne la Chambre où un tumulte
indescriptible rend toute discussion impossible.

— A **Lyon**, le colonel de Fraguier inflige quinze jours d'arrêts de

rigueur à deux officiers qui ont pratiqué la délation pour le compte du
Grand Orient. Le général de Lacroix, gouverneur de Lyon, envoie
au ministre de la guerre la décision du général Camps maintenant cette
punition.

، 20. — A **Lille**, clôture du congrès des catholiques du Nord et du
Pas-de-Calais, commencé le 14 par une journée mariale ; on constate
que, dans le diocèse de Cambrai, dix-neuf écoles de garçons et quarante et une écoles de filles ont été rouvertes en octobre sur les vingt-
quatre écoles de garçons et les soixante-six écoles de filles fermées en
juillet par le gouvernement. Mgr Touchet prononce devant six mille
personnes un discours où il flétrit les agissements du gouvernement,
se prononce pour le maintien du Concordat, et préconise l'association
pour les écoles libres sur les plans du congrès de Lyon.

21. — A **Paris**, M. Combes adresse aux préfets une circulaire leur
enjoignant de se renseigner, *même par des correspondants administratifs qu'ils auront choisis, sur tous ceux qui détiennent ou aspirent à dé-
tenir une parcelle de la puissance publique*, et d'en informer le gouvernement.

— Par 293 voix contre 262 la Chambre accorde les fonds secrets au
ministre de l'intérieur, en les réduisant toutefois de 200 000 francs.

— Le Conseil municipal de Paris vote la reprise du terrain des
chantiers de construction, en face de la basilique de Montmartre, et
l'érection, à cette place, de la statue du chevalier de la Barre, briseur
de croix, condamné par la justice civile et exécuté le 1er juillet 1766.

— A **Washington**, inauguration de la statue de Frédéric le Grand,
offerte aux États-Unis par Guillaume II.

22. — Les **États-Unis** signent un traité d'arbitrage avec la Suisse
et un avec l'Allemagne, en prenant pour type le traité franco-anglais.

— A **Paris**, M. Syveton est renvoyé devant la Chambre des mises
en accusation pour violences et voies de fait contre un ministre de la
guerre, avec préméditation.

23. — A **Brest** et à **Lorient**, la grève menace de devenir générale à
la suite du renvoi de six ouvriers de l'arsenal.

24. — A **Paris**, rentrée solennelle de l'Institut catholique. Mgr Touchet retrace à la jeunesse ses devoirs à l'heure présente.

— La Chambre, par 322 voix contre 228, maintient le budget des
cultes et le traitement des titulaires d'évêchés dits non concordataires,
sans préjuger la question de séparation de l'Église et de l'État.

— Cinq cents lycéens viennent manifester en faveur de Jeanne d'Arc
devant sa statue, place des Pyramides, pour protester contre les insultes du professeur Thalamas contre la Vénérable.

— A Josselin (Bretagne), clôture du Congrès marial auquel ont assisté plus de cent prêtres et deux mille personnes.

25. — A Annecy, la cour d'assises condamne Henri Crettiez à huit mois de prison et ses trois frères à un an de la même peine, pour avoir tué trois des ouvriers de leur fabrique d'horlogerie, à Cluses. Leur avocat avait invoqué en leur faveur la légitime défense contre ces grévistes mettant l'usine de leur patron en état de siège, avant de l'incendier ; plusieurs ouvriers, inculpés de ce chef, ont été acquittés.

— A Port-Saïd, la seconde division de la flotte russe (vingt-deux bâtiments), en route vers l'Extrême-Orient, entre dans le canal de Suez, tandis que la première poursuit sa route par l'Atlantique.

— Dans la mer Noire, soixante passagers trouvent la mort dans le naufrage du navire grec l'*Elpis*.

Paris, le 25 novembre 1904.

Le Gérant : Victor RETAUX.

Imprimerie J. Dumoulin, rue des Grands-Augustins, 5, à Paris.

LE SACRE DE L'EMPEREUR

En 1804, la France recommence à connaître l'ordre et la richesse, la puissance et la gloire; c'est l'année du Code civil, du camp de Boulogne, du sacre de l'empereur.

Si la paix conquise par les victoires du Consulat semble compromise définitivement, personne ne s'en inquiète : on sait que nos drapeaux ne reculent plus, que nos flottes s'apprêtent à ravir à l'Angleterre l'empire des mers. Un seul malheur peut advenir : la disparition brusque du « héros » qui tient dans sa main la fortune publique. Aussi, tandis que se prépare la grande scène du 18 mai, tout le pays est, en quelque manière, complice des secrètes ambitions de Bonaparte : les royalistes humiliés de leurs inutiles complots et les républicains fatigués des désordres révolutionnaires, les généraux contraints de s'avouer inégaux à leur rival et les politiques jusque-là impuissants à gouverner, les hommes d'Eglise retrouvant la protection de l'État et le peuple heureux d'une sécurité depuis des années inconnue.

Vive l'empereur! Ce cri, poussé sous les lambris et dans les jardins de Saint-Cloud, se prolonge en échos vibrants d'un bout de la France à l'autre. Ceux qui se taisent se sentent condamnés par l'allégresse générale. Ce n'est point que les Bourbons ne comptent plus de serviteurs. Mais les plus fidèles, déconcertés par la prodigieuse fortune du « Corse », se demandent avec inquiétude si la Providence n'a point décidé qu'à une dynastie nouvelle il appartiendrait désormais de remplir l'histoire et de régler la destinée de l'antique royaume de saint Louis.

Les cours de l'Europe jalouses et irritées, hésitantes malgré tout, n'osent former une coalition pour briser, d'un seul coup, l'essor de l'incroyable ordre de choses qui s'inaugure.

Rêvant d'être un Charlemagne plus grand que le premier, Napoléon compte, d'étonnement en étonnement, réduire tous ses ennemis au respect silencieux de ses volontés. L'Angleterre est en armes, l'Autriche, la Russie et la Prusse attendent les événements. Il faut qu'un triomphe sans précédent révèle enfin à l'Europe qu'elle a un maître. Lorsque le ciel, par d'incomparables faits d'armes, aura marqué d'un signe à part le front du nouvel élu du Sénat français, aux acclamations du plébiscite national viendra se joindre, dans Paris même, la voix du pontife de Rome. Qui osera dire, alors, que cette voix n'est pas la voix de Dieu?

Après un siècle écoulé, le souvenir de ces choses disparues remonte à la mémoire, tout voilé de mélancolie. La république de 1904 repousse ce vicaire du Christ que l'empire de 1804 appelait à lui. Les espérances étaient joyeuses et grandes, en ce temps-là. Aujourd'hui, notre horizon est bas et sombre. Les jacobins sont redevenus les maîtres tyranniques et néfastes du pays. Il y a cent ans, ils faisaient la haie autour du général Vendémiaire qui allait chercher, à Notre-Dame de Paris, l'onction des rois très chrétiens ; dans la vieille basilique, où eux, terroristes, avaient adoré la Raison, ils regardaient avec surprise le pape et l'empereur se tenant par la main, comme pour reprendre, ainsi qu'autrefois, la direction du monde.

Pourquoi Pie VII vint-il à Paris? Quelles négociations l'y amenèrent et quels avantages essaya-t-il d'obtenir de son voyage en France? — C'est par là, peut-être, que cet événement lointain du sacre de l'empereur touche le plus à la situation présente. Par là donc il convient de le rappeler, au lendemain du 2 décembre 1904 qui en ramène le centenaire[1].

I

On sait quelles difficultés pénibles tinrent de longs mois en suspens l'affaire du Concordat et de quelles amertumes les articles organiques empoisonnèrent l'âme de Pie VII. Le pontife n'oubliait pas — il ne l'oublia jamais — les bienfaits

---

1. Ces pages sont écrites d'après les sources françaises. Je regrette de n'avoir pu consulter les sources romaines ; il est à croire qu'elles m'auraient permis de donner à ce travail toute la sûreté et la précision qu'il devrait avoir.

de la restauration du culte, mais sa confiance dans l'impérieux protecteur de l'Église de France n'était plus entière.

Les exigences du premier consul s'accumulaient, d'ailleurs,
coup sur coup. Pie VII était remis à peine des brusques
secousses de l'extradition du chevalier Vernègues, de la
promotion des cardinaux, du Concordat de la République
italienne, lorsque parvint au Quirinal, vers le milieu de
mai 1804, la dépêche la plus imprévue. Caprara mandait à
Consalvi : Bonaparte va être proclamé empereur; il désire
être couronné par le pape à Paris ; « un refus lui serait infiniment pénible... aucune excuse ne serait tenue pour valable... on n'y verrait que de vains prétextes ».

L'angoisse de la cour de Rome se devine. Les pourparlers
commencent entre le légat et le secrétaire d'État. Le légat,
qui vit sous l'œil de Bonaparte, presse le Saint-Siège de dire
oui. Sans dire non, le secrétaire d'État, confident des scrupules de Pie VII, présente des objections, énumère des précautions, demande des garanties.

Le cardinal Fesch représentait alors la France à Rome.
Avant même que d'en être instruit par son gouvernement, il
surprit les graves confidences qui s'échangeaient entre
Caprara et Consalvi. N'écoutant que son cœur d'oncle, il se
mit en tiers dans la conversation. Et voici comment il en écrivait à son neveu. Je citerai longuement cette lettre, à cause
de sa date et parce qu'elle met sous les yeux, avec plus de
vivacité que les dépêches officielles, la situation diplomatique créée par l'audacieuse démarche de Bonaparte [1] :

Citoyen premier consul,

Les lettres de France m'apprennent la nouvelle que l'opinion générale
faisait partir Sa Sainteté pour Lyon ou pour Paris, pour vous sacrer et
vous couronner empereur. Ma manière de voir m'assurant que vous
le demanderiez, je crus devoir sonder la pensée de cette cour pour vous

1. Je cite cette lettre d'après une minute ; elle est du 3 prairial ; il suffirait d'ailleurs, pour la dater, de cet alinéa qui la termine : « Votre mère se
porte bien : elle partira pour les eaux de Lucques, à la mi-juin ; elle y restera jusqu'à la fin de septembre. Vous devez juger qu'elle a été dans la joie
en apprenant les événements qui vous concernent. Mais je suis encore bien
plus heureux dans l'espoir de vous revoir bientôt. » — On peut voir chez
F. Masson (*Napoléon et sa famille*, t. II, p. 409) les raisons de ce voyage de
M. Letizia en Italie.

en prévenir, lorsque j'appris que le cardinal légat, par sa dépêche du 19 floréal, en parlait au secrétaire d'État comme d'un désir des gens en place, et que, par celle du 20, il demandait une réponse catégorique.

Sa Sainteté pensait que vous passeriez en Italie et que vous viendriez à Rome pour cette auguste cérémonie; mais elle ne s'était jamais doutée que vous exigeriez qu'elle se transportât à Paris. Elle ne pourrait donc se décider dans une semblable affaire sans y réfléchir quelques jours. Elle tient pour rien ses incommodités corporelles, les craintes (qu'elle croit fondées) de vos ennemis qui voudraient s'en défaire par le poison ou par toute autre manière. Mais elle ne peut braver l'opinion du Sacré Collège, des Bourbons souverains, d'une partie de l'Europe, des partisans des Bourbons détrônés, et de vos ennemis, — qui lui en voudraient mortellement, — sans réfléchir aux raisons qu'il faut donner à toute la catholicité dont elle mettrait en suspens les intérêts et les grandes affaires pour plusieurs mois.

J'ai répondu à ses raisons et à toutes ses craintes; et je me suis convaincu qu'il ne cherche pas de prétextes, mais que son esprit est totalement absorbé par l'amour de ses devoirs de Père commun des fidèles, par le zèle de l'Eglise, par l'intérêt du Saint-Siège. J'ai fait sentir à son ministre que ce voyage satisferait pleinement Sa Sainteté; qu'elle doit tout espérer de votre grandeur d'âme et de votre attachement pour elle, que l'Eglise de France en retirera de grands avantages, que le Saint-Siège doit se souvenir de Charlemagne, que Bonaparte n'est pas moins puissant ni moins généreux, que les résultats seront tels à faire taire toutes les passions et à contenter le Sacré Collège.

Néanmoins, la force de ces raisons, les grandes espérances qu'on fonde dans cet événement, les dépêches pressantes du cardinal légat qui les confirment n'ont pas suffi à décider le Saint-Père sur-le-champ. Il veut consulter six ou huit cardinaux des plus influents. Le secrétaire d'État, qui est tout à vous, les prépare; dans six jours, l'affaire sera décidée et on enverra la réponse au cardinal Caprara par courrier extraordinaire.

Cette réponse étant favorable, comme je l'espère, lorsque Sa Sainteté aura reçu votre lettre, on soumettra la question au Sacré Collège et nous l'emporterons victorieusement. Puisque nous croyons convenable que cette délibération du pape soit revêtue de toutes les formes possibles et de toutes les solennités, Sa Sainteté dira alors à l'Europe, dans les différentes bulles qu'elle doit rendre avant de sortir de ses États (elle souhaiterait même que vous lui en donniez les motifs en lui écrivant), que par sa présence elle terminera avec vous différentes affaires qui sont encore en discussion, qui regardent le bien général de l'Église et particulièrement l'Église de France.

Cependant, je ne dois pas vous cacher que sa répugnance invincible serait de devoir reconnaître ou de traiter de quelque manière que ce soit avec l'archevêque de Besançon, l'évêque de Dijon et avec les trois autres évêques qui se sont élevés contre son allocution consistoriale du 15 août; qu'il embrassera les autres exconstitutionnels qui sont dans sa communion et qu'il entend que les rebelles à son autorité doivent être démis, s'ils ne se mettent en règle franchement et sans tergiversation.

Voilà, dès les premiers jours, les positions nettement prises. Le voyage de Paris ne sourit guère au pape ; laissé à lui-même, il resterait à Rome. Pourtant, il est prêt à aller sacrer l'empereur, pourvu que la dignité du Saint-Siège soit sauve et que la religion y gagne. Au nom de Napoléon, Fesch assure confidentiellement qu'on « peut tout espérer ». Capara tient le même langage. Officiellement, le ministre des affaires étrangères parlera bientôt de même. Et malgré tout, le dialogue se poursuivra de longs mois, entre Rome et Paris, sans qu'on parvienne à un accord.

Qu'est-ce qui empêche de conclure ?

Haussonville paraît attacher une grande importance à la question de l'enlèvement du duc d'Enghien et à celle des droits de Louis XVIII que treize évêques émigrés représentèrent au pape en un long mémoire. — Ces considérations, quoique présentes à l'esprit du pape, ne pouvaient pas être de premier plan [1]. Survenant au milieu des complots royalistes sans cesse renaissants et devenus publics par le procès de Moreau et de Georges, la mort d'un Condé, fusillé à Vincennes par sentence d'une commission militaire, n'était pas, aux yeux de l'Europe d'alors, comme aux nôtres, l'inexcusable crime du 11 mars. Quant à la légitimité, elle n'avait pas empêché Rome de conclure le Concordat avec Bonaparte, ni de le féliciter de la dignité impériale [2].

Le souci de ménager les cours souveraines préoccupait davantage le Saint-Siège. Leur jalousie les entraînerait peut-être à une politique de tracasseries gênantes, et les intérêts catholiques, parmi diverses nations de l'Europe, en pourraient souffrir. Mais si le bien de l'Église était procuré par le voyage du pape à Paris, quelles récriminations seraient justifiées ?

1. Consalvi, dans ses *Mémoires* (t. II, p. 400), écarte la question de la légitimité ; dans un écrit séparé et que Crétineau-Joly nous fait connaître (*Ibid.*, p. 396) il dit que « la mort du duc d'Enghien fut une des causes secrètes qui firent longtemps hésiter le Saint-Père ».
2. Pie VII à Napoléon, 4 juin 1804.

Donc, comme s'exprimait Consalvi, « un motif religieux hautement annoncé et réellement atteint », c'était le gond qui portait toute l'affaire[1].

Par malheur, le sénatus-consulte qui édictait le serment que l'empereur devait prononcer vint tout à coup mettre en doute les intentions religieuses dont le gouvernement protestait avec tant de zèle. On y parlait de la liberté des cultes et des lois du Concordat en termes qui pouvaient être équivoques. Les cardinaux furent consultés. Fesch, en un long mémoire, rendit compte à l'empereur de leurs votes et réfuta les objections des opposants. Mais bientôt on sut officiellement à Paris à quoi s'en tenir sur les dispositions du pape. Docile aux ordres de sa cour, malgré son très vif désir de voir Pie VII à Paris, le cardinal légat signa le 25 juin une dépêche bienveillante, digne et précise; il y exposait onze obstacles qui s'opposaient au voyage; il énumérait sept conditions auxquelles il était indispensable que Sa Majesté souscrivît, si elle voulait être sacrée par le Saint-Père[2].

La direction de la diplomatie française était alors aux mains d'un homme fait pour comprendre à merveille la situation. Talleyrand n'était-il pas un ancien évêque et un ancien constituant? Mieux que personne il avait l'habitude de mêler, au risque de les confondre, la religion et la politique; comme d'instinct, son esprit saisissait les liens subtils par où se tiennent les intérêts de l'Église et ceux de l'État; que de fois, avec la plume d'un gentilhomme né pour les affaires et qui aurait étudié en Sorbonne, il avait fixé ses réflexions sur ces grandes choses.

Le problème diplomatique qui agitait la conscience de Pie VII avait donc chance d'être résolu. D'autant que Talleyrand, comme si ses propres ressources eussent été inégales à la tâche, appelait Bernier à son secours. On pensera du caractère de l'évêque d'Orléans tout ce que l'on voudra; personne n'a pu dire qu'il n'eût l'esprit fort délié. La dépêche du 29 messidor (18 juillet) est un pur chef-d'œuvre. Et il est

1. Consalvi a Caprara, 6 juin 1804.
2. On trouvera dans Theiner (*Histoire des deux Concordats*, t. II, p. 109) le texte de cette note du 25 juin.

surprenant qu'Haussonville et Artaud en aient si volontiers privé leurs lecteurs. C'est la pièce maîtresse de toute la négociation [1].

On regrette à Rome, observait Talleyrand, qu'il y ait dans la législation française « différents articles qu'on dit être en opposition avec les principes de l'Église catholique ». N'y en avait-il pas en Autriche, lorsque Pie VII fit le voyage de Vienne ? Et puis, quoi d'étonnant qu'après « une longue révolution qui a tout détruit » on n'ait pu « dans un instant » tout reconstruire ? Est-ce que la curie romaine douterait des effets du « temps » et de la « réflexion » pour corriger les abus que des remèdes trop prompts pourraient aigrir ? Ou bien oserait-on méconnaître les sentiments de l'empereur ?

Sa Majesté offre avec satisfaction au Saint-Siège et à l'Europe entière ses titres sacrés à la reconnaissance de l'Église. Les temples ouverts, le culte rétabli, le ministère organisé, les chapitres dotés, les séminaires fondés, vingt millions sacrifiés pour le paiement des desservants, la possession des États du Saint-Siège assurée, Rome évacuée par les Napolitains, Bénévent et Pontecorvo restitués, le fort Saint-Léon et le duché d'Urbin rendus à Sa Sainteté, le Concordat italique conclu et sanctionné, les négociations pour le Concordat germanique fortement appuyées, les missions rétablies, les catholiques d'Orient arrachés à la persécution et efficacement protégés auprès du Divan : tels sont les principaux bienfaits de l'empereur envers l'Église romaine. Quel monarque pourrait en offrir d'aussi grands et d'aussi nombreux dans le court espace de deux ou trois ans ?

A cette énumération un peu enflée [2] des services rendus, Pie VII pouvait répondre que le premier consul, qui accordait aux chrétiens d'Orient sa protection, l'accordait encore plus efficace à des évêques constitutionnels ouvertement rebelles au Saint-Siège; et que, par le serment même de son sacre, le nouvel empereur allait s'engager à maintenir

1. Thiers affirme que la dépêche du 29 messidor est de Bernier. Il est certain que Bernier prépara « un projet de réponse » à la note signée par Caprara le 25 juin. Talleyrand le dit expressément dans son rapport du 13 juillet à l'empereur, en ajoutant qu'il est prêt à signer cette réponse. La minute conservée aux Affaires étrangères est de la main de Bernier.

2. Les séminaires étaient si peu dotés que de malheureux évêques n'en avaient point encore cinq après ; les missions étrangères se réduisaient à rien ; le Concordat italien avait provoqué, de la part du pape, de vives réclamations, etc.

une liberté des cultes suspecte et ces articles organiques contre lesquels Rome avait dû protester publiquement.

Talleyrand reprenait : « Les articles organiques ne sont pas le Concordat; les « lois du Concordat » dont parle le serment du sacre « sont essentiellement le Concordat lui-même. » Et quant à la liberté des cultes, peut-on oublier à Rome que Charles-Quint venait de la proclamer pour les luthériens d'Allemagne, à la diète de Spire, en 1529, quand Clément VII le couronna empereur à Bologne? Protéger les individus n'est point approuver les cultes qu'ils professent. Quoi que l'on pense de la doctrine qui constitue l'essence d'une religion, « il est des mesures que la sagesse indique et que les circonstances exigent » dans un pays troublé et où l'unité de loi se trouve rompue. Le serment de l'empereur n'est donc pas susceptible de l'interprétation qu'on voudrait lui donner. En outre, sur la situation de l'Église de France, la porte demeure ouverte aux réclamations du Saint-Siège [1].

Sa Sainteté a déjà fait des représentations sur quelques dispositions des articles organiques. S'il en existe de nouvelles à faire ou si elle juge convenable d'insister sur celles qui sont déjà faites, Sa Majesté proteste qu'elle les entendra avec les sentiments d'impartialité et de déférence qui la caractérisent. Elle les discutera elle-même à Paris avec Sa Sainteté et fera, pour la satisfaire, ce qui sera compatible avec sa position, le bien de l'État et ses devoirs.

Il en sera de même de tout ce qui concerne les évêques ci-devant constitutionnels. S'il en est qui tiennent encore à la constitution civile du clergé, au mépris des lois du Concordat, Sa Majesté se fera un devoir de les rappeler aux vrais sentiments qu'ils doivent professer. Elle s'accordera, pour cet objet, avec Sa Sainteté, n'ayant rien de plus à cœur que de voir le Concordat français devenir la seule base de conduite de tous les évêques.

Sa Sainteté peut être assurée qu'aucune demande, aucune représentation faite de sa part, et compatible avec les droits du monarque et le bien des Français, ne sera rejetée. Sa Majesté ne l'invite point à venir consacrer, au nom du ciel, les premiers instants de son Empire, pour ne pas reconnaître, d'une manière éclatante et digne d'elle, le mérite et le prix de cette démarche. Il existera entre le voyage de

---

1. Le texte transcrit par Crétineau-Joly dans son édition des *Mémoires* de Consalvi (t. II, p. 405) est incomplet ; il y manque, en particulier, tout le passage que je cite sur les articles organiques et les évêques constitutionnels. Theiner (*op. cit.*, t. II, p. 127) donne le vrai texte de cette dépêche capitale.

Pie VI à Vienne et celui de Pie VII à Paris autant de différence que la
nature en a placé elle-même entre Napoléon Ier et Joseph II...

Ainsi, sur chacune des difficultés grandes et petites soulevées par la cour de Rome, le ministre va s'expliquant, sans
embarras, avec une sorte d'abandon respectueux. Malgré
tout, le pape refuse de s'engager. Ces déclarations ne suffisent
pas à vaincre ses scrupules.

II

Sur le conseil de Bernier[1], on transporte la négociation à
Rome et on la confie à Fesch. Il est très attaché à Pie VII, il
aime en Napoléon le maître glorieux de la France et le Corse
qui illustre à jamais tout son clan. Il a de la franchise et de
la fermeté. Étant cardinal, il pourra s'expliquer avec le pape
mieux qu'un autre. Dès les premiers jours, d'ailleurs, il s'est
employé à Rome au succès de l'affaire ; il en connaît tous
les secrets par Consalvi aussi bien que par Talleyrand.

Le 1er août, les pourparlers commencent.

Dans une note de grand allure — en partie copiée de Talleyrand — Fesch commence par ouvrir, sous les yeux de
Consalvi, les plus belles perspectives. « Les leçons du malheur » ont appris aux Français le prix de la religion. « Les
principes du gouvernement », ses « exemples », son « union
avec le Saint-Siège », ramèneront à « l'unité d'opinion » tous
les esprits. L'auguste cérémonie du sacre « sanctifiera l'établissement de l'Empire et le consacrera au respect de l'Europe et de la postérité ». Ainsi s'ouvrirent les règnes de
Pépin et de Charlemagne, « après un long période de gouvernements faibles et incapables ». S'ils eurent des titres à
la reconnaissance de l'Église, Pie VII ne saurait oublier
« tout ce que Sa Majesté Impériale a fait pour relever les
autels, rappeler les prêtres exilés, rendre à l'union du Saint-
Siège le plus beau pays de l'Europe ». Fesch espère donc
qu'on acquiescera à la demande de Napoléon. La « piété » du
pape « ne pourra que l'emporter sur des considérations d'ordre

1. Bernier à Talleyrand, 8 juillet 1804.

inférieur » qui ont eu à peine besoin d'être discutées « pour perdre tout ce qu'elles pouvaient avoir de spécieux ».

Consalvi trouva sans doute que les « considérations » dont l'ambassadeur de France faisait si peu de cas méritaient plus d'attention. Les discussions reprirent, sur le serment de l'empereur, sur la conduite que le gouvernement tiendrait à l'égard des évêques constitutionnels, sur l'idée que l'on prêtait à Napoléon de vouloir séparer l'une de l'autre les cérémonies du sacre et du couronnement.

Tous les cardinaux résidant à Rome avaient été consultés sur la question de savoir si la fameuse note de Talleyrand (18 juillet) donnait au pape toutes les satisfactions désirables. Dans sa dépêche du 16 août, Consalvi révéla « le résultat des observations faites par Sa Sainteté et son conseil ».

On savait gré au gouvernement de ses déclarations touchant le cérémonial du sacre, là lettre d'invitation, l'accueil que le pape recevrait en France. De même, Talleyrand s'exprimait à souhait sur les articles organiques ; puisqu'ils ne font point partie des lois du Concordat et qu'ils édictent des dispositions susceptibles de changement, le Saint-Père ne peut que concevoir les plus « douces espérances » ; le langage du ministre l'autorise à compter que Sa Majesté écoutera avec « respect et impartialité » les remontrances qu'il se propose de faire au nom des « principes de l'Église » et du bien des âmes.

Au regard de la liberté des cultes, quelques obscurités demeurent. La chose est « délicate et grave ». Le pape voudrait qu'on lui dît, « en termes exprès », si l'empereur doit jurer « une simple tolérance civile » des cultes non catholiques et si, par hasard, la protection promise aux dissidents n'exclurait point le droit pour l'Église de punir de peines spirituelles ses fils renégats.

Le ministre assure qu'on ramènera au respect du Concordat les prélats jureurs dont Rome peut avoir à se plaindre. Là n'est pas la question. C'est de la constitution civile du clergé qu'il faut obtenir qu'ils se détachent. Sinon, « le Saint-Père, se trouvant en personne, en France, exposé aux regards de l'univers catholique, ne pourrait pas différer plus longtemps de prendre les mesures que les obligations indispensables de son ministère lui imposent ». Le gouvernement doit donc promettre que les évêques rebelles abandonneront « leurs opinions sur la constitution civile » et qu'ils accepteront les « jugements » et les « censures » du Saint-Siège contre le schisme.

Si l'ambassadeur de France, qui a toutes facilités pour traiter l'affaire, veut bien éclaircir les points demeurés douteux, le Saint-Père ne demande pas mieux que de seconder les vues de Sa Majesté Impériale; d'autant qu'il lui a voué « un attachement et une tendresse égale à la reconnaissance qu'il lui doit et à l'estime que ses grandes qualités lui inspirent ».

Le 17 août, le cardinal Fesch répondit : « Sa Sainteté doit être convaincue que, puisque le gouvernement ne s'engage qu'à la tolérance civile, étant d'ailleurs toujours disposé à protéger les droits de l'Église, il ne mettra jamais obstacle à la punition des apostats par les peines canoniques que les évêques ont le droit d'infliger. » Quant aux évêques constitutionnels, les désirs du Saint-Siège semblent assez peu justifiés. « En exprimant sa sollicitude à cet égard », le pape n'a pu avoir en vue que « la cessation d'un scandale et le maintien des principes qui ont dicté le concordat ». Que peut-il donc souhaiter « de plus positif que la réponse de M. de Talleyrand qui lui promet la puissante intervention de Sa Majesté pour détruire ce scandale et consacrer ces principes » ?

Le ministre de France se dérobait. Consalvi insista. Les conférences se multiplièrent ainsi que les billets intimes. Fesch fut irréductible dans son gallicanisme : il protesta que jamais il ne souffrirait « aucune atteinte aux principes, droits, privilèges et usages de sa cour » ; que les jugements du Saint-Siège n'étant valables en France qu'autant qu'ils étaient dûment reçus, il ne pouvait rien promettre au sujet des brefs de Pie VI ignorés de la puissance publique; que le pape devait compter sur la bonne volonté du gouvernement; mais qu'il ne saurait appartenir à l'ambassadeur de « préjuger les moyens » qu'il plairait à Sa Majesté de prendre « pour satisfaire Sa Sainteté ».

Après de longs débats, on décida de modifier les deux notes du 16 et du 17, et la rédaction nouvelle fut arrêtée de

concert. Le 22 août, Consalvi fit porter à Fesch, par un chef
de bureau, la dépêche convenue. Mal servi par ses souvenirs,
Fesch crut y découvrir des formules imprévues. Il refusa de la
recevoir. Le 24, Consalvi essaya de lui démontrer qu'il avait
bien tort. Fesch répliqua le lendemain par une justification
un peu fougueuse ; il précisa ses déclarations définitives,
ajoutant que si elles ne suffisaient pas « à rassurer la conscience » du pape, il n'y avait plus qu'à renvoyer à Paris toute
l'affaire. Le légat en déciderait avec Talleyrand.

La réponse de Consalvi ne se fit pas attendre : elle était
merveilleuse de précision, de courtoisie, de noblesse et de
chaleur d'âme ; toute la discussion y était reprise en détail ;
sa cause personnelle, celle de son « honneur plus cher que la
vie » était plaidée avec éloquence. En terminant, le secrétaire
d'État disait que Rome ne pouvait accepter les conditions
dictées par Fesch. Il était fort regrettable que la négociation
passât en « d'autres mains » ; aucunes ne pouvaient être plus
« habiles » que celle de l'oncle de l'empereur, et le Saint-Père
aurait eu un plaisir particulier à conclure cette affaire avec
un cardinal qu'il affectionnait tant. Mais puisque les pouvoirs
manquaient à l'ambassadeur de France pour dépasser d'une
ligne la note de Talleyrand, on recourrait à Paris. Dans le plus
bref délai possible, les instructions seraient envoyées à
Caprara, qui reprendrait la négociation au point où l'avait
laissée la note du 18 juillet.

Dans le fond, ni Consalvi ni Fesch ne désiraient ces extrémités : tous deux sentaient fort bien que, fatigué d'attendre,
et n'étant pas d'humeur à disserter en personne sur des questions dont la délicatesse doctrinale lui échappait un peu, Napoléon pourrait rompre brusquement des pourparlers en apparence assez byzantins. Dans une entrevue du 29 août, la paix
et l'entente se firent. On modifia les termes des notes du 16
et du 17 et on les data du 28 et du 29 ; toutes les autres pièces
diplomatiques furent rendues.

Un seul point demeurait indécis qui regardait la date et le
mode du couronnement civil. Fesch assurait que toutes les
précautions seraient prises, le cas échéant, pour sauvegarder
la dignité du Saint-Père. Mais comme il n'était pas instruit du

projet définitif du gouvernement, il était d'avis que l'on confiât
à Caprara le soin d'en traiter à Paris [1].

Sous cette réserve, Rome prit enfin sa résolution. Le 2 septembre, le oui confidentiel, si impatiemment attendu, fut
prononcé. Le pape irait sacrer et couronner l'empereur;
celui-ci n'avait qu'à en faire la demande ouverte. Le voyage
pontifical serait « un éternel témoignage » de la « reconnaissance » de l'Église à l'égard du signataire du Concordat; un
gage de la « douce espérance » qu'avait le Saint-Père « d'obtenir » pour la religion les « bienfaits » indispensables à l'achèvement de l'œuvre entreprise par le fondateur d'une dynastie
nouvelle.

III

Un mois entier s'était écoulé en pourparlers difficiles. D'où
venait donc qu'on avait eu tant de mal à s'entendre ?

En écrivant à Napoléon [2], Fesch observe malicieusement
que la réponse définitive de Consalvi, le 2 septembre, coïn-
cida avec l'arrivée de certain courrier de Vienne. La correspondance diplomatique du secrétaire d'État montrerait peut-
être que la coïncidence fut fortuite. En tout cas, le message
de François Ier ne put que mettre Pie VII à l'aise : à la fortune
grandissante du nouvel empereur des Français, Vienne se
contentait d'opposer une proclamation solennelle qui déclarait héréditaire dans la maison d'Autriche la dignité impériale [3].

Si elles existèrent jamais, ces influences du dehors ne
durent point avoir, dans les conseils du Saint-Père, une pous-

---

1. En fait, la question fut tranchée à Paris ; à une interrogation du légat
(20 vendémiaire, 12 octobre) Talleyrand répondit qu'il n'y aurait pas de couronnement civil (30 vendémiaire, 22 octobre). Et il n'y en eut pas.

2. Commencée avant que Fesch ne fût officiellement chargé de la négociation, cette correspondance personnelle avec l'empereur continuera jusqu'au
dernier moment ; les lettres sont plus nombreuses qu'Artaud ne le soupçonne
et trois longs mémoires y sont joints. Mais ceci n'empêchait pas l'ambassadeur de correspondre avec le ministre des affaires étrangères. Artaud se
trompe quand il dit que Talleyrand fut étranger à une partie de l'affaire : les
dépêches échangées entre Talleyrand et Fesch marquent très bien toutes les
phases de la discussion.

3. On trouvera dans Theiner (op. cit., t. II, p. 151, 289) les documents
qui se rapportent à ce point d'histoire.

sée décisive. Sans sortir des termes immédiats du problème,
le sacre de Napoléon offrait des complications assez graves
pour qu'on s'explique aisément les longues hésitations de
Rome.

Haussonville met à la charge de Fesch une bonne part des
difficultés qui entravèrent la négociation. Il se plaît à rappeler
le souvenir de Cacault et il s'en autorise pour conclure qu'il
manquait à son successeur à peu près toutes les qualités d'un
diplomate. A l'entendre, le cardinal n'aurait apporté dans cette
affaire qu'un zèle inconsidéré, une violence calculée et une
hauteur malhabile. Il y a là une singulière illusion d'optique.
La meilleure explication qu'on en puisse donner c'est que
l'historien n'a jamais parcouru la correspondance diplomatique de Fesch du 1er août au 28 octobre 1804. On peut
la lire, on ne trouvera point qu'elle soit d'un incapable dont
l'art de convaincre consiste à hausser la voix, ni d'un parvenu
qui met sa vanité à embarrasser toute une cour, ni d'un vil
subalterne qui aurait accepté de Napoléon la consigne de terroriser un vieillard désarmé, afin de le réduire plus sûrement
à merci. Les textes et les faits se refusent à fournir ce portrait
de l'ambassadeur de France.

Certes, il est indéniable que Fesch manqua parfois de
mesure. On a vu qu'il se permit quelques vivacités de plume
et des paroles amères ; il se laissa même aller à des menaces,
ainsi que nous · le raconterons tout à l'heure. Mais tous ces
écarts, s'ils ne s'excusent pas, s'expliquent dès .qu'on prend
soin d'en marquer la date. Ils révèlent les mouvements sou-
dains d'un caractère impétueux, non un système de violence
préméditée. Ils ne permettent pas à un historien de dire que
le prélat français « brouillait tout et envenimait tout », et qu'il
se montra « d'un bout à l'autre exigeant et emporté ».

Irritable à l'excès, Fesch était capable de généreux retours.
Voici un trait caractéristique. Consalvi, qui accuse le cardinal
de « haine et d'aversion » à son égard, aurait dû s'en souvenir.

La journée du 22 août fut une des plus orageuses de
toute la négociation. Le secrétaire d'État, comme on l'a vu,
avait taxé d'insuffisance les déclarations de Talleyrand
concernant les évêques constitutionnels. Fesch répondit

avec l'humeur d'un gallican qui craint un piège de l'ultramontanisme. Des entretiens devinrent nécessaires. Après
bien des discussions, désespérant d'arriver à une entente,
le prélat finit par quitter brusquement, sans mot dire,
son interlocuteur stupéfait. Le soir venu, l'examen de
conscience rappelle au coupable le mot de l'Évangile : *Vade
prius reconciliari fratri tuo* ; il écrit à Consalvi : « ... Je
veux dormir tranquille. La journée a été assez remplie de
peines et de souffrances. Je ne saurais prendre mon sommeil
avec la déplaisante pensée que V. E. puisse demeurer offensée par un manque d'explications nécessaires. Certes, je ne
canonise pas le procédé dont j'ai usé, mais j'ai préféré m'en
aller plutôt que d'en venir à des disputes qui risquaient de
compromettre davantage la cordialité de nos relations. »

La « haine » est incapable de ces délicatesses. Consalvi
en sentit tout le prix. Bien qu'il fût près de dix heures du
soir, lorsque ce billet lui parvint, il y répondit aussitôt avec
effusion. Jamais il n'avait douté du « cœur » de S. E. Jamais
la pensée ne lui était venue d'attribuer à une « rancœur »
la brusquerie discourtoise dont on lui offrait des excuses. Il
était impossible d'être plus pénétré que lui de « sincères
sentiments de respect et d'amitié » à l'égard de l'ambassadeur
de France dont « l'affectueuse bonté » lui était « si précieuse ».
Comment faudrait-il qualifier ce langage, si vraiment, à cette
date, Consalvi se croyait l'objet de la « haine » et de « l'aversion » de Fesch ?

Impatient d'aboutir, le cardinal français s'irritait des obstacles sans cesse renaissant sous ses pas. Le cardinal romain,
peu rassuré sur les avantages d'une démarche insolite,
hésitait fort à s'engager sans retour. Des doutes pénibles,
des froissements douloureux étaient inévitables. Si Fesch
avait eu la bonhomie spirituelle et la ferme souplesse de
Cacault, il y aurait eu quelques heurs de moins dans la
négociation ; celle-ci n'en aurait pas moins été fort difficile.

On sait qu'au milieu de ses loisirs de sénateur Cacault
prenait, de Paris, le plus vif intérêt à l'affaire du sacre. Dès
les premiers pourparlers, il écrivit à Consalvi une lettre où
il le pressait fort de venir tout régler lui-même avec Napo-

léon[1]. Étant ambassadeur et voyant fuir toujours la conclusion souhaitée, il aurait sans doute recouru, comme jadis,
au parti extrême d'envoyer Consalvi à Paris. Le succès de
l'expédient n'eût point passé celui de 1801. En tête à tête
avec l'empereur, le cardinal aurait réussi, tout au plus, à
éclaircir un peu la situation; et encore lui aurait-il fallu bien
des heures et bien des luttes. Depuis le Concordat, l'expérience en était faite.

Si importante donc que l'on veuille faire la part des pléni-
potentiaires mêlés à ces discussions, il faut convenir que
les difficultés essentielles venaient de plus haut qu'eux et de
plus loin.

La dépêche du 18 juillet marque les positions précises
où le gouvernement français entend se tenir. L'ambassadeur
de France n'y peut rien, qu'il s'appelle Fesch ou Cacault. Et
aucun bon procédé ne réussira à donner le change, dans ce
combat singulier où le gallicanisme et l'ultramontanisme se
savent en face l'un de l'autre.

A Paris comme à Rome, manque la confiance qui seule
aurait pu amener une conclusion prompte. Trompé déjà dans
ses espérances, Pie VII ne trouve jamais claires les promesses qu'on lui fait. Toujours en éveil devant cette vieille
puissance spirituelle dont les mouvements lui semblent me-
nacer son autorité d'un jour, Napoléon se demande avec
inquiétude s'il n'en va pas favoriser l'accroissement. Le pape
ne redoute que de trahir ses devoirs; il se résignera, pour
le bien, à tous les sacrifices que la conscience autorise.
L'empereur ne craint que de manquer une occasion qui doit
affermir sa fortune; s'il s'interdit peut-être de surprendre la
religion de son auguste visiteur, il ne veut point que celui-ci
vienne à quitter la France plus puissant qu'il n'y serait
entré. De là, des consultations minutieuses, des conférences sans nombre, des notes sans fin, des jours de bonne
volonté conciliante, des heures de choc violent, des mois
de vigilance attentive, bref, toutes les péripéties qui marquent les négociations du Concordat. Quoi d'étonnant?

1. Cf. Theiner, *op. cit.*, p. 116.

N'étaient-ce pas les mêmes âmes qui se trouvaient en présence, défendant les mêmes idées, en vue des mêmes fins?

A travers les phrases de Talleyrand, d'une politesse si accommodante, les yeux pénétrants de Consalvi cherchaient à surprendre les doctrines irréductibles et les secrètes intentions. Il se souvenait trop bien de la lutte soutenue à Paris en 1801, pour ignorer que dans ce gouvernement d'hier l'âme des vieux légistes régaliens revivait tout entière. Et s'il n'avait pas l'espoir d'achever, par la présence du pape en France, la mort de ce gallicanisme que le Concordat n'avait pu tuer, encore moins entendait-il que les principes constants du Saint-Siège fussent compromis, dans une circonstance solennelle qui allait fixer sur Pie VII les regards de l'Europe. C'est pourquoi il persistait obstinément dans ses interrogations aux représentants qualifiés de la France, et multipliait ses précautions pour éviter toute déconvenue.

Mais jusqu'au bout, sa prévoyance devait être déconcertée par des obstacles inattendus.

IV

De Cologne, où la nouvelle lui parvient que l'affaire du sacre est heureusement terminée, Napoléon écrit à Pie VII pour lui demander l'onction sainte. Il compte sur l'intérêt que le pape prend à sa « destinée » et à celle de la « grande nation ». Il espère que la prière du pontife « attirera sur la personne du souverain » et sur « ses peuples » la bénédiction de Dieu « dont les décrets règlent le sort des empires et des familles ». Il proteste des « sentiments affectueux » qu'il porte « depuis longtemps » à Sa Sainteté, il prendra « plaisir » à lui en donner, en France, de « nouvelles preuves ».

Ce message qui devait tout achever faillit tout compromettre. Pie VII reçut avec sa bonne grâce coutumière le général Cafarelli qui en était porteur. Mais, dès le lendemain, il manda Fesch au Quirinal. Il y eut une scène violente.

Je ne me serais jamais douté, écrit le cardinal à son neveu, que Pie VII pût se mettre en colère. Il me dit qu'il aurait préféré qu'on lui eût envoyé du poison plutôt que cette lettre et qu'il aimerait mieux être mis en pièces plutôt que d'aller en France d'après une telle invita-

tion ; que les expressions de cette lettre n'étaient propres qu'à le tourner en ridicule et pouvaient être prises à double sens ; que d'ailleurs
on y avait passé sous silence les motifs dont il avait fait une condition
absolue, c'est-à-dire qu'on n'avait pas énoncé d'une manière formelle
que ce voyage tournerait au bien de la religion ; que cette considération seule pouvait l'arracher de son siège en colorant une démarche
inusitée dans l'Église depuis dix-huit siècles.

Les réponses déférentes du cardinal ne purent calmer le
pape blessé au vif. Il termina l'entretien « en disant qu'il
ferait une réponse à l'empereur pour témoigner son mécontentement et pour l'engager à lui envoyer une invitation »
plus digne.

Afin de régler au plus tôt le différend imprévu qui survenait, les entrevues recommencèrent entre l'ambassadeur de
France et le secrétaire d'État. Celui-ci observait que Talleyrand avait promis une lettre telle que Sa Sainteté la désirait. Celui-là répliquait qu'il n'y avait dans le message envoyé
de Cologne qu'un « manque de formalité » ; que l'omission
si vivement reprochée se comprenait aisément, et parce que
Sa Majesté avait écrit sa lettre, dans un voyage où elle était
absorbée par beaucoup d'affaires, et surtout parce que Talleyrand avait dit expressément, en sa fameuse note du 18 juillet, que le bien de la religion serait le grand motif de la
venue du pape en France ; qu'on ne pouvait, sans faire outrage au souverain, mettre en doute la parole de ses ministres qualifiés ; que lui-même, sûr d'être approuvé par l'empereur, renouvelait, en tant que de besoin, les assurances déjà
données ; que le pape, dans une allocution aux cardinaux,
pouvait prendre acte solennellement des déclarations répétées du gouvernement.

Consalvi ne se rendit pas à ces raisons. A la quatrième
conférence, Fesch, exaspéré de ne pouvoir convaincre son
interlocuteur, se demanda si l'inertie du secrétaire d'État
ne cachait pas le secret dessein de gagner du temps, dans
l'espoir qu'un coup imprévu de la guerre étrangère dispen-
serait le pape d'aller à Paris. Ce fut alors que, suivant ses
propres expressions, il cessa d'agir « en cardinal » pour
faire « le ministre » et proféra des menaces.

Napoléon, expliqua-t-il, était fatigué de ces difficultés

toujours renaissantes. Il voyait bien que la cour de Rome
« aimait mieux croire aux suggestions des ennemis de la
France que de se fier à l'attachement que cet empire lui
témoigne ». Si Pie VII voulait formuler de nouvelles
exigences, libre à lui. Cela « pourrait bien mettre l'empereur à l'aise, dans un moment où le midi de l'Italie était
menacé par les Russes; Sa Majesté ne se gênerait pas
pour traiter le pape comme la reine d'Étrurie ». Puisqu'on
parlait d'envoyer à Paris un courrier pour demander une
nouvelle lettre d'invitation, que l'on prît garde de n'obtenir
pour toute réponse que le rappel de l'ambassadeur de
France.

Fesch assure que ce langage plus qu'énergique réduisit
les résistances de Consalvi. Il y a là, probablement, quelque
naïve exagération. En tout cas, les entretiens confidentiels
cessèrent, Fesch s'y refusant jusqu'à ce qu'il eût obtenu une
réponse écrite et catégorique. Il déclina même une audience
à laquelle Pie VII l'appelait. Il prétendait qu'ont le reconnût
« habile à suppléer l'omission » que le pape regrettait de
constater dans la lettre impériale; et il demandait que le
Sacré Collège se prononçât sur l'incident.

Consalvi finit par céder. Les cardinaux opinèrent dans le
sens que Fesch souhaitait. On convint d'échanger deux notes
dont la rédaction fut stipulée dans une amicale entente.
Ainsi finit la querelle.

Restait à fixer la date du sacre. Jadis, par l'organe du
légat, Pie VII avait proposé le 25 décembre, en souvenir de
Charlemagne, ce devancier lointain de Napoléon. Les projets
que l'empereur comptait exécuter, à l'hiver, contre l'Angleterre, ne permettaient guère de reculer si loin la cérémonie.
La durée énervante des négociations qui n'étaient un secret
pour personne, l'avait mis d'ailleurs en une sorte d'expectative qui deviendrait plus humiliante en se prolongeant. Le
18 brumaire approchait; l'anniversaire devait porter bonheur.
De lui-même, Napoléon fixa son couronnement au 18 brumaire.

Ce procédé discourtois déplut à Rome. Il fallait, en outre,
du temps pour les préparatifs; et Pie VII, fatigué de toutes les
secousses éprouvées durant ces cinq mois de pourparlers
pleins de surprises, avait besoin de repos. Après plu-

sieurs dépêches et conférences on s'accorda sur une
transaction. L'empereur consentit a retarder la fête jusqu'au
4 frimaire, puis de huit jours encore. Le pape se refusa
absolument à partir avant la Toussaint ; mais il voulut bien
réduire de cinq jours le temps assez court déjà que devait
durer le voyage. Le dimanche 2 décembre aurait donc lieu le
grand événement dont Fesch, Talleyrand et Napoléon pro-
mettaient au pontife romain des effets merveilleux.

Rome pouvait-elle croire à ces promesses ?

V

Là-dessus, Haussonville prononce ce jugement incohérent
et sévère. Le Saint-Siège maintint « jusqu'au bout » avec la
plus « patiente douceur » toutes les conditions mises par lui
aux faveurs pontificales. Il faut pourtant confesser « avec
tristesse » que le Saint-Père et le cardinal secrétaire d'État
fléchirent « sur des questions de conscience et de dogme ».
Par ailleurs, Consalvi, quoi qu'il prétende, ne sut jamais
réduire Napoléon « à prendre des engagements positifs et
formels [1] ». On a quelque peine à concilier des appréciations
aussi disparates ; rien ne saurait montrer, comme ces contradictions assez grossières, à quel point la passion politique
et le préjugé libéral peuvent égarer un honnête académicien
et un historien de valeur.

Voici exactement ce qui s'est passé.

Dans sa dépêche du 25 juin, nous l'avons dit, Caprara
énumérait jusqu'à sept conditions mises par Pie VII à son
voyage en France. Toutes n'avaient pas une importance majeure. Au cours des négociations, quelques-unes furent abandonnées sans grande résistance. On consentit que la lettre
d'invitation écrite par l'empereur fût portée par un officier de distinction et non plus par deux évêques. Encore,
on accepta un itinéraire plus rapide que celui qui avait été
dressé dans les bureaux de la chancellerie romaine. Mais
sur d'autres points de conséquence, les débats ne prirent
fin qu'au moment où furent données les explications indis-

1. *Op. cit.*, t. I, p. 335, 339.

pensables. Pour celles qui concernaient la lettre de Napoléon et le serment du sacre, il y aurait eu de la déraison à ne les point accepter.

Dans un de ses mémoires à Napoléon, Fesch assure que dans ses conférences avec Consalvi il n'avait laissé aucun espoir de voir supprimer les deux premiers articles organiques. Cette ouverture confidentielle aidait à comprendre ce que sous-entendait Talleyrand dans sa note de messidor, là où il disait que la bienveillance du prince pour améliorer le sort de l'Église de France avait pour justes bornes les droits de la couronne. Mais en dépit de ces réserves sur un point précis, il n'en demeurait pas moins que le gouvernement s'était engagé à de nouvelles faveurs ; que, loin de contester au pape le droit de remontrances au sujet des organiques, il l'encourageait à parler librement de tous les intérêts religieux, promettant à ses représentations les plus « utiles résultats ».

Enfin, si malgré les efforts les plus tenaces, Consalvi n'était point parvenu à faire préciser les moyens que le gouvernement prendrait pour ramener au devoir les évêques constitutionnels, — je raconterai en détail toute cette histoire, — toujours est-il qu'il obtint les assurances les plus nettes que tout se terminerait « à la satisfaction de Sa Sainteté ».

Il est donc inexact de dire que le Saint-Siège donna son consentement au sacre sans exiger « des engagements positifs et formels ». C'est donc une gratuite injure d'affirmer qu'à l'exemple du légat auquel ils reprochaient tant sa faiblesse, « le pieux pontife » de Rome « et son judicieux conseiller » finirent par se prêter à des complaisances sans excuses. Pie VII et Consalvi mettaient trop haut leur devoir et leur honneur pour déchoir à ce point ; il n'étaient pas hommes à prendre « de guerre lasse » une décision qui aurait tout d'abord inquiété leur conscience, ni à essayer de couvrir leur lâcheté en alléguant, sans y croire, de « fallacieuses promesses ».

Lorsqu'on pense à ce qui advint, on regrette qu'au lieu de se discuter après le sacre, les affaires de l'Église de France ne se soient point réglées en détail, avant que le pape ne

quittât le Quirinal. Avec Napoléon, ce plan ne pouvait être
tenu : il ne s'y serait point soumis et les circonstances invitaient à plus de confiance. Du point du temps où nous sommes,
nous regardons ces événements à travers toutes les déceptions
qui suivirent. En 1804, nul ne pouvait prévoir l'enlèvement du
pape, Savone et Fontainebleau. D'autre part, la France était toujours la nation invincible qui avait promené la révolution à
travers l'Europe. Le César qui demandait l'onction des rois
chrétiens était le général qui avait envoyé au Directoire la
vierge de Lorette. Le gagner par une faveur c'était peut-être
décider la vocation d'une sorte de Charlemagne ; à l'humilier
par un refus on risquait de le rejeter, lui et sa toute-puissance, hors du Concordat et peut-être vers ce jacobinisme
dont on avait connu dans Rome même les sacrilèges horreurs.
Dans ces conjonctures redoutables, Pie VII prit le seul parti
auquel un politique sage et une âme religieuse pussent s'arrêter. Il consentit à sacrer l'empereur, en prenant les précautions que commandaient la conscience et la dignité du
Saint-Siège.

A l'épreuve, il parut que ces précautions n'étaient pas assez
sûres. Il semble pourtant manifeste que le pape essaya
d'obtenir tout ce qu'il put. Malheureusement, le gouvernement français était disposé à donner peu.

Pour faire à Rome de vraies avances, sans aucune arrière-
pensée, il aurait fallu que Napoléon abandonnât la jalousie
de son despotisme, Talleyrand son nonchaloir sceptique et
Fesch sa théologie gallicane : toutes choses impossibles.

Au milieu des bouleversements qui, depuis 1789, avaient
renversé tant de vieilles choses françaises, les principes
dont les conseils royaux, les parlements et les assemblées
du clergé avaient vécu pendant des siècles, n'avaient pas
péri. Sans doute, au temps de Portalis comme à celui de
Pithou, il y avait un gallicanisme des prêtres qui n'était pas
toujours d'accord avec celui des hommes d'État. Dans la consultation qu'il adressa à Talleyrand sur les conditions mises
par le Saint-Siège au voyage de Paris, Bernier marquait
nettement la différence ; il ne faisait pas difficulté d'avouer
que les « maximes outrées » des parlements avaient été la

principale cause des « murmures de Rome » et des « mécon-
tentements à l'intérieur en matière ecclésiastique ». Mais cette
franchise dans la spéculation ne l'empêchait pas de garder
la plus absolue réserve sur la question de savoir duquel des
deux gallicanismes les articles organiques étaient principalement inspirés ; il conseillait, pour en disputer avec le pape,
d'attendre que celui-ci fût à Paris, loin des théologiens qui
pourraient le « tourmenter », abandonné à son « propre cœur »
qui prononçerait mieux que les docteurs ultramontains. Et
ceci montre à l'évidence combien facilement se faisait, contre
Rome, l'union du gallicanisme d'Église et du gallicanisme
d'État, sous la main d'un monarque comme Napoléon. Si on
en souhaitait un aveu dépouillé d'artifice, il suffirait de
quelques lignes de Fesch à son neveu ; après avoir annoncé
que la cause du sacre était enfin gagnée à Rome, le cardinal
ajoutait :

> Le mémoire ci-joint mettra V. M. au fait des résistances que j'ai dû,
> vaincre. Ma conduite a été celle d'un homme qui voulait ménager la
> cour de Rome, sans lui laisser l'espoir d'empiéter sur les lois fonda-
> mentales et primitives de la couronne [1]...

Et Fesch ne se vante pas ; il ne se prête pas un rôle. Ses
notes à Consalvi en témoignent [2].

En définitive, la négociation du sacre ne fut donc qu'un
épisode banal d'une querelle séculaire entre la cour de France
et la cour de Rome. Une fois de plus, l'histoire de notre
diplomatie nationale renouvela, en 1804, un très vieux spectacle : les principes gallicans et les principes ultramontains
en présence ; Rome parlant assez haut pour montrer le désaccord, mais finissant par se taire pour ne point heurter, sans
profit, des esprits trop prévenus ; le silence succédant de part
et d'autre aux revendications énergiques : à Rome, parce
que tolérer n'est pas approuver ; à Paris, parce qu'on croit
garder les positions anciennes ; enfin la parole laissée au
temps et à la Providence, pour apporter à un conflit toujours

1. Fesch à Napoléon, 4 septembre 1804.
2. Notamment les notes du 22 et du 25 août 1804.

prêt à renaître le remède qui passe la sagesse et le courage
des hommes.

VI

Le pape irait donc à Paris.

En transmettant au cardinal Fesch l'expression de la satisfaction impériale, Talleyrand écrivait de Coblentz :

> Partout Sa Sainteté aura lieu d'être satisfaite de la bonne disposition
> des esprits : les opinions religieuses reprennent chaque jour plus de
> faveur, parce qu'on en sent les avantages, parce qu'on reconnaît leur
> liaison avec toutes les idées de bonheur, de morale et d'ordre public.
> S. M. a eu personnellement occasion, pendant son voyage dans tout le
> nord de la France, de remarquer cette pente de l'opinion publique : la
> direction n'en est pas changée par tant d'années de guerres et de révolu-
> tion ; des essais contraires n'ont produit aucun bien, n'ont rencontré que
> de la résistance, parce qu'ils n'étaient fondés ni sur la connaissance ni
> sur les besoins du cœur, et que, n'étant introduits que par la contrainte,
> ils ne pouvaient se soutenir que par elle.
> . Dans toutes les villes qu'a parcourues S. M. I. elle a observé le
> soin avec lequel on s'attachait à rendre aux églises leur décoration,
> au culte ses solennités ; le zèle des habitants a déjà beaucoup fait ; le
> temps et la direction donnée à l'opinion publique feront le reste.

Puis, revenant tout naturellement à la pensée du sacre, le
ministre concluait :

> Ce sera, aux yeux de l'Europe, un rapprochement remarquable de
> voir revenir de l'ancienne résidence de Charlemagne le plus illustre de
> ses successeurs, tandis que le chef du monde chrétien va quitter l'Italie
> et s'avancer à sa rencontre pour consacrer, au milieu du plus puissant
> Empire et des acclamations universelles adressées à l'un et à l'autre
> souverain, la nouvelle dignité impériale que la reconnaissance a déférée
> à Napoléon [1].

L'Europe vit « ce rapprochement » avec colère. Dans les
rêves des diplomates, l'ombre de Charlemagne n'apparut
point ; ils savaient que le saint empire d'Occident était mort ;
mais leurs calculs de jour et de nuit étaient singulièrement
troublés par les faveurs dont la fortune entourait Napoléon.
Redoutable déjà, lorsqu'une magistrature précaire ne lui
laissait qu'un pouvoir incertain, où s'arrêterait l'orgueil de sa

---

1. Talleyrand à Fesch, 29 fructidor an XII.

force, maintenant que le doigt même du pape allait le désigner à ses peuples comme le souverain béni par Dieu? Quatre jours après que, dans un carrosse à glaces, Pie VII quittait les murs de la Ville éternelle, la Russie et l'Autriche signaient un traité secret d'alliance. Elles voulaient que le nouveau souverain se contentât de régner sur les Français. Austerlitz sera la réponse de l'empereur.

Mais en attendant qu'il dicte à Daru, d'un seul trait, le plan de cette merveilleuse campagne [1], Napoléon doit se débattre au milieu d'un réseau de stratagèmes plus compliqués que tous ceux de ses grandes guerres. Il faut qu'il classe sa famille et qu'il organise sa cour. Sa femme, sa mère, ses frères, ses sœurs, ses collègues du Consulat, ses généraux, une légion d'hommes et de femmes qui rêvent de revoir les jours de Versailles : que d'ambitions, de vanités et de cupidités à satisfaire [2]. Les princesses sont exaspérées à la pensée qu'elles devront, à Notre-Dame, porter la queue du manteau de Joséphine ; Madame mère attend avec anxiété, en Italie, que l'on règle sa dotation ; Joséphine se demande si le divorce la menace encore ; Joseph refuse d'appeler Napoléon Votre Majesté et parle de ne point assister au sacre ; Louis refuse son fils à l'empereur qui cherche un héritier adoptif ; Lucien a quitté la France plutôt que de rompre, par ordre, avec sa femme et ses enfants ; l'archichancelier Cambacérès se récrie qu'il va devenir la fable de tout Paris, si Napoléon persiste à supprimer le manteau long aux princes et aux grands dignitaires. Et lorsque la cérémonie se trouva réglée, les maisons d'honneur établies, les costumes taillés, cousus et brodés, ce fut dans tout le monde de la cour nouvelle, depuis les premiers chambellans jusqu'aux laquais, comme une répétition générale de théâtre : « toute la vie du passé » était « à rapprendre en quelques jours, et pour cette étonnante représentation où la France et l'Europe étaient conviées, tous les rôles, toutes les attitudes et tous les gestes à retrouver [3] ».

1. Pasquier, *Mémoires*, t. I, p. 218.
2. M. Frédéric Masson a exposé, avec sa complaisance coutumière, les détails précis de toutes ces compétitions. (*Napoléon et sa famille*, t. II, p. 341, *ad finem* ; *Joséphine impératrice et reine*, p. 103.)
3. F. Masson, *op. cit.*, p. 459.

De tout cela le peuple ne sait rien et ne soupçonne rien : ces intrigues lui échappent et aussi ces aubaines. A Paris même, la pluie d'or qui soldera les notes des fournisseurs affairés tombera à côté de lui sans qu'il la voie ou l'entende. Seuls les oisifs qui vont promener autour des magasins célèbres et des faiseurs de renom leur vaniteuse curiosité, sauront dire, à peu près, ce que coûte la robe de l'impératrice ou combien valent le sceptre et la couronne de Napoléon.

Mais jusqu'au dernier coin de France, l'orgueil national s'exaltera, au récit des grandes scènes du camp de Boulogne et de Notre-Dame.

Lorsque, sur les bords brumeux de la Manche, le dos à la mer, tourné vers la France comme s'il voulait l'appeler tout entière à une expédition sans seconde, l'empereur lit d'une voix forte le serment de la Légion d'honneur, tous les yeux, brillants d'une flamme ardente, sont fixés sur lui, les mains sont levées au ciel ; de toutes les poitrines un cri s'échappe : « Nous le jurons ! » Ces cent mille hommes qui sont là, enthousiastes, résolus, prêts à porter en plein Londres le drapeau tricolore, il sont l'image vive du pays. Le pays garde, en celui qui ne cesse pas sur le trône d'être le général Bonaparte, la confiance que l'on donne à un chef invincible.

A l'heure du sacre, cette confiance s'affermit et s'augmente d'une sorte de vénération religieuse.

Dans l'immense basilique de la Cité, l'élite de la nation s'est réunie : députés des villes, chefs de la magistrature et de l'armée, membres du Tribunat, du Corps législatif et du Sénat, grands dignitaires de l'empire, grands officiers de la couronne, évêques et archevêques de la plupart des diocèses de France. Au chant de l'immortel *Tu es Petrus*, Pie VII fait son entrée et vient s'agenouiller devant l'autel. Il bénit les *honneurs*, oint le front du nouvel empereur, le conduit sous un vaste baldaquin au haut d'une estrade dressée contre le portail au fond de la nef, et prononce les paroles liturgiques. *Que sur ce trône de l'empire vous affermisse, et que dans son royaume éternel vous fasse régner avec lui Jésus-Christ, Roi des rois, Seigneur des seigneurs, qui vit avec Dieu le Père et l'Esprit-Saint dans les siècles des siècles.* Le clergé répond : « Ainsi soit-il ! » Les vivats éclatent, le canon tonne, Paris est

en fête, la foule innombrable s'échelonne, du parvis Notre-
Dame aux Tuileries, pour saluer au passage, au milieu de
son triomphal cortège, l'homme providentiel.

Au soir de cette claire et froide journée du 2 décembre,
lorsqu'il a regagné son appartement des Tuileries au pavillon
de Flore, que pense le pape ?

La diplomatie française ne l'a point trompé. Elle est une
prophétie véridique la fameuse dépêche de Talleyrand qui lui
disait : « A peine S. S. aura-t-elle fait quelques pas sur le sol
français... tous les cœurs voleront au-devant d'Elle. » La
piété des fidèles accourant de toutes parts sur le chemin, le
respect de tous, les égards des fonctionnaires de l'empire, lui
ont fait oublier les fatigues de son pénible voyage. Dans cette
capitale même d'où l'orgie révolutionnaire s'était répandue,
comme un torrent d'enfer, à travers tout l'Occident, quelle
vénération et quels honneurs ! Devant les fenêtres des Tuileries, la multitude, avide de le voir, reçoit pieusement sa bénédiction. Ces assemblées politiques qui avaient sanctionné
l'exil de Pie VI rendent à son successeur leurs hommages.
Au pied des autels, il a vu s'agenouiller devant lui le signataire du traité de Tolentino. Et les graves paroles de Fontanes
entendues il y a deux jours lui remontent à la mémoire :

Cette religion auguste qui vient consacrer les nouvelles destinées
de l'empire français, prend le même appareil qu'au siècle des Clovis et
des Pépin.

Tout a changé autour d'elle ; seule elle n'a pas changé.

Elle voit finir les familles des rois, comme celles des sujets ; mais
sur les débris des trônes qui s'écroulent et sur les degrés des trônes qui
s'élèvent, elle admire toujours la manifestation successive des desseins
éternels et leur obéit avec confiance.

Jamais l'univers n'eut un plus imposant spectacle, jamais les peuples
n'ont reçu de plus grandes instructions.

Malgré les ricanements des philosophes et les murmures
des jacobins, Napoléon a reçu les onctions saintes, comme
jadis il avait signé le Concordat. Le pape et l'empereur ont
échangé, devant les autels, à la face du clergé, des grands et
du peuple, un baiser de paix. Il y a là une rupture, éclatante
et de bon augure, avec les principes et les hommes irré-

ligieux de la Révolution, un mouvement de retour vers les jours meilleurs de la monarchie française.

Et pourtant Fontanes s'est trompé, quand il a assuré que les jours ne sont plus « où l'empire et le sacerdoce étaient rivaux ».

La première rencontre dans la forêt de Fontainebleau, l'entrée dans Paris, tout à l'heure encore le geste hardi par lequel l'empereur s'est couronné lui-même, tout trahit l'âme d'un souverain jaloux jusqu'à l'extrême de son pouvoir. Dans ce grand jour du sacre, la religion a eu une place exceptionnelle ; mais manifestement Napoléon veut être le premier chez lui.

En ce cas, quel espoir demeure d'arranger amicalement les affaires de l'Église de France ? Quelles pourront être, en dehors de quelques vains honneurs et attentions déférentes, les « nouvelles preuves » que l'empereur a promises de ses « sentiments affectueux » ? Maintenant qu'il est oint et couronné, ce « dévot fils » va-t-il se souvenir des engagements pris à l'égard de son « Très Saint-Père » ?

Paul DUDON.

(*A suivre.*)

SAINT FRANÇOIS DE BORGIA

II. — L'HOMME D'ÉTAT[1]

LE VICE-ROI

III

Malgré les résistances d'André Doria et de ses généraux, et les remontrances de Paul III lui-même, Charles-Quint résolut, en 1541, de renouveler sa croisade de Tunis et de conquérir Alger. Ce projet était beau ; il fut mal concerté. Soucieux de peindre leur héros plus grand que nature, les historiens de saint François de Borgia lui ont prêté, à cette occasion, un rôle que ses lettres démentent. Il aurait su d'avance, disent-ils, des Clarisses de Gandie, la funeste issue de l'expédition, et, armé de ces prophéties, il aurait essayé de détourner l'empereur d'une entreprise condamnée. Il n'en est rien. Le marquis de Lombay apprit indirectement la résolution impériale, et il s'en réjouit. Il était plus à même que personne de savoir quel danger causaient aux côtes d'Espagne les pirates d'Afrique ; et l'idée de porter chez eux la guerre lui souriait. Il fit aussitôt expédier à Mayorque les tentes impériales, emmagasinées à Tortosa, et s'empressa de fournir à l'escadre tout ce qu'il pouvait réunir de vivres et d'équipement. « Que N.-S. dirige tout de sa main, écrit-il le 3 octobre 1541, afin que les saints désirs de V. M. se réalisent, comme il en est si grand besoin. J'espère qu'il en sera ainsi, à cause des nombreuses prières qui se disent partout. J'ai eu grand soin qu'ici, dans toutes les églises et tous les monastères, on fasse des prières publiques. Que Dieu les entende en sa miséricorde. »

Il communique à Cobos toutes les nouvelles qu'il reçoit. L'empereur s'était embarqué de la Spezzia, le 28 septembre. Le 13 octobre, il abordait à Mayorque, d'où il écrivait des lettres affectueuses au marquis et à la marquise de Lombay.

1. Voir *Études* des 5, 20 octobre et 5 novembre 1904.

« Ma cousine, mandait l'empereur à la marquise, je me réjouis
d'apprendre que le duc, votre beau-père, veut venir nous
servir dans cette expédition, et je sais que le marquis viendrait aussi avec joie, si sa charge ne le retenait [1]. » A Borgia,
l'empereur écrit : « Illustre marquis, mon cousin et notre
vice-roi, j'ai vu les lettres par lesquelles vous m'avisez de ce
qui se prépare en France... Je vous remercie beaucoup
d'avoir agi conformément à la confiance que j'ai eue en vous,
et je suis sûr que, dans tout ce qui touchera à notre service
et au bien de cette principauté, vous vous emploierez avec
amour, sans qu'il faille vous y exhorter. Je suis parti de la
Spezzia le 28 septembre... et ai trouvé ici, à Mayorque, les
escadres de Naples, de Sicile et de Gênes, et une lettre du
duc d'Albe m'annonçant que son escadre serait ici à la fin de
septembre. Aujourd'hui, 15 octobre, j'ignore si le duc est parti
d'Espagne, à cause du mauvais temps. Aussi, ai-je résolu de
partir le lundi, 17, profitant du beau temps, et sans attendre
le duc, auquel nous mandons de venir droit à Alger, où nous
parviendrons ensemble. Que Dieu nous guide et nous dirige,
afin que cette entreprise ait l'issue que nous lui désirons.
Aussi bien, cette cause est la sienne, et la chrétienté doit tirer,
de cette campagne, de grands avantages. »

Le 18 octobre, après s'être confessé et avoir communié,
Charles-Quint, qu'on avait vu pleurer pendant la messe,
s'éloignait de Mayorque. Dès lors, Borgia se perd en conjectures. « Je déteste tant, écrit-il à Cobos (10 novembre 1541)
de raconter des nouvelles peu fondées, que bien des choses
restent dans mon encrier ; elles y sont plus en sûreté. Depuis
le départ de Mayorque, il m'est venu tant de nouvelles opposées, que je ne sais auxquelles m'arrêter, pour vous les communiquer... Enfin, voici celles que j'ai recueillies pour mon
compte, comme ayant quelque ombre de vérité. Après le départ de S. M., on a joui de trois ou quatre jours de très
beau temps, pendant lesquels la flotte serait arrivée saine et
sauve à Alger. De plus, par un navire de l'escadre d'Occident,
j'ai su que quelques navires n'ont pu aborder. Il s'était levé

---

1. Le duc, retenu par la maladie, différa son départ. Quand il fut remis,
l'empereur était de retour.

un gros temps, qui avait forcé ce navire à regagner Mayorque. Mais déjà S. M. était arrivée avec les galères et l'escadre d'Orient à un cap nommé Matifou, et, semble-t-il, elle a eu le temps de débarquer.

« Par Valence, j'ai reçu, de l'inquisiteur, une lettre m'avisant de ne pas envoyer de courrier à S. M., car elle a sûrement débarqué, et que, chaque jour, on attend la nouvelle de la victoire. L'inquisiteur m'écrit comme à un homme qui sait déjà le triomphe. J'ignore qui a informé l'inquisiteur, mais voyant que, le 4 novembre, V. S. ne savait rien, j'imagine qu'on a négligé de vous informer, ou que la nouvelle est fausse.

« D'autres lettres particulières me font savoir que la flotte a souffert du mauvais temps, mais les uns parlent de trente ou quarante petits navires endommagés, les autres de huit galères et d'un navire, d'autres disent moins. Mais qu'il y ait un malheur, tous s'accordent à le dire... J'espère que, grâce à Dieu, le dommage aura été peu considérable, et, s'il a été grand, je remercie du moins N.-S. de ce que S. M. aït pu débarquer, comme tous l'affirment. »

En post-scriptum à cette lettre, il ajoute : « Un navire, me dit-on, est arrivé à Peniscola... Il raconte que S. M. est arrivée avec son armée à trois lieues d'Alger, à un port appelé Matifou, et qu'on a commencé le siège d'Alger. Toute l'escadre d'Orient et les galères de D. Bernardino étaient de l'autre côté d'Alger. Le mauvais temps aurait fait échouer quatre ou cinq galères et autant de navires, mais tout le reste irait bien, et l'on affirme que, depuis huit jours, S. M. doit être dans Alger. On dit que le mauvais temps a peu duré, qu'à Alger on rencontrera peu de résistance, que S. M. avait à peine débarqué, que le roi maure a pris la fuite, mais qu'ayant rencontré son ennemi le roi de Cuso, il a dû rentrer dans la place et que l'affaire ne durera pas trois jours. »

Sans retard, Borgia s'occupe de ravitailler l'escadre en détresse. « Je mets tout le soin raisonnable, dit-il à Cobos, à secourir l'armée. Il ne passe pas de semaine, sans que des navires ne partent, chargés de victuailles, de vin et de farine. Je suis moi-même dans l'admiration que la Catalogne ait pu tant fournir; la terre est si pauvre ! On a pensé mourir de

faim, cette année. C'est le blé venu de France qui nous a
sauvés. »

« Vraiment, écrit-il le 14 novembre, on doit, chaque jour,
s'attendre à de pires malheurs, si l'on ne procède pas, comme
il le faudrait, à la réforme de l'Église, et si chacun ne chasse
pas de sa conscience et de sa maison les ennemis de l'âme.
Ce sont eux qui rendent le Turc victorieux, et qui nous tiennent tellement vaincus, que nous nous rendons à des ennemis de rien (á cualquier nada). »

Le vice-roi avait écrit à peine ces lignes, qu'il apprit la terrible réalité. Il ajoute aussitôt : « Par le cardinal de Tavera
j'ai su la nouvelle qui circule à Carthagène, et par la peine
qu'en aura ressentie V. S., elle peut juger de la nôtre. Que
Dieu nous tire de ce souci par l'arrivée de S. M. » Cependant il discute, en tacticien, les dernières nouvelles. « Le
mauvais temps, prétend-on, a empêché S. M. de débarquer
l'artillerie, les munitions et les vivres, et l'a forcée à lever le
camp et à rembarquer. Mais à cela je réponds que, si S. M. a
pu se rembarquer, elle pouvait débarquer les munitions et les
vivres, de façon à ravitailler l'armée et continuer la campagne :
une colline était déjà occupée par l'artillerie. De même, on
dit que S. M. va à Bougie, pour, de là, gagner Carthagène :
c'est extraordinaire. Bougie est au levant, Carthagène au
couchant par rapport à Alger. Le vent qui mène à Alger
étant la tramontane, il est plus vraisemblable que S. M. l'a
pris de poupe pour gagner des ports du couchant, et qu'elle
n'est pas revenue, vent debout, pour gagner Bougie, qui n'est
pas sur son chemin. Si S. M. avait permis aux escadres de
revenir, quelques navires auraient déjà abordé en Catalogne
ou à Valence, comme l'autre a pu entrer à Carthagène.
Autant de raisons pour tenir en quarantaine la nouvelle qu'a
portée ce navire, d'autant plus que rien n'a encore démenti
celle qui m'est venue de Peniscola. Le navire de Peniscola
était parti après la tempête, et il affirme que peu de vaisseaux
se sont perdus, que la campagne s'annonce bien, qu'Alger
est aux abois. Daigne N.-S. qui sait la vérité, et qui est la
vérité même, y mettre les mains, et user, envers nous, de sa
miséricorde coutumière. Qu'il ne considère pas notre iniquité,
et n'entre pas en règlement de comptes avec ses serviteurs. »

L'illusion ne fut bientôt plus possible. Borgia connut l'étendue du désastre : « Par divers navires, écrit-il à l'empereur, le 11 novembre, j'ai su le malheur que l'escadre de V. M. a subi devant Alger, et comment, faute de vivres, V. M. a dû remettre l'expédition jusqu'au printemps. Nous espérons qu'alors, Dieu réalisera le désir qu'à eu V. M. de procurer un tel bienfait à ses royaumes. Aussi, lui restons-nous tous d'autant plus obligés, que, nous le voyons bien, ni le mauvais temps, ni aucune raison n'ont empêché V. M. d'exposer sa personne impériale dans cette sainte expédition. Tout ce qui pouvait être fait humainement, a été fait. Nous restons tous encore plus serviteurs de V. M., et plus résolus que jamais de consacrer à son service nos personnes, nos vies et nos biens. La perte de l'escadre est grande, mais V. M. étant sauve, elle devient petite. Nous n'avons perdu que des vaisseaux et du bois, et V. M. en possède d'assez grandes provisions, rien que dans cette principauté, pour armer encore vingt autres escadres. J'ai déjà fait abattre des pins et des chênes, pour être prêt à exécuter les ordres de V. M. Aussi bien, Dieu a été miséricordieux pour nous ; il nous a montré que nos seuls péchés sont cause que la sainte intention de V. M. n'ait pu se réaliser. Peut-être a-t-il permis ce malheur afin qu'il serve à amender nos vies, et que nous méritions d'être exaucés, quand, plus tard, nous demanderons des victoires pour V. M. Et puisque Dieu doit tirer de tout ceci sa gloire, et les âmes du bien, et que V. M. ne veut pas autre chose, je suis sûr qu'elle rendra d'infinies actions de grâces à Dieu, comme nous le faisons tous. »

Charles-Quint dut goûter ce langage si plein de loyalisme, de foi et de bel orgueil espagnol. Dans le désastre, il s'était montré admirable, l'empereur. En l'absence de Barberousse, le renégat Hassan-aga commandait, à Alger, cinq cents Turcs et sept mille Maures. Les Italiens, les Espagnols et les Allemands avaient à peine investi la place, qu'une furieuse tempête démontait l'escadre et jetait le trouble dans le camp. Profitant de ce désordre, Hassan, par une sortie vigoureuse, refoula les Italiens sur la côte. Camille Colonna, Fernand de Gonzague, Augustin de Spinola, les chevaliers de Saint-Jean, ne purent lui résister. Charles-Quint dut charger à la

tête des Allemands, pour forcer les Maures à rentrer à Alger.
La nuit suivante, un coup de vent du nord-est brisa toutes
les amarres, et, en quelques heures, submergea cent cinquante
barques et quinze galères. Seul, dans la confusion, Charles-
Quint gardait son calme : « Taisez-vous, mes enfants, disait-il
à ceux qui se lamentaient. Du bois et des clous perdus ; pas
davantage. Secourez seulement ceux qui se sauvent à terre,
afin que les Maures ne les atteignent point. » Il aurait ajouté,
paraît-il : « Confiance ! mes enfants : bientôt à minuit, dans
toute l'Espagne, les moines vont se lever et prier pour nous. »
Doria avait pu rallier ses galères au cap Matifou. Il suppliait
l'empereur de se rembarquer au plus vite, s'il ne voulait pas
voir la ruine de son armée. *Fiat voluntas tua!* répondit
Charles-Quint. Fernand Cortès, le conquérant du Mexique,
était de l'expédition. Il suppliait l'empereur de le laisser
faire. Avec les Espagnols, il se chargeait de prendre Alger.
L'empereur ordonna la retraite. Il fallut noyer les chevaux,
et, dans les galères sauvées du naufrage, l'armée se rembar-
qua. Charles-Quint partit le dernier, et sur la plage, entouré
de sa noblesse, il tint tête jusqu'au bout aux charges
ennemies.

L'empereur, vaincu par les flots, se rendit à Mayorque et à
Carthagène (26-28 novembre). Toute l'Espagne s'était émue
du malheur de son souverain, et le lui témoignait par un
splendide élan de générosité. Borgia multipliait ses lettres
compatissantes, où perce un dévouement accru par l'infortune.
Il expédiait des brigantins chargés de vivres, et faisait abattre
trois cents pins et trois cents chênes, destinés à réparer la
flotte. Chacun, à Barcelone, suivait l'exemple du vice-roi.
Aussi, Charles-Quint, par une lettre autographe, remercia-t-il
sa bonne ville. La lettre, reçue le 6, fut lue en public le 10.
On consacra ce jour à l'action de grâces ; on le célébra, comme
la Fête-Dieu, par un office et une procession solennelle.

La France fut seule à se réjouir du malheur de Charles-
Quint, et loin d'être effrayée du péril turc, qui alarmait les
protestants eux-mêmes, elle songea à s'allier à eux. Sous
prétexte que deux de ses envoyés avaient été assassinés par
la garnison de Pavie, François I⁺ entreprit de conquérir le

Roussillon. Claude de Guise attaqua le Luxembourg. Le dauphin de France essaya de surprendre Perpignan. Nous avons dit comment le duc d'Albe défendit le Roussillon. Quoi qu'en aient assuré les historiens, Borgia ne prit aucune part à la défense de ce comté. Les Clarisses de Gandie, dit une légende, avaient averti Borgia que Perpignan ne résisterait pas aux Français, si la garnison luthérienne n'était pas écartée, et le vice-roi, docile à cet avis prophétique, aurait conduit lui-même des troupes catholiques remplacer les soldats protestants. Ces récits sont inexacts. Le vice-roi, durant toute la campagne, siégeait aux états de Monzon. En revanche, huit mille reîtres allemands, débarqués par Doria, le 15 octobre 1542, furent conduits à Perpignan, et s'ils n'aidèrent pas à repousser l'invasion, c'est que, le 14 octobre, le duc d'Albe était rentré à Barcelone, après avoir déja triomphé des Français.

Pour l'empereur, comme pour le marquis de Lombay, les Cortès de 1542 avaient une extrême importance [1]. Les *Réparateurs* de torts devaient sanctionner ou désapprouver l'administration du vice-roi. Charles-Quint attendait des états un *servicio* plus abondant et plus nécessaire que jamais. Il espérait aussi qu'ils reconnaîtraient le prince Philippe comme héritier de la couronne, bien que la reine Jeanne la Folle vécût encore. Au lieu d'envoyer son fils recevoir, suivant l'usage, le serment dans les trois villes de Saragosse, de Barcelone et de Valence, l'empereur désirait enfin que les députés des trois provinces prêtassent le serment à Monzon.

Le marquis de Lombay partit de Barcelone le 12 juin. Il fut heureux de trouver à Monzon son père, membre du

---

1. Les Cortès dataient des comtes souverains (987-1162). Réunies chaque trois ans, elles formaient les états généraux des royaumes d'Aragon et de Valence et de la principauté de Catalogne. Seul le roi les pouvait convoquer, mais le prince héritier avait, ensuite, le droit de les présider. L'assemblée réunissait les trois *bras* ecclésiastique, militaire et royal. Dix-huit *habilitadores* nommaient deux ou trois *tratadores* chargés de présenter aux Cortès les volontés du souverain, de déférer à celui-ci les représentations des Cortès et de s'entremettre entre les deux parties. Dix-huit *reparadores de agravios*, dont neuf nommés par l'assemblée, neuf par le roi, connaissaient des infractions aux privilèges provinciaux. Les Cortès votaient l'impôt ou *servicio*, approuvaient les pragmatiques, portaient des lois.

bras militaire, don Francisco de los Cobos, son protecteur et ami, et l'empereur qu'il n'avait pas revu depuis la mort de l'impératrice.

Le 24 avril, il avait écrit à Cobos : « Je supplie V. S. d'ordonner aux fourriers de me loger au monastère de S. François, qu'occupait, aux autres Cortès, l'archevêque vice-roi. Mon seul titre de pauvre me devrait d'ailleurs valoir ce logement. » « Merci, mande-t-il le 14 mai, de vous être occupé de mon logis. J'ai demandé le monastère, pensant que c'était celui des vice-rois de Catalogne. On m'a dit, depuis, qu'il était réservé aux archevêques de Saragosse. Mon oncle l'occupera donc. J'ai écrit à Monzon, à un de mes serviteurs envoyé pour s'occuper de mon logis, de me trouver une autre résidence. Je supplie V. S d'ordonner aux fourriers de m'en donner une très bonne. Qu'elle leur recommande aussi le logement du duc de Gandie mon Seigneur. Il s'y emploieront ainsi avec plus de bonne volonté. »

Les Cortès se prolongèrent jusqu'au 25 septembre. Elles furent mouvementées. Le 18 juillet, Borgia écrivait à saint Ignace qu'il était très occupé et s'excusait, pour cette raison, d'être laconique. Plus tard, revenu à Barcelone, il racontait à Charles-Quint ses luttes avec les conseillers. « On se croirait aux états de Monzon », ajoute-t-il, et encore : « Je me démène au milieu d'affaires presque aussi malaisées que la conclusion des Cortès. » Ces allusions sont les seuls passages des lettres de Borgia qui nous marquent son rôle à Monzon. Son administration et ses décrets contre les bandits furent, du moins, approuvés. La protestation des députés de Catalogne n'obtint aucun effet, et le gouvernement triennal du vice-roi, qui expirait le 26 juin, lui fut renouvelé. Les Cortès reconnurent le prince Philippe comme héritier de la couronne, et les députés des états consentirent à lui prêter serment, mais à condition qu'il irait lui-même, dans les trois capitales des provinces, prêter et recevoir un nouveau serment.

La marquise de Lombay était restée à Barcelone, elle s'y trouvait encore le 10 juillet. Charles-Quint la manda à Monzon, et il la traita avec des égards qu'il n'accordait pas aux duchesses. Par la simplicité de sa mise, la marquise étonna la cour, et la femme du commandeur de Léon, doña Maria de

Mendoza, lui en dit sa surprise. Pour toute réponse, la marquise montra son mari, de mise encore plus modeste.

Fidèles à un système que nous avons déjà signalé, les anciens biographes de François de Borgia racontent, qu'à Monzon, il n'avait qu'une idée : obtenir de Charles-Quint son congé. « Il ne perdait pas une occasion, affirment-ils, de représenter avec vivacité, et plus instamment chaque jour, son ardent désir de se retirer dans ses Etats pour y mener une vie toute de recueillement. » Ces biographes oublient qu'à cette époque, Borgia n'avait point encore d'État : Lombay ne comptait pas, et le duc de Gandie, âgé de quarante-sept ans, ne paraissait nullement prêt à léguer son duché à son fils. Plus tard, dans une lettre à saint Ignace que nous avons citée, Borgia attribuera à la seule volonté de l'empereur, et nullement à son désir, son départ de Catalogne, et rien, absolument rien, dans ses lettres ou dans ses actes, ne permet de supposer qu'il eût cette idée fixe.

Mais Charles-Quint nourrissait déjà un projet dont, sans doute, il fit part alors au marquis de Lombay, et c'est peut-être pour en informer la marquise, qu'il l'appela près de lui. L'empereur allait bientôt marier le prince Philippe avec l'infante de Portugal doña Marie [1], et il tenait absolument à confier au marquis et à la marquise de Lombay la charge importante de grand majordome et de *camarera mayor* des jeunes princes. La marquise fit entrevoir à Charles-Quint que ce choix rencontrerait peut-être des oppositions : l'avenir montra qu'elle voyait juste. Cette observation faite, elle ne s'opposa point davantage aux volontés impériales. Ni elle ni son mari ne furent prophètes, et les desseins de Dieu, si différents de ceux de l'empereur, rien encore ne les leur révélait. En 1542, Borgia ne pouvait avoir, et n'avait en effet qu'un rêve : employer toute son activité au service de l'État et du roi.

Le 10 octobre, Charles-Quint entrait à Barcelone. Le prince tenait à remercier la ville généreuse, qui venait encore de lui donner, pour la défense de Perpignan, douze pièces de forteresse, baptisées du nom des douze apôtres. Le 8 novem-

---

1. Leur contrat fut signé à Lisbonne le 1ᵉʳ décembre suivant.

bre, le prince Philippe arrivait à son tour. Il venait de prêter
serment à Saragosse, et allait accomplir la même cérémonie
à Barcelone. Le 9, la ville reçut le serment du prince d'Espagne. Le 21, l'empereur et le prince partaient pour Valence.
Le duc de Gandie les accompagnait.

La présence des souverains avait interrompu l'exercice de
l'autorité du vice-roi. Borgia inaugurait d'ailleurs un second
triennat. Pour ces deux raisons, il dut renouveler le serment
de respecter les immunités catalanes. Mais, à cette occasion,
il refusa le cortège solennel qui s'offrait à l'accompagner.
A pied, escorté des conseillers, il se rendit, le 2 décembre,
à la Seo. Deux jours après, le conseil, suivant l'usage, lui
rendit visite, et lui recommanda l'exacte administration de la
justice.

Borgia n'éprouvait aucun besoin d'être stimulé. Durant
son absence, le 31 août, le duc d'Albe avait examiné, en conseil de guerre, les moyens de défense de Barcelone, et il
avait laissé un mémoire des travaux à exécuter. Un retour
offensif était toujours à craindre de la part de François Ier,
et la récente défaite de Charles-Quint rendait plus audacieux
les Maures d'Afrique. Le vice-roi devait armer des galères
et achever sans retard les fortifications de Barcelone et de
Tarragone.

Il mit à cette tâche son activité, je dirais même, son impatience accoutumées. La bonne volonté des gens de Tarragone
n'était pas en défaut, mais celle des conseillers de Barcelone
mollissait. Borgia fait creuser des fossés, garnir des terre-
pleins, bâtir des courtines. Il dispose les travailleurs par
équipes de cinquante ouvriers, et promet un prix à l'équipe
qui aura le plus tôt achevé sa courtine. Sa présence au chantier anime les moins actifs. Seul, le Conseil le désespère par
ses lenteurs. Il le semonce ; il presse l'empereur d'exciter
les endormis. Il ne quitte l'audience, que pour aller aux remparts. Le 22 décembre 1542, il écrit à l'empereur : « Huit
hommes, servis par un mulet, portent, chaque heure, neuf
cent vingt-cinq charges de terre aux remblais. Tout irait bien,
si les conseillers achevaient de se décider, mais mes instances
n'obtiennent rien d'eux. Le Conseil prétexte qu'il attend une
réponse de V. M. Je supplie très humblement V. M. d'expé-

dier cette réponse, afin qu'on puisse agir promptement.
J'emploie aux travaux toutes mes forces et toute ma diligence, et je souffre de voir perdre un temps précieux... Durant les fêtes de Noël, je travaillerai à obtenir des conseillers
une résolution ; s'ils refusent de la prendre, V. M. saura, du
moins, qu'ils ne veulent pas. »

Et, le 3 janvier, à Cobos : « Je suis démonté (*espantado*)
par l'indifférence que montrent les conseillers pour ces travaux de défense, et le mal qu'il faut se donner pour les amener
à prendre une résolution... Ils prétendent que cette besogne,
à laquelle ils me voient si ardent, provient d'un caprice de
ma part, et non d'un ordre de S. M. Vous pouvez penser ce
qui se passe en moi, quand je dois leur persuader qu'il s'agit,
pour eux, d'obéir à S. M. On dirait vraiment que je leur parle
de réparations à faire exécuter dans ma maison. »

Le 9 janvier, il mande à l'empereur : « Je m'occupe des
fortifications, avec toute la chaleur nécessaire pour compenser la mauvaise volonté des conseillers. A force de les pousser, ils ont enfin pris une résolution. Quel travail cela m'a
coûté ! Je me serais cru à Monzon, traitant une affaire de
Cortès. C'est un Mossen Bosch qui est devenu conseiller en
chef, homme très têtu, qui déteste de voir la ville dépenser
un réal... Toutes ces fêtes de Noël, je suis resté alité, assez
indisposé. J'ai dû faire venir chez moi les conseillers, deux
jours de suite. Le second jour, le duc de Cardona et l'amiral
de Naples assistèrent à notre conférence. A force de lutter,
et après avoir promis que j'aiderais, de ma bourse, aux
dépenses, on a décidé de poursuivre le travail des fossés et
des terre-pleins. Ceci arrangé, et l'exécution restant à ma
charge, j'espère que tout marchera. »

« Enfin, écrit-il le 20 janvier, les conseillers se sont décidés à employer cinq cents hommes, chaque jour, aux fortifications. Mais ils invoquent tant d'excuses, et se montrent si
durs à la détente, que je perds l'espérance d'obtenir plus
d'ouvriers. » Il annonce cependant qu'il a sept cents journa-
liers aux chantiers. « Cela m'a coûté bien des colères et des
efforts, mais le travail avancera. » Le 8 février, à peine remis
de son indisposition, le vice-roi allait visiter les chantiers.
Il faisait construire des murs pour soutenir les remblais, et,

jusqu'à la fin d'avril, il restait le plus actif organisateur de la
défense. Quelques mois plus tard, un bon prêtre de Barcelone, Jean Pujals, pouvait écrire cette lettre belliqueuse :
« Tout le monde ici est en armes. On attend l'arrivée des
Turcs et des Français. On les attend avec impatience, afin de
leur bien briser la tête, et de leur enlever l'audace de recommencer. La ville est bien pourvue, bien munie et bien armée,
aux abords et à l'intérieur, avec tant d'artillerie, et si bonne,
que c'est merveille. Les grand'gardes sont en faction jour
et nuit, mais notre meilleur et plus sûr rempart est la prière
perpétuelle. »

Sur ces entrefaites, un coup, que rien n'annonçait, frappa
douloureusement le marquis de Lombay. Le 9 janvier 1543,
son père, le duc de Gandie, était mort. « V. M. venait de
quitter Valence, écrivait le vice-roi le 14 janvier, et le duc
mon seigneur rentrait à peine chez lui, quand il fut pris de
fièvres, de syncopes et de vomissements. Il a plu à N.-S. de
l'appeler dans sa gloire, le 9 du présent mois. Il est mort avec
tous les secours de notre mère la sainte Église. Il me laisse
bien affligé, car cette perte est fort grande. Il me serait bien
nécessaire d'aller là-bas pour arranger diverses choses, mais
ici, le service de V. M. en souffrirait. Aussi n'osé-je pas
demander un congé à V. M. J'attendrai que ma présence
soit moins nécessaire. Il est inutile d'offrir de nouveau à
V. M. cette maison que gouvernait un si loyal serviteur, étant
donné que je demeure à sa tête, et que je suis entièrement
le serviteur de V. M. »

Le vice-roi, remarquons-le encore, n'offrait nullement sa
démission. Il parlait seulement d'un congé. Aussi bien, n'était-
il point fâché de différer son voyage à Gandie. La succession
de son père étant assez embrouillée, il préférait que les premières difficultés fussent aplanies en son absence. Il confia
le gouvernement du duché à son demi-frère Pierre-Galceran
de Borgia, et chargea son frère naturel, Jean Christophe,
d'ouvrir et de publier le testament paternel. Charles-Quint
avait ordonné au vice-roi de l'attendre. Le 10 avril, l'empereur arrivait à Barcelone. Il dit alors nettement au nouveau
duc de Gandie son intention de lui enlever sa vice-royauté
et de lui confier, en retour, le gouvernement de la maison

des princes. Borgia obéit à un ordre qu'il n'avait point provoqué. Le 18 avril 1543, il abandonnait la Catalogne [1]. A
pareille date, en 1564, un an avant d'être élu général de la
Compagnie de Jésus, il écrivait, à Rome, dans son journal
spirituel : « 18 avril : action de grâces pour mon départ de
Catalogne, qui eut lieu en ce jour, il y a vingt et un ans [2]. »
Dans l'ignorance où il était de l'avenir, qui peut dire si le
duc de Gandie remercia pareillement, le jour où il partait de
Barcelone? Le 6 mars, Paul III lui avait écrit, en apprenant
la mort du duc Jean : « Nous avons été fort attristés par la
mort du duc Jean, votre père. Il était petit-fils d'Alexandre VI,
notre prédécesseur d'heureuse mémoire, qui a fait toute notre
fortune ; c'était un homme remarquable par son crédit, sa
piété et sa vertu ; il nous était pieusement dévoué [3] : aussi
l'aimions-nous beaucoup. La douleur que cause une telle
perte est grande, mais votre douleur doit être calmée par la
prudence et le respect de la volonté divine. Les mêmes raisons calment la nôtre, et aussi la pensée que vous lui succé-
dez dans son duché, et que vous êtes, dit-on, son image par
la vertu et par les traits de l'âme, non moins que par ceux
du visage. Aussi la bienveillance que nous lui portions, nous
la voulons reporter sur vous, vos enfants et vos frères, et
nous vous exhortons, cher fils, à continuer à vous rendre
digne d'un tel père et d'un tel bisaïeul(!). De la sorte, nous
qui, spontanément, et par le souvenir que nous gardons des
vôtres, sommes déjà porté à vous aimer particulièrement,

---

1. Son successeur, don Juan Fernandez Manrique, marquis de Aguilar, fit
son entrée à Barcelone et prêta serment le 10 juillet 1543.

2. *18 de abril : Action de grãs par la salida de Cataluña que fue en este
dia, á 21 años.*

3. Les correspondants du duc Jean ne se gênaient pourtant pas pour lui
communiquer les pasquinades qui couraient à Rome sur la cour de Paul III.
Le 9 mai 1538, un certain Molina lui envoie celle-ci dirigée contre *el famoso
infame Ambrosio, secretario de su Santidad.* C'est le *Psalmo Miserere del
secretario Ambrosio :*
   Miserere mei, Paule, non secundum Ravineam misericordiam tuam :
   Nec secundum consuetudinem tuam dele substantiam meam;
   Amplius integra me in dignitate mea, et secretariatui meo redde me,
   Quoniam captivitatem meam ego Cognosco, et argentum meum contra me est
   Tibi soli peccavi, sed malum omnibus feci, ut largireris nepotibus tuis [semper.
   Et vincas cum præliaris..., etc. (Osuna.)

nous y serons aussi poussé par ce que méritent votre vertu
et votre gloire [1]. »

Le 21 avril, de Molins de Rey, Borgia répondit au pape :
« Très bienheureux et très Saint-Père. Quand cette maison
n'aurait reçu d'autre bienfait de votre main, que celui que
V. S. vient de lui accorder par la faveur de ses consolations,
nous serions incapables de la servir dignement ; et ce bienfait vient après beaucoup d'autres et de très signalés. Aussi
est-il inutile d'offrir à V. S. ce qui lui est déjà dû... Il me reste
seulement le désir d'aller baiser les pieds de V. S. et de lui
montrer, en quelque chose, que je n'ai point reçu tant de
bienfaits en ingrat. Jusqu'ici ce désir n'a pu être réalisé, car
S. M. m'employait à son service. Mais où que je sois, je me
tiendrai toujours pour une créature de V. S., comme l'était le
duc mon père. Je regarde ce titre comme le premier de ma
maison. Je vais maintenant y mettre ordre, afin de soulager
l'âme de celui qui, j'espère, a déjà le repos, et aussi pour
réconforter sa veuve qui reste si affligée. Mais la bonté de
V. S. achèvera de la consoler. Plaise à l'infinie Bonté, nous
donner la grâce voulue pour que les très saintes paroles de
V. S. se gravent en nos cœurs. Elles témoignent le zèle qu'a
V. S. pour le salut des âmes pécheresses qui s'abritent sous
sa protection », etc.

Cienfuegos affirme qu'à cette occasion, Paul III offrit au
duc de Gandie le chapeau pour un de ses fils, et que le duc
fit le beau geste de refuser. Ni le bref de Paul III, ni la
réponse de Borgia, ni aucune ligne de ses lettres, n'autorisent à penser que Paul III ait proposé la pourpre a des
enfants dont l'aîné avait dix ans, le dernier quatre [2].

Le marquis de Lombay n'avait point démenti les espérances de Charles-Quint. Par son activité, son impartiale justice,
son obéissance très digne et très franche, il avait, pendant
trois ans et dix mois, rendu à la Catalogne d'éminents services. Barcelone ne les a pas oubliés. Parmi les bustes de ses
meilleurs lieutenants généraux, dressés au faîte du palais des
gouverneurs militaires, figure celui de François de Borgia [3].

1. *Osuna*.
2. Carlos, l'héritier, avait treize ans, mais restait hors de cause.
3. Ces bustes sont ceux du comte de Santa Clara, du marquis de la Mina,

IV

Durant sa vice-royauté, une œuvre s'était poursuivie, en François de Borgia, dont sa correspondance officielle présente peu de traces, qu'il découvrait, sans doute, en d'autres écrits malheureusement perdus, dont les témoignages des procès de canonisation nous donnent cependant une idée. A la cour, Borgia s'était montré gentilhomme exemplaire; à Barcelone, il fit preuve d'une vertu déjà héroïque.

Non qu'il faille croire, du vice-roi de Catalogne, tout ce qu'en ont dit ses biographes. Le Borgia qu'ils dépeignent, et l'auteur des lettres que nous connaissons, sont deux hommes différents, et le silence des documents est moins trompeur que certains récits de ces panégyristes outrés.

Il est simplement impossible que le vice-roi ait disposé sa journée comme le décrivent Nieremberg et Cienfuegos. Après son lever, à trois ou deux heures du matin [1], six heures continues d'oraison, puis la messe, son travail, un repas composé d'eau, de pain et d'un peu de légumes, une causerie pieuse avec les siens, quelques heures consacrées aux affaires, jamais de collation, des lectures édifiantes, de longues prières. A la fin du jour, un examen de conscience prolongé, une rude flagellation, enfin quatre, au plus cinq heures de repos, pris sur le sol.

Un homme médiocrement occupé n'aurait pu suivre un règlement si précis, qui ne laisse place ni aux longues séances au Conseil, ni aux travaux, ni aux campagnes, ni aux cérémonies, ni aux fêtes qui absorbaient la vie du vice-roi, et dont le récit défraye sa correspondance.

Il n'est pas vrai non plus qu'à Barcelone le marquis de Lombay ait maigri au point de n'avoir plus que la peau sur les os. Quand il entra à Barcelone, en 1539, son embonpoint fit impression. Vice-roi, il le conserva, et, duc de Gandie, il ne le perdit point. C'était un des plus gros hommes de

du duc de Gandie, du duc de Baylen, du marquis de Campo Sagrado, du comte de Gra.

1. Le 14 juillet 1541, il raconte qu'il a dû se lever à trois heures du matin pour voir lancer une galère. Et il donne ce lever si matinal comme une exception nécessitée par les circonstances.

Valence, dit un témoin au procès de Madrid [1]. Lorsqu'il entra
en religion, affirme doña Juana de Velasco, veuve du petit-
fils du saint, il était gros et corpulent [2], et, sur dix témoins
aux procès, six, au moins, parlent de cette corpulence, de
cette *barriga*, si peu commune, qu'on pratiquait, pour la
loger, une échancrure aux tables. Louis de Biruegel a vu
une de ces tables à Gandie [3]. Bautista Ferrer, domestique,
ajoute que la ceinture du vice-roi, *su pretina*, aurait contenu
trois hommes [4]. Quand Borgia revint à Valence, un an avant
sa mort, la *barriga* avait disparu, et Valence fut émerveillée
de retrouver, décharné, celui auquel elle avait connu de tout
autres proportions.

Sans doute, à Barcelone déjà, les abstinences du marquis
de Lombay l'avaient un peu aminci. Un justaucorps, repris
au bout d'un an, se trouva trop large d'un pan [5], mais le
périmètre restait considérable. Sans doute aussi, quand le
P. François de Borgia se fut réduit à une véritable maigreur,
sa peau détendue se rida. Une véritable infirmité, une dilata-
tion d'estomac, s'ensuivit. Après les repas, l'estomac se ballon-
nait, et causait au saint de véritables tortures, qui parfois
nécessitaient des massages [6]. Ceux qui, pour la première
fois, voyaient le P. François en cet état, pensaient qu'il rendait l'âme. Encore ces accidents n'étaient-ils pas constants.

Les amplificateurs ne manquèrent pas d'exploiter cet heureux motif de l'amaigrissement du saint. Déjà quelques
contemporains parlaient de deux pans de peau vide qui
restaient au religieux pénitent [7]. Deux pans, c'était trop peu.

---

1. Fr. Domingo de Mendoza, O. P., *De los mas gruesos hombres que
habia en Valencia*. Madrid, 1617.

2. *Quando entró en religion hombre grueso y corpulento.* — Et d'autres :
Quando entró en la religion era muy grueso.

3. Procès de Barcelone, 1611. — 4. *Ibid.*

5. *Un gipo que havia un any que no se l'havia posat, après li vingue ample
um palm, essent li avans molt just y a medida de son cors.* (P. Joannes Ferrer,
S. J., recteur du collège de Belen [Procès de Barcelone, 1611]) Un autre dit
que le *gipo* était trop large de *media vara*.

6. Bautista Ferrer, domestique, raconte qu'il a dû souvent les pratiquer.
(Procès de Barcelone.)

7. Déposition du P. Jean-Baptiste, prieur du couvent de Santa Engracia,
à Saragosse, et ancien général des Hiéronymites : « Les religieux du couvent
de Notre-Dame de la Murta, près de Gandie, lui ont conté qu'étant duc, Borgia
était très gros, et qu'ensuite, sa vie pénitente le réduisit à un tel état de

Cienfuegos affirme que, de sa peau desséchée, le marquis de
Lombay s'entourait entièrement le corps : tel Hercule, de la
dépouille du lion de Némée. Pourquoi s'arrêter en si beau
chemin ? Une plaquette, publiée à Rome en 1617, déclare que
Borgia s'enroulait trois ou quatre fois dans sa peau [1]. A sa
mort, on fit son autopsie. On vit, alors, qu'un de ses poumons
était complètement perdu, mais personne ne découvrit l'invraisemblable phénomène de cette peau repliée en manière
d'habit.

La plus concluante déposition, à ce sujet, est celle du
P. Fray Lamberto Despes, de l'observance de Saint-François,
définiteur du couvent del Jesus à Saragosse. (Procès de Saragosse, 1610.) Ce témoin compte soixante-dix ans. Il raconte
qu'à Rome, trois ou quatre fois, il avait essayé, en vain, de
voir le P. François, alors général. A la maison professe,
François était toujours occupé avec des serviteurs, des
écuyers de cardinaux, ou d'autres personnages. Ennuyé de
ces contretemps, le P. Despes s'en plaignit au portier de la
maison professe, lequel informa son général. François,
attristé, se rendit aussitôt au couvent de l'Ara Cœli, demanda
le Père, et, parvenu dans sa cellule, il se jeta à ses pieds,
lui demandant pardon du retard qu'il avait mis à le visiter.
Le P. François ajouta que s'il défendait parfois sa porte,
c'était à cause de crises qui lui survenaient. « Et, à ces mots,
dégrafant sa soutane et un léger pourpoint qu'il portait, il
me montra, dit le témoin, sa poitrine et son estomac, et je
vis qu'au ventre [2], le Père avait un repli de chair (vio que
en la barriga tenia un doblez de la carne). » Ce creux, ajoute
Despes, s'enflait souvent, et causait au Père d'extrêmes
angoisses [3]. Un doblez de la carne, une ride profonde à l'es-

---

maigreur, que la peau de son ventre se repliait (que doblaba el pellejo de la
barriga). » (Procès de Saragosse, 1610.) Mendoza (procès de Madrid) parle
de dos palmas de pellejo. Le duc de Lerme, petit-fils du saint, et de nombreux témoins (ibid.) rapportent la même tradition.

1. Tantum gracilis fieret, ut, decidua et effluente ventris pelle, ter qua-
terque seipsum præcingeret. (Compendium vitæ, virtutum et miraculorum
B. F. de Borgia, ex secretaria Congregationis Sac. Rituum. Romæ, 1671, p. 12.)

2. Au-dessus de la ceinture évidemment.

3. Y este vacio que tenia en la barriga, de la mucha flaqueza que tenia en
el cuerpo, se le inchia algunas veces de ventosidad y le ponia en grande
estrecho.

tomac, c'est donc tout ce qui reste de la peau légendaire.

Nieremberg affirme encore qu'à Barcelone,. à force de prier prosterné, le marquis de Lombay perdit toutes ses dents [1]. Cienfuegos ajoute que la gangrène envahit sa bouche et que sa santé était, dès lors, ruinée. Quelles imaginations! Je vois bien, dans les lettres de Borgia, qu'en février 1542, il souffrit de quelques fièvres, que, pendant toutes les fêtes de Noël 1542, il resta alité et mal en point, *con ruyn disposicion*. Il écrit, le 8 février 1543, que son indisposition lui permit ce jour-là, pour la première fois, d'aller inspecter les fortifications, mais il regrette assez ce contretemps, pour ne l'avoir pas provoqué par de trop fortes imprudences. D'ailleurs, il se dit bien portant. Le 22 septembre 1546, le P. André de Oviedo écrivait à saint Ignace que le duc, âgé de trente-six ans, jouissait d'une complexion saine, qu'il souffrait seulement de la goutte, mais pas beaucoup et rarement. Personne, en tout cas, ne signale cette dentition perdue, accident notable pour un homme de trente-deux ans, et dont on verrait la trace sur le masque pris après sa mort et conservé à Rome. Ce masque est celui d'un homme qui a ses dents.

La vertu du vice-roi de Catalogne, comme toute vertu véritable, consistait surtout dans la façon parfaite dont il accomplissait ses graves devoirs d'état, dont il se dévouait au bien public, dans l'empire qu'il prenait de plus en plus sur sa vivacité naturelle, dans son désintéressement absolu, dans le pardon qu'il accordait au comte de Modica, dans la sérénité qu'il opposait aux insolences de la grandesse catalane, dans l'intention surnaturelle dont s'inspiraient tous ses actes.

Mais il y avait plus. Les panégyristes sont loin d'avoir tout inventé, et, selon la belle expression d'un témoin, Borgia fut vraiment, à Barcelone, un très grand chrétien, *grandissim christia*.

Aux procès de 1611 et de 1617, aucun témoin ne pouvait parler des vertus du vice-roi d'après des souvenirs person-

---

1. *Las muelas todas se le cayeron de la boca en pocos dias* (liv. I, chap. xvii), — et Cienfuegos : *Tenia encancerada la boca de estar tantas horas pegada con la tierra; cayeronse las muelas todas* (liv. II, chap. ix, § 2).

nels. Personne, du reste, sauf ses directeurs, n'avait pénétré
le secret de ses prières et de ses pénitences. On connaissait
des faits notoires par la rumeur publique, d'autres, par des
traditions plus intimes. Ils étaient rapportés avec des variantes qu'il faut nécessairement interpréter, des grossissements
qu'il faut réduire.

Ainsi, doña Juana de Velasco affirme qu'à Gandie, le duc
faisait quatre heures de méditation continue, de quatre à huit
heures du matin. Quand le duc se retirait au collège de
Gandie, dit un autre témoin, il passait dans sa chambre
sept heures en prière. Le noble Raymond Doms, capitaine
général, rapporte que, vice-roi, Borgia était des six heures
en oraison. Le capitaine don Martin de Contreras y Peñalosa
raconte que, marié, le marquis de Lombay méditait trois
heures le matin, trois heures le soir. — Qui ne voit que ces
affirmations, relatives à des époques déterminées, à des faits
isolés, perdent toute vraisemblance dès qu'on les généralise !
Contreras, par exemple, n'a certainement pas voulu dire que,
marié, c'est-à-dire dès l'âge de dix-neuf ans, Borgia avait
toujours médité six heures par jour.

Chevalier de Saint-Jacques, Borgia devait réciter, chaque
jour, comme prières de règle, cent cinquante *Ave Maria* et
quinze *Pater Noster* ; l'équivalent du rosaire. Il était fidèle
à cette pratique et à d'autres. Autant qu'un homme d'action,
il était donc un homme de prière. La dévotion du saint Sacrement était traditionnelle dans sa maison. Le marquis de
Lombay la professait et la pratiquait ouvertement. Il communiait très souvent dans sa chapelle privée ; aux fêtes principales, il communiait à la Seo, à la grande édification d'un
public peu habitué au fréquent usage des sacrements[1]. Cette
ferveur fut, paraît-il, vivement critiquée par des mécontents[2],
et le premier biographe de saint François de Borgia, le

1. *Era devotissim del Santissim Sacrament, y confessara y combregava molt
sovint, retirat en su capella ; y en las fiestas principales combregava en public
ab gran exempl y edificatio de la gent, per no esser en aquell temps cosa
molt usada lo frequentar los Sts Sacraments.* (Procès de Barcelone.)
2. Pour apprécier, à sa valeur, le mérite de Borgia, rapprochons sa ferveur
de l'indifférence ambiante, de celle, par exemple, du propre évêque de Barcelone, don Juan de Cardona. Dans sa parenté, comme dans son époque, François de Borgia apparaît comme un miracle.

P. Denis Vasquez, raconte que, pour s'éclairer, le marquis
de Lombay communiqua ses doutes à saint Ignace de Loyola.
Le saint aurait répondu en refusant de fixer une règle générale, mais en approuvant toutefois la conduite de son correspondant. Sur la foi de Vasquez, tous les historiens ont admis ce
récit, mais, nulle part, ces lettres de Borgia et de saint Ignace
n'ont pu être retrouvées. Un Espagnol, don Miguel de Rovira,
a cependant affirmé, en 1535, au procès de béatification
d'Ignace de Loyola qu'il se rendait, avec le saint, au couvent de l'*Ara cœli*, quand on remit au saint fondateur la lettre
du vice-roi de Catalogne. En la recevant, « Qui croirait, dit
saint Ignace, qu'avec le temps, ce seigneur entrera dans la
Compagnie, et viendra à Rome la gouverner! » Rovira demanda
de quel seigneur il s'agissait, et sa surprise fut grande d'entendre qu'il était question du jeune marquis de Lombay,
vice-roi, marié, et nullement sur la voie de la vie religieuse.

A Barcelone, avant l'arrivée de Borgia, la procession du
saint Sacrement, le jour de la Fête-Dieu, se faisait le matin,
après la grand'messe, et le chantre, le *capiscol* n'y pouvait
assister. Ce dignitaire demandait à ses confrères du chapitre
de remettre au soir la procession : les routiniers refusaient.
Le marquis de Lombay intervint, et obtint un changement qui
permit de consacrer toute une journée à honorer la sainte
eucharistie[1].

Il demandait à ses serviteurs de se confesser et de communier tous les mois. Il leur faisait des exhortations pieuses.
Il les surveillait, et, la nuit, il visitait parfois les chambres
de ses domestiques non mariés, afin de constater qu'il n'y
régnait aucun désordre. S'il en trouvait en faute, il les chassait[2].

En vertu du privilège accordé par Clément VII, en 1530, le
marquis de Lombay et sa famille étaient dispensés des abstinences et des jeûnes ecclésiastiques. Cependant, sans doute
pendant l'avent de 1541[3], Borgia voulut se soumettre au

1. Procès de Barcelone : Ill. et R. D. Jacobus Raymundus Vila, presbyter.
2. Procès de Madrid : Don Martin de Contreras. *Hacia confesar y comulgar
muy amenudo a sus criados*, etc. ; d'autres témoins disent : chaque mois.
3. Et non en 1540, comme disent ses historiens. En 1540, du 26 octobre
au 22 décembre, le vice-roi inspectait la frontière du Roussillon, et sa vie

grand jeûne en usage chez les Franciscains dont il était ter-
tiaire. De tout l'avent, il ne fit donc qu'un repas maigre, composé d'un plat de légumes, de pain et d'eau. Le soir, il ne prenait qu'une simple collátion. Il se trouva si bien de ce régime,
qu'il le continua, paraît-il, une année entière [1]. Vice-roi, dit un
témoin du procès de Gandie, le marquis tenait toujours deux
tables largement servies pour ses invités. On lui présentait,
à lui, son écuelle de légumes, et il avait accoutumé ses hôtes
à ne plus même remarquer cette singularité [2].

Tous conviennent qu'il menait une vie très pénitente, qu'il
usait de vêtements fort simples, qu'il habillait ses domestiques
très modestement, et ne permettait, dans sa demeure, ni jeux
ni divertissements profanes, qui pussent offenser Dieu ou
donner occasion de murmurer [3].

Contreras, dans sa belle déposition, ajoute que, duc de
Gandie, Borgia se flagellait les vendredis, et trois fois par
semaine durant le carême, qu'il jeûnait au pain et à l'eau les
lundi, mercredi et vendredi de carême. Il a su cela de deux
serviteurs du palais, et par des chevaliers de Valence informés, eux aussi, par la domesticité. Gaspar de Berenguer, serviteur du duc Carlos, fils du saint, affirme, au procès de Saragosse (1610), avoir entendu dire à son maître, qu'étant duc
de Gandie, François jeûnait tous les vendredis en mémoire
de la Passion, et qu'il se flagellait souvent si fort, que les

---

agitée ne rend pas vraisemblable l'abstinence dont on parle. D'autre part, il
passa les fêtes de Noël de l'année 1542 dans son lit. C'est donc à l'avent de
1541 qu'il faut rapporter l'abstinence que relatent les historiens. Et elle ne
put se répéter pendant tout l'avent de 1542, puisque alors Borgia était malade
et alité.

1. Don Ramon Vila (procès de Barcelone) parle de deux carêmes et non de deux
avents. Cette version serait plus vraisemblable. Il prenait, dit ce témoin,
*una escudilla de yerbas, con una ravenada de pan y beber un pequeño vaso
de agua... Lo proseguió un año entero.*

2. C'est à cette époque qu'il faudrait, s'il est authentique, rapporter ce
trait relaté par Leibniz : « François de Borgia, général des Jésuites, qui a
été enfin canonisé, étant accoutumé à boire largement lorsqu'il était homme
du grand monde, se réduisit peu à peu au petit pied, lorsqu'il pensa à la
retraite, en faisant tomber chaque jour une goutte de cire dans le bocal qu'il
avait coutume de vider. » (*Nouveaux essais sur l'entendement humain,*
Liv. II, chap. xxi, § 31)

3. Déposition du R. Pierre de Collantes, prêtre, préposé de la Seo, au procès de Barcelone.

murailles en restaient tachées de sang. A Barcelone, le marquis de Lombay avait préludé à cette vie pénitente par des
austérités dont il est malaisé de fixer la nature et le nombre.
Il les tenait trop secrètes, pour que les mieux informés
aient pu les découvrir. Un témoin indique bien qu'avant de
traiter une affaire et de faire une visite importantes, le vice-
roi se disciplinait. Le reste, on est réduit à le conjecturer.

Unanimement, on exalte son culte de la justice, son dévouement aux intérêts de Barcelone, ses efforts pour relever les
études dans les écoles et à l'Université. « De la bonne instruction de la jeunesse, répétait-il, dépend le bon gouvernement des États. » On signale son courage à bannir du pays
les *lladres*, *foragits y homicidos*, ses aumônes considérables [1].
On le dit accessible et humain aux petites gens, très humble,
souverainement avenant et affable, inexorable au seul crime.

Il est donc hors de doute que le marquis de Lombay pratiqua, en Catalogne, ⟨de très éminentes vertus. Encore y
dut-il parvenir par degrés. Sa correspondance officielle, par
exemple sa lettre au cardinal de Tavera au sujet du voyage
à Perpignan, écrite en 1540, montre une impressionnabilité
encore bien vive. Il tient à sa réputation ; il prend soin du
qu'en-dira-t-on. Il n'est pas l'homme avide d'humiliations
qu'il deviendra plus tard. Un an après, dans ses démêlés
avec le comte de Modica et le duc de Cardona, il montre
déjà un assez grand oubli de soi. La sainteté est un sommet
auquel personne ne parvient d'un bond. On y accède par de

---

1. Dans un fragment des comptes de François de Borgia : *Gasto tras-
trordinario del mes de Março, del mes de abril 1543 (Osuna)*, je relève,
cinquante-deux fois, le mot *limosna*. Les autres dépenses sont insignifiantes.
« A la sortie de la messe, on a donné à deux pauvres... A la Brizuella, on a
donné un ducat par ordre de S. S. — S. S. m'a ordonné de donner une chemise à un pauvre qui souffrait de la goutte et avait été captif. Et, à un ermite,
S. S. m'a fait donner deux réaux. — A la femme de Pedro, l'aveugle, un
real. *Item*, à une femme, six deniers, et, à deux autres, six deniers à chacune.
Une chemise à un pauvre. Le Vendredi saint, une chemise à un marin... », etc.,
etc. — Suivent les dépenses faites en chemin quand Sa Seigneurie alla à Lérida
recevoir Sa Majesté : « A. Molin del Rey, un ducat à Samson pour faire dire des
messes à Montserrat ; une aumône à des étudiants, à la sortie de Poblet, à une
veuve..., à des jeunes filles qui chantaient..., à des béates, à des frères de
Saint-François, à des pèlerins, etc., etc. Le 28 mars, à Montserrat : 39 réaux
pour des messes », etc.

longs acheminements, et le tort d'un hagiographe serait de les déguiser.

Des auteurs prétendent qu'à Barcelone, le marquis et la marquise de Lombay avaient fait vœu de chasteté. Ce vœu ne daterait, en tout cas, que de 1541. Au mois de novembre précédent, la marquise, nous l'avons dit, avait eu de fausses couches. Et il resterait encore à expliquer cette phrase du testament de doña Léonore, testament qu'elle rédigea l'année de sa mort, en 1546. « Je laisse, comme héritiers universels, mes enfants, D. Carlos, D. Jean, D. Alvaro, D. Ferdinand, D. Alphonse, Dª Isabelle, Dª Juana, Dª Dorothée, et les autres qu'il plairait encore à N.-S. de me donner (*y à los mas que N.-S. fuere servido darme*)... »

Les deux époux étaient tendrement unis ; aucun voyage ne les séparait. Le vice-roi emmena avec lui sa femme malade, même quand il dut inspecter la frontière. Il ne s'en sépara que pour l'expédition de Provence, en 1537, et une lettre de doña Léonore, que nous avons citée, prouve en quelle affliction ce départ l'avait jetée. Tout entiers à leurs préoccupations de nous montrer, en Borgia, un religieux extraordinaire, les historiens du saint ont évité de nous faire pénétrer dans l'intérieur du marquis de Lombay. Il y aurait eu profit, cependant, à savoir quel père il était. Nous l'ignorons. A Barcelone, ses huit enfants grandissaient sous ses yeux. Il avait accueilli à son foyer sa belle-sœur et un de ses parents, Georges de Mello, qu'il aimait comme un fils. Le marquis, si aimable et si tendre, même dans sa correspondance officielle avec don Francisco de los Cobos[1], devait réserver à sa charmante famille une délicieuse tendresse.

Quand son père mourut, en 1543, il s'en montra désolé. A sa mort, nous l'entendrons, lui-même, se faire répéter, un à un, les noms de tous ses fils et petits-fils. J'ai eu la bonne fortune de mettre naguère la main sur une collection de lettres inédites, écrites à Borgia par ses enfants, de 1566 à 1569. Il était alors religieux et supérieur général. Néanmoins ces lettres nous montrent qu'il suivait avec intérêt les moindres évé-

---

1. Il apprend qu'une des filles du ministre se marie. « Ici, lui écrit-il, mes pieds dansent tout seuls de la joie que vous éprouvez à Madrid. »

nements de sa famille. Il n'avait donc point, pour les siens,
cette indifférence transcendante, qu'on lui prête communément. Mais la littérature hagiographique des dix-septième et
dix-huitième siècles exigeait certain style. Nous devons à cette
mauvaise tradition d'ignorer tout un aspect de la vie de François de Borgia. En revanche, nous y avons gagné l'histoire
des peaux vides; ne nous plaignons pas.

A son arrivée à Barcelone, le marquis de Lombay avait choisi
comme confesseur le P. Juan Michol, des Frères prêcheurs.
Il avait aussi de fréquents rapports avec le P. Dominique de
Guzman, provincial du même ordre, mais l'homme qui, à
cette époque, eut, sur sa vie, la plus forte influence, fut un
simple frère lai de l'ordre de Saint-François, Jean de Texeda.
Texeda était né à Sellejon, dans le diocèse de Plasencia [1].
Son frère avait commis un meurtre en défendant leur père,
et, par crainte de représailles, Jean s'enfuit en Andalousie.
Un jour, à Jerez, un étranger attaque Texeda. Celui-ci ren-
verse son agresseur, et, l'épée à la main, il allait l'achever,
quand, mû par un bon sentiment, il lui fit grâce. Il fut
récompensé de sa générosité par une apparition du Sauveur
qui décida sa conversion. Des actes de singulière humilité
signalèrent ce changement. Texeda revint ensuite à Sellejon,
se construisit un ermitage à l'endroit même où son frère
avait tué son ennemi. Il y vécut deux ans. Appelé à l'ordre
de Saint-François, il fut reçu à Barcelone comme frère lai.
Sa ferveur et son austérité étaient extrêmes, et son biographe
anonyme lui compose toute une légende dorée tissue de visions et de prophéties. En une de ces visions, Texeda aurait
aperçu un personnage, que Dieu destinait à une haute préla-
ture dans l'Église. Pendant les fêtes du carnaval, le frère
croisa, peu après, le cortège du vice-roi, et son étonnement fut grand de retrouver, dans le marquis de Lombay,
l'homme dont Dieu lui avait indiqué la sainteté future.
Un visiteur de l'ordre passa, sur ces entrefaites, à Barcelone. Ravi du trésor qu'il découvrait en l'humble frère, il

1. *Vida del Bienaventurado P. Fr. Juan Tejeda, frayle menor de la orden
del serafico P. San Francisco,* escrita por un P. de la C. d. J. (Emmanuel
de Sa?) (Archives générales de Valence, manuscrit.)

en parla au vice-roi, qui voulut connaître Texeda. Celui-ci profita de cette occasion pour dire à Borgia ce que Dieu attendait de lui. Quoi qu'il en soit des merveilles qui précédèrent leur rencontre, il est certain qu'à partir de ce moment, le marquis de Lombay ne voulut point se séparer du franciscain. Avec la permission du pape, il le prit en sa compagnie et l'amena à Gandie. L'évêque de Carthagène, don Esteban de Almeyda, conféra le sacerdoce au frère lai, qui, bien que sans études, en remontrait aux plus doctes théologiens. Texeda mourut à Valladolid, le 6 août 1550.

C'est en 1541, probablement, qu'eut lieu la rencontre de Borgia et du frère, et c'est de cette rencontre que date l'élan de ferveur austère qui emporta, depuis, le marquis de Lombay. Texeda fut son premier guide dans la voix de l'héroïsme chrétien[1]. Le maître se faisait une haute idée de la vertu de son disciple. Le P. Lamberto Despes, dont nous avons déjà cité le témoignage, affirme, au procès de Saragosse, avoir souvent entendu dire à Texeda que le duc de Gandie était un saint éminent.

D'une autre rencontre, le marquis de Lombay allait tirer des avantages spirituels encore plus importants. Le P. Antoine Araoz était entré, depuis un an seulement, dans la Compagnie de Jésus. Il n'était pas encore prêtre. Il venait de Rome, et se rendait dans le Guipuscoa, sa patrie, quand, le 19 octobre 1539, il débarqua à Barcelone. C'était le premier jésuite qui venait en Espagne. Les anciens hôtes et amis du pèlerin Ignace l'accueillirent avec joie, avides d'apprendre des nouvelles du saint qu'ils assistaient, il y avait quinze ans. Araoz accepta de prêcher, et il le fit avec le feu d'un apôtre néophyte. Il ne séjourna guère à Barcelone, gagna la Biscaye, puis revint à Rome.

Le marquis de Lombay ne put ignorer le passage du missionnaire à la parole brûlante. Il s'informa sans doute de l'ordre tout nouveau auquel il appartenait. A Barcelone, chacun pouvait renseigner le vice-roi sur le pénitent de Manrèse, le pauvre si souvent agenouillé à Santa Maria del

---

1. Le 10 juin 1541, le maître général des Franciscains communiquait au marquis de Lombay et à sa famille les mérites et biens spirituels de l'ordre. (Diplôme à Osuna.)

Mar. Et Borgia se rappela, peut-être, avoir un jour, à Alcala, rencontré ce pauvre que les gens du Saint-Office emmenaient prisonnier.

Au mois d'août ou de septembre 1541, un des premiers compagnons de saint Ignace, le bienheureux Pierre Lefebvre, traversait Barcelone, se rendant de Ratisbonne à Madrid. Il s'arrêta fort peu à Barcelone, mais assez, sans doute, pour voir le vice-roi. Sinon, aurait-il pu écrire que, partout où il avait passé, les principaux du pays étaient fort bien renseignés sur les desseins d'Ignace de Loyola. Nous aurions été mieux renseignés sur cette première entrevue, si une lettre de Lefebvre, écrite à saint Ignace, du Montserrat, avait été retrouvée. Le 1er mars 1542, le bienheureux revenait à Barcelone : « Nous sommes arrivés ici samedi, dans la nuit, écrit-il à saint Ignace, et nous avons été logés par les soins du vice-roi, le marquis de Lombay, qui nous est très attaché, ainsi que la marquise sa femme. » Quoi qu'en aient dit les historiens de Borgia, Lefebvre et Araoz ne se rencontrèrent point, cette année-là, à Barcelone. Lefebvre était, le 20 mars, à Lyon, le 16 avril, à Spire. A cette dernière date, Araoz qui, le 19 février, avait émis sa profession entre les mains de saint Ignace, partait de Rome pour l'Espagne. Il n'était à Barcelone qu'à la fin de juin [1], et, le 12, le vice-roi était parti pour Monzon, d'où il ne devait revenir que le 16 octobre, avec l'empereur. C'est donc en l'absence de Borgia, que le P. Antoine Araoz évangélisa Barcelone avec un zèle et un succès dont les témoignages abondent. Ses prédications et ses entretiens remuèrent la ville. A Notre-Dame del Pi, à Notre-Dame del Mar, à la Seo, son auditoire se sentait transporté par une éloquence d'un caractère nouveau. L'art y entrait pour peu. Elle était faite d'une conviction, peu commune à cette époque. Même dans les pays échappés à la défection protestante, la société chrétienne, corrompue par la Renaissance, était alors lamentablement oublieuse de ses

---

1. Le 26 juin, un autre jésuite, le P. Martin de Santa Cruz, débarquait à Barcelone, se rendant en Portugal. « On nous a comblés de prévenances, écrivait Santa Cruz à saint Ignace, surtout la vice-reine qui a voulu nous donner des aumônes en abondance. Nous n'avons point voulu accepter. » Santa Cruz mentionne l'absence du vice-roi et la présence du P. Araoz.

devoirs. La Compagnie de Jésus la réveilla, la ramena à la pratique des sacrements, à la ferveur de la vie chrétienne. Elle s'employait à cette mission avec désintéressement, avec science et avec zèle.

La marquise de Lombay, demeurée à Barcelone, entendit souvent le P. Araoz, et, avec toute la ville, elle bénit Dieu du bien qu'il opérait. Malheureusement, le religieux, rappelé en Italie, ne pouvait continuer, en Catalogne, l'œuvre de renouvellement qu'il avait entreprise. La ville tenta de s'opposer à son départ. De Monzon, le 18 juillet, le vice-roi écrivait à saint Ignace : « J'ai su que vous pensiez ordonner au licencié Araoz de retourner à Rome, et que vous vouliez l'enlever à cette ville de Barcelone pour l'employer ailleurs... Je vous assure, que, si vous le retirez, je considérerais ce départ comme un grand malheur pour la ville... Je dois vous en avertir... L'ange de Perse luttait pour garder les Israélites, voyant le bien que ce peuple faisait dans son pays. Le bien que fait le licencié à Barcelone n'est pas moindre, et l'en arracher, serait compromettre tout le passé. Et puisque vous avez, dans votre sainte Compagnie, d'autres hommes de doctrine et de vie exemplaire qui pourraient réussir ailleurs, je vous prie, pour l'amour de Dieu, de ne pas retirer d'ici le licencié... Je vous en aurais une grande reconnaissance : le service de Dieu et le bien de Barcelone l'exigent. »

Le pape demandait Araoz, et, malgré les prières du vice-roi, saint Ignace dut maintenir son ordre. Le 26 octobre 1542, Araoz et son compagnon Dominique de Eguia partirent donc pour Gênes. Ils furent universellement regrettés. « Que Dieu vous pardonne de l'avoir enlevé d'ici », écrivait à saint Ignace, le 6 novembre 1542, Isabelle Roser. Et, le 13 août 1543, un prêtre de Barcelone, Jean Pujals, mandait encore au saint : « Je vous prie instamment et vous supplie de vous souvenir de cette ville dans votre grande charité, à cause de la grande nécessité où se trouve, non seulement la capitale, mais toute la Catalogne. La plupart de ses habitants ne sont pas chrétiens, ou, du moins, ne vivent pas en chrétiens. C'a été une grande faute de ceux que cela regardait, de ne pas retenir le licencié Araoz. Il n'est venu qu'en passant, se demandant toujours s'il resterait un jour ou un mois; il n'a pas voulu commencer à expliquer la doctrine chrétienne. S'il avait seulement commencé, et que j'eusse pu l'entendre, j'aurais continué cette explication, si toutefois j'eusse été de force... Nos péchés ont été cause qu'il n'ait pu, ni entreprendre cette œuvre, ni rester ici. Beaucoup lui gardent une grande affection et espèrent son retour. »

Le P. Araoz avait déterminé de notables changements de vie. Sous sa direction, l'évêque de Barcelone, le duc de Cardona, l'amiral de Naples, avaient suivi les exercices spirituels. Quant au vice-roi, je doute que, durant les dix jours qui s'écoulèrent entre son retour de Monzon et le départ d'Araoz, il ait pu, même un jour, se retirer de la présence et du service de l'empereur pour faire les exercices.

Quoi qu'il en soit, Lefebvre et Araoz avaient, à Barcelone, accompli l'œuvre que Dieu leur y destinait. Ils avaient plus complètement éclairé l'âme du marquis de Lombay. Ils y avaient déposé un germe d'estime et d'affection pour la Compagnie de Jésus. Ce germe ne devait pas périr. La mort inopinée du duc de Gandie, la volonté de l'empereur allaient bientôt enlever au vice-roi son gouvernement. C'était l'heure où des guides providentiels devaient ouvrir, à ses yeux, le chemin dans lequel des événements, alors très inattendus, n'allaient point tarder à l'engager.

(*A suivre.*)　　　　　　　　　PIERRE SUAU.

LA SÉPARATION

DÉCLARATION DE GUERRE A L'ÉGLISE

I

Pour maintenir la concorde entre l'Église et l'État, un moyen s'est accrédité depuis plusieurs siècles, qui n'a pas commencé à une date précise, qui n'est pas le fruit de spéculations théoriques, qui est venu au jour peu à peu, produit combiné d'une laborieuse expérience et d'un profond besoin de la paix. Usant du droit qu'il possède de faire fléchir, dans la pratique, selon les circonstances, la rigueur absolue des principes, le chef du pouvoir spirituel condescend à traiter de gré à gré avec les représentants du pouvoir temporel. D'une main libre, parce qu'elle est souveraine, il signe avec eux des conventions qui ne peuvent être suspectes de violence ni de séduction. Il termine ou prévient, par des transactions amiables, les conflits qui peuvent s'élever. Ces points, partout et si souvent débattus, sur lesquels les deux puissances élèvent des prétentions rivales, se trouvent réglés par des concessions réciproques, qui n'emportent pour aucune des deux parties ni abdication forcée de son droit, ni usurpation de celui d'autrui. Et pour tous les différends imprévus que le hasard peut faire naître, des précautions sont prises d'avance afin d'éviter qu'au moins la passion ne les envenime et ne nourrisse de son feu caché l'étincelle que le frottement d'intérêts si rapprochés peut à chaque instant faire jaillir.

Tel est le régime des concordats sur lequel repose presque partout, dans l'Europe moderne, l'état légal de la religion catholique. Ce régime n'a point l'uniformité d'un système, ni la perfection d'un idéal; né péniblement des faits, il garde dans sa configuration irrégulière la trace du mélange de ses origines et du travail de son enfantement. Parmi ces diverses conventions, aucune n'est parfaitement semblable à l'autre; chacune porte l'empreinte et pour ainsi dire la couleur particulière du lieu et du temps où elle a été conclue. Suivant l'opinion dominante dans chaque pays, suivant le degré et l'ardeur de la foi des peuples et des souverains, l'intimité des parties est plus ou moins étroite, et leur liberté réciproque s'engage plus ou moins avant, par l'échange des concessions. On y voit la confiance de deux amis, ou la méfiance de deux rivaux.

Dirons-nous que tous ces traités ont été conçus avec une égale prudence, et suivis d'un effet pareillement heureux ? Dieu nous garde d'attribuer à ceux qui signent de tels arrangements une infaillibilité à laquelle eux-mêmes ne prétendent pas en ces sortes de matières. L'assistance promise à l'Église par son divin fondateur ne va pas jusqu'à la préserver ici absolument de toute défaillance. Il y a eu de bons et de mauvais concordats ; il y en a eu qui ont donné à tel ou tel des contractants des facilités excessives qui ont dégénéré en abus ; il y en a eu d'obscurs et d'insuffisants dont l'interprétation a fait renaître les différends mêmes qu'ils avaient eu pour but de concilier. Autant peut-on en dire de tous les traités survenus entre toutes les puissances de ce monde.

Le Concordat qui intervint, en 1801, entre le pape VII et le premier consul Bonaparte n'a pas échappé plus que les autres à l'imperfection de ce qui est humain ; de là les attaques diverses et contradictoires qu'il a subies. Les uns ont méconnu son mérite, les autres sa nécessité. Les uns lui ont reproché d'avoir livré l'État à la curie, les autres d'avoir mis l'Église aux fers. Tandis que pour les uns il est le pacte servile, conclu entre un vieillard écrasé par le poids de la tiare et un despote brutal et sans scrupule, il est pour les autres l'inspiration bénie d'un héros et d'un saint. Nous n'avons pas à entrer dans le débat. Ce que nous croyons pouvoir dire, c'est que de tous les concordats conclus entre le Saint-Siège et les puissances de l'Europe, il n'y en a pas eu de plus populaire, dans le vrai sens du mot, et auquel une nation entière se soit plus naturellement habituée et attachée. Signé au lendemain du bouleversement de toutes les idées religieuses et sociales, il a traversé aujourd'hui, de compte fait, cinq révolutions politiques, et nous ne savons combien de révolutions morales, sans qu'aucun des pouvoirs qui ont passé sur la France en ait inscrit l'abolition dans son programme. Ceux qui l'ont attaqué dans l'opposition se sont employés à le défendre, dès qu'ils furent devenus le gouvernement. Il ne s'est pas encore trouvé un homme d'État, quels que fussent son origine et ses antécédents, qui n'ait été épouvanté à la pensée du vide que creuserait l'écroulement de la législation prévoyante qui a, pendant plus d'un siècle, assuré parmi nous l'ordre religieux.

Nos gouvernants actuels sont les premiers qui n'éprouvent pas cette crainte. Et encore faut-il noter que leur sérénité d'âme est de date récente ; il n'y a pas plus d'un an, le président du conseil déclarait que le pays n'était pas prêt pour la dénonciation du Concordat et la séparation ; qu'à tenter l'entreprise, on risquait d'ébranler la République. Aujourd'hui tout est changé. Le lecteur n'a certainement pas oublié les fameuses séances des 21 et 22 octobre dernier, qui ont marqué une étape nouvelle et probablement décisive dans la course à l'abîme où la franc-maçonnerie internationale précipite notre pays. Le vote de confiance obtenu par le gouvernement n'a pas seulement sanctionné la criminelle rupture de nos relations diplomatiques avec le Saint-Siège ; pour la première fois depuis plus d'un siècle, il a proclamé la rupture de la France avec l'Église. Le gouvernement veut la séparation, et il importe peu qu'il la veuille pour d'autres motifs que ceux qu'il a donnés, qu'il ne s'y soit déterminé que sur l'injonction des loges et du parti socialiste ; il la veut, il la fera si on lui en laisse le temps ; ses déclarations là-dessus ont été catégoriques ; elles ont reçu l'approbation d'une importante majorité de quatre-vingt-huit voix ; et il semble bien, malgré les réserves ou les équivoques que beaucoup de députés ont mises dans leur vote, qu'il y ait eu, là aussi, de la part de la Chambre, un engagement qu'elle est décidée à tenir.

On a même vu des modérés se rallier en principe — sauf à corriger leurs paroles par leurs votes [1] — à la thèse gouvernementale, sous le fallacieux prétexte qu'il y a séparation et séparation ; séparation agressive, mais aussi séparation

---

1. M. Deschanel, par exemple, a voté contre l'ordre du jour de confiance.

pacificatrice. Dans un discours qui fut pour ses amis une
surprise, pour ses adversaires une satisfaction, peut-être une
faute pour lui-même, à coup sûr pour plusieurs un dangereux mirage, M. Paul Deschanel a vainement essayé, en
prêtant à cette illusion le secours de son éloquence, de lui
donner une formule précise. Son tort fut de raisonner dans
l'abstrait, plutôt en philosophe et en logicien, qu'en politique et en historien. Pour quiconque voit les choses dans
leur réalité concrète, la séparation, si elle est votée, ce qui
est malheureusement fort à craindre, sera votée telle que la
veulent les sectaires, c'est-à-dire dans les conditions les
mieux faites pour troubler la paix publique.

Elle sera formellement une déclaration de guerre à l'Église.
Que l'on considère les conditions du *modus vivendi* encore
en vigueur, ou les tentatives de séparations déjà essayées
dans le passé, ou les prétendues théories juridiques des séparatistes modernes, ou encore les manœuvres qui ont précédé et préparé l'assaut final dont nous sommes témoins,
forcément, croyons-nous, on sera amené à la même conclusion.

II

La séparation est une déclaration de guerre à l'Église.

La preuve en est tout d'abord dans le caractère même des
rapports établis présentement entre l'Église et l'État, et auxquels on prétend mettre fin par la dénonciation du Concordat.

On demande la séparation de l'Église et de l'État. Mais
peut-on dire que, dans la France du Concordat, l'Église et
l'État soient unis, au sens complet du mot ? Nos lois ou nos
mœurs consacrent-elles encore l'association étroite, la coopération effective des deux pouvoirs ? Qu'on se rappelle ce
que nous avons dit [1] de la manière dont les âges de foi con-
cevaient en droit et réglaient dans la pratique l'action harmonique « de ces deux luminaires chargés de présider de
concert à la marche de l'humanité ». Trouve-t-on rien de
pareil chez nous actuellement? Nos juristes se font-ils les

1. Voir l'article *De la séparation de l'Eglise et de l'Etat* (*Études*, 5 novembre 1904).

disciples de la théologie, et enseigne-t-on dans nos écoles officielles que la première condition d'un bon gouvernement est l'alliance intime de la puissance temporelle et de la puissance spirituelle ? Ce fut longtemps, et à bon droit, l'idéal des sociétés chrétiennes ; que reste-t-il en France, aujourd'hui, de cette antique tradition ? Où en est, encore un coup, l'union entre l'Église et l'État ? Avant de la briser, il importe de savoir en quoi elle consiste.

Est-ce que dans la France du vingtième siècle, les commandements de l'Église sont lois de l'État ? Est-ce que ses préceptes font autorité vis-à-vis de la législation ou des tribunaux ? Est-ce que le divorce demeure interdit au nom de la morale religieuse, et la loi de 1825 punit-elle encore le sacrilège ? Le repos du dimanche est-il consacré par l'autorité civile, comme il l'est encore en tant d'États contemporains ? La profession du christianisme ou d'une religion quelconque est-elle obligatoire pour remplir une fonction publique ? Impose-t-on à nos députés ou à nos fonctionnaires un serment religieux ? L'Église a-t-elle des tribunaux particuliers, comme chez nous jadis, comme en Russie aujourd'hui ? A-t-elle, de même que le Saint-Synode de Pétersbourg, une censure, avec sanction extérieure, pour les livres qu'elle juge pernicieux ? Le clergé forme-t-il encore un ordre dans l'État, comme en France autrefois, comme naguère en Suède, et aujourd'hui encore en Finlande ? Ses chefs, ses évêques, sont-ils de droit au nombre des législateurs, s'asseyent-ils dans la Chambre haute, comme en Angleterre ou en Hongrie ? Les portes du Sénat de la République s'ouvrent-elles spontanément devant la robe rouge des cardinaux ? L'instruction publique est-elle sous la surveillance du clergé, et la loi lui reconnaît-elle un droit de tutelle sur les écoles et les établissements d'enseignement ? La liberté de penser serait-elle gênée par la tyrannie du dogme, et la philosophie universitaire réduite au rôle d'*ancelle* de la théologie ? Le mariage religieux est-il le seul mariage légal ; et, comme dans une bonne partie de l'Europe, le clergé est-il toujours juge de la valeur et de la durée du lien conjugal ? Les registres de l'état civil ont-ils été rendus aux mains des prêtres, et les maires placés sous la dépendance des curés ? Les pasteurs de l'Église,

en un mot, détiennent-ils une part de la puissance publique ?
Exercent-ils, au nom de la loi, une influence quelconque sur
les affaires nationales, départementales, communales?

Inutile de multiplier ces questions, qu'on ne peut poser
sans avoir l'air de prendre le contre-pied et de faire la satire
du régime actuel. Non, l'Église n'a plus aucun privilège politique ; elle ne possède aucun droit d'ingérence dans l'État;
elle ne jouit d'aucun pouvoir sur l'administration, la justice,
l'enseignement; sur tous ces points, dans tous les domaines
de la vie publique, il y a séparation. Pout tout cela, l'État est
entièrement sécularisé ou, selon le barbarisme du jour, il
est laïcisé. Plus de religion officielle; plus de prières nationales. Loin que l'État ait un caractère confessionnel, il se
défend, comme d'une compromission qui le rabaisserait, de
tout hommage rendu à Dieu. Entre la société civile et la
société religieuse, c'est à peine s'il reste quelques points de
contact. Un état transactionnel formulé en quelques règles
simples et peu nombreuses, destinées à faciliter leurs rapports inévitables, et à leur permettre de vivre côte à côte,
sans trop se heurter, en dehors de l'union irrévocablement
brisée; état sorti d'un traité conclu dans l'intérêt des deux
parties, et où la puissance civile n'a été guidée que par des
considérations d'ordre politique, non d'ordre religieux :
voilà à quoi se réduit présentement, vis-à-vis l'un de l'autre,
la situation juridique des deux pouvoirs.

Cela est si vrai que nos adversaires en tirent argument
pour réclamer la rupture des derniers liens qui subsistent
entre l'Église et l'État. Ils énumèrent avec fierté les progrès
de la sécularisation réalisés depuis un siècle; ils déclarent
qu'il y a là un mouvement irrésistible, qui veut être poussé
jusqu'au bout; qu'une société comme la nôtre ne doit conserver aucune attache, aucune relation officielle entre l'Église
confinée dans sa mission spirituelle, et l'État devenu neutre
ou indifférent en matière de foi. Et il faut avouer que, si leur
raisonnement pèche en quelque endroit, ce n'est point par
défaut de logique. Pour quiconque érige en axiome l'indifférence obligatoire, l'abstention systématique de l'État à
l'égard de la religion, et cette sorte d'athéisme officiel qui

est devenu la règle de nos gouvernants, l'état de choses actuel ne peut être qu'une anomalie, un compromis bâtard entre les préjugés ou les traditions de l'ancienne société et les principes essentiels des droits modernes. La séparation étant aux trois quarts effectuée, c'est vraiment une raison de plus de l'achever résolument, sous peine de contradiction et d'inconséquence. Mais si la déduction est inattaquable, on n'en peut dire autant, il s'en faut, du point de départ. Nous savons que l'indépendance absolue et l'indifférence réciproque des deux pouvoirs est également contraire au plan divin et funeste au bien public. Nous savons que l'harmonie est leur loi providentielle ; et que s'il arrive, par suite du malheur du temps, qu'il soit nécessaire d'en desserrer pratiquement les liens, l'État ne doit le faire que dans la mesure strictement nécessaire pour éviter un plus grand mal ; qu'il ne doit rien abandonner, volontairement et en dehors de la pression des circonstances, de ce qu'il peut retenir de son auguste mission d'auxiliaire de Dieu. C'est pourquoi nos conclusions seront diamétralement opposées à celles des séparatistes : l'ancienne intimité a été rompue par la Révolution, et elle ne saurait être renouée; il n'y a plus d'Église dominante, ni de religion d'État, et ce n'est pas le moment de songer à les ressusciter. Gardez du moins, à défaut de l'antique alliance, cette solution transactionnelle, ce *modus vivendi*, inauguré il y a cent ans, et qui, loin d'être appelé à disparaître, parce qu'il évoque — oh! de bien loin — le souvenir du passé, doit être conservé pieusement parce qu'il en retrace encore quelque ombre.

La France ne saurait l'abolir et opérer la rupture complète sans se parjurer. Il y a dans notre législation religieuse deux parties parfaitement distinctes. Au-dessus de l'édifice, à une place privilégiée, qui le domine tout entier, figure le Concordat passé entre le Saint-Siège et le gouvernement de la France. Le Concordat n'est pas un simple acte législatif, quoiqu'il fasse partie des lois de l'État. Ce n'est point une loi décrétée par un souverain, et réglant par autorité la condition des citoyens. C'est un traité débattu, négocié, conclu entre deux parties souveraines, chacune dans sa sphère, pleinement libres, chacune pour son compte, dans l'adhésion qu'elles y ont donnée, et ne reconnaissant d'engagements réciproques que parce qu'elles y ont volontairement consenti. A côté, ou plutôt au-dessous, se déroule toute une série d'actes empreints d'un tout autre caractère. Ce sont des lois proprement dites. Une seule autorité les a décrétées, l'autorité législative de la France ; elles ne portent qu'une seule suscription, celle du pouvoir politique quel qu'il fût, au moment où elles ont vu le jour, roi, assemblée, ou magistrat républicain.

Nous ne relèverons pas le vice d'origine dont elles sont toutes entachées et qui est d'être des lois d'exception, c'est-à-dire des dispositions qui établissent spécialement, pour une classe de citoyens nominalement désignés, — les catholiques et leurs prêtres, — un ordre particulier d'obligations, de surveillance, de peines et de juridiction. Ce qu'il importe de remarquer ici, c'est que, en dehors même de la question d'équité et d'égalité, l'État français a cessé, de son fait, d'être absolument libre dans la confection de cette catégorie de lois ; il a volontairement limité sa puissance législative, en matière ecclésiastique, par l'apposition de sa signature au bas de l'acte concordataire. En sorte que toute disposition légale, fût-elle par extraordinaire conforme à la justice, qui contredirait quelqu'une des clauses du pacte de 1801, doit être considérée comme abrogée, dans le cas où elle l'aurait précédé, comme nulle et non avenue, dans le cas où elle l'aurait suivi.

Mais s'il en est ainsi de la négation partielle du pacte, que faut-il penser et dire de son abrogation totale que l'État français prétend accomplir d'un trait de plume et de sa seule autorité ? A-t-on le droit de dénoncer, par un acte unilatéral, un contrat synallagmatique, où les deux parties se sont fait autrefois des concessions mutuelles et ne sont arrivées à se mettre d'accord que par ce moyen ? Nous admirons nos radicaux et nos socialistes qui font si bon marché des traités et affirment que chacun des deux signataires est libre de les désavouer quand il en a assez. C'est une règle fort commode en vérité ; seulement, il est fâcheux qu'on ne puisse l'appliquer qu'au pape ; sans cela, nous aurions bien encore un certain nombre de traités à dénoncer. Malheureusement, la par-. tie adverse ne s'y prêterait sans doute pas : préoccupation au-dessus de laquelle on se place fièrement lorsqu'il s'agit du pontife désarmé, mais que l'on continue d'éprouver modestement lorsqu'il s'agit du plus petit souverain temporel. L'arrogance envers les faibles, la platitude avec les forts, ne le fussent-ils pas beaucoup, seraient-elles en train de devenir les traits de notre caractère national ?

On se plaît souvent à comparer les rapports actuels de l'Église et de l'État à un mariage mal assorti dont les deux conjoints ont intérêt à rompre les chaînes. Très bien ; mais, en cas de divorce, il est d'usage de rendre à la femme la fortune apportée par elle. Ici, la dot, ce sont les biens ecclésiastiques dont l'apport figure au contrat de mariage, nous voulons dire au Concordat. Que l'État restitue les trois milliards et demi que valaient ces biens, d'après l'estimation la plus modérée ; qu'il continue du moins à payer l'indemnité. Garder la dot et renvoyer la femme, sans même lui faire de pension, c'est un procédé qui, dans tous les pays du monde, passerait pour peu correct. Que les séparatistes ne viennent pas nous dire : « Eh bien, nous délions le pape de son engagement, qu'il conteste tant qu'il voudra, auprès des détenteurs actuels, la validité de l'acquisition des biens du clergé ; il est libre. » Un tel langage, aujourd'hui qu'il est matériellement impossible, après cent ans d'exécution, de revenir sur la parole pontificale, sur ses effets de pacification dans les consciences et de sécurité dans les transactions, un tel langage ne serait qu'une amère ironie s'ajoutant à la déloyauté de l'acte.

Non, il n'est pas vrai, quoi qu'en disent les docteurs de la nouvelle école, que les traités perdent de leur vertu en vieillissant, ni qu'on ait le droit d'y manquer parce que les conditions ambiantes se sont transformées. La nouveauté des temps peut demander un remaniement matériel des stipulations échangées ; mais le principe de la réciprocité subsiste ; et le changement ne doit s'accomplir que par consentement mutuel. En l'espèce, l'Église doit être entendue ; dénoncer le Concordat sans aveu de sa part, et lui imposer, d'autorité, de prétendues conditions d'existence qui ne seront pour elle que des impossibilités de vivre, n'est autre chose qu'un odieux abus de la force contre le droit éternel.

L'État français ne peut opérer la rupture complète sans se parjurer ; il ne le peut sans supprimer les dernières garanties de la liberté de conscience. Un des buts communs des concordats est d'assurer à l'Église une somme de libertés suffisante pour l'accomplissement de sa mission, c'est de soustraire à la police arbitraire des États les réunions du culte, les publications, les prédications pastorales, l'enseignement des vérités de la religion, le recrutement et la formation du sacerdoce, etc. ; en un mot, d'abriter le service des âmes sous la protection solide d'un contrat bilatéral, au lieu de la sauvegarde fragile et restreinte d'une simple concession royale ou populaire. C'est principalement par l'extension plus ou moins grande des facilités reconnues à l'Église que les concordats diffèrent les uns des autres.

Quand une société a été bouleversée de fond en comble, comme le fut la nôtre il y a cent ans, on comprend que le pontife suprême, pour sauver les débris de la civilisation chrétienne, soit obligé de restreindre ses exigences à un *minimum*, qui conserve une partie du nécessaire, et que, sans consacrer l'abandon du surplus, il renonce momentanément à le revendiquer. Ce fut la situation de Pie VII. L'État, représenté par le premier consul, se sentait victorieux au dedans comme au dehors ; tandis que l'Église, ébranlée par la révolution, en Italie non moins qu'en France, était, humainement, plus faible qu'à aucune époque antérieure ou postérieure. Les concessions les plus graves, portant sur des points qui touchaient non seulement aux règles ordinaires de la discipline, mais à la rigueur même du dogme, étaient réclamées par le jeune vainqueur avec une insistance d'autant plus impérieuse qu'elle attestait chez lui une plus profonde ignorance des matières qu'il avait à traiter. Impatient des lenteurs qu'on lui opposait, il s'échappait en menaces : « Je vous prendrai vos États : je créerai une religion nationale. » Quoi d'étonnant, en de telles circonstances, que plus d'une fois la force morale ait dû céder à la force matérielle ? C'est dire que, dans le Concordat de 1801, l'Église est allée jusqu'à l'extrême

limite de la condescendance; elle a touché la borne passé
laquelle il lui est impossible de rien concéder, sous peine de
péril. D'aucuns même n'ont-ils pas trouvé qu'elle était allée
trop loin dans la voie des renonciations ; et maintenant encore,
jusqu'en des milieux catholiques, ne semble-t-il pas qu'on
perçoive comme un écho de la parole que, dans l'entourage
de Pie VII, on prononçait à l'oreille de l'humble et doux pontife : *Vous accordez trop, vous compromettez l'Église*? Abolir
aujourd'hui, par la dénonciation du Concordat, les suprêmes
réserves que l'Église a stipulées jadis, en faveur de son
indépendance, ne serait-ce pas la livrer, pieds et poings liés,
aux pires entreprises de ses ennemis? La séparation de
l'Église et de l'État est déja consommée dans ce qu'elle a de
praticable et de possible: au delà, il n'y a que la banqueroute
et la persécution.

Enfin l'État français ne peut opérer la rupture complète
sans courir les risques d'une funeste guerre intestine. Si les
concordats étaient des œuvres arbitraires, qu'on puisse à son
gré faire ou ne pas faire, de simples complaisances réciproques de deux pouvoirs qui veulent se donner des gages
d'amitié, peut-être pourrait-on les rompre sans inconvénient
ni pour l'Église ni pour l'État. Mais si les concordats ont pour
objet principal de concilier, par un échange de transactions,
les prétentions de l'État et les droits de l'Église incompatibles
dans leur étendue, la suppression de ces rapports conventionnels ne peut avoir qu'un seul effet : celui de faire renaître
les difficultés mêmes que la conciliation avait éteintes. Or,
telle est bien l'origine de la plupart des concordats ; ils sont
pour la plupart l'œuvre sensée, réfléchie ou résignée de deux
pouvoirs longtemps aux prises, las de querelles, quoique
encore jaloux de leur indépendance ; presque toujours ils
ont été signés à la suite de longs différends pour en faire
disparaître l'occasion et en prévenir le retour. Cela est vrai
en particulier et sans conteste du Concordat de 1801; n'est-
ce pas un immense besoin de pacification sociale et religieuse,
succédant à dix années de luttes sanglantes, qui en a suscité
l'idée, rapproché et maintenu en présence les négociateurs,
rendu possible l'achèvement? Le Concordat de 1801 est moins

un traité d'alliance qu'un traité de paix : le déchirer équivau-
drait à rouvrir les hostilités.

Le Concordat supprimé, ce sera le conflit en permanence ;
or une lutte entre l'Église et l'État, quand elle éclate et se
prolonge, si elle est pour l'État, dans un temps donné, le
plus dangereux des ébranlements, c'est, sur-le-champ et dès
le lendemain, la violence contre l'Église. L'État étant armé et
impérieux de sa nature, dès qu'on lui résiste sur un point,
fût-ce au nom de la conscience, c'est par la force qu'il soutient
ses empiétements ; et dans ces crises redoutables entre la
conscience et la force, si c'est à la longue, et Dieu merci, la
puissance matérielle qui succombe, du premier coup et sur
le premier champ de bataille ce sont les droits les plus sacrés
qui sont foulés aux pieds.

Et ainsi, par la seule analyse de la situation présente et du
modus vivendi institué entre l'Église et l'État, il est aisé de se
convaincre que la dénonciation du Concordat, la séparation
annoncée comme inévitable, n'est pas autre chose qu'une
déclaration de guerre à l'Église.

II

Nous arriverons à la même conclusion si, jetant un coup
d'œil en arrière, nous interrogeons le passé.

Dans le discours du 22 octobre, auquel nous faisions tout
à l'heure allusion, M. Deschanel déclarait que toute l'histoire de France, aussi bien sous l'ancienne monarchie que
depuis l'ère moderne, n'a été qu'un long effort de sécularisation, un long acheminement vers la séparation. Rien de
plus commode, mais en même temps rien de plus sujet à
caution que ces formules synthétiques qui ont l'ambition
de résumer d'un mot les péripéties multiples et contradictoires
de la vie des peuples. Ce que nous pouvons accorder à
M. Deschanel, c'est que le mouvement séparatiste ne date pas
d'aujourd'hui ; qu'à plusieurs reprises déjà, au cours du
siècle passé, il s'est manifesté dans notre histoire ; mais nous
ajouterons que chacun de ces essais n'a pas tardé d'aboutir à
l'intrusion de l'État dans les affaires de la religion, ce qui
paraît bien être le contraire de la séparation, et à un accès

de persécution violente. M. Deschanel souhaite, à la fin de
sa harangue, que la nouvelle tentative s'opère sous les auspices
« de la raison et de la justice » ; dans ce vœu, n'y a-t-il pas
tout à la fois la mise en accusation implicite du passé, et un
aveu mal déguisé de crainte pour l'avenir ?

La rupture, ou si l'on aime mieux, le relâchement des liens
entre l'Église et l'État a commencé le jour où la Constituante
rejeta la motion du chartreux dom Gerle, tendant à faire
décréter que la religion catholique, apostolique et romaine
était et demeurerait toujours la religion de la nation, et que
son culte serait le seul autorisé (13 avril 1790)[1]. Dès lors,
l'antique alliance entre l'Église et l'État est rompue ; un
nouveau principe surgit, celui de la séparation. Les deux
sociétés, civile et religieuse, continueront à coexister ; mais
leur action, jusque-là unie dans une intime coopération,
devient indépendante. Sans que l'existence de l'Église soit
contestée ni attaquée, l'État est sécularisé.

Théorie spécieuse, mais qui ne devait pas résister longtemps à l'épreuve des faits. Tous les privilèges que le catholicisme tenait de son titre de religion d'État étant abolis, il
ne restait plus qu'à retirer l'État de toute immixtion dans les
affaires religieuses. Le clergé étant détruit comme ordre et
déchu de tout rôle politique, la justice exigeait qu'on le laissât
au moins vivre de sa vie propre, qu'on rejetât au rebut,
comme une défroque démodée, l'attirail juridique du gallicanisme, soit épiscopal, soit parlementaire. Alors, au contraire,
par un revirement inexplicable, la Constituante oublie qu'elle
s'est sécularisée, c'est-à-dire déclarée incompétente dans les
questions religieuses ; et que, s'étant éliminée de l'Église,
elle n'a plus à se mêler de ce qui s'y passe. Au moment même
où elle exclut l'Église de l'État, elle introduit violemment
l'État dans l'Église ; elle porte la main à l'encensoir ; elle
édicte, sans prendre conseil de personne que d'elle-même,
une constitution complète de discipline ecclésiastique, elle
atteint à tous ses degrés et dans tous ses principes l'organi-

1. On peut voir, sur cette discussion passablement confuse, la *Réimpression*
de l'ancien *Moniteur*, t. IV, p. 103, 109, 110 ; séances des 12 et 13 avril 1790.

sation et la hiérarchie sacerdotale ; juridiction pontificale et
épiscopale, nomination des évêques et des curés, circonscription des diocèses, elle s'en prend à tout : c'est ce qu'on
a appelé la *constitution civile du clergé.*

L'Église de France avait pu se résigner à la perte de ses
biens, à la vente de sa propriété immobilière, à sa déchéance
politique ; il lui était plus difficile de se plier à n'être plus
la religion dominante ; il lui était impossible de se soumettre
à une constitution schismatique. Elle n'hésite pas à résister ;
en sorte que, pour avoir été infidèle à ses propres principes,
comme aussi, pour avoir témérairement séparé ce que Dieu
a uni, la Constituante légua à ses successeurs inexpérimentés
les difficultés lamentables d'une guerre civile. Au refus
d'obéir répondent les mesures de violence. Les prêtres inser-
mentés n'ont plus à opter qu'entre l'exil, la déportation et
la mort ; tandis que le sang coule, les mascarades antireligieuses se déroulent dans les rues et dans les églises pro-
fanées. Triste époque, de laquelle il faudrait à jamais écarter
le regard, si la dégradation des bourreaux n'y était rachetée
par la sainteté des victimes.

Ainsi la Révolution, par une pente insensible, avait glissé
du principe de la séparation à la séparation inconséquente,
et de la séparation inconséquente elle était tombée à l'hostilité déclarée et brutale. Des prémisses posées par les premiers
constituants, dans un esprit qu'ils croyaient libéral et peut-
être même encore religieux, les jacobins et les montagnards
en étaient arrivés très vite, sans aucunement se soucier de
la logique, à des conclusions forcenées et terrifiantes. Moins
de trois années avaient suffi pour noyer dans des flots de
sang les illusions de ces naïfs réformateurs qui avaient cru
pouvoir s'arrêter sur la pente des innovations religieuses
et qui ne s'éveillaient de leur beau rêve que sous le couteau
des massacreurs de l'Abbaye ou sous le couperet de la guillotine.

Et telle est, en raccourci, l'histoire du premier mouvement
séparatiste.

Après Thermidor, nouvelle expérience. A cette date, la
Révolution, en même temps qu'elle pourchassait et tuait

les prêtres fidèles, avait déjà fait une incroyable consommation de systèmes religieux; elle avait essayé coup sur coup l'application des théories les plus hétéroclites. Non contente de vouloir inventer de toutes pièces des cultes nouveaux, elle avait prétendu imposer aux anciens les empirismes les plus déconcertants; et elle n'était pas près de s'arrêter dans cette voie. C'est ainsi qu'après l'essai avorté de cette religion d'État qui s'appela la constitution civile du clergé, et qui ne fut qu'un organisme non viable et un schisme bien caractérisé, elle allait revenir à l'idée de la séparation; séparation non plus seulement en principe et en germe, comme au début de la Constituante; mais séparation totale et codifiée dans ses détails; non plus seulement le relâchement des liens entre l'État et l'Église catholique, mais l'égale neutralité de l'État envers toutes les Églises.

Les vainqueurs de Robespierre, pour la plupart aussi bons jacobins que lui, et plus hostiles peut-être à l'idée religieuse que ne l'avait été le fondateur du culte de l'Être suprême, étaient-ils donc destinés à établir ce régime de la pacifique et universelle tolérance du pouvoir civil en matière de religion? On pourrait le croire, à ne lire, par exemple, que l'exposé des principes de la loi du 21 février 1795, un des principaux actes législatifs du système. Si on le dépouille de l'emphatique appareil de la phraséologie révolutionnaire, on croirait n'y trouver rien moins que la proclamation et la garantie de la liberté des cultes ; théoriquement, l'État s'y défend de jamais vouloir gêner l'exercice d'aucune religion ; il se déclare prêt à sévir correctionnellement contre tous ceux qui voudraient troubler les cérémonies, ou molester les ministres d'un culte quelconque.

Que fut en réalité la nouvelle législation ? La réponse à cette question a déjà été donnée dans ce recueil; nous y renvoyons le lecteur [1]. Contentons-nous de rappeler ici les traits principaux du régime. Voici d'abord la suppression du budget des cultes. En septembre 1794, et depuis plusieurs années, faute d'argent, on ne payait plus les prêtres, — entendez les

---

1. *La Séparation jacobine* (1794-1800), article de M. Paul Dudon (*Études*, 5 novembre 1904).

prêtres *constitutionnels*, — mais la dette restait inscrite au Grand-Livre, et la question de droit n'était pas décidée. Un décret présenté par Cambon, le 18 septembre 1794, — en style révolutionnaire, le jour de la deuxième sans-culottide de l'an II, — la tranche d'un mot : *La nation ne salarie aucun culte.* Ce n'était pas seulement la spoliation pure et simple, sans aucune indemnité compensatrice, de l'ancienne Église, classée au nombre des faits définitivement acquis ; c'était l'abolition de tout budget des cultes érigée en principe, et le ministère de la religion rayé de la liste des services publics. *La nation ne salarie aucun culte ;* Joseph de Maistre citait cette formule de l'athéisme national comme une preuve du caractère satanique de la Révolution.

Puis viennent les précautions prises pour enlever à la religion tout caractère public et ne lui reconnaître le droit à l'existence qu'à titre absolument et strictement privé : *Défense d'exercer le culte en dehors des édifices déclarés à l'autorité publique ; défense de désigner ces locaux par aucun signe extérieur ; défense de porter en dehors de ces édifices les ornements ou costumes ecclésiastiques ; soumission des assemblées de citoyens pour la célébration d'un culte au bon plaisir et à la surveillance des autorités constituées ; défense d'en faire l'objet d'une convocation publique au son des cloches ou autrement.*

C'est ensuite la misère imposée par décret : *Défense d'éta-blir aucune taxe, de former aucune dotation perpétuelle ou viagère pour acquitter les dépenses d'aucun culte, ou de loge-ment de ses ministres.* Ce sont les droits de la conscience violés : *Obligation pour les ministres du culte de prêter un serment civique de soumission et d'obéissance aux lois de la République ;* à ces lois dont beaucoup étaient contraires aux principes essentiels du catholicisme. Les peines portées contre les infractions vont *jusqu'à la gêne* et au *bannisse-ment à perpétuité* [1].

Singulière manière, n'est-il pas vrai, de réglementer la liberté des cultes ; qu'aurait fait de plus le législateur de l'an IV,

---

1. Relire, en particulier, pour toutes ces dispositions législatives, le décret du 3 ventôse an III (21 février 1795), du 29 septembre 1795 (7 vendé-miaire an IV).

s'il avait voulu les asservir ou les ruiner? « Les révolutionnaires de l'an IV ne voyaient dans la séparation de l'Église et de l'État qu'un moyen d'anéantir l'Église », écrit tout uniment M. Debidour, généralement peu sévère pour les grands ancêtres. Et M. Edme Champion, récent historien et fervent admirateur du régime de l'an IV, après avoir apprécié la période de réaction qui suivit le 9 Thermidor : « A certains égards, et principalement en matière religieuse, dit-il, la Révolution continue, se complète ; loin de reculer, elle avance[1]. »

Et à la législation tyrannique que nous avons esquissée, il faudrait ajouter les édits de proscription renouvelés périodiquement contre les prêtres réfractaires (décrets du 5 janvier 1795, du 6 septembre 1795, le dernier de la Convention, du 28 octobre 1795, du 27 février 1796, etc.).

Il faudrait ajouter les violences qui continuent de s'exercer en maints endroits du territoire, du fait des commissaires délégués par le Directoire.

Il faudrait ajouter surtout le sommaire et brutal dénouement où vint s'échouer la comédie de la séparation. En dépit de toutes les entraves, au seul mot de liberté, le catholicisme avait reparu ; les prêtres proscrits étaient sortis de leurs cachettes ou avaient repassé la frontière. Les populations, dans le cœur desquelles vivait toujours l'attachement héréditaire au culte des aïeux, se pressaient aux cérémonies religieuses dont elles avaient cruellement ressenti la privation violente. Les idées de vraie tolérance se faisaient jour jusque dans les deux Conseils, où arrivait, à chaque renouvellement partiel, un afflux de représentants animés d'un esprit libéral. Les jacobins en étaient dans la stupeur et la colère. Ils disposaient du pouvoir exécutif, où sur cinq directeurs, trois étaient pour eux. Ils en appelèrent à la force. Le coup d'État du 18 fructidor arrêta net les progrès de la réaction, et la persécution reprit de plus belle.

L'idée religieuse elle-même fut impitoyablement proscrite, et le catholicisme connut, sous le Directoire, jusqu'au 18 Brumaire, les jours les plus sombres qu'il ait jamais vécus

2. Edme Champion, *la Séparation de l'Eglise et de l'Etat en 1794*, p. 260.

en France. « Après Fructidor, a écrit M. Albert Vandal [1], sous
le règne d'impudents jouisseurs et d'étroits sectaires, il y
eut une tentative nouvelle et durable, âprement combinée
pour déchristianiser la France.

« Trois moyens principaux furent employés : le premier
fut de soumettre la totalité du clergé à un régime d'exception, régime atroce. Pour les prêtres, il n'est plus de loi
désormais ; la loi c'est l'arbitraire organisé... Tout prêtre
quelconque, ancien insermenté ou jureur, peut être déporté
par simple arrêté, par lettre de cachet directorial [2]... Le
Directoire lança en quinze mois 9969 arrêtés de déportation.

« En second lieu, le Directoire rétablit pour les prêtres
voulant exercer leur ministère, l'obligation du serment à la
Constitution de l'an III... Le plus grand nombre d'entre eux
refusa... On vit des départements entiers où l'effet du nouveau serment combiné avec la faculté de déportation fut de
suspendre une seconde fois l'exercice du culte et de rejeter
l'Église au désert.

« Un troisième moyen employé contre elle consistait à
transformer le calendrier républicain, avec les célébrations de
fêtes civiques qu'il comportait, en instrument de destruction
des cultes chrétiens... Pour célébrer le *décadi*, on prend
aux catholiques leurs églises, leurs autels, leur place et leurs
heures... ; en certains endroits, on ajoute la défense d'ouvrir
les églises en tout autre jour... Le décadi, devenu jour de
chômage légal et obligatoire, supprimait le dimanche avec
lequel il ne concordait pas... » Ce fut la persécution « décadaire », mélange inouï d'odieux et de bêtise, dont il faut lire
les détails dans les mémoires du temps.

A l'intérieur, la guerre civile se rallume ; les Vendéens et
les Chouans de la Bretagne, du Maine, de la Normandie,
courent aux armes pour défendre de nouveau leur foi ; au
dehors, dans les pays envahis par les armées françaises,
sévissent les mêmes mesures de haine antireligieuse ; à
Rome, Pie VI est saisi par les soldats de Berthier, et transporté de prisons en prisons jusqu'à Valence.

---

1. Voir *l'Avènement de Bonaparte.*
2. Article 24 du décret du 5 septembre 1797 (19 fructidor).

Et voilà quelques-uns des souvenirs laissés dans l'histoire par le second mouvement séparatiste.

Lorsque les négociations furent entamées entre Pie VII et Bonaparte pour le rétablissement de la paix religieuse, la première question qui se posa fut de savoir sur quelle base on réorganiserait l'Église de France. La séparation *complète* était jugée, il ne fallait pas songer à la maintenir. Reviendrait-on au principe de l'*union* qui, durant des siècles, avait présidé aux relations des deux pouvoirs? S'en tiendrait-on au principe de la *séparation*, introduit dès le début de la Constituante, sauf à en régulariser l'application par un échange de garanties? Grave alternative, de laquelle dépendait tout le reste, c'était comme la clef de voûte de l'édifice qu'il s'agissait de reconstruire. Subtiles furent les raisons; tenaces, de part et d'autre, les efforts des négociateurs. « Quoi que nous fassions, écrivait Consalvi, nous ne parvenons pas à faire déclarer la religion catholique religion d'État. Le gouvernement français argue toujours que la base fondamentale de la constitution, c'est-à-dire l'égalité des droits, des personnes et de toutes choses, s'y oppose invinciblement. Ce sera beaucoup, je le crains, si nous obtenons la déclaration qu'au moins la religion catholique est, en France, la religion de la majorité des citoyens. »

Pie VII était perplexe. On lui proposait de relever la religion abattue et proscrite, mais tout autre qu'avant sa chute, et à ce point transformée, dans son aspect extérieur, qu'on aurait peine à la reconnaître; à tout autre même que paraissait le demander la rigueur du dogme. « Jamais, disait en son nom Consalvi, on n'avait demandé à la papauté de telles concessions[1]. » D'autre part, une grande nation, de cœur encore chrétienne, était là devant lui, privée de culte et de pasteurs, et à qui une législation insidieuse ne laissait de choix qu'entre l'incrédulité et le schisme; n'y avait-il pas impérieuse obligation de lui rendre le bienfait et la liberté de la foi? Véritable père et apôtre, le pape pensa à la fin qu'assez de sang avait coulé, qu'assez d'âmes avaient été tentées;

1. Consalvi à Talleyrand, 3 juin 1801.

il ne s'obstina pas à exiger que le catholicisme fût *dominant*;
il lui parut beaucoup qu'il fût libre. Ne pouvant obtenir
l'union, pour mettre un terme à l'hostilité, et échapper à la
séparation inconséquente, il se résigna à une séparation
loyale et amicale. La séparation s'introduisit ainsi, du consentement de la papauté, dans notre droit public ecclésiastique.

Cette fois du moins, et sous sa forme nouvelle, allait-elle
donner des résultats satisfaisants et procurer un peu de repos
à l'Église et aux consciences ? Hélas! les espérances que
Pie VII en avait conçues ne devaient pas tarder à recevoir un
cruel démenti; pour la troisième fois, la séparation allait
faire faillite à ses promesses. En vue d'apaiser les mécon-
tentements que la réconciliation avec l'Église avait occa-
sionnés autour de lui, à l'insu du pape et par le procédé le
plus irrégulier, le premier consul accole les lois organiques
au Concordat. Ces lois, dit-on pour l'excuser, ne sont que
l'exécution du Condordat. Non, elles en sont la violation;
elles nient la séparation, puisqu'elles ne sont pas autre chose
que la mainmise de l'État sur les affaires de l'Église. Bonaparte, après avoir rectifié dans le Concordat l'inconséquence
de la Constituante, y retombe dans les lois organiques ;
comme elle, il se lance ainsi dans de nouveaux troubles religieux. La constitution civile du clergé avait insensiblement
amené les assemblées à la persécution; les lois organiques
conduisent Napoléon à la même fatalité. S'étant laissé dire
qu'il pouvait être quelque chose dans l'Église, il voulut y être
tout; et comme, dans cette tête exceptionnelle, le chimérique
même prenait un aspect grandiose, il ne se contente pas du
partage que Dante avait fait du monde entre le pape et l'empereur, il rêve de prendre à la fois dans la main l'épée et
le bâton pastoral et de refaire le césarisme ancien avec le
catholicisme. Il aurait eu ses sessions religieuses, comme ses
sessions politiques; le pape, logé à côté de lui, dans un
palais magnifique, aurait été son ministre aux affaires ecclésiastiques.

Stupéfait que Pie VII, qu'il avait trouvé si empressé de le
seconder dans la restauration du culte, n'entrât pas dans sa
nouvelle conception, il l'emprisonne, déclare le Concordat

nul [1], se fait pape temporel, décrète que le concile est supérieur au pape, donne la force exécutoire à la déclaration de 1682 [2], ordonne que les papes à leur exaltation prêteront serment de respecter le dogme qu'il a établi, et de ne rien faire contre les quatre propositions de l'Église gallicane. Pie VII, révolté de ces étrangetés, refuse d'instituer des évêques ; Napoléon réunit un concile, le discipline par la terreur, et lui fait décider que si, dans les six mois, le pape n'a pas admis les évêques, on se passera de lui. Déjà, il a confisqué les terres et domaines pontificaux, et, pour mater la résistance du clergé, édicté, en vingt-deux articles, le code pénal draconien de 1810.

Et voilà un aperçu du troisième mouvement séparatiste; il fut l'origine de cette sorte de *régalisme* que l'on a appelé « la *religion napoléonienne* » et qui, à travers des phases diverses, s'est perpétué jusqu'à nos jours, dans son esprit, sinon dans la violence des actes.

Nous avons essayé de dire, en nous reportant aux trois moments culminants de son histoire, ce qu'a été jusqu'à présent, parmi nous, le séparatisme. Chacune des tentatives que nous avons rappelées s'est terminée par un accès de guerre religieuse. Le lecteur n'est-il pas amené à conclure, avec nous, que cette succession n'est pas purement chronologique et de hasard; mais que, par la force même des choses, il y a de la séparation à la persécution un rapport de cause à effet, que l'une engendre l'autre, que fatalement, si le branle est donné, la même série de phénomènes se reproduira ?

Pendant plus de vingt ans nos gouvernants se sont appliqués à transformer le Concordat en instrument d'oppression; ils ne l'ont conservé que comme un abri d'où ils pouvaient plus commodément battre en brèche l'Église et la religion. Ils s'acheminaient ainsi, par des voies obliques, à un assaut plus meurtrier, dont ils croient que l'heure est venue. Ce qu'ils veulent maintenant, c'est la séparation totale, complète, celle de la Convention finissante et du Directoire. Ne pouvant

1. Exposé de la situation de l'empire de 1811.
2. 25 février 1810.

recommencer Napoléon, ils se rabattent sur Barras et Laré-
vellière, qui sont plus à leur taille. Il est impossible de ne
pas être frappé de la ressemblance qui s'impose entre les
temps où nous vivons et ceux dont ces noms évoquent le
souvenir ; entre les hommes qui mènent la République du
« Bloc » et ceux qui menaient le Directoire; entre les violences, les haines, les perfidies d'alors et celles d'aujour-
d'hui. Dès lors, comment ce qui s'est passé il y a cent six ans
pourrait-il ne pas devenir l'histoire de demain? Le régime
que nous promet la collaboration de MM. Combes et Briand
produit l'impression du « déjà vu », du « déjà vécu ».

Étrange aveuglement! La séparation de l'an IV, en dépit
de ce qu'il y eut d'atroce et de grotesque dans les maux
qu'elle causa aux catholiques, ne rallie pas seulement les suffrages de ces hommes « qui considèrent les religions, ainsi
qu'on le disait l'autre jour à la Chambre, comme des cas
pathologiques et des névroses, qui les comparent aux ravages
de l'alcool et aux plus dangereux poisons ». Le même orateur,
qui flétrissait avec énergie ces énergumènes, parle avec
indulgence de la législation religieuse du Directoire; il lui
attribue la renaissance du culte qui se produisit alors; et tout
serait bien allé sans l'accident du 18 Fructidor. « La Révolution française, dit-il, après l'échec de la constitution civile
du clergé, avait abouti, par la logique des choses, à la séparation. En l'an IV, les temples se rouvraient, les autels com-
mençaient à se relever dans la liberté, lorsque le 18 Fructidor
vint rouvrir l'ère des vexations, et le Directoire, en cherchant à entraver le culte catholique au moyen du décadi,
prépara le 18 Brumaire[1]. » On se promet de ne pas retomber
dans les mêmes erreurs. « Donnons à la France, s'écrie-t-on
encore, l'impression qu'entre une séparation qui ne serait
que discorde à l'intérieur et ruine au dehors, et le maintien
du Concordat, il y a une autre politique: la séparation garan-
tissant tout à la fois la souveraineté de l'État et la liberté des
cultes... : la séparation dans la raison et dans la justice. »

Vaine espérance! Les mêmes causes ramèneront les mêmes
effets; la séparation évolue de son propre mouvement vers la

1. M. Deschanel, séance du 21 octobre 1904.

persécution. L'esprit jacobin est resté ce qu'il était ; et des gens qu'il anime on peut bien vraiment dire qu'ils n'ont depuis un siècle rien oublié ni rien appris. Pour eux les explosions de la haine et de la violence ne tiennent ni à une date ni à un fait. Quand les occasions ne s'en présentent pas spontanément, ils savent bien les susciter ; des coups de force analogues à celui de Fructidor ne seraient pas pour leur causer beaucoup de scrupules ; et, à défaut du « décadi », qui risque peut-être de leur paraître un peu démodé, ils trouveront mille autres moyens d'opprimer la liberté et de tourmenter les consciences.

Hippolyte PRÉLOT.

LES SEIZE CARMÉLITES DE COMPIÈGNE

MARTYRES SOUS LA RÉVOLUTION

D'APRÈS LES DOCUMENTS ORIGINAUX [1]

VII

LA DISPERSION ET LE SERMENT

Quelques mois de répit se produisirent après la journée si troublée du 5 août. Ce fut le calme qui suit la tempête. Aucune nouvelle visite de la municipalité compiègnoise n'eut lieu au monastère de l'Annonciation, avant la fin de 1790. Les religieuses ayant préféré demeurer religieuses et rester chez elles, on ne songeait point à leur rendre la liberté obligatoire et l'on ne parlait pas encore de les jeter à la rue. Chaque chose devait venir en son temps.

On se contenta pour lors de s'ingérer dans le gouvernement intérieur de leur couvent. L'article V du décret de la Constituante, en date du 8 octobre 1790, sanctionné le 14 par le roi qui signait à peu près tout, avait ordonné que les religieuses ayant choisi la vie commune nommeraient entre elles, au scrutin et à la pluralité absolue des suffrages, en une assemblée présidée par un officier municipal, et à tenir dans les premiers jours de janvier 1791, une supérieure et une économe dont les fonctions ne dureraient normalement que deux années, mais pourraient être continuées tant qu'il plairait à la communauté.

C'était une ridicule intrusion du pouvoir laïque dans une question de discipline purement religieuse ; mais ne vivait-on pas au siècle du joséphisme, et les législateurs souverains en veine d'universelle réglementation ne se plaisaient-ils pas à toucher à tout dans l'Église comme dans l'État ?

Susceptible d'ailleurs de généreux élans, l'Assemblée

1. Voir *Études* des 5 et 20 novembre 1904.

était mieux inspirée en déclarant, quelques jours après (14 octobre 1790), que les religieux seraient pensionnés.

Ces deux décrets allaient recevoir leur exécution à Compiègne. En vertu du premier, le 11 janvier 1791, deux officiers municipaux, Le Cormier et Mouton, se transportaient au « couvent des dames Carmélites », à l'effet d'assister à leurs élections. Mme Lidoine (Mère Thérèse de Saint-Augustin) fut réélue prieure à l'unanimité des voix, — moins la sienne, — soit seize sur dix-sept, et la maîtresse des novices, Mme de Croissy (Mère Henriette de Jésus) fut nommée économe, à la majorité de quatorze voix contre trois. On remarquera que le nombre des religieuses présentes n'était plus que de dix-sept (au lieu des dix-huit interrogées le 5 août 1790). Mme Boitel (sœur de Jésus-Maria), celle qui naguère n'avait pu signer, avait été empêchée d'assister au chapitre à cause de ses infirmités. Les jours de la pauvre sœur étaient comptés; elle s'éteignit peu après, le 20 février 1791. A un autre point de vue, ces élections avaient présenté une stricte application du nouveau principe d'égalité civile, qui accordait le droit de vote aux sœurs converses. En tout cas, si les révolutionnaires avaient escompté, comme l'assure sœur Marie de l'Incarnation, qu'ils auraient « une prieure de leur choix[1] », ils avaient eu à subir ce jour-là une forte désillusion. La communauté tout entière, y compris les trois converses illettrées, avait senti d'instinct quel appui était pour elle, en ces temps difficiles, une prieure telle que la Mère Thérèse, et les brebis s'étaient serrées plus unies que jamais sous sa vaillante houlette.

Le deuxième décret occasionna, en mars 1791, d'autres formalités. Les religieuses eurent à fournir l'état des revenus et charges de leur maison, en vue de la fixation de la quotité de leurs pensions. Le directoire du département de l'Oise accorda par tête aux sœurs de chœur, 478 livres 19 sols 4 deniers; aux converses, 239 livres 9 sols 8 deniers. Elles devaient en êtres payées, à partir du 1er janvier 1791. C'était à peu près l'équivalent de leur ancien revenu.

Mais, avec l'année 1792, la situation s'aggrava. Il semble

1. *Histoire*, p. 34.

qu'en l'ouvrant, plus d'une religieuse ait eu comme un vague
pressentiment qu'elle finirait mal. C'était une raison pour se
ranimer dans la ferveur d'une manière exceptionnelle. Nous
savons qu'il en fut ainsi de la terrible sœur Euphrasie. Elle
imagina, à l'occasion du nouvel an, de solliciter des prières
auprès de l'ordre que son goût pour la vie austère lui faisait
sans doute apprécier davantage et obtint son association aux
Trappistes de Cîteaux [1]. Elle songea surtout avec raison à
s'examiner plus à fond que jamais sur des défauts grossis
peut-être par son humilité, puis elle envoya ce portrait peu
flatté à un nouveau directeur ; celui-ci eut la franchise de la
féliciter sur la ressemblance, et la bonté de lui indiquer de
durs mais sûrs moyens de triompher enfin de sa manie des
grandeurs. Au commencement de janvier 1792, il lui adressait la réponse suivante, qui par prudence n'est point signée.
Nous regrettons de ne point savoir le nom de ce prêtre
énergique, bien fait pour conduire les âmes en temps de
persécution.

Vous vous connoissez, et vous dépeignez très bien, ma chère fille,
c'est une première grâce qu'il ne faut pas négliger ; elle sera pleine de
fruits si vous continuez à bien sentir votre cœur avec ses défauts et
ses dangers. Voyez-le souvent, tous les jours, à tous moments, dans la
prière, dans vos travaux, à la récréation, qu'il soit dans vos mains et
vous viendrez à bout de le corriger.

1° Pour réussir dans cet important ouvrage, il faut convenir que sa
vivacité est souvent excessive, sa sensibilité peu modérée, son goût
trop suivi.

2° De là ces révoltes contre qui contrarie la volonté dominante,
altière et rebelle, par défaut de résistance à la tentation, contre l'obéissance qui devroit toujours l'emporter.

3° De là ces raisonnements continuels et dangereux sur la conduite
qu'on tient à votre égard, sur les places refusées, sur l'oubli où on vous
laisse, sur le prétendu mépris qu'on vous marque, sur les désagréments que vous croyez faits exprès pour vous humilier.

4° C'est là, soyez-en sûre, un orgueil caractérisé, qui ne vous laisse
aucun repos ; c'est un amour-propre blessé qui ne veut point pardonner aux autres, et suppose souvent ce qui n'est pas, c'est le désir de
paroître, de s'occuper davantage, de n'être pas réduite si longtemps à
soi-même et laissée à l'écart : c'est, en un mot, le propre esprit qui

1. Ce diplôme d'affiliation est daté du 7 janvier 1792. (Archives départementales de l'Oise, FFI, pièce 16.)

s'agite, se tourmente, s'aigrit et s'irrite, tantôt pour une raison, tantôt
pour une autre.

Et voilà ce qui a fait votre malheur, voilà ce qui le feroit jusqu'à la
mort, voilà ce qui vous rendroit singulièrement effacée, désagréable à
vos supérieures, à charge à vos sœurs et à vous-même, voilà ce qui
vous empêcheroit de jamais pratiquer la perfection, de goûter quelque
repos dans votre saint état, de trouver une paix constante dans l'oraison, dans la fréquentation des sacrements, etc...

Ayant ainsi porté le fer dans la plaie, le directeur n'y
mettra d'autre baume que cette sèche énumération :

MOYENS A EMPLOYER

Le 1er est d'oublier absolument le passé, ce qu'ont dit et fait les
supérieurs pour les charges et toute autre chose.

Le 2e est de ne désirer ni employ, ni changement de place, ni aucune
charge qui plaise ; en rejetter toute pensée comme une tentation, et
n'avoir d'autre vue que de bien remplir sa charge ; c'est le plus parfait,
le seul permis.

Le 3e c'est d'obéir exactement, le plus promptement, sans observation,
sans parole, à tout ce qui est dit ou prescrit, et de ne se permettre
aucun raisonnement intérieur volontaire, ni réflexion dans quelque
temps que ce soit.

Le 4e est d'être douce envers ses sœurs, de vous taire sur ce qui les
regarde, de ne vouloir ni dominer, ni juger, ni réfléchir sur leurs esprits
ou leurs actions ; c'est de ne penser qu'à vous, de ne vous mêler que
de vous.

Le 5e c'est de vous abandonner en toute simplicité :

1° A la conduite du confesseur ;

2° A celle de Dieu dans l'oraison et tous vos exercices ;

3° Vous vous livrerez paisiblement aux transports d'amour et toujours en vous humiliant ;

4° Vous serez très courageuse dans les tentations et dégoûts, toujours exacte à tout malgré vos peines et répugnances.

Enfin l'examen particulier sera sur le détachement de vous-même et
l'humilité... tout à Dieu seul... 11 janvier 1792 [1].

L'effet de ces austères conseils fut aussi prompt que radical, mais non encore, semble-t-il, immédiat. Aussi, un mois
après, l'impitoyable « père en Dieu » comme il s'appelle,
bien qu'il s'intéresse de plus en plus vivement à engendrer

---

1. Anonyme à Euphrasie (s. l). Lettre inédite. (Archives départementales
de l'Oise, FFI, pièce 27.)

cette âme à une vie nouvelle, ne lui prêche encore que les
vérités les plus effrayantes pour la nature :

... Je ne doute pas que vous n'ayez assez de zèle et de courage pour
ne rien négliger de ce qui tendra à votre salut, *l'éternité est proche et la
vie ne peut être un grand bien que quand elle prépare des courônes.* Pour
les obtenir il faut porter celle de Jésus-Christ; elle étoit d'épines ; en
la supportant il n'a point murmuré et il seroit honteux de ne pas l'imiter ; renoncer à tout, étoit un de ses préceptes : renoncer à son propre
esprit, à ses goûts, à ses raisonnements, à ses désirs, est un devoir et
l'un des plus indispensables. On ne vit bien de Dieu que quand on ne
vit plus de soi : n'en plus vivre, c'est mourir à soi ; à (*sic*) la brillante
la précieuse mort ! tout ce que je vous ai dit et écrit, ne tend qu'à cette
vraie perfection. Si nous n'y travaillons pas, nous n'aurons rien ; et
nous ne l'aurons que par une totale et invariable obéissance. Qu'elle soit
votre pratique continuelle, universelle ; par là que de misères passées
seront expiées ! que de mérites vous pourrez amasser ! Dieu soit avec
nous !
   13 février 1792 [1].

Ce langage sans fausse complaisance fut enfin entendu.
Deux mois plus tard, le même directeur applaudissait aux
« premiers miracles de la grâce » opérés dans l'âme naguère
encore si fermée à ses fortes influences. C'était comme une
« vocation » nouvelle qu'il voyait se déclarer chez la religieuse
presque octogénaire. « Il s'agit d'y être fidèle, continue-t-il.
Vous en avez formé la résolution. Qu'elle doit être grande
et admirable la pratique de ces excellens desseins ! » Puis
d'un ton que l'événement devait rendre un jour prophétique,
il ajoute : « O le beau spectacle *à la mort*, si vous pouvez
l'offrir au souverain juge ! Mais si tout ce qu'il y a de merveilleux devenait inutile, quel compte ! *Vous ne pouvez qu'être
sainte*, Dieu le veut. Ne le voudriez-vous pas ? Que dis-je, vous
ne voulez que ce bonheur, vous ne pouvez donc chercher qu'à
le mériter. Tout souffrir, tout sanctifier et mourir à tout, particulièrement à soi, voilà ce que doit annoncer votre vie. » Et
il lui répète encore : « Toujours Dieu seul [2] ! »
   Incapable désormais de reculer devant aucun sacrifice, la
sœur Euphrasie sentait en retour succéder à son ancien état

1. Anonyme à Euphrasie (s. l.). Lettre inédite. (Même fonds, pièce 30.)
2. Même à la même (s. l.). Lettre inédite 13 mars 1792. (Même fonds,
pièce 9.)

d'inquiétude et de malaise la satisfaction profonde du devoir accompli, et accompli par amour, non plus par contrainte. C'était une transformation totale. Elle en vint à s'effrayer des faveurs divines qui inondaient son âme livrée maintenant sans obstacle à l'action puissante et consolante de la grâce. Son directeur dut la rassurer :

> Tout ce qui porte à l'amour de Dieu sans exposer à l'orgueil, lui écrit-il quelques jours après, est bon à contempler, ses dons et ses faveurs ne peuvent être trop pesés en sa sainte présence ; ne pas les voir où on les voit, ne pas s'en réjouir quand on les sent, c'est aveuglement et ingratitude. Quel mal de regarder le soleil lorsqu'il luit, ou l'abondance lorsqu'elle existe ?
>
> Les conséquences à déduire sont plus de fidélité, plus de vigilance. Quiconque les renferme est digne de tous les dons, digne de Dieu : l'application est facile, faites-la et soyez sainte avec joye[1].

Cette joie n'était-elle pas déjà le bonheur de ceux qui ont été jugés dignes de souffrir pour le Christ ?

Pourtant les yeux de deux religieuses semblaient encore fermés à ces perspectives à la fois douloureuses et glorieuses. Mais un mémorable incident allait révéler combien ceux de la prieure étaient plus ouverts et plus perspicaces. Pâques tombait cette année le 8 avril. Cette fête ouvre dans les carmels une série de récréations nommées les *licences*. Or, aux licences de 1792, les religieuses, qui n'avaient guère le cœur aux divertissements, devisaient entre elles sur le sens de la prophétie rappelée plus haut[2]. Une religieuse converse avait vu jadis en songe « la communauté monter au ciel revêtue d'un manteau blanc ». Et quelqu'un murmura le nom de la sœur Julie (Rose Chrétien) qui ayant été mariée (Mme de Neuville) se verrait exclue, en sa qualité de veuve, des récompenses promises aux seules vierges. Mais l'on était d'accord pour s'écrier : « Le ciel nous réserverait-il donc la gloire du martyre ? Quoi ! Toutes en un jour ? Oh ! quel bonheur, si nous pouvions nous trouver ainsi toutes réunies ? » Vers la même époque et non, ainsi qu'on l'a écrit souvent à tort, en 1794, la Mère Thérèse de Saint-Augustin, comme directement

---

1. Anonyme à Euphrasie. (S. l.), 17 mars 1792. (Même fonds, pièce 10.)
2. *Ms.* 3, p. 45. Collection de Compiègne. Voir *Études*, 5 novembre 1904, p. 323.

inspirée du ciel, invita les religieuses à accepter d'avance
leur futur sacrifice.

Elle nous avoua un jour, dit Marie de l'Incarnation, qu'ayant fait sa
méditation sur le but que s'était proposé notre sainte Mère Thérèse
dans sa réforme, il lui était venu à la pensée de faire un *acte de consécration*, par lequel la communauté s'offrait en *holocauste* pour apaiser
la colère de Dieu, et que cette divine paix que son cher Fils était venu
apporter au monde, fût rendue à l'Église et à l'État. « Il me semble,
ajouta-t-elle, que puisque nous ne sommes entrées dans la sainte
religion que pour y opérer l'œuvre de notre sanctification, cette immolation de nous-mêmes doit nous être moins coûteuse [1]. »

Mais la courageuse prieure avait compté sans la faiblesse
de l'âge. Elle oubliait que les sœurs de Jésus-Crucifié
(Mme Piedcourt) et Charlotte de la Résurrection (Mme Thouret), presque octogénaires, étaient particulièrement impres-
sionnables, la seconde surtout, éprouvée de longue date par
la maladie et l'infirmité.

Deux sœurs anciennes cependant, sœur de Jésus Crucifié et sœur de
la Résurrection, ne purent s'empêcher de lui exprimer la crainte et le
frémissement que leur causait l'idée seule de la guillotine. « Ah ! ma
chère Mère, s'écrièrent-elles, est-ce que vous pensez ?... » Et elles ne
purent achever, tant l'impression était forte chez elles. « Mes sœurs,
leur dit notre Mère, je ne sçais le sort qui nous attend, et quoique j'aie
la confiance que Dieu nous donnera grâce à toutes pour lui faire le
sacrifice de notre vie, ne croyez pas que je prétende vous faire une
obligation de vous unir à moi, et que je sois le moins du monde mal
édifiée que vous vous refusiez à le faire.' » Alors nos bonnes sœurs se
retirèrent ; mais dès le soir même, elles vinrent se jeter aux pieds de
notre Mère... lui demandant pardon de la pusillanimité et faiblesse
qu'elles avoient fait paraître, disant « qu'elles qui étoient, par le déclin
de l'âge, sur le bord de la tombe, combien elles devoient être honteuses
et avoient à rougir de cette faute », et elles demandèrent comme une
grâce que notre Mère leur permît de s'associer à l'acte de consécration,
pratique à laquelle elles furent fidèles jusques au dernier jour [2].

Ce récit a une double portée ; il prouve d'abord que les
âmes les plus détachées du monde et les plus foncièrement

1. *Ms.* 3, p. 3. Collection de Compiègne. Le *Ms.* 2, p. 3, ne précise pas
davantage le jour. Dans l'*Histoire*, p. 78, on dit positivement que la prieure
proposa cet acte « deux ans avant l'arrêt de sa mort ».
2. *Ms.* 3, p. 4. Collection de Compiègne. Le *Ms.* 2 ne nomme pas les deux
sœurs.

courageuses éprouvent parfois les affres de la mort et aussi que
le·sacrifice de la vie peut être difficile jusque dans l'extrême
vieillesse ; mais il a de plus l'avantage de démontrer combien
l'auteur de cette relation est un témoin digne de foi, sachant
dire la vérité et toute la vérité, sans déguiser les faiblesses
de personne.

La·tenacité de sa mémoire, qui n'oubliait rien, et où tout se classait
avec ordre, a pu écrire de la sœur de l'Incarnation son éditeur l'abbé Villecourt, la pénétration de son esprit, à qui les moindres circonstances
intéressantes n'échappaient jamais ; sa véracité, qui ne lui aurait pas
permis d'avancer comme certain un fait quelconque qui lui aurait paru
douteux ; *l'attention scrupuleuse qu'elle a de ne pas plus dissimuler les
défauts que les bonnes qualités des personnes dont elle parle*, sont autant
de motifs qui devraient nous faire accueillir son récit avec une pleine
confiance, quand nous n'aurions pas, d'ailleurs, une garantie de sa sincérité dans la foi qui l'animait et dans sa qualité de religieuse [1].

Cette confiance, nous sommes heureux de le proclamer
après contrôle, nous paraît pleinement justifiée. Aussi n'hé-
siterons-nous pas, lorsque nous aurons prochainement l'occasion, de trancher le débat entre le témoignage de la carmélite et certains documents révolutionnaires, de nous prononcer nettement en sa faveur.

Plus d'un indice semblait déjà présager que la béatitude
promise à ceux qui endurent la persécution pour la justice, allait être accordée prochainement aux généreuses filles
qui avaient devancé l'heure pour s'offrir au ciel en victimes.
Est-ce parce que la poste devenait de moins en moins sûre,
est-ce parce que les affaires de sa communauté se compli-
quaient, la Mère prieure jugea à propos de se rendre dans la
capitale et de s'y rencontrer avec l'abbé Rigaud, qui était le
supérieur immédiat de Compiègne.

Une lettre qu'elle adressa de Paris à l'une de ses religieuses
du monastère de l'Annonciation contient trop d'allusions personnelles pour que nous cherchions à tout expliquer. Mais
comment n'en point citer ce début qui témoigne à la fois et
de l'élévation de ses propres sentiments, et de la hauteur à
laquelle elle menait les âmes qui lui étaient confiées ?

1. *Histoire*, préface, p. 19.

D'heureuses impressions prouvent la bonté d'une âme, et la vôtre à cet égard a tout à espérer de la grâce dont je vous promettais la sainte et continuelle influence. Dieu vous a parlé avec moi, et qu'il parle bien ! Écoutez-le avec la même docilité, et vous puiserez abondamment dans ses trésors. Ne craignez pas, allez avec toute assurance ; qu'un cœur qui ne met point de bornes à ces élans d'amour divin a une force invincible sur son Dieu ! point de faiblesse, point de crainte ; oui, *désirez d'en mourir, et pour cela ne cessez d'en vivre* [1].

Ne croirait-on point, dans ces dernières paroles, entendre un écho des magnifiques élans de sainte Thérèse vers le ciel, lorsqu'elle déclarait préférer vivre et mourir en travaillant pour la vie éternelle plutôt que de posséder tous les biens d'ici-bas et qu'elle s'écriait : « O mon Dieu, je vous en conjure, faites croître de plus en plus le martyre de mon âme en la blessant de votre amour, ou faites-le cesser en vous donnant à elle dans le ciel [2] » ?

Par une autre analogie frappante avec la fondatrice du Carmel, proclamée par l'Église la mère de la spiritualité, *mater spiritualium*, la prieure de Compiègne s'entendait à merveille à l'administration et savait faire valoir les intérêts de sa communauté au mieux des circonstances les plus difficiles. On la vit donc peu après faire acte de civisme et patriotiquement souscrire, le 13 juillet 1792, 24 livres de contribution volontaire. Les carmélites témoignaient par là ne pas se désintéresser du bien public, quelle que fût la main qui dirigeât le timon des affaires ; mais, comme mesure de salut, cette libéralité était tardive et insuffisante. Des événements supérieurs s'accomplissaient dans les sphères élevées de la politique, qui allaient déchaîner de nouveaux orages et précipiter la ruine définitive.

1. Thérèse de Saint-Augustin à carmélite anonyme. (Les sœurs Elisabeth [Mme Jourdain ?], Saint-Ignace et Constance, étant mentionnées, doivent être écartées comme destinataires.) S. l., 16 mai 1792, ce qu'on lit dans Sorel, *op. cit.*, p. 30, n. 2, ainsi que p. 40, n. 1, et non pas le *26*. (*Ibid.*, pièces justificatives, p. 97.) — Archives nationales, W, 421, pièce 86 Le passage que nous citons ici est inédit, ayant été omis par le consciencieux historien qui a oublié d'en prévenir et a malheureusement laissé échapper plus d'une faute de lecture : *pour* au lieu de *peu* ; *Madame* au lieu de *Mlle*, *saint* au lieu de *sœur*.

2. *Histoire de sainte Thérèse, d'après les Bollandistes*, t. II, p. 390. Nouvelle édition, Paris, 1892. In-12.

Le 10 août marquait la chute de la royauté. Avec le trône, les autels allaient s'effondrer. Dès le 7 août, l'Assemblée législative avait prescrit aux municipalités de procéder à la vérification de l'existence des effets précédemment inventoriés dans les monastères. En apparence, c'était une mesure conservatrice ; mais au fond, on ne préservait que pour mieux détruire.

Quelques jours après (14 août), un autre décret ordonnait la prestation du serment de *liberté* et d'*égalité* à tout Français recevant de l'État un traitement ou une pension. On était censé avoir renoncé irrévocablement à les toucher, si, dans la huitaine de la publication, l'on ne s'acquittait pas de cette obligation « devant la municipalité du lieu de son domicile », en ces termes : « Je jure d'être fidèle à la Nation et de maintenir la liberté et l'égalité ou de mourir en les défendant. » Nous verrons bientôt dans quels cruels embarras ce serment devait mettre les carmélites.

Les décrets succédaient aux décrets à des intervalles de plus en plus rapprochés. « Faire vite » est un des principes des politiciens d'aventure arrivés au gouvernement. Le 17 août, parut donc le décret d'*évacuation* des maisons encore occupées par des religieux ou des religieuses, sauf les hôpitaux. Ces maisons, ajoutait le décret, devaient « être vendues à la diligence des corps administratifs ». Prendre et dissiper le bien d'autrui a toujours été l'un des préceptes du décalogue révolutionnaire.

Le lendemain, 18 août, le brigandage légal commençait et déjà aussi flottait dans l'air un souffle avant-coureur des massacres de Septembre. Cette fois, le but des jacobins était atteint. Les congrégations y passaient toutes : Eudistes, Sulpiciens, Lazaristes, Saint-Esprit « et généralement toutes les congrégations religieuses et congrégations séculières d'hommes et de femmes, ecclésiastiques ou laïques, même celles uniquement vouées au service des hôpitaux et au soulagement des malades ». Le départ sonnait donc inéluctable pour les carmélites de l'Annonciation, à Compiègne.

VIII

Pénible pour tout religieux, la sortie forcée de son couvent pour le religieux cloîtré est cruelle. C'est que ce coin de terre recouvert d'arceaux, cette chapelle qui l'entend psalmodier, ce préau où il dormira du dernier sommeil, sont à ses yeux un petit univers. C'est l'asile inviolable qui, sur lui, refermera à jamais ses portes, la paisible oasis dans laquelle, fugitif aux chemins de ce monde, il a fixé sa tente sans espoir de retour, le lieu de son exil du siècle dans l'espoir de l'éternelle patrie. On comprend dès lors quelle barbarie il y a, de la part du législateur, à poursuivre ces réfugiés jusqu'au fond de leurs étroites cellules, à enfoncer l'entrée de leur mystérieux sanctuaire, à les arracher à tout ce qui forme le cadre naturel et nécessaire de leur pieuse existence. Mais au-dessus de ces innocentes retraites, — et c'est là le crime impardonnable, — se dresse l'étendard de la croix. Dès lors, ceux qui vivent à son ombre n'ont plus droit, aux heures des révolutions triomphantes, de demeurer unis pour prier en commun. Grande victoire, pour des sectaires de passage au pouvoir, d'expulser les moines et de démolir les monastères! Une fois que des habitations rasées il ne restera plus pierre sur pierre, bandes rouges et bandes noires espèrent bien que les solitudes dévastées ne se repeupleront pas et que les déserts ne refleuriront plus.

C'est pourquoi, le mercredi 12 septembre 1792, les trois citoyens, Wacquant, architecte et sous-inspecteur des bâtiments de la République à Compiègne, Bigault et Bertrand, se présentaient, au nom de la municipalité, chez les carmélites. Ils procédèrent au recolement des objets décrits le 4 août 1790, transportèrent leur butin au dépôt de l'abbaye Saint-Corneille et enjoignirent aux sœurs d'avoir à quitter au plus tôt leur maison.

Le surlendemain, vendredi 14, en la fête de l'Exaltation de la sainte Croix, les religieuses abandonnèrent leur « chère solitude [1] ». Pour toute plainte, elles se dirent que « le

1. *Ms.* 3, p. 69. Collection de Compiègne.

Seigneur, par le sacrifice qu'il exigeait ou permettait, les enrichissait d'une très forte portion de sa croix [1] ».

Mais autant qu'il était en elles, et sans contrevenir à la loi qui les frappait brutalement, elles cherchèrent, en ce naufrage de la vie conventuelle, à sauver quelques épaves de leurs observances monastiques. Leur premier acte fut de se disperser. Elles se divisèrent en quatre groupes.

Le premier se composait de la prieure, Thérèse de Saint-Augustin (Mme Lidoine), d'une des deux sœurs les plus âgées, Charlotte de la Résurrection (Mme Thouret), avec la sœur Euphrasie (Mme Brard), devenue un modèle de ferveur, et la converse Sainte-Marthe (Mme Dufour). On sous-loua, pour deux ans et demi, à 150 livres par an, chez une honorable veuve, Mme Saiget, une partie de sa maison, située rue Dampierre (aujourd'hui rue Saint-Antoine) [2].

Le second groupe était formé par la sous-prieure Saint-Louis (Mme Brideau), la vieille sœur de Jésus-Crucifié (Mme Piedcourt) [3], la deuxième des trembleuses raffermies, la sœur du Cœur de Marie (Mme Hanisset) et la première tourière Catherine Soiron. Elles s'en étaient allées occuper une grande chambre, un grenier et un fournil, au fond d'une cour de la rue des Cordeliers.

Le troisième groupe — celui des jeunes — s'établit dans une maison de la rue Neuve. Sous la douce autorité de la maîtresse des novices, Henriette de Jésus (Mme de Croissy), s'y trouvaient réunies, avec l'unique mais fidèle novice, sœur Constance (Mme Meunier), les trois récentes professes des années 1786, 1788 et 1789, sœurs Henriette de la Providence (Mme Pelras) et de l'Incarnation (Mme Philippe), enfin la converse Saint-François-Xavier (Mme Vérolot) [4].

Un quatrième groupe, dont on a vainement contesté l'existence [5], comprenait, sans doute sous la supériorité déléguée

---

1. *Ms.* 2, p. 69. Collection de Compiègne.
2. Sorel, *op. cit.*, p. 17.
3. La sœur de l'Incarnation, dans une de ses rédactions, la range avec le premier groupe. (*Ms.* 2, p. 36. Collection de Compiègne.)
4. Ici encore nous adoptons l'énumération de M. Sorel, sans parvenir à l'identifier avec celle de Marie de l'Incarnation (*Ms.* cité). Nous supposons que chacune de ces listes représente un *moment* différent.
5. M. Sorel, qui réduit les groupes à *trois*, ne s'appuie que sur des docu-

de la sœur Saint-Ignace (Mme Trézel), les sœurs Julie-Louise
de Jésus (Mme Chrétien), Pierre de Jésus (Mme d'Hangest),
Stanislas (Mme Legros), Thérèse de Jésus (Mme Jourdain),
la converse Saint-Esprit (Mme Rousselle) et la seconde tourière, Thérèse Soiron. Au total, elles étaient vingt en ces
premiers jours de la dispersion ; mais la mort ne tarda pas à
visiter le dernier groupe. Mme d'Hangest (nous les appelle-
rons ainsi le plus souvent désormais, par leur nom de
famille, le seul officiellement reconnu) s'éteignit, le 31 octobre
1792. Puis divers départs se produisirent qui portèrent,
comme ce décès, sur le dernier groupe. Mme Legros et
Mme Elisabeth Jourdain durent aller séjourner à Rosières,
dans le Santerre ; Mme Philippe se rendit, pour affaires, à Paris
et à Gisors.

Les ci-devant carmélites formaient ainsi « *quatre* associations particulières ; chaque maison, située en divers quartiers
de la ville, continue la sœur de l'Incarnation, conservant
l'unité d'obéissance en notre sainte règle et à notre Révérende
Mère prieure ; nous tenant toutes, par la grâce de Dieu, en
une parfaite harmonie de principes, de sentimens et de conduite ». Bien que contraintes, à leur vif regret, de se mettre
en *laïques*[1], elles avaient dû emporter avec elles, comme un
précieux trésor, leur costume religieux, puisque des reliques
en subsistent encore qui proviennent de leur prison[2], et
qu'elles se revêtirent, dit-on, de leur manteau de chœur pour
marcher au supplice.

Mentionnons avec honneur, parmi ces vingt fidèles de la
première heure, les deux tourières du dehors, Thérèse et
Anne-Catherine Soiron, dont il convient enfin d'esquisser la

ments de juillet 1794 et juin 1795, lesquels ne prouvent rien pour la première
période. Une pièce de juin 1794 mentionne d'ailleurs la division des anciennes religieuses « en *trois ou quatre* sections ». Voir, sur cette controverse,
l'abbé Blond, *op. cit.*, p. 105 *sqq*. Pour nous, les multiples témoignages manuscrits de là sœur de l'Incarnation, ignorés de M. l'abbé Blond, ne laissent
aucun doute.

1. « Nous fûmes *forcées* à nous dépouiller de nos saintes livrées pour
endosser l'habit séculier. » (Marie de l'Incarnation, *Ms.* 2, p. 69. Collection
de Compiègne.)

2. Nous avons vu, au carmel de Compiègne, une demi-alpargate et une
tunique de serge conservées durant un siècle à Stanbroock. (Voir *Études*,
5 novembre 1904, p. 318.)

courte biographie. Toutes deux, filles d'un tourneur de Compiègne, étaient nées dans cette ville, Thérèse, le 2 février 1742 et Catherine, le 23 janvier 1748 [1]. Aucun détail ne nous est parvenu sur la plus jeune. Mais on racontait de l'aînée comment elle avait eu quelque mérite à préférer le service de Dieu à celui de ces grands de la terre qui avaient, en ce temps-là, leurs entrées au Carmel.

Elle étoit d'une si rare beauté, rapporte la sœur de l'Incarnation, et avoit le cœur si bon, si excellement (sic), qu'elle fixoit tous les yeux et se gagneoit tous les cœurs des personnes qui la connoissoient. La princesse de Lamballe ayant eu occasion de la voir, en accompagnant le pieux duc de Penthièvre, son beau-père, un des protecteurs et bienfaiteurs de notre maison [2], fut si éprise de la beauté et ensemble des grâces naturelles de cette fille qu'il n'y eut sorte d'instances qu'elle ne lui fît, pour se l'attacher : « Venez, venez avec moi, lui disoit cette princesse, soyez sûre que je vous rendrai la vie autant heureuse que possible. — Madame, répondit Thérèse, Votre Altesse a bien de la bonté ; mais elle me permettra de lui dire que quand elle m'offriroit la couronne de France, et qui plus est l'univers entier, je n'en voudrois pas, parce que je préfère rester dans la place où le bon Dieu m'a mise et où je trouve des moiens de salut que je ne trouverois pas dans la maison de Votre Altesse. » La P[rincesse], quoique fâchée de ce refus, ne put s'empêcher, de même que le prince, son beau-père, et la duchesse de Chartres, sa belle-sœur [3], d'admirer l'esprit de foi et de religion qui rendoit cette âme mille fois plus belle encore que le paroissoit l'enveloppe [4].

· Non seulement ces deux excellentes filles ne voulurent pas abandonner les religieuses expulsées de leur monastère, mais elles ne cessèrent de leur rendre, pendant les deux années que devait durer la dispersion, les plus importants

1. Nous adoptons les dates fournies par M. Sorel, op. cit., p. 151, n. 1, bien que partiellement en désaccord avec celles portées plus tard aux certificats de résidence.

2. A la Révolution, le duc de Bourbon-Penthièvre réclama le cœur du comte de Toulouse, inhumé à la chapelle des carmélites de Compiègne et l'obtint, « considérant que la municipalité de Paris (lui) a déjà rendu le cœur de M. Dumaine (sic) déposé dans l'Église des ci-devant Grands Jésuites de Paris, ainsi qu'il appert par son procès-verbal du 16 décembre 1790 ». (Archives départementales de l'Oise, QH.)

3. Par Philippe-Egalité, appelé duc de Chartres jusqu'en 1785, et qui avait épousé, le 5 avril 1769, Mlle de Penthièvre, Louise-Marie-Adélaïde de Bourbon, fille du duc de Penthièvre.

4. Ms. 3, p. 53 sqq. Collection de Compiègne.

services. C'étaient elles qui faisaient la navette entre les
« bandes », évitant ainsi aux ex-carmélites de trop fréquentes
sorties. Continuant leur office, elles étaient toujours en
course, s'acquittant des « différents messages », achetant les
provisions et transportant « dans les trois maisons les vivres
qui s'apprêtoient au domicile de la Mère prieure [1] ».

Cette peinture *vécue* des détails de ménage d'un carmel
dispersé, nous inviterait à retracer, d'une façon plus précise
encore, l'existence anormale de religieuses cloîtrées impro-
visant des installations séculières, des « semi-communautés »,
pour employer un terme du temps, dans cette même ville où
naguère princes et princesses étaient seuls à franchir leur
clôture. Les éléments qui n'ont pas encore été exploités à
fond existent abondamment, soit aux Archives nationales,
soit à celles de Beauvais. Les correspondances, revêtues de
leurs adresses et munies de leurs cachets ainsi que des
estampilles postales, contiennent par le menu la relation
sinon journalière, du moins fréquente, de la vie morale et
matérielle des dispersées. On y voit parfois figurer tout au
long leurs rapports avec leurs familles. Celles-ci leur offrent
inutilement, comme les parents de Mme Brard, de les
reprendre sans les laisser manquer de rien [2]; ou, gorgées de
biens nationaux comme ceux de Mme Meunier [3], leur refusent
le pain quotidien. Il serait édifiant de suivre les pas des
laïcisées se rendant toutes chaque jour à leur commune

1. *Ms.* 2, p. 36, et *Ms.* 1, moins complet. Collection de Compiègne. Ce
texte suffirait à lui seul à établir l'existence distincte des *quatre* groupes.
2. Archives départementales de l'Oise, FFI, pièce 25.
3. Les Meunier avaient acheté notamment un couvent d'Annonciades. Ils
invitaient sœur Constance à venir voir sa mère.(*Ibid.*,FFI, pièce 39.)Mais elle,
plutôt que de quitter les carmélites, préféra s'adresser « aux citoyens administrateurs composant le directoire du district de Compiègne », recourant à
leur « équité et justice », afin d'obtenir le traitement annuel de 363 livres
6 sols 8 deniers, faisant les deux tiers de 500 livrès, fixées par l'article 1er
de la loi du 16 août 1792 pour les religieuses âgées de quarante ans et
au-dessous. Elle représente que depuis le 1er janvier 1791 elle n'avait vécu
qu'en faisant des dettes. On lut son mémoire et l'on noircit du papier pour
lui répondre; mais la conclusion, légale d'ailleurs, fut que « la prise d'habit
n'est point une affiliation » et que, par conséquent, il n'y avait pas lieu « à
délibérer sur sa demande ». Plus tard, quand les deux tourières Soiron
seront défendues beaucoup plus justement encore par la prieure comme
n'étant pas religieuses, on les guillotinera quand même.

paroisse, l'église Saint-Antoine, pour y entendre — jusqu'à son expulsion prochaine — la messe de leur directeur, l'abbé Courouble, avec la tolérance du curé jureur[1]. Un écrivain local, armé de patience, ne perdrait point sa peine à chercher la clef de ces lettres énigmatiques qui nous livreraient le secret de l'Association du Sacré-Cœur, devenue plus tard celle des Bons Catholiques[2]. Mais c'est la vie intérieure de ces saintes religieuses que nous aspirons à mettre ici en relief, et aucun document ne nous a paru plus caractéristique de leur régularité qu'une certaine lettre anonyme adressée à Mme Hanisset par l'ex-prieure, Mme Lidoine.

Très peu de jours après la rentrée dans le monde, les expulsées s'étaient remises à suivre leurs anciens usages d'aussi près que possible. Le 30 septembre 1792, Mme Brideau, l'ex-sous-prieure, ce type incarné de l'exactitude, mise à la tête du deuxième groupe, était allée faire visite à Mme Lidoine, supérieure du premier. Celle-ci, plus sévère encore dans son observance, paraît ne l'avoir pas reçue, non point par prudence humaine, mais par amour de la régularité. Le lendemain, 1er octobre, Mme Lidoine profitait de la fête de saint Remi pour adresser à une des sœurs de la rue des Cordeliers, cette direction admirable sur la vie idéale de la religieuse en dispersion.

J. M. J. T.

1er octobre, fête de saint Remi.

Si notre petite M[ère] Soup[rieure] a été contrariée de sa visite hier, je ne l'ai pas été moins de tous les obstacles qui se sont opposés à la

---

1. Il y aurait encore une bonne moisson à faire aux archives de l'Oise dans la liasse FF, n° 19 : *Papiers des différentes ex-carmélites trouvés dans la màison du citoyen Chevalier, rue Neuve, desquels ont été retiré* (sic) *ceux qui ont été envoyé* (sic) *au Comité de Sûreté générale et ont donné lieu à leur jugement.*

2. Est-ce la même que l'Association du Verbe incarné ? Un autographe de la sœur Julie-Louise de Jésus conservé au carmel de Sens porte que « l'intention principale de cette association est d'honorer l'adorable Cœur de Jésus et celui de Marie, pour obtenir la cessation des maux qui affligent l'Église catholique, la religion, ainsi que la conservation de la foi dans les États attachés à l'Eglise catholique, apostolique et romaine et obtenir que l'éducation de la jeunesse se rétablisse dans sa pureté ». Suit la traduction d'un bref de Pie VI du 16 février 1789. Fac-similé dans la collection de Compiègne, *Ms.* 7.

satisfaction que j'aurais eu de répondre à une fille tendrement chérie en Notre-Seigneur, mais nous ne sommes ni dans le tems ni dans le lieu de prendre des satisfactions; y renoncer perpétuellement et ne s'attacher qu'à un support charitable du prochain pour l'amour de Dieu que nous devons toujours envisager dans tout, doit être notre exercice quotidien. Il suppléera pour vous, ma très chère sœur et bien-aimée fille, à toutes les autres pratiques extérieures de mortifications, que vous laisserez absolument pendant ce mois, pour le cours du quel j'approuve et je bénis de tout mon cœur la résolution prise de mettre plus d'ordre dans la conduite qui nécessairement a dû, dans ces premiers tems, s'en éloigner, et bien surement sans deplaire à celui dont la volonté toujours adorable et sainte a permis les circonstances qui ont occasionné ce derangement... Reprenons donc pour le recueillement, l'oraison, le silence, autant qu'il nous sera possible, aux heures où nous l'observions, ainsi que les lectures ; plusieurs personnes ne doutent pas que nous ne continuons ces sortes d'exercices et aux mêmes heures, elles m'ont frappée par leur attention à ne nous pas déranger alors, et d'autres m'ont paru surprises de voir travailler à cinq heures [1] et de ne nous pas trouver en quelqu'exercice... Faisons donc notre possible, tant pour l'édification que pour notre propre avantage...; mais tout cela, autant que nous pourrons et sans scrupule, car il est certain que notre position actuelle porte des exceptions qu'un cœur droit doit avouer, mais dont un cœur fidèle n'abuse pas... Adieu donc, ma très chère fille, fidélité et tranquillité. Vous trouverez dans le cœur de Jesus celui d'une tendre mère.

POUR MA SOEUR DU COEUR DE MARIE

Qu'il est aimable
Mon Dieu je n'aime que vous
Pour mon Dieu et mon époux [2].

Parmi les *exceptions* que nécessitait la position nouvelle faite aux anciennes recluses, venaient en première ligne les sorties, dans le but de se revoir et de parler à la Mère qu'elles regardaient toujours comme leur prieure. Un petit billet va nous les montrer se donnant rendez-vous à cette double fin,

1. Temps de la seconde oraison.
2. Archives nationales, W, 421, pièce 117. Lettre inédite. (L'écriture semble un peu déguisée.) — Les lettres de Mme Lidoine (la prieure) sont tellement supérieures aux autres que je me reproche de n'avoir pas signalé son unique circulaire. Cette pièce imprimée, retrouvée en 1888, et cotée aujourd'hui n° 8 dans la collection de Compiègne, est datée du 18 août 1788. C'est la notice de la Mère Marie-Anne-Victoire-Saint-François de Paule de la Providence. Le style, simple et grave, marque un esprit très religieux et une réelle pénétration des âmes monastiques.

dans la forêt de Compiègne. C'est en même temps un témoignage de leur prudence sans cesse éveillée.

> Vous demandez une réponse nette..., Pour ne pas faire des pas inutiles, vous pourriés vous acheminer du côté de l'hôpital; car il y en a qui iront jusqu'à Roiallieu, rejoindre les dames [1] qui y demeurent. Je les ai engagées (nos sœurs) à revenir avec ces dames sur leurs pas, pour ne pas faire descendre notre mère (la prieure) si loin; elle doit être assez fatiguée. Ainsi vous pouvez aller par là, en se distribuant *par bandes*, les unes moins loin que les autres. On pourrait se céder le plaisir de posséder chacune n[otre] m[ère] tour à tour, *sans qu'on puisse dire : voilà un rassemblement.* Vous pouvez toujours diriger votre marche de ce côté. Je crois qu'il est inutile de laisser conduire N. M. au lion d'argent, pour qu'elle ait la peine de traverser la ville. J'irai cet après-midi chés vous et je pourrai rester avec ma sœur Resur[rection] [2] ou faire quelques pas avec elle.

Telles étaient les rares échappées. Il y avait même parfois de petites fêtes intimes destinées à resserrer l'union fraternelle. L'une d'elles, célébrée le 15 juillet 1793, le jour même de l'exécution de Charlotte Corday, semble avoir frappé plus vivement l'imagination et des futures martyres et de leur historienne. La novice perpétuelle, Mme Meunier, avec Mmes Pelras, Philippe et Vérolot, s'efforcèrent de célébrer dignement la fête de leur supérieure de bande, Mme de Croissy. Celle-ci, en sa qualité de maîtresse des novices, avait fait de sa maison de la rue Neuve la maison exemplaire. « Le bel accord, écrit la sœur de l'Incarnation (Mme Philippe), qui régnoit entre toutes les sœurs, faisoit qu'aucune d'elles ne devioit de ses devoirs : et on pourroit dire que l'obéissance se pratiquoit avec toute l'exactitude du cloître : en quoi la Mère Henriette (Mme de

---

1. Religieuses.

2. Depuis longtemps, la sœur Charlotte de la Résurrection (Mme Thouret) ne marchait plus que difficilement. Il est souvent question de son fâcheux état de santé dans les correspondances : « Nous sommes en peine, ma chère Mère, de vos santés, mais singulièrement de ma sœur de la Résurrection que vous m'avez dite *être malade* ; donnés-nous de ses nouvelles, ainsi que de celles de toutes nos chères sœurs, à qui nous disons plus de cœur que de bouche mille choses tendres et gracieuses. » Mme Jourdain à Mme Lidoine. (S. l.), 6 avril 1794. Lettre inédite. (Archives départementales de l'Oise, FFI, pièce 78.)

Croissy) ne le cedoit pas à la dernière de toutes à qui elle servait en tout du plus parfait modele[1]. »

On conserve encore aujourd'hui au carmel de Compiègne le charmant pastel emblématique qui lui fut offert en ce jour de sa fête par ses filles reconnaissantes. Mme Philippe l'a décrit ainsi :

> Le sujet est un cœur percé d'une épée : d'un côté sont des pensées et de l'autre une branche de rosier toute hérissée d'épines ; au-dessous du cœur est un médaillon fond azuré, surmonté du croissant de la lune et renfermant un pélican sur ses œufs, dans une corbeille transpercée d'un serpent.
> Le médaillon est hérissé d'épées. Au bas, à la droite et à la gauche sont quatre colombes portant chacune un rameau au bec, simbole des quatre novices.

La description est exacte autant que l'allégorie est ingénieuse, surtout si l'on y ajoute qu'une silhouette de grotesque domine le pélican et sa couvée, menaçant de tout dévorer, tandis qu'une hydre non moins symbolique s'enfuit en rampant honteusement. Au milieu on lit ces vers :

> Henriette, après tant d'alarmes
> Que le calme sera doux !
> Dieu même essuiera les larmes,
> Et nous consolera tous.
> Oui, plus féconde et plus belle
> Du sein même du malheur,
> Tu renaîtras immortelle,
> Pour combler notre bonheur.

Le sens des derniers mots était trop clair. Novices et jeunes professes s'excusèrent de leur hardiesse.

> « Ah ! ma chère Mère, dit Constance, leur porte-parole, qu'il en coûte à mon cœur de vous faire ce présent ! — Et d'où vient cela, ma bonne petite ? — C'est en vérité que je m'imagine vous pronostiquer... » Elle n'osait pas achever ; la Mère reprit : « La mort, ma chère enfant ? Ah ! quelle grâce ce seroit pour moi, si le ciel me trouvoit jamais digne de repandre mon sang pour la cause de notre sainte religion ! Est-il rien au monde que nous puissions envier de plus heureux que de mourir dans le sein de Dieu ! — Mais, ma chère Mère, repliqua la novice, dans l'état de débilité où vous êtes, croyez-vous que vous

---

1. *Ms.* 2, p. 37. Collection de Compiègne.

auriez la force pour supporter la *renfermerie* d'un cachot et l'effrayant spectacle d'un échafaud ? — Comme ma confiance, répondit-elle, repose toute entière uniquement sur les promesses de Notre-Seigneur Jésus-Christ, j'espère que son secours ne me manquera pas et qu'étant aidée par un si puissant bras, je ne pourrai faillir[1]. »

Ce 15 juillet 1793 était le digne pendant des *licences* de Pâques 1792. On eût dit qu'il n'y avait plus de joie sans les palmes et la couronne du martyre se mêlant aux fleurs des bouquets de fête, sans la vision de la mort sanglante planant au-dessus des sourires et des chants.

Mais il nous faut retourner en arrière pour apprécier l'acte · le plus grave de la vie publique auquel aient pris part les ci-devant religieuses entre leur sortie du cloître et leur entrée en prison. Un mois jour pour jour avant leur dispersion (14 août-14 septembre 1792) avait été porté, nous l'avons dit, le décret imposant le serment de liberté et d'égalité. Le 30 août, le registre fut ouvert à Compiègne et un décoré militaire l'étrenna. Quelle serait l'attitude des ex-carmélites ?

Leur état d'âme dut être complexe, à en juger par celui d'une de leurs correspondantes de Senlis. Celle-ci, placée, semble-t-il, dans le même cas, soit alors, soit plus tard, leur faisait part de ces angoisses dans les termes suivants :

Je suis, je vous l'avoue, dans le plus grand chagrin. On a exigé ma prestation de serment de la municipalité de Senlis qui a la paresse de ne la point chercher. Mon papa prétend que je le prête ; mais il ne sera pas mon maître jusqu'à ce point ; vous jugez combien je souffre d'être obligée de lui résister en face, je trouverois bien doux d'être mise à la porte de sa maison ; priez Dieu pour moi, je vous en conjure[2].

Mais toutes les religieuses, et encore moins les membres du clergé, n'éprouvaient pas ces douloureuses incertitudes ou ces sentiments de révolte peut-être mal justifiés. Autant de personnes, presque autant d'opinions.

Des prêtres, au péril de leur vie, avaient refusé le serment à la constitution civile du clergé, serment impérativement

---

1. *Ms.* 2, p. 38. Collection de Compiègne.
2. Lettre signée « Victoire » (s. l. n. d.). Lettre inédite. (Archives départementales de l'Oise, FFI, pièce 60.)

exigé par le décret du 27 novembre et approuvé par la loi du
27 décembre 1790[1]. Et l'on vit ensuite ces mêmes prêtres
soutenir que le serment de liberté et d'égalité, selon le sens
naturel des mots, ne contenait aucun engagement opposé à
la religion. « Quatre points, écrivait l'abbé Meilloc, l'un des
prêtres les plus éclairés du temps, sont tout l'objet de ce
serment : la fidélité à la Nation, la liberté, l'égalité, l'obligation de mourir en les défendant. Or, en tout cela bien
entendu, rien de contraire à la foi de l'Église[2]. » Il allait
même plus loin et déclarait que les personnes à qui on le
demandait pouvaient se trouver et se trouvaient en effet la
plupart dans des circonstances où non seulement « elles
pouvaient mais encore devaient prêter ce serment. Le motif
de ne pas rendre la religion odieuse et de ne pas la faire
regarder comme inconciliable avec le nouvel ordre de
choses, et par là de la faire proscrire avec tous ceux qui la
professent, suffirait tout seul, ajoutait-il, pour leur en faire
une obligation. La crainte de s'exposer témérairement et
sans être assuré de la volonté de Dieu à la persécution et
autres maux est encore un motif puissant[3]. »

Meilloc, supérieur du grand séminaire d'Angers, parlait
ainsi après la constitution du 24 juin 1793, alors que lui-
même, le 24 septembre 1792, avait, en compagnie de plus
de cent vingt prêtres détenus, refusé le serment[4]. Or, il n'était,
dans sa province éloignée, que l'écho des personnages en
vue, honneur du clergé de France, les Émery, les Bausset,
les La Luzerne. Aussitôt après le 10 Août et avant même les

1. Les carmélites de Compiègne avaient été tenues au courant de la polémique soulevée par ce premier serment. Parmi les pièces saisies chez elles
et conservées dans le dossier de leur procès, aux Archives nationales
(W, 421), figure un mémoire intitulé *Mon apologie*, par un prêtre réfractaire. Celui-ci se prononce très énergiquement contre le serment à la constitution civile qu'il déclare « le plus horrible et le plus monstrueux des
sacrilèges ». « Je n'ai pas prêté le serment civique, écrit-il ; par honneur et
par religion, je dois compte de ma conduite à tous mes confrères dans le
sacerdoce qui ne penseraient pas comme moi ; je le dois aux fidèles pour
écarter de tous les esprits jusqu'à l'ombre du scandale. » Il conclut :
« Plutôt la mort. »

2. J. Meilloc, *les Serments pendant la Révolution*, publié par l'abbé
Uzureau, p. 67. Paris, 1904. In-12.

3. *Ibid.*, p. 79.

4. *Ibid.*, p. 59.

massacres de Septembre, consulté par quantité d'ecclésiastiques, M. Émery allait répondre après examen que « le serment, considéré en lui-même, ne présentait rien de mauvais ; et que, dans l'intention de l'Assemblée qui le prescrivait, il était purement politique[1] ».

D'autre part, beaucoup de prêtres éclairés et vertueux ne pouvaient se défendre de doutes sérieux sur la licéité d'une formule qui leur paraissait captieuse. Nation, liberté, égalité, ces termes, dans le langage d'une assemblée révolutionnaire, ne signifiaient-ils pas ouvertement la destruction du gouvernement légitime et de la religion catholique ? Si le style du décret était obscur et ambigu, ne recevait-il pas une singulière clarté des nombreuses mesures de la législation, subversives des principes de l'ordre public et condamnées par le bref doctrinal de Pie VI, du 10 mars 1791 ? Dès lors, jurer de maintenir pareille liberté et pareille égalité, n'était-ce pas promettre de maintenir la révolution en France, à moins de tromper ceux qui demandaient ce serment ? N'était-ce pas commettre une supercherie dont on prenait Dieu à témoin ? Quelques-uns allaient jusqu'à déclarer le serment de liberté et d'égalité comme plus perfide et plus exécrable que celui du 1er novembre 1790.

Rome était trop loin pour qu'une réponse en arrivât avant les termes d'urgence assignés par le décret du 14 août. D'ailleurs le pape procéda, suivant la tradition pontificale, avec une sage lenteur. Avant de porter un jugement, il s'enquérait, en octobre 1792, du sens exact attribué aux mots liberté et égalité. En mai 1793, son ministre, le cardinal Zelada, répondait que Sa Sainteté « n'avait rien prononcé sur le serment en question et que, s'il était purement civique, on pouvait le prêter ».

Dans un bref, adressé le 5 octobre à l'évêque de Genève, Pie VI n'était guère plus explicite, il se contentait « de recommander aux curés et clercs, tant séculiers que réguliers, exempts ou non exempts, qui l'avaient prêté, de pourvoir à leur conscience, n'étant pas permis de jurer, là

---

1. Abbé Delarc, *l'Église de Paris pendant la Révolution française*, t. II, p. 333.

où il y a du doute ». Durant les deux années suivantes (1794-1795) ses réponses ne varièrent pas et continuèrent à s'inspirer de la même réserve.

Dans le camp des évêques, il y avait partage, les uns tenant pour l'affirmative, les autres pour la négative. Les quinze restés en France se prononcèrent pour ; même parmi les émigrés, en général hostiles, des prélats en vue, Boisgelin, Barral et Cicé, se montraient partisans de la conciliation.

De fait, à Paris, la presque unanimité du clergé, y compris les docteurs de Sorbonne et de Navarre, ainsi que les congrégations religieuses, se regarda comme autorisée à prêter le serment et le prêta. Dans les départements, plutôt moins disposés à jurer, on vit tous les ecclésiastiques de Tours, de Cambrai, de Troyes, de Nancy, de Langres, s'y résoudre, non par faiblesse, mais bien après mûre réflexion.

A Compiègne, dès le 3 septembre 1792, jour même où la loi, de plus en plus impérieuse, d'abord étendue aux fonctionnaires, était appliquée à tous les citoyens sans exception, plus de trente religieuses de l'abbaye de Royallieu prêtaient le serment ; tous les prêtres en faisaient bientôt autant ; l'abbé Courouble, ex-jésuite[1], directeur des Carmélites, bien que réfractaire à la constitution civile du clergé, s'exécutait comme les autres, le 19 septembre. Il n'en fut pas moins dénoncé d'ailleurs par un groupe de six citoyens, le 20 novembre ; ces délateurs avaient demandé son éloignement de la ville, « afin de faire cesser les troubles qu'ils

---

1. L'abbé Courouble, né à Bondues, aux environs de Lille, le 12 février 1730, avait alors soixante ans. Après avoir fait ses études littéraires au collège des Jésuites de Lille et sa philosophie à celui de Douai, il était entré dans la Compagnie de Jésus, à Tournai, le 29 septembre 1748. Professeur à Douai, puis à Saint-Omer, avant sa théologie, il avait prononcé ses derniers vœux, le 2 février 1764. On le retrouve encore, en juin 1770, à Liége, où il est préfet des classes, comme déjà il l'avait été au séminaire de Mons. Lors de la suppression de son ordre, il dirigeait diverses congrégations. Il avait été ordonné prêtre à Arras, le 5 avril 1760. Doué d'un jugement solide et droit, il faisait espérer un bon ouvrier apostolique.

pourraient (lui et le directeur des Visitandines) occasionner par leur conduite ». Les dénonciateurs ayant invoqué « la loi du 26 août relative aux ecclésiastiques qui n'ont point prêté le serment », M. Sorel en conclut que l'abbé Courouble avait probablement déjà rétracté le sien[1].

Encore une fois qu'allaient faire et dire les ci-devant carmélites ?

Henri CHÉROT.

(*A suivre.*)

1. Sorel, *op. cit.*, p. 23.

BULLETIN DE THÉOLOGIE RUSSE [1]

I. Le haut enseignement théologique et la presse religieuse en Russie. —
II. Vieux-catholicisme et orthodoxie.

I

L'enseignement théologique dans l'Église russe comprend deux
degrés : les séminaires diocésains, au nombre de 57 en 1903,
pour la formation du clergé paroissial, et les académies ecclésiastiques (facultés de théologie), qui donnent le haut enseignement, confèrent les grades, forment le clergé des villes et des
établissements orthodoxes à l'étranger, les professeurs de séminaires, les dignitaires du clergé régulier, etc. Ces académies
sont au nombre de 4, fondées successivement à Kiev (en 1594,
développée surtout par Pierre Mogila, 1641-1647), à Moscou
(en 1685, dans la laure de Saint-Serge), à Saint-Pétersbourg (en
1797, dans la laure de Saint-Alexandre-Nevskij), à Kazan (en 1798),
et toutes réorganisées en 1884. Complètement indépendantes
du ministère de l'instruction publique et des universités, qui ne
comportent pas en Russie de faculté de théologie, les académies
ecclésiastiques ne relèvent que des évêques et du Saint-Synode.
Le recteur est ordinairement un évêque, les professeurs sont
indifféremment prêtres, moines ou laïques. L'enseignement,
organisé sur le modèle allemand, comporte des cours obligatoires

---

1. La transcription de l'alphabet russe en caractères latins n'est pas
fixée et varie malheureusement selon les habitudes de chaque nation. Nous
croyons mieux faire de nous en tenir aux conventions plus généralement
observées entre les slavistes pour la transcription scientifique, malgré la
difficulté spéciale que présente, pour le commun des lecteurs français, l'imagination reproductrice des sons exprimés d'après ce système. Rappelons
brièvement l'essentiel de ces règles : й = j (prononcez i consonant); y = u
(pron. *ou*); я = ja ; ѣ = ě ; ы = y; ю = ju; з = z; ц = c (pron. *ts*); ж = ż
(pron. comme *j* français) ; ч = č (pron. à peu près *tch*); ш = š (pron. comme
ch français); щ = šč (pron. à peu près *chtch*); x = kh (pron. comme *ch*
allemand).
ъ et ь ne seront pas exprimés. Nous garderons l'orthographe usuelle des
noms les plus connus, comme Tolstoï.

d'introduction à la théologie, d'Ecriture sainte, de dogmatique, de morale, d'homilétique, de pastorale, de droit canonique, d'histoire ecclésiastique, d'archéologie, de liturgie et de philosophie. Il y a, en outre, des cours facultatifs de littérature, de langue et de paléographie slaves, d'hébreu, de grec ou de latin, de langues vivantes (français, allemand ou anglais), d'histoire des Eglises d'Occident, d'histoire du raskol (schisme) et d'histoire politique. Enfin, l'académie de Kazan, située à l'entrée de la Russie d'Asie et destinée à former des missionnaires pour cette immense contrée, possède des cours de langues tartares et mongoles, d'ethnographie sibérienne, d'arabe et d'études islamiques et bouddhiques. Le cours normal des études, qui supposent au préalable celles des séminaires diocésains ou des gymnases classiques, est de quatre ans[1]. Le nombre des étudiants en 1902 ou en 1903 était de 260 à Kazan, 242 à Saint-Pétersbourg, 197 à Moscou, 187 à Kiev. L'État dépense pour les établissements ecclésiastiques d'enseignement une somme totale de 12 981 425 roubles[2] : ce budget n'était en 1887 que de 1 748 060 roubles; il suffit de comparer les chiffres pour constater le progrès réalisé depuis moins de vingt ans.

Chaque académie publie une revue mensuelle d'études théologiques, de caractère plus ou moins strictement scientifique : le *Khristianskoe Čtenie* (Lecture chrétienne), à Saint-Pétersbourg ; le *Bogoslovskij Věstnik* (Messager théologique), à Moscou ; le *Pravoslavnyi Sobesědnik* (Correspondant orthodoxe), à Kazan ; enfin les *Trudy Kievskoj dukhovnoj Akademii* (Travaux de l'académie ecclésiastique de Kiev). Chacun de ces fascicules mensuels compte

1. Pour plus de précision, voici quelle était la distribution hebdomadaire des leçons de l'académie de Moscou pour l'année scolaire 1902-1903, d'après le *Bogoslovskij Věstnik* de janvier 1904 (supplément, p. 341) : 1re année : histoire biblique, 3 heures; apologétique au point de vue des sciences naturelles, 3; métaphysique, 4; introduction aux sciences théologiques, 4; hébreu, 2; langues anciennes, 2; langues vivantes, 2; histoire politique, 7; théorie de la littérature et histoire des littératures étrangères, 2 ; — 2e année : Ancien Testament, 4; archéologie biblique, 2; psychologie, 4; histoire de la philosophie, 4; apologétique, 1; patristique, 3; histoire ecclésiastique générale, 4; langues anciennes, 1; russe et slavon, 4 ; — 3e année : Nouveau Testament, 4; patristique, 4; homilétique, 2; pédagogie, 2; droit canonique, 4; histoire de l'Eglise russe, 2; histoire du raskol, 4; histoire des confessions religieuses de l'Occident, 4 ; langues anciennes, 2 ; — 4e année : dogmatique, 4; morale, 4; pastorale, 2; archéologie ecclésiastique et liturgie, 4.

2. церковныя вѣдомости, 10 janvier 1904, p. 28.

de cent cinquante à deux cents pages in-8, plus les supplé-
ments, où sont ordinairement publiées des traductions de Pères
de l'Église et des éditions d'œuvres anciennes. L'académie de
Saint-Pétersbourg a, en outre, un bulletin hebdomadaire, le
Cerkovnyj Věstnik (Messager ecclésiastique), qui est une chronique de la vie ecclésiastique en Russie avec quelques articles
de fond et des correspondances étrangères.

Ces publications académiques ne représentent d'ailleurs qu'une
partie de la presse périodique religieuse. Il faut y ajouter les
Cerkovnyia Vědomosti (Nouvelles ecclésiastiques), bulletin hebdomadaire officiel du Saint-Synode; le *Strannik* (Voyageur), revue
à la fois littéraire et religieuse de Saint-Pétersbourg; le *Mis-
sionerskoe Obozrěnie* (Revue des missionnaires), organe de l'orthodoxie militante et de la polémique contre le raskol; la grande
revue apologétique *Věra i Razum* (Foi et Raison); le *Novyj Put*
(Nouvelle voie), qui, sous la direction d'un petit groupe d'écrivains à la fois libéraux et mystiques, cherche à sortir des sentiers
battus et paraît à quelques-uns un fâcheux présage pour l'avenir
de la paix religieuse en Russie, à d'autres, naturellement, l'aurore
d'une ère nouvelle et l'organe tout désigné pour la réconciliation
de l'Église et de l' « intelligence »; le *Pravoslavno-russkoe Slovo*
(Parole orthodoxe russe), revue d'édification; les *Novosti bogos-
lovskoj literatury* (Nouveautés de la littérature théologique),
organe bibliographique, de fondation toute récente; enfin, une
foule de feuilles locales qu'il serait fastidieux d'énumérer ici et
dont le grand nombre prouve au moins que le clergé russe ne
manque ni d'auteurs, ni de lecteurs [1].

Pour compléter ces indications par trop superficielles, nous
croyons utile de donner ici, dans la mesure où ils nous ont été
abordables, les titres des principaux articles parus en 1903 ou
en 1904, sauf à revenir dans la suite sur ceux qui paraîtront
présenter un intérêt spécial :

---

1. On trouvera une liste relativement complète de ces publications à la
fin de l'opuscule de M. Grass : *Geschichte der Dogmatik in russischer
Darstellung*. Gütersloh, Bertelsmann, 1902. (Cf. *Études*, 20 mars 1904,
t. XCVIII, p. 856.) La *Pravoslavnaja bogoslovskaja enciklopedija* (Encyclopédie théologique orthodoxe), en cours de publication, de Lopukhin
donne sur chaque journal religieux une notice historique, suivie du relevé
des principaux articles. Voir aussi la *Revue catholique des Églises* (Paris,
rue Cassette, 17), mai et juillet 1904 (1re année, p. 241-251, 394-419).

Dans le *Bogoslovskij Věstnik*, de Moscou, actuellement la plus importante de toutes ces revues, en 1904 : « l'Idée du royaume de Dieu et son importance pour la conception chrétienne du monde » (Světlov) ; — « Vue du comte Tolstoï sur la vie historique de l'Église de Dieu » (Lebedev); — « la Valeur canonique de la réforme de Pierre le Grand dans le gouvernement ecclésiastique » (Tikhomirov), critique assez vive de la révolution à laquelle l'Église russe doit son organisation synodale actuelle ; — « le Koran » (Glagolev); — « la Question des vieux-catholiques dans sa nouvelle phase » (Světlov); — « le Centenaire de la mort de Kant » (Tikhomirov); — « Esquisses sur l'anglicanisme contemporain » (Preobraženskij); — « l'Idéal religieux de saint Athanase » (Popov); — « la Papauté contemporaine et la question sociale » (Sokolov); — « les Sectes de l'islam au moyen âge et dans les temps modernes » (Glagolev); — « les Dons de prophétie et de glossolalie dans saint Paul » (Muretov); — « le Pape Léon XIII, esquisses de sa vie et de son activité » (Sokolov); — « l'Origine des actes des conciles œcuméniques » (Lebedev); — diverses esquisses sur la vie religieuse du catholicisme italien (Bogdanov), des peuples slaves (Voskresenskij), de l'Orient grec (Mansurov), de l'Allemagne (Sakharov).

Dans le *Khristianskoe Čtenie*, de Saint-Pétersbourg, en 1903 : « Saint Paul et le livre non canonique de la Sagesse de Salomon » (Glubokovskij) ; — « la Foi d'Israël sur les lieux de la présence de Dieu » (Eleonskij); — « Sur l'histoire du sacrement d'extrême-onction » (Petrovskij); — « Sur la question des Actes des martyrs scillitains » (Bolotov); — « la Lutte de l'Église de France contre le pape pour son indépendance » (Malickij); — « l'Ancien Testament sur le mariage et la virginité » (Pereverzev).

Dans le *Pravoslavnyj Sobesědnik*, de Kazau, en 1904 : « le Paradis terrestre » (Bogorodskij); — « le Mariage et la virginité dans la littérature patristique » (Pisarev); — « l'Authenticité du Pentateuque » (Jungerov); — « la Doctrine de saint Basile sur la tradition » (Ponomarev); — « l'Influence chrétienne sur la littérature musulmane » (Zuze), — « la Doctrine de saint Jean Chrysostome sur l'eucharistie » (Ponomarev) ; — « le Christianisme, le patriotisme et la guerre » (Preobrazenskij); — « les Sources du droit musulman » (Zuze); — « Tolstoï et la question sociale» (Grigoriev); — « Esquisses de la vie religieuse de l'Occident » et particulièrement· de la France en 1903 (Višjaokov).

Dans les *Trudy* de l'académie de Kiev, en 1904 : « la Caractéristique de· l'empirisme contemporain » (Kudriavcev) ; — « l'Intégrité de l'épître aux Romains » (Bogdaševskij) ; — « le Socialisme, histoire et appréciation du point de vue chrétien » (Stelleckij).

Mais un sujet surtout.a défrayé cette année la presse religieuse russe : c'est la question des vieux-catholiques. Son importance aux yeux de ceux qui s'intéressent à la grande question de l'union des Églises nous engage à y insister.

II

On sait ce qu'est le vieux-catholicisme. A la suite de la définition de l'infaillibilité pontificale par le concile du Vatican en 1870, le parti antiinfaillibiliste allemand songea à organiser la résistance ; comme tous les évêques opposants se soumettaient l'un après l'autre et menaçaient les protestataires des censures canoniques, les plus ardents poussèrent à la constitution d'une Église indépendante, qui fut décidée, malgré les hésitations de Döllinger, par les congrès de Munich (septembre 1871) et de Cologne (septembre 1872). On dressa pour l'élection d'un évêque une liste de trente prêtres éligibles ; le professeur Reinkens, de Breslau, fut élu le 4 juin 1873 par vingt-deux prêtres et cinquante-cinq délégués laïques, et sacré le 4 août à Rotterdam par l'évêque janséniste de Deventer, qui avait accepté de donner ainsi naissance à la nouvelle Église. Reinkens lui-même consacra en 1879 le docteur Herzog comme évêque des vieux-catholiques de Suisse, et cette hiérarchie s'augmenta encore en 1897 par le sacre de l'évêque Kozlowski, destiné à servir de pasteur à un petit groupe de Polonais émigrés à Chicago. Jusqu'à présent, ces trois Églises ont seules formé, avec les trois diocèses jansénistes de Hollande et des groupes de moindre importance en Autriche, en Italie, en France[1] et au Mexique, la communion des vieux-catholiques. Chaque Église, entièrement indépendante des autres, est gouvernée par un synode où les délégués laïques siègent à côté des

1. L'Eglise gallicane de Paris, fondée en 1879 par M. Hyacinthe Loyson, a été placée en 1893 sous la juridiction de l'archevêque d'Utrecht. Cf. *Revue internationale de théologie*, 1ʳᵒ année (1893), nᵒ 3, p. 454-464.

prêtres ; les paroisses élisent elles-mêmes leurs pasteurs et les
synodes leurs évêques. Le célibat ecclésiastique a été aboli par
le synode allemand de 1878, la langue vulgaire introduite presque
partout dans la liturgie, la communion sous les deux espèces
rétablie, et la confession auriculaire remplacée par une confession
générale [1]. Le centre scientifique des vieux-catholiques est la
faculté de théologie de Berne et leur organe principal la *Revue
internationale de théologie*, fondée en 1893, sous la direction de
M. le professeur Michaud. Des congrès internationaux les ont
réunis à Cologne en 1890, à Lucerne en 1892, à Rotterdam en 1894,
à Vienne en 1897, à Bonn en 1902. Les statistiques nous font
défaut pour déterminer exactement le nombre des fidèles ; celui
des prêtres s'élevait à une cinquantaine pour l'Allemagne en 1894
et à une soixantaine pour la Suisse en 1896 [2].

Dès le début du mouvement, les chefs du vieux-catholicisme se
sont préoccupés d'entretenir des relations, en vue du rétablissement possible de la communion ecclésiastique, avec les autres
Églises chrétiennes séparées de Rome, en particulier avec l'Église

1. Nous ne croyons pas que ces réformes aient atteint l'Église ancienne-
catholique de Hollande.
2. En Autriche, où les vieux-catholiques sont bien moins nombreux qu'en
Allemagne et en Suisse, le recensement de 1900 leur donne 12 937 adhérents avec un accroissement de 57 p. 100 depuis 1890. Sur le vieux-
catholicisme, consulter principalement, outre les comptes rendus officiels
des congrès - et des synodes : Siulte, *Der Altkatholizismus, Geschichte
seiner Entwickelung, innerer Gestaltung und rechtlichen Stellung in Deuts-
chland*, Giessen, 1887; *Sammlung der kirchlichen und staatlichen Vors-
chriften für die altkatholische Kirchengemeinschaft*, Bonn, 1878; Herzog,
Beiträge zur Vorgeschichte der christkatholischen Kirche der Schweiz,
Bern, 1896; Lauchert, *Bibliographie catholique-chrétienne*, Berne, 1893;
Verdeil, *Esquisse d'une étude sur le mouvement vieux-catholique dans les
pays de langue allemande*, thèse pour la faculté de théologie protestante de
Montauban, 1898; Schirmer, *Grundriss der Katholischen Glaubens-und
Sittenlehre*, Konstanz, 1900; Weber, *Die Stellung des Altkatholizismus zur
römischen Kirche*, Gotha, 1904 ; Керенскій, старокатолицизмъ, его
исторія и внутреннее развитие преимущественно въ вѣроиспо-
вѣдномъ отношеніи (Kerenskıj, *le Vieux-Catholicisme, son histoire et
son développement intérieur, principalement par rapport aux confessions
de foi*), Kazan, 1894. Consulter surtout les collections de la *Revue internationale de théologie* (Berne, rue d'Erlach, 17) et de l'*Amtliches altkatho-
lisches Kirchenblatt* (Bischöfliche Kanzlei, Bonn, Niebuhrstrasse, 29). —
Naturellement, l'Église d'Utrecht a son histoire et sa bibliographie à part.
Voir l'article *Jansenistenkirche* dans la *Realencyklopädie* de Herzog, 3e édition, t. VIII, p. 599.

anglicane et l'Église orthodoxe gréco-russe. On sait que l'idée de la réunion des Églises hantait l'esprit de Döllinger bien avant 1870. C'est lui qui fut l'âme des célèbres « conférences de Bonn » en 1874. On y vit figurer, du côté des orthodoxes, l'archiprêtre Janyšev et le professeur Ossinin. Voici quel en était le programme :

> Le 14 septembre et les jours suivants doit se réunir à Bonn une conférence de personnes qui, tout en appartenant à des sociétés religieuses différentes, s'accordent dans leur désir et leur espérance d'une future grande union de tous les chrétiens croyants. On reconnaît pour base de ce qu'on désire réaliser les symboles de foi des premiers siècles de l'Église, ainsi que les doctrines et les institutions qui étaient considérées par toute l'Église, aussi bien en Orient qu'en Occident, comme essentielles et indispensables. Le but prochain vers lequel doit tendre et auquel doit concourir la conférence, n'est pas une union d'absorption ou une complète identification des différents corps d'Eglises, mais le rétablissement de la communion religieuse sur la base de l'unité dans les choses nécessaires, avec la conservation des particularités des Églises locales, qui ne touchent pas à l'essence de l'antique confession ecclésiastique [1].

Les débats portèrent principalement sur le *Filioque* et ses fondements patristiques. Les vieux-catholiques accordèrent sans peine aux orthodoxes que l'addition de ces mots au symbole avait été illégale et que leur suppression était souhaitable (cette suppression a été depuis réalisée dans l'Église « chrétienne-catholique » de Suisse). Mais ils parurent tenir assez fermement à la valeur intrinsèque de la doctrine latine, du moins dans le sens de la formule, employée par plusieurs Pères grecs, de procession du Saint-Esprit *par* le Fils. On parut s'entendre, semble-t-il, sur la base d'une distinction entre le dogme immuable (procession *ex Patre*, non *ex Patre solo*) et l'opinion théologique libre de part et d'autre.

On agita aussi la question de l'épiclèse, dont on reconnut la nécessité pour la consécration eucharistique. Mais l'archiprêtre Janyšev fit cette importante déclaration : « Du moment que la liturgie latine remonte à des temps antérieurs à la séparation, nous ne pouvons y demander aucune modification [2]. »

Les conclusions des conférences de Bonn étaient plus théoriques que pratiques. Dans les années qui suivirent, la question de l'union ne parut pas avancer beaucoup. Cependant, on signalait toujours la

---

1. *Revue internationale de théologie*, 2ᵉ année (1894), n° 8, p. 749.
2. *Ibid.*, p. 751.

présence, aux congrès des vieux-catholiques, de membres distingués de l'Église orthodoxe, par exemple de Mgr Nicéphore Kalogéras, archevêque de Patras, et surtout de M. le général Kiréev, qui depuis plus de trente ans, s'est fait, auprès des théologiens russes, l'avocat enthousiaste et infatigable des vieux-catholiques. Tant d'efforts obtinrent enfin du Saint-Synode de Russie la nomination d'une commission de théológiens, dont le rapport motivé sur la question parvenait en 1894 aux évêques anciens-catholiques. Ceux-ci instituèrent aussitôt à Rotterdam une commission analogue, dont le rapport parut en janvier 1897 et amena presque aussitôt une réponse de Saint-Pétersbourg, suivie d'une nouvelle réplique de Rotterdam [1]. Cet échange de vues portait sur quatre points : le *Filioque*, la présence réelle, l'infaillibilité des conciles œcuméniques et la légitimité de la hiérarchie hollandaise. Cependant, la *Revue internationale de théologie* publiait des articles sympathiques des professeurs Sokolov, et Bĕlaiev, de Moscou, Svĕtlov, de Kiev, Bolotov, de Saint-Pétersbourg, Kyriakos, d'Athènes [2]. Mais la contradiction ne manquait pas en Russie. Au premier rang des adversaires convaincus du vieux-catholicisme, il faut nommer M. l'archiprêtre Alexios von Maltzev, chapelain de l'ambassade impériale de Berlin, dont nous avons fait connaître ici même (*Études*, 20 décemqre 1903, t. XCVII, p. 855), les conclusions résolument négatives, et le professeur Gusev, de Kazan, dont les importants articles parurent dans le *Khristanskoe Čtenie* de 1897, la *Vĕra i Razum* de 1897 à 1899, et le *Pravoslavnyj Sobesĕdnik* de 1901 et de 1903. Quant aux autorités officielles de l'Église russe, on a vu, par la réponse du Saint-Synode au patriarche de Constantinople (*Études*, 20 avril 1904, t. XCIX, p. 292), dans quelle prudente réserve elles entendaient se tenir.

Les choses en étaient là quand M. le professeur Kerenskij publia son rapport sur le cinquième congrès international des vieux-catholiques, tenu à Bonn en 1902 [3]. Sur la fin de la même

---

1. *Revue internationale de théologie*, 5ᵉ année (1897), nᵒ 17 ; p. 1-7 ; — 7ᵉ année (1899), nᵒ 25, p. 1-11.

2. *Ibid.*, 1ʳᵉ année (1893), nᵒ 3, p. 423-438 ; nᵒ 4, p. 610-631, 632-643 ; — 4ᵒ année (1896), nᵒ 14, p.321-332 ; —6ᵉ année (1898), nᵒ 24, p. 681-712.

3. пятый интернаціональный старокатолическій конгрессъ и современное состояніе старокатоликовъ. Харьковъ, 1902.

année, paraissaient dans le *Cerkovnyj Věstnik* (n°ˢ 40, 41, 42),
sous ce titre : *Qu'est-ce qui nous sépare des vieux-catholiques ?*
trois articles, où Mgr Serge, évêque de Jamburg et recteur de
l'académie ecclésiastique de Saint-Pétersbourg, reprenait, pour
les développer, quelques-unes des conclusions du professeur
Kerenskij. Ce mémoire et ces articles devaient faire entrer la
question dans une « nouvelle phase », selon l'expression très
juste de M. l'archiprêtre Světlov dans le *Bogoslovskij Věstnik*.
Nous voudrions donner ici une idée des débats qu'ils ont soulevés[1].

Mgr Serge, après avoir signalé, non sans tristesse, la décrois-
sance de l'intérêt que s'étaient d'abord concilié les vieux-catholiques au sein du monde orthodoxe, se demande : « Ne faut-il
pas mettre une croix sur nos rapports avec les anciens-catholiques ? Ne faut-il pas renoncer complètement à l'idée de l'union,
en les laissant poursuivre leur chemin conjointement avec les
anglicans et les autres protestants ? » Mais, ajoute-t-il, « une aussi
triste conclusion serait prématurée » ; il importe avant tout de
regarder bien en face les vrais obstacles à l'union. Ces obstacles
se réduisent à trois : le *Filioque*, la transsubstantiation et la doctrine de l'Église.

Les deux premiers obstacles ne sont pour le prélat que des
« avant-postes » ; ils seraient d'après lui facilement enlevés si l'on
voulait se rappeler l'exemple de l'ancienne Église, qui, pour
admettre les hérétiques dans son sein, exigeait moins l'identité
des formules que l'entente sur le fond des choses[2].

Ainsi que les anciens-catholiques, nous devons constamment avoir en
vue, dans nos rapports mutuels, la différence, vieille de mille ans, de nos
deux cultures, de notre développement intellectuel, etc. Cette différence
plane sur nos destinées depuis notre séparation. Beaucoup de mots et de
termes, communs aux deux parties, ont en réalité, pour chacune d'elles, un
sens tout particulier, spécial, très précieux pour les uns et inadmissible

---

1. Церковный Вѣстникъ, 1903, nˢ 26-28, 40-42, 49 ; — *Revue internationale de théologie*, 12ᵉ année (1904), n° 46, p. 159-203 ; — Христіанское
Чтеніе, décembre 1903, p. 701-732 ; — Богословскій Вѣстникъ, mars
1904, p. 522-545 ; février 1904, p. 281-316 ; — Православный Собесѣдникъ,
mars 1904, p. 405-456.

2. A défaut du texte russe, que nous n'avons pu nous procurer, nous
empruntons la traduction de la *Revue internationale de théologie*, 12ᵉ année
(1904), n° 46, p. 159-190.

pour les autres. Si nous sommes absolument convaincus de l'identité de notre foi, nous terminerons nos discussions sur les mots et les termes en accordant aux deux parties le droit d'user de l'expression qui leur est habituelle.

Ainsi, en niant le *Filioque*, nous défendons la « monarchie », l'unité de la source dans la Trinité, ce qui est essentiellement nécessaire pour la définition de la vérité de l'unité divine. Pour nous, ou plutôt pour l'esprit grec, admettre que le Fils est avec le Père la cause véritable du Saint-Esprit, équivaut à admettre deux principes de la divinité, chose psychologiquement et logiquement impossible. Pour défendre et préserver cette vérité contre les Latins, les Grecs sont prêts à ajouter au Symbole les paroles : Du Père *seul*, afin de définir ce dogme d'une façon bien tranchante et indubitable, sans aucune possibilité d'une interprétation autre que la leur. Or, les anciens-catholiques ont fait une école tout autre ; ils ont élaboré un tout autre système pour arriver à la compréhension de Dieu ; et pour eux, dire que le Fils et le Saint-Esprit, dans leur éternelle procession, sont complètement indépendants l'un de l'autre, qu'ils ne sont pas en contact l'un avec l'autre, équivaut à violer précisément cette même « monarchie » qu'on défend avec tant d'énergie en Orient. L'Oriental et l'Occidental ont leur point de vue : chacun regarde à travers ses lunettes de couleurs spéciales et différentes et ne peut d'aucune façon comprendre le point de départ et le moyen de penser de l'autre, ou du moins ne le fait qu'après de grands efforts et en faisant acte de renonciation à toutes ses idées. C'est pour cela que, lorsque nous aurons la certitude complète que les anciens-catholiques, quand ils effacent de leur Symbole le *Filioque*, ne remplissent pas seulement une formalité, ne veulent pas seulement aplanir des aspérités canoniques, mais croient réellement en la Trinité aussi orthodoxement que la sainte Église, nous ne leur demanderons certainement pas de signer la formule *a Patre solo*, mais leur laisserons le *Filioque*, nommément dans la complète certitude que cette formule est indispensable à l'esprit occidental pour exprimer la même idée que nous soulignons au moyen de la formule *a Patre solo*.

Ces dernières paroles sont remarquables. Un prélat de l'Église orthodoxe ne verrait aucune difficulté à ce qu'une Église, sœur de la sienne, gardât dans son Symbole le *Filioque*, tout comme les papes permettent aux Grecs unis de chanter le Symbole sans la fameuse addition. Bien plus, aux yeux de Mgr Serge, la formule *ex Patre Filioque* pourrait avoir le même sens, grâce à des associations d'idées différentes, que la formule *ex Patre solo*, et ce qui importe avant tout, c'est de sauvegarder l'unité du principe dans la sainte Trinité. Quoi qu'on puisse penser de l'équation proposée, on ne saurait méconnaître dans la page que nous venons de citer une rare largeur d'esprit et un effort louable pour dégager la question du verbalisme théologique, qui a perpétué si longtemps entre les deux moitiés de la chrétienté d'insolubles débats.

Cet effort d'ailleurs n'est pas isolé et nous ne saurions nous dispenser de faire connaître à nos lecteurs quelques-unes au moins des thèses rédigées par le regretté professeur Bolotov, de Saint-Pétersbourg, pour la commission synodale chargée d'étudier la question des vieux-catholiques. Certaines de ces thèses, nous en sommes certain, n'obtiendraient pas l'approbation de Mgr Serge, qui paraît même les avoir explicitement visées en proposant un autre terrain de conciliation. Mais le travail de Bolotov, préparé par de vastes recherches dans la patrologie grecque, n'en reste pas moins un document important dont on ne pourra plus faire abstraction dans les discussions ultérieures [1].

1º L'Église russe orthodoxe ne regarde comme dogme à croire de foi que cette vérité : l'Esprit-Saint procède du Père et est consubstantiel au Père et au Fils. Les autres particularités, en tant qu'elles n'ont pas identiquement le même sens, doivent être regardées comme de simples opinions théologiques ou « théologoumènes ».

2º La conception d'après laquelle le Saint-Esprit procède, sort, resplendit (ἐκπορεύεται, πρόεισι, ἐκλάμπει) du Père par le Fils, se trouve si fréquemment chez les Pères, son emploi dans l'*Exposition de la foi orthodoxe* de saint Jean Damascène et surtout son introduction dans la synodique de saint Taraise de Constantinople, dont l'orthodoxie a été constatée, non seulement par l'Orient, mais par l'Occident orthodoxe dans la personne du pape Adrien de Rome, et même par le septième concile œcuménique, lui donnent une telle importance que les théologiens ne sauraient y voir seulement l'opinion privée d'un Père de l'Église, mais doivent lui reconnaître la valeur d'un théologoumène pour ainsi dire œcuménique, partout autorisé dans l'Orient orthodoxe.

3º L'opinion, d'après laquelle l'expression διὰ τοῦ Υἱοῦ ne contiendrait jamais autre chose qu'une mission temporelle du Saint-Esprit dans le monde, mène à des interprétations violentes (*Verdrehungen*) de quelques textes des Pères.

4º Du moins ne peut-on pas blâmer cette interprétation, d'après laquelle les expressions si fréquentes chez les Pères de l'Église, de *sortie* du Saint-Esprit par le Fils, de *resplendissement* et de *manifestation* du Père par le Fils, contiennent l'indication de quelque moment mystérieux dans l'activité, la vie et les relations éternelles du Saint-Esprit avec le Père et le Fils, moment qui se trouve aussi nommé *demeure* et *repos* du Saint-Esprit dans le Fils (μένον, ἀναπαυόμενον) [2].

---

1. Nous traduisons le texte allemand des thèses publié par la *Revue internationale de théologie*, 6ᵉ année (1898), nº 24, p. 681-712. — Basile Bolotov est mort à quarante-six ans, le 5/18 avril 1900, à Saint-Pétersbourg, où il occupait depuis quatre ans la chaire d'histoire ecclésiastique. Il a laissé, entre autres ouvrages, une thèse sur la doctrine de la Trinité dans Origène, des études sur l'histoire de l'Église d'Éthiopie et de l'Église de Perse, sur le pape Libère et les conciles de Sirmium.

2. On retrouvera là quelques-unes des idées développées avec amour par le P. de Régnon dans le quatrième volume de ses *Études positives sur la sainte Trinité.*

5° Ce moment est l'expression imagée de l'identité de nature (συμφυές) entre l'Esprit-Saint et les deux autres personnes et de cette vérité incompréhensible, mais révélée dans l'Évangile, que l'Esprit-Saint est la troisième et le Fils la seconde personne de la sainte Trinité.

6° Cette doctrine n'est pas identique par le sens avec celle qui est révélée dans les mots ἐκ τοῦ πατρὸς ἐκπορεύεται, si nous prenons ces mots dans le sens strict des termes techniques ἐκπορευτῶς et ἐκπορεύεται.

7° En conséquence, l'Esprit-Saint procède du Père *seul*, dans le sens strict du mot ἐκπορευτῶς. Mais cette thèse n'est qu'un théologoumène, et non un dogme.

... 11° La formule *ex Patre et Filio*, comme elle est donnée dans saint Augustin, n'est pas identique, non seulement dans les termes, mais même par le sens, à la doctrine des Pères orientaux.

... 13° La différence entre l'opinion des Occidentaux et celle des Orientaux n'est pas tant dans les mots *ex Patre Filioque* que dans la conception augustinienne, qu'on y rattache, d'une spiration unique par le Père et le Fils d'après laquelle tous deux forment le *principe unique* du Saint-Esprit. Cette conception est inconnue aux Pères orientaux, car nous ne savons pas qu'aucun d'eux ait appelé le Fils *spirans* ou συμπροβολεύς.

14° Même comme opinion particulière, nous ne pouvons pas reconnaître le *Filioque* occidental comme aussi autorisé (*gleichberechtigt*) que le δι' Ὑιοῦ des Orientaux.

... 19° Mais, par un dessein insondable de Dieu, aucune protestation, au temps de saint Augustin, n'a été élevée par l'Église orientale contre l'opinion proposée par lui.

20° Beaucoup d'Occidentaux, qui prêchèrent le *Filioque* à leurs ouailles, vécurent et moururent en communion avec l'Église orientale, sans qu'il se produisît d'aucun côté aucune objection.

21° L'Église orientale honore les Pères de l'ancienne Église d'Occident comme les siens propres ; il est donc tout naturel que l'Occident regarde comme saintes les opinions particulières de ces Pères.

... 25° Photius et ses successeurs restèrent en communion avec l'Église d'Occident sans obtenir d'elle en termes exprès un désaveu conciliaire du *Filioque*, et même, autant que nous pouvons nous en assurer, sans l'avoir exigé.

26° Ce n'est donc pas la question du *Filioque* qui a causé la division de l'Église.

27° Le *Filioque*, comme opinion théologique particulière, ne saurait donc être un *impedimentum dirimens* pour le rétablissement de la communion ecclésiastique entre l'Église orthodoxe d'Orient et l'Église ancienne-catholique.

Le débat sur la transsubstantiation est comme l'inverse de celui qui se poursuit sur *Filioque* : ici, ce sont les vieux-catholiques qui reprochent aux orthodoxes d'avoir ajouté à leurs confessions de foi et de leur imposer à eux-mêmes comme obligatoire, un mot inconnu à l'ancienne Église indivisée et empruntée à la scolastique occidentale. Les théologiens russes doivent se faire, pour la circonstance, les défenseurs d'une certaine évolution des formules dogmatiques, et Mgr Serge n'y manque pas :

Les Églises de l'Orient et de l'Occident, disent-ils, étaient réunies quand le mot « transsubstantiation » n'existait pas encore; et dans les livres rituels de l'Église russe ce terme ne se trouve pas. Mais le terme « consubstantiel » ne se trouve pas non plus dans l'Écriture sainte; il n'existait pas dans la tradition de l'Église et néanmoins il devint formule obligatoire du dogme orthodoxe quand il fallut expliquer ce dogme avec une clarté qui empêchât toute explication erronée. De même, craignant une compréhension du mystère eucharistique empreinte de subjectivisme, nous avons le droit et le devoir, pour exprimer notre foi, de choisir un terme, même nouveau, mais plus précis que les précédents et indiquant la portée objective du mystère [1].

A qui demanderait ce qu'est cette « compréhension empreinte de subjectivisme » que redoute Mgr Serge, nous conseillerions de lire les nombreux articles que la *Revue internationale de théologie* a consacrés à la doctrine eucharistique (1895-1897). On y verra comment la répugnance pour tout ce qui rappelle la systématisation médiévale a fait reprendre aux vieux-catholiques des formules, qui, simplement imprécises sous la plume des Pères, ne laissent pas d'être inquiétantes chez des théologiens du vingtième siècle. Voici, par exemple, comment M. le professeur Michaud exprime son horreur pour ce qu'il appelle le « matérialisme eucharistique », « le capharnaïtisme », le « stercoranisme » :

En Occident, le mot « transsubstantiation », outre qu'il n'est nullement synonyme du mot « changement », outre qu'il éveille le souvenir de disputes regrettables et malédifiantes, emporte encore avec lui, presque toujours, dans son sens propre et *ordinaire*, une doctrine erronée et absolument inacceptable. Effectivement, en Occident, le mot de « substance », appliqué aux êtres matériels, comme le pain, le vin, la chair, le sang, etc., est pris pour synonyme de *matière*[2]; en sorte que la transsubstantiation eucharistique, enseignée communément par les théologiens papistes, est le changement *matériel* de la matière du pain et du vin, matière devenue, — soit par voie de destruction de cette matière et de création du corps du Christ, soit par voie de transformation chimique, etc., — devenue, dis-je, la matière même, quelle qu'elle soit, du corps et du sang de Jésus-Christ. Or ceci n'implique pas seulement une série de miracles inutiles et dont il n'est nullement question dans l'Écriture, mais encore des contradictions formelles, que tout homme de raison et de science doit pouvoir rejeter librement. Une telle doctrine n'est ni du dogme, ni de la religion, ni de la piété: une telle doctrine n'est qu'une abominable erreur, en soi inconciliable avec le vrai dogme, et que la saine théologie, par conséquent, ne peut que proscrire[3].

1. *Revue internationale de théologie, loco cit.*, p. 165.
2. Quel peut bien être, en Orient, le sens du mot substance « appliqué aux êtres matériels » ? Désignerait-il, par hasard, quelque chose de spirituel?
3. *Revue internationale de théologie*, 4ᵉ année (1896), n° 13, p. 149-150.

Ce qui étonne plus que ces diatribes, c'est de voir que Mgr Serge lui-même, tout en réclamant énergiquement pour la doctrine orthodoxe de la présence réelle [1], croit devoir expliquer la répugnance des vieux-catholiques pour la transsubstantiation par les « horreurs du matérialisme latin », dont personne d'ailleurs n'apporte d'exemple précis. Que le vénérable prélat se rassure : comme lui « nous croyons que nous consommons le corps et le sang de Jésus-Christ, mais nous ne savons rien sur la manière dont cela se fait. En brisant avec nos dents le pain, nous n'affirmons pas que nous mâchons le corps de Jésus-Christ, et que ce corps nous reste entre les dents ; en sentant la chaleur du vin chaud dans notre bouche, nous ne nous décidons pas à penser que c'est la chaleur du sang de Jésus-Christ [2]. » Il n'est pas vrai que par le terme de transsubstantiation on ait voulu « rendre compréhensible et représentable une vérité incompréhensible ». Quant à la « transformation chimique » et aux excès du « stercoranisme », ils n'existent que dans l'imagination du théologien vieux-catholique, dont notre plume se refuse à transcrire ici les déductions physiologiques [3].

Mais, par contre, nous applaudissons sans réserve à ces conclusions de l'évêque russe :

En développant leur doctrine eucharistique, les vieux-catholiques doivent

---

1. Tous les théologiens orthodoxes s'associeraient-ils à cette réclamation ? Nous aimons à le croire. Mais la vérité nous fait un devoir d'enregistrer, sous toute réserve, ce renseignement donné par la *Revue internationale de théologie*, 7e année (1899), n° 25, p. 209, d'après M. F. Meyrick, dans la *Foreign Church Chronicle*, décembre 1898, p. 217 : « I had long discussions with Archbishop Lycurgus on this subject. He told me that there are two opinions in the Greek Church regarding it ; that some hold the Roman doctrine of Transubstantiation, and that others do not hold it, and that he himself felt inclined not to hold it. The doctrine which he propounded was very nearly the Lutheran. » Dans les textes de Guettée, de Klomjakov, d'Ostroumov, auxquels renvoie à ce propos la *Revue internationale de théologie* (*loco cit.*), je ne trouve guère que des plaintes sur le « matérialisme » latin et le refus de préciser les termes de l'ancienne tradition ecclésiastique, mais peu de déclarations positives sur le fond de la question. D'ailleurs, ces théologiens ne peuvent témoigner que pour eux-mêmes, non pour la doctrine authentique de l'Église d'Orient, et cette remarque vaut surtout pour un esprit aussi indépendant et aussi peu classique que Khomjakov

2. Il faut se rappeler que l'Église grecque célèbre avec du pain fermenté et ajoute de l'eau chaude au précieux Sang après la consécration.

3. *Revue internationale de théologie*, 10e année (1902), n° 37, p. 71.

tâcher d'employer dans leur argumentation, non pas seulement des termes
qui avaient cours dans l'Église indivisée (ces paroles peuvent avoir dans la
bouche d'un chrétien du vingtième siècle un sens autre que celui qu'elles
avaient jadis) ; ils doivent encore tâcher de ne pas perdre un iota de la doctrine ancienne orthodoxe et particulièrement de préciser, de manifester
clairement la conformité de leur doctrine avec celle de l'Église et sa différence d'avec le protestantisme.

... Notre persévérance, dans ce cas, ne doit pas étonner les anciens-catholiques ; ils doivent savoir qu'il s'agit ici de la question la plus importante, la
plus essentielle de la vie religieuse. A parler strictement, l'eucharistie, dans
la vie de l'Église, dans la vie religieuse, est *tout*... Ce n'est que quand les
hommes approchent en commun du saint mystère que commence la communion dans l'Église, l'unité spirituelle entre les hommes : c'est alors qu'ils
deviennent réellement membres du corps du Christ [1].

Mais supposons éclaircies d'un commun accord les questions
du *Filioque* et de la transsubstantiation. Reste encore le principal
obstacle, celui qui aurait été découvert — dit-on — par M. le
professeur Kerenskji [2], et que Mgr Serge s'est attaché à mettre
en pleine lumière : la doctrine de l'Église. Pour mieux nous
rendre compte des débats élevés sur ce point, essayons de nous
représenter la conception théologique des vieux-catholiques.
Ceux-ci, comme la *Revue internationale de théologie* le fait remarquer fort justement à Mgr Serge, ne se sont jamais crus hors de
l'Église ; « en proposant l'union avec l'Église orientale, ils n'ont
jamais eu l'idée d'une entrée de leur Église dans l'Église universelle ». Le postulat qui servit de point de départ à leurs premières
démarches, c'est que Rome devenait hérétique. Dès lors, il fallait
se séparer d'elle ; et en se séparant, on ne sortait pas de l'Église,
on y restait. Cependant, il ne pouvait venir à l'idée de personne
d'identifier l'Église universelle avec le petit groupe de protestataires réunis au lendemain du concile en Église indépendante ; celle-ci n'était évidemment qu'*une Église* ; d'autres Églises
ailleurs pouvaient professer la même foi et former par leur réunion l'Église universelle, celle qui continuait à porter les pro-

1. *Revue internationale de théologie*, 12ᵉ année (1904), nᵒ 46, p. 166 et 170.
Il est évident que le savant prélat n'entend pas nier par ces derniers mots
l'efficacité primordiale du baptême, et la rectification que se permet à ce
propos la *Revue internationale de théologie* nous paraît bien impertinente.
2. En réalité, d'après Mgr Serge, la première découverte appartiendrait
au professeur Rossis, d'Athènes. (Z. Ῥώσης. Αἱ Θεμελιώδεις δογματικ αἱ ἀρχαὶ
τῆς ὀρθοδόξου Ἐκκλησίας ἐν ἀντιβολῇ πρὸς τὰς τοῦ παλαιου καθολικίσμου. Ἐν
Ἀθηναῖς, 1898.)

messes de Jésus-Christ. Ces Églises sœurs, on les trouvait en
Hollande, on crut les trouver aussi en Orient : là, des communautés nombreuses, indépendantes les unes des autres, mais
unies par la communion d'une même foi, professaient la doctrine
immuable de cette ancienne Église indivisée des huit premiers
siècles à laquelle on prétendait revenir par delà les innovations
de la papauté. Car la logique interne des idées avait fait son
œuvre ; ce n'était plus seulement l'infaillibilité qu'on rejetait,
mais tout ce que les papes avaient défini sans le concours de
l'Orient orthodoxe, l'Immaculée Conception comme les définitions de Trente ; bientôt même, c'était le principe de tout développement dogmatique.

Mais dès lors une question grave se posait : si Rome était déjà
hérétique avant 1870, où étaient alors les vieux-catholiques,
dans l'Église ou hors de l'Église ? Et Rome elle-même, si elle était
hors de l'Église, quand avait-elle cessé d'en faire partie ?... Évidemment, une revision du concept d'Église s'imposait : elle eut
lieu. On fit remarquer qu'il y avait toujours eu, au sein même de
l'Église romaine, des esprits indépendants, prompts à protester
plus ou moins ouvertement contre les innovations de la papauté;
c'étaient ces esprits qui gardaient en Occident la tradition
œcuménique pour la transmettre intacte aux vieux-catholiques
de 1870. On pouvait se rapprocher des frères d'Orient, de part
et d'autre la tradition était la même. Seulement, d'un côté, elle
avait été gardée par une hiérarchie généralement orthodoxe, de
l'autre par des fidèles extérieurement soumis à une hiérarchie
en partie hérétique. N'est-ce pas le spectacle que présentait au
temps de Pusey l'Église anglicane et que ce grand croyant déplo-
rait, sans se croire autorisé par là à se séparer de l'organisme
visible de son Église? Et ce mélange de l'erreur et de la vraie
foi, de l'ivraie et du bon grain, ne se trouve-t-il pas, à des degrés
divers, dans toute Église particulière? Ne se trouvait-il pas en
Orient au temps où dominait partout l'arianisme et a-t-il jamais
empêché l'indéfectibilité de la foi dans l'Église universelle, société
en partie invisible des vrais croyants?

Dans ce qui précède, je n'ai pas prétendu décrire une évolution chronologique : j'ai voulu sonder la logique interne du
vieux-catholicisme. Et d'ailleurs il m'eût été facile d'appuyer
chaque assertion par des textes précis, empruntés à la riche

collection, que j'ai voulu étudier tout entière, de la *Revue inter-*
nationale de théologie. Quant à la synthèse finale, à cette doctrine
de l'Église universelle, pleinement visible autrefois dans ses sept
conciles œcuméniques, voilée aujourd'hui et divisée, mais plus ou
moins présente dans chacune des Églises visibles, toutes fail-
libles, elle a été exposée plus d'une fois avec une rare clarté par
M. le professeur Michaud[1].

Qu'on se demande maintenant quelle impression peut faire
cette doctrine sur un théologien grec ou russe, nourri dans le
culte de cette sainte Église orthodoxe d'Orient, qu'il est habitué
dès l'enfance à considérer comme la seule vraie Église du Christ,
seule fidèle aux traditions des saints Pères et des sept conciles
œcuméniques. Mgr Serge va nous le dire :

Quand nous disons : « Je crois en une Église *une, sainte, catholique et*
apostolique », nous comprenons sous le terme « Église » l'idée de quelque
chose de divin, de céleste et en même temps de souverainement salutaire
pour nous, quelque chose qui existe dans sa réalité, non seulement sur la
terre en général, mais bien réellement là, devant nous, quelque chose qui se
présente à nous comme un phénomène parfaitement défini, plein de vie et
qui nous demande des rapports réels et vivants... Nous croyons que Jésus-
Christ a octroyé à son Église le don de l'indestructibilité, de l'invincibilité
contre les portes de l'enfer, mais nous ne limitons pas ce don à l'Église
céleste, qui en réalité se trouve hors de l'atteinte de ses ennemis. Nous ne
nous représentons pas ce don comme servant à la conservation de monuments littéraires ou autres, ce qui ne représenterait rien de particulier ni
de merveilleux... Nous croyons donc que l'Église une, sainte, catholique et
apostolique du symbole de Nicée-Constantinople, existe actuellement sur
terre, et cela non seulement d'une façon invisible « au sein de différentes
Églises particulières », mais encore visiblement, qu'elle possède même
actuellement une « organisation ecclésiastique *une* », en d'autres termes, qu'à
chaque moment donné, l'Église œcuménique est bornée à un certain nombre
défini d'Églises particulières ; quoique, certainement, au point de vue géographique, elle ne soit liée à aucun peuple ni à aucune contrée[2].

1. Voir surtout son *Esquisse d'un traité de l'Église chrétienne,* publié
par la *Revue internationale de théologie,* à partir du numéro 42 (avril-juin 1903).
2. Cette déclaration est à retenir, parce qu'elle explique comment Mgr Serge
peut se défendre du reproche d'exclusivisme, ou, comme dit M. le professeur
Michaud, d' « ultramontanisme oriental ». Pour le prélat, la fidélité de
l'Orient à la doctrine orthodoxe est un fait historique, qui ne suppose dans
aucune Église locale une infaillibilité de droit. « Aujourd'hui, ajoute-t-il,
l'Église orientale se trouve dans le sein de l'Église universelle, mais demain
elle peut se détacher, et l'Église universelle n'en restera pas moins quelque
part sur la terre, peut-être au Japon ou à Ourmiah, et elle n'en sera pas
moins la même Église sainte, apostolique et œcuménique, avec tous ses
droits et ses pleins pouvoirs. »

Puis, à notre point de vue orthodoxe, il ne saurait être question, strictement parlant, du partage de l'Église; un corps un et vivant ne saurait être
partagé sans cesser de vivre; on ne peut donc parler que de quelques parties infectées qui se sépareraient du corps de l'Église; cette séparation de
l'unité de l'Église ne porte pas atteinte à son intégrité; quant aux membre s
détachés, cette séparation désigne leur mort. C'est ainsi que se sont détachées de l'Église différentes sociétés hérétiques, dont quelques-unes étaient
grandes, tant par le nombre de leurs membres que par leurs dimensions
géographiques, surtout en comparaison de l'Église orthodoxe.

... Notre Église orientale a effectivement la conscience d'être l'Église universelle et prétend clairement au droit de s'appeler sainte, œcuménique et
apostolique... On pourrait citer à l'appui de cette idée notre rituel, où
l'Église expose clairement comme elle comprend elle-même sa personnalité.
Dans ce rituel, nous ne prions pas pour le rétablissement de l'Église partagée et disséminée parmi beaucoup de sociétés chrétiennes, pas pour une
Église insaisissable et ne pouvant être comprise qu'à l'aide d'études archéologiques; nous ne prions pas pour que nous et les autres orthodoxes soyons
réunis en une seule organisation, mais bien pour que ceux qui errent soient
réunis à notre Église, comme à l'Église une, sainte, catholique et apposto-
lique, et non pas seulement gréco-russe.

... L'Église latine s'est détachée elle-même d'une façon formelle et extérieure déjà au moment historique que l'on est convenu d'appeler la « division » des Églises... Ainsi, d'après l'esprit de l'Église, les Latins se
trouvent en dehors de son enceinte, de même que les luthériens et les
calvinistes... Nous admettons, il est vrai, la validité de la succession apostolique des catholiques-romains et de leurs autres sacrements; mais nous
admettons aussi la succession et les sacrements des nestoriens, des armé-
niens, etc., qui, ayant été anathématisés par le concile œcuménique, n'appartiennent pas à l'Église, même selon le critérium extérieur de l'universalité.

... Une Église locale qui s'est séparée de l'Église universelle (que ce soit
à cause d'une hérésie ou simplement d'un schisme, c'est indifférent) ne saurait revenir à l'union qu'en s'adressant à l'Église universelle et en s'alliant à
elle, de fait, comme à une organisation ecclésiastique vivante. Admettons
que l'Église locale en question ait gardé toutes les parties essentielles de
l'Église universelle du Christ ou qu'elle les ait peu à peu rétablies, mais
qu'en même temps elle ne se soit pas alliée à l'Église universelle *de fait*,
cette Église ne serait en tout cas qu'une imitation plus ou moins réussie de
l'Église œcuménique, mais non cette Église même... La doctrine et l'organisation peuvent être rétablies par des moyens ordinaires accessibles aux
humains, mais cela ne suffira pas pour le rétablissement de la vie spirituelle, parce que cette vie est d'origine divine et non humaine, elle a sa
source dans le Christ... Il a en Lui-même et dans sa dignité d'Homme-Dieu,
jeté les fondements d'une vie nouvelle dont vit l'Église. Il faut donc, de fait,
entrer en communion avec ce torrent de la vie et ne pas seulement en reproduire les signes extérieurs [1].

Voilà bien la conception orthodoxe traditionnelle, d'autant
plus facile à saisir pour un catholique qu'il ne conçoit pas d'une

9. *Revue internationale de théologie*, 12ᵉ année (1904), n° 46, p. 175-188.

autre manière sa propre Église. Entre Rome et Byzance, il y a
un débat fondamental sur les responsabilités de la division et le
critérium de la succession apostolique, mais, de part et d'autre,
la conception de l'Église est la même; conception simple et
logique, qui a le grand avantage, comme le dit si bien Mgr Serge,
de ne pas réduire la recherche de la vraie doctrine à une investigation archéologique toujours précaire, impossible aux simples,
et qui, indéfiniment susceptible de revision, pourrait bien, de
proche en proche, et sous prétexte de supprimer le développement du dogme, réduire à un contenu dogmatique assez mince
le symbole du vieux-catholicisme.

Mais il est intéressant de remarquer que cette conception est
loin d'être acceptée sans conteste par tous les théologiens russes.
Ceux qui se sont faits les chauds partisans des vieux-catholiques
ont aussi leur conception de l'Église. Le général Kiréev, qui ne
se pique pas de science théologique, mais qui est un chrétien
croyant et soumis, entend rester fidèle à la doctrine orthodoxe
intégrale, mais il veut qu'on reconnaisse l'orthodoxie des vieux-
catholiques. A ses yeux, tout le débat se réduirait à ceci : peut-il
y avoir des orthodoxes en dehors de l'Église gréco-russe? Si oui,
— et le fait des vieux-catholiques répudiant les erreurs de Rome
montre qu'il en est ainsi, — on n'a plus rien à demander à ces
orthodoxes, et c'est un *devoir* pour l'Église gréco-russe d'entrer
en communion avec eux. Il est vrai, quand il s'agit d'individus
isolés, on exige une cérémonie particulière d'abjuration et de
réconciliation pour les admettre dans le sein de l'Église. Mais
autre chose est un individu, autre chose une Église légalement
constituée. De celle-ci, on n'a pas le droit d'exiger plus que
Photius ne demandait à Rome pour rétablir la communion : le
désaveu de l'erreur[1].

On jugera peut-être que le général évite de répondre à la
question si nettement posée par Mgr Serge : Les vieux-catholiques
sont-ils actuellement membres de l'Église? En accordant même
la parfaite orthodoxie de leur doctrine, ne faut-il pas autre chose
pour appartenir au corps du Christ? Il ne semble pas que le
général ait cherché à se faire une théorie assez vaste et assez

---

1. Кирѣевъ, Старокатоликп и вселенская церковь (*les Vieux-
Catholiques et l'Église universelle*). Saint-Pétersbourg, 1903. Cf. *Revue
internationale de théologie, loco cit.*, p. 191-203.

compréhensive pour pouvoir en déduire avec clarté dans le cas
présent la solution qu'il désire.

Ce reproche, on ne peut l'adresser à M. l'archiprêtre Svĕtlov,
professeur à l'université Saint-Vladimir de Kiev. Celui-ci a élaboré
une théorie de l'Église dont on ne peut nier la cohérence et les
proportions grandioses. Nous croyons utile de le citer ici pour
donner à nos lecteurs un exemple remarquable de la liberté avec
laquelle se meut la théologie russe dans les cadres de la doctrine
orthodoxe.

La division de l'Église en Église visible et Église invisible, comme s'expriment les vieux-catholiques, ou, pour employer une expression plus exacte,
la distinction de deux aspects de l'Église, l'aspect visible et l'aspect invisible,
est une doctrine orthodoxe qui s'appuie sur la sainte Écriture, sur l'enseignement des Pères de l'Église et sur les définitions orthodoxes du concept
d'Église.

L'Église est la société de ceux qui croient au Christ et qui sont unis par
deux sortes de liens, intérieurs et extérieurs, en un tout surnaturel théan-
drique, qui est le corps de Jésus-Christ : Jésus-Christ en est la tête et
l'Esprit-Saint en est l'âme. Par le dedans, l'Église est ainsi le corps de
Jésus-Christ, dans lequel les croyants sont unis en un seul « organisme
spirituel de sainteté et d'amour » (Khomjakov, Samarin) par l'unité de la
foi et de la charité et la participation à une même vie de foi en Jésus-Christ,
tout comme les branches sont unies au cep, ou mieux encore comme les
membres sont unis en un seul corps. En conséquence, l'Église, dans son
aspect intérieur, est insaisissable aux regards de l'homme, elle est le trésor
de la grâce et de la vie divine sur la terre, par l'habitation du Christ et de
son Esprit au milieu des hommes. Dans cet aspect invisible, l'Église est ce
royaume de Dieu qui habite dans les âmes des justes et dont les pécheurs
sont privés (Luc, xvii, 21 ; Rom., xiv, 17 ; 1 Cor., vi, 9-10). Mais par son
aspect extérieur, l'Église constitue une société visible d'hommes, unis par la
confession de la foi, les sacrements, la hiérarchie et diverses institutions
extérieures, en un organisme ou institution visible sur la terre. Par cet
aspect extérieur l'Église est la société de tous ceux qui portent le nom de
chrétiens, soit justes, soit pécheurs, qu'ils soient unis à l'élément invisible
de l'Église ou royaume de Dieu, ou qu'ils y soient totalement étrangers et
fassent mentir leur nom de chrétiens. Dans ce sens, l'Église est un champ
où l'ivraie croît à côté du bon grain ou un filet qui contient des poissons
de toute espèce, bons et mauvais (Matt., xiii, 47-48), alors que l'Église invisible ne contient que la bonne pêche, connue de Dieu seul. De la sorte,
quoique idéalement l'Église doive réunir indissolublement ces deux aspects,
intérieur et extérieur, ils se trouvent dans la réalité plus ou moins divisés
et ne coïncident pas parfaitement. Dans l'organisme complet, l'aspect invisible de l'Église correspond à l'âme et l'aspect visible au corps, et de la
sorte, « comme l'âme et le corps sont unis entre eux, comme l'âme agit sur
le corps et le corps sur l'âme, ainsi dans l'Église l'âme invisible agit sur
l'organisme visible pour le vivifier et celui-ci à son tour *rend ses services à
l'âme avec plus ou moins de fidélité* ». Par son aspect visible, l'Église est
comme l'enveloppe du Saint-Esprit qui habite invisible en elle ; elle est son

organe, l'instrument du règne de Dieu; mais, par suite de conditions d'existence défavorables, l'Église terrestre, dans son aspect visible, peut ne pas coïncider avec l'Église invisible; elle peut s'en séparer plus ou moins, quand elle oublie sa mission de servir sur la terre le règne de Dieu et se laisse entraîner par les intérêts et les soucis du monde.

... Le corps sans l'âme n'est qu'un cadavre; l'Église visible, entièrement séparée de l'Église invisible, ne serait plus une Église, mais une institution terrestre... Comme dans l'homme l'élément le plus essentiel est l'âme, ainsi dans l'Église l'élément invisible est le plus essentiel, et dans ce sens l'Église invisible est la vraie Église et l'Église visible n'est que son apparence phénoménale et relative. Comme dans l'homme l'âme et le corps ne forment pas une unité absolument indissoluble, de sorte que l'âme peut subsister, dans une certaine mesure, indépendamment du corps, ainsi l'Église peut, en un vrai sens, subsister dans son aspect invisible, indépendamment de son aspect visible; elle est alors la sphère, inaccessible aux yeux de la chair, de la grâce divine et du séjour de Dieu dans les âmes de ceux qui croient au Christ.

De tout ce que nous venons de dire, il suit que l'on aurait tort d'appuyer exclusivement ou principalement sur l'aspect visible de l'Église au détriment de son aspect invisible ou de vouloir réduire l'Église à un organisme extérieur; cette erreur est poussée à l'extrême dans le latinisme, par opposition au protestantisme[1]. De ce point de vue, il me semble que demander où il faut chercher présentement l'Église universelle, c'est, jusqu'à un certain point, se placer sur le terrain du réalisme exagéré dans la conception de l'Église; dans le sens concret qu'on lui donne de délimitation géographique, cette question ne s'accorde pas même avec le concept d'Église universelle.

... L'Église universelle, pour être un corps vivant, comme le veut l'évêque Serge, n'en est pas moins privée (en tant qu'elle réunit les fidèles vivants et morts) d'organisation extérieure : c'est là un fait. Mais de plus, l'Église terrestre elle-même, partie de l'Église universelle, est actuellement dépourvue de cette organisation extérieure; et non seulement elle n'a pas d'organisation extérieure, mais elle n'a pas un seul organe pour l'expression de la foi collective et de la volonté de toute l'Église, organe qu'on ne peut trouver que là où on le trouvait autrefois, dans le concile œcuménique. Bien plus, il n'y a rien qui ressemble à une organisation extérieure, même au sein des Églises d'Orient unies dans la foi; elles sont privées de communication mutuelle, elles vivent chacune de son côté; car on ne peut regarder comme une unité organisée les communications épistolaires qu'échangent, fortuitement et rarement, les présidents des Églises! De tout cela voici la conséquence : par la force des choses on se trouve en présence de ce fait, qu'actuellement, depuis la séparation des Églises, l'Église universelle terrestre existe à l'état d'agrégat, agrégat de tous ceux qui croient vraiment en Jésus-Christ et qui attendent avec impatience (littéralement : qui ont soif), mais sans l'avoir encore, leur réunion extérieure en une organisation unique. Ici nous avons affaire, non à un concept ou à une construction théologique, mais à une réalité, à un fait, que toutes les réflexions, tous les

---

1. Est-il nécessaire de relever ce que cette accusation a d'exagéré? Aucun théologien digne de ce nom ne réduit l'Église à un organisme extérieur. Voir plutôt les belles thèses de Franzelin sur l'épouse et le corps de Jésus-Christ.

efforts de la pensée ne parviendront·pas à écarter. Raisonner en partant de
l'impossibilité absolue d'une Église sans organisation extérieure, c'est
opposer à la réalité vivante des spéculations théologiques et des conceptions
nées dans le cabinet de travail de l'écrivain... Quelle était, je le demande,
au temps d'Élie, l' « organisation extérieure » de cette troupe de soixante-
dix mille croyants d'Israël, privés d'autels et de prophètes et demeurés
fermes dans la foi au vrai Dieu [1]?

Nous n'avons pas à nous demander ici ce que pense Mgr Serge
de cette argumentation : c'est sans doute ce que nous en pensons nous-mêmes. Mais nous devons attirer l'attention du lecteur
sur une question capitale, soulevée en passant par M. Světlov, et
qu'agite encore de temps en temps la presse théologique russe.
Nous voulons parler de la question du concile œcuménique. Cette
assemblée, seul juge sans appel pour les orthodoxes et qui, d'après
eux, n'a pas tenu ses assises depuis plus de mille ans (exactement
depuis le second concile de Nicée, en 787), pourrait-elle se réunir
aujourd'hui? Suffirait-il d'y convoquer les prélats des quatorze
Églises orthodoxes autocéphales ou bien, les évêques latins gardant
toujours leur droit d'être appelés et entendus ; faut-il renoncer,
depuis la séparation des Églises, à la possibilité même d'un concile
œcuménique? Le patriarche Grégoire VI de Constantinople semblait adopter la première solution quand, en 1871, au lendemain
même du concile du Vatican, il invitait tous les évêques de la communion orthodoxe à venir siéger à ses côtés pour trancher la question de l'exarchat bulgare : malheureusement, les Églises orthodoxes ne répondirent pas à son appel et seuls les suffragants de
Constantinople s'unirent à leur chef pour anathématiser le phylé-
tisme. Il faut reconnaître que la plupart des théologiens russes
paraissent plutôt convaincus de l'impossibilité d'un concile
oriental; mais tous sans doute n'en tirent pas les conclusions
extrêmes de M. Svetlov. Quant à Mgr Serge, il avait prévu avec
une grande sûreté de coup d'œil le parti qu'on pourrait tirer de
cette opinion pour le cas des vieux-catholiques, et dès son premier manifeste il s'était prononcé en des termes qu'il nous paraît
intéressant de noter :

Cette idée de l'impossibilité ou plus strictement de l'extrême difficulté de
convoquer un concile œcuménique, je la partage aussi, partiellement; mais
je pense que cette impossibilité est une impossibilité purement extérieure,
politique, et non dogmatique ni canonique. Le concile est impossible, non

1. Богословскій Вѣстникъ, février 1904, p. 298-303.

pas parce que l'Église universelle, ayant perdu Rome et l'Occident, n'a plus
le droit de proclamer au monde la vérité du Christ, mais bien parce que
les conditions extérieures de l'existence de l'Église rendent actuellement
impossible, pour elle, une manifestation aussi solennelle de sa vitalité et de
sa puissance. N'oublions pas que les sept conciles œcuméniques ont eu lieu
à une époque où l'Église, comme étendue, appartenait presque en entier au
seul empire byzantino-romain.

Actuellement, il existe plusieurs États orthodoxes; de plus, une partie
considérable des Slaves se trouvent être sujets d'États hétérodoxes et non
chrétiens..... Il est évident que l'État actuel, qui se considère comme étant
juge en dernier ressort de ses affaires, ne peut désirer une assemblée internationale de ce genre, assemblée qui ne serait pas soumise à son contrôle...
De plus, les Églises locales sont tellement habituées à leur réglementation
autonome et au caractère indépendant de leur existence, qu'il ne leur serait
pas facile de se soumettre à un jugement sans appel, même fraternel. C'est
pour cela que les Églises locales ne font pas de trop grands efforts pour
amoindrir l'impossibilité politique de la convocation d'un concile. Pourtant,
malgré l'absence de conciles œcuméniques, l'Église orthodoxe n'en reste
pas moins œcuménique, une, sainte et apostolique, telle qu'elle a été dans
les trois premiers siècles, quand, pour des raisons également extérieures,
elle ne pouvait pas réunir de concile œcuménique [1].

Ces déclarations sont hardies, surtout parce qu'elles paraissent
contredire la doctrine d'un homme vénéré de toute la Russie,
le métropolite Philarète de Moscou. Les vieux-catholiques et
leurs partisans n'ont pas manqué de reproduire dernièrement
des déclarations, déjà très remarquées en leur temps, du célèbre
prélat sur l'Église latine et le concile œcuménique.

Depuis que la chrétienté s'est divisée en deux moitiés, qui jusqu'ici ne se
sont point réunies, il ne peut y avoir de concile œcuménique jusqu'à ce que
la réunion des Eglises soit effectuée.

... Comme je ne sais pas en quel nombre ni à quel degré les chrétiens occidentaux sont pénétrés de ces opinions particulières qui ont surgi dans
l'Église occidentale, ni avec quelle constance chacun d'eux se tient à la
pierre angulaire de l'Église universelle, Jésus-Christ, la juste considération
que j'ai témoignée pour la doctrine de l'Église orientale ne va nullement
jusqu'au jugement et bien moins encore jusqu'à la condamnation des chrétiens occidentaux et de l'Église occidentale. D'après les lois ecclésiastiques
mêmes, je laisse l'Église d'Occident, comme une Église particulière, au jugement de l'Église universelle, et les âmes chrétiennes au jugement ou plutôt
à la miséricorde de Dieu [2].

Mgr Serge, les professeurs Kerenskij et Gusev et d'autres

1. *Revue internationale de théologie, loco cit.*, p. 185-187.
2. Филаретъ. Разговоры между испытующимъ и увѣреннымъ
(*Entretiens entre un sceptique et un croyant*), cité par la *Revue internationale de théologie*, 11ᵉ année (1903), nᵒ 42, p. 350-352.

tenants fidèles des doctrines traditionnelles n'ont pas eu trop de peine à citer des passages de Philarète susceptibles de l'interprétation contraire : la grande tolérance du pieux prélat a pu lui dicter, sur le compte des Occidentaux, des appréciations charitables qu'il aurait lui-même corrigées, s'il les avait examinées du point de vue d'une stricte rigueur dogmatique. Le fait est que dans son catéchisme il ne laisse pas soupçonner que l'Église latine puisse avoir le moindre droit d'être considérée comme une partie de l'Église universelle.

Nous ne saurions, on le comprend, prendre parti dans cette controverse domestique. Nous avons voulu seulement, en essayant de préciser le point où se trouve actuellement parvenue en Russie la question des vieux-catholiques, initier nos lecteurs à un monde de préoccupations théologiques trop peu connu parmi nous. Qui se douterait, en effet, qu'à l'heure où l'Extrême-Orient est en feu et les armes chrétiennes en péril, il se trouve encore en Russie des spectateurs pour animer de la voix et du geste les combattants de tournois presque scolastiques? Impossible, en ce moment, de prévoir les destinées du vieux-catholicisme et le résultat probable de ses tentatives d'union avec l'Orient; on ne peut que louer la sage réserve des prélats orthodoxes qui attendent, non sans quelque inquiétude, ce que produira, dans un avenir plus ou moins rapproché, un mouvement théologique né d'hier et déjà si éloigné de son point de départ. En tout cas, on ne pourra pas regretter des débats qui auront du moins pour résultat certain de faire préciser aux théologiens orthodoxes leurs conceptions, jusqu'ici un peu flottantes, sur la notion et l'extension de l'Église.

Antoine VALMY.

LIVRES D'ÉTRENNES

Ave Maria. Paris, Desclée, 1904. Grand in-folio de 16 pages, illustré de 22 photogravures et 4 chromos. Prix : avec couverture en chromo, 2 fr. 50 ; sans la couverture en chromo, 2 francs.

Plaquette dont l'enveloppe fait rêver aux plus beaux missels du moyen âge ; livre d'étrennes digne d'orner la table de salon dans une famille chrétienne, en ce lendemain de l'année jubilaire. Art préraphaélite, chef-d'œuvre de Raphaël, vers du grand Corneille, extraits oratoires de Bossuet et de Bourdaloue, de Fléchier et de Massillon, enfin souvenirs de la piété militaire des Bugeaud et des Bosquet, des Canrobert et des Lamoricière, recueillis par M. H. Derély ; il y a de tout dans ce magnifique recueil, j'entends de tout ce qui élève l'âme et fait aimer Marie. Seulement le sermon de Bourdaloue n'a pas été prononcé le 8 décembre 1697, mais le 9, la fête ayant été transférée cette année-là du dimanche au lundi. Ce qui assurément n'enlève rien à la splendeur des chromos, au charme des portraits, à l'épanouissement des fleurs gothiques et des rimes modernes ou anciennes.

Henri Chérot.

Au temps de la Pucelle. *Récits et tableaux, Le péril national*, par Marius Sepet. Paris, Téqui, 1905. In-12, 407 pages. Prix : 3 fr. 50.

M. Marius Sepet, que son bel ouvrage sur Jeanne d'Arc a familiarisé de longue date avec les hommes et les choses du quinzième siècle, a voulu faire revivre cette dramatique et pittoresque époque. Les chroniqueurs lui ont fourni beaucoup ; il a emprunté également à Vallet de Viriville et au marquis de Beaucourt ; mais alors même qu'il paraît leur passer la plume, c'est encore lui qui la tient. On trouvera ici des pages très personnelles de grande histoire et des récits anecdotiques spirituellement contés,

des scènes de mœurs et des analyses de mystères, miracles et
moralités ; la peinture du bal des Ardents et la description des
ménageries de la reine Isabeau ou des jouets de Charles VII.
L'auteur ne fatigue jamais son lecteur dans cette course à travers le temps de Jehanne, la douce et sainte héroïne. Il montre,
en terminant, le sentiment religieux couvant au cœur de la nation
et du roi, s'échappant comme une flamme, et ranimant enfin les
énergies patriotiques qui semblaient à jamais éteintes. C'est dire
qu'il sait tirer la leçon des faits et inspirer à la fois l'amour de
la France avec celui de l'Église.   Henri Chérot.

Dans les rapides du fleuve Bleu. *Seconde mission Hourst,*
par le lieutenant Hourst. Paris, Plon. 1 volume in-8. Prix :
10 francs.

Ce livre, animé de la vibrante éloquence des hommes d'action,
ajoute une page brillante à l'épopée de nos efforts coloniaux.
C'est le récit documenté, vivant, de la seconde mission Hourst,
dont l'héroïsme fut si mal récompensé ; de l'exploration de la première canonnière française sur le haut Yang-tsé-Kiang, ce roi des
fleuves. Avec deux bâtiments de hasard, le vaillant officier réussit à passer où avaient échoué les Allemands, à rejoindre au Set-
chouen les Anglais qui se croyaient en possession d'un monopole, à fonder à Tchong-King et à Suifou des établissements
pleins d'avenir, à faire flotter le pavillon de son pays plus loin
qu'aucun autre, à lever les cartes du Yang-tsé et de ses affluents,
à étouffer enfin dans l'œuf un mouvement xénophobe menaçant.
Des dessins originaux, dus à un membre de la mission, l'enseigne
de vaisseau Térisse, rehaussent de leur pittoresque commentaire
cette odyssée surprenante.   X.

Recueil d'expériences élémentaires de physique, *publié avec
la collaboration de nombreux physiciens,* par Henri Abraham.
2ᵉ partie. Paris, Gauthier-Villars, 1904. In-8, xii-454 pages.
Prix : 6 fr. 25.

La première partie de cet excellent recueil a obtenu le succès
que nous lui souhaitions[1] et tous ceux qui ont pu ainsi apprécier

1. Voir *Études* du 5 mai 1904, p. 451.

ᵎles qualités du premier volume voudront sans aucun doute acquérir le second. Le plan en est le même comme l'exécution. Ce
volume comprend les expériences relatives à l'acoustique, à l'optique, à l'électricité et au magnétisme, champ immense, où l'auteur
nous conduit avec le plus grand charme. Les expériences nombreuses, destinées à faire toucher du doigt les lois et leurs applications, sont, en général, faciles à exécuter avec le matériel le plus
simple et que l'on peut mettre sans danger ni inconvénient entre
les mains des élèves. Le volume se termine par une série de
tableaux numériques des plus utiles et une table des matières
pour les deux volumes.

Cet ouvrage est indispensable, on peut le dire, à tout professeur de physique, même, et surtout, dans les classes les plus
élémentaires, et ne manquera pas d'intéresser également bien
des personnes qui s'attachent au développement de ces sciences.

Joseph de JOANNIS.

DE LA MAISON MAME, DE TOURS

La Femme dans l'Ancien Testament, par le chanoine H. Boissonnot, lauréat de l'Académie française. 1 volume in-folio,
318 pages, 58 gravures, d'après Gustave Doré. Prix : relié
percaline, tranche dorée, 9 francs.

L'Ancien Testament est l'histoire de l'humanité en marche vers
la rédemption. Dans cette marche les femmes tiennent souvent la
tête, parfois elles sont en avance, jamais elles ne restent en
arrière. Pas une phase du récit biblique où n'apparaisse au premier plan quelque héroïne sur qui se fixent tous les regards. Ces
filles d'Israël ne sont point sans défauts. La Loi, dit saint Paul,
ne conduit rien à la perfection ; le christianisme convie la
femme à une vertu autrement délicate et pure ; mais en chacune
d'elles brille le reflet de quelques-unes des prérogatives qui res-
plendiront un jour dans la femme idéale, la Vierge Marie, associée
et coopératrice du Christ rédempteur.

Les femmes catholiques ignorent l'Évangile ; combien plus la
Bible ! Elles apprendront à la connaître en étudiant les femmes
de la Bible. M. le chanoine Boissonnot les raconte avec le texte
du livre sacré, et le commentaire qu'il y ajoute est tout à la fois

d'un érudit et d'un lettré. Les gravures, extraites de la Bible de Gustave Doré, de si vigoureuse allure, forment un autre commentaire non moins intéressant.

La Terre qui meurt, par René BAZIN, de l'Académie française. Illustrations d'Alfred Paris. 1 volume in-folio. Prix : reliure Bradel fantaisie, plats en étoffe, 12 francs.

Après *la Terre sanglante, la Terre qui meurt.* Tout le monde connaît le livre exquis de René BAZIN. Nous l'avons salué ici même à son apparition[1]. Cette idylle, charmante dans sa mélancolie profonde, douce, se représente en toilette de gala, un peu étonnée peut-être de se voir élevée à la dignité in-folio. Cette fois, du moins, on ne pourra reprocher à l'éditeur d'avoir habillé d'un riche manteau une statue vulgaire.

Le Théâtre de la Primevère, par Guy CHANTEPLEURE. Illustrations de L. Métivet. 1 volume in-4 carré. Prix : relié percaline, tranche dorée, 5 francs.

Ceci est pour les jeunes filles, mais non pour celles qui jouent encore à la poupée. Une série de jolies comédies, honnêtes et point sottes, où il y a de la grâce, de la fraîcheur, du sentiment, toutes les aimables choses symbolisées par la primevère. On pourra jouer cela en famille, quand on n'aura rien de mieux à faire.

La Petite Princesse, par Georges BEAUME. Illustrations de Georges Roux. 1 volume in-4. Prix : relié percaline, tranche dorée, 7 francs.

Un trésor dans les ruines, par Charles FOLEY. Illustrations de G. Dutriac. 1 volume in-4. Prix : relié percaline, tranche dorée, 7 francs.

Deux romans agréables entre lesquels on choisira suivant son attrait. Le premier plus sentimental, plus tendre, bien qu'irréprochablement pur; le second plus amusant, plus malicieux, mais d'une malice innocente. Il se passe en Auvergne, sur les bords

1. Voir *Etudes*, t. LXXIX, p. 854.

de là Sioule ; l'autre a pour cadre les Pyrénées. Ici et là le paysage est ravissant. C'est le cas de dire : entre les deux mon cœur balance.

Les Petits Drames du poste, par Jean DRAULT. Illustrations de Guydo et Charly. 1 volume in-4 carré. Prix : relié percaline, 5 francs.

Comme maître renard avait toujours quelques nouveaux tours dans son sac, Jean DRAULT a aussi une mine inépuisable d'histoires drolatiques à conter. Cette fois, le conscrit Chapuzot passe la main au sergot parisien ; mais au poste, comme à la caserne, les bonshommes que Jean Drault met en scène sont bien amusants ; et, à dire le vrai, il y a souvent dans ses compositions les plus drolatiques, comme dans les charges d'un Gavarni ou d'un Cham, beaucoup de fines observations, voire même de philosophie.

La Terre sanglante, par Jules MAZÉ. 1 volume in-folio, avec 51 gravures. Prix : relié percaline, tranche dorée, 9 francs.

Voici maintenant des visions de batailles. *La Terre sanglante,* c'est la terre de Borny, de Rezonville, de Saint-Privat, terre qui a été abreuvée de sang pendant l'année terrible. Jules MAZÉ raconte les grandes journées de l'armée de Metz en un style alerte, imagé, très militaire. Par ce temps de *pacifisme* inquiétant, il est bon de rappeler à la jeunesse, dans de beaux livres, l'exemple de ceux qui sont allés au combat et à la mort pour la patrie, joyeusement, avec entrain, à la française.

Joseph de BLACÉ.

REVUE DES LIVRES

L'Immaculée Conception et l'Église de Paris. *Études histo-*
riques, par H. LESÊTRE, .curé de Saint-Étienne-du-Mont.
Paris, Lethielleux, 1904. In-16, 263 pages. Prix : 2 fr. 50.

Cet ouvrage, sorti de la plume d'un des plus savants curés de
Paris, est un nouvel hommage rendu à la sainte Vierge par la
cité qui lui fut toujours si dévouée. L'auteur rappelle que l'ancienne Université se distingua par son ardeur à faire prévaloir
cette doctrine. Puis, parvenu au dix-neuvième siècle, il conduit
jusqu'à la manifestation de la médaille miraculeuse à la confrérie de Notre-Dame-des-Victoires, et aux rapports de Mgr Si-
bour avec Pie IX, ce vivant et intéressant récit de ce que la capitale a fait pour Marie et de ce que Marie a fait pour la capitale.
M. l'abbé LESÊTRE est un érudit qui possède à fond son vieux
Paris et sait par le menu l'histoire des confréries de Saint-Séve-
rin ou de Saint-Paul. Il connaît même les estampes si curieuses
qui témoignent des antiques dévotions paroissiales et n'ignore
rien de la tendre piété de saint François de Sales ou de saint Vincent de Paul, de Louise de Marillac ou de Charles de Saint-Germain. Cependant, il nous paraît attribuer trop catégoriquement
(p. 108, n. 1) à Ventigovius, d'après Quérard, la traduction de
l'*Office de la sainte et immaculée Conception* (1603) que d'autres
revendiquèrent pour le surintendant Foucquet ; il a évidemment
voulu écrire (p. 136, n. 1) : la *maison professe* au lieu du *grand*
collège, et c'est par une pure distraction qu'il aura qualifié de
bulle le *bref* d'Alexandre VII à Louis XIV (p. 244 et 263) dont
nous avons raconté l'histoire (*Études*, 20 mars 1904). Nous souhaitons de tout cœur de voir paraître une édition augmentée de
cette publication qui fait honneur au clergé de Paris. Si l'auteur
voulait insister sur le zèle ombrageux de l'Université pour la
défense de la Conception immaculée de Marie, au dix-septième
siècle, il trouverait des détails anecdotiques dans un manuscrit
de la bibliothèque de Saint-Sulpice, que M. l'abbé Lévêque a

bien voulu nous communiquer naguère : *Recueil de pièces sur la controverse relative à l'Immaculée Conception de la sainte Vierge, à l'occasion d'un sermon prêché à Paris, le 8 décembre 1672, dans la chapelle du collège d'Harcourt.*   Henri CHÉROT.

L'Immaculée Conception et le cinquantenaire de la proclamation de ce dogme, par l'abbé L.-Th. BOURGEOIS, O. P. Paris, Lethielleux, 1904. Brochure in-8, 63 pages. Prix : 1 franc.

Dans cette étude théologique, l'auteur a réuni ses conférences publiées par la revue *la Prédication*, et il les a fait suivre de la traduction de la bulle *Ineffabilis* empruntée à l'*Histoire d'un dogme*, de Dubosc de Pesquidoux. Les sujets traités sont : la nature et l'étendue du privilège ; la convenance de l'Immaculée Conception soit à raison de la grâce dont Marie a été prévenue pour être mère de Dieu, soit à raison des rapports que la maternité divine établit entre Marie et la Trinité divine. Enfin l'éloquent auteur développe le texte : *Vous êtes la gloire de Jérusalem, la joie d'Israël et l'honneur de notre peuple.* Ces pages, destinées spécialement aux prédicateurs, peuvent offrir aux âmes chrétiennes d'utiles lectures de piété.   Henri CHÉROT.

La Terminologie de saint Jean de la Croix, par l'abbé CALABER, aumônier de la Retraite de Saumur. Paris, Amat, 1904. In-12, 204 pages. Prix : 1 fr. 50.

Ce livre ne donne pas, comme le titre le ferait peut-être supposer, un dictionnaire des termes employés par saint Jean de la Croix. C'est un résumé de ses deux premiers ouvrages, *la Montée du Carmel* et *la Nuit obscure*. La méthode de l'auteur est analogue à celle des *Lettres* du P. Berthier : il n'a pas cherché à dégager la mystique contenue dans ces traités, mais seulement l'ascétisme, la doctrine du renoncement. Le principe qui lui sert de point de départ est que le saint « n'est pas accessible à tout le monde, parce que, dans la partie de ses ouvrages où il traite de la *perfection ordinaire*, il emploie un langage figuré qui, joint à l'absence des formes nettes, concises, auxquelles nous sommes accoutumés dans les livres français, rend sa pensée à peu près incompréhensible » (p. 8). Et l'auteur a voulu « rendre ce texte compréhensible, en le débarrassant des images et des figures de style qui y abondent, ou du moins en les expliquant très clairement ». Seulement, comme le saint expose toujours ses idées ascétiques en les rapportant à l'union mystique comme à un terme, il n'est pas facile de faire saisir la physionomie qu'il donne aux premières, si l'on garde le silence sur la seconde.

L'auteur me permettra de lui signaler deux exagérations qui lui ont échappé, et qu'il corrigera sûrement dans une seconde édition. L'une consiste à aller trop loin en décrivant un des états d'oraison indiqués par le saint : « Par l'action de Dieu, dit-il, l'intelligence *ne voit plus rien* (ne voyant plus rien, *elle ne peut plus être trompée* par ce qu'elle voit); la volonté est dans la sécheresse (ne pouvant produire *aucune affection*, elle ne peut plus en produire d'imparfaite); la mémoire est dans le vide. » (P. 190.) Mais les quiétistes n'ont jamais rêvé mieux! Plus d'actes ni d'intelligence, ni de volonté! De plus, les phrases mises entre parenthèses équivalent à dire : Pendant la durée de toute contemplation surnaturelle, on devient infaillible et impeccable. (Voir encore pages 90 et 91.) Encore une fois, l'auteur ne pense rien de tout cela. Et saint Jean de la Croix, pas davantage. Quand il emploie des phrases ayant quelque ressemblance avec les précédentes (*la Nuit obscure*, liv. II, chap. xvi), il y met tous les correctifs nécessaires; il parle de la diminution non de tous les actes, mais de ceux qui seraient déréglés et dès lors non surnaturalisés.

L'autre point sur lequel l'auteur force la note est celui-ci; il nous dit que « les vérités connues par notre entendement sont *incapables* de nous conduire jusqu'à Dieu », et jusqu'à « l'union » (p. 56); qu'en « partant des connaissances sensibles, qui sont le premier fondement de nos connaissances, on ne peut arriver jusqu'à Dieu » (p. 59); que si « on arrive à quelque chose, ce quelque chose n'a *aucun rapport* avec Dieu et ne peut en donner *absolument aucune idée* » (p. 59). Mais alors comment font donc païens et chrétiens pour connaître Dieu et s'unir à lui? N'est-il pas admis qu'ils partent ordinairement de la considération des créatures? Il eût fallu faire une distinction et dire : cette impuissance absolue existe, il est vrai, pour les connaissances et unions d'ordre extraordinaire, mystique; mais non pour les autres. Le saint admet ces restrictions quand il parle de nos incapacités (*la Montée du Carmel*, liv. II, chap. viii). Seulement une telle dis-

tinction supposerait qu'on a préalablement donné quelques notions de mystique. Aug. POULAIN.

Saint Irénée, par Albert DUFOURCQ. Paris, Bloud, 1905.
Collection *La Pensée chrétienne* (Textes et Études). In-16,
277 pages.

La série de *Textes et Études* publiée par la maison Bloud doit
rendre accessible à un cercle étendu de lecteurs les maîtres de la
pensée chrétienne, et d'autres maîtres encore, au moyen de larges
extraits, reliés par de brèves analyses. On estime avec raison que,
de ce témoignage collectif, se dégagera une apologétique d'autant plus persuasive que chaque monographie sera par elle-même
un écho plus fidèle et plus discret.

Les noms des distingués collaborateurs et les heureux débuts
font bien augurer de l'entreprise. Voici d'abord un saint Irénée.
Aucun Père ne se prêtait mieux à ce genre de travail : l'œuvre
éloquente et nerveuse, mais en somme indigeste, du vieil évêque
sera facile à embrasser d'un coup d'œil, grâce aux traductions
précises et aux résumés de M. A. DUFOURCQ. Le même auteur a déjà
consacré à saint Irénée un livre plus personnel[1], que tout le
monde voudra lire après celui-ci. Est-ce pour cela qu'il n'a pas
même honoré d'une mention les célèbres *Fragments de Pfaff*? On
incline de plus en plus, depuis les travaux de Funk et de Harnack,
à y voir un faux du dix-huitième siècle. M. Dufourcq a dû suivre
cette controverse, et l'on aimerait à connaître sa conclusion personnelle. Notons encore que les attaches montanistes de la chrétienté lyonnaise, et d'Irénée en particulier, nous paraissent fort
douteuses, malgré la présence du montaniste Alcibiade dans les
prisons de Lyon, en 177. Ombres légères dans un livre toujours
savant et judicieux. Adhémar d'ALÈS.

Bonald, par Paul BOURGET et Michel SALOMON. Paris, Bloud,
1904. Collection *La Pensée chrétienne* (Textes et Études).
In-12, xxxvii-332 pages. Prix : 3 fr. 50.

Il est étrange de constater combien, par le fond de sa pensée,

---

1. *Saint Irénée*, par Albert Dufourcq. Paris, Lecoffre. Collection *Les Saints*.

Bonald est notre contemporain. Non seulement Auguste Comte,
Balzac, Le Play, que Saint-Beuve appelle un « Bonald progressif », Taine, Renan, le continuent ou le commentent, quelques-uns
à leur insu ; mais toute une école le fait revivre et le proclame son
maître, l'école de Charles Maurras, de Vogüé, de Maurice Barrès,
de Ferdinand Brunetière, sans compter des disciples plus ou
moins indépendants, comme Gabriel Tarde et Jules Lemaître ou
même M. Izoulet.

Mais parmi ces disciples, celui dont l'action porte présentement
le plus loin — le roman étant devenu le véhicule le plus puissant
de la pensée — est sans conteste M. BOURGET. *L'Étape* n'est-elle
pas la mise en action du traditionalisme politique et social du
vicomte de Bonald ? *Un Divorce* ne traduit-il pas, sous forme de
crise aiguë, la pensée du philosophe qui a si fortement exposé les
lois essentielles de la famille et présenté celle-ci comme la cellule irréductible de la société ?

M. Paul Bourget était donc éminemment qualifié pour nous
présenter *Bonald* dans la nouvelle série, *la Pensée chrétienne*, que
la maison Bloud propose au public. Bonald, dit-il, a vu nettement que 93 sortait de 89, l'anarchie du sophisme égalitaire ; il
est arrivé, parmi les premiers, à une conception scientifique et
expérimentale de la politique ; fruit lui-même de l'atavisme, il a
toujours cru aux forces secrètes de l'hérédité dans la famille et
dans la société ; surtout le grand théoricien du pouvoir a proclamé que la législation primitive inscrite dans la nature même de
l'homme, précède la législation inscrite dans les codes et que celle-
ci n'est valable qu'autant qu'elle se conforme à celle-là, qu'il existe
donc une constitution universelle dont nos constitutions promul-
guées ne doivent être qu'une application.

Les textes et fragments ont été choisis avec soin par M. Michel
SALOMON. Chacun des chapitres où ils sont disposés est précédé
d'un argument qui en montre le lien logique, et accompagné de
notes brèves qui sont surtout des rapprochements entre Bonald
et ses contemporains ou ses successeurs.

Une note (p. 71-72), d'une allure un peu différente, est due à
M. l'abbé Rousselot. Laissant de côté les considérations métaphysiques, l'éminent linguiste enseigne avec Bonald que l'homme
n'invente rien en fait de phonétique.

Il sera facile aux lecteurs de corriger ce qu'il y a parfois d'in-

transigeance trop systématique dans le procédé du grand logicien. Mais ils trouveront dans sa ferme pensée où se fortifier
contre l'enlizement de l'anarchie intellectuelle.

Lucien Roure.

Saint Irénée (IIe siècle), par Albert Dufourcq, professeur
adjoint à l'Université de Bordeaux, docteur ès lettres. Paris,
Lecoffre, 1904. Collection *Les Saints*. In-16, ii-202 pages.
Prix : 2 francs.

Dans le nouvel ouvrage qu'il vient d'ajouter à la série déjà
importante de ses travaux sur les origines chrétiennes, M. Dufourcq nous présente une étude savamment et élégamment conduite sur la vie et la doctrine du second évêque de Lyon. On y
retrouve les tableaux d'ensemble, auxquels se plaît son talent hardiment synthétique, et l'érudition minutieusement exacte qui
appuie ses constructions historiques les plus vastes sur un fondement solide.

Son livre est beau et bon, écrit dans une jolie langue limpide
qui rend attrayante l'austérité d'un travail principalement doctrinal, et généralement avec une précision de termes qui ferait
honneur à un théologien de profession.

C'était une entreprise difficile que de résumer, en une introduction de dix-huit pages et un premier chapitre qui n'en compte
pas vingt, tout le mouvement de la pensée juive, païenne et chrétienne jusqu'à saint Irénée. A condenser ainsi tant de choses
délicates on risque toujours un peu d'en négliger de fort importantes, d'en déformer quelques autres et surtout de prendre
toutes faites les idées des rares savants qui, sur de plus vastes
proportions, ont déjà tenté de faire la même synthèse. Je n'oserais
pas affirmer que le talent si compréhensif et si personnel de
M. Dufourcq ait réussi à éviter complètement ces dangers. Son
introduction et son premier chapitre sont brillants, on y sent
peut-être trop l'influence des constructions savantes, mais parfois arbitraires, de M. Harnack.

De là viennent, me semble-t-il, certaines façons de dire, et surtout de ne pas dire, qui pourraient donner le change à quelques
lecteurs sur la pensée si profondément catholique de l'auteur.
Par exemple, dans l'exposé très sommaire de la prédication du

Christ; on cherchera vainement quel enseignement le divin Maître
a donné sur sa personne, — point capital pourtant, même dans
les seuls synoptiques, — et l'on pourrait être amené à croire que
les apôtres ont été les premiers à savoir et à dire que le Messie
était Fils de Dieu. Ailleurs, il semble presque que le christianisme ne soit guère que l'aboutissement, providentiel tant qu'on
voudra, mais strictement *naturel*, du double mouvement intellectuel, moral et religieux qui portait l'un vers l'autre l'hellénisme
et le judaïsme. Tout autre est la réalité historique, et tout autre
aussi la manière de voir de M. Dufourcq telle qu'elle apparaît
dans les ouvrages où il a eu l'espace suffisant pour développer
sa pensée personnelle[1].

Mais cette réserve faite, je tiens à dire qu'on profitera beaucoup
à suivre M. Dufourcq dans son analyse pénétrante de la méthode,
de la doctrine, de l'influence de saint Irénée. Il n'y a pas un texte
important sur les dogmes qu'a touchés, même incidemment,
l'évêque de Lyon, que M. Dufourcq laisse passer sans le signaler,
le commenter, l'expliquer et au besoin le rectifier. Deux points
surtout me paraissent avoir été mis en lumière avec un rare
bonheur : Irénée polémiste exploitant et développant contre les
gnostiques l'argument de tradition dont il « détermine le principe, définit l'emploi, explique la valeur » ; Irénée théologien,
plaçant au centre de sa dogmatique le mystère qui est vraiment le
centre du christianisme, le mystère de l'Incarnation, le mystère
de Jésus révélateur, rédempteur, déificateur par sa grâce reçue
dans l'Église et nourrie par l'eucharistie. M. Dufourcq a écrit
là-dessus des pages savantes, pieuses et fortifiantes qu'on ne saurait
trop méditer. Il faudrait citer aussi le commentaire bref et
substantiel du texte sur la primauté de l'Église romaine, l'analyse
délicate de l'influence diverse de saint Paul et de saint Jean sur
l'esprit d'Irénée, etc., etc.

1. Voir par exemple *l'Avenir du Christianisme* (t. I. p. 111) : « Jésus s'est
révélé aux apôtres comme étant le Fils de Dieu et c'est sur cette révélation
qu'il appuie son Évangile... Par la Transfiguration, Dieu certifie directement,
à Simon-Pierre et à deux de ses amis, que Jésus, leur Maître, est véritablement son Fils. » Et ailleurs (p. 87) : « La synthèse alexandrine (de Philon) se
présente dans l'histoire comme une ébauche de ce que sera la synthèse chrétienne ; si imparfaite qu'elle puisse être, elle atteste le sourd travail qui
s'accomplit dans les consciences. *La matière est prête : l'Ouvrier divin peut
venir.* »

Si beaucoup d'historiens catholiques, préparés comme M. Dufourcq, consacraient à son exemple leur talent à l'étude de nos
origines chrétiennes et nous donnaient quelques monographies de
la valeur de *Saint Irénée*, nous cesserions bientôt en France d'être
sur ce point tributaires des protestants et des étrangers[1].

Marc Dubruel.

Cours élémentaire de physique, par Édouard Branly. 5ᵉ édition. Paris, Poussielgue, 1905.

Nous n'avons pas à faire l'éloge du *Cours élémentaire* de M. E.
Branly. Le nom seul de l'auteur suffit à le recommander. La nouvelle édition de cet excellent ouvrage est encore en progrès sur
les précédentes, car l'auteur tient à mettre constamment son
œuvre au courant des découvertes nouvelles et de tout le mouvement qui sans cesse renouvelle la face des choses dans ce
domaine. Cette édition est mise au point par rapport aux
programmes officiels du 31 mai 1902 et correspond aux quatrième et troisième B ainsi qu'aux seconde, première et philosophie A et B, et bientôt une nouvelle édition du *Traité élémentaire de physique* du même auteur donnera un texte éga-

---

1. Je dois marquer quelques points de détail sur lesquels je ne suis pas
tout à fait d'accord avec M. Dufourcq. Il propose, non sans hésiter, comme
date de naissance d'Irénée l'année 125. Je préférerais dire : « de 130 à 140 »,
car saint Polycarpe (✝ 155) était fort vieux quand Irénée encore tout jeune
fut son auditeur. — Faut-il admettre, comme M. Dufourcq le fait à plusieurs
reprises, l'opinion courante qui représente Irénée et les martyrs de Lyon
comme favorables en somme au mouvement de prophétisme et d'austérité
exagérée qui allait devenir l'hérésie montaniste ? C'est, je crois, tirer d'un
texte d'Eusèbe un peu plus qu'il ne contient ; d'autant plus que le vieil historien note la parfaite orthodoxie de la lettre des confesseurs recommandant au pape Eleuthère la paix de l'Eglise, et raconte comment ils obli-
gèrent Alcibiade, un de leurs compagnons de supplice, à renoncer à des
pratiques spécifiquement montanistes. (Eusèbe, *Histoire ecclésiastique*, v, 3,
édition Schwartz-Mommsen, t. II, part. I, p. 432.) — Je doute qu'en Gaule (p. 26)
les « juiveries » aient aidé à la diffusion du christianisme. Il me semble au
contraire que toutes celles dont on trouve la trace dans nos pays sont posté-
rieures même à la mort de saint Irénée. Cf. Schürer, *Geschichte des jüdis-
chen Volkes*, t. III, p. 38. — Je regrette que M. Dufourcq qu'ait cité du docteur
Otto Bardenhewer que la patrologie assez sommaire traduite par les PP. Godet
et Verschaffel. Le savant professeur de Munich a publié depuis, dans son
importante *Geschichte der altkirchlichen Litteratur* (Fribourg-en-Brisgau,
Herder, 1902), une étude plus considérable sur la vie et la doctrine d'Irénée
(t. I, p. 497-522).

lement en harmonie avec ces programmes pour les 'seconde et première C et D, et pour les mathématiques A et B. Inutile de signaler ici les nouveaux points traités, le lecteur peut avoir confiance dans la science, l'expérience, la clarté et la méthode de l'auteur, dont les brillants travaux sont un honneur pour la science française et pour l'Institut catholique de Paris.

Joseph de Joannis.

La Mission de M. de Forbin-Janson en Toscane (1673), par Mgr Douais, évêque de Beauvais. Paris, Picard, 1904. vii-204 pages.

Cette mission avait pour but de réconcilier avec son mari la grande-duchesse de Toscane, fille de Gaston de France et de Marguerite de Lorraine. Toussaint de Forbin, évêque de Marseille fut envoyé entièrement dans ce dessein par Louis XIV. Il était réputé « habile à moyenner les différends » ; il ne réussit ici qu'à stipuler les conditions dans lesquelles le duc et la duchesse resteraient séparés.

De ce voyage du prélat, il existe une relation inédite par un Languedocien, Jacques de Faur-Fauriès. En attendant qu'il en publie le texte inédit avec les pièces diplomatiques se rapportant à la mission, Mgr Douais a présenté, en quelques pages, comme la substance du récit d'un témoin. L'affaire n'est que de médiocre importance. Mais elle fait mieux connaître la vie d'une princesse de sang français, et elle montre à l'œuvre autour d'un incident domestique un évêque du grand siècle qui devait, au cours d'une longue carrière diplomatique, remuer les plus graves intérêts de l'Église et de l'État.

Paul Dudon.

Dix années d'exil, par Mme de Staël. Édition nouvelle, par Paul Gautier. Paris, Plon, 1904. In-8, xxxvi-427 pages. Prix : 7 fr. 50.

Par le texte qu'il édite, M. Gautier complète son excellent travail sur *Madame de Staël et Napoléon*. On sait que les *Dix années d'exil* ne sont que le récit passionné du duel qui met aux prises cet homme et cette femme, de 1804 à 1812.

Une édition nouvelle est tout à fait la bienvenue. Nous n'avions

pas ·le texte authentique. On avait abrégé, arrangé, corrigé.
M. Gauthier efface les corrections et les arrangements et rétablit
les passages omis. ·Parmi, ceux-ci se trouvent des pages longues
et méprisantes sur Talleyrand. Les historiens de la littérature, ne
trouveront pas ici de quoi_renouveler le portrait de Mme de Staël ;
ses autres livres, et même la mauvaise édition de celui-ci, révé-
laient tout entier son caractère et son talent. Mais grâce à M. Gautier nous connaîtrons exactement, tel qu'il a jailli ́de la plume de
la célèbre Genevoise, son pamphlet contre le Corse.

Paul DUDON.

L'Empire libéral, par E. OLLIVIER. Paris, Garnier, 1904.
In-12. Tome VIII, 676 pages ; tome IX, 632 pages. Prix :
3 fr. 50 le volume.

Le premier de ces deux volumes est consacré à l'année fatale
(1866) ; le second raconte le désarroi qui suivit.

Les calculs sans scrupule de Bismarck et sa force d'âme dans
la conduite d'un dessein ambitieux sont caractérisés par l'auteur
avec une netteté et une vigueur admirables. Et en face de ce
joueur adroit, hardi et tenace, Napoléon tiraillé, incertain et
dupe. A la manière de Thiers, M. Emile OLLIVIER s'est arrêté
volontiers aux événements militaires : les opérations en Bohême
et en Italie et les enseignements de Sadowa, au point de vue de
la tactique et de l'armement, sont exposés avec complaisance.

Mais le domaine vrai du conteur est plutôt la politique ; il y
est plus à l'aise, il en connaît mieux les lois et les faits. Son récit
est extrêmement vivant et plein, sans cesser un instant d'être
familier et littéraire. Les documents précis, les anecdotes personnelles se joignent à la discussion des principes pour achever
d'instruire le lecteur.

A l'égard de la Prusse, après Sadowa, l'empereur ne sut point
choisir entre la guerre pour arrêter la Prusse et l'acceptation
nette du fait accompli : sur la triple aberration du Rhin, de la
Belgique, du Luxembourg, M. Ollivier dit le mot juste, sans
hausser le ton. A noter, au sujet de l'aventure du Mexique, l'opinion sur Bazaine ; il n'aurait été ni le cupide ni l'ambitieux qu'on
a dit. Au sujet des réformes à l'intérieur, le neuvième volume
entre dans les détails les plus intéressants : la psychologie de

Napoléon III s'en éclaire ; la droiture de ses intentions, son désir
du bien public n'ont d'égales que son impuissance à prendre
parti. Une pitié profonde saisit l'âme, à mesure que l'on voit
surgir et monter à l'horizon, par la faute du prince, « les points
noirs » qui portent la tempête où disparaîtra l'Empire.

Paul DUBON.

I. **Nouveaux Sermons inédits de Bourdaloue**, publiés d'après
le recueil manuscrit d'Abbeville, par Eugène Griselle, docteur ès lettres, lauréat de l'Académie française. Paris, Beauchesne, In-8, xxviii-432 pages. Prix : 6 francs.

II. **Sermons choisis de Bourdaloue. Providence, Médisance,
Pensée de la mort.** Édition critique, d'après les copies
contemporaines (manuscrit d'Abbeville, Montausier, Phelipeaux), par le même. Même éditeur. In-18, xiv-294 pages, cartonné. Prix : 3 fr. 50.

I. Tous ceux, et ils sont de plus en plus nombreux, qui font
des vœux en faveur d'une édition critique de BOURDALOUE se
réjouiront de ces deux publications. Non pas qu'elles répondent,
la première surtout, à l'objet même de cette attente un peu pressée ; mais elles constituent une annonce et pour ainsi dire une
amorce de l'édition générale tant souhaitée [1].

Une fois de plus d'abord, avant d'arriver au texte officiel et
universellement reçu, c'est-à-dire à celui de l'édition *princeps*
qu'il serait temps enfin, après trois siècles, de réimprimer avec
notices historiques et apparat critique, M. Eugène Griselle a cédé
au plaisir d'éditer de nouvelles *sténographies* de l'époque. Un
double attrait lui rendait la tentation presque irrésistible. D'une
part, l'étude des dates lui avait fourni la solution d'un problème
bibliographique intéressant l'honneur de Bourdaloue ; de l'autre,
il se trouvait vraisemblablement en présence de la *première manière* du prédicateur ; dès lors comment n'eût-il pas aspiré à
faire partager au public sa joie d'avoir découvert non les chefs-
d'œuvre, mais peut-être certains essais du futur maître ?

---

1. « Nous n'avons pas une bonne édition de Bossuet, sauf pour les
Œuvres oratoires, pas une bonne édition de Bourdaloue, ni de Fénelon, ni
de Rousseau. » (G. Lanson, dans la *Revue de synthèse historique*, août 1900,
p. 75.)

Trente·sermons, dont cinq déjà publiés ailleurs· et seize dans
le présent volume, constituent le *Manuscrit* de la bibliothèque
d'Abbeville. Outre leur attribution formelle et répétée à Bourdaloue,
ils, offrent de précieuses annotations qui ont permis de fixer
approximativement leur date maxima d'ancienneté et, du même
coup,.de faire tomber une accusation aussi erronée que légère
lancée contre Bourdaloue en 1767. L'illustre orateur fut accusé
d'avoir développé des plans dus à son confrère l'ex-P. Bretteville.
M. Eugène Griselle vient d'être assez heureux pour démontrer,
avec preuve matérielle à l'appui, que c'est tout bonnement
Bretteville qui a résumé,et démarqué les *copies* déjà courantes
des sermons de Bourdaloue. Or, ceci eut lieu nécessairement
avant 1685.

II. Mais plus encore que dans les *Nouveaux Sermons inédits*
extraits du manuscrit d'Abbeville, les partisans d'une nouvelle
édition de Bourdaloue éprouveront pleine satisfaction à lire le
second recueil publié par l'infatigable M. Eugène Griselle. Son
petit volume de *Sermons choisis*, paru avec une élégance d'impression et de couverture qui atténuerait presque la sévérité du
contenu, peut être justement considéré comme un spécimen
parfait de ce que serait une édition idéale, c'est-à-dire à la fois
savante et populaire, des œuvres oratoires du grand prédicateur.
En tout cas, c'est un volume à l'usage des élèves qui se recommande à tous les professeurs.

Le plan général est excellent. L'auteur accepte comme base le
texte donné par le P. Bretonneau, texte qui constituera toujours
le fonds classique et authentique. Mais ce texte immuable et
intangible, M. Griselle le fait suivre des principaux textes inédits
extraits des manuscrits. Il met ces *doublets*, comme il l'avait
promis ailleurs, « à côté et non à la place de l'ancien texte ». Ainsi
pour le sermon sur *la Providence*, nous avons, non seulement les
leçons différentes et les variantes, mais l'intégralité des *doublets*
ou rédactions provenant des manuscrits Phelipeaux et Montausier ; pour le sermon sur *la Médisance*, ce sont les *copistes* des
manuscrits d'Abbeville et Phelipeaux qui apportent encore deux
termes de comparaison *in extenso*. Seul, le sermon sur *la Pensée
de la mort* n'est présenté que sous une double forme; celle de
l'édition officielle et celle de Phelipeaux.

La confrontation de ces divers aspects d'un même thème traité en chaire par Bourdaloue, serait déjà infiniment précieuse pour nous montrer à l'évidence de quelle manière l'auteur savait se répéter, c'est-à-dire en changeant ses développements beaucoup plus qu'on ne le croyait jusqu'ici ; mais en outre M. Griselle a perpétuellement accompagné tous ces textes d'un commentaire critique et philologique du plus haut intérêt. Je regrette toutefois l'absence des *Abrégés* de Bretonneau.

Il est encore plus à regretter, mais de ceci aucune prévision n'était possible, qu'une découverte inattendue ait, depuis la publication de M. Griselle, jeté une lumière toute nouvelle sur deux des trois sermons édités ici par lui. Le manuscrit intitulé *Sermons du R. P. Bourdalou (sic) jésuitte prononcés dans l'Église St-Sulpice, à Paris*, vient de revoir le jour. Vainement recherché depuis quel- que cinquante ans il a reparu, le mardi 29 novembre, à la vente Lantelme, sous le numéro 98 du catalogue imprimé. Ce manuscrit, actuellement entre mes mains, contient neuf sermons, parmi lesquels celui de *la Providence* et celui de *la Médisance*. Or, Bourdaloue n'ayant prêché de carême à Saint-Sulpice qu'en 1678, voici enfin une base chronologique, encore un peu étroite, mais très solide, pour dater une partie de son œuvre. En particulier des deux seuls sermons dont j'ai à m'occuper, le premier (*la Providence*) est attribué par le manuscrit au *quatrième Dimanche de Caresme*, lequel tombait cette année-là le 20 mars ; et le second (*la Médisance*) au *Dimanche de la Passion*, c'est-à-dire au dimanche suivant, 27 mars.

Non seulement nous sommes désormais certains de ces dates, grâce au manuscrit révélateur, mais à l'aide d'un autre document, nous sommes réduits à croire que Bourdaloue a prêché alors ces deux sermons pour la première fois. En effet, une dizaine de mois avant, il écrivait au maréchal de Gramont : « Pour moy, je me suis mis à travailler des sermons *nouveaux* dont la com- position m'occupe un peu plus que ceux des missionnaires de Baionne. Ma station, si elle ne change, est pour l'année qui vient, à *Saint-Sulpice*, dans le faubourg Saint-Germain [1]. » Comme, d'après notre manuscrit, le grand orateur se réserva pour les

1. Bourdaloue à Gramont. Paris, 28 mai [1677]. Voir H. Chérot, *Bourda- loue, sa correspondance et ses correspondants*, p. 34.

grands sermons : fête de la Purification, dimanches et Vendredi
saint, tout porte à croire que *la Providence* et *la Médisance* rentraient dans la catégorie des sujets traités par lui pour la première
fois.

Mais le manuscrit, outre la date, nous fournit un précieux
renseignement. Dans le sermon de *laProvidence*, à la suite du texte
et après l'*Ave Maria*, il porte ce mot « Madame », qui nous témoigne de la présence de la duchesse d'Orléans parmi l'auditoire.
Dans l'édition Bretonneau, on lit au contraire : « Sire », et
M. Griselle en concluait volontiers que le sermon n'est pas postérieur à 1682, Bourdaloue ayant donné en cette année-là son
dernier carême à la cour. La conclusion plus précise qui s'impose aujourd'hui est celle-ci. Bourdaloue donna son discours sur
la Providence, à Saint-Sulpice d'abord, en 1678, devant Madame,
puis à Saint-Germain, devant Louis XIV, en 1682. Ce fait rentre
dans son habitude des *reprises* ou répétitions.

Le sermon sur *la Médisance* porte pour apostrophe, dans le
manuscrit : « Monseigneur », et contient cet intéressant compli-
ment qui, omis par Bretonneau, était ignoré jusqu'ici : « Votre
Altesse, Monseigneur, auroit droit de prétendre à cette qualité
(d'homme parfait selon Dieu), cet esprit sublime et pénétrant qui
la rend capable en toutes choses, cette prudence qui paroist en
toutte sa conduitte, cette valeur dont elle a donné des marques
si illustres dans les occasions sont des qualitez qui rendent un
prince achevé et on ne peut rien adjouter à tout cela. » Est-ce au
duc d'Orléans, est-ce au Grand Condé que s'adressait le prédicateur ?

Enfin le texte et l'exorde sont différents de ceux qui se trouvent dans Bretonneau. Mais la division et le corps du discours
sont bien les mêmes, autant qu'on en puisse juger par le résumé
d'un copiste.

On le voit, la « question Bourdaloue » est loin d'être épuisée.
M. Griselle pourra notamment profiter du manuscrit de Saint-
Sulpice pour la seconde édition que nous lui souhaitons.

H. Chérot.

Action populaire, *Guide social, 1905*. Paris, Lecoffre ; Lille,
Action populaire, rue d'Angleterre, 15, et Desclée. In-8,
viii-364 pages. Prix : 2 francs.

Voilà un ouvrage pratique qu'on peut, je crois, sans faire tort ni à la vérité ni à la concurrence, appeler unique en son genre. Divers périodiques nous offrent d'excellents *bulletins d'économie sociale*, dont la succession régulière permet aux esprits sérieux et persévérants de suivre le mouvement général des doctrines et des œuvres sociales. Sur les questions spéciales, on trouve à se renseigner dans un certain nombre de livres bien faits. Mais si vous voulez, d'un seul coup d'œil, vous rendre compte de ce qui se dit, se fait ou devrait se faire sur toute la surface et jusque dans maintes profondeurs inconnues du monde social, et si vous avez la généreuse envie de faire vous-même quelque chose pour aider à l'amélioration progressive de notre société en souffrance, ouvrez le *Guide de l'Action populaire*, et je serais bien surpris que vous n'y rencontriez pas le profit cherché, avec le plaisir en sus.

Je ne veux pas en essayer l'analyse : un simple résumé, même très succinct, de la masse des choses utiles qu'il renferme, demanderait un petit volume. Car son objet est aussi vaste que celui de l'*Action populaire*, dont il est l'organe.

Le vaillant directeur de l'*Action populaire*, M. H.-J. Leroy, a exposé naguère dans cette revue[1] le but pratique de son œuvre. Le *Guide* de 1905 le rappelle en ces termes : « Préparer la fondation d'un syndicat d'une manière prochaine ou lointaine, directement ou indirectement, par l'éducation populaire et le développement des mœurs et des habitudes corporatives, par l'étude, par la conférence, par la brochure, le livre ou le journal ; — fonder ce syndicat ou cette association avec les organes nécessaires à sa vie ; — développer ces mêmes associations, nourrir leur saine activité par les travaux qui leur seront d'une plus grande utilité : chambre de conseil, secrétariats, caisses de crédit, de retraite, construction de maisons, établissement de jardins, coopératives, fédération..., tel est en ses grandes lignes le travail de l'*Action populaire* et de ses amis[2]. » Et si l'on veut connaître la raison majeure qui rend ce travail indispensable, la voici en quelques lignes : « L'association, dans un délai plus ou moins rapproché, sera souveraine du travail, de la fortune et du pays. Nul ne doute de son avènement ; nul ne sait à qui cet avènement profitera, s'il

1. *Études* du 20 avril 1903, t. XCV, p. 239.
2. *Guide social*, p. 180.

organisera la liberté ou la tyrannie... Sera-t-elle socialiste, sera-
t-elle chrétienne ? Le socialisme, par l'association, ordonnera le
désordre, et de l'injustice il fera la légalité. Le christianisme, par
le même instrument, assurerait le règne de la justice et de la
paix [1]. »

L'*Action populaire* veut que l'association de l'avenir soit chrétienne. Dans ce but, pour arriver à faire *agir*, elle *écrit* : la plume
n'est-elle pas aujourd'hui le stimulant nécessaire de toutes les
énergies ? L'*Action populaire* a versé dans le public, en moins
d'un an, cinquante-trois *tracts*, chacun de trente-deux pages, comprenant des études de doctrine, de droit ou d'histoire sociale, —
des monographies d'œuvres économiques, — des enquêtes sur
les besoins des diverses classes. Elle en a distribué cent mille
exemplaires.

Le *Guide social*, qui est comme la synthèse de ces divers travaux, malgré les difficultés inhérentes à une première publication,
s'est écoulé en 1904 à huit mille exemplaires, et déjà un sociologue italien de bon renom sollicitait la permission de le traduire,
dans le désir, disait-il, de faire connaître ce livre *admirable* à la
jeunesse de son pays. Accordons aux esprits froids que l'épithète
se ressent quelque peu du climat exubérant d'où elle vient : la
chose est possible. Mais ce qui n'est pas possible, serait d'infliger
une note de banalité à une réunion de collaborateurs où les
membres du Parlement, MM. de Mun, de Lamarzelle, de Cuver-
ville, Engerand, Gailhard-Bancel, Ch. Benoist, se rencontrent
avec ceux de l'Institut, MM. Picot, Joly, Fagniez, Béchaux, et
avec une foule d'écrivains économistes, MM. Dedé, Delaire,
Durand, Funck-Brentano, Goyau, Lavollée, Lorin, de Marous-
sem, Martin Saint-Léon, Pinon, de Rocquigny, de Seilhac, Max
Turmann, Vermont, les abbés Mazelin, Quillet, Cetty. J'en passe
et des meilleurs. Les *jeunes* y tiennent une belle place dans la
personne de leurs présidents, Bazire, Lerolle, Sangnier, qui montrent le chemin à plus d'un camarade. Le féminisme, le vrai, celui
qui à la fleur du bon sens français joint toutes les ardeurs du
dévouement chrétien, y est représenté — c'est tout dire — par
Mmes de Diesbach et Jean Brunhes, Mlles Rochebillard et Fros-
sard... Il faudrait citer d'un bout à l'autre toute cette galerie
choisie d'esprits non moins aimables que dignes d'estime.

1. *Guide social*, p. 182.

Aimables, ils le sont, chacun avec sa nuance, dans la forme où ils enchâssent leur pensée. Mais ce qui appelle irrésistiblement sur eux l'estime du lecteur sincère, c'est qu'à travers tout ce qu'ils disent passe le même souffle de bon vouloir, d'intention droite et d'amour profond pour la grande cause de la fraternité humaine et chrétienne. Et le plus admirable est que ces beaux sentiments ne s'en vont pas fuser dans le vide en quelques phrases sonores et vaines, mais aboutissent à des conseils précis et à des solutions nettement pratiques.

Nous ne craignons pas de résumer notre appréciation générale dans ce mot, dit par un journaliste de marque : *Les catholiques n'ont rien fait en ce sens de plus sage et de plus fort.*

Si vous en doutez, prenez et lisez. Quand vous aurez lu, vous ferez mieux : vous offrirez à l'*Action populaire*, non pas seulement votre estime et vos sympathies, mais aussi votre coopération effective. P.-P. BRUCKER.

_____

Les *Études* ont encore reçu les ouvrages et opuscules suivants[1] :

ACTUALITÉS. — *L'Immaculée Conception et le cinquantenaire de la proclamation de ce dogme,* par L.-Th. Bourgeois, O. P. Paris, Lethielleux, 1904. 1 volume in-8 carré, 62 pages. Prix : 1 franc.

— *A Marie Immaculée (1854-1904),* par G. Longhaye, V. Delaporte, A. Brou, A. Hanrion, Ch. de la Porte, et A. Gandon. Paris, Retaux, 1904. Plaquette de luxe, avec superbes miniatures. Prix : 1 franc.

— *Maria, die unbefleckt Empfangene,* par Ludwig Kösters, S. J. Regensburg, Verlagsanstalt vorm. G. I. Manz, 1904. 1 volume in-8, VIII-274 pages. Prix : broché, 3 Mk. 60 ; relié, 4 Mk. 60.

— *L'Histoire, le texte et la destinée du Concordat de 1801,* par Em. Sevestre. Angers, Siraudeau. 1 volume in-8, 250 pages. Prix : 2 fr. 50.

— *La Grande Escroquerie,* par Joseph Lamarque. Paris, C. Leroy, 1905. Ouvrage de A. L. P. 185 pages.

PHILOSOPHIE. — *Choix d'œuvres en prose,* par Giacomo Leopardi, traduit de l'italien par Mario Turiello. Paris, Perrin, 1904. 1 volume in-16, 260 pages. Prix : 3 fr. 50.

— *Le Dogme et la métaphysique,* par Cyrille Labeyrie. Imprimerie-librairie de Montligeon (Orne), 1904. 1 volume in-8, 816 pages. Prix : 12 francs.

DROIT CANON. — *La Plus Ancienne Décrétale,* par E.-Ch. Babut. Paris, Société nouvelle de librairie et d'édition, 1904. 1 volume in-8, 86 pages. Prix : 3 francs.

_____

1. Les ouvrages et opuscules annoncés ici ne sont point pour cela recommandés : les *Études* rendront compte le plus tôt possible de ceux qu'il paraîtra bon de faire plus amplement connaître à leurs lecteurs.

LITTÉRATURE ET POÉSIE. — *Les Gouttelettes,* sonnets, par Pamphile Le May. Montréal, Beauchemin, 1904. 1 volume in-16, 225 pages.

ROMAN. — *La Nef,* par Elémir Bourges. Paris, Stock, 1904. 1 volume in-16, 345 pages. Prix : 3 fr. 50.

HISTOIRE. — *Les Rupelmonde à Versailles (1685-1784),* par le comte Charles de Villermont. Paris, Perrin, 1904. 1 volume in-16, 334 pages. Prix : 3 fr. 50.

— *Journal de la captivité de la duchesse de Berry à Blaye,* par Petitpierre. Paris, Émile-Paul, 1904. 1 volume in-12.

MÉDECINE. — *Plan d'une physiopathologie clinique des centres psychiques,* par le Dr J. Grasset. Montpellier, imprimerie Delord-Bohem et Martial, 1904. 1 volume in-8, 183 pages.

BIOGRAPHIE. — *Juana de Arco. Los dos procesos,* por el P. M. Touna-Barthet, O. S. A. Barcelone, Juan Gili, 1904. 1 volume in-18.

COLLECTION « LA PENSÉE CHRÉTIENNE ». (Écriture sainte, Pères de l'Église, écrivains ecclésiastiques, auteurs chrétiens, littérature documentaire.—Textes et études. —Extraits en langue française, reliés par des analyses, annotés et précédés d'une introduction historique et critique.) Paris, Bloud. Volumes grand in-16. Prix : 2 fr. 50 ; franco, 2 fr. 75.

— *Évangile selon saint Matthieu, selon saint Marc, selon saint Luc.* Traduction et commentaire. Cartes et plans. Par le P. Rose, O. P., professeur à l'Université de Fribourg.

— *Épîtres de saint Paul.* Traduction et commentaire par A. Lemonnyer, O. P. 1re partie : Lettres aux Thessaloniciens, aux Galates, aux Corinthiens, aux Romains, 342 pages.

— *Saint Jean Damascène,* par V. Ermoni. 331 pages.

— *Saint Bernard,* par D. Vacandard. 303 pages.

— *Tertullien,* par J. Turmel. 298 pages.

BIBLIOTHÈQUE DU DIMANCHE. — *Le Choix de Suzanne,* par Adrienne Duhamel (Adrienne Rogron). 2e édition. Paris, Bloud. In-12, 362 pages. Prix : 3 francs.

— *Autour de la sainte Bible,* par Mgr S. John Vaughan, chanoine de Westminster. Avec une lettre-préface du cardinal Logue, primat d'Irlande. Ouvrage traduit de l'anglais par l'abbé G. Riché, du clergé de Versailles. Même librairie. 1 volume in-18 jésus, 274 pages. Prix : 3 francs ; franco, 3 fr. 50.

— *Bossuet apologiste et apôtre de la Croix.* Extrait des œuvres complètes, par le R. P. Bernard, passionniste. Même librairie. 1 volume in-16, xvi-128 pages. Prix : 1 franc ; franco, 1 fr. 25.

— *La Foi, ses beautés, ses miracles.* Conférences aux étudiants des Facultés de Lyon (carême 1904), par l'abbé Antoine Bernard, docteur ès lettres, lauréat de l'Académie française. Même librairie. 1 volume in-12, 92 pages. Ouvrage approuvé par LL. EEm. les cardinaux Coullié, archevêque de Lyon, et Perraud, évêque d'Autun. Prix : 80 centimes ; franco, 1 franc.

COLLECTION « SCIENCE ET RELIGION » (Études pour le temps présent). Paris, Bloud. Volumes in-12. Prix : 60 centimes le volume.

— *Pourquoi les dogmes ne meurent pas,* par G. Sortais, ancien professeur de philosophie à l'école Saint-Ignace, Paris, 1 volume.

— *La Conversion, de Henri IV. Saint-Denis et Rome (1593-1595)*, par Yves de la Brière. 1 volume.

— *Nos raisons d'être catholiques*, par le R. P. Lodiel, S. J., professeur de philosophie. 1 volume.

— *Monothéisme, hénothéisme, polythéisme.* Leçons faites à l'Institut catholique de Paris, par M. l'abbé de Broglie. Avec préface et notes par Augustin Largent, chanoine honoraire de Paris. 2 volumes. Prix : 1 fr. 20.

— *Le Surnaturel*, par le même. Leçons données au Cercle du Luxembourg (1873-1874). 2 volumes. Prix : 1 fr. 20.

— *La Vie et l'être vivant*, par le R. P. Schlincker. 1 volume.

— *Les Juifs avant le Messie*, par A. Paulus, agrégé de l'Université. 3 volumes, se vendant séparément :

    I. — Développement politique et religieux du peuple juif. 1 volume.

    II. — État moral et social des Juifs, d'Abraham à Moïse. 1 volume.

    III. — Développement moral et social, de Moïse à Jésus-Christ. 1 volume.

— *La Sainte Trinité et les doctrines antitrinitaires.* Étude historique, par l'abbé Henri Couget. 2 volumes. Prix : 1 fr. 20.

— *Le Catholicisme aux États-Unis de l'Amérique du Nord*, par M. André, supérieur du séminaire universitaire de Lyon. 2 volumes. Prix : 1 fr. 20.

— *L'Action maçonnique au dix-huitième siècle*, par Henri Hello. 2 volumes, se vendant séparément :

    I. — La Maçonnerie, des origines à la Révolution française. 1 volume.

    II. — La Maçonnerie et la Révolution française. 1 volume.

— *Les Socialistes allemands*, par H. Cetty. 1 volume.

— *La Famille ouvrière*, par le même. 1 volume.

— *Des censures qui atteignent la liquidation des biens ecclésiastiques et des congrégations religieuses*, par le R. P. dom Pierre Bastien, bénédictin de l'abbaye de Maredsous. 1 volume.

— *Les Templiers (1118-1312)*, par Armand Rastoul, archiviste paléographe. 1 volume.

— *Le Catholicisme en Ecosse*, par G. Lecarpentier, licencié ès lettres, diplômé d'études supérieures d'histoire. 1 volume.

— *Les Grands Philosophes : Herbert Spencer*, par E. Thouverez, professeur à l'Université de Toulouse. 1 volume.

— *Les Grands Philosophes : Fichte*, par E. Beurlier, professeur agrégé de philosophie au lycée de Bourges. 1 volume.

— *La Doctrine eucharistique chez les scolastiques*, par le chanoine J.-A. Chollet, professeur aux Facultés catholiques de Lille. 1 volume.

— *La Constitution civile du clergé et la persécution religieuse pendant la Révolution*, par M. l'abbé H. Malifait.

Livres d'étrennes. — *Agenda ecclésiastique* pour l'an de grâce 1905. Seizième année. Paris, Lethielleux. Deux éditions : 1° gracieux volume in-8, format étroit, relié solidement, coins ronds, rouges, fermeture caoutchouc, franco, 1 fr. 50 ; 2° le même Agenda, reliure cuir anglais souple, titre doré, franco, 2 fr. 25.

— *Excursions artistiques et littéraires*, par Gaston Sortais. 2e série. Paris, Lethielleux, 1904. 1 volume in-16, 286 pages. Prix : 2 fr. 50.

ÉVÉNEMENTS DE LA QUINZAINE

Novembre 26. — A **Paris**, la Chambre, après avoir maintenu hier, grâce aux discours de MM. Delafossse et Denys Cochin, et à l'appui de M. Delcassé, les subsides attribués aux écoles d'Orient, ratifie aujourd'hui, sans débat, les crédits relatifs aux traitements des agents diplomatiques, moins 134 000 francs destinés jusqu'à présent à l'ambassade auprès du Saint-Siège.

27. — A **Vienne** (Autriche), les socialistes organisent une grande manifestation pour protester contre le projet de loi scolaire présenté par les catholiques.

29. — On apprend d'**Allemagne**, que la nouvelle loi militaire portant trois ans de service pour la cavalerie et l'artillerie, et deux ans pour les autres armes, sera appliquée dès le 1er avril 1905.

— En **Serbie**, le ministère démissionne par suite du refus par la Skouptchina d'autoriser les poursuites contre le député socialiste Ilitsch, auteur d'un violent article contre l'armée.

— Au **Japon**, ouverture de la diète par le mikado, qui déclare que, des dépenses prévues pour 1905, 75 p. 100 seront relatives à l'entretien de l'armée.

Décembre 1er. — A **Paris**, la Chambre, par 284 voix contre 268, refuse à M. Chaumié l'ordre du jour pur et simple qu'il avait demandé à propos de l'interpellation sur le blâme infligé par lui au professeur Thalamas. Néanmoins, le ministère ne tarde pas à obtenir un vote de confiance !

— A **Port-Arthur**, les Japonais se sont emparés de la colline de 203 mètres faisant partie de la ligne de défense de la ville ; de là ils pourront bombarder l'escadre russe. Vers **Moukden**, ils ont complètement échoué dans une tentative contre l'aile gauche de leurs adversaires.

3. — A **Paris**, la jeunesse des écoles ne cesse de protester en faveur de Jeanne d'Arc, malgré le zèle de la police.

4. — A **Paris**, clôture du Congrès marial, à la basilique de Saint-Pierre, où deux cents évêques et six mille congressistes sont reçus par Pie X en audience solennelle. Avant de bénir la foule, le Souverain Pontife bénit une auréole de douze étoiles en diamants qui couronnera, le 8 décembre, la Vierge du chapitre de Saint-Pierre.

Pendant trois jours, de remarquables travaux ont été lus aux séances du Congrès. Là, comme à l'Exposition mariale inaugurée dès le 27 novembre au palais de Latran, la France a eu une grande place. On a beaucoup admiré la traduction en plus de quatre cents langues de la bulle *Ineffabilis*. Ce chef-d'œuvre, dû à M. Sire, prêtre de Saint-Sulpice, avait déjà été présenté à Léon XIII, mais il a été complété depuis.

— Dans le grand salon du Quirinal, baptême solennel du prince de Piémont, par Mgr Beccaria, chapelain de la cour. La marraine est la reine mère; les parrains d'honneur sont le prince de Monténégro, l'empereur d'Allemagne, représenté par le prince Albert de Prusse, et le roi d'Angleterre, représenté par le prince Arthur de Connaught.

5. — A **Paris**, à la Chambre des députés, M. Jules Roche, député de l'Ardèche, avec une clarté et une compétence remarquables, fait le procès de l'impôt sur le revenu dont le projet a été accepté par M. Rouvier. Cet impôt est un instrument de politique oppressive, bien différent de l'*income-tax* de l'Angleterre, et même de l'*Eincommensteuer* de la Prusse, pays où, d'ailleurs, le régime économique ne peut être comparé à celui de la France.

— A **Washington** (États-Unis), réunion du Congrès à qui des crédits considérables seront demandés pour le développement de la flotte.

6. — En **France**, une violente agitation gréviste se manifeste parmi les ouvriers agricoles dans les régions de **Montpellier, Narbonne, Perpignan**.

8. Le **monde catholique** célèbre le cinquantième anniversaire de la définition par Pie IX du dogme de l'Immaculée Conception. Paris et Lyon se signalent par leur piété envers la très sainte Vierge, tandis qu'à Rome la fête à laquelle prennent part, autour de Pie X, deux cent cinquante prélats, se solennise avec un éclat incomparable.

— A **Paris**, discussion à la Chambre, du budget de la justice. M. Leygues oblige le gouvernement à poser la question de confiance à propos de la délation par des magistrats restés impunis. Le ministère n'obtient que deux voix de majorité, malgré le vote des ministres pour eux-mêmes.

— Mort de M. Syveton, député du deuxième arrondissement, asphyxié dans son cabinet de travail, la veille de sa comparution devant la cour d'assises, pour voies de fait contre un ministre de la guerre, à la Chambre.

9. — A **Paris**, M. Combes, interpellé sur sa circulaire aux préfets, organisant officiellement la délation, obtient un vote de confiance, à onze voix de majorité. MM. Ribot et Millerand avaient fait appel aux sentiments d'honneur et de dignité de la Chambre contre un système qui rend la République « odieuse et inhabitable ».

10. — Des dépêches de Tokio annoncent que l'escadre russe de **Port-Arthur** est presque entièrement détruite.

Paris, le 10 décembre 1904.

TABLE DES MATIÈRES

DU TOME 101

TABLES DE 1904

(TOMES 98, 99, 100; 101)

N. B. — Les nombres en caractères gras indiquent la tomaison ; les autres, la pagination.

ARTICLES DE FOND

ORDRE DES MATIÈRES

Russie. Fauvel A. La Guerre russo-japonaise, 99, 753.

S

Sabatier. de Grandmaison L. La Religion de l'Esprit, 100, 5, 165.
Saint-Siège. Dudon P. La Rupture avec le Vatican, 100, 617.
Sciences. Belanger A. Bulletin scientifique, 98, 92; 99, 122; 100, 100; 101, 423.
Séminaires. Brucker J. Les Congréganistes hors les séminaires, 101, 560.
Séparation. Dudon P. La Séparation jacobine, 101, 352.
— Prélot H. De la séparation de l'Eglise et de l'Etat, 101, 289.
— Prélot H. La Séparation, déclaration de guerre à l'Eglise, 101, 809.

T

Taine. Roure L. Taine dans sa correspondance, 99, 272.
Tare. Pérroy L. La Tare. — Souvenirs d'un voyage en Italie (1903), 100, 289, 457, 599, 790; 101, 12.
Théâtre. Leroy H. Les Prédicateurs de la scène, 99, 827.
Théologie. Bainvel J. Bulletin théologique, 99, 581.
— Bernard P. Quelques réflexions sur la méthode en théologie, 101, 102.
Tourisme. Burnichon J. En montagne, 98, 5, 171, 308.
Transsibérien. Rivat S. En Chine par le transsibérien, 100, 230.
Tuberculose. Bernard P. Tuberculose et hygiène, 98, 433, 645.
Turinaz. Brucker P. A propos d'un récent écrit de Mgr Turinaz, 100, 823.

BIBLIOGRAPHIE

ORDRE DES AUTEURS

A

ANONYME. Action populaire. Guide social, **101**, 898.
— Annuaire pour l'an 1904, **99**, 460.
— Bibliothèque du congrès international de philosophie, t. II, Morale générale, **98**, 848.
— Bulletin de la Société française de fouilles archéologiques, **100**, 838.
— Corée (la), **100**, 845.
— Derniers Jours de Léon XIII et le conclave (les), **100**, 858.
— Italie (l'), **99**, 903.
— Japon (le), **100**, 845.
— Jean Coste ou l'Instituteur de village, **98**, 699.
— Kurzer Leitfaden der russischen Sprache, **101**, 603.
— La Taille (A. de), novice S. J., **98**, 132.
— Madagascar au début du xxᵉ siècle, **100**, 846.
— Ave Maria, **101**, 880.
— Palestine (la), **101**, 128.
— Première Gerbe, **100**, 283.
— Question des réformes dans la Turquie d'Europe (la), **99**, 151.
— Souvenirs poétiques de La Chapelle-Saint-Mesmin, **100**, 567.
— Une vie d'enfant, **100**, 139.
ABRAHAM H. Recueil d'expériences élémentaires de physique, **99**, 451; **101**, 881.
ACKER P. Petites Confessions, **99**, 458; **101**, 603.
ADHÉMAR R. D'. La Philosophie des sciences et le problème religieux, **98**, 716.
ALBERS. Geschiedenis van het Herstel der Hierarchie in de Nederlanden, **99**, 308.
ALIBERT C. La Psychologie thomiste et les théories modernes, **101**, 602.
ALLARD P. Les Persécutions et la critique moderne, **99**, 905.
— Les chrétiens ont-ils incendié Rome sous Néron? **98**, 727.
ALVAREZ A. Une nouvelle conception des études juridiques et de la codification du droit civil, **101**, 283.
ANGOT A. Instructions météorologiques, **100**, 568.
ARCHELET l'abbé. Le Secret du bonheur pendant la vie, **100**, 716.
ARMINJON P. Étrangers et protégés dans l'empire ottoman, **99**, 440.
ARNOULD L. Une âme en prison, **101**, 581.
AULARD A. Polémique et Histoire, **101**, 447.
AVENEL D'. Les Français de mon temps, **99**, 748.
AZAMBUJA G. D'. Trois dots, **98**, 282.
— La Théorie du bonheur, **99**, 848.
AZIBERT J. Récit historique de la vie de Notre-Seigneur Jésus-Christ, **99**, 300.

B

BAIL L. Théologie effective, **99**, 589.
BAILLE C. Le Cardinal de Rohan-Chabot, **99**, 450.
BAINVEL J.-V. Nature et Surnaturel, **99**, 735.
BAR E. DE. Vers les sommets, **100**, 853.
BARAUD. Le Clergé vendéen victime de la Révolution française, **101**, 280.
BARNABÉ. Le Tombeau de la sainte Vierge à Jérusalem, **100**, 856.
BARRÈS M. Les Amitiés françaises, **98**, 543.
BARTHÉLEMY DE. Au Pays Moï, **100**, 125.
BASTIEN P. Les Carrières administratives des jeunes gens, **101**, 455.
BATIFFOL P. Études d'histoire et de théologie positive, **98**, 563.
BAUDRILLART A. La Charité aux premiers siècles du christianisme, **99**, 905.
BAUNARD M. L'Évangile du pauvre, **99**, 739.
BAURON. Congrès marial du 18 au 21 août 1902, à Fribourg, **101**, 742.
BAZIN R. La Terre qui meurt, **101**, 883.
BEAUME G. La Petite Princesse, **101**, 883.

COGNŒUL DE. Chapitres pour servir de retraite, 100, 825.

COLARDEAU TR. Etude sur Epictète, 99, 741.

COMBES L. DE. De l'Invention à l'Exaltation de la sainte Croix, 101, 134.

COMPAGNON P.-M. Evangile de saint Jean. Commentaires, 98, 400.

CONARD P. La Peur en Dauphiné, 100, 714.

CONSTAN P. Cours d'astronomie et de navigation, 100, 280.

COPPIN J. La Vocation au mariage, au célibat, à la vie religieuse, au sacerdoce, 98, 139.

CORDIER H. Histoire des relations de la Chine avec les puissances occidentales, t. III, 98, 702.

COSTE A. Dieu et l'âme, 98, 411.

COUDERC J.-B. Victimes des camisards, 101, 280.

COULON Dr H. Proverbes d'autrefois, 100, 140.

COUPIN H. Les Plantes originales, 98, 122.

CRAMPON A. La Sainte Bible traduite en français sur les textes originaux, 98, 401.

CROLET L. Etude du catéchisme, 99, 317.

CUNHA A. DA. L'Année technique (1902-1903), 99, 460.

CURÉ A. La Communion fréquente, 100, 423.

D

DALMAN G. Die Worte Jesu, 101, 414.

DANIEL A. L'Année politique (1903), 100, 717.

DANIEL C. Manuel des sciences sacrées, 98, 728.

DARCY J. France et Angleterre. L'Afrique, 98, 124.

DASTRE A. La Vie et la Mort, 101, 586.

DAUCHEZ H. L'Eglise Saint-Côme de Paris (1255-1836) et l'amphithéâtre d'anatomie de Saint-Cosme (1691), 101, 139.
— A quoi bon se faire toujours vacciner et revacciner, 98, 286.

DAUDET E. Histoire de l'émigration, 99, 443.

DEBOUT J. Nouvelles semailles : Marc Sangnier et le « Sillon », 100, 572.

DEBUCHY P. Le Petit Office de l'Immaculée-Conception, 101, 740.

DELAFOSSE. Psychologie du député, 99, 600.

DELAPORTE L.-J. Essai philosophique sur les géométries non euclidiennes, 99, 452.

DELAVILLE LE ROULX J. Les Hospitaliers en Terre sainte et à Chypre, 101, 448.

DELMAS A. Les Menettes de Roumégoux, 99, 727.

DELSOL E. Principes de géométrie, 99, 453.

DENAIS-DARNAYS J. Un Etat dans l'Etat : Les protestants français sous Henri IV, 100, 427

DERIES L. Journal d'une institutrice, 98, 699.

DESCHAMPS L. Principes de morale sociale, 98, 841.

DESCHAMPS P. Jean Christophe, 100, 129.

DÉSERS. Lettre à un jeune bachelier sur les objections modernes contre la religion, 98, 726.

DESTRÉE J. et VANDERVELDE J.-E. Le Socialisme en Belgique, 98, 714.

DEVINE A. Manuel de théologie ascétique ou la Vie surnaturelle de l'âme sur la terre et dans le ciel, 99, 592.

DOUAIS Mgr. La Mission de M. de Forbin-Janson en Toscane (1673), 101, 893.

DRAULT J. Les Petits Drames du poste, 101, 884.

DREVES G. et BLUME C. Analecta hymnica medii ævi, 100, 393.

DRIAULT E. et MONOD S. Histoire contemporaine, 98, 285.

DRIAULT E. La Politique orientale de Napoléon (1806-1807), 99, 445.

DRIVE A. Marie et la Compagnie de Jésus, 100, 852.

DUBOIS. Psychonévroses et leur traitement moral, 100, 366.

DU BOURG dom. Du champ de bataille à la Trappe : Le Frère Gabriel, 98, 563.

DUBOURGUIER. Grandes écoles et gens d'Eglise au diocèse d'Amiens sous l'ancien régime, 99, 304.

DUBRUEL M. Fulrad, abbé de Saint-Denis, 98, 126.

DUFIEUX A. Le Sentiment religieux dans l'antiquité, 98, 713.

DUFOURCQ A. La christianisation des foules, 99, 906.
— L'Avenir du Christianisme, 100, 706.
— Saint Irénée (Textes), 101, 888.

Gousset (le chanoine). Le Cardinal
Gousset, 100, 137.
Granderath Geschichte des vatika-
nischen Konzils, 98, 858.
Grasset J. Le Spiritisme devant la
science, 98, 406.
Gréa. L'État religieux et le clergé
paroissial, 99, 748.
Grimshaw R. L'Atelier moderne de
constructions métalliques, 100,
128.
Guerlac O. L'Autobiographie d'un
nègre : Booker T. Washington,
101, 123.
Guermonprez F. L'Assassinat médical et le respect de la vie humaine,
101, 456.
Guesdon. Régime intellectuel des
clercs, au sortir du séminaire.
100, 270.
Guibert J. Le Mouvement chrétien,
98, 715.

H

Halévy E. Le Radicalisme philoso-
phique, 98, 837.
Haller A. Les Industries chimiques
et pharmaceutiques, 98, 485.
Halluin M. d'. Résurrection du cœur.
Le Massage du cœur, 100, 588.
Halpen L. Recueil d'annales ange-
vines et vendômoises, 100, 814.
Hamabel Kerr. Jeanne d'Arc glori-
fiée par une Anglaise, 101, 279.
Hanotaux G. Souvenirs sur Mme de
Maintenon : Les Cahiers de
Mademoiselle d'Aumale, 100, 411.
Haussonville d'. La Duchesse de
Bourgogne et l'alliance savoyarde
sous Louis XIV ; le duc de Bour-
gogne à l'armée ; les années
d'épreuves, 100, 408.
— Varia, 100, 572.
Heikel I.-V., Schwartz E., Kloster-
mann E., Gressmann H. Eusebius
Werke, 100, 385.
Henry V. La Magie dans l'Inde antique, 99, 739.
Hervieu P. Le Dédale, 99, 721.
Hoffding Dr H. Essai sur les principes théoriques et leur application
aux circonstances particulières de
la vie, 98, 845.
Hoffélize. L'Année chrétienne, 98,
725.
Hoppenot J. La Sainte Vierge dans
la tradition et dans l'art, dans
l'âme des saints et dans notre vie,
101, 737.

Hore A.-H. Student's history of the
Greek Church, 101, 594.
Hourat. Le Syllabus, 99, 585.
Hourst. Dans les rapides du fleuve
Bleu, 101, 881.
Houtin A. Henri Bernier, 101, 281.
Hübner de. Neuf ans de souvenirs
(1851-1859), 100, 859.
Huguenin P. L'Intaille, 98, 572.
Hummelauer F. Commentarius in
librum Josue, 98, 386.
Hurter H. Nomenclator literarius
theologiæ catholicæ, 99, 593.

I

Ighina A. Cours de théologie ascétique et mystique, 100, 269.
Ingold J. Un moine : Le Père Antonin Danzas, 100, 279.
Ingold A.-M.-P. Histoire de l'édition
bénédictine de saint Augustin,
98, 427.

J

James W. La Théorie de l'émotion,
98, 133.
Janvier E. Exposition de la morale
catholique : Le fondement de la
Morale, la Béatitude, 100, 399.
Jaurès J. Discours parlementaires,
100, 123.
Joly H. L'Enfance coupable, 99, 814.
Jolyon E. La Fuite de la persécu-
tion pendant les trois premiers
siècles du christianisme, 100, 427.
Jourdain Z.-C. La Sainte Eucharistie,
somme de théologie et de prédi-
cation eucharistiques, 98, 268.
— Somme des grandeurs de Marie.
Ses mystères, ses excellences,
son but, 98, 268.
Jourville de. Dans le monde, 101,
455.
Jousset P. L'Italie illustrée, 99, 602.
Jovy E. Études et recherches sur
Bossuet, 99, 897.
Julien E. Le Conflit, 99, 457.
Julien G. Précis théorique et pra-
tique de langue malgache, 100,
846.
Jullien M. L'Arbre de la Vierge à
Matarieh, 100, 716.
Jumel E. Nouveau mois de saint Joseph
des paroisses et des pensionnats,
100, 135.
Juster. Une page de l'historique du
régiment Royal-Piémont-Cava-
lerie (23e dragons). Son séjour au

Lichtenberger A. Portraits d'aïeules, 98, 571.
Lichtenberger A. et Lemoine J. De La Vallière à Montespan, 99, 403.
Liguori A. de. Opera dogmatica, 98, 402.
Likowski E. Die ruthenisch-remische Kirchenvereinigung genannt Union Zu Brest, 101, 597.
Lion H. Le Président Hénault (1685-1770), 100, 413.
Lionnet J. Un évêque social : Ketteler, 99, 450.
Loisy A. Autour d'un petit livre, 98, 397.
— Etudes évangéliques, 98, 397.
— Les Paraboles de l'Evangile, 98, 397.
— L'Evangile et l'Eglise, 98, 397.
Longin E. Journal des campagnes du baron Percy, 100, 845.
Loti P. Vers Ispahan, 99, 727.
Luchaire A. Innocent III, Rome et l'Italie, 100, 815.

M

Mc Donald W. The Principles of Moral Science, 101, 457.
Macinai L. Credo ; — La Materia et la vita ; — L'Uomo ; — L'Anima ; — I puri Spiriti ; — Uomini e Spiriti ; — L'Ultima Causa, etc. 99, 747.
Macquart J. Histoire de Notre-Dame-de-Liesse, 101, 744.
Mac Von. Geschichte der Dogmatik in russischer Darstellung, 98, 856.
Maisonabe E. La Doctrine socialiste, 98, 141.
Maltzew A. Oktoichos oder Parakletike der Orthodox-Katholischen Kirche des Morgenlandes, 99, 894.
Marcadé A. Un apôtre de miséricorde : J.-B. Rauzan, 100, 279.
Marçais W.-G. Les Monuments arabes de Tlemcen, 98, 421.
Marcère M. de. L'Assemblée nationale, 100, 840.
Margerie E. de. Romain Pugnadorès, 98, 572.
Maricourt A. de. Du protestantisme au catholicisme, 99, 907.
Marie L. Le Droit positif et la juridiction administrative, 98, 141.
Mariéjol, J.-H. Histoire de France, 100, 810.
Martel A. Le Père Bouffier, de la

Compagnie de Jésus (1817-1902), 100, 717.
Martin, E. Saint Léon IX, 101, 118.
Masson A. La Sorcellerie et la science des poisons au xviie siècle, 99, 403.
Masson F. Napoléon et son fils, 99, 445.
Mathias E. Le Point critique des corps purs, 99, 461.
Mathiez A. La Théophilanthropie et le culte décadaire, 99, 901.
— Les Origines des cultes révolutionnaires, 100, 714.
Mehler J.-B. Sodalentag in Freiburg, 100, 570.
Meilloc J. Les Serments pendant la Révolution, 100, 426.
Metchnikoff E. Etudes sur la nature humaine. Essai de philosophie optimiste, 101, 590.
Michalcescu J. Die Bekenntnisse und die wichtigsten Glaubenszeugnisse der griechisch-orientalischen Kirche, 99, 894.
Michaud P. Vie du vénérable Louis-Marie Baudouin, 100, 137.
Miron F. Les Gisements miniers, 99, 459.
— Gisements minéraux, 99, 459.
Misset. Notre-Dame-de-l'Epine, 100, 818.
Monnier H. La Notion de l'apostolat, des origines à Irénée, 99, 301.
Monod G. et Driault E. Histoire contemporaine, 98, 285.
Montier E. L'Education du sentiment, 98, 719.
Môny A. Etudes dramatiques, 98, 572.
Moreau F. Pour le régime parlementaire, 98, 140.
Moreau J. Notice historique sur le collège de Beaupréau (1831-1861), 98, 285.
Mourru C. Notions fondamentales de chimie organique, 99, 459.
Mun A. de. Discours et écrits divers, 100, 123.
Munier A. Henri de Nicolay, 98, 131.
Muntz E. Le Musée d'art, 99, 903.

N

Narfon J. de. Pie X, 100, 404.
Nass L. et Cabanès. Poisons et sortilèges. 2e série : les Médicis, les

REICHMANN M. Der Zweckheiligt die Mittel, 99, 438.

RENAN E. Mélanges religieux et historiques, 101, 275.

RENOUARD G. L'Ouest-Africain et les missions catholiques. Congo et Oubanghi, 101, 130.

RETZSCH M. Shakespeare Gallerie, 100, 282.

RIBET J. Les Joies de la mort, 100, 425.
— Mois de Marie, 99, 315.

RICHARD G. L'Idée d'évolution dans la nature et dans l'histoire, 101, 460.

RIPERT J.-B. Politique et Religion, 99, 599.

RITTI P. De la méthode sentimentale, 101, 270.

RIVIÈRE L. La Terre et l'Atelier. Jardins ouvriers, 99, 601.

ROBERTY E. DE. Nouveau programme de sociologie. Esquisse d'une introduction générale à l'étude du monde surorganique, 98, 842.

ROCHEMONTEIX C. DE. Relation par lettres de l'Amérique septentrionale (années 1709 et 1710), 99, 155.

ROCHES L. Dix ans à travers l'islam, 100, 843.

ROEY E. VAN. De justo auctario in contractu crediti, 100, 855.

RÖHLING Dr. En route pour Sion, 98, 276.

ROOSEVELT T. L'Idéal américain, 99, 598.

ROQUIN E. Traité de droit civil comparé. Le mariage, 101, 454.

ROSENTHAL L. La Peinture romantique, 99, 454.

ROSEROT A. Dictionnaire topographique du département de la Haute-Marne comprenant les noms de lieux anciens et modernes, 98, 419.
— Titres de la maison de Rarécourt de la Vallée de Pimodan, 98, 124.

ROSMER J. Promenades de deux enfants à travers Paris, 98, 278.

ROSSI P. Les Suggesteurs et la foule. Psychologie des meneurs, 101, 137.

ROTHE T. Traité de droit naturel théorique et appliqué, 101, 283.

ROURE L. Hippolyte Taine, 101, 119.

ROUSSEL. Correspondance de Le Coz, 99, 900.

RÉGUY L. Réflexions d'un curé, 100, 827.

ROY C. Réhabilitation des faillis et des liquidés judiciaires, 101, 140.

S

S. S. Une religieuse réparatrice, 101, 275.

SAINT-PAUL G. Le Langage intérieur et les paraphasies. La fonction endophasique, 101, 580.

SALOMON M. Monseigneur Dupanloup, 99, 450.

SANDE BOKHU ZZEN (W.-H. VAN DE). Dialogue sur la vraie foi en Dieu, 100, 385.

SANDYS J. E. A History of classical Scholarship, 101, 451.

SARDOU V. La Sorcière, 99, 718.

SARGENTON-GALICHON A. Sinaï Ma'ân Pétra, 99, 602.

SAUVÉ H. Notions sur le matériel liturgique, 100, 718.

SAVAÈTE A. Les Vengeurs de la main noire, 100, 285.

SAYN WITTGENSTEIN DE. Nos égaux et nos inférieurs, 101, 273.

SCHELL H. Das Evangelium und seine weltgeschichtliche Bedeutung. Christus, 98, 398.

SCHIFFINI S. Tractatus de virtutibus infusis, 99, 584.

SCHLOEGL. Canticum Canticorum, 98, 393.

SCHMIDTKE A. Das Klosterland des Athos, 101, 599.

SCHURÉ E. Précurseurs et révoltés, 101, 457.

SCHWANE Dr. Histoire des dogmes, 98, 863.

SÉAILLES G. Les Affirmations de la conscience moderne, 98, 779.

SÉGUR P. DE. Le Tapissier de Notre-Dame, 99, 728.

SEILHAC L. de. Le Monde socialiste, 101, 128.

SÉPET M. Au temps de la Pucelle, 101, 880.

SERRANT M.-L. L'Abbé de Rancé et Bossuet, 99, 895.

SERTILLANGES. La Politique chrétienne, 101, 602.

SIDERSKY J. Essais des combustibles, 100, 281.

SILVESTRE J. De Waterloo à Sainte-Hélène, 100, 429.

SIMO F. J. Compendio de la Gramatica inglesa, 101, 279.
— Curso completo de gramatica inglesa, 101, 279.

BIBLIOGRAPHIE

ORDRE DES MATIÈRES

N. B. — Pour l'indication des ouvrages, de la tomaison et de la pagination, on voudra bien se reporter à la table précédente.

Le Gérant : Victor RETAUX.

Imprimerie J. Dumoulin, rue des Grands-Augustins, 5, à Paris.

Lightning Source UK Ltd.
Milton Keynes UK
UKHW010335120219
337137UK00004B/254/P